杨良宜 1948 年生于上海，5 岁时移居香港。从事国际航运及贸易业务超过三十年，熟悉中国香港地区、亚洲地区及国际仲裁实务，现为香港专业海商及国际贸易业务全职仲裁员。曾任香港国际仲裁中心主席，亚太仲裁组织主席。现任波罗地国际海事协会（Baltic & International Maritime Council）文件委员会成员，国际商会国际仲裁协会（ICC International Court of Arbitration）香港代表。主要专业资格有：英国特许仲裁员学会（Chartered Institute of Arbitrators）特许仲裁员（Chartered Arbitrator）；英国特许船舶经纪学会（Institute of Chartered shipbrokers）高级会员（FICS）；英国特许保险学会（Chartered Institute of Insurance）会员（ACII）。长期担任香港城市大学、香港大学兼职教授，共有著作 17 本，且以中英文发表多篇学术文章。

莫世杰 1970 年生于香港。1991 年毕业于香港理工学院（现称香港理工大学）航海学系，修读船务学。曾于一间香港的独立船舶管理公司当练习生。1992 年受聘于华珠国际有限公司至今，负责合约、保险、诉讼及仲裁事宜。现为英国特许仲裁学会（MCIArb）会员、英国特许保险学会（ACII）会员、英国特许船舶经纪人学会（MICS）会员及伦敦海事仲裁员协会支持性会员（supporting member）。自 2001 年起兼职仲裁员，接受香港及伦敦仲裁的委任。

杨大明 1977 年生于香港。1995 至 1998 年在英国伦敦大学学院（University College London）修读法律。在英国以律师（Solicitor）身份执业多年，并获得上庭辩护资格（Solicitor Advocate），处理大量国际仲裁和英国法院诉讼案件。2005 年底从伦敦回到香港执业，继续处理国际海事、贸易和商务仲裁（包括伦敦及中国香港地区）及英国 / 香港地区法院诉讼案件。现任欧华律师事务所合伙人。主要著作包括：《期租合同》（独著，大连海事大学出版社）、《禁令》（合著，中国政法大学出版社）、《国际商务游戏规则：英美证据法》（合著，法律出版社）及《仲裁法——从 1996 年英国仲裁法到国际商务仲裁》（合著，法律出版社）。在多份法律刊物发表文章，如《中国海商法年刊》、《大连海事大学学报》、Journal of Business Law、Arbitration（Journal of the Chartered Institute of Arbitrators）、Maritime Advocate、Asian Dispute Review 等。在 2001 年（纽约）、2004 年（伦敦）、2007 年（新加坡）及 2009 年（汉堡）举行的国际海事仲裁员大会（International Congress of Maritime Arbitrators）均发表文章，且在 2007 年及 2009 年的大会上担任论题与议程委员会：（Topics and Agenda Committee）成员之一。

杨良宜 莫世杰 杨大明 著

仲裁法

从开庭审理到裁决书的作出与执行

法律出版社
LAW PRESS · CHINA
北京

前　言

本书是《仲裁法——从1996年英国仲裁法到国际商务仲裁》(法律出版社2006年版,以下称前册)的姐妹篇,两者出版相隔差不多三四年。两册针对的课题不同,并且本册本来想等香港新的仲裁条例生效后再作详细的介绍,可惜时间上来不及。

以下介绍本书的若干内容,希望能够引起读者的兴趣进一步钻研。

一是由于内容丰富,本册也无办法增加附录,英国立法小组对1996年《仲裁法》报告(Departmental Advisory Committee on Arbitration Law, Report on the Arbitration Bill,简称DAC报告)是唯一的附录了。其他的资料读者只有通过网络查找,如1996年《英国仲裁法》、1978年《英国主权豁免法》等。

二是本书希望像前册一样,重点是针对英国(也包括香港地区)仲裁法律与实践做法。但由于在本册有不少内容是针对裁决书的执行以及对国际仲裁的展望,就无可避免要针对很多其他国家的法律与实践中的做法。所以会比较多谈到英国以外的其他国家法律与做法,特别是涉及1958年《纽约公约》时。本书也包括了国际上相关法律的最新发展,如美国纽约州法院作出的"全球性第三债务人命令"(Worldwide Turnover Order)与相关先例的Koehler v. The Bank of Bermuda Ltd. 2009 N. Y. Slip Op. 04297,2009 N. Y. LEXIS 1751 (June 4, 2009),这会对裁决书根据1958年《纽约公约》全球执行产生极大冲击。再如英国法院做出的"全球资产的接管人命令"(Worldwide Receivership)与"全球冻结令"(Worldwide Freezing Order)以及相关先例的Masri v. Consolidated Contractors International Co SAL (2007) EWHC 3010 (Comm.)等。

本册第一章也针对仲裁费用进行了详细介绍。众所周知,国际仲裁费用的高昂已经导致很多的批评与抱怨。如果英国或香港地区的法院的诉讼也要通过全面的"民事诉讼改革"(Civil Justice Reform)减少费用,显然仲裁也更加需要解决这个问题。但笔者在写完第一章后就有了更大的疑问,在英国或香港的民事诉讼改革之后,费用这个课题也变得越来越复杂。如此,怎么会是省了钱?

近年来,国际上注意到中国内地吸引了很多投资,会否成为下一个国际投资仲裁的热点?本书也尝试在这一重要的课题多作一些介绍,包括前册的第一章之3段,本册第十一章之10段有关《纽约公约》与《华盛顿公约》/ICSID仲裁之间的关系,第十三章之9段有关主权豁免,第十四章之12段有关外国投资协议仲裁(ICSID)裁决书的执行与第十五章之2段有关国际仲裁在拉丁美洲的前景。

另外，中国内地越来越多的律师参与伦敦及香港仲裁，有部分律师对国际仲裁证据的处理规则与做法还不了解。所以安排第五章详细介绍了开庭准备与开庭程序。在这些重要的仲裁程序中，绝大部分都是针对证据的处理，希望对中国内地的律师走进国际仲裁有所帮助以及作进一步了解。

本书所有章节均为杨良宜主笔，这与前册中莫世杰与杨大明主笔写部分章节不一样。但在杨良宜写作过程中，莫世杰与杨大明不断提供大量资料、意见以修改与增加章节的内容。他们二位曾经坚持不要将其列名为共同作者，但考虑到前册是三位作者，也就不必在本册作出改变。而且如果这样改动，本书有很多内容需要作出相应修改，如在多处提到以共同作者莫世杰或杨大明的实务经验为例。所以，三人最终达成一致意见，作者署名保持不变，在此作出声明。另外，本书的错误也由杨良宜个人负责。毕竟本书内容非常广泛，写作时间也比较紧迫，所以有些资料没有经过严格的确认（如与相关法律的外国律师确认），所以错漏之处在所难免。

最后，要感谢司嘉、陈淑玲与袁凯帮助完成本书写作。司嘉更是搜集资料并参与写作了本书第十三章有关“主权豁免”（Sovereign Immunity）的部分。

杨良宜

2009 年 12 月 31 日

目　录

第一章 仲 裁 费 用

1. 仲裁费用高昂的情况

与传统的国际海事仲裁不同,现今国际仲裁费用高昂,更有人说200万美元以下的案件都不值得仲裁。“国际商会仲裁院”(International Chamber of Commerce Court of Arbitration 简称ICC Court)的主席不久前在一个公开场合说国际仲裁的昂贵费用如果不能节省,10年以后就不会再有国际仲裁。这可能是危言耸听,因为国际仲裁的好处也不是因为省费用,但至少提出了这一问题的严重性。

造成国际仲裁费用昂贵的原因很多,列举如下:

(1) 当事人不懂。这种情况导致仲裁费用高昂的恶果一早在其签订合约时已经种下。如约定一条不清楚的仲裁条文(这会导致将来对管辖权的争议),或仲裁程序昂贵的做法(如在香港经常见到有关仲裁条文规定仲裁与裁决书的语言必须同时采用中英文,但在委任仲裁员或代表律师时又不肯定他们都懂得双语)。又例如,当事人没有保留文件证据,导致的恶果是出争议时每一项事实争议都要依赖昂贵与不稳定的口头证据。这一方面的问题在中国内地尤其严重,导致涉及中国公司的仲裁往往避免不了开庭,否则就没有证据。照理说,对自己有利的事,如外方对中方作出了一些口头承诺,中方就应该想到要保留证据,但经常就发现中方没有这样做。而在海事与部分商事仲裁所采用的非常省钱的“文件审理仲裁”(document-only arbitration)就根本无法考虑了。大量的开庭取证,加上中方证人通常需要翻译,往往导致仲裁费用十分高昂。而且相比文件证据的铁证如山,这种口头证据也导致了中方可能败诉的机会大增,中方证人往往不能有力地说服与取信通常是西方人的仲裁员。

在仲裁的过程中也有许多问题导致费用高昂,如当事人既不懂得选择或控制仲裁员,也不懂得选择或控制代表律师,更不懂得今天在英国与香港的仲裁法中有各种可以节省仲裁费用的机制可以利用。更严重的是这些当事人与其代表律师经常会打一些没有把握的战役,如在挑战仲裁员上浪费很多时间和金钱。这里涉及轻重的掌握要到位,该打的仗是坚决不能畏缩;但不该打以及成功机会不高的就别挑起无谓的战役,最终可能导致整个战争是一子错全盘皆输。例如,香港的Jung Science Information v. ZTE Corporation, HCCT 14/2008就是一个典型的例子,原告与其北京律师对仲裁员作出挑战失败,除了浪费大量金钱,最终导致了一个在实体方面对其很有利的案件也一并放弃了。

这种当事人在非海事领域更是特别多,他们可能一生都没有打过一场官司,以为遇上一个仲裁就是生死大事。这与海事仲裁很不一样。海事与商事仲裁历史悠久,已经有了非常成熟、有效与节省的一套仲裁做法,已为有经验与高水平的航运人士熟悉,所以他们一般不会对仲裁感到恐惧。另一个重要原因是海事从业人士一般都比较懂行与懂法律,这与国际航运竞争十分激烈以及不断与国际上的高手打交道与订合约(如大量的提单与租约)很有关系。要在这个行业中生存并且壮大,水平不高与外行的人士很容易被淘汰。这可以看到在今天的航运市场中,绝少有承租人或船东来自发展中国家。这导致发展中国家也不能培养出懂航运的人才,以致他们的出口要以 FOB,进口要以 CIF 才能够进行。相反,根本没有什么国际贸易的一些小国,如挪威、希腊或内陆国家的瑞士,只凭一些懂航运的脑袋,就能大规模控制航运市场与船队。他们每天或隔天就会开始一个新的仲裁案件,对仲裁非常熟悉。相比非航运的当事人,如一家国内的公司与西方公司订一个合资合约,这也可能是其与外方公司订的唯一合约。显然,国内公司不会对合约法(尤其是国际做法)与国际仲裁(这种国际性合约几乎一定有一条仲裁条文)有太多了解,甚至完全不了解。出了争议,国内公司不论是原告还是被告都不知所措,能让步就让步,以求息事宁人。能够找到一个懂行与恰当的律师所查询已经是了不起了,更不用说是能够与代表律师在收费上讨价还价或在程序上要求代表律师采取一些恰当的做法以节省诉讼费用。对一家国际性的律师所,一定程度上是最喜欢这种找上门的“冤大头”,因为他们不懂之外,也不会有回头生意。所以就在有意无意之间将事情搞大才好收费而不会试图大事化小,小事化了。在海事领域,很难想象有律师所敢这样对待互保协会或一些大型船公司如马士基或中国远洋公司。不懂的当事人自己也会乱来,他们的想法可能很简单,以为摆出死战到底、不惜代价的样子就可以吓倒对方。但事实上光凭架式能够胜诉的可能性恐怕不高,结果往往造成“过度斗争”(overfight),花费可能比案件争议的金额更高的诉讼费用。例如,新加坡案例 V V v. V W (2008) SGHC 11,双方的争议据说是在 100 万新加坡币以下,但最后判给胜诉一方的费用高达 2,805,498.52 新加坡币。这导致了败诉方极度不满,诉至法院试图以该费用裁决书违反公共政策与不成比例等理由要求撤销该裁决书,但不成功。

(2) 一些不懂仲裁或只考虑赚钱的律师。随着国际仲裁越来越重要,现在很多不同国家的律师参与,但他们很多只是有当地法院的经验,对国际仲裁那种非常富有弹性的处理方式不是很了解,而要他们那些非常繁忙的成功人士再去接受培训也很难。这会导致其往往就把当地法院的诉讼程序中的一套做法照搬到仲裁中去。如此,根本没有办法省钱,法院的诉讼已经是出名的昂贵。而如果是同样的做法,至少仲裁有两方面就比法院的诉讼昂贵。第一项是开庭的场地(如果需要开庭的话),法院是国家提供的,不存在要收费的问题(这是指香港法院),但仲裁庭得租用场所。如果租用的场地是相对便宜如香港国际仲裁中心的话,每天收费接近一万港币,这相比整笔的诉讼费用来说并不多。但笔者也听说与经历过开庭是在很昂贵的五星级酒店进行，如果开庭是2～3星期或更长时间的话，费用就会非常庞大了。当然，比起第二项，第一项是小巫见大巫，这就是仲裁员的收费。相对法院，法官是国家供奉，不存在要当事人支付其收费（这是指香港法院）。今天，著名仲裁员的收费毫不低廉，难怪英国或香港许多商业法院的大法官都想在退休后甚至提前转行变为仲裁员，因为作为成功的仲裁员比著名的大法官多赚好几倍。

所以，仲裁能够比法院更加节省，就必须要避免依从法院的做法。在海事仲裁中，这方面的优点就发挥得淋漓尽致，最主要的就是平均每10个仲裁中有8个是以文件审理。在国际海事，当事人的水平一般也比较高，习惯的做法是把每一件事情以文件清楚地记录下来，出争议时根本不需要考虑口头证据。笔者经常处理这种“文件审理仲裁”（document-only arbitration），记忆中很少或没有见过非常昂贵的裁决书，通常只会是十万八万块港币左右。比起开庭聆讯，恐怕只是其中一位资深的仲裁员或其中一位双方当事人代表的资深大律师一天开庭（不超过6小时）所收的费用。

在香港仲裁，现在有许多“业务律师”（solicitor）与“大律师”（barrister）参与，这是笔者非常乐意看到的现象。但在个别案件与某些律师在一起时，就感觉到其习惯开庭的趋向。即使是针对一些初步程序的问题也要开庭处理，更不用说是最后的开庭聆讯了。例如，笔者在最近一个案件中开庭聆讯，预留的2～3天的时间只够给原告大律师的开庭陈词。但双方大律师开庭之前已经有了文书的开庭陈词，所以在开庭中只是以口头的形式将文书的开庭陈词重复一次，顶多加一点关系不大的话。笔者在开始不久看到这种花费时间的做法就已经想作出干预，向原告大律师说明仲裁庭已经看过文书的开庭陈词，无须重复。但出于礼貌，笔者需要向仲裁庭的其他两位共同仲裁员（也是大律师背景）征询，但他们不同意干预，结果是不了了之。笔者想说服部分不熟悉国际仲裁特别是海事仲裁的香港律师（不论其身份是当事人的代表或是共同仲裁员）放弃开庭只以文件审理，可以说是十分困难。这与伦敦如海事仲裁的做法已经很不一样，虽然伦敦仲裁也不能说便宜，但这主要是因为近年来英镑的汇率大涨。显然英国是能够看到比法院诉讼节省很多的文件审理仲裁的好处，所以在1996年《英国仲裁法》破天荒地加进一条让仲裁庭决定（除非双方达成一致意见）是否开庭聆讯的条文，这就是Section 34（2）（h），如下：“Whether and to what extent there should be oral or written evidence or submissions.”

但相对香港的法律，国际仲裁所依据的《联合国示范法》在Articlc 24（1）规定了只要有一方当事人要求开庭，仲裁庭就必须开庭。而香港的本地仲裁地位也是一样，因为立法没有类似1996年《英国仲裁法》的条文，根据普通法，仲裁庭如果在有一方当事人要求开庭的情况下拒绝开庭就是一种“不良行为”（misconduct）：Henry Southern Ltd. v. Norwich Union Life Assurance Society（1992）ADRLJ 245。

（3）国际仲裁庭的组成。如在国际仲裁中，与传统的国际海事仲裁不同，仲裁庭往往由相互不熟悉、文化和法律背景完全不同的三位仲裁员组成，这也可能造成任何仲裁庭（程序上或者实质争议上）的决定都要经过漫长的讨论和协调，从而使仲裁推进缓慢，诉讼费用增加。

（4）懂得处理国际仲裁的仲裁员或者律师本身的正常收费也十分高昂，动辄就是好几千人民币一个小时（不是一个月）。笔者更是知悉有部分著名的伦敦仲裁员收费高达1000英镑1小时。一个国际仲裁案件也不是只有一位这种收费高昂人士，只要开庭，济济一堂二三十人十分常见。有三位仲裁员、双方的代表律师（一方当事人往往不止有一位）、专家证人等。这加起来每小时的费用就是一个天文数字，如果开庭长达几个星期，对败诉当事人来说更是灭顶之灾。

（5）诉讼（包括法院与仲裁）本质上是没有硝烟的战争，只是在表现形式上用文字代替了真刀真枪与对手厮杀。这其中同样需要战略战术，同样不可避免地劳民伤财，以期将对手置于死地。而且一旦真正开始了诉讼，无论是从主观方面的意愿还是从客观方面已经产生的巨大投入来看，很少会有机会半途终止，往往都是将对手彻底打败或者自己无条件投降。但是不少的结局实际上是两败俱伤，而且很多时候是一方或者双方不能正确与全面地估计形势而仅凭意气用事带来灾难性的后果，他们也没有尽力通过外交及谈判来化解矛盾。近年来，西方国家强调的是在诉讼全面展开与双方无法回头之前，先强制双方进行一次调解。英国和香港法院的民事诉讼程序中都有规定法院会先强制双方进行调解，不合作的一方会受到诉讼费用的惩罚：Burchell v. Bullard (2005) EWCA Civ. 358。

这里介绍一个近期诉讼费用昂贵的高院先例 Multiplex Constructions (UK) Ltd v. Cleveland Bridge UK Ltd (2008) EWHC 2280。案情是有关英国著名的温布利球场（Wembley National Stadium）重建中带来的昂贵诉讼，争议双方是雇主（CB）与承建商（Multiplex）。其中法院提到双方曾经有过多次机会可以和解，但都错失。虽然诉讼最后双方各有胜负，但在扣除了诉讼费用后，双方两败俱伤，都无任何实质得利。以下节录 Jackson 大法官在判决中出名的一段话（据说英国有著名律师所贴在诉讼部门作为格言）：

"Following that judgment the parties attended a mediation. However, instead of reaching a sensible resolution at that mediation, the parties spent the next two years litigating about two matters, namely Multiplex's claim for damages and CB's claim for a final account A resolution broadly along the lines of this judgment could have been arrived at by the parties at a fractional cost, if both parties had instructed their advisers to go through the accounts together in a constructive spirit（先解释上述的简单几句是指原告与被告曾经有过一个已经花了800万英镑的判决后被半强制调解但不成功，之后双方又进行了两年的诉讼并又多花费1400万英镑的诉讼费用）The procedure adopted by the parties for drawing up the final account on the steelwork package for Wembley Stadium is surprising to say the least. A trial bundle of some 550 ring files（开庭有多达550个案卷）has been assembled. The cost of photocopying alone is approaching £ 1 million（案卷的复印文件费

用高达 100 万英镑). The pleadings, which incorporate Schedules, counter-Schedules and appendices, run to literally thousands of pages. Each side has fielded a team of experts, solicitors, leading counsel and two or three junior counsel...(双方聘用的一大批专家、事务律师、首席大律师、初级大律师等组成的诉讼团队) Since June 5, 2006 (when issues 1 to 10 were decided) the parties have run up costs of some £ 14 million. These costs are in addition to pre-June 2006 costs of some £ 8 million...(这显示巨额的诉讼费用) The final result of this litigation is such that (when costs are taken into account) neither party has gained any significant financial benefit(这是说明双方最后两败俱伤,都没有获得实质上的经济利益). Instead large sum of costs and a large amount of management time have been expended on both sides to no useful purpose.(显示双方浪费了大量金钱与时间但没有达到任何作用) Both parties have a measure of responsibility for this situation.(指双方对这个结果都有一定的责任) Over the last two years both parties have brushed aside repeated judicial observations on the wisdom of settling this particular litigation.(显示在两年的诉讼中,双方多次错过了法院客观观察到他们错过了明智地可达成和解的好机会) Each party has thrown away golden opportunities continued to arise during the run up to trial and even during the first month of trial.(在昂贵开庭前的一个月,还是可以见到他们有机会和解) In the judgment on costs, which is about to be delivered, I shall consider the apportionment of responsibility as between the parties for the final unhappy outcome. The lesson for the future which may be drawn from this litigation is that parties would be well advised to use the dispute resolution service offered by the Technology and Construction Court in a more conventional and commercial manner than has been adopted in this case.(法院即将决定要把这笔庞大的诉讼费用在诉讼双方中如何分摊。从该案件得到的教训就是当事人应该一早就考虑接受审理该案件的"技术与建筑法院"(TCC)提供的更加方便与经济的纠纷解决方式而非像本案中为诉讼而付出了惨重的代价) Once this court has decided questions of principle, the parties can save themselves and their shareholders many millions of pounds by instructing their advisors to agree reasonable figures for quantum, if necessary with the assistance of a mediator unconnected with the court.(显示双方有机会可以为自己的股东节省数以百万英镑的金钱,但他们没有好好地掌握) If one party is not prepared to negotiate, then the other party can protect its position by making a timely and realistic offer under Part 36.(如果一方当事人僵化,不愿意谈判和解,另一方当事人明智的话就立即可做出保障,去做出一个及时与现实的和解提议,根据本章 5.3.3.3.6.3 小段的 Part 36 提议。)"

近年来,仲裁费用高昂是非常热门的话题,并且吸引了很多注意力,如国际商会(ICC)就这一方面作出了研究与报告,针对如何减少仲裁的诉讼费用。这一方面笔者会在本章最后的一部分探讨,并介绍 ICC 的有关报告。

2. 仲裁的主要费用(1996年《英国仲裁法》Section 59)

根据1996年《英国仲裁法》Section 59（1），仲裁的主要费用包括：(1)仲裁员的收费；(2)仲裁机构的收费(如果是机构仲裁)；(3)仲裁方的诉讼费用，包括律师费、专家证人的费用、场地租用费等。

条文节录如下："59（1）Reference in this Part to the costs of the arbitration are to—（a）the arbitrator's fees and expenses，（b）the fees and expenses of any arbitral institution concerned，and（c）the legal or other costs of the parties."

3. 仲裁费用之一：仲裁员的收费

3.1 仲裁员收费的基础与内容

仲裁员一般都是以工作时间来收费，也有收一笔固定金额的做法。后者一般是在机构仲裁中由仲裁机构代为向当事人收取一笔固定费用，或仲裁员的委任合约中给予仲裁员这样的权利。但这也不表示仲裁机构都这样做，像"伦敦国际仲裁庭"(London Court of International Arbitration，简称LCIA)就是以工作时间来收费。在一些小型的仲裁中，如针对消费者或是小金额索赔的仲裁，通常也是给仲裁员一笔固定的费用。有关这两种不同的收费(按小时或一笔固定金额)对仲裁员自己或当事人的优劣，本章稍后在第4段会有详论，在此可先介绍"英国特许仲裁协会"(the Chartered Institute of Arbitrators)在1999年曾经出版过一些有关仲裁员收费的指引：The Guidelines for Arbitrators as to how to formulate their Terms of Remuneration，其中重要的有关仲裁员的收费的一段可以节录如下：

"It may sometimes be possible to fix a lump sum fee on very simple disputes where the time required may be estimated with reasonable accuracy. Normally, however, provision may be made for payment at an hourly rate for time spent on the matter generally and/or a daily rate for e. g. hearing or all-day meetings. Travelling time may be charged at a proportion of the hourly rate. Where the matter requires hearings and/or meetings to be attended at a distance from the arbitrator's home and office, involving overnight stays, provision may be made for adjustment of the daily rate to allow for this. If hearing or meetings are to be held abroad involving days necessarily being spent at that location during which no actual work may be done on the arbitration, arbitrators may think it appropriate to fix a rate for such unproductive days. Where the location to be attended is a considerable distance away involving long travel by air it may also be appropriate to make specific allowance for rest days before and after the event attended and for weekends."

仲裁庭成员的收费不仅包括了处理案件每小时的收费,还会加上其他所花的"使费"(disbursements),如仲裁员出面租开庭场地、午膳、合理交通费用以及仲裁员有关案件的机票与住宿费等。但一般仲裁员总是避免自己预先承担这些费用,尤其是金额较大的,如仲裁庭自己委任专家的费用。

如果仲裁庭遇上技术或者法律上的疑问要寻求专家意见或大律师法律意见,这些费用也是仲裁庭可向当事人收取使费的一部分,这点在1996年《英国仲裁法》的Section 37 (2):"The fees and expenses of an expert, legal advisor or assessor appointed by the tribunal for which the arbitrators are liable are expenses of the arbitrators for the purposes of this Part."

遇上这样的情况,仲裁员通常先要求双方将有关的使费预先支付给"保管人"(stakeholder)(在香港经常是"香港国际仲裁中心"[Hong Kong International Arbitration Center,简称 HKIAC]代为保管)或以其他方式作出担保,这才可以避免自己最后掏腰包但又无法向当事人把这笔使费要回来。

以下对费用的问题逐一详细探讨。

3.2 仲裁员收费的权力来源

仲裁员的收费依据很简单,在接受被任命为仲裁员时,就与当事人(这包括委任与非委任方)产生了服务合约,即仲裁员裁决双方当事人存在的争议,仲裁员的收费权力也当然来自这个合约。在K/S Norjarl A/S v. Hyundai (1991) 1 Lloyd's Rep. 524中,Nicolas Browne-Wilkinson V. - C勋爵说:"The arbitration agreement is a bilateral contract between the parties to the main contract. On appointment, the arbitrator becomes a third party to that arbitration agreement... the arbitrator undertakes his quasi-judicial functions in consideration of the parties agreeing to pay him remuneration."这里亦可分两种有关收费的情况。

3.2.1 委任合约的明示条文

既然是一个合约,订约方当然可以讨价还价来确定其委任的条文。这个做法确实在一些仲裁如建筑仲裁或国际性争议仲裁中存在,当事人委任仲裁员之前会经过漫长的谈判,有时甚至长达一两个月。也有许多著名仲裁员有自己的"标准条文"以方便使用,但会遇上想做出委任的当事人提出要求修改或增加新的条文。

在一些时间紧迫急需结果的仲裁中,如海事仲裁,这种漫长的谈判就不切实际。所以"伦敦海事仲裁员协会"(London Maritime Arbitration Association,简称 LMAA)亦有标准条文以供适用。由于LMAA有信誉,所以一般当事人也不会深究就接受,即使其不熟悉LMAA标准条文,这与仲裁员以个人的委任条文会带来当事人小心看待是不一样的。笔者也一直希望香港国际仲裁中心(HKIAC)拟定像LMAA的委任标准条文，方便随意仲裁，也是出于同样的想法。

另一种方法就是简单地确认接受委任，只是没有任何明示条文而已，这就要看有什么默示条文了。

3.2.2 委任合约的默示条文

默示条文的内容很大程度上在 K/S Norjarl A/S v. Hyundai (1991) 1 Lloyd's Rep. 524 先例中有解答，包括：(i) 仲裁员本人要以"合理速遣"(reasonable despatch)来推进仲裁。(ii) 仲裁员不能在没有双方当事人同意下中途辞职，因为这构成单方面拒绝履行合约。当然如果大家(委任与非委任方)都同意，就是共同中止一个合约，这完全可以。(iii) 仲裁员可收取合理费用，什么是合理因人而异。(iv) 仲裁员只能在服务完结才能要求收费。在服务完结出了裁决书后，如果当事人拒绝支付仲裁员的费用，根据1996年《英国仲裁法》之 Section 56 (1)仲裁员可留置裁决书(无论是中间裁决书还是最后裁决书)："The tribunal may refuse to deliver an award to the parties except upon full payment of the fees and expenses of the arbitrator."。(v) 如果双方当事人中途和解成功，仲裁程序中止，仍要支付仲裁员已经提供了服务所产生的费用。至于还没有提供的服务，理应不存在任何费用的产生，但如果预定了开庭时间，即使没有开庭也会涉及部分费用的支付。例如，大律师出身的仲裁员在定下了开庭日前后都会收取一笔"取消费"(cancellation fee)或"保障费"(commitment fee)，这是为了预订将来开庭的时间，因为仲裁员在这一段时间内不能再接受其他案件的开庭委任。如果到时候双方和解不再需要开庭，仲裁员虽然没有提供服务(开庭)，但这笔保证费就足够补偿仲裁员间接的损失与不便。但根据 K/S Norjarl A/S v. Hyundai，仲裁员除非在委任的时候有明示约定，否则不能在合理要求开庭而坚持要双方支付这笔保障费。(vi) 双方当事人对仲裁员的收费有"共同与连带责任"(jointly and severally liable)(这点后详)。

3.3 双方当事人对仲裁员的费用负有共同与连带责任

在双方同意独任仲裁员的情况下，不产生此问题。但如果是法院或某仲裁机构委任，已有不明朗之处，另外还有公断人或第三位仲裁员亦是同样不明朗。

更不明朗的是2人或3人的仲裁庭，双方当事人各自委任自己的仲裁员，委任方当事人对自己委任的仲裁员当然是要负责其费用，但非委任方当事人呢？这个问题很大程度上在 K/S Norjarl A/S v. Hyundai (1991) 1 Lloyd's Rep. 524 有所明确，判是仲裁协议是一个三方协议，即双方当事人以及仲裁员。已经介绍过的 Nicolas Browne-Wilkinson V.-C. 大法官可重复如下："The arbitration agreement is a bilateral contract between the parties to the main contract. On appointment, the arbitrator becomes a third party to that arbitration agreement the arbitrator undertakes his quasi-judicial functions in consideration of the parties agreeing to pay him remuneration."

所以在这一理论下，双方当事人对每一位仲裁员(不管是否是其自己委任的一位)费用承担共同与连带责任。而1996年《英国仲裁法》索性在 Section 28 (1)明确双方对仲裁员的合理费用承担共同与连带责任:"The parties are jointly and severally liable to pay to the arbitrators such reasonable fees and expenses (if any) as are appropriate in the circumstances."(这里注意"合理"二字)

在 Section 28 (5)说明了上述条文不影响双方当事人承担仲裁/诉讼费用或其委任合约的仲裁员费用:"Nothing in this section affects any liability of a party to any other party to pay all or any of the costs of the arbitration or any contractual right of an arbitrator to payment of his fees and expenses."

这里清楚表明虽然有共同与连带责任,非委任一方当事人只对合理部分的仲裁员费用承担共同与连带责任,其余超出合理部分但在委任时被明示同意的收费,仲裁员只能向委任其并同意高昂收费的一方当事人追讨了。

而仲裁员在处理仲裁程序问题时要小心,即便双方要求将来仲裁庭费用由一方支付,仲裁员也需注意不要放弃自己要求双方对费用负有共同与连带责任的权利。例如,在一次双方当事人的庭外和解成功后,双方的代表律师告知仲裁庭当事人自己委任的仲裁员向各自的委任方收取已经产生了的费用,这也是和解协议的部分内容。但笔者被一家巴拿马公司所委任,就要想到如果确认,将来该巴拿马公司不支付笔者的费用怎么办。所以笔者的回复就是:"我愿意先向我的委任方收取费用,但这不表示我放弃或同意另一方非委任当事人不必对我的费用承担共同与连带责任。"

如果有关的案件涉及管辖权的异议,还会有其他的问题,毕竟仲裁员与当事人之间的关系还是合约关系。这种情况通常涉及被告提出对仲裁员/仲裁庭的管辖权异议,甚至会拒绝参与有关的仲裁(包括对管辖权的决定)。在这种情况下,在被告作出明示的拒绝与仲裁员有任何关系,就很难默示他们之间会有合约关系,要求被告与原告一起有共同与连带责任支付仲裁员的费用。这种情况出现在先例 Linnett v. Halliwells LLP (2009) EWHC 319 TCC,Ramsey 大法官作出以下的结论:(1)如果对仲裁员的管辖权没有异议,就表示双方当事人即使没有明示约定,也有默示的法律责任共同与连带的支付仲裁员的费用。(2)如果对仲裁员的管辖权有异议,并且有异议的当事人(通常是被告)拒绝参与有关仲裁,被告不必对仲裁员的费用承担共同与连带的支付责任。换言之,仲裁员只能向委任方/原告收取费用。至于裁决书如果判拒绝参与仲裁的被告要作为败诉方承担有关费用,这只是涉及执行裁决书,与仲裁员无关。这里的危险是如果委任方是皮包公司,但被告反而是有一定财力,仲裁员就要小心,他是不能以被告有共同与连带责任向被告要求支付仲裁费用。(3)如果是对仲裁员的管辖权有异议,而有异议的当事人(通常是被告)参与有关的仲裁(即使是在抗议下),不论最后裁决的结果如何,双方当事人对仲裁员的费用都有共同与连带的支付责任。原因是被告授权或同意由该仲裁员/仲裁庭就管辖权这个"争议"(issue)作出裁决。

3.4 仲裁员收费的核算/厘定与管制

3.4.1 由谁来"核算"(assess)/"厘定"(determine)?

今天香港仲裁一般做法是仲裁员自己来核算自己的收费，理论上仲裁员可让法院来核算其费用，但绝少见这种做法。这也可以想象到，因为这种做法会带来额外的费用与延误。例如，仲裁庭要聘请律师做该工作并需要知道法院核算费用的结果才能发放该裁决书。在香港仲裁中，根据《香港仲裁条例》的第2GJ条规定，无论国际还是本地仲裁，仲裁员有权以"败诉方支付胜诉方诉讼费用"(costs follow the event)的原则对其自己收费作出核算与厘定，同时在第21条规定，本土仲裁下法院也有权对仲裁员的收费作出核算与厘定。但国际仲裁则根据《联合国示范法》(UNCITRAL Model Law)没有提到费用，但第5条在任何没有明示规定时排除了法院对仲裁干预的权力，这包括了对仲裁员收费作出核算与厘定，即只能由仲裁庭自己决定。

法律对仲裁员核算自己的收费有如下要求：(i) 仲裁员必须核算与厘定其自己收费以外的其他使费，如其委任的中立专家；(ii) 仲裁员核算与厘定其收费必须是按照法律上的做法以及要善意(It must be judicially exercised and in good faith)[1]；(iii) 仲裁员必须诚实与关注双方当事人的利益(Arbitrators are bound to act conscientiously and with a proper regard to the interests of the parties)[2]。

Salter大法官是这样说："... I do not doubt that where an excessive charge is shown the Court would act. Arbitrators are bound to act conscientiously and with a proper regard to the interests of the parties, and if they dishonestly subordinate the interests of the parties to their own, and take money from the parties in excess of what is just, I cannot myself doubt that that would be misconduct."

另在Government of Ceylon v. Chandris (1963) 1 Lloyd's Rep 214，法院说："It has to be realised that a serious responsibility vests upon one who is put in a position to assess his own award; particularly since his self allotted remuneration may fall to be paid by someone who had no part in his appointment; an umpire or arbitrator, in fixing his own fees, must consider, not only his own interest, but also the interest of the party or parties who will ultimately be required to pay those fees."

另在Rolimpex v. Haji E. Dossa (1971) 1 Lloyd's Rep. 380，Donaldson大法官说："Section 18(1) of the Arbitration Act, 1950, gives arbitrators and umpires power to 'tax or settle' any part of the costs of the arbitration, including the costs of the award itself, i.e., the sum payable to them for their services including reimbursement of expenditure incurred by them. This is a judicial power which must be exercised with independence and a proper regard for the interests not only of those who receive the costs, but also of those who will have to pay them. The exercise of this power in relation to the tribunal's own remuneration is obviously as difficult as it is invidious, at least if there are no scale fees applicable.

---

[1] Appleton v. Norwich Union (1922) 13 Lloyd's Rep. 345，第347页。

[2] Appleton v. Norwich Union (1922) 13 Lloyd's Rep. 345，第347页。

The burden of so doing is well be intolerable if it is done in circumstances in which there is no appeal to an independent review body."

3.4.2 立法管制

虽然有上述要求，但现实中总是有危险是仲裁庭成员（不论是独任仲裁员或是个别仲裁庭成员）会不遵守而乱收费用的情况。双方当事人想质疑仲裁庭乱收费用会在不同时间出现，如还在仲裁程序中途，而仲裁庭作出一个中间裁决书并要求收取一笔费用，但其中一方或者双方认为这收费太高。更多的情况出现在仲裁程序完毕，即仲裁庭作出了最后裁决书，并对裁决书进行留置，要求双方当事人作出支付裁决书的费用后才发放，这是行使留置权的情况。但如果仲裁庭已经有了足够的"预付费用"（deposit），如存放在 HKIAC（作为保管人），仲裁庭就不必再留置裁决书了。仲裁庭可以作出裁决书后马上发放给双方当事人，然后另从 HKIAC 处收取，并指令 HKIAC 把多余的预付费用退回给通常是胜诉方，除非双方当事人另有指示。在以上情况下，不论仲裁庭是否需要行使对裁决书的留置，也会是其中一方或者双方认为这收费太高想提出质疑。再一个情况是，其中一方当事人（例如是败诉的被告）在整个仲裁完毕后的一段时间才想质疑仲裁庭成员收费太高，在这个时候往往是仲裁庭成员的费用早已经被另一方当事人（通常是胜诉的原告）支付掉，以取得裁决书。这种情况通常会在缺席仲裁中，在执行成功时导致仲裁/诉讼费用最终是由败诉的被告承担。被告在被强制执行后才回头想到这笔仲裁庭成员的费用实在太高且不合理，加上败诉后对仲裁庭成员肯定不会有好感，也就会想对其费用提出质疑。

在以前的 1950 年《英国仲裁法》以及目前《香港仲裁条例》（针对本土仲裁的部分）中，当事人想质疑仲裁庭成员的收费不合理，只允许在上述的一种情况与时间，即在这笔费用还未付出前，甚至不存在有任何预付。时间上是在仲裁庭作出了裁决书但拒绝发放给当事人，即行使对裁决书的留置权，除非当事人支付仲裁庭自己核算的一笔收费。如果想取得裁决书的一方当事人认为该笔费用太高且不合理，可以将仲裁庭要求的收费存进法院（但不是支付给仲裁庭），然后向法院申请要求下令仲裁庭交出裁决书，而该仲裁庭成员最后的合理收费就由法院核算。这与英国或香港地区遇上一方留置另一方要求后者支付一笔被后者认为是过高收费的做法一样（如修车厂修好车子之后留置该汽车，除非支付一笔费用，但车主不服气，就可以将被要求支付的费用存放法院，要求法院先下令修车厂归还汽车的做法相同）。这是在《香港仲裁条例》第 21 条（1950 年《英国仲裁法》第 19［1］条），如下：

"21 Taxation of arbitrator's or umpire's fees (1) If in any case an arbitrator or umpire refuses to deliver his award except on payment of the fees demanded by him, the Court may, on an application for the purpose, order that the arbitrator or umpire shall deliver the award to the applicant on payment into court by the applicant of the fees demanded, and further that the fees demanded shall be taxed by the taxing officer and that out of the money paid into court there shall be paid out to arbitrator or umpire by way of fees such as may be found reasonable on taxation and that the balance of the money, if any, shall be paid out to the applicant. (2) An application for the purposes of this section may be made by any party to the reference unless the fees demanded have been fixed by a written agreement between him and the arbitrator or umpire. (3) A taxation of fees under this section may be received in the same manner as a taxation of costs. (4) The arbitrator or umpire shall be entitled to appear and be heard on any taxation or review of taxation under this section."

但上述的那种情况可让法院插手核算仲裁员的合理费用是有局限的,这里可介绍两个有关的提出这方面局限的先例,第一个是 Government of Ceylon v. Chandris (1963) 1 Lloyd's Rep. 214,Megaw 大法官这样说:"Sect. 19 (1) of the Act provides that, if the delivery of the award is made conditional upon payment to the umpire, a party desiring delivery of the award may apply to the High Court, which may order the delivery of the award to the applicant on his payment into Court of the full amount of the fees and the amount in Court is paid out according to the result of the taxation. The umpire can, of course, appear and be heard on such taxation. That is, no doubt, a useful provision, but it leaves a gap. If the party who turns out to be the successful party has taken up the award and paid the fees, the section does not apply. The other party, who in fact has to bear the burden of the fees, cannot apply to the Court. Thus, under the section as it now stands, it is largely a matter of chance whether or not a party can make use of this statutory protection in respect of fees which he claims to be excessive."

第二个先例是 Rolimpex v. Haji E. Dossa (1971) 1 Lloyd's Rep. 380,其中 Donaldson 大法官说:"In most cases in which a tribunal taxes and settles its own fees, it will exercise a lien upon the award to compel payment. In such cases there is sometimes and effective right of appeal under sect. 19 of the Arbitration Act, 1950. This section entitles any right to apply to the High Court for an order that, upon payment into Court by the applicant of the fees demanded, the award be delivered to the applicant, that the fees be taxed by the Court and such sum as may be found reasonable be paid to the tribunal, the balance being repaid to the applicant. This right is rendered ineffective where the application of the dissatisfied party is forestalled by the other party taking up and paying for the award. This can and does happen where one party is reasonably certain that the award is in his favour and will require the other party to reimburse him the costs of the award, for in such circumstances his interest in the amount of the costs is limited."

但这一方面在 1996 年《英国仲裁法》已作出了修改与改善,以保护当事人不会被乱收费的仲裁庭成员敲竹杠。这就有了条文可让任何一方当事人在任何情况与时间提出申请时,法院都有权质疑仲裁员收费的合理性(只要不在仲裁程序完毕后太晚才提出,否则法院会认为情况不再适合命令仲裁庭成员将多收的费用返还),并由法院对仲裁员费用作出核算与厘定。在这种诉讼中,仲裁员实际上为被告。仲裁庭成员除了可能要委任代表律师外，还要小心诉讼费用，包括尽早考虑作出一个收费金额较低的和解提议，以保护将来的法院诉讼与核算诉讼费用要其承担。1996 年《英国仲裁法》中的有关条文是 Section 28（2）与（3）。它规定仲裁的当事人可以在任何适当情况与时间去法院申请重新核算仲裁员的收费。如有多收取的情况，会下令仲裁员退还这笔钱，如下："28（1）The parties are jointly and severally liable to pay to the arbitrators such reasonable fees and expenses（if any）as are appropriate in the circumstances.（2）Any party may apply to the court（upon notice to the other parties and to the arbitrators）which may order that the amount of the arbitrators' fees and expenses shall be considered and adjusted by such means and upon such terms as it may direct.（3）if the application is made after any amount has been paid to the arbitrators by way of fees or expenses, the court may order the repayment of such amount（if any）as is shown to be excessive, but shall not do so unless it is shown that it is reasonable in the circumstances to order repayment."

注意上述的 Section 28（1）是说明双方当事人对仲裁员的费用负有共同与连带责任，但针对的只是合理费用。故此，会有情况是一位当事人委任的仲裁员收取高昂的费用，超出了合理水平，但这是委任方所同意的。这一来，鉴于订约自由的大原则，委任方同意了高昂的收费仍然是要负责。但对方的非委任方所要负责的只是 Section 28（1）下的合理费用。如果这个仲裁是委任方败诉，他要负责所有的仲裁员费用，包括他自己委任的收费高昂的仲裁员费用。但如果非委任方败诉，而通过执行裁决书而导致他要对所有仲裁员的费用作最后承担，他就会不服这个委任方仲裁员所作出的高昂收费了。他就可以去法院申请并要求法院作出核算与厘定。而法院最后的决定会是：（1）如果仲裁员即使根据他与委任方所同意的收费标准（如每小时 1000 英镑）核算，但仍然是多算了他的工作小时，就会要该仲裁员退还这部分多收取的费用。（2）由于最后要承担的是败诉的非委任方，而他根据法律只要负责合理的费用，而法院认定该委任方仲裁员的合理收费只是每小时 500 英镑。这一来，非委任方所要承担的只是核算后的工作小时乘以 500 英镑，得出的就是非委任方要承担的仲裁员费用。（3）而胜诉的委任方，他也要承担部分费用，就是他委任仲裁员高出合理的那部分，即每小时 1000 英镑减去 500 英镑，再乘以核算后的工作小时。

除了该仲裁员的费用分摊外，在上述的例子下还会有一种危险，就是委任方同意了支付太高昂与不合理的收费标准，会有危险被非委任的败诉方视为是讨好该位仲裁员。不过笔者还没看到过这方面的案例，但估计是有可能在时限还来得及，以这个理由向法院对该裁决书请求救济。特别是该裁决书只是多数意见，换言之这一个行动会造成了实质的后果。

《香港仲裁条例》目前正在进行修改，笔者希望将来也会有类似的条文以防止小部分乱收费的仲裁员鱼肉仲裁当事人，虽然这种情况目前在香港仲裁并不多见，因为还有少数其他机制或原因。这包括对不想乱收费的共同仲裁员作出劝阻，害怕当事人不甘被鱼肉而和解,HKIAC不委任过高收费的仲裁员,仲裁员害怕弄坏自己的名誉而不这样做等。在2007年12月的Draft Arbitration Bill,第78条是很详细的条文,但它仍然只有在第78(2)条文针对仲裁庭拒绝发放裁决书的情况,也就是行使留置权,法院才可以作出核算与厘定,这比起1996年《英国仲裁法》广泛的权力还是有很大距离。而且现实中,香港的仲裁通常都是先要求双方当事人给出"预付费用"(deposit)存放在HKIAC,因此很少存在留置裁决书的情况。这导致香港仍欠缺伦敦那种全面的机制针对仲裁员乱收费的情况。

另外,《联合国示范法》(UNCITRAL Arbitration Rules)目前正在修改(有关这方面请看本书第十五章),在2008年上半旬的会议中,也考虑到这个问题,即是否加入机制以仲裁地点的法院监督仲裁庭成员的收费,至于最后的结果如何有待进一步发展。

3.5 特定情况下仲裁员的收费

3.5.1 "后备"公断人与公断人接管后的当事人仲裁员

仲裁中有情况是让"后备"(standby)公断人一同参与开庭但不发表任何意见,以防止双方当事人委任的仲裁员在考虑裁决书时意见不一致,被逼委任公断人,但他却对口头证据一无所知而要再来一次开庭。根据Fletamentos v. Effjohn Int'l (1995) 1 Lloyd's Rep. 311先例,"后备"公断人可收取其参与开庭的费用。另在二位仲裁员意见不一致而委任了公断人,这二位已经不是仲裁员但仍会参与部分工作,如向公断人解释各自的立场,其收费也可以向当事人收取。这两点在1996年《英国仲裁法》Section 28 (6)有关仲裁员有权收取合理费用也得到了保障:"(6) In this section reference to arbitrators includes an arbitrator who has ceased to act and an umpire who has not replaced the other arbitrators."这两点也在《香港仲裁条例》之Section 2GK(4)保障仲裁员的收费,说明仲裁员包括已经停止担任仲裁员以及尚未取代的"后备"公断人。

3.5.2 仲裁员辞职的情况

仲裁员一般只有在双方当事人均同意的情况下才能辞职,但现实中要双方同意并不容易,而且仲裁员的辞职可能带来仲裁要重头来过等问题。仲裁员在辞职前所做工作的收费问题在1996年《英国仲裁法》Section 25有针对,如下:

"25 (1) The parties are free to agree with an arbitrator as to the consequences of his resignation as regards-(a) his entitlement (if any) to fees or expenses, and, (b) any liability thereby incurred by him.

(2) If or to the extent that there is no such agreement the following provisions apply.

(3) an arbitrator who resigns his appointment may (upon notice to the parties) apply to the court-(a) to grant him relief from any liability thereby incurred by him, and(b) to make such order as it thinks fit with respect to his entitlement (if any) to fees or expenses or the repayment of any fees or expenses already paid.

(4) If the court is satisfied that in all the circumstances it was reasonable for the arbitrator to resign, it may grant such relief as is mentioned in subsection (3) (a) on such terms as it thinks fit."

所以,仲裁员在双方或一方当事人不同意辞职的情况下,但仲裁员自己有重大原因要辞职,如家庭或健康问题,可以向法院申请批准。法院在考虑是否批准时,也会同时考虑下令双方当事人支付仲裁员在该仲裁已经产生的费用,因为很多情况是仲裁员辞职前已经对此仲裁做了一些有价值的工作,做出了一些有利于推进仲裁的命令/指令,例如是已经完成了文书请求的交换与文件证据的披露,下一位替代仲裁员(如果有的话)亦无须完全从头来过。

3.5.3　仲裁员被赶走的情况

有关仲裁员被赶走的情况,1996 年《英国仲裁法》之 Section 24 (4)中有针对其已经产生的费用:"24 (4) Where the court removes an arbitrator, it may make such order as it thinks fit with respect to his entitlement (if any) to fees or expenses, or the repayment of any fees or expenses already paid."

但考虑到仲裁员被法院赶走,几乎一定与其"严重不正常"(serious irregularity)的行为有关,所以法院允许被赶走的仲裁员收费的情况很少,如该仲裁员曾亲自掏腰包雇佣了中立专家作出了对双方有用的报告等类似情况。有关的先例有 Wicketts and Sterndale v. Brine Builders (2001)(未报道)。

3.5.4　当事人要求"追加裁决书"(additional award)或对裁决书作"修改"(correction)

这些仲裁庭的额外工作,特别是涉及修改或对裁决书内容的澄清所涉及的收费在 1996 年《英国仲裁法》没有针对。看来,如果是仲裁庭自己疏忽过错引起,则不应收取费用。但也可能仲裁庭并没有过错,只是按当事人的要求对裁决书作更细微的修改或是由于当事人自己所提供的名字错误而需要修改(为例),类似这样的情况下,仲裁庭的收费就要靠自己来保障了。按理说,仲裁庭提供了服务,理应收费,这也符合 1996 年《英国仲裁法》Section 28 的合理性要求。最好还是事先询问双方当事人以求对收费作出保障,成功机会还是很大的。只是在现实中,仲裁庭对这种额外工作一般都不会收费,即使是不涉及该仲裁庭自己的疏忽过错,往往工作量也不会太大,所以仲裁庭一般也不会计较。

但涉及追加裁决书,就会涉及更大的额外工作量。在这种情况下,根据先例 Norwich Union v. Whealing Horton & Toms Ltd (2009) EWHC 370 (TCC),Akenhead 大法官说是仲裁庭可以在该追加裁决书作出费用的命令,这也包括了仲裁庭自己的费用。问题反而是仲裁庭在双方花了不少时间的争议后,拒绝作出追加裁决书。这一来,成功抗拒作出追加裁决书的一方当事人所花的律师费用应该怎么样向对方要回来。看来是不能把这些费用当作是执行裁决书的费用,因为这一问题不涉及执行。一种可行的办法是仲裁庭可以把原来作出的裁决书有关费用命令部分作出修改。另一种则是仲裁庭不作出任何费用命令，直到Section 57有关向仲裁庭申请一个追加裁决书的时限（从裁决书作出之日起28天内）届满才作出有关费用的最后命令。幸亏在现实中，这种情况也不经常出现。

顺便一提的是在《联合国仲裁规则》（UNCITRAL Arbitration Rules）适用的情况下，它在第40（4）条规定了仲裁庭在解释、修改与追加裁决书的情况下不能收费，大概这是假设仲裁庭在自己疏忽过错时就不应该再收费。但笔者最近的经验是，双方当事人提出这方面的要求，笔者与其他两位仲裁员花了大量时间，并一起会面商讨后否定了这方面要求。笔者不觉得是仲裁庭犯错，但根据《联合国仲裁规则》第40（4）条文就无法收费。据悉这种情况在国际仲裁中经常发生，特别是在裁决书很厚与败诉方不服气的情况下。笔者在2006年的一个联合国会议上探讨有关修改已经有30年历史的《联合国仲裁规则》中发言，其中提到的就是这一方面，希望能够作出改善。

3.5.5　因裁决书被"发回重审"（remit）或法院参与或干预引起的仲裁员费用

只在裁决书被发回重审，仲裁员会有大量的额外工作，其费用如何需要请求法院下命令了。通常法院会这样做，但如果法院漏了去针对，仲裁庭可征得双方当事人同意支付其额外工作与费用，省得再去法院作出申请。在其他的情况下，如败诉方向法院提出把裁决书撤销或内中的法律观点上诉，这种法院的行动通常仲裁庭不会参与，也不必理会其结果，所以就不存在有额外工作与费用。会有情况在这些法院行动中，原告将仲裁庭成员也列为第二被告。这一来，一种做法是仲裁员收到法院传票就问双方当事人，特别是原告，要求确认不需要仲裁员出庭抗辩。通常原告也会答应，甚至撤回将仲裁员当作第二被告，这一来在法院行动变成了唯一的被告就是在仲裁胜诉的当事人了。另一种做法在《Arbitration》Volume 72 Number 4 November 2006之352页有介绍，就是仲裁员直接写信给法院，这特别是在第一种方法不管用，即原告不同意仲裁员的要求时。在该介绍的案件是有关法律观点上诉的申请，仲裁员被列为第二被告后，写信给英国法院说明他是仲裁员，并说："The purpose of this letter is to let you know that I am content to abide by the decision of the Court in respect of the application. As the appointed arbitrator I do not consider that it would be appropriate for me to take part in these proceedings. Accordingly, with no disrespect to the Court, I do not intend to return the Acknowledgement of Service Form."

这种不参与法律行动的做法也是正确的，毕竟这会是针对中间裁决书的撤销或法律观点上诉，所以仲裁员参与并作为被告抗辩，就会在接下来的仲裁程序与裁决书的中立性与客观性上有疑问。另会有情况是仲裁员希望对法院作出更详尽的解释，因为裁决书并不明确，这特别是涉及对仲裁员的攻击，如违反自然公正而必须将裁决书撤销的指控。这一来，仲裁员会要作出一个"证言"（statement）。递交给法院则可以通过当事人，包括第一被告，也可以附在写给法院的信函中。

但看来，写这些信函与证言虽然也会占用仲裁员不少时间，却没有向当事人收费的基础了。有关这方面会在本书第四章1.2－1.8段有详细介绍，请参阅。

3.5.6 仲裁员没有管辖权裁决下的收费

仲裁庭可以自己裁决自己的"管辖权"(jurisdiction),根据的是"独立原则"(separability principle)与 competence-competence 原则。但如果裁决结果是其没有管辖权或上诉法院后确认没有管辖权,仲裁庭成员的费用仍可向当事人收取或已经支付了的就不存在当事人可向仲裁庭成员要回。

3.5.7 仲裁员出门/出差的时间

在国际仲裁,仲裁员要出门/出差并不罕见,这包括预先会议以及开庭审理。显然,出门/出差需要时间。好像业务律师一样,如果只是邻近的本地出差,如要去香港国际仲裁中心开庭,这方面的时间与费用(的士)应该算是仲裁员自己固定收费/成本的一部分。但如果出远门而涉及乘坐飞机的话,合理的使费如商务舱与酒店住宿应该包括在内。但问题就是在路途中所花费的时间,在开庭时发生中断的空闲时间与时差引致需要休息的时间是否合理包括在内以及应该怎样计算,这在上述的 The Guidelines for Arbitrators as to how to formulate their Terms of Remuneration 有提到,请参阅。在这些不同的时间就可以收取合理的费用,但显然就应该调整或减低仲裁员的正常收费费率。举例说,笔者最近在一个香港仲裁中途转去深圳开庭向中国内地的证人取证,仲裁庭的三位成员浪费在来回的路途中所花的时间就收取正常费率的一半,如 4000 港币变成 2000 港币,而且是得到双方当事人的同意。

3.5.8 仲裁员开庭或阅读/书写的工作

由于工作性质不同,仲裁员甚至仲裁庭个别成员之间对于开庭与阅读/书写的收费会有所不同。首先要再提到上述所讲的有水平的仲裁员在阅读/书写的工作比水平较差的仲裁员快 1~2 倍以上的情况下,更不要说最后裁决结果的正确几率也应是水平高的仲裁员比较高。这表示有经验与有水平的仲裁员针对阅读/书写的工作,如草拟一份裁决书,应该比较差的仲裁员收费费率更高才合理。因为他们就是做同一样事情,最后所花时间乘以每小时的费率可能是一样的金额。但相比另一种工作就是开庭,个别仲裁员的工作效率高低就没有关系了,最多是他们聆听双方当事人的争辩与证据是否充分掌握或者是对牛弹琴的区别了,最后影响到裁决的结果。原因是开庭的速度仲裁员无法掌握,这方面要看双方当事人的法律代表。反正如果有 3 天的开庭,仲裁员水平高或是水平低都要坐在那边聆讯。这就带来了一些认为是合理的做法,就像"伦敦海事仲裁员协会"(LMAA)的会员作为仲裁员,他们花在阅读/书写工作的时间,个别仲裁员的费率可以很不一样。显然是有经验与水平的 LMAA 仲裁员,加上受欢迎,他们的费率可以比其他 LMAA 仲裁员高。但他们花在开庭的工作,在做法上则是大家收同样的一笔费用,按天计算。预定其开庭时间的 booking fee(2004 年开始是 425 英镑),也是每一个 LMAA 仲裁员都收一样的金额,无论是资深还是资浅。

3.5.9 独任或首席仲裁员与当事人委任仲裁员的收费

有人认为作为独任仲裁员或者三人仲裁庭中的首席仲裁员应该收取更高的费

率,这也是可以理解的。对笔者来说,作为独任仲裁员也不需要收取更高的费率,好像作出一些补偿。原因是虽然增加了责任,看来是没有其他仲裁员可以一起讨论商量,但作为独任仲裁员反而更加轻松与自由。所以笔者不认为做独任仲裁员需要提高收费费率。但做一个三人仲裁庭的首席仲裁员,笔者是非常同意对一个有责任感与勤奋的仲裁员来说,应该收取较高的费率,因为他的责任、工作量与所需要的技巧确实不少。

作为一个仲裁庭的首席,通常要处理好以下的工作:

(1)要令仲裁程序顺利与尽快推进,而要这样做,他就要能够处理好国际仲裁中经常会遇到的双方当事人与其法律代表因为不同的法律/文化背景而带来的不必要误解。当然,作为独任仲裁员,要做得好也必须有同样能耐。但作为首席,还存在要照顾其他两位当事人委任的仲裁员也会因不同的法律/文化背景而存在的差异,这就是独任仲裁员所不必面对的麻烦了。在近期的一些国际仲裁中,笔者就遇到很多这种问题。在一个案件中,笔者作为首席经常遇到其中一位当事人委任的仲裁员持不同意见,这导致了漫长与昂贵的仲裁庭成员之间的来往,而双方当事人是很心急地等待这个紧急申请。最后往往还是无法说服他而导致作出中间程序命令,也要向双方当事人说明这只是仲裁庭多数的意见。笔者的经验是如果大家差异很大,要想相互说服对方是十分困难甚至是做不到的事。所以,笔者比较倾向于不要再花费时间与金钱在大家说服大家之后才出一份一致的裁决书,而是尽快决定首席应该偏向哪一方就决定是多数人的意见。好像 Hussman v. Al Ameen (2000) 2 Lloyd's Rep. 83 案例中,双方争议的金额是108000 英镑,但裁决书的费用(也就是仲裁员的收费)高达85520 英镑,这当然不包括双方当事人律师的费用。仲裁员收费这么高据说是因为很多时间花在说服一个持有不同意见的仲裁员。但显然是给双方当事人带来更坏的后果,即昂贵的仲裁员费用。这是作为首席仲裁员要谨记与避免的。

(2)要管理推进仲裁的细节,如要负责与双方当事人通信以及在仲裁庭成员之间的探讨。通常在仲裁庭成员之间,往往是要首席带起大家之间的对话,而当事人委任的仲裁员一般不会主动参与。至于仲裁中会遇到的各种时效/时限,也是首席仲裁员要紧密关注,一旦出了问题就会归责于他。举例说,现在一些大型的跨国合约经常会有一条条文订明一个很短的时间,如在开庭后的一个月内作出裁决书。如果仲裁庭未能遵守,会带来很严重的后果,因为过了约定时间而作出的裁决书就没有管辖权。这一来,作为首席往往会变得神经紧张,如开完庭后的一个月内尽早与其他仲裁员进行探讨,不断催促答复,一发觉有短期内不能协调的意见就先达成多数人意见,及时安排对裁决书的签字(要小心其他仲裁员可能要出差或其他原因而找不到人),及时向双方当事人要求更改合约同意延长作出裁决书的时限。而如果其中一方当事人不同意,就建议另一方尽早向法院申请延长该时限(1996 年《英国仲裁法》之 Section 79,在香港 2007 年 12 月的 Draft Arbitration Bill Section 59 也有同样的条文)等。当然上述的各种问题也会出现在独任仲裁员,但一个人对时限就比较容易控制,包括裁决书的原因可长可短,不需要其他仲裁员的同意或商讨,所以相对很紧的时限也不至于造成太困难的情况。

(3)要管理经济上的细节。这又是作为首席仲裁员的麻烦之处,当然是指仲裁庭费用方面的经济问题。如有个别仲裁员收费太高,首席就需要质询或建议降低,以免令整个仲裁变得太昂贵。另是今天在国际仲裁,往往面对各种不同的外国当事人,导致将来收费有一定困难。现实中仲裁员面对的坏账也经常有,导致了不少仲裁员今天案子金额比较大的情况下都会要求当事人就仲裁员收费给"担保或者预付费用"(deposit)。在整个仲裁过程中直到做出裁决书,首席有责任肯定仲裁庭成员不会面对坏账而一直有足够的预付费用或担保。这往往又是独任仲裁员不必烦恼的事,一是因为相对的收费金额会低得多;二是即使面对坏账,也是该独任仲裁员自己的事情,或有所延误要求预付费用是他个人的责任。

(4)安排开庭并非容易的事情,尤其是开庭时间比较长。因为这里涉及将非常忙碌的5个或以上人士(3个仲裁员加上双方当事人的法律代表,他们会是著名的资深大律师)拉在一起一段长时间是极其困难的事。首席往往也要主动把大家的空档时间找出来并确定。这种事情看起来容易,但做起来就很麻烦。如被告不合作,就存在要逼使其给出一个合理与尽早的时间,更可能要逼使其另找一个有时间出庭的法律代表。又如其中一位仲裁员迟迟没有空档时间,就涉及建议他辞职,让另一个有空档时间的仲裁员作为替代。这种工作,有时候要信来信往两三个月才能确定一个将来的开庭时间。而其间也往往有变化,如本来没有空档的时间在稍后又变成可以有空档,常见的原因是该仲裁员或者法律代表原来的另一个案件庭外和解而再不必开庭。

3.5.10 不同案件与仲裁地点的收费

这只是说在不同的仲裁案件与仲裁地点,仲裁员的收费也会有很大差异。在一个2000年的报告中(John Yukio Gotanda教授发表在2000年10月期的《Vanderbilt Journal of Transnational Law》)就给出一些数字。在伦敦是每小时70~400英镑,但在澳大利亚就是35~140英镑。2000年在伦敦能够收取每小时400英镑或开庭3000英镑一天肯定就是最昂贵的几十个仲裁员(今天这些仲裁员收费应该已经超越每小时1000英镑了),而他们处理的也必须是金额庞大的仲裁案件,否则当事人难以负担这些费用。而这些案子在当今社会也经常见到,如2008年2月初国际新闻中报道的一个仲裁中,委内瑞拉政府要赔120亿美元给ExxonMobil石油公司。伦敦这些收费最高的仲裁员多数是一些退休的贵族院勋爵或大法官,或是一些著名的御用大律师。

由于任何人都可以做仲裁员,这也存在在上述统计下,如果一个在澳大利亚收取每小时140英镑的仲裁员去伦敦仲裁做仲裁员,他可能的收费就会是与其他伦敦仲裁员看齐而收400英镑一个小时了。这种情况在国际仲裁经常见到,如香港就经常有中国内地的人士被委任为仲裁员,而他们的收费与笔者或其他一些仲裁员不相上下。而如果其做国内的仲裁员（虽然收费的基础并不一样，因为国内的是机构仲裁）不一定能够收到同样的费用或报酬。这到底是不是合理收费我倒没有见过相关案例，但将来这种情况越来越多，也难保不会有这方面的争议。

3.6　仲裁员记录时间

根据上述收费的办法，即根据仲裁员所花费的时间乘以其合理收费费率，就会涉及仲裁员需要留一个时间的记录，就像业务律师一样的做法。但可能仲裁员没有业务律师那么习惯，加上很多仲裁员非常忙碌，就导致没有准确而且不断地随时随地打电话或发传真去记录时间的仲裁员很多。这方面可以节录著名的伦敦海事仲裁员 Bruce Harris 先生在 2001 年 10 月 16 日在“伦敦特许仲裁员学会”（London Chartered Institute of Arbitrators，简称 LCIA）所发表的讲话，如下：“The third point concerns time recording. It is, as any lawyer at least knows, very difficult accurately to record exactly how much time you spend on a particular matter especially when you are busy. How can you reasonably accurately record the time spent on each telephone call, reading each letter or fax, dictating at least short letters etc. ? What some of us do is endeavour to record any time spent on a case in excess of 10 minutes only, and then have a unit charge for other work, e. g. one unit for reading an average letter, five units for preparing an average outgoing communications, and five for a telephone call. With such a system it is not difficult, with a little research, to work out what should fairly be charged per unit. ”

笔者知道不少仲裁员事后根据自己的档案在收费时对自己所花的时间作出计算。毕竟仲裁员很多时候的工作都是以文书记录，所以这样计算也没有什么不妥。至于仲裁员夸大所花的时间，恐怕他马上作出记录或根据档案作出计算都有可能发生，这是关系到他个人职业道德的问题与水平。例如，有经验与有水平的仲裁员都会经历过与一些可能比较差劲的仲裁员在同一个仲裁庭，在最后计算大家费用时，会出现在同一个工作差劲的仲裁员所花的时间是有水平的仲裁员的一倍以上。Bruce Harris 先生在同一发言中也对这问题作出了针对，如下：“Too often have I seen arbitrators who clearly plod, and take perhaps twice as long as anyone else, demand exorbitant fees because they charge their time out at an average rate. That should not happen. The arbitrator who is at 50 per cent of average performance should only charge 50 per cent of average fees-and of course those who are faster than average are entitled to an uplift. Similarly the arbitrator who acknowledges every letter unnecessarily, or who re-reads the documents unnecessarily, or indeed does anything that is not reasonably required should not charge for such unnecessary work. ”

对笔者而言，在一些看来会拖时间的仲裁案件，是有习惯将自己所花费的比较长的时间，如会议（不论是与当事人还是只是仲裁庭成员之间）、视像或电话会议、调查研究一个比较复杂的问题、草拟比较长与复杂的文件（包括通信往来或裁决书）、开庭审理等都记录下来。但其他一般的通信往来就不会完整记录，这在收费时很容易计算出来。笔者在处理一些以文件审理的简单海事案件，或是被告缺席裁判，通信往来更是有限，恐怕最花时间的就是草拟裁决书，这是唯一需要记录所花的时间了。

3.7 仲裁员收费的担保/预付、收取取消开庭费用与分期支付

3.7.1 担保/预付(security/deposit)

在"随意仲裁"(*ad hoc* arbitration)，即使仲裁员委任协议中没有规定，仲裁员一般会在实际操作中对其收费提前采取一定保障措施，例如要求双方先"预付"(deposit)一笔钱进香港国际仲裁中心(HKIAC)作为保管人。一般在仲裁进行阶段，双方(特别是原告)会对此类预付担保的要求不敢漠视或拒绝。

这种做法在双方当事人都是有声誉的公司，或至少一方是(因为他们承担连带责任)，担保/预付费用往往不需要。任何仲裁员都可以只依靠作出裁决书并进行留置就可以收到他的费用。但仲裁员会遇上双方当事人都是巴拿马公司的皮包公司，则共同与连带责任也没有多大保障。这一来，仲裁员就会考虑预付费用的重要性，而不能做了大量工作后仅依赖对裁决书的留置权作为收费的保障。这种做法现在在香港也是十分普遍，但如果没有在接受委任的时候同意，以前的法律地位下仲裁员能否这样强制当事人预付并不太明朗。如果仲裁是适用如《联合国仲裁规则》(UNCITRAL Arbitration Rules)，其第41条文在这方面有对仲裁员十分照顾的内容如下：

"1. The arbitral tribunal, on its establishment, may request each party to deposit an equal amount as an advance of the costs referred to in article 38, paragraphs (a), (b) and (c).

2. During the course of the arbitral proceedings the arbitral tribunal may request supplementary deposit from the parties.

3. If an appointing authority has been agreed upon by the parties or designated by the Secretary-General of the Permanent Court of Arbitration at The Hague, and when a party so request and the appointing authority consents to perform the function, the arbitral tribunal shall fix the amounts of any deposits or supplementary deposits only after consultation with the appointing authority which may make any comments to the arbitral tribunal which it deems appropriate concerning the amount of such deposits and supplementary deposits.

4. If the required deposits are not paid in full within thirty days after the receipt of the request, the arbitral tribunal shall so inform the parties in order that one or another of them may make the required payment. If such payment is not made, the arbitral tribunal may order the suspension or termination of the arbitral proceedings.

5. After the award has been made, the arbitral tribunal shall render an accounting to the parties of the deposits received and return any unexpected balance to the parties."

幸亏在现实中即使是没有在接受委任时取得当事人的同意或仲裁并不适用UNCITRAL Arbitration Rules，仲裁员在适当时向双方当事人要求预付费用往往也会成功，因为当事人在还没有裁决前都会尽量不得罪仲裁员。笔者曾在一个仲裁庭担任

首席仲裁员,在接受委任时并没有说明有权要求预付费用,但在三人的仲裁庭中,其中有一位当事人委任的仲裁员在接受时有这方面的同意。这一来,笔者就说服通过他向双方当事人下令预付仲裁员的费用,因为这是其接受委任的条件之一,而且应该约束双方当事人。

但现在看来,立法是应该清楚。如在1996年《英国仲裁法》第38(3)条文就有说明可以命令原告(但没有包括被告,因为被告拒绝预付也无法对其作出惩罚,如不让他抗辩)提供仲裁费用的担保:"38. -(3) The tribunal may order a claimant to provide security for the costs of the arbitration."

而在《香港仲裁条例》中的Section 2GB(1)(a)有同样的规定:"2GB General powers exercisable by arbitral tribunal (1) (a) requiring a claimant to give security for the costs of the arbitration;..."

这种预付费用在香港仲裁中通常是由HKIAC作为"保管人"(stakeholder)。这除了是有公信力之外,也对预付的当事人与还没有做太多工作的仲裁员都公道。毕竟这笔预付费用金额不会低,几十万甚至几百万港币都很常见。HKIAC当是会收一些保管的费用如3000港币,在今天香港的随意仲裁案件中,有不少是HKIAC在这方面提供服务。

3.7.2 "取消开庭费用"(cancellation and commitment fee)与分期支付

这种费用现在很多仲裁员会收取,特别是本身又是大律师的仲裁员。做法上有点像大律师任命开庭时收取的"聘费"(brief fee)。在聘用大律师时与一早支付了聘费之后,大律师就会将预定的开庭日期作出保留以到时出庭。理论上或实践中即使有其他的开庭委任,该大律师也要推掉。经常会发生的是开庭会取消或押后,其中的一个重要原因是双方当事人在开庭前作出庭外和解,该大律师就再也不需要在那段时间开庭了,而大律师的一般做法是不会将那部分聘费退还,当作是将他的档期占下来而又不再需要其服务的补偿。

仲裁员也经常会面临这种情况,就是预定是开庭时间又不开,而且往往很晚才作出通知。这就导致了仲裁员的档期总是会变化,而且仲裁员也会因为这种临时取消开庭而不方便甚至造成部分损失,这就是仲裁员需要收取取消开庭费用的原因。有不少又是大律师的仲裁员开庭一天的收费是50000港币(为例),那么他取消开庭费用就会收取20000港币到25000港币不等。至于仲裁员可否收取开庭费用,现在的法律地位是很明确不能收取的:K/S Norjarl A/S v. Hyundai Heavy Industries Co. Ltd (1991) 1 Lloyd's Rep. 524。在该案例中,Leggatt大法官说:"once an arbitrator has accepted an appointment, no term can be implied that entitles him to a commitment fee."

所以,如果仲裁员想收取取消开庭的费用,就要在委任时取得当事人的同意。甚至要在委任时写明双方在确定开庭时间后,仲裁员就可以马上要求支付这笔费用,而且将来取消时就不再退回。甚至,仲裁员要写明双方不支付这笔费用的后果就是将确定了的开庭时间取消,以免双方不支付这笔费用但又坚持开庭要依期进行,因为仲裁员有责任推进仲裁的程序。

在 K/S Norjarl A/S v. Hyundai Heavy Industries Co. Ltd，也有说到在没有约定的情况下，仲裁员想收取取消开庭的费用就必须证明他因为取消开庭的实际损失，正如 Leggatt 大法官所说的证明损失的做法："a fruitful source of discord, which might involve proof of the arbitrator's actual earning during the relevant period as well as the reasons why they had not availed themselves of particular opportunities of work."

这种损失当然是很难证明的，加上忙碌的仲裁员或者任何人士，即使是取消了开庭也不表示那几天就可以出外旅行。他们往往会有其他特别是文书的工作可以代替，但是也不可以说他们完全没有损失，只是证明不容易。所以有时候为了对双方都公道，有些仲裁机构规则会在这方面作出针对。例如，在《伦敦海事仲裁协会规则》(LMAA Terms)就有特别针对这方面的费用，就是在开庭时间确定了之后仲裁庭就可以收取"预定费"(booking fees)，而这笔费用可以依照通货膨胀而不断作出调整(在 2007 年年底是每天 500 英镑)。并且这笔费用也会因为取消通知作出的时间而有所不同：如果能够在开庭前 3 个月知道取消开庭的话，仲裁员就扣取 30% 作为取消开庭费用；而在开庭后 3 个月才知道取消的话，就扣取全部的预定费用作为取消开庭费用。

4. 仲裁费用之二：仲裁机构的收费

(1) 仲裁机构的收费(如 ICC/CIETAC)一般做法是收费(包括管理与仲裁员费用)的多少取决于争议的金额，即按该金额比例收取。但注意是金额大小不同，比例也相应做调整，即金额越大比例越小，反之亦然。仲裁庭成员收费有一个最低与最高的限额，它们之间的幅度很大，由 ICC 确定。而确定的因素包括仲裁员的勤快程度、争议的复杂性、程序的推进、仲裁庭成员所花的时间等。

(2) 支付方式是如押金一般提前支付。像 ICC 的做法是要双方当事人先预付一笔钱，估计是足够让仲裁推进至"拟定审理范围"(Terms of Reference，简称 TOR)。到了拟定审理范围后，ICC 会尽快确定出另一笔收费，这是包括了仲裁庭成员的收费与 ICC 管理费用。这笔钱会在将来有必要时作出调整。这笔收费是在原告与被告之间平均分摊。但常会遇到被告不肯支付，《ICC 仲裁规则》也就说明要推进仲裁的一方(这就是原告)要支付被告拒付的费用。否则，ICC 会通知仲裁庭中止仲裁程序的推进。这些做法都在《ICC 仲裁规则》之 Article 30 与 Appendix 3 有详细说明。

(3) 仲裁机构的收费方式造成其与随意仲裁明显的区别在于：(i) 费用上机构仲裁一般来说相对要昂贵，因为多了一个管理费用，这特别是在较小金额的仲裁案件中看得出来；但在大型的仲裁案件中，由于机构仲裁是固定收取一笔费用，通常都会比随意仲裁便宜;(ii) 随意仲裁不用双方预先付出一大笔钱,造成如在航运界大家更敢于与习惯以仲裁解决争议,争议双方半途达成和解协议的机会也较机构仲裁多;(iii) 机构仲裁的收费性质也某种程度上带来了其一般有确定的程序,耗时与灵活性上不及随意仲裁;(iv) 机构仲裁对仲裁庭成员收费的保障是随意仲裁所不及的,所以很少有坏账,但仲裁员在随意仲裁的坏账就时有所闻;(v) 著名机构仲裁在一些争议金额大的案件能给予争议双方当事人一定心理上的信心。

(4) 仲裁机构收费的原因是为管理仲裁程序,同时也为仲裁员的收费提供了保障,以 ICC 仲裁为例,三人仲裁庭的内部收费分配比例是主席 40%,其余两位各占 30%。不同仲裁机构管理仲裁方式不同,有些管理比较严,另一些则给予仲裁员更多空间。同样以 ICC 为例,其主要工作是如仲裁员的委任、决定仲裁地点(如果双方没有在合约中同意)、审阅 TOR、裁决书的复核等。类似 ICC 这样严格管理仲裁的机构还有 CIETAC、ICSID 等。而另一些机构虽然提供委任仲裁员,复核裁决书等的服务,但在没有双方明确要求下不会从真正意义上一步步管理仲裁,如 HKIAC。

(5) 像 ICC 或者 CIETAC 向当事人的收费,由于是一笔固定的金额,所以能够分摊给仲裁员的收费也一定是固定。仲裁员这种收费可称为"固定收费"(fixed fees)或"照争议金额大小收费"(*ad volerum* fees)。这也是有利有弊,可分析如下:

(i) 对一些不习惯诉讼的当事人,他们总希望能够预先知道固定的诉讼费用,因为诉讼昂贵已经是时有耳闻。所以能付一笔固定诉讼费用看来比较好。但这种想法也比较表面与粗糙。

问题之一是能够固定的也只是仲裁机构与仲裁庭成员的费用,这比起代表律师的收费与败诉后要承担胜诉方的诉讼费用会是很小的部分。但在香港,律师的收费是不能同意一笔固定的金额,虽然在英国已经有一定程度的放宽,就是在 Courts and Legal Services Act 1990 允许的所谓"有条件收费"(conditional fee),即胜诉或败诉收取的费率不同,但不能超出一个百分比(即胜诉收费的费率不能超出 100%),否则还是非法。倒是中国内地律师据悉是可以收取固定诉讼费用或败诉不收费,但胜诉在追回的款项中照比例提成的所谓"contingency basis"。即使这样与自己的代表律师作出安排,将来如果败诉后要承担胜诉方的诉讼费用还是一大笔非固定的金额。

而且,即使是固定的诉讼费用,这又带来了问题之二,就是当事人如果样样都想肯定,就要付出较高昂的代价。因为代表律师或者仲裁员都是不会比当事人考虑少,他们即使肯固定收费也必须要比较大的一笔钱,其中包括一个安全系数。简单说,如果一位当事人要笔者(不论是作为仲裁员或是代表律师)以固定诉讼费用来处理一个无法预见发展的复杂案件,笔者肯定去考虑以最坏情况来收取固定诉讼费用,如要 100 万美元甚至 200 万美元。如果作为代表律师,会在一个表面看来很有利的 1000 万美元的索赔,要求的费用是如果成功将会提成此索赔金额的 1/3。显然,这不见得对该当事人是好事。

(ii) 对仲裁机构而言,也存在固定收费如果定得低,就没有足够的钱吸引一些著名与抢手的仲裁员。笔者记得在二三年前曾经有一个国际仲裁想委任笔者为首席仲裁员,该案件的仲裁机构是“韩国商业仲裁协会”(Korean Commercial Arbitration Board,简称 KCAB)。当时仍是适用 KCAB 老的规则,仲裁员的收费只是“名义上”(nominal)的。

该国际仲裁的原告是一家美国大公司,笔者虽然不认识,但他希望笔者接受委任,并公开建议单方面承担笔者的合理收费,不论胜负。这合理费用就是按笔者惯常的每小时费率乘以实际工作时间。笔者觉得这也可以接受,毕竟该美国公司不是给笔者好处,有额外好处才会变了有贪污受贿的味道或是有潜在的偏袒危险。他只是给合理的收费,这是笔者在任何其他仲裁案件会收取的费用,而且笔者并不愁没有工作,谈不上有额外好处。但可惜最后这个公开安排被 KCAB 否定,导致笔者最后还是决定不接受委任。

像 ICC 仲裁,笔者知悉有部分仲裁员会在被委任时打听到底争议金额是多少,如果数目小就不接受委任。ICC 已经有大量的案件涉及数以千万或上亿美元的争议金额,而且被视为昂贵,但仍听说 ICC 的收费有时还是无法吸引一些最著名的仲裁员而使其有一定压力想再提高。

(iii) 对仲裁员而言,在收取一笔固定费用后,还存在会否尽心尽力的问题。笔者的感觉是在随意仲裁,仲裁庭的任何成员都很愿意并主动工作,如主动请缨草拟程序上的指示与命令或草拟裁决书等,因为干了多少时间就按费率收费。这也造成了随意仲裁庭的三位成员通常大家的最后收费都不一样,甚至会相差很远。这也公道,因为只要计算时间诚实与准确,大家按劳收费。但在机构仲裁,笔者的感觉是部分仲裁庭成员十分不主动与尽量少干活。这不一定会让仲裁机构知悉,而且分摊给仲裁员的费用也会按固定比例。

另外,笔者最近在一两个国际会议发觉出现了一个新的话题,就是在这种固定收费的仲裁员提供服务协议,虽然不会有明示条文,但会否有默示条文是不能让当事人提出过多要求?例如,在一个金额不大的 ICC 仲裁,笔者知悉双方当事人同意了并向仲裁庭要求开庭 40 天之久。一位仲裁员想尽办法推搪,因为他计算过如果答应的话这 40 天开庭就差不多是每天白干。笔者也曾在一个新加坡的 ICC 仲裁,争议金额也不大,但还是开了一次庭。该次在新加坡开庭就已经把当事人支付的固定费用花费了不少。但可惜该次开庭的第二天原告的主要证人心脏病发而无法继续,导致开庭要押后。但由于也不值得开第二次庭,所以在双方当事人同意后,包括了笔者的仲裁庭想尽办法说服双方当事人这案件完全可以文件证据审理。幸亏最后说服了双方当事人同意这样做。但如果有一方当事人坚持要开庭就麻烦了,因为新加坡与香港的仲裁法都是依据《联合国示范法》(UNCITRAL Model Law),其中第 24 (1)条明确规定只要有一方要求,就必须开庭。

(iv) 随意仲裁的国际仲裁如果拖的时间长,在今天也的确太昂贵,导致当事人一开始卷入这样一个仲裁,并且无法半途全身而退,最终为了希望不必承担诉讼费用

(包括仲裁员的费用)而战斗到底。至少在机构仲裁是可让当事人(特别是原告)(但再强调这只是针对仲裁员费用)决定是否值得开始这样一个仲裁。

5. 仲裁费用之三:仲裁方的诉讼/律师费用

5.1 有关分摊诉讼/律师费用的法律大原则

(1) 这方面的英国法的大原则是"败诉方支付胜诉方诉讼费用"(costs follow the event),胜诉方可从败诉方拿回其胜诉争议事项所引致的诉讼费用:London Scottish Benefit Society v. Chorley (1884) 13 Q. B. 873。从1996年《英国仲裁法》Section 60可以侧面看出这一原则的地位,它是针对一些协议说明一方当事人不论胜负都要负责所有诉讼费用,或平均承担诉讼费用,或只允许胜诉方向败诉方取回一个非常低的金额等,都只能在争议产生后订立才能有效,在争议明确前订立的此类协议就是无效。可见英国把双方在不知道将来争议是什么的情况下,订立这种协议视为是违反公共政策,需要干预双方的订约自由。这方面的案例不多,如Windvale Ltd. v. Darlington Insurance Co. Ltd. (1983) The Times, 22 December 1983,它是针对1950年《英国仲裁法》相同的条文。至于英国法律为什么要禁止这一方面的订约自由,曾经见过John Uff QC在一篇文章中说道:"Contrary to appearances, [the section]'s purpose is not to bar any restriction on payment of lawyer's fees but rather avoid arbitration agreements which would have the effect of preventing or discounraging a less pecunious party from employing proper legal representation."但笔者觉得这一解释还是说服力不足。

(2) 美国与英国在这方面做法有极大差异,美国一般做法是各方自己负责自己的诉讼费用,但也有如"美国海事仲裁员协会"(Society of Maritime Arbitrators,简称SMA)的规则就采取了胜诉方可拿回诉讼费用的做法。注意是虽然这在SMA1994年规则中Section 30有规定,但仍需要:(i) 仲裁协议合并此规则或直接订明可取回律师/诉讼费用;(ii) 文书控辩中双方都提出此要求;(iii) 在一方严重疏忽与恶意的情况下以"惩罚性损失"(punitive damages)来定(注意美国法律在这方面与英国法律不同,前者承认惩罚性的赔偿)。这在"中国国际经济贸易仲裁委员会"(CIETAC)的2005年《仲裁规则》的第46条也有类似改变,如下:"费用承担(一)仲裁庭有权在仲裁裁决书中裁定当事人最终应向仲裁委员会支付的仲裁费和其他费用。(二)仲裁庭有权根据案件的具体情况在裁决书中裁定败诉方应当补偿胜诉方因办理案件而支出的合理费用。仲裁庭裁定败诉方补偿胜诉方因办理案件而支出的费用是否合理时,应具体考虑案件的裁决结果、复杂程度、胜诉方当事人及/或代理人的实际工作量以及案件的争议金额等因素。"

5.2　费用担保（Security for Costs）

5.2.1　费用担保是要索赔的原告提供

费用担保是国际仲裁中经常面对的大问题，在1996年《英国仲裁法》中有了重大改变。已经提过，大原则是败诉方要补偿胜诉方合理的律师/诉讼费用，所以为了保证被告如果胜诉可拿回自己合理的诉讼费用，被告可以要求原告给予费用担保。一直以来，英国法院只是要求原告向被告提供费用担保，作为其推进索赔的先决条件，但也不是所有案件的原告都需要提供费用担保，要提供的仅限于原告身份不明、经济不稳定以及居住在英国以外的原告。

费用担保是一件大事，特别在诉讼费用高昂的情况下。笔者经历过无数次一作出费用担保的命令，原告就不再推进，进而整个诉讼不了了之。这特别在原告财力不足、诉讼金额不高、原告自己对索赔的成功没有太大把握或是原告对诉讼不了解与畏惧的情况下，所以一面对要提供费用担保的命令就马上打退堂鼓。

这是在英国以前的《高院规则》之 Order 23, rule 1，此规则只是说明两种情况下被告可能要向原告提供费用担保：(i) 被告有一个完全独立与分开的“反索赔”(counter-claim)，而不是本质上属于抗辩的“对冲”(set-off)。若被告不提供费用担保，反索赔就会被禁止推进，但原告的索赔与被告对索赔作出抗辩或反索赔可作为对冲不受影响。毕竟如果被告没有钱提供费用担保就不给他抗辩说不过去，而且严重违反自然公正与《国际人权公约》；(ii) 有时候在完全同一个争议，双方当事人谁先起诉而成为原告只是碰巧，则完全有可能是双方当事人都要向对方提供费用担保：The “Silver Fir” (1980) 1 Lloyd's Rep. 371。这种情况也可以想象得到会发生在船舶碰撞，双方互指对方疏忽，事实上也往往是双方都有不同程度的疏忽需要分摊责任。这一来，往往谁先成功把告票在一个适当的港口送达给对方船舶并将其扣押，谁就会是原告。

除此之外，原告是无法向被告要费用担保的，这也无法执行，绝不可能对被告说不提供费用担保而不给抗辩。只有一种途径原告可向被告取得费用担保，这就是原告能够成功取得“诉前保全”(pre-action security)。这途径以往只是针对海事索赔的“扣押船舶”(arrest of ship)，而且有这方面的国际公约。1975年，英国发展出一种针对海事或非海事索赔的“冻结禁令”(freezing/Mareva injunction)。另外美国在近年来就有 Rule B attachment 冻结美元汇款（这是以前美国的法律地位，但美国纽约州上诉院在2009年10月16日的 Shipping Corporation of India v. Zaldhi Overseas, Docket Nos. 08－3477－cv(L), 08－3758－cv(XAP) 先例判是美元汇款再也不能 Rule B 去冻结）。通过这种途径成功取得诉前保全就有了“索赔担保”(security for claim)。这会是一大笔钱，不仅包括“诉讼费用担保”(security for costs)，还包括索赔的本金和预计的利息。被告在这种情况下往往十分被动，如被迫要与原告和谈。如果被告在这种情况下不提供索赔担保，不影响被告可以对抗索赔并作出抗辩的权利，所以这不会影响自然公正。

现行法律1996年《英国仲裁法》与《香港仲裁条例》对提供费用担保有所收紧。在1996年《英国仲裁法》之Section 38（3），英国以外的原告已经不是要在仲裁提供费用担保的理由，只在原告身份不明与经济不稳的情况下才要提供。但不妨先在下一小段介绍要求提供担保的原因与历史。

5.2.2　原告要提供费用担保的原因与历史

原告要提供费用担保是因为：(i) 原告是主动方，而被告是被动的受攻击方，他如果成功抗辩索赔理应可向原告取回合理诉讼费用。但在以前通讯不存在与不发达的年代，如果原告是外国人或者外国公司，在英国没有任何固定资产，败诉后一走了之，在英国的被告是毫无办法取回诉讼费用的。所以，要求外国原告（即使他在外国财雄势大）在起诉推进前提供费用担保就给了英国被告一定的保障；(ii) 外国原告不提供费用担保，法院可以不允许他推进诉讼程序，这没有违反自然公正。

费用担保在英国诉讼中已经有很长的历史，而且其重要性显而易见。英国法院诉讼要提供费用担保也被判是适用在英国仲裁：Hudson Strumpffabrik GmbH v Bentley Engineering Co Ltd (1962) 2 Q. B. 587。在1962年的英国《高院规则》中，Order 23 Rule 1规定了法院在某些情况下有权命令原告提供费用担保。他们是：外国原告；"名义上的"（nominal）原告；告票上的原告地址没有提供或者是错误提供；原告地址改变了，希望逃避诉讼的不良后果。

但注意的是，没有针对另一种重要的情况是原告经济不稳定或是破产。这种重要的情况在后来的《公司法》中有规定：《Companies Act 1948》Section 447。这被视为是法院可以在法院诉讼或者仲裁的原告经济有问题时命令其提供费用担保。

英国的这种做法是几乎所有其他普通法系的国家或地区的做法，如新加坡与香港特别行政区。但有一个重要的例外，就是美国。另欧洲国家也通常被视为没有这种做法，但据悉大部分欧洲大陆国家实际上是有法例规定了外国原告要提供费用担保，请参照Claude Reymond在"Security for Costs in International Arbitration" (1994) 110 L. Q. R. 503文章中的有关介绍。但到了欧洲大陆普遍接受1905年与1954年的《海牙民事诉讼公约》（Hague Convention on Civil Procedure）（内中有禁止对签约国人士命令提供费用担保）做法开始有了改变，并接受了强制要原告提供费用担保是"妨碍其寻求法律给予的救济"（deny access to justice）。到了欧共体成立，《罗马公约》（Treaty of Rome）的第6条规定了不能歧视欧共体成员国人士，也就是不能把其他欧共体国家的原告视为外国原告要提供费用担保。这种做法也影响英国，毕竟英国也加入了欧共体，所以英国法院不能对欧共体成员国的原告命令提供费用担保：Fitzgerald v. Williams (1996) QB 657。除非是有理由相信原告经济有问题：Chequepoint Sarl v. McClelland (1997) QB 51。

美国法院没有要求原告提供费用担保，原因是美国法律并不是依照英国根据争议结果分摊诉讼费用的大原则，所以不存在"败诉方支付胜诉方诉讼费用"（costs follow the event）。这一来，也没有提供费用担保的必要了。但显然这在商业仲裁并不是受欢迎的做法。所以不少去美国仲裁的仲裁条文,经常加上一句要求仲裁庭有明示权力下令败诉方要承担胜诉方的合理诉讼费用。笔者熟悉的"美国海事仲裁协会"(Society of Maritime Arbitrator,简称SMA)更是把仲裁规则改为仲裁庭可根据争议结果分摊仲裁费用。有了这种规定,相关的问题就随之而来,如原告要提供费用担保。

针对提供费用担保的规定,也在部分仲裁机构的仲裁规则中出现,如在"伦敦国际仲裁院"(London Court of International Arbitration 或简称 LCIA),其第 25.2 条文的内容就是与英国法律地位一样,说:"The Arbitral Tribunal shall have the power, upon the application of a party, to order any claiming or counterclaiming party to provide security for the legal or other costs of any other party In the event that a claiming or counterclaiming party does not comply with any order to provide security, the Arbitral Tribunal may stay that party's claims or counterclaims or dismiss them in an award."

5.2.3　仲裁庭命令提供费用担保的权力与理由

以前英国法律地位是只有法院才有权力下令原告提供费用担保:Unione Stearinerie Lanza v. Wiener (1917) 2 KB 558,而仲裁员只有在仲裁协议条文写明或仲裁机构规则有规定的情况下才有权力命令原告提供费用担保,因为明示条文改变了默示法律地位。这在 1996 年《英国仲裁法》已经改变—— Section 38 (3):"The tribunal may order a claimant to provide security for costs of the arbitration."。而且英国法院在 Section 44 再也没有命令提供费用担保的权力了。这可以说是从一个极端(以前只有法院有这个权力)到了另一个极端(现在只有仲裁员有这个权力)。

而香港在国际仲裁使用《联合国示范法》(UNCITRAL Model Law),法院在 Article 9之下是有权力下令"中间措施"(interim measure of protection),这应包括提供费用担保:Coppee-Lavalin v. Ken Ren (1994) 2 Lloyd's Rep. 109。仲裁庭的同样权力也在《联合国示范法》之 Article 17。这更进一步在《香港仲裁条例》修改时明确在 Section 2GB(3)确认了仲裁庭有权下令提供费用担保,但说明外国原告(自然人或法人)不再考虑是否下令提供费用担保的理由。这方面 1996 年《英国仲裁法》之 Section 38 (3)也有同样的说明。不再强制外国原告提供费用担保的原因大致如下:(1)英国在欧共体是不能只因为原告是"外国人"而命令欧共体成员国的原告提供费用担保,所以干脆避免"歧视"其他外国原告。(2)伦敦与香港都想保持或者成为国际仲裁中心,这毕竟是一项重要的无形收入。所以这种妨碍当事人寻求法律给予救济的做法能免则免,外国原告来香港进行仲裁是非常受欢迎的。(3)历史上需要外国原告提供费用担保的原因今天不复存在。今天如果被告胜诉,可向外国财雄势大的原告取回合理抗辩产生的诉讼费用,以裁决书的形式作出根据 1958 年《纽约公约》执行是轻而易举。

所以英国与香港仲裁法作出这方面的修改也是恰当,可以命令原告提供费用担保主要理由就只有原告经济有问题了。例如,原告正在清盘,这主要是针对有限责任公司。这在公司法也有规定,如在 Parkinson & Co. Ltd v Triplan Ltd. (1973) WLR 632 就有提及《Companies Act 1984》之 Section 447,如下:"Where a limited company is plaintiff or pursuer in any action or other legal proceeding, any judge having jurisdiction in the matter may, if it appears by credible testimony that there is reason to believe that the company will be unable to pay the costs of the defendant if successful in his defence, require sufficient security to be given for those costs, and may stay all proceedings until the security is given."

但笔者也曾见过香港的一位资深大律师不肯下令在清盘中的原告提供费用担保,原因是担心原告无法提供而导致整个仲裁会不了了之甚至索赔最终被撤销。笔者对这样的裁量权是否正确行使有一定的疑问,可能该资深大律师在该案件中认为原告的索赔是表面看来非常强而有力。

注意的是,上述的情况只是适用在原告是公司法人的情况。针对原告是自然人,即使能够证明他是贫穷或破产,仍然不能要求他提供费用担保:Cowell v. Taylor (1885) 31 Ch. D 34。

被告以这种原告经济有问题或原告即使败诉也难以向他取回抗辩所花的诉讼费用的理由申请费用担保,就往往需要证据。而这种证据在国际层面也不容易取得(如在海事案件中就经常通过 Lloyd's MIU 或一些相关的调查咨询公司获得目标公司的报告并将该报告作为证据),所以现在成功的申请已不多,提出申请的时间会因为调查取证而较晚。笔者最近遇过几次不成功的申请,被告的理由是原告是一家中国内地的公司或是印尼公司,而中国内地与印尼等国家有传言是不严格执行《纽约公约》。但这种申请都被笔者否决,原因之一是笔者知道有不少的仲裁裁决书在中国内地被执行。至于个别案件,即使在美国等国家也知悉发生过。固然,会有可能在中国内地发生的次数比美国多,但笔者没有见过这种统计数据,所以这只是臆猜而不是证据。而且被告也没有证明原告在中国或者印尼以外没有资产。很多中国内地的公司在香港就有小金库,而许多印尼的公司会在新加坡有物业,裁决书都可以根据《纽约公约》来执行。笔者估计只有遇上原告来自一些连《纽约公约》也没有加入的国家,在亚洲只有朝鲜与缅甸,笔者才会考虑或支持这种"一棍子打沉一条船"的说法。

笔者(杨良宜与莫世杰)最近下令提供费用担保是一个香港仲裁案件,原告是韩国的航运公司。被告提出申请,并提供了有关的证据。一是同一原告曾经在挪威法院被下令提供担保,但原告没有提供。二是被告委任了一家英国在国际上著名的调查财政状况的公司(Lloyd's Maritime Intelligence Unit,简称 Lloyd's MIU)调查原告的经济状况,并作出一个对原告相当不利的书面报告。例如,报告指出原告已经两年没有向有关当局提供财务报告,而这之前的财务报告并不是很好。仲裁庭觉得这在国际层面上已经是很足够的证据,但还是让原告就此作出申辩。但原告代表律师的申辩只是一些空话,而且没有提供这两年的财务报告。最后仲裁庭决定下令原告提供费用担保,原告也确实没有提供费用担保,导致最后整个索赔被仲裁庭撤销。不久后,仲裁庭也被告知原告已经不再经营,看来这提供费用担保的命令没有下错。

5.2.4 费用担保的做法与考虑因素

费用担保一般是被告在双方提供了索赔请求和抗辩请求之后,对案件有一定的了解时提出,这是以往惯常的做法。因为如果被告一开始就申请费用担保,对金额的估计很难有根据,也很难被仲裁庭接受。在送达了抗辩请求之后,被告的法律代理人会准备一份简单的"诉讼费用单"(bill of costs 或 schedule of costs),说明已花诉讼费用各项目与细节,并加上估计将来会产生的诉讼费用/使费,给出一个总数。在原告反驳之后,仲裁庭就可以综合考虑总数是否合理来决定,可以先给予直至披露完毕的那部分费用担保,开庭的余下费用担保到时再定,这也是仲裁与法院诉讼不同的灵活性优势之一。

至于考虑是否下提供费用担保的命令的因素可以归纳如下:

(1)费用担保命令的作出很可能会使仲裁提前结束,如已经提到过可令原告知难而退,所以申请方的被告应该在掌握了足够有关原告的财政出了问题的证据之后尽快作出申请。仲裁庭的决定也会受延误作出申请的影响。如在开庭前几天的申请通常就会被拒绝,因为一下令很有可能导致开庭要延期。但如果被告能说明是因为调查取证困难或原告经济状况突然变坏(如原告所在地有报纸刚报道原告有经济危机)。笔者的经验是即使延误申请提供费用担保,特别是不造成任何明显的损害,如要延期开庭,通常仲裁庭(法院)都会接受申请。

(2)很多情况是由于原告的财政出了问题甚至面临破产而导致预测他将来不可能在判他败诉后支付任何被告的诉讼费用,所以申请的被告需要就原告过去及现在的财政状况提供准确与可信的证据,以使仲裁庭相信原告在判他败诉后无法支付任何被告的诉讼费用。这等于是现在要申请提供费用担保,成本会增加不少。像较早时举的例子,就是委托 Lloyd's MIU 进行调查并出一个详细的报告,费用不会便宜,毕竟在国际上进行这种调查非是易事。

(3)仲裁庭在决定原告的财政危机时,会考虑到原告不能提供费用担保的主要原因可能是被告的拖欠。例如,原告是一家小公司,唯一的工程就是替被告工作,但被告以各种理由(谁对谁错言之过早)欠下了大量的费用。这在航运业也可能会发生,尤其是在航运低潮的年代,船东会特别手紧。承租人几个月的租金没有支付,船东向承租人索赔又再被要求提供费用担保就有困难或造成延误。这种情况也会在双方背后进行的和解谈判中有所显示,当然这是仲裁庭通常不会知道的特权资料或文件。但是仲裁庭会被迫要考虑一方向另一方作出的和解提议,这可以是一个秘密提议或 Calderbank 提议。

例如会遇到以下的情况:被告向仲裁庭申请命令原告提供费用担保,原告随即向仲裁庭提供被告在较早时曾经作出过的提议,如愿意支付 100 万美元作为最终的庭外和解。这种文件其实不应该给仲裁庭看,它们会有特权,所以有经验的仲裁庭成员不会细看这份文件。被告会提出抗议,要求仲裁庭不要看。但也会有被告不加理会,这或可被视为双方同意放弃对这份文件的特权。但不论怎样,有很大可能是该文件中的提议只是短短的一两句话,有关内容如被告提出和解的金额也通常会在原告的申请中提及。这一来,不管怎么小心的仲裁员说没有看到此金额也会是掩耳盗铃。在这种情况下,关系到费用担保就是这提议对于有财政危机的原告而言是显示了原告很可能有一笔钱在被告手中,这笔钱就是被告愿意支付作为和解的金额。这一来,何必再要原告提供费用担保呢?

至于仲裁员在已经接触到甚至看到这份特权文件后的做法,在 Harris, Planterose and Tecks 所著的《A Commentary on the Arbitration Act 1996》(Blackwell Science, 2000)第 38G 段有介绍。这就是在以后审理案件,特别在开庭时,将这发生过的事情"置之脑后"(*de bene esse*)。笔者也喜欢一种做法是告诉双方当事人会把这事情置之脑后,而且充分明白双方当事人在背后试图和解的谈判会是有各种原因,仲裁庭是不加理会的。确是,针对案件本身的强弱,笔者作为仲裁员是不会在充分考虑全面证据之前下任何定论或臆猜。这样向当事人说明,一方面可以让他们了解笔者的心态与取向,另一方面也可以让他们安心。此外,如果他们不再异议,而将仲裁推进下去,也会是一种明显的弃权与禁止翻供。

(4)仲裁庭在作出命令之前还要考虑有关的实质争议对原告而言是否十分有利,而下命令要原告提供费用担保会有危险令一个很好的索赔不能进行或至少带来延误。但这一方面是要原告承担举证责任。对懂行的仲裁员来说,在某一类的争议也就不会对原告苛求举证,因为他们心里有数。例如,承租人欠下运费与租金,又举不出太多理由为什么不支付,笔者作为仲裁员恐怕不大可能考虑命令船东要提供费用担保才能推进索赔。但这种黑白分明的情况比较少。在一般的争议,仲裁庭都不愿意考虑这一个因素,因为在没有证据与双方充分争辩的情况下做出结论(即认为对原告十分有利),即使是初步,也是危险与不可靠。这方面可介绍 Aquila Design (GRB) Products v. Council Insurance (1988) B. C. L. C. 134,就是上诉庭支持高院拒绝命令一个财政有问题的原告提供费用担保。在 Porzelack K. G. v Porzelack U. K. Ltd (1987) 1 WLR 420 中,Nicolas Browne-Wilkinson V-C 大法官说:"Undoubtedly, if it can clearly be demonstrated that the plaintiff is likely to succeed, in the sense that there is a very high probability of success, then that is a matter which can properly be weighed in the balance. Similarly, if it can be shown that there is a very high probability that the defendant will suceed, that is a matter which can be weighed. But for myself I deplore the attempt to go into the merits of the case, unless it can clearly be demonstrated one way or another that there is a high degree of probability of success or failure."

(5)仲裁庭要小心被告以申请费用担保为手段给原告施压。当然,这也不会是最主要的考虑,因为一命令提供费用担保,已经难免是向原告施压。但仲裁庭可设法减少这种压力,如费用担保是按仲裁程序的推进而分期支付,并且担保金额尽量合理。如果在海事仲裁,原告估计背后有保险或互保协在支持,显然就不会有顾虑了。例如,笔者在一个最近的伦敦海事仲裁,被告向原告要求的费用担保是25万美元,因为较早前原告通过扣船取得的担保除了是本金与利息,也包括了25万美元估计的仲裁费用,所以被告认为他有权取得同样的金额作为担保。但笔者与共同仲裁员认为这样的理由不可以接受,应该还是真正估计该仲裁要花费的诉讼费用,结果得出的数字只是7万美元,所以就作出了7万美元的诉讼费用担保命令。

(6)仲裁庭是权衡双方各自起冲突的利益,就是要避免令原告无法主张一个合理的索赔,与避免令被告无法在将来成功抗辩时从原告处取回由此诉讼所产生的诉讼费用。在 Europa Holdings Ltd v Circle Industries (UK) plc (1992) 64 Build LR 21 中,上诉庭的 Dillon 大法官说:"it is not... in the least desirable that all small well-managed companies should be forced to abandon their claims for payment by building owners or main contractors or general sub-contractors because they cannot give security for the costs of expensive and protracted litigation. I say that apart from the risk that where small concerns contract with bigger concerns, in hard times the bigger concerns are tempted to do what they can to avoid paying smaller sub-contractors so as to preserve cash-flow, and if the small sub-contractor starts proceedings for payment by trying to stifle the claim by an application for security. Obviously the fact that the plaintiff will be unable to pay the defendant's costs if successful in his defence is a major factor But it is also a factor which carries with it the seeds of oppression."

(7)另一种情况是原告有意或无意处置自己的财产,会导致将来无法执行有关费用的裁决书。这种情况一旦被发觉,原告一般都无可避免地会被下令提供费用担保。在航运的例子是原告是单船公司,当然单船也在今天的航运市场价值不菲,但在仲裁的中途,原告被发觉成功出售该船舶,这肯定导致公司变为空壳了。

(8)原告的财产是在非《纽约公约》或非《日内瓦公约》的签约国内时,这会导致判原告败诉的费用裁决书被执行的时候产生困难。笔者之前已举过朝鲜与缅甸的例子。

(9)一般来说,原告是名义上的原告的情况不多,但是如果被告可以证明第三者使用或借用一个空壳公司来提出投机性的诉讼,他就可以成功申请到费用担保的命令,因为这在实质上是要躲在背后的第三者提供费用担保才能继续起诉。一种做法会是一家有限公司向被告索赔,但由于害怕费用担保,把有关的债务或索赔权利转让给一位自然人,让该自然人以受让方的身份向被告进行索赔,而该有限公司在背后操纵。这样做法会有可能成功逃避要提供庞大的费用担保,因为有限公司要提供费用担保在公司法有规定,这是《Company Act 1948》之 Section 47:"Where a limited company is plaintiff or pursuer in any action or legal proceeding, any judge having jurisdiction in the matter may, if it appears by credible testimony that there is reason to believe that the company will be unable to pay the costs of the defendant if successful in his defence, require sufficient security to be given in those costs, and may stay all proceedings until security is given."但针对自然人,基本的原则就是他不需要提供费用担保,不论他是多穷。会有例外是自然人住在外国,除非他是与一个在管辖内的自然人一起并列为原告:Pearson and Another v. Naydler and Others (1977) 1 WLR 899。

(10)已经在上述的(4)中提到,仲裁庭一般都不愿意事先对案件的是非曲直下任何定论,以免被批评是违反自然公正,毕竟在没有证据下这样做实在很危险。但仲裁庭在以下两种情况下不得不这样做:一是法院是避免在细节上处理案件的是非曲直或实质问题,仲裁庭也有同样的做法;二是是非曲直也不能完全不考虑,如原告是否有一个"善意"(*bona fide*)的索赔并会被提供费用担保的命令扼杀。在这种情况下,比较好的做法是只大体上从案件的是非曲直考虑,如是否是一个欠下运费而且没有抗辩理由的案件,并书面强调仲裁庭是客观的与愿意接受将来的证据才会下任何定论(have an open mind to future evidence)。

(11)除了对案件是非曲直大体上的考虑外,另一方面更要加以考虑的是仲裁程序。固然,这在仲裁的早期也往往不会将程序定死。但如果是一个简单的程序(如小金额索赔程序)或需要迅速处理的案件,就应该避免命令原告提供费用担保。针对文件审理,曾经有先例判是这种仲裁案件的起点不应该命令原告提供费用担保。这是Kerr大法官在Mavani v Ralli Brothers Ltd. (1973) 1 All. E. R. 555所讲的:"Generally speaking I do not think that the courts should order security for costs more or less automatically in an arbitration proceeding purely on documents on the ground that one of the parties is resident outside the jurisdiction, as it generally does in an action. I also do not believe that this is the practice of the courts The purpose and value of such arbitrations is that they should be conducted and decided with the minimum of complexity, delay and expense. This purpose would be substantially weakened if the practice in such arbitrations were to order the claimant more or less automatically to give security for costs."

但这只是一个很粗糙的说法,因为大部分海事案件都是以文件形式审理,重要原因之一是国际航运人士想得比较远,所以当场文件会相比较其他行业而言保存得好。而这些案件有部分十分复杂,可能一些索赔或抗辩请求每份长达好几十页纸,另加上好几个档卷的文件证据。大家只要看上诉至法院的大量海事案例就可以知道这些案件本身十分复杂。所以它们再也不是Kerr大法官所说的"复杂、延误与费用可减到最低"(the minimum of complexity, delay and expense)。事实上,以往在1996年《英国仲裁法》生效之前的海事仲裁,由于原告往往是英国以外的公司,难免要提供费用担保。而笔者所知道的伦敦或香港的海事仲裁员,几乎都会命令外国原告提供费用担保而不会考虑这只是以文件审理。

(12)被告提出要求原告提供费用担保的时间也是考虑因素之一,主要就是不能太晚,特别是这会造成对原告不公平。在香港法院有相关的案例是:Senior Honor Limited v. Lee Ki Luk & Others HCA 4043/2001。该先例中,原告是一间内地的国有企业。诉讼是在2001年9月开始,但到了2003年10月,离开庭少于2个月的时间,被告才提出这个申请。向法院解释延误申请的原因,被告只是以双方一直在和解谈判,导致他以为不需要走这一步。但法院并不完全满意该解释,认为有些时段双方并没有在谈判,并且谈判中仍可以作出申请。另外更加重要的是,下令原告提供费用担保会造成损害,因为原告提出证明作为一间国有企业在多于8万港币外汇的汇款是需要很严格与漫长的申请与审批才能批准的,而费用担保是远远超过8万港币的,这就会造成对少于2个月的开庭带来无可避免的延误。在笔者最近的一个仲裁中,也是在离开庭仅仅一星期左右,被告突然提出申请费用担保,且金额高达6百万港币。而该仲裁已经进行接近一年的时间,也没有发生过任何的突发事件(如原告的经济出现问题是刚刚发生),所以被告这么晚提出申请完全说不过去。笔者作为仲裁员也考虑如果下令原告提供费用担保,在一个星期内要开的庭就肯定要押后。但那时已经对开庭作出了大量安排,包括有一些中国内地证人办好了签证,所以押后就会对原告造成很大损害。所以仲裁庭包括笔者在内毫不犹豫地拒绝了被告的申请。

(13)在商业仲裁,绝大部分的情况是只有一位原告与一位被告,而且他们都会是有限公司。但涉及一些中国内地的案件,就经常会出现多过一位原告或被告,而且会是有限公司的法人与自然人混在一起。这一来,如果要向原告或被告(因为他有独立的反索赔)下令提供费用担保,就有了一定的困难。因为针对自然人,大原则是不向他命令费用担保,不论他是多穷。但针对有限公司,就会下令提供费用担保,特别是出现了经济上的问题如在清盘过程中。但如果他们并列为原告,下令原告A的有限公司提供担保,否则就中止程序甚至撤销索赔就有点说不通。因为即使原告A不提供担保,原告B作为自然人还是可以推进仲裁,整个程序并不因此而避免。这种情况在Okotcha and another v. Voest Alpine Intertrading GmbH (1993) BCLC 474有针对。上诉庭认为有限公司的法人还是要提供费用担保,原因是有限公司可以限制责任,但自然人就会面对破产。所以即使中止或撤销有限公司的索赔行动,剩下的原告B是自然人不必提供担保,但他推进索赔并且最后败诉的话,就会面对可能是庞大与不能限制责任的诉讼费用要赔偿给被告,不支付的话就可能面对破产。Bingham大法官这样说:"He then turns to an attractive argument which has given me pause for thought. He submits that, since the action will go ahead by the first plaintiff anyway and since the defendant will have to defend that action, they are no worse off if the second plaintiff remains a party since the cost of defending the action will remain substantially the same. He points to an argument which has considerable appeal, that it would be an injustice if it turned out at the trial that the second plaintiff was the correct plaintiff but had been struck out from pursuing his action. That, Mr Matthias submits with considerable force, would be giving the defendants victory by a stratagem. As I say, that is a submission that has caused me to reflect a little, but in the result I am persuaded that it is not an argument to which one should accede. The fact is that although an individual suing in these courts is not obliged to put up security, he does not have the benefit of limited liability either. A plaintiff such as the second plaintiff does have the benefit of limited liability, which of course has advantages, but it is as a foreign plaintiff liable to be asked to put up security. It seems to me on balance that the learned judge was right in taking the view that the defendants should not be required to resist an action by the second plaintiff if they are not given security which will enable them to be fairly confident that they can enforce any order for costs which they may at the end of the day obtain against them. In those circumstances, therefore, despite its initial attraction, I am not persuaded that this is an argument upon which the learned judge's decision can be impugned."

5.2.5　担保的形式

担保形式是双方法律代理人自己商议决定,由互保协会担保,银行担保,律师所担保:Rosengrens Ltd v. Safe Deposit Centres Ltd (1984) 3 All E. R. 198, CA,集团母公司的担保,清盘人的担保:J A Chapman & Co Ltd v. Kadirga Denizcilik Ve Ticaret A S (1997) EWCA Civ 2889, CA.,公司董事及股东的个人担保:Norglen Ltd v. Reeds Rains Prudential Ltd (1997) 3 W. L. R. 1177, HL.,以及设立共同账户等,甚至有时还会将其交给仲裁庭作为“保管人”(stakeholder)。反正是只要客观认为担保的形式应足够或满意保护被告的地位:Rosengrens Ltd v. Safe Deposit Centres Ltd。

一般而言,仲裁员决定了费用担保的金额便不会理会担保的形式。这由双方当事人的法律代理人商讨与安排。现实中有多种做法,如互保协会的“担保函”(letter of undertaking 或 guarantee),银行担保,律师所本身的担保(一般伦敦或香港会接受对方有名气律师所作出的担保),设立“共同账号”(joint account)等。笔者甚至见过几次这笔钱交给仲裁员做“保管人”(stakeholder),毕竟也不是一笔太大数目的钱。在香港仲裁,只要双方当事人同意或在仲裁庭的指令下 HKIAC 也可以担任保管人。

但如果遇上对方不合作,有不同看法,或是原告想借此拖延,毕竟仲裁程序仍是在推进,这可能会带来漫长与艰难的谈判。这一来,被告会向仲裁庭求助。一般而言,仲裁庭在提供担保的方法上是看看合理与否,如其中一个争议是谁作担保人可被接受。若是银行担保,该银行是否是一家在伦敦有业务的著名银行(在伦敦仲裁)或是一家香港银行(在香港仲裁),而非是一家名不经传的当地印尼或中国内地银行,胜诉方将来执行会困难。另在海事仲裁,作出这种费用担保会是互保协会。通常属于“国际互保协会集团”(International Group of P & I)成员所作出的保函,都会被懂行的仲裁员接受。如果仲裁庭认为是可以接受的担保人,会下令被告接受。笔者有几次这样的经验,一次涉及中国银行伦敦分行提供担保,但被对方的美国律师大力抗拒,并抖出了十几个涉及中国银行的法院案例大力丑化中国银行。这些案例主要涉及中国银行拒绝在信用证下支付,估计是一些中国买方受骗的假提单案件。但最终该仲裁庭(包括一位英国退休的贵族院勋爵)下令美国当事人必须接受中国银行伦敦分行的银行担保。另一个涉及美国互保协会,被告也大力抗拒接受他所作出的保函，并要求美国互保协会提供大量的财物方面的资料与证据。包括笔者的仲裁庭为减少双方的争辩与工作量，很快下命令让被告必须接受原告提供的美国互保协会保函作为费用担保。

另一方面常有争议的是费用担保的文字/措辞。也因为如此，“伦敦海事仲裁员协会”（LMAA）在1993年出了一个标准格式，要求当事人尽量使用。这格式是与伦敦银行、互保协会、海事律师所等协商后的产物，全文如下：

LMAA STANDARD LETTER OF GUARANTEE/

UNDERTAKING FOR SECURITY FOR COSTS

To: [Secured Party][1]

C/O: [Their Solicitors]

Dear Sirs,

Matter: [name of vessel; date of charterparty etc.,]

[In consideration of your refraining from applying to the Tribunal and/or the High Court of Justice for an Order that] / [Pursuant to an Order of the Tribunal dated __________ that][2] the [Claimant (s)] / [Respondent (s)] [identify Claimant (s) or Respondent (s)], do give security for your costs of defending [the Claimants' claim] / [the Respondents' counterclaim] in the Arbitration, we hereby [guarantee / undertake] to pay to you or your solicitors on first written demand within 14 days such sums as represent such of your costs of defending [the Claimants' claim] / [the Respondents' counterclaim] in the Arbitration up to and including [specify stage of proceedings] as may be awarded, agreed, or taxed as being due to you from [identify Respondent (s) or Claimant (s)], plus interest[3] thereon pursuant to statute from the date of (i) an award directing costs to be paid, or (ii) agreement between the parties (if such agreement provided for interest on costs to be paid) or (iii) an order directing taxation provided always that our liability hereunder shall not exceed the sum of [figures] [in words] plus interest[4] thereon as afore-

---

[1] This will either be the Respondents, or, where counterclaiming Respondents are called upon to provide security, the Claimants.

[2] No consideration is required to be stated, it being obvious that the consideration moving from the time being will be made for security for costs.

[3] This term is included although it is open to the parties not to include interest in the agreement if, particularly in the case of security put up by banks, it is not common to do so.

[4] When the undertaking is being provided by a firm of solicitors who hold the sum secured on deposit in their client account, the rate of interest achieved may differ from the judgment rate payable. In order to compensate for this, and so as not to leave themselves with a shortfall, solicitors should request additional sums from their client to place on deposit, in any event there would usually be a long time lapse between giving this undertaking and the date of award, agreement, or order directing taxation from which interest would run, and in that interim, enough interest would usually accumulate to cover any shortfall.

said, and provided always that you shall have liberty to apply to the Tribunal for further security.〔1〕

[This guarantee/undertaking] shall be for a period of one year from the date of this letter but shall be automatically renewed on the same terms by us on your written demand made before the date of such expiry and shall thereafter be automatically renewed before or upon the expiry of each successive year on the same terms as set out herein.

This [guarantee/letter of undertaking] is to be governed by and construed in accordance with English law and we hereby submit to the exclusive jurisdiction of the English High Court for the purpose of enforcement hereof.

有了以上的版本,笔者在有争议时往往以其为基础,在个别案件中作出合理修改后,建议双方当事人接受或强制被告接受。

5.2.6 原告不提供费用担保的制裁

一般仲裁庭命令原告提供费用担保时,不会下令任何制裁,但原告若不合作,则仲裁庭会考虑下令原告在多少天内履行仲裁庭的命令,如果原告不履行,期限一到就会"中止"(stay)仲裁。如果原告在中止后一段合理时间后仍不合作,就有可能变成"永久性的中止"(permanent stay),索赔也随之告终:The "Argenpuma" (1984) 2 Lloyd's Rep. 563。此外,仲裁庭有权在这种情况下马上以裁决书撤销索赔,特别是在比较紧急的情况下,如被告有一大笔钱被原告冻结或船舶仍被扣押。一经撤销,原告除了索赔告终外,还要承担被告已产生的诉讼费用,这裁决书可以向原告执行。这些做法现在已经在1996年《英国仲裁法》之Section 40(6)或《香港仲裁条例》之Section 2G(5),后者的条文如下:"An arbitral tribunal may dismiss or stay a claim if it has made an order requiring the claimant to provide security for costs and the order has not been complied with within the periods allowed under subsection (4)."

通常来说,中止并不是一个好的做法,除非原告的确有诚意尽快提供费用担保。否则中止了一两年后原告突然提供担保,直接后果会是因为这个延误而造成公平审理受影响,如证据失去。以笔者在2006年的一个仲裁案件为例,涉及一家韩国公司的原告在纽约根据Maritime Attachment Rule B冻结了一家北欧公司(被告)的美元汇款,结果根据被告提供的调查报告,仲裁庭的多数(包括笔者)下令原告提供费用担保。但最后原告没有提供,仲裁庭也就在被告的申请下撤销了索赔。有了这个裁决书,被告可以尽快拿到纽约法院解除冻结。这个撤销索赔的裁决书部分节录如下:

"By fax on 18th May 2006, Charterers, being the Respondents of this arbitration, applied to the Tribunal for an order for security for their costs to be provided by Owners, the Claimants of this arbitration. Arguments in support of their application were ventilated in their fax, together with relevant supporting documents (such as the Lloyd's Marine Intelli-

---

〔1〕 This clause may be deleted, save where it is required by a guarantor bank.

gence Unit's report and Owners only available accounts in 2002 and 2003) and the schedule of their costs. This had sparked off a series of written submissions by Owners and Charterers in relation to this application.

Section 2GB (1)(a) of the Arbitration Ordinance (Cap. 341) allows an arbitral tribunal to deal with application for security for costs. Section 2GB (5) of the same Ordinance further provides that the tribunal may dismiss or stay a claim if an order for security for costs is not complied with within the specified period. Accordingly, having given due weight to the parties' respective arguments and having considered all relevant factors (such as the report produced by Lloyd's Marine Intelligence Unit, the response by Owners, the time of the application and the danger of stifling the claim etc) and having discussed among the Tribunal, we had decide, by majority, that Charterers' application should be granted and security for costs should be ordered. By fax on 5th June 2006, we made the following Order:

(1) That the claimant should put up security for costs at the sum of Pds 175,000.00 latest by COB 9 June 2006 (Friday), failing which the claim shall be stayed.

(2) There is the liberty to apply if the above deadline cannot be met by the Claimant but it must be supported by cogent reason and it is expected that a very short extension of time will be given by way of a Peremptory Order. No doubt the parties appreciate the closeness of the hearing and the importance to avoid wasted costs.

(3) The security is to be provided by either a L/U from an acceptable P & I Club or a first class bank guarantee either in London or in Hong Kong.'

Owners did not provide security for costs as ordered by the closing of 9th June 2006. By fax on 12th June 2006, Charterers requested the Tribunal to confirm that the arbitration was stayed and the hearing fixed to commence on 26th June 2006 be cancelled. They also applied for a Peremptory Order that Owners' claim should be dismissed unless they provided security for costs by 16:30 hours London time on 16th June 2006.

By fax on 13th June 2006, we confirmed that the arbitration was stayed and the scheduled hearing was cancelled. We further made the following Order:

As to the second application for a dismissal of the claim unless security is provided by Friday 16 June 2006. The Tribunal decides, for it worth, to give Claimant's lawyer more time to contact their client with a view to come back to the Tribunal. Accordingly, it is hereby ordered that unless the Claimant's lawyer comes back to the Tribunal latest on Thursday, 15 June 2006, London opening, with a complete or fuller picture of the Claimant's position in this arbitration, in particular, as to when and how the security for costs can be provided. If this is done, the Tribunal promises to reconsider the position. Otherwise, failing to hear from Claimant's lawyer by Thursday, the Claimant please takes note that it is the Order of the Tribunal that if security for costs is not provided by the Claimant by 16:30 hrs (London time) on Friday 16 June 2006, the claim shall be dismissed by an Award, together with costs.'

Despite adequate opportunity having been given to Owners to clarify their position in respect of the provision of security for costs, they had failed to take the opportunity given to them. No extension of time was requested by Owners or their legal representative on 15th June 2006. By fax on 16th June 2006, we reconfirmed our Peremptory Order dated 13th June 2006 that if security for costs was not provided by Owners latest at 16:30 hours London time on 16th June 2006, their claim should be dismissed by an Award, together with costs. Owners failed to comply with the aforesaid Peremptory Order within the time limit set. As a result and pursuant to the power vested in us by section 2GB (5) of the Arbitration Ordinance (Cap. 341), Owners' claim in this arbitration should be dismissed as per our Peremptory Order.

Now we, DO HEREBY MAKE, ISSUE AND PUBLISH this our FINAL AWARD as follows:-

A. WE AWARD AND DIRECT that Owners' claim in the reference be dismissed.

B. WE FURTHER AWARD AND DIRECT that Owners shall bear and pay their own and Charterers' recoverable costs of the reference, which, if not agreed, shall be determined by us in accordance with our powers under the Arbitration Ordinance (Cap. 341) (we hereby reserve our jurisdiction as necessary), together with compound interest thereon at the rate of 6.5 percent per annum compounded at three monthly rests from the date of this Award until eventual payment by Charterers."

5.3 仲裁员应依从的分摊费用大原则与他的裁量权

5.3.1 1996年《英国仲裁法》Section 61 的规定

除了上述提到的有关费用担保方面仲裁员的裁量权以外,有关双方当事人诉讼费用分摊方面在 costs follow the event 的大原则下,仲裁员还是有裁量权分摊双方当事人的诉讼费用,这在1996年《英国仲裁法》的 Section 61 如下:"61 (1) The Tribunal may make an award allocating the costs of the arbitration as between the parties, subject to any agreement of the parties. (2) Unless the parties otherwise agree, the tribunal shall award costs on the general principle that costs should follow the event except where it appears to the tribunal that in the circumstances this is not appropriate in relation to the whole or part of the costs."

上述条文的(1)所讲的"双方另有同意"(subject to any agreement of the parties)指的只是双方有了争议之后的协议,而在争议前的有关诉讼费用分摊协议不予承认,这在 Section 62 说明。在有了争议后能达成这方面的协议现实中不多见,因为双方一旦有了争议就很难再同意了。如果能够的话,恐怕他们也会是顺便达成和解协议,根本不必再仲裁了。

上述条文的(2)是首先说明“仲裁庭必须以根据争议事项的结果分摊仲裁/诉讼费用的大原则”,这是起点,仲裁庭必须依从。但这条文的后部分给了仲裁庭一个裁量权,即如果他认为情况不适合根据争议结果,就可以偏离。但仲裁庭不能任意认为情况适合或者不适合,而是要根据法院允许的考虑因素行使裁量权。

另一个有关分摊诉讼费用的大原则是它只是为了补偿胜诉方为这一场诉讼而要付出的费用,不是惩罚败诉方或者奖励胜诉方。这在 Malkinson v. Trim (2003) 1 W. L. R. 463 先例中有提到,其中有关向败诉方取回诉讼费用的四大原则如下:“(1) a person wrongfully sued ought to be indemnified against the expense to which he is unjustly put(败诉方要补偿胜诉方为此官司被逼花掉的诉讼费用);(2) the need is for indemnity, not punishment or reward(这只是补偿,不是惩罚或奖励);(3) a person can recover the cost of employing a solicitor to assist him in the litigation(胜诉方可取回他的代表律师收费);(4) a non-solicitor litigant cannot recover, as costs, compensation for the expenditure of his own time and trouble.(没有律师协助的当事人不能因为花了自己的时间与带来麻烦而收费)(注意这一点是指法院诉讼)”。

5.3.2 什么是“争议事项”(event)?

在一个简单的仲裁案件,争议结果就是谁胜诉。例如,船东向承租人追讨运费,而承租人会根据各种抗辩理由如他不是订约方、运费还没有欠下、实际货量有争议、索赔时效已过等的争议/争端。但仲裁结果是船东能够全数或者部分取回运费,这争议结果就是船东胜诉,并可向承租人取回有关诉讼费用与仲裁庭费用。但在一个比较复杂的仲裁案件,决定什么才是争议结果就不容易了,经常会有仲裁庭甚至法院犯错。例如,在一个原告索赔与被告反索赔的情况下,如果反索赔的性质实际上可以对冲原告的索赔,就可能是只有“一个争议事项”(one event);但如果反索赔的性质完全独立于索赔,这就变为有“两个争议事项”(two events)。这一来,如果原告的索赔胜诉,原告应可获得索赔的诉讼费用;而同时被告的反索赔也胜诉,他也可获得反索赔的诉讼费用。则要作出一个“交叉诉讼费用命令”(cross costs order)。

当然,法院也会犯错,在 MB Building Contractors v. Nazir Ahmed, New Law November 18, 1998 (CA),案情是被告在面对原告索赔欠下的工程费用时以工程有缺陷作为抗辩,结果也在高院证明了工程的缺陷共达 4239 英镑。但被告还是要支付 11563 英镑给原告。这一来,大概因为诉讼中涉及大量的时间花在工程缺陷的争议,导致高院判双方各自承担自己的诉讼费用。这被上诉庭推翻,因为工程的缺陷是可以用来对冲工程费用,所以案例只有一个争议事项,而这个争议结果就是被告仍欠下原告一大笔工程费用,是原告不提起这一个诉讼取不回的。上诉庭引用了 Parker 大法官在 Bayliss Baxter v. Sabath (1958) 1 W. L. R. 529 一案例中所说:“I think for myself that the answer... is that in a case such as this, where the counterclaim amounts to an equitable set-off, it is only right that the Judge should deal with the claim and cross claim as one.”

笔者也见过仲裁庭在两个完全独立与不能对冲的索赔与反索赔中判双方都胜诉，但在诉讼费用方面是把索赔与反索赔的金额对冲后看原告最后要付钱给被告或是相反的情况，然后判要支付的就是败诉方并且要承担所有诉讼费用。这明显是错误与违反了 costs follow the event 的大原则，因为在这种情况是有两个争议事项。

仲裁员最容易混淆的就是“争议事项”（event）与有关争议/争端（issue 或 sub-issue）这两个概念。以较早介绍的追讨运费为例，船东能够全数或者部分取回运费明显是一个争议事项。但承租人的各种抗辩理由如他不是订约方，运费还没有欠下，实际货量有争议，索赔时效已过等，这只是几个不同的有关“争议/争端”（issues）。这些争端会有胜有负，承租人只要有一个成功（如索赔时效已过）就有可能取得“争议事项”（event）的胜利而变为胜诉方，并且根据大原则可向船东取回诉讼费用。至于在仲裁中，可能花了不少时间在其他承租人并不成功的有关争议/争端，如对实际货量的争议。但这不应该影响大原则，除非承租人提出这个争议/争端本身是不合理或不恰当，这就会涉及仲裁庭根据具体情况偏离大原则的裁量权（有关这一在 CPR 生效后的最新做法后详）。

这种情况可多举一个例子，如造船合约下可能因为市场下跌而被订购的船东根据工程延误中断合约。造船厂以船东违约无权合法中断合约为由提出索赔市场损失，并指称工程没有延误，有好几段时间的延误可根据不可抗力条文延长时间，而即使船东可合法中断合约也因为拖延而构成了弃权与禁止翻供等。在这样的案件中，“争议事项”（event）就是中断造船合约是否合法。而有关“争议/争端”（issues）就是所有双方提出的各项争辩理由。

有不少权威说法也的确把“争议事项”（event）说成“争议/争端”（issue），在 Howell v. Dering [1915] 1 K. B. 54，Kennedy 大法官是这样说：“An ‘issue’, as it seems to me, must be something so distinct and separate in itself that the decision of it constitutes an ‘event’ within the meaning of the rules. It may be said—and I appreciate the difficulty—that that is getting out of one difficulty into another. I do not think that the word event' has any defined meaning. I think it means result; but it must be such a material result as does not constitute merely a link in a chain. It must be the result of some definite and important issue, and not merely the finding of a fact which is alleged by the plaintiff, but which, when proved, is by itself and without assistance of no value to him as creating the liability, which the action seeks to impose upon the defendant.”

另在同一案例中 Phillimore 大法官也说道：“and if there is more than one issue the costs will be distributable. The plaintiff or defendant may recover generally but may fail on particular issues and have to pay the costs of those issues.”

至于为什么在计算有关诉讼费用每一个不同性质与独立的 event 或 issue 要分开对待，除了这是大原则外，也可以考虑到它们大可以各自提起不同诉讼，并各自在胜诉后由仲裁庭进行诉讼费用的分摊。合并在一个仲裁中处理掉纯粹是为了方便与省钱。这在 Myers v. Defries (1880) 5 Ex. D at 180 (CA),Baggallary 大法官说道:"When a statement of claim sets forth several causes of action, they may be dealt with separately as regards the question of costs It is a mere matter of convenience whether distinct causes of action shall be tried together, and if separate trials had been directed of the grievance alleged by the Plaintiff, the Defendants would have had the costs of those issues upon which they succeeded."。

同一案例中 Thesiger 大法官也说:"In this case the plaintiff claimed damages in respect of three distinct causes of action, namely malicious proceedings in bankruptcy, libel and slander, and trespass. The general costs of the cause follow the judgment but the costs of the particular issues must be... in favour of the party who has succeed on them."。(这是指原告在本案件有三个不同与独立的诉因,一是恶意破产;二是诽谤;三是侵入/侵犯。所以大原则是根据每个不同的争议事项结果分摊诉讼费用。)

换一个角度看,如果并非是独立的"有关争端"(sub-issue)就不会是各自可作为不同诉因分开几个诉讼了。如以较早介绍的追讨运费为例,承租人不能在败诉后发觉漏了一个有关争端,如索赔时效已过,他就不能在另一个诉讼提出这个主张。这是典型的"禁止翻供"(issue estoppel),而针对追讨运费的争议结果已经在较早的仲裁中作出了最后裁决而变为"一事不再理"(*res judicata*)。

5.3.3 仲裁员偏离大原则的裁量权

这个裁量权并不是随意行使的,仲裁员以前是需要像法院一样"从法律角度来行使"(exercise judicially),做法上与法院一致,否则会构成"不良行为"(misconduct),如缺乏理由就简单地判诉讼费用为一人一半。这大原则已经被无数著名的大法官在许多案例提到过,Devlin 大法官在 Heaven & Kesterton Ltd v. Etablissements Francois Albiac & Cie (1956) 2 Lloyd's Rep. 316 有提到如下:

"The law in this matter is not quite plain. It is that, although an arbitrator has a discretion as to how he shall order the costs to be paid, it is a discretion which must be exercised judicially, and by judicial discretion' is meant that it must be exercised in accordance with the same principles which have been laid down by the Courts upon which Judges exercise their discretion in actions which are brought before them. Those principles involve this, that*prima facie*, and unless there is some good reason for making an order to the contrary, a successful party is entitled to have his costs. A successful party in an arbitration is therefore just as much entitled to have his costs as a successful party in an action.

It has also been held that arbitrators who wish to depart from the ordinary rule and who consider that there are special circumstances in the case which entitle them to exercise their discretion so as to depart from the ordinary rule, ought to set out in the case, when they make the order, what those circumstances are so that the Court may judge whether or not it is a proper exercise of discretion."

另在 Dineen v. Walpole (1969) 1 Lloyd's Rep 261 中,Edmund Davies 大法官说到:"There being... a settled practice of the courts that in the absence of special circumstances a successful litigant will receive his costs, it is necessary to show some grounds for depriving him of them. If, without more, one finds that an arbitration not only deprives a successful party of costs but awards them to the unsuccessful party, there is in my judgment a*prima facie* indication of misconduct by the arbitrator."(法院长久以来的做法就是,在没有特殊情况下,胜诉方可以向败诉方取回他的诉讼费用,这必须有一些理由才能剥夺胜诉方的这个权利。所以如果发觉一个仲裁裁决非但剥夺胜诉方取回费用的权利,甚至判胜诉方要承担败诉方的费用,这在我的判决是从表面看来仲裁庭构成了一个不良行为。)

从法律的角度行使裁量权的案例有:K/S A/S Bani v. Korea Shipbuilding and Engineering Corp (1987) 2 Lloyd's Rep. 445,第 448 页;The "Rozel" (1994) 2 Lloyd's Rep. 161,第 169 页。大致上,裁量权的行使:(i) 要在裁决书中说明理由;(ii) 不能考虑一些无关或法律上站不住脚的根据或理由;(iii) 考虑法律下认为"不恰当的理由"(improper reasons)。

错误行使裁量权在 1950 年《英国仲裁法》下是不良行为或"技术性不良行为"(technical misconduct),经常会受到法院的干预,如下:(i) 裁决书中可看出仲裁庭根本没有在分摊诉讼费用时恰当行使其裁量权;(ii) 裁决书中可看出仲裁庭在行使裁量权时依赖了法律上不允许考虑的因素;(iii) 大原则有错,如误解了"秘密提议"(sealed offer)的精神:The "Maria" (1993) 2 Lloyd's Rep. 168。

在 1950 年《英国仲裁法》,还有一个麻烦就是有关费用的分摊一旦不严格依照大原则经常会被法院作出干预,说是法律方面存在问题。众所周知,英国是在 1979 年才立法不允许自动上诉法院,而必须先取得"上诉批文"(leave to appeal)。在这之前,只要裁决书的表面有法律观点的错误,败诉方就可以要求法院撤销裁决书。这也是大量的伦敦仲裁员尤其是海事仲裁员作出"没有原因裁决书"(unreasoned award)的主要原因。

但问题是针对费用的分摊,即使在一个没有原因的裁决也不能避免法院的干预,如判原告被告各自承担 50%,虽然裁决书同时判原告是胜诉方。在 The "Erich Schroeder" (1974) 1 Lloyd's Rep 192 中,Mocatta 大法官认为不需要对费用的裁决给予原因,这也足以让法院作出干预。法院可以根据仲裁庭作出的宣誓书或者是当事人自己作出的宣誓书去看仲裁庭对分摊费用是否"依法行事"(acted judicially)。另也有先例甚至说是由胜诉方举证说明仲裁庭对费用的分摊是依法行事:Dineen v Walpole (1969) 1 Lloyd's Rep 261。所以,仲裁员只要不依照大原则分摊费用,不论是否给出原因,都可以导致裁决书被法院干预。这方面可以节录 Robert Merkin 教授的《Arbitration Law》之 18.85 段说:

"The courts developed an exception with respect to an award as to allocation of costs.

If reasons were stated, a special case could be stated for the court, and the matter could be considered by the court. In the absence of reasons, it was held in The "Erich Schroeder" by Mocatta J that, while there was no need for the arbitrators to give reasons for departing from the ordinary rule that costs follow the event, they ought to do so in the interests of saving costs in that the parties would be put to expense in determining what the reasons might be for the purpose of deciding whether to seek to have the award set aside for error of law on the face of the record. The absence of reasons permitted a party to bring before the court such evidence as he could find for the reasons for the arbitrators' decision on the point, perhaps by requesting an affidavit or letter from the arbitrators or, in the absence of co-operation from the arbitrators, by swearing an affidavit stating what arguments were put to the arbitrators so that the court could judge whether, in the light of the arguments presented, the arbitrators' discretion had been exercised judicially. It was even suggested in some casess that in the case of an awards whereby costs did not follow the event, the burden of proving that the arbitrators' had acted judicially was borne by the party benefiting from the award of costs. The result was that any failure by the arbitrators to give reasons as to their allocation of costs other than following the event was almost*prima facie* enough for a challenge to the award to be mounted."

这种情况到了1979年就已经有了改善,因为有关法律的观点(就是针对分摊费用不依照大原则的原因)已经不是这么容易取得批文去上诉。所以在 Blexen v G Percy Trentham Ltd (1990) 4 EG 133, Lloyd 大法官这样说:"If the arbitrator has erred in his approach the error must be one of fact or law. If it was an error of fact his finding of fact is conclusive. If it was in error of law then it would seem to be open to the claimants to apply for leave to appeal on that question of law. I can see no difference between an error of law in a reasoned award as to costs and any other error of law."

到了1996年《英国仲裁法》,法院对仲裁员分摊费用不按照大原则的干预更难了。因为针对该部分的裁决书撤销或发还,现在要达到的程度是"严重不正常"(serious irregularity),并且要造成"重大不公正"(substantial injunstice)。

另在1996年《英国仲裁法》后,有说法是仲裁员再也不必以法律角度行使裁量权,如在 Fence Gate Ltd v. NEL Construction Ltd 82 Con L. R. 41, Thornton 大法官说:"It is no longer helpful to ask whether an arbitrator has acted judicially' or has acted in an equivalent as a judge would have acted in a similar situation when reaching a judicially determined costs decision [since] the Act has now defined an arbitrator's costs power with precision."

但总的来说,针对诉讼费用的裁决书还是可根据1996年《英国仲裁法》之 Section 68 的"严重不正常"(serious irregularity)取得救济(这应该是不适用,但会有情况是仲裁员对事实作出一些推断后行使费用的裁量权)或 Section 69 的法律观点错误来取得上诉批文。所以,仲裁员还是需要恰当与依法行使诉讼费用分摊的裁量权。

虽然要依法行使这一裁量权,但不存在这是一成不变的裁量权。所以即使法院认为他的裁量权与仲裁员的不一样,但只要仲裁员在法律上没有犯错误,法院不应该干预这一行使了的裁量权。这一方面 Donaldson 大法官在 Tramountana Armadora S. A v Atlantic Shipping Co. S. A. (1978) 1 Lloyd's Rep 391 中说:"In reviewing an arbitrator's discretion on costs, it is of the greatest importance to remember that the decision is within his discretion and not that of the courts. It is nothing to the point that I might have reached a different decision and that some other judge or arbitrator might have difference from both of us. I would neither wish, nor be entitled, to intervene, unless I was satisfied that the arbitrator had misdirected himself. It is not for me to tell the arbitrator what new order he should make. It is his discretion indeed, I have not the full materials on which to exercise a discretion."

有关在目前《民事诉讼规则》(Civil Procedural Rules,简称 CPR)下英国法院的诉讼费用分摊大原则与一些可偏离大原则的做法在较早前的 Re Elgindata No. 2 (1992) 1 W. L. R. 1207 先例中提到,并在 Phonographic Performance Ltd v. AEI Rediffusion Music Ltd (1999) 2 All E. R. 299 先例中被确认。Woolf 勋爵确认的四个大原则如下:"(i) Costs are in the discretion of the Courts. (ii) They should follow the event, except where it appears to the court that in the circumstances of the case some other order should be made. (iii) The general rule does not cease to apply simply because the successful party raises issues or makes allegations on which he fails, but where that has caused a significant increase in the length or cost of the proceedings he may be deprived of the whole or a part of the costs. (iv) Where the successful party raises issues and makes allegations improperly or unreasonably, the court may not only deprive him of his costs but may order him to pay the whole or part of the unsuccessful party's costs."

5.3.3.1 偏离大原则要在裁决书中说明理由

偏离大原则会令当事人感到疑惑,因为胜诉方要全部或部分承担自己的诉讼费用,甚至承担败诉方的诉讼费用,所以仲裁员应该在裁决书中说明偏离大原则的理由,这样做十分公道而且必要。而且涉及一方甚至双方当事人不服,去法院寻求救济。这一来,法院需要知道仲裁员偏离大原则的裁量权行使是否"符合法律角度"(exercise judicially),这是在 1996 年《英国仲裁法》之前的地位,到了 1996 年《英国仲裁法》,就涉及仲裁员的起点就是要给裁决书原因,也即 Section 52 (4)。如果仲裁员不给原因或不给足够的原因,法院根据 Section 70 (4)有权命令仲裁员追加更多的原因,才考虑是否给予上诉批文。所以,仲裁庭是必须在裁决书中说明偏离大原则的理由。这一方面权威的说法可以节录 Mocatta 大法官在 S. A. v. Reederei Richard Schroeder K. G. (1974) 1 Lloyd's Rep. 192 中说:"First, an arbitrator, like a Judge, in dealing with costs must exercise the discretion invested in him judicially... Secondly, there is no need for an umpire or arbitrator, if he so exercises his discretion as to depart from the general rule, to state the reason why he does so in his award. On the other hand, in all probability, in most cases where an umpire/arbitrator does so act, it would save costs if he were to state his reasons in his award. In that event the parties would not be put to the expense of trying to ascertain what his reasons were and possibly moving the court to set aside the award Thirdly, if the award does depart from the general rule as to costs but bears on its face no statement of the reasons supporting that departure, the party objecting to the award in that respect may bring before the Court such evidence as he can obtain as to the grounds, or lack of grounds, bearing upon the unusual exercise of discretion by the arbitrator or umpire. Fourthly, the above propositions apply to all categories of awards as to costs. That is to say, they apply to the extreme case in which the successful party has been ordered to pay all the costs of an unusual party as well as the costs of the award, and also to the case in which a successful party has been made to bear his own costs and to pay half the costs of the award In exercising his discretion judicially an umpire/arbitrator must have regard in the first place to the primary principle guiding Courts and arbitral relation to costs, namely, that costs follow the event. ”

另可举例进一步说明,在 Messers. Ltd v Heidner & Co (1960) 1 Lloyd's Rep 500 中,仲裁员判卖方要支付 2/3 的费用,而买方要支付 1/3 的费用,但没有给原因偏离胜诉方可以取回费用的大原则。这导致裁决书被法院发还,要求仲裁员重新考虑有关费用的问题。Pearson 大法官说:"... I think, must really be understood as being confined to the costs of the award, because they have given two-thirds to be paid by the sellers and only one-third to be paid by the buyers. The question is whether that involves, or *prima facie* appears to involve, a wrong decision in principle by the arbitrators, that is to say-though one hates using the word because it gives an entirely wrong impression-whether there has been, from a purely technical point of view, misconduct or excess of jurisdiction on the part of the arbitrators. As I say, it is a most unfortunate word; all that it meant is that the arbitrators have a judicial discretion to decide the question of costs, and the question is whether it will appear, *prima facie*, that they have gone outside the limits of their judicial discretion. The *prima facie* ruling with regard to costs is that they follow the event, that is to say, that normally, in the absence of special reasons, the successful party should have the costs. Now, one has to consider here, and consider carefully, whether it appears that there are, or may have been, sufficient special reasons'. When I say sufficient special reasons', I do not mean that one has to consider whether oneself would have made exactly the same order. The question is whether the order seems right in principle. It is an unusual decision because it departs from the normal rule that the successful party should have his costs. ”

5.3.3.2 偏离大原则不能考虑一些无关或法律上站不住脚的理由

这里涉及很多不同的情况,也有很多先例解释过哪些是无关或者是法律上站不住脚的理由,如仲裁员以自己主观的看法根据道德上的对与错来分摊的费用,争议金额不多或败诉方已经够惨了等理由。这方面的先例有 Rosen & Co Ltd v Dowley & Selby (1943) 2 All ER 172;Lloyd del Pacifico v Board Trade (1930) 46 TLR 476;Andrew v Grove (1902) 1 KB 625。

5.3.3.2.1 不能考虑理由之一:道德上的对错

在 Lloyd del Pacifico v Board Trade 一案,案情是有关一艘二手船的买卖。在仲裁中,买方提出两项索赔,一是交船迟延,二是船舶情况糟糕。仲裁庭判交船迟延是买方败诉,但船舶情况糟糕却是买方胜诉。至于费用方面,仲裁庭判卖方承担自己的费用外,另要赔偿买方一半诉讼费用,并在仲裁庭费用方面要承担 2/3。诉至法院,仲裁庭有关船舶情况糟糕的裁决被推翻,这表示卖方完全胜诉。所以法院就把有关费用分摊的裁决书"发还"(remit)给仲裁庭重新考虑。但仲裁庭还是维持原判,原因是卖方所交的船舶情况糟糕,虽然在该买卖合约中不构成违约(毕竟合约条文可能订得对买方不利),但在这种情况下要买方接受该船舶并"不道德"(immoral)。这导致卖方第二次到法院寻求救济,而法院将此费用命令撤销,因为仲裁庭不应该考虑与仲裁程序及法律权力无关的一些因素,也无权在商业纠纷之中考虑道德因素。(... that the arbitrator had acted on grounds which were outside the reference and he had not exercised his discretion judicially, he had no jurisdiction to proceed on considerations of morality in a business transaction, not was he entitled to penalize the Board for something which was not within the terms of the reference.)

5.3.3.2.2 不能考虑理由之二:争议或索赔金额不多的情况

争议或索赔金额不多不能偏离大原则,在 Messers. Ltd v Heidner & Co (1961) 1 Lloyd's Rep. 107,Winn 大法官针对这一点这样说:"Pausing for a moment there, that seems to me to be quite an inadequate reason in an arbitration, where there is no question of jurisdiction being divided between the High Court and the County Court, for saying that there should be any reduction or limitation of the costs to be recovered by the successful party, because, as between commercial parties, even a small claim may establish a principle between those parties, and a precedent which can quite widely be used in their respective trades, if there be any principle common to that and other cases. So that *per se* it is not sufficient to say that the claim is a small one."

争议或索赔金额不多的情况在海事仲裁中经常有,最后的胜负是不存在可以偏离大原则,就是胜诉方可向败诉方取回诉讼费用。这也导致经常在海事案件中看到律师费用高出双方争议的金额,特别对败诉方而言,因为他既要承担自己也要承担对方胜诉方的诉讼费用。所以,在这种案件中,可能会败诉的一方要特别小心,尽早作出保障自己费用的措施,如作出足够保护自己的"秘密提议"(sealed offer)或 Calderbank 提议(这在本章5.3.3.3.6段有详论)。

5.3.3.2.3 不能考虑理由之三:测试案例(Test Case)

在同一个先例下,也有针对说如果胜诉方利用这个案例成立一个权威性的先例作为测试案例(作用是如有很多同类型的争议,挑一个去法院成立一个先例,则其他同类争议就可以很容易地和解),也不是剥夺胜诉方取回费用权利的原因。Winn 大法官说:"I do not think that it is a sufficient reason for making such an order as to the costs as was made in this case by the arbitrators that they should have formed the opinion that the sellers elected to make a test case of the claim. That finding amounted to no more than this, that they had elected to make sure of bringing to bear every conceivable force for their protection in this particular case. It does not mean that they had unreasonably, for motives of malice or for some extravagance or self-aggrandisement, turned a small case into a big one, where they must have realized that no conceivable question of general importance to themselves or their trade could arise. I think they did that-and the arbitrators, if they thought the contrary, were wrong-with the idea that this case raised important questions of law, though, as I have said, I doubt if they clearly visualized what the real question of law potentially involved were."

有关测试案例的费用问题,香港近期的一个先例也有提到,但针对的不是考虑到底应否偏离大原则,而是有关被卷入一个测试案例的胜诉方可否向败诉方取回"补偿基础"(indemnity basis)的费用核算问题。这先例就是 Re Estate of Kwan Kai Ming (2006) HKEC 953 所讲的:"In maritime or shipping cases, I believe under this heading, one example is a "test" case. Shipowners' P&I clubs are known to have taken test cases to the courts in order to ascertain or clarify important matters of law from time to time, especially in earlier years. It could be done with the agreement of both parties. But equally true, it could be at the instigation or desire of solely one party. The other party (namely, the charterers or cargo owners), being drawn into an expensive litigation, had no choice but to continue, passively and/or involuntarily. They could put up an adequate offer or offers to protect costs, should they fail. But if it turned out that they were successful ultimately, an order for costs in their favour on party-and-party basis would not be adequate to give them full or fuller indemnity. In that kind of situation, even if the shipowners or the P&I clubs were totally reasonable in their conducts in the proceedings, an award on indemnity basis could be justified."

5.3.3.2.4 不能考虑理由之四:当事人没有提供的事实

对一些当事人没有向仲裁庭提供的事实,也属于是无关,仲裁庭也不能将这些考虑在内。例如,仲裁庭私下知道双方有进行和解谈判,并以所知道的秘密资料加以考虑有关费用的裁决,这个肯定是不正确的做法:Stotesbury v Turner (1943) 1 KB 370。这种无关的事实也包括了尚未经过核算的诉讼费用,仲裁庭只能作出臆猜,这方面可看 The "Maria" (1992) 2 Lloyd's Rep. 167。

5.3.3.2.5 不能考虑理由之五:仲裁是由胜诉方引起的不明确地位

有一种情况经常出现,包括笔者最近也遇见,就是可否在费用上惩罚胜诉方在一些在原来订约/履约时或/及引起仲裁的不当行为,但这不当行为并不是发生在后来的仲裁程序中。最典型的例子就是仲裁庭认为胜诉方是引起这个争议的一方。但看来仅有这个理由不够,这方面有一个著名的案例 Hanak v Green (1958) 2 QB 9。在该先例中,被告虽然胜诉,但第一审被拒绝向原告取回费用,而部分原因就是被告的工人的工艺很不好引致这一个争议。但在上诉庭,Sellers 大法官说:"This matter seems to have arisen in the evidence, but it had nothing to do with the defendant's conduct of the case."

近期的先例是 Halls v. Rover Financial Services (GB) Ltd (t/a Land Rover Financial Services) The Times, November 8, 2002, CA,该先例的胜诉方涉及以现款交易以逃避税务,并没有账目。但上诉庭说这些违法与不诚实的行为与诉讼程序无关,不能因此剥夺他可以向败诉方取回费用的权利。

在笔者最近遇到的一个仲裁,涉及中方与一家国际大酒店管理公司所订的一个涉及中国一间著名酒店的管理合约。其中一项的争议涉及合约写得非常不清楚,而这个合约是"惯常做法"地由西方公司草拟,中方则是拿来就签。其中在包括笔者的三人仲裁庭商议时,其中一位仲裁员认为中方应该在争议败诉。但由于合约是由胜诉的西方公司草拟,并且草拟得差(不知道是故意还是疏忽),才引起这个争议,所以整个仲裁的费用就要由其来承担。笔者大力反对,认为以草拟合约来针对这仲裁费用的分摊似乎太遥远了。加上根据英国法律(适用在香港仲裁)的看法,合约拟定得好坏也不可以怪责草拟一方,否则谁还敢草拟。毕竟这并不是消费者合约,而双方是在知识方面应该可以对等的国际商业人士,通过谈判才最后约定。至于事实并非如此,如中方商业人士普遍不了解合约法,以及有此陋习即西方公司草拟的文件拿来就签,这就不应该加以考虑或对水平不足的人士作出同情。

但看来也有先例支持胜诉方不当行为引起争议与仲裁的话,是可以在费用分摊方面对其作出惩罚。或者是这里要看在这方面的不当行为严重到何种程度。这方面的先例首先要介绍的 Bostock v. Ramsey Urban District Council (1900) 2 Q. B. 616,案情涉及被告检控原告,但不成功。而之后原告民事反控被告较早前的"恶意检控"(malicious prosecution),但最终是败诉。在诉讼费用方面,判被告在原来的检控中的手法给予原告一个合理的推断认为被告是有恶意,这导致了原告以为自己有一个诉因可事后民事起诉被告,所以判胜诉的被告不能向败诉的原告要回这笔诉讼费用。A. L. Smith 大法官说:"The judge is not confined to the consideration of the defendant's conduct in the actual litigation itself, but may also take into consideration matters which led up to and were the occasion of that litigation."(法院不局限在考虑诉讼中被告的行为,也可以考虑导致该诉讼的其他一些事情。)

上诉庭的 Romer 大法官也说道："... good cause for depriving the defendant of costs... It might, for example, in the case of a successful defendant, be founded on conduct of the defendant outside the action, if the conduct were such as to have led the plaintiff reasonably to suppose that he had a good cause of action, and thus induced him to bring the action Misconduct in no wise connected with the action could not be any ground for depriving a successful defendant of costs. Nor, I think, could conduct of the defendant outside the action constitute good cause', if it were not such as to induce the plaintiff reasonably to suppose that he had good cause of action, and so to conduce the action."

另一个要介绍的是 East v. Berkshire C. C. (1911) 106 L. T. 65，该先例就是判胜诉的被告可以被剥夺取回诉讼费用的权利，因为他曾经作出过不正确/不真实的陈述而导致这个诉讼。

比较近期的是 Nicholson v. Little (1956) 1 W. L. R. 829，案情有关一个测量师代表一位业主收取了 84 英镑的政府战争赔偿，但没有归还给业主，并声称该业主欠他 105 英镑。业主在多番要求支付不果后，在法院向测量师提出了诉讼。该测量师反索赔 105 英镑，而在诉讼之后被判该测量师可以在反索赔拿回 61 英镑，最终测量师要支付剩下的 23 英镑给业主。至于诉讼费用方面，法院判业主可以向测量师要回。这样一来就似乎没有考虑测量师在性质不同的反索赔其实是有部分胜诉这个因素，但法院就考虑这个诉讼的原因是该测量师单方面将业主的钱扣下。到上诉庭，该费用的决定被支持，Denning 大法官是这样说的："I can see no fault of principle in what [the Judge] has done. It is to be remembered that this really was the house owner's money, and the surveyor was clinging on to it and claiming it as being his, the surveyor's money; he wished to put it in his own pocket for his fees, and he did put it in his own pocket for his fees, and it would have remained there but for the fact that the house owner brought his action. The house owner had to bring this action to recover his money. He succeeded in getting it, and he did so by greatly reducing this surveyor's claim for fees. The judge probably said to himself '*It would be unjust for this house owner, having had to bring this action to recover money due to him, to find himself, by reason of costs, with nothing in hand at all but rather out of pocket*'. That is a consideration which I think the judge was well entitled to take into account in exercising his discretion; and without saying anything as to the way in which any other judge or this court might exercise its discretion, it seems to me that there is no ground on which we can interfere with his discretion."

上述这个先例也被适用在另一种情况，就是经常发生在建筑诉讼/仲裁，承建商欠下了分承建商一大笔工程费用，而理由是承建商有更大的一笔因为工程上有缺陷的损失赔偿可用作"对冲"(set-off)欠下的工程费用。但在这种经常的做法会有相当部分情况是承建商故意夸大可以索赔的损失赔偿，希望以此威慑分承建商，使其不敢起诉，或接受城下之盟。在 Archital v. Boot Construction (1981) 1 Lloyd's Rep. 642,

Gibson 大法官就有说到正常情况是如果承建商在其损失索赔是有很大部分成功的话，即双方各有胜负，则诉讼费用可以平均分摊，如在该先例一样。但如果法官觉察到承建商有夸大损失赔偿来吓唬分承建商的情况，导致最后承建商还要赔给分承建商一大笔钱，就可以行使他的裁量权，要承建商承担全部的诉讼费用，因为是他挑起了争端，逼分承建商起诉。Gibson 大法官是这样说："In a case where a sub-contractor is owed money on his final account and a claim by the main contractor is made against him vastly in excess of the amount so owed, a Court or arbitrator might well in some circumstances conclude that if the main contractor's claims are eventually upheld in a sum less than the amount owing to the sub-contractor, the sub-contractor should have all the costs of the action. It is the experience of everyone who has had to do with such cases that from time to time an inflated claim is put forward with the apparent purpose of frightening the sub-contractor, by the fear of the costs of such proceedings, to accept much less than then sum due to him. It is to be hoped that when this is done the purpose will be discerned and an order for costs made which will reflect the justice of the situation, as was done in different circumstances in *Nicholson v. Little (1956) WLR 829*. The Court may properly in such circumstances direct the main contractor to pay all the costs even though by the proceedings he has reduced in part what otherwise he would have had to pay. This is, however, merely to state as is already well established, that a Judge or an arbitrator has a wide discretion as to costs. There is, of course, no general principle that a main contractor, who owes money to a sub-contractor, must necessarily pay all the costs of proving the extent of any damage done to him by breach of contract by the sub-contractor, merely because the main contractor over-estimated the amount due to him for such breach and retained, out of money due to the sub-contractor more than is ultimately found due from the sub-contractor for damages."

这种做法不单只适用于建筑诉讼，也可以适用在其他不同争议。例如，在 Universal Cycles Plc v. Grangebriar Ltd (2000) C. P. L. R. 42 (CA)，案情是有关 4800 辆自行车的买卖。Universal 就向 Grangebriar 索赔欠下的货价，后者支付了 109000 英镑后，扣起了余下的 107000 英镑，理由是这些自行车质量有缺陷。在后来的诉讼里，Grangebriar 成功赢了 25000 英镑的有缺陷自行车的修理与替换费用，可对欠下的货价作出对冲。但由于上诉庭认为 Grangebriar 所扣下的货价金额太高，所以不影响整个诉讼主要的成败是 Universal 成功索赔货价。故此，Universal 可以向 Grangebriar 取回诉讼费用。

5.3.3.2.6 不能考虑理由之六：法律下认为不恰当的理由

这一方面与上述一段所讲的基本上大同小异，但是它与法律或现有的法院做法有些分别。比方说针对"存款进法院"(payment into court)保护可能会败诉并要作出部分赔偿的被告，法院的规定很清楚，就是存进法院的这笔钱必须相等或超过最后判决给原告胜诉的金额才能起到保护作用。如果金额低于判决金额,即使是很小的差额,这一存款进法院的做法还是起不了任何作用。这方面的说法可以节录 Archital v. Boot Construction (1981) 1 Lloyd's Rep. 642 中所说的如下:

"It is not clear to me that a fair and civilized body of law necessarily requires inclusion of a principle that, if an offer of payment into Court is too small by any amount or fraction of the sum recovered, it must be wholly disregarded, but such a principle is clearly included in the law and practice which I must apply.

If a payment into the court is not equal to or more than the amount recovered, the Court cannot have regard to it in determining the proper order for costs. There is no jurisdiction, so far as I am aware, to penalize a plaintiff for not having made a counteroffer close to the payment in, on the ground that, if he had done so, the defendants would have paid the slightly larger amount. Nor can the Court penalize a plaintiff in costs on the grounds that the trifling difference between the sum paid in and the sum recovered did not justify the incurring of the costs of trial."

由于仲裁的"秘密提议"(sealed offer)是被认为相等于存款进法院的做法,所以普遍被认为如果秘密提议中的金额低于裁决金额,即使是很小的差额,也起不了保护提出秘密提议的当事方的作用。但这看来,只为了很小的差额就有了大不同的分别(诉讼费用通常不会是一笔小钱),有点不太公道,但仲裁庭应该不能以此理由偏离大原则的做法。这方面的先例有 Cheeseman v. Bowaters United Kingdom Paper Mills Ltd. (1971) 1 WLR 1773,案情涉及人身伤亡,被告将 750 英镑存款进法院,但没有被接受。原告最后胜诉 749.78 英镑,只是十分轻微地比存款进法院的金额低,但上诉庭判被告可以取回在存款进法院被拒后的所有诉讼费用。

另一个案例法院认为是偏离大原则不恰当的理由,就是考虑一些还没有确定与外来或附属的事项,如未经核算的诉讼费用,这方面的 The "Maria" (1992) 2 Lloyd's Rep. 167 容后介绍。

5.3.3.3 可以偏离大原则的理由

以下逐一谈谈主要的可偏离 costs follow the event 的大原则的合法理由。而这里的偏离又涉及两大类:(1)只是减少胜诉方可以向败诉方取回的费用,如只能取回一半;(2)是非但胜诉方不能向败诉方取回自己的费用,甚至要胜诉方支付部分或全部的败诉方费用。

注意这两种都属于大原则下的例外情况,但这种例外情况经常会存在而且也不好掌握。这特别是在法院引进了《民事诉讼程序规则》(Civil Procedural Rules,简称 CPR)后,香港法院也在 2009 年 4 月 2 日跟从了英国的改革。据闻香港高院已经有了内部规定,就是涉及费用方面的案件一般不会由"暂委法官"(deputy judge 或 recorder)处理,估计也是考虑这方面的复杂性,另外也是由经验较丰富的大法官审理并树立一些希望是稳定的先例。

5.3.3.3.1 偏离理由之一:费用过高或不需要

如果在仲裁程序中,胜诉方所花的费用过高,超出了合理需要,会是一种情况可以减少他可取回的费用,因为没有理由要败诉方来承担这过高部分。通常会在核算时作出这方面的调整,但也会发生在较早的有关诉讼费用命令中。例如,建筑仲裁中就会有裁决书或更普遍的是在中间程序的决定在费用命令中加上一句"不适用大律师"(unfit for counsel),虽然笔者是没有在海事仲裁中见过这种情况。加上这样的一句是显示该案件不需要聘用大律师,如一个很简单的案件,特别是不涉及法律的问题。这种情况会是仲裁庭自己不对胜诉方的费用进行核算,而是让法院核算,所以要在裁决书中作出这样的提示。对笔者而言,胜诉方所花费用过高,超出了合理需要,何止是聘用大律师?经常会出现的例子如不必要的委任专家证人,而有一些专家证人的收费绝对不比大律师的收费低。这一来岂非也要在裁决书中加一句"不适用专家证人"(unfit for expert)?

5.3.3.3.1.1 聘用多过一位大律师出庭的情况

在P. Rosen & Co. Ltd. v. Dowley & Selby (1943) 2 All E. R. 172中,案情涉及了原告业主的屋宇在"二战"期间被改造成一个防空洞,在战后可获得赔偿。在有关争议的仲裁诉讼中,原告几乎成功胜诉大部分其所要求的赔偿,但在诉讼费用方面,原告只能取回78英镑,而这只是所花费用的小部分。原告于是向法院申请对裁决书作出救济,但法院说法院的干预只是在仲裁庭针对费用命令判错了或他没有权力这样判的情况下。而在该案例中,法院并不认为有发生这个情况(虽然有关的裁决书并没有给原因),因为在该仲裁程序中有涉及过多的法律代表(原告委任了两位大律师出庭)与过度的证据(原告提供了好几个事实证人与专家证人)。说到有两位大律师或甚至是两位资深大律师同时代表,笔者也见过很多次。至于一位资深大律师加上一位普通大律师的情况,更加是普遍做法。但即使是同时有两位资深律师另加上普通大律师的做法,也会在一些复杂的案件中是合理。例如案件涉及了两方面的争议,一是海事方面,二是公司法方面,所以当事人找了两个在这两个方面各有专长的资深大律师在涉及这些方面的部分针对性处理,这并不存在费用过高或过度。Atkinson大法官在该案例中说:"The arbitrator may think that it is altogether wrong to saddle the owner with the cost of two counsel; he may think that one counsel is ample. He may think that there was an unnecessary amount of evidence called-I do not know. A number of witnesses were called; their names are set out in the affidavit. He may have taken the view that one expert witness was enough; or, at any rate, that the whole thing could have been done much more cheaply than it was."

5.3.3.3.1.2 律师收费是根据案件金额/标的一个百分比

费用过高笔者也经常遇到各种不同的情况,如在面对索赔代理或中国律师作为代表,他们就会存在与当事人约定按照案件结果收费的协议,如胜诉之后可收取案件金额的1/3作为律师费。英国与香港的律师不允许这样做(即使在英国允许的"有条件收费”[conditional fee]的安排下)。在胜诉后就存在胜诉方可向败诉方取回多少费用的问题,而胜诉方自己觉得是要付出一大笔钱,可能高达数以百万,作为索赔代理或中国律师的报酬,这应该可向败诉方取回。但问题是败诉方只应该承担胜诉方合理的诉讼费用,而并非承担一个与他无关,他也不会知悉的收费协议。而且这也与裁决书针对费用命令不符,因为裁决书通常会说明胜诉方可向败诉方取回费用,所根据的基础是“当事人对当事人”(party-and-party)或英国 CPR 下的“标准基础”(standard basis),在这基础下不可能是胜诉方索赔金额的1/3或1/2不等。所以,涉及笔者的仲裁案件就要求胜诉方在其档案中根据所花费的合理时间重新再计算一次,并按照不能超过香港律师合理的每小时收费费率(以香港律师合理收费作为比较是因为在香港仲裁,当事人可聘用香港律师作为合理替代)。如果这样计算出来是比此收费协议更高,则收费协议所真正付出的报酬也就封顶,因为费用的大原则只是补偿性质而非是让胜诉方赚钱。但如果收费协议是很大一笔报酬,而仲裁则相对简单(如被告缺席),就会表示能够向败诉方取回的费用很有限,可能是整笔报酬中的极少部分。

5.3.3.3.1.3 不必要的委任过多律师代表

笔者遇到的另一个情况涉及是纽约一家律师所代表一家美国公司向中国公司提出索赔,笔者是该香港仲裁中的独任仲裁员。该案件最终是美国公司胜诉,但在核算费用时,笔者发现该美国律师除了自己的收费外,也包括了另一项使费是几乎是同样数目的香港律师费用。在进一步的询问下,美国律师说是其不熟悉香港仲裁法律与做法,所以与香港律师一并合作处理仲裁程序中的每一步。但笔者认为香港仲裁没有特别之处,加上香港国际仲裁依照的是《联合国示范法》,更是任何处理国际商务仲裁的律师都应该熟悉的。所以笔者很难接受这个解释,排除了该项香港律师的费用。笔者是了解在处理国际案件时,往往有需要询问各国有关律师,而这些费用在胜诉后应该可以向败诉方要回来。但笔者认为该案件不属于这种情况,而是属于过度费用,感觉是两家律师所合办该仲裁,没有理由要中国的败诉方承担。

要一提的是,在考虑费用是否过高/过度或不需要,仲裁庭不应该以事后诸葛亮的眼光对待,而应该是处身于胜诉方在事发时考虑会否需要花这一笔事后看来是不必要花的费用,如委任一位昂贵的资深大律师或专家证人。在 Bartlett v Higgins (1901) 2 KB 230 中说:“In my judgement, it is not correct to say that costs are not to be allowed simply because in the ultimate event they turn out to have been unnecessary. The taxing master must not consider whether they have been necessary' having regard to the event, but whether they have been necessary or proper for the attainment of justice'-that is (as I think) necessary or proper having regard to the state of things at the time the items of work for which the costs were incurred were ordered.”

5.3.3.3.2 偏离理由之二:提出有关争议或行为不合理与不恰当

这可以介绍一个最主要的案例,发生在英国《民事诉讼规则》(Civil Procedure

Rules,简称 CPR)1999 年生效前,名为 Re Elgindata No. 2 (1992) 1 W. L. R. 1207。案情是有关小股东控告大股东,指称被告行为不当而令他们利益受损,向法院申请有关命令。小股东提出了一连串大股东的不当行为,可分为四大类。结果其中三个不成立,只有一个胜诉,但这已足够取得法院的命令。但在诉讼费用分摊方面,法院认为小股东应支付败诉大股东 75% 的诉讼费用,并要承担自己 25% 的诉讼费用。这一来,结果是小股东胜诉,但有关的诉讼费用反而主要由他们承担。这一诉讼费用的判决被上诉庭推翻,认为胜诉方没有理由要支付任何败诉方的诉讼费用,只要胜诉方提出的索赔与有关争议没有“不合理与不恰当”(unreasonable or improper)。在这一先例下,毕竟要偏离大原则不容易,因为双方当事人的代表律师为了不要有遗漏,通常会把不论强弱的争议,只要是有关或有机会被接受,都提出来争辩。这些有关争议自然有胜有负,但很难说失败或不被接受的争议提出就是不合理与不恰当,因为几乎所有懂行的代表律师都会这样做。这一来,有关诉讼费用的承担就只看大原则了。

只会在比较极端的情况下,如在 The “Maria” (1992) 2 Lloyd’s Rep. 167,由于原告(希腊船东)使用虚假证据与作出虚假指控,所以原告即使胜诉,仲裁庭也行使裁量权偏离大原则,就是要胜诉方与败诉方各自承担自己的费用,而仲裁庭成员的费用就两方各承担 50%。

有关行为不恰当,这在 CPR Part 44.3(4)与(5)有针对。其中可举上诉庭先例的 Grupo Torras SA v. Al-Sabah(未报道)5.7.1999。在该先例中,被告虽然抗辩成功,但 Mance 大法官判其中一个被告向败诉的原告要回 50% 的诉讼费用,因为其不合理的行为包括故意把文件的日期倒签。至于第二个被告,就只能要回他的诉讼费用的 1/3,因为有更大程度的不恰当行为,包括明知道文件有虚假与试图逃避西班牙税务与外汇管制的行为,另是第一审的法官认为他的证据并不真实。

5.3.3.3.3 偏离理由之三:提出的有关争端不被接受并花费了大量时间与诉讼费用

这里不是针对一些在同一个仲裁有几个不同与完全独立的争议事项,它们完全可以各自进行一个仲裁,合并在同一个仲裁纯粹是为了方便与省钱。在这种情况下,由于每一个不同争议各有不同的强弱,都需要花费时间处理,而最终的结果也会各有胜负。这一来,根据每一个不同与独立的争议的胜负作出几个不同费用命令,或较简单的做法就是在总的费用根据比例作出费用分摊。这种做法很早已经允许,现在新变化是针对只有一个争议但该争议带出了好几个不同的“争端或分争端”(issues 或 sub-issues),而它们有胜有败,对费用带来影响。这一变化来自 CPR 生效后带来的对诉讼费用分摊的不同理念。即英国法院不再鼓励当事人代表律师把在一个争议中每一个可能有关的争端或“分争端”(sub-issue),不论强弱,都提出来争辩。因为这样做会导致一个诉讼复杂化而带来昂贵的诉讼费用与拖延时间。在 CPR 下,不再只看某一争议事项的结果,而是看争议下提出的有关争端是否合理,并看个别提出的有关争端的胜负与其所占用的时间与花费的诉讼费用。这个变化的精神是 Woolf 勋爵在

Universal Cycles v. Grangebriar Ltd (2000) C. P. L. R. 42 所提出的:“However, there is an alternative principle, that the costs should be considered according to the actual issues upon which they have been incurred. The object of this principle is, it seems to me, to encourage good litigating behaviour: to encourage the parties to focus on the issues really in dispute and devote their time and energy to those.”

很明显是太严格遵守胜诉方可向败诉方取回费用的大原则会鼓励当事人增加诉讼的费用,因为他们再也不会选择性的提出合理与有胜诉希望的争端,而是把任何稍微有关的争端都挖出来作为替代的争端,反正只要有一个争端胜诉就根据大原则向对方要回所有的诉讼费用。正如 Peter Hurst 所著的《Civil Costs》一书第 2004 年版中的 4-010 段所说,如下:“It is now clear that a too robust application of the ‘follow the event principle’ encourages litigants to increase the cost of litigation since it discourages litigants from being selective as to the points they take. A litigant who will recover all his costs so long as he wins will leave no stone unturned...”

这里主要的先例是 AEI Rediffusion Music Ltd. v. Phonographic Performance Ltd. [1999] 1 WLR 1508,Woolf 勋爵在第 1522 页讲道:“From 26 April 1999 the ‘follow the event principle’ will still play a significant role, but it will be a starting point for which a Court can readily depart. This is also the position prior to the new Rules coming into force. The most significant change of emphasis of the new rules is to require courts to be more ready to make separate orders which reflect the outcome of different issues. In doing this new Rules are reflecting a change of practice which has already started. It is now clear that too robust an application of the follow the event principle' encourages litigants to increases the cost of litigation, since it discourages litigants from being selective as to points they take. If you recover all your costs as long as you win you are encouraged to leave no stone unturned in your effort to do so.”

另在 Winter v Winter(未被报道)先例中,Brooke 大法官说:“... before the CPR... if a claimant substantially succeeded he was likely to be awarded an order for costs even though he failed on certain issues. The [CPR]... enable a Court to do greater justice if a party has caused court costs to be expended on an issue on which he ultimately fails.” 另外,Simon Brown 大法官在此案例中说:“... judges nowadays should be altogether readier than in times past to make [issue-based] costs order... If, moreover, the [winner] has not merely lost on an issue but has pursued [it] when clearly he should not have done, then there are two good reasons why that should be reflected in the costs order: first, as a sanction to deter such conduct in future; secondly, to relieve the [loser] of at least part of his costs liability. It is one thing for the losing party to have to pay the costs of issues properly before the court, another that he should have to pay also for fighting issues which were hopeless and ought never to have been pursued.”

上述针对的是法院在 CPR 之后对费用分摊做法的改变,所谓的"issue-based approach",照说是不影响仲裁员,毕竟 CPR 是在 1996 年《英国仲裁法》之后才生效的。但法院的做法无可避免地会影响到仲裁员,这里可引述 Bruce Harris 先生等在《The Arbitration Act 1996》一书之第三版所说的话,如下:"In the first edition we said that we doubted that the Act had changed the law as it stood previously in this respect, and we referred the reader to pp. 396,397 of Mustill and Boyd (2nd ed.). Since then the CPR have come into force. The tenor of the CPR is to move away from the position that some success is sufficient to obtain an order for all the costs. In future, in court proceedings there are likely to be many more orders awarding partial costs, thus more accurately reflecting the level of success achieved by the receiving party. We think that orders for costs made by arbitrators are likely to move in a similar direction and that arbitrators who follow the guidelines of CPR Part 44 quoted are unlikely to fall foul of any appellate or review procedures."(大致意思是,以往的做法是只要有部分胜诉,该胜诉方就已经足够向败诉方取回所有的诉讼费用,但现在 CPR 下,越来越多只是判取回部分的诉讼费用。我们相信,仲裁员也会采取同一态度行使裁量权,而只要仲裁员依照法院的做法就不应该会在上诉时被否定)。

有关根据不同争端的胜负分摊诉讼费用这方面的权威指引可以引述在 Re Elgindata Ltd No. 2(1992) 1 WLR 1207 中 Nourse 大法官说的话,如下:"The principles are these:(i) Costs are in the discretion of the Courts(费用分摊是法院的裁量权). (ii) They should follow the event, except where it appears to the court that in the circumstances of the case some other should be made(通常费用是应该依照争议结果的胜负分摊,除非法院认为某一个案件的情况适用不同的做法分摊). (iii) The general rule does not cease to apply simply because the successful party raises issues or makes allegations on which he fails, but where that has caused a significant increase in the length or cost of the proceedings he may be deprived of the whole or a part of the costs(通常,在胜诉方提出某一争端但结果失败,不影响应该依照争议的结果的胜负费用分摊。但如果这一些失败的争端带来了大量的诉讼费用与时间的消耗,胜诉方就会有可能被否定向败诉方取回这一部分诉讼费用). (iv) Where the successful party raises issues and makes allegations improperly or unreasonably, the court may not only deprive him of his costs but may order him to pay the whole or part of the unsuccessful party's costs(如果胜诉方提出一些不恰当或不合理的争端,法院不仅会否定胜诉方可向败诉方取回这部分的诉讼费用,更可以进一步命令他支付败诉方这一部分的费用)."

这里可举一个简单例子,在一个经常会遇到的货损索赔中,被告(船东)提出一连串的抗辩,包括像提单或租约下仲裁庭的管辖权、适用法、索赔时效、对货损的责任(包括像适航与货物的特性等)、索赔金额(如没有减少损失等)等。如果最后是被告胜诉,而胜诉理由只有其中的一项,就是仲裁庭认定货损的主因是由于货物的特性或内在缺陷,这一来被告应该可以向作为败诉方的原告(收货人或承租人)取回所有的诉讼费用,这是以往的做法。但现在就会要看个别的争端是否浪费了很多的时间及费用以及其提出是否恰当与合理。在第一个考虑下就只是看事实,但在第二个考虑下就要仲裁庭认为提出是否合理、是否明显站不住脚的"清争"。要知道,就算是胜算较低的争端,也不表示没有希望,对一个负责任与怕犯错的律师来时,他是不愿意放弃提出作为一个"可替代的争辩"(alternative argument)。

这一来,仲裁庭在这一个分摊诉讼费用的简单例子中,首先分析的是第一项争端即仲裁庭的管辖权,这一项是提出挑战的被告败诉。虽然,提出也谈不上是不合理,毕竟仲裁庭觉得这个裁定还是颇具争议性的,但这一个争端整整花了两天的开庭时间。所以,仲裁庭就可以否定胜诉的被告花在这一个争端上的诉讼费用。

接下来,就是分析被告也败诉的第二个争端即适用法与时效(适用法决定时效),仲裁庭就觉得这个争端的提出不合理,一看就是毫无胜诉的希望,而涉及的费用也不少,如需要占用开庭时间的一天以及外国法律专家证人等。这一来,仲裁庭就可以否定胜诉被告在这一方面的诉讼费用外,甚至进一步判他要承担败诉原告在这一方面的费用。

至于第三个争端即有关索赔金额,由于责任方面已经是判原告败诉,仲裁庭根本不需要考虑索赔金额的高低或原告有否减少损失。所以即使这方面也花了不少时间与费用,但由于无须决定胜负,加上被告提出这一个争端也是完全恰当与合理(因为被告如果在责任方面败诉的话,就希望赔偿少一点),所以在这一方面的费用就不存在要偏离诉讼费用分摊的一般大原则,就是"败诉方支付胜诉方诉讼费用"(costs follow the event)。

接下来介绍一个有关中国造船争议的伦敦仲裁,先不管内容,只说是胜诉方(被告)在两个主要有关争端可名为(1)与(4),另有两个小的有关争端(2)与(3)。其中胜诉方只是在争端(4)胜诉,但这以足够让胜诉方取得争议的结果。其中(1)是主要花时间的争端,涉及"授权"(authority issue),被仲裁庭视为是提出作为抗辩之一不合理并且决定要胜诉方承担,但应该怎样作出费用指令,裁决书是有以下的写法:

"A) In the light of our above reasons, realistically, there are four forms of order to be considered:

(a) Depriving (胜诉方) of their costs of the authority issue;

(b) Depriving (胜诉方) of the whole or a proportion of their costs overall;

(c) Depriving (胜诉方) of the whole of their costs and ordering them to pay a proportion of (败诉方)'s costs;

(d) Depriving (胜诉方) of the costs of the authority issue and requiring them to pay (败诉方)'s costs of that issue.

B) In our solution (a) would be insufficient to achieve fairness: it would be quite inappropriate in the circumstances described above that (败诉方) should, without more, be left bearing their own costs of an issue raised by (胜诉方) which was doomed to fail. The more difficult question then arises whether, and if so how, to apply solutions (b), (c) or (d), in many cases a tribunal may be able to make allowance for issues on which the successful party has failed, by awarding it no or only a proportion of its costs, after making a necessarily approximate attempt to ensure that the proposed order reflects the degree overall to which that party has succeeded on the more important issues to which time and money were devoted. In the present case we have given consideration in particular to the question whether, having regard to the fact that the authority issue consumed most time, (胜诉方) should be deprived of the entirety of their costs: in other words, that we order that each party bears it own costs. This would, we consider, be much fairer than solution (a) and would have the added advantage of avoiding any need for further quantification of costs. In the end, however, we have concluded that we have no real information as to the costs incurred by the respective parties to form a reliable view whether an order to the effect that each party bears its own costs would be unduly harsh to (胜诉方) or conversely would fail reasonably to compensate (败诉方) for costs expended on the authority issue. Likewise, to award to either party a proportion of its global costs might be relatively easy to administer, but it would largely be groping in the dark. In the absence of either side condescending to provide even a rough breakdown of costs, we think that any attempt to apply solutions (b) or (c) would indeed involve adopting a mere hunch'.

C) In the end we have concluded that solution (d) is the most appropriate. Effect and weight should be given to the principle that costs follow the event' by ordering that (胜诉方)'s general costs of the arbitration be paid by (败诉方); but that we should depart from that*prima facie* rule by ordering (i) that these costs should not include any costs incurred in connection with the authority issue or the evidence concerning the alleged impossibility of importing foreign-made engines into the People's Republic of China and (ii) that (败诉方)'s costs in connection with the authority issue should be paid by (胜诉方) to (败诉方). We would mention, for the sake of completeness, that we considered that (胜诉方)'s point on issue (2) was as hopeless as their authority issue (1), but we do not consider this to be worthy of a separate costs order; likewise issue (3) which was not hopeless but which was closely bound which issue (4) attracts no separate costs order.

D) We would add that, testing the justice of our conclusions, had it not been for issue (3), issue bearing on jurisdiction (issues (1) and (2)) might well, in other circumstances, have been dealt with by way of a separate hearing as preliminary points. Had matters proceeded in this way, (胜诉方) could have had no quarrel with an order that they bear not only their but (败诉方)'s costs of those issues. Likewise, with the arbitration in due course then proceeding to deal with substantive issues, (败诉方) as losing party could have had no quarrel with an order that they bear their own and (胜诉方)'s costs."

5.3.3.3.4 偏离理由之四:索赔金额(quantum)只成功小部分

在"败诉方支付胜诉方诉讼费用"(costs follow the event)大原则的适用下,第一步要确定谁是胜诉方。在胜诉方索赔金额全部取回的情况,当然原告是胜诉方显而易见,但这样黑白分明的案件也不多见。常有情况是原告在一个仲裁责任方面胜诉,但在索赔金额方面却只被判能获得索赔的一部分。这有多种原因:(i) 原告一开始就狮子大开口;(ii) 原告对案件的错误理解和估计,不合理或证据不足的部分被仲裁庭撤销;(iii) 仲裁庭裁决有误。

像上述的原因,(iii)是诉讼的风险,不能归因于胜诉方。但(i)与(ii)也往往不能归因于胜诉方,因为(i)是人性。原告既然要提出诉讼,总会提出对他"最有利的案件"(best possible case),这对谈判的地位也会是站在高点。只要是不过分的夸大索赔,这才会达到一个程度是不合理:Matheson & Co Ltd v. A. Tabah & Sons (1963) 2 Lloyd's Rep. 270 与 The "Rozel"(1994)2 Lloyd's Rep. 161。至于是(ii),证据是否足够还要看双方当事人(如在披露是否合作)与案件的发展,也不能归因于原告一开始在证据不足的情况下提出。

要注意在大原则下,原告即使胜诉部分索赔金额,仍然是胜诉方:Demolition v. Construction Co Ltd v. Kent River, Board (1963) 2 Lloyd's Rep. 7; Metro-Cammell Hong Kong Ltd. v F. K. I. Engineering plc (1996) A. D. R. L. N. 5 May 1996。在后者的案例中,Lloyd 大法官说:"The successful party should be awarded his costs unless there was a good reason connected with the case why he should be deprived of them. Where a party recovered significantly less than claimed, this, of itself, provided no justification for not awarding that paty all of his costs..."

这可举例是原告索赔 100 万美元,只成功取得 50 万美元,原告在这争议事项(event)的结果还是胜诉方。如果原告不开始与通过这个诉讼,他能否取回这 50 万美元呢?所以诉讼费用仍是归他是有道理的。这也解释了被告在估计或明确知道欠下了 50 万美元,就应该尽早在诉讼开始或之前支付或者作出一个秘密提议或 Calderbank 提议。

除非是胜诉的金额与其原来争议的金额相比低得根本不成比例,所谓胜诉的金额"极微小"(trifling),这才会有分别:Tramountana v. Atlantic (1978) 1 Lloyd's Rep. 391;Alltrans Express Ltd v. C. V. A. Holding Ltd (1984) 1 W. L. R. 394。在 Tramountana v. Atlantic,Donaldson 大法官说:"If the sum recovered was trifling and did not justify the proceedings, it may well be right not only to deprive the claimant of his costs, but to order him to pay the respondent's costs: see Harris v Petherick (1879) 4 QBD 611. But this would be a wholly exceptional case..."

举例说如果是 100 万美元的索赔金额,最后原告胜诉 10 万美元也算胜诉,可以向被告取回自己的诉讼费用。但如果原告胜诉只是 1000 美元,这就几乎肯定是"极微小”了,因为这也可以归类为十分不合理的行动,即劳民伤财地提起一个完全不值得的诉讼。这里何谓“极微小”的分水线不好说,只说在伦敦 2002 年 12 月 5 日的一个午餐讲座(Arbitration Club—Maritime Branch 2nd Meeting)中曾提到一个案例是原告只有胜诉 3% 的索赔金额,但仍被判是可取回诉讼费用。但另在一个被报道的权威先例中,就提到在其中一个独立的索赔项目(船壳损坏)中,胜诉方取回原来索赔金额的 10%,但法院已经说可以减少胜诉方向败诉方取回花在这一争端的诉讼费用。Philips 大法官在 The “Rozel” (1994) 2 Lloyd's Rep 161 中说:“The shell plating claim, where owners only recovered 10 per cent. of their claim, to which four days of the arbitration were devoted, is one in respect of which I feel that the arbitrator could well have been justified in disallowing some of owners' costs.”

另一个是 The “Emvar” (1984) 2 Lloyd's Rep. 581,在该先例中著名的海事仲裁员 Donald Davies 判胜诉方的船东在还船后 15 个月之久才提出的一个装卸小工损坏船舶的索赔,但最终只能取回 600 英镑,被认为是偏离大原则的其中一个主要原因,而判的是船东要承担所有的仲裁费用。这个仲裁员的裁量权被高院所支持。

在这一点,重要性已经相应减少,因为在 CPR 之后,英国法院已经形成了另一个重要的概念,就是胜诉方的诉讼费用除了要合理外,也是要“按比例”(proportionality)。再针对这种情况就是原告只成功索赔一小部分。按比例的看法就是考虑原告在开始索赔时合理相信其可以成功索赔的金额比较最后成功索赔的金额后按比例。则就会表示夸大了的索赔所带来的费用没有办法取回。这在下一段会解释,特别是在 Home Office v. Lownds (2002) 1 WLR 2450 案例。英国法院在这一方面的做法(它所针对的不仅是本段的索赔金额只成功一部分,还针对了上一段的提出争端不被接受如何影响费用)可以节录 Peter Hurst 所著的《Civil Costs》2004 年版一书中的 4-010 段,如下:

“A party who meets with ‘substantial’ success is not necessarily entitled to all his costs. The sitiation has changed with the coming into force of the CPR. The new rules enable the court to do greater justice in cases where a successful party has caused an unsuccessful party to incur costs on an issue which later fails. In that the claimant was ordered to pay the defendant's costs of an issue which failed, to be set off against the claimant's costs of the issue which succeeded. Where a claimant brought a money claim against the defendant in respect of which there were four principal issues the defendants were successful on a single determinative issue but lost on the other three issues. The court held that the award of costs to the defendant should be reduced by one quarter. The judge found that the unsuccessful points that were argued were not unreasonable and were inter-related with the determinative issue. If the points had not been taken the number of witnesses would have been reduced, although the amount of evidence would have been. On deciding to reduce the award of costs the judge applied the following criteria: (a) the reasonableness of taking the point;(b) the extra time taken up prior to trial in preparing to argue the point;(c) the extra time taken in court to argue the point;(d) the extent to which it was just in all the circumstances to deprive the successful party of its costs; and

(e) the extent to which the unsuccessful point was related to any successful point.

It is no longer necessary to establish that a successful party acted unreasonably or improperly in raising an issue to be deprived of its costs and to be ordered to pay the unsuccessful party's costs of that particular issue. The issue based approach requires the court to consider issue by issue where costs in each discrete issue fall."

5.3.3.3.5 偏离理由之五:按比例(proportionality)

已经提到过,CPR重要的地方是带来了这个"按比例"的大精神,就是诉讼费用不应该与争议金额不成比例,而现实中这种情况也的确太多,导致大家都怕打不起官司而不伸张自己的合法权利,这在法治社会当然不是好事。

按比例的做法,在CPR之前已经是在仲裁小规模地存在。一些建筑的仲裁案件,如果争议金额小且不复杂,但其中一方雇用了收费高昂的资深大律师,就会有可能在裁决书被注明"不适合雇用大律师"(unfit for counsel)的做法。这表示胜诉方去法院核算诉讼费用,就无法向败诉方要回这笔大律师费用。但这只是很小规模而且是以"个别项目"(item by item)按比例的做法。在1996年《英国仲裁法》的Section 65可以局限双方胜诉后可向对方取回的诉讼费用,所谓Capping Cost的规定,也是同样的精神。

在CPR下,就会涉及一个"整数"(global)或以个别项目按比例。在Peter Hurst所著的《Civil Costs》2004年版一书中的4-022段就有谈及,如下:"... what is required is a two stage approach. There has to be a global approach and an item by item approach. The global approach will indicate whether the total sum claimed is or appears to be disproportionate having particular regard to the considerations which Part 44.5 (3) states are relevant. If the costs as a whole are not disproportionate according to that test then all that is normally required is that each item should have been reasonably incurred and the costs for that item should be reasonable. If on the other hand the costs as a whole appear disproportionate then the court will want to be satisfied that the work in relation to each item was necessary and, if necessary, that the cost of the item was reasonable. If, because of lack of planning or due to other causes, the global costs are disproportionarely high, then the requirement that the costs should be proportionate means that no more should be payable than would have been payable if the litigation had been conducted in a proportionate manner. This in turn means that reasonable costs will only be recovered for the items which were necessary if the litigation had been conducted in a proportionate manner."

CPR r.44.5(1)中说明按比例不适用费用命令如果是以"补偿基础"(indemnity basis)核算,只适用"标准基础"(standard basis)。在CPR r.1.1中说明法院在按比例下会考虑“主要的目的”(overiding objective),特别是:(1)涉及金额的大小(the amount of money involved);(2)案件的重要性(the importance of the case);(3)争议的复杂程度(the complexity of the issues);(4)双方当事人的经济地位(the financial position of each party)。

如果仅是按照索赔金额然后决定一个比率,并非正确的做法。因为案件有大有小,而一涉及诉讼的话就免不了有最起码的费用产生。

在这一方面有一个十分重要的上诉庭案例:Home Office v. Lownds (2002) 1 WLR 2450。在该案例下,订立了一些如何适用这个大精神的做法。首先介绍其案情是双方在诉讼中达成和解协议,是3000英镑,另加上付给原告的诉讼费用。之后,原告提出要取回的诉讼费用是17000英镑,这显然与和解金额完全不成比例。地方法院在小心地核算后,判原告只能取回15000英镑,但这仍然明显不成比例。地方法院认为在CPR下,他可以把整个数目按比例减少,但他认为这个案件复杂,所以处理起来也不能太不成比例而拒绝这样做。这到了高院获得支持,但再上诉至上诉庭,就被视为是“不成比例”(disproportionate)。上诉庭认为要有以下的做法:“(1) The proportionality of the costs incurred by the claimant should be determined having regard to the sum that it was reasonable for him to believe that he might recover at the time he made his claim(这是在提出索赔时胜诉方合理估计应该成功向败诉方取回的索赔金额,这与后来真正取回的索赔金额按比例)。(2) The proportionality of the costs incurred by the defendant should be determined having regard to the sum it was reasonable for him to believe that the Claimant might recover, should his claim succeed. This is likely to be the amount that the Claimant has claimed, for a defendant will normally be entitled to take a claim at its face value.(这是被告估计对方提出索赔中有可能会成功的金额合理估计应该花的诉讼费用金额,这通常就是原告提出索赔的金额)”。

在以上的做法下,由于在提出索赔时作出不合理的估计而夸大索赔金额,如果索赔方只能取回很小一部分金额,就会有危险。

但以上的做法,其中影响非常重大的是对方的态度。例如,原告想合理花诉讼费用,因为索赔金额只有10万美元,他也不希望花多于5万美元的诉讼费用,也估计合理情况下业已足够。但被告完全不合作,将每个仲裁程序都复杂化,如要求大量不必要的披露,坚持要开庭但其实无用,雇用大批昂贵的大律师与专家等。原告会在不自愿的情况下被卷入过度斗争,多花了一些原先无法合理估计到的诉讼费用。这样一来,在上述的案例下,是认为可额外取回。

这种情况并不少见,包括像中国内地的被告,往往无法准确地掌握分寸,一旦被外国原告索赔就只知道投降或反应过度,以为摆出战斗的样子可以吓倒外国原告让他们知难而退。但在笔者的经验中,这种简单技巧成功率非常低,反而导致中国内地的公司每次都要付出非常昂贵且不成比例的诉讼费用(这包括自己要承担与败诉后要付给外国的胜诉方)。这带来了一种恶性循环,即中国内地公司有理也不敢提出主张,有理也不敢抗辩,而只想投降,因为怕麻烦以及花昂贵的诉讼费用。这导致的后果是在从来不诉讼的情况下很难学到对付问题的宝贵经验以及怎么样在国际的复杂但法治环境下成长。

在仲裁方面,虽然 CPR 生效比 1996 年《英国仲裁法》晚两年,仲裁员会认为按比例的大精神与其无关。但看来这也不正确,特别是在伦敦仲裁。至于在香港仲裁,考虑到法院也很快会照英国作出民事诉讼程序的更改,也就是采纳 CPR,恐怕也是在走这条路。笔者目前还是很少见到仲裁的当事人提出胜诉方的诉讼费用要按比例给予,看来以后也会陆续有越来越多当事人会这样提出。

5.3.3.3.6 偏离理由之六:当事人有作出过和解提议

在民事诉讼,双方的谈判和解经常发生。谈判往往会在诉讼还没开始就已经在进行,并一直断断续续地谈到作出判决或裁决书为止。有时候即便是作出了裁决书并发放后,双方当事人还会谈判和解,因为该裁决书可能面临上诉。能够和解一个争议也是法治社会希望和鼓励的,因为诉讼的结果总是有胜有负,而且难逃有败诉方对法院或仲裁庭感到十分不满。但如果双方不需要到这最后的一步而达成和解,这就会产生一种难得的良好情况,双方都感到满意或至少不抗拒,达到双赢的局面。对个别当事人而言,谈判其他的好处在于可避免麻烦的官司以及将部分成败掌握在自己手里,避免了结果可能出现超出自己估计的情况。

但谈判当然不等于能谈得拢,被告就要想到如何保护自己将来可能面对的昂贵诉讼费用。比如,被告认为自己在一个 100 万美元的索赔中,50 万美元的责任已经没的争了或败诉机会颇大,于是与原告谈判把自己底线定在 50 万美元。但结果谈判破裂,因为原告坚持要 65 万美元。仲裁裁决争议结果是原告果然胜诉,但能取回的索赔金额小于这 50 万美元,如 40 万美元,但根据"败诉方支付胜诉方诉讼费用"(costs follow the event)大原则,原告仍是可以取回其不菲的诉讼费用,而这律师费本身就已经超过 100 万美元,导致被告最终付出的总数超过 140 万美元(40 万美元和 100 万美元原告律师费),这还不包括被告败诉后要承担自己的律师费。

在这种情况下,被告肯定不服,因为如果原告接受被告提出的和解提议并马上接受,随后的绝大部分甚至全部的(这是和解提议在诉讼开始前已经提出)诉讼费用就不会产生,更不说在被告眼中自己才是胜诉方,因为在索赔金额而言是省了 10 万美元。从大局看,也的确如此,即被告才是胜诉方。但问题是不成功的和解协议有关文件与资料享有"特权"(privilege),而且是属于谈判的双方当事人的共同特权。要将这些资料披露给法院或仲裁庭需要双方当事人的同意,仅仅作出和解提议的一方当事人愿意放弃特权是不可以。所以,被告无法抖出来给法院或仲裁庭看并去在判有关诉讼费用的分摊时加以考虑。这就带来了法院诉讼有一种做法,称为"存款进法院"(payment into court)。

5.3.3.3.6.1 存款进法院(payment into court)

在上面的例子,如果是英国法院诉讼(香港也一样),被告可以依照以前的《高院规则》Order 22, Rule 1,将这笔50万美元的和解底线存款进法院,并给原告通知,即“notice of payment in”。注意存款进法院是审理案件的法官所不知道的,判决的结果也不会受被告这一较早的和解行为所影响。这一来,如果最后判决是原告胜诉金额是40万美元,最后在诉讼费用方面分摊审理法官才被被告代表律师告知这个事实,即一早已经存了50万美元进法院,这是法院另一个部门处理。这一来,审理法官就会判原告可向被告取回直到收到存款进法院通知并没有接受那一天前所产生的诉讼费用。但原告之后就变成是败诉方,因为其胜诉的金额更少,浪费了双方继续打官司的金钱与精力,所以要赔偿被告的诉讼/律师费用。

英国法院最近排除了这种存款进法院的做法,这可节录Robert Merkin教授在《Arbitration Act 1996》第四版,142页所说如下:“Since the removal in civil proceedings in April 2007 of payments into court, the methods by which parties faced with calims in civil proceedings and arbitration are not broadly dissimilar.”所附脚注:“Payments into court have now been dispensed with in all cases: see CPR Part 36. Defendants to monetary claims now protect themselves by offering to pay a particular sum, and if accepted, such an offer creates a binding contract on which the claimant may obtain judment if the sum is not paid with 14 days of acceptance [or such longer period as is agreed]: see CPR r. 36.11 [6]-[7].”

这表示在英国有关保护诉讼费用的做法,法院与仲裁变得十分接近,即主要是靠败诉方作出合理与足够金额的和解提议以保护诉讼费用。这种和解提议在仲裁时通常有两种:(1)“a sealed offer”;(2)抬头注明“without prejuice save as to costs”的“Calder bank offer”。

在香港法院,2009年4月2日引进了《民事诉讼程序规则》后,看来还是有存钱进法院的做法,只不过名称有了小小改变,这在Reyes大法官的Reflections on Civil Procedure Under Civil Justice Reform一书86页这样说:“Adefendant may offer to settle a claim by making a money payment-in to Court or by proposing specific terms or by a combination of both. Any payment-into court is a ‘sanctioned payment’...”

5.3.3.3.6.2 秘密提议(sealed offer)

一直以来,仲裁不比法院诉讼,不适用或无法适用以前的“存款进法院”做法,原因是:(i) 仲裁不像法院,钱存在哪里?如果存放在仲裁庭,被告会因为被知道曾经“示弱”而感觉有危险在责任方面作对其不利的判决,更可能让仲裁庭一早知道提议的金额,而在裁决责任与索赔金额前思想被“污染”。(ii) 存进仲裁地点法院,免不了要委任当地律师处理,与仲裁灵活性不符。(iii) 通知仲裁庭同样不容易,这通知不能早过仲裁庭对责任与索赔金额完全下决定,而且不会再有改变,因为这会“污染”仲裁庭,但又必须在其裁决诉讼费用分摊前。这就带来了“波罗的交易所”(Baltic Exchange)的海事仲裁发展起来的一种做法,即“秘密提议”(sealed offer)。

5.3.3.3.6.2.1 秘密提议的做法

秘密提议的做法被认为是仲裁相等于的“存款进法院”的同等做法,这可以节录 Donaldson 大法官在 Tramontana Armadora S A v Atlantic Shipping Co. S A (1978) 1 Lloyd's Rep 391 中所说的话,如下:“A ‘sealed offer’ is the arbitral equivalent of making a payment into Court in settlement of the litigation or of particular cause of action in that litigation. Neither the fact, nor the amount, of such a payment into Court can be revealed to the Judge trying the case until he has given judgement on all matters other than costs. As it is customary for an award to deal at one and the same time both with the parties' claims and with the question of costs, the existence of a sealed offer has to be brought to the attention of the arbitrator before he had reached a decision. However, it would be wholly improper for the arbitrator to look at it before he has reached a final decision on the matters in dispute other than as to costs, or to revise that decision in the light of the terms of the sealed offer when he sees them.”

以下可作进一步介绍,如下:

(i) 秘密提议是在提议内容中说明让仲裁庭考虑分摊诉讼费用时才可看的,所以如果秘密提议被接受,代表双方当事人达成和解,仲裁也就不必再推进了。但如果秘密提议不被接受,传统做法是在开庭完毕或双方当事人在文书上要求仲裁庭作出裁决书之前给仲裁庭一个信封,内含秘密提议,让仲裁庭在决定了案件是非曲直和双方责任及赔偿金额后,但还没决定诉讼费用的分摊时拆开信封看该秘密提议的内容。这做法主要是考虑不影响仲裁庭针对对责任与赔偿金额的裁决,如不会觉得被告作出秘密提议是一种示弱,或是被告愿意在秘密提议中赔偿 100 万美元。所以,仲裁庭如果看了秘密提议并知道被告愿意赔偿 100 万美元,是绝对不能对原先已经作出的裁决如判被告根本不需要赔偿作出修改。这当然需要仲裁庭的自律,因为即使仲裁庭偷偷改变裁决结果,双方当事人也不会知道。

由于秘密提议是由一方当事人(通常是被告)最终交给仲裁庭看的,而和解谈判的特权是要双方同意放弃才可以披露给仲裁庭,所以有说法是秘密提议只能是公开的和解提议,只不过双方当事人与其代表律师有一个君子或习惯性做法,在适当时才给仲裁庭看的。所以秘密提议也不应该加上一个“without prejudice”的抬头,并应该在内容中说明会让仲裁庭在考虑诉讼费用时看。当然,在 Calderbank v. Calderbank (1976) Fam. 93 先例(后详)放宽在这一方面的特权后,这方面的分别也不再重要。

(ii) 如果秘密提议内的金额高于裁定的本金与利息,如前者是 100 万美元或是 80 万美元,则表面胜诉的原告在此秘密提议发出后如果拒绝,就要承担自己与被告在拒绝后的诉讼费用。因为从全局看,原告才是败诉方,因为他一早接受了 100 万美元的和解提议会更佳,不会害人害己继续诉讼。但换一种情况,就是裁定的本金与利息是高出 100 万美元的秘密提议,即使只高出一点点,这就无法保护被告的诉讼费用了。这与存款进法院的做法一样,为求肯定,以前是没有“*de minimis*”的说法的:Cheeseman v. Bowaters United Kingdom Paper Mills Ltd. (1971) 1 WLR 1773。所以有效的秘密提议是稍微偏高比较安全。这方面的案例很多,如 Tramountana v Atlantic (1978) 1 Lloyd's Rep. 391 与 The "Maria" (1992) 2 Lloyd's Rep. 167。

(iii) 有必要的话被告可再给第二、第三、第四个等秘密提议。这通常是将秘密提议的金额提高,因为被告对原来提议的金额感觉不足够,或者在案件的进行期间发现了新的对被告不利的证据等。当然随着时间的不同,未经核算的诉讼费用也有所增加。这一来,仲裁庭在分摊诉讼费用时就会把裁定的本金与利息逐一将每个不同的秘密提议作出比较。如果一早的第一个秘密提议已经足以保障被告,以后的秘密提议也就不必再理会了。

(iv) 秘密提议要简单,其中只能包括本金与利息,但不能包括诉讼费用,因为它没有经过核算/厘定,所以加在秘密提议中会令仲裁庭看的时候无所适从:The "Maria" (1992) 2 Lloyd's Rep. 167。这种情况下,仲裁庭是不能向双方当事人进一步查问,因为透露仲裁结果。如果秘密提议是本金加利息加诉讼费用共100万美元,这是无效,也等于没有作出过秘密提议。如果被告真的给出一个本金加利息加诉讼费用共100万美元的秘密提议,而最终仲裁庭是裁定本金与利息只有80万美元。但当时的裁决书是不会对费用进行核算,所以不会知道实际的金额,但由于达成和解是在诉讼早期,所以诉讼费用估计不太多,如不可能超过5万美元。但可惜是被告的100万美元秘密提议由于无效,导致不幸的被告要承担所有的诉讼费用了。

(v) 由于诉讼结果难以肯定且现在的诉讼费用高昂,所以对被告来讲通过秘密提议保障自己的诉讼费用非常重要,而且作出秘密提议不像存款进法院,不必真金白银掏出来,所以实际操作起来也不会有太大难度。

笔者在代表被告时,常喜欢一种方法。即在仲裁一开始甚至尚没开始时,但对案情已经有一定的了解,就会面对狮子大开口的原告作出一个十分慷慨的提议。例如,原告索赔200万美元,秘密提议就是120万美元不等,但内心的真正想法是原告站得住脚的索赔只有100万美元。原告以为被告很快示弱,往往尝试提高和解的金额,如180万美元。这一来,等于是拒绝了秘密提议的120万美元,但被告今后的诉讼费用就会受到保障了。这拒绝秘密提议对笔者可能是求之不得,因为估计最坏的情况也顶多是败诉100万美元,只是为了不可预见的坏结果才把秘密提议金额提高到120万美元。笔者曾经遇过在诉讼进行到中期,精明的原告心感不妙,要求被告"恢复"(reinstate)秘密提议的120万美元,并答应不收取任何利息且承担迟延接受秘密提议这一段时间的诉讼费用,这方面的影响会在稍后另段介绍。但笔者拒绝,理由是案情与证据有了转变,这就导致唯一的秘密提议就是120万美元,而当时是被原告所拒绝。这种方法遇上最大的困难就是要说服客户,也就是被告,因为一开始作出一个为了保障诉讼费用的偏高秘密提议,是必须得到被告的授权。被告如果不愿意冒险,或对这种诉讼技巧不了解,甚至他本来也不愿意作出一个偏低的秘密提义,就不会批准笔者建议的做法。

(vi) 秘密提议会有一个危险是其金额成为一个"分水线"(benchmark),作出的一方必须是在最后的判决中败诉的金额比这个分水线低的情况下才能保护诉讼费用:Tramountana v. Atlantic (1978) 1 Lloyd's Rep. 391; Archital v Boot Construction (1981) 1 Lloyd's Rep. 642。有一种情况是原告胜诉的金额只是索赔的一部分甚至小部分,则原告本来的地位就是无法向被告取回所有的诉讼费用,这方面可看本章第5.3.3.3.4段。但一作出了秘密提议,而提议的金额是比原告部分胜诉的金额低,仲裁庭反而必须判被告要承担所有的诉讼费用,因为是受到了该秘密提议的分水线所局限。所以秘密提议也不能乱给,如作出一个金额极低的提议,否则会是危险。这方面可节录 Michael O' Reilly 教授所著的《Costs in arbitration proceedings》一书第二版之7.5节的脚注21如下:"21. Where the claimant recovers a small amount relative to his claim, it is not known for the claimant to be required to pay the costs of the arbitration (see e. g. *Perry v Stopher* [1959] 1 All E. R. 713). In *The Emvar* (1984) 2 Lloyd's Rep. 581 the owner made a large claim but recovered only 600 and was required to pay all the costs. If an offer of 500 had been made, the arbitrator is likely to have made the opposite order as to costs. The seeming paradox that the respondent could put himself at an advantage by failing to make an offer was raised in argument by the counsel for the aggrieved owner in *The Emvar*, but to no avail. The moral seems clear: if an offer is to be made, it ought to be realistic enough to create a real risk for the other party."

5.3.3.3.6.2.2 秘密提议的用字与格式

仲裁的秘密提议并没有严格的格式与要求,只要表达清楚即可,可以是如下:"我被告不承认有任何责任下,现在决定善意的试图作出最后和解的努力如下:(1)我愿意付你50万美元(包括利息)作为对你索赔的最后和解;(2)你已花掉的诉讼费用,以标准基础核算(何谓标准基础后详),以及仲裁员费用,我亦愿意额外支付;(3)如果你接受,我答应7个工作日内付清50万美元,而诉讼费用是在双方同意或核算后7个工作日内支付;(4)这个提议有效期为今日起算21天,如果你不接受,我保留权利将这个提议给仲裁庭在作出分摊诉讼费用之前去看并作出考虑。"(Without Prejudice Saved As To Costs—We the respondents deny any liability to your claim. But in a *bona fide* attempt to settle your claim amicably and finally, we now offer: (1) We shall pay to you US $ 0.5 million (inclusive of interest) as full and final settlement; (2) on top, we shall pay the arbitrator's costs and your costs on standard basis, the latter to be taxed if not agreed; (3) on your acceptance, we shall pay the US $ 0.5 million within 7 working days and the assessed or agreed costs within 7 working days after agreement or assessment; (4) this offer is valid for 21 days from today and in the event that this offer is not accepted, we reserve our right to produce a copy of this offer to the arbitrator prior to him formulating the decision on costs.)

就大原则而言,它应该符合四个方面的要求,如下:(1)对提出的金额要清楚,这金额可以是本金加上利息的总和,或者是本金加上某利率的利息(be clear as to monetary value)。(2)马上可以被对方接受,即可达成和解协议而无须进一步澄清(immediately acceptable)。(3)要针对其他有关费用,主要是已经产生了的诉讼费用与仲裁员的费用。(4)不增加一些刁难或是有影响的先决条件,这可以在各种方面,如要求对方承认某一些过错或责任,或涉及一个分期付款,或要求对方作出一些其他的承诺如将来的业务机会等。

如果不符合上述的四个方面的要求,就会有被仲裁庭认为不合理而视为是无效的危险。已经说过,这方面没有严格的格式与要求,但这个看法是很多有经验的仲裁员所认同的。如果收到一个在格式上不符合上述要求的秘密提议,对接受的一方或原告而言,他有两个选择。一是他觉得不能接受也不予理睬。这方面的危险就是不符合要求的秘密提议虽然有危险不被仲裁庭视为有效,但也有危险是会被仲裁庭视为有效。所以更安全的办法就是原告以文书向被告指出有关不符合要求之处,并要求改正。例如,指出秘密提议并没有包括诉讼费用并要求被告加入,或指出不接受分期付款的秘密提议。如果被告拒绝,则将来原告就更容易显示给仲裁庭看这些不符合要求是严重且不合理的,而相反原告在拒绝秘密提议时并非是不合理的拒绝。

5.3.3.3.6.2.3 本金加利息的金额必须加上对方尚待核算的诉讼费用

最主要要留心的是在秘密提议中,诉讼费用必须分开。这也与存款进法院的做法接近,即支付的金额(如一笔总数的100万美元)可以包括庭外和解的本金加上利息,至于本金与利息是多少,可以计算。如果原告接受了这笔金额,根据法院的程序,所有原告产生了诉讼费用直到此阶段都要由作出支付的被告自动承担,至于实际金额是多少就要将来由法院核算了。而在秘密提议中,亦有同样的道理,被告作出的提议可以将本金与利息分开,但也可以一笔总数包括本金与利息。但唯一不可以做的是将这笔总数加上到这个阶段的诉讼费用,因为没有人可以在这个阶段没有核算就知道金额。仲裁庭也就无法根据这样的秘密提议来决定这个秘密提议是否足够。但现实中不少当事人为了肯定,经常在作出秘密提议时想一并包括诉讼费用,如说明100万美元是本金、利息和诉讼费用之和。这已经在 Tramountana v. Atlantic (1978) 1 Lloyd's Rep. 391 有说明,即有效的秘密提议应是90美元+诉讼费用。

5.3.3.3.6.2.4 没有加上诉讼费用而只说 no order as to costs 会否令这个秘密提议失效

在千变万化的情况下,难免有例外。在 Archital v. Boot Construction (1981) 1 Lloyd's Rep. 64,就有争议有关一个秘密提议的有效性。在该建筑仲裁,原告 Boot 作为承建商以工程延误作为理由,索赔91446英镑作为对冲,而这笔钱后来减为76000英镑。被告 Archital 作为分承建商向原告反索赔14879英镑工程费用的余额(这笔钱在仲裁程序的中途被和解了),加上28733英镑的其他损失,如没有提供合适的工作设施。在开庭之前,被告向原告作出了一个秘密提议,内容如下:

"1. Our Clients (Archital) will allow the sum of 12,000 to your Clients (Boots) on their claim, to be set off against [Archital's] counterclaim.

2. [Artichital] are prepared to accept in full and final satisfaction of their counterclaim the sum of 17,000.

3. It follows, after set-off, that there will be a balance due to [Archital] of 5,000. As you know, the sum of 12,000 (exclusive of interest) is held in a joint Deposit Account in the names of both parties pending the outcome of these proceedings. We suggest that the matter is disposed of by [Archital] receiving from that account the sum of 5,000 plus the accumulated interest duly apportioned on that sum. The remainder of the monies in that account, both principal and interest, should be paid out to [Boots].

4. Finally, [Archital] propose that there should be no order as to costs.

This offer is made on terms that its existence and contents are not to be disclosed to the Arbitrators until he has determined all issues of liability and debt or damages, and it will be brought to his attention on the issue of costs. The offer made in this letter is intended to have the effect of a payment into Court pursuant to R. S. C. Order 22. this offer will remain open for acceptance at any time, with the proviso that if it is not accepted within one month from the date upon which it is received, [Archital] will propose that [Boots] should pay any further costs incurred by [Archital] after the expiry of that period."

在之后的仲裁裁决,独任仲裁员判被告成功反索赔 9829 英镑,这比秘密提议中第 3 段的 5000 英镑为高。换言之,原告接受这一个秘密提议比坚持诉讼的结果为佳。但这里涉及争议是这个秘密提议是否有效,因为它在诉讼费用方面说明是"no order as to costs"(这代表各自承担诉讼费用),没有提议给原告所花掉的诉讼费用。但注意这种情况与一般的秘密提议很不一样,是被告针对他的反索赔向原告作出的秘密提议,而不是一般的债务人向债权人所作出的和解提议。这看来有点类似现在 CPR 下的 Part 36 提议的做法,虽然这做法在当时还没有出台。Gibson 大法官判在此案例的情况下,这个秘密提议是有效的,他说:

"I should however mention that, in my judgment, the problem raised by a case of this nature, where a respondent, who is the net creditor of the claimant, wishes to make an offer of settlement, can be solved without taking the risk, which Archital have encountered, of having an offer attacked on the ground that the term No order as to costs' rendered the offer ineffective. On the facts of this case for the reasons I have given, the offer in this form was effective as a sealed offer. In another case the position on costs, if the offer were accepted, might not be so clear. There is no reason, in my opinion, why the substance of such an offer should not conclude with the proposal that there be no order as to costs but that, if the party to whom the offer is made does not accept that part of the offer, the question of costs should be referred to and decided by the arbitrator upon the basis that the other terms for settlement of the action are accepted. The offer could further provide that if the arbitrator then directed that the costs be paid in terms no more favourable to the offeree than as first proposed, the arbitrator would be asked to direct the offeree to pay the costs thus wasted. If the offer were in those terms, and was rejected; and the claimant received no more than the sum offered in settlement the arbitrator could determine what costs ought to be allowed to the claimant on the basis that he had accepted the offer when made.

The arbitrator, accordingly, was, as I find, led into error by Mr. Uff 's (原告代表大律师) submission based upon the *Tramountana* case, and the offer letter was an effective sealed offer. Unless there is some reason unknown to me which could justify, or require, the arbitrator to depart from the usual order, which would follow upon proof of the making of such a sealed offer, the arbitrator will, upon reconsideration of the award, order Boots to pay the costs of Archital after the date of the offer, and Archital cannot be required to pay any costs after that date. "

5. 3. 3. 3. 6. 2. 5 针对秘密提议中的尚待核算的诉讼费用可否一并考虑

这个相关的案例是 The "Maria" (1993) 2 Lloyd's Rep 168,简单的案情是原告希腊船东索赔被欠下的租金约 74000 美元,该笔租金是被承租人扣押下来说船长在较早的时候拒绝依从命令进入高雄的卸港。在诉讼期间,承租人给了船东一个秘密提议,内容就是 15000 美元,包括本金与利息,并且另加上船东所花费但尚未核算的诉讼费用(估计应该不少钱)。但船东拒绝接受这个秘密提议,所以诉讼继续下去直到出了裁决书,裁决的结果是船东胜诉 16215. 99 美元。

裁决书中的本金已经比秘密提议的金额为高,所以似乎不能保障承租人的诉讼费用。但关键之处就是由于仲裁庭对船东在诉讼中的行为极为不满,这些不当的行为包括船东提供了一些被认定为虚假的文件和证据,对承租人虚假的指控说是他曾经恐吓与贿赂船长,以及提出一个船舶因不安全泊位搁浅受损但事实上没有发生过的索赔。所以,仲裁庭说,如果根本没有和解提议这一回事,他们本来就准备判希腊船东即使是胜诉也因此自行承担诉讼费用,裁决书是这样写的:

"We are satisfied that in exercising our discretion as to costs it is proper to take into account not only the result of the case but also aspects of the way it has been fought and the effect that this may have had on the costs incurred and the prospects of settlement. We are satisfied that this view is consistent with the case law reviewed in Baylis Baxter Ltd v Sabath (1958) 2 All ER 209.

Taking these factors into account we would, had there been no settlement agreement, have considered it proper to deprive the Claimants of their costs; we would have ordered that each party should pay its own costs despite the fact that the Claimants had made a recovery of part of the sum claimed. . . "

这一来,就涉及了金额表面看起来不足的秘密提议会产生何种影响。要注意的是,该秘密提议虽然金额轻微不足,但是加上尚待核算的诉讼费用,估计是一笔大钱。所以加在秘密提议的金额 15000 美元就肯定是多过裁决书的裁决金额 16215. 99 美元。所以,仲裁庭认为把这诉讼费用一并考虑,希腊船东就应该接受,结果会是比继续诉讼为佳。这一来,仲裁庭在有关费用的命令变成是在该秘密提议被拒绝之前,诉讼费用是各自承担(这就是本来想作出的命令),但在秘密提议被拒绝之后,希腊船东就要承担所有的诉讼费用,包括承租人的费用。

但在高院与上诉庭(多数判决,其中 Bingham 大法官不同意),这一个裁决被推翻,换言之,希腊船东胜诉而不必承担承租人在秘密提议后的费用。理由如下:(1)仲裁员不能受到一些还没有明确与外来的事实(unverified and extraneous facts)影响,这显然是指费用尚待核算与费用本身只是诉讼的附带事项(ancillary matter)。(2)法律不允许仲裁员把秘密提议后有关费用的核算加入考虑,Evans 大法官这样说:"the law did not require or permit arbitrators or Judges to have regard to the likely incidence of post-offer costs whatever might be the position regarding the claimant's own pre-offer taxed costs; in this case the offer was \$15,000 plus costs; the award was \$16,214 without costs and the claimant's pre-offer costs likely to be recovered on taxation clearly were more than \$1,215 so that the claimant were worse off for going on because the additional hire which was awarded to them was less than the costs which they did not recover but which had been offered to them."(3)秘密提议不应考虑合理性(这看来是与 Calderbank 提议不一样,也与 CPR 的精神不一样),Bingham 大法官是这样说:"It appears that in relation to Calderbank offers, and offers of an analogous kind, the approach may be different and may take account of the reasonableness of the offeree's refusal: see Mcdonnell v McDonnell (1977) 1 WLR 34 at 38; Cutts v Head (1984) Ch. 290 at 302; Chrulew v Borm-Reid & Co., (1992) 1 WLR 176."(4)看来,最重要的原因还是秘密提议是一个简单的做法,所以不允许仲裁庭对马上可以作出比较的本金与利息以外的事项作出臆猜/估计与加以考虑。在 The "Maria"这个案例中,似乎很明显就是尚待核算的律师费用比秘密提议的本金与利息相差很大。但如果法律允许把它加以考虑的话,就会在其他没有这么明确的情况下带来混乱。例如,相差并非这么大,又或者没有代表律师但涉及公司律师或互保协会作为法律代理人,而他们可否在核算费用时取回诉讼费用与可以取回多少会是有争议的,这又怎么考虑呢?这就会将这个简单的秘密提议的做法带来很大的不稳定。

这一来,The "Maria"这个案例也带来了一个疑点,就是被告可否给一个秘密提议是本金给得高(如 100 万美元),但针对已经产生的诉讼费用少给或者不给?但在有关案件不存在 The "Maria"案例的特殊案情,就是仲裁庭认为明显欠钱的被告应该在从仲裁一开始就难逃要承担诉讼费用,但是他的被判的裁决金额(如 90 万美元)却是低于秘密提议的金额,则该秘密提议是否能有效地保障费用呢?看来,还是有不明朗之处。对笔者而言,看来原告在一个如 200 万美元的索赔能够成功要回 90 万美元是明确应该可以向败诉的被告要回诉讼费用,所以秘密提议不包括已经产生的诉讼费用笔者是认为不可以接受为有效的。但根据 The "Maria"先例判是不应考虑这费用的,那又怎么解释呢?

5.3.3.3.6.2.6 秘密提议的其他特点

秘密提议对被告的好处:(i) 给予原告一定的压力谈判和解,否则会导致部分胜诉也要承担昂贵的诉讼费用。(ii) 不像存款进法院,秘密提议不必真的拿出钱来。(iii) 这可作为“不示弱”的方式来启动和解谈判,因为对方不知你提出秘密提议的理由是因为真正“怕输”或只是在法律费用方面作出保护。

秘密提议不稳定或/与不妥当之处:(i) 对原告而言,秘密提议并不像存款进法院一样需要拿出钱来,有危险是被告不遵守秘密提议准时付钱,导致原告要依据秘密提议/和解协议在恰当的法院(如被告所在地)提起诉讼(因为和解协议中并没有仲裁条文,也与原先的仲裁庭无关,因为涉及了另一个不同的合约)。(ii) 秘密提议只是一种十分简单的做法,如果在同一个仲裁涉及多个不同与独立的争议,每一个独立的争议的强弱不同,想设计一个秘密提议反映这种情况不容易,虽然理论上可为任何的一个独立的争议作出。当然,另一个做法就是给一个总(over-all)金额的秘密提议,但这就涉及了太多的猜测,难以准确且在金额稍低就失去了保护的效力。在 The “Rozel” (1994) 2 Lloyd's Rep 161,涉及了光船船东六项不同的船舶还船时的损坏索赔(entablature; crankshaft; shell plating; furrow; inventory; spare cylinder),独任仲裁员 Donald Davis 先生在裁决书中提到这方面的困难,说:“The failure by the charterers to use the sealed envelope procedure in any way. While there may have been difficulties in using the sealed envelope procedure in the light of the large number of claims by the owners it was still open to the charterers to have made use of the procedure in order to protect their position in respect of costs.”(iii) 另一个角度来看秘密提议是一个十分简单的做法,如果内容中用字不太明确或双方实际的和解谈判可能复杂得多,其过程对仲裁庭来说都不得而知,他只能根据秘密提议简单比较金额的高低。仲裁庭不会再有双方进一步的争辩或作出解释。为了确保秘密提议的简单,仲裁庭也不能考虑其他合理与否的因素:The “Maria” (1992) 2 Lloyd's Rep. 167。(iv) 会有危险是被告的这种秘密提议可能被视为“示弱”的行为,因为仲裁庭对被告的做法不会不知道,虽然密封的秘密提议金额是多少不得而知。当然有水平与有经验的仲裁员不应该受影响,因为诉讼总有风险,所以即使有很好把握的被告也不会完全排除和解谈判,区别只是在被告愿意赔5% ~10%或是80% ~90%。但也因为有这个示弱的危险,有些仲裁庭的做法是一开始就说明双方当事人必须在仲裁程序完结前给仲裁庭一个密封的信封,即使没有任何秘密提议在内,里面也应该放一张白纸,这样就不会有“示弱”的顾虑了,因为成为了例行公事或仲裁程序的一部分。

5.3.3.3.6.2.7 秘密提议与存款进法院基本的不同之处

虽然已经提及秘密提议是仲裁与存款进法院相同的做法与目的,但它们是有根本上的区别。秘密提议被认为是以一般合约的理念对待,但存款进法院被认为是高院程序的一种。这方面的权威性说法可以节录两个案例中的相关说法,第一个案例是 Cumper v Pothecary（1941）2 KB 58，Goddard 勋爵说："The answer to his contention is that there is nothing contractual about payment into Court. It is wholly a procedural matter and has no true analogy to a settlement arranged between the parties out of Court, which, of course, does constitute a contract. When once the seven days have expired the plaintiff can only get the money if he can obtain an order, and before the Court makes an order it must consider whether it is right so to do."第二个案例是 Garner v Cleggs（CA）（1983）1 WLR 862，Goff 勋爵说："A payment into Court has some of the characteristics of an offer, but it is not identical with an offer because, once the payment is made into Court, it is subject to all the relevant provisions of the Rules of the Supreme Court, and in particular, for present purposes, the provisions of Ord. 22, rr, 1, 3 and 5 to which Lord Justice Lawton has already referred."

这一个不同就带来一些很重要的区别，如下：

（1）这一方面已经谈及，秘密提议不需要真的把钱拿出来，所以即使接受了也不表示肯定可以拿到钱。因为接受了秘密提议等于是双方达成一个和解协议，但如果被告不按照和解协议作出支付，就会存在要根据和解协议强制执行。由于它是一个不同的协议或合约，所以连原先的仲裁庭都往往没有管辖权。它就会有可能导致被告如果是印度公司就要去印度法院起诉或者执行的危险。

（2）如果存款进法院之后，但债权人（原告）不接受，钱还是会一直存放在法院直到诉讼完毕。如果存款的被告因为案情的改变（如由于有新证据的发现导致案情变得对原告非常不利），或者被告原来是在误解的情况下存款进法院，所以想将存下的这笔钱部分或全部拿出来，就必须向法院申请才可以。换言之，这里是有一种精神是存款进法院后就一直给原告一个机会接受而不仅是存款进去的 21 天时限内必须作出决定。也确实是有先例（Garner v Cleggs［CA］（1983）1 WLR 862）说明被告存款进法院后，4 个月后向法院申请拿出这笔钱，因为被告收到来自有关物业的原来卖方告知原告作为买方是一直清楚知道所买卖的物业的消息，这表示原告向被告（处理有关物业买卖的律师）起诉索赔的诉因只是被告的疏忽而卖错物业是难以成功的。但在之后的诉讼里面，原来卖方的证供不被法院接受而导致被告最终败诉，但原告胜诉的钱是低于该笔已经撤走的存款。但法院与上诉庭判由于这笔存款已经撤走，所以再也不能在费用方面保障被告了。看来这方面与秘密提议很不一样，稍后作出探讨。

这里可多举一个先例，就是 The "Toni"（1974）1 Lloyd's Rep. 489，是有关两艘船舶碰撞，而其中一艘船舶名为"Cardo"的船东向"Toni"的船东作出一个在责任分摊上的要约，就是对半，但不久后被"Cardo"船东撤回。结果这个诉讼在英国法院进行下去，最后判下来责任分摊上正好是对半，照说在费用方面"Cardo"船东就应该受到保障。这一来大家的争议就是这个对半责任分摊的要约是否在诉讼费用方面加以考虑。上诉庭判这些和解的要约必须维持有效，直到法院开庭的开始。而作出要约

（因为这是针对责任分摊而不是金钱索赔，所以存款进法院不适用）的一方不可以短暂在作出后撤回，就有了权利在诉讼费用上得到保障。Megaw 大法官这样说："It is no doubt convenient, in Admiralty actions as in arbitration, that a party should be able to encourage the other party to settle by making an open offer. It is no doubt right that, normally, where such an offer has been made and maintained, but not accepted by the other party, and the party who has made the offer obtains a result in the litigation no less favourable to him than the terms of the offer, the judge should have a discretion to make a special order as to costs in his favour. The normal exercise of the discretion would be to give the offeror his costs from the date of the offer. But it seems to me that, normally at least, the discretion would not be properly exercised in favour of the offeror unless he had maintained the offer up to the commencement of the trail of the action. I do not see why it should be thought that the offeror should acquire some kind of moral or discretionary right to the whole of the costs thereafter incurred merely because he has, for a period of time ending before the start of the hearing, held out an offer, which has not been accepted during that period. If he is to get the benefit of a subsequent order as to costs, it ought normally to be on the basis that his offer has been a continuing offer up to the start of the trial. It may be that there are exceptional cases. But I do not think that the mere fact of no response being made for six weeks is such as to bring this case within the range of such possible exceptional cases that would mean that a party who had once made an open offer, and thereafter wrongly thought it was over-generous, could protect himself against the consequences of his supposed over-generosity by withdrawing the offer, and yet would still be entitled to get the benefit of it."

（3）被告存在法院的钱是要一直到诉讼完毕，本质上任由原告可以随时接受作为和解。但也不表示原告在 21 天时限内不接受，又花费了更多诉讼的时间与金钱后，可以任意接受该笔存款，甚至在开庭的半途。这里如果原告改变主意想接受这笔存款，必须向法院作出申请。而法院就会考虑案情在刚作出存款时与作出申请时有没有重大变化，如存钱时案情对原告十分有利，但到了申请时被告查出对原告十分不利的证据，如有部分单据是伪造的。可以说，到了申请时被告是根本不会愿意存这笔钱进法院作为庭外和解，只不过被告没有及时撤走。法院就会认为情况并不适合让原告任意接受这笔存款。但相反，如果案情没有重大变化，法院就会允许原告接受这笔存款作为和解，但由于其延误接受导致额外的诉讼费用，所以会命令原告要承担在存款进法院的 21 天时限以后直到作出申请接受这笔存款的时段中所花费的诉讼费用，特别是被告的诉讼费用。在这一方面，Goff 大法官在 Garner v Cleggs 中曾经说："Subject to the two risks I have mentioned [(1) that the plaintiff will have to pay the costs after 21 days if he accepts more than 21 days after the payment-in ; (2) that there may be a material change of circumstances which may prevent him from taking the money out], he can delay his decision whether or not to take the money out of court, in the knowledge that the money will still be available to him for that purpose until the time of the commencement of the trial. That being so, if, before the commencement of trial, the defendant does in fact withdraw (with leave) his notice of payment into court, it appears to me that it would be wrong in principle to order that the plaintiff should bear all the costs of the action from the date of the payment-in if the plaintiff, in the outcome, wins but recovers less than the sum previously paid in However the payment into court will, in such circumstances, ordinarily be relevant in respect of costs incurred during the period between the date of payment-in and the date when the defendant's notice of payment-in is withdrawn by leave of the court."

总结而言,这一方面的区别在 The "Concordia C" (1985) 2 Lloyd's Rep 55 中,Staughton 大法官说:"So a sealed offer is the arbitral equivalent of making a payment into Court. But in at least one respect it is not as satisfactory as making a payment into Court, as Mr. Justice Donaldson observed. That is, the difficulty of concealing from an arbitrator that an offer had been made. There are other important differences between the two procedures. First, in the case of a payment into Court, the money has to be put up at once by the offeror; with a sealed offer it does not and may never materialize. Secondly, money paid into Court may not be paid out again to the defendant who paid it in, except by leave of the Court upon proof of changed circumstances, or mistake, or something like that, under the Rules of the Supreme Court, O. 22, r. 1 (3). Thirdly, if the plaintiff does not accept within 21 days of payment in, the money cannot be paid out to him except upon an order of the Court, which can deal with costs as the Court considers appropriate. None of those considerations apply to a sealed offer."

5.3.3.3.6.2.8 秘密提议是否需要像存款进法院那样给原告接受的机会一直到开庭审理?

秘密提议由于是一种合约的"要约"(offer),所以就会存在被原告拒绝或"反要约"(counter-offer)时就使得原先的要约失效。另外,任何要约都有时效问题,这个时效可能是明示的,但如果没有明示的话就会有默示(应否像存款进法院一样有21天的时间)。笔者至今还没有见过有关默示的时间应该是多久的先例,因为存款进法院过了21天后,仍然可以接受,只不过要得到法院的批准,而通常他必须支付从没有在存款进法院之后的21天内接受直到最终接受的这段时间产生的诉讼费用。所以也有一个说法就是如果秘密提议中没有明示的时限,而要依赖默示时限,就会一直拖到仲裁开庭审理时,只要这个秘密提议没有被拒绝,反要约或被撤销。

如果该时效过去的话,要约就会失效。这一来,就会出现一个问题,已经失效的要约可否被原告作为债权人在稍后的时间改变主意接受?如果被告以要约已经失效而拒绝再重新作出同样的要约,被告就会有危险就是原先失效的要约起不到保障费用的功能？要知道，根据 Garner v Cleggs（CA）（1983）1 WLR 862，存款进法院是让原告随时在事后改变主意接受，只要期间案情没有重大的改变且他愿意支付额外浪费的费用。但是秘密提议由于根据合约法解释，就很难解释失效了的要约如何再能事后接受。这里可以举有关的案例作为介绍，首先是说明失效的要约是不可以让原告改变主意而事后接受的。这个案例就是 The "Concordia C"（1985）2 Lloyd's Rep 55，有关这个案例的案情在笔者著的《国际商务游戏规则——英国合约法》第 14 章 16.1.1 段有详尽的介绍。在这里只介绍有关秘密提议的内容，首先是被告律师在 1983 年 9 月 23 日给原告律师一个秘密提议，金额是 14 万美元，该秘密提议如下：

"We are instructed by our clients, Rheinoel, GmbH, the respondents in the arbitration proceedings due for hearing on 31st October, 1st and 2nd November next, to make the following offer of settlement to your clients, Huron Liberian Company, in full and final settlement of their claims in the arbitration as follows:

Rheinoel, GmbH will pay the sum of U. S. dollars 140,000 inclusive of interest but exclusive of your clients' party and party costs to-date.

Please note, that should your clients fail to accept the offer herein, our clients reserve the right to place the same before the arbitral tribunal in a sealed envelope, when your clients would be at potential risk in respect of their own costs and those of our clients as from the date hereof."

原告律师在 10 月 8 日给被告律师的反要约是要求以 20 万美元作为和解，如下：

"With reference to your clients' offer, we are now instructed to advise you this is not acceptable to them. However, our clients are commercially minded gentlemen who, like your own, would prefer to resolve this matter amicably.

We are accordingly able to advise that Huron would be prepared to settle for US dollars 200,000 plus interest at 14% per annum and all our legal expenses incurred to-date.

We would be grateful if you would put this counter offer to your clients."

这反要约并没有被被告接受，然后在 10 月 27 日，原告律师又发了一封信给被告，说是接受被告原先在 9 月 23 日提出的要约，如下：

"We refer to our recent telephone conversation, and can now confirm that we are instructed to accept your offer of US dollars 140,000, plus our party-and-party costs to 23rd September 1973 in settlement of Huron's claim."

但按照合约法的理论，原告律师在 10 月 27 日应该没有办法这样做，因为被告原来 14 万美元的秘密提议早已经因为 10 月 8 日的反要约而变为无效，不存在可以改变主意接受。这一来双方就出了一个新的争议那他们之间有没有达成和解协议，但这些争议是不适合让仲裁庭审理的，因为披露秘密提议的内容与金额就难免会影响仲裁庭。由于当时开庭在即，双方马上去英国法院要求判决双方有否达成一个和解协议。显然，如果法院确认双方已经达成和解协议就不用在仲裁中继续开庭了。

原告的争论就是秘密提议如果与存款进法院一致的话，就表示一开始的14万美金的秘密提议必须是一直维持有效直至仲裁完毕，不会因为21天过去了或者是有过反要约而失效，而一般合约法的理论是不适用的。但法院不同意，Staughton大法官判是双方并没有达成和解协议，说："In my view, an arbitrator would be justified in exercising his discretion as to costs in favour of the respondent in an arbitration, as Mr. Justice Donaldson said, where the amount recovered is less than the sealed offer, even if the offer was rejected, or expressly withdrawn, or a counter-offer was made. Whether he does so exercise his discretion is, of course, another matter. It follows that the claimant in an arbitration should be entitled to tell the arbitrator that the offer was withdrawn; or that, although he at first rejected it or made a counter-offer, he later tried to accept it and was told that it was no longer open."（在我看来，仲裁庭是有裁量权作出一个在诉讼费用方面对被告有利的裁决，即诉讼费用受到秘密提议的保障，即使该秘密提议已经被拒绝，撤回或另有一个反要约。至于仲裁庭是否真的这样行使他对费用的裁量权是另外一回事了，如原告另外告诉仲裁员该秘密提议在想接受前被撤回，或最初虽然拒绝但后来原告再想接受就受到被告的拒绝。）

以上的说法看来，秘密提议是不同于存款进法院的，要约是不需要明示一直到仲裁完毕都是有效的，原告可以随时接受，否则就起不到保障诉讼费用的作用。笔者还没见过这样写法的秘密提议。在这方面与存款进法院的做法不同是有道理的，因为原告可以事后取巧，如案情在严重改变之后就马上接受这一个可能长达2~3年一直有效的秘密提议。毕竟在仲裁中，是不会存在要法院命令，而法院在案情有重大改变的情况下是可以否定原告可以迟延接受存款进法院的。这里也不存在可以仲裁庭的命令作为替代，因为这些和解的内容不能向仲裁庭披露。秘密提议与存款进法院这一重大区别也带来一定的质疑，如Staughton大法官在The "Concordia C"中说："one has an initial reaction of surprise, and even disapproval, at the suggestion that a sealed offer may not still be open for acceptance until the hearing of the arbitration."

但如果遇上原告在后来要求接受已经失效的秘密提议而被告拒绝，就存在原告可以将这个事实告诉仲裁庭，并且说明案情并没有重大改变。这一来，仲裁庭对费用的裁量权就不一样了。举一个简单的例子，诉讼长达3年。在诉讼开始进行的第一年，被告向原告作出一个秘密提议，金额是100万美元，而后来的事实证明这是一个有效的秘密提议，比起裁决的结果对原告来说为佳。但当时原告拒绝该秘密提议，导致仲裁继续。但再一年后，原告愿意接受该100万美元的秘密提议，但被告拒绝再重新作出这个要约。这一来，再经过一年，裁决书作出了，判原告胜诉90万美元。如果这个过程双方都通过在开庭完毕或文书上要求仲裁庭作出裁决书之前各自给仲裁庭一个信封，内里有秘密提议与原告在后来要求接受该秘密提议但被拒绝的相关内容，仲裁庭就可以对费用行使适当的裁量权。做法上可能是要让败诉的被告承担诉讼第一年与第三年的费用，但第二年的费用（即被告作出一个有效的秘密提议直到原告后来回心转意想接受的一段时间)，就会要胜诉的原告承担了。这方面的权威说法是在 The "Concordia C" (1985) 2 Lloyd's Rep. 58, Staughton 大法官说："... the claimant in an arbitration should be entitled to tell the arbitrator that the offer was withdrawn; or that, although he at first rejected it or made a counter-offer, he later tried to accept it and was told that it was no longer open."

以上针对秘密提议失效仍然可以起到保障被告诉讼费用的说法也可以笔者处理过的另外一个仲裁案件为引证。虽然它不是一个先例而只是一个仲裁，但仲裁庭的三位成员都是非常著名的仲裁员，首席是一个御用大律师，而且早已荣升为大法官。在本案中，被告在仲裁一开始就作出了一个 100 万美元(为例)的秘密提议，但没有被接受而失效。在诉讼进行了大半年之后，被告改聘了一家英国的律师事务所。看来，该律师有一点疏忽而没有把以前的文件全部看清楚，竟然作出了另一个秘密提议是 50 万美元。当然这个秘密提议在得到被告的同意下作出，但被告也忘记了曾经作出了一个更大金额的秘密提议。而这第二个秘密提议也因为不被接受而失效。最后，仲裁的结果是被告要赔付原告 60 万美元，这就带来对庞大的诉讼费用如何分摊的另外一个争议，因为第一个秘密提议完全保障了被告，而第二个秘密提议是不足保障被告。该仲裁庭结果判第一个秘密提议有效，原告应该接受，就可以令整个仲裁不必进行，所以要承担所有的诉讼费用。

但要注意的是，在这个问题上也有过不同判法的仲裁与案例，就是 Mark Amy Ltd. v. Olcott Investment Ltd., Royal Court of Jersey (Samedi Division), 4 November 1996 (unreported)。这是有关建筑的仲裁案件，裁决的结果是判原告胜诉 42000 英镑，但被告曾经作出一个秘密提议是 10 万英镑，而且同样的秘密提议作出过两次但都被原告拒绝。按理被告的诉讼费用应该充分得到保障，但仲裁庭接受 The "Toni" (1974) 1 Lloyd's Rep. 489 先例，认为和解要约一直要维持到开庭的开始才可以保障被告的诉讼费用的地位。注意是 The "Toni"是一个法院诉讼而不是一个仲裁。但最后法院也支持这个仲裁庭的裁量权，只是说仲裁庭在法律的观点上没有犯错，说："... the question of open offers, sealed offers and without prejudice offers were all argued in detailed pleadings before the arbitrator. He must have had the clearest indication of how to deal with this question of the purported offers, he found the Toni'persuasive and was able, in his discretion, to ignore the offers we cannot see any was that the arbitrator misdirected himself in law."

总结说，虽然还不是太清楚的法律地位，但笔者认为应该是失效了的足够金额秘密提议仍可以对被告作出诉讼费用的保障，虽然它有一定的危险。所以，在诉讼金额高昂的今天被告应该尽早作出足够甚至是慷慨金额的秘密提议以保障他的地位。固然，原告有可能在拒绝一段时期后再回来接受这个秘密提议，而被告并不想重新作出这个要约。这一来，原告如果将来披露给仲裁庭，就会很有可能影响被告在费用上得到保障的地位或至少不是在所有的时间段中都可以得到保障。但这个不影响被告尽早作出秘密提议的必要，因为原告通常不一定回来要求接受原先的秘密提议，或即使这样做了原告也不一定警觉要及时向仲裁庭披露等。当然，最安全的做法就是类似存款进法院一样，在秘密提议中写清楚是一直到开庭审理前都是有效的，举一个相关写法的例子如下："This offer will remain open for acceptance at any time until the start of the substantive hearing with the proviso that if it is not accepted within 21 days from the date upon which it is received, your clients will pay our clients' reasonable costs and the arbitrator's fees and expenses incurred after the expiry of that period."

香港的《高院规则》(Rule of High Court，简称 RHC)之 Order 73, rule 11 规定在仲裁程序中可以存款进法院，这导致了一个争议就是在作出了一个秘密提议(或者 Calderbank 提议)后，是否还需要存款进法院以加固提议方的诚意。但据悉这些年来，只有一位当事人这样做过，即他作出了一个秘密提议(或者 Calderbank 提议)外，另把提议的金额存放在法院。这当事人就是作为仲裁案件被告的香港政府，看来这或可解释为香港政府特别小心或是钱太多。到了 2006 年，香港上诉庭澄清了把提议金额存款进法院只是选择性但不是强迫性的，这一来也表示了存款进法院这个做法在仲裁再也没有必要。据悉，在将要生效的新的《香港仲裁条例》的修改这条文应该不会再存在。

5.3.3.3.6.2.9 秘密提议的时限

秘密提议作为一个要约，是应该有一个明示或者是默示的时限。现实中有很大部分的秘密提议都有明示的时限，通常是 21 天。除非好像是一种很晚才存款进法院的做法一样，就是在开庭前不久或甚至在开庭的过程中才作出秘密提议，这一来，有效期就会短得多，如只有两天时间让对方接受。如 The "Angeliki" (1982) 2 Lloyd's Rep. 594 中就是关于一个很短的秘密提议，是在开庭前 3～4 天才提出的。

明示可以是任何时限，如要求对方在 1 个小时内接受或一直到仲裁完毕前接受。已经探讨过，将秘密提议写作由原告任何时候接受是笔者没有见过的做法。至于另一个极端就是将明示的时限定得很短，如 1～2 天不等。但这样做会存在一个颇大的危险是，仲裁庭认为时间太短不足以给原告考虑是否接受，这并不合理，所以裁定无效去为被告诉讼费用作出保障(除了那些开庭前不久或开庭过程中才作出的秘密提议，但这些秘密提议可以对诉讼费用作出保障的只是很短的时间)。

这方面可以举这个先例：The "Angeliki"，有关的案情是开庭是在 1986 年 1 月 26 日开始，但在 4 天前即 1 月 22 日，承租人作出了一个秘密提议，但不被船东所接受。之后开庭开始了，但在第二天的 1 月 27 日，双方作出和解，而和解的条件正是与 5 天前的秘密提议中的条件一样。而双方的和解中是规定了有关的费用由仲裁庭决定，但仲裁庭裁定不予考虑该秘密提议。上诉至法院，Lloyd 大法官支持仲裁庭的决定，并说："There is [in court proceedings] no rule that a defendant is automatically entitled to his costs after a payment-in if it is made less than 21 days before the trial. If, to take an extreme case, the payment-in is made on the day before the trial and the trial goes ahead, and if the plaintiff eventually recovers less than the amount of the payment-in, there is no automatic rule that, in those circumstances, the defendant should recover his costs of the trial. The matter is quite clearly one which is wholly and completely within the discretion of the court; there is no rule of thumb So, here, it seems to me, that the question of costs, in relation to the sealed offer, was entirely within the discretion of the arbitrators. If they took the view that this sealed offer made, as it was, on January 22, was made too late for the claimants to be able to consider it, take advice on it and decide what to do, if that was the view they took, then it was certainly within their discretion to say that it should not affect the costs."

另至少有3个短时限的先例被仲裁庭认为该秘密提议起不了作用,在上诉的时候都没有给法院推翻:The "Toni" (1974) 1 Lloyd's Rep 489;Garner v Cleggs (1983) 1 WLR 862;Mark Amy Ltd v Olcott Investments Ltd, Royal Court of Jersey (Samedi Division), 4 November 1996。

5.3.3.3.6.3 Calderbank 提议

这做法的兴起是因为秘密提议的做法缺点太多,加上今天律师费用太高(甚至在一些中小型的案件会比争议金额还要高),再依赖一种太简单的做法来允许仲裁庭单独作出分摊不能令人满意。太简单的做法是因为仲裁庭拆开秘密提议的信封时,双方当事人与其代表律师根本不可以作进一步的陈词与解释。这样一来,除非非常简单的秘密提议,如被告提出是100万的金额,而接着就是原告拒绝,这就可以来一个"苹果对苹果"(apple to apple)的比较,即已经决定了的责任与金额下被告要支付的钱比100万多还是少。但是如果秘密提议稍微复杂,加上其他的枝节,如原告原先拒绝了和解要约,但后来想接受却为被告所拒绝,而被告也认为他做的有道理,因为案情有一个重大的改变。这一来,就不是仅凭几份来往的信件放进信封里给仲裁庭看就可以得出准确的理解与结论。所以,发展出一种叫 Calderbank 提议的做法。"Calderbank"是来自一个家庭法的案例——Calderbank v. Calderbank (1976) Fam. 93,关于一方当事人给另一方的提议离婚后如何分配财产。这之后有其他先例来确认这个做法,如 Cutts v. Head (1984) 1 Ch. 290。

在 Cutts v. Head,关于"捕鱼权"(fishing rights)、"侵犯土地"(trespass)与"干扰"(nuisance)等多方面的民事诉讼。在法院诉讼中,当事一方(原告)向另一方(被告)提出一个和解方案(不是关于金钱而是如何分配权利,这是因为案件本身就不是一个金钱的索赔,这个是类似 The "Toni" [1974] 1 Lloyd's Rep. 489 案例)。这和解方案说明是"无损害"(without prejudice),但内容中再说明原告有权把方案将来在法院考虑如何分摊诉讼费用时提供给法官。结果和解失败,诉讼也继续。但判决出来在分摊权利上被告并没有达致比和解方案更好的后果,这表示拒绝较早的和解而继续诉讼,诉讼费用浪费掉,理应由被告承担。但在高院第一审是"无损害"的文件享有"特权"(privilege),在任何时间都不能提供给法官看,可幸是在上诉庭把第一审推翻,确认这文件(内有和解方案)可在审理完毕后考虑如何分摊诉讼费用时提供。上诉庭不认为这样做且要保护"无损害"的文件,与要保证特权以及与以鼓励当事人尽量和解争议的公共政策有任何冲突之处。换言之,这放宽了对不成功和解谈判的特权,就是在责任与赔偿方面已经作出最终的决定后,剩下只考虑诉讼费用时,特权不再享有。

因为这做法明显优越与公平,允许全局看真正是谁胜谁负,所以法院也引进在《高院规则》的 Order 22, rule 14,如下:"(1) A party to proceedings may at any time make a written offer to any other party to those proceedings which is expressed to be without prejudice saved as to costs' and which relates to any issue in the proceedings. (2) Where an offer is made under paragraph (1), the fact that such an offer has been made shall not be communicated to the court until the question of costs falls to be decided."

这种和解方案提出如何分摊责任其实在海事诉讼的船舶碰撞早有同样做法:The "Toni"。比如,一方向对方提出碰撞责任是 5:5 分摊,但对方坚持要对他有利的 7:3 分摊。如果最后责任是 5:5 分摊,原先的提议即可保障提出 5:5 分摊那一方的诉讼费用了。

现在是,这 Calderbank 提议已是广泛的引用到其他的民事诉讼,如在以上提到的 Cutts v. Head 一案,或是分遗产之争,或是离婚后的分财产之争等。

但在法院诉讼,这 Calderbank 提议涉及是一笔钱,因为争议是有关索赔损失(如索赔 50 万美元的本金加利息),被告就不能只是以 Calderbank 提议的一句空话,而钱不掏出来。在法院被告必须"把提议的钱存进法院"(payment into court)才能令 Calderbank 提议有效,这已加在 Order 22, Rule 14 的"但书"(proviso)。这一点与仲裁情况不一样,在实践中,仲裁本来就是没有存款进法院的做法,所以仲裁的秘密提议与 Calderbank 提议都只能是一句空话。但这句空话不能乱讲,因为提议一被原告接受就变成再也难争议的和解协议,可以在香港或者英国法院很快以简易程序取得法院的判决。

Calderbank 提议与秘密提议的比较如下:(i) Calderbank 提议用字与格式基本上与秘密提议没有区别,区别主要是何时让仲裁庭看这份提议。秘密提议是以一个密封的信封在作出裁决书之前交给仲裁庭。但 Calderbank 提议是要求仲裁庭先以中间裁决书的形式决定了实质争议的责任与金额,然后在知道了裁决的结果后才以"最后裁决书"(final award)的形式独立处理诉讼费用分摊的问题。(ii) 由此可以让双方当事人对 Calderbank 提议作出全面争辩,使仲裁庭了解得更清楚后才决定如何分摊诉讼费用。但从另一个角度看,这也可能拖长整个诉讼,同时增加诉讼费用。(iii) Calderbank 提议可以充分考虑整个和解过程的合理性,不只限制在裁决金额与提议金额作简单比较。(iv) Calderbank 不论在法院程序还是仲裁中都可以起到另一个作用,即做出"非金钱的和解协议"(non-pecuniary settlement offer)。但秘密提议就很少有这样的做法,因为如果让仲裁庭自己打开信封进行比较,只有在要约是金钱时才容易比较;而如果是非金钱的和解条件,仲裁庭也较难准确的衡量是否要约的内容优于最后的裁决金额。

香港在 2009 年 4 月 2 日生效的《民事诉讼程序规则》,这种 Calderbank 提议是被命名为“Sanctioned offer”,可以由原告或被告作出。

5.3.3.3.6.4　Part 36 提议

众所周知,英国的公共政策是鼓励民事诉讼的双方当事人达成和解,以减少诉讼,所以有各种做法保障与鼓励和解,如和解谈判属于特权文件/资料等的方面。现在也不只是欠债的被告可作出秘密提议或 Calderbank 提议,作为债权人的原告也可以作出一种 Part 36 提议。换言之,双方都可以向对方作出 Part 36 提议。这是英国法院改革后《民事诉讼规则》(Civil Procedural Rules,简称 CPR)的创新,即原告正式的索赔请求是 1000 万美元,但这是夸大或原告“最好的情况”(best possible case)。所以私下原告愿意以 500 万美元与被告和解,并向被告作出提议,但这为被告所拒绝。如果最后经过艰辛与昂贵的诉讼后,原告被判胜诉的金额是 600 万美元,这显示了被告应该在一早就接受原告 500 万美元的和解提议,他不这样做应该受到惩罚。这在 CPR 之 Rule 36.14(1)有说明在以下的情况会作出费用的惩罚:“This rule applies where upon judgment being entered: (a) a claimant fails to obtain judgment more advantageous than a defendant's Part 36 offer; or (b) judgment against the defendant is at least as advantageous to the claimant as the proposals contained in a claimant's Part 36 offer.”

5.3.3.3.6.4.1　被告错误拒绝原告 Part 36 提议的惩罚

但问题是怎样惩罚呢?因为在诉讼费用方面,原告已是胜诉方,不用惩罚也是应该可向被告取回。所以,在 CPR 下,惩罚就是取回的诉讼费用再不是一个偏低的“标准基础”(standard basis),而是“补偿基础”(indemnity basis)。另外的惩罚是利息方面会提高,而不再是“补偿性”(compensatory)。这在 CPR Part 36.21 有详尽的说明,内容如下:

“36.21 - (1) This rule applies where at trial - (a) a defendant is held liable for more; or (b) the judgement against a defendant is more advantageous to the claimant, than the proposals contained in a claimant's Part 36 offer.

(2) The court may order interest on the whole or part of any sum of money (excluding interest) awarded to the claimant at a rate not exceeding 10% above base rate for some or all of the period starting with the latest date on which the defendant could have accepted the offer without needing the permission of the court.

(3) The court may also order that the claimant is entitled to (a) his costs on the indemnity basis from the latest date when the defendant could have accepted the offer without needing the permission of the court; and (b) interest on those costs at a rate not exceeding 10% above base rate.

(4) Where this rule applies, the court will make the orders referred to in paragraphs (2) and (3) unless it considers it unjust to do so.

(5) In considering whether it would be unjust to make the orders referred to in paragraphs (2) and (3) above, the court will take into account all the circumstances of the cases including (a) the terms of any Part 36 offer; (b) the stage in the proceedings when any Part 36 offer or Part 36 payment was made; (c) the information available to the parties at the time when the Part 36 offer or Part 36 payment was made; and (d) the conduct of the parties with regard to the giving or refusing to give information for the purposes of enabling the offer or payment into court to be made or evaluated.

(6) Where the court awards interest under this rule and also awards interest on the same sum and for the same period under any other power, the total rate of interest may not exceed 10% above base rate."

被告如果拒绝一个有效的 Part 36 提议,也不代表就难逃要承担补偿基础的原告的诉讼费用。因为被告会在合理的情况下拒绝这个提议,如原告根本没有足够的披露,导致被告无法准确地估计索赔金额应该是多少:Mamidoil-Jetoil Greek Petroleum Co SA & Moil-Coal Trading Co Ltd v. Okta Crude Oil Refinery AD (2003) 1 Lloyd's Rep. 1。

虽然法院的做法并不是仲裁员要依从,1996 年《英国仲裁法》生效也是在 CPR 之前,但伦敦仲裁难免受英国法院做法的影响,所以这种 Part 36 提议的做法也开始在伦敦仲裁出现。

在 Linpave v Gillingham 案例中,法院说:"The opportunity to make a 'reverse offer' has always been available to claimants in arbitration or litigation although it is only recently that the rules of court have attached to it important consequences where the claimant betters his own offer. These consequences to a reverse offer is to spelt out in the CPR; and the reason for attaching these consequences to a reverse offer is to advance the cause of early settlement of disputes-a cause which, as noted above, is wholeheartedly in the public interest. In effect, a successful reverse offer reinforces, emphasizes and enhances the event'. What is more, while specific consequences are attached to such an offer in the CPR, and while the CPR does not directly apply to arbitration, arbitrators may, in my view, by analogy, wish to recognize the existence of a successful reverse offer by way of an enhancement of the awards they would otherwise make of interest and costs."

这种以补偿基础作出惩罚的申请在香港或伦敦仲裁中也越来越多。对有诉讼经验及精明的原告代表律师,如果他对这个索赔有信心可以成功取回 70%,就可能说服原告在诉讼一开始先向被告作出 Part 36 提议,是索赔金额的 60% ~65%,被告通常的反应会拒绝第一个要约(offer)。但这已经为原告在将来顺利胜诉 70% 不等的结果,可以向被告取回以补偿基础核算的诉讼费用铺路。即使被告真的接受了第一个要约，如索赔金额的60%，对原告来说也不见得有太大损失。毕竟这是一开始诉讼就已经可以取回大部分的索赔，而且避免诉讼总会有一定的风险与出人意料的结果。笔者会在谈到核算诉讼费用以什么为基础这一方面时（本章5.4.3.2段有详论）介绍在这种补偿基础下核算诉讼费用有什么不同。

5.3.3.3.6.4.2 CPR不鼓励轻率拒绝对方的提议

CPR在这一方面还带来一个变化。以前如果债务人做出提议（包括存款入法院）的金额最后不足判决金额，提议就保障不了债务人，即使是非常“轻微的不足”（*de minimis*）。但CPR下看来就有点改变，至少不鼓励债权人轻率地拒绝对方的提议（就算是不足但还算是合理），甚至认为债权人应该要做出更高金额的“反提议”（counter-offer）。在Hall v. Stone (2007) EWCA Civ. 1354中，Smith大法官是这样说：“I am not for a moment saying that it is not open to a judge to take account of the fact that a party has failed to beat an offer by a small margin. In these days where both sides are expected to conduct themselves in a reasonable way and to seek agreement where possible it may be right to penalize a party to some degree for failing to accept a reasonable offer or for failing to come back with a counter-offer.”

5..3.3.3.6.4.3 香港高院类似的改革

在香港2009年4月2日生效的《民事诉讼程序规则》，Reyes大法官在《Reflections on Civil Procedure Under Civil Justice Reform》第86页说：

“CJR has addressed these flaws in the old system by introducing a detailed system of ‘sanctioned payments’ and sanctioned offers’. The latter, in particular, can be made by plaintiffs or defendants.

Under a drastically revised RHC Order 22, a plaintiff can offer to settle for a lesser amount or on more generous terms than he claims. Such proposal must be in writing. When the writing is filed with the Court, it becomes a sanctioned offer.

A defendant may offer to settle a claim by making a money payment-in to Court or by proposing specific terms or by a combination of both. Any payment-into court is a sanctioned payment’. That part (if any) of the defendant’ s proposal which offers specific terms is a sanctioned offers’. It, too, must be in writing and filed with Court.

Parties have 28 days in which to accept a sanctioned offer or payment.

If a sanctioned payment or offer is accepted, the dispute is at an end. The plaintiff who has accepted a sanctioned offer or payment from the defendant will be entitled to this costs up to the date of acceptance. On the other hand, a defendant who has accept a plaintiff ’s sanctioned offer wil not have to pay costs beyond the date of acceptance.

The judge trying a case will not be told of sanctioned payments or offers made by the parties until after the trial when the incidence of costs is considered.

If a sanctioned payment or offer has not been accepted by a party A and A does not obtain better terms as a result of trial, then A may be penalized heavily in costs. In such situation, A faces the possibility of indemnity costs with interest on costs of up to 10% over judgment rate. In addition, a defendant who has rejected an offer to settle on more generous terms than those for which he is eventually found liable, may have to pay interest of up to 10% over the judgment rate on any sum (or part of it) awarded to the plaintiff.

In exercising its discretion on costs in relation to sanctioned offers, the Court will take into account all relevant factors. Those factors include: the terms offered; the time when the offer was make; the information available to the parties at that time; and the parties' conduct in relation to the giving of information for the purpose of enabling an offer to be evaluated.

Sanctioned offers have to be made in accordance with the rules in Order 22. The rules have in fact been set out to ensure that a transparent formal system for evaluationg offers is in place. The rules are admittedly detailed and complex. That is primarily to cater for the numerous outcomes that can result when a sanctioned offer is made. "

值得一提的是,不论在香港或者英国法院,在民事诉讼改革之后,针对诉讼费用的问题越来越复杂。就如同伦敦仲裁受英国法院做法的影响一样,香港仲裁迟早也会受到香港法院做法的影响。而现实中,诉讼费用也很高昂,有时甚至比争议的金额还要大,所以值得双方当事人把费用的问题搞大。笔者的疑问是,既然 CPR 主要的目标是减少诉讼费用,这会否令人感到与该目的背道而驰?

5.3.3.3.7 偏离理由之七:胜诉方没有努力进行调解

在《仲裁法——从 1996 年英国仲裁法到国际商务仲裁》第一章 1.20.1 段中已经提到几个有关先例,说明胜诉方没有努力进行调解会面临"费用惩罚"(adverse costs order):Frank Cowl and Ors v. Plymouth City Council (2001) EWCA Civ. 1935;Dunnett v. Railtrack plc (2002) EWCA Civ. 303 与 Halsey v. Milton Keynes General NHS Trust (2004) EWCA Civ 1740。这又是一种偏离费用大原则的理由,而且与上述谈到的诉讼程序中合理与否没有关系。这带来理念上的困难,如 Colman 大法官在 2007 年 6 月 20 日对伦敦特许仲裁员协会发言中所说的如下:"But this conclusion raises different questions. It is firmly established that the public policy underlying the usual costs order whereby the wining party recovers his costs unless his conduct at or before trial justifies a contrary order, because, for example, he has pursued bad points or acted in abuse of process, is that the costs should, by adverse costs order, discourage the taking of bad points or abusive conduct by the losing party or by the winning party if he has had only a partial victory. If that regime is to be displaced or superseded, that can only be because there is a countervailing public policy. But with regard to ADR what can that be? One is left with the distinctly uncomfortable impression that here we have new*raison de'etat* -the public policy of encouraging litigants to assist in the conservation of judicial resources by entering into negotiations only likely to be successful if they relinquish, to some extent, their true legal rights by trading them off to settle the case.

I have to say that this comes uncomfortably close to the policy of the present so-called Minister of Justice of letting out of prison those who have been given carefully thought-out sentences in the criminal courts because the Government did not have the foresight to provide enough prison places to accommodate its own law and order policy."

幸亏这一个烦恼不是仲裁员所要面对的,因为目前的英国法律是认为仲裁员插手调解,戴两顶帽子,是违反自然公正:Glencot v. Barret (2001) All ER 384。

5.3.3.4 有关偏离大原则的案件介绍

以下多介绍一些偏离大原则的案件或案例,以加深读者对这种 CPR 所带来变化的理解。以下介绍的不少案件/案例是上诉庭改变或推翻第一审法院对费用的分摊。这带来笔者一定程度的担心,就是费用分摊变得越来越复杂与不稳定。这又是应验了追求个别案件的公道(但每个人看公道都不完全一样)就失去了稳定。这就是分摊费用太过于追求公平合理与个别案件的处理会带来的后果。

5.3.3.4.1 案件之一:笔者一个偏离分摊费用大原则的案件

这是一个涉及中国的造船争议,在实质争议中,仲裁庭判中国船厂胜诉。争议是有关双方是否达成造船合约,如果达成,就是中国船厂毁约,因为他拒绝承认合约的存在并拒绝依照该有争议的合约造船。仲裁庭最后判没有达成造船合约,即中国船厂在"争议事项"(event)的结果上是胜诉方。但在有关的个别争议/争端方面,中国船厂是有两个方面。一是签合约的一位人士没有中国船厂的授权。二是根据造船合约中其中一条还没有谈拢的条文是否最终有达成协议。没有谈拢的条文涉及的是欧洲船东要求用韩国的主机,但中国船厂要求用中国的许可制造的主机。按理这么重要的条文还没有谈拢不能签造船合约,但中国船厂派了一队人去欧洲,结果把造船合约签下了,只多加了一条条文说:主机到底是韩国还是中国建造留待以后商谈。结果欧洲船东指双方同意了用韩国的主机,而变成是有一个最后的与有约束力的造船合约。在实质争议中,仲裁庭认为授权的争端太不合理,因为中国船厂派出一队人去欧洲,并把造船合约签下来,争议没有授权实在是太不合理,而且仲裁中对这方面证据的处理也有不妥之处。为了这一个争端,双方花了大量的开庭时间。最终中国船厂在第二个争议/争端获得仲裁庭的支持,但第一个就完全不被接受,而真正在诉讼与开庭所花的时间大部分是在第一个争议/争端。所以,虽然结果是判中国船厂属于胜诉方,但诉讼费用的分摊是欧洲船东只承担 40%,但中国船厂反而要承担 60% 的诉讼费用。至于仲裁庭的收费就由双方平均分摊。

5.3.3.4.2 案件之二:偏离分摊费用大原则案例之 The "Kastor Too"

在 The "Kastor Too" (2003) 1 Lloyd's Rep. 296 案情是有关一艘船舶的全损。在发生严重火灾的 15 小时后,沉没至深海,"真正全损"(actual total loss) 原因无法决定。保险商对此全损有怀疑,拒绝赔偿。在诉讼过程中,船东在后期修改索赔请求,多加了一个“推定全损”(constructive total loss),反而令原来的真正全损变成是一个替代诉因。推定全损的道理是船舶在发生严重火灾15个小时后而这可由船员作证,船舶已经受到严重的损毁,估计修理费要比投保价格更高,所以船舶是否沉没没有关系,反正在沉没前已经是推定全损。结果判船东在推定全损胜诉,但在真正全损败诉。撇开两个不同的有关争端,船东应该还是在这一“争议事项”(event)的结果是胜诉方,因为判保险商要赔300万美元给船东。

笔者在此进一步介绍该案例的案情,以说明“真正全损”(actual total loss)败诉但“推定全损”(constructive total loss)成功的原因。首先要说明船舶保险保的是“列名风险”(named perils),这使得船东向保险商索赔是有举证责任说明损失出于哪一个受保的列名风险所引致。在The“Kastor Too”的事故中,船东可以证明船舶在沉没前发生了15个小时火灾,起火是机舱,而火灾是列名风险之一。但问题是,事后的沉没难以证明是火灾所引致,因为即使是用来救火的大量海水并不足以令船舶沉没。所以充其量只可以说船舶沉没的真正全损是由两个原因造成,一是受保的火灾,二是船东根本无法证明是受保风险的不明来历的海水涌进船舶导致沉没。而根据英国保险法,如果有两个同时发生的原因共同有效地造成损失,而一个受保,但另一个就不受保,保险商仍然是不需要赔偿的。这就是船东在真正全损的争议败诉的原因。Tomlinson大法官是这样判:

“(11) it was insufficient for the claimants to show that the aggregate of the ingress of seawater caused (i) by the fire and (ii) by unexplained means causing the sinking; nor was it enough for the claimants to show that the unexplained flooding was itself insufficient to cause the sinking; the claimants had not shown that the unexplained cause could not have accounted for sufficient water to sink the ship within 15 hours;

(12) the vessel would not have sunk when she did without a large unexplained ingress of water; on that basis the water contributed by the fire could not itself be regarded as a proximate cause of the sinking; that was sufficient to defeat the claimants' claim; the water contributed by the fire might have been in one sense a concurrent cause but it could not be concluded that it was of the same efficacy as the unexplained ingress;

(13) where there were two concurrent causes, one insured and one not, although not expected, an insured could not recover unless the causes were of equal efficacy; the causes must both be proximate;

(14) had it been necessary to consider the claimants' claim for an actual total loss it would have been concluded that that claim failed; however the claimants were entitled to recover from the defendant underwriters in respect of the constructive total loss of the vessel; there would be judgement accordingly.”

所以虽然胜诉的是船东,但由于大部分时间与诉讼费用花在船东无法证明的真正全损这一争议/争端,结果判的诉讼费用分摊是保险商要补偿船东诉讼费用的

15%,而船东却要承担保险商85%的诉讼费用。总的结果是船东要承担所有自己的诉讼费用外,另要补偿保险商70%的诉讼费用。这等于是法院不认同船东提出真正全损的争议,认为不合理,而只应该局限在推定全损的争议。

2004年3月10日,这一个先例到了上诉庭(The "Kastor Too" [2004] EWCA Civ 277),在诉讼费用这一方面有了改变,改为判双方各自承担诉讼费用,总结理由如下:"The Court of Appeal thought there was nothing wrong in principle with the judge's order, but that he had been too rigorous in his approach and had not taken account of other relevant factors-such as insurers' own conduct in denying any constructive total loss for such a long time and, even then, only making the minimum possible concession at the last moment in the hope that something might turn up which would justify an allegation of scuttling. Had they admitted the factual basis of the constructive total loss claim earlier, it could have been dealt with as a preliminary issue and the actual total loss claim would have fallen away. Taking all this into account, the Court of Appeal ordered that each party should bear its own costs."

上诉庭对这一方面的做法偏离分摊费用大原则(即胜诉方可以向败诉方取回诉讼费用)其实没有异议,但可以看到的是偏离多或少还是非常的不稳定且各说各话(即使是客观与高水平的大法官眼中)。

5.3.3.4.3 案件之三:偏离分摊费用大原则的谈判

这里也影响了双方当事人在责任与赔偿金额判决后对费用分摊的谈判,举一个例子,是船东在一个伦敦仲裁胜诉,取回一大笔钱。照说是根据"败诉方支付胜诉方诉讼费用"(costs follow the event)大原则,而且承租人从来没有给任何提议,理应是承租人败诉要承担船东的诉讼费用。但由于伦敦仲裁涉及了几个不同的争议,船东不是完全胜诉。其中一个败诉的是有关海关罚款,双方有关这个争议也花了不少时间。所以承租人代表律师提出在分摊费用双方"罢手"(drop hand),即各自承担诉讼费用,最后双方也是以一个接近的分摊比例达成和解。该有关传真如下:

"We thank you for your fax of 26th January.

With respect, we consider that ultimately it will be our clients and not yours that entitled to recover costs in this matter. It was not necessary to make a sealed offer in order to achieve that.

Your suggestion that the case could have been capable of settlement is, frankly, at odds with your conduct. It is clear that you took an extremely bullish view on the custom's fine issue and it was that that prevented settlement.

Our clients, of course, succeed on that issue.

Even a cursory glance at the exchange will remind you that the vast bulk of the work on this case related to that issue and, therefore, it is that that will involved the vast majority of the legal costs.

Where (as here) a case involves a number of discrete issues, the proper approach to costs is for the tribunal to make a split costs order. Accordingly, the best that your clients could hope is that they would be awarded costs in relation to the items upon which they succeeded whilst our clients will inevitably obtain an order that you should bear all cost/fees relating to the customs dispute and other terms upon which our clients prevailed. Ultimately, the net effect of that order will be a substantial cost recovery by our clients. Of course, in the circumstances, they would also expect to recover any taxation costs.

Notwithstanding the foregoing, in an effort now to bring this matter to a prompt conclusion, our clients would be prepared to agree drop hands with regard to all costs/disbursements.

This offer is open for acceptance for fourteen days from the date of this fax, after which it will lapse. In the event that the offer is not accepted within that time frame, we reserve the right to show it to the tribunal at the time that they come to consider the costs relating to the cost issue/taxation and shall request that the tribunal awards all costs relating to that process to our clients.

We do hope that your clients will see the sense in this proposal and agree the same promptly in order that all concerned can put this matter behind them."

5.3.3.4.4　案件之四：Johnsey Estates v. Enviroment Secretary (2001) EWCA Civ. 535

这一个先例上诉庭在这一方面给了一些权威与重要的原则。案情是有关房东与租客的争议，在诉讼中，租客曾经先后两度“存款进法院”(payment into court)作为和解，但房东均未接受。在最后的判决中，法院判决的金额比第一次存款入法院的金额高，但比第二次低。上诉庭判胜诉的房东只能向租客要回直至他第二次存款入法院的一天。上诉庭的 Chadwick 大法官对费用分摊的原则说起点是胜诉方可以取回费用，即“败诉方支付胜诉方诉讼费用”(costs follow the event)，之后才看是否有特别的原因要偏离这一大原则，如胜诉方在一个争议/争端胜利但在另一个争议/争端失败。他说：“The principles applicable in the present case may, I think, be summarized as follows: (i) costs cannot be recovered except under an order of the court; (ii) the question whether to make any order as to costs-and, if, so what order-is a matter entrusted to the discretion of the trial judge; (iii) the starting point for the exercise of discretion is that costs should follow the event; nevertheless, (iv) the judge may make different orders for costs in relation to discrete issues-and, in particular, should consider doing so where a party has been successful on one issue but unsuccessful on another issue and, in that event, may make an order for costs against the party who has been generally successful in the litigation; (v) the judge may deprive a party of costs on an issue on which he has been successful if satisfied that the party has acted unreasonably in relation to that issue."

5.3.3.4.5 案件之五:Summit Property v. Pitmans (2001) EWCA Civ. 2020

在这个先例中,原告指控被告违约的争议/争端是胜诉,但被告也在一个有关因果关系的争议/争端胜诉。其中审理大部分时间花在违约的指控,所以第一审的大法官命令原告支付被告30%的费用,但被告要支付原告65%的费用。上诉庭支持这一交叉费用的命令,其中Longmore大法官是这样说:

"In my judgment, it is also no longer necessary for a party to have acted unreasonably or improperly before he can be required to pay the costs of the other party of an particular issue on which he (the first party) has failed.

It is thus a matter of ordinary common sense that, if it is appropriate to consider costs on an issue basis at all, it may be appropriate, in a suitably exceptional case, to make an order which not only deprives a successful party of his costs of a particular issue but also an order which requires him to pay the otherwise unsuccessful party's costs of that issue, without it being necessary for the court to decide that allegations have been made improperly or unreasonably."

5.3.3.4.6 案件之六:Quorum v. Schramm (2002) 2 Lloyd's Rep. 72

在这一火灾保险索赔的案例中,原告与被告都向对方作出Part 36提议。但相比最后判决中的金额,原告的Part 36提议金额太高,而被告的Part 36提议金额太低。Thomas大法官认为,在这种情况下不理会双方的Part 36提议与存款进法院,认为原告的被保险人提出索赔的400万美元胜诉了140万美元,这是一个可观的胜利,所以起点应该判给原告诉讼费用。但由于被告的保险人在一个独立但花时间不多的争议(有关是否约定价值保险的争议)胜诉,以及原告在诉讼中的行为,导致了法院作出一些小调整,结果判原告可取回80%的费用。Thomas大法官这样说:

"I therefore consider that I should make some allowance against the costs otherwise recoverable by the claimants by reason only of two factors-the fact that the underwriters succeeded on a wholly severable issue and the view I have taken of the claimants conduct and in particular its effect on the course of the trial. This is not a case where underwriters suggested I should make no order as to costs; they submitted that I should reduce the percentage of recoverability; in the circumstances they suggested that I should order that the claimant recover no more than 50 per cent. of their costs.

Bearing in mind the length of time taken on the issue on which underwriters succeeded and the fact that this would have involved little by way of pre-trial costs and taking into account, as best I can judge, the increase in both the costs of preparation and the time of the trial by the conduct of the claimants to which I have referred, it seems to me that both of these factors would properly be reflected by allowing the claimants to recover only 80 per cent. of the costs of the action."

5.3.3.4.7 案件之七:Barnes v. Time Talk (2003) EWCA Civ. 402

这是一个有关装修工程的争议,是原告承建商索赔依据"公平合理原则"(*quantum meruit*)计算的工程费用。但被告反索赔多支付了的部分费用,原因是原告不诚实的与被告的一位董事私下做出秘密协议。结果判决原告胜诉 216968 英镑,而被告的不诚实反索赔也胜诉了 87003 英镑。这两笔金额对冲后就是被告支付给原告 130000 英镑。但审理的时间是花在不诚实的反索赔。上诉庭推翻了第一审的判决,认为起点是原告胜诉,因为最终是他从被告处拿回一笔可观的钱,但考虑了反索赔的因素,判原告只能向被告取回 25% 的诉讼费用。

5. 3. 3. 4. 8 案件之八:Painting v. University of Oxford (2005) EWCA Civ. 161

这是有关人身伤亡的案例,被告承认了责任,争议只是局限在赔偿金额。被告针对原告夸大了索赔的抗辩最后成功,但原告还是能够索赔一笔金额比存款进法院为高。按照 CPR 生效以前的做法,看来原告作为胜诉方应该可以向被告取回诉讼费用,毕竟被告的和解提议/存款进法院并不足够。但在这一先例中,上诉庭判原告要从存款进法院的一天开始承担被告的诉讼费用,并说明和解提议不足够提供保障,只是诉讼费用分摊时的一个考虑。Maurice Kay 大法官这样说:

"The two-day hearing was concerned overwhelmingly with the issue exaggeration, and University won on that issue... viewed objectively the totality of the judgment was overwhelmingly favorable to the University. It was in real terms the winner. Moreover, the costs incurred after the reduction of the money in court were expanded almost entirely on the preparation for and conduct of a trial in which the central issue was that of exaggeration.

There are two additional points which seem to me to have called for the affording of considerate weight by the Recorder, whereas the transcript does not suggest that he afforded them any weight at all. The first is the strong likelihood that, but for exaggeration, the claim would have been settled at an early stage and with modest costs. The second is that at no stage did Mrs Painting manifest any willingness to negotiate or to put forward a counter-proposal to the Part 36 payment. No one can compel a claimant to take such steps. However, the contest and lose an issue of exaggeration without having made ever a counter-proposal is a matter of some significance in this kind of litigation. It must not be assumed that beating a Part 36 payment is conclusive. It is a factor, and will often conclusive, but one has to have regard to all the circumstance of the case."

5. 3. 3. 4. 9 案件之九:Burchell v. Bullard (2005) EWCA Civ. 358

该案例的案情是一个有关房屋建筑工程的争议,原告向被告索赔建筑费用,而被告的屋主反索赔屋顶建造缺陷的损失(这看来不是一个独立的反索赔,而是一个可以作为抗辩的反索赔)。最后是原告的索赔胜诉,但被告的反索赔也有小部分胜诉,反正就是被告要付钱给原告。在第一审对费用的分摊是原告负责被告的反索赔带来的诉讼费用,但被告负责原告索赔的诉讼费用。但到了上诉庭,这种判法被认为是不正确的而被推翻,上诉庭法官判被告要承担原告所有诉讼费用的 60%。其中上诉庭谈到双方的索赔都有成功或部分成功，作为起点谁是败诉方就看谁最后要签支票给对方钱。Ward 大法官这样说："How, in circumstances like that, does one decide who the unsuccessful party is? This was, after all, a form of commercial litigation where each side was claiming money from the other. Costs following the event is the general rule and in this kind of litigation the event is determined by establishing who writes the cheque at the end of the case. Here the defendants do. They were the unsuccessful parties and my starting point is that the claimant is entitled to the costs of the proceedings, claim and counterclaim taken together..."

接下来 Ward 大法官说到这一个起点必须是承认在该案例的审理，很大部分的时间是花在屋顶建造缺陷的反索赔，而且被告有小部分的胜诉。所以从整个案件来看，只能给原告 60% 的诉讼费用，说："Balancing all those factors how then is justice to be done? The claimants cannot have the whole of their costs which follow the event that they were successful to the tune of 5,000-odd. Some recognition has to be paid to the fact that a large part of the trial was taken up with the counterclaim on which the defendants did have some, albeit limited success. The object of the exercise is to make a just and fair award of cost. Stantding back and looking at the matter in the round it seems to me that the claimant enjoyed the greater share of the spoils of victory. In my judgment justice is achieved by awarding the claimant 60% of the costs of the proceedings, claim and counterclaim, lumping them together."

至于上诉庭推翻第一审对诉讼费用分摊命令的原因，应该是不同意第一审法院将反索赔作为独立的反索赔并作出一个交叉费用命令，这也增加了核算费用金额的困难。Ward 大法官这样说："His(指第一审的费用法官) error in my judgment was to fetter his discretion and not to go on to consider, as he should have considered, what alternatives were available to him. The most obvious and frequently most desirable option is that signposted in [CPR r. 44. 3(6)(a)], namely to order a proportion of the party's costs to be paid. The Recorder had directed his mind to paragraph (6)(f), namely ordering costs relating only to a distinct part of the proceedings, but he seems to have overlooked paragraph (7) which required him, where he would otherwise have considered confining costs to part of the proceedings only, to make instead, where practicable, an order under (6)(a) for a proportion of the costs. Ordering a proportion of costs obviates all the difficulties he acknowledged in an assessment of how much is properly to be allocated to each and every issue considered in isolation. Better by far to decide, despite the difficulty and imprecision of the calculation, that the relevant issue or issues should bear a percentage of the costs taken overall. As the Recorder erred in principle, the appeal on this aspect must be allowed."

5.3.3.4.10 案件之十：National Westminister Bank Plc v. Kotonou (2007)

EWCA Civ. 223

这一个先例与5. 3. 3. 4. 1中介绍的中国造船仲裁案件的费用分摊一致。该先例案情涉及了Kotonou先生要求法院撤销他给NatWest银行的一个担保,理由有五个。但其中有四个理由都不成立,只有最后一个理由成立。不成立的四个理由其中之一是指称银行欺骗他,而这一指控花费了不少诉讼时间与费用。所以,Kotonou先生虽然是胜诉方,但第一审与上诉庭都判双方要承担对方50%的诉讼费用。

5. 3. 3. 4. 11　案件之十一:Aspin v. Metric Group Ltd (2007) EWCA Civ. 922

这一案例涉及雇佣合同,前雇员向雇主提出索赔,索赔包括多个项目。诉讼的结果是原告在其中一项胜诉,其他项目都不成立,而这个项目的胜诉金额相比原告原来的索赔金额显得非常小。一审判原告不能取回其诉讼费用,但这被上诉庭推翻,上诉庭认为一审在费用方面偏离"按争端为基础"(issue-based)的大原则,并没有给出理由。上诉庭最后还是以不同争端的胜负按比例来分摊费用,结果是原告可以取回自己诉讼费用的50%,上诉庭的Chadwick大法官这样说:

"The passages point out that, in deciding what order to make on an issue-based approach, the court may decide that, in relation to an issue which the party successful overall has lost, that party should be deprived of his costs of that issue; or even, in a suitable case, that that party should pay the costs of the otherwise unsuccessful party on that issue.

[The Judge] clearly did have in mind the need to consider whether this was a case in which to depart from the follow the event principle' in respect of the overall result. But his reasoning was not that he should make separate orders in respect of discrete or distinct issues; nor even that, if there were discrete issues, he should make an order of a proportionate nature which reflected the success on one issue and failure on another. The order which he made was not, on analysis, an issue-based order at all. It was a global order which deprived the claimant of any costs, because as the judge saw it he had obtained so much less by way of damages than he had originally been claiming. The judge did not explain why he did not choose to adopt a conventional issue-based approach. The possibility although, in fairness to him, it should be said that it is less than clear that either party was urging him to approach the matter on an issue basis. Nevertheless, that was what the rules required."

5. 3. 3. 4. 12　案件之十二:Straker v. Tudor Rose (2007) EWCA Civ. 368

这一先例是关于事务律师的专业疏忽而导致其当事人向他索赔损失。最后的结果是原告的索赔成功,并且金额超过被告作出的Part 36提议。第一审的大法官只判给胜诉的原告很少的诉讼费用,但到了上诉庭,判原告可以取回被告作出Part 36提议的一天后所产生诉讼费用的60%。当然在被告作出Part 36提议之前的诉讼费用,胜诉的原告可以全部拿回。看来,现在Part 36提议是否足够金额已经不太重要,最主要是显示出愿意谈判和解的诚意,即会对诉讼费用分摊有一定的好处。同样的判决也出现在Hall v. Stone (2007) EWCA Civ. 1354中。

5.3.3.4.13 案件之十三:Caver v. BAA Plc (2008) EWCA Civ. 412

该案件和上一个先例持同样看法。这是一个人身伤害的案件,原告虽然胜诉而且金额超出被告作出的Part 36提议,但只是超出很少£ 51英镑。第一审的大法官对于原告没有对被告的Part 36提议作出反提议十分反感,判原告承担全部在该Part 36提议作出一天之后产生的诉讼费用。上诉庭支持第一审法院,Ward大法官说:

"The answer must, in my judgment, take account of the modern approach to litigation. The [CPR], and Part 36 in particular, encourage both sides to make offers to settle. Compromise is seen as an object worthy of promotion, for compromise is better than contest, both for the litigants concerned, for the court and for the administration of justice as a whole. Litigation is time-consuming and it comes at a cost, emotional as well as financial. Those are, therefore, appropriate factors to take into account in deciding whether the battle was worth it. Money is not the sole governing criterion.

It follows that [the Judge] was correct in looking at the case broadly. He was entitled to take into account that the extra 51 gained was more than offset by the irrecoverable costs incurred by the claimant in continuing to contest the case for as long as she did. He was entitled to take into account the added stress to her as she waited for the trial and the stress of the trial process itself. No reasonable litigant would have embarked upon this campaign for a gain of £ 51."

5.3.3.4.14 案件之十四:Multiplex Constructions (UK) Ltd v. Cleveland Bridge UK Ltd (2008) EWHC 2280

有关这一先例的案情已经简单介绍过,以下只节录Jackson大法官作出的针对费用分摊的八个著名大原则,如下:

"(1) In commercial litigation where each party has claims and asserts that a balance is owing in its own favour, the party which ends up receiving payment should generally be characterized as the overall winner of the entire action.

(2) In considering how to exercise its discretion, the court should take as its starting point, the general rule that the successful party is entitled to an order for costs.

(3) The judge must then consider what departures are required from that starting point, having regard to all the circumstances of the case.

(4) Where the circumstances of the case require an issue-based costs order, that is what the judge should make. However, the judge should hesitate before doing so, because of the practical difficulties which this causes and because of the steer given by r. 44.3(7).

(5) In many cases the judge can and should reflect the relative success of the parties on different issues by making a proportionate costs order.

(6) In considering the circumstances of the case the judge will have regard not only to any Part 36 offers made but also to each party's approach to negotiations (insofar as admis-

sible) and general conduct of the litigation.

(7) If both: (a) one party makes an order offer under Part 36 or an admissible offer within r. 44. 3(4)(c) which is nearly but not quite sufficient; and (b) the other party rejects that offer outright without any attempt to negotiate, then it might be appropriate to penalize the second party in costs.

(8) In assessing a proportionate costs order the judge should consider what costs are referable to each issue and what are common to several issues. It will often be reasonable for the overall winner to recover not only the costs specific to the issues which it has won but also the common costs."

5. 3. 3. 4. 15 船舶碰撞案件中诉讼费用的分摊

有关船舶碰撞,经常会在碰撞责任的分摊涉及昂贵的诉讼。有关诉讼费用的分摊,显然也受到 CPR 的影响而很强调个别案件处理的合理性、特殊性与"整个案件的具体情况"(circumstances of the entire case)。

涉及碰撞的两艘或更多船舶的责任认定与分摊,国际上有一套通用的碰撞规则,即 1952 年在 Brussels 通过的《碰撞公约》(Collision Convention,全名是 International Convention on Certain Rules concerning Civil Jurisdiction in Matters of Collision)以及后来 IMO 分别于 1981 年、1987 年、1989 年、1993 年与 2001 年的修改,而英国通过《Merchant Shipping Act 1995》已经将该公约立法。通常在船舶碰撞,每艘船或多或少都会有过失或需要承担一些责任。

在双方当事人有"共同过失"(contributory negligence)(特别常见是船舶碰撞)的案件中,诉讼费用承担的起点大原则到底是胜诉方可以取回所有诉讼费用,还是胜诉方只能根据其在责任方面胜诉的比例取回同比例的诉讼费用?

以前针对昂贵诉讼费用的承担,会按照过失的比例。在 1936 年的先例 The "Rockabill", 56 Lloyd's Law Rep. 149 中,上诉庭的 Scott 大法官说:"the ordinary rule should be that costs ought to be divided in the same proportion as liability, unless there was some reason to depart from it."

在另外一个先例 The "Trivia"(1952)1 Lloyd's Rep. 548,Willmer 大法官认为被告船舶 The "Trivia"对原告船舶 The "Baron"的沉没需负 50% 的责任,而针对诉讼费用的分摊,Willmer 大法官也是判原告可以取回其产生的诉讼费用的 50%。

在另一先例 Thc "Lucillc Bloomfield"(1967)2 Lloyd's Rep 308 中,法院是判两艘船舶负同等的过失,并总结说:"In my view, the proper course here is to make the order for costs follow my apportionment of blame worthiness, and I have come to the conclusion that the right order to make is that the defendants shall pay half of the plaintiff's costs."

这个问题在近期的先例 The "Krysia" (2008) EWHC 1880 (Adm)中与 Western Neptune v. Philadelphia Exprss QBD (Admlty Ct) 25 June 2009 - 12 - 4 中又重新有了不同的判法。

5.3.3.4.15.1　诉讼费用分摊先例之一：The "Krysia" (2008) EWHC 1880 (Admlty)

在该先例，责任的分摊是判被告的船舶 The "Europa" 承担 70% 的责任，而原告的船舶 The "Krysia" 承担 30% 的责任。被告争辩说，有关诉讼费用也应该按这个比例双方来分摊。但原告作为索赔方与相对的胜诉方（因为法院判其只承担 30% 的责任），争辩说海事法院针对费用的分摊不应该和其他诉讼有区别，因此他有权将所有的诉讼费用要回来。

Aikens 大法官判起点大原则仍旧是《民事诉讼规则》Part 44.3(2)(a)："the general rule is that the unsuccessful party will be ordered to pay the costs of the successful party"；并且原告成功取回索赔金额的 70% 并不是让原告只能取回 70% 诉讼费用的足够原因。

最终 Aikens 大法官考虑到一些在诉讼过程中的合理性与特殊性或"整个案件的具体情况"(circumstances of the entire case)，包括：(i)被告在最后的时候关于是否有绳子系在小驳船上的请求有了改变；(ii)被告一直没有提出和解方案；(iii)被告的船长证人所作的第三份证人证言改变了其之前做出两份的证人证言，所以是不令人满意的证人，判原告可以取回全部的诉讼费用。他这样说：

"First, the claimant is the party which really won at the trial. Therefore, the general rule in Part 44.3(2)(a) must apply unless there is a good reason why it would not do so.

Secondly, the cases to which I was referred by Mr. Buckingham (被告的大律师) do not establish any rule or principle, applicable to collision cases or analogous types of case in the Admiralty Court, where there is no counterclaim, that a claimant who is found at fault under section 187 (1) and (2) of the Merchant Shipping Act 1995, should recover its costs in proportion to the percentage of liability of the defendant.

Thirdly, the fact that the claimant in this case has recovered only 70% of its claim, because I have found it to be 30% to blame for the fouling, is not , in my view, sufficient reason (within Part 44.3[4][b] or otherwise) to reduce the costs awarded to the claimant.

Fourthly, on the facts of this case, there is no other basis on which I can legitimately make an issues based' costs order.

Fifthly, there are aspects of the defendants' conduct which reinfore the award of a costs order in favor of the claimants. These includee the defendant's failure to make an offer at any stage, their late change of case on whether there was a rope attached to the fender and the unsatisfactory evidence of their two main witness, Captain Mueschen and Captain Jadol.

For all these reasons, I have decided to make a costs order in favor of 'KRYSIA'."

5.3.3.4.15.2　诉讼费用分摊先例之二：Western Neptune v. Philadelphia Express

QBD (Admlty Ct) 25 June 2009 - 12 - 4

该先例涉及地震探测船"Western Neptune"与集装箱船"St Louis Express"之间在墨西哥湾发生的碰撞。碰撞的部位是"Western Neptune"所拖带的地震探测仪器/设备(gun arrays 与 streamers, 前者通过压缩空气发出一连串的声波,而后者负责记录产生的回声)。显然这是非常昂贵的设备,价值高达2500万美元,对原告造成了巨大的损失而对被告就没有什么损失。

英国海事法院最终判"Western Neptune"承担1/3的责任,而"St Louis Express"要承担2/3的责任。而"Western Neptune"的船东争辩说他是胜诉方,所以有权取回所有的诉讼费用。

David Steel 大法官根据《民事诉讼程序规则》(Civil Procedure Rule)之 Part 44.3,法院对诉讼费用的分摊是有裁量权;根据 The "Krysia" (2008) EWHC 1880 (Adm),原则上胜诉方是可以取回全部的诉讼费用,对该原则的偏离都要考虑"整个案件的具体情况"(circumstances of the entire case),包括双方当事人的行为。

最终,David Steel 大法官判原告"Western Neptune"的船东只能取回65%的诉讼费用,而就被告 Philadelphia Exprss 自己的诉讼费用就没有做出命令,也表示他要全部自己承担。David Steel 大法官考虑的因素包括:(1)在开庭审理前一年,被告提出了一个他承担60%责任的和解方案。而仅仅在开庭前五周,原告才给出了自己的和解方案,也就是要被告承认承担80%的责任。原告只是在被告提出的和解方案的基础上胜诉了额外的6.7%(就是判决中被告要承担2/3的责任与被告和解方案中同意承担60%责任的差额),并且原告自己的和解方案也是在开庭前很短的一段时间才给出的,而那时大量的诉讼费用已经产生。(2)原告未能及时披露一些很重要的相关文件资料,而这些资料说明探测船"Western Neptune"拖带的设备/仪器(streamers)本可以下潜到足够的深度让被告的集装箱船"St Louis Express"安全通过,但原告却没有这样做。这些未及时披露的资料导致大量的专家证据的引入,并且占用很大部分的开庭时间。

5.3.4 仲裁庭分摊诉讼费用所作出的各种指令

这里只是简单地介绍仲裁庭可如何在裁决书作出各种分摊诉讼费用指令,这会是有以下的例子:(1) A方支付B方的诉讼费用(Party A shall pay Party B its costs of the arbitration)。(注:通常A方在这种指令下就是败诉方,但不一定。另外虽没有讲明是什么基础核算费用,默示应是"标准基础"[standard basis],关于何谓标准基础请参见本章5.4.3.2段。)(2) A方以补偿基础支付B方的诉讼费用(Party A shall pay Party B its costs of the arbitration on an indemnity basis)。(3) A方按多少比例或百分比支付B方的诉讼费用(Party A shall pay Party B such-and-such a fraction of its costs of the arbitration)。(4) A方只支付B方对争端X、Y与Z产生的费用(Party A shall pay Party B its costs of issues X, Y, and Z only)。(5) A方支付B方其直到某日前或某事前所引致的费用(Party A shall pay Party B its costs of the arbitration up to a such-and-such date or event)。

5.3.5　仲裁庭一早限制胜诉方能取回的诉讼费用的裁量权

5.3.5.1　英国与香港的相关立法条文

1996年《英国仲裁法》在Section 65给与仲裁庭一早限制胜诉方能取回的诉讼费用的裁量权:"65 (1) Unless otherwise agreed by the parties, the tribunal may direct that the recoverable costs of the arbitration, or of any part of the arbitral proceedings, shall be limited to specified amount. (2) Any direction may be made or varied at any stage, but this must be done sufficiently in advance of the incurring of costs to which it relates, or the taking of any steps in the proceedings which may be affected by it, for the limit to be taken into account."

在《香港仲裁条例》的第2GL条也也有类似的立法如下:"(1) 仲裁庭可指示将在其席前进行的仲裁程序的可追讨诉讼费用限制在某指明款额,但如各方已有相反的协议,则作别论。(2) 该项指示可在该仲裁程序的任何阶段予以更改,但只有在招致有关诉讼费用的充分时间之前作出更改,或只可在已采取该程序中的有关步骤充分时间之前作出修改,以便能考虑该项限制。(3) 在本条中,'仲裁程序'包括该等程序的任何部分。"

本来这种规则只在一些小金额的仲裁规则中有,而且要双方明示同意才可适用,如"伦敦海事仲裁员协会的小金额索赔程序"(LMAA Small Claims Procedure)或"香港国际仲裁中心的小金额索赔程序"(HKIAC Small Claims Procedure),而现在这种将诉讼费用限制在一个固定的金额已经在仲裁法中规定,不但可对败诉方作出保障,更可有效避免双方有意无意地"过度斗争"(over fight),因为早已知道即使胜诉能取回诉讼费用的可能已经有限制。

5.3.5.2　限制诉讼费用的申请不常见的可能原因

据悉在伦敦与香港的仲裁中,向仲裁庭申请限制胜诉方能取回的诉讼费用次数不多。笔者认为,这里有一定的利益冲突。因为能知道有这种裁量权的人通常只有是仲裁员与代表律师,当事人通常不会知道。但能够在适当的案件限制诉讼费用,受益方只是当事人,仲裁员与代表律师都是非受益人。因为限制的金额通常包括仲裁庭的收费,毕竟这也是胜诉方支付给仲裁庭"可向败诉方取回的诉讼费用"(recoverable costs)。至于包括代表律师费用更不用说。虽然这只是限制向对方败诉方取回的诉讼费用,而非是当事人要支付给他"代表律师的费用"(client-solicitor basis),还是要看代表律师真正为当事人做的工作然后按小时计费。但一有了诉讼费用限制,就带来了很大的间接影响。因为代表律师不会希望在一个成功的诉讼中,虽然他向客户的收费是100万美元,但在仲裁被限制了诉讼费用只能向对方败诉方取回10万美元,导致胜诉后还是要他客户承担90万美元。特别是胜诉所追索回来的争议金额也只有30万美元(为例)。所以在现实中,一旦限制诉讼费用,往往会逼使双方代表律师采取每一个要花钱的步骤前都会考虑,如是否要委任一个大律师?如果要,是否需要一个资深大律师？看来，当事人还是自己要多懂一点才好控制代表律师与要求他做些什么，如在适当案件（如争议金额不大等）应尽早申请以限制胜诉方能取回的诉讼费用。

5.3.5.3 仲裁庭在处理此类申请时的注意事项

对仲裁庭来说，在 Section 65 下赋予的权力要用得恰到好处也不是一件容易的事，应注意的有：(i) 仲裁庭应该对这种类型的诉讼有一定经验，知道哪些程序避免不了，如是否需要开庭，毕竟提出申请限制诉讼费用的时间往往比较早；(ii) 要对争议有一定了解，所以像针对费用担保一样，恰当的时间针对申请限制诉讼费用是在原告被告提出索赔与抗辩的文书请求后；(iii) 不能太晚下限制诉讼费用命令，以免双方当事人已经花费了大量诉讼费用，针对的是将来还未花费出的诉讼费用才公道；(iv) 仲裁庭应该注意自己花费的时间与收费，也应该鼓励代表律师这样做，以利如果限制诉讼费用的金额不足，可在将来及时作出调整。(v) 今天的做法很多时候是胜诉方要求仲裁庭"核算/厘定"(assess and determine)可向败诉方取回的诉讼费用，这往往是要另一个裁决书来针对，显然会增加诉讼费用。但注意在 1996 年《英国仲裁法》之 Section 59 有关对仲裁/诉讼费用的定义，它在 Subsection (2)说："Any such reference includes the costs of or incidental to any proceedings to determine the amount of the recoverable costs of the arbitration."这措辞上应该是包括了核算本身的诉讼费用，所以仲裁庭下限制诉讼费用命令时将其也包括在内，或者表明是不包括。

5.3.5.4 限制诉讼费用与 Part 36 提议的冲突

限制诉讼费用另一个问题是在它与双方当事人所作出的"和解提议"(offer to settle)起冲突。这里的冲突可在 Linpave v. Gillingham, August 2002 TCC(未报道)案例中看到。在该仲裁，仲裁庭一早将诉讼费用限制在 3 万英镑，所作出的命令如下："... Pursuant to s. 65 (1) of the Arbitration Act 1996 I order and direct that recoverable costs falling within s. 59 (1) of the act, that is the legal and other costs of the parties arising out of or in connection within the determination of the issues before me incurred after 19 April 2000, shall not exceed PDS 30,000.00 exclusive of VAT (Value Added Tax 或增值税)"。

但在仲裁庭不知道的情况下，原告向被告在仲裁还没有开始之前作出了一个 Part 36 提议，建议双方以 7.5 万英镑和解，但被告没有接受。这提议如下："... We now have instructions to make a reverse sealed offer to protect costs and obtain enhanced interest pursuant to Part 36 of the new Civil Procedure Rules, and to apply for a presidential nomination. The claimant offers to settle all matters in dispute as set out in the Arbitration Notice for the sum of PDS 75,000 inclusive of VAT and inclusive of interest/financing charges up to the 16 March 1999, but exclusive interest from that date."

但最后裁决是原告胜诉并且胜诉金额是 130409.83 英镑，显然这表示一开始作出的 Part 36 提议完全有效，原告理应可向被告取回惩罚性的诉讼费用，就是以补偿基础来核算。但由于已经将诉讼费用限制在3万英镑，就会是原告连标准基础核算的诉讼费用也取不回。虽然仲裁庭是可事后调整/提高原告限制诉讼费用的金额，但这不会是仲裁庭可以事后将原先的限制作出重大改变，特别是双方当事人就是以原来诉讼费用限制作为考虑已经采取了一些仲裁程序的步骤。如果仲裁庭这样做，这限制诉讼费用的做法也就没有意义了。但问题是所有的提议，不论是 Calderbank 提议或是 Part 36 提议，都是在仲裁最后期才会让仲裁庭知悉，实质争议往往已经有了定论。所以看不出仲裁庭怎样能对原先的限制诉讼费用金额作出重大调整/提高。看来还没有太明确的解决办法来针对这种冲突。

这里还存在一个问题，就是在上述案例把诉讼费用限制在3万英镑，但仲裁员最后作出的分摊诉讼费用命令不是只有一个，而是有两个的交叉命令，即：原告可向被告要回80%与被告可向原告要回35%。这一来，这3万英镑到底怎样适用，正如法院所说如下："The point can be illustrated without much difficulty. Assume in the present case that each side has incurred £ 100,000 in costs. The 80:20 split used by the arbitrator would theoretically entitle Linpave（原告）£ 80,000 and Gillingham（被告）to £ 20,000. How does the cap bite on this? Does Linpave get 30,000 from Gillingham and Gillingham 20,000 from Linpave, leaving Linpave with a net recovery of 10,000? If not, what is the order? And, if so, does this outcome reflect, in the opinion of the arbitrator, a proper costs outcome in the context of this case, given the factors which the arbitrator must consider?"

估计一种比较合理与可行的做法是将交叉命令中的8万英镑减掉2万英镑等于6万英镑，但被告只需要支付3万英镑，因为费用是被限制在这个范围。

5.3.6 中间程序的费用命令

这里针对的不是出裁决书所针对的实质性争议所作出的费用命令（这往往是最后的费用命令），而是针对仲裁程序中各种步骤或当事人申请个别中间程序成功或失败所作出决定的费用命令。这是因为每一个程序上的决定（如有关文书请求的修改与是否批准与针对某一些文件的特定披露）都可能会花费一定的时间与费用，而有些甚至花费很多。仲裁庭通常在每一次作出仲裁程序的决定时都会针对费用而作出有关的命令，大致上有以下几种：

（1）Costs to be costs in the cause/arbitration：这个命令是表示所产生的费用是作为整体的仲裁费用，最后要负责的显然是最终的败诉方。这种命令是最普遍见到的，特别是针对一般正常的或合理会发生的仲裁程序，如要开一个初步会议针对仲裁程序的时间表或者是开庭的准备工作。在 CPR 的 Practice Direction Supplementing CPR Part 44.3 中的定义如下："The party in whose favour the court makes an order for costs at the end of the proceedings is entitled to his costs of the part of the proceedings to which the order relates."

（2）Costs to be reserved：这个命令是表示仲裁庭保留其对费用应该由谁承担稍后决定。这种命令是针对有关费用争议的情况，特别是仲裁庭也不想浪费时间马上作出决定。举一个例子是,一方当事人申请特定披露,共有 10 项不同的文件。而双方一来一往争论,甚至开了一次会议,故此产生了不少费用。之后,仲裁庭就下令特定披露其中的 5 项文件。这一来,双方都说他们是在那个中间程序的决定中胜利,并要求有关费用,仲裁庭就有可能会给这种命令。在 CPR 的 Practice Direction Supplementing CPR Part 44.3 中的定义如下:"The decision about costs is deferred to a later occasion, but if no later order is made the costs will be costs in the case."

(3) Claimant's/Respondent's costs in any event:这是仲裁庭命令其中一位当事人(可以是原告也可以是被告)承担有关费用,不论最后案件胜负的结果,即该当事人即使最后胜诉还是要支付这笔钱。这种命令有点惩罚的味道,但也不一定。如经常会发生的"对陈述书作出修改"(amendment to pleading),就通常会作出这种命令,即申请修改的一方要承担所有因修改所导致浪费的费用,不论最后胜负的结果。至于作出惩罚,就会发生在各种千变万化的情况下。如笔者最近有一个案件就是原告申请特定披露被拒绝后,但重新回来再作出申请共 4 次之多,好像光凭坚持就会成功,笔者就想以这种命令对他作出惩罚。另一个例子是申请中间程序的一方提供太多及毫无帮助的文件,仲裁庭也可以以这种命令作为惩罚。再多举一个例子就是半年前已经预订下开庭的时间,但开庭前一两天其中一个当事人(假设是索赔方,所以也不能说是故意延误)无法按期进行而被迫押后,并导致浪费了很多费用,也可以用这种命令对待。笔者在一个近期的仲裁案件,距离开庭不到一个星期,原告提出申请要修改他的索赔请求,说是并不重要的一些修改。被告反对并要求仲裁庭如果允许这一修改,他也需要给予时间针对这些修改并作出对抗辩请求的修改。这一来,开庭显然必须延迟。仲裁庭对原告说,如果你坚持作出修改,仲裁庭就会作出相应的费用惩罚,也就是必须承担所有浪费的费用。结果是原告放弃了这一申请。

1996 年《英国仲裁法》Section 41 (7)(d)是说明仲裁员可以以这种费用命令作出惩罚,它是这样规定的:"make such order as it thinks fit as to the payment of costs of the arbitration incurred in consequence of the non-compliance."

在 CPR 的 Practice Direction Supplementing CPR Part 44.3 中的定义如下:"The party in whose favour the order is made is entitled to the costs in respect of the part of the proceedings to which the order relates, whatever other costs orders are made in the proceedings."

但这种费用命令的核算/厘定通常要留待整个案件审理完毕才一并针对,这也可以让双方当事人将仲裁过程中仲裁庭针对中间程序作出多个对自己不同利弊的诉讼费用命令进行对冲。Reyes 大法官在《Reflectios on Civil Procedure Under Civil Justice Reform》的 98 页是这样说:"Indeed, in relation to interlocutory proceedings, a winning party would normally be awarded costs but only on the basis that such costs were to be taxed 'in any event'. This meant that the party had to wait for the end of the substantive proceedings before having his costs taxed. This would be so, even though the interlocutory application won by the party may have been a costly exercise for that party. The latter would not be able to recover any of his costs until the end of litigation (which might still be a long way off.)"

在英国或者香港法院,为了减少双方当事人"过度斗争"(overfignt),或者有钱的的一方当事人以不断提出中间程序为难财力相对处于弱势的另外一方当事人,在《民事诉讼程序规则》生效后,会倾向多作出这一种费用命令并要求"马上作出支付"(to be paid forthwith)。并且在作出后,就立刻以"简易的核算"(summary assessment)(见本章5.4.3.3段)将该中间程序所获的金额立即进行核算/厘定,并要求中间程序的败诉方立即作出支付。

(4)Claimant's/Respondent's costs in the cause/arbitration:这个命令是针对其中的一方(原告或被告)可以在他最后胜诉时取回他的有关费用,但如果他最后败诉的话,他是不需要支付对方有关这方面的费用(the named party will receive his costs of the preliminary procedure if he is successful overall; but if he is unsuccessful overall, he will not be required to meet the other party's costs relating to the procedure.)

在CPR的Practice Direction Supplementing CPR Part 44.3中的定义如下:"If the party in whose favour the costs order is made is awarded costs at the end of the proceedings, that party is entitled to his costs of the part of the proceedings to which the order relates. If any other party is awarded costs at the end of the proceedings, the party in whose favour the final costs order is made is not liable to pay the costs of any other party in respect of the part of the proceedings to which the order relates."

(5)No order for costs:这个命令是指当事人各自支付自己的费用。这个命令是必须要明示的,否则就会被当作是上述(一)所说明的情况,就是就整个仲裁来说胜诉方可以向败诉方取回费用。在CPR的Practice Direction Supplementing CPR Part 44.3中的定义如下:"Each party is to bear his own costs of the part of the proceedings to which the order relates whatever costs order the court makes at the end of the proceedings."

总结说,除非是为了惩罚一方当事人在中间程序中不合理或不合作,笔者就一般性的中间程序,不论是谁胜谁负,还是觉得最好少作出上述的(3)至(5)的费用命令,因为这个是会涉及或多或少地偏离一般的费用大原则以及核算带来的困难。而且往往在中间程序时带来干预,如在上述(3)的那种命令下得利的一方会要求对方立即支付并会到仲裁庭面前要求核算与作出这部分费用裁决书以逼对方立即支付,即使费用命令并没有要求"马上支付"(to be paid forthwith)。

笔者最近的一个案件就是被告申请延长7天送达某些下令交出的文件,这本来是很正常的延长,但多数仲裁庭(笔者刚好出门)给予时间延长外并命令申请人支付有关费用,这费用恐怕只不过是1、2份传真。但在开庭时原告在另一件事情上要求在另一中间程序延长时间,被告反对,而最后仲裁庭很快作出决定。但被告随即要求原告承担该10分钟到15分钟时间的费用,无论最后谁胜谁负。笔者当时提出说这样分很不容易而且十分琐碎,但被告大律师指出较早时多数仲裁庭针对同样时间的申请也有作出费用命令。反正这又带来了约20分钟的争议,最终是对原告作出上述(3)的费用命令。但笔者就有很强的感觉是,这样做是琐碎之外而且是劳民伤财,毕竟在中间程序中申请时间延长是经常会发生的,而且没什么不合理,笔者比较倾向上述(1)的命令。

5.3.7 预先裁决(preliminary issue)的费用裁量权

在仲裁中经常有预先裁决的做法,就是先对部分争议/争端作出中间裁决书。是否要作出预先裁决要谨慎考虑,否则可能要开两次庭,或同一个证人还要传召两次出庭,以及由于要出两份或以上的裁决书而致使诉讼费用与所需时间的增加。但在以下两种大情况下就经常要作出预先裁决:(1)预先裁决会提早让整个争议解决,如可让双方依据这个裁决然后作出和解。或者如果涉及了很复杂的损害赔偿的计算与证明,而在责任的争议相对简单(如只需要解释合约的条文)时,先作出预先裁决把责任判下来就有一半的机会可让整个争议结束,而不必进一步在损失赔偿的计算与证明上花大得多的金钱与精力;(2)要裁决什么是适用法或者仲裁庭是否有管辖权的争议等情况下,需要先作出预先裁决。

以上的情况还会涉及双方当事人同意让仲裁庭作出预先裁决,这一来,仲裁庭更是难以推搪而非这样做不可了。显然,预先裁决的结果也有胜有负,这就涉及预先裁决的费用仲裁庭应该怎样行使裁量权与作出命令。这方面相比上面提到的中间程序的费用命令更加复杂,以下作出探讨。

大致上,仲裁庭可以有三种不同的命令针对,如下:(1)Costs to be costs in the cause/arbitration:即所产生的费用是作为整体的仲裁费用,最后要负责的显然就是最终的败诉方。(2)Costs to be reserved:这个命令是表示仲裁员保留他对费用应该由谁承担稍后决定。(3)Costs follow the event:这个命令就是在预先裁决里面的胜诉方(不一定是最终的胜诉方)可以向败诉方取回诉讼费用,也就是依照这个大原则作出。

上述的命令哪一个适合,尤其是在CPR生效前不在同一个"争议事项"(event)下针对不同"争议/争端"(issues)的胜负分摊双方的费用尤其重要。例如,预先裁决在责任方面是原告胜诉,导致仲裁非要继续处理原告提出的损失赔偿的计算与证明。但在最后裁决书,原告在这一方面的损失赔偿证明不了而导致败诉。这一来,如果整个责任与损失赔偿是一次处理,原告肯定被视为败诉方而要承担整个仲裁的费用。但现在分开两次处理,如果预先裁决因为原告的胜诉而要被告支付这部分费用,对最终胜诉的被告很不公平,虽然他可以在最终裁决后向原告取回最后裁决的费用,毕竟这已经是省去责任方面的处理。这样看来,上述(1)命令比(3)命令适合。再多举一个例子,就是笔者最近作为仲裁员的一个案件,决定针对合约的条文作出解释有关支付税款是否是转让标的物的先决条件。由于是否需要税款是一个复杂的争议并涉及专家证人等,所以双方当事人同意先假设是有这一笔税款需要支付的情况下,让仲裁庭解释合约条文是否将其当作一个先决条件。结果预先裁决判这是一个先决条件,是原告败诉。但如果审理下去,显然就是要针对事实上是否真正需要支付税款的争议。如果原告在这一方面胜诉,换言之原告要求的救济完全得到满足就是仲裁庭要下令转让标的物,但在费用方面一早判要原告在预先裁决败诉而要承担这方面的费用就看来不公平,特别是在感觉到原告提出的有关合约条文解释十分合理,虽然是败诉。

另一个不同的情况就是在上述的例子下被告在最后裁决被判败诉而要赔偿索赔金额共200万中的100万美元。这样看来,被告在责任与损失赔偿方面都是败诉方,应该要被告承担预先裁决与最后裁决的费用是理所当然。但如果被告在仲裁一开始就作出了一个100万零1美元的秘密提议或者是Calderbank提议,则直到仲裁完毕,在针对费用时才能了解全局。可见,在预先裁决就判胜诉的原告可以向败诉方取回那部分的费用又是不妥当的。适合的费用命令又会是上述的(1)或者(2)。

至于要根据大原则判预先裁决的费用的话,也有它的吸引力,因为胜诉方有机会提早核算向败诉方取回的费用,若根据(1)与(2)的费用命令下要胜诉方等待最后裁决,除了这会是遥遥无期外,也带来胜诉方的不肯定。但显然为了不犯错,下第(3)种的费用命令就要求仲裁庭很肯定地不会受最后裁决的结果所影响而造成不公平。例如,预先裁决书针对管辖权的挑战,而如果挑战不成功的话,最后裁决就是针对货损货差的责任和损失赔偿。显然,在这种情况下,如果被告的挑战失败,作为一个完全不同的争议事项下,仲裁庭可以判原告向被告取回这部分的费用。即使在最后裁决判货损货差的索赔不成功,也不会造成不公平。

有关这一方面,在 Surrey Health Borough Council v Lovell Consrtuction Ltd. (1990) 48 Build. LR 108 SH 中,上诉庭的 Dillon 大法官说:"It is not in dispute on this appeal that a judge who has decided preliminary issues has (unless he is going to make no order as to costs) three possible courses before him in relation to the costs of the trial of the preliminary issues, viz: (i) he may make those costs in the cause; or (ii) he may reserve the costs to the trial; or (iii) he may award the costs, or a proportion of the costs, to one or other party. To make the costs in the cause is not, however, satisfactory to a defendant if as a result of the defendant's success on certain of the preliminary issues, very important parts of the claim will go out and will not be pursued to trial. To reserve the costs to the trial be necessary in some cases, e. g. if there has already been a payment into court. But it can have its disadvantages, particularly if... the judge who tried the preliminary issues may not himself be the trial judge [这种情况在仲裁时是不应该会发生]. It is not mandatory that the costs of preliminary issues be reserved to the trial judge Moverover if the judge who has tried preliminary issues wants to make an immediate award of costs instead of reserving the costs to the trial or making them costs in the cause, he should be entitled, in my judgement, to regard the trial of the preliminary issues as being a separate event' on its own. The alternative propounded by [counsel for Surrey Health] gives any plaintiff an unfair built-in advantage over the defendant, even though the procedure of the trial of preliminary issue is intended for the equal benefit of both Although the partial success of the plaintiffs was neither trivial nor*de minimis* , [the judge] was entitle to take the view that the defendants were the substantive victors, and to order the plaintiffs to pay a part of the defendant's costs of the hearing of the preliminary issues."

上述先例的案情是有关建筑的常见争议,涉及被告 Lovell 超出约定期限完工,原因是建筑工程的地点发生火灾。原告 Surrey Health 向被告提出索赔,而在预先裁决中,一审法官的决定大致上是对被告有利,但决定并非对最后判决有任何结论性的结果。而在费用的分摊方面,一审大法官判原告要支付被告 2/3 的有关预先裁决的费用。到上诉庭,看来他们都对该费用决定有所保留,但最终仍是支持一审大法官的裁量权。

5.3.8 修改请求书(amendment to pleadings)的费用裁量权

在仲裁程序中,当事人需要对请求书作出修改是经常发生。通常的说法就是除非修改会带来对另一方当事人的损害,是费用上的赔偿不足补救,修改请求书的申请通常都会被接受:Tildesley v. Harper (1878) 10 Ch. D. 393; Talbot v. Berkshire County Council (1994) Q. B. 290; Beoco Ltd. v. Alfa Laval Co. Ltd. (1994) 3 W. L. R. 1179。毕竟一天还没有审理下来,自然公正下就应该尽量让双方当事人提出全面与他们认为正确的主张,而这就应该包括在他要申请修改的内容。如果允许当事人修改请求书通常就会同时作出有关费用的命令,就是无论最后的胜负,修改方要承担所有因修改而导致的费用(applicant to be responsible for the costs incurred and thrown away by the amendment and the costs of any consequential amendment are to be the other party's in any event)。这是修改请求书惯常的费用命令,所以有时候被简单的称为"on the usual terms"。

但显然在有些情况下,这一种费用命令并不足够。比如说,原告本来的索赔请求书根本没有提出任何强而有力的主张,但到了开庭前不久,由于换了一个称职的律师,提出一个强而有力的新主张,并申请作出修改。这一来,就会对被告造成不公道,因为面对这一个强而有力的新主张,如果是一开始就在索赔请求书中提出,被告就可能是一早和解或者作出 Calderbank 提议保障自己。

说到 Calderbank 提议,如果被告一早就作出一个本来足够金额的提议,但原告也是在开庭前不久甚至在开庭途中申请修改并且获得批准,而修改是加上新项目的赔偿损失。这一来,又会导致本来有效的 Calderbank 提议变成由于修改而不足作出保障。

在这种情况下会造成不公平已经有许多有关的先例,例如是:Anglo-Cyprian Trade Agencies Ltd v. Paphos Wine Industries Ltd. (1951) 1 All E. R. 873; Cheeseman v. Bowaters United Kindom Paper Mills Ltd. (1971) 1 W. L. R. 1773; Lipkin Gorman v,

Karpnale Ltd. (1989) 1 W. L. R. 1340; Blexen Ltd. v. G Percy Trentham Ltd. (1990) 54 Build. L. R. 37; Beoco Ltd. v. Alfa Laval Co. Ltd. (1994) 3 W. L. R. 1179。

在 Beoco Ltd. v. Alfa Laval Co. Ltd. (1994) 3 W. L. R. 1179,案情涉及原告很晚才作出修改索赔请求书,就是这个修改使原告最后避免了败诉。在针对诉讼费用,一审大法官认为在原告作出修改时,被告就应该保障自己,如作出 Calderbank 提议。但上诉庭不同意,其中 Stuart-Smith 大法官是这样说"[the judge's reasoning] ignores the reality of the situation or the difficulty in which the defendant was placed... There was no proper pleading of the alternative case, there had been no discovery, and the defendant's experts had no opportunity to investigate or make any estimate of the proper value of the claim."

另在 Blexen Ltd. v. G Percy Trentham Ltd (1990) 54 Build. L. R. 1179 先例,案情涉及承建商与分承建商之间的争议。原告向被告的承建商索赔 220000 英镑,仲裁程序中被告向原告作出了一个秘密提议是 77000 英镑加上费用,但被原告拒绝。在开庭前,被告作出对抗辩请求书的修改,而该项修改胜诉,并将索赔的金额减少了 34000 英镑,而最终仲裁庭判是原告成功索赔 50000 英镑。但针对有关仲裁费用的分摊,原告争辩说如果没有这最后才作出的修改,其胜诉的金额应该是 84000 英镑,这比秘密提议的金额高。但仲裁庭判原告可向被告取回费用直到秘密提议的一天,而之后就要原告承担被告的费用,这导致了原告向法院要求救济。Lloyd 大法官说:"The general rule [i. e. the test 'what would have been the result but for the amendment'] should apply where the defendant amends to plead a new defence of which the burden rests on him, for example, a plea of limitaion or of some relevant contractual exception. In such a case, if the effect of the amendment is to reduce what would otherwise have been awarded below the sum paid in, it would usually be just to give the plaintiff his costs."

Lloyd 大法官也说:"it is normally preferable for the judge or an arbitrator to consider what would have been the result but for the amendment, rather than the... elusive question whether the plaintiff would or would not have accepted the offer, had he known of future amendments."

笔者可节录 Michael O'Reilly 所著的《Costs in arbitration proceedings》一书第二版之 7.10 节所建议的仲裁员针对修改请求书有关的费用如何决定,总结如下:"Different considerations may apply where amendments are made by the claimant at an earlier stage in the proceedings so that the respondent has ample time to respond. It is submitted that just as an offeree has a reasonable time to consider an offer, the offeror has a reasonable time to consider an amendment; if he feels that his existing offer is inadequate in the light of the amendment, he must revise it to retain costs protection. When dealing with costs, the arbitrator is then required to consider the costs incurred during three distinct periods. First, he should deal with costs for the period before any offer is made. Second, he should consider whether or not the original offer was successful on the claims advanced at that time. Third, he should consider whether or not the later offer exceeds the sum recovered by the offeree and on that basis, award costs from the date of the later offer to the conclusion of the proceedings."

5.3.9 要求承认事实的通知(notice to admit facts)的费用裁量权

有关这一方面的课题,在笔者所著的《国际商务游戏规则:英美证据法》一书之6.10.10.2段有详细的论述,请参阅。大致上就是在请求书中双方当事人承认的事实就不需要再花钱举证,因为大家没有争议。这一来,如果存在一些明确的事实,但对方不置可否,另一方就会考虑作出这样的通知。例如,双方明明在某一天见过一次面,如果对方不承认这个事实就存在要把参与该会面的第三者拉进来出庭举证证明该次会面的存在。如果对方在整个案件中败诉,估计不影响成功证明有这一个会议的一方可向他取回该第三者出庭举证的费用。但怕的就是对方胜诉(因为成功证明有这个会议并不代表不会因为其他的原因败诉),对败诉方在这一方面的额外举证就会造成不公平,因为所有的费用变成是由他承担。所以安全的做法就是在一些明显的事实中因为对方不合作或过度小心而不能承认,导致需要额外举证,可以向仲裁庭申请给不合作的对方一个承认事实的通知。对方如果仍然不接受,多花费了的举证费用(如果成功证明了这个事实的话),就会要对方承担,即使他在该诉讼中胜诉。

有关的先例首先是介绍The "Catherine L" (1982) 1 Lloyd's Rep. 484,Bingham大法官说:"an order [for costs] may quite properly reflect sustainable criticisms of a party's conduct in the litigation: for example... if he has obstinately and unreasonably refused to admit the obvious, so increasing the costs overall."

另在Higgs & Hill Building Ltd v University of London (1983) 24 Build LR 139中,Parker大法官说:"Each case must depend on its own facts and circumstances and there may be other factors to be taken into account such as the amount, date and nature of a sealed offer, notices to admit and so on, all of which will be known to the arbitrator."

5.4 诉讼费用的核算/厘定(taxation of costs)

5.4.1 仲裁员核算/厘定诉讼费用的权力

在裁决了诉讼费用的分摊后,接下来仲裁庭的工作就会涉及核算具体诉讼费用的金额,其中主要是业务律师与大律师或诉讼代理(如果有)的收费。以前,诉讼费用的核算是法院的工作,仲裁庭如想核算诉讼费用,必须在诉讼费用裁决书(包括中间裁决)注明保留这方面权力。虽然目前作出的裁决书还是通常写明仲裁庭保留核算诉讼费用的权力,但在1996年《英国仲裁法》生效后,伦敦仲裁员已不必这样做,这是在Section 63的(1)至(3)如下:"63 (1) The parties are free to agree what costs of the arbitration are recoverable. (2) If or to the extent there is no such agreement, the following provisions apply. (3) The tribunal may determine by award the recoverable costs of the arbitration on such basis as it thinks fit. ”这也显示了今天的做法是鼓励与支持仲裁员核算诉讼费用。

5.4.2 仲裁员核算/厘定诉讼费用的好处

核算诉讼费用权力由法院转给仲裁员的好处有:(i) 减少法院参与,符合国际仲裁的“文化”与灵活性;(ii) 仲裁员核算出金额,然后作出费用裁决书,可以依赖1958年《纽约公约》方便在国际执行,法院的“核算后证书”(final costs certificate)就没有这个优势;(iii) 无需为了核算而专门委任当地律师,因为如果要求法院核算就必须这样做;(iv) 仲裁庭核算大笔诉讼费用会比法院快捷与廉宜得多。今天在法院的“正规与细节的核算诉讼费用”(formal and detailed assessment)下,如果是大案件,核算会是十分昂贵与漫长的做法。据悉,也是这个原因,胜诉方会是愿意大幅度扣减以换取败诉方的同意支付,不必去法院核算。这里可以节录 Reyes 大法官在《Reflections on Civil Procedure under Civil Justice Reform》一书96页这样说:“Further, taxation would often require one's solicitors to engage a law costs draughtsman, that is , a specialist in drawing up bills of costs. Drawing up a bill of costs, a whole art in itself, would take more time and money. Because of the crowded state of the Court's diaries, apppointments with the master to argue a disputed costs bill might be scheduled long after (sometimes years after) substantive proceedings had ended. There would be every incentive to the losing party to dispute numerous itesms in a costs ill so as to delay the day of reckoning when costs would have to be paid. ”(v) 其中仲裁庭能够对这工作处理得快捷与廉宜的原因是他对整个案件熟悉,知道什么是合理。例如,案件本身的法律不复杂,不必雇佣资深大律师或雇佣了也没有理由再要好几个小时研究有关的法律问题。又例如,案件本身雇佣一个或者多个昂贵的专家证人是不合理或是起不了任何作用。程序上合理与否是目前核算/厘定诉讼费用的主要标准,这也是经常在强调的要看“整个案件的具体情况”(circumstances of the entire case),这显然只有仲裁庭才能充分掌握。但如果是法院处理的话,就要大量的工作包括要诉讼费用“核算法官”(costs judge)把胜诉方甚至是双方当事人的档卷都查看一遍,才会有可能知道合理与否。

传统上仲裁员不喜欢核算/厘定诉讼费用,他们认为自己不了解并习惯把核算诉讼费用的权力转让给法院。但这种心态与当事人代表律师的做法一直在改变,导致仲裁员要核算诉讼费用的情况越来越普遍。这表示仲裁员今天必须要了解怎样核算诉讼费用(本身是一个非常复杂的课题),但可惜笔者没有见到太多的文章或者书籍探讨有关国际仲裁如何针对这一方面的问题。

5.4.3 诉讼费用核算/厘定的大原则与基础

5.4.3.1 大原则

胜诉方可向败诉方取回诉讼费用的大原则只是一种“补偿”(indemnity),而不是让胜诉方获利。这些大原则很早就已经被规定,在 Harold v Smith (1850) 5 H. & N. 381 中,Bramwell B 大法官说:“Costs as between party and party are given by the law as an indemnity to the person entitled to them; they are not imposed as a punishment on the party who pays them, nor given as a bonus to the party who receives them. Therefore, if the extent of the damnification can be found out, the extent to which costs ought to be allowed is also ascertained."

另在 Smith v Buller (1875) L. R. 19 中,Richard Malins V. C. 大法官说:"It is of great importance to litigants who are unsuccessful that they should not be oppressed into having to pay an excessive amount of costs... I adhere to the rule which has already been laid down, that the costs chargeable under a taxation (detailed assessment) as between party and party are all that are necessary to enable the adverse party to conduct the litigation and no more. Any charges merely for conducting litigation more conveniently may be called luxuries and must be paid by the party incurring them."

这种胜诉方不能向败诉方取回真正支付给他的代表律师的费用更多的大原则在其他的法律里面也有说明,如英国《Solicitor Act 1974》Section 60 (3)就有这样的规定:"A client shall not be entitled to recover from any other person under an order for the payment of any costs to which a contentious business agreement relates more than the amount payable by him to his solicitor in respect of those costs under the agreement."

这个大原则在以前是根据"必须"(test of necessity)的诉讼费用才可以向败诉方取回,现在变成根据"合理"(test of reasonableness)诉讼费用才可以向败诉方取回都是没有受到影响。例如,香港在 2009 年 4 月 2 日《民事诉讼程序规则》生效前一般可以向败诉方取回的是根据"当事人对当事人基础"(party-and-party basis),就是一个根据诉讼费用应是"恰当与必须"(proper and neccessary)的考验。但香港在民事诉讼改革跟从英国之后,目前采用根据"标准基础"(standard basis)也就是以合理的考验。但大原则是不变的,只是在文字上"必须"看来比"合理"要更严格。

5.4.3.2 两种基础:标准基础与补偿基础

在英国,胜诉方可向对方要回诉讼费用的核算基础有两种,一种是"标准基础"(standard basis),另一种叫"补偿基础"(indemnity basis)。两者都注明在《高院规则》Order 62,前者是以合理诉讼费用为准,有任何疑问(疑问通常是到底花这笔钱是否合理)是针对胜诉方来决定,即对胜诉方不利。后者是要败诉方证明诉讼费用不合理,否则就假设是合理,也就是对胜诉方有利。毕竟,败诉方要证明某一项费用不合理并非容易,因为胜诉方律师在诉讼中做什么事情与可能起到什么作用他不会知道并可取得证据证明不合理。换言之,两种基础都是以合理为标准,分别只是在谁承担举证责任与针对谁来裁定。

但注意是在标准基础之下,一个正常诉讼一般情况下胜诉方也最多只能向对方取回约 70% ~80% 的诉讼费用,而补偿基础在仲裁很少适用。由于诉讼费用的高昂,这两种不同基础之间的 20% ~30% 的差别已经是一大笔钱。所以,今天仲裁员已经遇到越来越多胜诉方申请要以补偿基础来核算。一种情况已经在本章

5.3.3.3.6.3.1 段有关 Part 36 提议谈到,另一种经常会有争议的情况是败诉方恶意进行诉讼。如为了私人恩怨,或是富有的原告欺负弱小的被告,提出与进行一个诉讼。反正是,补偿基础是有惩罚的味道,要作出是默示了法院或仲裁庭对这一个诉讼的做法有不以为然的味道。这在 Kiam v MGN Ltd. (No.2) (2002) 2 All ER 242 案例中,Simon Brown 大法官说:

"12. I, for my part, understand the court there to have been deciding no more than that conduct, albeit falling short of misconduct deserving of moral condemnation, can be so unreasonable as to justify an order for indemnity costs. With that I respectfully agree. To my mind, however, such conduct would need to be unreasonable to a high degree; unreasonable in this context certainly does not mean merely wrong or misguided in hindsight. An indemnity costs order made under Part 44 (unlike one made under Part 36) does, I think, carry at least some stigma. It is of its nature penal rather than exhortory.

13. It follows from all this that in my judgment it will be a rare case indeed where the refusal of a settlement offer will attract under Part. 44 not merely an adverse order for costs, but an order on an indemnity rather than standard basis. It is very important that the Reid Minty case should not be understood and applied for all the world as if under the CPR it is now generally appropriate to condemn in indemnity costs those who decline reasonable settlement offers."

笔者最近作为独任仲裁员审理了这方面的申请,就是胜诉方要求能取回的诉讼费用要以补偿基础来核算。胜诉方声称败诉方在这一案件是完全没有胜诉的机会,特别是缺乏证据,因为在原先开庭时所有重要的证人都没有出庭举证(案件有关沉船,但败诉方的船东竟然是没有一个船员出庭举证)。所以船东在承租人作出"双方罢手提议"(drop-hand settlement)时,应该接受。明知无望继续推进仲裁是恶意和不合理,所以败诉后应该可让胜诉的承租人取回补偿基础的诉讼费用。但笔者作为独任仲裁员不同意,认为不合理是要十分极端的不合理才能以补偿基础作出惩罚。在该案件中,说实在笔者也没有办法知道在胜诉方提出罢手提议时,败诉方的船东到底在调查取证方面的进展是怎样,如是否已经可以肯定了不会有重要的证人出庭与他不会提供证据。

笔者作为仲裁庭成员之一的另一个仲裁中,涉及的是撤船是否合法。在台湾船东的抗辩请求中所提供与承认的有关事实明确显示了他的撤船并不合法,主要是租约有一条文说明船东在撤船前必须给承租人一个通知,然后在 3 个银行工作日之后才能撤船。但船东在抗辩请求中所承认的撤船日子根本不足 3 个银行工作日。看来,船东与其代表律师并不警觉这样做是不合法与没有严格依照租约条文的要求。这一来,原告(承租人)的代表律师马上向仲裁庭提出,并要求被告(船东)承认责任,否则今后的诉讼费用将会以惩罚性的补偿基础去核算。这有点像较早提出的"Notice to admit facts"与由原告作出的"Calderbank Offer"(在香港是"Sanctioned Offer")。

该律师提出的重要内容如下：

"In the circumstances, the only responsible approach in this reference is for the respondent to admit liability. The Claimant asked the respondent to do so in paragraph 28 of the Points of Claim in the hope that it would save considerable time and costs. Notwithstanding the admissions contained in its Points of Defence (which run to 94 pages with exhibits), the Respondent has declined to do so. The Claimant therefore submits that Defence and Counterclaim is an abuse of process and designed merely to dissuade the Claimant from seeking a full recovery by forcing it to incur costs.

The purpose of this letter is to place on record the Claimant's request to the Respondent that it admits liability in relation to this matter and withdraws its Counterclaim within 7 days of today. In the event that the Respondent declines to do so the Claimant will make an application to the Tribunal for an interim final award on liability. If the Tribunal find in favour of the Claimant following such an application then all remaining issues in the reference, save for quantum, would fall away. This would lead to substantial saving in costs and time.

In the event that the admission of liability is not forthcoming and the Claimant is forced to make the aforesaid application then, in the event that it succeeds, it will seek an Order from the Tribunal that all costs incurred by the Claimant in establishing the Respondent's liability are to be paid on an indemnity basis."。

仲裁庭在考虑后，也觉得有道理，就是看来台湾船东根据所显示的事实根本没有胜诉的希望。这导致如果还是坚持诉讼最后败诉，就会应该要承担补偿基础的费用了。仲裁庭作出了以下的指示给船东代表律师说："We have taken a preliminary view that（原告律师）are probably right, and we would urge the Respondent to consider its position. However, we take no final view on this matter and if the Respondent wished to contest the same, then we would invite the Claimant (as it has indicated, it wishes to do) to make an application to the Tribunal for an interim final award on liability. We will then give directions for the determination of this application and will fully consider the submissions to be made by both parties before reaching any final conclusion. We would ask that the Respondent inform the Tribunal, and the Claimant, of its position on this matter within the next 7 days."发展下去，台湾船东在压力之下很快就承认了责任。所以，也不存在仲裁庭最后要作出惩罚性的补偿基础诉讼费用核算。

5.4.3.3 核算的两种做法

核算是可以有两种做法，一种是"简易的核算"(summary assessment)，另一种是"详细的核算"(detailed assessment)。

5.4.3.3.1 简易核算

前者适用于一些中间程序与开庭不超过一天的情况，而在法院作出核算的通常就是进行审理的法官。简易核算的本意与应用是在本章 5.3.6 段"中间程序的费用命令"有介绍。在这种核算的做法下,双方当事人去法院前(如针对一个中间程序的申请),就需要双方都备妥一个简单的"费用清单"(costs schedule 或 bills of costs),其中有以下的内容:(a) the number of hours to be claimed;(b) the hourly rate to be claimed;(c) the amount and nature of any disbursement to be claimed, other than counsel's fee for appearing at the hearing;(d) the amount of solicitor's costs to be claimed for attending or appearing at the hearing;(e) the fees of counsel to be claimed in respect of the hearing; and (f) any value added tax to be claimed on these amounts(这方面只适用在英国).

当法院作出了这一简易核算后,会给出一个整数,包括律师费用与使费。败诉方要在 14 天内作出支付。显然这种做法的好处就是让胜诉方快捷并简单地知道他能够从败诉方取回多少诉讼费用,并且马上可以执行。对作出核算/厘定的法院,也不会有困难。举一个简单的例子,原告与被告同时递交了一份简单的费用表格,这费用显然是估计。由于原告与被告都不能明确肯定自己是胜诉方,所以不敢夸大对他自己估计要花的费用。但双方的估计显然还是会有一定差别,如原告估计是 4 万港币,而被告估计是 3 万港币。这一来,假设被告在中间程序的争议是胜诉方,并判可向原告取回有关费用。则法院判被告能取回的金额是 3 万港币,显然被告不应该有任何异议,毕竟这就是他自己估计的。而原告也不应该有异议,因为他估计的费用金额更高。相反,法院如果判原告胜诉,可向被告取回的有关费用的起点就可以是被告估计的 3 万港币了。如果原告声称被告估计偏低,法院才需要看看原告高出来的估计费用到底是否合理,这显然是比较有限的工作量。

而这种做法现在也开始在商业仲裁中出现,特别是针对一些比较昂贵的需要开庭的中间程序,如申请费用担保。

5.4.3.3.2 详细的核算

至于一个详尽的核算/厘定,显然会涉及比较漫长与复杂的诉讼完毕之后,通常在高院就是由一个"费用法官"(costs judge)进行。在一个仲裁,显然就是由一个仲裁庭进行核算/厘定了。当然也会有其他不涉及诉讼完毕与作出了裁决书,也会需要详尽的核算。例如,一个 Part 36 提议被对方接受,诉讼程序也就可以终止,但已经产生的诉讼费用需要进行核算/厘定,让作出提议的一方当事人支付给另一方。一个详尽的核算会涉及很大的工作量,第一步是由一位"诉讼费用估算人"(costs draughtsman/draftsman)根据整个案卷与记录的时间作出一份详细的"费用清单"(costs schedule 或 bills of costs),内中把每一项费用的支出都必须清楚的列明,可让对方接受或者质疑,并最后让仲裁庭衡量是否合理。由于详尽的核算是在责任与赔偿金额已经作出了判决或裁决,所以只需要一方当事人,也往往是胜诉方在费用命令下可向败诉方取回诉讼费用,花时间作出一份详细的费用表格。至于败诉方也就不必要花时间与费用在这一方面了。这也是解释了仲裁庭在双方各有胜负时,就尽量避免作出“交叉的诉讼费用命令”(cross costs order)的原因。还有重要的一点是当事人不会愿意太早在还没有决定责任与赔偿金额之前提供详细的“费用表格”,因为会暴露给对方自己到底做了些什么工作。所以,就香港国际中心(HKIAC)的《机构仲裁规则》(Administered Arbitration Rules)曾经有一位著名的律师向笔者反映,该规则中的相关条文也就是 Article 36 令他最不满意。Article 36.1 是这样规定:“The arbital tribunal shall determine the costs of arbitration in its award. The term ‘costs’ includes only:...(e) the costs for legal representation and assistance if such costs were claimed during the arbitral proceedings, and only to the extent that the arbitral tribunal determines that the amount of such costs is reasonable.”上述条文虽然不明确,但看来是要求双方当事人在仲裁庭作出有关责任与赔偿金额的裁决书的同时核算/厘定诉讼费用,如果正确,看来仲裁庭有必要更弹性地处理。

5.4.3.4 何谓“合理诉讼费用”

已经提过,在任何基础之下进行核算都只能向败诉方取回合理的费用,而进行核算正是找出什么才是合理的时间、合理的人选与合理的费率、合理的工作量与做法、合理的使费等。大精神就是胜诉方有责任合理节省诉讼的费用。合理诉讼费用是看每一个案件的不同情况来定,并没有一个统一标准或规则,也是仲裁庭根据自己所应该熟悉的诉讼做法的合理性而作出的裁量。这方面可以节录 Lloyd 勋爵在 Bolton MDC v Secretary of State for the Evironment (1995) 1 WLR 1176, HL 所说的,如下:“As in all questions to do with costs, the fundamental rule is that there are no rules. Costs are always in the discretion of the court, and the practice, however widespread and longstanding, must never be allowed to harden into a rule.”

“合理”是十分危险的词,因为要考虑的问题很多,并且在不同人的眼中对合理与否可以有截然不同的结论。根据 CPR,在认定是否合理时以下因素要加以考虑:(a) the conduct of all the parties(双方及其法律代表的行为);(b) the amount or value of any money or property involved(争议涉及的金额或标的);(c) the importance of the matter to all the parties(案件的重要性);(d) the particular complexity of the matter or the difficulty or novelty of the questions raised(复杂程度或问题的难度与特殊性);(e) the skill, effort, specialized knowledge and responsibility involved(所需要的技术、努力、专业知识与责任);(f) the time spent on the case(所花的时间);(g) the place where and the circumstances in which work or any part of it was done(做出工作的地点与其他情况).

在这种千变万化的情况下,笔者不妨举一个例子来说明法院在核算时对这方面的考虑。这就是律师根据他们业务的所在地,收费/费率是有很大分别的。这是可以想象得到的,如伦敦市区内的律师肯定就是收费最高,光是租金就已经与利物浦或曼彻斯特大不相同了。同是英国事务律师,他们之间可被接受的收费率除了不同的业务所在地,也分不同等级。例如,A 等级是指 8 年以上的资格与其中 4 年是诉讼经验,B 等级是 4 年以上的经验,C 等级是其他更资格浅的律师与 legal executive,D 等级是实习律师。

在 Wraith v Sheffield Forgemasters (1996) 1 WLR 617 中,涉及的人身伤亡的意外是发生在舍菲尔德,原告本人也居住在那里,但有关的诉讼是通过他的工会委任一位伦敦的律师。有关原告可否以伦敦律师的费率为准向被告收回诉讼费用,上诉庭是这样说的:"It is the duty of unions and insurers in each individual case to keep down the costs of litigation, this means that if they instrust London solicitors who charge London rates for a case which has no obvious connection with London and which does not require expertise only to be found there, they will, even if successful, recover less than the solicitors have charged. "

但在上诉庭同一时期处理的另一个同类案件就得出不同结论,是涉及家庭纠纷的 Truscott v Truscott (1998) 1 WLR 132, CA。案情是代表妻子的律师错误向法院申请一个"押记令"(charging order),而且在知道犯错后还是坚持推进。而另一方的丈夫对他最初雇用的当地律师不满意,在其他人的建议下用了一个伦敦律师。该伦敦律师成功将押记令撤销,并可向妻子取回诉讼费用。这里带来的争议是高昂的伦敦律师费用可否取回,因为丈夫是可以委任他的居住地布莱顿的律师。但贵族院认为在那个案件的情况下,胜诉的丈夫委任伦敦律师是合理的,理由如下:"1. The importance of the matter to him. It was obviously of great importance, it threatened his home. 2. The legal and factual complexities in so far as he might reasonably be expected to understand them. Due to the incompetence of the wife's solicitors the matter had taken on an appearance of some complexity. 3. The location of his home, his place of work and the location of the court in which the relavent proceedings had been commenced. 4. The hunsband's, possibly well founded, dissatisfaction with the solicitors he had originally instructed, which may well have resulted in a natural desire to instruct solicitors further afield who would not be inhibited in representing his interests. 5. The fact that he had sought advice as to who to consult and had been recommended to consult the London firm. 6. The location of the London firm including their accessibility to him and their readiness to attend at the relevant court. 7. What, if anything, he might reasonably be expected to know of the fees likely to be charged by the London firm, as compared with the fees of other solicitors whom he might reasonably be expected to have considered. "

上述的先例在笔者看来毫不重要,因为国际仲裁根本不会涉及是否住在伦敦、舍菲尔德或者是布莱顿,以上介绍只是想带出判断合理与否的困难。笔者所涉及的国际商务与海事案件,除了伦敦市区的律师外,其他小地方的律师也不会懂得处理。所以在这些案件委任伦敦的律师来处理一个诉讼或者仲裁是不存在一个不合理的说法。但是大原则仍然是适用的,如笔者曾经判过香港与伦敦的仲裁涉及胜诉方委任相当昂贵的东京律师或者是华尔街的律师,但在费用方面只允许取回香港与伦敦律师的费用(当时英镑的汇率也并不是很高),因为这是一个合理的"替代"(substitution)。

香港法院就没有英国那种问题,因为香港很小,不存在地区与地区之间的巨大差异。但香港也有自己的难处,即同样的一个有10年资格的执业律师在2007年的高院诉讼如果胜诉的话,就可以向败诉方取回的等级是每小时4000港币(如果他的当事人给得更高的话,之间的差价就由他的当事人自己承担)。但同一个律师如果去地方法院诉讼而胜诉的话,只可以向败诉方取回每小时2600港币。而地方法院管辖权只是在100万港币以下的索赔。看来法院这样做也是他认为的公道,即金额小的案件败诉方就应该承担低一点的诉讼费用。但这也带来了特殊的问题,特别是在人身伤亡的案件。有很多的人身伤亡的案件在起诉时的索赔是超过100万港币,所以会直接去高院。但通常被告也会存钱进法院而被原告接受,结果不需要开庭而达成和解。但经常发生的是和解的金额低于100万港币,这一来被告所要承担在原告接受前的诉讼费用到底是应该依照高院的等级还是按照地方法院的等级就有争议了。在这一方面,香港法院就有相当的不稳定,因为有两个直接起冲突的高院先例。第一个先例是 Lai Ki v B + B Construction Co. Ltd (2003) 3 HKC 329,Seagroatt 大法官判是一般要适应地方法院的等级,除非高院认为案件是如果不达成和解的话就有一个合理的机会被判一个金额高于地方法院的100万港币。但之后又有另外的一个案例是 Wellegant Development Ltd v Fine Telecom Ltd HCA 2132/2001(案情是有关版权的侵犯,原告索赔400万港币,但最后接受被告的存钱进法院的15万港币),高院的 L. Chan 暂委大法官认为要按照高院的等级。显然,两种判法都有一定的麻烦或不妥之处。前者就会令法院要考虑有关已经和解了的案件的合理机会是什么,后者就更加有不妥之处,因为鼓励原告夸大索赔,明明应该去地方法院的案件,变成要去高院而最终昂贵的诉讼费用却要被告承担。

5.4.3.4.1 律师的收费

律师费用是要考虑一个有理性的律师在当时的情况是否合理为了其客户的利益:Francis v. Francis and Dickerson (1955) 3 All E. R. 836,如即使当时要求文件披露被拒绝,只要申请在当时看来没有不合理之处,这因此造成的诉讼费用仍算是合理诉讼费用。至于不合理的例子多不胜数,尤其是以标准基础的角度看,可举部分例子如下:

(1)一个相对简单的案件且争议金额不高,但雇佣一个昂贵的资深大律师甚至是大律师加上事务律师。在以前仲裁员自己不核算而交给法院,在建筑仲裁就有一种做法是在中间程序的命令或/与裁决书上注明"适不适合雇用大律师"(fit or unfit for counsel),提示可能会对费用进行核算的法院。这种做法来自法院,就是法院有一个假设是在中间程序不必以大律师作为代表,一般的业务律师就足够。但如果是由大律师出庭,而法官认为是合理(如该中间程序针对的问题比较复杂),就会被要求出一张证明以证实该中间程序是适合雇用大律师。

(2)即使是一个复杂的争议,雇用资深大律师是合理,但同意支付太高的"聘费"(brief fee)又会涉及合理与否的说法。这聘费包括资深大律师被聘用接受案件与作出准备及开庭第一天的收费,开庭到了第二天就要另收"继续聘费"(refresher)。聘费完全可以讨价还价并根据市场的供求而定,在英国的先例 Three Rivers District Council v. Governor and Company of the Bank of England(2006) EWHC 816 (Comm),一位著名的资深大律师所收的聘费高达100万英镑,这是令人吃惊的金额,毕竟只有他一个人的收费而已,而开一个庭是要有好几个这种层次的人,而且这种案件不会开庭只是需要一天。所以这种收费率是在一般的国际仲裁案件,即使是大案件,也不应该轻易接受为胜诉方的合理费用部分,要败诉方全数承担。

(3)一个相对简单的案件且争议金额不高,但胜诉方的代表律师由多位律师(合伙人与一般律师)参与,特别是在一些相对简单的工作或日常的书信往来上,根本不必由合伙人参与。

(4)笔者见过中国内地的当事人同时雇用多家不同的律师所,大概是以为"人多好办事"。但这种高层次的服务是重质不重量,这样浪费即使是胜诉也不可以全数让对方承担。

(5)一个相对简单的案件与争议金额不高,加上专家意见可有可无,或是专家证人在出庭后被仲裁庭认为是毫无帮助,都有可能被仲裁庭否定或是减少这方面的费用。

(6)有一个国际仲裁在香港开庭,笔者允许并认为是合理的诉讼费用只局限在一位英国资深大律师的费用与使费,这包括往返商务舱机票以及香港五星级酒店的住宿。即使他需要助手(一个初级大律师),香港也可以有适合的人选。所以使费只是他一个人,但不包括在英国陪同他飞过来的挪威互保协会代表,因为已经有一位香港的事务律师陪同了。

反正在国际仲裁,这种争辩与反对都会由败诉方代表律师挑出来,然后仲裁庭只要客观看并且对合理与否的惯常做法有一般认识,有疑点则利益是归付钱的败诉方即可,因为这是"标准基础"(standard basis)。

这方面的认识包括行业中(如海事方面)业务律师与大律师惯常的按时收费标准,索赔代理收费标准(这方面明确了他们可以收回诉讼费用:Piper Double Glazing Ltd. v D. C. Contracts [1994] 1 W. L. R. 777 与《香港仲裁条例》第2F与2G条文),专家证人收费标准(出庭或者不出庭)以及"诉讼费用估算人"(costs draftsman)的聘用都是看案件需要来确定合理与否。还有一点需要注意的是,如果胜诉方用的是"公司内部律师"(in-house counsel)在要回诉讼费用方面可能会面对一点就是内部律师不方便透露收费,这种情况下还是要以合理为准。但本质上公司内部律师是可以向对方的败诉方取回他的合理诉讼费用:LMLN No. 445, Re Eastwood, deceased (1975) 1 Ch. D. 112。

在现在的国际仲裁,还经常会涉及"索赔顾问"(claim consultant)或外国律师作为法律代表,他们如果胜诉,根据《香港仲裁条例》Article 2F & 2G 也可以向败诉方取回合理的诉讼费用。但会有情况是他们与当事人所同意的是一笔成功索赔或成功抗辩后所收取的一笔按照百分比的费用,可称为"contingency fee",如索赔金额的1/3。这种收费安排在法院就会是有问题,但在仲裁看来就被容忍:Bevan Ashford v. Geoff Yeandle (Contractors) Ltd (1998) 3 All ER 238, confirmed by the Courts and Legal Services Act 1990, s. 58A(inserted by the Access to Justice Act 1999, s. 27)。但看来要求败诉方承担可能是非常高昂的索赔金额的1/3很不合理,毕竟他没有机会参与这一协议。所以,还是需要他们作出一份详细的费用表格,并作出核算,看看什么才是合理的收费。

5.4.3.4.2 互保协会的收费

在海事仲裁,互保协会能否在胜诉时向败诉方取回有关的收费一直是有争议的。但这一问题也变得越来越重要,因为互保协会越来越多靠自己内部律师处理仲裁案件,不转聘外面的律师事务所,除非在一些很大与非常复杂的案件是互保协会内部处理不了,如是没有足够的人手。由于大部分的船东与承租人都加入了互保协会,特别是针对法律费用方面的 defence club 或称为 Freight Demerruge and Defence (FDD),所以作为海事仲裁员经常是要面对。在颇长的一段时间,笔者知悉伦敦海事仲裁员之间有很大分歧,不少是认为互保协会自己处理仲裁案件,如果胜诉,是不应该存在可以向败诉方取回任何收费。因为这明显是赚取而不是补偿,互保协会所收取的是一笔稳定的保费,他的内部律师全部是赚取月薪,反正与个别的胜诉案件是毫无关系。但今天看来有改变,只要互保协会的结构与规则条文订得好,已有不少海事仲裁员倾向他在胜诉时可以取回他的合理诉讼费用:LMLN No. 705。

何谓结构与互保协会规则订得好可以著名的北方抗辩互保协会(Northern Defence Club 或简称 Nordisk)为例。首先他去成立一家独立的公司(名为 Nordisk Legal Service)接受委任并处理仲裁案件,唯一的分别是该公司并非是律师事务所,毕竟仲裁也不需要是律师才能代表并向败诉方取回费用。而在 Nordisk 的规则6.2条是这样写:"6.2 The Association's Handling of Cases The Association may decide that the handling of a case shall be conducted wholly or in part by Nordisk Legal Service, which is a separate division of the Association, and/or by other lawyers and/or agents and/or experts. The case will be handled by the Association on behalf of the member as its agents, and the Association will not be a party to any dispute handled by it for the member. All costs and expenses, including work performed by Nordisk Legal Service, shall be for the member's account."

这一来,理论上在仲裁中的当事人,也就是互保协会的成员,就面对 Nordisk Legal Service 有了承担费用的责任,正如面对一家独立律师事务所的责任一样。的确,在每一个仲裁案件的结束,Nordisk Legal Service 也会备妥一份最后的收费单给当事人,好像其他律师事务所一样。至于在支付这一方面,则往往是由互保协会直接处理掉。因为在下一条规则的6.3条是说明互保协会的董事会可在个别案件考虑补偿该成员败诉的费用,这包括了支付胜诉方的费用外,也包括支付Nordisk Legal Service的费用,虽然对后者而言只是"左口袋出,右口袋入"。以下节录有关Nordisk的规则6.3条:"6.3 Board's Decision on Indemnification When the facts of a case are sufficiently known, the matter shall be put before the Board which will decide to what extent the Association will indemnify the member against the costs of the case. The Board can decide that a case shall be put before the Board again at any stage. The Board may in reviewing the case make a new decision in respect of whether and to what extent the Association will indemnify the member against the costs of the case, and may change the previous decision if the Board in its discretion decides that this will be appropriate, and is not bound by its previous decision in respect of cover. The Board will determine the amount of the deductible payable to the Association for all costs incurred in handling a case, including, but not limited to costs of handling the case pursuant to clause 6.2. Any deductible established by the Board shall be paid to the Association upon request. In the event of non-payment, section 4.2 shall apply."

像上述6.3条的规则,如果换了是一个商业保险公司保单中的一条条文,受保人不会接受,因为是否赔偿或补偿完全是根据保险公司的裁量权。但互保协会相对不存在这种不信任,而行使裁量权的董事会成员本人就是互保协会的成员,主要是船东,所以估计不会在行使裁量权时乱来。

目前还不是每一个互保协会在结构与规则上作出上述的改变,但估计会有越来越多的互保协会会追随这种做法。虽然互保协会这种结构与规则在笔者看来是表面功夫,但笔者已经见到越来越多伦敦海事仲裁员倾向去命令败诉方要支付胜诉方互保协会的收费,目前在手头已经有5、6个这方面的裁决书。去节录其中一个裁决书,它是说:"As a matter of English law costs cannot be awarded to a successful party in Court or arbitration proceedings unless those costs have actually been incurred by that party. Traditionally, the members of Defence Clubs have paid an annual premium or call' and have then been entitled to the legal services provided by the Club and not expected to pay for such services on a case by case basis. However, as Nordisk Legal Service pointed out, there is critical difference between Nordisk Defence Club and most Freight Demurrage & Defence Associations. Rule 22 of Nordisk Defence Club's Rules provides in terms that the privileges enjoyed by members of the Nordisk Defence Club under its Rules do not constitute a policy of insurance. The cover' provided by the Nordisk Defence Club is essentially discretionary and although a member of the Club would (we assumed) normally expect to be indemnified in respect of his legal costs if he conducted himself in an appropriate manner, unless and until the Board of Nordisk makes that decision to indemnify a member in particular case, there is no way in which a member can compel the Club to reimburse his legal costs."

5.4.3.4.3 合理诉讼费用的类别

5.4.3.4.3.1 法律代表的诉讼费用

已经介绍过,针对伦敦或者香港仲裁的法律代表相对法院诉讼宽松得多,他们可以是英国或者香港律师、中国内地律师、外国律师、索赔代理、互保协会等。如果他们的收费不合理,仲裁庭可削减。

但显然,最多会在伦敦或者香港仲裁作为法律代表的往往就是英国或者香港的律师事务所,他们会再委任大律师作出协助,特别是在开庭审理时。虽然大律师的收费在2009年4月2日《民事诉讼程序规则》在香港生效前,通常是作为律师事务所的"使费"(disbursement)部分,但由于这可能是一笔很大的钱,加上大律师通常也会被人视为法律代表的成员,所以也在这里作出介绍。

5.4.3.4.3.1.1 大律师

英国与香港是世界上比较少有的地方把律师分为两部分,一个是"事务律师"(solicitor),一个是"大律师"(barrister),他们的分别在本书第五章12.13段已经有介绍,请参阅。为了方便阅读,以下再作出一些重复或补充。他们之间在一个诉讼中的分工是事务律师会首先被当事人委任,而一般当事人所熟悉的通常也是一些著名的事务律师所。然后,该被委任的事务律师所就会一直跟进与处理这个案件。也是因为这个原因,通常会产生比较大的成本,如门面与地点要好(如在香港就是要在中环的漂亮的大楼里),以吸引一般的当事人。律师所的一般成员也比较多,如要有人做大量的文书工作、复印工作、收藏与搬运大量的文件等。此外,事务律师所也要花费很多金钱与时间举行一些活动以作宣传,如资助一些有关的会议或慈善活动。

但大律师所参与的诉讼部分就比较有选择性,而他的委任也只是通过事务律师(现在也开放给其他少数的专业人士如会计师或者仲裁员等直接委任),不会直接与当事人接触。通常该大律师不会一直处理这个案件,而只会给一些如大律师的意见、草拟诉讼请求书以及会被委任出庭。而大律师是由懂行的事务律师所委任,因此是不靠门面功夫,他们的卖点是真的懂行,尤其对某一些案件有专业知识,如海事法方面或公司法方面等。由于大律师的工作主要是出自个人的知识与水平,不像事务律师参与较多的是琐碎及文书上的事,因此大律师事务所的员工不会太多,只会是有少数的协助人员,如"书记员"(clerk)。这也会造成成本的不同,粗略的说法是事务律师所一般70%的收入用于成本上的支出,而大律师则一般只有30%的收入作为成本。他们之间的分别也有说法是大律师比较钻研,法律水平高,而业务律师就比较一般性,但这也不能一概而论。

至于在一宗案件的分工就是当事人委任事务律师,而事务律师就有责任把该案件由头跟到尾。只有在事务律师觉得有必要时才委任大律师(可能是不同的大律师)做某一项特定的工作,如给一个法律意见,或草拟文书请求,或开庭等。换言之,不少大律师对该案件并不是由头跟到尾。

在这里,笔者可以节录一个有15年民事诉讼经验的英国事务律师所合伙人所说的话,如下:“The present system provides an efficient, cost-effective and consumer-sensitive way of handling litigation. The client chooses his Solicitor, and the Solicitor, subject to instructions, chooses whether to use Counsel, and if so, whom, when and how. Solicitor and client can rely on the particular skills of Counsel, i. e. specialist advice, drafting of pleadings and advocacy. On occasions, Counsel is or are intimately involved in the case; on others, a particular Counsel is called upon for a particular purpose, e. g. to give specific advices or appear on a specific hearing. The Solicitor calls upon Consel's services, only as and when required. The cost of those services does not include all the overheads of the Solicitor'office.”

5.4.3.4.3.1.2 大律师的聘费与继续聘费

大律师的收费可以分为两种,第一种是与事务律师一致,就是根据每小时的费率来收费,这往往不是针对出庭的工作。第二种是出庭的委任,就会涉及“聘费”(brief fee)以及“继续聘费”(refreshes)。聘费通常是一个大律师接受委任后所有要做的出庭准备工作加上第一天的出庭费用,而第二天以及以后的出庭费用就是继续聘费,通常是每天算。如果要准备第二天的开庭与有文书的“结案陈词”(closing submission),也包括在聘费与继续聘费内:Loveday v Renton (No. 2) (1992) 3 All ER 184之191页。这会是一笔很大的费用,尤其是想委任一位著名的资深大律师。至于费用确实是多少,通常是通过事务律师所与大律师的书记谈判的结果。在2007年,一些重大的伦敦商业案件,如 Three Rivers District Council v. Governor and Company of the Bank of England(2006) EWHC 816 (Comm),据闻委任一名著名的“御用大律师”(Queen's Counsel)的聘费涉及100万英镑之巨。所以在一个复杂并涉及较长时间开庭审理的商业案件,聘费(会随着案件的复杂程度与出庭准备工作的不同而有变化)加上继续聘费,会是笔惊人的数目。但这指的只是一位资深大律师的费用,虽然他是有领导地位,他只不过是当事方诉讼法律团队的其中一员。这一笔聘费常常在开庭前就已经分期支付掉。而如果接近开庭之前作出庭外和解,再也不需要开庭审理或做任何的准备工作,通常的做法也是不再退还这聘费或有个别大律师会肯减半不等。如果当事人或者业务律师要小聪明,认为在越接近开庭时才委任大律师,在委任前庭外和解的机会就越大,这样会省掉一大笔大律师的聘费。但问题是,他们忽视了一点是很多资深的大律师的时间表是满满的,如果太晚才作出开庭的委任,就往往不会有意想中的人选可供委任。还有一个危险是准备开庭的时间不足而导致太晚才委任的大律师在开庭时表现不令人满意。这导致小案件可以这样做,但大案件这样做就太危险了。

5.4.3.4.3.1.3 聘用两位大律师的规定(two counsel rule)

如果聘用一个资深大律师(在英国就是御用大律师),经常会涉及要多委任一个“初级大律师”(junior barrister),而后者的聘费会是资深大律师的一半或以上。这一来,就存在一个问题是胜诉方可否向败诉方取回这笔总数。这里也是涉及合理与否及按比例的问题,如案件是否需要委任一位资深大律师作为"领导"(leader)? 如果委任了一位资深大律师后,是否还要多委任一位初级大律师?

首先是否需要委任资深大律师,在 Saunders v Essex County Council (April 24, 1990) (unreported), Evans 大法官提出要考虑以下因素,说:"(a) the nature of the case, including in accident cases: (i) the nature and severity of the claimant's injury; (ii) the likely duration of the trial; (iii) difficult questions regarding the*quantum* of damages, including medical evidence and questions of law; (iv) difficult questions of facts, including expert engineering evidence, or issues as to causation; (b) its importance for the client; (c) the amount of damages likely to be recovered; (d) the general importance of the case, e. g. as affecting other cases; (e) any particular requirements of the case, e. g. the need for legal advice, or for special expertise, e. g. examining or cross-examining witnesses; and (f) other reasons why an experienced and senior advocate may be required."

特别要注意的是对方聘用了或准备聘用一位资深大律师,不是另一方的当事人也可以聘用的合理理由:British Metal Corp. Ltd v Ludlow Brothers (1913) Ltd (1938) ch. 987。但现实上,这往往是一个主要的原因,就是当事人与他的业务律师希望自己有"同等级别的法律代表"(equal representation)。

是否需要聘用资深大律师也不应考虑初级大律师是否已经足以胜任,而是要看委任的合理性:R v Dudley Magistrates' Court Ex p. Power City Stores Ltd (1990) 140 New L. J. 361。

至于要不要委任一位初级大律师来协助,又是涉及合理与按比例的考虑。主要的出发点就是看是否符合当事人的利益多聘用一位初级大律师。而可以被视为是合理的理由是有以下:(1)需要初级大律师积极参与出庭审理与作出各种协助,如开庭时作记录、提点资深大律师、整理誊本等。例如,笔者在一个仲裁中,以好几天的开庭时间把所有的证据听完后,相隔一天就进行口头结案陈词,而在那相隔的一天 24 小时里,资深大律师与初级律师每人工作 12 小时以准备好文书的结案陈词。显然在这种时间比较长、复杂与繁重的诉讼,需要一位初级大律师来协助是合理的。("to assist with the court proceedings either by taking an active part or by keeping a full note of the evidence, editing transcripts, etc.")(2)处理自己一方的文件与披露文件,如很快就知道某一份文件在哪里与其内容或相关性("dealing with documents genrally, particularly when the same junior counsel has taken part in discovery")(3)研究调查("to carry out legal or other research, e. g. on matters on which expert evidence is given")(4)参与及协助资深大律师与对方谈判和解("to assist leading counsel in negotiations with the other party, particularly when, as in many accident cases, junior counsel has already advised the injured person and has become known to him. The lay client might well fail to understand why the junior who has dealt with his case up to trial should no longer be present when his claim is settled by negotiation or dealt with by judgement. ")

关于上述的问题,权威性的案例是 Francis v Francis & Dickerson (1955) 3 WLR 973; Simpsons Motor Sales (London) Ltd. v. Hendon Borough Council (1965) 1 WLR 112。

5.4.3.4.3.1.4 业务律师

业务律师通常就是当事人首先委任的,而他在他的当事人胜诉之后并且取得法院或者仲裁庭的可向败诉方取回费用的命令后(在仲裁中就是在裁决书中有关的命令,或是一个独立的费用裁决书),就会开始准备核算的程序。这里第一步是准备一份详尽的"费用清单"(costs schedule 或 bills of costs),这份清单应该是完整地针对费用而且是有足够的资料可以让法院或者仲裁庭作出核算。如果对某一项费用的描述不足的话,但有其他的支持文件可协助提供资料,这也会是足够。这一方面看来仲裁庭比法院的"费用法官"(costs judge)优胜,因为仲裁过程中的每一步仲裁庭都会知道,除了涉及特权方面的工作。费用清单是会分两大部分,第一部分就是"使费"(disbursements),而第二部分就是业务律师"自己的收费"(profit costs)。

5.4.3.4.3.1.4.1 使费(disbursements)

使费包括的面很广,其中包括的如昂贵的大律师与专家费用。它比较权威的定义可以节录 Re Remnant (1849) 11 Beav 603 中的说法如下:"Such payments as the solicitor in the due discharge of his duties is bound to make (whether his client furnishes him with the money for the purpose or with money on account or not) as for example court fees, counsel's fees, expenses of witnesses, agents, stationers or printers are properly introduced into the bill; but payments which the solicitor is not bound either by law or custom to make, as for example purchase monies or interest paid into court, damages or costs paid to opponent parties, bills due to the solicitors of trustees, mortgagees or other parties, estate duties or other payments of a like description are properly charged on the cash account The question is not affected by the state of the cash account between the solicitor and the client and that, e. g. counsel's fees would not the less properly be introduced into the bill of costs as a professional disbursement because the client may have given money expressly for paying them, and purchase money or damages would not be properly so introduced though the solicitor may have advanced the money out of his funds."

针对使费,是需要当事人已经支付掉的文件证明,这包括大律师或者专家的费用。如果在送达费用清单时还没有支付,该项使费就需求说明还"未支付"(unpaid)。该项使费也必须在核算完成之前支付掉,否则就有危险不被包括在核算内。而这是不能事后补救,因为仲裁庭出了一个有关费用的裁决书之后,也就变成了针对费用方面已是"一事不再审"(*res judicata*)了。这一方面在法院的做法可节录 Peter Hurst 所著的《Civil Costs》第 2004 年版一书第 8-004 段所说的,如下:

"The solicitor's bill may include disbursements payable by the solicitor in discharge of a liability properly incurred by and on behalf of the party to be charged with the bill (including counsel's fee). This is so notwithstanding that those disbursements have not been paid before the delivery of the bill. Outstanding disbursements must be descrided in the bill as unpaid' and if the bill is assessed the costs officier may not allow the disbursement unless it is paid before the detailed assessment is completed. Section 67 of the 1974 Act imposes a dual requirement, namely that the disbursement be described as unpaind' and that it be paid before the detailed assessment is completed. If the disbursement is not described as unpaid', the situation cannot be remedied by paying it after delivery of the bill. If a bill has been delivered it cannot be withdrawn and a new bill substituted without the consent of the parties or an order of the court. There reposes in the court a wide discretion to deal with the circumstances which arise in any particular case.

When the detailed assessment of a solicitor's bill is concluded, the solicitor's rights against the client are determined at the sum certified by the court. There is no further liability in respect of matters which have been included in the bill of costs. Therefore where unpaid disbursements have been struck out the solicitor cannot afterwards recover them from the client."

5.4.3.4.3.1.4.2 业务律师的收费(profit costs)

这一方面是涉及业务律师在费用清单里面清楚列明一个律师事务所的合伙人或者雇员所花费在这有关案件的时间。已经说过业务律师是会对接手的案件一直跟进与处理,通常他会做的工作事项并需要在费用清单要列明的如下:(1)与对方当事人或者他的法律代表之间的通信往来(costs between parties);(2)出席开庭与大律师会面(attendances on the court and counsel);(3)与自己当事人(胜诉方)及有关的事实与专家证人会面或通信往来(attendances on and communications with the receiving party, and with witnesses including expert witnesses);(4)出席去检查任何有关的财产或者是开庭的地点(attendances to inspect any property or place for the purposes of the proceedings);(5)调查取证与询问(searches and enquiries made, e.g. at the Companies Registry);(6)与其他有关人士的会面与通信往来(attendance on and communications with other persons including the court and counsel);(7)文件处理,诉讼前的议定书与收集文件等的工作(work done on documents: preparing and considering documentation which was of and incidental to the proceedings, including time spent on pre-action protocols and time spent collecting documents);(8)进行调解与进行谈判谋求和解的有关工作(work done in connection with mediation, alternative dispute resolution and negotiations with a view to settlement);(9)其他有关工作(attendances on and communications with agents and other work done which was of and incidental to the proceedings and not previously covered)。

5.4.3.4.3.1.4.3 赚取费用人士(fee earners)的人数

一般而言这是不允许一家业务律师所有多过一位合资格律师赚取并收回他的费用,这方面在笔者所著的《国际商务仲裁》一书之第九章的4.2.2段有介绍,可节录如下:"多于一位业务律师处理案件—这一向是不允准的,在一个老的先例名:Smith v Buller (1875) LR 19 Eq 473,法院判:'... knew of no case in which the attendance of two solicitors, or of a solicitor and his clerk, had ever been allowed, and could not in this case allow the defendant the luxury of throwing such a charge upon the plaintiff.'"

在"当事人对当事人"(party-and-party)基础下,是要满足两位律师在同一个案件工作是"必须的"(necessary),这恐怕是很难。毕竟业务律师如果遇上难题或者合理需要多一个法律意见,他大可以转委任大律师处理。所以如果有两位或以上的律师在同一个事务所重叠了工作,只有其中一位的收费才可以向败诉方取回。举一个例子,在一个金额不大的案件,开庭审理已经有了大律师,但从旁协助的业务律师有一个合伙人与一位助理律师,这就在一般的情况下显得没有必要或不合理。这就会导致助理律师的收费在出庭的期间就不会被接受了。在英国法院目前的"标准基础"(standard basis)下,或者仲裁庭根据"商业基础"(commercial basis)进行核算,是以"合理"(reasonable)为准,在字面上看会是比"必须"要宽松。所以在一些复杂与麻烦的案件,如果能够说服仲裁庭是需要两个业务律师同时处理一些工作,会有可能被接受。

即使在一般情况下只允许一个律师作为赚取费用人士,也必须他做的是相应的工作。如果他是亲身复印或传真,这一般不会被视为是专业律师的工作,他也就不能收费。这方面可节录Peter Hurst所著的《Civil Costs》第2004年版一书中的17-013段的说法,如下:"It is normal to recover the cost of work done by a 'fee earner'. A fee earner is a person in respect of whom a charge is normally made to the client. This presupposes that the fee earner is undertaking fee earners' work. Thus if a solicitor spends time operating the photocopying machine, this is not regarded as fee earners' work and is not recoverable. Alternatively, if a non-fee earner such as a secretary attends court, that person is undertaking fee earners' work and the appropriate cost is recoverable. Brooke J. in Brush v Bower Cotton & Bower stated: To a large part, the work can properly be described as clerical work and, to that extent, I do not allow the claim. On the other hand there were features of the work which was done and which would be properly charged by a fee earner at an appropriate rate. To the extent that the work was fee earners' work in my judgement it ought to be allowed.'"

在现实中,一个复杂的案件往往涉及多过一位赚取费用人士,如一位合伙人带了一位助手,他们做同一样事情就会带来重复工作的可能性。但仅是有多过一位赚取费用人士参与的做法很多时候是很合理,也整体上节省费用。因为很多的工作如查阅文件或者是找一般性的资料,由一位助手处理就会比一位合伙人亲身做省钱。而合伙人所担当的只是监督与做出最后决定的工作与责任,只需要花小量的时间。只要不是合伙人与助手同时间每人花 2 个小时去找同样的一份资料,就不存在重复的问题。

但在一个多年前笔者涉及的仲裁,胜诉方的律师就被批评太多不重要的工作都由合伙人自己做而不下放给收费较便宜的助手。仲裁庭在裁决书不接受败诉方的批评,说:"Partner involvement. The figures show that broadly half the hours claimed related to the partner in charge of the case. On the face of it, one might have expected a greater degree of delegation, but it is in our view important to have regard to the fact that the charge-out rate for the partner was a relatively modest at HKD3,000 per hour; and we do not think that, had the partner worked in tandem with or in a supervisory role over, an associate or assistant, the total would have been any less."

至于更常见到的败诉方批评的是胜诉方重叠的同样工作(如参与开庭)与多过一位赚取费用人士。在上述同一个复杂与金额庞大的仲裁案件,仲裁庭不接受该有关的批评并说:"Duplication of Fee-Earners. Respondents challenged the necessity of two and sometimes more fee-earners from Claimants' lawyers attending consultations and hearings. We consider that in general this criticism is unwarranted. Bearing in mind the basis on which costs must be determined, we consider it was reasonable and proportionate for the partner and indeed para-legal to attend, since the para-legal should be able to fulfil a useful and indeed cost-saving role in making a note and (once the hearing was under way) in dealing with witness attendances and other logistics. Where the attendance exceeded this level, we have made appropriate reductions by allowing for a partner at HKD3,000 an hour and one para-legal at HKD 1,200 an hour."

在笔者作为独任仲裁员的另一个最近的仲裁案件中,败诉方也是大力批评胜诉方重叠了多项工作,因为在"费用清单"(costs schedule 或 bill of costs)里面的多项工作说明是合伙人花了半小时,另加上助手律师花了 2 ~ 3 小时不等。笔者认为工作的性质是合理,而合伙人所花的时间应该是在监督多于自己亲身做。所以在裁决书稍微减少了助手律师花的时间(在其中的一项比较简单的律师工作),说:

"My comments are: although it is normally expected that for each item of work done, only the time of one fee-earner should be claimed and allowed. But there are notable exceptions. Furthermore, I consider in general this criticism of duplication of fee-earners is unwarranted, as long as it is reasonable and proportionate for the supervising parttner and solicitor to attend to the work. Considering 律师助手's hourly rate of HK $2,000 which is almost half of the partner's rate, delegation of some of the work to her can be useful and indeed cost-saving. This view applies to many similar criticisms in pragraphs to follow.

But in this instance, I give the benefit of doubt to 败诉方代表律师's objection in part and allow 30 minutes of partner's time and 1 hour of solicitor's time."

5.4.3.4.3.1.4.4 合理的费率

另一个重要课题就是业务律师可以向败诉方取回的费率,这在英国以前的做法是将它分为(A)与(B)两个部分。(A)是赚取费用人士的"直接费用"(direct costs),而(B)就是直接费用的"标高费用"(mark-up),其中包括该律师事务所的利润。这里可节录 Leopold Lazarus Ltd v The Secretary of State for Trade and Industry (1976) 120 S. J. 268 中的话,如下:"... a solicitor's remuneration should consist of two elements: first, a sum computed on the basis of an hourly rate which represents the 'broad average direct cost' of undertaking the work; and second, a sum usually expressed as a percentage mark up of the broad average direct cost, for care and conduct."

有关(A)的直接费用,可节录 Re Eastwood (deceased) Lloyds Bank Ltd v Eastwood & Ors (1973) 3 All ER 1079 中的话,如下:"The firm informs [the costs judge] of the period of time that has been spent by any partner or employee of the firm on any relevant' aspect of the case; The firm submits [A] what is the proper cost per hour of the time so spent having regard to a reasonable estimate of the overhead expenses of the solicitors' firm including [if the time spent is that of an employee], the reasonable salary of the employee or [if the time spent is that of a partner] a notional salary."

有关(B)的部分,这标高的费用也被称为"care and conduct",主要就是针对一些无法计算与收取直接费用的一些时间,如一般性的监督律师所的员工,以及律师所的利润。这可节录《高院规则》的 Order 62 中的 Appendix 2 所说的,如下:"intended to reflect those imponderable factors, for example general supervision of subordinate staff, for which no direct time charge can be substantiated, and the element of commercial profit. Accordingly the allowances to be made for different items may, in the discretion of the Taxing Officer, be allowed at different rate."

这标高费用通常是多少百分比由核算的费用法官或仲裁员决定,可以是从50% ~150%,50%是非常一般与常见的案件,如 Johnson v Reed Corrugated Cases Ltd (1992) 1 All ER 169。高达至150%就是属于特殊性的案件,如涉及"测试案例"(test case),复杂与有很多的文件与证据,需要律师不停地个人全神关注与处理,如 East Coast Agregates v Marie Isabelle Para-Pagan, August 8, 1996 QBD (Admiralty Division) (Unreported)。该先例涉及了船舶在泰晤士运河的碰撞,有51人死亡。

上述的标高费用,如果再看个别项目的工作也有不同,比如说在开庭时只坐在大律师后面旁听,就可能是35% ~50%之间的标高费用:Brush v Bower Cotton & Bower (a firm) (1993) 1 WLR 1325。与对方谈判并达成协议就会是65%:Johnson v Reed Corrugated Cases Ltd。至于是一个重大案件的中间程序处理加上没有大律师的协助就会可有高达90%的标高:Brush v Bower Cotton & Bower (a firm)。

但这种做法已经有所改变,现在仲裁庭所面对的只会是赚取费用人士的一个总数,如每小时400英镑(伦敦仲裁)或是每小时4500港币(香港仲裁)。这毕竟也是律师与胜诉方之间的费用安排，不会再区分(A)与(B)。

5.4.3.4.3.1.4.5　有条件收费的安排

另去重复，在法院诉讼胜诉方的英国律师今天可以以"有条件收费的安排"(conditional fee arrangement，简称 CFA)向败诉方取回：根据《Access to Justice Act 1999》之 section 27，这里已经有很多案例包括像上诉庭的 Callery v Gray：Russell v Palpak Corrugated Limited (2002) UKHL 28；(2002) WLR 2000。这虽然在仲裁曾经有一定争议，但应该在目前是明显胜诉方也可向败诉方取回在有条件收费的协议下胜诉方要支付他代表律师更高的收费，所谓的"胜诉额外收费"(success fee)以及胜诉方为了保障要支付对方诉讼费用而投保的"after-the-event insurance"(或简称 ATE)所支付的保费。在此可以简单介绍有关有条件收费，它最早的立法是在《Courts and Legal Services Act 1990》之 Section 58。之后变了是《Access to Justice Act 1999》之 section 27 与《The Conditional Fee Agreement Regulations 2000》。这是改变英国一贯对律师收费只准根据实际工作的时间立场，在一定程度上向美国靠近即允许美国律师收费以"不成功，不收费"为准。英国一贯认为律师这样做，是变了对诉讼的结果有了直接利益，因为如果不胜诉是没有办法赚取收费，而胜诉就可以"发大财"。英国法院认为这种"揽讼"(champertous)的做法会导致"潜在的不道德"(inherently immoral)与"极度的腐败"(deeply corrupting)，如一些律师为了打赢官司不择手段，漠视专业操守。但由于诉讼费用昂贵，越来越多人打不起官司，而且英国想取消越来越高昂的法律援助(事实上在 2000 年 4 月 1 日，英国已经取消了针对人命伤亡案件的法律援助)，导致了想法的改变。这做法就是有条件的收费，允许律师与当事人共同承担诉讼风险。即他们可以同意如果败诉，代表律师可以不收费用或只收少量费用。但如果是胜诉，代表律师可以多收他的"正常收费"(base fee)，而最高的限额是正常收费的 2 倍。换言之，如果律师与当事人同意在索赔胜诉时可按 5:5 或 4:6 分摊，这种安排在英国的法律下还是不允许与被视为是非法。

当然有了上述的安排，在败诉时，当事人即使不用支付自己一方代表律师的费用，也要承担对方作为胜诉方的费用。这会是一大笔钱，导致当事人仍打不起官司。所以英国政府的如意算盘是除了有条件收费的做法外，当事人还可以投保要承担对方律师费用的责任，名为"after-the-event insurance"。这种保险与另一种"before-the-event insurance"不同之处在于，出了诉讼并与律师达成有条件收费的安排之后才投保。这一来，就可保证当事人不会被昂贵的律师费用阻吓或压死，安排得好会是在全盘败诉时除了 after-the-event insurance 的一笔昂贵保费外，什么都不必承担。这种保险在 Callery v Gray：Russell v Palpak Corrugated Limited (2002) UKHL 28；(2002) WLR 2000 有详细的针对，Woolf 勋爵说：

"The introduction of CFAs in 1995 still left a litigant at risk of having to pay the other side's costs [if he lost the case]. The Law Society therefore developed the ATE policy, with the help of insurance brokers, as a new form of insurance cover The Law Society told us that the ATE premiums for this type of cover were originally very modest, because the success rate of personal injury litigation was thought to be so high. Adverse claims experience, however, drove the premium up sharply, and in 2000 the original underwriters withdrew from the market after suffering major losses.

We have been shown the different stages of the public consultation process which took place between March 1998 and February 2000 None of the respondents to its first consultation paper appears to have suggested that an ATE premium should be recoverable from the other side in the event of success, but the Government eventually decided to introduce this provision by primary legislation [i. e. the 1999 Act]. "。

英国政府的如意算盘是除了希望以这个制度替代法律援助外,还可以阻止一些弱的案件兴讼,因为在这种案件潜在的原告除非自己有钱,否则会找不到律师愿意跟他约定有条件的收费。另外,英国政府也希望鼓励更多的庭外和解,如被告心里没有底,但知道如果万一败诉要支付对方比正常收费更昂贵的律师费用,可以高达双倍的正常收费,会更加愿意及早作出庭外和解。

这种做法是否恰当也有不同意见,如是否有必要鼓励或逼使律师与当事人共同承担风险?好像其他的专业如医生,从来没有听说过要他与病人共同承担风险,医不好不收费。而且是否有足够的律师愿意与当事人同意有条件收费也不无疑问。对国际商业的案件,如海事方面,由于其复杂性,这样做法更加难以成事。所以,在立法前,曾有建议这种做法不适用在商业庭与海事庭的案件,并在建议文件中提到:"The complexity of the cases and the sophistication of the users of these forums are such that a limit on the success fee appears... to be desirable or necessary."但最终在《The Conditional Fee Agreement Regulations 2000》,这一个有条件收费的做法适用在包括商事与海事案件在内的所有类型的案件。

这种做法也带来了很多其他疑问,就是当事人与律师表面上是同一阵营,但诉讼发展下去会出现利益冲突的机会不少。例如,有了新证据显示案件并不如起初想得乐观,这会导致代表律师因为在败诉要提供免费服务,所以想打退堂鼓,但当事人不用花钱就不会这样想了,特别是当事人不认同代表律师的悲观。另一种情况是对方作出一个提议,如索赔金额的一半,当事人与律师对应否接受和解又会有不同看法,这包括像律师能否在这种情况下收取两倍的正常收费等问题。但困难总会解决的办法,而且像香港地区也是追随英国的一套做法。除了疑问外,也带来许多复杂的做法,如律师是应该一开始与当事人达成有条件收费安排,或是要等到收到对方的抗辩请求书后再进一步了解双方的案情强弱才达成此安排。在 Callery v Gray; Russell v Palpak Corrugated Limited,也探讨了一种名为"two-stage success fee"的做法,反正模式越来越多。

笔者要关注的是到底"有条件收费安排"(CFA)会否影响仲裁,或只是影响法院。照说,法院与仲裁都属于诉讼,英国律师或他的客户如果可以在法院这样做,就没理由不能在仲裁这样做。毕竟,法院与仲裁之间有时也纠缠不清,例如达成了一个有条件的收费安排后,开始在英国法院诉讼,但最终结果是被法院认为有效的仲裁协议而被终止,难道之后仲裁就非得改变较早达成的收费安排吗?不过这个问题现在已经不需要再作探讨了,因为在英国的《Courts and Legal Services Act 1990》(首次引入有条件收费安排的做法)之 Section 58 已在 1999 年加入了 Section 58 A (4),如下:"In section 58 and this section (and in the definitions of 'advocacy services' and 'litigation services' as they apply for their purposes) 'proceedings' includes any sort of proceedings for resolving disputes (and not just proceedings in court), whether commenced or contemplated."

而这方面也是有相关的案例,就是 Bevan Ashford (a firm) v Geoff Yeandle (Contractors) Ltd (1998) 3 All ER 238, Richard Scott V-C 大法官说:"Arbitration proceedings are a form of litigation. The lis prosecuted in an arbitration will be a lis that could, had the parties preferred, been prosecuted in Court I find it quite impossible to discern any difference between Court proceedings on the one hand and arbitration proceedings on the other that would cause contingency fee arrangements to offend public policy in the former case but not in the latter. I would regard as absurd a result that upheld as lawful a CFA for use in Court proceedings but condemned as unlawful the identical CFA for use in an arbitration."

也已经出了一些案例显示了仲裁庭如果不针对有关有条件收费安排,会带来法院作出救济,不论是英国 1996 年《英国仲裁法》之 Section 68 (2) (d)还是 Section 69:Protech Projects v Al-Kharafi (2005) 2 Lloyd's Rep. 779。

这样看来,仲裁员也要好好了解这方面的复杂问题与有条件的费用安排所带出的先例,如 Thai Trading v Taylor (1998) 3 All ER 65, Geraghty v Awwad (2000) 1 All ER 608 等。如仲裁员应该知道法律所允许的"胜诉额外收费"(success fee)是多少可加在"正常收费"(base fee),一超出就会是变成是非法与揽讼等。此外,在有关的条例《The Conditional Fee Arrangements Regulations 2000》也强加了很多要求针对什么才是法律承认的有条件的费用安排,如有关的律师的当事人充分地告知与解释,费用安排必须有双方签字等。但后来也有上诉庭的判例:Hollins v Russell (2003) EWCA Civ 718 判有条件费用的安排只要足够符合法例的要求,有一点不重要的偏差或者是欠缺并不影响该安排被法律承认。上诉庭是这样说:"The key question, therefore, is whether the conditions applicable to the CFA by virtue of section 58 of the 1990 Act have been sufficiently complied with in the light of their purposes. Costs judges should accordingly ask themselves the following questions: Has the particular departure from a regulation pursuant to section 58 (3) (c) of the 1990 Act or a requirement in section 58, either on its own or in conjunction with any other such departure in this case, had a materially adverse effect either upon the protection afforded to the client or upon the proper administration of justice? ' If the answer is yes' the conditions have not been satisfied. If the answer is no' then the departure is immaterial and (assuming there is non other reason to conclude otherwise) the conditions have been satisfied. "

笔者虽然参与伦敦仲裁作为仲裁员，但由于案件不算太多，加上估计笔者参与的都是一些复杂的海事案件，会比较少有作出这种费用安排。这不像是一些人命伤亡的案件，案情相对简单，而且高达90%是做出庭外和解。但笔者（莫世杰先生）已经作为当事人遇到过这种争议，这是2004年的一个伦敦仲裁，胜诉方的律师在其向客户的收费条件中有一段涉及有条件费用安排，说："IN CONTENTIOUS MATTERS (involving litigation in the courts or arbitation) the hourly rates will be as follows: partner level 1 normally £ 175 discounted to £ 140 in certain cases;... assistant level 2 normally 110 discounted to 85 in certain cases; The discounted rates apply unless otherwise agreed for those matters or parts of matters where you do not obtain a costs order (or agreement) in your favour. Where you get a costs order (or costs are agreed) in your favour, the normal undiscounted rate applies to the matter or part concerned but we shall look to collect this form the person ordered to pay you. Any interim bills will be calculated at the discounted rates and will reflect work done to date but be expressed to be on account of our charges generally. If use of the discounted rate is not allowed by the courts, our normal rate will apply. "

在该案件中，败诉方声称该有条件费用安排是无效的，所以胜诉方无权取回该较高的费用。而指该安排是非法的理由包括像没有说明其是符合《The Conditional Fee Arrangements Regulations 2000》，双方没有在安排上签字，没有对额外的收费作出细分等。但仲裁庭根据 Hollins v Russell 认为这些理由不足影响有条件费用安排无效。

所以，这些复杂的争议是现在仲裁庭处理费用时会面对的，包括海事仲裁。估计这种有条件的费用安排在部分的海事案件如货损货差索赔还是比较有可能会这样做，这种索赔也责任相对明确（如船舶不适航），庭外和解的比例也很高。而香港仲裁与法院诉讼，看来也迟早会走这条路。现在已经有见到有关这方面的文章，如在《Arbitration》这一杂志之2000年11月版中有 Ashley Pigott 与 Martino Giaquinto 写的《Conditional Fees and Their Effect on Arbitration》。

在做法上仲裁员也要了解，就是在法院诉讼，英国的 CPR Part 44.15 要求律师通知法院与对方有这个有条件费用安排，并在胜诉的情况下会要问对方取回这笔额外的费用或责任，如果不这样做就有可能不能向对方败诉方取回额外的费用（在 Part 44.3B）。这一来，会是在仲裁，代表律师也有这样的责任尽早通知有这样的费用安排。也可以估计得到，对方如果是精明的律师，一得到这个通知，就会向仲裁员申请"capping cost"，而限制的费用就不包括这笔额外的费用或责任。这一来，仲裁庭马上就要面对困难的决定到底应否限制费用。

另外，即使可在仲裁中向败诉方取回，仲裁庭应该怎样考虑额外费用与"保费"

(after-the-event insurance)的合理性？在上述提到的那篇文章里，建议考虑一些因素。首先就是“额外费用”(success fee)应考虑如下：(i) the risk that the circumstances in which the costs, fees or expenses would be payable might or might not occur；(ii) the lawyer's liability for any disbursements；(iii) what other methods of finacing the costs were available to the receiving party.

至于对这保费的合理金额是多少应考虑如下：(i) where the insurance cover is not purchased in support of a CFA with a success fee, how its cost compares with the likely cost of funding the case with a CFA with a success fee and supporting insurance cover；(ii) the level and extent of cover provided；(iii) the availability of any pre-existing insurance cover；(iv) whether any part of the premium would be rebated in the event of early settlement；(v) the amount of commission payable to the receiving party or the lawyer.

另一个问题是，伦敦或香港仲裁与法院诉讼并不相同，可以由任何人作为法律代表，他们可以是“索赔代理”(claim agents)或外国律师，如中国大陆的律师。他们的收费安排是“不成功，不收费”。一直的做法就是有这种安排的当事人如果胜诉后，仲裁庭仍然会按照他合理的收费与合理的工作时间进行核算，而不会理会他的单方面收费安排(可能是惊人的数目，如成功索赔金额的一半)，因为败诉方根本不参与也不知道这个收费安排协议，要他承担是不合理的做法。所以在《Costs in Arbitration Proceedings London》一书之第二版中，Michael O'Reilly 教授说：“It is suggested that a party who engages legal representatives on a conditional or contingency fee basis may recover a proper amount for costs expended. Clearly, this amount shall not exceed that payable to representatives working on a time charging basis and it is submitted that substantiated time records and disbursements should be called for, even though this is not the basis upon which payment, as between the client and his advisers, will ultimately be made.”

但之后的法律改变下允许英国律师可以在仲裁中根据有条件费用安排向败诉方取回额外的费用，就存在这些索赔代理或中国内地/美国律师可否向败诉方取回他们与胜诉方的“不成功，不收费”安排？如果可以，他们是否有责任预先作出通知等，这都是一连串的新问题。

5.4.3.4.3.2 证据的费用

取证与举证的诉讼费用包括了事实证人与专家证人的证据，包括像向他们取证、草拟证人证言与专家报告等大量工作。这也包括了保存证据、取得文件证据、进行检验、调查、“开庭的翻译”(interpretion)、事实与专家证人出庭等。

5.4.3.4.3.2.1 事实证人

胜诉方的事实证人有权向败诉方要回他实际掏出的使费，如出门的费用、入住酒店的费用等。另加上一部分的补贴，因为要占用他的时间。如果该证人是一个雇员，这一个补贴一般就是补偿他的收入的损失。如果是一个专业人士，补贴的就是他一般时间上的收费。即使是没有收入的人士，都可以给他一笔适合的费用针对他因为要出庭而要取消其他的活动。如在 Reed v Gray (1952) 1 All ER 241 中,一个家庭主妇因为要出庭而耽误她的家务事而取得相应的补贴。

5.4.3.4.3.2.2 专家证人

胜诉方的专家证人的费用通常都是可以向败诉方取回的诉讼费用,即使专家证人在开始仲裁之前已经作出协助并产生费用,如提供专家报告或者专家意见:Pecheries Ostendaises (Soc. Anon.) v Merchants' Marine Insurance Co (1928) 1 KB 750 与 Bolton v Mahadeva (1972) 1 WLR 1009。但诉讼费用不包括一些专家报告或者专家意见针对出事时协助委任专家的当事人解决问题,虽然这部分的费用很有可能作为有关当事人损失的一部分,可向对方取回,但反正它就不是仲裁费用的一部分。英文的说法是这部分费用变了是"damage"而并非"arbitration costs"。

仲裁员可以以胜诉方过度的提供专家证人意见而否定这部分的费用:Rosen & Co Ltd v Dowley & Selby (1943) 2 All ER 172。仲裁员也可以因为专家证人的意见不到题或是专家名不副实等原因减少或否定胜诉方在这方面的费用。在 Mitchell v Mulholland (1973) 117 S. J. 307 中,涉及的是专家证人意见不到题的情况。在该人命伤亡的案例中被告已经承认了责任,争议的只是赔偿金额,原告提供了三个不同专家证人。一个是"经济师"(economist),一个是"精算师"(actuary),第三个是"会计师"(accountant)。原告虽然是胜诉方,但他的专家证人费用就只能向被告取回小部分。上诉庭的 Edmund Davies 大法官这样说:"The evidence of the economist had been neither necessary nor proper, so specious had been his testimony, and all the costs of his evidence should be disallowed. There had been some residual, though limited, value in calling the actuary and the chartered accountant, and it had not been wholly unreasonable to call them. But as they had based their evidence largely on that of the economist it had reached more expansive dimensions than it would otherwise had done. The plaintiff should recover only one third of the cost of calling them."

由于不少专家证人是按小时收费,所以如果他们在整个开庭时都在旁听的话,就会带来很庞大的费用。这一笔费用可否向败诉方取回就要根据他们的旁听是否合理与需要。有一些专家证人最后作出的意见的确是需要考虑所有的事实证据,所以他必须旁听所有事实证人的盘问与对答。例如,在海事的争议中,一些专家证人提供有关船长与船员到底有否在航行或管理船舶中犯错的意见。显然他们必须旁听所有有关船员的举证才轮到他们发表意见,这表示他们在整个开庭都在旁听是合理。另一种情况是合理的就是争议的技术性很高,所以代表律师需要专家证人在旁协助,即使是涉及盘问对方的事实证人。但也有专家证人只针对某一方面,如有关市场上的一些特殊做法或是外国的法律专家,他们大可以需要时才安排他们出庭,而盘问后就可以马上离开。所以,他们没有理由需要旁听整个开庭。如果被认为不合理而减少专家证人的费用,这完全站得住脚。在 Wright v Bennett (1948) 1 All ER 410 中,涉及了一位被告的专家证人在法院旁听了 13 天之后,最终被告大律师认为不需要提供专家证据才让他离开。针对被告胜诉后可否取回这专家证人共 13 天的收费,上诉庭的 Somervell 大法官说:"in the case of witnesses who are improperly and unnecessarily kept in court any costs or fees claimed in respect of the period during which they are unnecessarily kept in court should not be recoverable."

专家证人通常不会被允许接受胜诉才能够收取费用或费用是索赔成功金额的百分比,因为这样做会导致令该专家证人与案件的胜负的关系太大,就难以令人相信他可以公正地协助法院或仲裁庭对技术性证据的了解。这方面可以节录 Peter Hurst 所著的《Civil Costs》第 2004 年版一书中的 17－026 段的话如下:"For an expert to give evidence on a contingency fee basis would give the expert a significant financial interest in the outcome of the case which was highly undesirable and it would be very rare for the court to consent to an expert being instructed on that basis."

但这不包括一些专家协助一个诉讼,这方面可以介绍两个先例,第一个是 R(on the application of Factortame) v The Secretary of State for Transport (2002) EWCA Civ 932。案情涉及了原告与一家会计师事务所达成了一个协议,要后者作出对一个诉讼的协助,而收费就是最后能够成功索赔的损失的 8% 是归该会计师事务所。最后出庭的专家证人并非是该会计师事务所的成员,而是委任其他人士,但由该事务所作出协助与帮助对损失的取证等工作。上诉庭判这种收费并非是"揽讼"(champertous),因为该事务所并非是诉讼的法律代表。至于他所做的协助与取证等工作,如果让代表律师去做,恐怕费用更高。由于该事务所也不是作为专家证人出庭来协助法院,所以收取 8% 的成功索赔金额也不是个问题。

第二个案例是 The "Eurasiam Dream"(No. 2) (2002) Lloyd's Rep. (under appeal),案情涉及一艘船舶沉没,而导致货物全损。代位的货物保险公司雇用了一间"海事索赔代理"(marine claims recovery agent),约定的收费是如果能够成功索赔金额的 5%,败诉的话就不用给钱。而他们的工作就是初步的调查与取证,向船东与他的互保协会提出索赔并试图和解等。如果发展下去事情变得复杂,要开始法院或仲裁的诉讼才会委任律师作为代表。而在诉讼的过程中,该海事索赔代理往往协助被委任的律师。反正,在该先例也被法院判约定的收费并非是"揽讼"(champertous)。

5.4.3.4.3.2.3 没有被使用的证据

经常会有证据被胜诉方准备妥当但最终不使用(呈堂),这不影响胜诉方可向败诉方取回这方面的费用,只要他准备得合理。这方面的先例是 London, Chatham and Dover Railway v South Eastern Railway Company (1889) 60 L.T. 753,Kekewich 大法官在该先例中说:"The evidence which is used in court is not necessarily the evidence which is to be charged for. I think it would be very much to the disadvantage of the public if any such rule... were laid down, because the result would be that, when one put to counsel whether they need call any other witnesses on a certain point, or put in a certain document, counsel, either actually or practically, would be obliged to say, I must do it, or else my client will not get it allowed on taxation'. That is a principle which, as far as I am concerned, I will do my best to keep under, and not allow to prevail It does not follow because counsel only call 10% of the witnesses in their brief, or put in only 10% of the documents which those witnesses were prepared to prove, that therefore any one of them is to be omitted on taxation. "

5.4.3.4.3.3 胜诉当事人自己的内部费用

当事人会在一个仲裁中耗费了自己大量的精力,这部分以前在法院是不能向败诉方取回:Buckland v Watts (1970) 1 QB 27。只有一些合理支付的费用,当事人应该可以取回。但即使在法院的诉讼,早在1975年已经有立法放宽这一方面的限制,这就是《Litigants in Person (Costs and Expenses) Act 1975》。Lloyd大法官在Hart v Aga Khan Foundation (UK) (1984) 1 All ER 239中说:"... there is no reason why an unsuccessful defendant should get off more lightly just because the successful plaintiff has conducted his or her own litigation in person... but... the whole object of an award for costs is to indemnify the successful party... He cannot recover what he has not incurred. To this general principle Parliament has proved a limited exception in the case of a litigant in person. "

这个局限在商业仲裁中是更加比较宽松,毕竟仲裁不必由仲裁地点的合格律师作为代表,而且仲裁庭针对费用的裁量权也不需要依照法院特定的规定:Re Nossens's Letter Patent (1969) 1 WLR 638。在1996年《英国仲裁法》,针对何谓仲裁的费用也有十分宽松的定义,这是在Section 59(1) (c)所说的"the legal or other costs of the parties", 显示了它没有局限在律师的费用。所以,如果仲裁庭是满意当事人自己作为代表应可省回代表律师的费用,仲裁庭可行使裁量权给予补偿。而且英国法院在这一方面的立场也在近期的先例中有改变,首先是节录Gloster大法官在R + V Verischerung AG v. Risk Insurance and Reinsurance Solutions SA (2006) EWHC 42 (Comm)中所说:"as a matter of principle, such head of loss (i. e. the costs of wasted staff time spent on the investigation and/or mitigation of the tort) is recoverable, notwithstanding that no additional expenditure 'loss', or loss of revenue or profit can be shown. However, this is subject to the proviso that it has to be demonstrated with sufficient certainty that the wasted time was indeed spent on investigating and/or mitigating the relevant tort; i. e. that the expenditure was directly attributable to the tort see per Roxburgh LJ in British Motor Trades Association at 569. This is perhaps simply another way of putting what Potter LJ said in Standard Chartered namely that to be able to recover one has to show some significant disruption to the business; in other words that staff have been significantly diverted from their usual activities. Otherwise the alleged wasted expenditure on wages cannot be said to be directly attributable' to the tort. "

其他支持同样观点的先例有Aerospace Publishing and another v. Thames Water Utilities Ltd (2007) CILL 2429和Bridge UK. Com Ltd (t/a Bridge Communications) v.

Abbey Pynford plc (2007) EWHC 728 (TCC)。

至于能够给的费用是应该不超过当事人“直接的费用”(direct costs),也就是该代表的工资与其他的“使费”(expenses)。但不可以加上“固定成本”(general overheads)。另是如果当事人参与开庭并非是作为代表省回律师费用,而只是为了自己的关心或稍后可向上级汇报,这一来就不存在他可以向败诉方取回他的费用。

也时常会出现一些情况是,当事人用他自己的专家作出协助如准备证据甚至是出庭举证,他们的直接费用也可以向败诉方取回。有关当事人可以自己的雇员作为专家证人,这一个课题在本书第五章之4.3.2段有介绍,请参阅。在Re Nossens's Letter Patent (1969) 1 WLR 638,涉及的是“英国原子能源当局”(United Kingdom Atomic Energy Authority)作为被告,被指控破坏专利。被告在抗辩中使用他自己公司内部的专家,而后来在胜诉之后就想向原告取回这些费用。该案例中的Lloyd-Jacob大法官是这样说:“The established practice of the courts has been to disallow any sums claimed in respect of the time spent by the litigant personally in the course of instruction his solicitors. In the case of litigation by a corporation, this has not been strictly applied, for it has been recognized that, if expert assistance is properly required, it may well occur that the corporation's own specialist employees may be the most suitable or convenient experts to employ. If the corporation litigant does decide to provide expert assistance from its own staff, as happened in this case, the taxing master has to determine the appropriate charge to allow. For an outside expert, the normal assessment would be based on current professional standards, and this in suitable cases would include a proper proportion of the overhead costs of running his office or laboratory, that is, of the costs necessarily incurred by him in his capacity as a consultant, as well as a profit element upon such expenditure. The taxing master, in the exercise of his discretion, took the view that it would be an unreasonable burden to place upon the chargeable party the inclusion of any items in respect of the respondent's own overhead expenses or any profit element referable thereto. In this he was plainly right, covering as he did the actual and direct costs of the work undertaken in the sense of indemnifying the respondents for the salaries, materials and out-of-pocket expenses of those engaged in the conduct of the experiments. No part of the respondents' expenditure on overheads was occasioned by this litigant and it would be unreasonable to transfer the burden to the paying party of meeting some part of it by reason only of the respondents' decision to prefer the services of their own staff to those of independent experts.”

如果当事人是由他的公司律师(他的法律部门)作为代表,则更加明确是已经有了先例判可以像涉外的律师一样取回诉讼费用:LMLN No. 445, Re Eastwood, deceased (1975) 1 Ch. D. 112。这是英国法律的观点,在其他的一些国际仲裁如ICC仲裁,看来还有一些不明朗。

这里第一个可介绍的例子是仲裁庭原则上是接受公司律师可取回诉讼费用,但比起独立委任的业务律师在证明费用是多少时会有困难。看来,公司律师如果希望在胜诉后向败诉方取回诉讼费用,就更加需要保留证据,如更加详尽的记录所花的时间与有关工作。这在ICC案件No. 6564 of 1993,仲裁庭拒绝让胜诉方的公司律师去取回费用,理由如下:

"In the Arbitral Tribunal's view in-house legal costs may well form part of a party's normal legal cost incurred in the conduct of a case. It is for each party to decide whether it wishes to retain outside counsel or prepare and argue the case by its own staff. There is no justification to privilege a party in terms of costs for the sole reason that it retained outside counsel.

A claim for a party's internal cost is admissible in principle also in those cases where outside counsel had been retained. A party must be free in allocating the work between its outside counsel and its own services. A party which decides to perform most of the preparatory work for the case by its own legal and technical department should not be placed at a disadvantage compared to one which confers all work to outside counsel and experts.

There is, however, an important difference between the costs for outside counsel and those incurred in-house: the former are expenditures and can be clearly identified and evidenced; in the case of the latter this is not always the case. In view of this difference it appears justified to require some substantiation*inter alia* with respect to the nature of the cost, the personnel involved and type of work performed. In the present case, neither Party satisfied these requirements. Their claims are too general to permit an assessment of the justification and reasonableness of the costs claimed. Therefore, no allowance will be made for internal costs of the Parties."

但在另一个ICC案件No. 6293,却否定了公司律师可向败诉方取回费用,理由如下:"Claimant has claimed compensation for the time of its personnel involved in the preparation of its case. This claim does not in my view form part of the costs of the arbitration, in the sense of being part of Claimant's normal legal costs', contemplated in Article 20(2) of the ICC Rules. It is really a separate head of damages claimed by Claimant and must be rejected together with its other damage claims. Assuming, however, that breaches complained of in this arbitration, I do not consider that the twenty-three man-days claimed by it for its four employees involved in preparation of the case should be compensated. The*per diem* sum claimed for each employee, whether for salary alone or salary plus overhead, does not represent a special cost incurred by it for purposes of the arbitration but is part of its normal operating expenses. It is for the same reason that such amounts cannot in my opinion, form part of its legal costs."

5.4.3.5 核算不包括的费用

5.4.3.5.1 向法院作出各种申请的费用

这会包括禁令、扣船、任命仲裁员、延长时效、要求担保、要求协助取证等。在

Higham v. Havant & Waterloo UDC (1951) 2 T. L. R. 87, Cohen 大法官说:"I should have doubted very much whether it was competent for the arbitrator to deal with costs which might be incurred before the Divisional Court. I think that those costs were necessarily in the discretion of the Divisional Court."

5.4.3.5.2 没有时间记录的工作

注意是在近期的 Bridge UK. Com Ltd (t/a Bridge Communications) v. Abbey Pynford plc (2007) EWHC 728 (TCC),法院认为事后根据案卷/档案重组工作时间可以接受,但要扣减 20% 折扣,因为它会比较不准确。法院是这样说:"Such a method of retrospective assessment is, I consider, a valid method of calculation. I have been referred to the judgment of His Honour Judge Peter Bowsher QC in Holman Group v. Sherwood (unreported, 7 November 2001) where he indicated that in the absence of records, evidence in the form of a reconstruction from memory was acceptable. I respectfully agree. However, it must be borne in mind that such an assessment is an approximation of the hours spent and may overestimate or underestimate the actual time which would have been recorded at the time."

5.4.3.5.3 一般当地的车马费

这在 Peter Hurst 所著的《Civil Costs》第 2004 年版一书中的 8 - 026 段有相关说法:"Local travelling expenses are not allowed, and 'local' is generally taken to be within a radius of 10 miles of the court dealing with the case at the relavant time."

这样看来,在国际仲裁中经常有的就是涉及一个法律代表要到其他地方出庭审理,如香港仲裁就经常会有英国的律师或者大律师,或其他国家的律师作为代表。如果他们的委任本身并不能说是不合理,则他们的车马费(这是指乘坐飞机与入住酒店等的费用)也应该是可以向败诉方取回的使费部分。当然,乘坐飞机或者是入住酒店的级别也要符合合理原则,如飞机是"商务舱"(business class)。但如果坐头等舱甚至是包一架飞机就很难在没有进一步说明原因的情况下被接受为合理了。以 ICC 仲裁为例,一直以来如果飞行时间超过 8 个小时,仲裁员是可以坐头等舱。但这在 2009 年下半年被取消,只允许仲裁员坐商务舱。

5.4.3.5.4 一般性邮电、本地快递、电话、传真等费用

这一般包括在胜诉方律师固定成本内,不应被核算。这可节录 Perter Hurst 先生所著的《Civil Costs》之 2004 年版本的 8— 005 段如下:"Petty disbursements The practice of adding any disbursements such as postage, telephone calls and faxes to the final bill is regarded by the Law Society as unacceptable. On detailed assessment such disbursements are usually regarded as overheads and are not allowed."另在同一本书的第 8 - 026 段也说到:"The costs of postage, couriers, telephone calls, etc. are not generally allowed since they are overheads but the court has a discretion to allow such expenses in unusual circumstances or where the cost is unusually heavy."

5.4.3.5.5 一般性文件复印费用

这一般也是胜诉律师的固定成本,但文件很多的话会有例外,特别是像大量复印以准备开庭的"开庭案卷"(hearing bundles)。这可节录Perter Hurst先生所著的《Civil Costs》之17-021段如下:"Photocopying is not allowable unless it is reasonable and exceeds what one would normally expect in a particular case. In other words, the solicitor is expected to bear the usual level of photocopying out of his overheads: Johnson v Reed Corrugated Cases Ltd (1992) 1 All E. R. 169."

5.4.3.5.6 资助诉讼的融资费用与利息的损失

诉讼有可能拖得很长,这会导致一方当事人想办法融资资助这个诉讼,这就会产生融资的费用。如果他最后胜诉一般是不能向败诉方取回:Mann v Eccott 27 June 1994 C. A (unreported)。即使没有融资也会产生这些费用支付了很长时间才能在胜诉之后向败诉方取回,但是这些可以说是利息的损失应该还是不能向败诉方取回的:Hunt v R M Douglas (Roofing) Ltd (1988) 1 AC 398。但在适用在法院诉讼的CPR 44.3(6)(g),在利息方面有裁量权,可是怎样行使在这方面的裁量权并不明确。在Amoco v BAO (2002) B. L. R. 135先例中,涉及的诉讼费用高达1600万英镑,Langley大法官认为在高昂的金额下而且胜诉方支出超过一年才被判可向败诉方取回应同时给予利息。

在仲裁中,诉讼费用也不同成功索赔的本金,后者往往可以加上利息作为补偿。这里的原因是胜诉方有权向败诉方取回诉讼费用的权利只产生在作出费用裁决书的那天,所以以后的利息就可以取回,但之前就不存在可以有利息。这一方面在Michael O'Reilly所著的《Costs in Arbitration Proceedings》一书第二版之4.8段有谈论,如下:"A party is not entitled to costs until an award as to costs is made. While the Arbitration Act 1996 contains a wide provision empowering the arbitrator to award interest for periods up to the date of the award, it is submitted that a necessary prerequisite is that the paying party is liable to pay the principal sum. This precludes an arbitrator awarding interest before the date of the award. The arbitrator may, however, award interest on costs from the date of the award."

5.4.3.5.7 过早做了的工作所产生的费用

诉讼有时是会涉及胜诉方律师过早的做了工作,如果这个被视为不合理或者不必要,又是会引致他无法将该部分诉讼费用取回。在这方面权威的先例Harrison v. Leutner (1881) 16 Ch. D. 559中,George Jessel大法官是这样说:"That we have always acted upon the principle that the costs of all work in preparing, briefing, or otherwise relating to affidavits or pleadings, reasonably and properly and not prematurely done, down to the time of any notice which stops the work, is allowable; and that the Taxing Masters, having regard to the circumstances of each case, must decide whether the work was reasonable and proper and the time for doing it had arrived."

其中一种会有争议的费用是委任大律师所付出的聘费。支付出去的聘费是不会退回的,即使是在没有对案件作出准备或者是不开庭的情况下。所以如果太早就委任大律师而产生聘费,但当时离开庭的时间还很久,甚至还没决定应否开庭,之后双方和解(如原告接受被告的 Calderbank 提议),而产生的费用需要核算,就可能会招来这聘费的产生是不合理的,因为过早作出委任。如果真的是过早与不合理的话,这笔花费了的聘费是有可能不可以向被告取回。这在 Thomas v Palin (1882) 21 Ch. D. 360 中,Sir George Jessel M. R. 说:"If... the Taxing Master thought that the moving party had delivered his briefs prematurely, he disallowed them as being delivered for the purpose of making costs, but if he thought they were fairly delivered he allowed them."

至于是否过早作出委任,也涉及合理性的问题,而如果仲裁庭进行核算的话,也应该对这方面的做法有一定的认识。例如,在一个非常复杂与专业性很强的案件中,只有极少数的大律师(或专家)可以肯定胜任,而他们的工作是十分忙碌的。所以在一个预期较长的开庭审理中,如果原告不能尽快作出委任的话,这些大律师就有可能在这一时间段内没有空档了。

5.4.3.6 特殊考虑项目

有一些特殊项目是在特定案件环境下才被考虑来加入诉讼费用的核算。

5.4.3.6.1 起诉前费用(pre-action costs)

这包括一些工作直接与该诉讼案件有关,特别是调查取证,只不过是在做的时候,该诉讼还没开始。这方面的权威说法是可以包括在内。在 Re Gibson's Settlement Trusts (1981) 1 Ch. 179 中,Robert Megarry V.-C. 大法官说:"If the proceedings are framed narrowly, then I cannot see how antecedent disputes which bear no real relation to the subject of the litigation could be regarded as being part of the costs of the proceedings. On the other hand, if these disputes are in some degree relevant to the proceedings as ultimately constituted, and the other party's attitude made it reasonable to apprehend that litigation would include them, then I cannot see why the taxing master should not be able to include these costs among those which he considers to have been 'reasonably incurred'." Robert Megarry V.-C. 大法官也说到:"It would, indeed, be most unfortunte if the costs of obtaining evidence while it was fresh after an accident could not be allowed, even if litigation seemed probable, merely because no writ had been issued."

至于哪一些是可以包括在核算内的起诉前工作与费用,Robert Megarry V.-C. 大法官说到:"that of proving of use and service in the action, that of relevance to an issue, and that of attributability to the defendant's conduct."(对诉讼有帮助的工作、与争端有关系的工作以及由于对方的态度所引致的工作[如对方起诉前所指出的指控导致另一方要调查取证,虽然在起诉后该指控并没有正式提出])。

至于诉讼前不成功的"调解"(mediation)程序所产生的费用,已经有先例判不能包括在诉讼费用内:Lobster Group Ltd v. Heidelberg Graphic Equipment (2008) EWHC

413（TCC）。该先例是有关双方当事人在2005年1月进行调解但不成功，结果只好在2007年5月开始诉讼。在几个月之后，被告向正在进行清盘中的原告提出要求其提供费用担保，其中包括了调解所产生的费用。法院认为在某些情况下，起诉前所产生的费用会可以包括在后来的诉讼费用内，只要它是"直接有关"（incidental to），但调解费用并不属于此类情况。

5.4.3.6.2 裁决后费用（post judgment or post award costs）

这包括有限的工作，如胜诉方的律师在收到判决/裁决书后阅读并对客户作出解释。这部分应该算是与仲裁有关的工作，毕竟如果在裁决书发现了错漏，他还要向仲裁庭申请修改或进一步解释。但涉及考虑收到裁决书后应否上诉或寻求法院其他的救济，这就不是仲裁有关的费用了，而是上诉成败所涉及的费用，应分开处理。

5.4.3.6.3 对诉讼费用投买保险的保费

由于诉讼费用昂贵，如果败诉方要承担对方费用会是后果严重，所以现在伦敦市场在一个诉讼开始时已经可以投买名为"after-the-event insurance"的保险。这种保费本身也非常高昂，毕竟愿意承保的保险商也不会多。在英国法院，这已是明确胜诉方（因为他曾经投保了这种保险）可向败诉方要回这笔保费（根据《Access to Justice Act 1999》之 section 27，Callery v Gray：Russell v Palpak Corrugated Limited（2002）UKHL 28；（2002）WLR 2000，但在伦敦仲裁还是不明确，毕竟仲裁是不需要跟从法院的做法。但法院做法不会不影响仲裁员，所以仲裁员会接受这笔昂贵的保费也是可以向败诉方取回的一笔钱估计只是时间问题。

5.4.3.7 香港法院对核算费用的一些适用原则

虽然法院的一些原则仲裁庭不一定要依从，但知道法院的做法还是有很好的指导作用。针对香港法院，不妨把2009年4月2日《民事诉讼程序规则》生效前的香港《高院规则》，2007年之 Order 62/App/21 节录如下：

"General rules of taxation—When dealing with these items, the taxing master will have regard to the basis of taxation, the applicable principles and the factors contained in para. 1(2) of Part II of the First Schedule. As a general rule, on taxations *inter partes*:

(1) Work which can be and should have been properly done by an unqualified person will only be allowed at his rate.

(2) Work can be and should have been done by a more junior solicitor will only be allowed at his rate.

(3) Only one fee earner will be allowed for a particular item of work, e. g., drafting supervision of a partner, the taxing master will bear in mind, *inter alia*, the possibilities of duplication of work, the time spent by the solicitor and the partner respectively, and the overall costs incurred as compared to those incurred by a single fee earner. The costs attributable to the solicitor or the partner may be reduced or taxed off where appropriate.

(4) Waiting time for court hearing will not be allowed.

(5) 15 minutes will be allowed for a short hearing in the chambers list, Order 14 List and Taxation call-overs. Where appropriate, e. g. , in time summonses, the master may make a gross sum order under O. 62, r. 9(4)(b).

(6) Costs incurred in connection with settlement are allowable only if the matter was eventually settled.

(7) Costs for attendance on counsel will not be allowed if counsel's fees on the same instance are disallowed (*Singsby v. Att. -Gen.* [1918] P. 236 at 241).

(8) Solicitors are expected to be conversant with the general law, practice and procedure. No costs for doing research on these areas will be allowed.

(9) When counsel is instructed, the time claimed to have been spent on considering the research by counsel will be stringently scrutinised, lest there will be considerable duplication of work.

(10) Some solicitors follow the English practice of calculating the time on unit basis which consists of six minutes each. The taxing master will tax the costs on the time actually spent irrespective of such practice.

(11) Parties should endeavour to agree on the costs of correspondence and telephone calls, either in whole or in part, before the substantive hearing of taxation, failing which, the taxing master may direct them to do so at the hearing.

(12) Attendance notes are part of the office administration of a solicitor and the work in preparing them is part of his overheads. Costs for preparing attendance notes are not allowed (*Nan Siu Man v. Sin Chung Wing* , unreported, HCA No. 9026 of 1992, Registrar Betts)."

5.4.4 法院与仲裁核算/厘定做法上的程序/步骤

5.4.4.1 法院做法的简单介绍

这里先十分简单介绍英国法院在 CPR 的做法。在法院的核算/厘定程序是十分"正式"(formal)、"细致"(detail)、"费时"(time consuming)与昂贵。在英国高院,负责的人是一位费用"法官"(Costs Judge)。先是由胜诉方,并被判可向对方收回诉讼费用的收费方(可称为是 Receiving Party),开始这一个程序,并向对方的支付方(可称为是 Paying Party)送达一份"开始通知"(notice of commencement),并附上详细的"费用清单"(bill of costs)、内含的大律师的"收费单"(fee notes)、专家的收费单与任何超过 250 英镑的使费的文书证据。之后是由支付方送达一份"争议要点"(points of dispute)。再之后是收费方有权要求一个开庭并排期。在开庭的时间双方代表律师会在一个费用法官面前争辩,双方提出各自的争辩与解释有关是否合理不合理,然后让费用法官最后决定。在一个费用大的案件,往往准备费用清单就很耗时与昂贵,因为要清楚列出每天与每项的工作,作出解释并列明费用与使费。同时支付方还会针对费用清单中列出的项目逐一作出反驳,给出理由并说出自己同意支付的金额。

这便于费用法官对双方各自的地位与提出的金额作出一个折中的决定。

5.4.4.1.1 法院有权要求胜诉方披露或提供资料

一个法院的费用法官如果认为需要有关的资料是可以要求胜诉方披露有关文件,即使这些文件可能会涉及一些"特权"(privilege)。在 Bailey v. IBC Vehicles Ltd. (1998) 3 All E. R. 570,上诉庭确认这一点说:"The [costs] officer is exercising a judicial function with substantial financial consequences for the parties[1]. To perform them he is trusted properly to consider material which would normally be protected from disclosure under the rules of legal professional privilege.[2] If, after reflecting on the material available to him, some feature of the case alerts him to the need to make further investigation or causes him to wonder if the information with which he is being provided is full and accurate, he may seek further information.[3] No doubt he would begin by asking for a letter or some form of written confirmation or reassurance as appropriate.[4] If this were to prove inadequate he might then make orders for discovery or require affidavit evidence[5] It would theoretically be open to him to order interrogatories.[6] However if the stage has been reached where interrogatories might reasonably be ordered the conclusion that the receiving party had not been able to satisfy the [costs] officer about the bill or some particular aspect of it would seem inevitable An emphatic warning must be added against the over enthusiastic deployment of these powers, particularly at the behest of the party against whom the order for costs has been made[7] The danger of satellite litigation is acute.[8] As far as possible, consistent with the need to arrive at a decision which does broad justice between the parties, it must be prevented or avoided and the additional effort required of the parties kept to the absolute minimum necessary for the [costs] officer properly to perform his function.[9]"

有关这一方面的进一步探讨与法院的做法与仲裁的做法有何不同,稍后在

---

〔1〕 核算费用法官是行使一个司法的权力,并且对当事人有一个重大的经济后果。

〔2〕 行使这个权力,他是被信任而可以考虑一些本来是因为享有律师专业诉讼特权而不必披露的资料。

〔3〕 在他考虑过这些提供的资料之后,如果他发现一些蛛丝马迹需要进一步调查,或者他想知道所提供的资料是否全面与准确,他会进一步要求提供资料。

〔4〕 无疑,他可以写信或者要求一些书面的确认或者保证。

〔5〕 如果这样做不足够,他就可以下令要求披露或者要求宣誓书作为证据。

〔6〕 理论上他可以提出问题进行查问。

〔7〕 来到这个阶段,如果申请取回费用的当事人仍是不能满足这个核算费用法官对账单或者部分账单的合理性,就难免可以一并作出强势的警告,特别是在另一方要作出支付的当事人的要求下。

〔8〕 会把事情弄大而变成一个附庸诉讼的危机会很大。

〔9〕 尽量应该避免或减少这些额外工作,只做到绝对是最低的必须让核算费用法官能够履行他的职责,只要他能够达到一个大致上能够做到对双方当事人公正的决定。

5.4.5 段再详谈。

5.4.4.1.2 针对特权文件的处理

法院虽然有权命令对特权文件进行披露,但这个披露只是局限在核算费用方面而不是其他方面,所以可以容许该文件作出“编辑”(edit)以将无关的资料“清除”(remove):Skuse v Granada Television (1994) 1 WLR 1156。披露一方也可以将这些文件的无关内容用涂改液涂掉才披露:G. E. Capital Corporate Finance Group v Bankers Trust Co., The Times, August 3, 1994, CA。交出这些文件也不表示是对特权的一种放弃,它纯粹是为了核算费用,在绝大部分的情况下也只会是核算费用的法官自己看这些特权文件。以下节录 Peter Hurst 所著的《Civil Costs》第 2004 年版一书中的 7-012 段的相关部分:“The basic principle is that if a party wishes to prove his version of a disputed issue of fact by reference to certain documents those documents must be disclosed to the opposing party. The court did not suggest that the costs judge may potentially put the receiving party to its election in respect of every document relied on. It was expected that in the majority of cases the paying party would be content to agree that the Costs Judge alone should see the privileged documents. Only where it is necessary and proportionate should the receiving party be put to his election. Detailed assessment is litigation without discovery or disclosure. The rule that the other party is entitled to see the material even if the party which possesses it does not deploy it can have no application then the material is privilege. The principle is an absolute one, privilege will not be overridden by the court and must be waived by the party entitled to assert it. Paragragh 40.14 of the Costs Practice Direction is consistent with the requirements of ECHR. The protection which is afforded to the receiving party by the rule that the waiver is for the purpose of the assessment only, and that the document remains otherwise privilege, should play a much more significant role than it appears to in the decision whether or not to waive privilege in a proper case.”

有关特权文件请看杨良宜与杨大明合著的《英美证据法》第二章 6.7 段。

5.4.4.1.3 有条件收费安排的披露

有关“有条件收费安排”(Conditional Fee Arrangement, CFA),在较早的 5.4.3.4.3.1.9 段有介绍,现在探讨有关这一方面在核算费用的披露,因为胜诉方如果有 CFA 而要支付更高的律师费的话,也是可以向败诉方取回的。这里可以节录 Peter Hurst 所著的《Civil Costs》第 2004 年版一书中的 7-012 段的相关部分,如下:“In detailed assessment proceedings the paying party sought an order requiring the receiving party's solicitors to give full particulars of their dealings with their client both in relation to their original retention as his solicitors and in relation to a subsequent CFA. Information was sought by way of disclosure of documents and otherwise to support the contention that there had in truth been an agreement whereby the client was liable for the solicitors' costs prior to a particular date and as to the validity of the CFA. In the event full details of the CFA and files and attendence notes were disclosed. The paying party argued that a retainer is or becomes aware at any time that his client could not possibly have afforded to pay costs whatever might have been the formal agreement between them and the solicitor continues to act. The court held that costs judges undoubtedly had jurisdiction to make the orders requested and if it had been necessary to make such an order to ensure fair determination of the issue, the application should have been acceded to."

该书接下来介绍了一个有关的先例 Gruppo Torras v Al-Sabah (2003) EWHC 262 (QB),如下:"In large multi-handed commercial litigation the successful 53rd defendant sought costs under a CFA with a 100 per cent success fee. He declined to serve on the paying party a statement of the reasons for the success fee and applied for an order restricting disclosure to solicitors, counsel and costs draftsman for the paying party. The defendant feared that that the information might be used for the purpose of criminal proceedings against him in Kuwait. On appeal from the costs judge's refusal to restrict disclosure, the court held that it had inherent jurisdiction to restrict disclosure in an appropriate case for which it was necessary to show a tangible risk of misuse of the information. On the facts the appeal was dismissed."

如果商业仲裁也是跟从这个做法,在胜诉方声称有一个 CFA 的情况下,仲裁庭也可以按照法院做法要求他作出披露,这些资料应该就不属于特权的资料。

5.4.4.2 仲裁的简单做法

在做法上,这可节录"英国特许仲裁协会"(Chartered Institute of Arbitrators)的指引,如下:

"Procedure

46. There is no need for the arbitrator to follow court procedures when determining the costs of the arbitration. The procedure is in his discretion and should be tailored to suit the circumstances of the case, based on the following essential steps:

1. The receiving party submits a list of claimed costs and sets out the basis upon which he contends that the determination should be made(第一步是胜诉方列出一份有关他的诉讼费用的清单,并说明核算的基础)

2. The paying party is invited to raise objections(第二步是败诉方被仲裁员邀请提出异议)

3. The receiving party is invited to reply to those objections(第三步是胜诉方被仲裁员邀请作出答辩)

4. The arbitrator considers the list in the light of the objections and disallows and/or adjusts the recoverable costs where appropriate—this is known as 'the assessment stage'(第四步是核算阶段,就是仲裁员考虑双方的争辩并对胜诉方所列出的诉讼费用清单作出调整)

5. The arbitrator issues an award setting out the items of recoverable costs and the amount referable to each item(第五步是仲裁员作出胜诉方可取回的诉讼费用的裁决书)

6. Where there are large sums in issue, the arbitrator may hold a short oral hearing so that he can receive representations before making his decision.(如果涉及庞大的诉讼费用,仲裁员可开庭)"。

但上述的核算做法上的程序没有谈到其中一个最重要之处,就是证据的处理方面。上述的一些程序/步骤如诉讼费用清单与对方提出的异议,充其量是好像一个正常诉讼的文书请求而已。但今天核算诉讼费用往往涉及的金额比一个正常诉讼所涉及的索赔金额更大,如笔者现在的案件就涉及一个200万美元以上的诉讼费用。难以想像笔者会接受在一个200万美元以上有关实质争议的诉讼,只根据双方"空口的指控/争辩"(bare allegation/argument)作出裁决,如被告指称原告的诉讼费用不合理,原告指称自己的诉讼费用十分合理。笔者作为仲裁员无法作出中肯的裁决,如无法知道胜诉方一些根本没有使用的专家意见证据所产生的费用是否合理,也不会分得出标准基础与补偿基础之间的分水线。仲裁员能做的最多就是要求胜诉方对个别费用项目说得详细一点,至于仲裁员能否要求胜诉方提供有关核算诉讼费用的证据(如提供一份没有被使用的专家证据或报告看是否合理),问题是十分复杂,这在下一段分析。

5.4.5 证据的处理

简单的诉讼费用的核算通常不需要证据,有说法是"详细的核算是一种没有披露的诉讼"(detailed assessment is litigation without discovery or disclosure)。只要在"诉讼费用清单"(bill of costs)中列明明细与简单的解释有关工作,通常就可以由核算诉讼费用法官或仲裁庭凭经验核算。例如,其中一项通常免不了的是一开始胜诉方代表律师给了胜诉方一个意见,说明有20页纸。该意见的内容享有"诉讼特权"(litigation previlige),但根据案情的复杂程度,就大概知道这20页纸是否适当的程度,与大概涉及的时间。如果有疑问,可以在"标准基础"(standard basis)下,该疑问就针对胜诉方而要"减少"(mark down)该时间与费用;但在"补偿基础"(indemnity basis)下,该疑问就归胜诉方得利。估计是一些律师喜欢把一开始的法律意见写得越长越好,即使部分内容是垃圾。

但在一个复杂与昂贵的大案件,这就比较不容易核算了。这种案件也不会太多与千变万化,特别是仲裁庭也不见得有这方面经验并以作出什么是合理诉讼费用的核算。另一种情况会是双方庭外和解,仲裁庭根本没有太多的参与,也无法知道胜诉方(指在庭外和解可向对方收取费用的一方)到底干了些什么工作。还有,会有不少工作项目是毫无头绪。例如,针对没有被使用的证据。如诉讼费用名单中涉及了两个专家证人,但结果只有一个需要出庭与披露过专家报告。本来,有关胜诉方的各项诉讼费用是否合理应该是有许多证据,这通常会是全部记录在胜诉方代表律师的档卷内。即使只是一个会面,律师也往往会记录与客户或者与大律师等之间交谈的摘要,以方便将来向客户收费。但这里最大的问题就是在这些档卷里面的文件,绝大部分会是享有特权,主要是“诉讼特权”(litigation privilege),另也是“无损害特权”(without prejudice privilege),主要涉及与客户及对方代表律师之间的和谈内容。这特权是永久享有,除非享有特权的一方愿意放弃。这一来,如果胜诉方不愿意放弃特权,仲裁员与败诉方根本不知道胜诉方做了些什么工作且有关的诉讼费用是否合理了。

这里可以举一个例子,如果胜诉方所列出的诉讼费用清单中包括了一项 1 万英镑的专家费用,而这一个专家并非是出庭的专家证人。这一来,败诉方显然很想知道这一个专家到底干了什么,以及这笔收费是否合理。例如,这个专家有否作出了一个专家报告,如果有,它的内容是否是有关该诉讼?另是,可从报告中知道大概所花的时间,如 2 页或者 100 页。反正这样才可以比较有条有理争辩这 5 万英镑是否合理属于有关诉讼的费用。但明显这一份专家报告是可享有诉讼特权,该诉讼特权就与败诉方也有权知道相关证据就产生了严重矛盾。

在英国法院,一个协调胜诉方特权与对败诉方公平的做法是根据 Pamplin v. Express Newspapers Ltd (1985) 2 All E. R. 1985 先例,这就是所有有关文件胜诉方会要交出给法院,但这不代表败诉方可随意看,所以特权还是不受影响。法院自己查看这些文件/档卷,如果遇到疑问就会提出并让败诉方提出质疑,如在上述的例子是专家报告只有两页纸。这一来,胜诉方就必须“选择”(elect)到底是想继续享有特权并放弃这一项费用,或愿意披露有关文件。也会是,胜诉方不愿意披露,但以该专家或者代表律师出庭作为证人,并接受盘问。这是在英国法院的 Costs Practice Direction 40. 14 中也有说明,如下:“The Court may direct the receiving party to produce any document which in the opinion of the Court is necessary to enable it to reach its decision. These documents will, in the first instance, be produced to the Court, but the Court may ask the receiving party to elect whether to disclose a particular document to the paying party in order to rely on the contents of the document, or whether to decline disclosure and instead rely on other evidence.”。

上述的英国法院做法是根据 Pamplin v. Express Newspapers Ltd 先例,Hobhouse 大法官希望在胜诉方的特权与败诉方的公平中取得平衡,他是这样说:

“At the taxation, a problem may arise. An issue of fact may emerge which necessitates the master * making formally or informally a finding of fact. In such a situation, the master may have to ask the Claimant what evidence he wishes to rely on in support of the contested allegation of fact. The Respondent may then take the stand that, if the Claimant wishes to adduce evidence, he (the Respondent) wishes to see it and comment on or contradict it. This will mean that the Claimant will then have to elect whether he wants to use the evidence and waive his privilege [i. e. show the privileged document to the other side] or seek to prove what he needs in some other way. The type of situation which this visualizes is where, in the ordinary course, the Claimant would seek to prove his allegation by simply producing a document. If, however, the Respondent objects to the Claimant using the document without his seeing it as well, the Claimant may prove the allegation in another way, for example, if it is the solicitor who conducted the litigation who is attending the taxation, by that solicitor formally or informally giving oral evidence. The Respondent could then formally or informally cross-examine the solicitor. The master would then decide, having taken into account any counter-evidence relied on by the Respondent, whether he accepted the Claimant's allegation. I do not visualize this would happen, at least not often, but it does serve to illustrate the essentials of the situation.

The master does not have any power to order discovery to be given: he does not have any power to override a right of privilege. But it is the duty of the master, if the Respondent raises a factual issue, which is real and relevant and not a sham or fanciful dispute, to require the Claimant to prove the facts on which he relies. The Claimant then has to choose what evidence he will adduce and to what extent he will waive his privilege. That is a choice for the Claimant alone. The master then has to decide the issue of fact on the evidence. In considering whether he is satisfied by the evidence, the master will no doubt take into account that the Claimant may have a legitimate interest in not adducing the most obvious or complete evidence, and may prefer to rely on oral evidence rather than producing privileged legal document"。（ * 以前称为 Taxation Master 现在称 Costs Judge。）

英国法院的这种做法在比较近期的 South Coast Shipping Co. Ltd v Havant Borough Council（2002）3 All. E. R. 779 先例中有介绍，如下："This is not intended to suggest the Costs Judge may potentially put the receiving party to its election in respect of every document relied on, regardless of its degree of relevance. I would expect that in the great majority of cases the paying party would be content to agree that the Costs Judge alone should see the privileged documents. Only where it is necessary and proportionate should the receiving party be put to his election. The redaction and production of privileged documents, or the adducing of further evidence, will lead to additional delay and increased costs."。（这种先由费用法官看特权文件，然后要求胜诉方作出选择是否放弃特权的做法，并不表示每一份文件都这样做，或预计在绝大部分的案件，败诉方会是满意让费用法官自己一个人看这些特权文件。只在需要与按比例有疑问时才会导致胜诉方被要求作出选择。把有关的特权文件编写[以隐藏不想披露的内容]与披露特权文件，或者引入其他证据[如专家证人或律师给口头证据证明他们所做的工作]都会导致额外的时间延误与费用的增加。）

上述是英国法院的做法，如果涉及仲裁，仲裁庭也会面对诉讼特权与败诉方也有权知道相关证据而产生严重矛盾的问题。笔者经历过核算诉讼费用是胜诉方自动交出有关的档卷给仲裁庭,看来是希望仲裁庭有法院的同样做法。另也经历过败诉方要求胜诉方披露一些文件,而胜诉方自动交出,也就是放弃了这一方面的特权。此外,也经历过与知道伦敦的一些仲裁员的做法是主动要求胜诉方提供一些支持费用的文件,并说明只是给仲裁庭看而不会交出给败诉方。在一些比较敏感的情况下,或者胜诉方有所犹豫,仲裁庭也会多讲一句说明他可先编辑这些文件或删除敏感资料。反正,仲裁庭提出要求总不应该不允许吧?如果胜诉方还是不愿意,或者仲裁庭可轻描淡写地加点压力地说不提供可能会有后果,但不要说过火的话,如不提供就不允许向败诉方取回费用。

可以说,在特权文件/资料方面,仲裁更加困难与微妙。因为法院是有有关的法院做法或指引要胜诉方把特权文件交给法院,但说明这并非是放弃特权。仲裁是不会有这种强制性的指引,变成胜诉方如果交出特权文件,可就真表示放弃特权了。或会是,有关特权的法律发展下去会有一天放宽到一个地步是,在实质争议审理后,剩下只处理诉讼费用的分摊问题,特权就不再存在了。这种说法在 Ward v McCreey QBD,(2003)先例,Harrison 地方大法官在下令披露特权文件的同时说:

"In the costs process, the concept of openness comes into direct and stark conflict with the concept of privilege. Privilege of course exists in the substantive litigation which has led to the cost process. The difference is that now, in the cost process, the application of the right of privilege operates to bar the paying party from consideration of those documents which are in fact the very best evidence upon which the claim for costs can be assessed. Is that fair and reasonable?

In the vast majority of cases there is no true merit in claiming privilege. Put bluntly, the receiving party has nothing to hide. Consequently, in the vast majority of cases, privilege causes no difficulty as it is not claimed. In the small but significant minority privilege is claimed, and as a consequence informed negotiation is impossible. The parties and the court are dragged inexorably towards a contested hearing

I trust that we would accept that a right which, if claimed, deprives the paying party of access to the evidence upon which the claim for costs is based is a right which any reasonable person would refrain from exercising save in the most compelling of cases. Sadly, that is not always so. The consequence then is that the Court is driven by unreasonable exercise of an absolute right to a contested hearing and the parties are embroiled in contested litigation without the prospect of proper, informed negotiation. I suggest this is not a state of affairs which should be tolerated in modern litigation

Once the substantive litigation is concluded, an absolute right to claim privilege must end. Disclosure and inspection must be the norm "。

固然,会有情况是这样做会有问题,变成特权在实质争议后被终止,也需要有例外情况。如双方还有其他有关的诉讼在进行中,又或是特权文件有商业机密,又或是特权文件中会导致新的民事或刑事诉讼(如代表律师知悉或应该知悉胜诉方做伪证。在 Gruppo Torras v Al-Sabah [2003] EWHC 262 [QB],就提及披露特权文件会导致在科威特的刑事起诉)等。另在仲裁,笔者也会遇见一些情况是披露有关的特权文件会导致裁决书的执行困难。再另一种情况会是像笔者现在涉及的一个重大案件,责任方面已经判了谁胜谁负,但索赔金额还没有审理。但胜诉方已经是要求仲裁庭核算诉讼费用。这一来,可想像的是要求胜诉方对手中文件失去特权,让对方全部掌握胜诉方的底牌,可能会有一定的问题。即使可编辑或删除部分敏感内容,这也会带来庞大的工作量且有危险会发生遗漏。

看来,特权的大原则在放宽是有迹可寻的,如 Calderbank v. Calderbank (1976) Fam. 93 就是放松了双方当事人和解谈判的特权文件,只要抬头说明是"without prejudice saved as to costs",就在针对费用时该文件不再享有特权。也有说法或建议是律师与专家证人之间的通信往来与专家证人达成最后意见的过程必须披露(据悉美国法律已经是这个地位),这本来是享有诉讼特权的。虽然这种建议是为了针对专家证人的独立性与不偏私,也间接导致了对诉讼特权的放宽。

5.4.6 仲裁败诉方攻击胜诉方费用不合理的有效做法

在上述介绍了仲裁的困难,特别是不像法院可以要求胜诉方提供特权文件以支持他的诉讼费用。这一来,仲裁往往只能根据双方提交的陈述意见与一份诉讼费用清单,顶多就是费用清单详细的程度不一样。而双方的陈述意见也通常是空口争争,这种狡辩的技巧一般的律师水平都不会差。笔者在不久前一个核算胜诉方可向败诉方取回的诉讼费用案件,涉及上千万人民币的金额,就遇上这样的问题。笔者感到在没有证据的情况下判断合理与否,只能是乱来。碰巧在该案件中与笔者的共同仲裁员的是两位英国退休的大法官,其中一位更是这方面公认的专家,笔者觉得是个很好的学习机会。但在仲裁庭讨论时,笔者提出的问题都好像没有得到满意的答案。例如,笔者问仲裁庭怎能区分"补偿基础"与"标准基础"?会否胜诉方律师就是在"补偿基础"上计算出来的费用清单,即所有有关本仲裁案件的工作,不管个别合理或者不合理,全部放进去?如果是(估计通常也会这样做),会否仲裁庭需要扣减 20 ~ 30% 以反映是"标准基础"为准?但这种不分青红皂白的做法也是乱来,毕竟每一个案件的处理合理与否都不一样,特别是在比例方面。

但结果笔者发觉两位退休大法官非常重视败诉方律师没有提供他的工作时间与费用清单这一事实,并推断败诉方律师恐怕是自己的费用绝对不会少于胜诉方律师,所以刻意不提。这导致了胜诉方律师能够取回大部分费用清单的收费,根本没有扣减 20% ~ 30%,而且在裁决书的原因中特别提到这一点,说:"The Claimants' files were not available to us but the Claimants provided us with considerable detail as to the nature and amount of the disbursements and work expended by them or on their behalf. Unfortunately we had no comparative figures. While 败诉的被申请方律师 in the Respondents' Points of Dispute made a series of submissions as to why in their submission the sums claimed were unreasonable, excessive, disproportionate or lacking in detail or particularity, the Respondents did not provide us with any summary of the comparable costs incurred by Respondents; nor did they indicate whether Respondents' costs were or were not of the same orders as those sought to be recovered by the Claimants. While the Respondents were under no obligation to do this, the result was to deprive us of material which might have either shown that the Claimants costs were reasonable in amount and proportionate or might have been supported the Respondents' submissions to the contrary."

笔者经历过上述的案件也强烈感觉到这可能是在仲裁中唯一的办法显示给仲裁庭看胜诉方律师的费用不合理与过高,并让仲裁庭有一定的说法与根据作出扣减。但败诉方能这样做的大前提当然是他的律师自己的工作时间与费用清单不是乱来,甚至是比胜诉方低得多。就算败诉方没有委任同样等级的律师,只要败诉方对工作时间有准确与详细的记录,还是可以用来攻击胜诉方的律师所记录的时间不合理。败诉方也可以进一步解释他的工作时间记录中有哪些是以"标准基础"应该被删除,如10个与客户的会议,其中有大部分是处理该类型的仲裁案件完全不必要的。

这里值得一提的是上述曾经介绍过的做法,也就是本章5.4.3.3.1段的简易核算(summary assessment)。采用这种方法需要双方在核算费用前就将己方的费用清单简单罗列以比对。让法院或仲裁庭很快就可以掌握总的费用合理性的好处与方便显而易见。

5.4.7 核算费用所带来的费用谁负责

核算费用,尤其是一个"详细的核算"(detailed assessment)很可能带来很大的费用。胜诉方准备费用清单就是一项很大的工作。当然,仲裁庭在双方争辩完毕后再出一个费用裁决书也会产生不少的费用。即使核算是由法院处理,除了会涉及费用之外,仲裁庭还要把法院核算的结果转变为一个裁决书以方便将来在国际上执行,这也会涉及额外的费用。这个做法在目前香港仲裁法中还没有针对,但在建议中的新的仲裁法中则有针对,这在Section 76(2)中,如下:"(2) In the case of taxation by the court, the arbitral tribunal shall make an additional award of costs reflecting the result of such taxation."

有关这一笔费用由谁负责,不妨先看看法院的做法,尤其是英国法院在CPR下的做法。这里可以节录Peter Hurst所著的《Civil Costs》第2004年版一书中的8-019段如下:

"As a general rule the costs of detailed assessment are paid according to the event of the detailed assessment, i. e. if one-fifth of the amount of the bill is disallowed the solicitor must pay the costs but otherwise the party chargeable will pay the costs. This rule operates unless the application for detailed assessment was made by the solicitor and the party chargeable does not attend upon the detailed assessment or the court orders otherwise.

The costs officer may certify any special circumstances relating to a bill or to the detailed assessment and may make such order in respect of the detailed assessment as may be appropriate. The reference to one-fifth of the bill being disallowed is taken, where the detailed assessment concerns only part of the costs covered by the bill, as a reference to one-fifth of those costs which are being assessed. The amount on which the one-fifth is calculated includes disbursements, and costs already assessed and paid by an opposing party.

Where the order to assess relates to a number of bills, the one-fifth is calculated on the total of those bills. If each bill is assessed as a result of a separate order the one-fifth is calculated on each bill individually. Items struck out of a bill on the grounds that the business referred to in those items was not covered by any retainers given by the client are not taken into account in estimating whether or not one-fifth has been disallowed."

上述是法院的做法以及只是针对律师与他的当事人之间的费用核算,在仲裁里面针对胜诉方与败诉方之间费用的核算是不适用的。例如,就算核算扣除了1/5的希望取回的费用,也不见得就会要胜诉方承担核算的费用。这一来,一个安全与比较肯定的做法还是败诉方明知道责任上赖不掉这笔费用,争议的只是多少钱,就应该尽早向胜诉方作出一个秘密提议或者是 Calderbank 提议。

6. 有关英国特许仲裁协会在2003年有关诉讼费用的指引

英国特许仲裁协会在许多方面作出过详细的指引,包括像仲裁员如何处理文件仲裁,处理管辖权的挑战,处理收到当事人向法院申请通知等不同情况。它在2003年也作出了有关仲裁/诉讼费用方面的指引,内容包括像如何分摊与核算诉讼费用,限制诉讼费用与提供费用担保等方面。这指引并加上部分点睛的解释,可参照如下。

Chartered Institute of Arbitrators: Guidelines for Arbitrators on Making Orders Relating to the Costs of the Arbitration

A. INTRODUCTION(介绍)

1. One of the most difficult and important functions which an arbitrator has to perform relates to the making of awards of costs. This guideline attempts to provide assistance on the main problems likely to be encountered in this area. (仲裁员其中一个最困难与重要的工作就是作出一个费用裁决书。)

2. The guideline assumes that the seat of the arbitration is in England and Wales or Northern Ireland so that the Arbitration Act 1996 applies. The Act contains a number of provisions dealing with the costs of an arbitration. (指引是假设仲裁地点是英国,1996年《英国仲裁法》适用。)

3. Essentially the need for an award of costs arises because in the course of prosecu-

ting defending arbitration proceedings, the parties will or may incur costs of three different types:

liability for the arbitrator's fees and expenses;

liability for the fees and expenses of any arbitral institution involved; and

legal and other costs incurred directly by the parties. (诉讼费用主要包括三个方面：仲裁庭成员的收费；仲裁机构的收费；代表律师的收费与使费，这也是1996年《英国仲裁法》之Section 59对仲裁费用的定义。)

4. A party who is successful in prosecuting or resisting a claim will seek an order against the unsuccessful party for reimbursement of the costs which he has incurred. The order can be sought in relation to all three of the categories of cost set out above. An order of this kind is typically sought after the arbitrator has disposed of the main issues of liability and quantum raised by the claim. It may however be sought at an earlier stage; for example, at the stage of a partial (or interim) award under s. 47 of the Act. (费用的裁决书的作出一般是在仲裁庭将责任与赔偿金额处理完毕之后。)

5. The arbitral tribunal normally has a wide discretion as to making awards of costs and this enables it to have regard to the particular circumstances of the case and to make an order which seems fair in all the circumstances. There are inevitably however principles which have to be observed. (在遵守一些大原则的基础上，仲裁庭在制作费用裁决书时是有很广泛的自由裁量权。)

6. The Civil Procedure Rules, which deal with the making of orders for costs in actions before the Court, do not apply to arbitration and thus have no direct impact on orders to be made by arbitrators. Nor is there any longer any requirement that arbitrators must act judicially' in the sense that they must follow the same principles as would be adopted by the Court in making an order for costs. (《民事诉讼程序规则》关于费用命令的做法不适用于仲裁，所以对仲裁员的费用命令也不会有直接影响。现在仲裁庭在作出费用命令时再也不必紧随法院的做法。)

7. On the other hand, the Act lays down certain principles most of which are non-mandatory in the sense that the parties may contract out of them. The most important of these is that, unless the parties otherwise agree, the tribunal must award costs on the general principle that costs should follow the event' (s. 61[2]). Where an arbitrator is dealing with the amount of the recoverable costs (as opposed to their allocation between the parties), the arbitral tribunal is given a wide measure of freedom to determine the basis on which the assessment is to be made. But, if the parties do not otherwise agree and the arbitral tribunal does not otherwise determine, the arbitral tribunal must determine the recoverable costs on the basis set out in the Act (s. 63[5]). It is important that when making an award of costs an arbitrator should have regard to the relevant principles. Should he misdi-

rect himself a party may seek leave to appeal to the Court on a point of law.（另一方面，该规则列明了一些双方当事人可以约定排除适用的非强制性规则。除非双方同意，仲裁庭的诉讼费用命令必须遵守败诉方支付胜诉方费用的原则。如果当事人认为仲裁庭适用法律有错，可以向法院上诉。）

B. TOPICS TO BE COVERED（涵盖的项目）

8. It is intended to address the following topics:

Allocating the costs of the arbitration between the parties.

Determining the recoverable costs of the arbitration.

Capping the recoverable costs.

Security for costs.（费用命令可以包括的项目是：在双方当事人之间分配仲裁费用；决定可以取回的费用；规定最多可以取回的费用；诉讼费用担保）

PART 1—ALLOCATING THE COSTS OF THE ARBITRATION BETWEEN THE PARTIES（双方当事人在诉讼费用的分摊）

9. Generally the parties are free to reach agreement on the principles to be followed when an arbitrator is asked to make an order allocating the costs between the parties. There is one mandatory provision. This is that an agreement that one party is to pay the whole or part of the costs in any event' is only valid if made after the dispute has arisen (s. 60). The section is based on public policy and invalidates any agreement that one party shall pay the other's costs whatever the outcome of the arbitration (or even that no costs shall be recoverable) unless made after the dispute has arisen.（双方同意无论什么情况下，一方都要支付全部或部分的费用，这种约定也只有是在争议产生后作出的才有效。）

10. Apart from this it is important that arbitrators should examine the contract between the parties to see if there is any provision relating to costs. Where the contract incorporates rules (e. g. the CIMAR or UNCITRAL Rules or the rules of an arbitral institution) those rules should be likewise examined. If they lay down principles for the allocation of costs, those principles will or may displace or supplement the principles laid down by the 1996 Act.（如果仲裁协议中有合并 CIMAR or UNCITRAL 的规则或其他一些机构仲裁规则，而这些规则包含了费用分摊的原则，仲裁庭就需要遵守，作为1996年立法的替代或补充。）

11. Where there is no relevant agreement s. 61(2) of the Act provides:

... the tribunal shall award costs on the general principle that costs should follow the event except where it appears to the tribunal that in the circumstances this is not appropriate in relation to the whole or part of the costs.（如果没有此类协议，1996年立法61[2]规定除非特殊案情让仲裁庭觉得不适合，仲裁庭都要遵守由败诉方承担胜诉方诉讼费用的原则。）

12. The general principle that 'costs should follow the event' is taken from the case-

law applied by the Court prior to the coming into effect of the Civil Procedure Rules 1998. The concept is worded indirectly so that its meaning may not be entirely clear to the non-lawyer. It requires the arbitrator to consider what was the relevant event'. In most cases this can be equated with the outcome of the arbitration viewed in terms of the relative success of each party. Accordingly it would have been possible to express the general principle more directly, without change to its meaning, by adopting the formula that, as a general rule, the unsuccessful party should be ordered to pay the costs of the successful party. But difficulty can arise on either formation in deciding what was the relevant event' which costs should follow or, alternatively, what constituted success'.（上一条简单的介绍的就是在1998年《民事诉讼程序规则》之后，通常是要看各方当事人不同的胜诉程度以决定仲裁费用的分摊。但是决定各方到底胜诉到什么程度并非一件容易的事。）

13. It is important to note that s. 61(2) lays down a general principle followed by a wide exception 'except where it appears to the tribunal in the circumstances this is not appropriate in relation to the whole or part of the costs'. The exception gives effect to the broad principle that an arbitrator has a wide discretion in awarding costs. An arbitrator is entitled to have regard to all the circumstances including:

(i) the conduct of the parties

(ii) whether a party has succeeded on part of its case even if it has not been wholly successful

(iii) whether a successful party has failed on issues on which substantial amounts of time were spent

(iv) any offer to settle the case drawn to the arbitrator's attention. [在考虑是否偏离大原则时，仲裁员可以考虑的因素包括：(1)双方的行为；(2)是否一方部分胜诉；(3)是否胜诉方在花了大量时间的某一个争议上争辩失败；(4)和解提议]

14. It is necessary to bear in mind that s. 61(2) requires an arbitrator to consider both the general principle and also the exception. In theory these should be considered separately though this is not always possible. What is important is that an arbitrator ought not to disregard the general principle unless there are grounds for so doing. Consequently if an arbitrator should decide that in the particular case it is not appropriate to award the successful party its costs (or that it appropriate to deprive the successful party of a proportion of its costs), the arbitrator should be prepared to justify his decision. The best course in those circumstances is for the arbitrator to set out in the award his reasons why in the circumstances it was not appropriate to award costs on the principle that they followed the event. In some cases this is essential. A failure to provide satisfactory reasons can result in a challenge to the award of costs.（仲裁庭如果偏离大原则，就必须给出足够的原因；否则，可能导致就此问题的上诉。）

15. The application of both the principle and the exception must depend very much on the circumstances of each arbitration and it is only possible to offer very general guidance to a few of the problems likely to be encountered in practice.（原则的适用是要结合具体的案情，所以只能给出一个大概的指引。）

Recovery of Monetary Awards（在一个裁决书成功取回金钱）

16. If a claimant recovers a monetary award, he is normally to be regarded as successful since he had to bring the arbitration in order to recover the sum in question. The event' is the recovery of money. It is normally no ground for depriving the claimant of his costs that the amount recovered is less than that claimed unless the recovery is so small that it can be regarded as nominal or derisory. The position may however be very different if the respondent has previously offered to pay the sum awarded (see under settlement offers' below). If, moreover, claimant who has succeeded in recovering a monetary award can be shown to have exaggerated his claim, it may sometimes be proper to deprive him of part (or even, exceptionally, the whole) of his costs. Much depends on the particular circumstances. If, for example, the exaggeration was not*bona fide* and led to a large increase in the cost of the arbitration, this could be a reason why it would not be appropriate to award the claimant the whole of his costs. Although (in the absence of an offer to pay the sum awarded) the outcome of the arbitration can be said to have justified the claimant in bringing it, nevertheless it may be appropriate that any extra time or cost incurred through exaggeration of the claim should be reflected in the eventual cost order. (Only in very exceptional circumstances would it be right to order a successful claimant to pay the respondent's costs).（如果索赔方最后有一个有利于他的金钱裁决书，他通常是胜诉方。胜诉金额少于索赔金额不是偏离大原则的原因，除非胜诉金额太小或者只是名义上的赔偿。如果之前被告曾经作出一个与裁决书等额的和解提议，情况也会很难处理。如果原告恶意的夸大索赔金额，仲裁庭可以命令不让他取回所有的费用。只有在极其罕见的情况下，才会要求胜诉方支付败诉方的诉讼费用。）

17. Where there is a counterclaim and both parties recover monetary awards, the claimant on the claim and the respondent on the counterclaim, more difficult questions can arise. If the claim and counterclaim are closely related, as where they both arise out of the same transaction or series of transactions, it is normally the right course to set-off the two awards and to award costs to whichever party is shown to be entitled to a net recovery after deduction of the other award. In cases where there is no such link between the awards, it may be appropriate to award the costs of the claim to the claimant and the costs of the counterclaim to the respondent. There may also be circumstances which justify a special order for costs (see below under 'partial success').（如果有反索赔，且与索赔密切相关，则可以只作出一个费用裁决书针对如果是两个费用裁决书抵销后的差额是哪一方当事

人得利。)

The Conduct of the Parties (当事人的行为)

18. Generally an arbitrator should exclude from consideration any matter not strictly connected with the arbitration or with the claims made in it. A general disapproval of a claimant's conduct is still no ground for refusing to apply the general principle. The question whether it was reasonable for a party to raise pursue or contest a particular allegation is, on the other hand, a relevant matter and if the arbitrator considers that the hearing has been prolonged by unreasonable conduct of this kind he is fully entitled to make an order which reflects this view (e. g. by depriving the successful party of a proportion of its costs). But in deciding whether it was reasonable for a claimant to bring a particular claim the arbitrator should act by reference to objective criteria (in particular whether the claim has been successful) and should exercise great caution before depriving a successful claimant of his costs merely because of the arbitrator's personal feeling that the claim was immoral, lacked merit or for some other reason ought not to have been bought. (不认可原告的行为不足以够成偏离大原则的原因。提出与继续争辩一个主张是否合理可以是考虑的因素。开庭时一方的不合理行为令开庭延长也是考虑的因素。但不能因为仲裁庭觉得索赔不道德或这些不该考虑的因素站不住脚而剥夺胜诉方的该项权利。)

Partial success (部分成功)

19. There can be many situations where a party who has succeeded on part of his case (and has consequently obtained an award) has not been wholly successful. In many instances it would not be fair to penalize a successful party for having raised issues or made claims which have ultimately been held to be unsustainable. If it was reasonable to raise these issues or claims and if they have not led to a substantial extra expenditure of time or money, then it may be fair to award the claimant the whole of his costs on the basis of the principle costs follow the event'. (如果原告提出的某些争议/索赔是合理,尽管他并没有胜诉,而这些争议/索赔并没有占用大量的时间,如果原告胜诉,他还是应该可以取回花费全部的诉讼费用的。)

20. The position however may be different if a successful party has failed on issues on which substantial amounts of time and money were spent. In such circumstances it may be appropriate to award to the successful party the general costs of the arbitration (to include the cost of issues on which he has succeeded) but to award to the party who has been unsuccessful overall the costs of the issues on which that party has succeeded. Orders of this kind can be difficult to administer because such an order may require the tribunal to quantify the recoverable costs of both the successful and the unsuccessful parties. It is usually therefore more convenient and practicable to make allowance for issues on which the successful party has failed, by awarding to the successful party a proportion only of his costs,

after making a necessarily approximate attempt to ensure that the proportion awarded mirrors the degree overall to which the successful party has succeeded on the more important issues to which time and money were devoted. If this approach is adopted, the arbitrator must bear in mind, in assessing what proportion should be awarded to the successful party, that the party which was unsuccessful overall will not be making any recovery of the costs relating to the issues on which he succeeded.（如原告提出的某些争议/争端花费了大量的时间但最终在该争议上失败，尽管原告最终胜诉，仲裁庭还是要将解决该争议/争端花费的诉讼费用判给在此争议/争端上胜利的败诉方，同时命令最终胜诉方可以取回全部其他费用。另一种方法是让最终胜诉方的诉讼费用只能取回一个百分比，反正是要让最终的败诉方能够实质上取回解决该争议/争端花费的诉讼费用。）

21. If the arbitrator is required to make an award of costs after the main issues of liability and costs have been determined, it is usually possible for him to stand back and, after reviewing the conduct of the arbitration as a whole, determine the proportion of the more important issues on which either party has succeed, and to make an order which reflects this.

22. Sometimes however particular points are taken as preliminary issues and the arbitrator is asked to make an award of costs at the time of issuing a partial/interim award dealing with that issue. If faced with an application of this kind the arbitrator has a number of different choices available to him:

he may award the costs of the preliminary issue to the party in whose favour he decides that issue (either with or without an order that those costs be determined and paid immediately).

he may make an order for costs in the arbitration'. The effect is that the party who obtains an order for costs at the end of the arbitration is entitled to his costs of the particular part of the proceedings to which the order relates.

he may order costs reserved'. This means that the decision about costs is deferred to a later occasion when, it is to be hoped, the arbitrator will be better able to look at the particular issue in the overall context of the whole arbitration. Where he has ordered costs reserved', the arbitrator should make sure that the costs are dealt with at the end of the arbitration when the topic of costs as a whole is being addressed.

23. A choice between these various orders will depend on a large number of factors. Sometimes it is appropriate to view the preliminary issue as a discrete case within a case'. In such a situation it may be appropriate to order the costs of that issue to the winner on the ground that the relevant event' is the outcome of the issue. In other circumstances it may be productive of potential unfairness to make an immediate order as to the costs of the issue. In that situation costs reserved' may better serve the interests of fairness. There are also cir-

cumstances where it is clear that the party who ultimately succeeds should recover the costs of the issue so that costs in the arbitration' is the appropriate order.

Settlement offers （*和解提议*）

24. The making of a settlement offer in the course of an arbitration may have an important bearing on any award of costs. If there has been no settlement offer, it will be hard for an unsuccessful respondent to dispute that it was necessary for the claimant to incur the costs of the arbitration in order to obtain the monetary award which has been made. By contrast if the respondent has offered to settle in the course of the arbitration and the claimant eventually recovers less than the sum which was offered, it will have been a waste of time and money to pursue the arbitration for the period after the time when the settlement offer was made and could have been accepted.

25. The making of a settlement offer can thus have the effect that the relevant event' after the date of the offer is whether or not the claimant has been successful in recovering more than has been offered. Another way of looking at the matter is that it would not be appropriate to allocate costs on the principle that costs should follow the event in relation to the period following the offer.

26. Settlement offer may be made in a wide variety of different situations. In this Guideline it is proposed to consider the typical situation where a respondent is facing a claim which is likely to succeed to some extent but for a lesser sum than has been put forward. The respondent wished to obtain some protection against having to pay the whole costs of the arbitration. He can do this by making a settlement offer. There are three kinds of offer which can be made, namely without prejudice', sealed' and open' offers. A fully without prejudice' offer can never be referred to by either party at any stage of the proceedings (and so confers no protection in respect of costs). A sealed' offer (sometimes called a Calderbank' offer) is one which is made on the express or implied understanding that it will not be revealed to the tribunal until liability and quantum have been decided and the stage is reached when the question of costs is to be decided. (A sealed offer' may be made in correspondence between the parties or it may be placed in a sealed envelop which is delivered to the arbitrator to be opened only after all substantive issues have been decided). An open' offer is one to which either party can refer at any stage of the proceedings. Normally the sealed offer' method is adopted so as to avoid any possibility of the arbitrator being influenced by the offer when considering liability or quantum.

27. Assuming that a sealed offer is drawn to the arbitrator's attention at the stage when he is required to allocate the costs of the arbitration, there are certain points which he should bear in mind.

28. First, the arbitrator must make the offer into account in making his decision as to

costs. While he retains a general discretion in awarding costs, the offer is clearly a material factor.

29. Secondly, the overriding question will be whether the claimant has achieved more by going on with the arbitration and obtaining an award than he would have done by accepting the offer. This equation requires the arbitrator to assess the value of the offer which was made. If the offer was made in a form which included a fixed sum together with interest to the date of the offer plus payment of the claimant's recoverable costs to be assessed, then it should be relatively simple for the arbitrator to come to a conclusion whether or not the claimant has done better by going on with the arbitration than by accepting the offer. If however the offer is for a fixed sum which includes costs, it may be difficult, or even impossible, for the arbitrator to determine whether, taking the claimant's costs into account at the stage when the offer could have been accepted, the net sum remaining would have been more or less than the sum eventually awarded. (In such circumstances the offer may have to be disregarded). Similarly if there is no offer to pay interest on top of the sum which is offered, that is a factor which will need to be evaluated when comparing the offer with what has been awarded.

30. Thirdly, if the arbitrator finds that the claimant would have achieved the same or more by accepting the offer than by going on with the arbitration, the usual order to make is that the claimant is to recover his costs up to the time when the offer could have been accepted and that in respect of the period after that time the respondent is to recover his costs from the claimant. If however the claimant has achieved more by going on with the arbitration than he would have achieved by accepting the offer, the offer will have no effect on the arbitrator's order as to costs and it will be proper t approach the subject of costs as if no offer had been made. In deciding whether the claimant has done better by doing on with the arbitration, it is necessary to make a precise comparison of the benefit to the claimant in accepting the offer as compared with the eventual award, so that if the claimant beats' the offer, even by a small margin, the offer will have no effect, unless of course there are special circumstances which affect the matter.

31. Fourthly, in cases where the respondent has made a counterclaim, the offer should say whether the counterclaim has been taken into account. If the offer does not do this and there are no surrounding factors to indicate whether the counterclaim has been taken into account, the offer should be presumed to refer only to the claim. If it refers also to the counterclaim, the arbitrator should consider whether it is appropriate to make a single order for costs; if it is, he should compare the success which the claimant has achieved in both pursuing the claim and resisting the counterclaim with that which he would have achieved in both respects by accepting the offer.

32. Fifthly, if the offer is made so as to be open for acceptance for only a limited period, questions can arise as to whether it should reasonably have been accepted; no hard and fast rules can be laid down. Similarly, it is not possible to offer useful guidance in cases where the offer was ambiguous, incomplete or conditional, save to say that the arbitrator will be more impressed by the ambiguity or incompleteness of an offer if the claimant wrote to the respondent pointing it out in contemporary correspondence than if he refers to it for the first time in his submissions as to why the offer should not be taken into account.

33. Sixthly, it should be borne in mind that in a case where the claimant would have achieved more by accepting the offer than by pursuing the arbitration there can be additional factors, such as the unreasonable conduct of one or both parties, which can have the result of making it reasonable to deprive the claimant of all or part of his costs for the period up to the time when the offer could have been accepted or to deprive the respondent of all or part of his costs in respect of the period after that time.

34. Finally, there are circumstances where a claimant (not the respondent) may wish to make a sealed offer to settle the case on terms which would give the claimant less than a full recovery. The object of so doing is so that if the offer is rejected and the claimant goes on with the arbitration, the (a) if he obtains a full recovery, he may be able to make a claim for indemnity' costs in respect of the period after the offer could have been accepted (see below under determining the recoverable costs of the arbitration') and (b) if he fails to make a full recovery but recovers only the amount specified in the sealed offer, he will have grounds for arguing that he should not be deprived of any proportion of his costs on the basis that he has been only partially successful.

PART 2-DETERMING THE RECOVERABLE COSTS OF THE ARBITRATION(厘定能向对方取回的诉讼费用)

35. An arbitrator's award as to liability for costs, may take any of the following forms:

Party A shall pay Party B its costs of the arbitration

Party A shall pay Party B its costs of the arbitration on an indemnity basis

Party A shall pay Party B such-and-such a fraction of its costs of the arbitration

Party A shall pay Party B its costs of issues X, Y and Z only

Party A shall pay Party B its costs of the arbitration up to a such-and-such date or event

36. An award in any of the above forms is not immediately enforceable. The amount of costs recoverable by the receiving party' from the paying party' must first be determined. Under s. 63(1) of the Act the parties are free to agree what costs of the arbitration are recoverable and they very often reach an agreement as to the amount of the recoverable costs.

If they do not, the arbitral tribunal may determine by award the recoverable costs of the arbitration and the Act in s. 63(3) requires the tribunal to specify the basis on which it has acted. Finally, if the arbitral tribunal does not determine the recoverable costs, s. 63(3) enables any party to the arbitral proceedings to apply to the Court to determine the recoverable costs. It is however rarely in the interests of the parties for an arbitrator to refrain from determining the costs and therefore to leave their determination to the Court.

37. An order for the determination of the recoverable costs is typically sought after the arbitrator has disposed of the main issues of liability and quantum raised by the claim and after he has made an order allocating the costs between the parties (as in para. 35 above). There are however other situations in which the recoverable costs may have to be quantified. For example in some arbitrations it may be ordered or expected that the tribunal will determine the costs at the same time as it makes the order allocating them between the parties and, where this is so, the parties will usually be prepared at that hearing to provide itemised list of the costs which they have incurred so that an assessment can be made. Another example is where the tribunal is being asked to make a partial/interim award and one party is seeking an order that it be paid the costs of that award and that payment be made immediately without awaiting the outcome of the arbitration as a whole. In all these different situations, however, certain basic principles apply.

Basis of the Determination (厘定的基础)

38. If the arbitrator determines the recoverable costs of the arbitration it is incumbent upon him to specify the basis' on which he has acted. That basis may be one which has been agreed by the parties. If there has been no such agreement, then the arbitral tribunal may determine the recoverable costs on such basis as it thinks fit', provided that it is specified. Finally if the basis is neither agreed by the parties nor specified by the tribunal, costs are to be determined on the basis set out in s. 63(5) of the Act, namely:

That there shall be allowed a reasonable amount in respect of all costs reasonably incurred, and

any doubt as to whether costs were reasonably incurred or were reasonable in amount shall be resolved in favour of the paying party.

39. Section 63(5) sets out the standard' basis for determining recoverable costs in litigation as adopted by the Court prior to the coming into effect of the Civil Procedure Rules 1998. The two points to notice are (i) that the key to recovery is whether costs were reasonably incurred' and (ii) that the burden of proving reasonableness is on the receiving party.

40. Traditionally reasonableness' has been determined on an item by item basis. If the item was reasonably incurred and the charge for it was in line with the level of costs gener-

ally charged at the time and in the circumstances when the professional charges were rendered, it was normally accepted as being reasonable and therefore recoverable. But since 1998 the Court has enquired, not only whether costs were reasonable', but also whether they were ' proportionate'.

41. The requirement of ' proportionality' is as difficult as that of reasonableness. It can however be explained by the following example. Suppose a claimant in an arbitration advances a claim for ? 5,000 damages and is wholly successful in recovering that amount but, in so doing, incurs costs amounting to 100,000and suppose each item, examined in isolation, is reasonable, still a bill of ? 100,000 might be regarded as wholly disproportionate to the sum involved and therefore not recoverable. The concept of proportionality' requires the tribunal to take a global approach. One factor is whether the costs are proportionate by reference to the sum at stake but the sum at stake is only one factor among many. These include:

the conduct of all the parties;

the amount or value of any money or property involved;

the importance of the matter to all the parties;

the particular complexity of the matter or the difficulty or novelty of the questions raised;

the skill, effort, specialized knowledge and responsibility involved;

the time spent on the case;

the place where and the circumstances in which work or any part of it was done.

(see r. 44. 5[3] of the Civil Procedure Rules).

42. There is no doubt that an arbitrator is entitled to take into account whether the receiving party's costs were proportionate' and many arbitrators have always done this. A difficulty is created by the fact that s. 63(5) refers only to reasonableness. It is thought that an arbitrator could not be criticized if he regarded proportionality as an aspect of reasonableness. The safest course however is for the arbitrator to specify the basis' on which he has acted in determining costs by reference to a formula which includes a reference to proportionality. This can be done in many ways, one of which is for the arbitrator to follow the Civil Procedure Rules 1998 (see rr. 44. 4[2] and 44. 5[1]) by stating that he has adopted the basis set out in s. 63(5) supplemented by the following:

(i) the tribunal will only allow costs which are reasonable incurred and are proportionate to the matters in issue, and

(ii) will resolve any doubt as to whether costs were reasonably incurred or reasonable and proportionate in amount in favour of the paying party.

43. An arbitrator is entitled to adopt this formula for determining costs on the standard'

basis, provided of course that the parties have not agreed otherwise. The arbitrator should however (a) notify the parties in advance that he proposes to do this so that they have an opportunity to comment and (b) specify in his award that he has acted on this basis.

44. The alternative basis for determining the recoverable costs is the so-called indemnity' basis. This normally gives a somewhat higher recovery than the standard' basis and is thus more favourable to the receiving party. There is one feature of indemnity' costs which is the same as in standard' costs; in both cases the tribunal should disallow costs which have been unreasonably incurred or were unreasonably in amount. But the Civil Procedure Rules (r. 33. 4[3]) define the indemnity basis as one where the court will resolve any doubt which it may have as to whether costs were reasonably incurred or were reasonable in amount in favour of the receiving party. ' This amounts to a partial reversal of the normal burden of proof on issues of reasonableness. In addition, it has been held that no question of proportionality arises where indemnity costs are concerned, though it can be difficult to distinguish between issues of reasonableness and issues of proportionality. The grounds on which indemnity costs can or should be ordered are briefly considered in para. 55 below.

45. To summarise, the arbitrator may be asked to award costs either on the standard' or on the indemnity' basis. He may decide on the indemnity basis on his own motion provided that he gives notice of his intention as that the parties have an opportunity to comment. If he decides on the standard' basis, he may adopt s. 63(5) or he may adopt a basis which includes the test of proportionality. Again he may be asked to do this or he may do it on his own motion. Provided that he complies with his duty under s. 33(1) to act fairly and impartially his award is not likely to be the subject of a successful challenge. He should however always specify in his award the basis on which he has acted.

Procedure (厘定的程序)

46. There is no need for the arbitrator to follow procedures when determining the costs of the arbitration. The procedure is in his discretion and should be tailored to suit the circumstances of the case, based on the following essential steps:

the receiving party submits a list of claimed costs and sets out the basis upon which he contends that the determination should be made

the paying party is invited to raise objections

the receiving party is invited to reply to those objections

the arbitrators considers the list in the light of the objections and disallows and/or adjusts the recoverable costs where appropriate-this is known as the assessment stage'

the arbitrator issues an award setting out the items of recoverable costs and the amount referable to each item.

47. Where there are large sums in stake, the arbitrator may hold a short oral hearing

so that he can receive representations before making his decision.

The Scope of the arbitrators power（仲裁庭权力的范围）

48. The only costs which the arbitrator can award are those which are reasonable incurred by a party to the arbitration in or incidental to the arbitration. As far as the arbitrator is concerned, these exclude the costs of applications to the court.

49. Costs cannot normally be recovered from a date before the service of the arbitration notice. In exceptional circumstances, e. g. where it is essential that evidence be collected immediately in contemplation of arbitration, some pre-notice costs may be recovered in the discretion of the arbitrator.

Factors to be taken into account at the assessment stage（核算的考虑因素）

50. First, it should be borne in mind that, if the parties have made a valid agreement to costs, that agreement prevails.

51. Secondly, where a direction has been made under s. 65 of the Act, limiting the recoverable costs, the assessment must take that direction into account. The topic of capping the recoverable costs' is discussed in Part 3 below.

52. Thirdly it will be necessary to apply the basis' of the determination which has been fixed, whether by agreement or by the arbitrator's decision. If the basis has not so far been fixed, it will be necessary to determine it.

53. Fourthly, where costs are to be determined on the standard' basis and proportionality is in issue, it is normally best to begin by applying a global approach and asking whether (by reference to the factors listed in para. 41), the sum claimed in respect of costs satisfies the proportionality test. If it does, the arbitrator should then go on to consider whether each item of costs was reasonably incurred and whether the costs for that item were reasonable.

54. If the costs as a whole appear disproportionate, the arbitrator will seek to limit the recoverable costs to the amount which would have been incurred if the arbitration had been conducted in a proportionate manner. This may involve him deciding how (given the factors set out in para. 41) the receiving party should have conducted his case. It may also involve him in considering whether the work in relation to each item was necessary and, if so, whether the cost of that item was reasonable. The question of whether the work was properly planned will usually be an important consideration. The arbitrator should award whatever sum would have been recoverable item by item if the arbitration had been conducted proportionately.

55. Fifth, it may be necessary to decide whether the costs, or certain items of cost, are to be determined on the indemnity' basis. The effect of this has been discussed in para. 44 above. It is not possible to define the exact circumstances in which indemnity costs

may be ordered. Unreasonable or improper conduct on the part of the paying party is the obvious example. It should be borne in mind however that indemnity costs are not awarded just to penalize a party for advancing a case which it has lost but are usually reserved the situations where the arbitrator is indicating his disapproval of the conduct in the arbitration of the party against whom the costs are awarded. Another example can arise where a claimant has made an offer to settle his claim at a specified figure, the offer is rejected, and the claimant continues with the arbitration. If the eventual award is more advantageous to the claimant than the proposals contained in his offer to settle would have been, it may be reasonable to award the claimant indemnity costs from the time when the respondent could have accepted the offer to settle (compare r. 36. 2 of the Civil Procedure Rules). Much however will depend on the circumstances of the particular case and purely tactical offers may have to be disregarded.

56. Finally, the arbitrator will inevitably have to decide upon matters of detailed quantum. Some of these are mentioned below.

The Heads of recoverable costs （能够取回的诉讼费用项目）

(i)Legal representation （法律代表的收费）

57. The costs of representatives of the appropriate level of skill and experience are generally recoverable, subject to the arbitrator's overriding discretion based on considerations of reasonableness and proportionality. If the arbitrator is of the view that the numbers of representatives or the fees claimed are in excess of what is reasonable, he may disallow some or all of the claims for costs made in respect of individual representatives.

58. A party may be represented in arbitration by a non-lawyer, such as a claims consultant' and the reasonable costs of such a representative may also be recovered.

59. The law in England has recently changed to allow conditional fees', i. e. to allow an advocate to charge an enhanced rate if he wins the case. There is some debate as to whether and, if so, to what extent the new procedures can apply to arbitration. The safer view is that the traditional test applies, namely that a party can only recover a reasonable amount for representation and can only recover that amount if obliged to pay it to its representatives.

(ii) Costs of evidence （取证的费用）

60. The costs of evidence include those for preparing witness (including experts') statements, attendance of witness at the hearing, preservation of physical evidence, tests, expert reports etc. The receiving party may recover a reasonable amount in respect of these costs. The test to be applied is whether such costs were reasonably incurred in all the circumstances. The costs of needless duplication and evidence to prove facts admitted in the pleadings will normally be disallowed.

(iii) Party's own internal costs (当事人自己的内部费用)

61. Reasonable compensation may normally be allowed for a person who represents himself or his employer in an arbitration.

The staff of a company or firm involved in an arbitration often dedicate substantial time to the case, including the generation of figures and attendance at the hearing. These costs, except for reasonable out-of-pocket expenses necessarily incurred in the arbitration, are normally irrecoverable on the general principle that the lay client's time in instructing those who conduct the proceedings is not allowable. This principle is not applied as strictly in commercial cases as it is to other types of proceedings and an arbitrator will have some discretion to allow an element of costs in respect of such work if he is satisfied that the work done internally obviated the need for others to do it and hence led to an overall saving of costs. The arbitrator may determine that internal costs are to be included as part of the other costs of the parties'.

62. A successful party who employs in-house lawyers may in the discretion of the arbitrator recover his costs on the normal basis as if those lawyers were in independent practice.

(iv) Accommodation and other administration costs (开庭场地与其他行政费用)

63. The costs of hearing rooms, necessary photocopying and other similar items of administration are clearly recoverable unless unreasonable. The costs of a note or transcript are in the discretion of the arbitrator.

The Award as to Costs (诉讼费用裁决书)

64. As arbitrator's order as to costs will not be enforceable unless (a) it is contained in an award and (b) it is for a quantified amount. The award may be contained in the same award as deals with substantive issues or (provided that the arbitrator has not yet made a final award dealing with all issues) in one or more separate awards dealing with costs.

65. An award of costs is subject to the requirement of s. 52 (4) that it shall contain the reasons for the award unless it is an agreed award or the parties have agreed to dispense with reasons. In a simple case it may be sufficient, when allocating costs, to refer to the principle that costs follow the event. Where an arbitrator is departing from that principle his award should explain his reasons for so doing; see para. 14 above.

66. Where the effect of the award is to quantity the amount of the recoverable costs, s. 63 (3) require the arbitrator to specify:

the basis on which he has acted; and

the items of recoverable costs and the amount referable to each.

Hence it is not sufficient to set out the aggregate amount payable in respect of costs; the award should state the sum awarded in respect of each of the main heads of recoverable costs.

67. Where an arbitrator is making a partial/interim award dealing with a preliminary issue (see para. 22 above) and is awarding the costs of that issue to the party in whose favour he decides it, the arbitrator may be asked to make an order (a) determining the amount of those costs and (b) directing their immediate payment. There is no reason not to make such an order if the justice of the case so requires. It is however sometimes more convenient to defer all questions of the quantification of costs to the concluding stages of the arbitration.

68. At the end of a preliminary hearing dealing with purely procedural matters, an arbitrator may be asked to make an order for costs in favour of one of the parties (as opposed to ordering costs in the arbitration'). Should he decide to make such an order, the most usual form of order is for the claimant or the respondent to have the costs in any event'. This means that the party in whose favour the order is made is entitled to have the costs, whatever other costs order are made in the arbitration. Sometimes, however, an arbitrator may be asked to go further and to determine the amount of those costs and direct their immediate payment. An arbitrator should be cautious about making orders in this form as an order for the payment of costs must be contained in an award to be enforceable and there is no precedent for making partial/interim awards in respect of the costs of purely procedural hearings.

PART 3-CAPPING THE RECOVERABLE COSTS (诉讼费用限制)

69. Section 65 of the 1996 Act introduced a new principle that, unless otherwise agreed by the parties, the arbitral tribunal might direct that the recoverable costs of the arbitration or of any part of the arbitral proceedings, shall be limited to a specified amount. The object of the section was to put a ceiling on the costs so that, while a party might spend as mush as it liked on an arbitration, it would not be able to recover more than the ceiling limit from the other party. It was also to discourage those with deep pockets from intimidating their opponents into giving up through fear of incurring a liability for costs beyond their means.

70. The power given to an arbitrator to impose a cost cap' is not mirrored by any of the Civil Procedure Rules 1998 and its exercise requires some care. While it was one of the objects of the 1998 Rules to ensure that an award of costs was proportionate', an arbitrator who imposes a cost cap' has to decide what amount of costs is proportionate to the arbitration before the relevant costs are incurred and not afterwards. A cost cap cannot apply or be varied retrospectively. A cost cap should refer to each party's costs and not to both pasties' costs added together and will be presumed to do this unless otherwise specified.

71. The cardinal principle set out in s. 65 is that while a direction may be made or varied at any stage, this must be done sufficiently in advance of the incurring of costs to which it relates, or the taking of any steps in the proceeding which may be affected by it,

for the limit to be taken into account. The following points should be borne in mind.

72. First, the section applies unless otherwise agreed by the parties'. Consequently if the parties agree that there shall be no costs cap, an arbitrator has no power to impose one. Similarly if the parties agree a limitation on the recoverable costs. Similarly if an arbitrator of his own motion suggests that a costs cap' should be ordered and both parties oppose the making of the order, he should desist from imposing a cap.

73. Secondly, an order under the section can be made either (i) on the application of one of the parties, or (ii) of the arbitrator's own motion. In the latter case, however, he should allow the parties to make submissions to him before making the order.

74. Thirdly, a cost cap' should not be ordered until the arbitrator has sufficient knowledge of the dispute (or of the part of the proceedings to which the cap will relate) for him to be able to determine what amount of costs it would be reasonable for each party to devote to it. To assess the amount of any possible cap, an arbitrator will need to know, in broad terms, not only what sum is at stake, but also the other factors relevant in deciding on the proportionality' of costs (see para. 41 above)

75. Fourthly, as a cap may apply to any part of the arbitral proceedings', it is open to an arbitrator to impose a cap' in relation to a particular stage of the arbitration of which he has detailed knowledge or whose features he can predict with reasonable accuracy. But such an order can give rise to unnecessary complication unless it is intended to make a special order for costs in relation to that stage of the proceedings.

76. Fifthly, an arbitrator would normally be unwise to set a different limit on the costs recoverable by one party from those recoverable by the other. But where the work involved on one side is so clearly likely to be greater than that involved on the other, fairness may require that, if a limit is set at all, different limits should be set to the costs recoverable by each side. Since it is not clear that s. 65 enables different limits to be set, it may be preferable in such circumstances to desist from ordering any limit to the recoverable costs. Another possible course is to set the limit at the higher of the two figures but to warn the parties that, when costs are determined at the end of the arbitration, the requirements of proportionality and reasonableness may dictate that what the parties actually recover may be less than the limit.

77. Sixthly, where there is both a claim and a counterclaim the arbitrator will need to specify in his order whether the limit is to apply to one or the other or both.

78. Seventhly, where a limit has been set and that limit subsequently proves to have been insufficient, it is possible for the limit to be varied. But the variation applies only in relation to costs not yet incurred. The original limit continues to apply to costs already incurred. This can give rise problems of some complexity.

79. Eighthly, the limit must be taken into account when allocating the costs of the arbitration between the parties, as well as when determining the recoverable costs of the arbitration. In the simple case where the arbitrator is minded to make an order for costs in favour of the claimant, he should bear in mind that the claimant may have incurred costs in excess of the limit (in which case the limit will apply) or below the limit (in which case he should reserve to himself the right to determine the amount of the claimant's recoverable costs in the event that they are not agreed).

80. Ninthly, if, when allocating the costs of the arbitration, the arbitrator is minded to order that party A is to recover, say, 50 per cent of its costs or that each party is to recover a specified proportion of its costs from the other, the arbitrator should go on to consider whether the limit is to apply before or after the proportion is assessed. As a general rule the fair course is to order that the proportion should apply to the capped figure. To do otherwise is normally unfair to the paying party. It is insufficient for the arbitrator to award, for example, 50 per cent of the claimant's costs to be paid by the respondent' in a situation where a limit has been set. He should normally order 50 per cent of the claimant's costs to be paid by the respondent not exceeding 50 per cent of the limit'.

81. Finally, in the light of the power given to arbitrators to fix the basis on which costs are to be recovered so that the requirement of proportionality' is observed, there may be other ways of satisfying many of the objectives of s. 65 than by setting a ceiling to the recoverable costs.

PART 4-SECURITY FOR COSTS(诉讼费用担保)

82. As a result f the 1996 Act, it has become the norm for an arbitral tribunal to have the power to order a claimant to provide security for the costs of the arbitration. The Act recognizes that the parties may agree on the powers exercisable by the tribunal. Consequently the parties may by contract agree upon the circumstances in which a tribunal may order security or they may preclude an order for security. Any rules incorporated into the contract may have a similar effect. An arbitrator should therefore examine the contract and any rules incorporated in it before entertaining an application for security.

83. If the parties do not otherwise agree, s. 38 (3) of the Act enables a tribunal to order a claimant', (which term includes a counterclaim, see s. 82⌊1⌋) to provide security for the other party's costs of the arbitration. The Act does not lay down any principle to govern the circumstances when an order for security should be made. The Departmental Advisory Committee was at one stage in favour of providing that an arbitral tribunal should act on the same principle as the Court in exercising the power but this provision was deleted from the final draft.

84. There is one negative provision, namely that the power shall not be exercised on

the ground that the claimant is an individual ordinarily resident outside the United Kingdom or a corporation association incorporated, or formed under, the law of a county outside the United Kingdom, or whose central management and control is exercised outside the United Kingdom. This prohibits an order for the provision of security not only where the principle ground for ordering it is that the claimant is ordinarily resident outside the United Kingdom but also where this is one of several stated grounds for ordering it. There is some doubt as to how far the prohibition extends. It was one of the objects of s. 38 to avoid discrimination between the treatment of UK claimants and non-UK claimant. Both should be treated on similar principles.

85. The only other restriction, if it can be so called, is that the tribunal must comply with its general duty under s. 33(1) to act fairly and impartially between the parties.

86. As to the proper approach, the arbitral tribunal must necessarily strike a balance between the factors in favour of ordering security (save for those covered by the negative provision referred to in para. 84 above) and the factors mitigating against an order for security. In so doing an arbitrator must have regard to the evidence and must exercise his discretion in a manner which seems most in accordance with the justice of the case. But it can sometimes be difficult to resolve the matter in a way which avoids injustice to one or other party.

87. In most cases the application will be made on the ground that the claimant will or may be unable to pay the respondent's (*i. e.* the applicant's) costs in the event of the respondent being successful in the arbitration. Where the application is made on these grounds it can be useful, as a rule of thumb, to begin by making the initial assumption that the applicant's defence will succeed and that an award of costs will be made in his favour (these assumptions can be reviewed later if necessary) and then to consider:

What is likely to be the total amount of the applicant's recoverable costs; and

Is it probable on the evidence that the claimant will be unable to pay that amount at the time when the award will become enforceable.

88. if the evidence establishes, at the first stage, that the claimant will be unable, or is unlikely to be able, to pay the applicant's recoverable costs, the arbitral tribunal should go on to the second stage which can involve the consideration of broader factors relevant to the exercise of the discretion. The arbitrator should ask himself the question: Would it be fair and just in all the circumstances of the case to make an order for security for costs and if so, for how much?

89. When considering the probable amount of the applicant's recoverable costs, an arbitrator will require the applicant to submit an itemized list of the costs which have been incurred to the date of the application together with an estimate of those likely to be incurred

in the future. The arbitrator should also consider whether the total is reasonable and proportionate. At an early stage in the arbitration it may be difficult for the tribunal to estimate what global amount of costs would be proportionate. This can be a reason for ordering security to be provided in stages (see below). In any event arbitrators should view statements of costs with some care as they are not likely to be understated.

90. Any dispute as to the ability of the claimant to pay the applicant's costs at the time when the award will become enforceable will normally give rise to an examination of the claimant's most recently published accounts. An arbitrator is at liberty to draw inference from those accounts, as well as from any failure on the part of the claimant to file or produce accounts.

91. In some cases, the dispute centres on the question whether a successful respondent would be able to enforce an award of costs against any assets belonging to the claimant. If the claimant has reachable assets in the United Kingdom the question can hardly arise. If the claimant is resident in a country which has acceded to the New York Convention and has assets in that jurisdiction, it should be possible under the Convention to enforce the award against those assets. But not all states which are parties of to the Convention have provided adequate remedies to enforce Convention awards. Where there is no adequate legal regime enabling a party to enforce an award of costs, (whether the state has acceded to the convention or not) this may be a powerful factor in favour of granting security. It is thought that an order in such circumstances would not fall within the prohibition referred to in para. 84 albeit that difficulties of enforcement were traditionally the jurisdiction for making orders for security against claimants resident outside the United Kingdom.

92. In some cases a claimant will assert positively, as a person why security should not be ordered, that it has no assets or insufficient assets to meet the applicant's costs and that consequently if it were ordered to provide security this would deprive it of an opportunity to pursue a meritorious claim. In such cases it can be difficult to find an equitable solution. A point to bear in mind is that even if the claimant cannot provide the security itself, the shareholders or backers of the company may be able to provide it and an arbitrator should be wary about accepting a plea that the claimant cannot provide security unless evidence is produced as to whether security can be provided by any shareholders or backers. It may turn out that, even if security can be provided, this could only be done at the price of unduly fettering the working capital of the claimant but once again some caution may need to be exercise against accepting such a plea without proper evidence to support it. In all such cases a balance needs to be struck between any injustice which an order for security may cause to the claimant against the injustice which may be caused to the applicant by refusing an order for security in circumstances where the claimant will be unable to pay its

costs at the end of the day. It may be possible to strike this balance by reducing the quantum of the security ordered so that the applicant will be partially secured. Such an order will achieve no purpose however unless the claimant is able to provide the security ordered. At best such an order can be justified on the grounds that the provision of some, albeit insufficient, security is a test of the*bona fides* of the claimant. In this area there can be no hard and fast rules and in some cases an order for partial security will constitute an unsatisfactory and illogical compromise.

93. An order for security should not be allowed to become an instrument of oppression. Arbitrators should be vigilant to guard against the use of an application for security as a tactical device by which a respondent may be seeking to intimidate a weaker party or to delay the time when it has to address the substance of the dispute.

94. A claimant may assert that its want of means to pay the respondent's costs has been brought about by the conduct of the applicant. Such assertions will carry little weight unless supported by evidence but may if justified be a ground for refusing to order security.

95. It is normally unproductive to examine the merits of the claim or the probability of the respondent being successful in the course of an application for security. However, one or other party may advance arguments based on the merits or the claim. In such circumstances an arbitrator should be willing to go some way towards making an assessment of the cases of each party since it may become evident for example, that the chances of the applicant obtaining an order for costs are extremely slim or even non-existent. Since the arbitrator will ultimately have to decide the case on its merits, he should be war of going into the merits in more detail than is absolutely necessary, should decline to do so whenever the examination is likely to be detailed or prolonged and should express his conclusions with some caution to avoid giving the impression that he has formed a final view on the merits without giving the party affected a reasonable opportunity of putting his case.

96. It is not uncommon for the parties to refer to settlement offers as a ground for ordering or refusing to order security. A reference to a sealed offer may cause difficulty to an arbitrator since he may anticipate that one or other party will consider it self prejudiced if the offer is known to the arbitrator before questions of liability and quantum have been determined. However the Departmental Advisory Committee considered this point and was not persuaded either that the tribunal would be influenced by the offer if the case proceeded to a hearing on the merits or that the disclosure of the offer could somehow disqualify the tribunal from acting. It is however wise to avoid reference to sealed offers whenever possible.

97. Where the applicant has a counterclaim which raises the same or similar issues to the claim, an order for security on its own may serve no purpose since if security is ordered and not provided the arbitration may continue on the counterclaim. The arbitrator may in

such circumstances require as a condition for ordering security that the applicant undertake not to pursue the counterclaim if the claimant fails to provide the security ordered.

98. In order not to stifle a*bona fide* claim it is sensible for an arbitrator (if persuaded that security should be provided) to order that it be provided in stages. The first order might be for security up to and including the close of pleadings or the disclosure of documents. The next might be up to the hearing or some point shortly before it, such as a pre-trial review. The final stage might include the hearing. The object is to avoid injustice and to try to resolve the dispute without a hearing.

99. Should the arbitrator be minded to order security he should ensure that his order makes provision for the following:

(i) the amount of security to be provided.

(ii) the form in which it is to be provided (this might be by payment to a stakeholder or by the provision of a bank guarantee in terms acceptable to the applicant or in default of agreement to be settled by the arbitrator, by parent company guarantee, by a director's personal guarantee, by a floating charge on assets, etc).

(iii) the stage of the arbitral proceedings which it is to cover.

(iv) the time within which the security is to be provided.

100. Arbitrators are commonly asked to include in the order a provision that, it the security be not provided within the specified time, the claim will be stayed. There is usually no need for such a provision and orders for the automatic staying of arbitral proceedings are not sanctioned either by the Act or by the reports of the Departmental Advisory Committee.

101. If an order for security is not complied with, the sanction available to the applicant is first to apply for a peremptory order within s. 41(5). A peremptory order must prescribe a time for compliance. If the claimant fails to comply with a peremptory order for the provision of security the applicant may apply to the tribunal for an award dismissing the claim (s. 41[6]).

102. Finally it should be mentioned that s. 38(3) is not confined to a situation where a respondent seeks an order that the claimant is to provide security for its costs. The section is so worded that it confers jurisdiction on a tribunal to order a claimant to provide security for the arbitrators' fees and expenses. But arbitrators should, whenever practicable, agree with the parties the basis of their remuneration, including any arrangements for security for their own fees and expenses, on or before acceptance of their appointment. In addition, under English law arbitrators have a statutory lien on the award until such time as they are in receipt of full payment of their fees and expenses (s. 56[1]). One very rarely, therefore, if ever, is it justified for arbitrators to order a claimant to provide security for their

own fees and expenses.

7. 有关节省仲裁费用的探讨

在本章一开始已经简略提及仲裁费用高昂的问题,现在本章的结尾部分不妨探讨一下在哪些方面可以作出节省。首先说明,笔者对这一方面并不乐观,原因不少。比较重要的就是在今天国际仲裁越来越复杂,能够胜任处理国际仲裁的人才并不多也不够。所以,能够胜任的人士(不论是仲裁员或是代表律师)的收费每年都在增加,也的确高昂(特别是对发展中国家而言)。但是简单的道理就是想省钱根本就找不到胜任的律师/仲裁员来处理,面对金额庞大的国际仲裁,真是商场如战场,不可能在打仗时考虑节省军费的开支。

另一个重大原因是本章段有涉及,就是香港在2009年4月2日《民事诉讼程序规则》生效后(英国就更早),诉讼费用的问题也变得更复杂。这就表示在处理诉讼费用会是更加昂贵的一步,双方代表律师会有长篇大论的争辩,仲裁庭也会要一个很长的仲裁费用裁决书。仲裁费用可能会比之前针对责任与赔偿的仲裁费用更加昂贵。

显然,最基本的解决办法仍然是提高所有参与国际贸易第一线人士的水平与素质,这特别是指当事人。如果这些当事人能够订好一个金额庞大的商贸合约且能够保障自己的利益,掌握一定程度的英美合约法与证据法,就可以避免目前正在发生的绝大部分争议。而水平与素质的提高最重要,最基本也是唯一的途径就是依靠良好的教育(这是指国际上普遍适用的英美法教育)。

以下介绍"国际商会"(ICC)在2007年所作出的报告,针对怎样控制与节省仲裁的费用与避免时间上的延误。以下就节录该报告:

TECHNIQUES FOR CONTROLLING TIME AND COST IN ARBITRATION

国际仲裁控制时间与诉讼费用的技巧

PREFACE (序言)

One of the salient characteristics of arbitration as a dispute resolution mechanism is that the rules of arbitration themselves present a framework for arbitral proceedings but rarely set out detailed procedures for the conduct of the arbitration. For example, rules of arbitration do not generally specify whether there should be one, two or more exchanges of briefs. They do not contain any detailed provisions concerning document production. They do not specify how hearings should be

conducted and how witnesses, if any, should be heard. This important characteristic entails that the specific procedures can be tailor-made as appropriate for each dispute and adapted to the legal cultures of the parties and the arbitrators. In order to establish the appropriate procedures for a given arbitration, it is useful and efficient for the parties and the tribunal to make conscious decisions as early as possible on the procedures best suited to the dispute at hand. In making those decisions, it is possible to shape the arbitral proceedings so that the duration and cost of the arbitration are commensurate with what is at stake in the case and appropriate in light of the claims and issues presented.

With the above in mind, the ICC Task Force on Reducing Time and Costs in Arbitration, excellently co-chaired by Yves Derains and Christopher Newmark, has prepared a document setting out a large number of techniques which can be used for organizing the arbitral proceedings and controlling their duration and cost. This document can provide valuable assistance to the parties and the tribunal in developing appropriate procedures for their arbitration. It is intended to encourage them to create a new dynamic at the outset of an arbitration, whereby the parties can review the suggested techniques and agree upon appropriate procedures and, if they fail to agree, the tribunal can decide upon such procedures. For example, an arbitral tribunal can send this document to the parties at the start of the proceedings, indicating that early in the proceedings they might seek to agree upon appropriate procedures in consultation with the tribunal. In that process, all may agree upon the use of certain techniques. If one party wishes to use a particular technique and the other party does not, the tribunal, after obtaining the views of each party on the matter, can decide whether or not to adopt that procedure. The use of this approach, coupled with the proactive involvement of the tribunal in the management of the proceedings, can result in meaningful savings of time and cost in the arbitration.

The techniques suggested in the document are not intended to be exhaustive. On the contrary, they are open-ended, and the parties and the tribunal are encouraged to think of this document as a basis from which to develop the procedures to be used. Indeed, it is the intention of the ICC Commission on Arbitration to revise and republish this document in the future, taking into account further suggestions which will emerge from the use of the document. As a corollary, it should be clear that parties and arbitrators are in no way obligated to follow any of the techniques. Moreover, the document is a product of the ICC Commission on Arbitration and not of the ICC International Court of Arbitration and thus it is not part of or interpretative of the ICC Rules of Arbitration or in any way binding upon the Court. Rather, it is a practical tool designed to stimulate the conscious choice of arbitral procedures with a view to organizing an arbitration which is efficient and appropriately tailor-made. Finally, while this document was conceived with the ICC Rules of Arbitration in mind, the vast majority of the techniques as well as the dynamics generated by the document can be used in all arbitrations.

It is the sincere hope of the Task Force that this document will be used and be of use in the crafting of efficient arbitration procedures in which time and cost will be proportionate to the needs of the dispute.

Peter M. Wolrich

Chairman, ICC Commission on Arbitration

INTRODUCTION（简介）

Statistics provided by the ICC International Court of Arbitration based on ICC cases that went to a final award in 2003 and 2004 show that the costs incurred by the parties in presenting their cases constituted the largest part of the total cost of ICC arbitration proceedings. On average, the costs in these ICC arbitration cases were spread as follows:

Costs borne by the parties to present their cases: 82%

(including, as the case may be, lawyers' fees and expenses, expenses related to witness and expert evidence, and other costs incurred by the parties for the arbitration other than those set forth below)

Arbitrators' fees and expenses: 16%

Administrative expenses of ICC: 2%

It follows that if the overall cost of the arbitral proceedings is to be minimized, special emphasis needs to be placed on steps aimed at reducing the costs connected with the parties' presentation of their cases. Such costs are often caused by unnecessarily long and complicated proceedings with unfocused requests for disclosure of documents and unnecessary witness and expert evidence. Costs can also be unnecessarily increased when counsel from different legal backgrounds use procedures familiar to them in a manner that leads to needless duplication.

The increasing and, on occasion, unnecessary complication of the proceedings seems to be the main explanation for the long duration and high cost of many international arbitrations. The longer the proceedings, the more expensive they will be.

These Techniques for Controlling Time and Cost in Arbitration are designed to assist arbitral tribunals, parties and their counsel in this regard.

Pursuant to Article 15 of the ICC Rules of Arbitration, the procedure in an ICC arbitration is governed firstly by the ICC Rules and, where they are silent, by any rules which the parties or, failing them, the arbitral tribunal may settle on. Many other arbitration rules provide for similar solutions. As a result, arbitrations may be conducted using different procedural traditions, depending on the origins of the parties, their counsel and the arbitrators.

These Techniques provide guidance to the parties and their counsel on certain procedures that they may be able to agree upon for the efficient management of their proceedings.

The solutions proposed herein are not the only ones available and it is not suggested that they are appropriate to all kinds of arbitrations.

This document can be provided to the parties by the arbitral tribunal as soon as it has received the file, so that they can discuss and seek to reach agreement on procedures suitable for their case. If the parties cannot reach agreement, the Techniques may also assist the arbitral tribunal in adopting procedures that it considers appropriate, taking into account its obligation, under Article 20(1) of the ICC Rules, to establish the facts of the case within as short a time as possible, whilst ensuring that each party has a reasonable opportunity to present its case.

The Techniques are in no way prescriptive, nor should they be regarded as a code of best practice. Rather, they provide ideas that may assist in arriving at procedures that are efficient and will reduce both cost and time. Certain procedures will be appropriate for one arbitration, but inappropriate for another. There may be other procedures not mentioned here that are well suited to a particular case. In all instances, it is for the parties and the arbitral tribunal to select the procedures that are best suited for the case. The table of contents to this document can serve as a checklist of points to consider.

The Techniques embody two underlying principles. First, wherever possible, the parties and the arbitral tribunal should make a conscious and deliberate choice early in the proceedings as to the specific procedures suitable for their case. Second, the arbitral tribunal should work proactively with the parties to manage the procedure from the outset of the case.

While the main focus of the Techniques is to provide guidance on the procedure during the arbitration, the first two sections give suggestions on the drafting of arbitration agreements and the initiation of arbitral proceedings.

ARBITRATION AGREEMENT (仲裁协议)

Keeping clauses simple (仲裁协议尽量简单)

1. Simple, clearly drafted arbitration clauses will avoid uncertainty and disputes as to their meaning and effect. They will minimize the risk of time and costs being spent on disputes regarding, for example, the jurisdiction of the arbitral tribunal or the process of appointing arbitrators. In all cases, ensure that the arbitration clause conforms with any relevant applicable laws.

2. Use of the standard ICC arbitration clause, which can be found in the booklet containing the ICC Rules of Arbitration (ICC Publication 838), is recommended. Modifications to the standard clause can result in unintended and undesirable consequences. In addition to the standard clause, specify in separate sentences the place of the arbitration, the language of the arbitration and the rules of law governing the contract. Be cautious about

adding further provisions to this clause relating to the procedure for the arbitration. However, multi-party and multi-contract transactions may require specific additional provisions.

Selection and appointment of arbitrators（选择与委任仲裁员）

3. High value and complex contracts can give rise to small disputes for which a three member tribunal may be too expensive. Although parties may desire the certainty of appointing either a one or a three person tribunal in their arbitration agreement, consideration should be given to staying with the standard ICC arbitration clause and providing for one or more arbitrators. This will enable ICC to appoint or the parties to agree on a sole arbitrator where the specific nature of any subsequent dispute does not warrant a three person tribunal (See ICC Rules, Article 8(2)).

4. If the parties wish ICC to select and appoint all members of the arbitral tribunal (see paragraph 13 below), then the following wording can be used: All arbitrators shall be selected and appointed by the ICC International Court of Arbitration.'

5. Adding special requirements as to the expertise and qualifications of arbitrators to be appointed will reduce the pool of available arbitrators and may increase the time taken to select a tribunal.

Fast-track procedures（简易快速程序）

6. Consideration may be given to setting out fast-track procedures in the arbitration clause. Indeed Article 32(1) of the ICC Rules enables the parties to shorten time limits provided for in the Rules, while Article 32(2) enables the Court to extend those shortened time limits when necessary. Fast-track procedures are designed to enable an arbitration to proceed quickly, given the specific nature of the contract and disputes that are likely to arise. However, experience shows that in practice it is difficult at the time of drafting the clause to predict with a reasonable degree of certainty the nature of disputes and the procedures that will be suitable for those disputes. Also, disagreements can arise later as to the interpretation or application of fasttrack clauses. Careful thought should therefore be given before such provisions are included in an arbitration agreement. Once a dispute has arisen, the parties could at that time agree upon a fast-track procedure, if appropriate.

Time limits for rendering the Award（作出裁决书的时限）

7. One commonly used provision that can give rise to significant difficulties is the requirement that an award be produced within a certain number of weeks or months from the commencement of the arbitration. Such specific time limits can create jurisdictional and enforcement problems if it turns out that the time limit specified is unrealistic or not clearly defined.

Submission to ICC arbitration（提交给ICC 仲裁的陈述）

8. If the parties agree to submit a dispute to ICC arbitration after the dispute has aris-

en, they can consider specifying in some detail the procedure for the arbitration, taking into account the nature of the dispute in question. This procedure may include some of the suggestions set out below to reduce time and costs.

INITIATION OF PROCEEDINGS (开始程序)

Selection of counsel (选择代表律师)

Counsel with experience (代表律师要有经验)

9. Consider appointing counsel with the skills necessary for handling the arbitration at hand. Such counsel are more likely to be able to work with the arbitral tribunal and the other party's counsel to devise an efficient procedure for the case.

Counsel with time (代表律师要有时间)

10. Ensure that the counsel you have selected has sufficient time to devote to the case.

Selection of arbitrators (选择仲裁员)

Use of sole arbitrator (使用独任仲裁员)

11. After a dispute has arisen, consider agreeing upon having a sole arbitrator, when appropriate. Generally speaking, a one person tribunal will be able to act more quickly than a three person tribunal, since discussions between tribunal members are not needed and diary clashes for hearings will be minimized. A one person tribunal will obviously also be cheaper.

Arbitrators with time (仲裁庭成员要有时间)

12. Whether selecting a sole arbitrator or a three person tribunal, it is advisable to make sufficient enquiries to ensure that the individuals selected have sufficient time to devote to the case in question. If there is particular need for speed, this must be made clear to ICC so that it can be taken into consideration when making any appointments.

Selection and appointment by ICC (ICC 对仲裁庭成员的选择与委任)

13. Consider allowing ICC to select and appoint the arbitral tribunal, whether it be a sole arbitrator or a three person tribunal. This will generally be the quickest way to constitute the arbitral tribunal, if there is no agreement between the parties on the identity of all arbitrators. It will also reduce the risk of challenges, facilitate the constitution of a tribunal with a variety of specialist skills and create a different dynamic within the arbitral tribunal. If the parties wish to have input into the selection of the tribunal by ICC at this stage, they can request that ICC disclose the names of possible arbitrators for selection by ICC in accordance with a procedure to be agreed upon by the

parties in consultation with ICC.

Avoiding objections (避免可能被反对的仲裁员)

14. Objections to the appointment of an arbitrator, whether or not warranted, will de-

lay the constitution of the arbitral tribunal. When selecting an arbitrator, give careful thought as to whether or not the appointment of that arbitrator might give rise to an objection.

Selecting arbitrators with strong case management skills（仲裁员要有很强的案件管理能力）

15. A tribunal that is proactive and skilled in case management will be able to assist in managing the arbitration so as to make it as cost and time effective as possible, given the issues in dispute and the nature of the parties. This may be of particular value where the parties wish to use a fast-track procedure. Careful consideration should therefore be given to selecting tribunal members, especially the sole arbitrator or chairman.

Request for Arbitration and Answer（原告向 ICC 秘书处提交的仲裁申请与被告就此的回应）

Complying with the ICC Rules（遵守ICC 的仲裁规则）

16. The Claimant should ensure that it includes all of the elements required by Article 4 of the ICC Rules in its Request for Arbitration. Failure to do so can result in the Secretariat needing to revert to the Claimant before the Request can be forwarded to the Respondent in accordance with Article 4(5). This causes delay. Similarly, when filing its Answer, the Respondent should include all elements required by Article 5 of the Rules.

17. The ICC Rules do not require a Request for Arbitration or an Answer to set out full particulars of either the claim or defence (or, where applicable, a counterclaim). Whether or not detailed particulars of the claim are given in the Request for Arbitration can have an impact on the efficient management of the arbitration. Where the Request does contain detailed particulars of the claim, and a similar approach is taken by the Respondent in the Answer, the parties and the arbitral tribunal will be in a position to hold a case management conference to establish the procedure for the arbitration at a very early stage in the proceedings (see paragraphs 31 34 below).

PRELIMINARY PROCEDURAL ISSUES（初步程序所要针对的问题）

Language of the arbitration（仲裁语言）

Determination of language by the arbitral tribunal（仲裁庭决定仲裁语言）

18. If the parties have not agreed on the language of the arbitration, the arbitral tribunal should consider determining the language of the arbitration by means of a procedural order, pursuant to Article 16 of the ICC Rules, prior to establishing the Terms of Reference and after ascertaining the position of the parties.

Proceedings involving two or more languages（涉及两种以上仲裁语言的程序）

19. In general, the use of more than one language should be considered only when doing so would reduce rather than increase time and cost. If the parties have agreed or the ar-

bitral tribunal has decided that the arbitration will be conducted in two or more languages, the parties and the arbitral tribunal should consider agreeing upon practical means to avoid duplication. In cases where the members of the arbitral tribunal are fluent in all applicable languages, it may not be necessary for documents to be translated. Consideration should also be given to avoiding having the Terms of Reference, procedural orders and Awards in more than one language. If it is not possible to avoid preparing one or more of those documents in more than one language, the parties would be well advised to agree that only one version shall be binding.

Relationship among the Terms of Reference , the provisional timetable and the early case management conference（仲裁审理范围书，暂定时间表与早期案件案件管理会议之间的关系）

20. Pursuant to Article 18 of the ICC Rules, the Terms of Reference must be drawn up as soon as the arbitral tribunal has received the file from the Secretariat (see paragraphs 24 - 30 below). Article 18(4) also requires the arbitral tribunal to establish a provisional timetable for the conduct of the arbitration either when drawing up the Terms of Reference, or as soon as possible thereafter.

21. While an early case management conference (sometimes called a procedural conference') is not required under the ICC Rules, such conferences are commonly used in ICC arbitrations. Such a conference can play an important role in enabling the parties and the arbitral tribunal to discuss and agree on a procedure that is tailored to the specific case and enables the dispute to be resolved as efficiently as possible (see paragraphs 31 34 below).

22. Where the parties have set out their cases in sufficient detail in the Request for Arbitration and the Answer, it may be possible to hold a case management conference during the meeting at which the Terms of Reference are finalized and immediately following their signature. In such circumstances, it may be possible for the provisional timetable required by Article 18(4) to include detailed provisions on procedure for the entire arbitration.

23. Where the case has not been set out in such detail at the time the Terms of Reference are finalized, it may be necessary to defer the case management conference until after the parties have set out their cases in sufficient detail. In such circumstances, the provisional timetable required by Article 18(4) will need to describe the steps that the parties are to take in order promptly to set out their cases in sufficient detail prior to the case management conference. At the case management conference, a revised provisional timetable can be established and communicated to the parties and the International Court of Arbitration in accordance with Article 18(4).

Terms of Reference（仲裁审理范围书）

Summaries of claims and relief sought（索赔与要求救济的概括）

24. The arbitral tribunal should consider whether it is appropriate for it to draft the summary of claims and/or the relief sought or whether it would assist if each party provided a draft summary for inclusion in the Terms of Reference in accordance with Article 18(1)(c) of the ICC Rules. In the latter case, the arbitral tribunal should consider requesting that the parties limit their summaries to an appropriate fixed number of pages. Further guidance on preparing Terms of Reference can be found in the article of Serge Lazareff (Terms of Reference', ICC International Court of Arbitration Bulletin Vol. 17/No. 1 2006, pp. 21 32).

Use of discretion in apportionment of costs（分摊诉讼费用时裁量权的使用）

25. The arbitral tribunal should consider promptly informing the parties that any unreasonable failure to comply with procedures agreed or ordered in the arbitration or any other unreasonable conduct will be taken into account by the arbitral tribunal in determining who shall bear what portion of the costs of the arbitration, pursuant to Article 31 of the ICC Rules (see further at paragraph 85 below under the heading 'Costs').

Empowering chairman on procedural issues（允许首席仲裁员处理程序问题）

26. Where there is a three person tribunal, it may not be necessary for all procedural issues to be decided upon by all three arbitrators. The parties should consider empowering the chairman to decide on certain procedural issues alone. In all events, consider authorizing the chairman to sign procedural orders alone.

Administrative Secretary to the arbitral tribunal（仲裁庭的行政秘书）

27. Consider whether or not an administrative secretary to the arbitral tribunal would assist in reducing time and cost. If it is decided to use such a secretary, the parties and the arbitral tribunal should take into account the Note of the Secretariat of the ICC International Court of Arbitration on the Appointment of Administrative Secretaries by Arbitral Tribunals (published in the ICC International Court of Arbitration Bulletin, Vol. 6/No. 2 November 1995, pp. 77 78) which deals with the duties of the secretary, the secretary's independence, the tribunal's responsibility for the secretary's work, and the basis for payment of the secretary.

Need for a physical meeting（真正会面的需要）

28. Consider whether it is appropriate to agree upon and sign the Terms of Reference without a physical meeting, e. g. by way of a telephone or video conference, as appropriate. In making that decision, the advantages of having a physical meeting at the start of the proceedings should be weighed against the time and cost involved.

Counterparts（同等地位负责人对仲裁审理范围书的加签）

29. If there is no physical meeting for signing the Terms of Reference, the arbitral tribunal should consider having the Terms of Reference signed in counterparts.

Compliance with Article 18 (3)（符合ICC 仲裁规则之Article 18 [3]）

30. If a party refuses to take part in drawing up the Terms of Reference or refuses to sign them, the arbitral tribunal should make certain that the Terms of Reference to be submitted to the International Court of Arbitration for approval pursuant to Article 18(3) of the ICC Rules do not contain any provisions that would require the parties' agreement or any decisions by the arbitral tribunal.

Early case management conference（早期案件案件管理会议）

Timing of case management conference（早期案件案件管理会议的召开时间）

31. Consider holding a case management conference (sometimes called a 'procedural conference') as soon as the parties have set out their respective cases in sufficient detail for the arbitral tribunal and the parties to identify the issues in the case and the procedural steps that will be necessary to resolve the case. If the Request for Arbitration and the Answer do not set out the substance of the case in such detail, consideration should be given to holding the case management conference as soon as this has been done (see paragraph 23 above).

Proactive case management（主动的案件管理）

32. At the case management conference, directions concerning the procedure for the arbitration will be agreed upon or ordered. The more information the arbitral tribunal has about the issues in the case prior to such conference, the better able it will be to assist the parties to devise a procedure that will deal with the dispute as efficiently as possible. For example, a tribunal that has made itself familiar with the details of the case from the outset can be proactive and give appropriate, tailor-made suggestions as to the issues to be addressed in documentary and witness evidence, the areas on which it will be assisted by expert evidence, and the extent to which disclosure of documents by the parties is needed in order to address the issues in dispute. The techniques set out in this document can be used by the arbitral tribunal and the parties at the case management conference to assist in arriving at the most appropriate procedures (see Section entitled Subsequent procedure for the arbitration' below). A provisional timetable with the shortest times that are realistic should be established.

33. The arbitral tribunal should consider informing the parties that it will proactively manage the procedure throughout the arbitration so as to assist the parties in resolving the dispute as efficiently as possible.

Client attendance（双方当事人代表的出席）

34. The parties should consider having a person from within the client's organization

attend the case management conference. Client representatives and witnesses, including any experts, should be kept informed of the input that will be required from them in order to comply with each step in the provisional timetable. The arbitral tribunal may specifically request that client representatives attend this conference.

Timetable for the proceedings (仲裁程序的时间表)

Compliance with the provisional timetable (遵守暂定时间表)

35. The arbitrators and the parties should make all reasonable efforts to comply with the provisional timetable. Extensions and revisions of the timetable should be made only when justified. Any revisions should be promptly communicated to the Court and the parties in accordance with Article 18(4) of the ICC Rules.

Need for an evidence hearing (是否需要开庭审理)

36. Consider whether or not it is necessary for there to be an evidence hearing in order for the arbitral tribunal to decide the case. If it is possible for the arbitral tribunal to decide the case on documents alone, this will save significant costs and time.

Fixing the evidence hearing date (定下开庭审理的日期)

37. If an evidence hearing is necessary, then early in the proceedings (ideally at the early case management conference) consider fixing the date for this hearing. This will reduce the likelihood that the arbitral proceedings will become drawn out and will enable the procedure leading up to the evidence hearing to be adapted to the time available.

Pre-hearing conference (开庭前的会议)

38. Consider organizing a conference with the arbitral tribunal, which may be by telephone, to discuss the arrangements for any evidence hearing. At such apre-hearing conference, held a suitable time before the evidence hearing itself, the parties and the arbitral tribunal can discuss matters such as time allocation, use of transcripts, translation issues, order of witnesses and other practical arrangements that will facilitate the smooth conduct of the evidence hearing. The arbitral tribunal may consider using the occasion of the prehearing conference to indicate to the parties the issues on which it would like the parties to focus at the forthcoming hearing.

Use of IT (高科技技术的使用)

39. The arbitral tribunal should consider discussing with the parties how IT systems can be used during the arbitration. The parties can be referred to the ICC publication Using Technology to Resolve Business Disputes (2004 Special Supplement of the ICC International Court of Arbitration Bulletin), which contains useful guidance on the use of IT in international arbitration proceedings. The parties can also be offered the use of the online ICC service NetCase, which enables correspondence and documents for the arbitration to be stored and exchanged within a secure online environment hosted by ICC. Consideration can

also be given to the use of video and telephone conferences for procedural and other hearings where attendance in person is not essential.

Short and realistic time periods（尽量短但要符合实际情况的期限）

40. In deciding upon the length of the final hearing and the amount of time required for all procedural steps up until that hearing, choose the shortest times that are realistic. Unrealistically short time periods are likely to result in a longer rather than a shorter proceeding, should they need to be rescheduled.

Bifurcation and partial Awards（将仲裁程序分段处理与作出部分裁决书）

41. The arbitral tribunal should consider bifurcating the proceedings or rendering a partial Award when doing so may genuinely be expected to result in a more efficient resolution of the case.

Briefing everyone involved in the case（让参与案件的每一个人了解）

42. As soon as the proceedings are started, parties should give thought to the input that will be needed in order to comply with each step in the anticipated timetable. Once the timetable is set, the parties should consider precisely what input is needed in order to meet the timetable. It will be useful for all relevant personnel to be briefed accordingly (e. g. management within the client organisation, witnesses, internal and external lawyers, experts, etc.). This will greatly assist in enabling everyone to reserve the time they need to provide input at the relevant point in the procedure and will assist in enabling each party to adhere to deadlines set in the timetable.

Settlement（和解）

Arbitral tribunal's role in promoting settlement（仲裁庭在鼓励双方当事人和解中要扮演的角色）

43. The arbitral tribunal should consider informing the parties that they are free to settle all or part of the dispute at any time during the course of the ongoing arbitration, either through direct negotiations or through any form of ADR proceedings. For example, ADR proceedings can be conducted under the ICC ADR Rules, further information on which can be found in the article of Peter Wolrich entitled ICC ADR Rules: The Latest Addition to ICC's Dispute Resolution Services' (in ADR International Applications, 2001 Special Supplement of the ICC International Court of Arbitration Bulletin). The parties may also request the arbitral tribunal to suspend the arbitration proceedings for a specific period of time while settlement discussions take place.

SUBSEQUENT PROCEDURE FOR THE ARBITRATION（仲裁的后续程序）

Introduction（介绍）

44. The paragraphs that follow give guidance on the points to be discussed by the parties and the arbitral tribunal when establishing procedural directions for the arbitration.

They provide suggestions that may assist in reducing the cost and duration of the proceedings.

Written submissions（书面陈述）

45. Written submissions come in different forms and are given different names. They include the Request for Arbitration and Answer, statements of case and defence, memorials or other written arguments, and opening and closing written submissions. These comments apply to written submissions generally.

Setting out the case in full early in the proceedings（尽早全面陈述自己的案情）

46. If the parties set out their cases in full early in the proceedings, this will enable the parties and the arbitral tribunal to understand the key issues at an early stage and adopt procedures to address them in its procedural orders (see paragraphs 17, 22 23 and 31 above). It will help ensure that the procedure used during the case is efficient and that time and costs are not spent on matters that turn out to be of no direct relevance to the issues that need to be determined.

Avoiding repetition（避免重复）

47. Avoid unnecessary repetition of arguments. Once a party has set out its position in full, it should not be necessary to repeat the arguments at later stages (for example, in prehearing memorials, oral submissions and posthearing memorials), and the arbitral tribunal may direct that there be no such repetition.

Sequential or simultaneous delivery（先后或同时交换书面陈述）

48. Consider whether it is more effective for written submissions to be sequential or simultaneous. Whilst simultaneous submissions enable both parties to inform each other of their cases at the same time (and this may make things quicker), it can also result in inefficiency if the parties raise different issues in their submissions and extensive reply submissions are required.

Specifying form and content（说明书面陈述的格式与内容）

49. Consider specifying the form and content of written submissions. For example, clarify whether the first round of written submissions should or should not be accompanied by witness statements and/or expert reports.

Limiting the length of submissions（限制书面陈述的长度/页数）

50. Consider agreeing on limiting the length of specific submissions. This can help focus the parties on the key issues to be addressed and is likely to save time and cost.

Limiting the number of submissions（限制书面陈述的次数）

51. Consider limiting the number of rounds of submissions. This may help to avoid repetition and encourage the parties to present all key issues in their first submissions.

Documentary evidence（文件证据）

Organization of documents *（文件的组织）*

52. From the outset of the case the parties should consider using a coherent system for numbering or otherwise identifying documents produced in the case. This process can start with the Request for Arbitration and the Answer, and a system for the remainder of the arbitration can be established with the arbitral tribunal at the time of the case management conference.

Producing documents on which the parties rely *（披露双方当事人所依赖的文件）*

53. The parties will normally each produce the documents upon which they intend to rely. Each party should consider avoiding requests for production of documents from another party unless such production is relevant and material to the outcome of the case. When the parties have agreed upon noncontroversial facts, no documentary evidence should be needed to prove those facts.

Establishing procedure for requests for production *（设立向对方当事人要求披露特定文件的程序）*

54. When there are to be requests for the production of documents, the parties and the arbitral tribunal should consider establishing a clear and efficient procedure for the submission and exchange of documents. In that regard, they could consider referring to Article 3 of the IBA Rules on the Taking of Evidence in International Commercial Arbitration for guidance. In addition, the parties and the arbitral tribunal should consider establishing an appropriate time frame for the production of documents. In most situations, this is likely to be after the parties have set out their cases in full for the first time.

Managing requests for production efficiently *（有效的管理要求披露特定文件）*

55. Time and costs associated with requests for production of documents, if any, can further be reduced by agreeing upon one or more of the following:

Limiting the number of requests;

Limiting requests to the production of documents (whether in paper or electronic form) that are relevant and material to the outcome of the case;

Establishing reasonable time limits for the production of documents;

Using the Schedule of Document Production devised by Alan Redfern and often referred to as the Redfern Schedule, in the form of a chart containing the following four columns:

First Column: identification of the document(s) or categories of documents that have been requested;

Second Column: short description of the reasons for each request;

Third Column: summary of the objections by the other party to the production of the document(s) or categories of documents requested;

and

Fourth Column: left blank for the decision of the arbitral tribunal on each request.

Avoiding duplication（避免重复）

56. It is common for each of the parties to produce copies of the same documents appended to their statements of case, witness statements or other written submissions. Avoiding duplication where possible will save costs.

Selection of documents to be provided to the arbitral tribunal（选择提供给仲裁庭的文件）

57. It is wasteful to provide the arbitrators with documents that are not material to their determination of the case. In particular, it will not usually be appropriate to send to the arbitral tribunal all documents produced pursuant to production requests. This not only generates unnecessary costs, but also makes it harder for the arbitral tribunal to prepare efficiently.

Minimizing creation of hard copies（减少制造/复印文件）

58. Consider minimizing the volume of hard copy paper that needs to be produced. Exchanging documents in electronic form can reduce costs (see the ICC publication Using Technology to Resolve Business Disputes referred to in paragraph 39 above (2004 Special Supplement of the ICC International Court of Arbitration Bulletin).

Translations（翻译）

59. Try to agree how translations of any documents are to be dealt with. Minimizing the need for certified translations will reduce costs. Such certified translations may only be required where translation issues emerge from unofficial translations.

Authenticity of documents（文件的真假确认）

60. Consider providing that documents produced by the parties are deemed to be authentic unless and until such authenticity is challenged by another party.

Correspondence（通信往来）

Correspondence between counsel（双方代表律师之间的书信往来）

61. Avoid unnecessary correspondence between counsel. The arbitral tribunal may consider informing the parties that the persistent use of such correspondence may be viewed as unreasonable conduct and be a factor taken into consideration by the arbitral tribunal in the exercise of its discretion on costs (see paragraph 85 below).

Sending correspondence to the arbitral tribunal（给仲裁庭的书信）

62. Avoid sending correspondence between counsel to the arbitral tribunal unless a decision of the arbitral tribunal is required. Any such correspondence that is addressed to the arbitral tribunal should be copied to the Secretariat in accordance with Article 3(1) of the ICC Rules.

Witness statements（证人证言）

Limiting the number of witnesses （限制证人的人数）

63. Every witness adds to the costs, both when a witness statement is prepared and considered and when the witness attends to give oral evidence. Costs can be saved by limiting the number of witnesses to those whose evidence is required on key issues. The arbitral tribunal may assist in identifying those issues on which witness evidence is required and focusing the evidence from witnesses on those issues. This whole process will be facilitated if the parties can reach agreement on non-controversial facts that do not need to be addressed by witness evidence.

Minimizing the number of rounds of witness statements （减少证人证言交换的次数）

64. If there are to be witness statements, consider the timing for the exchange of such statements so as to minimize the number of rounds of statements that are required. For example, consider whether it is preferable for witness statements to be exchanged after all documents on which the parties wish to rely have been produced, so that the witnesses can comment on those documents in a single statement.

Expert evidence（专家证人）

Presumption that expert evidence not required （假设不需要专家证人）

65. It is helpful to start with a presumption that expert evidence will not be required. Depart from this presumption only if expert evidence is needed in order to inform the arbitral tribunal on key issues in dispute.

ICC International Centre for Expertise (ICC 的国际专家中心)

66. If either the parties or the arbitral tribunal require assistance in identifying an expert witness, recourse can be had to the ICC International Centre for Expertise pursuant to the ICC Rules for Expertise. Where an ICC tribunal seeks a proposal from the Centre in respect of a tribunal-appointed expert, the services of the Centre are available at no cost. Further information regarding the operation of the ICC Rules for Expertise and the services of the Centre can be found in the Guide to ICC Expertise', produced by the Task Force on Guidelines for ICC Expertise Proceedings, chaired by Hilmar Raeschke-Kessler (published in the ICC International Court of Arbitration Bulletin, Vol. 16/No. 1 - Spring 2005, pp. 19 - 31).

Clarity regarding the subject matter and scope of reports （专家针对什么方面要尽早澄清与专家报告的范围）

67. It is essential for there to be clarity at an early stage (by agreement, if possible) over the subject matter and scope of any expert evidence to be produced. This will ensure that experts with the same subject matter expertise are appointed by both parties and that they address the same issues.

Number of experts（专家证人的人数）

68. Other than in exceptional circumstances, it should not be necessary for there to be more than one expert per party for any particular area of expertise.

Number of reports（专家报告的份数）

69. Consider agreeing on a limit to the number of rounds of expert reports and consider whether simultaneous or sequential exchange will be more efficient.

Meetings of experts（专家证人的会面）

70. Experts will often be able to narrow the issues in dispute if they can meet and discuss their views after they have exchanged reports. Consideration should therefore be given to providing that experts shall take steps to agree issues in advance of any hearing at which their evidence is to be presented. Time and cost can be saved if the experts draw up a list recording the issues on which they have agreed and those on which they disagree.

Use of single expert（使用独任专家证人）

71. Consider whether a single expert appointed either by the arbitral tribunal or jointly by the parties might be more efficient than experts appointed by each party. A single tribunal-appointed expert may be more efficient in some circumstances. An expert appointed by the arbitral tribunal or jointly by the parties should be given a clear brief and the expert's report should be required by a specified date consistent with the timetable for the arbitration.

Hearings（开庭审理）

Minimizing the length and number of hearings（减少开庭审理的长度与次数）

72. Hearings are expensive and time consuming. If the length and number of hearings requiring the physical attendance of the arbitral tribunal and the parties are minimized, this will significantly reduce the time and cost of the proceedings.

Choosing the best location for hearings（选择最适合的开庭地点）

73. Pursuant to Article 14(2) of the ICC Rules, hearings do not need to be held at the place of arbitration. The arbitral tribunal and the parties can select the most efficient place to hold hearings. In some cases, it may be more cost effective to hold hearings at a location that, for example, is convenient to the majority of the witnesses due to give evidence at that hearing.

Telephone and video conferencing（电话与视频会议）

74. For procedural hearings in particular, consider the use of telephone and video conferencing, where appropriate. Also, consider whether certain witnesses can give evidence by video link, so as to avoid the need to travel to an evidentiary hearing.

Providing submissions in good time（恰当适合提供开庭的文书陈述）

75. The arbitral tribunal should be provided with all necessary submissions (e. g. pre-

hearing briefs, if any) sufficiently in advance of any hearing, so as to enable it to read, prepare and become fully informed as to the issues to be addressed.

Cut-off date for evidence（提供证据的最后日子）

76. Consider fixing a cut-off date in advance of any evidentiary hearing, after which no new documentary evidence will be admitted unless a compelling reason is shown.

Identifying core documents（核心文件的识别）

77. Consider providing the arbitral tribunal, in advance of any hearing, with a list of the documents it needs to read in preparation for the hearing. Where appropriate, this can be done by preparing and delivering to the arbitral tribunal a bundle of core' documents on which the parties rely.

Agenda and timetable（开庭的议程与时间表）

78. Consider agreeing on an agenda and timetable for all hearings, with an equitable division of time for each party. Consider the use of a chess clock to monitor the fair allocation of time.

Avoiding repetition（避免重复）

79. Consideration should be given to whether it is necessary to repeat pre-hearing written submissions in opening oral statements. This is sometimes done because of concern that the arbitral tribunal will not have read or digested the written submissions. If the arbitral tribunal has been provided with the documents it needs to read in advance of the hearing and has prepared properly, this will not be necessary.

Need for witnesses to appear（证人是否需要出庭）

80. Prior to any evidence hearing, consider whether all witnesses need to give oral evidence. This is a matter on which counsel for the parties can confer and seek to reach agreement.

Use of written statements as direct evidence（以文书证人证言作为直接证据）

81. Witness statements are commonly used as direct evidence at a hearing. Cost and time can be saved by limiting or avoiding direct examination of witnesses.

Witness conferencing（证人会议）

82. Witness conferencing is a technique in which two or more fact or expert witnesses presented by one or more parties are questioned together on particular topics by the arbitral tribunal and possibly by counsel. Consider whether this technique is appropriate for the arbitration at hand.

Limiting cross-examination（减少盘问）

83. If there is to be cross-examination of witnesses, the arbitral tribunal, after hearing the parties, should consider limiting the time available to each party for such cross-examination.

Closing submissions （结案陈词/陈述）

84. Consider whether post-hearing submissions can be avoided in order to save time and cost. If post-hearing submissions are required, consider providing for either oral or written closing submissions. The use of both will result in additional time and cost. In order to give focus, the arbitral tribunal should consider providing counsel with a list of questions or issues to be addressed by the parties in the closing submissions. Any written submissions should be provided by an agreed date as soon as reasonable following the hearing.

Costs（诉讼费用）

Using allocation of costs to encourage efficient conduct of the proceedings （通过诉讼费用的分摊来鼓励仲裁程序的有效进行）

85. The allocation of costs can provide a useful tool to encourage efficient behaviour and discourage unreasonable behaviour. The arbitral tribunal has discretion to award costs in such a manner as it considers appropriate. It may be helpful to specify at the outset of the proceedings that in exercising its discretion in allocating costs the arbitral tribunal will take into account any unreasonable behaviour by a party. Unreasonable behaviour could include: excessive document requests, excessive legal argument, excessive crossexamination, dilatory tactics, exaggerated claims, failure to comply with procedural orders, unjustified interim applications, unjustified failure to comply with the procedural calendar, etc.

Deliberations and Awards（裁决书的合议）

86. Before closing the proceedings, the arbitral tribunal should ensure that time has been reserved in each of the arbitrator's diaries for prompt deliberation thereafter. The arbitral tribunal should promptly comply with Article 22(2) of the ICC Rules and indicate to the Secretariat an approximate date by which it will submit the draft Award to the International Court of Arbitration. The arbitral tribunal shall use its best efforts to submit the draft Award as quickly as possible. Further guidance on drafting awards can be found in the article Drafting Awards in ICC Arbitrations' by Humphrey LLoyd, Marco Darmon, Jean-Pierre Ancel, Lord Dervaird, Christoph Liebscher and Herman Verbist (published in the ICC International Court of Arbitration Bulletin, Vol. 16/No. 2 - 2005, pp. 19 - 40)."

上述ICC的报告在这里不准备作进一步的分析，但会挑其中两三项探讨。

7.1 仲裁条文要订得简单(keep clauses simple)

这是上述报告的第1与第2条文，而其中很多的技巧已经在《仲裁法——从1996年英国仲裁法到国际商务仲裁》(如第一章与其他地方)有提及。这些比较普及的技巧是众所周知的，如要清楚明确针对将来管辖权会引起争议的地方，有针对适用法，减少昂贵与缺乏弹性的明示要求(如要求仲裁必须要双语进行[但又不委任懂得双语的律师或仲裁员，导致需要大量的翻译]，或要求仲裁员必须是资深大律师/御用大律师等)，约定委任独任仲裁员(至少是在金额比较少的争议，如约定一条小金额仲裁员程序)等。在这里,笔者反而讲一些以前没有提过的想法针对仲裁条文怎样约定可以减少诉讼费用。

如果可以限制费用,那么就会限制将来胜诉方向败诉方取回的诉讼费用,这就可以通过"诉讼费用限制"(capping costs)的申请来达至,如在 1996 年《英国仲裁法》的 Section 65 就是规定可以一早局限双方胜诉后可向对方取回的诉讼费用,所谓"capping cost"的规定。可是现实中很少遇到这种申请,那么新的建议就是在仲裁条文中双方一早约定胜诉方的费用只能限制在某一个金额或某一个百分比向败诉方取回。能够这样限制的好处自然是会减少费用尤其是争议金额低的仲裁,因为即使是胜诉机会很大也是得不偿失。这种做法比 capping 更好,因为能够在还没有开始仲裁与委任律师之前双方就已经明白了他们的地位。而即使仲裁,也会是尽量节省费用,因为相当一部分在胜诉后也要自己承担。但这种约定马上就遇到一个困难,就是香港或英国的仲裁法都认为是无效,如《香港仲裁条例》中的 Section 2GJ(3)规定:"A provision of an arbitration agreement to the effect that the parities, or any of the parties, to the agreement must pay their costs in respect of arbitration proceedings arising under the agreement is void. . . . "但有看法认为一条拟定得好的条文会被法院接受,如 Michael O' Reilly 教授在《Arbitration》这一份杂志的 1995 年二月版刊登的一篇文章《Improving Costs Arrangements for Commercial Arbitrations》中针对 1950 年《英国仲裁法》同样的一句但用字更加严格的条文,就说到:"However, there are a number of reasons to expect that the courts will uphold limited costs provisions, especially if the costs limit is not fixed but is related to the degree of recovery. First, a party is only entitled to recover his reasonable costs; reasonableness derises from all the circumstances including the sums in issue and any agreements made by the parties about costs. Hence any excess over the costs limit may be unreasonable and irrecoverable anyway. Second, by relating the costs limit to the degree of recovery, the irrecoverable elements of costs depends on the success of the parties in the arbitration and hence is not payable by them in any event'. And thirdly, the courts support arbitrations and will uphold sensible provisions which enhance the effectiveness of arbitration if they can; in this instance they can. "

另一种做法就是对何谓在"争议事项"(event)的胜诉作出明示的定义,这也不违反目前的仲裁法。而这种定义就不再是依照以前与目前法律的默示地位,就是要"大部分的胜诉"(substantially successful)或把争议事项拆开为不同的争议/争端再"看各项争端的胜负"(issue-based approach)。而是明示改为一种"谁的提议更接近就谁胜诉"(offer closest to the award wins)。在这种做法下,原告与被告都必须作出提议进行和解。如果他们无法达成和解而要继续仲裁,就显然是双方的提议距离还相差很远。而目前针对这些提议是看最后判下来的金额是多少,相比提议的金额看看是高还是低。但在新的想法下,是看看谁的提议中的金额比较接近最后判下来的金额就谁算是胜诉方,那么他就可以向另一方取回费用。举一个例子,原告索赔 100 万美元,原告提议 80 万美元作为和解,但被告只肯接受或提议 20 万美元作为和解。最后仲裁员判下来的是 30 万美元,这表示原告与被告的提议都是无效。但被告仍是在明示仲裁协议的约定下属于胜诉方,因为他的提议比原告的提议更接近裁决的结果,所以费用的利益归他。

而即使不是全部的诉讼费用利益归他,也可以按照双方提议与判下来金额之间的差别按比例分摊费用(costs in proportion to proximity of offers to the award)。这按照上述的例子,原告 80 万美元的提议与判下来的 30 万美元相差 50 万美元,被告 20 万美元的提议与判下来的 30 万美元相差只有 10 万美元。所以费用的分摊是原告承担 5/6,而被告只要承担 1/6。

如果双方在仲裁条文约定可这样针对费用,就在将来有了争议时大大增加双方和解的机会。第一就是鼓励甚至强制原告与被告都要作出和解的提议,否则原告正式提出的索赔金额(很大可能是乐观或夸大)就被视为是他的提议,而对索赔金额作出抗辩的被告就被视为是零提议,作为将来对裁决下来的金额比较差距。第二就是作出和解的提议外,也加入了一个逼使双方竞投的因素。这是因为大家都希望自己的和解尽量接近最后的裁决金额,至少比对方更接近。但同时大家也理解到诉讼/仲裁不是绝对的自然科学,所以会在自己的底线加上一个不稳定/不幸运的因素。这一来,自然就会把原告与被告的两个提议拉得更近而增加达成和解的可能。

至于在上述的想法应该怎样在仲裁条文中作出适当的措辞,这并不困难,文字只是一个工具,重要的还是这一想法是否行得通且能够达到减少费用的目的。

最后一提的是这种做法如果行的通,也不会影响到目前的立法地位与法院的做法,只需要双方当事人在协议中加入这个条文就可以。

7.2　有能力的当事人与有经验/能力的法律代表(counsel with experience and skills)

这是上述 ICC 报告的第 9 条文,虽然该条文只提到有经验与有能力的法律代表,而没有提到当事人。但笔者还是觉得当事人的能力(至少能够做出准确判断的能力)是至关重要,否则他根本不会知道谁是有能力的法律代表以作出适当的委任。

至于为什么在仲裁有经验与能力的法律代表会节省总体费用,除了他们会增加委任他的当事人胜诉的机会?毕竟,个别人士的收费(如律师的按每小时的收费率)肯定会比较高。答案就是他们可以避免走很多冤枉路或将事情搞大/搞坏。加上他们行动比较快,不需要再花时间钻研或犹豫不决。例如,笔者在最近的一个仲裁中,一家中国内地的律师事务所在香港法院提出挑战要将笔者赶走,因为笔者作为三人仲裁庭首席仲裁员拒绝了其客户申请一份特定文件的披露,原因是对方声称没有该份文件的存在。本来中间程序中的各种申请十分普遍,有胜有负,不可能是一方当事人全部能够成功。或如果全部能成功的话,也不代表最后与关键的决战(也就是作出实体争议的裁决书)会胜诉。所以笔者无法理解将一件小事变成了一件生死大事,而令他的客户花了大量的钱。而且因为没有成功在香港法院将笔者赶走,估计当事人就不敢在笔者作为首席仲裁员的情况下,继续该仲裁。这种轻重掌握不好带来的严重后果根本不是该律师事务所每小时的收费率比国际仲裁著名的律师事务所低就可以补救的。

英国与美国之间也有很大差异。今天英磅汇率高涨,不会有人说伦敦的诉讼或仲裁廉宜。但在二三十年前,英国诉讼是被视为比美国更便宜与省时。这特别是英国的制度区分业务律师与大律师两个行业,并让大律师专业化,就相比美国的制度主要培养"万金油"律师优胜。持这一看法也不是泛泛之辈,包括了如前美国最高法院的院长,Warren Burger 大法官。这可节录英国大律师协会在 1989 年出版的《Quality of Justice—the Bar's Response》一书中的 21. 28 段,如下:

"All lawyers in the USA are, by training, generalists; there is no division of function between barristers and solicitors. The USA has the highest ratio of lawyers to population of any country in the world, and a far higher ratio than the United Kingdom. In 1977 the Chief Justice of the United States (the Hon. Warren Burger) gave evidence to the Royal Commission that, after taking soundings in federal and state courts throughout the country, he concluded that only about a half or less of American lawyers appearing in the Courts were really qualified to represent their client properly and to move the case along adequately' (22 July 1977, page 3-4). It followed in his judgement that the length of trials in the higher Courts was substantially greater in the USA than in England and Wales:

There is no way to make an accurate measure, but now, from well over 40 years of exposure both as a practitioner in the courts and as judge in the intermediate court of appeal and on the Supreme Court, having reviewed thousands of records of trials of both civil and criminal cases, my intuitive judgement based on these comparative observations is that a case that is tried on our side generally taking 5 days or 10 days will be tried here in one day or a day and a half or 2 days at most, both civil and criminal'."

8. 英国法院对诉讼费用的裁决书作出的救济

在 1996 年甚至在 1979 年的《英国仲裁法》前,也就是在 1950 年《英国仲裁法》适用的年代,有关仲裁庭作出的费用裁决书经常受到法院的干预,通常就是以发还的形式要求仲裁员重新考虑法院认为恰当的裁量权,因为仲裁员要"像法院做法一样地行使"(judicial exercise of discretion)。即使在一个"没有原因的裁决书"(unreasoned award)中,如果"表面看来"(on the face of the award)在针对诉讼费用方面偏离了胜诉方可以向败诉方取回的大原则,但没有给原因,这也会是足够让法院认为是一个表面的法律上犯错或/与不良行为而做出干预:Heaven & Kesterton Ltd v. Etablissements

Francois Albiac & Cie (1956) 2 Lloyd's Rep. 316;Dineen v. Walpole (1969) 1 Lloyd's Rep 261。但这种情况到了1996年《英国仲裁法》,就有了改变。首先就是针对法律方面犯错,要求法院作出救济,是先要获得上诉批文的,而且是很不容易的。这种情况也不只是1996年的立法,而早在1979年的立法(即首次带入上诉不是自动的权利,而是先要获得批文的做法),加上The "Nema" Guidelines(The "Nema" [1981] 2 Lloyd's Rep. 239与The "Antaios" [1984] 2 Lloyd's Rep. 235)已经有了这一改变。另外,1996年的立法下也再也没有"不良行为"(misconduct),取而代之的是"严重不正常"(serious irregularity)。针对严重不正常的九项特定的事项(在Section 68 [2]),也不像适用在仲裁庭没有依从法院做法行使针对诉讼费用分摊的裁量权的情况。所以,看来在今天的立法地位下,针对这个费用裁决书可以寻求的救济应该只能是申请上诉批文。这在Blexen Ltd v G. Percy Trentham (1990) 54 Build. LR. 37中,Lloyd大法官说:"Whatever may have been the position as to costs in the old days, the only course open today, where an arbitrator states his reasons, is to challenge those reasons by seeking leave to appeal on a question of law."

Lloyd大法官也作出了解释与分析,说:

"Mr. Thornton argues that the wrongful exercise of the arbitrator's discretion as to costs does not give rise to any question of law. If it does, it is not a question of law arising out of an award on an arbitraion agreement within section 1 (2) of the 1979 Act and therefore section 1 (1) does not apply.

I find that argument difficult to follow. The arbitrator has explained his reasons for making his order as to costs in great detail in his final award. The award was made pursuant to an arbitration agreement. If the arbitrator had erred in his approach the error must be one of fact or law. If it was an error of fact his finding of fact is conclusive. If it was an error of law then it would be open to the claimants to apply for leave to appeal on the question of law. I can see no difference between an error of law in a reasoned award as to costs and any other error of law.

Then it was said that even if there was an error of law on the face of the award there is a parallel jurisdiction to set aside or remit for misconduct which survives the 1979 Act. The claimants can therefore choose their remedy. I do not agree. It is of course perfectly true that Parliament did not in 1979 repeal section 23 of the 1950 Act. The power to set aside or remit for misconduct survives. But the question is whether that power exists when the only misconduct alledged is an error of fact or law in a reasoned award. I am quite clear that it does not. To hold otherwise would defeat one of the main purposes of the 1979 Act. Whatever may have been the position as to costs in the old days the only course open today, where an arbitrator states his reasons, is to challenge those reasons by seeking leave to appeal on a question of law under section 1 (3) of the 1979 Act. This the claimants never did.

I say nothing about what would be appropriate procedure where an arbitrator states no reasons for his award as to costs."

另外,King v Thomas MacKenna Ltd. (1991) 2 QB 480,President of India v Fadranska Slobodna Plovidba (1992) 2 Lloyd's Rep. 274 与 Cohen vBaram (1994) 2 Lloyd's Rep. 138 也作出了同样的判决。

话说回来,1996 年《英国仲裁法》之 Section 68 有关"严重不正常"(serious irregularity)也并非是与费用裁决书毫无关系,在以下的情况(不涉及仲裁员的裁量权)仍然可以在这一方面寻求法院的救济:

(1)裁决书没有针对费用问题(不论是胜诉方与败诉方之间的费用问题[party's recoverable cost],还是仲裁庭自己的费用[cost of the award])。这通常是有所遗留,当事人可以先向仲裁庭申请作出一个"追加的裁决书"(additional award)。这一方面是在 1996 年《英国仲裁法》之 Section 57 (3) (b)有针对,如下:"... make an additional award in respect of any claim (including a claim for interest or costs) which was presented to the tribunal but was not dealt with in the award."如果仲裁庭拒绝作出这个追加的裁决书,当事人可以根据 Section 68(2) (d)向法院申请救济:"failure by the tribunal to deal with all the issues that were put to it."

(2)裁决书有针对诉讼费用问题,但言之不详且不肯定。如笔者最近见过一个裁决书有针对费用问题与分摊,并且依照胜诉方可向败诉方取回诉讼费用的大原则,表面看来是完全正确。但在针对费用问题的那一段后面加上一个括号,说:"unless affected by a Calderbank offer or any other offer"。这一来,就带来一些大问题,如:(A)如果在那个案件涉及 Calderbank 提议,该仲裁庭就根本不应该在没有考虑它之前作出"最终裁决书"(final award)且针对费用的分摊;(B)如果双方当事人没有事前提到有 Calderbank 提议,仲裁庭就根本不应该作出有 Calderbank 提议的假设;(C)写出这一句话,也导致裁决书并没有最后处理这个费用分摊的问题。在这些情况下,当事人可以根据 Section 68(2) (f)向法院申请救济:"uncertainty or ambiguity as to the effect of the award."

(3)裁决书有针对费用问题,但所作出的裁量权是在仲裁庭的管辖权以外。这种情况会发生在海事仲裁中,因为根据 LMAA Terms 海事仲裁是允许仲裁庭将相同争议的仲裁同步审理(这并非是合并)。这一来,仲裁庭可能会犯一个错误,就是会判败诉方非但要承担他自己的那份租约下胜诉方的诉讼费用,还要承担另一份租约(分租约)下的第三方诉讼费用。这是不正确的,因为同步审理下仍然是严格的两个不同租约,不能一揽子处理。最后要作出的也是两个裁决书,虽然实质内容是一致的。这方面的案例有:The "Takamine" (1980) 2 Lloyd's Rep. 204 与 The "Catherine L" (1982) 1 Lloyd's Rep. 484。这一方面的救济就是当事人是可以根据 Section 68 (2) (b)向法院申请救济:"(b) the tribunal exceeding its powers."

(4)如果费用裁决书在格式上有缺陷,如没有给原因,当事人也可以向法院申请救济把该裁决书发还给仲裁庭加上原因,这种救济是根据 Section 68(2)(h):"failure to comply with the requirements as to the form of the award."

9. 国际仲裁中的费用分摊

撇开英国或者香港地区的法院与仲裁的做法,在国际层面,费用的分摊是相对不稳定的。本来,很多不同地方的法律或者仲裁规则都对仲裁庭针对胜诉与败诉方之间的费用分摊有很大的裁量权,在很多国家的法律也是法院管不着的(如合并《联合国示范法》[《UNCITRAL Model Law》]的国家),这就更加造成了不稳定的裁决,可以说不同的仲裁庭会有极大差异。以国际商会(ICC)的《仲裁规则》为例,Article 31 如下说:"(1) The costs of the arbitration shall include... the reasonable legal and other costs incurred by the parties for the arbitration... (3) The final Award shall fix the costs of the arbitration and decide which of the parties shall bear them or in what proportion they shall be borne by the parties."

事实上,在 ICC 的裁决中,仲裁庭对费用分摊的裁量权确实是有极大差异。不同的仲裁庭成员会按照英国法院的做法就是败诉方要承担胜诉方所有的诉讼费用,也可以是另一个极端就是不管胜负都是各自承担诉讼费用。还有另一种做法就是根据胜诉金额的比例在费用分摊方面作同样的比例。这里可以引述前 ICC 仲裁院的两位秘书长 Yves Derains 与 Eric A. Schwarz 所说的,如下:"The approaches of ICC arbitrators are just as diverse... Not surprisingly, however, the treatment of costs by arbitrators is often influenced by their national background. In this regard, there are three different approaches that appear to be most commonly followed. One is to order that all of the costs be borne by one of the parties (i. e. the losing party). It is, thus, for example, the usual rule in England that the successful litigant is entitled to an Award of Costs (i. e. the costs follow the event). Another approach, prevalent in Germany, Swizerland and Austria, in particular, is the allocation of the costs in proportion to the outcome of the case (e. g. 75/25 or 60/40, taking into the account the relative success of the claims and defences). Yet a further possibility is to require that the costs be shared equally by the parties or that they bear their own costs. Arbitral tribunals may also consider that administrative costs and arbitrators' fees and expenses, on the one hand, should be treated differently than legal and other possible expenses, on the other."

在 ICC 的仲裁裁决书有这么大的差异,而 ICC 仲裁院也不像有什么政策要求一致的做法,看来也是在所难免。因为 ICC 的仲裁的确是完全国际性,而涉及的仲裁员都会来自不同的法律背景,导致其裁量权会有差异。而且一个 ICC 仲裁案件如果双方当事人没有约定“仲裁地点”(seat)会是由 ICC 决定。ICC 会决定是去伦敦,或是去日内瓦,或是去华盛顿,而三个地方的法律环境与做法针对费用分摊都是大有不同。这就会导致 ICC 指定不同的仲裁地点,在这一方面(可能会涉及很大的金额)会有不一致的后果,这也不是 ICC 仲裁院所愿意见到的情况。所以放任仲裁庭根据仲裁规则自由行使裁量权不失为一种可行的做法,虽然如果是在伦敦仲裁,如果一个 ICC 仲裁的仲裁庭根据仲裁规则判胜败双方各自承担仲裁费用会否是合法,不会被英国法院推翻,也不无疑问或可争之处。这是因为 1996 年《英国仲裁法》之第 60 条文的规定,重复如下:“60. An agreement which has the effect that a party is to pay the whole or part of the costs of the arbitration in any event is only valid if made after the dispute in question has arisen.”

可以说 ICC 仲裁规则任由仲裁庭分摊仲裁费用根据第 60 条文并非绝对无效,但仲裁庭不依从“costs follow the event”大原则时,不满意的一方当事人可能会根据 1996 年《英国仲裁法》之 Section 69 被上诉到法院寻求有关法律观点的改变,但是 ICC 仲裁规则第 Article 28(6)的规定禁止就法律观点上诉法院:Protech Projects v Al-Kharafi (2005) 2 Lloyd's Rep. 779,Lesotho Highlands Development Authority v. Impregilo SpA (2005) 2 Lloyd's Rep. 310(该先例在本书第八章 2.3 段有详细介绍)。这在其他的仲裁规则下没有豁免法律观点的上诉,就会有不同后果了。

反正是,笔者见过不少 ICC 裁决书针对费用分摊是相比英国或香港仲裁的做法有很大的不同之处。例如,近期见到的一个 ICC 裁决书是胜负分明,但在费用分摊看来却是有点不伦不类。它判是付给 ICC 的仲裁费用(这包括了给仲裁庭的费用)由败诉方全数承担,但当事方自己的律师费用却是由胜负方自己承担。

但撇开 ICC,最近笔者也见过一些国际仲裁的不稳定做法。第一个例子是一个“伦敦国际仲裁院”(London Court of International Arbitration,简称 LCIA)的裁决,涉及败诉的被告曾经在仲裁中途作出过一个 Calderbank 提议,而且该提议的金额最后超过了败诉要支付的本金与利息。换言之,败诉方的大部分仲裁费用受到了保护,是要由胜诉的原告承担,因为胜诉方一早就应该接受该 Calderbank 提议。但胜诉方是由美国律师作为代表,在仲裁费用分摊的争议中,他声称该主合约的适用法是纽约法律(根据法律冲突原则),而在纽约的做法是由当事方各自承担诉讼费用,也没有 Calderbank 提议的做法。作为一位美国律师,他也不会明白 Calderbank 提议与抬头的“without prejudice save as to costs”这句话的意思与后果,只知道双方的和解谈判可以享有特权,不能抖出来让仲裁庭加以考虑。而败诉方是由英国律师作为代表,他声称费用分摊属于程序法,在 1996 年《英国仲裁法》之第 61 条文有针对。而双方当事人同意了去伦敦仲裁,就必须依照英国的仲裁法,而不是纽约法律的实体法。在英国,Calderbank 提议是惯常的做法,让被告可针对昂贵的仲裁费用作出保障,不能因为胜诉方是由外国律师作为代表而以他不懂来推卸。最后在该 LCIA 的裁决书判原告胜诉,认为被告所作出的 Calderbank 提议抬头的一句话根本不能让美国律师合理知悉其严重后果。所以将这一个英国法院或仲裁的习惯做法强加在外国律师头上会带来不公平的后果。结果仲裁庭判该 Calderbank 提议在考虑费用分摊时不被考虑。看来,无可避免的就是被告代表的英国律师会感觉到非常失望与不公平。但看来也没有再上诉至法院让这个争议有一个权威性的决定。有关这一个 LCIA 的裁决书在《Arbitration》Volume 74,5. 2008 杂志上刊登。

另一个例子是笔者与另一位著名的国际仲裁员(背景是美国律师)双方在费用核算时有了争议。这关系到一家英国律师事务所代表了胜诉的原告想向败诉的中方被告取回律师费用。英国律师所提供的费用清单十分简单,只适用简易核算。但代表中方的中国律师没有要求更详尽的解释与细分,并与英国律师一起邀请仲裁庭作出一个"核算费用的裁决书"(Award on assessment of costs)。笔者对其中一些清单中的费用有保留,其中最重要的是该英国律师的总收费就是他向原告客户收取的费用,而这些费用全部以发票的形式呈现给仲裁庭作为证据。笔者认为不可能给这一笔总收费,因为这是"客户与律师之间"(party-and-solicitor)的基础。但胜诉方向败诉方取回费用的基础当时只应该是"当事人与当事人之间"(party-and-party)的基础。

众所周知,这两个基础之间有很大区别,前者只要客户花了律师的时间,如开一些不重要的会议或找了一些根本不准备作为证据的文件/资料,客户就要支付。但后者的收费基础是有关诉讼/仲裁必须要花的费用。在今天比较严厉的法院核算,胜诉方的律师费用会被削减高达 50% 才能向败诉方取回。通常的说法是两个基础之间,当事人与当事人之间基础通常只是 60% ~80% 。这一来,笔者认为把英国律师的总费用减少 15% 应该已经是对原告优待了,毕竟被告的中国律师没有对这方面提出抗辩。但另一位著名的国际仲裁员大力反对,认为笔者不应该将香港法院费用核算,包括当事人与当事人之间的基础适用在一个国际仲裁。他认为这种做法对胜诉方不利,并暗示笔者这样做会有偏帮中方当事人之嫌。笔者自己对此毫不担心,因为如果有这样的看法,就很难解释为什么在原来的裁决书(针对责任与索赔金额)中会判中方败诉。笔者与他也争论了在其他方面的考虑,如在香港仲裁最后核算费用,可以由仲裁庭处理,但也有不少是由法院处理。所以两者之间的做法不应该有太大不同。笔者也提到了如果一揽子给胜诉方向败诉方取回所有费用,也就不存在核算或不核算了,反正整个做法就会变得太简单。此外,笔者也提出了胜诉原告的费用清单明显有一些项目不应该由败诉的中方承担,如原告的公司从澳大利亚来了一个公司律师,但事实上该案件已经有了两个从外面律师所聘请的律师,所以笔者觉得没有理由让三位律师都可向败诉方取回使费(机票与住宿等),但可惜无法最后说服他。

最后,该著名的国际仲裁员在费用分摊裁决书是少数意见,他在其中一份与笔者争论的电邮中这样说:"I have considered again over night the issue of 'party and party'. I know that this is the approach taken by many in Hong Kong. However, I am afraid I am still of the view that this is very old fashioned thinking which is inimical to the spirit of modern, international arbitration. I feel strongly that we should eliminate all vestiges of English court practice' from international arbitration!! I understand that Philip Yang is of a different view and I can respect that, even though we differ. Accordingly, I am afraid I will have to be in the minority on this point."

在上述的问题看来,笔者认为一些国际性的机构,如"国际律师公会"(International Bar Association,简称IBA)应该做点事情让国际仲裁员之间能够有一些比较权威的指引,务求有稳定与一致的做法。IBA在1999年已经有了《国际仲裁证据规则》(IBA Rules of Evidence),这在笔者所著的《国际商务游戏规则——英美证据法》之第五章有介绍,这证据规则对国际仲裁相当有帮助。希望IBA也会在费用分摊与核算的做法上拟定一些指引,让国际仲裁员可以参考或依从。同样,ICC目前正在更新仲裁规则,也可以在这一方面有所作为。

10. 同步仲裁的费用分摊

涉及同一争议在"一连串合同中的诉讼"(chain disputes),这一个问题已经在《仲裁法——从1996年英国仲裁法到国际商务仲裁》第一章1.18.3段有介绍。涉及诉讼费用,如果能够解决的办法是通过一个"合并仲裁"(consolidate arbitration)或是法院判决,因为它出的是一份裁决书/判决,败诉的一方要根据"败诉方支付胜诉方诉讼费用"(costs follow the event)来承担该合并仲裁的所有诉讼费用,这是作为起点。其中,参与合并仲裁的中间当事人会有一定的费用(如委任大律师作为观察员的"watching brief"),但不存在有重复的工作,所以这费用应是有限。但合并仲裁并不常见,因为很难在一连串合约中强求多个当事人之间达成这样的协议。反而常见的是笔者经常处理的海事仲裁中的一种做法,就是"同步仲裁"(concurrent arbitration)。它常见的原因就是在"伦敦海事仲裁员协会"(London Maritime Arbitrator's Association,简称LMAA)仲裁规则第14(b)条对此做法有规定。而世界上的大部分海事仲裁都适用LMAA仲裁规则。同步仲裁不同之处就是,每一个合约还是分别处理,各自出一个裁决书。只不过因为是一连串合约并针对同一个争议,所以就在程序上作出同步协调,如文书请求或文件披露。另主要省钱的地方就是开庭,只需要一次,变为证人的口头证言(盘问与再盘问)也只需要审理一次。当然,最后败诉的一方应该只有一个,如在一连串租约中最后的"分分承租人"败诉,或是一连串租约中最前的"原船东"败诉。问题是,最后败诉的一方是否要承担一连串合约中可能有多个仲裁裁决书的诉讼费用?如果是,就表示败诉的一方要承担几笔诉讼费用,因为在同步仲裁,中间当事人的法律代表不会是好像合并仲裁那样只是坐在那里,而是会做大量的工作。例如,他们还是谈判和解,还是要作出文书请求(当然要根据上一方当事人的文书请求,并作出一定的修改)。这一来,由于今天这些合约链可能会有十几位当事人,那岂不是败诉方要承担十几笔诉讼费用?这显然是很难接受。

首先就谈谈法律的地位是仲裁庭针对一个合约链的仲裁,是不能将其他仲裁的诉讼费用混为一谈:The "Takamine" (1980) 2 Lloyd's Rep. 204。在该先例,涉及了原船东、承租人与分承租人三方当事人,争议涉及欠下的租金与船舶因为在印度轻载而受到损坏等。两个租约都是委任已故的 Clifford Clark 先生作为独任仲裁员。而最后在大家同意和解(但除了费用),并要求 Clifford Clark 先生作出有关费用的裁决,他的裁决是分承租人可以向原船东与承租人(也就是二船东)取回诉讼费用,其中原船东要承担 1/3,二船东要承担 2/3。原船东向法院上诉,理由就是 Clifford Clark 先生错判,也超越了他的管辖权要求原船东支付分承租人 1/3 的诉讼费用,但他们之间根本没有合约关系。Goff 大法官判是原船东在这方面胜诉,说:"Although the two arbitrations were heard together before the arbitrator they were always two separate arbitrations in each of which the arbitrator was the sole arbitrator, and since there was no agreement between the parties that the arbitrations should be amalgamated it was not open to the arbitrator to make the order of costs that the owners in one arbitration should pay the costs of the sub-charterers who were party to a separate distinct arbitration and that order of costs was beyond the arbitrator's jurisdiction."

这样看来,以单纯的费用分摊作为理由是无法让同步仲裁中的仲裁庭整体的处理费用分摊,因为作为根据单一合约的仲裁条文被委任的仲裁庭是没有这样的管辖权能在裁决书中针对其他不同仲裁案件中产生的费用。但会有另一种不同的渠道可以在部分案件中达致同样的后果,就是要败诉方承担合约链的其他仲裁产生的诉讼费用。做法上是以败诉方的违约行为而导致胜诉方要在其他一连串合约中的额外诉讼费用作为部分损失赔偿的方式来索赔。这方面可介绍先例 Hammond v. Bussey (1888) 2 QBD 79,案情涉及了货物买卖。"分买方"(sub-buyer)在接受了货物后才能发现货物有缺陷,事后向"买方"(buyer)提出诉讼并索赔成功。接下来买方向"卖方"(seller)提出诉讼并且胜诉,但在损失方面,买方加上了赔付给分买方的诉讼费用。上诉庭判买方抗辩分买方的做法合理,而这笔诉讼费用可以根据 Hadley v. Baxendale (1854) 9 Ex 341 的大原则向卖方取回。

这种说法也不是每一种情况都适用,如原船东起诉二船东要求索取不安全港口造成的船舶损坏,二船东为了调查取证及其他原因,尽快向分承租人提出同样的索赔。接下来,这两个仲裁案件也变成是同步进行。如果原船东胜诉,并成功向二船东取回诉讼费用,二船东向分承租人要这笔钱就可以说是他所蒙受的损失的一部分,而违约就是分承租人指定了不安全港口。但反过来,原船东败诉的话,就谈不上原船东提出不安全港口导致船舶损坏是一个违约。这一来,原船东虽然会要承担二船东抗辩成功的诉讼费用,但二船东在下一个仲裁也因为败诉而要承担分承租人的诉讼费用,作为二船东的损失向原船东取回就有困难,因为原船东虽然败诉但谈不上有违约,而没有违约就没有索赔损失的基础。

作为损失解决这方面问题的困难是满足损失赔偿的两大基本要求,一是“因果关系”(causation),二是“遥远性”(remoteness)。首先针对遥远性,这比较容易满足,因为在租船市场将船舶分租经常发生。所以,出了一个争议而带来一连串的同步仲裁应该是双方在订立租约时可以合理预见。同样的,同步仲裁会导致产生几笔诉讼费用也应该可以合理预见。比较困难的是因果关系,以上述的不安全港口为例,夹在当中的二船东在面对原船东的索赔时会有不同选择的做法(如向原船东提出抗辩而抗辩成功就根本不存在要起诉分承租人,或是与分承租人达成合作抗辩的协议),做法上并非是一定要同时向分承租人起诉。如果他选择马上起诉分承租人,就可以被指称是中断了因果关系。另一个困难是越隔得远的诉讼费用就越难知道某一项费用的合理性与因果关系,如原船东与二船东之间的仲裁所产生的费用,是违约的“分分承租人” 隔开几个不同租约的仲裁不可能知道的,特别是仲裁的机密性。这一来,要面对三船东的“分分承租人”要承担这种损失,在他上面的一个仲裁(如指三船东与二船东之间)还有点道理,也可以在一定程度证明其合理性。但在上面一个仲裁(二船东与原船东之间)所产生的诉讼费用就恐怕很难证明各项的因果关系与合理性了。

这在 The “Antaios” (1981) 2 Lloyd’s Rep. 284 先例中感觉到,这一著名的先例案情涉及船舶行走波斯湾所带来的战争加保费的争议。而有关的租约链是原船东期租给了 Salen Rederierna 的二船东,而二船东把船舶期租给了 Salen Dry Cargo 的三船东,而三船东再转租给了租约链最后的分承租人 Unitramp。这三份期租合约都有一条附加条文说明船舶的营运如果带来战争加保费,就要承租人承担。但大家争议的地方是承租人要承担的是整笔的战争加保费(这是一笔可观的金额,高达 33 万美元)或只是订立租约时波斯湾已经收取的战争加保费相比后来真正营运时的战争加保费所提高的部分(事实上并没有提高,两个不同时间基本上都是收取同样的加保费率)。这里的争议实际上是涉及有关附加条文的解释,因为所用的文字是“increase in war risk premium”而不是加保费通常的文字“additional war risk premium”。反正最后判下来是分承租人 Unitramp 针对三船东胜诉,这也导致三船东针对二船东的仲裁也胜诉,而二船东针对原船东的仲裁也胜诉。但在诉讼费用方面,仲裁庭(是同一个仲裁庭,并且是同步仲裁) 判三个仲裁中败诉的船东(也包括了二船东与三船东)要承担胜诉承租人的诉讼费用,独立核算。这就导致了二船东与三船东(都是在一个仲裁中胜诉而在另一个仲裁中败诉)不满,而上诉至法院。但在高院,Goff 大法院支持仲裁庭的裁决,认为无法满足因果关系,因为二船东在面对分承租人对附加条文的解释或抗拒支付战争加保费,如果不同意是可以与分承租人进行一个仲裁找出正确答案。因为分承租人所持的观点而向原船东进行同样的诉讼,这是二船东/三船东自己的选择,所以不存在因果关系。笔者还可以在这一个先例中见到其他原因,在这一诉讼中二船东/三船东如果与分承租人诉讼,是不存在要求原船东提供证据,所以虽

然谈不上做法不合理,但显然不是必须开始与原船东的仲裁。Goff大法官针对这一方面总结说:

"I am unable to accept this submission. I do not consider that the two cases are comparable. In Hammond v. Bussey, there was a breach of contract by the sellers; and, in the circumstances of that case, not only did that breach cause their buyers loss in respect of costs, but also that loss was within the reasonable contemplation of the sellers. Accordingly, the two requirements of liability in damages, viz. those imposed by the principle of causation and the principle of remoteness of damage, were both fulfilled. In the present case, however, I cannot see that Salen's decision to arbitrate as against the owners the point taken by Unitramp was caused by any breach of contract on the part of Unitramp. The present case is quite different from Hammond v. Bussey in which, once the goods had been delivered in a defective condition, the buyers were placed in the position that, having themselves passed on the goods to their sub-buyers, they were faced with a claim by their sub-buyers which they not unreasonably disputed in Court. It followed that their liability in costs to the sub-buyers could properly be said to have been caused by the sellers' original breach; because the buyers' action, in defending their sub-buyers' claim, was the outcome of the sellers' original breach, and could not be described as a wholly independent act on the part of the buyers independent of the sellers' wrong. In the present case, however, all that Unitramp did was to decline to pay a demand made upon them by Salen. In the event, it turned out that they were wrong to do so; and they have been held liable to pay the sum demanded of them. But I do not see how their failure to pay this debt could be said to be the cause of Salen's disputing their liability to pay the owners under the head charter. In point of fact, Salen did pay the owners the sum demanded by them under reserve, so that the arbitration between Salen and the owners took the form of a claim by Salen to repayment of the sum so paid. This perhaps makes it even more difficult for Salen to say that the costs incurred by them in their unsuccessful arbitration against the owners should be recoverable as damages flowing from Unitramp's refusal to pay their debt to Salen. But, even if Salen had not paid the owners, and were disputing their liability to pay the owners in the arbitration, my conclusion would be exactly the same; for Salen's decision not to pay the owners, and to resist arbitration proceedings by them, would have been their own decision, independent of Unitramp's failure to pay their debt to Salen, so that any loss flowing from it could not be attributed to any legal wrong committed by Unitramp. For this reason, I am unable to accept Mr. Longmore's(二船东的代表大律师) second submission. I would only add that the decision of the Court of Appeal in Suzuki & Co. v. Burgett & Newsam, (1922) 10 Ll. L. Rep. 223, which was cited to me by Mr. Longmore, appears to me to be founded upon Hammond v. Bussey and to be distinguishable from the present case on similar grounds."

接下来介绍的先例是 The "Vakis T" (2004) 2 Lloyd's Rep. 465,案情是原船东的 Vrinera 把船舶期租给二船东的 ERO,二船东再分租给宝钢走一个航次。原船东在该航次中声称因为不安全泊位而导致船底受到损坏,并向 ERO 提出索赔。ERO 在半年后也开始向宝钢提出同样的索赔,宝钢也提出了抗辩,而 ERO 就向原船东提出同样的抗辩理由。之后,在同步仲裁下开庭,开庭中发觉原船东的索赔站不住脚或有弄虚作假的成分。如宝钢提供了一些证据就是船舶根本没有挂靠船东所声称的不安全泊位,而船舶的损坏是由于自己不适航所引致。这导致了原船东最后自动中止向 ERO 的索赔,而 ERO 也就向宝钢中止仲裁并要承担宝钢的诉讼费用。为此,ERO 向原船东提出要取回这笔宝钢的诉讼费用,但原船东的抗辩就是 ERO 自己选择向宝钢起诉。但估计是因为原船东的索赔是弄虚作假,加上 ERO 的确是通过宝钢才取得了一些宝贵的证据,成功迫使原船东终止了诉讼。所以仲裁庭十分同情 ERO,判 ERO 可以成功向原船东索赔这一笔付给宝钢的诉讼费用作为损失,说:

"39. The owners are quite right that claims to recover costs as damages in chain arbitrations usually fail, coming to grief on the rocks of causation and remoteness. However, here we agreed with the charterers that, whilst in most cases it will be appropriate simply to protect time by commencing arbitration proceedings and then awaiting the outcome of those arbitration proceedings before deciding whether to pursue an indemnity claim down the line, here that was not (in practice) an option open to them. They plainly took the view earlier this year that it would be necessary to bring Bao Steel into the case in order to obtain (and deploy in this arbitration) evidence that would enable them to defend the owners' claim, a claim that they always maintained was spurious and as to which they were proved right. Accordingly, it seemed to us that their conduct in actively pursuing the arbitration against Bao Steel and applying for the sub-arbitration to be heard concurrently with this arbitration so that the evidence obtained in the former could be developed in the latter was a reasonable course of action to adopt and did not (contrary to some cases involving chain arbitrations) break the chain of causation between the breach and the damage claimed.

40. Important (indeed crucial) evidence was obtained from Bao Steel which assisted the charterers' case and which would not, but for the active prosecution of the sub-arbitration, have been available to them. The hazards for an intermediate charterer of fighting safe port/berth claims up and down the line in separate, non-concurrent arbitrations are well-known. Had the owners succeeded and the charterers then sought to pass on that liability in a sub-arbitration, they might well have been met with new (and for them fatal) evidence which, had it been available earlier, would have enabled them to defeat the original claim.

41. We also agreed with the charterers that what happened was a foreseeable result of the owners' breach and the damage to the vessel consequent thereon."

但上诉至法院，仲裁庭的决定也被推翻，原因是因果关系无法成立。Langley 大法官这样说："The difficulty faced by ERO can readily be stated. The claim against ERO alleged only breach of the safe port/berth obligation. It is now established that that claim was spurious and indeed that the damage to the vessel was caused by its unseaworthiness. But the claim arose from the spurious allegation and it was that same allegation which led to and was repeated in the sub-claim by ERO against Bao Steel. In commonsense' the cause of ERO's costs in the exposure in the sub-arbitration was Vrinera's decision to make the unsafe port/berth allegation and ERO's decision to make the same allegation against BAO Steel. Nor do I think this conclusion is affected by the tribunal's view that safe port/berth and unseaworthiness were the obverse of each other. To establish causation ERO must show that the dominant cause of the expense it has incurred on the costs was the breach by Vrinera of the seaworthiness obligation. But I agree with Miss Andrew（原船东代表大律师）, that the 'real' cause of the expense was that ERO brought a failed claim against BAO Steel for breach of a different obligation."

第二章　利息(interest)

1. 法院如何针对利息

英国法院是有权给予胜诉方胜诉金额的本金加上利息,这个权力有多次立法针对,赋予法院给予单息的权力,如早在1833年的《Tenterden Act》中的Section 28有规定,如下:"That upon all debts or sums certain, payable at a certain time or otherwise, the jury on the trial of any issue, or on any inquisition of damages, may, if they shall think fit, allow interest to the creditor at a rate not exceeding the current rate of interest from the time when such debts or sums certain were payable, if such debts or sums be payable by virtue of some written instrument at a certain time, or if payable otherwise, then from the time then demand of payment shall give notice to the debtor that interest will be claimed from the date of such demand until the term of payment; provided that interest shall be payable in all cases in which it is now payable by law."

另在1934年的《Law Reform (Miscellaneous Provisions) Act》中有规定,如下:"(1) In any proceedings tried in any court of record for the recovery of any debt or damages, the court may, if it thinks fit, order that there shall be included in the sum for which judgement is given interest at such rate which judgement is given interest at such rate as it thinks fit on the whole or any part of the debt or damages for the whole or any part of the period between the date when the cause of action arose and the date of the judgement: Provided that nothing in this section (a) shall authorize the giving of interest upon interest(这是不允许给予复息); or (b) shall apply in relation to any debt upon which interest is payable as of right whether by virtue of any agreement or otherwise(这是指不适用在双方已经同意了的债务的利息); or (c) shall affect the damages recoverable for the dishonor of a bill of exchange."

上述立法之后,法院目前的权力就是来自《The Supreme Court Act 1981》, Section 35A,说:"Subject to rules of court, in proceedings (whenever instituted) before the High Court for the recovery of a debt or damages there may be included in any sum for which judgement is given simple interest, at such rate as the court thinks fit or as rules of court may provide, on all or any part of the debt or damages in respect of which judgment is given for all or any part of the period between the date when the cause of action arose and —— (b) in the case of the sum for which judgment is given, the date of the judgment."

注意上述的立法只允许给予"单息"(simple interest),但该立法也给了法院很大的裁量权,基本上有五个。其中 Section 35A(1)有四个:(1)是否给予利息(whether to award interest at all);(2)利率是多少(the rate of interest);(3)应该给予利息的本金部分(the proportion of the sum that should bear interest);(4)给予利息的时段(the period for which interest should be awarded)。第五个裁量权是在 Section 35A(6),利息可以根据不同时段以不同利率计算(interest may be calculated at different rates in respect of different periods)。这就是给法院改变利率的裁量权。

2. 给予利息的补偿是公平合理的做法

给予利息本质上是"补偿"(compensate)胜诉方在被欠款这段时间内的损失,毕竟就是把这笔钱放在银行也可收取利息,更不用说对商业人士来说往往有更好地运用这笔资金的途径。而且,败诉方可在拖欠时利用这笔钱,不应该占这个便宜。这里权威的说法可举 Goff 大法官在 B. P. Exploration Co. (Libya) Ltd v Hunt (No. 2) (1979) 1 WLR 783 中说的话,如下:"The fundamental principle is that interest is not awarded as a punishment, but simply because the plaintiff has been deprived of the use of the money which was due to him."

另在 General Tire & Rubber Co v. Firestone Tyre & Rubber Co Ltd (1975) 1 WLR 819 案例中,Salmon 勋爵在 841 页中说道:"Awards of interest are designed to compensate claimants for the cost of being kept out of their money. They should put claimants into the position they would have been in had the debt or damages been paid when they fell due."

认为给予利息是一个公平合理的做法,也可节录另一个早期美国先例 Spalding v Mason, 161 U. S. 375, 396 (1896)的做法,如下:"It is dictate of natural justice, and the law of every civilized country, that a man is bound in equity, not only to perform his engagements, but also to repair all the damages that accrue naturally from their breach Every one who contracts, he must pay the established rate of interest as damages for his non-performance. Hence it may correctly be said that such is the implied contract of the parties."

一贯的做法是,仲裁庭给予的利息是从败诉方该付而没有支付的一天开始计算,直到裁决书作出的一天。当然作出了裁决书不表示败诉方立即会支付,这里会有一段可能很长的时间,如要通过法院执行裁决书才能强制败诉方支付。这一段时间的延误,裁决书该支付的本金加上累积到裁决书作出的一天的利息就会带来另一种法律规定的"判决债务利息"(judgement debt interests),这在香港是由首席大法官决定,与仲裁庭无关。这个做法在立法中有过十分简单的规定,如在已经作废的《1950 年英国仲裁法》Section 20 中规定(该条款是来自《1934 年英国仲裁法》),如下:"Interest on awards A sum directed to be paid by an award shall, unless the award otherwise directs, carry interest as from the date of the award and at the same rate as a judgement debt."

关于裁决书的简易执行的两种方法,以及有关它们不同利息给予的详细介绍是在本书第十四章之 4.1 段,请参阅。

相比仲裁费用,利息在今天而言并不是一笔很大的金额,所以对它的关注也不大,如很少看到有相关文章或案件针对。但 20 世纪 80 年代初期,年利率曾经涨至 20% 以上,可以说如果一笔债务拖欠了两三年,以这个年利率以复息计算就会把债务本金翻了一番。当然,在该年代通货膨胀严重,所以会出现这种现象。但谁说在今天通货膨胀开始有脱缰野马的迹象,历史不会再重演? 还有一个因素导致利息也不能小看的是诉讼本身也会拖时间,这一来也导致了利息会是一笔可观的金额。在一个曾经被报道的国际仲裁 State of Kuwait v Aminoil, Award of March 24, 1982 (cited in Wetter, Interest as an Element of Damages in the Arbitral Process, Int'l Fin. L. Dec. 1986, at 20),胜诉的本金是 8300 万美元,但另外要加上 9600 万美元的利息。所以,还是要对这一方面有一定的认识。

3. 仲裁法下的有关利息的规定

目前,针对利息的有关立法条款在仲裁法是颇为全面与复杂。例如,《香港仲裁条例》Section 2GH 是这样规定:

"2GH Arbitral tribunal may award interest

(1) An arbitral tribunal may, in arbitration proceedings before it, award simple or compound interest from such dates, at such rates, and with such rests as the tribunal considers appropriate for any period ending not later than the date of payment-

(a) on money awarded by the tribunal in the proceedings; or

(b) on money claimed in, and outstanding at the commencement of, the proceedings but paid before the award is made.

(2) Subsection (1) does not affect any other power of an arbitral tribunal to award interest, but is subject to any agreement of the parties to the contrary."

在 1996 年《英国仲裁法》,也有大同小异且更加全面的 Section 49 条款作出规

定,如下:

"49—(1) The parties are free to agree on the powers of the tribunal as regards the award of interest.

(2) Unless otherwise agreed by the parties the following provisions apply.

(3) The tribunal may award simple or compound interest from such dates, at such rates and with such rests as it considers meets the justice of the case-

(a) on the whole or part of any amount awarded by the tribunal, in respect of any period up to the date of the award;

(b) on the whole or part of any amount claimed in the arbitration and outstanding at the commencement of the arbitral proceedings but paid before the award was made, in respect of any period up to the date of the payment.

(4) The tribunal may award simple or compound interest from the date of the award (or any later date) until payment, at such rates and with such rests as it considers meets the justice of the case, on the outstanding amount of any award (including any award of interest under subsection [3] and any award as to costs)."

以下段落,笔者会逐个探讨相关的立法条文内容。

4. 什么是利率?

4.1 裁决书给予的利率与判决债务的利率(judgement debt interest)

在上面已经提及两种相关的利率,一种是裁决书"给予胜诉本金的利率"(awarded interest),另一种是法律规定(《The Judgments Act 1838》或/与《The Supreme Court Act 1981》)而且会不断作出调整的"判决债务的利率"(judgement debt interest)。这两种利率并不一样,后者往往比前者高得多,如前者是8%,后者就可能是12%。它们在本质上也不一样,前者是补偿性质,后者带有惩罚的味道(为了鼓励败诉方输了官司后应该立即支付,而不应该拖延时间)。

上述简单介绍的不同利率在仲裁的期间还是会经常遇到争议。例如,笔者不久前曾经在一个仲裁庭内遇上一位仲裁员坚持要在裁决书中给予香港法律规定的判决债务的利率,并说这是许多香港仲裁员的做法。结果,通过颇长的解说,最后还是要以多数意见压倒他的坚持。幸亏另一位仲裁员与笔者持相同的看法,认为裁决书的利率只应该是"补偿性"(compensatory),否则会要笔者作出一个不同意见只针对裁决书中金额不大的利息部分,因为笔者实在接受不了仲裁员应给予颇高的判决债务的利率。

4.2 合约约定的利率

当然还会经常遇到另一种相关的利率,就是合约约定的利率(agreed or contractual interest)。在上述节录的立法条文中可以见到,针对利息的订约自由是完全允许的。这与仲裁费用的对待是很不一样,它不允许双方争议之前在合约中约定,这是在《香港仲裁条例》Section 2GJ (3)有规定,如下:"(3) A provision of an arbitration agreement to the effect that the parties, or any of the parties, to the agreement must pay their own costs in respect of arbitration proceedings arising under the agreement is void..."

这些对利息的约定有时十分详尽,如在近期的先例 Braspetro Oil Services Co & Ors v FSO Construction Inc & Ors (2007) EWHC 1359 中,就有条款如下:"In the event of any failure by Brasoil to pay on the due date for payment thereof, or in the case of any sum payable on demand, the date of demand therefore, any Charter Hire or other amounts payable by it under this Agreement (including, without limitation, any amounts payable under Clause 11.1 or 13.3 or 15), Brasoil shall pay to Petro Dia on demand interest on such Charter Hire or other amounts from the date of such failure to the date of actual payment (both before and after any relevant judgment or winding-up of Brasoil) at such per annum rate as is determined by Petro Dia and certified by it to Brasoil to be the greater of 7% and that rate which is the aggregate of:(1) two per cent (2%); and(2) the London Inter-Bank Offered Rate for Dollar deposits of not more than one month's duration (as selected by Petro Dia in the light of the likely duration of the default in question). Interest payable by Brasoil pursuant to this provision shall be compounded annually, shall accrue from day to day, shall be calculated on the actual number of days elapsed and on the basis of a three hundred and sixty (360) day year and shall be payable on demand."

再回去探讨合约针对利息的约定,如果有的话,仲裁庭就再也没有权力给予任何其他的利率,而是要严格依照合约规定。

笔者见过一个例子是涉及双方在合约中约定了延误支付的本金的利息按月支付,但计算起来会变得很高,年利率达40%。照说,债务方(也就是败诉方)可以争辩该条款无效,因为它是属于惩罚性条款:Dunlop Pneumatic Tyre Co. Ltd v New Garage and Motor Co. Ltd (1915) AC 79。但他的代表律师没有这样争。这导致了在作出裁决书时,仲裁庭非得依照合约规定的利率。但其中的考虑是这一个合约利率适用的时段,笔者认为计算到裁决书作出的一天比较公平,然后就让相对低得多的法律的"判决债务的利率"(judgment debt interest)接手。另一位仲裁员起初认为这一个合约利率一直计算到债务方实际支付的一天,但最后同意笔者的看法是比较公平。

笔者作为仲裁员也在近期发现了很多不同的国际合约会规定相对很高的利率(但也不会高致一个程度可被认为是惩罚性的)针对延误做出支付,显然是有一定的目的为了不鼓励任何的拖欠。例如,在其中一个欧洲公司与中方签订的合约,涉及前者为后者进行港口航道的疏浚工作,条文是说:"10. The contract shall be entitled to financing charges compounded monthly at the rate indicated in the Appendix for each day the Employer fails to pay beyond the prescribed payment period."而在附录的利率说明是

Euribor EUR 1 年 + 4%。利率约定得这么高显然是为了确保中方会不断地准时作出支付。既然是双方的约定,在该条文明确规定的情况下,就是中方雇主迟延支付了一笔款项,就要付出这约定的高昂利息作为代价。但在该合约的仲裁,在仲裁庭的决议中,涉及了欧洲公司向中方索赔成功的金额应否也适用这一个高昂的利息利率,大家就有了不同的意见。笔者认为应该给一个一般性的作为补偿性质的利率,说:"I note (A 仲裁员的) query in whether or not to award compound interest per Clause 10. I myself am inclined to award simple interest at a more normal rate under indemnity principle. Clause 10 to me is very much on the high side, which I would not normally award. But since it is the contractual rate (and the Respondent did not argue penalty/punitive clause), we have to allow it but only in the specific circumstances stated in Clause 10, namely, the Employer fails to pay beyond the prescribed payment period.' I therefore prefer the approach by (B 仲裁员)."

再多举一个例子,涉及一个中国的造船合约,船东是德国公司。该合约是在 2003 年订立,但由于中国船厂的延误,过了"死亡日期"(drop dead date),在 2007 年初被德国船东取消合约。取消合约看来无可异议,但由于德国船东已经预付了部分船价,显然可以向中国船厂要求退还这笔钱并支付造船合约中约定的利息。为了保证能够取回这笔钱,外国的船东通常要求中国船厂提供由银行做出的"还款担保"(refund guarantee)。在该案件中,的确也是由中国银行做出了还款担保。但在原来的造船合约中,双方约定并签了字的是退还德国船东预付的船价要加上年利率为 12% 的利息,英文的措辞是:"Such cancellation shall be effective as of the date the notice of cancellation thereof is received by the Builder, and the Builder, upon receipt of such notice, shall promptly refund telegraphically to the Buyer in US dollars all the installments paid by the Buyer with interests of 12% per annum."

但订了造船合约后不久,中国船厂取得了一个法律意见是不要同意太高的利率,而当时的存款年利率与估计以后几年的存款年利率也不过是 3% ~4%。太高的利率会刺激德国船东在可能有取消合约的权利时,有更大的诱因这样做,以赚取息差,除非当时船价涨得更高。这导致了中国船厂与德国船东磋商把该 12% 的年利率降下来,毕竟他们之间还有其他的加建船舶正在谈判。最后,根据中国船厂的说法是大家同意了该造船合约的前两艘船舶的还款利息从 12% 降为 8%,后两艘船舶的利息更降为 7%。中国船厂的说法在一定程度上受到中国银行做出的还款担保的支持,该担保中就规定了这 8% 的年利率,而还款担保也就为德国船东所接受。但在造船合约就没有做出任何更改来反映这个口头协议,而且中国船厂对这个口头协议也没有任何的文书证明。对这么重要的更改,惯常的做法就是另外签一份"附件"(addendum)。

这导致了德国船东在取消了造船合约后,并从中国银行取回预付船价,加上 8% 年息后,向中国船厂开始伦敦仲裁,索赔 10% 年息与 8% 年息之间的息差。这笔钱算起来也很可观,而且中国船厂非常气愤,认为德国船东太不讲信用。问题是中国船厂根本没有证据证明这个口头协议的存在,唯一有点支持的就是中国银行的还款担保中规定的8%的年息构成一定的环境证据。笔者(杨大明)作为代表律师,也只能听中国船厂的一面之词,说是达成口头协议。但真相如何,如德国船东对这一要求没有明确做出同意,但被中国船厂误认为已经达成口头协议的可能性还是存在。面对德国船东的索赔,其中一个主要抗辩就是造船合约的12%年息显然是属于惩罚性,所以无效。这里也有些微妙的差别,就是惩罚性赔偿的争议只涉及违约赔偿,但不涉及与违约赔偿无关的正常合约支付。例如,A借一笔钱给B,双方是可以约定任何高昂的利率,只要不超过有关地点的立法限制(如香港的相关立法是Chapter 163的《Money Lenders Ordinance》,其中规定年息无论如何最高不能超过60%,而超过48%就已经需要充分的理由支持为什么这样做)。因为B将来要还款给A,并不涉及违约赔偿的问题,这完全是履约而不是违约。所以在上述的造船合约,如果建造延误而过了死亡日期,导致德国船东取消合约,一个角度看是还款加上利息来自德国船东行使选择权;但另一个角度看是有这个选择权就是因为中国船厂违约,延误造船。而如果德国船东不选择行使选择权,他是对部分的延误可以获得"议定赔偿"(liquidated damage)的支付。这一个有趣的争议后来也没有继续,双方就达成了和解。

4.3 裁决书给予的利率应该是多少的考虑

4.3.1 借贷/融资利率与存款利率

现在探讨一下仲裁庭如果有权考虑裁决书中的本金或债务应该在拖欠期间给予多少利率,也就是双方没有约定的情况下,这应该是多少?因为存款的利率与融资的利率有很大差距,毕竟银行赚取庞大的利润就是靠这个息差。可以说,存款的利息通常很少被仲裁庭考虑,因为一般的商业机构不比普通的市民,后者才会只把积蓄放在银行收取利息。而且在商业活动中向银行借贷融资比比皆是,所以仲裁庭通常以这个假设(就是债权人要向银行借贷融资)作为起点,会以"借贷"(lending)的利息为准。

接下来可看看英国商业法院在这方面的权威说法,在Tate & Lyle Food & Distribution Ltd v Greater London Council (1982) 1 WLR 149中,Forbes大法官这样说:"... I feel satisfied that in Commercial cases the interest is intended to reflect the rate at which the plaintiff would have had to borrow money to supply the place of that which was withheld. I am also satisfied that one should not look at any special position in which the plaintiff may have been; one should disregard, for instance, the fact that a particular plaintiff, because of his personal situation, could only borrow money at a very high rate or, on the other hand, was able to borrow at specially favourable rates. The correct thing to do is to take the rate at which plaintiffs in general borrow money. This does not, however, to my mind, mean that you exclude entirely all attributes of the plaintiff other than that he is a plaintiff. There is evidence here that large public companies of the size and prestige of these plaintiffs could expect to borrow at 1 per cent over the minimum lending rate. I think it would always be right to look at the rate at which plaintiffs with the general attributes of the actual plaintiff in the case (though not, of course, with any special or particular attribute) could borrow money as a guide to the appropriate interest rate. If commercial rates are appropriate I would take 1 per cent over the minimum lending rate as the proper figure for interest in this case that the proper question is: at what rate could the plaintiff borrow the required sum and not what return could the plaintiff have expected if he had invested it?"

在英国的商业法院,也有很多先例说明习惯的做法就是判给予的利率就是"基本利率"(base rate)加1%。基本利率指的是"英国清算银行的借贷利率"(UK Clearing Bank's Base Lending Rate),当然它所针对的是英镑。

Donaldson 在 F. M. C. Meat Ltd v Fairfield Cold Stores Ltd (1971) 2 Lloyd's Rep 221 说这是他一贯的做法,以下节录他与胜诉方代表律师的对话,如下:"It looks to me as if you have been out of pocket, in a very broad sense, since Oct. 1, 1965. I should follow my usual course 1 per cent over the bank rate, calculated as the bank rate changes. I am afraid it is a little complicated over a long period. That is the fairest way of doing it. It has commercial justification, it may well be, I do not know. If one can draw money less than 1 per cent below the bank rate, best of luck to them. In fact they have to pay more."

另 Kerr 大法官在 The "Garden City" (No. 2) (1984) 2 Lloyd's Rep. 37 中说:"The defendants submit, however, that interest should be awarded at the rate of 1 per cent above the 'base' rate. 'Base rate' was agreed by the parties to be the London and Scottish Clearing Banks' Lending Rate, commonly referred to as the U. K. Clearing Banks / Base Lending Rate, and there was no dispute as to the meaning of base' rate plus 1 per cent. It was also common ground that the practice, both in the Commercial Court and the Admiralty Court, is now to award interest on this basis."

在更近期的 The "Mosconici" (2001) 2 Lloyd's Rep. 313,Steel 大法官也说到了商业法院的习惯做法就是给予利息的利率是基本利率加1%,但他同时也提到了美元的基本利率就相等于美国的优惠利率说:"in the context of United States dollars, that [is] equivalent to or analogous with the United States prime rate."同样的说法也在 Kuwait Airways Corporation v. Kuwait Insurance Co (No 3) (2000) Lloyd's Rep. IR 678。

在 Gater Assets v. Nak Nafotogaz Ukrainiy (No 3) (2008) 2 Lloyd's Rep. 295,败诉方指给予利息的利率不应该是美元的优惠利率(这是8%),而应该是储蓄的利率,如美国1年的债券是4.98% 。原因是胜诉的原告是一家毫无资产的公司,他唯一的资产就是这一个转让给他的胜诉的裁决书。这种公司根本不会向银行贷款营商,所以不存在优惠利率的适用。如果他能够一早就拿到裁决书胜诉的钱,充其量也是将这笔钱投资,如买入一年美国国库债券。但这不被 Beatson 大法官接受,原因之一就是没有在一开始的"聆讯官"(master)面前提出这一个说法。另一个原因就是这一说法不足够偏离一般的做法,就是给予优惠利率。

4.3.2　最优惠利率与伦敦同业拆放利率的选取

在国际商贸,特别是航运或外贸,由于这些年来主要是以美元交易而不再是英镑,所以许多仲裁庭的做法是纽约银行的美元优惠利率再加上1%左右。美元优惠利率就是美国银行收取他们给予最可靠贷款人的利率,但有看法是这不适用在美国以外的地区。这里可以节录2003年由London Maritime Arbitrators Association (简称LMAA)委员会做出的一个报告,说是在国际航运的当事人更加熟悉伦敦同业拆放利率,简称LIBOR(英文: London Inter Bank Offered Rate)。LIBOR是一个英国银行同业之间的短期资金借贷款的成本、利息率,由"英国银行家协会"(British Banker's Association)按其选定的一批银行,于伦敦货币市场报出的银行同业拆借利率,再以抽样本的方式,计算出平均指针利率。此指针利率,每个银行营业日都可能不同的。所以海事仲裁裁决书更加适合以LIBOR作为起点,并加上一个标高费用。报告是这样说:

"We have examined the possibility of recommending that members should base awards of interest on the US Prime Rate. This is the rate which banks in the US charge their most creditworthy business borrowers operating in the US and could be applied by members without normally adding an uplift. In a number of recent cases the Commercial Court has adopted this practice. On balance however we think that members should not adopt the Prime Rate as a benchmark where the claimant operates outside the US since commercial parties outside the US are not accustomed to using it as a reference point for loans.

In the shipping field most commercial parties are likely to be familiar with the use of LIBOR rates and this is a factor which, in our view, should weigh in favour of using LIBOR as a benchmark for awards of interest. It must be borne in mind, however, that LIBOR is generally used for term borrowings normally backed by some form of security and not for short-term unsecured loans.

Accordingly our recommendation for most US dollar contracts, is that members should take as a base rate the US $ LIBOR 3-month rate. The rate should be published by the Association in Table 3 (in lieu of Eurodollar rate) so that members can ascertain it easily and apply it to the period for which interest is awarded. As to the uplift, a spread' or margin is normally added to LIBOR in financing operations. A typical uplift for a long-term secured loan might by 1.25%. To give effect to the principle that arbitrators are to ascertain the cost of a short-term unsecured loan we recommend that members should award 2.5% over LIBOR as this would be a reasonable average rate to charge a reasonably creditworthy customer for an unsecured loan. In special cases (depending on the creditworthiness of the plaintiff) a higher or lower uplift may be appropriate."

另一个利率也在被使用,名为EURIBOR,全名是Euro Interbank Offered Rate。EURIBOR是一个57家欧洲银行同业之间的短期资金借贷款的利息率。在计算时,会把最高与最低的15%贷款交易排除在外,而剩下的就会平均计算到第三位小数,并每天在欧洲中部时间早上 11 点作出宣布。以这个利率计算利息,在 Van der Giessen-de-Noord v. Imtech Marine (2009) 1 Lloyd's Rep. 273 有提到。

至于美国优惠利率与美元的 LIBOR 之间的差别,在一笔 6 个月的借贷中大概为 3%,而在 2000～2007 年间,比较准确的统计结果是 2.73%,见 Braspetro Oil Services Co & Ors v FSO Construction Inc & Ors [2007] EWHC 1359。在该先例双方约定利率是 LIBOR。

4.3.3 外币的利息

香港与伦敦仲裁都可以作出外币的裁决,只要这个外币就是最能代表胜诉方的损失:The "Teh Hu" (1969) 2 Lloyd's Rep. 365;Jugoslavenska Oceanska Plovidba v. Castle Investment Co Inc (1973) 2 Lloyd's Rep. 1;The "Folias" (1979) 1 Lloyd's Rep. 1;The "Mosconici" (2001) 2 Lloyd's Rep. 313。

但外币就会有不同的利息,所以就存在要给予该外币的利息作为赔偿。在最近的 Braspetro Oil Services Co & Ors v FSO Construction Inc & Ors [2007] EWHC 1359, Cresswell 大法官就有提到了以下有关外币的利息,如下:

"As to the practice in commercial cases where a foreign currency is involved, different interest rates may be appropriate for different currencies. The Commercial Court may have regard to the interest-rate tables published by the London Maritime Arbitrators Association ("LMAA") (Staughton LJ in Baker v. Black Sea supra at 360).

When considering a claim for interest where a foreign currency is involved, it may be necessary to adopt a broad approach after balancing a number of factors.

(In BP Exploration Co [Libya] Ltd v Hunt [No 2] [1979] 1 WLR 783, at page 849, Goff J said:——

I turn to interest on the dollar element of the award. On the evidence before me, a British company wishing to borrow US dollars for purposes not specifically relating to operations in the United States would probably have borrowed on the London Eurodollar market. On that market the interest charged is made up of two parts the London inter-bank offered rate, and the margin or banker's turn charged to the borrower.

So far as margin is concerned, there was evidence before me that this would depend on the nature of the borrowing. One possibility is a medium term committed facility the other possibility is an advised line of credit, which is [similar] to an overdraft It is difficult to say whether a reasonable borrower would have borrowed on the basis of a committed facility or an advised line of credit; probably in the case of the two, with perhaps an accent on the more advantageous committed facility. In these circumstances, it is inevitable that the court should adopt a somewhat rough and ready approach; and I shall award interest on the basis of the London inter-bank six month offered rate plus 1 per cent to allow for margin and conversion of a 360 day year to a 365 day year.')

In considering a claim for interest in a commercial case where a foreign currency is involved, it may be appropriate when considering the general attributes of the claimant to have regard to (among other factors):——

(a) the place where the claimant is incorporated and carries on business;

(b) the financial market or markets available to a person in the position of the claimant for the purposes of borrowing the currency in question, which market(s) may be local or global or both;

(c) where the claimant is a member of a group of companies, the relationship of the claimant to other members of the group;

(d) the stability of the currency of account and the claimant's currency. (In a case where the currency of account is a stable currency, with low interest rates, and the claimant's currency is less stable and subject to higher interest rates, if the defendant had made the payment in due time, the claimant would have received payment in the stable currency that much earlier. Due to the delay in payment by the defendant the claimant will have had to borrow in the interim in his own currency at higher rates: Helmsing Schiffahrts GmbH v Malta Drydocks Corporation [1977] 2 Lloyd's Rep 444, Kerr J at 449);

(e) The quality of the Claimant's covenant as a borrower. To an extent the better the personal' covenant of the borrower the lower the rate is likely to be (Langley J in Kuwait Airways Corp v. Kuwait Insurance Co [2000] 1 LRIR 678 at 692)".

4.3.4　举证推翻假设的基本利率加1%

在4.3.1段所介绍的基本利率加1%的习惯做法是一种协调的做法且只是一个假设，但如果胜诉方能够提供证明他实际要付出的利息比这个基本利率加1%高，他可以这样做并要求更高的赔偿，除非是受到因果关系中断与损失遥远的限制(subject to causation and remoteness)。在Braspetro Oil Services Co & Ors v FSO Construction Inc & Ors [2007] EWHC 1359，Cresswell大法官说："... The practice whereby interest is normally awarded at 1 per cent over base rate amounts to a presumption which can be displaced if its application would be substantially unfair to either party. That rate represents something of a compromise (albeit weighted in favour of the plaintiff) between what a plaintiff kept out of his money might have earned on it and what he might have had to pay by way of interest: See per Mr. Justice Staughton in La Pintada Compania Navegacion S. A v. President of India, [1983] 1 Lloyd's Rep 37 at p 43. It does not preclude evidence as to the rate at which persons with the general attributes of the plaintiff could have borrowed money: see the test in Tate & Lyle Food & Distribution Ltd v Greater London Council (1982) 1 WLR 149".

在该先例中，就涉及了许多证据说明巴西Petrobas的资金与融资状况，以及巴西的金融市场状况。而 Petrobas 作为内部公司贷款给本案例中的胜诉方之 Braspetro Oil Services 公司一直是以 LIBOR 加 3% 的利率。其间,Petrobas 在国际金融市场的借贷就涉及短期、中期与长期的债务,其中有部分是固定利率,有部分是浮动利率。针对中长期债务以固定利率显然是比短期的浮动利率高,但固定利率可以减少风险并有肯定性。总之,在许多因素的考虑下,Cresswell 大法官给予 Braspetro Oil Services 公司的利率是 LIBOR 加 2.5%。

另在 Jaura v. Ahmed [2002] EWCA Civ 210,涉及一间小公司的借贷,要给更高的利息才能借到钱,上诉庭的 Rix 大法官就给予基本利率加 3%,并说:"It is right that defendants who have kept small businessmen out of money to which a court ultimately judges them to have been entitled should pay a rate which properly reflects the real cost of borrowing incurred by such a class of businessmen. The law should be prepared to recognise, as I suspect evidence might well reveal, that the borrowing costs generally incurred by them are well removed from the conventional rate of 1% above base (and sometimes even less) available to first class borrowers."

4.3.5 其他方面

当然,这一个利率也不是指裁决书作出当天的利率,而是根据整段延误支付的时间中起伏不定的优惠利率将它按适用的时间长短"平均"(weighted average)。例如,延误支付的时间是两年,其中一年是 8%,另一年是 9%,平均应该是 8.5%。

这只是商业案件的判法,对于其他类型的案件则有不同的判法,在 Jefford and Jefford v Gee (1970) 1 Lloyd's Rep. 107 中涉及的是车祸的索赔,Denning 勋爵判与受伤者以 Short-term investment account 来计算利息。他说:"A better guide is, we think, the rate which is payable on money in Court which is placed on short-term investment account. This is an investment which is made under the Administration of Justice Act, 1965 (Sects. 6 and 7) and the Supreme Court Funds Rules (rr. 73 to 80)..."

4.4 "单息"(simple interest)与"复息"(compound interest)

单息与复息的计算可能产生很大区别,尤其是延误支付的时间再加上利息高昂。复息其实就是"利叠利"(interest upon interest),如"3 个月计算一次"(three monthly rests)。但如果是单息计算,延误了 3 年,就只会是 3 年时间乘以 8% 的年利率,相比之下计算出来的金额就会少很多。

一直以来,法院的做法在《Supreme Court Act 1981》之下只可以给予单息,而仲裁庭也是已经在贵族院的 The "La Pintada" (1984) 2 Lloyd's Rep 9 中明确了只可以给予单息,虽然在该先例的仲裁员 Bruce Harris 先生针对欠下了 6 年的滞期费给了"6 个月计算一次"(six monthly rests)的复息。

这带来了仲裁界普遍的不满,因为在当时的年代利息很高而且银根很紧,导致经常会有情况是胜诉方在业务中向银行融资是要支付复息的,但胜诉后向败诉方只能收取单息,就会带来损失与赔偿不足。这里的问题,甚至可以引述 Nicholls 勋爵在近期的 Sempra Metals Ltd (formerly Metallgesellschaft Ltd) v Inland Revenue (2007) 4 All E. R. 657 案例中所说的话,如下:

"52 We live in a world where interest payments for the use of money are calculated on a compound basis. Money is not available commercially on simple interest terms. This is the daily experience of everyone, whether borrowing money on overdrafts or credit cards or mortgages or shopping around for the best rates when depositing savings with banks or building societies. If the law is to achieve a fair and just outcome when assessing financial loss it must recognise and give effect to this reality.

53 Unhappily this is still not altogether so. To a significant extent the law remains out-of-step with everyday life in the 21st century. In the first half of the 19th century the common law adopted a restrictive rule: unpaid debts do not carry interest, either compound or simple. This was an exception to the ordinary common law principles applicable to recovery of damages for breach of contract.

54 Since then successive statutes have made general provision for courts to award interest in many instances. This provision is limited to simple interest. The statutes make no provision for compound interest."

上述 Nicholls 勋爵的说法是不能给予复息是针对法院的,虽然在这一方面也在放宽,因为该贵族院先例正是判在"复原"(restitution)的情况下,法院可以给予复息。但针对仲裁而言,事实上在 1996 年《英国仲裁法》Article 49 或者是《香港仲裁条例》的 Section 2GH 已经明确赋予仲裁庭给予单息或者是复息的权力。

但这个扩大了的权力又带来了新的争议,就是仲裁庭之间对到底是以单息还是复息作为起点作出裁决有不同看法。在伦敦海事仲裁,LMAA 仲裁员几乎都是给予复息以"3 个月计算一次"(three monthly rests)。但在香港,笔者就曾经见过不少的仲裁庭以单息作为起点,只会在胜诉方特别提出要求复息时才会考虑给予。笔者有时为了避免在这些相对小的地方与其他共同仲裁员意见不合,对这一方面不会持太强的态度,这就会导致在笔者的裁决书里单息或者是复息都会出现。但是笔者还是稍微倾向于以复息作为起点,毕竟这是商业社会的做法,而且在《香港仲裁条例》中争取到这个权力却不用有点说不过去。

5. 利息何时开始计算

5.1 通常利息是从欠债或蒙受金钱损失的一天起算

利息的开始通常早于开始仲裁的一天,因为通常胜诉的原告是不会一被被告欠债或一蒙受损失就马上开始仲裁,往往的做法就是不断在私下催促赔付,但是经过一段时间没有成果才会开始仲裁。如此就需要找出到底哪一天是被告应付但是不付的一天。这一天有时候很容易找到,如租金要在哪一天支付往往在合约中有规定,而被告应付但是没有付就应该是从那天开始计算利息。但有时在合约里面就没有说明在哪一天支付,这就存在要找出一个合理的支付日期。如在期租合约,针对承租人支付交船燃油的价格(这可能会是一笔大钱),合约会写清楚是与第一期租金一起支付,这就有肯定的日期开始计算利息。但如果没有这样写,而这种情况往往是非常普遍的,就会要找出承租人合理应该作出支付的日期。例如,承租人在交船的第二天就已经知道船舶上燃油的数量并可以计算出价格,这就可以马上安排作出支付了。但由于假期与承租人会有受到外汇管制的影响而延误,所以最快也要8、9天后才能作出支付。这一来,如果承租人一直都没有支付,所欠债务的利息就是从交船之后的10天后开始计算。

如果遇到不是一笔债务,而是如船舶损坏而需要修理,利息应该从修理妥当并在船东支付完修理费之后才开始计算,因为船东从"那一天"(date of loss)开始才有真正的损失。

反正这大原则就是Steel大法官在The "Mosconici" (2001) 2 Lloyd's Rep. 313所说:"Again I accept the conventional approach as identified and spelt out in Kuwait Airways Corp v. Kuwait Insurance Co [2000] 1 LRIR 678 by Mr. Justice Langley at p. 986, that *prima facie* the interest should run from the date of loss."

5.2 偏离原则的三种情况

但曾经有过权威的说法是计算利息从真正有损失的一天开始也并非是硬性规定,法院或者仲裁庭可以在三种情况下偏离这个原则。这是BP v. Hunt (1979) 1 WLR 783,Goff大法官是这样说:

"... interest will generally run from the date of accrual of the cause of action in respect of money then due or loss which then accrues; and in respect of loss which accrue at a date between such date. For convenience, I shall refer to these dates compendiously as the date of loss', although I recongnise that the term is not altogether appropriate in a case of restitution.

But the power to award interest is discretionary, and there is certainly no rule that interest will invariably run from the date of loss. It is no part of my task to attempt to define the circumstance in which the court will depart from the fundamental principle; indeed, since the discretion to award interest is unfettered, it would be improper to do so. There appear, however, to be three main groups of cases in which, in the exercise of its discretion, the court may depart from the fundamental principle."

5.2.1 偏离的情况之一:债务人无法知道有关债务

第一也是最重要的例外情况可以偏离基本原则的是被告不知道这一索赔而无法作出支付,即使他愿意这样做。如原告对损坏作出修理,但直到原告向被告索取修理费时,被告是不会知道到底有多少修理费用,甚至是更晚的时间,因为被告需要有合理的时间作出调查与核实。Goff 大法官这样说:"The first group of cases concerns the position of the defendant. The court may consider, in the light of all the circumstances, that his position was such that it would not be just to make the defendant pay interest from the date of loss. It may do so if, for example, the circumstances were such that the defendant neither knew, nor reasonably could have been expected to know, that the plaintiff was likely to make a claim, and so was in no position either to tender payment, or even to make provision for payment if the money should be found due. In such a case, the court may in its discretion only grant interest from the date of the plaintiff's claim, or even from such a date as will allow reasonable investigation of the claim."

5.2.2 偏离的情况之二:债权人自己的延误

至于第二种例外情况实际上已经介绍过是由于债权人自己的延误,这就会导致利息计算是从延误终止后的一天开始,如双方有争议,但最后胜诉的债权人迟迟不开始起诉。Goff 大法官这样说:"The second group of cases concerns the conduct of the plaintiff. If, for example, the plaintiff has been guilty of unreasonable delay in prosecuting his claim, the court may decline to award interest for the full period from the date of loss. This may be to encourage plaintiffs to prosecute their claims with diligence, and also because such conduct may lull a defendant into a false sense of security, leading him to think the claim will not be pursued against him."

如果是债权人自己带来的不合理与漫长的延误,有权威说法是这一段的延误可以不判给利息或以一个较低的利率计算。其中一个先例是 The "Athenian Harmony" (1998) 2 Lloyd's Rep. 425,案情涉及最后胜诉的原告在诉讼过程中延误了四五年的时间(在披露文件后),而原告也没有对这个延误是否合理做出任何解释。Colman 大法官认为这 4、5 年的延误应该降低利率,说:"In cases where the delay and the degree of fault are so substantial that the predominant cause of the plaintiff being out of money can be seen to be his own failure to prosecute the claim, rather than the maintenance of his defense, it is not difficult to see that the policy should be that a successful plaintiff should not be compensated for loss of use of the money. However, in order for it to be said that the plaintiff's fault has displaced the defendant's fault as the predominant cause of the plaintiff being kept out of his money, the delay in question should have to be very substantial and not merely relatively short periods of weeks or months during which in commercial litigation lulls in activity inevitably occur and the plaintiff's fault would have to be very substantial, as where an action has inexcusably being allowed to go to sleep for years."

另介绍的是 Quorum v. Schramm (2002) 2 Lloyd's Rep. 72 的保险争议,其中涉及原告(被保险人)延误了两年才起诉被告(保险人)并且取得胜诉。Thomas 大法官判这两年的延误原告只能取回一半的利息(双方同意的利率是最优惠利率加 0.5%)

说:"In the absence of any explanation for the period of delay in bringing proceedings, I consider that there was unreasonable delay; this also was the predominant cause of the claimants being kept out of their money. There seems to be no reason why the claimants could not have issued proceedings in September 1995; the delay until September 1997 is wholly inexplicable. I do, however, have to bear in mind that during that period interest rates were high and that therefore underwriters derived a substantial benefit. That it a significant factor see the judgment of Lord Justice Waller in *Adcock v. Co-operative Insurance Society*, [2000] Lloyd's Rep. I. R. 657 at p. 662. In the circumstances therefore it seems to me that it would not be right to deprive the claimants of the whole of the interest during the two-year period from Sept. 1, 1995 to Sept. 1, 1997. I will therefore award the claimants interest only at half the rate that would otherwise have been payable during that period."

5.2.3 偏离的情况之三:特殊情况

而第三种例外情况是根据案件的特殊之处,利息应该晚一点开始计算才公平合理。Goff 大法官这样说:"The third group consists of other cases in which it would be unjust, in all the circumstances, to award interest from the date of loss. Into this group fall those cases on which an assessment of damages is made on such a basis that it would be just to award interest from a later date, as for example was held in Jefford v. Gee, in respect of interest on general damages (on which see also Pickett v. British Rail Engineering Ltd. [1978] 3 W. L. R. 955)."

这方面的问题还会有其他千变万化的情况出现,如笔者(杨良宜)最近的一个仲裁案件涉及了两位原告,但在仲裁途中,他们自己闹意见。这导致了在一笔颇大的金钱,被告表达了愿意支付,并要求原告提供支付办法的指示,但两位原告的代表律师给了不同的支付指示。显然,被告在这种情况下,是不会安心按照其中一个支付指示付掉。结果在一段时间后,被告看到这个问题无法在短期内解决,就把这笔钱存进香港法院,并要求法院决定应该给谁,或者怎样分摊的所谓"interplead action"。笔者觉得整个过程是完全合理,所以不判被告要承担应该支付直到存钱进法院这段短时间不必支付利息。显然,如果这笔钱是扣在被告的手中一段颇长的时间,甚至被告没有采取要求法院决定这笔钱应该怎么样支付,笔者就会倾向被告是会对这一段时间要支付利息,但利率可能不会高(如高于存款利息)。因为延误不是被告所造成的。

5.3 找出一个"一致的欠债日期"的做法

经常在一个仲裁中,索赔的项目不只有一笔,而它们开始计算利息的日期会不一样。这一来,如果它们是大数目,不同开始计算利息的日期不一样是毫无问题的。例如,欠下的是两笔巨额的租金,一笔是 2007 年 10 月 1 日欠下,另一笔是 11 月 1 日欠下。这一来,大家不同时间起算利息,第一笔比第二笔有多一个月的利息是没有问题的。但如果有些很小的索赔项目就不值得计算太细,就可以把它们与其他更大的债务所欠下的但相近的日期合并在一起计算。又或者是,有几笔这些小的索赔项目一并找出一个"一致的欠债日期"(common due date),如原告向被告寄出的一份催促函件的一天后的一段合理时间作为起点。

6. 利息在何时终止计算

6.1 仲裁庭给予利息至作出裁决书的一天(pre-award interest)

以前有一种看法是仲裁庭给予利息只能到作出裁决书的一天为止,因为作出了裁决书他就成为了"*functus officio*",之后的事就再也不必管。而作出裁决书之后直到败诉方真正作出支付的这段时间的利息(post-award interest)就由立法(《The Judgment Act 1838》或/与《The Supreme Court Act 1981》)来针对,也就是适用判决债务的利率。该立法之 Section 17 (1)是这样说:"Every judgment debt shall carry interest at the rate of [ ] per cent per annum from such time as shall be prescribed by rules of court until the same shall be satisfied, and such interest may be levied under a writ of execution on such judgment."

这也是在 1950 年《英国仲裁法》的说法,在 Section 20 是这样说:"A sum directed to be paid by an award shall, unless the award otherwise directs, carry interest as from the date of the award and at the same rate as a judgment debt."

6.2 仲裁庭给予利息至实际支付一天的好处

但现在国际仲裁的做法,很多时候仲裁庭是给予利息直到真正支付的一天。这一天会比作出裁决书的一天晚很多。仲裁员的这个权力现在也在许多的仲裁法中有规定,如《香港仲裁条例》之 2GH (1):"An arbitral tribunal may , in arbitration proceedings before it, award simple or compound interest from such dates, at such rates, and with such rests as the tribunal considers appropriate for any period ending not later than the date of payment."

在一个裁决书中将利息给予的时间裁定为从欠下的一天直到真正支付的一天,其好处在于执行。笔者在早期时曾经经历过在韩国执行一个伦敦仲裁,当时韩国刚签署了 1958 年《纽约公约》,所以执行起来浪费很多时间,一路上诉至韩国最高院才得以执行。但这带来一个问题就是在执行的三四年这段时间的利息问题,因为该裁决书只给予利息直到作出裁决书的一天。如果执行是在香港地区、新加坡或英国法院,或许问题会比较少。但在韩国要说服最高院这三四年的利息要照英国的判决债务的利率就十分困难,而结果也是在这一方面失败,毕竟作为 1958 年《纽约公约》的成员国,韩国的确也没有国际义务执行一些并非在裁决书中的事项。所以笔者在一些国际仲裁,经常的做法都是在裁决书中把利息裁定至真正做出支付的一天。

仲裁庭在裁决书内针对“作出裁决书后的利息”(post-award interest)另一个好处就是曾经有争议在1996年《英国仲裁法》下,如果仲裁庭没有给予,《The Judgment Act 1838》或/与《The Supreme Court Act 1981》是否还是可针对并作出补救。这方面带来两个先例,以下介绍。

6.3 案例一:Walker v. Rowe (2000) 1 Lloyd's Rep. 116

在这一个先例,涉及仲裁庭没有在一个“费用裁决书”(costs award)中针对 post-award interest,Atkins 大法官针对了1950年与1996年《英国仲裁法》的不同之处,结论是如果当事人没有向仲裁庭要求这一个 post-award interest,而仲裁庭也没有在裁决书内针对,在1996年的立法下就不能以判决债务,也就是有关立法给予的利息作为补救。因为法院在1996年的立法下,在 Section 66(2)只是有权把裁决书变为一个法院判决,而且是必须严格依照裁决书的内容而不能增加或改变。

Atkins 大法官针对1950年《英国仲裁法》的有关 post-award interest 是这样说:

“(1) In my view the key to the principal issue lies in contrasting the powers given to arbitrators under the 1950 Act regime, in particular ss. 20 and 26, with the 1996 Act regime, in particular ss. 49(4) and 66. Under the 1950 Act when arbitrators made a money award, they did not need to think of granting post-award' interest. A money award would automatically attract post-award' interest at the Judgment Act rate (as set by the statutory instruments made under s. 44 of the Administration of Justice Act, 1970) unless the arbitrators specifically made an award to the contrary. That is the effect of s. 20 of the 1950 Act. Section 20 effectively added automatic' or default' interest on a sum awarded if it was not paid immediately the award was published.

(2) Section 26 of the 1950 Act provided for the mechanism of summary enforcement of awards by turning them into a judgment of the Court. When an award was entered as a judgment under s. 26 of the 1950 Act and the award had said nothing to negate the effect of s. 20, then the judgment entered had to be in terms of the Award'. This must mean that, assuming nothing had by then been paid, the judgment would be for (i) the principal sum awarded, plus (ii) any pre-award' interest made under s. 19A and (iii) the post-award' interest that the principal and pre-award' interest would automatically carry pursuant to s. 20 up to the time that the judgment was entered. Once the award was converted into a judgment then the Judgment Act/Administration of Justice Act regime would continue so that further interest would accrue.”

而在1996年《英国仲裁法》下针对 post-award interest,就有了很大不同,Atkins 大法官这样解释:

“(4) However the 1996 Act made very important changes in the way ‘post-award’ interest is to be dealt with. Under s. 49(4) it is left solely to the arbitrators to decide whether (and if so what) post-award' interest should be granted on an outstanding sum of an award, including pre-award' interest. The sub-section states specifically that it applies to an award of costs. This provision means that a party seeking an award of post-award' interest must ask for it and even if he does, the tribunal is not obliged to award it.

(5) Under the 1996 Act if an award is entered as a judgment then it has to be entered in terms of the award': see Section 66 (2). Thus if an award has been made for a certain sum of money (with or without pre-award' interest) and there is *no award of post-award* interest then the judgment must be entered in those terms Any contrary decision by the Court would be an intervention by the Court that is not warranted by any provision in part 1 of the 1996 Act.

(6) It follows, in my view, that the combined effect of Section 1(c), 49(4) and 66 of the 1996 Act is that the Court has no power to grant interest under Section 35 A (这是指《Supreme Court Act 1981》之 Section 35 A,就是针对把裁决书变为一个法院判决后可给予判决债务利息) on a sum which is awarded by arbitrators but remains unpaid after the award."

在这个先例看来,当事人索赔金钱要谨记在作出裁决书之前向仲裁庭提出要求这一笔 post-award interest,也就是指裁决书作出的一天直到对方真正支付的一天所产生的利息。如果他只是向仲裁庭泛泛地要求利息,就有危险是仲裁庭只想到 pre-award interest,即利息只算到裁决书作出的一天,但根本没有想到这一笔 post-award interest。

如果当事人提出了但在裁决书还是遗漏了针对 post-award interest,他就应该马上向仲裁庭提出并要求作出修改或者多作出一个追加裁决书。但如果当事人没有提出过,仲裁庭就不存在有权利事后作出一个追加裁决书。

如果当事人忘了向仲裁庭提出,也就不存在可事后要求仲裁庭作出修改或多作出一个追加裁决书了(这方面请看 Pirtek [UK] Ltd v. Deanswood Ltd and another [2005] 2 Lloyd's Rep. 728)。又或者是当事人虽然提出,但仲裁庭拒绝给予 post-award interest。这一来,该胜诉的当事人可以做的就是尽快把该裁决书根据 1996 年《英国仲裁法》之 Section 66 (2)变为一个英国的法院判决。这一来,就可以适用《Supreme Court Act 1981》之 Section 35 A 而可以得到判决债务利息了。

6.4 案例二:Gater Assets v. Nak Nafotogaz Ukrainiy (No 3) (2008) 2 Lloyd's Rep. 295

这一个先例在本书其他地方有介绍,在这里只针对利息的部分,也就是 post-award interest。该先例涉及的金额十分庞大,而光是针对 post-award interest,金额已高达 1260 万美元。这是根据裁决书在 2000 年 5 月 31 日所作出,但败诉方 Nafotogaz 到了 2008 年 3 月 7 日在英国法院作出执行命令(命令包括了败诉方所拥有另一家公司 JKX Oil 股份的"押记命令"[charging order]以及要求 JKX Oil 支付给败诉方的钱必须支付给胜诉方的"第三者债务命令"[third party debt order])的一天还没有支付期间所累积的 post-award interest。

败诉方向法院提出质疑,就是在 1996 年《英国仲裁法》下,应否可以包括这笔 1260 万美元的 post-award interest,败诉方主要依赖的自然就是上述介绍的 Walker v. Rowe (2000) 1 Lloyd's Rep. 116 一案的判决。败诉方也有其他的争议,如有关的裁决书是以俄罗斯作为仲裁地点的裁决书,而俄罗斯的法律是没有裁决书要支付利息的规定。

Beatson 大法官对败诉方的争论很不以为然,因为如果可以接受,就会导致败诉方可以在裁决书作出后拖延支付而不必面对任何惩罚(支付利息)。Beatson 大法官认为本案涉及一个俄罗斯裁决书根据《纽约公约》的要求在英国执行,这与 Walker v. Rowe 涉及本土裁决书并不一样。而且,Beatson 大法官在这一方面看不出 1996 年《英国仲裁法》有任何意图改变有关 1950 年《英国仲裁法》,说:"There are no indications in the 1996 Act of an intention to change the position in respect of interest when New York Convention awards are enforced in this country. Section 49 of the 1996 Act only concerns domestic arbitrations. Moreover, even in relation to domestic arbitrations, section 49 (6) states that section 49 does not affect any other power of the tribunal to award interest, such as the power to award special damages for the late payment of money and other common law powers."

至于败诉方提出俄罗斯法律是没有裁决书要求支付利息的规定,Beatson 大法官认为在该先例胜诉方已经将裁决书改变为英国法院的判决,所以支付判决债务利息变了是英国法律,与俄罗斯无关了。

这样看来,针对英国法院是否有权在仲裁裁决书没有针对裁决书之后产生的利息作出命令,有一定的复杂度。这里可以节录《Arbitration Law Monthly》刊物 2008 年 12 月至 2009 年 1 月这一期对这方面不同先例的总结如下:"The outcome would appear to be that if the arbitrators make an award but fail or order the payment of interest between the date of the award and the date of payment, and in the case of a domestic award it is not possible to apply to the arbitrators to modify their award under the slip rule in s57, then an application for permission to enforce the award as a judgment under s66(1)[1] does not

---

〔1〕 这在 1996 年《英国仲裁法》第 66 条是针对本土仲裁的执行(但注意大部分的海事与商品仲裁都在伦敦,这都会属于本土仲裁,所以与中国的公司也会有关)。该条文下是有两种执行的做法,但它们不是二选一的做法,而是重叠性的,即做了第一种可接下去做第二种。第一种是第 66(1)条文,说:"an award made by the tribunal pursuant to an arbitration agreement may, by leave of the court, be enforced in the same manner as a judgment or order of the court to the same effect."在这种做法就是直接申请把裁决书当作法院判决执行,不必把裁决书变为一个英国法院的判决。这一来,在 Walker v. Rowe 判是法院无权代仲裁庭给予"裁决书作出后的利息"(post-award interest),所以根据这种执行做法就会没有办法取得这些利息。而这笔利息如果在拖延很久后才得到支付,会在今天零利率的情况下发一笔横财,因为英国的 1838 年《Judgment Act》Section 17(另有 CPR 40.8[1]补充)说明所有英国法院作出的判决从判决一天直到支付有年息 8%,除非法院另有指示。但由于根据第 66(1)条文的执行做法从来没有把裁决书变为英国法院的判决,所以不存在适用这《Judgment Act》。

permit the court to order interest (so held in *Walker v. Rowe*), but a judgment enforcing the award under s66(2)[1] does empower the courts to order post-award interest (so indicated in *Pirtek v. Deanswood*). As far as New York Convention awards are concerned, an application for a judgment enforcing the award under s101 (3) does permit post-award interest (as held in *Gater*) although the position of an application for permission to enforce the award as a judgment under s101(2) is less certain."有关也请看本书第十四章之4.1段之(二)有关简易执行的介绍。

6.5　裁决书给予的判决债务利息利率高低的问题

但万事总是有好有坏,不好的地方大概是如果判决债务的利率适用,胜诉方会在这个更高的利率下得到一点好处。首先是可能迫使败诉方加快赔付以避免高昂的利息,其次是胜诉方不论赔付快慢都可以在这段时间向败诉方取得高昂的利息。

另举一个例子是 Dalmia v. National Bank (1978) 2 Lloyd's Rep. 223,它涉及了一个在瑞士的 ICC 仲裁。两个裁决书分别是在 1971 年 3 月 1 日与 1972 年 3 月 1 日作出,而 Dalmia 作为胜诉方除了以英镑支付的本金外,也被给予了利息,一个裁决书是 6% 的年利率,另一个是 5% 的年利率。开始计算的日子一个裁决书是从 1966 年 1 月 3 日,而另一个是 1968 年 1 月 23 日。但问题是在利息终止计算的时间,被裁定为"真正支付的一天"(until the date of the actual payment)。但作出了裁决书之后,Dalmia 一直没有得到支付,直到在 1976 年才被英国法院执行。而在这一个期间(1972 年至 1976 年),市场的利息上涨,估计英镑的最优惠借贷利率是 9% ~10%,如果再加上 1% 就到了 10% ~11% 了。Dalmia 要求以这个利率来替代裁决书的 6% 与 5%,理由是说败诉方有一个责任在作出裁决书后的合理时间(不超过 3 个月)就应该支付。败诉方不这样做就是"毁约"(repudiation),而毁约造成的损失就是这两个利率之间的差别。但最后这个说法被上诉庭拒绝,认为这样做是法院自说自话改变仲裁庭已经决定了的事项。

---

[1] 第二种执行的做法是在第 66(2)条文,这是根据裁决书的内容变为一个英国法院的判决,条文说:"Where leave is so given, judgment may be entered in terms of the award."第二种执行做法看来会比第一种执行做法有一点好处,这在 Bruce Harris 的《The Arbitration Act 1996》一书中也有提到说:"The second method, where permission has been given, is an application actually to enter judgment in terms of the award. There may be advantages in proceeding to this second stage rather than being content with the first. For example, the applicant may sue on the judgment or otherwise proceed by execution or registration or other method of enforcement in the foreign court; or he may obtain recognition of the judgment in the foreign court; or he may rely on the judgment as a judicial resolution of the issues that prevents any further action being brought in a foreign court."而现在更加多了一个明显的好处,就是把裁决书变为英国法院判决的那天后直到成功执行的这段时间,胜诉方就可以根据《Judgment Act》收取利息了。这第二种执行的做法也有其局限,就是如果裁决书的语言并不能十分容易,直接与有效地变为一个英国法院判决的语言,就不能采取这种做法了。如一个宣誓的裁决就不能采取这种做法了:Margulies Bros Ltd v. Dafnis Thomaides & Co (UK) Ltd (1958) 1 Lloyd's Rep. 205;Tongyuan (USA) International Trading Group v. Uni-Clan Ltd (未报道,Moore-Bick 大法官,2001 年 1 月 19 日)。

针对这种困难，笔者见过有少数裁决书是给一个较低的与补偿性的利率，从欠下的一天直到作出裁决书的一天。但在裁决书作出的一天直到真正支付的一天，就按照判决债务的利率。笔者对这种做法有一定保留，就是针对判决债务的利率不肯定下来将来在国际上执行会带来不稳定。但这也是没办法肯定下来，因为没有人知道将来的利率走向如何，只要看近期的利率波动就已经可以感受到这不是一件易事。

7. 何种延误可以收取利息

从表面的公平合理看来，只要有延误支付，败诉方都应该赔偿利息，但事实上并不是这样，《香港仲裁条例》的 Section 2GH 已经讲得很明确只有两种情况下的延误支付才可以在裁决书中给予利息。第一种就是 Section 2GH (1) (a)的仲裁庭给予胜诉方一笔本金的裁决书，如判胜诉 100 万美元，而这一笔钱被欠下了 4 年，裁决书就可以判胜诉方除了胜诉这 100 万美元外另加上 4 年的单息或复息，这是最常见的做法。Section 2GH (1) (a)规定如下："on money awarded by the tribunal in the proceedings."

第二种就是 Section 2GH (1) (b)，情况是债务人(通常是被告)在仲裁的中途部分或全部支付了本金，这一来即使支付了的金额还是可以判给胜诉方一笔利息。举一个例子，债务是已经拖欠了一年才开始仲裁，但一开始仲裁就马上在第二天导致被告支付掉欠下的 100 万美元，原告还是可以继续推进仲裁(除非被告投降，也支付掉一年的利息)。而取得的裁决书再也不针对本金了(因为支付掉了)，但可取得这 100 万美元在一年延误的利息(单息或复息)。这也可以发生在另一种情况就是债务人的被告认为欠下的 100 万美元有 50 万是有争议的，所以原告一开始仲裁就马上把 50 万美元支付掉。但一年后仲裁进行到最后被告还是全盘败诉，这一来裁决书判原告胜诉的金额就变了是 50 万美元本金加上共两年(一年延误支付再加上一年的仲裁时间)的利息(单息或复息)，再另加上 50 万美元在仲裁一开始已经支付了，但也已经拖延了一年的利息(单息或复息)。Section 2GH (1) (b)规定如下："on money claimed in, and outstanding at the commencement of, the proceedings but paid before the award is made."

只有这两种情况下，仲裁庭才有权给予胜诉方利息，而剩下了一种情况仲裁庭是根本没有权力给予任何利息的。这就是在仲裁还没有开始之前已经把欠下的债务本金部分或者是全部支付掉。这笔钱可大可小，除了要看期间利率的高低外，还关系到这笔本金拖欠了多久。笔者就见过不少的亚洲公司包括中国内地的公司，由于不懂法律与怕打官司，就会经常给人家拖延了很久到最后才会采取行动。这不像一些水平高的欧洲公司，稍微被债务人拖延就会毫不客气马上起诉，这一来利息不会太多。

笔者以前在利息高的年代处理过一些案件是一接手就发觉债务被欠下了三四年不等,隔了这么长时间债务人到底是否还是经济健全而值得追讨已经是一个大疑问,另外还要考虑庞大的利息累积下来可能已经是本金的双倍,当然是不舍得白白放弃。这就涉及了一个技巧是尽快先开始仲裁程序(通常就是委任自己的仲裁员并通知对方,或如果是独任仲裁员就发出电文要求对方同意一位仲裁员),以保障索赔利息的权利。笔者见过一些案件是律师接案之后先与对方接触,并要求对方在14天内作出支付,否则开始仲裁。如果这一封律师信吓坏了债务人而马上支付掉本金,又或是债务人懂行马上支付掉就可以逃避利息的赔偿,结果都会是债权人就失去向债务人要求这3、4年延误支付所累积下来的一大笔利息。

至于这种债务已经在开始仲裁之前支付掉的情况下,仲裁庭没有权力给予该笔债务已经拖延了一段时间的利息,原因在贵族院的 The "La Pintada" (1984) 2 Lloyd's Rep 9 有说明。这主要是政策方面的考虑,为了想减少诉讼,否则就会有不少合约的履行曾经有过延误支付某一些款项,都会导致将来双方在关系不好时提出诉讼,而这种所谓的"*interest simpliciter*"诉讼只是为了索赔某一笔款项的一两天延误的利息,因为款项本身早1、2年就已经支付了。

8. 回教国家的问题

《古兰经》是明示说明了不允许收取利息,所以有些以《古兰经》作为法律的国家就会带来问题,如沙特阿拉伯。这方面带来的影响有几个层面,首先就是如果在一个仲裁中,双方约定的适用法是沙特阿拉伯法律,就会造成仲裁庭根本不能判胜诉方可取回利息。同意这种适用法在海事有关的合约如租约,会是十分罕见,但它在国际仲裁如ICC仲裁有可能遇到。笔者可举一些例子,如在 Cary B. Born 所著的《International Commercial Arbitration—Commentary and Materials》2001 版第907页的脚注155介绍的:Second Interim Award in ICC Case No. 5277 of 1987, XIII Y. B Comm. Arb. 80, 89 - 90 (1988) (refusing to award interest, notwithstanding contractual provision for such, because parties' chosen law had been Islamicized and forbids interest award); Final Award of 20 November 1987 (Ad Hoc), XIV Y. B. Comm. Arb. 47, 51, 68 (1989) (refusing to award interest under contract governed by Saudi law); Parker Drilling Co. v Sonatrach, summarized in Branson & Wallace, Awarding Interest in International Commercial Arbitration: Establishing a Uniform Approach, 28 Va. J. Int'l L. 919, 934 (1988) (denying interest because applicable substantive law [Algeria] contained no provision for interest)。

另一个重要层面就是在香港或者新加坡作出的裁决书(其中包括利息)有可能要在沙特阿拉伯或者阿尔及利亚等回教国家执行,就有可能会遇上麻烦。遇上这种风险,原告有责任事前提醒仲裁庭避免在裁决书中的本金加上利息。一种做法可以让仲裁庭作出两个裁决书,一个只是针对本金,另一个只是针对利息。这一来,针对利息的裁决书可能将来找到机会在其他不受这方面影响的国家执行。

9. 案例介绍

最后给一个案例是有关仲裁员错判所作出的救济:Van der Giessen-de-Noord v. Imtech Marine (2009) 1 Lloyd's Rep. 273。该先例涉及了一艘滚装客船在荷兰船厂建造,双方出了不少争议。其中有关利息的部分,原告索赔请求中要求如果索赔成功,就加上有关的利息。但利息的计算是有三个选择。一是根据违约作出利息的赔偿,二是根据1996年《英国仲裁法》之Section 49(这条文是给仲裁员一个广泛的权力给予利息),三是根据荷兰民法之Article 6:119与6:120,分别是在不同时间有不同的年利率,从4%到8%,并以复息计算。被告起初在抗辩请求中是接受荷兰民法的适用,所提的争议只是从哪一天开始计算利息。但到了仲裁后期,被告修改了争辩说根据荷兰民法,根本是不欠下任何利息。因为荷兰民法之Article 6:82说是利息的计算必须是要有一个书面通知给债务人,并给债务人一段合理时间作出支付。而被告争辩是说原告在这个案件中没有给出这样的书面通知,所以不存在利息的开始与计算。最后在裁决书,仲裁庭判是给予一个10%的年利率,这是双方从来没有争议过的。而根据这一个偏高的利率计算,相比双方所争议的利率,相差高达100万欧元之多。被告显然不服气,并认为这样判是严重违反自然公正,并造成"严重不公平"(serious injustice)。最后英国法院对这个方面给予救济。首先,Clarke大法官说在双方改变了立场并导致荷兰民法不适用,就表示仲裁庭可以根据1996年立法之Section 49并有广泛的权力给予恰当的利息,如下:"Imtech(原告)submits that GN(被告)is hoist by its own petard. Imtech had always had a claim for interest under section 49 of the Act. It was content to have interest awarded in accordance with the Code(荷兰民法). Originally the only issue between the parties was the date from which interest should start. In March 2007, five months after the hearing, GN chose to say that interest was not due under the Code at all. It thereby removed the common basis for the applicability of the Code. In those circumstances the tribunal was entitled to award interest under the very broad discretion, both as to rate and period, conferred by section 49 which was undoubtedly applicable: *Lesotho Highlands Development Authority v. Impregilo SpA* [2005] 2 Lloyd's Rep. 310(这一个重要的贵族院先例在本书第八章2.3段有详细介绍)GN had had, as the tribunal was entitled to think, ample opportunity to put forward whatever submissions it chose in respect of an award of interest under that section."

而有关仲裁庭在根本没有告知双方的情况下,给予一个偏高与突然的10%利率,Clarke大法官认为是不公平且没有解释如何得出这个数字的,说:"In my judgment, in awarding interest at 10 per cent the tribunal did not comply with its general duty of fairness. The tribunal explained in para. 92 of its award that it did not accept that Imtech was entitled to interest as damages for breach of contract and that GN had said that Imtech had not complied with the Dutch Civil Code and therefore, and in any event we award interest under section 49'. It did not, however, explain why it had chose 10 per cent as opposed to any other figure. 10 per cent is a rate higher than any rate claimed in the pleadings or contended for by Imtech in its submissions. The tribunal applied it without giving Imtech any opportunity to make submissions on the appropriateness of such a rate, in circumstances where the issue between the parties had boiled down to whether the provisions of the Code had been complied with so as to trigger an obligation to pay interest at the rates provided for by the Code, and, if so, when. It gave no indication that it proposed to ignore the Code rates when the parties had proceeded on the basis that the claimant's entitlement should be governed by the Code, and when Imtech's claim was for interest at the rates provided for in the Code."

最后,Clarke大法官认为如果仲裁庭在判之前告诉双方,特别是被告,有可能出现很不同的情况。在被告有机会作出争辩后,仲裁庭可能判原告只能得到他所请求的利率,也可能允许原告修改请求并要求一个不同与更高的利率。仲裁庭也可能根据英国法院在判决中所给予的利率或是EURIBOR(当时是5%左右)等。他这样说:"If GN had been given the opportunity to object, the tribunal might well have reached a different conclusion. They might have decided that Imtech should not recover any more than the rates that it had pleaded and claimed. They might have had regard to Euribor or the rate customarily applied in the Commercial Court. They might have taken into account the new rates under the amended Code, although it was not in terms applicable. They might have thought that a single rate over a substantial period during which rates were changing was inapposite. Since the matter will have to be considered afresh it is not appropriate for me to consider the possibilities at any length. It is sufficient that the result is far from a foregone conclusion."

10. 英国仲裁学会有关利息的指引

"英国仲裁学会"(Chartered Institute of Arbitrators)针对裁决书的利息曾经做出了一些详细的指引,好像在本书第一章6段有关诉讼费用的指引一样,可节录并部分解释如下。

Guideline on Awards of Interest(有关利息裁决的指引)

1. Introduction(简介)

1.1 It is an important and not altogether easy task for an arbitrator to determine what interest to award to a successful party. By and large advocates for the parties pay scant regard to interest. This serves to increase, rather than lessen, the burden on arbitrators.

1.2 The following broad principles can be laid down and should be kept well in mind:

1.2.1 The first and most important point is the elementary one that it is essential for an arbitrator, before making an award of a monetary sum to one of the parties, to consider what interest to include in the award.

1.2.2 Secondly, an arbitrator should make an award or awards of interest to cover two distinct periods (a) the period up to the date of issue of the award; (b) the period between the issue of the award and the date of payment.

1.2.3 Thirdly, before making any award of interest, an arbitrator must look to see the basis on which any claim for interest is being made and must take into account the submissions of the parties. It is for the claimant to assert the basis on which any claim for interest is being advanced.

1.2.4 As a general rule it would be wrong for an arbitrator to award interest on a basis which the claimant has not asserted and to which the respondent has had no opportunity to comment or object. Similarly it would be wrong for an arbitrator to award by way of interest more than has been claimed by the claimant or less than has been admitted by the respondent.

1.2.5 If no claim at all is made for interest, a prudent arbitrator would be justified in drawing the oversight to the claimant's attention; should a claim for interest thereafter be made, the arbitrator should afford the respondent an opportunity to comment before making his award.

1.2.6 Unfortunately it is common for claimants, having specified the principal sum claimed, merely to add that they seek interest" on that sum without specifying the basis or quantum of the claim. In some cases it may be prudent to seek clarification of the claim and thereafter to grant an opportunity for the respondent to comment. In others the arbitrator may be justified in assuming that the claimant is inviting him to exercise his statutory discretion to award interest under the Arbitration Act 1996 Section 49.

1.2.7 In certain disputes an arbitrator can overcome many of the problems affecting awards of interest by encouraging the parties at an early stage to agree the rate of interest to be awarded to the successful party or by asking for submissions on the rate of interest at the beginning of the proceedings.

1.2.8 The making of an award of interest will involve consideration of a number of factors including:

(a) the period for which interest should be awarded;

(b) the rate of interest to be awarded;

(c) whether simple or compound interest should be granted; if compound, on what basis should it be compounded.

1.2.9 The proper resolution of these matters will depend on whether in a particular case interest is recoverable as of right or whether an award of interest is discretionary.

2. Interest Recoverable as of Right(有法律权利可取回利息的三种情况)

2.1 There are three main cases where interest may be recoverable as of right:

(i) under an express term of the contract or trade usage;

(ii) under the Late Payment of Commercial Debts (Interest) Act 1998;

(iii) as damages for late payment.

(These categories are not exhaustive but suffice for present purposes.)

2.2 Interest under an Express Term or Trade Usage(根据明示条文或贸易做法的利息)

Where an express term as to interest is included in the contract it will usually govern the period for which interest can be awarded, the rate, and whether interest is to be simple or compound. Normally an express term will govern interest on debts, not on damages. Unless the term confers a discretion, an arbitrator will be bound to award interest on the basis set out in the contract. In some instances interest may be claimed on the basis of an implied trade usage. Thus a borrower with a bank loan or mortgage, credit card or store card debt will usually be required to pay compound interest up to the date of judgment.

2.3 Interest under the Late Payment of Commercial Debts (Interest) Act 1998 (1998 年立法下的利息)

The Act applies to virtually all contracts for the supply of goods or services where the purchaser and the supplier are each acting in the course of a business. It provides that there is an implied term in all such contracts that any qualifying debt" carries simple interest at a rate fixed by the Secretary of State which is currently 8 per cent over the official Bank of England base rate. It does not apply to damages or to post-award interest (though it should be taken into account in awarding interest post-award). The Act is discussed in detail later.

2.4 Interest Recoverable as Damages(作为损失赔偿取回的利息)

Where the applicable law of the contract is English law it is rare for a claimant to be able to claim interest as damages for late payment of a debt. This is because the courts for over 150 years have adopted a restrictive approach to the award of interest as damages. It has been held that interest may only be recovered as special damages". Hartle v Laceys [1999] Lloyd's Rep. P. N. 315 is an example of interest recoverable as damages. Construction contracts sometimes provide that where a variation of the contract has involved the contractor in extra loss or expense, such loss or expense may be added to the contract sum. It has been held that such extra loss or expense may include interest charges In general, though, English law has never recognised a cause of action in damages for late payment of damages: President of India v La Pintada Compania Navigacion SA [1985] 1 A. C. 104.

Some foreign systems of law recognise that interest can be recovered as damages for failure to pay a debt promptly. This is reflected in the UNIDROIT Principles of International Commercial Contracts, 1994. Article 7. 4. 9 provides that if a party does not pay a sum when it falls due the aggrieved party is entitled to interest from the time payment is due to the time of payment. If the contract is governed by a system of law that gives the claimant a right to recover interest as damages then an arbitrator must give effect to the applicable law and award interest on that basis. Interest recoverable as damages is a substantive right, not a procedural matter governed by the law of the seat of the arbitration.

3 Discretionary Interest (裁量权下的利息)

3. 1 Where interest is not recoverable as of right, an arbitrator will still be able to make an award of interest by the exercise of his discretionary power to do this. A discretionary power to award interest is to be found in the rules of some arbitration institutions notably Article 26. 6 of the Rules of the London Court of International Arbitration and Article 60 of the Rules of the World Intellectual Property Organisation. A very wide discretionary power is contained in the Arbitration Act 1996 Section 49, which applies if the seat of the arbitration is in England, Wales or Northern Ireland.

3. 2 The wide powers conferred by Section 49 can be summarised as follows:

3. 2. 1 The power extends to enable interest to be awarded both on debts and damages. (Interest on damages cannot be awarded under many express contractual provisions or under the Late Payment of Commercial Debts (Interest) Act 1998.)

3. 2. 2 Interest may be awarded (i) on a monetary sum awarded to one of the parties and (ii) on an amount claimed in the arbitration and outstanding at the commencement of the arbitration but paid before the award was made. (It cannot be awarded on principal sums discharged, albeit late, before the arbitration was commenced.)

3. 2. 3 Interest may be awarded for the period up to the award and also for the period between the issue of the award and payment.

3. 2. 4 An award under Section 49 is discretionary. The discretion extends (within the limits set out above) to the period for which interest may be awarded, to the rate of in-

terest and to whether the award is to be of simple or compound interest.

3. 2. 5 The power to award interest extends to situations where a declaratory award is made, as well as to an award for a monetary sum: President of India v Lips Maritime Corporation [1988] A. C. 395. Section 49 is not mandatory. Consequently, the parties are free to agree on the powers of the tribunal as regards the award of interest.

3. 2. 6 Section 49 does not affect any other power of the tribunal to award interest.

3. 3 Consequently if interest is claimed as of right under an express term of the contract, under statute or as damages for late payment, that right (if sound) should be upheld. In general, Section 49 applies where interest is not recoverable as of right. It may be used to extend or supplement a claim to recover interest as of right; it is not intended to override such a claim.

3. 4 Although no guidance is given in the 1996 Act as to how the discretionary right to award interest should be exercised, one very general principle is clear and should be borne in mind by arbitrators. This may be called the compensatory principle". It is that an award of interest under Section 49 (in distinction to one under the 1998 Act discussed later) should be designed solely to compensate a successful claimant for having been kept out of the sum of money which the arbitrator has decided to award him. The award should not be penal in nature or such as to deter others from paying late.

4 General Principles (一般性原则)

4. 1 Where interest is recoverable as of right, an arbitrator's task is limited to applying the contract, statute or rule of law on which the claim for interest is based. Where, however, an award of interest is discretionary, it is possible for widely diverging approaches to be taken by arbitrators towards the function of awards of interest including the period for which interest should be awarded, the rate and whether the award should be for simple or compound interest. (如果利息是有权利可以索取,仲裁员的工作是只能适用合约条文或立法/有关法律给予利息。但如果给予利息涉及了仲裁庭的裁量权,不同仲裁员之间就会涉及很大的差异,有关给予利息的作用,包括了给予利息的期间、利率,给予单息还是复息。)

4. 2 The guidance given below is based on guidance given by the court on the correct approach to the making of awards of interest (under comparable legislation) in cases dealing with awards by the court in pending litigation. The main authorities are cited and extensively discussed in Kuwait Airways Corp v Kuwait Insurance Co SAK [2000] Lloyd's Rep. I. & R. 678. (以下的指引都是基于法院在这方面的正确做法)

(1) An award of interest should be compensatory, not penal, in purpose. (判给利息的目的是补偿而非惩罚)

(2) The best approach is to attempt to assess the commercial rate of interest that

someone in the position of the claimant would have had to pay to borrow the money which is to be awarded to him as a debt or damages.（最佳的方法就是以原告/债权人需要为这笔欠债或损失赔偿向银行借贷并需要支付的利息。）

（3）The tribunal should not normally embark on an enquiry into the actual financing arrangements of a particular claimants. It should however give effect to the probability that the better the "personal covenant" of the borrower the lower the rate is likely to be and vice versa.（通常仲裁庭是不会咨询或要求证据有关某一位原告/债权人的融资安排，并看他实际支付多少利息。这样做在许多情况也是不现实，如一家大公司涉及多项融资，很难说清楚产生争议的合约下如果被告没有欠钱或准时支付损失赔偿，会对该大公司减轻或避免财务负担。但仲裁庭可以考虑需要融资人士的声誉与有否信用，因为这会影响融资的利率。）

（4）It is normally irrelevant that the particular claimant was in a special personal position such that he could only borrow the money at a very high rate or was able to borrow at specially favourable rates.（某一个原告的特殊情况使得他必须以很高或可以以很优惠的利息借贷融资是不加以考虑的。）

（5）Accordingly the right approach is to assess, on a broad brush basis, the rate which a claimant having the general attributes of the actual claimant would have had to pay to borrow the money.（所以只需要按照一般情况下粗略的根据原告的一般性素质做出借贷或融资所需要支付的利率给予他利息就可以。）

（6）The assessment should be based on the rate of interest applicable to short-term unsecured loans, and not on any lower rate that might have been obtainable for a secured loan. It follows that, as a general rule, a successful claimant should not attempt to prove what loss he in fact suffered through non-payment of the sum which the arbitrator is minded to award him.（利率的评估需要以短期与没有提供担保的贷款所适用的利率为基础，而并非以如果提供担保的贷款时适用的利率，因为后者的利率更低，特别是提供优质的担保。所以，胜诉的原告是不应该也不需要证明他因为该笔裁决书中所裁定的债务没有及时支付而遭受的实际损失。）

4.3 However, in some exceptional cases it may be permissible for evidence to be admitted of the actual rate of interest the claimant had to pay under his financing arrangements.

Such evidence may be some indication of the rate which a claimant having the general attributes of the actual claimant would have had to pay to borrow the money in question.

But such evidence, on its own, cannot go far to determine this matter.（在一些特殊的情况可以允许向仲裁庭提供证据，有关借贷所需要付出的真正利息。而这种证据会显示原告/债权人的一般性素质，如果他要做出借贷。但是，只是凭该证据本身是不能决定裁决书中应该裁定的利率。）

Other objections to permitting evidence of the claimant's financing arrangements are (其他反对理由让原告/债权人提供证据有关他的利息损失是)

(a) that it is often impracticable at the end of an arbitration to embark on lengthy enquiries as to these arrangements and (针对利息的问题通常是仲裁已经到了最后期,对原告/债权人的财务安排做出全面与漫长的查询是一种不现实的做法。)

(b) that unless it is being asserted that the need for the claimant to borrow the sum in issue should reasonably have been in the contemplation of both parties at the time they made the contract, the claimant's financing arrangements are of no concern to the respondent. (除非有说法是双方在订立合约时就知道或预见原告/债权人需要借贷与怎样借贷,原告/债权人自己的财务安排与被告无关。这句话的意思是根据英国针对损失计算著名的先例 Hadley v. Baxendale (1854) 9 Ex. 341 中的"第二条规则"[second rule],针对特别损失是违约方一般情况下无法在订合约时预见,除非受害方在订约时已经告知了违约方,让违约方对这特别损失有了"确实了解"[actual knowledge]。这种情况笔者也曾经见过,就是在一些金额庞大的工程合约中,说明承建商的融资是向母公司借贷,年利率要给15%不等的数字。虽然这不能说是一个约定,但显然是承建商给了雇主一个明确的告知,可以导致雇主如果拖欠支付工程款项,就有可能会面对这一个利率。)

Of greater assistance in most cases is general banking evidence as to the average bank short-term lending rate to prime borrowers prevailing for the currency of payment over the period beginning with the date when the sum or sums ought to have been paid, together with general evidence as to the claimant's borrowing status. (对仲裁庭更有帮助在大部分的仲裁案件是提供一些证据有关一般银行在有关的期间所收取的平均短期借贷给信用好的贷款人的利率。有关期间是指被告应该做出支付但没有支付的一段时间,也就是要求被告做出利息支付的期间。其他有关原告的信用良好的证据也可以一并提供。根据这种证据与资料做出利息的赔偿,就符合了 Hadley v. Baxendale (1854) 9 Ex. 341 中的"第一条规则"[first rule]。)

5 Period of Pre-Award Interest (裁决书作出之前的利息)

5.1 In the case of debts, interest should normally be awarded from the date when the debt fell due to the date of the award. In the case of an award of damages, it will be important to assess the date or dates when the relevant loss was suffered. Interest should be awarded from that date or dates to the date of the award, save that it is often convenient, where losses were incurred over a period of time, to award interest from the middle or average date on which the losses were incurred to the date of the award.

5.2 There may be special reasons in particular cases for awarding interest from a later date than specified above. The commonest situations where this is suggested are (a) where it is alleged that the respondent needed time to assess his liability to pay the principal amount and (b) where the claimant has delayed unreasonably in bringing the claim. Before giving effect to such contentions it should be borne in mind that, for so long as a debt or damages are not paid, the respondent continues to enjoy the benefit of the interest on the sum which it will have to pay and it is therefore reasonable that this gain should pass to the aggrieved party.

6 Rates of Interest(利率)

6.1 Where there is an express term of the contract relating to interest it will normally specify the rate to be applied. Similarly, where interest is due under the 1998 Act (see below) the Act specifies the applicable rate. By contrast, where discretionary interest is to be awarded under Section 49 the arbitrator must decide on the rate to be awarded.

6.2 Since interest rates are not static, an arbitrator must necessarily first choose an appropriate base rate and then decide what, if any, uplift to apply. The base rate and uplift, if any, should appropriate for the currency in which the award is to be made. If compound interest is to be awarded, the rate of interest needed to compensate the claimant may be lower than if simple interest is to be awarded.

7 Sterling Awards (英镑裁决书)

7.1 A question likely to face arbitrators is whether they should routinely award the same rate of interest and uplift as the court would have awarded if the claim had been brought in legal proceedings. At present the practice of the courts is not uniform but the practice of the Commercial Court is to award the official Bank of England base rate together with an uplift of 1 per cent. This has been described as no more than a presumption" which could be displaced by evidence of the rates applying to borrowers with the general attributes of the claimant. 10 The Law Commission, however, in its 2004 report Pre-Judgment Interest on Debts and Damages, has recommended that, for all court proceedings, legislation should specify a rate of one percentage point over Bank of England base rate but that the courts should have a discretion to depart from that rate where there is good reason to do so.

7.2 There is no necessity for arbitrators to consider themselves bound by the practice of the court. It is however suggested that, where a claimant is to be regarded as a prime borrower, it would normally be appropriate to award the Bank of England base rate with an uplift of 1 or perhaps 2 per cent. A higher uplift would only be appropriate if there were evidence that a borrower with the general attributes of the claimant would have been charged more to borrow the sum in issue.

8 US Dollar Awards (美元裁决书)

8.1 One obvious possibility for arbitrators, when awarding interest on sums expressed in US dollars, is to apply the US Prime Rate as a benchmark. This is the rate which banks in the US charge their most creditworthy business borrowers operating in the

US and it is the rate normally applied by the Commercial Court when awarding interest on US dollar amounts wherever the claimant carries on business and whether or not the sum is payable in the United States. The Prime Rate is applied without an uplift unless there is evidence that a borrower with the general attributes of the claimant would have been charged more to borrow the sum in issue.

8.2 Another possibility is for arbitrators to use the US $ LIBOR 3-month rate. As to the uplift, a spread" or margin is normally added to LIBOR in financing operations. Thus a typical uplift for a long-term secured loan might be 1.25 per cent. To give effect to the principle that arbitrators are to assess the cost of a short-term unsecured loan, a rate of 2.5 per cent over LIBOR might perhaps be awarded on the basis that this would be a reasonable average rate to charge a reasonably creditworthy business customer for an unsecured loan. In special cases, where there is evidence that a borrower with the general attributes of the claimant would have been charged more, a higher uplift might be appropriate.

9 Euro and Other Currencies(欧元与其他货币裁决书)

Arbitrators should do their best to assess "the average bank short-term lending rate to prime borrowers prevailing for the currency of payment at the place for payment, or where no such rate exists at that place, then the same rate in the State of the currency of payment": Art. 7.4.9 of the UNIDROIT Principles of International Commercial Contracts. That rate should be applied without an uplift save that, where there is evidence that a borrower with the general attributes of the claimant would have been charged more, an uplift may be appropriate.

10 Simple or Compound Interest(单息或复息)

10.1 Where interest is not recoverable on some other basis, Section 49 enables the tribunal to award either simple or compound interest at its discretion. A claimant who had to borrow the money which is to be awarded by the tribunal would normally be charged compound interest on the loan. It therefore seems reasonable (and in accordance with the compensatory principle) that arbitrators should normally award compound interest for the relevant period. The court does not currently have power in most cases to award compound interest. However the Law Commission recommended in 2004 that for awards or settlements of 15,000 or more there should be a rebuttable presumption that interest will be compounded and that compound interest should be calculated using monthly rests.

10.2 There may be special features of particular cases which render it more appropriate to award simple interest. Generally however it is recommended that arbitrators should award compound interest with either monthly or three-monthly rests. A disadvantage of awarding compound interest is that it is more difficult to calculate than simple interest. However this should not cause difficulty to arbitrators or lead to undue complexity in drafting awards. An arbitrator can leave all detailed calculations to the parties and make a direction to the effect that the principal sum awarded shall be paid with interest at a specified rate compounded at monthly (or quarterly) rests.

11 The Late Payment Of Commercial Debts (Interest) Act 1998(1998 年有关商业债务延误支付的立法)

The main provisions of the Act are summarised below.

11.1 The Act applies to virtually all contracts for the supply of goods or services where the purchaser and the supplier are each acting in the course of a business. It introduces the principle that there is an implied term in all such contracts that any qualifying debt" created by the contract carries simple interest at a rate to be fixed by the Secretary of State.

11.2 One of the objects of the legislation was to give effect to a Directive of the European Parliament and Council (2000/35) which was in draft form when the Act was passed.

Another object was to protect suppliers, particularly small business suppliers, whose financial position rendered them particularly vulnerable if their customers, particularly large business purchasers, made a practice of paying late.

11.3 The Act has been brought into force in stages by means of 5 commencement orders. It does not apply retrospectively to contracts made before the Act came into force for contracts of that description. The Act came into force on November 1, 1998 in relation to contracts made between a small business supplier and a purchaser who is a UK public authority" and between a small business supplier" and a large business purchaser". But the 5th commencement order brought the Act into general force on August 7, 2002 and since that date it applies whether the supplier or purchaser is small" or large".

11.4 The rate of interest under the Act has been fixed at 8 per cent over the official UK clearing bank base lending rate as fixed by the Bank of England. By virtue of the Directive and the legislation the rate must be sufficiently high to act as a deterrent to the late payment of qualifying debts. For countries which have adopted the euro it must be at least 7 percentage points over the interest rate applied by the ECB. For other countries it must be at least 7 percentage points over the equivalent rate set by its national central bank.

11.5 There are detailed provisions defining the contracts to which the Act applies. A contract for the supply of goods or services" is broadly defined so as to comprise virtually all contracts for the sale of goods, for the transfer of property in goods, for the bailment of goods and generally all agreements to carry out a service. The Act does not however apply to consumer credit agreements or to contracts intended to operate by way of mortgage, pledge, charge or other security.

11.6 The Act applies to the obligation to pay the contract price" due under such a contract. It does not apply to damages.

11.7 The Act contains provisions which define when statutory interest begins to run. Unless the debt relates to an obligation to make an advance payment", interest begins to run on the date agreed for the payment of the debt or, if none has been agreed, the last of the period of 30 days beginning with the day on which the supplier performed his obligation under the contract or the day on which the purchaser had notice of the amount of the debt or (where the amount is unascertained) the sum which the supplier claimed was the amount of the debt, whichever is the later. Where the obligation is to make an advance payment", the debt is treated as falling due on the day on which the supplier's obligation is performed".

11.8 The base rate of interest applicable (to which the 8 per cent uplift should be added) is linked to the date from which interest begins to run. If that date is between June 30 and December 31, the base rate is that prevailing on June 30; if it is between December 31 and June 30, the base rate is that prevailing on December 31.

11.9 Although under the Act statutory interest is due as of right, there is a provision that statutory interest may be remitted where by reason of any conduct of the seller the interests of justice require that statutory interest should be remitted in whole or in part."

11.10 The parties to a contract are free to oust or vary the right to claim statutory interest.

But if the relevant contract term is agreed before the debt is created, there are restrictions on the extent to which this may be done. The contract term must have created asubstantial contractual remedy for late payment of a debt." A remedy is not to be regarded as a substantial" remedy if (a) the remedy is insufficient either for the purpose of compensating the supplier for the late payment or for deterring late payment or if (b) it would not be fair or reasonable to allow the remedy to be relied on. In assessing whether the remedy is a substantial" one, regard is to be had to the benefits of certainty, to the strength of the bargaining positions of the parties and to certain other factors.

11.11 The Act is unnecessarily complex and it raises some difficulties for arbitrators, the chief of which seems likely to concern conflict of laws. It would appear from Section 12 that the Act applies only where the relevant contract is governed by the law of part of the United Kingdom". But Section 12 requires a tribunal to ignore choice of law clauses in certain circumstances. For example it provides that the Act will not apply to a contract governed by (say) English law by choice of the parties if (i) there is no significant connection between the contract and England and (ii) but for the choice the applicable law would be a foreign law.

11.12 These provisions give rise to some problems. First, it is inconsistent with the

Directive that the operation of the Act should be limited to cases where the contract is governed by the law of part of the United Kingdom. Second, it is unclear how the Act is to be applied to a contract which contains a London arbitration clause but which has no or virtually no other connection with the United Kingdom. The presence of a London arbitration clause may give rise to an implied choice of English law as the governing law of the contract but it will not do so unless the choice has been demonstrated with reasonable certainty". If the presence of the arbitration clause does give rise to an implied choice of English law, then it would seem doubtful whether that choice can somehow be disregarded on the ground that, but for the choice, there would have been no significant connection between the contract and England, since, at the very least, the obligation to arbitrate in England would seem to constitute a significant connection between the contract and England. If, in addition, the contract is an English language contract which has been subject to settled interpretation under English law, that would constitute another such connection.

11.13 To summarise, the 1998 Act would seem to provide a useful remedy to claimants which potentially should enable them to recover a higher rate of interest on debts due under commercial contracts than would otherwise be awarded under the compensatory principle. But the Act is unnecessarily technical which renders it difficult to apply in practice. In particular it draws a distinction between the treatment of debts and damages which could be unsatisfactory. It is emphasised that arbitrators should apply the Act only where a claim under the Act has been specifically asserted and only after taking into account the submissions of the parties.

12 Post-Award Interest（裁决书作出后的利息）

12.1 There is no statutory provision that enables a claimant automatically to recover interest for the period between the date of the award and the date when the award is paid. It is therefore necessary for an arbitrator, in his award, to provide for post-award interest.

12.2 Where interest is recoverable as of right the rate of interest is usually fixed either by a term of the relevant contract or by a statutory provision. In such cases an arbitrator should ensure that interest will continue to run at the fixed rate until the award is paid. This applies even if the contract or statute does not, of itself, provide that interest shall continue to run in the post-award period. Where the rate has been fixed for the period up to the issue of the award it is normally right, as a matter of discretion, to award the same rate for the period between the award and payment as has been awarded for the previous period.

12.3 As to discretionary interest, Section 49(4) enables the tribunal to award interest on the outstanding amount of any award (including any award of interest in it and any award as to costs)" from the date of the award until payment.

12.4 In the past some arbitrators have awarded interest at a higher rate for the period after the making of the award than for the period before it. It has been argued in support of this that, once the award has been published, the respondent knows the extent of his obligation and should honour the award. It is not recommended that this practice be followed. If the rate of interest has not been fixed by the contract or by a statutory provision the more consistent approach is to continue to apply the compensatory principle and to consider what loss will be suffered by the claimant through any failure to pay the award promptly.

12.5 The appropriate rate for post-award interest (if it has not been fixed as above) will be made up of two elements, a base rate and an uplift. However the arbitrator can obtain a list of prevailing interest rates for the pre-award period; as regards the post-award period, he cannot know in advance when the award will be paid and cannot foresee how interest rates may fluctuate in the meantime.

12.6 Accordingly, the most accurate way to give effect to the compensatory principle in respect of the post-award period is to express the liability to pay interest in terms of a formula providing for a floating rate (e. g. that the respondent shall pay interest at the rate per annum of 1 per cent over the official UK base rate current between the date of the award and payment.

12.7 But where the sums involved are not large it is not wrong to adopt a broad brush approach and to provide that the rate calculated for interest up to the date of the award (which will consist of the average of the prevailing base rates from the date on which interest began to run until the date of the award, together with the appropriate uplift) shall continue to be payable until the award is paid.

13 Declaratory Awards (宣示裁决书)

Where the tribunal has made a declaratory award under Section 48(3) of the 1996 Act, it may nevertheless order that interest shall be payable on any amount that becomes due to the claimant in consequence of the declaration (Section 49(5)). Since the arbitrator will not be able to quantify the amount which will become due under the declaration he will necessarily have to express the liability to pay interest in terms of a formula. Otherwise the same principles apply as where an award is made for the payment of a quantified sum of money.

14 Interest on Awards of Costs (诉讼费用裁决书的利息)

Section 49(4) specifically authorises a tribunal to award interest from the date of the award until payment on the outstanding amount of any award as to costs. It is thought however that there is no reason why a tribunal should not under Section 49(3) award interest on costs from the date or dates on which the relevant costs have been paid. However, the relevant principles are not well established.

15 Drafting an Award of Interest (草拟利息裁决书)

A typical award of interest might be drafted along the following general lines.

(1) I order and direct that the respondent shall forthwith pay to the claimant the sum of 50,000 (fifty thousand pounds) together with interest thereon calculated at the rate of 5% (five per cent) per annum compounded at monthly rests from (date) to the date of this award. (Note: in some cases the arbitrator may find it convenient to quantify the sum awarded in respect of interest.)

(2) I award and direct that the respondent shall pay the claimant's recoverable costs of the arbitration which I hereby determine in the sum of ___________ together with interest thereon calculated at the rate of ___________ per cent per annum compounded at monthly rests from (date) to the date of this award. [Note: where the amount of the recoverable costs has not yet been determined the award should provide that, unless agreed, the costs shall be determined by the arbitrator under Section 63 of the Arbitration Act 1996 and be paid together with interest at a specified rate from a specified date until the date of payment.] (3) I award and direct that the respondent shall pay my fees and expenses in the sum of ___________ (inclusive of VAT in the sum of ___________) provided that if in the first instance the claimant shall have paid any amount in respect of my fees and expenses he (2004) 70 ARBITRATION 3 August 2004 209 shall be entitled to an immediate refund from the respondent of the sum so paid (less any VAT recoverable by the claimant from HM Customs & Excise).

(4) I award and direct that the respondent shall pay interest at the rate per annum of ___________ per cent over the official UK clearing bank base rate current from time to time, compounded at monthly rests, in respect of: (i) all amounts (including interest) awarded to the claimant under paragraphs 1 and 2 of this award from the date of the award until payment; (ii) any amount becoming due from the respondent to the claimant under paragraph 3 of this award from the date of payment by the claimant until reimbursement. Reasons Section 52(4) provides that an award shall contain reasons unless it is an agreed award or the parties have agreed to dispense with reasons. It follows that generally reasons should be given for an award of interest. They should however ordinarily be very brief unless any question of principle is involved.

第三章　禁令与仲裁的关系

在过去二三十年来，不断出现不同的仲裁热门话题，如20世纪80年代初的“原告懈怠为由撤销诉送请求”（strike out claim for want of prosecution），90年代初的“仲裁员管辖权受到质疑”（challenge to jurisdiction）等。但在2008、2009年，最热门的有关仲裁的话题应该是“禁令”（injunction）。在这一个问题上，仲裁员也经常会被列为禁令的对象。这带来的危险是把一个商业仲裁本来是完全民事诉讼转变为要承担刑事后果，因为不严格依照国家法院的禁令是被视为是“藐视法院”（contempt of court）。本章是介绍目前与仲裁关系密切的四大类国家法院禁令，分别为：(1)英国法院为了保护伦敦仲裁作出的止诉禁令，对象主要是外国当事人。(2)国家法院干预在外国仲裁地点的仲裁，并作出止诉禁令，对象可以是外国当事人，但更有可能的是针对仲裁员甚至仲裁机构。(3)国家破产法院对当事人或/与仲裁员（本地或外国）作出止诉禁令，因为被告正在破产管理或清盘的过程中，不能受到干预。(4)当事人向仲裁庭申请作出向对方当事人的中间或最后禁令。以下分段作出进一步的探讨。

1. 英国法院的止诉禁令

1.1　序言

有关“止诉禁令”（anti-suit injunction）这一个重要课题，在《禁令》第六章与《仲裁法——从1996年英国仲裁法到国际商务仲裁》第五章之8.14段有介绍。但由于这一课题有很重要的新发展，所以有必要介绍。

止诉禁令与仲裁的关系可以如下：(1)涉及管辖权，如一方当事人认为仲裁条文/协议无效或者不包括某一些的争议，所以选择另一个他认为适合的法院提起诉讼。(2)涉及一方当事人违约，违反的是一条明显有效与没有什么可争议的（不论是以任何国家的法律解释）仲裁条文/协议。(3)止诉禁令与仲裁的关系也可以涉及不同国家之间的法律有差异，如在英国的法律，是认为保险人在赔付了被保险人之后就有了委付与代位求偿的权利,可以被保险人的名义向可能有责任的第三方提出索赔。如果被保险人与第三方之间有协议,特别是有仲裁协议,保险人也就必须以被保险人的名义仲裁。这可以节录 Hobhouse 大法官在 The "Jay Bola" (1997) 2 Lloyd's Rep. 297 所说如下:"The authorities confirm that the rights which the insurance company has acquired are rights which are subject to the arbitration clause. The insurance company has the right to refer the claim to arbitration, obtain if it can an award in its favor from the arbitrators, and enforce the obligation of the [other party] to pay that award. Likewise an insurance company is not entitled to assert its claim inconsistently with the terms of the contract. One of the terms of the contract is that, in the event of a dispute, the claim must be referred to arbitration. The insurance company is not entitled to enforce its right without also recognizing the obligation to arbitrate."

但在其他许多国家的法律,如中国、美国等国家,认为保险人向第三方提出索赔是可以以他自己的名义提出法院诉讼。这一来,也会表示保险人是不必理会被保险人与第三方之间的仲裁协议,毕竟他并非是仲裁协议的订约方。这不同之处可以举一个简单的例子,如果海上运输货物受到损坏,而提单有合并租约的伦敦仲裁条文[这是被经常使用的提单格式(Congenbill 1994)的情况],英国法律的解释是提单持有人向船东索赔必须通过伦敦仲裁,因为提单是他们之间的合约。但如果进一步是货物保险人已经把货物损坏赔付给了提单持有人或收货人,根据英国的法律也不会有任何改变。该货物保险人的代位求偿还是只能通过伦敦仲裁向船东索赔,或开始伦敦仲裁(如果还没有开始),或继续推进已经开始了的伦敦仲裁 。但在中国的法律与做法下,就会很不同。这可以 The "Alexandros T" (2008) 1 Lloyd's Rep. 230 为例,案情涉及了该船舶从巴西运一船的矿砂去中国,途中船舶沉没而造成货物的全损。中国太平保险公司在赔付了提单持有人后在 2007 年 3 月 27 日在中国武汉法院根据他所有的代位权利向船东起诉要求赔偿 5250000 美元。但在该航次有签发提单,该提单合并了租约的伦敦仲裁条文,船东也在 2007 年 6 月 16 日开始了伦敦仲裁。

类似的情况也发生在一个近期的英国先例名为 The "Wadi Sudr" (2009) 1 Lloyd's Rep. 666,显示了西班牙法院不承认提单印本以一个泛泛的合并租约仲裁条文就会是一条有效的提单仲裁条文,但英国法院就完全是另一个解释。这也可以理解,毕竟英国是国际仲裁中受惠最大的国家,不会不以最宽松的态度作出解释。

再多举一种情况,就是其他国家有立法允许即使有关的合约约定仲裁条文,也可以在当地的法院选择起诉。这一立法很可能是来自国际公约,如 1980 年《汉堡规则》。另可一提的是,2008 年 12 月达成《联合国有关国际货物运输公约》(《United Nations Convention on Contracts for the International Carriage of Goods Wholly or Partly by Sea》),该公约已于 2009 年 9 月在鹿特丹举行了一个签字仪式,所以被称为《鹿特丹规则》。公约本身第 15 章说明如果个别的货物运输合约有规定仲裁条文(通常也是会有,而且往往规定去伦敦仲裁),想提出索赔的一方根据该公约可以选择几个不同地点包括装港或者卸港向对方起诉,如货方向承运人提出货物损坏的索赔。但公约的第15章中最后一条,也就是Article 78,说明在加入公约的时候,每个国家要宣布是否包括或者排除该第15章。换言之,如果宣布不包括,就无须依照该第15章规定。这样看来,从仲裁中获利庞大与其他无形好处很多的英国估计不会宣布包括第15章的规定(如果他们承认该国际公约),但中国或者美国估计在签署与承认时就会宣布包括第15章,这样对他们十分有利。以中国为例,大量的货损货差案件今后都可以留在中国海事法院审理,不必再去伦敦仲裁,面对昂贵的律师费用与较大比例的败诉可能性。可以说,对中国保险公司、收货人、海事法院与律师等都是好事。但会带来混乱的是英国法院还是有可能作出止诉禁令以保护伦敦仲裁,不理会其他国家的立法。这种例子已经发生过,在OT Africa Line Ltd v Magic Sportswear Corp. and Ors. (2005) 2 Lloyd's Rep 170就是针对加拿大的法院,虽然根据加拿大的《Canadian Marine Liability Act 2001》止诉禁令的被告完全有权在当地法院起诉。但希望有了上述的国际公约,并且被大部分强国接受与立法,也宣布包括第15章规定,这会创造一个国际局面是英国法院感觉到政治敏感而有所收敛。

1.2　要求去伦敦仲裁一方当事人面对另一方去其他国家法院起诉的两种对策

在上述的情况下,要求仲裁的当事人通常只有两种对策。他可以选择一种对策或两种对策同时进行。第一种就是在对方当事人开始诉讼的法院要求中止诉讼程序,因为双方有一个有效的仲裁协议。第二种就是去他认为有效的仲裁地点法院要求向对方当事人作出一个止诉禁令。

1.2.1　对策之一:向开始诉讼的法院要求中止诉讼程序

但两种对策都有问题,而第一种选择更加是令想去仲裁的一方当事人感到不安心。照理由说,今天大部分的国家都是1958年《纽约公约》的签约国,他们的法院是有国际公约的责任尊重有效的仲裁条文/协议。但问题并不是这么简单,因为仅是看仲裁条文/协议是否有效(null and void, inoperative and incapable of being performed),不同国家的法院作出的解释就有可能出现不同的结果。可能是英国法院认为有关的仲裁条文/协议是有效,但另一个国家的法院可能不这样认为。这里还加上了另一个变数,就是根据Kompetenz-Kompetenz的说法,仲裁庭通常被认为是有权(至少是在第一步)解释仲裁条文/协议的有效性,也就是他是否有管辖权。

有关谁有权解释仲裁条文的有效性,普通法与大陆法的国家就已经有很不同的看法。普通法认为解释与决定权只是在仲裁庭与仲裁地点的法院(在1996年《英国仲裁法》之Section 67可对仲裁庭针对管辖权的裁定提出上诉并要求重审)。但是大陆法的国家认为任何有管辖权的国家法院都有解释权。这里的分歧在欧共体法院(European Court of Justice)的The "Front Comor" (2009) 1 Lloyd's Rep 413有提到说:

" The crucial difference between the two approaches is therefore that the arbitration exception is understood broadly in the first view: as soon as it is claimed that there is an arbitration agreement, all disputes arising from the legal relationship are subject exclusively to arbitration, irrespective of the substantive subject-matter. Only the arbitral body and the courts at the seat of arbitration are entitled to examine jurisdiction.

The opposite view takes account first and foremost of the substantive subject-matter. If that subject-matter fails within Regulation No 44/2001, a court which in principle has jurisdiction thereunder is entitled to examine whether the exception under Article 1(2)(d) applies and, according to its assessment of the effectiveness and applicability of the arbitration clause, to refer the case to the arbitral body or adjudicate on the matter itself."

事实上在该先例,欧共体法院认同大陆法一贯的看法,认为解释《纽约公约》下看待仲裁条文/协议是否有效的三个条件(即仲裁条文/协议是否是无效与空的,无法执行与不能履行)不能只局限在解释权给了尚存争议的仲裁庭或是仲裁地点国家法院,说:

"Every court seised is therefore entitled, under the New York Convention, before referring the parties to arbitration to examine those three conditions. It cannot be inferred from the Convention that that entitlement is reserved solely to the arbitral body or the national courts at its seat. As the exclusive of arbitration from the scope of Regulation No 44/2001 serves the purpose of not impairing the application of the New York Convention, the limitation of the scope of the Regulation also need not go beyond what is provided for under that Convention.

It is also not obvious why such examination should be reserved to the arbitral body alone, as its jurisdiction depends on the effectiveness and scope of the arbitration agreement in just the same way as the jurisdiction of the court in the other Member State. The fact that the law of the arbitral seat has been chosen as the law applicable to the contract cannot confer on the arbitral body an exclusive right to examine the arbitration clause."

这一先例就带来英国法律在解释仲裁条文/协议的有效性方面有很微妙的地位。其他欧共体国家的法院只要有管辖权或是最早取得有关案件的管辖权是完全有解释权,甚至是有主要的解释权,仲裁庭与仲裁地点的法院所拥有的解释权恐怕都要靠边站。但英国法律针对非欧共体国家,由于不受到该欧共体判例的约束,还是认为解释权是在仲裁庭与仲裁地点法院,这在伦敦仲裁就表示英国法院有主要的解释权。

多举一个例子,就是上述所讲到的 The "Alexandros T" (2008) 1 Lloyd's Rep. 230 案例,如果该希腊船东与他的互保协会向武汉海事法院申请根据《纽约公约》中止太平保险公司开始的诉讼程序,恐怕也是困难重重。估计武汉海事法院会拒绝中止的理由有如下:(1)提单这种泛泛合并租约仲裁条文在中国法律下并没有效;(2)即使是有效也只是船东与提单持有人的仲裁协议,不能约束太平保险公司;(3)其他的理由如申请中止太晚或其他程序上的问题。即使假设的确会有机会成功向武汉海事法院申请,恐怕外国船东也不敢轻易尝试。

另要一提的是英国的贵族院在 Fiona Trust v Privalov (2008) 1 Lloyd's Rep 254 的判决，把大大放宽仲裁条文的解释。可以说，只要有"仲裁"一词，目前在英国普通法的解释就已经包括任何有关的争议，不论争议是在订约前还是在订约后发生或不论争议是可以侵权作为诉因。但估计会有部分其他国家的法院不会给仲裁条文/协议有这么广泛的解释，毕竟英国以前的普通法地位也不宽松。这变为仲裁条文/协议有效性的解释权在谁手中至关重要。

1.2.2　对策之二：向仲裁地点法院申请一个止诉禁令

这通常是希望能够以仲裁解决争议的一方当事人喜欢的做法，就是向仲裁地点法院申请一个止诉禁令。如果他认为是有效的伦敦仲裁条文/协议，该法院也就是英国法院了。这种做法明显有很大的优越性，因为英国法院尽量会倾向保护伦敦仲裁这样一个重要的行业，所以可以肯定或十分肯定在大部分的情况下(除非根本讲不出哪里有一条文书的仲裁条文)都可以得到英国法院的支持作出"永久性的止诉禁令"(final anti-suit injunction)。此外，英国法院通常会十分有效率的处理这种止诉禁令的申请，费用也不高。这比起要去外国法院申请中止诉讼程序(也就是第一种对策)会涉及漫长与昂贵的诉讼应该优越的多了。

至于止诉禁令针对的是对方当事人如果是英国人或英国公司，甚至是外国公司但在英国有分公司或者业务，可以说是根本没有其他选择，只能中止外国法院的诉讼并回去伦敦仲裁，否则就是藐视法院而构成刑事犯罪的严重后果。但如果对方当事人是外国公司，与英国以及欧共体国家(因为欧共体国家之间针对刑事是可以相互引渡)没有关系也不会有关系，如乌干达一个农夫，他的确是可以不理会英国法院作出的止诉禁令。但这种情况在国际商业仲裁中可以说是太罕见了。

以上希望简单解释了止诉禁令做法的好处，而这种做法主要是来自英国法院，原因是世界上的商业合约有太多是约定伦敦仲裁。其他没有这么多仲裁案件的地点，如新加坡或香港地区，就没有这么多的止诉禁令需要做出以保护仲裁，虽然法律上也是可以做出。有关英国止诉禁令的做法，可以节录 Phillips 勋爵在 The "Front Comor" (2007) 1 Lloyd's Rep. 391 有提到说："The Court of the United Kingdom have for many years exercised the jurisdiction to restrain foreign court proceedings as Colman J. did in this case: see Pena Copper Mines Ltd v Rio Tinto Co Ltd (1991) 105 LT 846. It is generally regarded as an important and valuable weapon in the hands of a court exercising supervisory jurisdiction over the arbitration. It promotes legal certainty and reduces the possibility of conflict between the arbitration award and the judgment of a national court."英国法院作出大量的止诉禁令支援英国法院与伦敦仲裁对案件审理的管辖权，显然会带来外国法院的不满意，认为这是司法霸权。举例说，在 Philip Alexander Securities & Futures Ltd. v. Bamberger (1997) I. L. Pr. 73, 102, n. 115，涉及了投资合约内有伦敦仲裁条文。但有了争议后，一些外国投资人士在德国法院向 Philip Alexander 这家公司起诉。Philip Alexander 就在英国开始仲裁，并向法院取得了一个止诉禁令禁止投资人士在

德国法院继续推进诉讼。这导致了德国法院非常的不满意,认为英国这样做是破坏了德国的主权,说:"Such injunctions constitute a violation of the judicial sovereignty of the Federal Republic of Germany, because German courts themselves decide exclusively, on the basis of the laws of procedure applicable to them and of binding international treaties, whether they have jurisdiction to decide a case or whether they have to respect the jurisdiction of another German of Foreign court [including arbitral tribunals]. Foreign courts cannot give instructions, whether and to what extent a German court can or may act in a given case."

1.3 《布鲁塞尔规则》对英国法院针对欧共体法院诉讼作出止诉禁令的冲击

欧共体之间的《布鲁塞尔规则》(Brussels Regulation(EC)44/2001[1])对英国法院所作出有关法院管辖权的止诉禁令早在2004年就已经有了定论,这就是欧共体法院(European Court of Justice,简称ECJ)的两个判决Gasser v. MISAT (Case C-116－02) (2004) 1 Lloyd's Rep. 222与Turner v. Grovit (Case C－159/02) (2004) 2 Lloyd's Rep. 169。首先介绍Gasser v. MISAT的案情。Gasser是一家奥地利公司,多年来供应童装给罗马的一家公司MISAT。在2000年4月19日,MISAT向罗马法院提出诉讼,要求法院宣告他与Gasser的合约中断,并要求索赔一些损失。到了2000年12月4日,Gasser在奥地利法院向MISAT起诉,要求支付一些发票中的未付款项。Gasser认为他给MISAT的发票中都印上了一条奥地利法院的"排外管辖条文"(exclusive jurisdiction clause),此外是合约的主要履行地在奥地利。但欧共体法院认为《布鲁塞尔规则》的Article 21的解释是即使有一条排外管辖条文,还是应该由第一个取得该案件管辖权的法院(first seized court),也就是罗马法院决定是否中止诉讼并让出管辖权给奥地利法院。而第二个取得管辖权的法院,也就是奥地利法院,必须中止诉讼程序的推进并等待第一管辖权法院的决定。这一条所谓的"第一取得管辖权规则"(first seized rule)主要是为了欧共体国家之间建立互信与不要出现两个国家先后作出不同的判决,其中有以下的说法:"Article 21 of the Brussels Convention was intended to prevent parallel proceedings before the courts of different Contraction States and to avoid conflicts between decisions which might result. It followed that, in order to achieve those aims, art. 21 was to be interpreted broadly so as to cover, in principle, all situations of *lis pendens* before courts in Contracting States, irrespective of the parties' domicile. From the clear terms of art. 21 it was apparent that, in a situation of *lis pendens*, the court second seised had to stay proceedings of its own motion until the jurisdiction of the court first seised has been established and, where it was so established, was to decline jurisdiction in

[1] 在2000年,欧共体通过了《布鲁塞尔规则》,目的主要为把之前的《布鲁塞尔公约》(适用于欧共体国家)及《卢加诺公约》(Lugano Convention)(适用于欧洲自由贸易协会——European Free Trade Association)规范为一套较完整的规则。

favor of the latter."

接下来介绍稍后(相隔4个月)由欧共体法院作出的Turner v. Grovit判例,案情涉及英国人Turner先生受聘于一家集团公司,该公司是由Grovit先生管理。Turner先生最初是在伦敦办公,但到了1997年5月他要求调职到集团在西班牙马德里的Harada公司。但Turner先生在马德里只工作了35天双方就有了争议,Turner先生要求中断雇佣合约。之后,Turner先生向英国的"雇佣裁判庭"(Employment Tribunal)起诉,指称是不公平离职。英国的雇佣裁判庭拒绝了Harada公司提出的管辖权异议,并判金钱上的赔偿给Turner先生。但其间,集团公司与Harada公司在马德里法院向Turner先生起诉。Turner先生认为该法律行动是为了给他压力与干预在英国的诉讼,所以拒绝接受马德里法院的告票,也不出庭抗辩。Turner先生在不久后向英国高院申请一个止诉禁令,禁止Grovit先生、集团公司与Harada公司继续推进西班牙的诉讼。这一个申请到了贵族院,贵族院不作出决定而要求欧共体法院先给初步意见,就是如果在这种情况作出止诉禁令是否会违反《布鲁塞尔规则》。

结果欧共体法院判英国法院无权作出这种禁令,即使是Grovit先生去马德里法院起诉是恶意的也不影响这个地位,说:"The Convention was to be interpreted as precluding the grant of an injunction whereby a court of a Contracting State prohibited a party to proceedings pending before it from commencing or continuing legal proceedings before a court of another Contracting State, even where that party was action in bad faith with a view to frustrate the existing proceedings The Convention was necessarily based on the trust which the Contracting States accorded to one another's legal systems and judicial institutions. It was that mutual trust which had enable a compulsory system of jurisdiction to be established, which all the courts within the purview of the Convention were required to respect, and as a corollary the waiver by those States of the right to apply their internal rules on recognition and enforcement of foreign judgments in favor of a simplified mechanism for the recognition and enforcement of judgments..."

可以说至此,英国法院再也没有能力对欧共体其他国家的法院诉讼作出止诉禁令,除非英国脱离欧共体。对于一些当事人如果不希望该欧共体法院(不论是意大利或希腊法院)审理,他剩下的唯一选择也就是希望说服该法院不要接受管辖权,如双方当事人的合约有一条排外性管辖权条文去英国法院解决争议。至于该法院最后怎么决定,也只能听天由命了。但面对非欧共体国家法院,英国法院还是会作出止诉禁令。

1.4 《布鲁塞尔规则》对英国法院针对保护伦敦仲裁作出止诉禁令的冲击

上述的两个欧共体法院案例涉及的都是英国法院,而不是伦敦仲裁。本来,合约内的仲裁条文与排外性管辖条文的作用基本上是完全一致,如Colman大法官在A v B(No. 2)(2007) 1 Lloyd's Rep. 237 at [111]中所说:"An agreement as to the seat of an arbitration is analogous to an exclusive jurisdiction clause. Any claim for a remedy going to the existence or scope of the arbitrator's jurisdiction or as to the validity of an existing interim or final award is agreed to be made only in the courts of the place designated as the seat of the arbitration."

1.4.1 在欧共体法院对 The "Front Comor"作出判决之前的情况

这一来,既然在 Gasser v. MISAT (Case C-116-02) (2004) 1 Lloyd's Rep. 222 欧共体法院判了即使有一条排外性管辖条文也不足够对其他欧共体法院的诉讼作出止诉禁令,就应该在同样的理念下有一条仲裁条文也不足够可作出止诉禁令了。但这里有一个微妙但重大的差异,就是《布鲁塞尔规则》(Regulation 44/2001)中之 Article 1 (2)(d)排除公约适用在仲裁,换言之只是适用在欧共体国家法院的管辖权归属的问题。该公约有这一个"仲裁除外"(arbitration exception)的原因是欧共体国家都是1958《纽约公约》的签约国,《纽约公约》已经针对了仲裁的管辖与承认,所以不必再以一个地区性的公约替代。这导致了在 Gasser v. MISAT 与 Turner v. Grovit (Case C-159/02) (2004) 2 Lloyd's Rep. 169 这两个判决后,虽然地位并不明朗,但英国的法律界还是十分乐观对针对保护伦敦仲裁而作出的止诉禁令,即使是针对其他欧共体国家,认为还是可以不受到影响。的确,英国法院还是根据《布鲁塞尔规则》中的所谓"仲裁除外"继续作出禁令,如 Through Transport Mutual Insurance Association (Eurasia) Ltd v New India Assurance Co Ltd (2005) 1 Lloyd's Rep 67。这先例的案情涉及多式联运把一集装箱的成衣从印度的加尔各答运至俄罗斯的莫斯科,运输安排是先由船舶运去芬兰的 Kotka 港,然后集装箱由火车转运去莫斯科。但不幸的是该集装箱在火车转运的途中丢失了。该多式联运的承运人是一家名为 Borneo Maritime Ltd 的公司,而他的责任险是由原告的互保协会 Through Transport 所承保。在出事后,所发生的重要事件是:(1)一家印度保险公司名为 New India Assurance Co Ltd(也就是本先例的被告)把该批货物的损失赔给了货方,并向承运人取得索赔权利的"转让"(assignment)。(2)承运人 Borneo Maritime Ltd 公司破产并被公司注册处除名,即公司正式死亡。

这一来,印度保险公司作为"受让人"(assignee)无法向承运人提出索赔,因为承运人不再存在。唯一的做法也就是印度保险公司的做法是,在 Kotka 法院根据芬兰的《Insurance Contract Act 1994》Section 7 直接向承运人的责任保险人 Through Transport 进行索赔。芬兰这一个立法应该是与英国的1930年的《Third Parties (Rights Against Insurers) Act》的目的或作用是一致的,这在笔者所著《英国海上保险条款详论》第363~364页有提到,如下:它与承保责任的保险合同有很大的关系。该立法是针对一种情况就是被保险人如果在一个侵权或者合同要向第三者承担责任并作出赔偿,而该责任是已经投保了责任保险。但不幸的是该被保险人因为被强制清盘或者破产,所以无法支付给第三者。充其量,第三者只能作为一个普通的债权人,希望最后在清盘过程中可以分到一点钱。当然,责任保险人也不能因此而逃避作出赔付,因为清盘人(liquidator)会向他索赔。只是这笔收到的赔付是要先支付清盘人的费用以及其他优先的支付,才平均分给普通的债权人。清盘是一个非常昂贵的过程,如在雷曼兄弟投资银行在香港的清盘,香港法院指定了一家著名的国际会计师事务所作为清盘人,他也另找了一家英国的著名律师事务所协助。据闻这两家事务所每周所赚取的费用是4000万港币(会计师事务所3000万而律师事务所1000万)。可想而知,过了一两年的清盘,能剩下的钱会有多少能给作为一个普通债权人的第三者?

上述的解释可套用在一个经常会出现的情况,就是一位过路人(第三者)被一架疏忽的公共汽车撞伤或撞死。该公共汽车的公司有投保第三者保险,所以前者可称为是被保险人,承保的后者就变了是保险人。在这一个责任保险合同,过路人不是合同的一方当事人,所以不能直接向保险人提出索赔。他索赔的对象应该就是公共汽车的公司,而且看来应该是万无一失能够获得赔偿。当然公共汽车的公司也不在乎因为他们有保险公司来赔付。但如果在赔付前该公共汽车的公司发生清盘,就会打乱全局,正如上一段所介绍的那样。所以,为了保障第三者,就有了这1930年的立法。立法是让第三者有了一个立法的代位(statutory subrogation),让第三者绕过合同的相互关系的困难直接向责任保险人提出索赔。如果成功的话,第三者就可以获得全部的赔偿,根本可以在公共汽车公司的清盘中置身事外。

但根据英国贵族院的 The "Fanti" and The "Padre Island" (No. 2) (1990) 2 Lloyd's Rep. 191 先例,已经是判了在互保协会的责任保险条件中,其中有一条文是要求被保险人(通常是指船东或承运人)必须先支付给受害人之后才能向互保协会要求补偿(pay to be paid),是完全有效的先决条件。换言之,如果印度保险公司英国向 Through Transport 直接要求赔偿,恐怕就过不了这一个先例的关,因为 Through Transport 可以抗辩说被保险人 Borneo Maritime Ltd 公司必须先支付了给印度保险公司,他才有补偿的责任。但估计芬兰的立法就不会有同样的文字与同样的判决,所以对印度保险公司而言,他必须是在 Kotka 法院起诉,而不能去英国(不论是英国法院或是伦敦仲裁)。相反 Through Transport 就希望去伦敦仲裁根据英国法律解决这一争议,这就可以胜券在握了。而他的意图也的确在英国法律下完全站的住脚,因为他与 Borneo Maritime Ltd 公司之间的责任保险合约规定了是双方有争议去伦敦仲裁。所以,Through Transport 向 Kotka 法院提出要求中止法院的诉讼程序,因为对他而言的责任保险合约有一条伦敦仲裁条文,印度保险公司作为受让人是应该受到约束。但这一个争议最后被 Kotka 法院拒绝,这里也可以再次见到这一种选择做法(向对方当事人提起诉讼的法院寻求中止诉讼程序)的不可靠。事实上,Through Transport 也同时采取了第二种对策,向英国法院申请一个止诉禁令,对象是印度保险公司。这一个禁令也受到第一审法院的支持,Moore-Bick 大法官判印度保险公司应该去伦敦仲裁并向他作出了止诉禁令。这一个先例去了上诉庭,上诉庭也认为印度保险公司应该去伦敦仲裁,并作出了这一个"宣示判决"(declaratory judgement)。上诉庭也认为英国法院可以作出止诉禁令,因为受到《布鲁塞尔规则》与它的规定中"仲裁除外"的保障,其中 Clarke 大法官这样说:"The Judge had been right to hold that the claim in these proceedings came within the arbitration exception and was thus outside the Regulation altogether by reason of art. 1. 2 （d）. The Convention did not apply to any Court proceedings or judgments in which the principal focus of the matter was "arbitration". That included proceedings concerning the validity or existence of an arbitration agreement; the appointment of arbitrators; ancillary assistance to arbitration proceedings and the recognition and enforcement of awards. Proceedings in the English Court for (i) a declaration that arbitration clause bound the defendants; and (ii) an injunction to restrain proceedings in Courts in breach (or threatened breach) of binding arbitration agreements fell within the exception in art. 1(4) of the Convention ."

但上诉庭撤销止诉禁令,因为考虑到当时已经有了欧共体法院的两个判例 Gasser v. MISAT (Case C-116 –02) (2004) 1 Lloyd's Rep. 222 与 Turner v. Grovit (Case C –159/02) (2004) 2 Lloyd's Rep. 169,导致英国法律并不明确,毕竟英国法律一直就是把"排外性管辖权条文"(exclusive jurisdiction clause)与仲裁条文视为是一样。而 Clarke 大法官的理由是如下:"The claim was brought in Finland under a Finnish statute conferring rights on third parties against liability insurers in circumstances in which the insured was insolvent. The statute was no doubt passed because, as a matter of public policy in Finland, it was thought that liability insurers should be directly liable to third parties who had suffered loss in respect of which the insured was liable. Further, this was not a case in which it could fairly be said that the proceedings in Finland were vexatious or oppressive. New India was simply proceeding in Finland under a Finnish statute which gave it the right to do so."

而且,这一个先例中上诉庭也没有考虑或双方当事人提到英国法院一贯认为保险公司通过委付/代位求偿或是转让所得到的权利是不能绕过有关的仲裁条文/协议。这在另一个上诉庭先例中是这样判,并作出了止诉禁令,该先例是:Schiffahrtsgesellschaft Detlev von Appen GmbH v. Voest Alpine Intertrading GmbH (1997) 2 Lloyd's Rep. 279,Hobhouse 大法官是这样说:"The rights which the insurance company has acquired are rights which are subject to the arbitration clause. The insurance company has the right to refer the claim to arbitration, obtain if it can an award in its favor from the arbitrators, and enforce the obligation of the time charterers to pay that award. Likewise, the insurance company is not entitled to assert its claim inconsistently with the terms of the contract. One of the terms of the contract is that, in the event of dispute, the claim must be referred to arbitration. The insurance company is not entitled to enforce its right without also recognizing the obligation to arbitrate The insurance company is failing to recognise the equitable rights of time charterers. The equitable remedy for such an infringement is the grant of an injunction."

虽然在 Through Transport Mutual Insurance Association (Eurasia) Ltd v New India

Assurance Co Ltd (2005) 1 Lloyd's Rep 67 中上诉庭撤销了止诉禁令,但整个分析还是非常支持为保护伦敦仲裁作出止诉禁令以及认同《布鲁塞尔规则》中的"仲裁除外"。所以在期间看到了不少乐观的言论,如在特许仲裁员学会的刊物《Arbitration》Volume 71,2005 年 8 月的一篇文章的结论(在 217 页)就说:"It is submitted that the Court of Appeal's analysis is the correct one and that, as a result of the ECJ's findings in the *Gasser* and *Turner* cases, arbitration agreements offer advantages to the European business community that no longer exist in relation to jurisdiction clause. In addition, given the terms of the Court of Appeal's judgment and for the moment at least, it appears that the ability and willingness of the English courts to grant anti-suit injunctions in support of arbitration agreements remain in place. In such circumstances London's reputation as an arbitration centre can only be enhanced."

1.4.2 The "Front Comor"案情与欧共体法院的判决

由于这种看来是两个相互矛盾的上诉庭先例需要澄清,所以在接下来的先例,也就是 The "Front Comor" (2007) 1 Lloyd's Rep 391 从英国高院直接上诉至贵族院,绕过了上诉庭的 "leapfrog"程序(依据的是 Administration of Justice Act 1969 s. 12)。首先介绍 The "Front Comor"的案情,涉及该船舶由船东 West Tankers 租给意大利的承租人 Erg Petroli。双方的租约约定是有争议去伦敦仲裁,租约的适用法是英国法。船舶在意大利卸港 Syracuse 靠泊时把属于承租人的泊位碰坏,承租人这一个损失是有购买保险,但投保的金额不足赔偿全部的损失。结果承租人在意大利保险人 Allianz 赔付之后去伦敦仲裁向船东索赔不足的金额,但保险人 Allianz 就在赔付之后根据委付/代位求偿的权利以自己的名义向船东索赔这一笔赔付给了承租人的保险金。换言之,船东针对同一个案件面对两个诉讼程序,一个是伦敦仲裁,一个是意大利法院的诉讼,只是索赔金额不同。船东显然是希望能够去伦敦仲裁,他抗辩的理由就是合并在租约中的《海牙规则》中的航行疏忽可以免责。所以,船东向英国法院申请一个宣示判决,判所有的争议都是由伦敦仲裁去解决。另同时申请一个止诉禁令针对意大利保险人 Allianz。

贵族院在这种不明朗的法律地位下,不愿意作出决定并向欧共体法院要求对这一方面作出指引。贵族院向欧共体法院提的问题是:"Is it consistent with Regulation (EC) No. 44/2001 for a court of a Member State to make an order to restrain a person from commencing or continuing proceeding in another Member State on the ground that such proceedings are in breach of an arbitration agreement?"

贵族院也在同时希望欧共体法院允许针对保护仲裁的止诉禁令可以继续作出。如 Hoffman 勋爵就提到如果不允许,伦敦仲裁就会相比百慕大仲裁、纽约仲裁或新加坡仲裁(偏偏没有提到香港仲裁)失去了保护或优势。

但最后欧共体法院作出的决定,还是一个令英国贵族院感到大失所望的结果,就是为了保护仲裁而作出的止诉禁令还是与《布鲁塞尔规则》的规定相抵触,说:"It is incompatible with Council Regulation (EC) No 44/2001 of 22 December 2000 on jurisdiction and the recognition and enforcement of judgments in civil and commercial matters for a court of a Member State to make an order to restrain a person from commencing or continuing proceedings before the courts of another Member State on the ground that such proceedings would be contrary to an arbitration agreement."

至于《布鲁塞尔规则》的"仲裁除外",欧共体法院同意有关条文是不明确。但该条文主要是为了让欧共体国家遵守《纽约公约》,而《纽约公约》也并不明显是对解释仲裁条文/协议的权利只是给予仲裁庭与仲裁地点的法院,说:

"Every court seised is therefore entitled, under the New York Convention, before referring the parties to arbitration to examine those three conditions. It cannot be inferred from the Convention that that entitlement is reserved solely to the arbitral body or the national courts at its seat. As the exclusion of arbitration from the scope of Regulation No 44/2001 serves the purpose of not impairing the application of the New York Convention, the limitation on the scope of the Regulation also need not beyond what is provided for under that Convention.

It is also not obvious why such examination should be reserved to the arbitral body alone, as its jurisdiction depends on the effectiveness and scope of the arbitration agreement in just the same way as the jurisdiction of the court in the other Member State. The fact that the law of the arbitral seat has been chosen as the law applicable to the contract cannot confer on the arbitral body an exclusive right to examine the arbitration clause."

1.4.3 保护伦敦仲裁与针对 The "Front Comor"可以考虑的七个对策

1.4.3.1 对策之一:不理会欧共体其他国家法院的诉讼而开始及推进伦敦仲裁取得裁决书

在这一个对策下,想去伦敦仲裁的一方就不去欧共体其他国家法院应诉。当然,想去伦敦仲裁的一方也可以向该国家法院申请中止法院程序,如根据当地律师的法律意见是根据1958年《纽约公约》有一定机会,但重要的就是不要对实质的争议应诉或作出抗辩。但无论如何,想去伦敦仲裁的一方要尽快开始与迅速推进伦敦仲裁并取得裁决书。这就会迫使违反伦敦仲裁条文/协议的一方,也就是对方,必须作出对应的行动。(1)向开始诉讼的欧共体国家法院申请止诉禁令,止诉的是伦敦仲裁。但估计欧共体国家不大会接受这样的做法作出止诉禁令,这毕竟会被国际社会批评是违反《纽约公约》。(2)对方可能选择不去在伦敦仲裁作出抗辩,这表示如果推动得快,伦敦仲裁通常会比其他欧共体国家法院先作出裁决书,并可执行。而即使稍后该国家法院作出了判决,也可以"一事不再审"(*res judicata*)的原则否定迟来的判决。这方面的做法可参考 The "Joanna V" (2003) 2 Lloyd's Rep 617 的先例;(3)对方也可能要求成立了的伦敦仲裁庭(即使对方不作出委任,也会有十分迅速的默示机制可以成立仲裁庭,如1996年《英国仲裁法》之 Section 17)中止或暂停仲裁程序,因为欧共体国家法院的程序已经在推进。但估计伦敦仲裁庭一般是不会理会这种申请，毕竟在1996年《英国仲裁法》下他们是有法定的责任尽快推进仲裁程序。在这一个对策下，也有其他重要的细节要注意，如在委任仲裁员时就确认要委任的人选是否有时间并愿意尽快处理。

1.4.3.2　对策之二：向对方索赔违反仲裁条文/协议所带来的损失

众所周知，在英国法律下对违约作出的救济主要就是金钱赔偿。但如果金钱赔偿不足够或难以证明/计算，英国法院就会考虑在适当的情况下以其他的方法作出救济。这些方法通常就是禁令或者履约指令。这也是英国法院经常以止诉禁令对付它认为违反仲裁条文/协议的一方的最大原因，因为希望以约定的伦敦仲裁解决争议的无辜方将来是很难证明/计算这一个违约到底给他带来什么损失。如果光是看律师费用，伦敦仲裁也不见得比去中国海事法院诉讼廉宜，所以在这一项的支出上很难证明有何损失。而真正可能会带来的损失就是同样一个案件在伦敦仲裁，无辜方（这只是从是否违反仲裁条文/协议的角度定义）胜诉机会就大得多。相反去中国海事法院面对一家中国公司的索赔，无辜方败诉机会就大得多。但这两种不同的程序与最后出来的结果是很难证明在金钱上会带来什么损失，更不用说很多案件都会中途达成和解。这在 Starlight Shipping Co v Tai Ping Insurance Co Ltd (2008) 1 Lloyd's Rep 230 中，Cooke 大法官说："Damages would... be an inadequate remedy for breach of such a clause since its very nature requires the parties to have their disputes determined in arbitration. A party to such an agreement should not be put to the trouble of having disputes determined elsewhere in a manner contrary to the express contract between the parties."

但违反仲裁条文/协议在恰当的案件中是可以以金钱赔偿作为救济：Union Discount v. Zoller (2002) 1 WLR 517。这会是在无辜方成功在外国法院以1958年《纽约公约》成功申请终止法院的诉讼程序，把有关的争议打回头让伦敦仲裁审理。这一来，在外国法院所花掉的律师费用就可以向违约方要回。这方面近期的先例有 National Westminster Bank plc v. Rabobank Nederland (No 3) (2007) EWHC 1742 (Comm)与 A v. B (No 2) (2007) 1 Lloyd's Rep. 358。其中在 National Westminster Bank plc v. Rabobank Nederland，原告是英国一家大银行（可简称为 NWB），它与被告的 Rabobank 一并同意贷款给一家 YFG 公司。但很快就发觉 YFG 有严重的财政问题，虽然贷款银行继续向该公司注资，但最后 YFG 公司仍然难逃倒闭的厄运。这带来两家银行之间的争议，其中 Rabobank 指称 NWB 曾经作出欺诈性与虚假的陈述而导致 Rabobank 同意注资给 YFG。笔者不多讨论有关的案情，只说 Rabobank 曾经去美国加利福尼亚法院起诉 NWB，但 NWB 成功申请加利福尼亚法院中止诉讼程序。之后，NWB 向 Rabobank 在英国法院要求赔偿这一笔在美国的诉讼费用（在美国是不能向败诉方要回这笔钱）。Colman 大法官同意 NWB 可成功要回这笔诉讼费用，并且是按照补偿基础（关于什么是补偿基础，见第一章5.4.3.2段），说："The important point here is that where, as in the present case, the innocent party has incurred the expenditure of legal costs for the purpose of stifling a claim brought against it in another jurisdiction in breach of a promise not to sue, that party will have incurred loss of a kind reasonably foreseeable and therefore *prima facie* recoverable as damages for breach of contract. If and to the extent that its expenditure on the pursuit of or defence to those proceedings does not exceed what in all the circumstances is reasonable that would ordinarily be its recoverable loss. To the extent that its costs exceed that amount it ought in principle to be precluded from recovering them simply because to that extent the expenditure was not caused by the breach of contract but by the innocent party's profligate expenditure and failure to mitigate its loss."

问题是外国法院不一定中止诉讼程序,以这一个对策替代英国法院无法对欧共体国家法院的诉讼作出止诉禁令会需要变通做法。首先在 CMA CGM SA v. Hyundai Mipo Dockyard Co Ltd (2008) EWHC 2791 (Comm)先例中, Burton 大法官判伦敦仲裁是不受《布鲁塞尔规则》的约束(这与英国法院不一样),其他欧共体国家法院的判决也不约束伦敦仲裁。如果这样,表示伦敦仲裁不需要理会其他欧共体国家的法院判没有有效的伦敦仲裁条文或其他的理由不中止诉讼程序。这对英国法院有约束,但却约束不了伦敦仲裁。换言之,想去伦敦仲裁的一方尽快启动伦敦仲裁,并要求仲裁庭尽快裁决对方违反仲裁条文/协议,即使这一个裁决是与其他欧共体国家法院得出的结论相反。接下去,就可以要求仲裁庭作出裁决判违反仲裁条文/协议的被告要作出金钱赔偿,至少就是一笔在其他欧共体法院所花的律师费(这包括中止可能在抗议下所作出抗辩)。即使不马上作出裁决,仲裁庭也可以显示他有权这样做而且会这样做,这就有机会阻吓对方不敢推进其他欧共体法院的诉讼。当然,这也不是说是一个很有效的办法,而且在执行方面也会有一定困难,如去其他欧共体国家执行一个唱反调的伦敦仲裁裁决书,而该裁决书所要求执行的就是一笔在该欧共体法院所花的律师费(为例)。

1.4.3.3 对策之三:先走一步向英国法院作为第一个取得该案件管辖的法院申请一个止诉禁令

这是想去伦敦仲裁的一方当事人动得比对方更快,或至少是同一时间。例如,他知道了对方准备去意大利法院或希腊法院起诉,就立即比对方先动手,马上到英国法院申请一个止诉禁令。这一来,根据《布鲁塞尔规则》,英国法院变成第一个取得管辖权的法院,完全符合“第一取得管辖权规定”(first seized rule)。这种做法即使能够成功,但还是存在疑问,因为欧共体法院判是任何国家法院不能下令阻止当事人在其他欧共体国家法院开始或者继续诉讼,是英国法院即使是第一个取得管辖权也不一定可以解决这个问题。

1.4.3.4 对策之四:向英国法院申请一个宣示判决肯定有一条有效的伦敦仲裁条文/协议

这一个对策是尽快向英国法院申请对有关的仲裁条文/协议作出一个“宣示判

决”(declaratory judgment)。如果英国法院能够比其他欧共体法院先作出这方面的判决,就有可能因为“一事不再审”(res judicata)而使得其他欧共体国家即使是唱反调也慢了一步。加上,英国法院的宣示判决也会导致稍后决定的欧共体国家法院在考虑该仲裁条文/协议是否无效有了迟疑,会被英国法院的判决说服。甚至将来其他欧共体法院所作出的实质判决去英国执行也可以违反公共政策为由作出抗拒,因为是与英国较早作出的宣示判决不一致。

这方面有说法是其他欧共体法院针对实质争议是与英国法院只针对仲裁条文/协议有效性所作出的宣示判决是不同性质的争议,所以不受“第一取得管辖权规定”(first seized rule)。如在 Toepfer v. Molino Boschi SRL (1996) 1 Lloyd' s Rep 510 先例,涉及了买方在意大利法院起诉有关货物短缺与质量缺陷,但卖方去英国法院申请一个宣示判决是买方应该按照买卖合约规定去伦敦仲裁,并同时作出止诉禁令。Mance 大法官认为两个不同的法院诉讼是针对两件不同的事,说:“As far as art 27 of Regulation 44/2001 was concerned, the two actions had different objects and subject matters, and the first seised rule could not apply. The buyers' action was for damages based on the proper construction of the sellers' obligations under the contract, whereas the sellers' action for an injunction was to prevent any examination of the contract and to have the matter referred to arbitration. Again, the claim for declaratory relief had the objectives of influencing the Italian court not to continue the proceedings and of preventing the enforcement of any adverse Italian judgment, so that the object was different to that of the Italian action.”

这种做法可能会有两个地方带来争议,一是在 Vale do Rio Doce Navegacao SA v Shanghai Bao Steel Ocean Shipping Co Ltd (2000) 2 Lloyd' s Rep 1 中,Thomas 大法官判说由于在仲裁,仲裁庭根据 Kompetenz-Kompetenz 原则是有权就管辖权的问题作出裁决,而法院这样做就有越权的嫌疑。但估计这个争议不难绕过,因为可以作出很明显的“区分”(distinction),就是这个对策是希望以一个宣示判决代替止诉禁令,而不是为了剥夺仲裁庭对管辖权作出初步决定的权力。二是这种做法名义上是宣示判决,而实质上等于是一个止诉禁令。尤其是其他欧共体法院已经取得该案件的管辖权后原告才向英国法院申请要求一个宣示判决。

加上,作出一个宣示判决与止诉禁令不一样的,不想依从伦敦仲裁条文/协议的一方当事人可以完全不理会一个宣示判决,毕竟由于败诉而没有遵从宣示判决并不构成刑事罪行。但如果不遵从止诉禁令,则会构成刑事罪行。因此取得一个宣示判决的阻吓力并不大。

反正在欧共体法院的 The “Front Comor”(2009)1 Lloyd's Rep 413 之后,已经有了一个一审的先例 The “Wadi Sudr” (2009) EWHC 196 (Comm)是这样判。案情是有关提单下的货损索赔,提单持有人在西班牙法院起诉向船东索赔。西班牙法院判是租约的仲裁条文合并进提单是无效,而船东(背后是互保协会)向英国法院申请一个有关提单仲裁条文的有效性的宣示判决。Gloster 大法官认为申请有关仲裁条文有效性的宣示判决是在《布鲁塞尔规则》以外，所以作出一个宣示判决。但 Gloster 大法官拒绝作出任何止诉禁令，也判是英国法院没有权力对货损的责任与否作出宣示判决，因为西班牙法院是第一取得管辖权的法院。该先例在笔者写本书时仍在上诉。

1.4.3.5 对策之五：向成立的伦敦仲裁庭申请作出一个止诉禁令

这可能会是一个很有效的对策，事实上在 The "Front Comor" (2009) 1 Lloyd's Rep 413 作出判决后，伦敦海事仲裁员协会（London Maritime Arbitrators Association，简称 LMAA）召开了一次会议讨论这个对策。简单来说，英国法院既然不能对其他欧共体法院作出止诉禁令，则要绕过该限制就由仲裁庭作出一个不准被告去其他法院的"最后命令"（peremptory order），然后根据 1996 年《英国仲裁法》之 Section 42 将其变为法院命令。其中的道理就是，《布鲁塞尔规则》并不约束仲裁员，因而以这种方法作出的止诉禁令很可能不受其限制。即使最后也是涉及英国法院的命令，但是由仲裁庭作出决定，英国法院把它变为法院命令纯粹是对仲裁的协助与一个程序上的做法。但这里还是存在如下两个问题。

1.4.3.5.1 问题之一：仲裁庭在 1996 年《英国仲裁法》下没有作出中间/暂时性的止诉禁令的权力

仲裁庭在 1996 年《英国仲裁法》下不像有作出中间/暂时性的止诉禁令的权力。有关仲裁庭除了仲裁程序上的各种权力（这在 Section 34），额外的权力在 Section 38 作出规定，其中主要就是给了仲裁庭作出中间措施的权力，如命令提供费用担保、保留证据的指令等。但其中没有一条是涉及作出止诉禁令的权力。此外，在 Section 48 (5) (a) 给予仲裁庭作出禁令的权力，如下："48 (5) The Tribunal has the same powers as the court—(a) to order a party to do or refrain from doing anything"。

从文字上看来，应该像是给仲裁庭作出任何方式的禁令，包括任何形式的止诉禁令。但这其实一直有怀疑，因为从 Section 46 到 Section 58，这一部分说明是针对裁决书。这一来，仲裁庭是否有权一早就要作出的止诉禁令就很有疑问了。这一点在 Bruce Harris 先生所著的《The Arbitration Act 1996—A Commentary》一书第四版之 234 页有论述，如下："It is to be questioned whether a tribunal may act in all respects in the same way as a court can when it issues an injunction, e. g. without notice to the other party and in its absence (*ex parte*); and whether it would have all the court's ancillary powers, e. g. to make temporary orders equivalent to interim injunctions, and to require undertakings in damages. Given the wording of the subsection and the fact that it appears in the part of the Act dealing with the award, we think these questions would be answered in the negative. Indeed, as regards temporary orders, it has been held in Kastner v Jason (2004) 2 Lloyd's Rep 233 that this section applies only to final awards; and that the same powers as the court' means the generality of powers conferred on both the High Court and the County Court (see. s. 105), and does not include powers conferred on some courts but not on others."

仲裁庭没有权力作出中间/暂时性止诉禁令也在 The “Alexandros T” (2008) 1 Lloyd's Rep. 230 有针对与分析。其中提到仲裁员在 1996 年《英国仲裁法》下他有权力作出一个“禁令裁决书”(injunctive award),这包括了一个永久性的或最后的止诉禁令裁决书。如在知识产权的争议,可在“最后裁决书”(final award)判败诉方今后被禁止破坏版权。但仲裁庭没有权力作出中间/暂时性的止诉禁令。仲裁庭只能作出一个止诉禁令裁决书所带来的问题就是必须要完成整个仲裁程序才能作出裁决书,时间上是远水救不了近火。在该先例,Cooke 大法官是这样说:“Should the two arbitrators agree, by virtue of the LMAA terms, there is sufficient power vested in the two arbitrators already appointed to make a final award restraining the pursuit of Chinese proceedings, but none to make an interim award...”

另在 Steamship Mutual Underwriting v Sulpicio Lines (2008) 2 Lloyd's Rep 269 中,也简单地涉及了仲裁庭权力的争议,Walker 大法官说:“The arbitrator could, under English law, himself grant an anti-suit injunction. However, he is not available until next week. Even if he were available, Sulpicio insists that he has no jurisdiction and in those circumstances, I consider it plainly desirable that this court deal with the matter.”

这表示要肯定给伦敦的仲裁庭权力作出止诉禁令,就必须要双方当事人在约定仲裁条文/协议时明示加上这一权力。这当然在目前的情况下不容易做到,因为很难很快向千千万万的订约商业人士说清楚这一复杂的问题。虽然,只要双方明示加上这一个权力,这完全是可行。因为在 1996 年《英国仲裁法》之 Section 38 (1) 是这样规定:“38 (1) The parties are free to agree on the powers exercisable by the arbitral tribunal for the purposes of and in relation to the proceedings.”

但这也不代表不会有这种做法,其中在英国的一些涉及仲裁的机构如“伦敦国际仲裁庭”(London Court of International Arbitration,简称 LCIA)与“伦敦海事仲裁员协会”(London Maritime Arbitrators Association,简称 LMAA)就可以修改有关的仲裁规则,加上给仲裁员这一权力。笔者估计目前的 2006 年 LMAA 仲裁规则(LMAA Terms 2006)很快就会为这一方面而作出相应的修改。这一套的仲裁规则在现实的做法中也可以强加于双方当事人,因为海事仲裁一委任 LMAA 成员的仲裁员,都会根据现行的 LMAA 仲裁规则接受委任,笔者接受伦敦海事仲裁的委任时也有同样的做法。

假设有这样的明示规定增加仲裁庭的权力,仲裁庭就可以不管其他欧共体法院的看法,对作为被告的当事人作出止诉禁令,要求他中止在法院的程序。如果被告不遵从,仲裁庭可以很快地把命令提升到一个最后命令,然后再不依从的话就要原告根据 Section 42 由英国法院把该最后命令变为法院命令。

1.4.3.5.2　问题之二:要成立仲裁庭后才会有仲裁庭作出止诉禁令

这一个问题是有关要在仲裁庭组成后才能作出止诉禁令,但组成仲裁庭会需要时间,这导致在其他欧共体法院的程序可能在仲裁庭组成后已经走得很远,甚至已经作出判决。所以,想去伦敦仲裁解决争议的一方当事人必须动作快,而 1996 年《英国仲裁法》也在很多的情况(就是双方当事人各自作出委任自己的仲裁员的情况)设立了“缺席机制”(default mechanism),就是被告如果不委任就根据 Section 17 (2),原告多给一个 7 天的通知后就可以把自己委任的仲裁员变成是独任仲裁员。所以,仲裁庭很快就可以组成,不论被告是准时作出委任还是缺席。但如果是独任仲裁员(不论是明示还是默示)而被告不合作的话,这种缺席机制就比较花时间,因为根据 Section 18 是要由法院作出委任,不像香港是可以通过香港国际仲裁中心来委任,这样会比较快且省钱。但只要仲裁庭成立后,不论欧共体法院是否已经作出了决定拒绝中止法院程序,甚至已经推进实质争议的法院程序,伦敦的仲裁庭只要是给了它明示权力应该都可以作出止诉禁令。

1.4.3.5.3 香港的法律允许仲裁庭作出止诉禁令

相比来说,香港的《仲裁条例》就明确赋予仲裁庭更大的权力。在 Section 2GB (1)(f),写明“granting interim injunctions...”,所以香港仲裁的仲裁庭就应该毫无疑问可以作出中间止诉禁令,禁止一方当事人去外国法院开始或推进诉讼程序。但香港也不存在有《布鲁塞尔规则》的问题。

1.4.3.5.4 国际仲裁中由仲裁庭作出的止诉禁令

另在国际仲裁,如 ICSID 或 ICC 仲裁,仲裁庭是否应该作出止诉禁令是一个有趣的问题。笔者可以节录由 Ali Yesilirmak 先生在 2005 年出版的《Provisional Measures in International Commercial Arbitration》一书之 5-78 至 5-80 段所说如下:

“5-78 Whether or not an arbitrator could grant an anti-suit injunction is an interesting issue. That is because it, on the one hand, invites the clash of two institutions: judiciary and arbitrators. On the other hand, it is highly doubtful whether an arbitral tribunal should be allowed to tell another arbitral tribunal or a state court what to do, or whether it should be allowed to interfere indirectly with the workings of another arbitral tribunal by ordering one of the parties what to do in the other arbitration or litigation.

5-79 In this regard, it is rightly argued that a tribunal, be it arbitral or judicial, should, in principle, decide on only its own jurisdiction; hence refrain from interfering any other tribunal's decision on jurisdiction. However, in situations where the party's actions are vexatious, the tribunal should be able to order, propose or recommend that the party cease those acts for protection of the other party's rights or prevention of aggravation of the dispute. In other words, if permitted, the tribunal can take a flexible approach. This is because, by agreeing to arbitrate, contracting parties demonstrate their desire for arbitration to be their dispute resolution forum. Such desire should be upheld. Indeed, an arbitral tribunal ordered an anti-suit injunction as early as in 1972. The ICSID tribunal, in *Holiday Inns v. Morocco*, refrained from directly ordering Morocco to withdraw local court actions against the claimant. The tribunal, however, made three recommendations, one of which suggested the withdrawal of court actions. The other two, were in an effort to remedy the respondent's concerns for further court actions.

5 – 80 In addition to an injunction, the tribunal may also order a penalty or fine if the party fails to comply with the tribunal's order. Of course, because this is an order for a penalty, the fine must be permitted under the relevant arbitration agreement and should not be prohibited under the applicable law. Such fine is a penalty payment to prevent disobedience. For instance, in an AAA case, the arbitral tribunal indicated that it could grant a penalty payment in case the injunction granted would not be obeyed. In this case, a dispute arose between the parties with respect to three agreements on assignment, employment and consulting. Upon the claimants' request, the tribunal enjoined, in a partial award, the respondents from, *inter alia*, the use of the claimant's trade name, trademark and know-how. The tribunal in its award refrained from imposing sanctions with the hope that the respondents comply with its directives without the threat of sanctions'. However, the tribunal reserved its jurisdiction to grant any interim measure in case its directives were not complied with. The tribunal expressly indicated that it is within its armoury to sanction the failure to comply with its directives by payment of a specified amount for each time period the respondents fail to comply. "

1.4.3.6 对策之六:相信其他欧共体国家法院会中止诉讼程序

这一个对策正是在 The"Front Comor"(2009) 1 Lloyd's Rep 413 所要求的做法,所以这也不能称为是一种对策。但在现实中也不是不可以在个别案件中加以考虑,如在某一种情况下或是合约中的仲裁条文/协议写得十分明确,根据该有关欧共体国家的律师所给的法律意见是有绝大的把握可以在法院成功申请中止。这一来,相信该国家的法院会作出有利于伦敦仲裁的判决也是可行。

1.4.3.7 对策之七:涉及欧共体国家当事人避免伦敦仲裁

这一方面的危险只涉及欧共体国家,这表示非欧共体的国家与欧共体国家当事人订立合约,可以考虑避免约定伦敦仲裁。如果欧共体国家当事人还是坚持去伦敦仲裁,非欧共体的当事人可以以 The"Front Comor" (2009) 1 Lloyd's Rep 413 先例为由,拒绝接受伦敦仲裁或其他仲裁地点的仲裁。这种情况在海事与国际货物买卖合约经常出现,如中国公司把船舶租给意大利或德国承租人,或是租入希腊或挪威船东的船舶。如果中国公司怕将来出了争议意大利承租人或希腊船东在他们本国法院开始诉讼,但中国公司希望是仲裁,不是被强行卷入他们本国法院的诉讼,就会要小心。一个好办法是说服这些欧洲公司前来其他仲裁地点,如香港。

1.4.3.8 有关 The"Front Comor"的结论与中国当事人的关系

除了介绍上述的一些对策外,据知还有其他的余波。例如,近期的一份《欧共体委员会绿皮书》建议修改欧共体规定,让仲裁地点的法院取得排外性的管辖权。换言之,针对仲裁就不再适用"第一取得管辖权规定"(first seized rule)。可以说,这一方面的问题还会继续发展。这就可能带来一个疑问,就是欧共体之间的这些问题与中国之间有什么关系,何必长篇大论地介绍?简单的回答就是中国内地的公司与当事人近年来涉及了大量的伦敦仲裁,特别是在个别的行业,如商品买卖与航运业。几年前的有毒的巴西红豆事件所带来无数的中国大豆进口商被国际贸易商索赔数以千万或上亿美元的案件,据说70%以上就是根据标准格式合约而要去到伦敦仲裁。针对航运而言,中国的一些船公司包括中远或外运,更加是在租船合约中大量约定伦敦仲裁。而中国的进口商手中的提单经常是 Congenbill 1994 格式,它背后印上了租约的仲裁条文合并在提单内,而租约往往是90%以上会是约定伦敦仲裁:The "Petr Shmidt" (1995) 1 Lloyd's Rep 202;The "Ivan Zagubanski" (2002) 1 Lloyd's Rep 106。所以,中国进口商如果要向船东索赔货损货差这种经常发生的事件,又是离不开伦敦仲裁了。

这一来,就会出现以下的情况:(1)中国一艘船舶出租给一位意大利的(也可以是其他任何的除了英国的欧共体国家)承租人,租约约定是伦敦仲裁。不幸的是船舶在意大利装港或者卸港把属于承租人的泊位碰坏或是在装卸中把承租人的设备弄坏。承租人或他的代位保险人把中国船东的船舶扣押并以侵权为诉因在意大利法院起诉索赔。中国船东或他的互保协会(可以是中船保)想去伦敦仲裁,因为除了熟悉外,估计租约也提供了较有力的抗辩与责任限制。(2)中国公司有关的买卖合约或租约涉及的是"一连串的合约"(chain contracts)。根据 LMAA 仲裁规则,一连串的租约本来是很有机会可以"同步审理"(concurrent arbitration),但只要有一个当事人去了欧共体国家法院提出诉讼,这一做法就不可能实现了。

1.5 永久性的与中间/暂时性的止诉禁令及中止命令

历史上,英国法院是有很大的权力作出禁令,包括止诉禁令。这种禁令可以是永久性或暂时性。根据英国1981年《最高院法》(《Supreme Court Act 1981》)之 Section 37,只要法院认为是公平与方便就已足够(in all cases in which it appears to the court to be just and convenient to do so)。

虽然止诉禁令通常是永久性的(final),也就是永久地禁止被告在其他国家法院开始或推进诉讼程序,但也会有情况是只是作出中间/暂时性的(interim/temporary)止诉禁令。这两种不同的申请考虑因素也有不同,针对永久性的止诉禁令,申请方必须证明两点:(1)对方或被告去外国法院明显"违反了原告的合法权益"(infringement of legal or equitable rights);(2)这种做法是"欺压性的或困扰性的"(oppressive or vexatious)。可以说如果证明是有一条有效的伦敦仲裁条文/协议,英国法院通常是接受被告去外国法院起诉并违反仲裁条文是一种欺压性的或困扰性的行为,而会作出永久性的止诉禁令。

但作出中间/暂时性的止诉禁令,考虑的因素是:(1)是否有一个严肃的争端;(2)损失赔偿是否是足够的救济;(3)"平衡双方的方便/不方便"(balance of convenience)。这些考虑因素也就是 American Cyanamid Co v Ethicon Ltd (1975) AC 396 的考虑准则。至于中止命令(stay of proceedings)一般只针对英国仲裁,要求仲裁程序暂停,这个做法与止诉禁令主要的区别就是不需要顾虑"国际友好"(international comity)这一敏感问题。

1.5.1　英国法院作出止诉禁令的权力来源

通常,申请的止诉禁令都会是永久性的,但也有情况是同时申请永久性或中间/暂时性的止诉禁令,毕竟要求是比较低。中间/暂时性止诉禁令没有直接的权威判例针对在怎样的情况下作出,但可以想得到会是恰当的情况,如仲裁的管辖权仍然等待仲裁庭作出裁决。英国法院行使权力针对中间/暂时的止诉禁令,撇开英国1981年《最高院法》,1996年《英国仲裁法》的Section 44(2)(e)也有规定:"the granting of an interim injunction..." ,但该《英国仲裁法》中没有提到法院颁布永久性止诉禁令的权力。至于法院针对中间/暂时性止诉禁令的权力是来自1996年《英国仲裁法》的话,在The "Alexandros T" (2008) 1 Lloyd's Rep. 230先例则认为是很局限的。要了解这一点先要看一下1996年《英国仲裁法》的相关规定,如下:

"44 Court powers exercisable in support of arbitral proceedings

(1) Unless otherwise agreed by the parties, the court has for the purposes of and in relation to arbitral proceedings the same power of making orders about the matters listed below as it has for the purposes of and in relation to legal proceedings.

(3) If the case is one of urgency, the court may, on the application of a party or proposed party to the arbitral proceedings, make such orders as it thinks necessary for the purpose of preserving evidence or assets.

(4) If the case is not one of urgency, the court shall act only on the application of a party to the arbitral proceedings (upon notice to the other parties and to the tribunal) made with the permission of the tribunal or the agreement in writing of the other parties.

(5) In any case the court shall act only if or to the extent that the arbitral tribunal, and any arbitral or other institution or person vested by the parties with power in that regard, has no power or is unable for the time being to act effectively.

局限性来自上述的Sub-section (3)与(4),首先是Sub-section (3)说是在紧急的情况下法院才可以作出命令保存证据与财产。文字上看来好像与止诉禁令没有关系,但在Cetelem v. Roust Holdings Ltd. (2005) 2 Lloyd's Rep 494的先例,已经判是当事人去仲裁的合约权利也是"财产"(assets)的一种。所以,在Sub-section (3)英国法院是可以作出中间/暂时性止诉禁令,唯一剩下来的局限就必须是紧急情况,特别要与Sub-section (4)的非紧急情况进行区分。这就已经会带来不肯定与双方的争议,因为Sub-section (4)是说明需要仲裁庭(或对方,虽然对方肯定不会同意)的文书批准才可以作出申请。

这样看来,英国法院作出止诉禁令,不管是永久性或者是中间/暂时性的,都是依赖英国1981年《最高院法》。但问题是有了1996年《英国仲裁法》之后,是否还是适用该《最高院法》? 毕竟,针对中间/暂时性止诉禁令,两者有完全不同的规定,一个很宽松，一个很严格。这在 Cetelem v. Roust Holdings Ltd.（2005）2 Lloyd's Rep 494，Clarke 大法官有说："The relationship between the powers of the court under s. 37 of the Supreme Court Act and s. 44 of the 1996 Act will at some stage require detailed consideration because there is tension (to put it no higher) between the apparently wide powers conferred on the court by s. 37 and the much narrower powers conferred on the court by s. 44."

在后来的先例，看来这一点还是不明确。如在 Elektrim SA v. Vivendi Universal SA（2007）2 Lloyd's Rep. 8，Aikens 大法官以迟疑的态度说："I do not intend to explore generally the question of whether the court has any jurisdiction at all under section 37 of the Supreme Court Act to grant either interim or final injunctions to restrain arbitrations that are subject to the 1996 Act. I must assume that there is such a jurisdiction, given the comments of the Court of Appeal in the cases of Cetelem SA v Roust Holdings Ltd (2005) 2 Lloyd's Rep 494 at para 74 per Clarke LJ; and Weissfisch v Julius (2006) 1 Lloyd's Rep 716 at para 33(v) at page 722 per Lord Phillips CJ. Nonetheless, I must consider whether the jurisdiction is wide enough to provide a base on which an injunction might be granted on the facts of this case."

1.5.2 中止命令

有关中止一个英国仲裁的推进，这一个权力看来在 1996 年《英国仲裁法》之下不再有。这是在近期一个金额庞大的案件 Elektrim SA v. Vivendi Universal SA（2007）2 Lloyd's Rep. 8 中有涉及。在该案例，Vivendi 在两个不同的仲裁中提出了相反主张。在 2003 年伦敦 LCIA 仲裁中，他的主张是双方的争议还没有达成和解。但在 2006 年苏黎世的 ICC 仲裁，他的主张是双方的争议已经达成和解。但即使在这种非常不正常的情况下，英国法院还是拒绝插手，不论是作出止诉禁令还是作出中止命令。在该先例，Vivendi 向英国法院申请中止命令前就已经向 LCIA 的仲裁庭作出了三次的中止或暂停仲裁程序的申请，原因是希望等待苏黎世的 ICC 仲裁的结果，但都被 LCIA 仲裁庭所拒绝。所以，如果英国法院作出中止命令，这等于是在仲裁程序的决定方面与仲裁庭唱反调且作出粗暴的干预。显然，在今天的国际仲裁环境下，英国法院是不会这样做的。Aikens 大法官是这样说："Part 1 of the Act contemplated that once matters were referred to arbitration, it was the arbitral tribunal that would generally deal with issues of their jurisdiction and the procedure in the arbitration up to an award. It was clear, therefore, that the Act contemplated that the tribunal would consider and decide such matters as whether there should be an adjournment or a stay of the arbitral proceedings. Against that background, even it Elektrim had established that the continuation of the LCIA arbitration was otherwise vexatious, oppressive or unconscionable, the court would not have invoked its power to grant an injunction under section 37; to do so would have been contrary to the argument of the parties to refer the TIA disputes to the LCIA arbitrator; the LCIA tribunal had the power to stay the arbitration but had decided not to do so; and the court had no express power to review or overrule such procedural decisions."

1.5.3 近期的永久性与中间/暂时性的止诉禁令案例

英国法院有太多有关止诉禁令的案例,以下只挑几个简单介绍。

(1)在C v. D (2007) 2 Lloyd's Rep 367,涉及一种很特殊的情况,就是止诉禁令不是在一早作出,而是在最后裁决书作出之后才作出,作用就是为了保护该裁决书的有效性。案情涉及了再保险的争议,双方当事人都是美国的保险公司,虽然适用法是纽约州的法律,但约定去伦敦仲裁。结果D败诉,但可能是因为金额庞大,所以D想对该裁决书寻求救济。本来正规的做法就是按照1996年《英国仲裁法》之Section 68向英国法院(作为仲裁地点的法院)申请撤销裁决书,但如果在该仲裁程序中没有任何不正常的事情发生过,就根本没有希望成功。由于双方约定是纽约州的法律,不是英国法,所以也不存在可以根据Section 69的法律观点错误而向英国法院申请上诉。这就导致了D想出一个古怪的做法,就是去美国法院申请撤销该裁决书,而偏偏美国是有一种名为"明显漠视法律"(manifest disregard of law)就可撤销裁决书的说法:Wilko v. Swan 346 U.S. 427 (1953)。当然,美国法院会否接受管辖权审理还是未知数,但双方的争议就会延续下去。所以,C去英国法院成功取得了一个永久性的止诉禁令,不准D(他在英国有分公司)去美国法院寻求救济。英国法院判是双方同意伦敦仲裁以及仲裁条文中都显示了该仲裁条文的适用法是英国法而不是纽约州法,后者只是针对再保险合约的实体法,所以英国法院有权作出止诉禁令。Cooke大法官说:"It was appropriate to grant an anti-suit injunction. The parties were to be kept to their bargain unless strong cause', good reason' or strong reason' was shown for not doing so. Damages were plainly an inadequate remedy if a party was compelled to litigate with all the trouble and inconvenience involved in that exercise. It did not matter whether the US courts would or would not ultimately assume jurisdiction and uphold or vacate the award or whether the US court in question, under its own conflicts of laws rules, was bound to exercise a supervisory jurisdiction, and it did not matter that both parties were US corporations."

(2)在已经介绍过的The "Alexandros T" (2008) 1 Lloyd's Rep. 230先例,英国法院只是作出了中间/暂时性的止诉禁令,原因是要禁止中国的太平保险公司推进在武汉海事法院的诉讼,直到伦敦仲裁庭作出永久性的止诉禁令裁决书为止。Cooke大法官说:"... The injunction is plainly necessary to preserve the owners' right to arbitrate the dispute with the cargo owners and the insurers. Furthermore, the arbitral tribunal are unable for the time being to act effectively so that the requirements of section 44(5) are also met. In these circumstances, where other discretionary requirements are satisfied and there is no strong reason not to make an interim order, the court will do so, to cover the position up to such time when the arbitration tribunal can itself determine this matter and make a final award in relation to the restraining orders sought."

(3)在 Steamship Mutual Underwriting v Sulpicio Lines (2008) 2 Lloyd's Rep 269，涉及英国法院起初作出的是一个中间/暂时性的止诉禁令，但后来提升为一个永久性禁令。案情是被告这一家菲律宾船公司的所有船舶是在原告的互保协会投保了责任风险，在这些涉及互保协会承保的规则中，都规定了双方有争议就要去伦敦仲裁。在2004～2005年的一年之间，被告有两艘船舶发生推定全损。前一艘是因为搁浅，后一艘是因为火灾。原告的互保协会在对事故作出调查之后，可能是因为对该船公司的管理不满意，根据承保规则中的权利中断了他的责任保险。在2007年7月12日，被告在菲律宾法院向原告的互保协会提出起诉，要求赔偿各种损失，包括了“道德损失”(moral damages)。原告的互保协会虽然不是在菲律宾法院的管辖之下，但不敢不理睬菲律宾法院的诉讼。所以在2007年7月31日，向该法院提出中止的申请，要根据1958年《纽约公约》去伦敦仲裁。在同一天，原告的互保协会也开始了伦敦仲裁并委任了自己的仲裁员，并向被告作出仲裁通知与要求作出委任。但被告没有理睬，这就导致了原告的互保协会根据1996年《英国仲裁法》之 Section 17 把自己委任的仲裁员变为是独任仲裁员。这也表示仲裁庭已经组成，互保协会并提交与送达了索赔请求书。但被告一直不理睬伦敦仲裁，而且在送达文件也是不合作而导致延误。所以到了2008年3月19日，原告的互保协会成功向英国法院的 Field 大法官取得了一个中间/暂时性止诉禁令。这止诉禁令的有效日期只是到2008年4月4日，因为这一天是被告必须要去英国法院“应诉的限期”(return day)。但 Field 大法官这一个止诉禁令还是很难送达给被告，这在判决中有提到如下：“The order of Field J was sent to Mr. Carlos Go, the Executive Vice President and Chief Executive Officer of Sulpicio, by fax and email. Sealed orders were sent to Sulpicio and its attorney, Mr. Inting by courier on 20 March 2008. The copy sent to Mr. Inting, Sulpicio's attorney, was not, however, delivered to him. The courier company was told that he was no longer to be found at the address 415 San Fernando Street, Binondo, Manila. However, that is the address given for Mr. Inting in the documents filed by Sulpicio in the proceedings in the Makati City Trial Court.”。这导致了原告的互保协会在2008年4月4日，也就是中间/暂时性止诉禁令届满之日，向英国法院申请一个永久性的止诉禁令。Walker 大法官认为被告应该是清楚知道有关伦敦仲裁与较早前的中间/暂时性的止诉禁令，只是故意不合作。所以，同意提升与作出一个永久性的止诉禁令。

(4)最后要介绍的先例就是 Sheffield United Football Club Ltd v West Ham United Football Club plc (2009) 1 Lloyd's Rep 167。案情是有关英超联盟中的两支球队，一队是 Sheffield United，另一队是 West Ham。在2006/2007的秋季，West Ham 签了一个阿根廷的球员 Carlos Tevez，避免了降级的厄运。但另一队就因此要降级，就是 Sheffield United。这导致 Sheffield United 指称 West Ham 招揽 Carlos Tevez 是违反英超联盟的规则，所以要赔偿他降级的所有损失。根据英超联盟的规则，其中一条 Rule K 说明所有英超联盟球队之间的争议去英国仲裁。结果仲裁庭作出了一个针对责任的中间裁决书,时间是2008年9月18日,判West Ham败诉。但West Ham不服,决定向"瑞士体育仲裁院"(Court of Arbitration for Sport或简称CAS)提出上诉。照说,英超联盟的规则没有明示规定有这个上诉机制,但West Ham的争议就是英超联盟是属于"欧洲足球总会"(Federation International de Football Association或简称FIFA),而FIFA的仲裁机制就是上诉到CAS。这表面看来十分牵强的说法,所以可以想象得到的对策是Sheffield United向英国法院申请一个永久性的止诉禁令或者是一个暂时性的止诉禁令(让CAS仲裁庭决定自己的管辖权)。显然,这是针对禁止去CAS仲裁机构而不是其他欧共体的法院,因此与《布鲁塞尔规则》的限制没什么关系。结果是英国法院决定作出一个中间/暂时性禁令,其中这种禁令的一个要求就是"平衡双方的方便/不方便"(balance of convenience),Teare大法官认为是明显对胜诉的Sheffield United不方便,因为他针对损失金额的核算作为英国仲裁的第二步会受到延误。Teare大法官是这样说:"The balance of convenience was in favour of granting the interim injunction: the parties would shortly be preparing for the hearing before the arbitral tribunal to assess the quantum of Sheffield United's loss, and it would be very inconvenient if, at the same time, the parties had to prepare a rehearing before CAS; the arbitration might be derailed, in that Sheffield United would be placed in the position of having to expand its legal resources; and West Ham had no real prospects of success at trial. The suggestion that the court should not grant an anti-suit injunction because that would be inconsistent with the mutual trust between contracting states was not relevant, as this was not a case in which the injunction was to restrain proceedings before a court."

至于法院作出中间/暂时性的止诉禁令的权力,其中来自1996年《英国仲裁法》之Section 44与该条文中的先决条件如"紧急情况"才不需要仲裁庭的文书批准等,Teare大法官是这样说:"Where an injunction was sought under section 37 of the Supreme Court Act 1981 it was necessary, when considering if it was just and convenient to grant the injunction, to have regard to the requirements of section 44 of the Arbitration Act 1996, ie, that the case was one of urgency and that the tribunal was unable for the time being to act effectively. Application to enforce an arbitration agreement was within section 44(3) on the basis that the right to have disputes referred to arbitration was an asset' of the claimant."

最后的一个重点是Section 44(2)(5)说明法院只在仲裁庭无法"有效处理"(to act effectively)才插手。Teare大法官认为目前正是这种情况,因为就算是仲裁庭能够很快作出另一个永久性的止诉禁令裁决书,禁止West Ham去CAS提出上诉,这种只有民事责任的裁决书是没有阻吓力的,估计West Ham是不会理睬并继续去CAS提出申请。只有法院作出止诉禁令才会有阻吓力,这种情况正是仲裁庭无法有效处理的原因。Teare大法官是这样说:"If the tribunal were requested to rule on allegations of breach and decided that West Ham's conduct in seeking to appeal to CAS was a breach of the arbitration agreement it was likely that West Ham would seek to appeal to CAS. Whilst a decision by the tribunal would resolve the question as a matter of law, the probabilities were that West Ham would not so regard it and would seek to appeal to CAS. Sheffield United would in turn be likely to issue proceedings in this court seeking an order restraining West Ham from appealing to CAS. Thus the parties would return to the position in which they presently found themselves. In these unusual circumstances it would properly and fairly be said that the tribunal was unable to act effectively."

1.6 向英国法院申请止诉禁令的原则

英国法院向欧共体国家法院作出止诉禁令以保护伦敦仲裁虽然是有了很大的问题,但明确的是针对其他非欧共体国家,如中国(包括香港地区)或其他亚洲国家,英国法院还是毫不犹豫地为保护合约中的一条仲裁条文/协议或一条"排外性管辖权条文"(exclusive jurisdiction clause)作出严厉的止诉禁令。所以,还是非常需要知道申请该禁令的一些原则或条件。这是在 American International Speciality Lines Insurance Co v Abbott Laboratories (2002) EWHC 2714 (Comm)中,Cresswell 大法官中有介绍,如下:

"1. The following principles govern the grant of an injunction to restrain a party from commencing or pursuing legal proceedings in a foreign jurisdiction:

(1) The jurisdiction is to be exercised when the ends of justice require it.

(2) Where the Court decides to grant an injunction restraining proceedings in a foreign Court, its order is directed not against the foreign Court but against the party so proceeding or threatening to proceed.

(3) An injunction will only be issued restraining a party who is amenable to the jurisdiction of the Court, against whom an injunction will be an effective remedy.

(4) Since such an order indirectly affects the foreign Court, the jurisdiction is one which must exercised with caution.

2. The Court will, generally speaking, only restrain a party from pursuing proceedings in a foreign Court if such pursuit would be vexatious or oppressive.

3. If contracting parties agree to give a particular Court or arbitral tribunal exclusive jurisdiction to rule on claims between those parties, and a claim falling within the scope of the agreement is made in proceedings in a forum other than that which the parties have agreed, the Court will ordinarily exercise its discretion (whether by granting a stay of proceedings in England, or by restraining the prosecution of proceedings in the non-contractual forum abroad, or by such other procedural order as is appropriate in the circumstances) to secure compliance with the contractual bargain, unless the party suing in the non-contractual forum (the burden being on that party) can show strong reasons for suing in that forum. Where an exercise of discretion is called for there can be no absolute or inflexible rule governing that exercise of discretion. A party may lose his claim to equitable relief by dilatori-

ness or other unconscionable conduct. But the general rule is clear: where parties have bound themselves by an exclusive jurisdiction clause or an arbitration agreement, effect should ordinarily be given to that obligation in the absence of strong reasons for departing from it. Whether a party can show strong reasons, sufficient to displace the other party's *prima facie* entitlement to enforce the contractual bargain, will depend on all the facts and circumstances of the particular case.

4. The principles governing the grant of injunctions and stays are not the same. Considerations of comity arise in the one case, but not in the other.

5. Where the dispute is between two contracting parties, A and B, and A sues B in a non-contractual forum, and A's claims fall within the scope of an exclusive jurisdiction clause or an arbitration clause in their contract, and the interests of other parties are not involved, effect will in all probability be given to the clause. But this is not an invariable result. The Court may well decline to grant an injunction or a stay, as the case may be, where the interests of parties other than the parties bound by an exclusive jurisdiction clause are involved or grounds of claim not the subject of the clause are part of the relevant dispute so that there is a risk of parallel proceedings and inconsistent decisions.

To the above principles derived from the speech of Lord Bingham in Donohue v. Armco, I add the following.

6. There is no difference in principle between an injunction to restrain proceedings in breach of an arbitration clause and one to restrain proceedings in breach of an exclusive jurisdiction clause. The justification for the grant of the injunction in both cases is that without it the claimant will be deprived of its contractual rights in a situation in which damages are manifestly an inadequate remedy (The "Angelic Grace", [1995] 1 Lloyd's Rep. 87 at p. 96, Lord Justice Millett).

7. It would be inappropriate to grant an interlocutory injunction to restrain foreign proceedings at a time when it is no more than arguable that they were brought in breach of contract, because it could not be said that such proceedings were vexatious or oppressive (Lord Justice Clarke in National Westminster Bank v. Utrecht-America Finance Co., [2001] EWCA Civ. 658).

8. On an application to restrain foreign proceedings brought in (alleges) breach of an arbitration agreement alleged to be governed by English law, the applicant must show to a high degree of probability that its case is right, and that it is entitled as of right to restrain the foreign proceedings (Mr. Justice Colman in Bankers Trust Co. v. PT Mayora Indah, (Jan. 20, 1999, unreported) and Mr. Justice Cresswell in Bankers Trust Co. and Anor v. PT Jakarta International Hotels and Development, [1999] 1 All E. R. (Comm) 785)."

以上详尽的内容/原则只挑重点解释如下:(1)根据英国1981年《最高院法》

(《Supreme Court Act 1981》)之 Section 37,只要法院认为是“公平与方便”(just and convenience)就已足够作出永久性的或者是中间/暂时性的止诉禁令。但是如果针对的是一条伦敦仲裁条文/协议,英国法院是不会考虑“方便”这一因素的,原因是这不足以否定或改变双方较早的约定。有关这方面的先例是:Welex AG v Rose Maritime Ltd (2003) EWCA Civ 938。(2)在以上原则之第3点中有提及“怠慢”(dilatoriness),这表示申请止诉禁令必须要尽快,否则外国法院程序进行得太深入甚至是作出了判决,这一止诉禁令也就起不了作用了。这方面可节录 The “Angelic Grace” (1995) 2 Lloyd's Rep 87 中 Millett 大法官所说的话,如下:“In my judgment, where an injunction is sought to restrain a party from proceeding in a foreign Court in breach of an arbitration agreement governed by English law, the English Court need feel no diffidence in granting the injunction, provided that it is sought promptly and before the foreign proceedings are too far advanced.”但申请人的原告如果有延误,而且对延误有责任,也不代表止诉禁令就不会被作出。但有可能是在作出止诉禁令的同时命令原告必须支付给被告所有因为延误在外国法院所造成的诉讼费用,The “Jay Bola” (1997) 2 Lloyd's Rep. 297。(3)英国法院是否作出止诉禁令估计也会考虑外国法院对这种禁令的反应。显然,如果反应是十分强烈,而且是一个对英国有影响的国家,英国法院就可能要小心了。在 Philip Alexander Securities and Futures Ltd v Bamberger (1996) CLC 1757 中,Waller 大法官拒绝作出止诉禁令,估计德国法院的反应是一个重要原因。但在 The “Ivan Zagubanski” (2002) 1 Lloyd's Rep 106,英国法院有考虑这一点,双方当事人也争论与提供专家证人意见说明法国法院会对英国法院作出止诉禁令有很大反应,但由于没有证据显示法国法院真正的反应,所以 Aikens 大法官假设没有这一问题存在,而作出止诉禁令(注意这先例是在 The “Front Comor” [2009] 1 Lloyd's Rep 413 先例之前)。

2. 针对外国仲裁所作出的止诉禁令

2.1 序言

这是另一种国际仲裁会面对的法院止诉禁令,禁止一个仲裁的开始或是继续推进。通常的理由是涉及管辖权问题,如仲裁庭并非是恰当的组成,或是争议并非是在仲裁协议的范围内,或是双方没有达成任何合约关系,或是合约因为非法或胁迫等原因而变得无效等。在1950年《英国仲裁法》,Section 24 更是明确说明如果双方的争议涉及了欺诈(这种情况经常会有),英国法院可以阻止仲裁的开始或是继续推进。有关条文这样说:“Where an agreement between any parties provides that disputes which may arise in the future between them shall be referred to arbitration, and a dispute which so arises involves the question whether any such party has been guilty of fraud, the High Court shall, so far as may be necessary to enable that question to be determined by the High Court, have power to order that the agreement shall cease to have effect and power to give leave to revoke the authority of any arbitrator or umpire appointed by or by virtue of the agreement."

这也是配合普通法,如果一个合约是非法,该合约中的仲裁条文也不会有效:Zinc Corp. Ltd v. Hirsch (1916) 1 KB 451;David Taylor & Son Ltd v. Barnett Trading Co (1953) 1 Lloyd's Rep 181;Dalmia Dairy Industries Ltd v. National Bank of Pakistan (1978) 2 Lloyd's Rep. 223。

所以,有经验的仲裁员都可能经历过"仲裁地点"(seat)法院作出止诉禁令阻止仲裁的推进或是作出宣示判决指仲裁庭没有管辖权。但随着近二三十年来对仲裁的态度有了基本性的改变,包括一些针对管辖权争议的说法如让"仲裁庭自己决定是否拥有管辖权"(competence-competence)以及"仲裁协议的独立性"(separability),与仲裁庭可以考虑与裁决有关非法欺诈等的争议(Harbour Assurance Co [UK] Ltd v. Kansa General Insurance Co Ltd [1992] 1 Lloyd's Rep. 81),可以说在伦敦仲裁而言,英国法院现在已经很少会以禁令干预伦敦仲裁的推进。这种情况在香港地区或是新加坡等亚洲热门的仲裁地点,应该也是一样。

但在一些比较陌生的仲裁地点,当地的法院还是有可能以禁令作出干预。这也不表示当地的法院是乱来,他很可能还是根据当地的法律行事,毕竟每一个地方的法律也不一样。例如,很多年前笔者知道一个ICC仲裁,涉及一个西方公司的承建商向伊拉克国家石油公司(萨达姆时代)提出索赔。但双方合约中的仲裁地点是巴格达,合约的适用法也是伊拉克法。ICC仲裁院委任了一位非常著名与有经验的御用大律师作为仲裁员,希望把这一个看来困难的仲裁处理好。但结果仍然没有达到预期效果,因为伊拉克国家石油公司向巴格达法院申请宣示仲裁庭没有管辖权,因为原告的承建商没有及时提出索赔。在巴格达的法院,承建商并没有出庭抗辩,认为法院没有管辖权。但最后是巴格达法院作出这一个宣示并阻止仲裁的推进,可以说整个索赔也就无疾而终。

但这种由仲裁地点的国家法院作出干预,不论对否,是可以避免。就是在订立仲裁协议时不要选择这类不了解情况的仲裁地点。否则,将来的后果是受害方自己承担。而仲裁地点的国家法院即使是作出了客观看来不对的干预(如宣示仲裁庭没有管辖权而必须解散,或是就干脆出一个止诉禁令),国际仲裁人士也很难作出批评,因为该法院是大家都接受该仲裁的"监督法院"(supervising court)。

即使如此,在国际仲裁还是有说法是仲裁庭并非是无条件要接受仲裁地点法院的干预:Benteler v. Belgium (1985) 8 European Commercial Cases 101。也有案件是仲裁庭为了逃避仲裁地点法院的干预,根据仲裁规则(如《联合国贸易法委员会仲裁规则》允许仲裁庭自由选择在哪里开庭)在仲裁地点以外开庭审理并作出裁决书。在

Alan Redfern and Martin Hunter 的《Law and Practice of International Commercial Arbitration》一书第四版中,7 - 35 段介绍了一个工程合约的国际仲裁(案件名为:Salini Costruttori SpA and the Federal Democratic Republic of Ethiopia, Addis Ababa Water and Sewerage Authority,这在 20[3] Mealey's IAR A1 [2005]有报道),双方同意 ICC 仲裁,仲裁地点是埃塞俄比亚的首都 Addis Ababa。在双方出了争议,欧洲的承建商开始了 ICC 仲裁。作为被告的埃塞俄比亚当局质疑管辖权并拒绝参与 ICC 仲裁。ICC 委任的仲裁庭是三位成员,他们都不是埃塞俄比亚人士。所以,仲裁庭决定在巴黎开庭审理,因为 ICC 仲裁规则允许在仲裁地点以外开庭。这带来了埃塞俄比亚当事人的不满,向 ICC 仲裁院提出赶走所有仲裁员,并提出他们决定不在仲裁地点开庭就显示了有偏袒的倾向。ICC 仲裁院拒绝了这一个申请,这导致了被告向埃塞俄比亚法院作出申请把仲裁员赶走,并作出止诉禁令。结果是该仲裁庭作出了裁决书认为他有管辖权,并说明了一些理由支持他们可以不理会仲裁地点法院的止诉禁令。原因在于:(1)仲裁庭的组成完全根据双方的合约,并非是主权国家的一个组织。所以仲裁庭主要的责任是向双方当事人负责,不让该仲裁受到阻碍。(2)国际仲裁并不完全受仲裁地点的法律管制而是有其他国际的做法与秩序,如《纽约公约》。(3)仲裁庭认为埃塞俄比亚的法院止诉禁令会带来不公正,一个主权国家是不能利用自己的法律逃避违反合约带来的后果。裁决书也有以下的依据:"Should simply abdicate to the courts of the seat the tribunal's own judgment about what is fair and right... In the event that the arbitral tribunal considers that to follow a decision of a court would conflict fundamentally with the tribunal's understanding of its duty to the parties, derived from the parties' arbitration agreement, the tribunal must follow its own judgment, even if that requires non-compliance with a court order."

显然,这一个裁决书无法在埃塞俄比亚执行,但由于有《纽约公约》的存在,胜诉方的欧洲公司还是可以针对败诉方在其他国家的财产执行。

2.2 国家法院对外国仲裁作出的干预

但现在对国际仲裁带来更大威胁与备受批评的做法是另一种的止诉禁令,这就是禁令针对在其他国家/地点的仲裁,禁令的对象是原告,仲裁庭甚至是仲裁机构。这种做法的问题如下:(1)违反了 1958 年《纽约公约》的精神,毕竟作出这种禁令的国家法院是一些承认该公约的成员国;(2)很多时候作出这种止诉禁令的理由也站不住脚,如对管辖权的质疑,因为管辖权的争议在国际仲裁是由仲裁庭自己来决定的;(3)仲裁庭也会是处在一个非常尴尬的地位,因为今天的仲裁法都会将必须要尽快推进仲裁的责任强加于仲裁庭,如 1996 年《英国仲裁法》之 Section 1 与香港《仲裁条例》的 Section 2GA。这一来,如果仲裁地点的监督法院没有阻止仲裁的推进,而仲裁庭有这一法律责任,原告也在大力推进仲裁,仲裁庭就很难因为一个遥远的外国法院作出的止诉禁令而停止仲裁程序。但不理睬就会导致仲裁庭成员针对该外国法院而言就是犯了刑事的"藐视法院"(contempt of court)。这导致了一些著名的国际仲裁员(包括一些著名的前贵族院勋爵)不敢去某些南亚国家,因为这些国家的法院经常对伦敦仲裁或其他外国仲裁作出止诉禁令,但由于漠视而在技术上构成是藐视法院。

问题可能会变得更加复杂是一个国际仲裁庭其中一个成员是作出止诉禁令的国家的公民,如仲裁庭有一位是巴基斯坦籍的仲裁员,但巴基斯坦法院作出了对一个新加坡仲裁的止诉禁令。显然,该巴基斯坦籍的仲裁员不敢不依从,否则他就不敢回去自己的家乡了。这种情况在著名的 KBC v Pertamina and Persero, Decision of 18 December 2000, 16(3) Mealey's IAR C-2 (2001),就是在一个三人的国际仲裁庭,有一位是印尼籍的仲裁员,而印尼法院作出了止诉禁令阻止一个在欧洲开庭的仲裁的推进,并下令违反人士每天要罚款 500000 美元。在这种情况下,解决的办法是赶走该位处在尴尬地位的仲裁员(这要看仲裁地点的法律是应该怎样做,如英国是通过英国法院)。如果是一个 ICC 仲裁,原告也可以向 ICC 仲裁院申请赶走该名仲裁员,另外再委任一位明确愿意推进仲裁的替代仲裁员。

以下可节录在 Lawrence W. Newman 和 Richard D. Hill 编写的《The Leading Arbitrators' Guide to International Arbitration》一书 2008 年第二版,一位国际仲裁员 Jan Paulsson 先生介绍的一个他参与的仲裁案件:

"Consider the actual case of a contract for the construction of a US $ 30 million port terminal in Panama. The builder ("S") was Spanish, the project owner ("P") Panamanian. The contract contained an ICC arbitration clause. A dispute arose, and each party purported to rescind the contract due to the other's breach. On 12 March 1998, S brought an action on the merits against P before a Panamanian judge. On 26 June, the judge considered an objection raised by P to the effect that he should refer the matter to arbitration. He concluded that the objection was raised out of time, and decided to proceed to determine the merits. P then initiated an ICC arbitration to be conducted in Geneva. Three arbitrators were appointed by the ICC. S immediately asked them to find that they have no jurisdiction, as the dispute was already validly before the Panamanian judge.

Arbitral proceedings that flout the Panamanian judgment are unlikely to be recognised in that country, if enforcement is sought there. Arbitrators are expected, indeed required, to strive to render enforceable awards. Faced with a Panamanian court order purporting to interrupt the arbitral proceedings, an arbitral tribunal should certainly not consider going forward unless the claimant so insists (perhaps believing it can enforce the award elsewhere, or not even caring about enforcement because it needs only the arbitrators' award to collect under an insurance policy).

Another fact of life is that an arbitrator may create a *fait accompli* by refusing to go forward, e. g. because he is a Panamanian resident and may risk being held in contempt of court. While such a development creates a difficult situation, the *fait accompli* may be overcome. After all, each arbitrator has undertaken to examine and decide the case. If he refuses to do so without good cause, he may be removed by the appointing authority. Indeed, in at least one such case the ICC Court has removed an arbitrator on the grounds that he was unable to fulfil his mission, and gave the party which had initially selected him the opportunity to make a new nomination, subject to the proviso that that the nominee must declare himself prepared to move forward. Failing that, the opportunity to nominate would lapse, and the ICC would make the appointment as though there had been a default.

It takes considerable institutional confidence to deal so robustly with such a delicate issue. One need only consider the case of an English QC serving as a member of an ICC tribunal sitting in Mexico; if he faces an anti-arbitration injunction issued by the English High Court, it is difficult to imagine that he would not comply. He could be removed by the ICC Court- one surmises- only if that body determines that the interfering court had no business, as a matter of proper international allocation of supervisory jurisdiction, in seeking to block the arbitration, and that thus the arbitrator had no valid reason for not fulfilling his mission."

还有一个在国际上有报道的是 Hubco v WAPDA(在 16 Arbitration International 439 [2000]有报道),案件涉及 Hubco 与巴基斯坦的水电局(Water and Power Development Authority of Pakistan [WAPDA])之间的工程合约去建立一个发电站,价值是 18 亿美元。双方同意去 ICC 仲裁,在有了争议后 Hubco 开始了仲裁,时间是 1998 年 7 月,争议是有关电力的价格如何计算。WAPDA 认为合约涉及非法、欺诈与贪污受贿,向巴基斯坦法院申请中止仲裁。巴基斯坦法院认为涉及贪污受贿的争议是"不可仲裁"(non-arbitrable),在 2000 年 6 月 14 日作出止诉禁令。据闻该案件双方达成和解。

另一个是 SGS SA v Islamic Republic of Pakistan (ICSID Case No. ARB/01/13),是一个巴基斯坦与瑞士之间的双边投资协议下的一个仲裁,巴基斯坦政府向巴基斯坦法院申请对 SGS 作出止诉禁令,因为仲裁地点应该就是在巴基斯坦且双边投资协议不约束巴基斯坦。该法院在 2002 年 7 月 3 日作出有关止诉禁令。

遇上了上述的情况,仲裁庭除了漠视外国法院作出的止诉禁令,也可以有其他对策。毕竟,有一些外国法院也的确不能"藐视",如美国法院作出的止诉禁令。这种对策会是要求希望推进仲裁的原告向该外国法院申请撤销止诉禁令。但这一个对策对一些国家不管用,如印度,因为其法院制度是出名的慢且有严重延误。而印度也是出了名对外国的仲裁作出止诉禁令,除非双方当事人的仲裁协议明示排除印度法院在《Arbitration and Conciliation Act 1996》的管辖权:Bhatia International v Bulk Trading SA (2002) 4 SCC 105。所以原告一去了印度法院要求撤销止诉禁令,就可能是 10 年以上也不会有结果。

还有一个对策是去仲裁地点的国家法院,也就是监督法院,申请一个必须推进仲裁的"反止诉禁令"(anti-anti-suit injunction)。这一来,仲裁庭就谈不上是藐视外国法院，因为他们必须遵守仲裁地点监督法院的命令推进仲裁。这种情况在上述介绍的案件 KBC v Pertamina and Persero 中有发生。先是在 2002 年 3 月，印尼耶加达法院作出了禁令阻止胜诉方的 KBC 执行有关的瑞士裁决书（禁令不是针对中止推进仲裁，因为当时判 Pertamina 败诉 2.6 亿美元的裁决书已经作出），而如果 KBC 一天不依从罚款 50 万美元。但同时，KBC 去美国法院申请禁令逼使 Pertamina 必须中止向印尼法院申请禁令，而美国法院也在 2002 年 3 月 29 日作出了有关禁令，要求 Pertamina 向耶加达法院撤回他的申请。这到了 2002 年 4 月 2 日，美国法院再度要求 Pertamina 撤销有关的申请，并作出判决指 Pertamina 藐视法院：KBC v Pertamina and Persero 335 F 3d 357，360 – 63（5th Cir 2003）。这导致了 KBC 在印尼法院面对一大笔的罚款，而 Pertamina 在美国法院面对藐视法院的刑事罪。

国家法院作出止诉禁令干预外国仲裁已经不只是针对原告或/与仲裁员，甚至会针对仲裁机构。在不久前，新加坡国际仲裁协会（SIAC）就被印度法院作出止诉禁令，阻止它作出仲裁员的委任，这迫使 SIAC 要去印度撤销该止诉禁令后才能推进。

对国际仲裁员来说，恐怕面对外国法院的禁令已经变了是一种“职业风险”（occupational hazard），特别是涉及一些国际仲裁案件是有一方当事人是属于主权国家或有势力的公司。

2.3　英国法院对外国仲裁作出的止诉禁令

这种情况看来是有点莫名其妙，就是一方当事人向英国法院申请止诉禁令强制被告不能按照一条日内瓦或者是吉隆坡的仲裁条文/协议推进仲裁程序。对申请人而言，英国法院有什么关系？对英国法院而言，为什么要作出止诉禁令针对一个与其没有关系的外国仲裁？而且，一贯为了保护伦敦仲裁而大力支持国际仲裁的英国法院怎能接受这种申请？但这种案例还是有，虽然数量上远远不及伦敦仲裁下的止诉禁令。对申请人的原告而言，去英国法院作出申请估计理由之一就是对英国法律有一定程度的了解与信心，并相信在其他国家找不到合适的法院作出这方面的救济。对英国法院而言，只要他是有管辖权（不论是通过哪个途径取得），会不会作出针对外国仲裁的止诉禁令还是两个同样的条件：(1) 对方或被告去外国法院是明显“违反了原告的合法权益”（infringement of legal or equitable rights）；(2) 这种做法是“欺压性的或困扰性的”（oppressive or vexatious）。但除此之外，英国法院针对外国仲裁作出止诉禁令会更加有限制。原因之一是国际仲裁包括英国是接受先由仲裁庭决定其的管辖权，也就是著名的“Kompetenz-Kompetenz”原则。原因之二是外国仲裁庭所作出的有关管辖权的决定即使不令人满意，也可以向仲裁地点的国家法院上诉/重审。所以，英国法院没有理由提前作出决定指外国仲裁庭要停止推进仲裁，其中一个原因往往就是外国仲裁庭没有管辖权。这方面在 A v B (2007) 1 Lloyd's Rep 237 中有介绍，其中有关的案情就是申请人的原告（“A”）向英国法院申请止诉禁令要求禁止一个瑞士仲裁庭推进仲裁程序，Colman 大法官说：“There were no strong reasons for the English court to intervene. The expert evidence as to Swiss arbitration law was that the

Kompetenz-Kompetenz principle was applied, so that the arbitrator was under a duty to determine any challenge to his jurisdiction in a separate award and his award could be challenged in the Swiss Supreme Court. Accordingly, if the English proceedings were stayed, B would be obliged to decide the challenge to the enforceability of the arbitration agreement, including all issues as to his own participation in the events relied upon for avoidance of the award. Whichever party lost could then apply for the award to be reviewed by the Swiss Supreme Court. Since the parties had expressly agreed that this dispute resolution regime should apply under the arbitration agreement, there were no grounds on which A should be permitted to go back on the agreement and to shift the determination of jurisdiction and with it of some of the substantive issues in the arbitration from the arbitrator to the English courts."

Colman 大法官的判决被上诉庭支持。但英国法院的这一种在现在的国际仲裁中被视为是正确的做法也不是一些其他国家法院认同的做法。如印度的最高院在 Venture Global Engineering v Satyam Computer Services Civil Appeal No. 309 of 2008,就因为涉及干预一个伦敦仲裁而受到国际上的大力抨击。但英国法院也不是绝对不会干预外国仲裁,最多是原因是否足够的分别。最近就已经有两个不同结果的案例 International FZCO v Ansol Ltd (2007) EWHC 226 (Comm)与 Albon v Naza Motor Trading Sdn Bhd (2008) 1 Lloyd's Rep 1。

在 International FZCO v Ansol Ltd,原告向英国法院申请针对一个苏黎世的仲裁作出止诉禁令,因为该仲裁有部分的争端是与一个已经在进行中的英国法院的诉讼有重复。但这被英国法院拒绝,原因包括是申请人有参与苏黎世的仲裁,延误太久才作出止诉禁令的申请且主要的争端在仲裁与法院程序并不相同,充其量只是有些事实的争端有些重复。所以,谈不上苏黎世仲裁是"欺压性的或困扰性的"(oppressive or vexatious)。

但在另一个结果不相同的 Albon v Naza Motor Trading Sdn Bhd,英国法院作出了一个中间/暂时性的止诉禁令,阻止一个吉隆坡的仲裁的开始与推进,直到英国法院针对一个"合资协议"(joint venture agreement),内中有吉隆坡的仲裁条文,作出了判决,看它是否被一方当事人伪造。但仅是看这简单的案情介绍还是有疑问,为什么伪造的争议不让吉隆坡仲裁庭裁决?这毕竟也是管辖权争议的一种,而且贵族院的 Fiona Trust v Privalov (2008) 1 Lloyd's Rep 254 也是这样判。这可能是涉及了程度的问题,据知,原告开始是在英国法院提起诉讼,而诉讼开始后才提出有关的合资协议有一条吉隆坡仲裁条文,整个过程显示了十分明确的伪造,目的是把英国法院诉讼以仲裁条文的存在中止。另外双方曾经同意过伪造的争议交给英国法院而不是吉隆坡仲裁庭审理,这导致英国法院认为允许吉隆坡仲裁的推进会造成对原告 Albon 欺压性的或困扰性的后果。

3. 破产或债务重整下的止诉禁令

3.1　序言

2008 年 9 月开始的全球金融海啸带来了大量“破产”(insolvency)或经济发生困难的情况而导致公司面对“清盘”(liquidation/winding up)或“债务重整”(re-organization/administration)。这在一定程度上会影响国际仲裁,仲裁员必须谨慎考虑这一因素。目前商务合约绝大部分都约定以仲裁作为争议解决办法,所以在一个公司清盘或债务重整时,很有可能它作为当事人一方(多是被告,因为一是该公司经济出问题,二是如果该公司是原告进入清盘或债务重整,并不影响他通过仲裁向其他债务人索赔)的仲裁还在进行。通常,如果仲裁一方当事人破产/清盘或债务重整的地点也就是仲裁地点的情况下,该地点的法院就会下令仲裁(与其他形式的诉讼)必须“中止”(stay)。法院作出这种止诉禁令,主要就是为了协助相关人士把出问题公司的财产/资产接管,在清盘时也可以公平对待所有的债权人并作出平均分摊,或是在债务重整时可让公司有机会复苏。如果法院不能禁止个别债权人向该公司提起诉讼或推进仲裁,就会使得清盘或债务重整的目的不能实现或至少带来延误、麻烦、费用的增加等。例如,仲裁会涉及中间措施,这会导致债务重整的被告在流动资金造成困难。如债务重整的被告正在履行一些赚钱的合约与业务,但其他仲裁案件所做出的中间措施导致它无法履行,如令他不能准时支付一笔钱(如期租下的租金)而导致了该赚钱合约的对方有机会取巧中断该合约。再多举一个例子,是个别债权人在取得判决或裁决书之后,其中执行的一种做法就是申请强制清盘公司,这就会令公司的债务重整变得困难。也有可能个别债权人采取另一种执行的做法就是向法院申请一个“第三债务人命令”(third-party debt order),要求命令银行将该出问题公司的存款支付给胜诉的债权人。固然,法院会认为这样做法是对其他债权人不公平而拒绝作出这样的命令,但难保所有地方的法院都这样认为,因为裁决书可以根据 1958 年《纽约公约》去所有的签约国执行。也有可能是个别债权人有该破产或债务重组的公司所提供的担保(如银行担保),它就在仲裁胜诉后比其他同等地位的债权人(即使都是有担保的债权人)先走一步。还有,如果让仲裁继续推进,最起码会给该重整公司带来的困扰就是应不应该继续抗辩,因为这会产生高昂的律师费用。

显然,如果针对“本土仲裁”(domestic arbitration),破产法院肯定有权作出这方面的干预与禁令。如在香港的一个先例:Re UDL Contracting Ltd (2000) 1 HKC 390 (Court of First Instance, Hong Kong),Le Pichon 大法官就作出了这种禁令针对一个香港仲裁。在该仲裁中,仲裁庭作出了一个最后的命令针对正在进行债务重整的被告,说是会作出裁决书。但被告或是债务重整的执行人无法履行该命令,因为他已经没有资金继续进行仲裁。这就会对被告非常不利,进而也影响了其他的债权人,因为涉及了一个反索赔会被撤销。Le Pichon 大法官认为根据香港的《公司法》Section 186 有权作出禁令,不受到《香港仲裁条例》Section 2AA 的影响,她说:"There is little doubt but that s. 186 extends to arbitrations. When a provisional liquidator assumes office, he takes over the control of the company and its assets. If proceedings by and against the company are to be continued, leave of the court must be obtained. In other words, no expenditure may be incurred without such leave. If [the respondent's] submission regarding the effect of s. 2AA is correct, it would mean that arbitrators to which a company is party remain unaffected by the appointment of a provisional liquidator. That plainly is not the case since ongoing proceedings need to be funded and it is the provisional liquidator who is in control."

但就国际仲裁而言,香港法院是否有权力作出类似的干预是接下来要讨论的问题。

3.2 破产法院作出命令或禁令以保护破产/清盘或债务重整过程的权力与做法

这些都不是破产法院希望见到的情况,因为债务重整带来的困难或是公司破产不能对所有债权人公平对待,这就是一个主要的原因。在许多国家的破产法,都会有类似的条文,容许破产法院作出禁令,阻止诉讼或仲裁的开始及推进,或是即使败诉也不必作出任何支付给胜诉方。如中国内地的《破产法》第 19 及 21 条就有类似规定。

在美国的《破产法典》之 Section 362 (Title 11, United States Code),也就是著名的 Chapter 11 针对债务重整,也有类似的规定。在 Cunard-Steamship Company Limited v. Salen Reefer Services A. B., 773 F. 2d 452(2d Cir., 1985),Buschman 大法官就提到该条文的作用如下:"Under Section 362 of Title 11, United Stated Code, all creditors are generally stayed and restrained from commencing or continuing judicial action against the Debtor that was or could have been commenced pre-petition. All creditors are also generally stayed and restrained from enforcing their claims against any property of the debtor until and unless relief from the automatic stay is obtained for cause shown. By these provisions creditors do not obtain preferred treatment through enforcement actions begun after the commencement of the Chapter 11 case and the estate is able to be administered."

另在英国1986年《破产法》,也是有类似的新规定[1]保护一家正在进行债务重整的公司,说:"During the period beginning with the presentation of a petition for an administration order and ending with the making of such an order or the dismissal of the petition—(a) no resolution may be passed or order made for the winding up of the company; (b) no steps may be taken to enforce any security over the company's property, or to repossess goods in the company's possession under any hire-purchase agreement, except with the leave of the court and subject to such terms as the court may impose; and (c) no other proceedings and no execution or other legal process may be commenced or continued, and no distress may be levied against the company or its property except with the leave of the court and subject to such terms as aforesaid."

3.3 国际仲裁员面对破产法院命令/禁令的难处

对国际仲裁员来说,虽然他要履行在仲裁法下尽力推进仲裁程序的责任,但会面对各种困难,如果其中一方当事人(特别是被告)发生破产/清盘或债务重整。在ICC Bulletin Volume 20 No. 1-2009,就介绍了这种情况的15个近期ICC仲裁案件:(1) Interim Award in Case 10507(2002年7月);(2) Final Award in Case 10515(2002年6月);(3) Final Award in Case 10687 (2003年8月);(4) Partial Award in Case 11123 (2002年4月);(5) Final Award in Case 11519 (2003年4月);(6) Final Award in Case 11714 (2004年6月);(7) Partial and Final Awards in Case 11876 (2003年7月);(8) Final Award in Case 12421 (2005年12月);(9) Final Award in Case 12441 (2005年1月);(10) Partial Award in Case 12452 (2004年1月);(11) Final Award in Case 12805 (2004年6月);(12) Partial Award in Case 12907 (2005年4月);(13) Final Award in Case 12993 (2005年1月);(14) Partial Award in Case 13764 (2006年11月);(15) Final Award in Case 13845 (2006年8月)。由于这15个案件涉及了很多内容,所以在这里也就不多研究,本章主要还是针对本土或者外国的破产法院对仲裁庭作出止诉禁令所造成的困难。

如果给仲裁地点的法院(如破产法院)作出禁令终止仲裁程序的推进,仲裁员只能依从。情况会变得很复杂的就是仲裁员会面对一个并非是仲裁地点的法院所作出的终止仲裁程序的禁令,这就会导致仲裁员无所适从,因为根据仲裁地点的仲裁法,

---

[1] 英国以前没有类似美国Chapter 11的做法,公司经济发生困难就宣布破产,整个清盘的过程就是由法院委任的清盘人把公司的资产尽量避免流失,赚钱的合约履行,该收的都收回来,之后公平分给所有债权人。而清盘过程完毕之后就等于该公司死亡。但美国Chapter 11是公司死亡之前尝试救活公司,即重整公司债务。如果救不回,才通过清盘。英国在1986年《破产法》引入类似的做法,通过一个财产管理人[administrator]试图重整债务,看能否把出问题的公司救回来。而美国Chapter 11与英国财产管理[administration]主要不同的是,在英国是由法院委任一位财产管理人接管出问题公司的业务与资产,但美国还是由出问题的公司在Chapter 11的保护下自行管理与经营,如果有证明出问题公司的管理人员发生了不诚实的行为,美国法院才会委任一位中立的接管人。

他通常都会有尽快推进仲裁的责任。而且仲裁地点的法律也往往不会尊重另一个国家法院所作出的命令，这表示仲裁员没有依从其他国家法院所作出的禁令的法律责任。

这种问题会经常发生而且很尖锐，一个主要原因就是仲裁地点往往是双方当事人在签订一份商业合约时约定的一个中立的地点。双方当事人任何一方发生破产/清盘或债务重整，他们所在的国家相对仲裁地点而言都属于外国。而由这些外国的法院所作出的禁令，仲裁员都会感到无所适从。

3.4 跨国境破产的问题与各国的一贯做法

另随着经济全球化的加剧，经常会发生"跨国境破产"(cross-border insolvency)的情况。举例说，一个美国公司如果经济发生问题，美国的破产/清盘或债务重整是一个"主要的破产程序"(foreign main proceeding)。但该公司的资产几乎遍布在世界各地，美国的破产法院显然希望能够掌控该公司在各地的资产甚至统统拿回美国，在债务重整的时候作出最有利的运用，而破产时就可以公平分给所有的债权人。所以在Chapter 11，美国的破产法院认为它是有超越美国国境的司法权。这在Cunard-Steamship Company Limited v. Salen Reefer Services A. B., 773 F. 2d 452 (2d Cir., 1985), Buschman 大法官说："The intended scope of bankruptcy and reorganization jurisdiction extends beyond the borders of the United States... The nature of the jurisdiction is *in rem*. The*res*, the estate of the debtor created by the commencement of a bankruptcy or reorganization case, is viewed as a single entity to be dealt with in a single proceeding. The claims and interests of all creditors, foreign and domestic, are to be addressed in the course of the proceeding."

另也可以介绍较近期的ICC 仲裁 Final Award in Case 12441 (2005年1月)，涉及一家荷兰的被告公司发生问题，在阿姆斯特丹申请破产。但由于该公司有少量的资产在美国以及有美国分公司等原因，也涉及了美国的破产程序。可节录部分ICC 裁决书的内容，如下：

"We must also mention the United States Chapter 11 Proceedings. The US bankruptcy court assumed jurisdiction over [Respondent] because [Respondent] had some (albeit very modest) assets in the United States, because it had American subsidiaries and because many of its bondholders were in the United States. Hence, under its own rules the US court was able to make orders in respect of the [Contract] notwithstanding that [Respondent] is a Dutch company, the other contracting party is an English company and the contract is to be performed in the Netherlands, is subject to English law and has no connection at all with the United States. [In] 2003 [a US judge] made an order in the US Bankruptcy Court for the [District] by which he authorised [Respondent] to "reject" the [Contract] with effect from [date]. [Claimant] appealed to the District Court. The appeal was apparently based on a suggested conflict between Dutch and American law. It was dismissed A further appeal has been lodged by [Claimant] to the Court of Appeals for the [Circuit] and is currently pending.

Under American insolvency law the "rejection" of a contract is somewhat like a disclaimer under English insolvency law. It was common ground before us that under American law a "rejection" does not actually terminate a contract; its effect is to permit the debtor to break the contract and to confine the creditor to proving in the insolvency for accrued amounts and for damages, including loss of bargain damages, for the breach."

理论上这些债权人可以包括全球的债权人,他们可以到美国申报债权。但估计现实中还是对美国的债权人更有利,原因是:(1)会有优先债权人;(2)有问题的公司在重整债务时要先把一部分资产给予本土债权人以使重整顺利进行;(3)外国债权人去美国申报债权并参加债权人会议毕竟是昂贵且不方便。正如香港法院在 Mobil Sales and Supply Corporation v. The Owners of the Ship "Pacific Bear"(1978) HKLR 125,Cons 大法官所说:"美国的 Chapter 11 并非是公平的分摊财产,而是刻意优待某些债权人。"(... not a process of universal distribution but a process of deliberately preferential distribution...)

这一问题就带来如果该出问题公司是在美国以外的其他国家有资产,另同时也有本国的债权人,这些国家就会希望掌握在自己国家的资产先满足本国的债权人,做法上就是独立把该公司宣布在当地破产并指定清盘人接管这些资产以避免流失。这种在出问题公司总部所在地以外的破产可以称为"辅助性的破产"(ancillary liquidation/winding up)。举例说,著名的美国班轮公司 US Line 在 1980 年出现经济问题,因为其债务高达 12.7 亿美元,但资产只有 12.5 亿美元,所以它就在美国根据 Chapter 11 申请债务重整。这带来了许多其他国家都以 US Line 在当地有资产为由宣布破产,如英国、法国、荷兰、比利时与西德。其中法国的做法是最典型能够保护本国的债权人,这就是在 1986 年 12 月 5 日,根据两位法国债权人的申请,法国法院把停在St. Nazaire港的两艘属于 US Line 的船舶扣押并以 320 万美元出售。这笔钱在全数支付了两位法国债权人的债务并减去所有扣押及出售的相关费用后,法国法院才把剩下的 180 万美元退还给美国的 US Line。显然,美国的债权人就没有法国的债权人这么幸运了。这方面在笔者所著的《船舶融资与抵押》一书之第五章第 5.6.4 段有详及。

这一做法即使在联合国的《UNCITRAL Model Law on Cross-Boader Insolvency》也是被认可,在 Article 28 说明可以这样做:"After recognition of a foreign main proceeding, a proceeding under [*identify laws of the enacting State relating to insolvency*] may be commenced only if the debtor has assets in this State; the effects of that proceeding shall be restricted to the assets of the debtor that are located in this State and, to the extent necessary to implement cooperation and coordination under articles 25, 26 and 27, to other assets of the debtor that, under the law of this State, should be administered in that proceeding."

在先例 FDR v. USL (1987) 2 Lloyd's Rep. 76 中,涉及两位英国债权人(他们曾

经提供给 US Line 的船舶码头与装卸小工）把 US Line 在英国的存款以 Mareva 禁令冻结，金额高达65 万英镑。US Line 当时已经在美国受到 Chapter 11 的保护并出面要求英国法院撤销 Mareva 禁令。英国考虑到如果撤销禁令，这笔钱就会马上被转移走，导致英国本土的两位债权人的利益无法得到保障。加上，US Line 在经济出问题后已经把在英国的业务撤离，英国的两位债权人可以说对 US Line 更加没有办法。Hirst 大法官是这样说："But the position of the plaintiffs is entirely different. They are English creditors whose business is based here and does not extend at all to North America; it follows that, in view of the intended withdrawal of USL from Europe, there would be no possible benefit to them in seeing the Mareva funds repatriated to the US and ploughed into USL's general funds being used in the above manner in the effort to keep USL afloat as a going concern."

英国法院这样做可能还有一个好处，就是有关藐视法院，如美国破产法院向英国公司或英国仲裁庭作出了禁令，但他们没有严格依从，这就会构成藐视法院，将来他们踏足美国时会有麻烦。但如果英国法院命令把该有问题的美国公司 US Line 在英国的资产宣布破产并指定清盘人，就可以令有关的英国公司或英国仲裁员避免藐视美国法院的危险，因为他们继续的行动就是为了遵守英国法院的命令，而英国是他们的所在地。

但一这样做，就导致了在美国想通过 Chapter 11 作出债务重整的出问题公司本来可能会成功却以失败告终。另外，整个破产与债务重整的程序变得更加昂贵而且诉讼不绝。这显然并不是好事，所以不论是欧共体还是联合国都有了专门的法律针对这种跨国境的破产，欧共体的法律是 2002 年的《European Parliament and Council Regulation 1346/2000/EC on Insolvency Proceedings》，而联合国的法律是 1997 年《UNCITRAL Model Law on Cross-Boader Insolvency》，稍后会介绍。北美国家也有类似的规定针对他们之间的跨国境破产，就是《Principles of Co-operation in Transnational Insolvency Cases Among the Members of the North American Free Trade Agreement》。

3.5 法院对外国仲裁员会作出禁令的例子

美国破产法院为了避免在美国以外的债权人这样做，通常就是以禁令的方法加以阻止。禁令的对象可以是外国债权人，如在 FDR v. USL (1987) 2 Lloyd's Rep. 76 就提到美国法院向 US Line 的其中一位债权人 GAC Marine Fuels Ltd（一家供应燃油给 US Line 的英国公司）作出禁令，禁止他们试图在香港地区或者新加坡扣押 US Line 的船舶。禁令的其中一项就是如果不尽快释放扣押的船舶，每一天就罚款 5000 美元，更不用说有更严重的后果就是藐视美国法院。事实上，由于 GAC 在美国有分公司，所以不得不屈服。美国破产法院禁令的对象也可以是外国仲裁员。

美国破产法院这种禁令在措辞上也非常广泛，令被禁止的人士在屈服时也要非常小心。如在 FDR v. USL (1987) 2 Lloyd's Rep. 76，这一份禁令的措辞如下：

"IT IS... ORDERED, that... all persons, entities and governmental units, wherever located, including those located outside the United States, and all persons acting on their behalf, including sheriffs, marshals, constables and other or similar law enforcement officials, are hereby STAYED, RESTRAINED AND ENJOINED, effective immediately, from the following:

(1) commencing or continuing a judicial, administrative or other action or proceeding against any of the Debtors that was or could have been commenced on or before November 24,1986;

(2) commencing or continuing a judicial administrative or other action or proceeding against any of the Debtors to recover a claim against any of the Debtor that arose on or before November 24,1986;

(3) issuing, serving or otherwise employing legal process of any type, including writs or orders of attachment, arrest, sequestration or foreclosure, in connection with an action or proceeding against any of the Debtors referred to in paragraphs (1) or (2);

(4) any act enforcing a judgment obtained on or before November 24, 1986 against any of the Debtors or their property, wherever located, including vessels and other property of the Debtors located outside the US;

(5) any act to obtain possession of or exercise control over property of the Debtors' estates, including vessels, cargo, containers, chassis and other equipment in the possession or under the control the Debtors, whether such property is located within or outside the US;

(6) any act to create, perfect or enforce any lien against property of the Debtors' estates, including vessels, cargo, containers, chassis and other equipment in the possession or under the control of the Debtors, whether such property is located within or outside the US;

(7) any act or collect, assess or recover a claim against any of the Debtors that arose on or before November 24,1986; and

(8) the setoff of any debt owing to one of the Debtors that arose on or before November 24, 1986 against any claim against such Debtor. "

上述主要是介绍美国 Chapter 11,但同样情况可以发生在任何国家,其法院或破产法院会向外国的仲裁员或当事人作出止诉禁令。如法国就有一个被报道的案例,涉及法国法院禁止债权人在西班牙采取法律行动扣押债务人的财产:Cass. 1e civ, November 19 2002, Banque Worms v. Epoux Brachot et audres。针对美国来讲,主要是其跨国公司多,而且国际仲裁员都不敢藐视美国破产法院的禁令(但他们可能会不理会如乌干达法院的禁令),所以影响特别大。

3.6 国际友好的说法

也有一种说法就是根据"国际友好"(international comity)应该尊重进行主要破产程序的国家法院,即出问题公司所在地国家的破产法院。这等于美国公司申请了

Chapter 11，其他国家就应该尊重美国破产法院。事实上，美国也曾经有案例这样做。在 Cunard-Steamship Company Limited v. Salen Reefer Services A. B. ,773 F. 2d 452(2d Cir. , 1985)，涉及原告(一家著名英国公司)在美国冻结 Salen 的资产，原告在伦敦仲裁中向 Salen 索赔在租约争议中产生的损失。Salen 是一家瑞典的著名轮船公司，并已经宣布破产/清盘。但美国法院不容许原告这样做，并根据国际友好的原则尊重瑞典的破产程序。Buschman 大法官是这样说："Cunard has not demonstrated that the laws or public policy of the United States would be violated or in any way infringed by according comity to the Swedish bankruptcy proceedings. Indeed, the facts amply support the district court's conclusion that the public policy of the United States would be best served by recognizing the Swedish proceedings and thereby 'facilitating the orderly and systematic distribution of the assets of Salen'. The district court noted that comity would not be granted if it would result in prejudice to US citizens .

In view of the foregoing, we hold that, while an ancillary proceeding pursuant to section 304 of the Bankruptcy Code is the preferred statutory remedy, in this case, the district court properly exercised its discretion in granting comity to the Swedish bankruptcy court, and vacating the attachment of Salen's assets in the US. The judgment of the district court is, therefore, affirmed."

同样的判决也出现在另一个涉及 Salen 的案件中，Victrix Steamship Co. S. A. v. Salen Dry Cargo A. B. A. M. C 276(1987)。在这一个先例中，请注意 Victrix 是一家巴拿马公司，它在伦敦仲裁中取得了一个胜诉的裁决书，想在美国通过扣押 Salen 的船舶强制执行，但被美国法院拒绝。

但注意上述两个美国先例的债权人都不是美国公司，估计如果是涉及美国债权人，有关国际友好的考虑恐怕就要靠边了。

3.7 破产/清盘或债务重整带来的"新身份"争议

有一个相关的争议可以一提，就是一家公司宣布破产/清盘后，可以说该公司再也不是"资产的所有人"(beneficial owners)。表面看来这种说法也有一定的道理，毕竟破产法院会委任"清盘人"(liquidator)接管所有公司的资产，为了将来公平分摊给债权人。清盘人可以说是所有债权人的"信托人"(trustee)。这种说法是在破产之后有关的公司就有了"新的身份"(new identity)。但这一种说法会带来很多问题，如所有外国的债权人都不能冻结该公司的资产，如扣船，因为公司在宣布破产后再也不拥有这些财产，而且如果在进行的仲裁也就从本来有管辖权变得没有管辖权(因为被告改了新的身份)，导致非得中断不可。即使仲裁还是继续并最终取得了一个裁决书，该裁决书也会由于仲裁没有管辖权而被撤销。这还可以带来滥用的情况，如波兰一家公司面对一个金额巨大的索赔案件，在伦敦仲裁面临败诉。它可以通过申请破产令索赔的原告什么都得不到。所以，这一说法并不受到支持，但曾经有过香港案例支持这一种说法：Modern Terminal (Berth 5) Ltd. v. States Steamship Co. , (1979)

H. K. L. R 512。

在美国的最高院就有一个案例名为 N. L. R. B v. Bildisco & Bildisco, 465 U. S. 513 (1984)否定了这一个说法,Rehnquist 大法官说:"Much effort has been expended by the parties on the question of whether the debtor is more properly characterized as an 'alter ego' or a 'successor employer' of the pre-bankruptcy debtor, as those terms have been used in our labor decisions We see no profit in an exhaustive effort to identify which, if either, of these terms represents the closest analogy to the debtor-in-possession as the same "entity" which existed before the filing of the bankruptcy petition, but empowered by virtue of the Bankruptcy Code to deal with its contracts and property in a manner it could not have employed absent the bankruptcy filing. On the strength of this decision by the Court of highest authority, Healy and Baillie (这是一家美国在当时很著名的律师事务所) expressed the view that the "new entity" theory had been discredited and was no longer viable."

但这一个问题还是存在,最近在瑞士最高院有一个先例支持这个说法:Vivendi/Eletrim case (Bundesgericht 4A_428/2008 dated March 31,2009)。最近有一个 ICC 仲裁,仲裁庭的著名国际仲裁员不认同瑞士最高院的判决,说是在清盘或者清盘边缘的公司就改变了身份:"The basic rule expressed by the Council Regulation (EC) 1346/2000, according to which pending proceedings (including arbitration proceedings; English High Court Syska/Elektrim v Vivendi (2008) 2 Lloyd's Rep 636 shall not be affected by the opening of insolvency proceedings, must be regarded as a general principle of international private law. Otherwise, arbitration agreements in international transactions and trades would lose force. The most critical situation of an international business relation occurs, of course, if one of the contractual parties goes bankrupt or is nearing to go to bankrupt. The doctrine adopted by the Swiss Supreme Court will be an invitation for a state to interfere into the legal capacity of their national companies (at the verge of bankruptcy or otherwise) to be a party to arbitration proceedings in order to protect them against upcoming foreign arbitral awards."

在 Final Award in Case 11714 (2004 年 6 月)(该案件在本章 3.3 段有提到)的案件中,涉及一个已经宣布破产的波兰公司向一家奥地利公司提出索赔,但他的身份受到被告的质疑,原因是原告的波兰公司已经是被一个波兰破产法院委任的"接管人"(official receiver)所控制,而委任律师提起 ICC 仲裁的授权书也只是由接管人签署。当事人没有提供有关这一方面的波兰法律,毕竟当事人的"身份"(capacity)是根据所在地的法律。所以,独任仲裁员认为原告的身份没有问题,可以继续推进仲裁。

3.8　破产/清盘或债务重整带来的适用法律的争议

这里可以介绍一下上面提到的英国的一个判决 Syska/Elektrim v Vivendi (2008) 2 Lloyd's Rep 636, 案情是有关 Vivendi 向 Elektrim(一家波兰国营公司)收购其在波兰移动电话公司的股份。双方事后有了争议,Vivendi 指称 Elektrim 的非法干预导致他无法成功控制该电话公司,并提出索赔金额高达 19 亿英镑,在仲裁的中途(是一个伦敦的 LCIA 仲裁),Elektrim 在 2007 年 8 月 21 日被华沙地方法院宣布破产,根据的是波兰《破产与重组法》(《Polish Bankruptcy and Reorganization Law》)。在该波兰法律的 Article 142 是说:"Any arbitration clause concluded by the bankrupt shall lose its legal effect as at the date bankruptcy is declared and any pending arbitration proceeding shall be discontinued."(由破产公司或人士所签订的仲裁条文从宣布破产时起就失去了法律效力,任何在进行中的仲裁必须停止。)

但伦敦仲裁还是继续并在 2007 年 10 月 15 日开庭,并在 2008 年 3 月 20 日作出了裁决书,判 Elektrim 败诉。到了 2008 年 4 月 16 日,Elektrim 向英国法院请求救济,依据的是 1996 年《英国仲裁法》之 Section 67,指称该裁决书没有管辖权而应该被"撤销"(set aside),因为在 2007 年 8 月 21 日这一天开始,根据波兰法律该仲裁条文就已经失效。这里就涉及了仲裁条文的有效性是根据波兰法律或是英国法律来作出解释,其中涉及了欧共体的规定:《European Parliament and Council Regulation 1346/2000/EC on Insolvency Proceedings》,因为英国与波兰都是成员国,而该规定之 Article 4(2)与 Article 15 是要说明在公司清盘时有关的适用法。Clarke 大法官认为该规定的两条条文之间有矛盾,但最后判是以英国法律解释仲裁条文,这表示该裁决书不被撤销。

另一个近期可以介绍的先例是 DHL GBS (UK) Ltd. v. Fallimento Finmatica SPA (2009) EWHC 291 (Comm),案情是有关 Fallimento Finmatica 的意大利公司提供软件的服务给著名的快递公司 DHL,它们之间的合约是有一条明确的伦敦仲裁条文。后来,Fallimento Finmatica 破产,意大利法院委任的"接管人"(bankruptcy receiver)在意大利的法院向 DHL 索赔服务的费用。根据意大利的法律,伦敦仲裁条文再也不约束破产接管人,这显然是与英国法律不一样。结果意大利法院判 DHL 败诉并要支付 130 万欧元。DHL 在英国法院以这一判决是在违反伦敦仲裁条文的情况下取得,不应该被执行。但这些争议被英国法院拒绝。看来,如果是 DHL 先行动在伦敦开始仲裁,并先有英国法院判伦敦仲裁条文的适用法是根据意大利法律或英国法律,恐怕会有不同的结果。

但在不同的法律背景下,结果或会不同。在前文提及的瑞士最高院的判决,正突显适用法律为这类案件带来的困难。Vivendi/Eletrim case (Bundesgericht 4A_428/2008 dated March 31,2009)这案例同样是涉及 Elektrim 这一家波兰公司,它与其他公司达成了一份和解协议,当中有一条 ICC 仲裁条款,仲裁地点为瑞士日内瓦。协议方就有关争议按照仲裁条款仲裁,在仲裁的开始阶段,Elektrim 便在波兰进行破产的法律程序,并被宣布破产。Elektrim 之后把有关破产的决定告知仲裁庭,并依赖上述的波兰《破产重组法》(《Polish Bankruptcy and Reorganization Law》)中的 Article 142,要求仲裁庭中止仲裁。仲裁庭同意 Article 142 适用于所有在波兰或海外进行的仲裁,但否决这波兰法律可以终止在日内瓦按照瑞士的仲裁法进行的仲裁的说法，却认为根据瑞士的冲突法，Elektrim这波兰公司在波兰的破产程序所适用的法律应为波兰法律，而波兰法律则决定这公司的存在及能否继续以公司身份参与仲裁，由于Elektrim被宣布破产，其参与仲裁的身份同时丧失，按此仲裁庭同意终止仲裁。这仲裁裁决于瑞士最高院进行上诉，法院最终同意仲裁庭的裁决。要注意的是瑞士没有加入欧共体，因此欧共体的规定：《European Parliament and Council Regulation 1346/2000/EC on Insolvency Proceedings》不适用，这或是导致与英国法院的判决不同的原因。

3.9　联合国针对跨国境破产的示范法：《UNCITRAL Model Law on Cross-Boader Insolvency》

由于个别国家的破产法是不适用于一个跨国境破产（不论在法律管辖方面还是在实际应用方面），这导致了一个跨国的破产/清盘（有资产在其他国家）是一个昂贵、延误、没有效率与不肯定的过程。这被视为是对国与国之间的贸易与投资十分不利。希望有一套能够针对跨国境破产的做法，并能够得到国与国之间的法院、政府与其他相关人士充分合作。联合国在1997年12月15日通过的《UNCITRAL Model Law on Cross-Boader Insolvency》就是减轻这一问题的重要尝试。它不是一个公约，而只是一套示范法，总共有32条条文。到目前为止已经有一些重要的国家批准采用这一套示范法并变为本国的立法，包括美国（作为Chapter 15）、英国、日本、南非，墨西哥、波兰、罗马尼亚、韩国、欧洲、澳大利亚、新西兰等15个国家和地区。英国是在2006年将该示范法纳入《Cross-border Insolvency Regulations 2006》，这一采纳的权力是早在2000年的《破产法》（《Insolvency Act》）之Section 14已经授权给了英国政府。

《UNCITRAL Model Law on Cross-Boader Insolvency》并没有针对或试图统一所有采纳示范法国家的本国破产法，只是试图加强国与国之间的合作与简化跨国的破产程序。例如，规定可以有一个"外国代表"（foreign representative）向采纳示范法的国家法院作出各种申请，如根据该国的法律开始与参与破产程序。示范法只是一个十分一般性的框架，但它与国际仲裁有关的规定应该是在Articles 19-21。笔者只节录Article 21如下：

"Upon recognition of a foreign proceeding, whether main or non-main, where necessary to protect the assets of the debtor or the interests of the creditors, the court may, at the requests of the foreign representative, grant any appropriate relief, including:（在采纳示范法的本国在根据Article 17承认了一个外国主要或不是主要的破产程序后，并在必要时保护债务人的资产或是债权人的利益，有关法院可以在外国代表的申请下作出下列恰当的救济，包括：）(a) Staying the commencement or continuation of individual actions or individual proceedings concerning the debtor's assets, rights, obligations or liabilities, to the extent they have not been stayed under paragraph 1(a) of article 20;（中止任何个别法律行动［包括仲裁程序］的开始或继续，只要它是有关债务人的资产、权利、义务或责任）；(b) Staying execution against the debtor's assets to the extent it has not been stayed under paragraph 1 (b) of article 20;(中止任何针对债务人资产的执行行动);(c) Suspending the right to transfer, encumber or otherwise dispose of any assets of the debtor to the extent this right has not been suspended under paragraph 1(c) of article 20;(剥夺任何权力去把债务人的资产转移、抵押或是处理);(d) Providing for the examination of witnesses, the taking of evidence or the delivery of information concerning the debtor's assets, affairs, rights, obligations or liabilities;(协助对证人进行盘问、协助取证与提供消息有关债务人的资产、事务、权利、义务与责任);(e) Entrusting the administration or realization of all or part of the debtor's assets located in this State to the foreign representative or another person designated by the court;(把本国所有或部分属于债务人的资产交给外国代表或其他法院指定的人士管理或变卖);(f) Extending relief granted under paragraph 1 of article 19;(g) Granting any additional relief that may be available to [insert the title of a person or body administering a reorganization or liquidation under the law of the enacting State] under the laws of this State."

根据《UNCITRAL Model Law on Cross-Boader Insolvency》,一家美国公司或韩国公司现在就可以通过上述 Article 21 (1)(a)向英国法院提出申请,中止针对他的、在外国进行的法律程序,以便接管人在本国进行破产程序或公司的债务重组。这跨地域的做法在近期的一个先例得到实践:Samsun Logix Corporation. Samsun 是一家在韩国排名第七的船公司,在世界其他地方有分公司,自己拥有船队并营运、物流及贸易业务。2008 年发生的国际金融海啸令航运市场从高位迅速下滑,在极短时间内造成资金链断裂,出现大量的合约对方不履约,甚至毁约,在连锁反应下,大多数的船东及船舶营运人都面对巨大的财务压力,连带在背后支持这些公司的银行及财务机构也遭受重大牵连。Samsun 正是其中一间在这大环境下被推向破产边缘的公司。债权人为了保障利益,对债务人展开诉讼及仲裁,并在世界各地进行财产扣押,为债务取得担保,最常见的做法包括在纽约申请 Rule B attachment[1]、扣押船舶或燃油、在南非扣押联营船及寻求财产冻结令等。可想而知,这些"中间措施"(interim measures)不只影响债务人的日常营运,更可能成为债务人的催命符。特别是那些有一定资产或一些有利可图的合约在手的公司,但因资金周转困难,而无法履行即时的债务。而成功的扣押或冻结,对该债权人来说,他的债务得到担保,便不用担心将来面对拿了判决/裁决书却不能有效执行这窘境。但对其他无担保债权人来可说,会带来不公。由于资不抵债,Samsun 向韩国法院申请破产及债务重组,分别在美国、英国及澳大利亚的法院申请,要求该地法院按照《UNCITRAL Model Law on Cross-Boader Insolvency》,承认韩国的重组程序。韩国、美国、英国及澳大利亚都将《UNCITRAL Model Law on Cross-Boader Insolvency》引入了本国立法。

---

[1] 按照 2009 年 10 月的先例 The "Rishikesh" - US Court of Appeals (2nd Circuit)(Feinberg, Winter and Cabranes Ct JJ) - 16 October 2009.,债权人现在再也不能向纽约法院申请扣押美元电汇。

美国法院承认 Samsun 在韩国法院进行的重组程序为“主要的外国程序”(foreign main proceeding),按照 Bankruptcy Code 的 section 1520,在美国进行的诉讼予以自动中止,这法院的命令特别明示中止对担保利益的执行,也就是说,债权人无法通过早期成功扣押 Samsun 的财产满足其索偿。

在英国,法院同样地承认 Samsun 在韩国进行的重组为“主要的外国程序”(foreign main proceeding),按照英国的《The Cross-Boader Insolvency Regulations 2006》, Samsun 可以享有《UNCITRAL Model Law on Cross-Boader Insolvency》的 article 20 及 21 所提及的中止，主要是中止针对 Samsun 的资产、权利、义务及责任的法律行动,以及对 Samsun 的资产执行行动。由于大多数的租约都有一条伦敦仲裁条款,法院的中止命令直接影响针对 Samsun 而准备展开的或已经展开的仲裁,这使接管人能集中精力在韩国搞重组。

在澳大利亚,《The Cross-Boader Insolvency Act》立法合并《UNCITRAL Model Law on Cross-Boader Insolvency》, 并于 2008 年生效。按照该法例,Samsun 同样成功取得与英国法院差不多的中止命令。这更是澳大利亚首宗成功应用该立法而取得中止命令的案例。

这些资料网上也可以看到很多,如在 2009 年 3 月 12 日就有报道 Samsun 向美国破产法院根据 Chapter 15 提出申请承认它在韩国的破产保护是“外国主要的破产程序”(foreign main proceedings),并自动作出各种协助包括各种止诉禁令。

可以想象,由于这些中止命令,绝大部分的债权人需要到韩国参与债务重组,对 Samsun 有利,但对债权人来说,他们或需要大幅削债。从整体利益看,这是一个相对公平的处理债务的方法,但从个别获得担保的债权人的角度出发,这些中止命令直接影响他们的权益。

另一家新加坡船公司 Armada(背景是瑞士 Armada)在 2009 年初向新加坡法院申请破产,新加坡法院作出了破产命令。之后它向美国法院要求承认新加坡的程序是一个外国主要破产程序,并给予协助和救济。这导致了 Armada 新加坡的一个主要债权人香港的 Transfield 公司向美国法院提出反对并要求中止止诉禁令,并让 Transfield 继续推进伦敦仲裁。据闻最后双方也达成了协议就是让伦敦仲裁继续推进并裁定损失的金额。

3.10　国际仲裁面对跨国境破产的问题与应对

根据《UNCITRAL Model Law on Cross-Boader Insolvency》,一家美国公司或者韩国公司现在就可以通过上述 Article 21 (1)(a)向英国法院提出申请，中止一个伦敦仲裁的程序。由于伦敦有大量的仲裁,笔者最近就知道不少这种情况,其中有涉及中国公司向其中一家已经在韩国破产中的船公司推进伦敦仲裁,但被韩国法院指定的“接管人”(receiver)(等于说它就是示范法中所指的外国代表)向英国法院申请中止有关的仲裁,并成功获得英国法院的“中止”(stay)令。但同时,该破产中的韩国公司也有案件是向一些公司(包括中国公司)索赔,并估计有成功的案件。显然在这种仲裁案件中,韩国的接管人是不会向英国的法院申请中止的。至于这种成功索赔要回来的金钱,显然是要转移回韩国,将来偿付给所有的债权人(但可能主要得益的还是韩国债权人)。这对于在中国内地无法推进伦敦仲裁,更不容易在韩国的破产程序中分一杯羹,看来一个可能的做法是根据中国的法律以该韩国公司在中国内地有资产(就是可以向其他公司执行的胜诉裁决书,有关资料应该可以向法院系统查)为由要求中国法院颁布破产令,这就可以让中国的债权人得到保障,毕竟这是一贯的国际做法。

另多举一个不同情况的例子,笔者(莫世杰)作为独任仲裁员在一个伦敦仲裁中,被告是一家新加坡公司并刚开始了破产程序。根据新加坡的《公司法》之 Section 299,原告需要新加坡法院的批准下才可以推进仲裁。被告公司的清盘人律师来函要求原告向新加坡法院取得批准才能推进仲裁,并在同时要求笔者中止仲裁程序。笔者简单的回复说是无法照他们的要求做,因为作为仲裁员的管辖权是来自双方的仲裁协议,而作为仲裁地点的程序法是英国仲裁法。在 1996 年的立法下,作为仲裁员是有责任推进仲裁避免延误。至于下一步被告的清盘人会做什么,就只好走着看了。如果能够取得一个英国法院的止诉禁令,笔者当然要听从。但如果是一个新加坡法院的止诉禁令,这就比较难以处理。当然永远有可能是原告自己在这种情况下也不想推进仲裁程序。

4. 向仲裁庭申请针对对方当事人的中间或最后禁令

以香港为例,仲裁庭一直以来是没有权力作出禁令,特别是中间禁令,这是属于香港法院的专属权力。原因之一是仲裁庭的命令没有阻吓力,不像法院禁令如果不被严格遵守是构成藐视法院的刑事罪。仲裁庭的命令还有一个重要缺陷,就是针对第三者是无效与没有管辖权。但随着国际仲裁越来越受到尊重,其独立性也受到承认,这些权力也开始转移到仲裁庭的手中。在香港,1990 年采纳了《联合国示范法》(《UNCITRAL Model Law》)后,仲裁庭就有了作出中间与最后禁令的权力。并且,这一权力被行使后,根据《香港仲裁条例》的 Section 2GG,仲裁庭的禁令可以转变为法院的禁令,带来相同的阻吓力。在全球金融危机的影响下,估计有不少仲裁员面对这种申请并要处理。这一方面的课题在本书第六章 3. 1. 3 和 3. 1. 4 段有详论,这里不做过多描述。

第四章　仲裁员受到当事人攻击的应对

1. 当事人向法院寻求赶走仲裁员或对裁决书的救济应否通知受影响的仲裁员

这方面问题没有在1996年《英国仲裁法》中有明确针对，更加不会在相对没有那么广泛的《香港仲裁条例》中有针对。事实上也很少有文章针对这一方面的问题，如仲裁员受到一方当事人的攻击去法院寻求救济可以怎样应对。又或是一方当事人去法院寻求救济是否可以传召受到攻击的仲裁员作为事实证人。

其中是仲裁员受到一方当事人的攻击去法院寻求救济如果发生在作出裁决书（特别是最后裁决书）之后，可以感觉不必太担心。但如果仲裁员在仲裁程序的中途就受到攻击，如一方当事人去法院寻求救济是发生在仲裁程序的中途，这往往是涉及要赶走仲裁员，该仲裁员就不容易置身事外了。本来一贯的说法是仲裁员中途就受到攻击要赶走他发生的机会很少，不论是在1996年《英国仲裁法》生效前或生效后。原因是几个方面，对寻求这种救济的当事人而言，要冒很大的风险，就是如果不成功，他很难安心继续参与及推进该仲裁程序，因为被他公开甚至过火攻击的仲裁员还是继续作为仲裁庭成员之一甚至是独任仲裁员。所以，当事人会提出这种救济往往是孤注一掷。对英国法院而言，它的矛盾也在多方面。一是会干预仲裁程序，如本来就很快要开庭，但由于这一申请而被押后。二是现在的大气候就是法院尽量不要干预仲裁，除非是十分极端的情况。这种极端的情况是要法院认为仲裁员的行为已经严重至法院相信他是没有办法公正与恰当的完成这一仲裁。（He could not be trusted to complete the arbitration fairly and properly even with the examination of his conduct by the parties and their representatives and guidance from the court. ：H. H. Judge Bowsher Q. C. in Groundshire v VHE Construction［2001］B. L. R. 395）。反是一方当事人对该仲裁员失去了信心不足以说服法院赶走该仲裁员：Conder Structures v Kvaerner Construction Ltd. （1999） A. D. R. L. J. 305.

对受攻击的仲裁员而言，由于赶走他的申请往往涉及申请人/原告会作出过火或夸大的指控，所以需要参与以及向法院作出解释或反驳的必要性也大大提高。本章就是探讨仲裁员面对这种情况如何应对。

1.1 当事人在何种情形下去法院寻求赶走/挑战仲裁员

1.1.1 在仲裁程序中途

其实这个问题的危险性一直都有甚至很高，首先会出现在如果当事人在仲裁程序中途对个别或者全体仲裁员不满意的情况，所以向英国法院根据 1996 年《英国仲裁法》之 Section 24 申请赶走该个别或者全部的仲裁员，进而重新委任其他仲裁员。该条文如下：

"24 Power of court to remove arbitrator

(1) A party to arbitral proceedings may (upon notice to the other parties, to the arbitrator concerned and to any other arbitrator) apply to the court to remove an arbitrator on any of the following grounds-

(a) that circumstances exist that give rise to justifiable doubts as to his impartiality;

(b) that he does not possess the qualifications required by the arbitration agreement;

(c) that he is physically or mentally incapable of conducting the proceedings or there are justifiable doubts as to his capacity to do so;

(d) that he has refused or failed-

(i) properly to conduct the proceedings, or

(ii) to use all reasonable despatch in conducting the proceedings or making an award, and that substantial injustice has been or will be caused to the applicant..."

1.1.2 在仲裁庭作出了中间或最后裁决书之后

在仲裁庭作出了中间或最后裁决书之后，败诉的一方不满意裁决结果，向英国法院根据 1996 年《英国仲裁法》之 Section 68 以仲裁员在仲裁程序中或裁决书中有严重不正常的行为，要求法院作出救济，撤销该裁决书。该条文如下："68 Challenging the award: serious irregularity (1) A party to arbitral proceedings may (upon notice to the other parties and to the tribunal) apply to the court challenging an award in the proceedings on the ground of serious irregularity affecting the tribunal, the proceedings or the award..."

会有情况是不满意的当事人把两种申请走在一起，如当事人会撤销仲裁的中间裁决书，而又不想仲裁庭继续审理。在上述两种情况的有关条文中，都有明确规定向法院作出申请的一方要"通知"受到攻击的仲裁庭或仲裁庭个别成员。而一般的通知做法，就是申请方/原告在"仲裁争议申请表"(Arbitration Claim Form，相当于之前的传票或英文的 Notice of Motion)把对方当事人列为第一被告，而受到攻击的仲裁员就列为第二被告。之后就是把该申请表"送达"(service)给所有的被告，这就完成了通知的要求。

1.2 仲裁员在受到攻击时是否会出庭抗辩的常理分析

显然，对方当事人作为主要的被告，把申请表送达给他完全有必要与恰当，因为他显然不认同原告的做法。如果被告是认同与不作出争辩,在仲裁程序中途就完全可以与原告达成协议,受到攻击的仲裁员就非走不可了,根本不必花钱去英国法院赶走该仲裁员。同样是在裁决书撤销的申请,如果被告也是认同与不作出争辩,就完全可以与原告达成和解协议,如只需要支付裁决书判下来一半的金额,或是不理会双方认为判错的裁决书应该在另一个新成立的仲裁庭重新再来,反正是双方有订约自由,无须花钱去法院寻求撤销裁决书的救济。

既然第一被告是利益相关而必须作出对抗,所以作为仲裁员的第二被告事实上是没有必要参与法院的诉讼。毕竟,仲裁员会要委任代表律师,这可不是一笔小钱。针对原告申请赶走他,该仲裁员还是比较关心。但针对原告申请撤销败诉的裁决书,该仲裁员恐怕会漠不关心。

当然,不出庭就会有机会让原告取得一个缺席的法院判决。除了是赶走仲裁员或撤销裁决书(这两个后果有关的仲裁员会准备接受法院的决定),但表面看来,怕是有更严重的后果。(1)法院可能听了原告的一面之词而第一被告也没有大力或正确地作出抗辩,法院会在判决中讲一些对仲裁员过度严厉与不公平的指责,这对一位想继续在仲裁领域有所发展的人士或者是一位已经有一定声望的仲裁人士是巨大打击。(2)诉讼费用会要该仲裁员承担或共同承担,毕竟是在原告申请获得成功下。

1.3 要求正式通知与送达给仲裁员的先例:Port Sudan v. Chettiar

有关对受影响的仲裁员的通知,1950年《英国仲裁法》没有针对应该怎样做,如可否非正式地发一个电邮告知仲裁员?这在普通法还是有所针对,是在 Port Sudan Cotton Co. v. Govindaswamy Chettiar & Sons (1977) 1 Lloyd's Rep 166 先例中有涉及。该先例的案情是撤销"利物浦棉花协会"(Liverpool Cotton Association)的机构仲裁的裁决书。有关法院的撤销行动应该怎样通知棉花协会,Donaldson 大法官是这样说:

"The first question which arises is whether an arbitrator or umpire should be served with a notice of motion. In the present case the board (棉花协会) was told informally of the notice of motion and was given a copy. This was regarded by the buyers' (申请撤销裁决书的一方) solicitors as going further than was strictly necessary, because Russell on Arbitration (18th ed.) states at p. 413 that:

'Notice of motion must be given to the parties affected ... This notice need not be served upon the arbitrator, any more than notice of appeal is served upon a judge.

No possible criticism can be made of the buyers' solicitors for acting on this statement in so well known a text book.

The authority for the text is said to be Vice Chancellor Sir Richard Mallins in Moseley v. Simpson, (1873) L. R. 16 Eq. 226 at 237. What the learned Vice Chancellor in fact said was:

I am by no means certain that it was necessary to serve [the Arbitrators] with the motion at all. This is the first instance I have known of arbitrators being served, and I think that arbitrators whose decisions are appealed against for irregularity are not necessarily parties, any more than a judge whose decision is appealed against [I have supplied the emphasis.]'

This seems to me to be a very tentative expression of opinion and one which in terms is not of universal application.

The modern practice is for a notice of motion alleging misconduct, whether technical or actual, to be served upon the arbitrator or umpire concerned. He then has a choice whether to (a) take a full part in the proceedings as an active party or (b) to file an affidavit setting out any facts which he considers may be of assistance to the Court or (c) to take no action, in which case it will be assumed only that he has no wish to do more than accept the decision of the Court. This practice is based upon the consideration of natural justice that no one should have his conduct criticised without being given an opportunity for replying or explaining."

以上 Donaldson 大法官的判决内容大致上是说申请人/原告非正式地通知了棉花协会的仲裁员，根据的是一本权威著作的说法，这说法基于一个 1873 年的案例，说是在法院的上诉也没有必要正式通知第一审法院的法官，所以仲裁对裁决书的上诉或提出质疑，也没有必须正式通知仲裁员。但 Donaldson 大法官对这种做法好像不太认同，原因也可以估计到，就是非正式通知的话会导致受到攻击的仲裁员难以维护自己的名誉并参与法院有关程序，他会先要向法院申请批准他参与作为第二被告，这样才有机会出庭作出抗辩。

上面节录的最后一段是说：现代的做法是针对仲裁员或者公断人的不良行为，传票是要送达给受影响的仲裁员。他就有一个选择：(a)作为当事人的一方全面与积极地参与法院的程序；(b)提供给法院一份有关事实的宣誓书；(c)不采取任何行动参与，可被假设为他接受法院最后做出的任何判决。这一个做法的原因是根据自然公正，就是不能去法院攻击仲裁员的行为，但却不给他一个解释与回应的机会。

其中(a)的选择，也已经在 1996 年《英国仲裁法》之 Section 24(5)有明示规定，说："The arbitrator concerned is entitled to appear and be heard by the court before it makes any order under this section."

估计在现实中，受到攻击仲裁员选择(a)做法不是太多，因为要积极参与法院程序会要委任昂贵的代表律师且要占用仲裁员的时间，但毕竟还是有可能这样做，请参阅 Miller Construction Ltd v James Moore Earthmoving (2001) 2 All ER (Comm.) 598 与 Norbrook Labratories Ltd v Tank (2006) 2 Lloyd's Rep 485。

另要说明的是受到攻击仲裁员固然要正式收到有关申请的通知，但其他仲裁庭的成员即使不受到攻击也应该向他们送达。毕竟他们会关心这一个法律行动，因为根据 1996 年《英国仲裁法》之 Section 24(3)，说明即使向法院作出申请赶走仲裁员，仲裁庭还是可以继续推进仲裁程序并作出一个裁决书。所以，会有情况是在开庭前的几天，其中一方当事人，如被告，向法院作出申请要赶走其中一位仲裁员，并同时向仲裁庭申请押后开庭。这一来，即使是没有受到攻击的仲裁庭成员也希望知道多一点有关法院申请的资料，以作出决定到底开庭是推进还是押后。

1.4　涉及国际仲裁员的通知如何送达申请书

涉及国际仲裁，通知仲裁员还有一个困难就是仲裁庭的成员可能来自不同国家，所以送达给他们可能会带来延误与困难。把"仲裁争议申请表"(Arbitration Claim Form)或以前称为的传票送达给英国以外的当事人需要先取得法院的允许：CPR r. 62. 5(1)，这方面可参阅 Vale da Doce Novegavcao v Shanghai Steel (2000) 2 Lloyd's Rep 1。

所以有判例说是即使没有把传票送达给仲裁员，法院在这种情况下也会有裁量权允许赶走仲裁员或/与撤销裁决书的申请推进并处理。如在 Bank Mellat v. GAA Development (1988) 2 Lloyd's Rep. 44，就涉及一位仲裁员是来自伊朗，另一位仲裁员是来自瑞典，仲裁庭只有一位仲裁员才是住在英国的御用大律师。显然，只有把传票送达给住在英国的一位仲裁员才是比较容易。在裁决书作出之后向英国法院申请撤销裁决书的行动中，法院就允许申请推进而不必把传票送达给仲裁员。Steyn 大法官是这样说："It is now necessary to examine the merits of the application to set aside the award on the ground of misconduct. But before I do so, I must point out that during the hearing a procedural difficulty arose. There is a rule of practice that such an application should be served on the arbitrators in order to enable them to place before the Court evidence relevant to the charge of misconduct if they should consider it appropriate to do so: see *Port Sudan Cotton Co. v. Govindaswamy Chettiar & Sons*, [1977] 1 *Lloyd's Rep*. 166. In the present case the application under s. 23(2) was not served on the arbitrators. Despite this procedural flaw I ruled that the hearing to set aside the award on the ground of misconduct should continue. This ruling was based cumulatively on the expense and delay, which would have been caused by an adjournment, and a provisional view that the application ought not to succeed. Needless to say, if the fluctuating fortunes of adversarial argument had subsequently required an adjournment, I would have been prepared to take a different course."

1.5　申请救济如果成功赶走仲裁员或撤销裁决书的诉讼费用会否要仲裁员承担？

这带来了一个关心就是如果受到攻击的仲裁员选择上一段第(c)的做法，也就是不理会法院的诉讼，会否有一个危险被视为是缺席，而面对在申请人如果成功赶走他或者撤销裁决书的同时，要该仲裁员承担法院的诉讼费用。这在 Port Sudan Cotton Co. v. Govindaswamy Chettiar & Sons (1977) 1 Lloyd's Rep 166 中，Donaldson 大法官也有解释说："So far as costs are concerned, it is not the practice to make an order against an umpire or arbitrator unless the facts are wholly exceptional, e. g. , fraud by the arbitrator, or he takes an active part in the proceedings as the parties to the arbitration. I personally have no recollection of any such order ever being made. Merely attending by Counsel, as was eventually done in this case, or giving the Court information which is thought to be helpful would not in any way involve the arbitrator in any risk of liability or the costs of the proceedings. Indeed, in appropriate cases, it would be more likely to earn the appreciation of the Court which I should like to express in relation to the courtesy of the board in attending these proceedings as they did. In cases in which a party impugns the conduct of arbitrators in other than the most technical respects and the complaint fails, the arbitrators will be entitled to an order for costs if they appear. "

有关这一个诉讼费用的问题,根据这一个先例,Mustill & Boyd on《Commercial Arbitration》第二版之 553 页的脚注有进一步分析说:"If the allegation of misconduct fails, the arbitrator or umpire will be entitled to an order for costs if he appears, and (presumably) the costs of any affidavit filed by him. If the allegation succeeds, costs will not be awarded against the arbitration or umpire save in exceptional circumstances, e. g. fraud, or where the arbitrator or umpire has been the protagonist in the proceedings. "

另可以节录 Robert Merkin 教授所著的《Arbitration Law》一书 2004 年版之 20. 39 段的脚注 11 中也是针对该 Port Sudan Cotton Co. v. Govindaswamy Chettiar & Sons (1977) 1 Lloyd's Rep 166 先例说:"[the case] which also decides that the arbitrators bear no liability for the costs of the hearing unless they take an active part in it or are found to have been guilty of fraud. "

1.6 1996 年《英国仲裁法》下的改变

普通法的地位应该是在 1996 年《英国仲裁法》之后有了一定改变,更加明确的是这个赶走仲裁员或者撤销裁决书的申请必须通知受到攻击的仲裁员。另一个可能是有关的改变是该立法的 Section 29 给予仲裁员对他疏忽的豁免权,这可能表示英国法院不应该对仲裁员作出任何承担诉讼费用的命令,即使是决定赶走他,除非涉及了该仲裁员的恶意行为,如贪污受贿。

有关什么算是"通知",可介绍 Bruce Harris 先生等所著的《The Arbitration Act 1996—A Commentary》第四版,针对 Section 24 在 127 页也有明确的说法,如下:"The arbitrator concerned is entitled to appear and be heard on the application to remove him. Under the procedure now followed such an arbitrator will be made a defendant to the proceedings. In the first edition we suggested that the arbitrator would rarely be well advised to appear. Under the new procedure, as a defendant he is more or less forced to take some part in the proceedings unless he is prepared to risk removal and an order for costs against him. We expect, therefore, most arbitrators to acknowledge service and then consider the extent to which they wish to put in evidence and participate at the hearing. Many will still, no doubt, substantially leave it to the party seeking to uphold their conduct to fight their corner..."

以上所说是在1996年《英国仲裁法》下,会有较多受到攻击要赶走他的仲裁员出庭抗辩,好像Norbrook Labratories Ltd v Tank (2006) 2 Lloyd's Rep 485先例的仲裁员。

另在特许仲裁员学会的刊物《Arbitration》Volume 72,2006年11月的一篇文章(352页),有一个伦敦仲裁员提到在一个根据Section 69申请因为法律观点错误的上诉,他也是被列为第二被告。但他写了一封信给法院并抄本给当事人说他无意参与,说:"The purpose of this letter is to let you know that I am content to abide by the decision of the Court in respect of the application. As the appointed arbitrator I do not consider that it would be appropriate for me to take part in these proceedings. Accordingly, with no disrespect to the Court, I do not intend to return the Acknowledgement of Service Form."

针对法律观点的上诉把仲裁员作为被告之一看来在1996年《英国仲裁法》下没有必要,这可接下去介绍另一本权威书籍有更明确的指引与做法。这是Sir Anthony Colman等所著的《The Practice and Procedure of The Commercial Court》2008年第六版有关1996年《英国仲裁法》把通知仲裁员区分为两种情况。根据Section 24赶走仲裁员(另在Section 28与Section 56有关仲裁员的费用),申请人/原告是必须把仲裁员作为被告之一,并必须要送达仲裁争议申请表。但在其他情况的通知,主要是根据Sections 67-69对裁决书向法院申请救济,就不应该把仲裁员作为被告之一,只要把仲裁争议申请表的一份副本给他作为资料就已经足够。该书在299-300页是这样说:

"Where under the 1996 Act the arbitrators must be made defendants, the arbitration claim form and accompanying documentation must be served upon them. Where they reside outside the jurisdiction (which they may, notwithstanding that the seat of the arbitration is or was in England and Wales), the rules set out above as to service out of the jurisdiction apply.

In all other cases where the Act requires notice of an application to be given to the tribunal, the arbitrators should not be made defendants to the application and the required notice is given by sending a copy of the claim form and of any written evidence in support to the arbitrators for their information."

针对第一种情况也就是根据Section 24要赶走仲裁员,受到攻击的仲裁员作为被告之一就要在送达的14天内承认送达。如果他不这样做就会失去抗辩的机会。这在《The Practice and Procedure of The Commercial Court》一书之300页说:

"All defendants on whom an arbitration claim form is served (including arbitrators who have been made defendants) must file an acknowledgment of service. The usual period for so doing is 14 days after the service of the claim form; if service has been effected outside the jurisdiction, the order giving permission for service out will set the relevant date, depending on the country in which the defendant is to be found. There is now a special form for acknowledgment of service in arbitration claims: form N15.

A defendant who fails to acknowledge service in time will not be given notice of the date upon which the arbitration application will be heard and will not be entitled to contest the application without the permission of the court. However, the failure of a defendant to acknowledge service does not affect the claimant's duty to satisfy the court that the order applied for should be made, as the arbitration claim procedure is a modified version of the CPR Part 8 procedure, under which judgment in default of an acknowledge of service cannot be given."。

针对第二种情况也就是仲裁员没有被列为被告之一,但仲裁员在获得这一个申请的通知后,希望参与法院的诉讼或希望直接提供给法院一些有关资料或证据,他的做法在《The Practice and Procedure of The Commercial Court》一书之 300 页也说:"An arbitrator who has not been made a defendant and to whom an arbitration claim form has been sent for his information can choose either to apply to the court to make him a defendant (in which case he must serve the application on the claimant, but need not serve it on any other party) or he can make representations to the court by filing written evidence or simply by writing to the court, sending copies to all the parties. The weight to be given to such representations is a matter for the court."

1.7 受到攻击仲裁员面对要承担法院诉讼费用的危险

从上述的介绍表面看来,仲裁员在普通法下不必负责法院的诉讼费用,但事实上还会有危险:(1)会有例外情况要仲裁员承担,有关欺诈的解释就比较明了,但另一种例外情况就是仲裁员在法院诉讼中太积极参与(实际情况就不是太清楚);(2)这特别要考虑仲裁员面对这种申请多数会选择上述介绍的三种做法中的(b)或(c),这表示第一被告如果不大力与正确的对抗情况下,会导致申请人/原告更加容易成功于主张仲裁员有欺诈或严重过错,进而法院命令仲裁员要承担诉讼费用;(3)毕竟在上述提到的 Bruce Harris 先生等所著的《The Arbitration Act 1996—A Commentary》第四版中说明有这一个风险,特别是在 Section 24 赶走仲裁员的申请;(4)仲裁员如果选择(a)的应对积极参与,并且申请人失败并要承担有关的费用,也不保证仲裁员能够以补偿基础全数拿回他所付出的相关的律师费用;(5)现实中最大的危险就是申请人在败诉之后被法院判要承担诉讼费用,包括被告与仲裁员的律师费用,但申请人不支付或付不起,执行也十分困难。

这样一来,仲裁员就要自己承担昂贵的律师费用了。笔者自己就曾经有这种经历,韩国的原告申请赶走笔者(杨良宜)失败后并被香港法院判要承担诉讼费用,后来变了无影无踪。这导致笔者为了作出宣誓书以及其他相关工作的一笔费用(高达 30 万港币)无法取回,最后总算得到被告支付一部分。

1.8 受到攻击仲裁员比较安全的做法

所以,一种做法就是伦敦仲裁员在知道原告这一个法院行动后(通过送达),并且是作为被告之一,很快以文书提出要求,就是要求原告不要求他出庭应讯,并同时答应会在有必要提供给法院解释时做出宣誓书或证人证言,通过双方当事人交给法院。原告一般情况下也只是需要对方当事人作为被告出庭应讯,所以通常都会同意。

有了原告这一个同意,仲裁员就几乎可以肯定不会在他不知情的情况下对他作出判决,要求他承担诉讼费用。而由于仲裁员不应讯出庭,就不应该产生任何律师费用。最多是将来取不回来他为了协助法院作出宣誓书的有关费用(指仲裁员花时间作出宣誓书),但这不是需要支付给第三者,所以仲裁员将其当作是坏账或者是收不回来的工作时间产生的费用,也比较容易接受。

2. 法院传召仲裁员作为事实证人出庭举证

但即使原告同意不要求受到攻击仲裁员出庭或是根据普通法该仲裁员也可以选择不参与,也不代表在有必要的情况下不要求该仲裁员出庭或接受盘问,特别是大家对仲裁过程中的事实有争议,需要仲裁员做出澄清。例如,在开庭时大家讲过的话而且没有"开庭记录"(transcript)。这一来,仲裁员如果需要出庭作为事实证人就有必要知道什么是他必须要讲,什么是他不需要讲或回应。

2.1 仲裁员可否被传召为证人?

这里第一个问题就是仲裁员可否被法院传召为证人?表面看来该问题的答案不明确。这是因为一直有说法是仲裁员与法官的工作性质、内容与地位都十分相似,仲裁员还被称为"私人法官"(private judge)。香港与英国的仲裁法(《香港仲裁条例》之 Section 2GM 与 1996 年《英国仲裁法》之 Section 29)也都尽量拉近两者的距离,并都赋予仲裁员与法官同样的豁免权。这一来,由于在英国法律法官审理案件的事实是不存在传召他为证人,照理说仲裁员也不应该被传召为证人。但由于没有近期的案例,所以这一方面的英国法律地位有一点像在立法前有关仲裁员可否像法官享有豁免权一样,大家有不同的争议且地位不明朗。

这方面虽然没有近期的案例,但在英国普通法下,是有一些比较古老的案例针对过这一个问题。这些案例不大可靠的是当时的大环境对仲裁的看法与今天是很不一样,所以将来贵族院会否作出改变或是通过立法改变难以预测。只说,在目前的英国普通法地位下,按照一百多年前的一个贵族院先例,法院是可以传召仲裁员出庭作为证人。该先例是 Duke of Buccleuch v. Metropolitan Board of Works (Buccleuch) (1871–72) L. R. 5 H. L. 418, Cleasby 男爵是这样说:"With regard to the competency of the umpire as a witness, I am not aware of any real objection to it. With respect to those who fill the office of Judge it has been felt that there are grave objections to their conduct being made the subject of cross-examination and comment (to which hardly any limit could be put) in relation to proceedings before them; and, as everything which they can properly prove can be proved by others, the Courts of law discountenance, and I think I may say prevent them being examined. But those objections do not apply at all to a person selected as arbitrator for the particular occasion by the parties, and he comes within the general obligation of being bound to give evidence. The practice entirely agrees with this; for it is every day's practice for the arbitrator to make an affidavit where a question arises as to what took place before him, and I have known him to be examined as a witness without objection."

这一个先例在接下来的几个案例也有同样的判法。第一个是 Leiserach v. Schalit (1934) 2 KB 353,Humphreys 大法官在处理一个想撤销裁决书的申请时发觉有一个仲裁中的事实无法去认定,他同意一方当事人的申请传召仲裁员作为事实证人,说:"This is a case in which the Court has listened to numerous affidavits, statements in some of which directly contradict the statements in others. It is also a case in which it is essential, in order to do justice, that the Court should be enabled to make up its mind as to the actual facts of the case. In the view of the Court this is an exceptional case, and in this exceptional case the Court has arrived at the conclusion that the only way in which it can satisfactorily deal with the matter before it, is by having the assistance of the evidence of the arbitrators, who, being independent persons, can tell the Court what it is unable to ascertain from a perusal of the affidavits on one side and the other namely, what are the essential facts of the case. On that ground and on that ground only the Court accedes to the application to call as witnesses both the gentlemen who acted as arbitrators in the matter."

第二个案件是 Cooperative Wholesale Society Ltd v. Ravenseft Properties Ltd (No. 2) (2002) S. C. L. R. 644(但这只是一个苏格兰的案例),Hope 勋爵是这样说:"Both the arbiter and his clerk may, however, be called as witnesses to the *res gestae* of the arbitration, that is to say to the actings of the parties, the clerk or the arbiter himself, in so far as these may be relevant to the points at issue in any subsequent litigation. They are in no different position, when dealing with their actings and other matters of procedure, than any other witness who speaks to facts which are within his own knowledge."

2.2 仲裁员作为证人可以提供给法院的证据

如果可以传召仲裁员作为证人,就涉及可向他盘问或能要求他提供证据的范围。显然,仲裁员是不必提供一些与该法院诉讼无关的证据。很多事实证人也会涉及了享有特权的证据可以拒绝提供或回应盘问,但针对仲裁员作为证人就好像不大会涉及这一方面。仲裁员是不会涉及双方的和解谈判,所以不存在有"无损害特权"

(without prejudice privilege)的证据。仲裁员也不会涉及“诉讼特权”(litigation privilege),这种特权主要也就是当事人与律师之间的特权。

在以上介绍的先例中,看来主要可以强制仲裁员出庭提供证据的是有关在他面前发生的事实,特别是一些关系到他的管辖权问题。例如,在裁决书漏掉的一个争议/争端,当事人有否在开庭时提出过或是同意过。或是在裁决书针对的一个争议/争端,双方当事人有否在开庭时针对过。这种争议在以前的仲裁出现比较多,因为没有太多太好的文书记录。而主要就是依靠出庭争辩,开庭如果有一个速记员已经很好了,因为费用并不低。通常只是由双方代表律师与仲裁员自己尽量记录每一个字,也不会在每一天开庭后互相核对与纠正自己的记录,故此这种记录有错误或者遗漏是完全有可能的。事实上,法律也没有要求仲裁员必须作出文书记录,所以经常会有仲裁员在一个简短的开庭根本没有任何的记录或只是针对要点作出记录。这带来一种情况就是双方当事人如果对仲裁程序中,特别在仲裁员面前开庭的某一个事实有争议,会是仲裁员可以作为一个最理想的事实证人。

这可节录 Cleasby 男爵在 Duke of Buccleuch v. Metropolitan Board of Works (Buccleuch) (1871 - 72) L. R. 5　H. L. 418 先例中的说法如下:“Being competent generally, it follows that he may be questioned as to what took place before him, so as to shew (show) over what subject-matter he was exercising jurisdiction. He might, therefore, prove that a claim was made for compensation in respect of one matter, A. , and also in respect of another matter, B. , and that both were entertained without objection; or he might prove that claim B. was objected to and rejected, or that it was after objection received. He might, in short, give any evidence for the purpose of shewing (showing) what was the subject-matter into which he was inquiring, and upon which his judgment therefore was to be founded. This would enable us to judge whether he was acting within his jurisdiction or not, for a person exceeds his jurisdiction by prosecuting a judicial inquiry in a matter over which he has no jurisdiction, quite independent of the judgment eventually given. And it deserves notice, that as to this evidence the umpire would be no better witness than any other person, and would not have it in his power afterwards, by his own evidence, to sustain or destroy the award. He could be corrected by any other person present at the proceedings, including the short-hand writer, if there was one.”

在同一个先例,Cairns 勋爵也补充说从仲裁程序开始到要作出裁决书的整个阶段所发生的事实都可以向仲裁员取证。显然,这一阶段也包括了开庭。他是这样说:“As regards the reception of the evidence, in my opinion the line has been most properly and accurately drawn by Mr. Baron Cleasby. It appears to me that upon every point which may be considered to be a matter of fact with reference to the making of the award, the evidence of the arbitrator or umpire was properly admissible. He was properly asked what had been the course which the argument before him had taken what claims were made and what claims were admitted; so that we might be put in possession of the history of the litigation before the umpire up to the time when he proceeded to make his award. But there it appears to me the right of asking questions of the umpire ceased ."

在 Ward v. Shell Mex and BP Ltd (1952) 1 K. B. 280 先例中,Streatfield 大法官说:"It seems to me that as applied to an arbitrator, still more so to one of two arbitrators, that case is illuminating and indicates that although an arbitrator may be called on to give evidence as to what took place in the hearing before him, what issues were raised, and so on, it is not competent, nor is it relevant, for him to explain, and still less vary, the award which he gave and which must stand upon its own footing."

在上述已经介绍过的苏格兰案件 Cooperative Wholesale Society Ltd v. Ravenseft Properties Ltd (No. 2)中,Hope 勋爵也说:"Where an action for the reduction of an award depends on facts which are not agreed, a proof will be required. The normal rule apply in such cases in order to determine what evidence is admissible and by what method disputed facts may be proved. The arbiter himself, however, is in a special position, because once he has issued his award it is not competent for him to modify or explain it in any way. He may be examined as a witness for certain purposes, particularly as to his actings in the course of the submission where it is suggested that some irregularity has occurred. It has also been held to be competent to examine him as to what matters he took into account in arriving at his award when it was alleged that he had proceeded *ultra fines compromissi* in a way which was not apparent from the face of the award. An arbiter should be allowed the opportunity to protect himself against an allegation of misconduct, such as that he failed to determine a matter which was properly before him, by giving evidence as to what he did decide."

上述所讲的双方会对仲裁过程中的事实有争议的情况,在今天的仲裁做法下应该会大幅度减少。首先就是现在的仲裁中所有程序都尽量以文书的方式进行,如开庭陈词或是结案陈词,开庭在国际仲裁中也几乎一定有开庭记录,把开庭过程中大家所讲的每一句话都记录下来。这导致了对于仲裁程序中发生的事实不会因为没有记录而令双方产生争议。如果是有清楚的开庭记录且通常在开庭完毕的一天就已经可以把开庭记录提供给双方当事人与仲裁庭,双方还是对某一项事实的开庭记录有争议,也没有必要再传召仲裁员让他根据记忆来对某些事实举证,而是可以在第二天的开庭搞清楚这一点。这导致了在今天要求仲裁员对开庭中发生了的事实作为证人没有必要。

2.3 笔者的相关经历

但没有开庭记录的情况现在也不是没有,笔者(杨良宜)在以前处理案件时就有相关经验。这是一个有关"镀锌铁"(galvanized steel)买卖合约的争议。案情是该批货物在到达中国卸港后,根据商检结果,发现大量生锈而且商检认为生锈是由于已经生产后很久才会发生。换言之,怀疑卖方把一批旧货当新货卖给中国买方。于是中国买方根据买卖合约开始了香港仲裁,笔者代表中国买方并且很快双方都委任了各自的仲裁员。中方委任的是一位有名的香港执业律师(一位英国人),欧洲的卖方作为被告委任的是一位英国的教授。为了节省时间与费用,双方也同意不需要委任第三位仲裁员,而仅仅由该两位仲裁员处理程序上的问题已经足够。之后双方法律代表和仲裁员召开了一个面对面的"预先会议"(preliminary meeting)商讨接下去的仲裁程序如何进行。由于只是讨论程序上的问题,所以在该预先会议上并没有安排现场的录音以及开庭记录。在预先会议中途,对方委任的仲裁员显然并不很熟悉仲裁,随口就讲出"这票货物之所以会生锈显然是因为航次时间比较长"这一句对中国买方十分不利的话。当时笔者代表的一方很吃惊,因为双方只是刚开始文书请求,什么证据也没有提供,凭什么能够得出这样的结论? 至于争议是有关镀锌铁生锈以及航次时间比较长,这有可能只是卖方律师在委任他时所作的简单案情介绍。该律师所有一定的名气,所以估计也不会是在委任时就过度的影响他,毕竟这样做是不专业与不道德的。

于是笔者立刻就要求暂停预先会议,在与当事人私下讨论后决定要当场对该仲裁员的言论提出抗议,并要求他辞职。预先会议重开之后,在笔者提出了卖方仲裁员这一句不当的话之后,卖方代表律师马上否认听到过这一句话,他们的文书记录下来的只是完全中性的一句"这票货物之所以会生锈,航次时间的长短也是本案的一个考虑因素"。这一来,双方的法律代表就只能要求仲裁庭表态,毕竟卖方仲裁员有可能会有风度的承认讲错话而答应辞职或者保证自己并没有在开庭审理前就作出预先的决定。原来,仲裁庭也没有对所有的发言作出记录,所以不存在有文书的证据。但中方委任的买方仲裁员很快表明他听到的也好像是卖方律师所听到的一句。结果预先会议就在这种不愉快的情况下草草结束,接下去就是很快中方委任了一位著名的大律师,试图赶走卖方委任的仲裁员。但这里最大的考虑就是证据十分有问题,估计成功机会很低。而其中与大律师的会议中大家也谈到了传召两位仲裁员出庭接受盘问的可能性,但认为卖方仲裁员在有了买方仲裁员支持的情况下,是不会承认他说过这句话的。至于买方仲裁员,由于他是一位著名的律师,恐怕盘问也不大可能有结果,反而会得罪他。所以结果不了了之,只是在事后的仲裁程序中多次请求两位仲裁员要客观根据证据看待这个争议。可惜的是,中方最后还是败诉,而且就是在这一点。

2.4　加拿大的一个有关案件介绍

根据英国普通法地位的分析,已经介绍过的是仲裁员可以被传召作为证人。毕竟,在很多这种申请中,仲裁员会提供给法院宣誓书或证人证言解释有关的事实。既然这样做,就没有理由不可以传召他接受盘问。现在也可以看其他重要普通法国家在这一方面的地位,这就是加拿大。在《Dispute Revolution Journal》1998 年第 5 期中就介绍了一个加拿大的仲裁的文章,作者是 Norman Fera 律师。案件涉及了败诉的一方向法院申请要求撤销该裁决书,理由之一是裁决书对一个双方从来没有要求处理的一个争议/争端作出了裁决。在该案例,涉及的是双方当事人原来同意开庭处理两个争议/争端的其中一个,并作出中间裁决书。但结果是在开庭后独任仲裁员把两个争议/争端都作出了最后的裁决。在申请人/原告代表律师所作出的宣誓书里,有说明在整个仲裁的开庭程序中,仲裁员都没有告诉他们另一个争议/争端也会被仲裁员作出最后的裁决。注意是该次开庭并没有安排开庭记录。而事实上,该裁决书写得比较不明朗与矛盾,特别是针对仲裁员可以裁决哪一些争议/争端的管辖权。

在开庭前的几天即 10 月 14 日,被告的代表律师写了一封信函给受到攻击的仲裁员,向他查问有关的记忆。该信函虽然是注明抄本给申请人/原告的代表律师,但实际上隔了几天,到了 10 月 18 日才传真给了原告代表律师。而在同一天,仲裁员就已经针对被告律师的信函作出了回复,说:"My recollection is that the question of whether the hearing would be for a final or interim decision was discussed at the outset of the hearing, when I asked for clarification about the issues that were before me. At the beginning of the hearing, I expressed my uncertainty as to the issues that were actually before me; i. e. , whether both... [2 个争议/争端] were before me and whether the award I would make would be interim or final. We discussed this, and counsel for the parties agreed that both... [2 个争议/争端] were before me. It is my recollection that at the end of submissions, when we were gathering up the documents, we all acknowledged that the Arbitration Agreement, as originally drafted, only referred to... [第一个争议/争端] and should also have referred to... [第二个争议/争端].... You and... [申请人/原告的代表律师] attended to amending the first clause and you both initialed the change."

申请人/原告的代表律师对延误收到被告律师给仲裁员的信函很不满,因为这是剥夺了他可以跟进的机会,让仲裁员听了双方意见/看法才作出回应。发展下去是被告律师传召该独任仲裁员作为证人并把传票送达给他。但申请人/原告代表律师表示反对,在给被告律师的信函中说:

"(1) Expanding on what we stated earlier [指昨天的信函], we believe the continued involvement of the Arbitrator is improper. The Arbitrator rendered [在裁决书作出了她的决定] and reasons for decision as set out in the Arbitration Award. The appeal and review are based on that Award and the record. It is inappropriate to further attempt to involve the Arbitrator as this could lead to the perception that the Arbitrator... is intent on upholding that particular Award or is now part of the respondent's cause as to why... [the] decision should not be appealed and reviewed or that there is an attempt to interfere with the right of the parties to have the matter judicially considered.

(2) The record must stand as is. It cannot be amended, buttressed, further explained or justified after an appeal/review [has been] launched. The procedures followed at the [arbitration] hearing must be ascertained from the record. In procedural matters, the appearance of what was done is as important as what was actually done.

(3) Since your request for the Arbitrator's recollections were forwarded to me on the same day the Arbitrator responded, the objection not to have been made aware of your contact with the Arbitrator in advance and not to have had an opportunity to respond to your request to the Arbitrator before the Arbitrator responded remains."

在 Norman Fera 律师的本文章中,他大力抨击传召仲裁员作为证人,认为这是允许一些不安好心的做法,以这种办法攻击一位仲裁员,通过盘问等显示他并不公正。他是这样说:"One wonders whether inherent in the right and process of calling arbitrators as witnesses, there is a tendency to involve the parties or their counsel in sharp practices, to sully those that have acted as third-party neutral arbitrators and to cast doubt on the very fairness of the judicial review process. There is little hyperbole in those suggestions when one considers that, in the case being discussed, the review/appeal process was started based on the written record available to all parties and that at the eleventh hour, just before the award was to be judicially considered, "recollections" of the arbitrator were obtained to challenge the legitimate grounds that had originally presented themselves and which had been put forward in good faith as appropriate to support a judicial review."

Norman Fera 律师也认为在法院的上诉不存在把下级法院的法官传召作为证人,就没有理由针对仲裁有这种做法,说:"Accordingly, as a general principle, there should be no generally imposed rule that permits one party or the other to summon the arbitrator to explain herself or himself under oath where an appeal and/or review of the arbitration award has been instituted. No such requirement is imposed by the appellate or review courts on their inferior courts and arbitrators should be accorded similar deference, especially in light of the fact that they have been personally selected by the disputants who have specified the forum and directed their minds as to what will and will not be brought before the courts."

Norman Fera 律师也认为允许这样做与现在法院尽量鼓励而不干预仲裁的环境是不相符的,如果允许这样做就大大增加了法院干预仲裁的机会。最后,Norman Fera 律师也建议让仲裁员享有特权,甚至在仲裁协议中双方约定(虽然这种做法应该是不现实的)如在仲裁后任何一方不得在取得对方同意前接触仲裁员或要求仲裁员作出任何的解释;向法院提出任何救济只能是根据裁决书与开庭记录等已经存在的文件证据,而不能加以补充例如是仲裁员事后的回忆;最重要的是双方同意不能传召仲裁员作为证人。

2.5 美国以及其他国家与香港在这个问题上的地位

值得一提的是 Norman Fera 律师的本文章提及美国上诉庭的一个先例:Teamsters Local 312 v Matlack Inc., 118 F. 3d 985,下级法院认为即使在一方当事人反对下仍要求仲裁员出庭举证,但上诉庭改变了这一判决,认为在一般情况下不应该要求仲裁员出庭举证,而一般的情况仅是看文书的记录就已经足够。

由于在国际仲裁中,仲裁员是有可能将其他国家作为仲裁地点参与仲裁并作出裁决书,而该裁决书在法院受到质疑,所以有必要知道作为仲裁员会否有危险被要求出庭举证。所以,笔者在这里也简单的介绍少数的其他国家有关这一方面的态度。

首先是在挪威的先例 Supreme Court, Appeals Committee, 14 Mar. 2008 (Trygg-Hanso Forsakringsaktiebolag v. If Skadeforsakring AB), unpublished,涉及一个以奥斯陆为仲裁地点作出的裁决书,挪威法院要求首席仲裁员出庭举证澄清裁决书的部分实质内容。

另一个例子涉及泰国的法院,这在刊物 ICC International Court of Arbitration Bulletion-Vol. 20/1 – 2009 的文章 The Role of the Arbitrator in the Execution of the Award 中有提到如下:"The second example, which is even more worrying, concerns an experienced Swiss arbitrator who had chaired an arbitral tribunal in an international dispute involving a Thai company. After rendering the award, the arbitrators was called by the Thai court in which the award had been challenged. Rightly or wrongly, the court considered that this was a domestic arbitration and that the arbitrator could be required to give explanations, as Thai court procedure allows."

该文章也有提到瑞士的法律也会有这种麻烦,说:"An example is Swiss law on post-arbitration litigation, which provides that arbitrators may be called upon for the purposes of actions brought in the Federal Tribunal against awards they have rendered. This is an interesting approach, insofar as it clearly shows that arbitrators cannot abandon all interest in the fate of their awards. Usually, the Federal Tribunal asks the arbitrator if he or she has any comments to make, the arbitrator chooses to reply or not to reply, and the matter stops there. Sometimes, however, the Swiss court goes further, as in the *Fund* [Swiss Tribunal federal, 19 Feb 2007 (B. Fund Ltd), ATF 133 III 139, Rev. arb. 2008. 758, Annot. P.-Y. Tschanz & I. Fellarth Gazzini] case, where a search was made in the offices of the chairman of the arbitral tribunal, leading to the confiscation of all the documents and minutes of witness hearings in the arbitration proceedings. Even though this may have been a special case, with a criminal dimension to it, it shows that the offices of arbitrators can now be desanctuarized!"

该文章也带来了至少两个问题,一是仲裁员在作出了裁决书之后,是否还有提供"事后服务"的责任?如果仲裁员或是仲裁庭拒绝提供这一事后服务,向有关的仲裁地点法院作出解释而事后裁决书被撤销,这会否导致原来的胜诉方对仲裁庭不满甚至提出索赔损失?二是有关这些工作的费用问题,特别是在一种情况下,仲裁员被有关的法院强制去法院举证。这一来,会带来时间的损失与费用,特别是仲裁员并非居住在仲裁地点。会是该仲裁员试图说服有关法院允许他作出书面解释以节省费用,但这一要求不一定被接受。所以,一种安全的做法就是在仲裁员被委任时,把这一项可能会产生的时间损失与费用也一并明示加在委任的条件中,并要双方当事人负上共同与连带责任。虽然在现实中,这种做法非常罕见,但如果是动辄仲裁员在作出裁决书后会受到这种牵连与被逼去一些法院举证,难保这一种看来过分罕见的做法会普遍起来。

最后一提的是根据《香港仲裁条例》附表5的《联合国示范法》,也就是适用在香港国际仲裁的一套程序法,其中Article 5规定香港法院除非在有明示规定的情况下是不能够干预仲裁的。而对仲裁员能否就他仲裁的案件被法院传召为证人,《香港仲裁条例》中没有条文针对。所以在对这个问题香港法院到底会持何种态度现在还不明朗。

2.6 仲裁员作为证人被传召时不必说的内容

2.6.1 内容之一:关于裁决书的内容

现在讨论英国的普通法的地位,就是可以传召仲裁员出庭举证。但仲裁员指称他是尽量客观与没有任何偏见这种说法也不会有任何分量:Re Medicaments & Related Classes of Goods (2001) 1 WLR 700。

比较重要的不必说的内容是在上述介绍的贵族院先例Duke of Buccleuch v. Metropolitan Board of Works (Buccleuch) (1871 -72) L. R. 5　H. L. 418中有清楚提到一方面的问题是不能向仲裁员盘问或仲裁员也不需要举证,这就是有关裁决书的内容。这里有如下原因:一是裁决书与其他的文件一样,所有的内容就在文件的本身,所需要的只是对这份文件作出解释。这好像是一份双方已经最后签署的合约,英国一贯是不允许"外部证据"(extrinsic evidence)或制作文件一方的"主观想法"(subjective intention)改变一份内容清楚明确的文件本身的。二是仲裁员作出裁决书之后,再也没有权力对实质内容作出任何改变或否定。即使是裁决书错得离谱需要对当事人作出救济(如把裁决书撤销或允许对法律观点错误上诉),这也是法院的事情。允许盘问仲裁员在裁决书中所写的到底是不是他真实的想法并不明智。因为仲裁员的答案如果是肯定的,估计绝大多数也会是这样,而且其他人也很难对这种纯粹主观的想法作出反驳,那么这个盘问也就变得没有意义。但如果仲裁员的答案是否定的,考虑到仲裁员对裁决书作出的决定已经是"履行职责完毕"(functus officio),没有权力更改裁决书。而以这一理由向法院要求对裁决书作出救济的时效也早已过去。反而,可能会造成为这一裁决书的执行,特别在外国执行带来困难。

这一方面也可以节录有关的先例,首先就是Cleasby男爵在Duke of Buccleuch v. Metropolitan Board of Works (Buccleuch) (1871 -72) L. R. 5　H. L. 418中所说:

"As soon as the award is made it must speak for itself. It must be applied, as in other cases, by extrinsic evidence to the subject-matter, but cannot be explained or varied or extended by extrinsic evidence of the intention of the person making it. There appear to me to be the strongest objections against allowing the umpire to be examined for the purpose of shewing (showing) what he intended to be included in the award.

In the first place it is (and, indeed, must be) a written instrument, and the general rule is applicable, that its effect must be collected from the instrument itself. The subject-matter to which it is applicable is ascertained by proof of the subject-matter of the inquiry. I cannot think that if the umpire admitted upon the inquiry claims A. and B., and made a general award of one sum for compensation, he could be allowed to prove that in arriving at that award sum he had rejected claim B. from the computation, or *vice versa*, if he had rejected claim B. upon the inquiry could he be allowed to prove that he had included it in the computation.

The award taken by itself is something certain and fixed, and settles the rights of the parties; but if evidence be admitted of the intention and state of mind of the umpire when he made it, its certainty is destroyed, and its effect depends upon his memory, clearness of intellect, and perhaps upon his views and wishes taken up afterwards. Surely it would be a most dangerous thing, after an award has been made which becomes of itself the foundation of a right, to allow any one to retain the power of explaining it away, or even of defeating it. We can properly investigate the acts of a Judge or arbitrator in prosecuting a particular inquiry, and his judgment founded upon it; but how can we investigate his secret thoughts or intentions? He is the only master of them, and what he says must be conclusive, as there is nothing which can contradict or explain it."

其他贵族院的大法官也是认同,其中Cairns勋爵说:"... The award is a document which must speak for itself, and the evidence of the umpire is not admissible to explain or to aid, much less to attempt to contradict (if any such attempt should be made), what is to be found upon the face of that written instrument."

而另一个大法官Chelmsford勋爵也提到不能盘问仲裁员有哪一些考虑决定裁决书中的赔偿金额,因为这一方面的决定纯粹是仲裁员的裁量权。他说:"... The Defendants were not at liberty to go further, and to ask the umpire what were the elements which entered into his consideration in determining the quantum of compensation. Within the limits of the reference the amount to be awarded was entirely in the direction and judgment of the umpire."

在苏格兰案件Cooperative Wholesale Society Ltd v. Ravenseft Properties Ltd (No. 2) (2002) SCLR 644中,Hope勋爵说:"The general rule is that an arbiter is not a competent witness regarding his award. Accordingly he may not be called as a witness to explain or control his award when action is being taken to put it into effect. His written decree arbitral is the only evidence of his decision which is admissible, and the natural rules as to the exclusion of extrinsic evidence apply. Furthermore, since he is *functus* as soon as he has issued his award he is unable to do anything to alter or modify its terms."

2.6.2 内容之二:仲裁庭成员之间的合议

这一问题在独任仲裁员的情况下是不存在的。但今天国际仲裁中多数都是涉及三位成员的仲裁庭,特别是其中两位由当事人委任,而当事人委任的仲裁员在现实中有可能偏向委任他的一方,至少会保证该当事人所提出的观点是有被仲裁庭充分考虑的情况也的确存在。所以他们之间通过"合议过程"(deliberations)而达致一个一致或者多数人的决定时,该合议的过程就成为一个需要在仲裁庭成员之间讨论的问题。这方面的机密十分重要,以下作出探讨。

3. 仲裁庭合议的机密性

3.1 有关仲裁庭合议的机密性的指引

仲裁员之间的合议是贯穿在整个仲裁程序中,而并不是等到作出最后裁决书时才有。例如,在决定一些重要的中间程序时,就已经有针对这些决定的合议。至于这些合议是怎样的过程,现实中可以说是五花八门。这方面很少会有法律的指引,如在1996年《英国仲裁法》或者《香港仲裁条例》根本没有涉及这一方面。在一些仲裁机构的规则里,也是不多。但还是可以挑得出,如在ICSID仲裁规则的第16条,就有以下的规定:"1. The deliberations of the Tribunal shall take place in private and remain secret. 2. Only members of the Tribunal shall take part in its deliberations. No other person shall be admitted unless the Tribunal decides otherwise."

在"伦敦国际仲裁院"(London Court of International Arbitration,简称LCIA),是仲裁规则30.2规定如下:"The deliberations of the Arbitral Tribunal are likewise confidential to its member, save and to the extent that disclosure of an arbitrators refusal to participate in the arbitration is required of the other members of the Arbitral Tribunal under Article 10.12 and 26."

另外在"国际律师协会"(International Bar Association)的《国际仲裁员执业道德规则》(《Rules of Ethics for International Arbitrators》)中也有规定:"The deliberations of the arbitral tribunal, and the contents of the award itself, remain confidential in perpetuity unless the parties release the arbitrators from this obligation. An arbitrator should not participate in, or give any information for the purpose of assistance in, any proceedings to consider the award unless, exceptionally, he considers it his duty to disclose any material misconduct or fraud on the part of his fellow arbitrators."

上述条文中提到合议过程是保密的这一点将作为讨论的课题,以下看一下普通法下对这一问题目前的看法与地位。

3.2 合议的机密性

有关仲裁本身的机密性已经有很多文章和书籍探讨,《仲裁法——从1996年英国仲裁法到国际商务仲裁》第十三章也有专门针对。但是仲裁本身的机密性是指仲裁程序对于非相关方是保密的,而合议的机密性是指仲裁员之间对于程序的决定或者裁决书的裁决合议的过程对于当事人和他们的代表律师是保密的。

合议的机密性在英国普通法是早在 Duke of Buccleuch v. Metropolitan Board of Works (Buccleuch) (1871 - 72) L. R. 5 H. L. 418 已经有涉及,其中有说明是从仲裁程序开始到要作出裁决书的整个阶段所发生的事实都可以向仲裁员取证,但裁决书最后怎样达成一致或多数的意见,仲裁员的思维过程与裁决书内容背后的想法是不能向他取证的,而法院也不会调查。这样做也就是保证这一个过程的机密性。显然,这后一个阶段如果仲裁庭多于一位成员,也就包括了他们之间的合议,当事人不能向仲裁庭取证,仲裁庭也无需或不应该提供,这可称为是"合议的机密性"(deliberation secrecy)。合议的机密主要是为了保护合议过程中的独立性,它让个别的法官或者仲裁员可以自由作出意见或决定,而不必事后为他的思维过程做出解释或担心受到批评。虽然,他们的最后决定根据当地的法律有可能被上诉而推翻,但这只是根据判决或者裁决书的内容,不影响合议的机密性。有关这一点,可节录加拿大的案例 Noble China Inc. v. Lei Kat Cheong (1998) O. T. C. LEXIS 2175 其中的一段如下:"The purpose of the rule on deliberative secrecy is to preserve adjudicative independence so that adjudication occurs with circumspection, reflection and in freedom. As is so well-expressed in the Ellis and Aterman Article, 〈Deliberative Secrecy and Adjudicative〉, at p. 179: 'This freedom from scrutiny this principle of sanctuary for the decision-making process enables judges to reflect on the evidence without restriction, to draw conclusions untrammeled by any subsequent disclosure of their thought processes, and, where they are so inclined, to change these conclusions on further reflection without fear of subsequent criticism or of the need for subsequent explanation.'"

合议的机密性还有其他很重要的原因,就是可以保证任何形式的裁判庭的成员在参与作出集体决定时能够将自己的想法畅所欲言,甚至将一些很尖锐的意见表达出来。如果他担心自己所说的话将来会传出去让受影响的人士知道,就会变得瞻前顾后,如对某些人士(不论是当事人、代表律师、专家证人或事实证人)的评价。所以在 Agnew v. Ontario Association of Architects (1987) 26 OAC 354,加拿大法院针对当地建筑师学会的一个会员资格评审小组,也给予他们成员之间合议的机密。

但也有说法就是这些"行政的裁判庭"(administrative tribunal)所享有的合议的机密权利比不上"司法的裁判庭"(judicial tribunal),原因是前者需要法院监督其合议的过程符合自然公正与不能是"独断独行"(arbitrary)。这在 Tremblay v. Commisision des affaires socialles et 90 D. L. R. (4th) 609 案例中,是说:"Accordingly, it seems to me that by the very nature of the control exercise over their decisions administrative tribunal cannot rely on deliberative secrecy to the same extent as judicial tribunals. Of course, secrecy remains the rule, but it may none the less be lifted when the litigant can present valid reasons for believing that the process followed did not comply with the rules of natural justice."

如果上述谈到的行政裁判庭的成员违反了合议的机密性而将合议过程的内容讲出去,则裁判庭的其他成员可以向法院申请对该违反者的“封口令”(gagging order)。

3.3 有关合议机密的案例介绍

现在继续探讨仲裁的合议机密,以下可以逐个介绍三个关系到这一方面的案例。第一个是 Noble China Inc. v. Lei Kat Cheong (1998) O. T. C. LEXIS 2175,第二个是瑞典法院的 The Czech Republic v. CME Czech Republic BV (Transnational Dispute Management. Vol. 1, Issue #02—May 2004),第三个是中国厦门法院的马绍尔群岛第一投资公司(First Investment Corp [Marshall Islands])诉福建省马尾造船股份有限公司。

3.3.1 案例之一:Noble China Inc. v. Lei Kat Cheong (1998) O. T. C. LEXIS 2175

本案涉及的是一个在加拿大渥太华进行的仲裁,原告 Noble 委任了一位御用大律师作为他的仲裁员,名为 D. W. Griffiths。被告 Lei 委任了高宗泽先生为他的仲裁员。在委任第三位仲裁员组成仲裁庭时,高先生认为需要找一个懂中英文的人士。结果就同意了一位在温哥华 UBC 大学亚洲法律研究所的教授 P. B. Potter 博士为第三位仲裁员。1998 年 4 月 30 日仲裁庭作出裁决时,只有 Griffiths 与 Potter 两位先生的签字,高先生拒绝签署裁决书。所以裁决书中相应也有一句话“高先生对裁决书持有不同的意见而拒绝签署”(Mr. Gao respectfully dissents from the award and declines to add his signature)。显然裁决书的结果是多数意见判 Noble 胜诉。在裁决书作出之后的 1998 年 7 月 22 日,高先生就提供了给败诉方 Lei 先生的代表律师一份宣誓书。宣誓书的内容主要是攻击其他两位仲裁员有种族的偏见,包括对败诉方证人的偏见。在第二天,Lei 先生的加拿大律师就向加拿大法院申请撤销该裁决书,依据的就是高先生的宣誓书。Noble 的加拿大律师之后向法院申请不能接受高先生的宣誓书,这被加拿大法院接受,Lax 大法官同意该宣誓书违反了合议的机密性,并判他不能在这一方面举证,所以宣誓书不能被接纳为证据,说:“There is ample authority that Mr. Gao is not competent to give evidence on these matters and his affidavit is inadmissible.”

但其中 Lax 大法官针对高先生的宣誓书与他本人也有说法。首先对该宣誓书的拟定过程感到怀疑,说:“The manner in which Mr. Gao's affidavit came to be prepared and sworn is not disclosed, but English is not Mr. Gao's primary language. It was for this reason that he agreed that Professor Potter and Mr. Griffiths would draft the award and that he would comment on it. The language and style of the affidavit is inconsistent with the language and style of correspondence from, Mr. Gao, but is consistent with an affidavit which would be prepared by an Ontario lawyer for presentation to an Ontario court. The court is left with the impression that it was prepared by Mr. Lei's lawyers and that drafts of it may have been in preparation without disclosure to Professor Potter and even while Mr. Gao was engaged in discussions with him about the content of the dissent and the manner of its release. ”

此外,Lax 大法官也对高先生指控第三位仲裁员 Potter 博士种族偏见不以为然,考虑到 Potter 博士是被高先生同意后才委任为第三位仲裁员,因为他了解中国法律与中国人,说:“On the issue of racial bias and prejudice, no evidence relating to racial bias on the part of arbitrator Potter is advanced, apart from Mr. Gao's unsupported opinion that, I became convinced that both Mr. Potter and Mr. Griffiths were racially biased against Mr. Lei and his witness. ' Insofar as arbitrator Potter is concerned, the validity of Mr. Gao's opinion may be tested with reference to Professor Potter's experience and credentials. Is it reasonable to think that a person who has devoted his entire professional life to studying China and who was selected for this arbitration because of his particular understanding of Chinese law, the Chinese people and the relations between China and the West is a person likely to be racially biased against Mr. Lei and his Chinese witness. ”

最后节录的是 Lax 大法官针对高先生说:“The court may not act on impressions and I do not do so. In my opinion, these other events when viewed objectively, demonstrate Mr. Gao's lack of respect for the arbitral process. It so misconceives his role as an adjudicator, that it is remarkable. By it, Mr. Gao descended into the arena from an early time and became an advocate for Lei. He did this notwithstanding that the parties (including Lei) had agreed that the arbitration was to be confidential and notwithstanding that his disclosure prevents the other arbitrators form defending their integrity unless they do likewise or the court intervenes. The inherent unfairness to the personal reputations of the other arbitrators, the willingness to breach the confidentiality of the arbitral process to which the parties had agreed and the disregard to the confidentiality of the tribunal deliberations to which the arbitrators, as a matter of common law, are bound, is, to say the least, disturbing. ”

3.3.2 案例之二:The Czech Republic v. CME Czech Republic BV (Transnational Dispute Management. Vol. 1, Issue #02—May 2004)

本案是一个非常有名的瑞典案例。案情涉及的是一个根据“双边投资协议”(Bilateral Investment Treaty 或简称 BIT)的仲裁。荷兰的 CME Media 公司与背后控股的美国 Ronald Lauder 先生在捷克投资一家电视台。产生争议后,美国的 Lauder 先生则根据美国与捷克的 BIT 在伦敦开始向捷克政府提起仲裁,而荷兰的 CME 公司根据荷兰与捷克的 BIT 在瑞典的斯德哥尔摩开始向捷克政府提起仲裁,虽然两个仲裁根据的 BIT 不同,申请人也不同,但争议的内容都是类似的。在伦敦进行的仲裁首先有了裁决书,而且判虽然 Lauder 先生证明了捷克作为“东道国”(host country)有违反 BIT 之处,但 Lauder 先生并没有证明该违反对他造成了损失。可以说,在伦敦仲裁是捷克政府胜诉。但是在瑞典的仲裁,不同的仲裁庭则判是荷兰的 CME 公司不仅证明了捷克作为东道国有违反 BIT 之处,并且造成了 3.5 亿美元的损失。接下去就是捷克政府向瑞典法院申请撤销该裁决书，理由有好几个，如“一事不再审”、仲裁庭合议时没有捷克政府委任的仲裁员的参与等，以下只详细介绍第二个理由。

首先是该判决并没有针对合议的机密性，瑞典法院是接受了有关合议的证据并分析到底捷克政府的申诉是否能够成立。判决中是接受仲裁庭之间必须要有合议，不得排除任何成员的参与。但为了希望尽快与有效地推进合议的过程，就可能需要定下时间表，如给仲裁庭成员发表意见定下一个最后限期，这也可以防止其中有个别仲裁庭成员故意拖延而破坏整个仲裁程序。

在 2001 年 5 月 2 日，瑞典的仲裁开庭完毕，仲裁庭的三位成员很快于 2001 年 6 月 1 日在德国的 Dusseldorf 有一次会面并口头进行合议。证据看来是开庭后在这一段很短的时间内，捷克政府委任的仲裁员并没有被排除在合议外。在这一段短时间内，首席仲裁员拟定了一连串的问题给其他两位仲裁员，并要求他们增加一些问题，而两位当事人委任的仲裁员也都有这样做。该份问题的清单就作为口头合议讨论的基础。口头合议进行了一天半，据首席仲裁员与 CME 委任的仲裁员所提供的证据，该口头合议中发言最多的就是该捷克政府委任的仲裁员，不存在对他有任何的排除。瑞典法院根据证据认为在口头合议中，捷克政府委任的仲裁员就已经明确了持有“不同意见”(dissenting)。这与该仲裁员的说法是到 2001 年 9 月 3 日才明确是不同意见的说法有出入且不被接受。瑞典法院认为在一位仲裁员持不同意见后，他在参与仲裁庭的合议时角色就有了改变。其他多数意见的两位仲裁员就认为他的参与和意见就变得不重要了。最后结果就是捷克政府撤销裁决书的申请不成功。

3.3.3　案例之三：马绍尔群岛第一投资公司(First Investment Corp [Marshall Islands])诉福建省马尾造船股份有限公司

这是一个伦敦仲裁，涉及原告的希腊船东指称马尾船厂拒绝履行 8 艘船舶的“选择加建船舶合约”(optional agreement)而构成毁约。希腊船东委任 Bruce Harris 先生作为仲裁员，马尾船厂委任了前贸仲的秘书长王生长先生作为仲裁员，该两位仲裁员则委任 Martin Hunter 先生作为第三位仲裁员。开庭是于 2005 年 9 月 17 日在伦敦进行。到了 2006 年 1 月 21 日，Hunter 先生给了两位仲裁员第一稿的裁决书，判马尾船厂败诉并要赔偿希腊船东 5000 万美元的损失。到了 2 月 12 日，王生长先生向其他两位仲裁员提出他的保留意见。之后在 Bruce Harris 先生也提供了他的意见之后，Hunter 先生在 3 月 25 日作出第二稿的裁决书。但事实上王生长先生已经在 3 月 20 日被天津市人民检察院刑事拘留，根本没有机会看到第二稿的裁决书。估计两位仲裁员也很快得知这个消息，并于 3 月 31 日把裁决书定稿。在 5 月 3 日，Hunter 先生致函双方当事人说：“作为十分特殊的情况，我仅代表我自己和 Harris 先生致信双方当事人，而非代表整个仲裁庭 …… 最终的仲裁裁决(包括除了费用之外的所有争议)已在我的桌面上放了一些时间。裁决已由 Harris 先生和我签署，但未标明日期。仲裁庭经过广泛合议之后，已按照多数意见达成了有争议问题的决定。王先生全程参与了整个合议的过程，他确认将签署该裁决书，但对其中的部分内容作出保留，他计划在将仲裁裁决通知当事各方时,在裁决之后附上其保留意见。王先生实际上已经在今年2月将保留意见的草稿发给我们,此草稿也已摆在我的桌面上。但是,近两个月来,虽然我们多次给他发传真和电子邮件,但均未得到其直接的回复。通过第三方渠道,Harris先生和我得知王先生已被中国当局出于调查的目的拘留。"

这事实上就带来一个说法,如果合议已经告一段落,Hunter先生和Harris先生是完全可以以多数意见作出裁决书。但如果合议还没有告一段落甚至还没有开始,就不应该这样做,否则双方约定的三位成员的仲裁庭实际上就变为只有两位私下作出决定,这显然是管辖权方面也有问题。Hunter先生与Harris先生以及胜诉的希腊船东显然认为合议已经告一段落,而王生长先生也能够充分提供他的意见,就是在2月12日的保留意见。对这方面的认定可以说是不稳定,甚至王生长先生在2月12日的保留意见是怎样的措辞也会有很大影响。如他说以下是我部分的保留意见而不是说以下是我所有的意见,或是说我希望进一步听听你们的意见等的措辞,都表示合议还在继续。其中也有证据显示王生长先生在被捕前的2月16日曾经发电邮给其他两位仲裁员提出可以举行一次见面的合议。厦门海事法院最后判是王先生没有全程参与合议,他的参与只是第一稿裁决书的审议,所以裁决书无效与不能根据《纽约公约》获得承认与协助执行。以下可部分节录厦门海事法院判决的内容:

"本案仲裁条款虽然约定由三名仲裁员解决争议,但未特别约定三名仲裁员的权力。此项漏洞应由LMAA规则第八条第(e)项关于'在任命了第三名仲裁员之后,决定、命令和仲裁裁决应由全体或多数仲裁员作出'的规定予以并入和填补。其结果是LMAA规则第八条第(e)项对仲裁双方和仲裁庭均产生程序法的约束力。本案中,尽管Hunter和Harris先生在致仲裁双方的信函和第8号裁定中对LMAA规则第八条第(e)项的解释存在多处矛盾,但从上述信函和裁定均着力且反复强调'王生长全程参与了整个合议的过程'的情况,并结合'仲裁员必须全程参与仲裁程序'的英国法原则可以认为,LMAA规则第八条第(e)项适用于仲裁案件的事实条件是仲裁庭的每一名仲裁员都全程参与了仲裁程序。也只有在这个前提下,才存在LMAA规则下可以由多数仲裁员作出裁决、裁定和命令的情形。没有这个事实作为前提,仲裁庭的多数成员就不具有上述权力。

根据第8号裁定描述的事实,本案仲裁裁决共有三稿,其完成时间分别是2006年1月21日、3月25日和3月31日,其中,王生长实际只合议了2006年1月21日的第一稿。王生长因于2006年3月20日被刑事拘留,故其对仲裁的参与也就截止于对第一稿的审阅。虽然王生长对该稿提出了修改意见并称同意签署,但在措辞中却使用了'草稿'的字眼,表明其对裁决第一稿提出的意见并非最终观点,这当然也表明仲裁庭书面合议的过程在三名仲裁员之间尚未结束。第二稿拟出后,Hunter先生发给王生长和Harris先生审阅,该事实则进一步证明仲裁庭的合议仍在继续进行。因此,既然不存在王生长全程参与仲裁的事实,那么,根据仲裁条款的约定和LMAA规则第八条第(e)项的规定,多数仲裁员就无权作出仲裁裁决。

仲裁庭在2005年9月17日第二次听证结束时曾要求‘双方不得提出新的主张’，对于仲裁庭而言，根据案件的事实情况作出该项决定本无不当。基于该项决定，仲裁庭对被申请人2006年3月2日的申请就应当不予理会。然而，在王生长未参与的情况下，另两名仲裁员却决定由双方就此问题展开辩论，这一方面表明两名仲裁员推翻了之前由全体仲裁员作出的关于‘双方不得提出新的主张’的决定，另一方面也表明该两名仲裁员又在明知王生长无法参加而事实上也没有参加的情况下以‘所提主张与本案无关’为由裁定驳回了被申请人的请求。该行为同样违反了仲裁协议的约定和LMAA规则的规定。需要特别指出的是，第8号裁定称‘即使王生长参加了决定的作出过程，结果也是如此’，这种宣称和推理不仅置当事人关于三人仲裁的约定于不顾，而且对王生长的仲裁权也是一种漠视和侵犯。”

3.4 通过裁决书附上不同意见违反合议机密的例子

在仲裁员的合议，如果有少数意见，该仲裁员就会希望作出一个“不同意见”(dissenting opinion)。这一个不同意见不是裁决书的一部分，因为裁决是属于多数人的意见为准。但通常该不同意见会被允许作为附件放在裁决书后，让双方当事人作为参考之用。这种做法是否值得鼓励见仁见智，有反对的说法是它只会减弱多数仲裁员的最终裁决与破坏合议机密。也有说法是作出不同意见的少数仲裁员主要的目的是对委任他的当事人有交代，因为不同意见通常是由败诉方委任的仲裁员所作出。但看来不论是否喜欢容忍不同意见，还是难以避免与无法禁止。毕竟，高院以上级别的法院由于涉及了3位或5位的大法官，也经常会出现不同意见，从来不会有说法或者是不同意见的判决不允许公开。

普遍认同的就是即使要作出不同意见，也尽量不要破坏整个仲裁。这表示一个恰当的不同意见应该尽量“简短”(short)、“简洁”(succinct)与“有控制力”(restrained)，且只针对实质性的不同意见，不论是在事实的认定还是在法律的判定。但一个不恰当的或者丑陋的不同意见就会是非常冗长，甚至比裁决书还要长。并且在内容中会攻击其他的仲裁员以及批评仲裁的程序，其中就免不了会违反合议的机密。这里可介绍一个美国/伊朗裁判庭(US/Iran Tribunal)的案件，涉及了一位芬兰的法官，名为Bengt Broms。他作出了不同意见，并泄露了合议的机密。美国政府认为他的公正性与独立性有问题，依据的就是他违反了合议机密。美国政府向负责委任的“国际法院”(International Court of Justice，简称ICJ)申请赶走他。ICJ委任了Robert Jennings爵士考虑这一申请，他的决定在(2001) 16(5) Mealey's Int. Arb. Rep. (May 2001)中被报道。其中Robert Jennings爵士部分的决定如下(内容涉及了合议的机密是针对整个合议的过程，不一定只是包括正式的合议，也包括仲裁庭内部其他非正式的讨论与建议，这种资料一透露出去会对合议过程造成很严重的损害)：“And there are other touches that seem to an outside observer to be a strange way of expressing a separate opinion. Eventually, however, one realises after many readings—something that has probably been tolerably obvious all along to the insiders-that it seems a strange and unusual opinion for the reason that it is a continuation in the form of an Opinion of Judge Brom's stance and arguments made by him during the deliberations. He has been unable to resist the temptation to continue arguing with his colleagues, or at any rate with the smallest possible majority' of them who were not able to accept these views of his. Once that fact is realised then one has, from reading his Opinion, a quite vivid picture of what took place in the deliberation and how it eventually emerged A rule of the confidentiality of the deliberations must, if it is to be effective, apply generally to the deliberation stage of a tribunal's proceedings and cannot realistically be confined to what is said in a formal meeting of all the members in the deliberation room. The form or forms the deliberation takes varies greatly from one tribunal to another. Anybody who has had experience of courts and tribunals knows perfectly well that much of the deliberation work, even in courts like the ICJ which have formal rules governing the deliberation, is done less formally. In particular the task of drafting is better done in small groups rather than by the whole court attempting to draft round the table. Revelations of such informal discussion, and of suggestions made, could be very damaging and seriously threaten the whole deliberation process."

3.5 合议机密的总结

从上述看来,不同国家的法院对于仲裁庭之间的合议是否"可被接纳"(admissible)作为证据有不同的看法:瑞典法院与中国厦门法院接受了仲裁庭之间的合议证据以判断裁决书是否在公平公正的前提下作出与仲裁庭成员是否都能参与合议,而普通法的地位就是维护合议的机密性而不能接纳合议证据。到底哪一种做法比较好很难确定,比方说在现在的国际仲裁中确实存在一个三人的仲裁庭中其中的一位仲裁员被架空。这尤其涉及发展中国家的仲裁,该国家的当事人委任了本国的仲裁员,他就有危险在合议时被架空或漠视,因为其他两位仲裁员也就是多数意见通常都会是西方国家人士。他们架空或漠视发展中国家委任的仲裁员有很多复杂的因素,也不是有偏见或不公平就可以解释的。很多时候这种情况也并非是涉及仲裁员不公正或偏袒一方当事人,著名的西方仲裁员会珍惜自己很不容易建立起来的声誉而不会刻意作出一些不公平的事情或者决定。真正的原因会是如两位西方仲裁员有可能受阴谋论的影响但不自知或一开始就认定发展中国家委任的仲裁员肯定会偏帮委任他的当事人而有戒心。也有可能是他们之间并不认识或熟悉,所以容易产生误会。也有可能是发展中国家委任的仲裁员对国际的这一套商务游戏规则不了解,大家没有共同语言,本来就很难说服两位西方的仲裁员等。

如果是多数仲裁员粗暴的不让一位仲裁员由始至终参与合议,这一裁决书有可能因为严重不正常而被撤销。这方面有一些早期的先例,其中著名的是 Morgan v. Bolt (1863) 1 New Rep. 271。最近笔者也听说两位西方仲裁员根本没有接触第三位仲裁员而只是拟定了一份他们两个人同意与签了字的裁决书要求第三位仲裁员加签,该第三位仲裁员把他根本没有参予合议的事实以电文简单地告诉了双方当事人,这导致了该裁决书最终被撤销。但难处理的情形就是起初的时候在形式上其他两位多数仲裁员有主动问过第三位仲裁员的意见,但事实上却并没有真正考虑他的意见,或者是给出任何理由就说是不接受。换言之,对第三位仲裁员而言根本就没有实质性的合议,但表面功夫却做得很足。但在这种情况下,就很难判断该第三仲裁员是没有机会参与合议或只是他的意见不被多数仲裁员接受。加上合议的机密性,这会导致此种情形下很难取得法院的同情与救济。

在英国法律的合议机密的原则下,如果被架空或漠视的仲裁员恐怕除了给一个"不同意见"(dissenting opinion)附加在裁决书上外,最好就不要多管闲事,正如加拿大的 Noble China Inc. v. Lei Kat Cheong (1998) O. T. C. LEXIS 2175 先例。笔者认为甚至在不同意见的措辞与用字也要尽量中肯,只简单与低调的针对实质性的不同意见而不要涉及属于合议机密的资料。

4. 笔者被试图赶走的一个案例:Jung Science Information Technology Co. , Ltd v ZTE Corporation (HCCT 14/2008)

笔者在最近就有一个被当事人在香港高等法院试图赶走的案例,其中涉及本章所讲到的几方面的问题,如原告的申请是否要通知被攻击的仲裁员、仲裁员(笔者)如何应对与协助法院了解事实、向当事人取得同意不传召笔者作为证人、仲裁庭合议的机密等。

这是一个香港仲裁案件,原告是韩国的 Jung Science 信息技术公司,由北京的一家律师所代理,而被告是中国的中兴公司,由 Freshfields Bruckhaus Deringer 律师所香港分所代理。原告委任了一位中国内地的仲裁员,被告没有委任自己的仲裁员而由香港国际仲裁中心为他委任了一位外籍的仲裁员。笔者是在后来两位已经被委任的仲裁员无法达成一致的情况下,由香港国际仲裁中心委任为本案的第三位仲裁员。由于笔者是第三位仲裁员或是首席,所以按照习惯上的做法就是由笔者来主导与处理仲裁的中间程序。这里所讲的主导与处理并不是说由笔者一个人来决定,而是笔者在征求了其他两位共同仲裁员的意见后,最后负责将仲裁庭的决定与意见(有时是多数人的决定与意见)传达给当事人。

在中间程序中,原告对一些"特定文件的披露"(specific disclosure of documents)要求不被满足产生了巨大不满。例如,有一份原告声称是被告肯定拥有的技术文件要求作出披露,但被告与他的代表律师多次声称这份文件并不存在。由于仲裁庭的三位成员都没有这方面的技术知识,所以也很难作出决定。在这种情况下如果还是作出严厉的披露命令,要求被告提供这一份文件,就等于是显示了被告声称"该份文件不存在"是一句假话。而且,被告也不会因为仲裁庭的披露命令而承认之前说的是假话并作出披露。可以说,一位有经验与公平的仲裁员不是十分肯定这份文件的确存在的话是不会作出这类命令的。笔者作为一位有经验的海事仲裁员也经历过至少两次以上是船东拒绝披露航海日志,说是这份文件已经丢失。笔者几乎肯定这份文件一定存在,但船东如果一口咬定已经丢失,笔者也不敢武断的显示出不相信。但这也不表示拒绝披露的一方会占便宜,因为在仲裁员的脑袋里留下了疑问就会带来在裁决时的不利推定。而在本案,由于是技术文件,仲裁庭更加难以肯定文件是否存在,结果作出了一个命令,内容是:(1)仲裁员不会命令被告披露他坚持不存在的技术文件。(2)被告不能将来再披露这份文件,除非得到仲裁庭的批准。这是为了防止拒绝披露的一方在权衡轻重之后才披露文件,但却打乱了整个仲裁程序,如在开庭最后一天才披露。(3)在开庭审理并对技术方面的争议有了了解(因为有专家证人),感觉到这份技术文件应该是存在,仲裁庭就会对被告作出不利推定,除非被告能够就该文件为什么不存在作出一个完全令人信服的解释与提供有关的证据(如船东说航海日志丢失而不能提供,就需要提供有关丢失的证据,如船长在事发后向公司报告的电文)。

但可惜的是,原告对仲裁庭这一个命令不满意,结果仅是为了这一份技术文件的披露就纠缠了一年半的时间。其间仲裁庭也讨论过应否惩罚原告因此浪费的律师费用,并且大力主张双方尽快开庭审理。笔者是真的认为尽快开庭审理会对原告来说是最好的做法,毕竟表面看来原告是有一定说服力的案件。但可惜原告就委任了一家香港的律师行开始了香港法院的诉讼,试图赶走笔者。虽然该香港律师行有关这一个法院的申请曾非正式的通知仲裁庭,但传票只把中兴公司作为唯一的被告。这里就带来代表被告的 Freshfields Bruckhaus Deringer 律师所要求原告把仲裁庭成员,特别是笔者也列为共同被告。结果笔者向双方当事人表明是选择不想参与法院的诉讼,所以即使作为被告之一,也是会要求原告不必让笔者出庭抗辩。因为获得了双方当事人的同意,这一方面的争议也就不了了之。笔者另一个对双方当事人的要求就是由于仲裁程序还是在进行中,如果不能成功赶走笔者,就表示笔者必须公平的继续审理。如果笔者被传召法院作证与接受盘问就难免会增加对抗的情绪,如果笔者要继续审理就会更加使原告不安。所以,笔者表示在明确知道原告对笔者有哪些指控之后,将会做出宣誓书或者证人证言递交给法院,希望能够对法院作出协助,但不必出庭举证与接受盘问。这一要求可以说是被双方当事人接受。

之后在看了原告对笔者的具体指控后,笔者就拟订了一份针对每一项指控的全面与尽量客观的证言。其中有不少内容涉及了合议的机密性,笔者在披露之前需要取得另外两位仲裁员的同意。例如,原告其中一个具体的指控是笔者允许了被告向原告要求的文件披露,但就不允许原告向被告要求的文件披露,包括之前提到的那份技术文件。而其中只有一次是在笔者出差去欧洲时,仲裁庭的另外一名成员代替笔者批准原告的申请并下令被告要披露原告要求的 10 项特定文件中的 5 项。原告向香港法院提出的指控是如果笔者不出差,这 5 项文件的披露也不会被仲裁庭接受。

但这种凭想象而没有证据的指控非常危险，因为事实上笔者对该披露的申请完全有参与。而且，笔者还与其他两位仲裁员争论过，就是认为10项中有8项被告应该作出披露，虽然最后笔者对其他两位仲裁员的意见作出一定的让步。所以在给香港法院的证言中，笔者就把仲裁庭的合议（主要就是电子邮件往来）作为附件披露。但由于这涉及了合议的机密，笔者这样做之前必须取得其他两位仲裁员的同意。显然把这些文件证据披露给法院，原告在这一具体的指控上就完全站不住脚了。

最后的结果是香港高院没有赶走笔者。笔者还是不太明白为什么原告只选择攻击笔者，毕竟所有有关披露的命令都是写得清清楚楚是由仲裁庭的成员一致或多数意见作出。可能是原告曾经表示他认为当事人委任的仲裁员可以偏袒委任他的一方，但第三位仲裁员或首席仲裁员就必须公正与独立。但这是对香港仲裁极大的误解，因为《香港仲裁条例》中明确规定所有的仲裁庭成员必须公平对待双方，这是在Section 2GA(1)所说："... an arbitral tribunal is required to act fairly and impartially as between the parties."

5. 发觉有仲裁庭成员偏袒或与他的委任方有机密往来的应对

这是国际仲裁经常会面对的特殊问题，当然这些国际仲裁经常是指那些具有政治味道如涉及跨国投资的案件。同样是国际性很强的国际航运与国际外贸，就不存在这种现象。如海事争议，估计世界上的海事争议80%以上都是由"伦敦海事仲裁委员会"（London Maritime Arbitration Association，简称LMAA）仲裁员审理。他们都是英国人或是长期住在伦敦的希腊人，再加上1996年《英国仲裁法》开宗明义的在Section 1要求仲裁员必须公正对待双方当事人，与有其他英国法院可作出救济的机制，如Section 24赶走不公正的仲裁员，或是Section 68撤销违反自然公正的裁决书，所以根本不存在一位英国LMAA仲裁员被中国公司委任就会偏袒他的中国的委任方，下一次被印度公司委任就会偏袒另一位印度的委任方。笔者经常参与伦敦仲裁，知道这一游戏规则，所以刻意偏袒这种想法根本不会存在。在笔者的经验，LMAA仲裁员最大程度"偏袒"委任方的做法只是保证仲裁庭考虑所有他的委任方提出的观点。

但一到了一些有政治味道的"真正"国际仲裁，可以说有个别仲裁员偏袒他的委任方是司空见惯。而被委任的仲裁员也经常是新面孔，并且大家很可能在仲裁庭组成一开始就存在不信任，如印尼一方委任了一个印尼人作仲裁员而伊朗一方则委任了一个伊朗人作仲裁员。这变成一个三人的仲裁庭最终也只能依赖第三位仲裁员也就是首席主持公正，则委任首席仲裁员时要特别谨慎。如在LCIA仲裁规则，Article

6.1 说明首席仲裁员或是独任仲裁员不能与双方当事人国籍一样。当然,在笔者来看国籍并非重要,更重要的是文化背景是否一样的种族。例如,一方当事人是英国人,委任一位美国人或澳大利亚人与委任一位英国人一模一样。相反,笔者就算是从小就拥有英国国籍,英国一方当事人也不希望委任笔者作为首席,即使不受到国籍的限制。

在这种真正的国际仲裁,仲裁庭之中有一位仲裁员偏袒通常不构成太大的问题,因为如果他无法有充分理由说服至少是首席仲裁员,他就变得只是少数意见,其余两位仲裁员(一位是首席)的多数意见也就是裁决书的结果。至于其他有的问题,如偏袒的仲裁员拒绝在裁决书上签字,这种“残缺的裁决书”(truncate award)也在许多立法有了解决说明不影响裁决书的有效性(在 1996 年《英国仲裁法》是 Section 52 [3])。但还有一个很大并且棘手的问题是有偏袒的一位仲裁员与委任他的当事方在仲裁程序过程中或合议时有机密往来。允许这样做会带来很大的不公平,也严重违反了合议的机密性。如仲裁庭在谈到某一个争议一方当事人没有足够的证据,如果该当事人委任的仲裁员偷偷告诉他,几天后就会有新的证据提供给仲裁庭。又或是,双方当事人一直在进行和解谈判,一方当事人通过委任的仲裁员知道裁决书的结果会对他不利(或是有利),他的谈判就会站在很有利的地位。这样的做法也影响仲裁庭,如一方当事人如果通过他委任的仲裁员知道仲裁庭多数不支持他的观点与很可能败诉就会想各种办法来阻止仲裁程序,如向法院申请禁令,或是裁决书即将作出,他坚持要提供新证据等。最起码该方当事人不会支付他的那部分预付费用甚至是裁决书费用。

由于该仲裁员偷偷的与他的委任方交往,所以也不容易让首席仲裁员觉察。但有时候还是可以暴露出来或是非常强烈的感觉到。笔者就经历过一次是一位印度的仲裁员通过他委任方的一个电邮地址把他的合议意见发给其他两位仲裁员(包括笔者)。笔者也听说过一个国际仲裁,首席仲裁员发现其中一位仲裁员的秘书是由他的委任方委派监督整个仲裁的过程与合议。

遇到这样的情况,特别是首席仲裁员应该怎样应对是一个头痛的问题。如果完全架空该位偏袒的仲裁员也有问题,根本不让他参与合议,这在本章较早时谈到过,在“国际律师协会”(International Bar Association)的《国际仲裁员执业道德规则》(《Rules of Ethics for International Arbitrators》)中之 Article 5.3 与 5.4 有以下的建议:

“5.3 Throughout the arbitral proceedings, an arbitrator should avoid any unilateral communications regarding the case with any party, or its representatives. If such communication should occur, the arbitrator should inform the other party or parties and arbitrators of its substance.

5.4 If an arbitrator becomes aware that a fellow arbitrator has been in improper communication with a party, he may inform the remaining arbitrators and they should together determine what action should be taken. Normally, the appropriate initial course of action is for the offending arbitrator to be requested to refrain from making any further improper communications with the party. Where the offending arbitrator fails or refuses to refrain from improper communications, the remaining arbitrators may inform the innocent party in order that he may consider what action he should take. An arbitrator may act unilaterally to inform a party of the conduct of another arbitrator in order to allow the said party to consider a challenge of the offending arbitrator only in extreme circumstances, and after communicating his intention to his fellow arbitrators in writing."(通常恰当的做法是要求偏袒仲裁员不要与他的委任方机密交往,如果他拒绝或没有停止这样做,其余的仲裁员在极端的情况下告诉无辜一方当事人并让他采取恰当的行动,如向法院申请赶走该仲裁员)

上述的指引也要有许多变通,如直接对该有偏袒的仲裁员要求不要这样做,往往就很难奏效。他可能就会否认有这样做,或只是作出空泛的承诺,说以前没有,以后也不会这样做。但事实上他在做法上会变得更加隐蔽。更可能的是他会感觉面子上过不去而与其他仲裁员包括首席吵架。这表示提出这样的要求也需要技巧,如不要直接讲,而是看起来好像是告诫另一位无辜仲裁员。如是首席对他说,但抄本给偏袒的仲裁员,指出会有危险在本案件中有一方或双方当事人想接触仲裁庭个别仲裁员包括首席,所以想提醒双方当事人"国际律师协会"(International Bar Association)的《国际仲裁员执业道德规则》(《Rules of Ethics for International Arbitrators》)的有关条文。

这会有效是因为偏袒的仲裁员也不是道德的问题而是有许多情况下不懂。如果劝阻无效,就的确存在要告诉无辜一方当事人这种严重违反自然公正的情况。这样做并不是违反合议的机密性,因为这不涉及仲裁庭之间的合议。但这样做就可算得上是仲裁庭的分裂到了无可挽救的地步,要继续仲裁程序就要看无辜一方当事人的行动了。这包括如果是机构仲裁则要看机构规则规定怎样做,而随意仲裁就在1996年《英国仲裁法》Section 24 赶走他。

第五章　开庭的准备与开庭程序

1. 为何要开庭

需要开庭是有很多理由,举例如下:

(1)文件证据不足够,言之不详或者根本没有文件证据。这种情况根据不同行业与不同人士会有很大差异,如国际航运特别是租船与外贸中,双方当事人很可能从来没有见过面,只是通过文书的通讯往来订约与履行,最多通通长途电话,并在通话后以文书确定谈话的内容。在这一个行业中,经验丰富与有水平的公司会保留一套完整与"对自己有利"(self-serving)的文件证据。因为如果有争议去开庭,往往口头证据在认定事实方面无太大作用。如果是一个涉及双方当事人经常需要见面商谈与涉及的争议期限也比较长,就往往不能把每一件事情都以文书全面记录下来,所以也需要开庭,如同样是国际航运的造船合约争议,就往往需要开庭审理。

(2)即使文件证据足够,但还是有特殊的原因需要开庭,如一方当事人声称对方披露的文件是不真实文件。这就会涉及要求披露文件的一方当事人提供该文件的作者开庭接受盘问以确定文件的真假。这方面的问题稍后会在2.2.2段作出介绍。

(3)如果有重要的口头证据,而双方事实证人之间的口头证据是有严重冲突,开庭就会很必要。文书证人证言(witness statement)并非是由证人自己写的,它本身可能是一份在律师的指导(leading)下写出的文件,唯有通过开庭的盘问来确认证人证言是否真实地反映了证人的意愿。

(4)专家意见报告之间有冲突(要注意的是专家证人给的专业意见误导法官或仲裁员的可能性比事实证人大多了。也可以通过开庭的盘问证明专家报告的潜在优劣或者考验专家证人是否真的在相关领域是专家等)或是涉及比较复杂的专业。这一来,外行的法官或仲裁员很难单凭看文书的专家报告就作出正确的取舍。开庭,特别是通过盘问或"专家会议"(witness conferencing),就有机会让法官或者仲裁员能够真正了解有关的专业争议。例如,通过盘问才会觉察到一方的专家报告比较草率或有事实/数字上的错漏。又或者是通过盘问,才会觉察到专家报告看漏或看错了一些事实,而专家证人自己也承认如果把这些看漏的事实一并考虑可能会得出不同结论。盘问专家证人很多时候会是针对他作出的调查与结论是否充分,或者是通过其他的测试方法会否得出不同的结论等。反正在现实中,双方各自的专家证人经过对方称职大律师盘问后，经常会让法官或仲裁员看得出他们意见的强弱，就很容易可以作出决定。这里可以节录上诉庭在 Wilshire v. Essex Area Health Authority (1988) 1 AC 1074 所说的，如下："Where expert witnesses are radically at issue about complex technical questions within their own field and are examined and cross-examined at length about their conflicting theories, I believe that the judge's advantage in seeing them and hearing them is scarcely less important than when he has to resolve some conflict of primary fact between lay witnesses in purely mundane matters."

（5）通过开庭来使仲裁庭更好地了解有关争议，特别是有关争议在事实方面比较复杂或/与涉及大量的文件证据比如绘图、设计图、图表或计算等，当事人如果任由仲裁庭自己看大量的文件总会担心仲裁员会否全面与抓住要点。

（6）最近一个有趣的先例令笔者看到开庭另一个可能有的帮助，即是在开庭中双方代表律师与仲裁员有了更多的交往机会，所以在一些情况如果仲裁员只是通过文件了解案件并产生对某些地方有误解，就会可以避免。该有趣的先例是 The "Zenovia" [2009] EWHC 739 (Comm)。该先例涉及的是一个期租租约的争议，在承租人向船东递交的还船通知中有一个缩写为"wp"，两位著名的伦敦仲裁员将该缩写解释为"without prejudice"，而这一个误解对裁决的结果有很大的影响。而上诉到法院后，法院认为该缩写应该解释为"weather permitting"（天气许可）。笔者作为对租船业务非常熟悉的业内人士也完全认同法院的解释，作用是在通知船东还船在那一天的同时（例如在 15 天之后），由于害怕船期有变化，其中受到天气影响而使船期有延误的风险又是最大的（如风浪大而令船舶晚到卸港，或是下雨/下雪无法卸货），所以加上"wp"的限制。而通信中利用缩写在租船业务中是习惯做法，源自之前用电报通讯时为了省字而节省费用，"wp"是一个字而"weather permitting"就变了是两个字。Tomlinson 大法官在他的判决书的最后一段写到："By way of postscript I would merely note that the arbitrators did not enjoy the advantage which I had of hearing economical oral argument from highly skilled counsel. The case demonstrates to my mind the increased burden of the task cast upon a tribunal, arbitral or judicial, when oral argument is dispensed with or impermissible. I respectfully doubt whether the arbitrators would have reached the conclusions which they did had they had the benefit of hearing the propositions tested in oral argument."

当然开庭后也不代表仲裁员不会出现这种误解，但由于开庭的时候交往多，就很有可能在双方的代表律师或证人的发言中提到"wp"是"weather permitting"，或是仲裁员自己随口说"wp"是"without prejudice"而被代表律师作出纠正。看来，特别是对业务不是太懂的仲裁员，开庭还是比文件审理安全（当然又要与费用大大增加做出平衡），否则更加少机会知道仲裁员会在哪些地方产生误解。

1.1　《英国仲裁法》让仲裁员决定是否开庭

需要注意的是在 1996 年《英国仲裁法》之 Section 34 (2)(h) 是赋予仲裁员权力

在双方当事人各有不同意见时最终决定是否需要开庭。可以想象得到,如果仲裁员认为开庭不会对审理案件有帮助(如有大量的文件证据或是没有有关重要事实的争议),加上争议金额不大(因为开庭十分昂贵),就会有可能决定不需要开庭。这种决定也会受到英国法院的支持,如在 O' Donoghue v. Enterprise Inns plc (2008) EWHC B15 (Ch),涉及的是一个长达30年的房屋租赁合约。最开始的租金是34000英镑并规定每5年调整一次。第一个调整是在2004年12月22日作出,但双方对调整的计算办法有争议,并需要进行仲裁。原告在2007年6月15日向仲裁员申请开庭审理,但仲裁员没有特别针对开庭要求,而只是表示原告应对被告专家证人的报告作出回应。之后,仲裁员针对开庭审理的问题,作出指示说只能有一个4小时的开庭审理,但双方不能再提供新的证据,除非有特别原因。但原告反对,并争议说在开庭时他应该被允许提供新的证人。到了2007年11月20日,仲裁员开了一个不正式的会议,并在会议中问原告为什么需要开庭。原告的回应没有直接针对仲裁员所提的问题,只说应该有开庭审理才能公平地表达他的案件。仲裁员在2008年1月8日发出信函给双方当事人,说他看不到开庭有何好处,而所需要的费用就与争议的金额完全不成比例。之后,仲裁员很快作出裁决书,并在2008年2月27日正式签发。原告事后作出了一连串的反对,如说不开庭审理是剥夺了原告反盘问被告专家证人的机会。在高院,被判是仲裁员根据《英国仲裁法》有权拒绝开庭审理,只要仲裁员没有违反自然公正。Behrens QC 大法官认为从文件看来,仲裁员十分公正,也没有造成任何"严重不公平"(substantial injustice)。加上原告是取得了裁决书之后才提出这一个技术性的争议,所以,根据《英国仲裁法》Section 73 有关"弃权"(waiver),判是属于弃权。

1.2 英国商业法院的做法

如果要开庭往往涉及了大量额外的工作与程序,这些方面在本章将会详细介绍,并在后半部分有专门针对大陆法系与普通法系国家不同的做法在国际仲裁中的融合。首先,笔者想简单介绍英国商业法院的做法与它的《商业法院指引》(Commercial Court Guide)。《商业法院指引》从1986年第一版(是1985年由当时的御用大律师 Nicholas Phillips[现在已晋升为 Phillips 勋爵]为首的工作小组考虑怎么样改良商业法院的诉讼程序)直到2006年第七版,一直都是商业法院程序操作的圣经。笔者的感觉就是伦敦仲裁或香港仲裁,受英国商业法院做法的影响是十分显著的。仲裁员虽然没有必要依照法院的做法,是仲裁"程序的主人"(master of the procedure),但跟从仲裁地点法院的做法显然是比较安全,至少不可能在被挑战时会被视为违反自然公正或程序不恰当。更不要说是仲裁员的确认同仲裁地点法院的做法。《商业法院指引》的第七版长达200页,所以就不在此节录。而且,它的使用必须与《民事诉讼程序规则》(Civil Procedural Rules,简称 CPR)一并参考。

众所周知,英国商业法院有悠久的历史(虽然它正式成为一个独立的法院只是在1970年的《Administration of Justice Act》生效之后),而且与其他国家法院不一样的地方在于它大量的处理国际性与金额庞大的商业案件。据统计，近年来商业法院处理的案件有50%以上涉及当事人是来自海外，如在2006年202个开庭审理的案件中，有129个案件的双方当事人都来自海外。所以，英国的Donaldson大法官在Amin Rasheed Shipping Corporation v. Kuwait Insurance Company (1983) 1 W. L. R. 228先例中夸耀到"英国商业法院是国际商业争议的自然诉讼地点"(the commercial court as the *curia franca* of international commerce)。再加上英国商业法院有很好的自我检讨机制，而且不断在改善并作出新的指引，如在1986年的《商业法院指引》(Commercial Court Guide)与2007年《针对庞大与复杂案件(heavy and complex cases)审理的报告》等。这表示审理国际商业案件的仲裁员，没有理由不尽量吸收英国商业法院的做法与了解它的优点。虽然英国商业法院也尽量增加程序上的灵活性，但这不表示能够更加灵活处理程序的仲裁员可以漠视英国商业法院的做法而自己创新。所以笔者在本章有关开庭会大量节录英国商业法院目前的做法，希望让仲裁员可以借鉴。

1.3　商业法院使用者委员会(The Commercial Court User's Committee或Commercial Court Committee)

首先简单介绍1986年《商业法院指引》的历史，这就涉及英国曾经在第二次世界大战之后一段时间发觉流失商业案件(当时是属于Queen's Bench的商业案件名单)，部分去了纽约法院或其他地方的法院。如在1957年只有15个案件在英国法院审理，在1958年也只有27个案件，这些数字与今天如2006年有上千个告票的签发与法院审理了250个案件有天壤之别。而商业法院的法官人数也大大增加，从以前的1个到今天的15个。这里还不算伦敦仲裁已经为英国法院大量分担了商业案件的审理责任。为了减少国际商业案件的流失，英国首席大法官委任了Pearson勋爵在1960年召开了一个Commercial Court User's Conference以检讨与建议。Pearson勋爵也在1962年作出《1962Cmnd. 1616报告》。其中值得提到的两点与仲裁相关：

一是报告认为国际商业人士喜欢仲裁所以就允许当事人可以委任大法官作为仲裁员。这个建议现在体现在1996年《英国仲裁法》的Section 93与《香港仲裁条例》的Fourth Schedule。但这一做法并不普遍，绝少有这种申请。原因被归咎为：(1)很多人不了解有这种选择；(2)商业人士可能认为不划算，因为他们本来去法院就可以免费得到大法官的审理，何必在仲裁中支付费用给他们进行审理呢？(3)委任大法官作仲裁员需要得到批准，这在商业法院非常繁忙的情况下估计不容易得到批准；(4)委任大法官作为仲裁员会是独任仲裁员，这种情况是需要得到双方当事人同意。所以独任仲裁员的委任通常是不容易，而如果双方当事人非要找一位德高望重的大法官作为仲裁员，可以找一位退休或离职的大法官(这种人士在目前大量存在)而没有必要找仍在任职的大法官。

二是1977年首席大法官委任Kerr大法官组织成立了一个"商业法院使用者委员会"(The Commercial Court User's Committee)。这一个委员会的作用就是直接让商业法院的使用者(包括国际上的使用者)可以不断的提出问题与作出改善。委员会每年有四次会议，成员包括了所有商业法院的大法官、商业案件的大律师代表与事务律师的代表，另包括“伦敦海事仲裁员协会”(London Maritime Arbitration Association，简称 LMAA)的代表、“特许仲裁员学会”(Chartered Institute of Arbitrators)的代表、金融方面(Financial Services Authority)的代表、船东互保协会的代表、政府(Department of Trade and Industry)的代表，与海外的代表(来自欧洲与驻伦敦的希腊船东)。可以说，除了英国的商业法院外，没有其他国家的法院有这样广泛的代表性，乐意接纳来自各方面的意见作出改进。

该委员会在 1985 年成立了一个工作小组，由当时的御用大律师 Nicholas Phillips 考虑怎样进一步改善商业法院的诉讼程序，这就促使 1986 年《商业法院指引》的产生。工作小组与仲裁有关的建议可以列举以下几点：(1)开庭前不需要双方提供文书的论点大纲，但需要一个文书的总结针对：(i) a list of live issues to be resolved at hearing；(ii) a list of propositions of law to be advanced together with authorities to be cited and the passages to be relied upon；(iii) a chronology of relevant events；(iv) a *dramatis personae*; and (v) a list of the topics to be covered by the submissions in the order in which they will be taken. (2)商业法院有权命令双方当事人交换文书证人证言，而有关的证人要在开庭时通过盘问来证明他的证言。(3)商业法院有权命令双方专家证人在开庭前开会并明确仍然存在异议并需要审理的技术性争端。另双方当事人即使同意，但在法院没有批准的情况下，也不能在开庭时提出事先没有包括在交换过的文书专家意见报告内的意见。(4)商业法院有权命令双方当事人在准备开庭前至少两个月向法院递交一份完整的“问卷”(questionnaire)，让法院根据问卷的答案(如开庭是否有事实证人与专家证人等)考虑是否需要调整或者押后原来预定的开庭时间等。这一做法在伦敦海事仲裁员协会的仲裁规则也有增加，就是要双方当事人在文书请求完结的时候如果需要开庭，就必须向仲裁庭递交一份完整的问卷。这方面会另外在 2.1 段详细介绍。(5)废除传统以口头形式作出的详尽“开庭陈词”(opening speech)，而以文书的开庭陈词作为替代，并让法官在事先阅读，而非让大律师在开庭时照本宣科。(6)鼓励法院多使用自己委任的中立的“评估师”(assessor)与“专家”(expert)。(7)鼓励更多以文书的形式作出“结案陈词”(closing submission)。

一些主要的改变可以归纳为四点：(1)尽量以文书争辩的形式替代口头；(2)以文书证人证言替代口头主证据以减少开庭时间；(3)法院可以下令专家证人在开庭之前见面并提供给法院一份争议/争端的清单；(4)双方大律师的开庭陈词 应该只是一个没有争议性的“简单概要”(outline)，以利尽快进入取证的程序，双方主要的争辩应该在取证完毕后。以上的一些改变虽然是由商业法院作出，但是很多后来都被《英国民事诉讼程序规则》(Civil Procedural Rules 或简称 CPR)所吸收，继而被整个法院系统所采用。

在 2005 年英国商业法院发生了两个庞大与复杂的案件(heavy and complex cases)，导致审理无法继续。第一个是 Three Rivers District Council v. Governor and Company of the Bank of England(在 2005 年 11 月终止)与 Equitable Life Assurance Co. v. Ernest & Young (在 2005 年 9 月终止)。在第一个涉及英格兰银行的先例(也被称为 BCCI 案),案件拖延了 13 年之久,产生了庞大的诉讼费用。案情是倒闭的 BCCI 银行的清盘人在 1993 年向英伦银行(Bank of England)提出索赔,金额高达 8.5 英镑,诉因是英伦银行的高级官员处理不当与违反了一些欧共体法律。该先例曾经一度被 Clarke 大法官撤销,案件是(1997) 3 All ER 558。但后来被贵族院推翻认为索赔是"可以争辩的"(arguable),但不是 BCCI 清盘人作为原告的理由,案件是(2003) 2 AC 1。这导致了整个案件需要开庭,由 Tomlinson 大法官审理。但在 2004 年开始,审理了 256 天后,BCCI 清盘人作为原告突然自动撤销他的索赔,也没有讲任何理由。在后来有关费用的判决(2006) EWHC 816 (Comm)中, Tomlinson 大法官又提到 BCCI 清盘人在他面前所陈述与争辩的索赔理由与较早前贵族院认为索赔是可以争辩的理由大不相同。他有感觉这一个昂贵的诉讼最后会变成一个"闹剧"(farce),但不认为他可以干预并阻止 BCCI 清盘人。英伦银行的总裁 Mervyn King 教授曾经在 2006 年 6 月 21 日发言,大力批评英国的"对抗制" (adversarial system),要求检讨整个制度的操作,说:"powerless to prevent a case so hopelessly misconceived from continuing for thirteen years... and leading to costs of over 100 million pounds."

在上述的第二个案件 Equitable Life Assurance Co. v. Ernest & Young 中,涉及在 2000 年,贵族院曾经判 Equitable Life 要对个人退休金合约支付一笔"Guaranteed Annuity Rates",这导致了 Equitable Life 根本没有足够资金作出支付。之后 Equitable Life 为了生存采取了十分激烈的行动,就是向该公司 15 个前任董事提出起诉,指称他们在履行董事责任的时候有疏忽,并索赔高达 20 亿英镑的赔偿。在同一个行动中,Equitable Life 也向他的"审计师"(auditor) Ernest & Young 提出同样的索赔。这一个案件也是曾经被 Langley 大法官撤销对审计师的大部分索赔,但后来又被上诉庭推翻。之后在 2005 年 4 月份该案件正式开庭审理,在 5 个月后的 9 月份,Equitable Life 突然自动撤销对审计师的索赔,并很快与 15 个前任董事达成庭外和解。

这导致了英国社会对英国商业法院在当时的制度下能否处理一些庞大与复杂,特别是没有希望成功的案件有了怀疑。其中的一些不满是针对大律师开庭陈词与盘问证人时间太长,与法院没有干预一些站不住脚的主张并浪费大量时间在这些主张上。

这导致了在 2007 年该商业法院使用者委员会又成立了一个名为"针对漫长聆讯的商业法院工作小组"(The Commercial Court Working Party on Long Trials),由 Aikens 大法官作为主席。该工作小组在 2007 年 12 月作出的报告对付这种庞大与复杂的案件审理。其中一些建议在审理其他的商业案件中也可以适用,如:(1)文书请求不应该太长,除非得到法院的批准,否则一般不超过 25 页。(2)在第一次案件管理会议上,双方当事人应当事先备妥一份详尽的程序上要处理事项的清单,如文件披露、证人证言与专家报告等。(3)在该案件管理会议中,文件披露要谨慎考虑。即使是

CPR 中的标准披露(standard disclosure)也不是自动适用。披露的程度要与所花费的金钱和可能对法院起到的帮助作用成比例。(4)在适当的案件法院会限制证人证言的长度。(5)缩短专家报告的长度与减少费用。另在通常情况下双方的专家报告应该按先后顺序进行交换。(6)为了减少一些站不住脚的主张或争议事项,法官应否考虑以简易判决或者接受一方撤销申请的方式对待。(7)鼓励法官针对双方当事人的一些争议/争端作出"初步看法"(provisional views),而使一些站不住脚的主张和争辩知难而退。(8)鼓励在适当的情况下多以"预先争议/争端"(preliminary issue)的形式处理双方的争议/争端,而简化或缩短最终的开庭审理。(9)当事人与法院应该尽早考虑利用信息技术(information technology),如只是一些经常在开庭中会被使用到的文件才需要用纸张打印/复印(hard copy),而其余的文件都是以电子版的形式。(10)预定开庭通常不应该超过 13 个星期。在"开庭前的会议"(pre-trial review)上,法院在与双方当事人的代表律师商讨之后应该将开庭前与开庭中定下时间表并要求双方严格遵守。如针对开庭,就根据双方当事人的估计把每一部分需要的时间作出暂定的时限。原则上开庭前的会议应该尽量详尽,以保证案件的审理能够迅速、有效与有计划的进行。(11)文书的开庭陈词应该简洁,结构上与"争议/争端清单"(list of issues)一致。长度不应该超过 50 页,而即使还是有口头的开庭陈词帮助法官了解案件的重点,也不应该超过两天时间。同样是结案陈词也不应该超出两天。(12)庞大与复杂的案件应该指定两个商业法院的大法官处理。其中一个是将来会审理案件的大法官而他也应该是主持开庭前的会议的大法官,这样可以更好的配合将来的审理工作与能够多了解有关的案件。

以上介绍的英国商业法院的做法对仲裁的程序也有很大的借鉴意义。因为在今天的国际商事仲裁中,这种庞大与复杂的案件也是经常见到,据闻有些仲裁案件的开庭长达六个月之久,涉及的开庭案卷数以百计。笔者自己处理的海事案件通常不会有太长的开庭审理,就算是金额庞大的造船合约争议也通常只有 10 天左右,但笔者目前已经有非海事案件开庭审理长达一个多月,这恐怕也能够算是庞大与复杂的仲裁案件,值得考虑英国商业法院以上的一些做法。

2. 开庭前的准备工作

2.1 问卷(Questionnaire)

著名的伦敦海事仲裁员协会(LMAA)有类似的规定,在它的仲裁规则第二部分的第 8 条规定如下:"Unless the parties agree that the reference is ready to proceed to an award on the exclusive basis of the written submissions that have already been served, both parties must complete the Questionnaire set out at the end of this Schedule within 14 days of the service of the final submissions or pleadings as set out in paragraph 3 above. Every such Questionnaire must contain the declaration set out at the end of the Questionnaire below, which shall be signed by a properly authorized officer of the party on whose behalf it is served. Completed Questionnaires must be served on the tribunal and the other party or parties. Unless the parties agree, the tribunal will then establish the future procedural course of the reference, either on the basis of the Questionnaires and any other applications made to it in writing or, if appropriate, after a preliminary meeting. ”

LMAA 对于问卷的内容如下：

“QUESTIONNAIRE

(Information to be provided as required in paragraph 8 of the Second Schedule to the LMAA Terms)

As many as possible of the procedural issues should be agreed by the parties. If agreement has been possible, then please make that clear in the answers to the Questionnaire.

1. A brief note of the nature of the claim (e. g. “unsafe port” or “balance of accounts dispute”).

2. Approximate quantum of the claim.

3. Approximate quantum of any counterclaim.

4. The principal outstanding issues requiring determination raised by the claim and any counterclaim.

5. Are any amendments to the claim, defence or counterclaim required?

6. Are any of the issues in the reference suitable for determination as a preliminary issue?

7. Are there any areas of disclosure that remain to be dealt with?

8. Would a preliminary meeting be useful, and if so at what stage?

9. What statement evidence is it intended to adduce and by when; and (if there is to be a hearing) what oral evidence will be adduced?

10. What expert evidence is it intended to adduce by way of reports and/or oral testimony and by when will experts reports be exchanged? Generally a meeting of experts will be useful. Unless the parties agree or the tribunal rules that such a meeting would not be appropriate, when should the meeting take place?

11. Suggested timetable for preparation for the close of submissions if the case is to go ahead on documents alone or for a hearing if that is appropriate.

12. Estimated length of the hearing, if any.

13. Which witnesses of fact and experts is it anticipated will be called at the hearing, if there is to be one?

14. Is it appropriate for a hearing date to be fixed now? (Save in exceptional circum-

stances, a hearing date will not be fixed until the preparation of the case is sufficiently advanced to enable the duration of the hearing to be properly estimated; this will normally be after disclosure of documents has been substantially completed.)

15. Estimated costs of each party

(i) up to completion of this Questionnaire; and

(ii) through to the end of the reference.

16. Does either party consider that it is entitled to security for costs and, if so, in what amount?

17. Have the parties considered whether mediation might be worthwhile?"

这问卷必须是当事人自己签(并不是代表律师签),原因是鼓励当事人亲自吸收问卷的内容——较重要的包括是否需要开庭(第11条)、估计的律师费用(第16条)及双方调解的可能性(第17条)。以上的规定与英国商业法院的有关"管理案件会议"(case management conference,简称CMC)的做法有相同之处。众所周知,英国1999年CPR带来新的理念就是鼓励法院对案件加强管理,改变以往在对抗制模式下任由双方当事人律师主导案件的做法,这是被视为带来案件延误的一个主要原因。但法院要一早加强管理就必须准确与较全面的知道双方的争议是什么,并作出较全面的命令与指示针对。这些都是在CMC中处理,而双方代表律师为了准备在CMC能够准确与较全面的告知法院有关争议,也表示需要很大程度的"事情作好功课"(front loading)。再也不像以前代表律师对案件边做边学,不断调查取证,文书请求会尽量空泛与含糊,被告的抗辩经常只是一连串的"否认"(denial),但否认的原因却不说明。反正将来还有机会对文书请求作出修改,顶多就是浪费一些钱。

CMC与LMAA问卷的相同之处首先就是在时间上,都是在双方文书请求完结后。在《商业法院指引》D3.1段,它所规定的时间是被告作出抗辩后的6个星期,而期间应该也可以允许原告作出答辩(如果有需要的话)。而根据LMAA的仲裁规则,如果需要开庭,问卷要在双方文书请求完结后的14天内就必须递交。双方如果交换了全面与准确的文书请求,就应该提供足够的资料让法院或仲裁庭与双方当事人决定开庭前的一连串工作怎样进行,以及需要哪些工作,并定下"开庭前工作时间表"(pre-trial timetable)与做出相关的命令与指示。

LMAA以问卷的形式替代CMC的原因应该是伦敦海事仲裁经常会涉及伦敦以外的律师或当事人,这不像在英国商业法院双方当事人都会有英国律师代表。这表示在法院的诉讼就很容易召开一个CMC,但在一个国际性的海事仲裁就不这么容易,而且也非常昂贵。所以,希望以问卷的方式做到与CMC一样的效果。

在上述问卷要求的答案或资料,也与英国法院CMC做法十分相似,向双方当事人或代表律师所要的资料也是一致,虽然部分的名称不一样,以下挑部分作进一步的解释。

2.1.1　案件备忘录(case memorandum)

问卷中的第1项就类似CMC的一份“案件备忘录”(case memorandum)。案件备忘录的内容根据《商业法院指引》D5.2段是:(i) a short and uncontroversial description of what the case is about; (ii) a very short and uncontroversial summary of the material procedural history of the case.

2.1.2　争议/争端清单(list of issues)

问卷的第4项就类似CMC的一份“争议/争端清单”(list of issues),在双方的文书请求中挑出事实或者法律上的争议/争端有哪些方面。这是一份十分重要的文件,问卷中有许多方面都是要根据这一份文件作出有关的命令或指示,如问卷第6项的预先争端/争端,第7项的文件披露,第12项的开庭时间,第13项的事实与专家证人和第17项的应否先要尝试调解。举例说争议/争端清单根本不涉及事实上的争议,就不需要命令文件的披露或即使开庭也不需要事实证人了。又或是争议/争端清单没有一项争议是技术方面的,仲裁庭不需要专家证人的协助,也就不必有专家证人了。另如果争议/争端清单中某一个争议的数额很小,让仲裁庭处理这一争议的费用甚至超过争议的数额,就可能适合利用调解解决这一争议。

2.1.3　预先争议/争端(preliminary issue)

问卷的第6项是有关双方的争议会否有1/2项是适合或需要先以“中间裁决书”(interim award)的形式对一项“预先争议/争端”(preliminary issue)做出裁决。预先争议/争端在《商业法院指引》的D8.8的定义如下:“At the Case Management Conference, and again at the Pre-Trial Review, consideration will be given to the possibility of the trial of a preliminary issue or issues the resolution of which is likely to shorten the proceedings. An example is a relatively short question of law which can be tried without significant delay (though the implications of a possible appeal for the remainder of the case cannot be lost sight of). The court may suggest the trial of a preliminary issue, but it will rarely make an order without the concurrence of at least one of the parties.”

在仲裁把个别争议先挑出来以预先争议/争端处理的做法也是常见,如发觉有一项争议是关于合约的适用法,这就会有可能先要作出裁决,双方当事人才会知道应该怎样处理最后的开庭,如需不需要找外国法律的专家证人。又或是一项有关时效的争议,如果真的是过了时效,就不必再花费大量的金钱为责任与损失金额作最后的开庭审理。但这里针对的预先争议/争端也不一定是要达到上述两种例子的程度,即必须要提前处理(找出适用法)或提前处理就有机会把整个案件都解决掉(找出时效是否过了)。现在只要一个看来比较简单的法律问题,如对于合约某一条文的解释有争议,都可以预先争议/争端的方式来解决,当然是以文件审理的方式,这样可以减少将来开庭时要处理的问题。

是否这样做或就把所有争议留给最后开庭,其中一个重要的考虑就是不要让预先争端的裁决影响或延误其他开庭需要处理的争议。

2.1.4 文件披露(disclosure)

问卷的第7项也与争议/争端清单有密切关系,因为如果清单有一些事实上的争议,双方当事人就想到会要对方做出这些方面的文件披露了。如果这些事实上的争议也不仅是文件证据解决,而涉及口头证据,就可以为问卷的第9项与第13项提供答案,就是有哪些证人会提供口头证据。在法院的做法是在CMC确定有关文件是否需要披露以及披露要到什么程度,并作出一连串的命令。

2.1.5 事实与专家证人(factual and expert witness)

问卷的第9、10项与第13项是有关事实与专家证人,这也是从一份争议/争端清单中可以确定是否有必要。如是否有一项或者多项的争议涉及了技术性问题,仲裁庭自己也需要专家作出协助,才能正确理解双方提供的技术性证据。

2.1.6 预先会议(preliminary meeting)

问卷的第8项看来是接近英国商业法院的"监控进度日期的会议"(progress monitoring date)或/与"开庭前的会议"(pre-trial review),作用就是跟进在CMC中所作出的一连串命令或指示是否有准时执行,以及看看开庭前一切是否已经准备就绪。在英国商业法院,并不是每一个案件都需要召开开庭前的会议,通常只是在一些庞大与复杂的案件(法院需要开庭8天以上,特别是涉及多个当事人的案件)。如果召开的话,时间通常在开庭前的4~8个星期,而特别复杂的案件会更早。开庭前会议的定义是:"... to enable an informed discussion and assessment to take place of what will be involved in the trial and agreement to be reached as to the best way for it to be conducted. The court will also take the opportunity to make any appropriate directions."

在LMAA仲裁规则,预先会议的安排可以是非常灵活。在Third Schedule中有说明仲裁员或者当事人认为有需要就可以提出要求召开,通常是在开庭的准备工作已经做了一部分,而需要检讨一下进度如何,并针对进一步的准备工作作出命令或指示。也会是同意有关开庭如何进行,如"国际象棋程序"(chess-clock procedure)或是专家证人如何作证(是传统的让对方律师进行盘问或是以专家会议的形式)等。现节录Third Schedule中的相关文字如下:"The circumstances in which a preliminary meeting may be held vary very considerably. In some cases (including the more complex arbitrations and most cases involving a hearing of more than five days) a preliminary meeting is necessary and will be held on the initiative of the tribunal or at the request of the parties, after much of the preparatory work has been done, to review the progress of the case and to enable directions to be made or agreed for further preparation for, and the conduct of, the hearing. In other cases a dispute may have arisen as to some procedural matter (e.g. a failure to serve submissions or a pleading or to give adequate disclosure of documents) and a party may seek to persuade the tribunal to give appropriate directions (including, in a proper case, a peremptory order under Section 41(5) of the Act) so as to resolve the matter."

LMAA 仲裁规则说明在一个复杂的案件(需要开庭 5 天以上)就应该召开"预先会议"(preliminary meeting),这是在第 15 条,其中(b)是这样规定:"A preliminary meeting should be held in complex cases including most cases involving a hearing of more than five days' duration. Exceptionally more than one preliminary meeting may be required."

通常在一个不太庞大与复杂的案件且不需要较长时间的开庭,就不需要进行一个开庭前的预先会议。海事仲裁经常会涉及外国的法律代表/外国律师,这种预先会议不太必要,但也召开就会带来金钱上的浪费。在一个简单一点的开庭,即使是需要一些安排,通常可以以文书的通信去解决。

2.1.7　费用担保(security for costs)

问卷的第 16 项是针对费用担保,这方面的问题经常会在海事仲裁中出现。这是因为原告通常是在英国以外的公司,根据 1996 年《英国仲裁法》之前的地位,原告几乎一定要给被告费用担保。到了 1996 年《英国仲裁法》生效之后,原告是英国以外的公司,再也不是一个要求提供费用担保的原因,这是在 Section 38(3)。但海事仲裁还是出现好像原告是一家巴拿马或 BVI 公司的承租人,经济状况可疑,会有需要命令原告向被告提供费用担保。在法院的 CMC 或 LMAA 的问卷时,双方已经完成文书请求,甚至可以提供一份争议/争端清单。所以那时如果决定要求原告(或提出独立反索赔的被告)提供费用担保,就有了基础预计要提供多少担保。

2.1.8　调解(mediation)

问卷的第 17 项是针对调解,这又是类似英国商业法院的做法。不论是英国法院或者是仲裁庭都不能要求双方必须调解成功,毕竟这是当事人的订约(和解协议)自由。但看来,英国法院至少可以强制双方当事人进行调解,并作出所谓的 ADR(alternative dispute resolution)命令。这种 ADR 命令的措辞可参见上诉庭的 Halsey v. Milton Keynes General N H S Trust (2004) EWCA Civ 576 与《商业法院指引》附录 7。其中包括一段要求双方当事人在某一天如果不能达成和解协议,就必须以文书告知法院他们采取了什么行动寻求和解(但不必告知一些涉及"和解特权"[without prejudice privilege]的资料),以及为什么这种行动不成功。这些要求是为了鼓励双方当事人在调解时必须做一些合理的事情,以避免将来和解不成功不会被法院在费用上做出惩罚。但看来法院这种有一定程度强制与细致的做法,没有办法照搬到仲裁中。所以 LMAA 仲裁规则中问卷的第 17 项,只是要求双方当事人考虑是否值得进行所有争议或部分争议的调解。

通常,在争议/争端清单中可以表面看到有部分争议是适合调解。如一项金额并不大的争议,但因为涉及技术问题要通过仲裁解决就需要专家证人,导致所需费用就会比争议金额本身还要大。另一例子是"多方当事人争议"(multi-party dispute)或"一连串的争议"(chain contract),可透过调解把多方带到同一个场地,方便和解。

总结说,根据这份问卷的各项答案,仲裁庭就可以在第 14 项确定开庭的日期与需要多长时间。例如,问卷的第5项答案是有需要修改文书请求或者第7项答案是有大量的文件披露需要,就表示开庭日期不能定在短期内,否则预定了开庭日期也是枉然。又或是问卷的第13项答案是有多位事实证人与专家证人,这就表示当事人估计的一两天开庭时间并不足够,而需要更长的开庭时间。

2.2　开庭案卷的制作(trial bundling)

商业案件往往涉及大量的文件,开庭需要当事人做成案卷供仲裁庭和双方使用,否则根本无法开庭,因为有关的文件根本无处可寻。所以,准备开庭案卷是一项非常重要与昂贵费时的工作,特别是在涉及大量文件的案件中。这表示如果双方当事人还是在试图谈判和解的阶段,往往会将准备开庭案卷的工作押后。但是如果谈判和解不成功而要真正开庭时,双方就一定要重视准备开庭案卷的工作。因为在开庭的过程中主要是对照文件来说明与支持自己的观点与主张,如果开庭案卷整理得混乱与没有条理甚至是原告与被告各自做出不同的案卷,这就会导致开庭时虽然针对同一份文件可是却有不同的出处要在不同的案卷中寻找,这样就浪费大量的开庭时间在寻找文件上。笔者就经历过仲裁庭因为开庭案卷出现这样的情况而中止开庭一天,让双方当事人和他们的代表律师共同整理出一份大家都认可的开庭案卷在开庭中使用。

所以,有必要看看英国商业法院针对开庭案卷的做法如下:

(1)根据《商业法院指引》J3.5段,原告有责任准备并提供开庭案卷。在仲裁案件中,把责任加在原告身上也是非常现实的做法,因为往往原告更加希望准时开庭。至于原告所花的金钱与时间,将来如果胜诉显然是可以向败诉的被告要回这笔费用。所以原告多做工作是不必怕最后吃亏的。

(2)根据《商业法院指引》附录10的第1段,要求双方的律师必须以最大程度的合作准备开庭案卷。

(3)根据《商业法院指引》J3.2段,开庭案卷里的编号、内容与组织必须在开庭前得到双方代表律师的认可。

(4)根据《商业法院指引》J3.5(b)段,在准备开庭案卷的时候应该注意排除一些无关或者不必要的文件,只包括那些有关或者需要的文件。法院把挑选文件的责任加于双方律师,并要求双方律师合作只包括有关文件在开庭案卷,若做的不当会被法院批评。如果被告不同意原告认为某一些文件不需要,被告可以将这份文件放在自己另外准备的案卷之内而提供给法院或者仲裁庭。如果法院后来认为有一些文件是不需要,法院会根据《商业法院指引》J3.3段对花在这些文件上的费用做出惩罚。开庭案卷出现大量无关与不必要的文件是一个大问题,经常在一些大型仲裁案件的开庭时会出现一些情况就是总共有100个不等案卷,但真正能用到的或提到的只有不到10个。这表示有80个左右的案卷中的文件是无关或不必要,造成浪费,因为复印十分昂贵,而且一制作就要好几份。但也不知道是否有一定程度的利益冲突,或是律师本质上是小心与不想多作工作,所以总是把所有文件都加入开庭案卷中。还有就是准备开庭案卷的工作往往不是由最熟悉案情的大律师或者事务律师亲自准备，而多是由他们的助手来完成。

(5)根据《商业法院指引》附录10的第2(ii)段，一份文件通常只允许在开庭案卷中出现一次，除非是在例外情况下，如在文件很多的案件中会需要另作一份“核心案卷”(core bundle)，这时允许一份文件同时出现在核心案卷与非核心的开庭案卷中。

(6)核心案卷所包括的文件是一些双方代表律师估计开庭一定会要提到的文件，如案件涉及了违约，有关的合约显然就是应该放在核心案卷中的。核心案卷内所包括的全部文件应该是能够放在一个不大的档案册中，便于法官或者仲裁员拿回家看。根据《商业法院指引》附录10的第4段，核心案卷的文件必须有编号并且注明它在非核心的开庭案卷中所处的位置以方便“相互参照”(cross reference)。该段也说明核心案卷不宜包括太多文件，以便将来在审理时将另一些被视为是十分重要的文件加在核心案卷中。双方代表律师在制作核心案卷时在时间上可能会要提早到双方交换文书证人证言与专家报告之前，这是为了方便制作证人证言与专家报告时可以引用核心案卷中的文件编号。另一份重要文件要引用核心案卷中的文件编号，就是双方代表律师的“文书开庭陈词”(opening submission)，但这步程序的时间很晚，所以双方已经作出了一份核心案卷让代表律师引用是不会有问题的。

(7)说到开庭案卷文件的多少，根据《商业法院指引》附录10第2(viii)段有用加黑字体说明每一个案卷不得有多于300页的文件，因为在开庭中经常会发生有一些双方都同意加入案卷的新文件出现。如果遇上大量的新文件需要加入案卷但原来的有关案卷已经没有地方加入，这时的办法就只能是来一个额外的案卷。如原来的有关案卷是“D/17”，则额外的案卷就标号为“D/17b”。

(8)开庭案卷通常可分类如下：文书请求(索赔请求、抗辩请求与答辩请求等)与相关文件，如争议/争端清单；法院作出过的命令(如果是仲裁就会是仲裁庭作出的命令)；证人证言(在开庭之前的中间申请中如果有涉及证人证言一般也包括在内)；专家意见报告；文件与电传往来，一般根据时间的先后顺序排放；其他文件不严格归在前类中，如图表、照片、航运争议中经常会有的航海日志等；核心案卷；其他法院论据的材料(forensic material)、论点大纲(skeleton arguments)等。会有一些案件是把开庭案卷分类为不同的争议或争端(issue)，因为在开庭时有可能是不同的争议逐一处理(向事实证人与专家证人取证)。但这种分类的做法不到之处就是往往有一份文件的内容涉及几个不同的争议，如是双方的通信往来。这就会导致同一份文件在多个不同的开庭案卷中出现，造成浪费。所以不少案件处理的办法还是根据上述分类，甚至更细的分类，如所有的同一类文件(如发票、修理单据、双方通信往来、一方当事人与代理人通信往来等)根据前后日期分类在一起。

(9)每一案卷都应该编号与给予名称，并在该案卷的外面与里面标明。这在开庭审理时方便寻找某一特定的案卷。如“A-Statement of Case”或“E13-Chronological documents May-September 2007”。在涉及大量案卷的情况，最好是不同分类的文件用不同颜色的案卷夹。

(10)每一个案卷内的文件都应该编号,从1到300不等。如果有很多案卷,最好在这些号码之前也加上案卷的编号,如案卷A的第34页,就写为"A/34"。每一份文件的编号都应该标在该文件的右下角。在同一个类别的文件,如涉及不同的文书请求或者是不同证人所作的证人证言,最好用分隔页将其分开。如果文件有翻译件应该紧跟在原件之后摆放。通常双方针对翻译件是没有异议,但是在双方提供不同的翻译件时,应该编排在一起便于比对。有些文件中存在印刷细小的文字,如租约、提单、空运单等,应该将该部分细小的文字放大印刷,便于阅读。

(11)案卷的文件大小在香港或伦敦仲裁通常是以A4大小的纸张制作。但国际仲裁也越来越多是以A5大小的纸张制作,约是A4纸张一半的大小,而且是双面复印。这种做法显然是为了节省纸张。如果仲裁案件涉及美国的律师事务所,做法也不同,通常会使用B5大小的纸张,而且在装订入文件夹的时候会在边沿打三个孔,而非像英国打两个孔的做法。所以仲裁庭需要在事先给出一个统一做法的指示。

(12)在开庭案卷备妥之后,原告要准备足够的份数,这包括自己所需要的与被告要求的份数,另还要加上给仲裁员人手一份(三个仲裁员就制作三份)与盘问证人时需要用到的一份。给被告的一份或多份,由于是按照被告的要求准备,所以原告可以马上向被告或被告的代表律师取回有关的费用,但这不影响最后审理后有关费用分摊的命令。

(13)除非是有核心案卷的制作,开庭案卷的备妥会要在递交文书开庭陈词之前,这就允许双方代表律师在开庭陈词中引用哪份文件就可以使用该份文件在开庭案卷中的编号来方便大家寻找。另是双方交换的证人证言的"附件"(exhibition)也会被编入开庭案卷,则这些附件如果出现在其他开庭案卷,最好就注明它在其他开庭案卷的编号以方便参照。

2.2.1 制作案卷的时间

在准备案卷的时间上,原告至少要在开庭前的6个星期提供给被告有关他制作案卷的计划与建议,这包括案卷的数量、编号、内容与如何编排。而被告必须在开庭前的4个星期向原告作出建议,包括要求增加的文件(这是根据《商业法院指引》J3.4段)。原告给被告的建议可以是一份所有案卷的"索引"(index),但如果案卷文件不是太多,更好的做法是原告先整理出一套没有将文件进行编号的少数几个案卷给被告,在被告审阅过之后,也可以加入一些新的文件或要求排除一些文件(如特权文件)。原告如果不反对或双方取得共识,就可以将所有的案卷文件编号。通常,在审理开始之前最少两个星期开庭案卷的制作就应该完成[这是根据《商业法院指引》J3.6(a)]。但法院在不同的案件会根据案卷文件的多少,给予时间上指引。

如果开庭案卷的制作在时间上有所延误,就会影响开庭,如要押后一两天。这里带来的费用的浪费就要让造成延误的一方承担,而且法院往往会下令马上支付(这是根据《商业法院指引》J3.8段）。这通常会是原告的延误，但也会是被告没有及时回应原告对于开庭案卷制作的建议。这也可以解释为什么律师在涉及大量文件的案件中需要通宵工作制作开庭案卷从而避免延误。

2.2.2　开庭案卷可以十分昂贵

较早时已经提到过制作开庭案卷可以是十分昂贵的一件事。尤其在一些大型的工程项目、跨国投资等的复杂交易中，往往涉及数以万计的文件，加之西方公司完备的文件保存系统，复印、打印等办公设备如此普遍与方便的今天，导致不少国际仲裁中一份完整的开庭案卷就可达上百个。这些文件所产生的费用不仅是代表律师所收取的一页纸可能高达一美元或以上的复印费用，还加上要阅读、整理、运送至开庭地点与将来案件结束后要销毁的费用。笔者随便提一个近期听闻的国际仲裁案件。该案件涉及三位著名的国际仲裁员，由于要向特殊证人取证，该案需要先在丹麦的哥本哈根开庭，然后再转到阿联酋的迪拜继续进行。这一来，就涉及如何将数以百计的开庭案卷从哥本哈根运送到迪拜的问题。当事人的律师经过调查后提议包一架飞机将所有的文件及全部开庭的人员一起从哥本哈根运往迪拜，这其中最便宜的费用是80000英镑左右。但是由于种种其他原因，包机只是为了运那些案卷。后来，经过计算比较发觉在迪拜重新制作所有开庭人士需要的开庭案卷的费用比把在哥本哈根用的开庭案卷运往迪拜更加省钱。于是，当事人就在迪拜的酒店中专门布置了一间影印室用来重新制作开庭案卷。与此同时，在哥本哈根的开庭地点却需要雇用专人将所有开庭案卷利用碎纸机销毁。

2.2.3　开庭案卷中文件的法律地位与质疑其真实性做法

在开庭案卷出现的文件，法律地位在CPR Part 32.19有规定，就是双方当事人不质疑该文件的“真实性”（authenticity）。至于法院或仲裁员最后在作出决定时会给其多少分量就要看文件的实质内容与其他情况了（如同样是一份检验报告，如果是检验双方在出事后不久共同进行并且内容详尽，这在分量上比其中一方在出事后很长时间才作出检验，而且检验报告内容言之不详要重得多）。这里可节录新加坡先例Permasteelisa Pacific Holdings Ltd v. Hyundai Engineering and Construction Co Ltd（2005）SLR 270，Judith Prakash大法官针对开庭案件的文件说：“The parties agreed that the documents in the agreed bundle were agreed as to authenticity but not as to contents That agreement meant that the makers of the documents did not need to be called but it did not mean that the contents of the documents were totally unreliable and not to be regarded by the arbitrator as evidence at all in the absence of testimony from the maker.”

如果有一方对某份文件的真实性有质疑，要求对方在开庭时证明其真实性，就必须预先通知对方，这个通知通常是在对方披露该文件的7天内或交换证人证言后。而证明真实性一般是要求“制作文件的人士”（maker of document）出庭接受盘问或要求制作文件的人士作出一份“宣誓书”（affidavit）。如原告对被告提供的一份由上海港监所作出的文件真实性有所质疑，仲裁员就会要求被告以其中一种办法证明该文件的真实性。很可能被告没有办法要求上海港监出庭接受盘问,但被告有可能向上海港监要求一份宣誓书或类似的证明。如果被告没有办法做任何事情证明真实性,仲裁员就可能对该文件的真实性有不利的推断了。而如果被告的确能提供一份宣誓书或类似的证明,如果原告继续想质疑就要自己提出证明,如也从上海港监取得一份证明,声称作出宣誓书的人不是上海港监的雇员。否则,在原告没有进一步的质疑下,仲裁庭就会接受被告的证明文件是真实。当然,接受是真实不代表该文件就有很大分量。分量是要看该文件的内容、相关性、针对性、明确性、细致性等方面,另外还要看其他可能起冲突的文件证据,才能总体给予它分量。

如果有其他的办法可以满足该文件的真实性,如被质疑的一方提供正本文件,而该正本文件假不了,仲裁员也可以以此考虑。但文件真实性不一定是只靠文件正本就可以知道,如航海日志虽是正本也有可能被篡改,这就需要船长出庭接受盘问。

总而言之,对文件真假的争议最后还是由仲裁庭给予恰当的证据分量。这里可节录 Permasteelisa Pacific Holdings Ltd v. Hyundai Engineering and Construction Co Ltd 中 Judith Prakash 大法官也有说:"Since the parties did not agree to the truth of the contents of the documents, they were permitted, both in evidence and in submissions, to challenge the truth of any statement that appeared in any document. That was all. The arbitrator was not bound to disregard any document which any party criticised as being untrue. He still had the ability to deal judicially with such a document by weighing the evidence and considering the parties' arguments in making his decision as to whether the contents of the same should be accepted as true or not. That was his function as the finder of fact."

在这里,笔者想要说明的是除非一方有很强有力的理由或证据认为一份文件是虚假的,否则就不要轻易质疑文件的真实性。毕竟,在西方或是香港地区伪造文件是一项非常严重的刑事犯罪,一般商业人士不会轻易做。内容不全面或有所遗漏的文件当然不能算"虚假"(false)。虚假文件应该是指在事后捏造出一份本来没有存在的文件,或者篡改原来的文件。

因为上述的做法会浪费大量的时间与费用在证明文件的真实性上,毕竟部分文件无论是真是假,它的实质内容的证明分量都不重或相关性也不大,这就应该避免疑心过重对什么文件都提出质疑。如代表货方的律师并没有必要质疑船东披露的文件如船图、主机说明书等,因为船东不会也不容易造假。如果想质疑船东披露的航海日志虚假,也要清楚明了航海日志内容上避重就轻甚至是船长错误的记录并不表示虚假,除非有非常可疑的地方才值得质疑,如有明显涂改的痕迹或者整本航海日志的笔迹出自一人之手(航海日志是由不同的轮值人士负责记录)等。毕竟要提出虚假证据的严重指控是需要强而有力的质疑理据才能够说服仲裁庭的。

2.2.4 开庭的证据(evidence at trial)

虽然在没有事先通知要质疑文件的情况下,开庭案卷中的文件均被视为是真实的,但这不代表所有的文件都属于"开庭的证据"(evidence at trial)的一部分。作为开庭的证据，它必须在证人证言与盘问以及在开庭陈词中有涉及。如果没有在开庭审理过程中提到的文件，即使它被放在开庭案卷中也不能作为开庭的证据，表示在结案陈词时不应该提及（这是根据《商业法院指引》J8.1段与附件10第6(c)段）。双方当事人也可以同意某一些文件是开庭证据（如有关的合约、证人证言与专家报告等）的一部分，并准备一份清单交给法院，这在本章2.7段有介绍。但对仲裁庭而言，将来在草拟裁决书时是不受开庭证据的限制的，他可以参考案卷中所有的文件。但如果仲裁庭在案卷中对某一份文件给予很大重视，但该份文件却没有在开庭中被双方提及过，仲裁庭决定要依赖它，最好就要先向双方提出，并允许他们针对这份文件作进一步的争辩。

2.3 论点大纲（skeleton argument）或开庭陈词（opening submissions）

根据《商业法院指引》J6.1，论点大纲也可被称为"开庭陈词概要"（outline opening submission），必须由双方当事人备妥，并送达给法院与对方当事人。这先是由原告备妥与送达，时间上是开庭前两个工作日之前一天的下午1点前。这等于开庭是周一，原告的论点大纲就应该在上周之周三下午1点前就必须送达。接下去就是让被告备妥与送达，时间上是开庭前1个工作日之前一天的下午1点前。

至于论点大纲的目的及内容，在《商业法院指引》附录9 Part 1有以下的指引：

"1 A skeleton argument is intended to identify both for the parties and Court those points which are, and are not, in issue and nature of the argument in relation to those points that are in issue. It is not a substitute for oral argument.（论点大纲是为了向对方当事人与法院说明有哪些论点双方仍有争议或者不再争议，与双方争议的性质。论点大纲并非是为了替代口头的争辩。）

2 Skeleton arguments must therefore:（所以，论点大纲必须有以下的内容）

(a) identify concisely:（精确的说明）

(i) the nature of the case generally and the background facts insofar as they are relevant to the matter before the court;（案件的本质与有关的背景事实）

(ii) the propositions of law relied on with references to the relevant authority;（依赖的法律主张与有关的权威或先例）

(iii) the submissions of fact to be made with references to the evidence;（事实的陈述与有关的证据）

(b) be in numbered paragraphs and state the name of the advocate(s) who prepared them;（将其分段书写并给予每段编号，写明出庭的大律师与制作者的名字）

and (c) should avoid arguing the case at length.（注意避免将争论写得太长）"

在现实中，上述有关要求论点大纲要精简的指引经常被漠视，有说法是现在的论点大纲简直变成一份完整的开庭陈词，内容会大量引入开庭案卷/核心案卷中的文件与证人证言或专家报告。这尤其会发生在原告的论点大纲，因为它本来就是比被告的论点大纲长，因为原告的论点大纲往往写明所有的背景事实，而被告只需要针对原告的论点做出反驳即可。这种将论点大纲写得越来越长的做法，接近美国法院的“开庭前摘要”(pre-hearing briefs)。但这种做法有受到批评，因为把这份文件变得太长，会给法官在开庭前的阅读带来困难。这在《针对漫长聆讯的商业法院工作小组报告》有提到说：“In general it is not helpful to the Court to have a book of an outline argument to read in advance of the trial.”该报告也建议论点大纲一般不要超过50页等。

在国际仲裁中，双方也经常会备妥与送达动辄就50/60页的论点大纲，或干脆就是一份“文书开庭陈词”(opening submission)，再也不可以称为大纲。这样做也有好处就是只要仲裁员在开庭前阅读了这份文件，就可以在开庭时要求原告大律师不必再口头重复，最多指出一些最重要的地方已经足够。至于被告大律师，因为到他要做出开庭陈词时往往已经经历过原告大律师的开庭陈词与原告的证人举证，可以说仲裁庭对案情与双方的争议已经十分了解，根本可以不必再以口头做出任何开庭陈词了。所以，可以节省开庭的时间。但笔者也遇到过原告大律师准备了50多页的开庭陈词后，在开庭时再花两天时间读一遍。笔者的共同仲裁员认为应该任由他这样做，所以仲裁庭没有做出任何干预。结果在两天口头的开庭陈词后，发觉剩下的时间根本不足处理这一案件。结果在双方当事人都同意的情况下把该案件押后一年半才重新开庭，并把预留的开庭时间从5天变到20天。这表示原来花的2天只是重复文书的开庭陈词完全浪费掉。这样的做法显然必须避免，因为实在是浪费与不必要。

很多的国际仲裁中是不会允许原告大律师在一开始时就将所有细节都一并口头讲出，这不仅会大量增加开庭时间与费用，而且只是重复文书的开庭陈词。很多仲裁中都是将口头开庭陈词的时间固定，如给双方大律师每方一个小时或者两个小时。这样就要求大律师改变以前用口头详细叙述案件的做法而变为在一段短的时间内将一个复杂的案件用简单的要点总结。

至于被告大律师的开庭陈词，通常要在开庭前提供一份文书外，也会允许他稍后以口头的方式将案件的要点挑出来或总结。至于被告律师作出口头开庭陈词，往往在那时仲裁庭已经对案件有了详细的了解，被告大律师就不需要再重复原告大律师已经讲过的案情介绍，从而能够在较短的时间内完成口头开庭陈词。

至于书面开庭陈词所涉及的内容，大致上有以下四个方面：(1)有关事实背景以及一些事件的叙述；(2)将要具体针对的有关事实与法律的争议的分析；(3)当事人对于案件的意见与看法，如律师陈述的主要思路，以方便仲裁员在稍后将证据对应适用在该方当事人的观点中；(4)在事实基础上引用法律观点(如对合约条文的解释与一些权威的先例)说明当事人要求的救济是合理的。

但这里也会在国际仲裁中有不同的做法，如有律师认为在书面的开庭陈词讲得太细就会导致在结案陈词时没有需要补充的内容。所以，为了平衡，会有部分仲裁员在国际仲裁案件中说明双方在书面的开庭陈词中大致要包括的内容或/与长短。

2.4 同意事项名单(documents setting out common ground)

如果双方当事人对某些事项(不论是事实方面还是法律方面)同意，这就表示仲裁庭或法院再也不必审理。同意的事项可能是一些小的问题,但也可以是重大的问题,如双方同意被告有责任做出赔偿,而剩下要审理的只是针对损失的计算。这一份名单通常在庞大与复杂的案件中才会有需要,而在一些小的案件中,双方当事人、法院或仲裁庭会很清楚双方同意了的与尚有争议的一两个方面是什么,根本不需要当事人制作一份名单。

如果案件涉及多于两个当事人,如有多个被告,这一份名单就会列出原告对不同的几个被告分别同意或不同意的事项。

这一份名单对当事人而言,弊端就是增加他们开庭前的工作量。而且在一些双方敌对性很强的案件中,开庭前双方很难达成一些同意事项,所以笔者认为在小案件或者不必要的情况下,仲裁员不要随意要求提供这份文件。

2.5 事实时间表(chronology)

在《商业法院指引》J6.4,要求原告律师在送达论点大纲的同时提供一份事实时间表。这份文件是把案件经历过的事实按时间先后顺序列出,这在一个持续时间很长的庞大与复杂的案件中尤其有用。法院或仲裁庭在开庭时,可以很快在该时间表中找到证人所讲的某一事件是在什么时间发生,提到某一次会议就会知道是双方第几次会面等。而且将来在写判决或裁决时也很容易就弄清事实的发展。

这一份文件原则上就不应该有争议,所以其中的措辞应该尽量中立。如双方不同意在某一天发生过一次重要的会面,该时间表中应该写作"原告指称某一天在被告办公地点见面,但被告不同意"。

2.6 有关人士名单(*dramatis personae*)

在《商业法院指引》J6.4也有提到该份文件要求在送达论点大纲的同时一并提供。有关人士名单会列出对争议有关的人士,包括证人与当事人代表,而并非仅仅是指出庭人士。

2.7 双方同意的开庭证据清单(list of documents agreed as being in evidence)

这在上述2.2段开庭案卷的制作之(4)中也提到过双方当事人可以同意某一些文件是开庭证据的一部分,并准备一份清单交给法院。列在这份名单中的证据无论在开庭中是否提到,都是要求法院或仲裁庭将来在写判决或裁决时要考虑的。

2.8 开庭前的阅读名单(reading list)

在开庭之前,法院或仲裁庭通常对案件不会了解太多,无法与双方当事人的代表律师相比。所以,在开庭前法院或仲裁庭需要阅读进一步熟悉案情,这就会通过阅读双方提交的开庭陈词与文件来实现。由于现在对于证人的"主询问"(examination-in-chief)已经被文书的证人证言所替代,所以需要在开庭前阅读证人证言与专家报告,这样法院或仲裁庭才能很快跟上盘问时律师的思路与所要证明的问题。这是根据《商业法院指引》J5.1段,它规定除非法院另有指示,双方代表律师在开庭前两天将阅读名单递交法院。该份阅读名单会包括但不限于双方的文书请求、开庭陈词、证人证言、专家报告以及一些将会被引用的权威先例等。

法院或仲裁庭不需要也不应该在一收到开庭案卷就阅读所有其中的文件,这是因为开庭案卷中不是所有的文件都是开庭的证据,所以通读文件不仅会增加时间与费用,而且在没有引导的情况下越看越混乱。另外是不排除双方当事人在开庭前一刻和解的可能,这在仲裁中,如果仲裁员提早就花费大量的时间阅读文件,在双方和解之后就很难针对这部分时间收费。

通常的假设是即使没有阅读名单,法院或仲裁庭也会在开庭前阅读开庭案卷的相关文件。所以,如果有一些文件是双方或一方当事人不希望法官或仲裁员在开庭前阅读的,这时候反而一定要在阅读名单中清楚写明,如会有以下三种情况:(1)在交换过证人证言之后,一方发觉对方的证人对事实描述与自己了解的事实有重大差异,并且该差异对于案件的判决有至关重要的影响,甚至质疑对方证人的诚信。这种情况下,代表律师会要求对方证人以口头的主询问代替文书的证人证言。(2)对某份文件是否"可以被接受"(admissibility)有争议,如提交证人证言或专家报告的时间超过法院或仲裁庭给出的交换期限或者提交一份事先不在证人和专家名单中的人士的证言或报告。(3)证人证言或者专家报告中涉及部分内容是当事人不希望法院或仲裁庭自己阅读的。

2.9 开庭时间表(trial timetable)

除非法院或仲裁庭已经在"开庭前的会议"(pre-trial review)定下了开庭时间表,否则原告的大律师应该在开庭前提供给法院或仲裁庭一份开庭时间表。这份时间表虽然是由原告大律师去拟定,但他必须与被告的大律师一起商讨并取得同意。根据《商业法院指引》J5.5段,时间表应该说明有关开庭陈词、事实证人、专家证人与结案陈词等所需要的时间。估计在一些庞大与复杂的商业案件会是更加要注意这一方面。

在英国商业法院,开庭审理的时间通常只是周一到周四,而周五就处理其他案件的一些各种各样的审理前申请。至于每一天的时间方面,是从早上10点半到下午1点,午餐之后从下午2点到4点15分。英国商业法院在时间的伸缩性上也比较大,因为涉及国际商业案件经常会有如像外国证人短暂在英国停留,或视频方式取证,或某些证人(例如涉及重要的政治人物要作为证人)等。当然与国际仲裁相比,仲裁员在时间上的伸缩性就更加大了,而每天开庭的时间恐怕也会更长。笔者就经常有周末与假日开庭的经验。但法院就做不到,而即使大法官肯的话也没有法院的职员肯加班。至于每天开庭的时间如果太长,问题往往也不在仲裁员,而是在双方代表律师与大律师。因为他们在休庭后还要回去处理很多事情,就算针对审理的案件也会需要与客户开会,准备第二天开庭的筹备工作,与较早时仲裁庭作出的一些指示跟进(例如要求披露某一些文件或资料)等。

2.10 权威先例案卷(bundle of authorities)

在双方提交了论点大纲之后,原告会制作一个包含所有双方论点大纲中提到的权威先例的案卷(这是根据《商业法院指引》J5.3段)。一般这些权威先例是按时间先后顺序排列，原告的制作是要与被告的代表律师商议，该案卷也不应该有任何争议。在仲裁中，通常是会由双方各自制作该权威先例案卷，然后在开庭前交换。其中笔者经历过的一个争议是一方提交的权威先例所涉及的法律问题与文书请求的主张不相关，如文书请求中主张的是对方在合约谈判时曾经有“误述”（misrepresentation），但是提供的权威先例中却有只针对“附带协议”（collateral warranty）这一法律问题。这就带来对方当事人的抗议，要求澄清是否要依赖这些看来无关的先例，毕竟要在开庭前需要准备将来会要面对的争议。如果一方要依赖这些权威先例，则要先申请修改文书请求而引入与该些先例相对应的观点。如果不依赖，则要从案卷中排除这些先例。在笔者最近的一个仲裁案件中，最后是由提交的一方将该些不相关的先例自动排除而解决。

2.11　争议清单的修改（amendment to list of issues）

这些方面都在 CPR Part 58，Para10.8（2）与《商业法院指引》6.1－6.2 段有涉及。争议清单不是一份开庭前才备妥的文件，而是一早在双方“文书请求”（pleadings）完结后就应该在双方律师合作下备妥，以方便“案件管理会议”（case management conference）的进行。这一份草拟争议清单应该由原告根据文书请求的内容作出，并在“答辩请求”（reply）的时候一并送达给被告。如果没有答辩请求，就应该在“抗辩请求”（defence）送达后的 21 天作出。显然，在双方有了文书请求的交换后，应该可以挑出哪一些方面有争议并作出一份清单。

这一份文件不应该有争议性，它只应该把双方争议中重要的事项（不论是事实上或者是在法律上）列出来。该名单通常还有针对双方共同接受的事项。举一个简单例子，在一个有关港口航道因为有浮冰而变得不安全而造成船舶损坏或损坏是船舶自己不适航（船壳腐蚀生锈）所引起的，争议清单会是如下：

“事实争议（issues of fact）：

（1）船壳进水是什么原因造成：（a）是否由于良好的船壳钢板承受不了 2007 年 12 月底芬兰澳罗港的浮冰，或（b）是否由于腐蚀生锈的船壳钢板承受不了 2007 年 12 月底芬兰澳罗港的浮冰。

（2）有关船舶在 2007 年 9 月份在中国大连港进行特检时，是否对船壳钢板有作出检查与怎样的检查。

（3）原告船东因此事故所遭受的损失，特别是：（a）原告在芬兰澳罗港作出永久的修理是否不合理；（b）原告是否在有关的修理中得益而需要对修理费作出扣减。

法律争议（issues of law）：

（1）船东在有关的航次租约中是否有适航的责任。

（2）船东在航次中同意承租人可改变原先在租约约定从卸港的英国伦敦去芬兰澳罗港是否要承担责任。

事实与法律的混合争议（issues of mixed fact and law）：

（1）船舶在航次开航前是否适航。

(2)船东有否行使克尽职责令船舶适航。

(3)船东有否减少损失。

双方同意的事项(common grounds):

(1)原告船东是船舶的真正船东,并交由A公司作出专业管理;

(2)船舶本身是第一级冰冻等级(Ice Class I)。"

有了这一份争议清单,接下去的中间程序如文件披露的有关性与深度,证人证言与专家证人是否被允许提供等全部就有了一定的依据。

有关这份争议清单的重要性,可以节录"针对漫长聆讯的商业法院工作小组"(The Commercial Court Working Party on Long Trials)所作出的报告的51段如下:"The [Working Party] become increasingly convinced that a new style, judicially settled, 'List of Issues' should become the keystone to the proper management of all Commercial Court cases, but especially [heavy and complex cases]. At present, lists of issues are often either too short and general or too long and then often fail to distinguish between key issues and sub-issues. The result is that the present form of List of Issues' is often not much used to the judge. The [Working Party] concluded that the List of Issues should be the key working document in all Commercial Court cases, whether small or large and whether involving few or many issues. The List of Issues will be based on the pleadings of the parties, but in future it should become, effectively, a Court Document. It should, once settled, be the basis on which decisions are made about the breadth and depth of disclosure, provision of witness statements, what experts will be permitted and, ultimately, the shape of any trial."

由于文书请求会不断作出修改,所以争议清单也必须不断经过双方代表律师的同意后作出修改。这种修改经常会有发生,主要是因为随着案件调查的进行会有新的证据(这也可以包括在开庭前不久交换的之前没有提出的证人证言或专家报告)出现,这就会导致当事人要根据新的证据对自己的案件重新进行评估与衡量,对之前的主张需要进行修改并反映在争议清单中。例如,被告本来一直以为事实就是在使用某一个机械前必须做某些准备工作,但原告没有这样做,这导致出问题。但在双方交换证人证言后,原告的证人十分详尽的讲述他做过哪些准备工作,看来很难否定或质疑他的证言。被告就会需要对原来的主张做出修改,如主张即使做了这些准备工作,也不表示不会出问题。这种要在开庭前不久甚至在开庭中需要修改本来所提的主张的做法经常发生,而且法官或仲裁员也比较宽松对待,毕竟是要让双方当事人在开庭一刻认为他们所提交的是他们认为正确的主张。唯一的要求就是申请修改的一方要赔偿给对方因此修改而浪费的费用。但这种宽容的态度在英国CPR实行之后有了改变,因为太迟申请修改有可能会带来开庭审理无法顺利进行,也给对方带来不便、焦虑与失去预算。看来,在CPR实行后,英国法院不会轻易批准当事人太迟的修改文书请求的申请。有关CPR实行前后对批准太迟的修改请求的态度转变,在

Charlesworth v. Relay Roads Ltd (2000) 1 W. L. R. 230 一案中 Neuberger 大法官有阐述。如果是较早前就可以做出修改,但太晚才提出申请,就会有很大的可能被拒绝。这可以节录 Colman 大法官在著名的有关提单的先例(争议是船东提单或是承租人提单)The "Starsin" (2000) 1 Lloyd's Rep. 85 有说到:

"For these reasons, I have no doubt that, if this point is to be raised, the Claimants need leàve to amend. Should leave be given at this late stage? The disruptive effect of the introduction of a completely new point in the course of the trial is a notorious obstacle to the efficient disposal of the business of this Court. In such cases, adjournment together with an order that the party seeking amendment should bear the costs will hardly ever be an appropriate indulgence. This is more obviously so where the point could have been taken at the outset, when the case was first pleaded, as in the present case. The point has always been available but it was only at the start of the trial that the claimants woke up to it.

In all the circumstances the plaintiffs should not be entitled to amend to rely on s. 3. That point could have been taken at the outset. Any such amendment would be unfairly prejudicial to the defendants and it would be wrong in principle, even, with special protection as to costs, to permit an adjournment which would disrupt the course of the trial."

在 ICC 仲裁,程序中有一个独特的做法,就是在仲裁程序的第一步大家签订一份"审理范围书"(Terms of Reference)。这份文件看来是与本段所讲的争议清单有相似之处。但在制作的过程中,笔者的 ICC 仲裁经验就是双方当事人经常会有争议,并且时间也会拖得很长。例如,一方当事人坚持以他的语言描述某一项争议或针对对方提的争议。或是必须写得很长很细并且是富有争辩性(argumentative),好像审理范围书就是开庭陈词或结案陈词。这其实不必要,审理范围书只是为了大概说明双方的争议和请求的救济,并尽可能列出一份争议清单。但会有时候没有办法说服一方当事人,导致了审理清单得不到其中一方的签字确认,而要根据 ICC 仲裁规则的 Article 18(3)处理,如下:"If any of the parties refuses to take part in the drawing up of the Terms of Reference or to sign the same, they shall be submitted to the Court for approval. When the Terms of Reference have been signed in accordance with Article 18(2) or approved by the Court, the arbitration shall proceed."

3. 事实证人(factual witnesses)

根据 CPR 之 Part 32.10,一个事实证人只能在他已经作出过文书的证人证言并及时送达给对方的前提下出庭举证。除非是在特殊情况下,有法院的批准才会有例外。根据 CPR 之 Part 32.5 (2)与商业法院指引之 H1.5 (a)段,事实证人的文书证人证言通常被视为是他的“主证据”(evidence-in-chief),除非法院有另外不同的指示。这不同的指示通常会是要求某一个事实证人以口头作出他的主证据,也就是通过他在开庭的时候把他的证据(通常是他听或讲过什么,做过什么或看到什么)以口头形式讲出来。期间,事实证人一方的代表律师虽然可以作出一定程度的引导以利把整个事情的经过有层次的阐明,但代表律师不能问“诱导性问题”(leading question)。这种诱导性问题在提问中已经包含了答案,本质上有诱导或暗示事实证人他应该怎样回答。由于为了节省开庭时间以及让双方当事人都能在开庭前预先知道对方事实证人到底要提供什么口头证据以保证开庭时不会受到突袭,所以在 1985 年以来,通常就是以文书的证人证言在开庭前互相交换替代在法院以口头形式作出主询问。这表示开庭时,该事实证人只需要先以确认(affirmation)或宣誓(oath)的形式说明有关的文书证人证言就是他的主证据,内容真实,就可以马上让该事实证人被对方代表律师盘问。对方大律师的盘问并不受诱导性问题的局限,事实上他经常会提出诱导性的问题,要求证人回答是或者不是,而不会希望被盘问的证人发挥,甚至提供新的主询问。在盘问完结后,证人还会要让他自己一方的大律师来一个再盘问(re-examination)。但再盘问只能局限在对方大律师盘问过的问题。而且即使是针对盘问过的问题,也只能是澄清,而不能试图改变证人在盘问中已经给了的明确答案。例如,盘问提到了一个会议,证人说是见到某人与其他几位。再盘问不能试图更改证人已经给出的答案,如问证人你是否肯定见到某人。但再盘问可以澄清其他几位是哪几位,因为在盘问中没有说明其他几位是谁。这方面有关盘问的问题会稍后在 3.16 段再详细解释。

以下分别介绍有关事实证人的准备与较深入的做法。

3.1 要求交换证人的名单与作证的主旨

双方当事人会被要求在开庭前尽早确认证人的身份与他们将会举证的范围,有时候会要求同时提供他们的详细资料与照片。程序上可以是先由原告提供,随后被告提供,然后是原告针对被告提供的证人名单而要增加的反驳证人。这是因为双方可以准备针对性的证人,除了让他们出庭还必须要事先备妥文书的证人证言以作出交换。这一步有时候早在“管理案件会议”(case management conference,简称 CMC)就已经可以明确。

挑选证人有多方面的考虑,如是否知道关键的事实,能否最清楚与有说服力的作证,是否会在压力下口齿不清或吞吞吐吐,是否有作证的经验或有法律训练背景,是否不可信或会在盘问(cross-examination)下看来不可信,是否有时间参与庭审等。笔者遇上一些不懂法律的证人,通常会鼓励他们能尽快对合约法与证据法进行恶补。

事实证人的数目仲裁员不会理会,因为毕竟仲裁员也不会太了解案件。但准备开庭的当事人代表律师就应该避免提供太多证人针对同一个事实,这时往往只需要找估计能够在作证时表现最好的那个证人出庭就已经足够。证人多了不仅会造成金钱上的浪费,而且在接受盘问时如果出现不一致的地方反而会降低证言的可信度。

3.2 证人证言(witness statement)

证人证言是当事人提供给法院或仲裁庭的文书证据,经常会在两种情况下出现。第一种就是用来支持双方在开庭审理之前的各种中间程序的申请,第二种就是针对开庭审理。它们之间主要的不同是在传闻证据方面,因为在1995年《民事证据法》Section 2(1)中规定传闻证据不适用在第一种的证人证言,既不需要预先给对方通知,也不存在要盘问证人。所以,有不少的中间程序申请干脆就由律师根据客户所告知的信息自己做出证人证言或"宣誓书"(affidavit)。但这种情况在第二种的证人证言,也就是为了开庭审理是不被允许的。如果一个事实证人自己不出庭而通过他的律师给传闻证据,并做出证人证言,这种情况即使不被拒绝但该证人证言也不会有任何的证据分量。

证人证言与宣誓书之间本质上没有大区别,唯一就是宣誓书需要更多的费用,因为签字的证人要在有权监誓的人士面前签署,而这是有费用的。但是一些比较严肃的中间程序申请,如Mareva禁令(现在称为冻结令)的申请,法院是规定要以宣誓书的形式。但即使没有这种规定,当事人如果以宣誓书的形式提供证据,就会有危险法院要他自己承担额外的费用。在开庭审理之前,当事人交换的证人证言,由于在开庭的时候证人会要在举证前宣誓并接受盘问,所以以宣誓书形式作出是不恰当的。

3.3 证人证言在开庭前交换的做法

开庭前双方当事人要交换文书证人证言,并以该份文件替代开庭时的口头主询问的做法在英国商业法院是在1986年9月第一版《商业法院指引》中被引入。在国际商业仲裁,也是在同时间或较早已有同样的做法,今天可以说已经变为一种标准的做法。通常仲裁庭命令在开庭前一两个月不等的时间作出交换,并且作为"主证据"(evidence-in-chief)。

3.3.1 不准时交换证人证言的后果

如果有一方当事人不完全依照此命令或干脆就漠视此命令,一般的惩罚就是不允许该当事人在开庭时让没有交换过证人证言的证人出庭举证。毕竟,在不再允许口头主询问的情况下,对方大律师在事先看不到证人证言的情况下也不知道需要盘问些什么,该证人确实没有必要出庭。这种情况的出现会是原告代表律师得不到被告律师的合作与同意在最后限期的一天交换证人证言,被迫向仲裁庭申请指示怎样做。仲裁庭就会下令被告如果不合作在最后一天的下班前与原告交换证人证言,则原告还是要送达他的证人证言(有关的证人在将来开庭时接受被告大律师的盘问),但被告就不会有证人需要出庭了,也表示被告不会有口头证据支持他对事实的主张。

这方面的先例可举Beachley Property Ltd v. Edgar (1996) CILL 1182 CA,案情涉及原告迟延送达证人证言,原因是原告在当时更换代表律师而造成混乱,接替的一位律师并不熟悉案情。但上诉庭的Woolf勋爵不允许原告在过了限期后送达证人证言,说:

"The explanation for the witness statements being served so late, and for the application being made at the relatively last moment for leave for those witnesses' evidence to be adduced at the hearing, is apparently that there was a change in the plaintiff's solicitor's office so that the same person was not dealing with the case throughout.

I would emphasize that I regard that as no explanation or excuse whatsoever for the non- compliance with directions with regard to witness statements.

The situation is that evidence which is contained in the statements does go to one of what maybe the most important issues in this case. There can be no possible excuse for the plaintiff not adducing that evidence at an earlier stage.

In support of the appeal, Miss Bhaloo (原告大律师) says that if that is right there is still no evidence that the defendants have been prejudiced in any way by that failure on their part.

It was submitted by Miss Bhaloo that unless there was some evidence of prejudice on their part which could be shown by the defendant, in these circumstances the Court has no alternative but to allow the calling of the evidence in relation to which there has not been compliance with the orders of the court. I would like to make it absolutely clear that I do not accept that submission. The very reason why the order is drafted in the terms that it is is to ensure that unless there are circumstances which justify the court exercising discretion in favour of the party in default, that discretion will not be exercised and the party will be deprived of the evidence. It is no use the party coming forward and saying The evidence will help our case'. If this is the position, the rule may as well not exist. You have to consider the position not only from the plaintiff 's point of view, but also from the point of view of the defendant, and with a view to doing justice between other litigants as well. "

笔者也经历过其他千奇百怪的情况,如在一个国际仲裁中原告在交换补充证人证言(这种做法在接下来的3.3.3段有介绍)时,竟然出现了一位在第一次交换证人证言时没有出现过的证人。他的证人证言既有"主证据"(evidence-in-chief),也有反驳对方证人第一次交换的证人证言中的内容。被告大力反对,坚称该证人的证言是"不可被接受的"(inadmissible)。由于当时距离开庭只有一个星期左右,所以这一问题就在开庭时首先处理。基于仲裁审理中要给双方足够陈述自己案件的机会这一基本原则,而且将来会有机会给仲裁地点的法院或其他国家执行地法院挑毛病,所以笔者感觉许多仲裁员没有采取像英国商业法院的严格态度针对迟延提交的新证据。结果在该案件中笔者的决定是把迟延提交的新证人证言中的主证据部分排除,而只接受其中反驳对方证人证言的部分。在双方律师同意哪些属于主证据要删除,哪些属于对被告证人证言的反驳而保留后,重新向仲裁庭提交一份经过删除修改的证人证言。如果双方律师无法同意,则由仲裁庭来决定。仲裁庭采取这样的做法可以避免新的主证据给被告造成突袭与使其来不及调查而造成不公平。

3.3.2　批准迟交证人证言的情况

文书的证人证言一般是同时交换，以防止一方在先收到对方的证人证言后对他自己的证人证言作出修改。如果有一方不合作或不能在规定时间内进行交换，他的证人就不准出庭作证，而对方会单方面提供他的证人证言以让他的证人出庭作证或接受盘问。至于不合作或无法在规定时间内交换证人证言的一方，如果在稍后改变想法要提交证人证言并让证人出庭作证，则一定要向法院或仲裁庭申请，得到批准后才可以这样做。但如果没有太好的原因，估计这个批准就不会取得，毕竟在时间不多的情况下，如果为此而押后开庭是难以被接受的。

但有时候会有这个需要，如在双方的证人证言交换后，在对方的证人证言中看到一个事先没有针对的事实，而如果反驳的话要另一个新的证人作证。这就需要取得法院或仲裁庭的批准引入新的证人与递交他的证人证言。也会在其他罕见的情况下法院或仲裁庭认为需要批准以迟交的证人证言提供新证据。这一来当然也要允许另一方有机会作出调查与应对。这就表示在一个极端的情况要押后开庭，而押后开庭所带来的费用会是要由迟交的一方负责。

3.3.3　补充证人证言（supplemental witness statements）的交换

在一些比较庞大与复杂的案件，证人证言交换后双方在看过对方的证人证言之后，往往需要对其中的一些新的说法想要作出补充或者回应，就会需要交换"补充的证人证言"（supplemental witness statement）。这一步往往在"开庭前的会议"（pre-trial review）中就已经规定，如在交换完证人证言之后的两个星期内提交补充的证人证言。但不一定有这一步，因为有时不需要（稍后有盘问的一步）或再没有时间。

3.3.4　证人不允许在开庭时再提供新的证据

文书证人证言的交换经常会在开庭前的会议就明确是替代了口头"主询问"（examination-in-chief）/"主证据"（evidence-in-chief）的一步。这种在开庭前会议结束后仲裁庭的指引中会写为："The parties shall exchange the witness statements on/before (date) which is one month before the hearing. Such witness statement shall stand as evidence-in-chief of the witness."在这种情况下，表示证人在出庭时再也不能提供新证据。证人出庭可以说纯粹是接受对方律师的盘问，而证人也只能针对问的问题做出回答，通常不会有机会把答案扩展而加入新的证据，因为对方律师或仲裁庭会阻止。通常证人出庭时只会简单被己方的律师问"你现在看的证人证言是否是你所要提供给仲裁庭的全部证据?"，证人的回答也通常是"是的"。这一来，主询问的程序也就完成，继而该证人就会开始接受对方律师的盘问。笔者最近也听过一个说法就是这样的程序太过严厉，没有给证人机会热身就马上要面对敌意的盘问。再说，仲裁庭也会有个别成员根本没有花时间在开庭前熟读证人证言。所以听到的建议就是给每一个证人半个小时或一个小时不等的时间把他文书证人证言的重点以口头主询问做出。这就可以让仲裁庭熟悉到底什么是主证据，以及证人熟悉环境后才接受盘问。但这种提议是强调绝对不能让证人借机提供新证据，否则就会变为对对方的突袭而造成不公平。在开庭时即使是正常情况,证人还是可以口头补充他的文书证人证言,但是情况十分有限,如下:(1)希望修改一些错误或者一些不清楚之处(多是笔误而非实质的内容,但也会有情况是证人在作出证人证言后到开庭之间出现新的证据或发展而需要作出补充。至于仲裁庭会否允许这些补充就要看另一方当事人的态度以及考虑这样做是否对双方都公平而不会造成损害)。(2)希望加入一些小的细节。(3)希望对对方证人的证人证言提出一些回应,因为在他制作自己的证人证言时并没有看到对方证人的证人证言。这对于开庭前给机会让双方对对方的证人证言提交补充意见的情况是不再适用的,因为证人如果对对方提供的证人证言有必要补充,就不应该等到开庭而应该在交换补充意见时就已经做出。这种情况在很大程度上也是与(1)中出现新证据或新发展而需要补充一致。

在这里讲的是事实证人的口头证据,但因为本段的标题是新证据,所以可以顺便提一下文件的新证据,这种新证据会经常出现。在开庭的途中,通常是不会再允许开庭案卷以外的新文件证据提交,因为这是突袭行为会造成不公道,特别是这些新证据本来已经存在,没有理由不早一点拿出来。如在开庭的最后一天才拿出来,对方对这份文件有疑问希望进一步调查,也再也不会有机会与时间。当然,如果不会造成对另一方不公平甚至有必需的情况,新文件证据还是可以允许。一种常见的情况就是证人被对方律师盘问或甚至是仲裁庭提出问题的时候带出了对新文件证据的必要。例如,对方律师质疑证人案件中的某份专真是否真的发出去,即使证人回答是,证人一方律师也会担心可信力度不足够,会在第二天开庭时提供一份有关的传真记录(fax journal)或是对方确认收到的回电(这份文件本来是没有包括在开庭案件中,因为在制作开庭案件时觉得没有关系)。再如,被盘问的证人受到质疑是否去过某一个地方,证人的律师在第二天提供了他的护照副本。在这种情况下,新文件证据的提供并不会对对方造成不公平,反而是仲裁庭如果不允许提交,会造成不公平,因为仲裁庭可能事后在裁决书中不接受证人的口头回应"是"或"否"。另一种例外情况会是在3.17.5段提到的新证据用来在对方证人作伪证时丑化他。

3.3.5 单方面交出证人证言的弊端

部分中国内地的律师在处理国际仲裁时经常在一开始如在送达索赔请求(如果中方是原告)或是抗辩请求(如果中方是被告)时,就自动提供一份或多份的证人证言。这种做法的弊端就是这一份证人证言在一早就提供往往不能全面,也替代不了将来开庭前要作为主证据的证人证言。会带来至少四个弊端:(1)一开始就提供的证人证言,可以说还不知道对方的争辩与立场,往往不知道怎样避重就轻。(2)对方将来在准备证人证言时已经知道中方的证人证言,他们会知道怎样避重就轻,如中方证人讲不清楚记得的地方他们就会讲"很清楚的记得……",毕竟要理解双方必须同时交换证人证言的原因也就是为了避免这种取巧(请看第3.3.2段)。(3)千万要小心作为主证据的证人证言必须完全与提前单方面作出的证人证言吻合,否则证人会面对很严厉的有关这些改变的原因的盘问。(4)这种太早提供的证人证言还经常会是错漏百出。提前提供证人证言的部分原因可能是没有充分考虑到:(1)对方是一定会提供与己方证人证言不同的证人证言;(2)提供证人证言如果没有被盘问过(cross-examination)就不会被仲裁庭给予任何分量,所以要小心准备的是针对证人证言的盘问,千万不要使自己的证人在这一个重要的阶段处于不利的地位。这里可节录 IBA 有关国际仲裁的证据规则中 Article 4(8)是这样说:"If a witness who has submitted a Witness Statement does not appear without a valid reason for testimony at an Evidentiary Hearing, except by agreement of the Parties, the Arbitral Tribunal shall disregard that Witness Statement unless, in exceptional circumstances, the Arbitral Tribunal determines otherwise."

3.4 证人证言的优点

双方当事人要在开庭之前交换证人证言(如果是涉及专家证人就是交换文书专家报告),并以此作为有关证人的主证据,目前已经是法院与仲裁的习惯性做法。这种做法的好处应该已经是耳熟能详,如:(1)节省开庭的时间,因为可以避免口头主询问。(2)允许双方在开庭前知道对方会有什么证据,因为较早前的文件披露只能看到对方的文件,但可能案件主要的证据是在口头。如果要开了庭之后才能够知道对方证据的强弱,就可能失去了一些开庭前的各种机会,在稍后会分别介绍。(3)避免开庭的时候有"突袭"(ambush),就是对方证人在口头主询问时给出一些完全无法预料到的事实证据,而在知道的当时再进行调查也来不及了。(4)对证人而言,通过文书证人证言交换的一步,可以更加明确他要提供证据的方向。(5)对盘问律师而言,可以有机会根据对方证人所提供的文书证人证言而好好准备盘问什么问题,并事先调查。(6)通过文件证据的披露与证人证言的交换,可以说是所有有关事实争议的证据在开庭前已经摊开来,除了这是比较公平的做法外,也很有可能提高双方和解的机会,因为通过这些证据可以看出自己的案件或"故事"到底是强是弱与可信度的高低。虽然那时距离开庭已经很近,但开庭前甚至开庭的第一天双方达成和解的情况也经常会有。(7)笔者最近还听说过一个新的建议就是在每一份文书证人证言加上该证人的照片,便于仲裁庭在开庭结束写裁决书时(有可能会在开庭后很长的时间才能完成)找回或加强对该证人作证时表现的记忆。

上述部分的好处可节录 Colman 大法官在 Nederlandse v. Bacon & Woodrow, Ernst & Young and Swiss Bank Corporation (No. 2) (1995) 2 Lloyd's Rep. 404 中的所说:"The purpose of the practice was then and has subsequently always been perceived to be to save trial time by making examination in chief unnecessary, by enabling the parties to know in advance what the remaining factual issues were, by enabling opposing parties to prepare cross examination in advance and by encouraging early settlement of actions."

同样的好处/理由也适用在稍后的第4段介绍的文书专家证人报告,作为专家证人的主证据,并在开庭之前双方当事人去交换。这方面可节录 Sheen 大法官在先例 The "Capitaine Le Goff" (1981) 1 Lloyd's Rep 322 是这样说:"On the hearing of the summons for directions I gave each party leave to call two expert witnesses, and I ordered that the reports of those expert witnesses were to be exchanged by 11th January 1980. The object of exchanging the evidence of expert witnesses is twofold, namely (1) to endeavor to narrow the issues at the trial, and (2) to prevent surprise at the trial and to enable counsel to be properly instructed by his client's own experts so that he is prepared for the cross-examination of the opposing experts upon matters remaining in issues. As a general rule the report of an expert witness can be read as his evidence in chief, subject only to supplementary questions necessary for explanation or amplification of the report. Much time is thereby saved. The attendance of an expert witness is only required when his report cannot be agreed so that his opinion may be tested in cross-examination. This assists the court in its task of reaching a conclusion as to which evidence is to be preferred."

说到不允许证人在开庭时再提供文书证人证言以外的新证据,有时候也会不容易控制。在证人自己一方律师进行主询问的环节相对来说还是比较容易控制,因为如果律师引导己方证人讲一些在证人证言中没有出现过的新证据,对方律师马上就会提出反对从而可以很快阻止新证据的引入。但是如果在盘问环节,在对方律师的穷追猛打下,证人有可能在他的回答中带出了一些新的证据或事实。照理说,对方律师应该尽快阻止,但会是已经来不及,仲裁庭现实中已经听了这些新证据/事实。也会是在双方有争议时,仲裁庭允许事实或专家证人作出全面的回答而导致了带出一些新证据或事实。在这种情况下,如果这些新证据或事实是明确对对方当事人不公平(主要是再也没有机会作出调查与回应),仲裁庭是可以下令把这部分新证据或事实在开庭记录中删除,不予理会。但也会有一个情况是仲裁庭不认为新证据或事实会对对方当事人造成太大或是任何不利(如开庭还有好几天,对方有时间做出调查与回应,或是对方的证人还没有举证,有机会让他做出回应,即使是涉及了提供这一方面的口头主证据)。而且,也说不准这新证据或事实是否会对最后的裁决有重要影响。这一来,仲裁庭会不愿意贸然删除这新证据或事实。折中的做法就是仲裁庭可以给出有条件命令(*de bene esse*)针对该部分新证据或事实暂时并不考虑是否接纳(admit),而留待在作出裁决书时才全面考虑。如果不接纳,仲裁庭就会对所听过的新证据或事实不予理会。但由于有可能会接纳这些新证据或事实,所以暂时还是双方当事人需要处理。例如,允许对方当事人可以继续尽快对新证据或事实作出调查并回应或反驳(rebuttal),并且可以就这一方面作出口头的主证据,以及对提出新证据或事实的对方证人就此新证据或事实进行盘问(cross-examination)。

3.5 证人证言的缺点

但是这种做法也带来不少缺点,其中最主要的就是证人证言在律师的协助下做出就会有很大的机会改良(improve),而证人如果提供口头主询问就没有改良的机会。在口头主询问中,证人一方的律师不能问一些"诱导性问题"(leading question),但在他们私下草拟文书证人证言时,恐怕律师会经常这样做以提点证人。这导致了文书证人证言被讥笑为一份诱导性文件,可信程度受到质疑。在口头主询问时,证人经常会不自觉的给出一些矛盾的答案,但是这些矛盾肯定不会出现在文书的证人证言中,因为律师会向证人指出以避免自相矛盾的地方出现。这在《商业法院指引》中也有提到并要求代表律师避免协助证人改良他的证人证言。另在《商业法院指引》H1.2段也要求不要提供明知是虚假的证人证言或是证人自己也不相信是全面与正确的证人证言。

律师除了要避免诱导证人,也要避免以威胁性的询问向证人取得证人证言。在The "Delphine" (2001) 2 Lloyd's Rep. 542,一位证人(Schoenig先生,发生火灾时他在船上)被一位调查员(Ashton先生,以前是一位警官[属于CID反恐小组])作出看来是胁迫性的询问。在反盘问中,Ashton先生这样解释他作出的询问:"问:你是不是使用了胁迫来得到你想要的证据?答:我不认为那是胁迫,我是强势的。我当时是在与一个我认为是在撒谎的人打交道;我也不打算这样谨言慎行下去。我知道他是什么类型的人。这家伙是个古惑仔。问:你当时已经形成了一个结论,就是那个男人不会给你你需要的证据,除非你威吓他,所以你就开始威吓他?答:在当时我没有形成那结论。到了最后我才形成了这个结论,因为他没有给我他本可以给我的证据。我没有开始威吓他,我开始和他好好谈,就像我对待其他任何证人一样。是他的态度让我变得强势,有时也会发火。"

Toulson大法官对于Ashton先生的询问有负面的评论,他说:"43. In English litigation, civil or criminal, there can be no proper place for trying to persuade a potential fact witness what he should say, let alone by bullying, threat or inducements. Such methods are totally unacceptable. Mr. Ashton's conviction that Mr. Schoenig was lying is no conceivable justification. If Mr. Ashton had succeeded, and if Mr. Delettrez [another witness] had not been recording the conversation, the result would have been a [written witness] statement from Mr. Schoenig which could have been put in evidence under the Civil Evidence Act without either the court or the opposing party knowing how it had been obtained."(在英国的诉讼,无论民事还是刑事,不可能尝试说服一位潜在的证人什么是他应该说的,更不用说威吓、要挟或诱导了。这些方式是完全不可接受的。Ashton先生对Schoenig先生撒谎的指控没有可以让人接受的原因。如果Ashton先生成功进行了胁迫性的询问与取证,而Delettrez先生[另一位证人]没有记录下整个不恰当对话过程,结果就会是需要Schoenig先生出具一份书面证人证言,这在《民事证据法》也可被提交作为证据,但是法院或者对方当事人不会知道这是如何取得的。)

Toulson大法官继续说道:

"46. It cannot be too strongly emphasized that this means the words which the witness wants to use and not the words which the person taking the statement would like him to use.(要强调的是这是指证人想要说的话而非制作证人证言的人想要证人说的话。)

47. Part H 1.4 of the Commercial Court Guide provides that the rules of any professional body regarding the drafting of witness statements must also be observed.(商业法院

指引的 Part H 1.4 说明任何专业机构在草拟证人证言时也必须要遵循该规则。)

48. The law Society's Guide to the Professional Conduct of Solicitors provides guidance on the taking of witness statements. It requires a high degree of skill and professional integrity. The object is to elicit that which the witness is truthfully able to say about relevant matters from his or her own knowledge or recollection, uninfluenced by what the statement taker would like him or her to say. (律师公会关于事务律师职业行为的指引给了制作证人证言的指引。它要求高度的技巧与职业操守。其目标是让证人从他自己的知识或回忆找出对于相关的事件了解的情况,不受证言制作人想要他说什么的影响。)

49. Counsel on both sides expressed anxiety that this is in practice not what generally happens even when statements are taken by solicitors. If it is not, the situation is worrying. In the USA ,pre-trial depositions of witnesses are a standard feature of civil litigation. The process is costly and time-consuming. Our system is quicker and cheaper, but it depends for its proper working on witness statements being properly taken. Bad practices, like bad money, tend to drive out good. If bad practices in the taking of witness statements come to be seen as normal, so that witness statements become lawyers' art facts rather than the witnesses' words, their use will have to be reconsidered. Central to the problem is the ignorance of the court and the other party about how any witness statement has in fact been taken. It might therefore be thought salutary that there should be a written declaration by the person who prepared the statement giving information about how, when and where it was prepared and certifying compliance with any appropriate code of practice. (各方的律师表达了忧虑说这在实践中一般不会发生,即使证人证言是由事务律师负责制作。如果是这样,情况就让人担忧了。在美国,开庭前制作口供书是民事诉讼的标准做法。其过程是昂贵与耗时的。我们的体系更快捷与廉宜,但它依赖证人证言的恰当的制作。不良的操作就像劣币一般会影响并驱逐良币。如果制作证人证言的不良操作被视为正常,证人证言就会成为律师制作的赝品而不是证人自己要讲的话,其作用也就必须给予重新考虑。问题的中心是法院与其他各方对于证人证言实际上并不知情。所以有益的做法可能会是让制作证人证言的人给出一个文书的宣言关于证人证言是如何、何时与在何地制作与证明它符合适当的操作规范。)

50. Moreover where parties are represented in litigation by solicitors (as is almost invariably the case in the Commercial Court), I would regard it as part of their duty to ensure, so far as lies within their power, that any witness statements taken after they have been instructed are taken either by themselves or, if for some reason that is not practicable, by somebody who can be relied upon to exercise the same standard as should apply if the statements were taken by the solicitors themselves. (而且如果当事人在诉讼中是有事务律师代表[这在商业法院也是常规做法],我会把其视为是律师的职责的一部分,只

要在他们的能力范围内,任何在他们被委任后制作的证人证言,无论是他们自己制作的还是由于现实的原因而由可信赖的第三者[如遥远地方的外国律师]依照律师制作的同样标准来制作的。)”

针对这方面的问题,有建议是当事人制作证人证言的法律代表给出一份声明或是宣言,内有其姓名,专业资格与如何,何时与在何地制作了这份证人证言,也包括证人与此法律代表分别所花时间。

3.6　证人证言的内容

一份文书证人证言的内容应包括证人的全名、住所、专业资格或职务、工作地点、雇主名称等。如果他是当事人之一或是其中一位当事人的雇员也必须要注明。证人证言实际的内容会先说明他所要针对的事实与作用,并按照时间的前后把证人所做的、所见的、所讲的、所听到的,所有有关事实一一罗列与解释。很多时候证人会把他为什么这样做与为什么这样讲也写出来,因为这会是仲裁庭有兴趣知道的。由于民事诉讼,特别是国际仲裁,再也没有传闻证据的局限,所以证人完全可以把一些传闻证据也加在证人证言,如在某一天听闻某一些有关的资料与从什么渠道听闻。虽然仲裁员不必受传闻证据的局限,但一位好的仲裁员还是会理解传闻证据可能是不可靠或不应给太重的分量,特别是渠道不可靠。最后证人证言会包括一句话就是说明上述的内容是证人所知道与所相信的,陈述真实(the contents were true to the best of the witness’ knowledge and belief)。

如果证人不熟悉英语,证人证言可以用证人的母语做出,但就要一并提供一份英文的翻译本。在提供的同时,会是恰当要求翻译员也做出一份宣誓书说明英文的翻译本是由他来翻译,并且翻译本与原本是意思一致与准确的。如果证人仅是看得懂英文,而无法流利表达,那么他的证人证言也可以英文作出但是要写明他的英文水平只是在这个程度。证人证言应该精简,但不要漏掉任何重要的事情。证人证言也应该避免大量节录其他文件的内容与避免“争拗”(argumentative)。因为证人证言会提到其他文件,而这些文件在开庭时会出现在“开庭案卷”(trial bundle),所以证人证言中提到其他文件时可以先在该文件后留出空档,等到开庭案卷制作好之后,再将该文件所在的位置编号填入留出的空档内。证人证言描述的事实最好是按时间顺序,并且每一个不同的事实或课题最好分段落。在证人证言中要将本人知道并经历的事实与只是道听途说或猜测的事实分开来说明。在后者的情况,要进一步说明是从哪里道听途说的或根据什么猜测得出。

通常在证人证言的结尾,都会有“我相信在我证人证言中所说之事实真实可靠”(I believe that the facts stated in this witness statement are true.)的声明。如果证人证言在稍后被证实虚假,仅是这一个声明就已经足够构成“藐视法院”(contempt of Court)的罪名,这可见 CPR Part 32.14(1)。而如果证人证言中没有此声明,在英国法院该证人证言也可能不被接受,并要证人一方的当事人自己承担制作该证人证言的费用。

3.7　证人证言过长与过短

双方交换的文书证人证言过长是一个新问题。现在以文书的证人证言代替了主询问后，文书证人证言中的内容就作为全部证人要说的内容，所以如果有任何的遗漏，将来也都不允许再作补充，因为会给对方造成突袭。这就需要证人在准备证言时要做到尽量全面的写进证人证言中。所以，在一些庞大与复杂的案件中，经常会见到一份证人证言加上附件就会有两三个厚厚的文件夹之多。这就带来许多问题，如：(1)给法官或仲裁员在开庭前一两天或周末阅读这份证人证言造成困难，毕竟案件不会只有1/2个事实证人。(2)制造这一份文书证人证言会涉及长时间与十分昂贵的费用。举例说在 Nederlandse v. Bacon & Woodrow, Ernst & Young and Swiss Bank Corporation (No. 2) (1995)2 Lloyd's Rep. 404，案情是涉及一宗公司收购的争议，收购的对象是一家再保险的公司。原告是在1990年以1.2亿英镑收购，但一年不到就发觉公司面临灾难性的赔偿要求，整个公司的资产都不足够赔。这导致了原告向他的三个财务顾问提出高达3亿英镑的索赔，诉因是被告给了原告有疏忽的财务建议。这种案件显然十分复杂，涉及大量的文件。事实证人就有26位，另加上至少有33位专家证人。其中一位事实证人名为 Piet Zandhuis 先生，他的文书证人证言长达190页，另外还有补充证人证言长达25页。为了拟定这份文件，原告律师与他见面共达41次，并是在1991年开始草拟直到1994年4月才把该证人证言签署。(3)上述所举的例子还带来另一个问题，就是 Piet Zandhuis 先生在出庭被盘问时对很多在文书中所讲的事实都忘记了，估计因为他在1993年已经退休，年龄已经达到65岁。这就带来这一个先例就是被告要求把 Piet Zandhuis 先生的文书证人证言排除与不被接受为证据(inadmissible)，但这被 Colman 大法官所拒绝，认为充其量只是在考虑给予证据分量时做出轻重的调整。

所以，《针对漫长聆讯的商业法院工作小组报告》建议证人证言最好不要超过25页，通常在案件管理会议(CMC)时决定证人证言需要多长，而考虑长短的根据就是双方提交的争议清单，因为它会详细说明每一项事实争议到底是什么内容。笔者比较少见到仲裁员这样做，虽然没有理由不能这样做，如在"问卷"(questionnaire)或同样在仲裁中的 CMC 时作出决定。但这方面也要双方代表律师的合作，不要作出过长的证人证言。就算是仲裁员没有作出任何不得过长的命令，但仲裁员有作出费用惩罚的权力。

也会有过短的证人证言，这种情况往往出现在由一些不懂程序的外国律师处理的案件中。笔者曾经经历过在一个国际仲裁中，仲裁庭作出命令让双方在开庭前1个月的时间交换证人证言并作为主证据。笔者作为其中一位仲裁员建议首席仲裁员向双方当事人的律师(包括一方中国律师)说明"主证据"的含义与相应的程序，但是首席仲裁员却认为外国律师代表当事人来香港参加仲裁应该了解香港仲裁的做法。结果出现了笔者担心的情况，就是中方律师交换给对方的证人证言只有简单的数行字，而对方的英国律师则提交了40/50页的证人证言。这导致在开庭时出问题，因为中方律师的证人坚持要提供口头主证据，而事实上也不得不这样做，因为文书的内容实在是贫乏。再如,新加坡一位著名的仲裁员曾见过一份文书的证人证言只有一句话,就是该印尼证人说:“我确认抗辩请求中所讲的事实均属实”。

3.8 质询(interrogatories)

在一个商业案件中,会有各种常见的渠道向对方当事人要求进一步的资料或文件,如要求对方提供进一步的详情有关他的文书请求的细节(request for further and better particulars),要求对方提供特定文件(request for specific disclosure)与要求对方承认某一些事实(admission of facts)。但到了 1990 年开始,商业法院在《高院规则》(Rules of Supreme Court)Order 26,Rule 1 引进了质询的做法。容许双方在开庭之前可以向双方提出一些质询,是用一些其他的做法无法拿到答案的。而质询只局限在一些能够帮助在开庭时公平与节省费用把有关的争议处理掉的问题。这在《Guide to Supreme Court Practice》有说明如下:“Interrogatories: In the past interrogatories have not often been ordered in the Commercial Court as there are usually other less formal ways of procuring the appropriate disclosure or admissions. Under the new Order 26 which came into force on February 5, 1990 interrogatories may be served without the necessary for a court order beforehand. It is to be noted that interrogatories are still only to be asked for where they are necessary for disposing fairly of the cause or matter or for saving costs ... and the Court in making any order shall take into account any offer to give particulars, make admissions or produce documents. It thus appears likely that the practice of the Commercial Court will remain similar to that at present. However information about any interrogatories will be expected on the hearing of the summon for directions and references are included in the standard directions and the pre-trial check-list Oppressive interrogatories will be strongly discouraged and attempts to interrogate at a later stage before the trial will be unlikely to receive judicial support unless clearly justified. Suitable times to interrogate (if at all) will probably be after discovery and after exchange of witness statements.”

质询这一个新的程序也带来相应的问题,就是对方会质疑所提问题是否有“有必要”(necessary)或是有“威迫性”(oppressive)。例如问题是“过去三年你做了什么业务”,显然被问的人不能在开庭前短时间内给出回答。这种争议在先例 Det Danske v. KDM (1994)2 Lloyd's Rep. 534 有涉及。

通常,在双方的文书证人证言交换之前提出的质询,都会被视为是过早(premature)而被拒绝。由于现在的文书证人证言很长,里面有足够的内容与事实让对方当事人知道以准备开庭,所以现在在国际仲裁中很少会见到有质询这一步的程序。毕竟由于开庭届临,在时间上也很难容许走这一步的程序。

3.9 传召证人(subpoena or witness summon)

在准备开庭之前,其中有一件事情双方当事人的律师需要考虑,就是传召证人的可能性。这里是指一些不属于双方当事人的证人,可称为是第三方(non-party)。这种传召通常是要通过法院才行,因为仲裁员一般是没有权力针对非参与仲裁的第三方,要求他出庭(除了美国)。在《香港仲裁条例》,其中 Section 2GC 有关法院的特别权力,在(3)与(4)就是针对这一方面,如下:"(3) The Court or a judge of the Court may order a person to attend proceedings before an arbitral tribunal to give evidence or to produce documents or other material evidence. (4) The Court or a judge of the Court may also order a writ of *a habeas corpus ad testificandum* to be issued requiring a prisoner to be taken for examination before an arbitral tribunal."

3.9.1 美国《联邦仲裁法》容许仲裁员传召证人

在美国仲裁,其《联邦仲裁法》有比较特殊的规定,就是在 Section 7 允许仲裁员/仲裁庭传召证人。该条文如下:"7. Witnesses before arbitrators; fees; compelling attendance The arbitrators selected either as prescribed in this title or otherwise, or a majority of them, may summon in writing any person to attend before them or any of them as a witness and in a proper case to bring with him or them any book, record, document, or paper which may be deemed material as evidence in the case. ... Said summons shall issue in the name of the arbitrator or arbitrators, or a majority of them, and shall be signed by the arbitrators, or a majority of them, and shall be directed to the said person and shall be served in the same manner as subpoenas to appear and testify before the court; if any person or persons so summoned to testify shall refuse or neglect to obey said summons, upon petition the United States District Court for the district in which such arbitrators, or a majority of them, are sitting may compel the attendance of such person or persons before said arbitrator or arbitrators, or punish the said person or persons for contempt in the same manner provided by law for securing the attendance of witnesses or their punishment for neglect or refusal to attend in the courts of the United States."

根据美国的法律,如果任何人士不遵从仲裁员作出的传召证人命令,也会造成刑法下的"藐视仲裁庭"。但据悉,这种权力比较多使用在美国的本土仲裁,而不多用于美国的国际仲裁。毕竟,国际仲裁经常会涉及美国以外地区的人士,他们也不一定与双方当事人有关系。这里可节录 Redfern and Hunter 在《International Commercial Arbitration》一书第四版第7-25 段中所说的,如下:"In one unreported ICC case, a tribunal refused to exercise its power to issue a subpoena to produce documents against a foreign national only present in the jurisdiction for the arbitration hearing. The tribunal considered that the parties would not have contemplated the exercise of such power when electing New York as a seat for a dispute which had no connection with the US. Further, this power to issue subpoenas does not extend to third parties', who are not parties to the arbitration agreement, and can only be issued where a party to the arbitration controls the person sought as a witness."

3.9.2 传召证人可以要求他出庭提供口头证据或提供文件

传召证人可以分为两种,第一种是要求"第三者提供口头证据"(*subpoena ad*

testificandum),而第二种就是要求"第三者提供文件"(*subpoena duces tecum*)。

有关第一种做法,在仲裁中不经常发生。因为这是通过法院的压力强制第三方出庭举证,而这样做的危险在《国际商务游戏规则:英美证据法》一书第三章第10.1段有提到如下:"显然,对传唤到庭的一个重要考虑是:是否强制一位不合作的第三者出庭作证?这要看第三者出庭对自己是否有利,别'搬起石头砸自己脚'。他不是自己的证人,可以事先'会面'(interview),并拟定书面证据(proof of evidence)或证人证言(witness statement),在其签字确认所有事实后再安心让他出庭作证。"

3.9.3 国际仲裁很少涉及传召证人出庭提供证据的原因

在国际商业案件中,可以说更加罕见会强制第三方出庭举证,因为这种案件有很多外国事实证人是不在仲裁地点法院管辖内的。固然,很少有这种做法的主要原因是会带来很大的不稳定因素,因为该证人是在他不愿意的情况下被迫出庭。其中一个很大的可能就是该证人会变成"敌意证人"(hostile witness),导致在举证时本来希望得到他的有利证据,但反而得到的是完全不利的证据。笔者也听过一些资深大律师的经验,强制一个事实证人出庭,但在询问过程中他一概说不知道,包括一份明明是他自己签署的文件。传召证人在商业案件中通常只会在极少数的情况下出现,如一位政府的官员或是一位不想得罪对方当事人的证人,向另一方当事人说明他非常愿意出庭举证与他会提供哪些方面的证据,但要求法院作出传召下才举证就可以向政府方面或对方当事人有交代,因为看来不是其自愿的。

如果一方当事人想在开庭之前传召第三方的事实证人,显然就无法在开庭前规定的时间与对方交换证人证言。但为了避免对方在开庭时没有任何准备,就会要求希望传召第三方证人的当事人预先给出通知,这一通知可称为是"证人概要"(witness summaries)。内容是根据事先知不知道第三方证人会讲什么,如果知道就应该给一个他将来出庭举证的概要。如果事前不知道,就应该说明传召该第三方事实证人的目的是什么。这方面在CPR Part 32.9有规定。

3.9.4 英国法院在CPR下可以提前向第三者要求披露文件证据的新做法

但在第二种做法而且会是更好的做法,就是预先要求第三者提供文件,这就应该比较安全与稳定,尤其是有了一些近期的变化,就是在英国CPR所带来的一些变化要求第三者在开庭前提供文件。这是根据CPR之Rule 31.17,如下:

"(1) This rule applies where an application is made to the court under any Act for disclosure by a person who is not a party to proceedings.

(2) The application must be supported by evidence.

(3) The court may make an order under this rule only where –

(a) the documents of which disclosure is sought are likely to support the case of the applicant or adversely affect the case of one of the other parties to the proceedings and

(b) disclosure is necessary in order to dispose fairly of the claim or to save costs.

(4) An order under this rule must-

（a）specify the documents or the classes of documents which the respondent must disclose; and

（b）require the respondent, when making disclosure, to specify any of those documents –

（i）which are no longer in his control; or

（ii）in respect of which he claims a right or duty to withhold inspection.

（5）Such an order may –

（a）require the respondent to indicate what has happened to any documents which are no longer in his control; and

（b）specify the time and place for disclosure and inspection.

从以上的文字就可以看到它明显比以前的做法“只要求第三者提供文件”（*subpoena duces tecum*）优越，就是第三者提供文件再也不是十分局限与特定的。在CPR Rule 31.17之（3）（a），文字上明显是不局限在一份特定的文件，而是十分接近双方当事人之间的披露。换言之，英国法院现在可以下令无辜第三者作出披露。看来这也是英国法律在观念上的改变，以前是尽量保护无辜第三者让他们尽量不要受到干扰，但现在看来是有了变化。这应该是受到1970年开始针对人身伤亡案件采取这一种做法的影响，因为这一类案件经常令受害人无法有足够的事实证据向被告或潜在的被告提出索赔。例如，受害人在医院进行一个小手术，却在手术中死亡或变成植物人。他的遗孀或家里人只能是有怀疑，但无法向潜在的被告起诉，甚至不知道应该告谁。所以，法庭1970年后开始在受害人申请下向潜在的被告或无辜第三者作出文件披露的命令。这就可以让受害人取得这些资料，找自己的专家研究到底是否涉及医疗疏忽，以及谁可能在什么环节下疏忽。也就是说现在CPR Rule 31.17已经被扩展适用到所有的民事案件而不仅仅是人身伤亡方面。

需要第三者提供文件的情况应该有不少。举例说，在一个英国的民事诉讼中，同时也有涉及警方的调查。在警方的调查中，会产生一定的文件证据像是他们的记录、声明或证言（可能是由被告或国外、已死亡或不愿在民事诉讼协助原告的证人所作出的声明或证言）、内部报告、与律师或检察院的通讯往来、与当事人的通讯往来、收费报表、信息、投诉或者是检察院的起诉书等。如在交通意外造成人身伤亡时，一般来说警方会制作文件如由证人或当事人签字的声明，警方所绘制的关于车辆测量与位置的模拟图，警方对于引起事故原因及当事人的观点以及关于事后检控的相关文件。一般来说，如果原告求助，警方作为第三者会愿意合作来提供文件，但也有一定的局限。警方会更愿意面对面地讨论一些涉及机密的事情，但可能不愿意提供书面文件证据。在这种情况下，原告就应该向“警方主管”（Chief Constable）正式申请要求警方自愿提供相关文件，主管有权在这种情况下作出决定。如果届时警方仍然拒绝自愿提供部分或全部的有关文件，原告就会有需要申请法院要求警方作为第三方批露。注意是现在警方已经没有以前那么容易以“公共利益的特权”（public interest immunity privilege)拒绝披露,警方实务中也更不愿意这样做。

要求第三方提供文件也会涉及许多其他情况,如要求经纪人/代理人提供相关文件。又或是在仲裁中,钢材的买卖双方对货物质量有了争议,买方要求卖方提供有关货物质量的相关文件,但卖方只是中间商,这就会涉及要求最后卖方的炼钢厂作为第三者提供文件的情况。抑或是在一个合约链的情况,主合约的仲裁裁决书与其他有关文件,应该是可以享有机密,但在分合约的仲裁中十分需要这些文件,但无法得到主合约双方当事人的同意披露。

要求第三方提供文件的做法现在的《民事诉讼规则》(CPR)也相比以前有了些改动,对申请方来说更为有利。如以前要求第三方提供文件只能在诉讼时才能交出(returnable),这对申请方会带来不稳定,而现在可以在开庭前一段时间要求第三方提供文件(根据 CPR 31.16)或是提供给法院(CPR 34.2),这做法是 1968 年 Winn Committee on Personal Injuries Litigation 建议的。法院的这种权力可命令第三者在开庭之前提供文件本来只局限在人命伤亡的案件,但这一个做法后来延伸至其他类别的案件:Khama v. Lovell White Durrant (1995) 1 WLR 1380。

对于可要求第三方提供的文件,这里首先要说明是在文件披露方面,一般的诉讼有四个要求对方当事人披露的理由:(1)双方当事人自己的文件(parties' own documents);(2)对申请方有利但对被申请方不利的文件(documents which adversely affect his own case or support that of another);(3)显示案件或其背景的文件,即使这背景不能被依赖这些文件来解决争议(documents which are part of the "story" or background which though relevant may not be necessary for the fair disposal of the case);(4)会带来进一步询问的文件(train of inquiry documents)。但对于要求第三方提供文件,就只适用第二个理由,就是会支持申请方案件或对另一方案件不利的文件。这也在 CPR 31.17 (3)(a)如下:"...(3) The court may make an order under this rule only where—(a) the documents of which disclosure is sought are likely to support the case of the applicant or adversely affect the case of one of the other parties to the proceedings and..."

以前在高院规则(Rules of Supreme Court)是申请方对于需要第三方提供的特定文件有"明确与独立的描述"(individual document separately described),如果不这样做,该传票将会被撤销:In re Asbestos Insurance (1985) 1 WLR 331;The "Lorenzo Halcoussi" (1988) 1 Lloyd's Rep 180;Wakefield v Outhwaite (1990) 2 Lloyd's Rep 157。

这是因为保护第三方,担心他作为不懂法律的局外人不知道应该怎样做才能完全符合法院的命令,因为违反或只要是轻微的违反是可能触犯刑法的。这表示申请方不能要求太多的文件,尤其是不能像在披露过程中向诉讼对方要求某一类别的文件(one class of document)。这是因为某一类别的文件肯定有个别几份的内容是无关,而且第三方容易遗漏而导致违反法院命令。

但现在这有所放宽,先例是 American Home Products v. Novartis (2001) EWCA Civ 165。至少再不能为此将申请方"一棍子打死",真正的考虑是第三方是否能够根据命令来认定哪些文件是在其范围内与哪些不在其范围内。只有在命令不符合这个条件,也就是第三方根据命令会无从下手整理法院命令所要求的文件时才会无效。换句话说,可以要求第三方提供某一种类的文件。当然这会对第三方造成不便,因为第三方要自己决定哪些文件在披露命令的范围内而需要作出披露,而且不得有错。

第三方对披露的范围可否有异议呢? 首先,文件是否与案件有关不能成为第三方抗拒披露的理由。因为身为第三方,他无从知悉文件与案件是否有关。其次,因为披露的费用是由申请方承担,这也不能成为第三方抗拒披露的理由。可以想到的第三方能用来抗拒披露的理由有,如命令不够明确,让第三方整理文件时无从下手,或是所要求的披露对第三方而言过于严苛或不合理。如第三方与一方当事人之间有另一个诉讼,要求披露的文件会对其造成不利。

3.9.5 向第三方证人提前要求披露文件证据只能适用在法院诉讼但不适用在仲裁

最后一提的是 BNP Paribas v Deloitte and Touche LLP (2003) EWHC 2874 (Comm),在该先例原告的法国银行想把 CPR 之 Part 31.17 有关要求第三方在诉前披露文件引入到仲裁,让伦敦仲裁可以根据 1996 年《英国仲裁法》之 Section 43 要求德勤律师事务所披露大量的文件。英国立法之 Section 43 是雷同《联合国示范法》之 Article 27 说明在仲裁庭批准下一方当事人可向法院求助取证。

在该先例,涉及了 BNP 重金收购 Avis 的汽车租赁公司,但之后发觉买贵了,去向 Avis 提出索赔,因为他的账目有误述。而 Avis 的抗辩是 BNP 在收购前自己进行了一个"尽职调查"(due diligent search),而且 Avis 自己也并没有作出任何误述,收购前 Avis 的账目是由德勤会计事务所(Deloitte and Touche LLP)审计的。在该仲裁,德勤的一个资深合伙人也作为 Avis 一方的证人并提供了文书的证人证言。BNP 为了准备仲裁中的盘问,向英国法院申请要求德勤作出全面的披露,只要是涉及 Avis 的审计。他们的理由是根据 1996 年《英国仲裁法》之 Section 43 仲裁庭可以向法院求助取证,而法院根据 CPR Rule 31.17 有权力在一方当事人的申请下要求第三方对某一类文件作出披露。

BNP 的说法不被 Morison 大法官接受,认为英国法院在 1996 年《英国仲裁法》下再也没有插手仲裁中披露的权力,不论是原告及被告之间,或是针对第三方。1996 年立法之 Section 1(c)也不允许英国法院插手所有其他的仲裁程序,除非是在该立法的其他地方有明示规定。而 Section 43 只针对传召第三方证人出庭提供文件,这文件必须局限为一些特定文件而不能要求广泛的披露。但这 Section 43 只相等于 CPR 的 Part 34,与 CPR Part 31.17 不一样。前者要求第三方出庭提供口头证据或提供文件的做法历史悠久,也就是已经介绍过的"要求第三方提供文件"(*subpoena duces tecum*)。但有关 CPR Part 31 要求第三方提前披露文件的新的做法与来由,可参考笔者所著的《国际商务游戏规则——英美证据法》一书之 Chapter 2 之 3.2.3 小段等。从该先例看来,伦敦仲裁不可以要求第三方披露文件,但英国法院的诉讼就有此权力。香港也已经在2009年4月2日跟随英国作出了同样的司法改革,看来在香港仲裁中,香港法院就此方面来讲不知道会否采取相同的立场。毕竟《香港仲裁条例》的有关条文与《英国仲裁法》不一样。

在这一个先例后,另一个重要先例是 The"Tasman Spirit"(2005)1 Lloyd's Rep. 525。该先例是笔者见过的最昂贵的一个租约纠纷,涉及船东向承租人索赔70亿美元,而诉因就是卸货港口巴基斯坦的卡拉奇是不安全港口。船东查出该港口在1998~2000年,港口当局曾经雇用英国的一家顾问公司调查该港口与它的航道,希望能够加深以容纳大型集装箱船进港。船东估计要求该英国顾问公司提供所有文件,希望从中找到该港口与它的航道不安全的证据。船东向英国法院申请的依据就是1996年《英国仲裁法》之 Sections 43 - 44,另加上 CPR 31.17。但 Colman 大法官依照 BNP Paribas v Deloitte and Touche LLP 认为《英国仲裁法》之 Sections 43 - 44 并没有包括任何权力向任何无辜第三方要求披露文件。Section 44(2)只有权力协助保存文件证据以及对有关争议的财产进行检查、拍照、取样品等。至于 Section 43,Colman 大法官认为只相当于"要求第三方提供文件"(*subpoena duces tecum*),只能局限在要求无辜第三方提供一些特定的文件。但 Colman 大法官最后还是下了命令,要求该英国顾问公司提供给船东一些有关的文件,就是该顾问公司(Wallingford)给卡拉奇港口当局(Karachi Port Trust)的所有文件,与为了准备这些文件所制作的文件。这权力就是根据 Section 44(2)的保全文件证据,Colman 大法官是这样说:"The state of the channel as found by Wallingford in the course of their work on their report and the recommendations made within it are clearly highly likely to contain evidence directly relevant to the issue of lack of safety of the port of Karachi and it can thus be said that, although no substantive relief is sought in relation to report or the underlying documents produced for the purpose of producing it, nonetheless a question does arise as to that report and ancillary documents in the sense that it probably made available to KPT information relating to the channel which went to whether it was unsafe. This information was allegedly passed on by KPT to the British Hydrographic Office for the purpose of updating the applicable charts which were being relied on at the time for the navigation of the vessel. Accordingly, it can, in my judgment, be said that a question arises in the arbitration as to the specific documents provided by Wallingford to KPT consisting of their report and all ancillary documents. The preservation of the contents of those documents for the purpose of resolving the issues in the arbitration is therefore a consideration of such weight as to justify the exercise of the Courts' jurisdiction under s. 44. If an order is not made at least for copying of the documents in question, those documents may cease to exist or be rendered unobtainable."

另外,Colman 大法官也下了命令要求英国顾问公司负责调查向 KPT 做出报告的雇员要在将来的仲裁开庭时出庭作证,这就相当于要求"第三方提供口头证据"(*sub-*

poena ad testificandum)。当然,船东要负责该英国顾问公司为履行该法院命令所有的合理费用。

在一个更近期的相关先例是 EDO Corporation v. Ultra Electronics Ltd (2009) EWHC 682 (Ch),案情涉及了原告 EDO 与被告 Ultra 曾经合作成功为英国的新的驱逐舰承包很先进的声纳系统的装置,而他们之间的合作协议与分承包协议(Ultra 在取得海军的承包协议后又把部分工程分包给了 EDO 去完成)都有一条英国仲裁条文。到了 2007 年 11 月,这两家公司分别竞投澳大利亚海军的同一类的承包工程,结果 EDO 败给 Ultra。但 EDO 不服气并且很怀疑 Ultra 在他们较早时间的合作中盗用了他的知识产权或机密资料,所以才能成功取得澳大利亚海军的承包工程。但由于没有证据,所以 EDO 希望能够从 Ultra 那边取得有关的文件(如竞投文件)才能找到诉因起诉。这根据 CPR 与 1981 年的《Supreme Court Act》Section 33(2),可以向法院申请"诉讼前的披露命令"(pre-action disclosure order)。但由于这是涉及仲裁,根据 1996 年《英国仲裁法》Section 1(c),法院不能够干预仲裁除非是在立法有明确规定的情况下,而这明确规定是只有在 Section 44 有关保存证据(preservation of evidence)。在 Section 44(3)规定是在紧急情况下,法院可以在一方当事人的申请下作出有关的命令,如下:"If the case is one of urgency, the court may, on the application of a party or proposed party to the arbitral proceedings, make such orders as it thinks necessary for the purpose of preserving evidence or assets."

但显然在这一个案例,情况并非紧急,这就变了需要先向仲裁庭提出申请,并得到仲裁庭的同意后法院才会作出这种命令。这是在 Section 44(4):"If the case is not one of urgency, the court shall act only on the application of a party to the arbitral proceedings(upon notice to the other parties and to the tribunal) made with the permission of the tribunal or the agreement in writing of the other parties."

这表示在涉及申请诉讼前的披露命令(pre-action disclosure order)中,因为当时仲裁庭还没有成立,所以 Section 44(4)根本没有办法适用,除非是属于紧急的情况。而在该先例 Livesey 大法官也是这样认为,就是法院的做法不适用在一个英国的仲裁。针对这一个先例 Robert Merkin 教授在《Arbitration Law Monthly》2009 年 10 月的一期有以下的评论,说:"It may be commented that Mr. Livesey QC's analysis of the interrelationship between s33(2) of the 1981 Supreme Court Act and s 44 of the Arbitration Act is impeccable. Where the parties have agreed to submit their dispute to arbitration. , they remove from themselves the right to seek court assistance other than that permitted by s 44 of the 1996Act. In such a case the correct course of action is for arbitration proceedings to be commenced and then for the arbitrators to make such orders as are appropriate. The point has arisen in a number of cases in Singapore, and the same view has been taken. Unless the matter is likely to go to court, the court cannot interfere: Woh Hup (Pte) Ltd v. Lian Teck Construction Pte Ltd (2005) SGCA 26; Richland Logistics Services Pte Ltd v.

Biforst Singapore Pte Ltd (2006) SGHC 137; Acclaim Insurance Brokers Pte Ltd v Navigator Investment Services Ltd (2009) SGHC 12"。

3.10　开庭时证人举证的顺序

这通常是双方当事人代表律师来商量决定的,较常见的做法是双方的事实证人先举证(这主要就是接受对方律师的盘问),然后是双方的专家证人。对于专家证人的举证,现在通常也没有谁先谁后的问题,而是两边专家证人一起,以"专家会议"(witness conferencing)的形式来举证。这可以节省时间,也会减少双方的敌意,而专家与专家之间的问答也会比较到位。专家会议接下去会让仲裁庭提问以及最后让双方律师盘问。至于原告或被告自己的事实证人如果有好几位,这方面的顺序完全是他们的代表律师决定。这顺序的决定主要就是考虑其认为如何最能带出自己案件与解释清楚给仲裁庭听,如让针对一般性事实的证人先出庭,然后再处理针对一些特定或/与较细事实的证人出庭。这顺序也可能因为个别证人的时间表而有所调整,如其对时间地点的要求。就算是视频会议也有类似的考虑,如时差等。另会有情况是仲裁庭要求事实证人在没有举证之前不能在仲裁庭开庭时在场,这会导致原告的主要证人,如是当事人自己(自然人或公司领导人)需要尽早举证,这样他们就可以在举证之后继续在开庭场所内停留。

3.11　以视频方式举证(evidence by video-link)

这种做法不久前还是比较罕见,只会在一些非常特殊的情况下,如证人实在无法出庭,英国法院才会允许以这种方法举证。如证人因为在本国犯了罪,以护照被没收作为保释待审的条件。也听说另有案件涉及其他国家的总统候选人是主要证人,在选举期间无法去英国法院举证。

但随着技术的进步与普及,以视频方式安排证人举证的做法越来越多发生。这方面可参考《商业法院指引》J3.2-3.3段。法院与仲裁庭也对以视频方式举证的做法越来越宽松,现在不需要像之前出现非常困难的情况和强力的理由,也可以向法院与仲裁庭申请证人以视频的方式举证,这包括像证人年纪大不便长途旅行、证人身体不适、证人特殊工作性质使其无法离开等原因。现在英国、香港地区等地的法院和香港国际仲裁中心以及一些国际律师事务所都有视频设施的配备,所以也十分容易安排。

但视频方式举证还是被部分人士视为有其缺陷,例如是:(1)证人不亲自到庭,法官与仲裁员无法观测到他们的"言行举止"(demeanour)与"身体语言"(body language)。这还会带来不必要的误会与猜疑。(2)很难为在其他地方以视频作证的证人安排一个像法院一样严肃与正式的环境,会令法院与对方当事人不满意。这会导致一些至关重要的证人被法院视为不得以视频方式举证:AG for Zambia v. Meer Care & Desai (2007) EWHC 952 (Ch)。在国际仲裁这种考虑就不会有,因为仲裁本来就没有法院诉讼严肃与正式。(3)往往无法节省费用,因为两地视频的连线需要按时间收费,等待调试设备与连线都需要时间,也会遇到线路不稳定而导致连线不时中断产生时间上的浪费。另外，在文件众多的情况也要为在外地作证的证人另外安排一份，并要安排人员协助证人寻找文件。同时，通常对方也会派出代表到证人作证的地方进行监督，以保证证人是独立的进行举证。（4）很多时候还会因为时差问题而在开庭的时间上很难做出协调。（5）视频方式也不适合长时间的证人举证，如超出半天的盘问。

所以，总的来看，这种举证的方式还是应该可减少就减少。另也要注意在某些国家，如瑞士，据知以视频方式举证会涉及违反宪法的问题，因为这被视为是外国法院到瑞士境内取证，是侵犯主权的问题。所以，如果外国的法院需要在瑞士等国家即使要通过视频取证仍需要根据《海牙公约》（The Hague Convention of 1970 on the taking of Evidence Abroad in Civil or Commercial Matters）中规定的程序向瑞士等国家法院提出申请，这就是十分漫长与昂贵了。但这方面是否影响一个完全是私人协议进行的仲裁并不明确，反正在现实中还是很多仲裁就是这样安排视频举证，根本不理会证人所在地的法律是否允许这样做。这相当于香港不少仲裁员去深圳或中国内地其他城市取证的做法一样，不看中国内地的法律下，这样取证做法是对还是不对，或有否针对。

3.12 国外取证（taking evidence abroad）

理论上，英国法院对法官需要到国外对某些证人取证也是可以做得到，这方面可以参考 CPR Part 34 与《商业法院指引》J4.1－4.2 段。但这种情况比以视频方式举证更加难以实现，这除了费用高昂的考虑外还涉及政治与外交的敏感问题。如果一定要这样做，法院恐怕也会优先考虑以视频方式举证而不是让法官到国外取证。相对来讲，少了政治与外交的敏感，这种安排在仲裁庭比较容易实现。但一样也不可避免高昂的费用产生，尤其是仲裁庭有三位仲裁员的情况。光是安排签证、住宿与交通等方面就会是不小的费用，所以仲裁庭对国外取证的申请也有严格的要求，除非在双方当事人都同意的情况，或者一方有非常有力的理由，否则仲裁庭是不会轻易就批准该种申请。但有时还是需要这样做，这一来对仲裁庭就比较容易，因为除了涉及另外的费用外不会有政治上的敏感。笔者就知道有一个国际仲裁，涉及了直升机的买卖合约的争议，仲裁员就要飞去韩国向一位前任总统在他的官邸取证。

3.13 口供书（deposition）

在美国以外，证人作出口供书并不是国际仲裁的常规做法。虽然口供书可以很大程度上减少证人接受盘问与反盘问的需要，但这个程序并不在仲裁庭的掌控，从而仲裁庭也不能亲自看到与对证人进行评估他的可信度。这种做法也并非一定是省时省钱的，另是被英国法院视为与法院和仲裁程序都不相符：Commerce and Industry Insurance Co. of Canada v. Lloyd's Underwriters（2002）1 LLR 219；Refco Capital Markets v. Credit Suisse（2001）EWCA CIV 1733（Court of Appeal, 21 November 2001, unreported）.

3.14 证人不出席开庭

根据国际仲裁中普遍正式或非正式采用的“国际律师协会”（International Bar Association 简称 IBA)在 1999 年的仲裁证据规则 Article 4.8 说明:"If a witness who has submitted a Witness Statement does not appear without a valid reason for testimony at an evidentiary hearing, except by agreement of the Parties, the Arbitral Tribunal shall disregard that Witness Statement unless, in exceptional circumstances, the Arbitral Tribunal determines otherwise."(如果一个提交了证人证言的证人在没有合理理由的情况下不出席开庭作证,除非双方当事人同意,仲裁庭会漠视这份证人证言,除非在例外情况仲裁庭另有决定)。

从另一个角度看,该证人提供一份文书的证人证言,但自己不出庭接受盘问而没有太好的理由解释为什么不出庭,也会令证人证言变成只是一份"传闻"(hearsay)的文件证据,而失去了它可能应有的分量。除非是对方当事人说明不需要盘问某一位证人,否则有关证人的一方必须有很强的理由解释为什么不出庭,如该证人突然死亡。以前由于交通不方便,所以证人在"海外"(overseas)是一个很好的理由解释证人为什么不出庭。但现在并非如此,特别是有了"视频会议"(video conference)这种替代做法。

3.15 允许或禁止其他证人在场

会有情况是一方当事人的证人在举证时需要让对方的证人回避,因为两位证人的证言有严重的冲突或对抗性。但即使这样做,也只适用在事实证人,不适用在专家证人,因为专家证人需要了解所有的有关事实才作出意见。而且,在理论上专家证人应该客观与公平,以协助法院或仲裁庭了解技术性证据为最终目的,就不应存在听了对方事实证人后就对自己的证言作出调整或修改。因为这种危险的存在,甚至要小心处理当天的"开庭记录"(transcripts)防止它被明天将会举证的事实证人看到,所以仲裁庭会需要命令不允许该有关的事实证人阅读。如果他的证人证言是作为主证据的情况,这种考虑就不那么重要了。

3.16 证人参考一些未呈堂的个人文件

当这种情况发生时,证人己方的律师可能并不知道有这文件的存在,而对方律师则会立刻要求将此文件记录在案。这时仲裁庭会发问证人有关这份文件,问讯的结果是如果这份文件只是证人的私人记录(如作为开庭反盘问时的提点),就不会要求披露,但如果这文件与争议有关,就要被要求披露与被对方律师检查。仲裁庭也可以自己要求检查这份文件。

3.17 盘问证人(examination)

3.17.1 盘问的作用

在这里也要详细介绍一下盘问(cross-examination)的重要性,毕竟开庭主要就是为了有机会盘问对方的事实证人与专家证人。盘问的重要性可以体现在,英国的法律是没有经过盘问的证据是没有考验过的(untested)证据。所以,递交一份文书的证人证言,但它的作者不出庭接受盘问,该文书证人证言只能算是"传闻证据"(hearsay statement),甚至传闻的来源也谈不上是可靠,通常是不会有任何分量。这方面也不仅是英国的法律，在国际仲裁大陆法系与普通法系国家基本上都接受的 IBA Rule of Evidence 也有说到如果事实证人不接受出庭盘问，仲裁庭就可以漠视该证人的主证据/主询问，也就是他在较早前所作出的文书证人证言。这是在 Article 4(8)说："If a witness who has submitted a Witness Statement does not appear without a valid reason for testimony at an Evidence Hearing, except by agreement of the Parties, the Arbitral Tribunal shall disregard that Witness Statement unless, in exceptional circumstances, the Arbitral Tribunal determines otherwise."

盘问主要的几个重要作用有：(1)暴露或显示一些对盘问一方有帮助的资料，如把盘问一方的主张向对方证人提出并要求他确认。(2)贬低对方证人的证言的可信度(这不一定要到一个程度显示对方证人作伪证，只要显示给法官或者仲裁员看对方证人记忆有误，选择性地提供证据或者是有意无意漏掉一些重要的事实，都足以降低对方证人证言的分量)。(3)一个好的盘问程序通常会大大地帮助法官或仲裁员在双方有严重矛盾与截然不同说法的情况下作出决定。

3.17.2 不盘问证人但在结案陈词时对他的证言作出攻击的不公道之处

对证人提出盘问，实际上对证人也公道，毕竟他在初次制作文书证人证言时，并不知道对方的专家证人会在哪些方面作出针对，也不知道他的文书证言可能会在哪些方面与对方的文书证人证言有冲突。因此，盘问专家证人实际上就给了他一个对对方专家证人证言进行补充、澄清与反驳的机会。这在贵族院的先例 Browne v. Dunn (1894) 6 R 67 中 Hershell 大法官说："My Lords, I have always understood that if you intend to impeach a witness you are bound, whilst he is in the box, to give him an opportunity of making any explanation which is open to him; and, as it seems to me, that is not only a rule of professional practice in the conduct of a case, but is essential to fair play and fair dealing with witness."

在该先例，另一位大法官 Halsbury 也说："To my mind nothing would be more absolutely unjust than not to cross-examine witnesses upon evidence which they have given, so as to give them notice, and to give them an opportunity of explanation, and an opportunity very often to defend their own character, and, not having given them such an opportunity, to ask the jury afterwards to disbelieve what they have said, although not one question has been directed wither to their credit or to the accuracy of the facts they have deposed to"

3.17.3 不盘问证人但可以对他的证言作出攻击的两种传统的例外

通常，是需要盘问对方证人如果他想在结案陈词时指称该证人的证言不应该被接受：Browne v. Dunn (1894) 6 R. 67, HL; R v. Bircham (1972) Crim. L. R 430。这一地位在 CPR 没有改变，所以不盘问对方证人特别是一些重要的证言要特别小心，除非的确愿意接受这一证言或者认为这些证言不重要。现实中如果每一方面都盘问，就会没完没了，所以有很多的例外。首先要介绍在先例 Browne v. Dunn 中(注意这是一个很久以前的案例，而且是由陪审团审理)，贵族院曾经给了两种例外的情况。第一种是证人所给的证言完全不可思议，根本不值得对他作出盘问，只能让该证人离开。在该先例，另一位大法官 Morris 是这样说："But I can quite understand a case in which a story told by a witness may have been so incredible and romancing a character that the most effective cross-examination would be to ask him to leave the box."

第二种例外是证人已经事前获得通知，他的证言受到质疑。这一来就不需要再浪费时间向他盘问。在该先例，另一位大法官 Herschell 是这样说："Of course I do not deny for a moment that there are cases in which that notice has been so distinctly and unmistakably given, and the point upon which he is impeached, and is to be impeached, is so manifest, that it is not necessary to waste time in putting questions to him upon it."

这例外的情况笔者在近期的一个仲裁中遇到，涉及的不是事实证人而是专家证人。原告的专家证人在盘问时讲了一些新的意见，是较早时没有记录在文书的专家报告中的，这导致了被告的代表律师要求允许他的专家证人提供补充的文书证人证言针对这些新的意见，这也获得仲裁庭的批准。而到了开庭结束前，原告的代表大律师选择不盘问被告的专家证人。这就导致了在结案陈词时，出现了这样一个争议，就是原告不盘问被告的专家证人是否代表不质疑他的意见，或至少是他的意见会比原告的专家证人的分量更重，因为后者是被严厉的盘问过。而在双方的争辩中，原告代表律师就是依赖这一例外情况作为不盘问被告专家证人的理由，就是因为他的补充文书证人证言只是为了针对原告专家证人的新意见，而这个新意见就代表了事前给了通知或对补充意见的异议。

3.17.4　不盘问证人但可以对他的证言作出攻击可以更有弹性处理的说法

这种不盘问事实/专家证人但不影响质疑他们的证人证言或专家报告，看来是已经变成更加有伸缩性与更多的例外。如在"国际象棋程序"(chess-clock procedure)或者叫"断头台程序"(guillotine procedure)的开庭审理，因为受到时间的局限，就经常会要避免盘问一些次要的问题或次要的证人。固然，安全的做法会是取得仲裁庭的批准不必作出盘问或仲裁庭作出这一种程序时也会说明，请见本章7.5段之(7)。

以上说法可看一些近期的先例，首先可节录澳大利亚联邦法院的先例 White v. Flower & Hart (1988) 29 ACSR 21(Federal Court of Australia)中 Goldberg 大法官说：

"There are two aspects to the rule in Browne v. Dunn (1894) 6 R 67, the first being the rule of practice that it is necessary for a party to put another party on notice of the matters on which it proposes to rely in contradiction of the evidence of that other party on its witnesses. The second aspect is what are the consequences if that rule is not observed. That aspect is not inflexible and it does not inexorably follow that if the rule is not observed the party in default is precluded from relying on evidence not put to the other party or its witnesses or from relying on inferences to be drawn from evidence which inferences have not been put to the other party or its witness.

The second aspect of the rule relates to the manner in which, and the extent to which, the evidence or inferences said to be relied upon in breach of the rule may be used. This aspect of the rules relates to the weight to be given to the evidence and it cogency. This second aspect does not require the rejection of evidence or an inference to be drawn from it if it is sought to use it to contradict evidence not the subject of cross-examination. **Putting the matter another way a failure to observe the rule in Browne v. Dunn does not mean that where evidence of a witness is not the subject of cross-examination and where evidence is led in contradiction of that evidence, the court is required to accept the former evidence. It is a matter of weight for the court to take into account.** ”(加黑是笔者的强调)

另在香港的先例 All Best Wishes Ltd v Commissioner of Inland Revenue (1992) 3 HKTC 750 Mortimer 大法官说:“A tribunal which hears oral evidence and considers documents, is not in the position (as is submitted) that it has to find what the witness says is the fact, even if he is not cross-examined, and even if he is not contradicted by other evidence. A tribunal, in those circumstances, may look at the whole of the circumstances presented to it and may find that the oral evidence is not acceptable on particular matters. Or, may find certain facts contrary to the evidence that has been given and, indeed, contrary to what appears in the documents and other material before it.”

最后节录 Reyes 大法官在先例 Kaiifull Investment Ltd v. The Commissioner of Inland Revenue HCIA8/2001 中说:

“(1)The general principle is that, where an attack on a witness’ evidence is to be made, notice should normally be given to the witness in cross-examination of the nature of the attack if such is not otherwise obvious.

(2) There is no breach of the principle if the witness knew or ought to have known that his version of events was being challenged or that adverse inferences might be drawn against him.

(3) Even if the procedural rule is transgressed, it does not inexorably follow that matters which have not been put to a witness in cross-examination cannot be relied on. It may be a question of the weight to be given to a witness’ testimony taking into account all the available evidence. Thus, for example, a witness’ evidence may be so incredible as to be incapable of belief or his evidence may be unsupported or contradicted by know facts and contemporaneous documents.

(4) The principle does not inflexibly require every point which might be used against the witness to be put to him. There can no hard-and-fast rule. The paramount consideration is fairness to the witness. In essence, the principle is breached if in all the circumstances an omission to cross-examine on a specific point is unfair to a witness.”

3.17.5 盘问前的准备

能够做好一个盘问,需要盘问的一方就必须事前做好准备。例如,一个称职的盘问律师就必须熟读对方证人所作出的文书证言或专家报告。其他要熟读的文件包括对方事实证人以前曾拟订的一些通信往来或文件，与开庭案卷内的重要的文件证据，特别是在“核心案卷”(core bundle)。如果他对案情不熟悉，就进行盘问，让机灵的证人很快感觉出来并且误导盘问律师。在了解了案情后，一个称职的盘问律师还要好好的设计怎样盘问，与哪些问题是必须在有限的时间内向证人取得有利的回应。一些当事人要求盘问律师向证人提出一个问题，认为该证人只会有一个答案，其实把事情想得太简单了。比如盘问律师问：你是否在某一个场合讨论过某事情？该证人就可能有三种或以上回答：(1)我根本就没去过那个地方；(2)我当时在场但我什么都没讲；(3)我确实参与讨论。而这三种答案，盘问律师想要得到的是(3)，原因可能是他在证人证言中没有提及，这带来证人有回避这一重要事件的感觉。如果盘问律师对案情及相关资料足够的了解，就可以在证人给出(1)的答案时以开庭案卷中某一份文件显示有出入，如该文件提到该证人在场；若证人给出(2)的答案时，他又可以另一份文件的某页(如见面的会议记录)或是对方另一个证人证言中说明他确实讲过。这就逼得对方证人只能给出(3)的答案，并会同时给机会在结案陈词时丑化该证人在仲裁庭成员心中的形象，降低他的可信度。

再举一个例子，必须要设计带有技巧的盘问。这一例子的对象是对方的专家证人，是一个十分著名的有关行业的专家，曾经在近年发表过不少权威性的文章与研究报告。如果他在文书的主证据/主询问(就是双方交换的专家报告，也就是他的文书证言)中提到其中一个关键的技术方面的问题，他给的意见对盘问律师一方是非常不利的。要减轻甚至否定对方专家证言的分量，一种做法可能就是把他近年发表的文章找专家阅读一下，看看是否可以找出与他给的文书证言矛盾或有不同说法的地方。假设真的找到一篇观点与所给文书证言有出入的文章，就提供了很好的盘问与丑化该专家证人的资料。但如果贸然向专家证人盘问，他至少可能有两种回答：(1)我以前发表的文章是错误的，现在我的水平提高了，所以现在的意见才是正确的；(2)我承认我给的意见在文书证言中并不一定是正确或肯定。

显然，对方专家证人给第一个回应可以说是把盘问律师放在一个更不利的地位，第二个回应才是有利，所以必须要封死第一个回答。这就可能先要问对方专家证人，你给的意见是否是你多年来所持的观点？他就很有可能说是。至于两年前发表过的文章，可能是该专家确实有了观点上的转变。但他只要回答说“是”就把门封掉了，即使改过来也失掉了可信性。

另一个重要的盘问准备是针对对方事实证人在证言中所提及的事实，都要事先作出可能是十分昂贵的调查以肯定是否真实或有否其他相关事实没有全面披露。这些准备工作可以保证在盘问时每一条问题的答案其实都已经心里有数以及证人作伪证时可以马上拿出相反的资料丑化他(一般而言，到了开庭才提供新的资料作为文件证据会太晚与造成对对方不公平，仲裁庭很可能会拒绝。但丑化对方证人所要提供的资料，这不属于开庭要使用的文件证据，仲裁庭应该允许的。如证人证言中说明他向上海港监某人在某一天询问并取得某一个答案，但盘问一方提供资料指该人士已经离职）。

有说法是不知道答案的问题就不要盘问，因为对方证人如果借这个机会乱讲，盘问一方不会有反驳或丑化的能力。毕竟，盘问不是为了调查事实的真相，而是为了丑化证人或减低对方的证人证言的分量，在这里可以举一个已经介绍过的例子说明律师如何为了盘问而在事先作大量与昂贵的准备工作，即 BNP Paribas v Deloitte and Touche LLP（2003）EWHC 2874（Comm）。该案例涉及 2000 年一宗金额巨大的著名合并收购，即法国最大的银行集团 BNP Paribas 收购世界著名的汽车租赁公司 Avis 旗下的业务。但事后 BNP 发觉收购价格不对劲，结果在 2002 年对 Avis 管理的母公司开始以伦敦作为仲裁地点的 ICC 仲裁，指称 Avis 在收购过程中有欺诈性误述。而 Avis 的主要抗辩一是收购前法国银行通过自己的安永会计师事务所（Ernst and Young）进行过尽职调查并觉得满意后才进行收购；二是 Avis 自己的德勤会计师事务所（Deloitte and Touche）曾经在 1999 年与 2000 年度作出毫无保留的年度核算。事实上，德勤会计师事务所一位伦敦的重要合伙人为这个毫无保留的年度核算作为事实证人，并在仲裁开庭之前作出一份文书的证人证言。法国银行显然对该证人证言有怀疑，但它如果不作出事前的调查仅凭怀疑贸然盘问就太危险了。所以，在取得仲裁庭的批准后，根据 1996 年《英国仲裁法》Section 43（1）向英国法院申请要求证人交出相关文件与主要证据（to produce documents or other material evidence）。而交出的文件是“德勤掌管、拥有、托管或控制的任何有关 BNP 的仲裁或/与核算合伙人所作出的证人证言的文件”（any documents D&T had in its power, possession, custody or control relevant to the arbitral proceedings to which BNP was a party and/or which were referred to in the witness statement from the audit partner.）。其中针对像 1999 年的核算，文件是包括所有的笔记、备忘录与其他准备该年度核算的文件。只说，Morison 大法官最后拒绝如此广泛的文件披露请求，但认为如果只是针对性的文件为了准备将来盘问证人，就会同意下命令（concede that he would have ordered disclosure in this case because he quite understood BNP's concerns about its ability effectively to cross examine the D&T partner）。有关这一案例的结果已在 3.9.5 段有介绍。

3.17.6　盘问的十大戒条

除了上述的盘问戒条，也就是不知道答案的问题就不要问外，还有其他的九条，它们一并被称为盘问的十条戒条（the ten commandments of cross-examination），如下：

（1）采用短的问题与显浅的文字。这除了是避免证人听不明白外，也要小心在国际仲裁中很有可能是有一位甚至是多位的仲裁员的母语并非英语（假设盘问是以英语进行）。如果对一个短与很显浅的问题，证人在问及几次都不能作答的情况下，就会给仲裁庭留下很坏的印象，而且给了盘问律师在结案陈词时以该例子丑化该证人的机会。

（2）盘问的问题要简洁与扼要，而且一次不要多于一个问题。即使在日常的生活中,往往同时提出三个问题带来的结果就会是只有最后一个问题被回应,而最初的两个问题会被遗忘或者是要被重复提出。

(3)盘问的问题尽可能是“诱导性问题”(leading question)或者是“封闭性的问题”(closed question)。不要问证人一些“开放性的问题”(open question),让证人有发表的机会。这就会带来一些新的与不利的证言是在文书证人证言中根本没有提及,也是盘问一方再也来不及作出调查与反驳的。

(4)不要允许证人解释或进一步解释。盘问律师在取得了证人答案后,如果证人想进一步解释的话一定要阻止,说明证人只是回答问题,而答案已经有了。另也可以告诉证人,他将来在自己一方律师的再盘问中会有机会进一步解释,但不是在现在的盘问程序。

(5)避免重复在文书证人证言中已经针对的问题与回应。如果在盘问中再重复,而证人作出同样的回应,就会有很大的危险令仲裁庭相信,因为证人的证言前后一致。

(6)盘问律师要小心证人的回应,不要只想下一个问题而错失进一步找出证人的漏洞。经常会有证人的回应与较早时在文书证人证言或其他文件的证据有一些细致的差异,或是证人的回应想巧妙地回避问题。在这种情况,盘问律师应该觉察得到并继续追问,不能让证人逃避。这一方面能够做得好当然是要求盘问律师本身要非常了解案情与有关的证据,加上机灵与懂行。举例说,笔者曾经在一个伦敦仲裁中,向一位希腊船东盘问,而案情就涉及了希腊船东向笔者代表的承租人索赔一笔小工损坏的好几十万的“估计修理费用”(estimated costs of repair),并加上“估计需要修理的时间”(estimated time of repair)。这笔钱只是“估计”因为船级社允许把修理押后直到下一次进干坞才需要进行。在英国法律下,完全可以以估计的费用提出索赔,没有必要一定到修好有了真正修理费用后才能索赔损失。但在该案件中,估计修理费用是承租人接受,而真正的争议还是另一个庞大的估计需要修理的时间。笔者在盘问中提问说该船舶目前的航次是什么,笔者其实不知道答案,因为目前的航次还查不到,只有希腊船东自己知道。但可能证人认为这个问题无关重要,而漏口说该船舶开往印度某港口。而该港口是著名的拆废船港口,不是一般的散装货装卸港。而且该船舶已经超龄,当时的航运市场拆船是比较频密的。所以笔者就不警觉地再多问一句该船舶已开始拆卸没有?希腊船东回应说还没有。这就给笔者在结案陈词时一个很有利的抗辩,既然船舶要拆废船,永远不会修理,根本不会有“估计修理费用”的产生,更不可能有“估计需要修理的时间”的损失。

(7)避免与证人争吵,这除了是浪费时间与失身份外,也给了对方证人机会多讲一些新的与不利的证言。

(8)避免多问(avoid one question too many)。因为有时候盘问律师实际上已经得到了对他有利的答案,而如果多问一句却可能带来灾难性的后果,因为这提供了对方证人反省的时间与机会而改口并推翻或调整大部分已经作出的证言。这种多问一句可能只是对证人说：你是否还有补充？

(9)最后的结论留待结案陈词向仲裁庭提出。例如，证人在回应有关的事实后，千万别问：你这样说是否承认是疏忽？可以很容易想到对方证人会否认，其中还会包括一大堆新的证言。

以上远远不包括所有盘问的技巧，这十大诫条也不代表的确很有经验的律师所认同的十大诫条。

3.17.7 仲裁员在盘问过程中的应对态度

在一个盘问过程中，法官或者仲裁员的主要任务就是听。他们通常不愿意干预或介入，因为这样会打断正在盘问律师的发言与破坏他之前设计好的盘问策略。当然，个别仲裁员如果听不明白或在某一点要求多一点资料，问是完全没有问题的。但重要的是不要"加入战场"(enter the arena)，如主动向证人提出一些攻击性的问题，因为有可能双方都不会高兴。证人一方会认为仲裁员偏袒对方或敌视己方，在盘问的律师也会觉得喧宾夺主，这些问题他自己稍后也会提出。仲裁员在盘问中要干预的情况通常只局限在觉察盘问律师好像在浪费时间问一些不知道有何作用的问题，干预的做法可以是要求盘问律师作出解释他的问题到底有何作用或想要达到何目的。如果回复的作用或目的是无关或没有作用，仲裁员可以要求盘问律师继续问其他方面的问题。

仲裁庭也会要介入证人的回答，因为现实中事实证人不正面回答盘问，甚至再长篇大论地作出一些新的"主证据"(evidence-in-chief)，或是答非所问的情况很常见。如果盘问律师进一步要求证人正面回答他的问题与不要离题，会令证人在本已是充满敌意的情况下反驳或者不合作。在这样的情况下，仲裁庭的介入就非常必要，如重复一次问题并要求证人正面回答。如在一些"国际象棋程序"(chess-clock procedure)中，即预先局限双方所拥有的时间，更加有必要早介入，因为证人的不合作会浪费盘问一方当事人的时间而造成不公平。但也会有一种相反情况，证人如果只回答"是或否"就可能不能清楚说明问题或是答案不完整，此时仲裁庭就应该允许证人作出全面的回答。

3.17.8 盘问过程中双方律师的态度

盘问律师如果称职也表示他必须懂得很多的技巧与有很多地方要提起注意。如一个简单的要注意的地方就是，所问的问题要简洁明了而且只针对一个方面。否则会带来证人甚至是仲裁员的混乱，证人对这些问题往往会回答了后半部分就忘记了前半部分。盘问所提的问题，应该是局限于被盘问证人作出的证人证言的内容，因为这些内容才是该证人的直接证据。但在国际仲裁中，经常会发生盘问律师提出一些不是根据证人直接证据(即证人证言中的内容)问的问题，这就离题或是想"钓鱼"(fishing expedition)。这种情况如果严重，证人的律师会提出抗议，然后让仲裁庭作出决定。

盘问律师与被盘问的证人之间的关系经常会变得越来越紧张，甚至有火药味。

只要情况能够控制,也有看法认为这也不一定是坏事,因为有些情况下看事实证人在面临巨大压力的情况下做出的回答是对认定事实非常有帮助的。

最后简单一提的是,被盘问证人一方律师的工作也像仲裁庭一样只是听盘问中的问答。但他会在需要时作出干预或者是介入,如指出盘问律师所问的问题对事实证人不公平或是欺负证人,或是无关(irrelevant),或是被盘问证人享有特权(privilege),或盘问的问题只是想"钓鱼"。如果双方代表律师不同意有关问题是否提得恰当,就会需要仲裁庭作出决定。仲裁庭要小心证人一方的律师的介入是否太频密与是否必要,因为这会影响盘问律师。也会有情况是感觉到他的介入是为了暗示或者提醒证人要注意回答,因为对方盘问律师的问题有陷阱,虽然不能明言到底是什么陷阱。在这种情况下,如果过分也会需要仲裁庭作出干预。

3.18 再盘问(re-examination)

这是证人举证最后的一步,就是在接受完对方律师盘问之后,证人要被自己一方的律师进行再盘问。再盘问的作用主要是让证人进一步澄清他在盘问中的回答,如证人在回答对方律师的盘问时刚刚回答了"是"或"不是"后想进一步解释,但就被盘问律师阻止他进一步的回答,在这种情况下,就会是证人的律师在再盘问时要求证人解释没有机会说完的话。但再盘问最主要的就是不可以给证人再引入新证据的机会,否则岂不是为了公平对方律师就新证据要再次盘问证人,从而导致开庭没完没了的进行?所以,再盘问有以下限制:(1)证人一方律师不能问"诱导性问题"(leading question);(2)证人一方律师不能问盘问中没有提到过的问题,只能针对对方律师盘问过的问题与证人作出的回答,而不能提其他的新问题。所以对方当事人如果不要求盘问某一个证人,也就不需要再盘问了。而该证人的证人证言就是主证据,也是被接受的证据。这种情况通常会出现在一些比较次要的事实证人的情况,特别是他的证人证言本身也没有太大的争议性。(3)证人律师不能问一些盘问中已经给了明确答案的问题,这是因为试图改变证人原先可能作出的不利的回答而不被允许。举例说,证人回答被盘问说在某一天的会议中另外有一个陌生人在场。再盘问就不能问到底是一个还是两个陌生人,但可以问该位陌生人是谁。

在再盘问结束后,如果仲裁庭也没有额外的问题需要证人回答,则该证人就可以算是作证完毕。

4. 专家证人(expert witnesses)

4.1 为何需要专家证人

专家证人的作用不是为了帮助指定他的当事人,令他们技术性的陈述与主张看来更加可信,而是为了帮助没有这方面专业知识的法官或仲裁员更准确了解双方提供的技术方面的证据与事实。所以,如果是法官或仲裁员本身在相关领域就有顶尖的专业知识，就表示他们不需要这方面的帮助。但这种情况不大可能出现,因为:(1)很难有很懂法律与同时是有尖端专业知识的人,如自然科学领域的诺贝尔奖获得者几乎不可能同时是一位懂法律的专业人士可胜任作法官或仲裁员。(2)今天的商业仲裁所涉及的争议往往不会只是一两项,而是涉及方方面面,包括了自然科学与社会科学的专业知识。所以仲裁庭即使有一位成员在某一个领域是尖端的专家,也不表示其他领域不需要专家证人的协助。(3)商业活动越来越复杂与专门,导致本来好像很接近的行业里面也开始出现分支或专业化(specialization)。(4)仲裁庭即使有成员懂某一项专业,也不表示他就是顶尖的专家。

另一种情况是英国法院是不会需要英国法律的帮助,所以不存在当事人可以提供有关英国法律的专家证人。但如果换了是中国法律的问题(这可能是因为有关的合约明示适用中国法,或是争议涉及了中国公司法或转让等问题),英国法院显然需要中国法律专家帮助准确了解。这一来,英国法院也就把中国法律的问题视为是一个事实的问题,需要根据专家意见证据来找出希望是正确的答案。如果双方不提供专家证人,英国法院就假设中国法律在产生争议的方面与英国法律一致。就算一方在陈词中提出针对某一问题声称中国法律与英国法律的规定不同,但如果没有专家证人也就等于该陈词没有证据支持而不被接受。就算提出的一方提供中国法律的一些法律条文或判例,英国法院一般也不会接受,因为这种片面的资料往往不足够说明问题。英国法院针对外国法律的做法也适用在伦敦仲裁,香港仲裁中也是采取同样的做法。

笔者经历过几次中国著名的律师事务所代表当事人,如果涉及中国法律问题往往会长篇大论地以文书或者口头作出陈述。仲裁庭不止一次提醒他们不要混淆角色,因为他们是当事人的代表律师,所作出来的陈述也只能当作是当事人的陈述而不能当作证据来处理。但同样的陈述如果是出于一个独立的中国律师,理论上他是应该中立与客观地协助仲裁庭,这就会是证据。值得一提的是在国际仲裁中,也有越来越多的情况是对这方面变得宽松,也就是接受双方代表的外国律师对其本国法律的陈述然后作出取舍,而不坚持该解释必须出自独立的外国法律专家证人之口。显然这个问题在英国法院是不会发生,因为可以在英国法院出庭的律师都必须是英国律师。

这方面法律地位可节录 Mustill & Boyd 所著的《Commercial Arbitration》一书第二版之 72-73 页中的相关内容如下:

"(C) Proof of foreign law

It is a rule of English procedure that the tribunal must assume the foreign law to be the same as English law, except so far as the contrary is alleged and proved. The arbitrator should give full weight to this presumption, in both its aspects.

First, the arbitrator should recall that it is for the parties to allege that the foreign law differs from English law. If they are content to have their disputes decided according to English law, it is no part of his function to multiply trouble and expense by suggesting that the two laws may differ. Furthermore, when it has become plain that one or other party has raised a serious issue as to foreign law, the arbitrator will be well advised to adopt a rigorous attitude towards the particularization of the claim, however informal the remainder of the proceedings may be. The party who alleges that foreign law is different from English law should be required to state precisely where the difference lies, and precisely what is the effect of the foreign law on the facts of the case in question. The arbitrator should not hesitate to order further particulars of the allegations of foreign law, if he considers that a party genuinely is not sure what propositions are being raised against him.

Second, the arbitrator should bear in mind that it is for the party who alleges a difference between foreign law and English law to prove that the difference exists. Here again, the arbitrator would be well advised to adopt a strict procedure, even if the remainder of the reference is proceeding informally. The foreign law should be proved by oral evidence from persons sufficiently qualified in the relevant law to be able to give an expert opinion, and the evidence should be tested by cross-examination. The arbitrator should decline, so far as possible, to base any part of his decision on documentary material, such as translation of statues, reported cases or works of reference, except to the extent that this material has been expounded by oral evidence. Documentary material of this kind is very often misleading, unless set against a background of foreign law and procedure; and this is not something which the arbitrator can achieve unaided.

If the evidence of foreign law is unsatisfactory or unconvincing, the right course is for the arbitrator to find as a fact that the party who alleged the difference between the foreign law and the English law has failed to satisfy the burden of proof. The arbitrator should not, of course, attempt to add to the material on foreign law by carrying out his own researches. Nor should he obtain for himself an expert opinion, without the permission of the parties. Even where the parties make no objection to the obtaining of an opinion, the arbitrator should invite them to agree to be bound by its contents; for otherwise they may try to point out mistakes in the opinion, and evidence which is challenged but not made the subject of cross-examination is rarely satisfactory. Since an issue as to the substance and effect of a foreign law is a question of fact the decision of the arbitrator upon it is final. It is not a matter which he should, or indeed can, refer to the High Court. "

4.2 法院或仲裁庭是否允许聘请专家证人协助的考虑因素

由于专家证人很可能十分昂贵而且通常认为当事人委任的仲裁员应该是有关争议方面的专业人士，所以在国际仲裁中有一个说法就是每一个案件都会有一个假设是不需要聘请专家证人。

如较早介绍的有关外国法律专家，笔者最近也曾经在一个海事仲裁案件中告诉双方当事人，有关的争议据中国法律与香港法律大致一样，所以即使有关合约明示适用中国法律，也不一定有必要开庭提供中国法律专家的意见，造成金钱上的浪费。结果成功说服双方不在这一点上浪费时间与金钱。

在另一个近期的海事仲裁案件中，笔者建议双方在针对证明运费市场方面不需要花钱委任专家证人（通常是船舶经纪人），说："Expert evidence on market hire was suggested to be dispensed with by the Tribunal merely in considerations of saving costs and proportionality. It does not mean the Tribunal intends to conduct its own enquiry. Market hire should be readily available in market reports, which sometimes give better evidential value for money than the calling of two experts to give oral evidence. As an alternative, a Single Joint Expert may also be considered over this issue."

这方面在 Bandegani v. Norwich Union Fire Insurance Society Ltd（May 20, 1999）New Law 299058506 一案中，上诉庭的 Henry 大法官针对二手车市场方面的证据也说到只要有这方面的市场报告就已经足够，不必找专家证人，说："As a matter of common sense, if the issue is as to the market value of an item and the item is widely available, such as a Nissan Cherry car, and it has just been traded at arm's length on the open market, then the price at which it was traded must have formed some evidence as to value, even if rebuttable."

如果有一方坚持要聘请专家证人，是应该在取得仲裁庭的批准后才能提供专家意见证据，这与事实证人不一样。现实中，由于仲裁庭往往在开庭前对于案件了解得不是很清楚，加上为避免将来不被允许找专家证人的一方如果败诉会以仲裁庭没有给他机会帮助仲裁庭正确了解他的案件为由而抗拒裁决书的执行，往往会批准要求专家证人一方的请求。在英国法院，针对小金额的案件，CPR r27.5 中明确规定"没有法院的允许，专家证人不能作证，无论是以文书还是口头的形式"（no expert may give evidence, whether written or oral, at hearing without the permission of the Court）。

另是，如果将来发现该专家证人并不能对案件事实及证据的认定起到帮助，仲裁庭可以对提供一些没用的专家证据的一方作出费用上的惩罚，即就算将来赢了仲裁，也是无法向败诉方取回委任专家证人的费用。但事后做出惩罚的缺点就是无法避免已经产生了该笔费用，不管将来判谁来承担，还是会令整个仲裁变得昂贵。所以，仲裁员最好还是像法院一样，不允许或劝服当事人不要乱聘用专家证人。而判定是否乱聘用的情况在 Mann v. Messrs. Chetty and Patel（26 October 2000）New Law 2001019201，上诉庭指出以下三个条件：（1）专家报告有多大的说服力（How cogent the proposed expert evidence will be）；（2）专家报告对于解决争议有多大的帮助（How useful it will be resolving any of the issues in the case）；（3）专家报告的花费是多少以及该花费与争议的金额是否成比例（How much it will cost, and the relationship of that cost to the sums at stake）。

针对上述第(1)与(2)的条件,可举 Hurd v. Stirling Group plc (26 May 1999) (unreported)。该案涉及的是原告的右脚被工厂的一扇推拉门夹伤,其中一个争议是该推拉门的建造与使用情况。原告要求引入专家报告证明该推拉门在关闭时的速度与所需时间。该专家在工厂实地考察了该推拉门的情况之后的三个月作出报告(而这距原告的脚被夹伤已经过了两年的时间)。一审法院拒绝允许该专家证据,原因如下:“... the time speed of the other doors some two years later in 1998 is not probative of the speed of the doors at the time in question which, apart from anything else, were according to the plaintiff used a great deal more than those which were tested.”

在上诉庭 Tuckey 大法官也同意一审法院的决定,并说:“The courts have shown an increasing reluctance to hear expert evidence of the kind that Mr. Salins (原告的专家证人) was proposing to give. This was not expert evidence in any real sense and the judge was entitled to take the view that the timing which Mr. Salins had made of another door (which was only an approximate) was not going to help him to determine the issue he had to decide.”

4.3 专家证人的挑选

专家证人的种类有:(a)进行计算、测试或试验的专家证人;(b)用来挑战或质疑对方或第三者所做的某些事情或对方的专家证人所给的意见(这种专家证人最常见,要挑选能够应付盘问的人选也是最重要,因为这种情况有对抗性);(c)外国法律方面的专家证人。

在考虑挑选专家证人时,主要注意考虑以下因素:(a)专家证人的专业知识;(b)专家证人的技巧(包括专家证人思维是否灵活、睿智、思路敏捷,书写与口述是否会自相矛盾等);(c)专家证人的相关经验(主要是出庭与面对盘问的经验,但也包括了能写好一份专家报告等方面);(d)专家证人是否有受过相关训练与教育(如“超级证人课程”[super witness course],懂得法律特别是证据法等)。

专家证人如果只是给一份文书专家意见报告但拒绝出庭,对方没有机会进行盘问的话,此份专家意见报告的分量会大打折扣,甚至没有分量。

专家证人会是来自各行各业,因为各种案件都会有。例如,香港目前就有一个大案件在审理,涉及双方提供了风水师的专家证人。所以,没有一个严格的规定来针对专家证人的资格。通常的考虑就是他是否在有关的专业或行业中有公认的成就、经验与知识。如果对方委任了一个在有关专业里顶尖的专家证人,而己方却委任一个很一般的专家证人,则在对抗性的情况下就很可能会吃亏。例如,不能作出有说服力的对答,被对方大律师丑化,甚至是己方的专家证人在开庭时对对方的专家证人表现得十分谦卑,这些因素都会影响“外行的”仲裁庭的想法。

在一些经常会发生争议的专业领域,就会造就一些全职的专家证人。这些经常性发生争议的领域包括海事、建筑、人身伤亡等。如人身伤亡,找出伤亡的原因或核算将来所需的医疗费用都会需要医生作为专家证人。笔者听说在英美等地,出名的医生会不再行医而当专家证人,因为有很可观的收入,如像英国的著名的小儿科医生 Professor Sir Roy Meadow(他曾经涉及英国关于专家证人豁免权到什么程度的一个重要的上诉庭先例:The General Medical Council v. Professor Sir Roy Meadow [2006] EWCA Civ 1390)。经常处理某方面诉讼的律师事务所都会有一份重要的名单,根据经验列出哪个专业有哪些的专家以及他们的表现情况,可供在有需要时作出挑选。

4.3.1 专家证人在时间上的可能性(availability)

专家证人是否有时间写报告与出庭作证并接受对方律师的盘问也是委任时的一个重要考虑因素,因为延误会带来严重的后果。由于专家证人延误而造成的问题也经常有,这是因为专家证人本身也是一个成功的专业人士,所以他的日程通常也是安排得很满。而如果该委任的专家只是兼职作证人而本身还有其他的全职工作,那就更有可能对仲裁程序中的时间规定不那么重视。

在仲裁中,双方当事人互相交换专家报告,或是同时交换,或是先后交换,但无论哪种都是有明确的时间规定。往往专家报告的交换是十分接近开庭的日期,所以也不可能延长时间,因为会影响开庭或导致对方没有足够时间去准备。这在 Baron v. Lovell (2000) P. I. Q. R. P20 涉及人身伤亡的先例中,被告委任了一位医生的专家证人,但没有告诉他要在10个星期内必须完成报告并送达给原告,这导致被告不能准时交出专家报告。结果高院与上诉庭不允许被告提供专家证据,不论是书面形式还是口头形式的。

另一种专家证人可能带来的延误就是无法安排时间出庭。这在 Rollinson v. Kimberly Clark Ltd (1999) CPLR 581 先例中出现,被告的医生专家证人因为必须出席另一个英国医学会纪律委员会的会议而无法出庭,被告向法院申请延迟开庭。但这被一审的法院拒绝,并且得到上诉庭的支持,说:“It is certainly no longer acceptable when a trial date is bound to be fairly imminent, for a solicitor to seek to instruct an expert witness without checking and discovering his availability, or proceed to instruct him when there is no reasonable prospect of his being available for another year. The check having been made on the expert's availability in the near future being in doubt, then a different expert should be instructed.”

4.3.2 避免委任与当事人非常亲近的同事或者朋友作为专家证人

在委任专家证人时要注意应该避免委任与当事人是非常亲近的同事或者朋友,因为要让法院或者仲裁庭相信该专家证人是在帮助他了解有关的专业事实与证据,他提供的意见证据就必须是客观与中立的。否则,一个表面看起来会有偏袒的专家证人,他的意见被接受的程度就会大大降低。在 Liverpool Roman Catholic Archdiocesan Trustees Inc. v. Goldberg, 9 March 2001, The Times, Evans-Lombe 大法官说:“Where it is demonstrated that there exists a relationship between the proposed expert and the party calling him which a reasonable observer might think was capable of affecting the views of the expert so as to make them unduly favourable to that party, his evidence should not be admitted however unbiased the conclusion of the expert might probably be. The question is one of fact, namely, the extent and nature of the relationship between the proposed witness and the party."

但是法律看来并不拒绝一方当事人用他的雇员作为专家证人:Field v. Leeds City Council (2000) 17 E. G. 165;Factortame Ltd. v. Secretary of State for the Environment, Transport and the Regions (Costs) (No. 2) (2002) 3 WLR 1104 等。毕竟有些行业非常专业,相关的专业人士也不多,想在自己公司以外的地方找到一位独立的专家证人非常困难。但如果要这样做,就难以避免该专家证人会被对方律师过度的盘问以及仲裁员对该专家证人的报告打折扣。所以,在这种情况下,最好就是双方当事人事先就同意可以雇佣自己的雇员作为专家证人,另外应尽量避免该雇员同时是作为事实证人。

在 Factortame Ltd. v. Secretary of State for the Environment, Transport and the Regions 先例中,Phillips 勋爵是不同意先例 Liverpool Roman Catholic Archdiocesan Trustees Inc v. Goldberg (No. 3) (2001) 1 WLT 2337 所认为的雇员不适合做专家证人,他是这样说:"We do not believe this approach is correct. It would inevitably exclude an employee from giving expert evidence on behalf of his employer. Expert evidence comes in many forms and in relation to many different types of issue. It is always desirable that an expert should have no actual or apparent interest in the outcome of the proceedings in which he gives evidence, but such disinterest is not automatically a precondition to the admissibility of his evidence."

上述两个英国先例在香港的先例 Tang Ping Choi v. Secretary for Transport(Civil Appeal No. 81 of 2003)中都有被提到,Yuen 大法官是这样说:"As to the issue of the expert witness, it is clear in my view that although an expert witnesss may be employed by a party to the litigation and/or may have undertaken activites which are inappropriate to his position, it is not the case that the entirety of his evidence is tainted' thereby rendering it automatically inadmissible. In Liverpool Roman Catholic Archdiocesan Trustees Inc v. Goldberg (No. 3) (2001) 1 WLT 2337, Evans-Lombe J applied a test of apparent bias, ie if there exists a relationship between the expert and a party which a reasonable observer might think was capable of affecting that expert's views, his evidence should not be admitted however unbiased his conclusions [para. 13]. In Factortame Ltd. v. Secretary of State for the Environment, Transport and the Regions (Costs) (No. 2) (2002) 3 WLR 1104, Lord Phillips MR held that the test of apparent bias applied only to the court and should not be extended to an expert witness [para. 70]. It is for the court in each case to consider whether to permit the expert to give evidence, and if so , what weight to give to his evidence."

但如果非要以自己的雇员作为专家证人,就要尽量避免让他涉及有关的争议,如不要让他做有关案件的调查工作,因为这位雇员涉及争议越多,他的专家证言的客观与独立性就越会被质疑。Yuen 大法官是这样说:"An expert witness's primary duty is to assist the court. The more an expert witness allows himself to be involved in disputes of primary fact unrelated to his expertise, the more exposed the expert will become to allegations which may impact on his evidence——even on his area of expertise——and the less confidence the court will repose in him. This is detrimental to the administration of justice, as the court may thereby be deprived of reliance on specialist scientific or technical information which may be valuable to the proper determination of the issues between the parties."

4.3.3 将所有适合人士都收纳为自己一方的专家证人

在一些专业性比较高的行业,适合作为独立专家证人的人士很少,这就有机会一方当事人先将该屈指可数的几个人都委任为自己的专家证人,从而使对方无专家可委任。这种情况其实不少见,如油井发生火灾的灭火专家,全球就没有几个。能够做到比对手先委任这些专家,首先就是要知道有哪些人,其次就是有足够的金钱这样做。但在金额庞大的争议中,才会值得动这种"歪脑筋"。

首先,仅是委任这些专家证人,甚至要他们签下合约接受委任不为对方当事人效劳,这是没有作用,因为英国法律把这种合约视为违反公共政策而变为无效。这里可先举 Harmony Shipping v. Saudi Europe Wine Ltd (1979) 1 WLR 1380, Denning 勋爵说:"If an expert could have his hands tied by being instructed by one side, it would be very easy for a rich client to consult each of the acknowledged experts in the field. Each expert might give an opinion adverse to the rich man—yet the rich man could say to each, 'your mouth is closed and you cannot give evidence in court against me'."

另在 Lilly Icos LLC v. Pfizer Ltd (2000) IPD Nov 23089,案情涉及了著名的男性壮阳药物品牌 Viagra 的专利知识产权纠纷,Jacob 大法官判这种协议是违反公共政策而无效。

但这里会涉及一种分别就是如果仅委任这些专家,但没有进一步的行动,甚至根本没有试图寻求他们的初步意见证据。但是如果给他们看案件的相关文件(可能会包括有特权的文件),或与这些委任了的专家进行通讯往来又或者是与他们开会,甚至是要求出一个初步的专家报告,之后如果这些专家有个别人士转投对方阵营,就可以作出阻止,如向法院或仲裁庭申请向他或对方当事人作出禁令,或是作出"闭口命令"(gagging order)。原因是他这样做会"违反了机密"(breach of confidence)与"违反了诉讼特权"(breach of litigation privilege)。

4.4 专家证人受到对方攻击主要原因

注意专家证人也应该尽量是独立与公正的人士,毕竟他的工作就是帮助法院或仲裁庭。如他避免委任与他有业务往来的人作为专家证人,否则被对方查出来就会被攻击他的意见不客观(这方面请看 4.3.2 小段)。但在一些专业(如在尖端科学),

人才屈指可数,所以被逼使用有利益冲突的专家证人(如当事人自己的雇员)亦司空见惯。只要作出披露甚至是双方事先同意,通常也不会带来不利影响。

通常,专家证人的意见证据会受到对方的攻击或不被法院或仲裁庭相信的重要原因有三个:

(1)其专业知识与经验不足或不如对方的专家证人。

(2)他不够独立与公正,不是希望帮助法院或仲裁庭,而是想帮助委任他的当事人。虽然英国在1999年的《民事诉讼规则》中引入很多相关的措施来保证专家证人的中立与公正,如在专家报告中要说明他知道自己对法院的职责所在与声明报告的内容真实的"真实宣言"(statement of truth)并要做以下的宣言(这宣言的内容也说明专家证人应该有的责任):"The expert declaration shall be in the following form:(a) I understand that my duty in giving evidence in this arbitration is to assist the arbitral tribunal to decide the issues in respect of which expert evidence is adduced. I have complied with, and will continue to comply with, that duty. (b) I confirm that this is my own, impartial, objective, unbiased opinion which has not been influenced by the pressures of the dispute resolution process or by any party to the arbitration. (c) I confirm that all matters upon which I have expressed an opinion are within my area of expertise. (d) I confirm that I have referred to all matters which I regard as relevant to the opinions I have expressed and have drawn to the attention of the arbitral tribunal all matters, of which I am aware, which might adversely effect my opinion. (e) I confirm that, at the time of providing this written opinion, I consider it to be complete and accurate and constitute my true, professional opinion. (f) I confirm that if, subsequently, I consider this opinion requires any correction, modification or qualification I will notify the parties to this arbitration and the arbitral tribunal forthwith."

但上述的一些要求对"老油条"的专家证人带来多少阻吓力还是个疑问。如果要根本解决这个问题,就是由法院或仲裁庭自己委任专家证人。不过,即便这样做也有难以解决的问题。如在这么多种类与复杂的专业里面,加上开庭前对案件不会有太多的了解,法院或仲裁庭很难凭自己的能力挑选一个对口与适合的专家证人。通常还是需要双方当事人作出介绍,但这样的话他们之间也很难达成共识。在仲裁也会经常受到双方当事人的反对而不了了之,其中的原因就是多了一位专家证人而增加费用。双方当事人通常一早就会已经委任了专家证人,因为需要他们的意见决定是否起诉或提出抗辩或作出和解的谈判等。所以,如果法院或仲裁庭再委任独立与公正的专家,只会多加一项昂贵的费用。还有其他的问题包括像仲裁庭自己有专家证人,就大大增加了仲裁庭采纳"秘密证据"(secret evidence)的危险,处理不好的话就是严重违反"自然公正"(natural justice)的行为。

作为专家证人会被对方攻击是不客观/不公正的其中一个理由就是在他的收费,这一点专家证人要非常小心。笔者经历过好几次,专家证人的收费是与案件的胜负挂钩的。比如,他每小时的收费标准是根据案件的成败而有所不同。或是,专家证人的委托人会在胜诉后多给一笔“奖金”。又或是,专家证人的收费部分是要留待胜诉结果出来后才支付。这种情况都会导致专家证人不大可能会是客观作出他的意见,不是为了是帮助法院或仲裁庭,而只是为了帮助委任他的一方当事人。就算是该专家证人在仲裁庭面前慷慨陈词,保证自己不会被该因素影响,但也不大可能被仲裁庭相信。这里的危险就是专家证人会被对方律师盘问他的收费安排,而这种盘问对方律师也不必因为担心不知道答案而不敢问,因为不会有出人意料与灾难性的回答被问出来。对盘问一方最坏的结果也只是中性,就是专家证人回答说他的收费与案件的成败没有任何挂钩。换言之,即使不盘问,法院/仲裁庭也会认为就是这种收费安排。如果是一些正常与合理的收费安排,就不会有问题。正如 Rogers 大法官在 Tang Ping Choi v. Secretary for Transport(Civil Appeal No. 81 of 2003)先例中所说如下:“The fact that Mr. Cheng might have derived income directly or indirectly form carrying out his function of giving evidence is irrelevant. Expert witnesses are usually paid. If they were not paid they would be hardly likely to give up their valuable time in the preparation and giving of evidence. The reality of the situation in this regard is as put Laddie J in Cala Homes (South) Ltd & Others v. Alfred McAlpine Homes East Ltd (1995) FSR 818 where he said at p. 843 that the court would obviously be aware that a party is likely to choose as its expert someone who holds views that are most sympathetic to its position. Put in another way, it can hardly be supposed that a party will call an expert to give evidence which contradicts its own case.”

(3)专家证人的意见是没有经过深思熟虑与了解所有有关的事实下作出的。这也是一种在现实中经常会遇到的情况,如笔者就经常会收到国内朋友来的传真或者邮件而提出各式各样的问题。问题中只是提供一个简单的案情资料,也不知道是否全面或者正确,更加看不到可能会有大量的相关文件。在这种情况下,笔者有时会给一个模棱两可的简单回答。但笔者经常会怀疑实际上可以帮多少忙,因为这个意见显然是没有经过深思熟虑与了解所有有关的事实下作出的。在诉讼中,如果遇到一些有名气与有经验的专家证人,对方大律师通常不敢在上述的(1)与(2)两方面纠缠,而会从这方面动脑筋。例如,看看他有没有看漏一些资料或文件,或者有没有亲临一些重要的测试或检验的场合而只是依赖传闻证据或只是通过一些不像是很有经验助手的报告而作出专家意见。

4.5 专家证人举证的做法、程序与证人会议

之前提到对于事实证人的证人证言提交是采用同时交换的方式以避免先后提交而使一方有机会对自己的证人证言作出针对性的修改,而带来不公平。但是“专家意见报告”(expert reports)理应是不存在这方面的问题,可以先后递交,由原告先送达他的专家报告给被告。这可以给双方的专家证人有机会在看了对方的报告之后作出针对性意见。当然,要求专家意见报告同时交换也无妨。但为了可以让大家给出的意见都能够有针对性,通常还会再来一个回合的补充专家意见。这份专家报告与事实证人的证人证言一样,通常是被视为专家证人的"主证据"(evidence-in-chief)。

专家报告的交换或递交通常是在事实证人的证人证言交换后14天、28天或1个月后不等的时间内作出,原因是不少专家证人的意见是要在了解事实的背景下作出。既然有事实证据在证人证言内,专家证人应该看过后才在他的专家报告内作出他的意见。但会有专家意见是不必看事实证据就可以作出,如针对外国法律。在这种情况下是可以要求证人证言与专家报告同时交换。

4.5.1　专家报告的内容

根据英国法院的《实践指南》(Practice Direction)之第1.2段,专家报告需要包括以下的内容:

"(1) give details of the expert's qualifications(提供专家证人的专业资格与经验);

(2) give details of any literature or other material which the expert has relied on in making the report(提供详细的有关专家证人所给的意见所参考过的权威书籍或其他资料);

(3) say who carried out any test or experiment which the expert has used for the report and whether or not the test or experiment has been carried out under the expert's supervision(说明专家意见中的测试或实验是由谁进行,并说明该专家证人有否作出监督。这一个要求是因为专家证人不一定能够在一件复杂的事情中每个方面都亲力亲为,有必要把部分工作下放,如交给实验室进行。当然,如果专家证人每一方面都不亲力亲为,而事实上他是应该这样做,如到现场进行检验,而是凭第三者所提供的意见给报告,这就会导致对方的攻击指这一份报告完全是根据传闻证据作出,可信度有限);

(4) give the qualifications of the person who carries out any test or experiment(说明下放给作出测试或实验的第三者专业资格与经验);

(5) where there is a range of opinion of the matters dealt with in the report(如果有关的事情可以有几个可能性的意见)to (i) summarise the range of opinion(应总结可能性的意见的范围); and (ii) give reasons for his own opinion(并针对专家证人的意见给出理由,说明为什么自己持有这样的意见);

(6) contain a summary of the conclusions reached(总结专家证人的结论);

(7) contains a statement that the expert understands his duty to the court and has complied with that duty(说明他知道并且尽到自己对法院的职责所在与声明报告的内容真实); and

(8) contain a statement setting out the substance of all material instructions (whether written or oral). The statement should summarise the facts and instructions given to the experts which are material to the opinions expressed in the report or upon which those opin-

ions are based.（说明当事人或他的代表律师提供给专家证人所有文书或口头的指示与委任，并要总结所有提供给专家证人的事实与指示导致他最后作出的专家意见。这表示该方面的文件已经不享有诉讼特权。所以，当事人或他的代表律师在委任专家要求他给一个初步的专家意见，措辞上必须尽量中立。）”

4.5.2　专家在开庭前的会面

接下去的做法就会是在开庭前，让双方当事人的专家证人在没有律师与当事人在场的情况下（为了让专家不受他们的影响或压力）一起开一个“无损害”（without prejudice）会议。该无损害会议目的是让双方的专家对所有案件涉及的所有相关技术问题进行意见交换，将双方能够同意的问题与仍然存有争议的问题整理列出，并最好说明仍有争议的原因。这样在开庭时对于同意了的问题就可以不必再花时间处理，而只需要局限针对仍存在争议的问题。这种无损害会议好像不是太有用，原因之一是“老油条”的专家证人越来越不大愿意让步，让人感到要求当事人委任的专家证人能够公正与独立地给意见还是困难重重。

4.5.3　伦敦海事仲裁委员会的《LMAA 仲裁规则》有关专家证人的一些程序

这里节录 2006 年《LMAA 仲裁规则》（LMAA Terms）有关专家意见证据在开庭前的处理，其中包括双方当事人交换专家报告与双方专家证人举行一个无损害会议，如下：

5. Expert evidence

(i) It should be ordered or agreed whether or not the case requires expert evidence to be adduced and, if so, the subjects on which expert evidence is necessary and the number and disciplines of the experts.

(ii) If it is ordered or agreed that the case is one requiring expert evidence the order or agreement should provide

(a) whether each party is to adduce expert evidence; and/or

(b) whether the tribunal should appoint experts or assessors to assist it on technical matters (see Section 37 of the Act);

(iii) Where expert evidence is to be adduced by the parties, a time-table should be ordered or agreed for the following:

(a) the exchange of experts' reports;

(b) any "without prejudice" meeting of experts held to agree or narrow the issues;

(c) the drawing up of a memorandum by the experts setting out what has been agreed and what remains in issue;

(d) the service of supplementary experts' reports;

(iv) It should be ordered or agreed whether the tribunal will deal with the technical issues on the basis of the experts' reports, without the need for the authors to give oral evidence.

4.5.4　开庭中专家证据的做法或程序

一般来说在开庭时,专家证人会在双方当事人所有的事实证人完成举证之后才出庭。在相对简单的案件中可能会只有1～2个专家证人,则可以由原告的专家证人先来作证(主要是接受盘问),然后再轮到被告的专家证人。如果双方的争议是涉及几个方面的专业,如一个方面是有关机械,第二个方面涉及财务,第三个方面涉及外国法律,就会把专业分开处理。如先针对机械的专业,由原告的专家证人出庭接受盘问与再盘问(re-examination)后,接下去是被告的机械专家证人出庭举证。这就可以允许法院或仲裁庭马上就可以掌握有关机械方面的专家意见并会有初步的结论。即使是仲裁庭要将来根据"开庭记录"(transcript)重温,看起来也比较容易,因为不需要轮流寻找原告与被告专家证人的举证。接下去是处理有关财务专业,最后是处理有关外国法律方面。

在这种盘问下,通常会安排盘问律师一方的专家坐在盘问律师旁边,主要的作用就是可以提点。如盘问律师向对方专家证人提出一个问题后,该专家证人作出了回应。但由于回应是专业知识,盘问律师没有办法挑得出问题或疑点,会是需要进一步追问。但有了己方的专家坐在身边,就可以提点盘问律师应不应该追问以及问什么。这样做显然就浪费时间,不懂法院程序的人士就会质疑为什么不由己方的专家直接向对方的专家质疑以节约时间。答案是法院的程序中只有代表当事人的大律师有权发言,所以己方的专家必须要通过己方大律师之口才可以向对方专家证人盘问。

现在越来越多在国际仲裁的做法是称为"专家证人会议"(expert witness conferencing或hot-tubbing),做法是让两位针对相同技术问题的原告与被告的专家证人一起坐在仲裁庭面前,由仲裁庭主导向他们提问题。如问你们两位的报告在某方面的看法完全不一致,被告专家证人说原告专家证人的检验办法不正确,能否进一步解释怎样做才是正确的,然后由原告专家证人作出回应。换言之,再也不是通过双方大律师作出盘问,而是要求双方大律师在开始时不说话,只是在仲裁庭问完后才让他们补充一些问题。这种做法的好处有:(1)比起由双方大律师作出盘问的形式,这会省时间;(2)相比双方大律师的盘问,可以大大减少专家证人的敌意与不安;(3)也可以鼓励双方的专家证人互相提问与类似探讨问题的方式,鉴于他们很多是专业人士且有一定的专业操守,通常仲裁庭会很快与很直接地感受到谁的意见证据分量较重与较客观。

专家证人会议的做法也可以是由双方代表律师向两位坐在一起的专家证人提出一个技术性的问题,然后由这两位专家讨论或辩论。甚至是有两位专家证人自发的向对方提出问题,反正再也不是法院的做法必须通过盘问律师提出问题。

专家证人会议在理论上也可以适用在事实证人中,但现实中还是比较少。虽然这也有一定的好处,如节省开庭的时间,但估计会有其他的难处,如他们没有专家证人的专业操守与在理论上专家证人应该是中立与客观。所以不排除在事实证人会议的过程中有过于激烈的场面出现。

4.6 共同专家证人(single joint expert)

这里要一提有关 CPR 之 Part 35.7 - 35.8 所引入的一位“共同专家证人”(single joint expert)的做法。这个做法显然主要是为了避免双方当事人自己委任的专家证人有所偏袒,是一位“枪手”(hired gun),而导致他们的意见证据非但不能帮助法院对技术性问题作出准确的决定,甚至带来混乱与金钱的浪费。无可否认,如果是只有一位共同专家证人,就能够避免当事人自己委任专家会带来偏袒的可能性。但每一种做法都会有它的缺点与无可避免的批评。如一个批评就是专业知识也经常涉及了灰色地带,所以在很多情况下,双方当事人委任的专家证人并不涉及偏袒,而是真的有两种甚至以上的可能性。这是应该让双方当事人对仲裁庭作出陈述而不应该以有可能偏袒为理由阻止。另一个批评就是只找一位共同专家证人并不会减少费用,而只会增加。因为双方当事人还是会委任各自的“影子专家”(shadow expert)。所以有不少人认为处理专家证人更好的办法还是让双方当事人自己委任专家证人,但是在取证的程序上做出改良,如“专家证人会议”(expert witness conferencing)。

据闻现实中在一些涉及了多方面不同的技术性争议,会是在一些双方当事人争议比较大的方面,专家证人是各自提供。但如果在一个方面双方的争议比较小,就会在这个方面聘用一位共同专家:The “Baltic Surveyor” (2002) 1 Lloyd's Rep. 623。如在一个技术性争议,双方针对责任承担的看法完全不同,这就会适合当事人委任自己的专家证人。但如果责任能够成立而要进一步计算损失,而且计算涉及专业性(如一艘受损船舶的市场价格),双方当事人就会比较少对抗性,并且有共同利益找出如果要赔偿,什么是适合的金额,就可以双方委任一位共同专家证人。

一位共同专家证人通常是双方当事人自己同意或是由法院作出指令,而委任是由双方当事人一起作出,这就避免了专家证人要向任何一方“效忠”的危险。该位共同专家证人作出给法院的报告照理由就是一份双方没有争议的文件证据,所以表面看是没有必要请该位共同专家出庭,更加没有必要让他接受双方当事人的盘问。随着一位共同专家证人的做法越来越普遍,在这方面也开始有了一些先例。首先一提的是在有关“民事诉讼的白皮书”(Civil Procedure 2007 年版 35.7.1 段)内,说是双方当事人都可以有机会盘问该共同专家证人,但“要有一定程度的节制,毕竟该共同专家证人是当事人自己委任的”(with a degree of restraint, given that the expert has been instructed by the parties)。但在接下去的上诉庭先例 Peet v. Mid-Kent Healthcare Trust (2002) 1 WLR 210,认为是在一般的案件中没有必要让该共同专家的报告在开庭时对其内容作出进一步解释,或者以盘问测试其可信度。在另一个上诉庭的先例 Coopers Payen Ltd v. Southampton Container Terminal Ltd (2004) 1 Lloyd's Rep. 331,也接受了被告的说法就是该共同专家的报告就是该位共同专家证人的证据,但还是有些情况下可让双方当事人有机会盘问有关他的报告。如在该先例中,该份报告很晚才作出,而报告中,该共同专家证人也没有考虑与解答所有给他的一些文书问题。

至于法院是否必须接受该份共同专家证人所作出的报告,也在该上诉庭先例有考虑。因为该份报告毕竟是所有证据中的一部分，如果法院在审理后认定了一些事实是与报告所依赖的并不一样，就没有理由接受该报告了。Clarke大法官这样说："All depends upon the circumstances of the particular case. For example, the joint expert may be the only witness on a particular topic, as for instance where the facts on which he expresses an opinion are agreed. In such circumstances it is difficult to envisage a case in which it would be appropriate to decide this case on the basis that the expert's opinion was wrong. More often, however, the expert's opinion will be only part of the evidence in the case. For example, the assumptions upon which the expert gave his opinion may prove to be incorrect by the time the judge has heard all the evidence of fact. In that event the opinion of the expert may no longer be relevant, although it is to be hoped that all relevant assumptions of fact will be put to the expert because the court will or may otherwise be left without expert evidence on what may be a significant question in the case. However, at the end of the trial the duty of the court is to apply the burden of proof and to find the facts having regard to all the evidence in the case, which will or may include both evidence of fact and evidence of opinion which may interrelate."

如果一方当事人对一位共同专家证人所出的报告不满意（显然是作出了对他不利的结论），该当事人的正确做法是在开庭前的会议中向法院申请批准委任另一位专家证人，并作出第二份专家报告来质疑第一份共同专家报告。该当事人不应依赖开庭中的盘问试图降低第一份共同专家作出的报告的可靠性。但如果批准第二份专家报告，要考虑在开庭前是否有足够的时间，毕竟另一方当事人也需要有时间提出反驳。在Pattison v. Cosgrove, The Times, February 13, 2001先例中，Neuberger大法官对于是否允许除了该共同专家证人以外的第二个证人是说要考虑以下几点："the nature of the dispute; the number of issues on which the expert evidence was relevant; the reason for requiring the second expert; the amount at stake or the nature of the issues at stakes; the effect of permitting a second expert report on the conduct of the trial; the delay that might be caused in the conduct of the proceedings; any other special features; and the overall justice to the parties."

除了用上述的办法质疑共同的专家证人报告之外，也可以要求向该共同专家证人就其所作出的报告以文书提出一连串的问题，这是在开庭前进行，所以不属于是盘问的一种。根据CPR Rule 35.6，一方当事人有权向对方的专家证人或者是"共同专家证人"（single joint expert）在开庭前提出文书形式的问题有关他们的专家意见报告。这可以在开庭时弄明白问题，并减少开庭时间。如果被提问的专家证人拒绝回答（如对方专家证人），根据CPR Rule 35.6(4)，法院有权命令该专家证据不准被依赖。这是CPR的一个新的做法，而且看来是一个有用的做法，值得国际仲裁员参考。

反正是允许质疑共同专家证人也是有他的道理，因为即使他不应该是"枪手"（hired gun）偏袒一方当事人，但并不代表他所作出的意见就一定准确或是他的报告清楚明了能够帮助法院或者仲裁庭。这可以是他水平不高导致表达不到位,或是疏忽而有遗漏等的原因。

4.7 专家证人作证时享有免于被起诉的豁免权

在普通法,自从贵族院的 Hall v. Simons (2000) 3 WLR 543 的先例把大律师的免于被起诉的豁免权(expert witness immunity from suit)剥夺后曾经有一定的猜测是否会把专家证人免于被起诉的豁免权也一并剥夺。但从后来的先例来看并没有这种倾向,原因显然是为了鼓励专家证人在作证时尽量讲真话而不必害怕将来被委托人起诉,如以他在作出专家报告或举证时有错或者疏忽为由起诉他。

这里,首先可介绍一个权威的先例说明所有的证人只要是有关他在法院作出的证言都可以享有豁免权以及该做法背后的原因。这是在 Marrinan v. Vibart (1963) 1 QB 234,Salmon 大法官是这样说:"It has been well settled law for generations - certainly since Lord Mansfield's time that witnesses enjoy absolute immunity from actions brought against them in respect of any evidence they may give in a court of justice. This immunity exists for the benefit of the public, since the administration of justice would be greatly impeded if witnesses were to be in fear that any disgruntled or possibly impecunious persons against whom they gave evidence might subsequently involve them in costly litigation."

对于商业案件中的事实证人来说,不少都是为了维护自己一方当事人的利益而出庭作证的,这样就很少会在将来因为有错或者疏忽而被自己一方当事人起诉。反而对于通常被认为应该是公正与主要是协助法院/仲裁庭的专家证人来说,这个让他能够畅所欲言的豁免权就格外重要了。这方面在上述已经提到的 Hall v. Simons (2000) 3 WLR 543 先例中也有针对专家证人享有的豁免权问题。Hobhouse 勋爵认为一位专家在被当事人委任给专家意见时地位与当事人委任的律师相同,如果他给当事人的意见有疏忽或者错误是要为此负责。但如果该专家被聘请为专家证人,并作出专家报告作为主证据,如果不给该专家证人豁免权,就会导致他在出庭举证时如果想改变意见与认为较早的专家报告有不妥,也不敢这样做。这样一来,就与要求专家证人帮助法院或仲裁庭的职责有明显的冲突。换言之,要求专家证人在任何时候都是讲真话,不必害怕后果,就需要给他在履行举证职责时享有豁免权。Hobhouse 勋爵他是这样说:"An expert witness is in a special position similar to that of the advocate. He is selected and paid by the party instructing him. Part of his duties include advising the party instructing him. If that advice is given negligently the expert, like the lawyer, is liable....

Once the expert becomes engaged in providing expert evidence for use in court ... his relationship to the court becomes paramount ... and he enjoys the civil immunity attributable to that function."

接下来介绍的就是 Stanton v. Callaghan (2000) 1 Q. B. 75,在该案中 Chadwick 大法官说:"What, then, is the position in relation to expert reports? It seems to me that the following propositions are supported by authority binding in this court: (i) an expert witness who gives evidence at a trial is immune from suit in respect of anything which he says in court, and that immunity will extend to the contents of the report which he adopt as, or incorporates in, his evidence; (ii) where an expert witness gives evidence at a trial, the immunity which he would enjoy in respect of that evidence is not to be circumvented by a suit based on the report itself; and (iii) the immunity does not extend to protect an expert who has been retained to advise as to the merits of a party's claim in litigation from a suit by the party by whom he has been retained in respect of that advice, notwithstanding that it was in contemplation at the time when the advice was given that the expert would be a witness at the trial if that litigation were to proceed."(专家证人免于被起诉的豁免权适用在专家意见报告以及开庭,这是为了防止在开庭时专家证人在对方律师的盘问下改口或承认自己的意见有错,使他的委托人在输掉官司后有理由向专家证人起诉,指他在出庭举证提供的口头证据与专家意见报告有矛盾或错误。但注意的是上述的第(iii)点是说如果该专家仅仅只是被当事人找来对案件的是非曲直给出意见,即使是作为参考是否诉讼或者专家意见报告之前的陈述[pre-report representation],如果有疏忽,就不受该豁免权的保护。因为在这种情况下该专家所处的地位就像等于其他专业人士,如律师或者医生给客户提供服务,有疏忽就要负责。)

在上述的第(iii)点要进一步解释就是豁免权只适用于该专家给的意见,而该专家给的意见必须是与提供给法院的证据有"主要与十分紧密关系"(principal and proximate connection)。当然,会有情况是并不太明确,但基本的精神是清楚明了。这方面也可以进一步举 Palmer v. Dunford Ford (1992) Q. B. 483 一案,Simon Tuckey 大法官说:"... immunity would only extend to what could fairly be said to be preliminary to his giving evidence in court judged perhaps, by the principal purpose for which the work was done. So the production or approval of a report for the purposes of disclosure to the other side would be immune but work done for the principal purpose of advising the client would not. Each case would depend upon its own facts with the court concerned to protect the expert from liability for the evidence which he gave in court and the work principally and proximately leading thereto."

另在 Karling v. Purdue, Court of Session, 29 September 2004 案例中,关于该专家证人的特权有如下的解释:

(1)当专家证人在法庭证人席上举证时,他们享有完全免于被起诉的豁免权。该免于起诉的豁免权指的是不能因为专家证人举证时所说被指称是没有合理理由的虚假、有敌意或者有疏忽而对他提起任何民事诉讼。(When witness come to court to give evidence, they have the benefit of an absolute immunity in respect of their evidence in the witness box, including immunity from any civil action that may be brought against them on the ground that the things they say or do in the ordinary course of the proceedings were said or done (i) falsely and maliciously without reasonable and probable cause, or (ii) negligently.)

(2)赋予专家证人这一豁免权的合理性在于为了使证人在举证时能够无所顾虑地畅所欲言。(The underlying rationale of this immunity is that the witness should speak freely.)

(3)但是,专家证人出庭举证在整个诉讼程序中仅仅是一个小部分,如果该免于被起诉的豁免权仅仅被局限在出庭作供这部分,则就会因太局限而失去意义。因此,该豁免权适用在专家报告和任何可能被传唤举证的证人,只要他们将来会提供给法院的证据有“主要与十分紧密关系”,即使在他们提供意见时该诉讼尚未开始。(The immunity would be worthless if confined to the actual giving of evidence in court. Accordingly, it covers a statement of the evidence which the witness might give if called to give evidence. The immunity thus applies to a potential or prospective witness who may not, in the event, be called to give evidence; and where proceedings are merely in contemplation but have not yet commenced.)

(4)另外,该豁免权也适用在诉讼程序早期的收集证据阶段,特别是在为了举证而进行的调查取证与编排专家与技术报告的阶段。至于如何判定某些行为是否是为了诉讼程序而取证则是一个事实认定的问题。(Moreover, immunity applies in the early stages of litigation where evidence is being collected with a view to court proceedings; in particular, the immunity applies to the compilation of expert and technical reports in the course of an investigation with a view to giving evidence - whether evidence is provided with a view to court proceedings is a question of fact.)

(5)为了制作专家报告所作的行为也可享有免于被起诉的豁免权。(Negligent conduct for the purposes of making a report with a view to giving evidence will be protected on the ground that the conduct forms part of the preparation by a potential witness. This is because the conduct relates directly to what requires to be done to enable the witness to give evidence; and is part of the normal function of an expert witness or potential expert witness.)

(6)如果专家报告或者其相关的行为能够合理的被认定为是为了某项犯罪行为而进行的调查取证,则可享有绝对的免于起诉的豁免权。(Absolute immunity exists where the statement or conduct is such that it can fairly be said to be part of the process of investigation a crime or possible crime with a view to a prosecution or a possible prosecution in respect of the matter being investigated.)

(7)专家证人在与诉讼程序直接相关的调查中也享有该豁免权。(Where investigations have an immediate link with possible proceedings immunity applies.)

(8)一位专家在一个正在进行或者将要进行的诉讼中经常扮演着双重角色,一个是当事人的顾问(即对于案件好坏给出意见,对象只是针对当事人)。而另一个是作为帮助法院或仲裁庭了解技术性的证据(对象不是针对当事人而是法院或仲裁庭)。针对免于被起诉的豁免权,在前者的角色来说,专家是不受保护的,但后者就受保护。但是,所有的专家与当事人之间的通讯往来看来都是给意见,所以区分并不容易。这方面在民事诉讼比刑事诉讼更加不容易,因为在刑事诉讼很少情况会是当事人需要专家对他作出一些意见。(When experts are engaged in the context of existing litigation or prospective litigation, they may perform a dual role. The first is advisory and the second is in the capacity of expert witness, with all the responsibilities to the court which that entails. However, all expert/client communications may seem to be advice in one shape or form. There is greater difficulty in civil proceedings than in criminal proceedings in identifying whether the expert's work falls within the protective circle of immunity.)

(9)专家证人哪些行为是与诉讼程序有密切关系,可以享有免于被起诉的豁免权,并不容易区分,情况就好像贵族院还没有在 Hall v. Simons 先例前对大律师在诉讼程序中可以享有免于被起诉的豁免权一样。(As with advocates prior to the House of Lords decision in Hall v Simons [2000] 3 WLR 543[1], the acts of an expert which are "intimately connected" with the conduct of the litigation and those which are not is a distinction which is very difficult to apply with any degree of consistency and may not truly represent the touchstone of immunity.)

最后要介绍的是 Raiss v. Paimano (2001) PNLR 540,这个案例显示了即使专家证人不诚实或作出虚假的陈述,他还是受到免于被起诉的豁免权的保护。案情是有关被告(在较早前是原告的专家证人)被原告起诉,因为他虚假的陈述导致了原告败诉。虚假之处是被告说明他在伦敦 Covent Garden 地区的房产方面有经验与专业知识,另他是"皇家测量师协会"(Royal Institute of Chartered Surveyors)的仲裁员名单中的成员。这也在他提供给法院的专家报告中有说明。但到了开庭时,在对方大律师盘问下,他明确地被认定为既不了解伦敦 Covent Garden 地区的房产,也不是皇家测量师协会仲裁员名单中的成员。显然,对方会在开庭前已经调查了该专家证人,然后在盘问时丑化他。这一来,该专家证人的当事人也难逃败诉的厄运,所以要事后向专家证人起诉要求赔偿。但在该先例中,法院判即使涉及不诚实与虚假陈述,被告的专家证人还是可以享有免于被起诉的豁免权。Eady 大法官说:"although it may seem surprising as a matter of first impression, the immunity applies."

4.8 法官或仲裁员对专家证人意见的取舍

针对专家证人意见,法官或仲裁员接不接受以及给多少证据分量有以下的一些原则可以参考:(1)法院与仲裁庭如果拒绝专家意见,他必须要做出详细的解释为什么有这样的决定。否则,在英国法院就会构成上诉的理由。针对伦敦仲裁而言,该裁

---

〔1〕 在该著名的先例,大律师传统上享有的诉讼特权被剥夺(Decision regarding the barrister's immunity was removed by a majority in criminal cases and unanimously in civil cases)。

决书在 1996 年《英国仲裁法》下也是一个可以寻求救济，要求法院命令仲裁庭给多原因与构成上诉的理由。(2)如果有两个不同并且起冲突的专家意见，法院与仲裁庭在做出取舍时也必须给出充分的原因支持。(3)如果有不同并且起冲突的特定事实证据与专家意见证据，法官或仲裁员应该接受特定事实证据，尤其是专家意见证据是没有任何支持。这里可以解释是如果有证据显示是事实摆在眼前，就不能接受相反的专家意见了。

要特别说明的就是上述的(1)与(2)都强调法院与仲裁庭在做出取舍时要给出充分的原因。相对事实证人，法院与仲裁庭做出取舍就容易得多。这里的原因是事实证人通常针对的证言是比较简单，所以做出取舍会比较简单。如说他的证言与一些其他的当场文件证据有矛盾，或者他的证言中有内部冲突，甚至只是说仲裁庭更相信某一位事实证人。但专家证人所做出的意见证据往往是高层次，双方当事人也因此花费不菲，法院与仲裁庭如果只做出简单取舍，是完全不能接受的。这方面可节录 Bingham 大法官在 Eckersley v. Binnie (1988) 18 Con. L. R. 1 先例中给出的指引如下："In resolving conflicts of expert evidence, the judge remains the judges; he is not obliged to accept evidence simply because it comes from an illustrious source; he can take account of demonstrated partisanship and lack of objectivity. But, save where an expert is guilty of a deliberate attempt to mislead (as happens only very rarely), a coherent reasoned opinion expressed by a suitably qualified expert should be the subject of a coherent reasoned rebuttal, unless it can be discounted for other good reason."

这里会产生的严重后果从 Dyson v. Leeds City Council (2000) C. P. Rep. 42 先例可见。案情是有关有毒石棉造成的人身伤亡，受害人吸入有毒石棉的时间是 1954 年至 1968 年。而双方(受害人的遗产执行人为原告，而被告是雇佣受害人对锅炉进行保养的雇主)的争议是被告应该在 1950 年就知道石棉的危险性与要采取防范措施，或迟至 1970 年才会知道。显然，这涉及了被告有否疏忽的问题，因为石棉的危险性是后来才被公众所了解。而两位当事人的专家证人，原告的专家证人自然是说被告应该在 1950 年就知道，但被告的专家证人说是只在 1970 年才能知道。一审的法官是接受被告专家证人的说法，简单认为其更有说服力，但没有解释原因，如下："Both experts ... agreed that knowledge of the dangers of asbestos came first to the manufactures of asbestos, secondly to major users of it such as the Royal Navy, then handlers of it such as employers and heating engineers and their employers, then occupiers of premises where asbestos had been used for insulation or fire prevention purposes and finally the general public. I am bound to say that at the end of the day I found the evidence of Mr. O'Neill (the defendant's expert) more persuasive than that of Mr Beauchamp (the claimant's expert) and that the time when a reasonable occupier would be aware of the need for steps to be taken to reduce the inhalation of asbestos dust would be the 1970s."

但该一审法院的判决被上诉庭质疑，认为他没有做出"深思熟虑的原因"(intellectual reasoning),结果上诉庭把该案件发还重审。

之后在 Flannery v. Halifax Estate Agencies Limited (2000) 1 W. L. R. 377,上诉庭在这一个先例中做出了一连串有关法院对待专家证据的指引,如下:

“The duty to give reasons is a function of due process, and therefore of justice. Its rationale has two principal aspects. The first is that fairness requires that the parties should be left in no doubt why they have won or lost. This is especially so since without reasons the losing party will not know whether the court has misdirected itself, and thus whether he may have an available appeal on the substance of the case. The second aspect is that a requirement to give reasons concentrates the mind; if it is fulfilled, the resulting decision is much more likely to be soundly based on the evidence than if it is not.

The first of these aspects implies that want of reasons may be a good self-standing ground of appeal.

The extent of the duty, or rather the reach of what is required to fulfil it, depends on the subject-matter. Where there is a straightforward factual dispute whose resolution depends simply on which witness is telling the truth about events which he claims to recall, it is likely to be enough for the judge to indicate simply that he believes X rather than Y. However, where the dispute involves something in the nature of an intellectual exchange, with reasons and analysis advanced on either side, the judge must enter into the issues canvassed before him and explain why he prefers one case over the other.

This is not to suggest that there is one rule for cases concerning witnesses' truthfulness or recall of events, and another for cases where the issue depends on reasoning or analysis (with experts or otherwise). The rule is the same: the judge must explain why he has reached his decision. The question is always: what is required of the judge to do so? That will differ from case to case. Transparency should be the watchword.”

上述的指引虽然是针对法院作出,但是良好做法的指引笔者看不出为什么不可以适用在仲裁中。这些良好做法包括是针对判决/裁决的透明度,让花了很多钱提供专家证据的败诉方了解他为什么不能说服仲裁庭,也迫使仲裁庭必须完全了解专家意见证据才做出决定否则是写不出详细的原因等。在伦敦仲裁,裁决书针对专家证据如果没有足够原因支持仲裁员拒绝某一当事方的专家证据或做出取舍,不服气的当事人可以根据 1996 年《英国仲裁法》的 Section 70(4)向法院申请命令仲裁庭做出更多的原因。这一来,伦敦仲裁员没有办法回避在处理专家证据时要给出全面的原因,除非遇上当事人怕麻烦不想再花钱去法院寻求救济。但在香港仲裁就没有这个机制。国际仲裁在《联合国示范法》下也是不能上诉至法院。在香港仲裁,如果裁决书没有针对专家证据给出充分的原因,看来就没有救济可言。这变成是香港仲裁的仲裁员只能是靠道德的约束力按照上述英国法院有关处理专家证据的指引了。

5. 翻译

在国际仲裁案件的开庭中事实与专家证人需要翻译（interpretation or translation）的情况尤其常见。翻译也包括前面提到过的对于文件证据的翻译，在这里不妨也进一步阐述。由于当事人多数是来自不同的国家，虽然他们可以在订得全面的仲裁条文中写明仲裁的语言为某一种语言，但很多时候不会订得这么细，这一来根据1996年《英国仲裁法》Section 34（2）（b），仲裁语言就会由仲裁庭决定。几乎可以肯定在伦敦仲裁，如果是有一位或者多位英国的仲裁员组成的仲裁庭决定仲裁语言，肯定会选择英语。本来，英语作为国际语言，特别是在航运与外贸方面，会被接受作为仲裁语言的机会自然也比其他语言大得多。

在香港仲裁，由于经常涉及中国内地的当事人，在仲裁条文中没有明示规定的情况下，就会有较大的机会被仲裁庭决定以中文而不是英语作为仲裁语言。但这还是要有一定的条件，就是仲裁庭的成员都是懂中文（香港有不少外籍人士中文也是十分流利）。另双方代表律师与大律师也懂中文。反正，整个仲裁开庭中主要角色都是懂中文，只有个别人士，如个别证人不懂中文并需要翻译。

在上述所讲的涉及中国内地当事人的合约中不少还规定以中文作为仲裁语言，这就必须严格遵守，因为是双方当事人的约定。如果双方当事人在委任代表律师与仲裁员时都能够考虑到他们必须懂中文，就可以保证在整个开庭中以中文进行而不需要翻译。针对仲裁员而言，会有一些指引（虽然只是道德上的约束）如《IBA Rules of Ethics for International Arbitrators》之2.2所述如下："A prospective arbitrator should accept an appointment only if he is fully satisfied that he is competent to determine the issues in dispute, and has an adequate knowledge of the language of the arbitration."这一条要求他们除非是懂得合约中规定的仲裁语言，否则就不要接受委任。所以，如果中方当事人一开始就明知他们制造的大量文件都是中文，将来出了争议主要证人也都只会说中文，最好在订约时就说明以中文作为仲裁语言。仅是文件的翻译就可能避免，而这在一个比较极端的情况下会是十分昂贵。笔者最近听说一个涉及韩国公司的美国仲裁，光是翻译大量开庭案卷中用到的韩文文件就花费高达1000万美元。

显然，上述的花费是中国公司应该尽量避免的。但问题是与外国公司签订的合约规定只以中文作为仲裁语言很难做得到。外国公司即使有人懂中文也不会接受，这涉及了现实的问题与面子的问题。这可能带来的后果就是在仲裁协议中说明仲裁语言为两种（如中英文），但又不指出两种语言如果有冲突是以哪一种为准。这种情况下如果仲裁的主要角色如仲裁员与律师都能够懂双语，如中英文，就不会有问题。所以如果考虑仲裁要以中英文两种语言进行，双方当事人最好在仲裁协议中规定仲裁员的资格之一是能够掌握双语。这种情况在欧洲一些仲裁也经常发生，就是仲裁员的资格是规定仲裁员必须懂英语、法语、西班牙语等。而笔者听闻是有仲裁是以3/4种语言进行，但根本不需要翻译有关的文件证据，或者出庭的证人以不同语言举证而需要翻译的情况。笔者就见过一个仲裁，其中有关的人士对英语与法语都能够掌握，不需要翻译。仲裁庭有关的命令是如下：

"The arbitration shall be conducted in English. However, documents in French and witnesses who are fluent in such language but not in English may be produced without a translation.

Documents and witnesses in other languages shall require a translation. For witnesses, translation shall be consecutive. Arrangements must be made by and at the costs of the party producing the witness, these costs to be adjudicated as part of the costs of arbitration. The party must give notice sixty days before the hearing of the particulars of the translator so arranged. If the other party objects to such translator, the arbitral tribunal shall decide."

但要注意的是即使是中文，也存在不同方言之间的转换问题。在香港仲裁最常见到的就是广东话与普通话之间的翻译。因为很多内地公司与香港公司在合约中会约定香港仲裁，一旦将来有争议，内地公司聘请的内地律师与香港公司聘请的香港律师就会因为无法同时掌握广东话与普通话而需要翻译，这带来了开庭的延误与额外费用。这种问题又是可以事先在仲裁协议中作出规定而避免。

麻烦的就是仲裁协议中规定以双语作为仲裁语言，如中文与英语或法语/西班牙语等与英语，但参与仲裁的主要角色如是个别仲裁员并不能够掌握规定的双语。这变成每一份文件与在开庭中讲的每一句话都必须翻译为另一种语言。除了开庭时间至少增加一倍，费用也十分昂贵。这一来，如果一方当事人委任的仲裁员或是代表律师不符合仲裁协议的要求，估计仲裁庭至少可以做的就是要该当事人承担翻译带来的费用浪费。

笔者最近处理的一个国际货物买卖的案件就是如此进行，虽然参与开庭的主要角色，包括仲裁庭成员、双方的代表律师、大律师与证人都是懂中文的，双方当事人也是中国公司，而案件本身也并不复杂，即使需要开庭也应该在一两天内完成，只要是以中文（或英语）单一的语言进行。但实际上却拖了5天之久，因为是双方当事人同意把每一句话都翻译为英语或是中文。而原因据悉是双方的代表律师比较习惯以英语发言，而且其中一方的大律师的中文只懂广东话。笔者觉得应该在一开始时更加有力的建议双方将双语进行仲裁的约定作出更改，如只是局限地做出翻译。或是，只懂广东话的大律师就以广东话发言，反正对方大律师与仲裁庭是完全可以明白的。当事人就更加容易控制，因为他在委任律师与仲裁员的时候可以先查清楚他们的语言能力。当然，如果双方当事人一开始就在买卖合约中规定了以中文作为仲裁语言，也可以避免这样的问题。

总结说，只要当事人在委任仲裁员与律师的时候找懂中文（普通话）的人士，而这种人士(中外都有)在香港也有不少,在香港仲裁以中文作为仲裁语言是完全没有问题。这一来,由于这种案件中的证人都是懂中文与有关的文件也是以中文记录,那么就可以完全省掉翻译。

开庭的翻译除了昂贵与费时,好的翻译员十分难找到。涉及其他语言的仲裁笔者也经历过(如证人是日本人或者韩国人),但由于不懂其他的语言,所以笔者难以置评翻译的好坏。但对中英这两种语言的互译,可以说从笔者的经验来看,好的翻译员实在不多。开庭时的翻译员并不是只要能够流利讲出两种语言的人士(甚至在联合国做过翻译员)就足够。重要的是他们对相关法律与仲裁涉及的案情是否也了解,因为翻译过程中一定会涉及不少这方面的术语,更重要的是对案情以及相关的术语也有所了解。这表示在一些专业性强的海商事案件,或者涉及特定技术及行业的案件,翻译员最好就是本身也懂行,另就是在开庭前就熟读律师提供给他一份术语的词汇表。但现实中很少有翻译员会在事前做好功课,在进行翻译时只能靠一般的语言常识意译,不仅不准确,还经常会离题万丈与前后不一致,甚至因此而令大家无法在预定的时间内完成开庭。笔者试过其他替代的做法反而更令人满意,如在双方代表律师都有能够掌握双语的人士在场时,由原告派出一名双语的助理律师当翻译(或只是部分的翻译,如他一方盘问律师所提的问题,这不应该担心有不准确),反正不用担心该助理律师有偏袒或者错译。

最后一提的是翻译也有两种,一种是“同声传译”(simultaneous interpretation),另一种就是“跟翻”(sequential interpretation)。在开庭时多用是后者,也是笔者认为比较好的选择,因为费用相对来说较低,安排也简单。另一方面是开庭时多以盘问或再盘问律师与证人之间的问答形式进行,所以跟翻也比较适合。如果是同声传译,安排上比较麻烦,需要另为翻译员安排一个独立的传译室与准备足够数量的耳机,更不要说是找适合的翻译员会更加困难与昂贵。另一个大问题是更难掌握同声翻译是否准确,因为在这种情况下,仲裁员只能同时听到翻译员或者证人一方的发言,带上耳机只能听到翻译员的声音而无法听得到证人的发言(即使该仲裁员听得懂证人的语言),而不带耳机的仲裁员就不会知道翻译员到底在讲什么。这变了有危险是一个仲裁庭的不同成员会因为带不带耳机而听到不同的证言。相反,以跟翻的传译就可以避免这种麻烦与危险,但这种翻译的做法的弊端就是浪费开庭时间,而且往往是大量的浪费。

最后一提的是,除了额外费用与安排上的问题,证人需要翻译也经常会导致对证人盘问的威力与效果大大减低。

6. 开庭记录(transcript)

仲裁开庭习惯上会有"开庭记录"(transcript/ LiveNote),特别是在有证据提供(事实证人与专家证人)的情况。注意是单由一方当事人提供的记录不会被接受作为准确的开庭记录。某一天的开庭记录一般会在开庭当晚或第二天提供给各方,为了避免将来对开庭记录是否准确产生争议,仲裁庭会要求双方确认。开庭记录也可能有误,会有修改的必要,而这修改的要求需要有一个时间限制。否则如证人已经离开,再想查实就已经失了时机。所以可以设定时间限制,如1天之内提出,超过了这个时限没有人提出修改就自动将此开庭记录视为最后与有约束力。开庭记录十分重要,会在后来的重要过程中使用到,一是结案陈词会有大量引用,二是在仲裁庭草拟裁决书时的引用于仲裁庭成员之间的合议。如果将来裁决书有了争议,如涉及有关管辖权问题上诉到法院,或涉及仲裁员在开庭时的行为有否违反自然公正等,也需要看这一份开庭记录。

开庭记录的费用根据所需服务的不同会高会低,而且不同的提供这种服务的公司在收费标准上也会有差异。举例说,2009年笔者一个在香港的仲裁案件中,开庭的LiveNote服务针对开庭记录的收费是大约15000港币1天,这是保证每天开庭完毕后3个小时内就可以整理出一份文书的开庭记录给双方当事人与仲裁庭。LiveNote还有的好处就是可以安装在另外的电脑上,让当事人代表律师及仲裁庭成员在聆听证人举证的同时可以看到开庭记录。这就使现场记录不准确的地方能够被及时发现与更正(因为听到的与看到的不一致),或在有争议时要求发言一方重复一次。如果个别仲裁员没有听清楚某些地方也不需要中断大律师或者证人的发言,只要看屏幕上的现场记录即可。但每多安装一台电脑要加收1500~2000港币不等的费用,而一个大型的仲裁案件往往要好几台电脑,如三位仲裁庭成员每人一台,双方大律师与事务律师又各需要一台,还有事务律师、专家证人等。这种服务也给仲裁员带来了极大方便,并减轻了工作量。

7. 给予各方均等的开庭陈词时间

起点就是仲裁庭要尽量预留充分的时间让双方当事人有足够的时间作出陈述与处理证据,这是自然公正的大原则。但是,这并非容易做到或保证得了的。一方面是仲裁庭对案件了解不多,往往是靠双方当事人估计并预定开庭时间。除非双方当事人订的时间实在太短,如双方当事人各有 8 个或 10 个证人而只是要求两天时间,仲裁庭才能进一步提出质疑。否则,也就是根据双方当事人的估计定下开庭的期限。但由于仲裁员往往在定下开庭的日子后就会要收取费用,如在《LMAA 仲裁规则》中,就有说明按预定的开庭天数向仲裁庭支付一笔名为"预定费用"(Booking Fee)的钱,如果不作出支付就会把预定的开庭时间取消。而且,当事人还会面对他自己的律师费用,如聘用大律师要支付一笔"聘费"(Brief Fee),这笔钱的数额也是受到开庭天数长短的影响。所以,会有可能当事人都倾向于估计并预定比较短的开庭时间。开庭中的盘问会需要多少时间实际上是很难掌握,盘问律师不容易准确估计。这一来,就经常会是开庭时间不够的可能性大大超出了开庭时间足够。但相比法院,仲裁庭往往更难容许到时候才延长开庭的时间。一些著名的仲裁员与大律师繁忙的日程,经常会无法将原先预计的开庭时间延长。这就导致了一些令人非常不满意的情况,剩下的证据要另外订一个时间开庭处理,这有时会相隔长达半年、一年的时间,令仲裁员对第一次处理的证据完全忘记。

7.1 尽量分配给双方均等的时间

所以,希望一次开庭就把所有的证据都处理掉十分关键。能够保证做得到,国际仲裁就有了一种名为"国际象棋程序"(chess-clock procedure)或者叫"断头台程序"(guillotine procedure)的做法。就是对各方的时间进行严格分配,时间一到就叫停并要求闭口。如果一方当事人觉得自己比对方需要更多的时间来阐述自己的案件,应该在开庭前要求预留更多的总开庭时间,而不是要求比对方更多的开庭陈词时间。

针对如何分配时间,仲裁庭最好是首先取得双方当事人的同意。如果要下决定,最好是给予双方均等的时间,即使双方提供的证人在人数上不同或者证人证言的长短不成比例。但也要注意合理的情况下其中一方会需要更多时间,如他要盘问的证人需要翻译,但对方就没有需要,而翻译往往特别花费大量时间。另一个例子是其中一方当事人提供了 5 个专家证人而事实上只要 1 个就是足够。这就会导致对方需要多一点时间盘问 5 个不同的专家证人。在这种情况下,仲裁庭也可以用其他的办法对付,如不批准多聘用专家证人,否则浪费的费用要自己承担,不论最后裁决的结果。这通常会让滥用专家证人的一方当事人不这样做,从而不影响开庭时间的均等分配。

当事人可以自由使用分配给他的开庭时间,如花多一点时间盘问一两个主要的证人,而其他的证人也就简单带过。而算在一方当事人的时间主要就是他的代表律师要开口的时间,如作出口头的"开庭陈词"(opening submissions),盘问对方的证人(包括事实与专家证人),再盘问自己一方的证人,结案陈词。

7.2 记录时间与有争议的时间

国际象棋程序很重要的就是怎样记录时间,这通常的做法就是仲裁庭要求双方代表律师指定自己的"时间记录人"(time-keeper),然后要求双方当事人在每天开庭完毕时作出比较,包括原告和被告各自花了多少时间。这里通常还会有一栏就是共同所花的时间,包括仲裁庭的发言,或是大家讨论开庭中出现的某一个问题,"专家证人会议”(expert witness conferencing)等。这种共同所花的时间通常会是对半算在双方当事人头上。仲裁庭的指令也会要求双方当事人每天作出比较,同时要尽快同意。通常在双方记录的时间相差不大的话,都能够达成同意。但如果双方在比较后有比较严重的分歧,就可以第二天让仲裁庭作出决定。

通常,除了比较与同意双方所花的时间外,还会记录双方各自“还剩下的时间”(the remaining time),这一个好处就是让双方代表律师注意自己到底还有多少时间,以及还有多少证人需要盘问,从而更好地作出时间利用方面的计划。

现实中还是会遇到很多古怪的情形需要处理,如有些精明或喜欢讲话的证人,回避盘问律师的问题或是长篇大论。如问他“你在什么地方工作”,他的回答就把他一生的经历都讲出来。这种做法很不恰当,等于是“盗用”(steal)对方宝贵的开庭时间。通常盘问律师自己会处理,如要求证人给出一个简短的回答。但由于证人对盘问律师有敌意,所以他的要求不一定管用。这时候就需要仲裁庭的干预,告诫证人要简单与直接的回答问题。但如果这还是不管用,仲裁庭就可能要对证人一方律师说:“如果你的证人再不配合,仲裁庭将会另外补偿浪费的时间或延长时间给对方当事人”。这样,该证人一方的律师通常会要求证人合作,而由他提出这个要求通常就会管用。

笔者最近还遇到另一种古怪的情形就是有几个不同的被告(都是合约方),但他们不是共同委任一个法律代表,而是每个被告都各自委任了自己的代表律师,并且他们之间也都有利益冲突与不同意见。其中当然是有一个主要的被告,他的代表律师也一直都在主导抗辩与盘问原告的证人。但其他被告的代表律师也要求盘问个别的证人。但由于所有的被告都只有一个时段,如是 10 天开庭时间分配给他们,这就存在被告之间的不同代表律师如何在他们之间分配的问题。这一方面当然是仲裁庭很难插手,因为也不知道他们将会问什么问题,也不知道这些问题是不是重复以及是否根本不必要问。而主导的被告律师就很担心宝贵的开庭时间被其他被告的代表律师占用与浪费,毕竟是这几个不同的被告之间也有严重矛盾。结果包括笔者在内的仲裁庭就要求被告的所有代表律师必须就时间分配进行协商并达成一致意见,总算让这个问题解决。包括笔者在内的仲裁庭也考虑过是只允许主导的代表律师一个人进行盘问,而其他被告的代表律师要问也必须通过他。但由于被告之间大家互不信任也可能是有其他的原因而没有被他们接受。

在盘问的过程中,还经常会出现证人一方的律师作出干预,如指责盘问律师问的不公平,或是有误导性,或是在“盘问”(cross-examination)中没有问过的事情就不应该在“再盘问”(re-examination)时提出等。这种争议通常是很花时间,双方代表律师往往也会长篇大论作出陈词然后让仲裁庭作出决定,其间甚至会要求正在举证的证人暂时回避。这种浪费的时间可以是记在共同花费的时间内,让双方平均承担。但仲裁庭也可以根据这一个干预是否是合理而自由裁量这浪费的时间应由哪一方当事人承担。如证人一方律师的干预并不合理,浪费的时间就可以归他的当事人承担,这也可以减少无理干预和不合理干预的情况。

其他还会需要一方当事人承担的开庭时间包括像他的代表律师或他的证人延误出庭或迟到等。

由于时间宝贵,仲裁庭最好也作出一些其他方面的配合。其中一个重要的地方就是一开始就说明一方当事人的律师不盘问对方证人有关他给的文书证人证言(也就是他的主证据),并不代表是接受或不在结案陈词时质疑对方证人的主证据。这可以让一方当事人的代表律师如果感觉到时间不足够,可以不盘问个别不很重要的证人。但针对一些主要的证据,也必须规定盘问的一方当事人律师至少向对方其中的一位有关证人提出盘问,让对方证人有机会作出回答、澄清或进一步解释。有关这方面仲裁庭的指令,可看本章第 7.5 段的指令样本的第(7)段。

7.3 是否延长分配了的时间

国际象棋程序很重要的是分配的时间一到,该方当事人的法律代表就必须马上闭嘴。这就会导致在开庭的后期,会有一方当事人要求延长一些时间给他,甚至只是几个小时。仲裁庭面对这种申请显然是要求双方当事人同意,如果他们同意,仲裁庭就没有反对的理由,除非是个别仲裁员自己的时间表不允许延长。但如果对方当事人反对,仲裁庭就应该拒绝延长时间。第一个原因是如果允许就会违反双方事先同意的国际象棋程序的做法,第二个原因是会对对方当事人造成不公平,因为他的法律代表会有可能在时间的压力下盘问,有些该问的问题也可能不问。

但也有例外的情况,如本章 7.2 段就提到证人不配合的情况下,仲裁庭会另外补偿浪费的时间或延长时间给进行盘问的一方当事人。又或在盘问中该证人被发现隐瞒重要的事实或是提出一个重要的新论点,这导致了提出盘问的一方当事人需要给他一些额外的时间进行调查与进一步的盘问。但总的来说,开庭经常会出现一些意外的情况,所以仲裁庭应该尽量避免允许延长开庭的时间,否则就会造成混乱。

这方面的问题可以举的先例是香港的 Brunswick Bowling & Billiards Corp v. SHanghai Zhoulu Industrial Co Ltd & Anor(2009)5 HKC,案情是有关一个香港仲裁,涉及的费用非常昂贵,据说双方当事人各自花费了超过 1000 万美元,其中费用挺昂贵的就是长达 31 天的开庭。针对这一个本来约定是 28 天的开庭,双方事先已经同意了时间的平均分配,并由仲裁庭作出了国际象棋程序的命令。以下可节录该先例有关的描述:

"On 11 December 2003, the Tribunal made the following procedural order,

'In order to complete the oral hearing within the time agreed... a chess-clock method of allocating time shall be adopted.'

The order was made as a result of the agreement between the parties.

This was to ensure that the time allocated for the hearing would be shared equally between the parties. There were so many factual and expert witnesses and because of budgetary constraint over the length of hearing, the parties could not have the luxury of cross-examining each and every witness. As a result of this, the parties have to make strategic decisions on which witnesses were to be cross-examined and the extent of such cross-examination."

双方约定的平均分配时间显然是没有充分考虑作为被告的中方的事实证人由于需要翻译导致时间不足够，而且主要是对原告更加不足够。这是因为被告的 14 个事实证人中，13 个需要从中文到英文的翻译。但原告的事实证人只有两个需要翻译。这表示原告向告的事实证人进行盘问，进度会缓慢得多。

到了开庭后的第 24 天，原告正在向被告证人进行逐一盘问，由于明显看到时间不足原告完成他的盘问，仲裁庭在双方作出争辩后还是决定延长开庭的时间，多给了 3 天，其中大部分时间是给原告。这导致后来在法院，败诉的被告以此为理由之一申请要撤销裁决书，理由是仲裁庭没有依照双方同意的仲裁程序（也就是双方同意的开庭时间平均分配）推进仲裁（a breach of the agreed arbitration procedure）与没有公平对待双方当事人（unequal treatment of the parties）。

但这一个理由不被接受，原因之一是法院认为国际象棋程序与《联合国示范法》之 Article 18（要求公正与双方有全面的机会陈述他的案件）有矛盾，在这种情况下，仲裁庭应该不理会之前作出的有关国际象棋程序的命令。林大法官是这样说："In my judgment, this is precisely what happened in this instance when the Tribunal made its decision on Day 24 and subsequently on the allocation of time for the tree extended days. It follows that there is no breach under art 34(2)(a)(iv) because in this particular instance, the slavish application of the chess-clock arrangement is in conflict with art 18, as such the Tribunal was obliged to depart from it."

表面看来，笔者感觉这一说法有点牵强，毕竟在本先例中国际象棋程序命令的作出是根据双方的约定，不应该轻易推翻。

但还有原因之二是根据弃权，就是被告没有在开庭中对开庭时间的延长与分配提出任何抗议或拒绝参与。林大法官是这样说：

"Further, the subsequent conducts of the respondents after such decisions obviously indicate that they would continue with the arbitration despite such departure from the chess-clock arrangement. As such, even assuming for a moment that there was any breach of art 34(2)(a)(iv), the breach had been waived.

Miss Cheng（被告代表律师）submitted that it would be unrealistic to expect the respondents to walk from the arbitration at that stage. That may be so. But they had other options to rectify what they perceived to be a breach that could have rendered the award invalid. They could have invited the Tribunal to give them more time to make up the 10 hours difference in the chess clock balance when Mr Neoh（仲裁庭其中一位成员）put the question to the parties on Day 31.

To hold otherwise is to allow the respondents to blow hot and cold. They continued to participate in the arbitration and seek and award from the Tribunal. When the award in not that favourable, the somehow said they have an option to set it aside on the ground of procedural irregularity that might have been rectified by timely action taken by them.

For these reaons, the challenge under this ground fails."

7.4 国际象棋程序的优点与其他方面

国际象棋程序在国际仲裁的开庭审理中应用十分普遍,它的优点上文已有所介绍,其中之一就是可以保证一次开庭审理就能够完成取证。这会迫使双方代表律师必须十分谨慎与有计划地盘问,也尽量精简。一些次要的问题就尽量不问,另一些问过的问题也不需要从其他不同角度再问一次。只要仲裁庭满足双方当事人所分配给他们的时间,也就不会违反自然公正的天条,因为"恰当的程序"(due process)不会是不断拖延与越来越昂贵的程序。

对经常在国际仲裁中代表当事人的律师或者大律师,他们要掌握的新技巧就是怎样利用有限的时间进行有效的盘问。显然,他们也必须熟悉国际象棋程序的做法,否则难以参加国际仲裁。

至于仲裁庭方面,如果是采纳这种程序,也必须事前向双方当事人作出指示,其中包括怎么样记录时间,事先说明一方当事人的律师不盘问对方证人有关他给的文书证人证言(也就是他的主证据)并不代表是接受对方证人的主证据等。在开庭审理的过程中,也会要提醒证人在回答盘问时要直接与简短,不能浪费盘问一方当事人的时间。而如果证人在回答时有这种倾向,也要尽早阻止他。

7.5 国际象棋程序的命令/指令样本

以下作出一个这方面命令/指令的样本,仲裁庭可以根据不同案件的实际情况作出调整:

"The tribunal directs as follows:

Chess clock Procedure

(1) The hearing of the arbitration shall commence on (complete date) and shall conclude on (complete date) in (complete city) in accordance with the following directions, and any further directions made by the Arbitration.

(2) The sitting hours shall be 10:00am to 5:00pm each day with one hour for lunch and a morning and afternoon break of 15 minutes each.

(3) The time fixed for the hearing totally are 20 days and each party shall be allocated with 10 days.

(4) Each party is responsible for the way it chooses to use the time available to it.

(5) The following list illustrates categories of activity which will typically be charged against each party's allocation of time:

(a) oral examination of witnesses [irrespective of who presented the witness, but subject to adjustment in the event of consistent unresponsiveness]

(b) oral submissions;

(c) causing an unjustified interruption or prolonging a justified interruption(for example, an unsuccessful objection will generally be charged against the party that made it, and a successful objection against the party that resisted it);

(d) setting up displays or presentations whilst the arbitral tribunal is sitting;

(e) late arrival of counsel or witnesses;

(f) other unjustified delays, including matters which could reasonably have been dealt with outside the hearing time fixed.

(6) Each party should designate one person to track time. In this task, the designated persons will be instructed by the Arbitrator and shall report directly to him.

(7) A party is not bound by opposing evidence which it does not challenge but is expected to cross-examine at least one opposing witness with respect to any significant matter which the other party should be given the opportunity to answer."(这一项内容的背后原因请参阅本章之3.17.4段)

7.6　法院与国际象棋程序

在英国,"针对漫长聆讯的商业法院工作小组"(The Commercial Court Working Party on Long Trials)所作出的报告,也建议法院在审理漫长与复杂的商业案件时应该多把主询问与盘问的时间在开庭前的会议中作出限制。报告也建议在盘问不同证人所花的时间可以对冲,即在一位证人省下的时间可以用在盘问另一位证人。这种做法跟国际仲裁的"国际象棋程序"基本上一致。

另在其他管辖权的法院据悉也有类似的建议或者规定,如最近在澳大利亚联邦法院就有这方面的操作指令(http://www.fedcourt.gov.au/how/practice_notes_cj30.html)说:"The trial of a case in the Fast Track List will be conducted in so-called chess clock style. Cases will be heard from 10:00am until 4:30 pm daily with a one-hour break for lunch and a morning and afternoon recess of 15 minutes each. The Judge's Associate will be responsible for keeping track of each party's time used and time available. At the conclusion of each day of the hearing, the parties and the Judge will confirm how much time each party has used and how time each party has remaining."

但据悉是在实践中,国际象棋程序并没有澳大利亚法院使用。另在香港法院,据闻也是没有在实践中采用。看来在法院的诉讼文化还需要有改变才会像国际仲裁一样对普遍接受并采用国际象棋程序。

8. 证人在证人证言或出庭接受盘问时作伪证的问题

在国际仲裁,事实证人在文书的证人证言或是出庭接受盘问时作伪证恐怕会发生不少,但看来不容易作出阻吓或者惩罚。专家证人作"伪证"的情况也不少,但更难说他的意见是虚假,因为意见是主观的与随时可以改变的,可以认同或不认同,但不能说该意见是虚假。除了难以证明专家证人在想什么外,看来英国法律针对专家证人的不诚实或虚假陈述也是享有免于被起诉的豁免权:Raiss v. Paimano (2001) PNLR 540。

针对事实证人作伪证的问题在法院估计会好一点,但在商业仲裁更加是没有办法对付这个问题。唯一的对策就是在发现事实证人作伪证就在裁决时把他的证据全盘否定,毕竟仲裁庭难以分得出哪些证据是真与哪些证据是假。在这一方面近期也有一个有趣的上诉庭先例,名为 KJM Superbikes Ltd v. Anthony James Hinton (delivered on 20 November 2008 by the Court of Appeal)。

该案的背景是日本的本田汽车公司(Honda Motor Co Ltd)在 2005 年向法院申请一个"简易判决"(summary judgement),以侵犯商标权为由控告汽车经销商(KJM Superbikes Ltd)。KJM 公司提供一份证人证言抗辩,而本田公司递交了三份证人证言作为回应,其中有一份正是本案中被告 Hinton 先生的证人证言。Hinton 先生是本田公司驻澳大利亚分公司的人员。在简易判决的开庭中,法院支持了本田公司的一些主张,而对于涉及 Hinton 先生证人证言的一些主张,法院则是要求按照正常的法院程序进行。结果,在后来的披露文件的过程中发现 Hinton 先生的证人证言明显不真实。后来 Hinton 先生在他提交的第二份证人证言中也承认了他在第一份证人证言中所讲的一些事实是他在作出该证人证言时明知是不真实的,这样做并不是为了误导法官,而只是为了保护澳大利亚分公司在整个本田公司集团内部的声誉。

由于在本田公司与 KJM 公司的诉讼中 Hinton 先生是以个人名义出庭举证的,于是 KJM 公司的律师在 Hinton 先生完成作证后立刻对他本人提起诉讼,根据 CPR Part 32.14 控告他作伪证藐视法庭。一审法院的 Andrew Park 大法官同意 Hinton 先生的行为构成藐视法庭,但是认为起诉 Hinton 先生本人的行动在整个诉讼程序中是"不成比例的"(disproportionate)。这是因为这种诉讼,即使不是由政府的律政司或检察院提出,而是由一方当事人提出,但考虑是否允许该类诉讼申请还是会以公法的角度。即不是该当事人能否取回一些损失,而是对整个公共利益是否有好处。但估计在该先例即使是成功,Hinton 先生也不会有太大的惩罚与不会带来对于司法上的长远好处,如对将来的事实证人产生阻吓,令他们不敢在法院作伪证。另外,估计一审法院也不想在同一个案件中做出很多个"枝节性的诉讼"(satellite litigation)与不想让一方当事人“干预”(harass)其中之一证人,所以一审法院驳回KJM公司的控告。KJM公司上诉到上诉庭,判决却有了改变。上诉庭认为一审法院既然认为Hinton先生作伪证是严重的弄虚作假行为,就不应该拒绝对他进行起诉。其中针对司法上的长远好处,上诉庭得出不同的结论说:“The judge's conclusion that proceedings for contempt in this case would be unlikely to promote the integrity of the legal process or respect for it in the future is one that I find difficult to accept. It is true that only prominent examples of the kind that are widely reported in the press can be expected to make an impression on the public at large, but that is to ignore the fact that the pursuit of contempt proceedings in ordinary cases may have a significant effect by drawing the attention of the legal profession, and through it that of potential witnesses, to the dangers of making false statements. If the courts are seen to treat serious examples of false evidence as of little importance, they run the risk of encouraging witnesses to regard the statement of truth as a mere formality. That is not a matter that the judge appears to have taken into consideration. In view the prosecution of proceedings for contempt in the present case would be likely to have a salutary effect in bringing home to those who are involved in claims of this kind, of which there are many, the importance of honesty in making witness statements and the significance of the statement of truth.”

另一提的是事实证人(或者专家证人,这已经在第4.7段有介绍)在举证时可以对疏忽享有“豁免权”(immunity),毕竟这是为了鼓励证人讲真话。如专家证人在原先专家报告中的意见是坚持某一方面在技术上完全站得住脚,但在开庭被盘问时就改口认为有疑点或站不住脚。这是可以享有豁免,他的当事人不能以专家证人改变说法而起诉他。但这种豁免权不包括证人向法院或仲裁庭作伪证。在该先例中,上诉庭有提到说:“The immunity of a witness from proceedings in respect of things said in the course of giving evidence does not extend to immunity from punishment in respect of statements made under oath which are known to be false. A witness who knowingly makes a false statement in the course of giving evidence orally or in an affidavit does not expose himself to an action for damages at the suit of anyone injured as a result, but he does expose himself to the risk of prosecution for perjury and as such is publicly accountable for his attempt to interfere with the course of justice. Since the introduction of the Civil Procedure Rules witness statements made for use in procedural applications, as well as documents of many other kinds, must be supported by a statement of truth. Statements of truth are not made on oath, but the principle that a person who knowingly makes a false statement intended for use in proceedings should be held accountable is equally applicable...”

上述的做法令笔者考虑到证人如果在仲裁中作伪证会有什么后果或如何应对?如果一方当事人通过向仲裁地点的律政部门要求他们向对方作伪证的证人提出起诉恐怕不会成功,笔者也没有听说过有这样的案件。把有关的资料提供给律政部门考虑的做法也行不通,因为考虑到仲裁案件中机密性的要求。但如果一方当事人直接向该证人提出起诉而要在法院披露这些仲裁的资料,这是否可以,并属于基于公正(the interests of justice)的例外,这方面在《仲裁法——从1996年英国仲裁法到国际商务仲裁》第1091页有介绍。

有关证人作伪证的严重后果可另举一个新的案例,就是Carol Walton v. Joanne Kirk (2009) EWHC 703 (QB)。这一案例与仲裁关系更加遥远,但可以从中找到有关这一方面的有趣指引。该案例是有关一个交通意外的索赔,涉及Joanne Kirk女士向被告Carol Walton女士索赔80万英镑的人身损伤,声称由于被告交通意外中的疏忽造成原告的伤害导致她不能工作,因为该交通意外给她造成瘫痪并不能步行多于10步路的距离。显然,被告有一个强制性的第三者保险,向RBS购买的。而RBS也在交通意外后接手了该抗辩与作出调查,并发现Joanne Kirk女士在交通意外后并没有造成她在索赔请求所讲的那样严重后果与不能步行,其中估计所找的私家侦探可能录影到她在步行上没有障碍,并可以开车与去超级市场等。RBS代被告在抗辩请求中对Joanne Kirk女士的索赔金额并不认同。尽管如此,RBS还是作出了一个把钱存进法院的安排(等于作出一个金额不高的和解提议,存进法院共25000英镑)并被Joanne Kirk女士所接受。整个民事诉讼算是结束。但是RBS不甘心,向法院另请求允许向原告因作出伪证提出起诉。在刑事上,因为Joanne Kirk女士作过一个文书的"真实宣言"(statement of truth)确认她的索赔请求,其中严重夸大索赔金额并作伪证。最后,Joanne Kirk女士被判藐视法院成立,并罚款2500英镑。

这个案例有趣的地方是它令当事人或证人因作伪证而导致藐视法院的危险比"民事诉讼改革"(Civil Justice Reform)前的地位大大提早了。在民事诉讼改革前,可能会到证人在开庭时宣誓后作伪证才有危险被告藐视法院。则如这个案例,诉讼双方在开庭前和解后就不存在Joanne Kirk女士藐视法院的可能,而大部分的民事诉讼还是以中途和解结案,不会有开庭作证的一步。但是现在的地位是,即使没有到开庭双方就和解了,由于索赔请求要经过文书真实宣言以确认,违反该真实宣言就有危险被视为藐视法院。

这方面对仲裁也会有影响,尽管地位并不明确,因为仲裁有机密与法律上没有藐视仲裁庭的说法。如在仲裁程序中的文书请求与特别是证人证言也可以有文书的真实宣言。这一来,如果有虚假,后果可否与Carol Walton v. Joanne Kirk先例一样很难说,毕竟在刑事面前仲裁机密就不重要了。

9. 结案陈词(closing submission)

当开庭完毕,所有的文件与口头证据都已经在开庭的时候提供给仲裁庭,在商业案件，今天的做法通常是由双方代表律师准备书面的结案陈词。由于现在的一些商业案件是越来越复杂，就算是一般性的案件也会这样做，而不会像英国法院的传统做法是在事实证人与专家证人举证完毕后，被告大律师马上可以站起来作出结案陈词，然后原告大律师就马上作他的结案陈词或“最后陈词”(final word)。这方面在商业法院指引 J11 段有说明。在次序方面，一般是由原告先备妥与送达他的结案陈词，然后由被告作出他的结案陈词。结案陈词会大量引述在开庭时所提供的文书与口头证据，如节录当庭记录中某证人是如何被盘问与怎样回答。结案陈词也会提到什么是适用的法律与有关权威先例的引述。在一定程度上，结案陈词是根据“开庭陈词”(opening submissions)，但加上了可能是对大量口头证据(主证据与开庭的盘问/再盘问)的引述，如对方证人证言的前后矛盾或不可信之处。书面的结案陈词一般也不会短，因为双方都想抓住这最后的机会说服仲裁庭。在今天的做法下，可以说哪一方当事人有最后陈词的权利不再是重要，因为双方都有充分的机会表述或反驳，不论是以书面或口头的形式。

在双方交换了文书结案陈词后，还会有一个口头的结案陈词，让双方代表律师有一个机会向法院或仲裁庭把结案陈词中的一些重点提点一下。而更重要的就是让法院或仲裁庭在阅读了双方的文书结案陈词后，有一个最后的机会向双方代表律师澄清在文书结案陈词中的不明确之处。例如，结案陈词中少了一项较早时的争端，就可以问问作出该变动的一方当事人的代表律师是否已经放弃了这个争端。也是这个原因，所以在双方交换文书结案陈词后与大家开庭作出口头结案陈词往往会相隔一两天，让法院或仲裁庭阅读。在口头的结案陈词，当事人大律师是不应该把他文书的结案陈词重复一遍，这是不必要的浪费时间。所以，在法院或仲裁庭没有太多问题的情况下，有时候口头结案陈词会很快结束。在“针对漫长聆讯的商业法院工作小组”(The Commercial Court Working Party on Long Trials)所作出的报告，建议是庞大与复杂的商业案件，口头结案陈词也不应该超过两天时间。注意是在国际仲裁，由于双方当事人包括他们各自的代表律师有可能是在不同的国家，重新将大家召集来一次口头结案陈词就会有很多费用产生，所以不经常会有这种口头的结案陈词，如果有澄清的必要也是以文书的形式进行。

通常，口头的结案陈词是先由原告代表大律师开始，然后轮到被告代表大律师，最后是原告代表大律师会有权作出答辩，这是商业法院指引 J10.2 段。

在上述所讲，如果它们相隔时间太短，会是带来很大的工作压力。笔者曾经有次在英国开庭审理一个造船案件，双方当事人预定的时间是 12 个工作天。但在第 10 天结束前，双方的事实证人与专家证人证据的举证已经全部完毕。结果，大家同意充分利用剩余的两天，其中第一天休庭让双方代表大律师作出文书结案陈词，然后最后一天作出口头结案陈词。但这样一来，给双方大律师带来庞大的工作压力，因为 10 天的开庭涉及了大量的口头与文件证据，有不少是双方当事人都希望仲裁庭作出考虑。结果在短短的一天多时间内，双方准备妥当的文书结案陈词长达好几十页或近百页纸。当事人的解释就是他们的资深大律师与初级大律师(junior counsel)在过去的30个小时中分班赶完这个工作,并要把对方的工作审阅一遍。而到了最后的一天作为口头结案陈词,也就很快结束。因为仲裁员,包括笔者根本没时间细看,所以也没有问题可提。

10. 其中一位仲裁员或一方当事人不出庭的情况

在正常情况下,仲裁庭其中的一位成员或者一方当事人是不会在开庭时缺席甚至是迟到。但这不表示不会出现这种情况,如在 Mallozzi v. Carapelli (1981) 1 Lloyd's Rep. 552,就涉及了第一个中间裁决书,仲裁庭有一位成员生病而没有参与,但这是败诉方知道并没有反对,所以不影响裁决书的有效性。但第二个中间裁决书,由 GAFTA 的上诉仲裁庭作出,仲裁庭的五位成员有两位死亡,结果只是三位仲裁员作出的裁决书就被撤销。换言之,除非有双方当事人的同意,仲裁庭的三位成员如果有一位没有准时出席开庭,其余两位仲裁员就擅自推进会有危险。遇到这样的情况,两位仲裁员往往也包括了首席仲裁员就应该尽快查明情况,看该缺席仲裁员是否临时有延误,如飞机晚点。但如果联络不上,加上其他的环境证据看来该仲裁员不会出现,如在 Karaha Bodas Co LLC v. Persusahaan Pertambangan Minydak Dan Gas Bumi Negara 的日内瓦开庭,就谣传说印尼被告所委任的印尼仲裁员被印尼驻瑞士的大使馆绑架而出不了庭,这就给其余的两位仲裁员包括首席仲裁员带来了很大难题。第一个做法显然就是向双方当事人要求他们同意由该两位仲裁员按照既定的安排推进开庭的进行,但有危险是被告会不合作。这就会导致了第二种安全的做法,就是让希望推进仲裁的一方当事人,往往也是原告向法院申请赶走缺席的仲裁员,并替换为另一位仲裁员。

在香港仲裁,就可以在《联合国示范法》之 Article14 这样做。有效率的法院往往很快就可以作出判决,如笔者在2006年的一个香港仲裁的案件涉及了前贸仲秘书长王生长先生在开庭前突然出了问题,无法在几天后的开庭中出席。结果原告向香港法院申请赶走他并委任另外一位仲裁员,整个过程只有两三个工作日。这变了在开庭的第一天出现了这种其中一位仲裁员缺席的情况,而且不是暂时性,其中希望推进仲裁的当事人就可以马上去仲裁地点的法院走这一步程序。这就有机会挽救整个开庭的审理,充其量是延误两三天的时间。但显然这是又麻烦与又浪费金钱的事情,合理的人士应该都想避免这种情况。对被告而言(如果是他制造的麻烦),往往只是在程序上给对方设置了一些障碍,但对仲裁的实体审理并不会有任何的帮助,反而在费用上会产生极大的浪费与可能失去他自己委任的仲裁员。

至于一方当事人(通常是被告)缺席开庭的情况也是经常会遇到。普通法很久以来的地位是允许仲裁庭在仲裁中有一方当事人缺席的情况下继续推进仲裁程序（不论是开庭或其他仲裁程序的缺席）：Fetherstone v. Cooper（1803）9 Ves 67；Montrose Canned Foods Ltd v. Eric Wells（Merchants）Ltd（1965）1 Lloyd's Rep. 597；Grangeford Structures Ltd v. SH Ltd（1992）ADRLJ 41。

但仲裁庭这样做是有一个先决条件，就是必须向缺席的一方说明他会缺席推进。这表示针对开庭，仲裁庭应清楚告诉缺席的一方他会继续开庭审理：Myron（Owners）v. Tradax Export SA（1969）1 Lloyd's Rep 411；Kitchener（City）v. GM Gest Group Ltd（2003）125 ACWS（3d）1077。如果给缺席一方的通知并不明确，仲裁庭将来作出的缺席裁决书就会被撤销：Dodington v. Hudson（1823）1 Bing 384。

即使被告质疑仲裁庭的管辖权，仲裁庭看来还是有一定的责任继续通知被告，希望他回心转意参与仲裁程序，毕竟小心行事总是比较安全。在 Kitchener（City）v. GM Gest Group Ltd（2003）125 ACWS（3d）1077 就涉及了仲裁庭收到一方质疑他的管辖权的通知，但他没有理会就直接作出一个针对实质争议的裁决书，这被判是不公平。反正即使是缺席的情况下，仲裁庭还是必须严格遵守自然公正。

如果在被告缺席开庭的情况，仲裁庭要注意不要替代被告质疑原告或提出被告可能会有的抗辩。这里的尺度不好掌握，毕竟仲裁庭也有必要对原告提出的索赔从表面上感到满意。但如果进一步对原告的索赔提出质疑，这会对原告不公平。例如，原告由于没有作出反驳的准备，仲裁庭在开庭时才提出进一步的质疑等于是对原告的"突袭"（ambush）。而且是提出质疑往往也不会在第一轮的原告初步回答中就感到满意，这就带来是是否要继续追问与问到什么程度。还有，仲裁庭这样做就有危险会在不知不觉中产生偏见。另外是仲裁庭也千万不要根据私人证据质疑原告，除非在事前就告诉原告让他有一个陈词的机会：Fox v. PG Wellfair Ltd（1981）2 Lloyd's Rep 514。但这样做还是要尽量避免，因为有替缺席被告作为代理人的嫌疑，以及会带来无谓的延误与费用。

根据 1996 年《英国仲裁法》，仲裁庭可以在一方当事人缺席的情况下继续推进仲裁的权力已经在 Section 41（4）写明："（4）If without showing sufficient cause a party—（a）fails to attend or be represented at an oral hearing of which due notice was given, or . . . the tribunal may continue the proceedings in the absence of that party or, as the case may be, without any written evidence or submissions on his behalf, and may make an award on the basis of the evidence before it."

这里要注意第一句话说缺席的一方当事人或被告没有足够的理由解释为什么缺席的情况下才适用缺席开庭审理，这表示仲裁庭这样做之前必须要尽快接触缺席的被告了解为什么他不会出席开庭。如果他明确说明他不会参与，这倒是简单明了，仲裁庭就可以推进缺席开庭审理。但如果他说是一个似是而非的理由，又没有提供任何证据，如他正在更换律师代表他出庭，这就会给仲裁庭带来更大的困难或犹豫。可能之一就是押后开庭，但马上将浪费的费用（如原告的大律师与律师费用）判给原告,并要被告马上作出支付。但问题是这种决定往往不现实,因为很难执行。

另要注意的就是适用缺席开庭审理,就必须把开庭的“恰当通知”(due notice)事先给缺席的一方当事人(通常是被告),这应该是与普通法的地位一致。本来,如果仲裁庭作出了一个Section 41(5)的有关开庭的“最后命令”(peremptory order),这应该是明确的恰当通知。但问题是最后命令只应该在缺席被告没有依照原来的命令才作出,这表示针对开庭审理,就非要到了真正开庭但被告缺席时,仲裁庭才能作出最后命令。这就带来无可避免的延误与可能要押后开庭。这对非常繁忙仲裁员与代表原告的律师而言可能是一个很大的困难,所以应该是这一个考虑下在Section 41(4)只要求在这种情况下仲裁庭给被告有关开庭的恰当通知,如果被告缺席,仲裁庭就可以继续推进开庭审理并在之后做出一个裁决书。但会有情况是被告在事前就已经说明他不会出庭,这样一来仲裁庭可以在开庭之前就给出这个有关开庭的最后命令。

11. 一方当事人开庭结束后有新证据的情况

这种情况在现实中也经常会有,新证据会在四种情况出现,分别是:(1)在开庭审理后仲裁庭自己有新证据,而双方当事人并不知道;(2)在开庭审理后,一方当事人提供新证据给仲裁庭;(3)仲裁庭或一方当事人在仲裁程序完毕后,知道了有有关的证据还没有取得;(4)在裁决书作出后才出现的新证据。以下逐一对这四种情况进行分析。

11.1 情况之一:在开庭后仲裁庭自己有新证据,而双方当事人并不知道

这种情况也是最危险的情况就是仲裁庭根据自己的私人证据作出裁决书,其中Fox v. PG Wellfair Ltd (1981) 2 Lloyd's Rep 514就是一个典型的先例,可以说这种裁决书严重违反自然公正而几乎难逃最后被法院撤销。另一个较近期的先例是Top Shop Centre Ltd v. Bellhaven Estates Ltd (1992) unreported,独任仲裁员私下去有争议的房屋进行调查并没有通知业主一方当事人。结果他判业主败诉的裁决书被撤销。

11.2 情况之二:在开庭后,一方当事人提供新证据给仲裁庭

在这种情况下,只要裁决书还没有作出,仲裁庭是可以接受一方当事人提供新证据。也可以说仲裁庭通常也倾向接受,因为拒绝就会有危险被指是没有给他合理的机会提供他的证据。这里有微妙的地方就是如果是预定胜诉的一方提供新证据,仲裁庭不觉得新证据对他的裁决会有改变,就可以比较放心的说明不考虑这些迟来的新证据,所以也不需要另一方当事人作出反驳。因为将来裁决书作出之后该胜诉方也不会因为仲裁庭不接受他的新证据而对裁决书提出质疑。但是如果是预定败诉的一方要提出新证据,不考虑迟来的新证据就非常危险,安全的做法还是让他提供新证据并让预定的胜诉方提出反驳,即便仲裁庭会认为这些新证据不会对他的决定产生

任何影响,只是浪费时间与费用。

一方当事人即使是很晚才提供新证据,仲裁庭接受也不会构成是严重不正常。他唯一要小心的是必须让另一方当事人有机会调查与作出反驳。

这里可介绍 The "Peaceventure L" (1996) 2 Lloyd's Rep 75 先例,一方当事人(原告的承租人)虽然不是开庭审理后才提供新证据,但仍然是在很晚的开庭中途才这样做,并被仲裁庭接受,Potter 大法官不认为仲裁庭有任何严重不正常需要把裁决书发还。案情是一个承租合约的争议,涉及有关货物(食用棕榈油)受到污染,污染是来自该船舶的上一批货物名为 Styrene Monomer。这导致了该批货物被收货人拒绝接受,最终被承租人出售用来作非食用的用途,并蒙受损失。承租人之后通过伦敦仲裁向船东提出索赔,理由就是船舱不适货,而根据租约所合并的《海牙规则》,船东没有"恪尽职责"(due diligence),令船舶适货/适航。双方争议在文书请求以及后来交换的专家意见报告都集中在该船舶的洗舱过程是否算是恪尽职责。但到了第二天的开庭,承租人提供了一些刚刚才拿到的文件证据,就是同一个船东在其他两艘船舶也曾经发生过食用油受到 Styrene Monomer 污染的事件。这新证据被仲裁庭接受,而船东并没有要求延迟开庭可以让他们处理这些新证据。在之后的证人盘问,船东的专家证人也被盘问有关的污染经历是否应该让船东吸取经验并对其他同类型的船舶作出指引等。最后仲裁庭作出了船东败诉的裁决书,其中显然就是受到这些新证据的影响,如认为船东可以避免这一次的污染,就是不把刚刚装完 Styrene Monomer 的船舶出租装食用油,或是把食用油装在其他适合的船舶油柜,甚至是另一艘没有装过 Styrene Monomer 的船舶。Potter 大法官这样说:"There was an opportunity for the owners, albeit late in the day, to address the merits or the arguments raised or to seek an adjustment if the owners wished to adduce further evidence; that course was not followed; the owners contended that due diligence had been demonstrated on the basis of the method adopted and carefully carried out in the cleaning of the tanks which was all the owners could reasonably have expected to do; in the event the arbitrators decided the matter adversely to the owners but not as a result of any misconduct."

11.3 情况之三:一方当事人在开庭后但在裁决书作出之前,知道了有有关的证据还没有取得

这种情况与上一种的不同之处就是在于在该情况下,当事人仅仅只是知道有相关的重要证据,但还并没有取得,也谈不上能够提供给仲裁庭。所以在该情况下当事人的做法就是迅速向仲裁庭要求"押后"(adjourn)作出裁决书,把将会取得的新证据一并考虑。如果仲裁庭拒绝,就会有危险该裁决书会被法院发还给仲裁庭把新证据一并作出重新考虑。在 Rayner & Co. v. Feed Drughorn Ltd (1924) 18 Lloyd's Rep 260,案情就涉及了开庭后一方当事人(买方)要求仲裁庭押后作出裁决,因为有重要的新证据,但被拒绝。该裁决书事后被法院发还给仲裁庭重新考虑。

但这也是有几方面要注意,一是仲裁庭如果拒绝押后,因为他认为新证据即使很快能够取得,也并不重要。也会是,他认为申请押后的一方是想拖时间。这种决定会否得到法院的支持,而不会给申请押后的当事人任何对裁决书的救济?这受到法院支持的先例在1996年《英国仲裁法》生效之前就已经有,如 Larchin v. Ellis (1863) 11 WR 281;Chandmull Moolehand & Co v. Weis & Co (1921) 9 Lloyd's Rep 412。看来这里最重要还是仲裁庭是否押后的决定是否合情合理,但估计在1996年《英国仲裁法》生效之后,英国法院更加愿意尊重仲裁庭对押后不押后的决定。毕竟仲裁庭对申请押后的当事人可能的背后意图以及新证据可能有的分量的了解要比法院好得多。

二是在1996年《英国仲裁法》生效之前,英国法院是有一个裁量权把裁决书发还给仲裁庭要求他重新作出考虑。这种情况包括了新证据的出现,即使是提供新证据的当事人没有事前向仲裁庭提出申请押后。但到了1996年立法后,英国法院应该是再也没有这种裁量权,因为 Section 1(c)规定了英国法院除了立法明示规定的,就不能插手或干预英国仲裁。这表示英国法院能够把裁决书发还给仲裁庭重新考虑的唯一情况就是 Section 68,也就是仲裁庭或仲裁程序出现了严重不正常的情况。其中,严重不正常规定了九种,但就没有包括出现新证据的一项。所以,如果对新证据将会取得但没有向仲裁庭申请押后,就根本谈不上有任何严重不正常出现。这一来,事后出现了新证据,就不存在英国法院可据此把裁决书发还。

在同一个道理下,如 Compagnie Financiere pour le Commerce Exterieur SA v. OY Vehna AB (1963) 2 Lloyd's Rep. 178 的先例在1996年《英国仲裁法》下就会有不同的命运。该先例涉及了一方当事人提供新证据,时间是在仲裁庭已经作出了裁决书但还没有发放给双方当事人。这一来,仲裁庭认为他们已经是 *functus officio* 不肯考虑新证据,但英国法院认为可以把裁决书发还给仲裁庭重新考虑。但在1996年的立法下,在这种不涉及仲裁庭任何严重不正常的情况下,就看不出英国法院怎么会有这样的权力。

三是仲裁庭即使是押后,但申请押后的当事人迟迟没有交出新证据,仲裁庭是可以作出最后命令并在最后期限过了之后作出裁决书。

11.4 情况之四:在裁决书作出后才出现的新证据

这种情况也是大量存在,在1996年《英国仲裁法》之前英国法院是经常会把已经作出的裁决书发还给仲裁庭重新考虑,只要是符合一些条件。这些条件可节略 The "Stainless Patriot" (1979) 1 Lloyd's Rep. 589,Donaldson 大法官这样说:"... the Court has power to remit awards where there are grounds for saying that new evidence ought to be considered by the arbitrators... the party seeking leave must show that (i) they did not have the evidence at the time of the arbitration; (ii) they could not have got it at the time of the arbitration by the exercise of due diligence; (iii) had they had it, it would be likely to have had a substantial effect upon the result of the arbitration; and (iv) that they had no opportunity for asking the arbitrators to delay issuing the award while they considered whether it was possible to get evidence of the type they now seek to adduce."

这种案件不少,如比较近期一点的有 The "Aros" (1978) 1 Lloyd's Rep. 456; The "Evdokia" (1980) 2 Lloyd's Rep. 107; The "Eleftheria Niki" (1980) 2 Lloyd's Rep. 252; The "Vimeira" (1985) 2 Lloyd's Rep. 377; CENAN v. Hecate Shipping (1985) 2 Lloyd's Rep. 588; The "Ville de Titana" (1994) 1 Lloyd's Rep. 51。

这种情况到了1996年《英国仲裁法》之后,由于不涉及仲裁庭或仲裁程序的严重不正常,所以也不存在英国法院有权把裁决书发还给仲裁庭重新考虑。所以,双方当事人在今天处理伦敦仲裁,就更加要小心与尽快在开庭前或仲裁程序完毕前把所有的有利自己的证据提供给仲裁庭。如果有必要,也千万不要遗漏向仲裁庭申请押后仲裁程序或作出裁决书。看仲裁庭的反应,至少有了基础可指称仲裁庭有严重不正常的行为可向法院申请发还的救济,要求仲裁庭把新证据重新一并作出考虑。

12. 国际仲裁有关开庭取证的特定问题

在国际仲裁的开庭审理,除了仲裁庭成员会是来自不同法律背景,争议各方也是由来自不同法律背景的律师所代表。所以相比英国商业法院或是 LMAA 海事仲裁(虽然海事案件应该是十分国际性,但由于上百年来都是在伦敦由英国仲裁员处理,感觉上变了是另一种的英国本土仲裁),就带来了许多特定的问题。例如,大陆法背景与普通法背景的仲裁员与律师就已经会有不同的做法。但就算同样是大陆法系,一位来自德国的律师与一位来自中国内地或日本的律师做法上也可能是大相径庭。以下针对这方面特定的问题。

12.1 应适用什么程序法?

在《欧盟的律师行为规范》(Code of Conduct for lawyers in the European Union,简称 CCBE)的 Article 4.1 与 4.5 说:"4.1 A lawyer who appears or takes part in a case before a court or a tribunal in a Member State must comply with the rules of conduct applied before that court or tribunal" "4.5 The rules governing a lawyer's relationship with the courts apply also to his relations with arbitrators."

在国际仲裁,也要考虑如果需要法院的帮助或者救济,应该向"仲裁地点"(Arbitration Seat)的法院申请,同时适用仲裁地点的程序法。这表示一个国际仲裁无可避免地要受到仲裁地点的法律与做法的影响,如开不开庭或能否拒绝开庭。

所以有说法是国际仲裁员与代表律师的职业行为需要符合一个"双重标准"(double standard)。即一个就是他们所来自地点的标准,另一个就是仲裁地点的标准。举例说,《布鲁塞尔律师公会的义务规范》(Deontological Code)规定,律师应该避免与己方证人接触。然而,它也明示规定了这些规范不适用于跨国或者国际仲裁,只要这些行为被此仲裁的适用法规所允许。在国际仲裁,如根据《IBA 仲裁证据规则》Article 4(3),律师是可以与预期证人接触来了解其是否有利或有关自己的案件,甚至律师都会抢着这样做,怕被对方律师占了先机。

问题是,在国际的层面而言,有许多的国家可能并没有对这种律师与证人(不论是事实证人或专家证人)之间的行为道德或职业操守作出规范。

12.2 大陆法的传统——事实证人

大陆法传统上对于事实证人一向有不信任的态度,这早在 Antoine Loysel 16 世纪第一次出版的《Institutes of Customary Law》一书就有说到:"*Qui mieux abreuve, mieux prevue.*"(只要让证人吃好喝好,他就会是个好证人。)

在《拿破仑法典》的 Article 1341,很大程度上限制了用证人举证的方式来对抗文书证据的可能性。

在 R. Perrot 的"L' administration de la prevue en matiere d' arbitrage"一文(Rev. Arb., 1974, 159, 165)中更是说证人只有在没有文书证据的情况下才在诉讼中被采纳。

但是在商业方面,这严格的规定已经有所放宽。在 Belgian Cass. May 7, 1908 中说:"Except when excluded by statutes in commercial matters witness evidence can go against or beyond the content of documents."(除非法律禁止,在商业争议中证人的证据可以与文件证据相对抗或者超出文件证据内容的范围。)比利时 Louvian 大学的 Hans van Houtte 教授承认,在他过去三十年的商业诉讼经验中,只有两次是比利时法院有接纳证人举证的情况。

大陆法与普通法的一个分别就是在对待证人方面,大陆法国家的法院是采用一种"询问制"(inquisitorial approach)的做法。具体的不同做法如下:(a)在商业争议方面,19 世纪的法国律师不允许干扰或参与法院对证人的开庭。他不能通过与预期证人会面来了解此证人将会作何证供。现在,这种规定已经有所放宽,一些欧洲国家已经允许律师接触预期证人如德国、荷兰与瑞典等,但还有例外,如比利时、法国、意大利与瑞士仍禁止这样做。这与美国对证人进行开庭前的培训(稍后 10.11 段有介绍)可以说是有很大差异。(b)双方当事人不能对另一方的证人进行盘问。这种普通法国家的盘问程序以前被大陆法视为是"野蛮与未开化"(barbaric and primitive)的做法。估计今天大陆法背景的律师也充分感觉到盘问的重要性,但还是可以说他们盘问对方证人的攻击性与对抗性普遍比不上普通法背景的律师。(c)通常的做法是由争议一方将其问题交给法官,然后由法官全权决定是否与如何将此问题向证人提问。如果是在仲裁,做法就是将问题交给仲裁庭向对方证人提问。

12.3 大陆法的传统——专家程序

在大陆法,专家被视为是担任了审判者的职责,他不是争议方的证人,而更多地是站在法院这一边。有关专家的程序是一个"小型开庭审理"(mini-trial)。在法国,专家是由法院委任的,是从法院的专家证人名单中挑选出来的,其费用也是由法院支付。

在专家程序，当事人的律师只担任一个辅助角色，如提供信息或文件给法院委任的专家。法院专家会邀请当事人来参与现场视察与收集信息，同时当事人会有机会对法院专家作出陈词。在该专家对法院作出有关技术问题的报告后，当事人会有机会来对其内容作出评论。法院可以传召法院专家参与开庭，并允许当事人对专家提问，但注意这不是盘问。事实上，法院会依赖这法院专家报告来作出判决，当事人是很难说服法院说该专家报告有误。

12.4　普通法的传统——事实证人

普通法比较习惯事实证人与口头证据，这些证据还要经过盘问的程序才算是取证程序的完结。律师也会尽早接触预期证人，主要为了找出事实、确定证人（主要是一些自己不能控制的证人），同时也是怕对方会捷足先登（因为一变成己方证人，对方律师就不能轻易接触了）。但注意英国1996年《英国仲裁法》的Section 34(2)(h)较少对口头证据的依赖性的态度转变。

12.5　普通法的传统——专家证人

普通法的做法是依赖双方当事人自己的专家证人，即使法院规定允许法院自己委任专家证人，英国法院也绝少这样做，除了海事法院在处理海上碰撞等事故时会这样做。

普通法这做法的好处是在当今科技与商业日益复杂的情况下，由双方当事人找专家证人可以有更广泛、更有针对性与有更好的选择，可以在“对抗制”（adversarial）的程序中找到事实真相。这在大陆法的做法由法院委任专家就容易面对一个局限性的问题，毕竟选择有限。

当然这做法也有不利之处，就是当事人委任的专家证人容易受当事人的影响而变为他们雇用的“枪手”（hired gun）。因而法院或仲裁庭也有更大的被专家证人误导的危险。

12.6　国际仲裁将两个法律体系合并的做法

《IBA仲裁证据规则》是将大陆法与普通法的程序差异进行协调后的成果，同时也反映了大陆法国家的律师在近年来体会到了盘问的好处，就是能揭示证据中的错误与偏袒。在2003年Arbitration International Vol. 19, 457一文，Hans van Houtte教授说：“In brief, Continental European arbitrators, rooted in the inquisitorial tradition, have discovered the benefits of adversarial questioning. That allows many of them to combine the best of the Continental European tradition with Anglo-American approaches. In the first stage they often will thus allow counsel to address the witnesses; at the end they may themselves question the witness directly...”（简单来说，习惯询问制传统的欧洲大陆的仲裁员已经发现了对抗制的好处。这使得他们中的许多人合并了欧洲大陆法传统和英美的做法。在第一阶段他们经常允许律师来询问证人，最后他们可以自己来直接向证人提问……）

还是会有一些欧洲(或者大陆法国家)的仲裁员会更喜欢由他/她自己而不是律师来询问证人。在这种情况下,所有问题都会通过仲裁员来向证人提出,这经常会是耗时与令人厌烦的程序。毕竟,从证人的回答中会带出新问题需要进一步盘问,这是仲裁员自己不会警觉的。

12.7　与对方的证人联系

CCBE 的行为准则之 Article 5.5 这样说:“A lawyer shall not communicate about a particular case or matter directly with any person whom he knows to be represented or advised in the case or matter by another lawyer, without the consent of that other lawyer (and shall keep the other lawyer informed of any such communication)”(在没有另一方律师的同意下,己方律师不准与任何已经变为对方预期证人的人士讨论一个特定的案件或问题。)

在笔者的一个近期的香港仲裁案件中,就发生了一方律师声称对方律师接触与威胁自己一方证人的情况,并要求仲裁庭对威胁方作出命令要求其停止这种行为。最终因为证据不足,仲裁庭没有作出这命令,但如果证据充足,仲裁庭也应该作出命令禁止这种行为。在香港仲裁中,根据《香港仲裁条例》2GG,仲裁庭的这种命令可以转为法院的命令来强制执行。如果被仲裁庭作出禁令的一方是香港的当事人或者聘用的法律代表是香港的律师事务所,则该禁令对他就会有很大程度上的阻吓力。

12.8　律师作证

大多数的律师行为准则如律师公会规则会禁止律师协助一方当事人给证据。毕竟,作为代表律师与作为证人的角色不同而且有根本性差异,所以不能轻易交替。但有时在仲裁庭批准的情况下,会有律师针对一些程序上发生的事实作证,如证明曾经提供给对方的文件或是客户首次提到某一问题等。

在上述 3.2 段有讲到另一种情况律师会在申请中间程序或临时救济时(如是一个 Mareva 禁令)根据当事人告知他的案情自己向法院做出一份“宣誓书”(*affidavit*)。

12.9　法律特权

有关“法律特权”(legal privilege)的课题在笔者所著的《国际商务游戏规则——英美合约法》第六章之 6.7 段有介绍,请参阅。可以说,比较成熟的法治国家都有这个理念,就是保护当事人与他们法律代表之间的通讯往来的机密性,以利他们之间可以进行坦率的交流。换一种说法就是这些文件或口头证据是“不可被接受的证据”(inadmissible evidence)。在不少西方国家例如是英国,把这个特权视为公共政策。例如,Taylor 勋爵在 R v Derby Magistrates' Court, Ex p B (1996) AC 487 中说:“Legal professional privilege is thus more than an ordinary rule of evidence, limited in its application to the fact of a particular case. It is a fundamental condition on which the administration of justice as a whole rests.”

但在国际仲裁,这一基本理念就带来一些国家法院不会面对的困难。原因是不同国家对这一方面特权的理解与操作是不一样的,大陆法与普通法之间就已经是有很大差异。比如,在笔者所著的《国际商务游戏规则——英美合约法》第六章之6.7.2.1.3段有介绍有关"公司律师"(in-house lawyer)的特权问题,在普通法国家(以及一些欧洲大陆的国家,如荷兰、比利时、西班牙等),公司律师只要是就案件给自己公司作出法律意见是享有特权的。但在不少大陆法国家,如瑞士、法国、意大利、瑞典等是没有这方面特权的,它们认为公司律师没有足够的独立性享有特权。还有一些重大的差异,如文件证据在律师的手中与在当事人的手中就有不同的对待。这种差异就国家法院而言是没有问题,因为每个国家都按照自己的做法操作。如果有外国的人士或公司前来诉讼,如英美公司要去法国法院面对诉讼,它们也是得遵照法国法院的做法行事。精明的英美公司会预先做好准备,如涉及法国的业务就法律意见会找外面的律师作出而不涉及公司律师,虽然公司律师完全有能力作出相同的法律意见。

但一到国际仲裁的层面,就会出现混乱。除了双方当事人可能来自对法律特权有不同理解与操作的国家外,他们的代表律师或仲裁庭的成员也会有这种差异。这就带来不少麻烦与不公平对待双方的指控。例如,要求一家美国公司作为当事人之一披露公司律师的法律意见,或是要求公司律师出庭接受盘问。

到目前为止,国际仲裁对这一方面还是没有很好的办法针对。如在《国际律师公会国际仲裁证据规则》(IBA Rule of Evidence),只是泛泛地在Article 9(2)(b)提到这个理念,说:"Article 9 Admissibility and Assessment of Evidence... 2. The Arbitral Tribunal shall, at the request of a Party or on its own motion, exclude from evidence or production any document, statement, oral testimony or inspection for any of the following reasons:... (b) legal impediment or privilege under the legal or ethical rules determined by the Arbitral Tribunal to be applicable."

至于在其他著名的仲裁机构,如国际商会(ICC)、伦敦国际仲裁院(LCIA)、香港国际仲裁中心(HKIAC)等的仲裁规则,与《联合国仲裁规则》它们都没有针对特权这个复杂的问题。这就带来一个问题是国际仲裁员应该怎样处理这个问题?

第一个办法就是把它当作是一个程序的问题,不论是哪里来的当事人或法律代表,都要依照仲裁地点的一套做法为准。如双方同意来香港仲裁,就好像同意来香港法院诉讼一样,以香港法律针对律师特权的理解与操作为准。但这会带来几方面的问题:(1)香港法律或英国法律针对仲裁是有立法允许不用依从香港法院处理证据的一套程序法,包括处理证据的可接受性。如《联合国示范法》之Section 19(2)与1996年《英国仲裁法》之Section 34(2)(f)就有相关规定。(2)法律特权到底属于程序问题还是实质性问题存在争议。(3)国际仲裁会有情况是仲裁地点并没有在仲裁协议中明确,如不少ICC仲裁就是出了争议后由ICC仲裁院指定仲裁地点,因为双方没有在仲裁协议中同意仲裁地点,只说双方有争议以ICC仲裁解决。如果指定不同的仲裁地点会带来这种影响,就存在对一方当事人不公平。(4)如果仲裁庭剥夺一方当事人在他所在的国家可以享有的法律特权,会带来将来执行裁决书的困难。

(5)还有一个实际困难就是在国际仲裁,仲裁庭也很难做到强制要求外国的当事人提供某些文件或者证人。仲裁庭最多作出一个不利的推断,但在这种情况下是否恰当不无疑问。

第二个办法就是把它当作一个实质性问题,以合约的适用法为准。笔者通常见到的国际合约多数适用英国法,因此都会以英国法来看待这个问题。但这方面的问题就是双方如果在合约同意一条适用法条文的同时,很少会考虑法律特权这一方面。所以还是难免会对其中一方当事人甚至是双方当事人带来意外与不公平。

第三个办法就是根据不少国际公约内的"最优惠国家"(most favored nation)条文来判定采取哪国的法律处理法律特权的问题,也就是一方当事人只要在他所在地的法律不需要披露证据就可以在国际仲裁中继续享有这一个特权。

看来,在国际仲裁如果涉及这方面的问题,仲裁庭最好还是提前向来自不同国家与法律背景的双方当事人与他们的法律代表尽早说清楚。

12.10 保证双方当事人理解游戏规则

这一点非常重要,因为当事人的律师可能来自不同的法律体系,拥有完全不同的法律文化背景,所以让各方充分了解有利于仲裁程序的公平与顺利进行,更可以有助于各方避免误解。曾经也听说过在仲裁开庭中来自不同国家、法律体系的律师误会重重,导致仲裁程序无法进行,由此可见这理解的重要性。

如笔者曾经在一次仲裁,首席作出了命令要求双方在开庭前三个星期交换证人证言,这证人证言也就是主证据。由于争议双方一方是由英国律师代表,而另一方是由中国内地律师代表,笔者就提议在作出命令的同时多说几句,如解释是何谓"主证据",因为内地律师对此可能并不熟悉。但最后首席仲裁员认为双方律师来香港仲裁就应该知道香港的做法,因而没有接受笔者的建议在仲裁庭的命令中对此进行解释。可想而知,英国律师提供的证人证言长达五六十页,而中国内地律师提供的证人证言只有短短的3句话。在开庭时,中国内地律师就要求仲裁庭允许他们的口头证人多讲几句证言,而对方英国律师就强烈反对,并指这是突袭行径。

再多举一个例子,就是由于各国的律师对证人的接触有很大不同(在10.2段有提到),所以在一个国际仲裁,双方当事人的代表律师一个是来自美国,一个是来自瑞士,仲裁庭为了保证对双方公正不妨一早向双方说明他们可以做什么与不准做什么。例如,说明不准用任何方式对证人进行培训,但可以接触他们自己一方的证人并协助他们拟定文书证人证言。而作为主证据的证人证言的长度是不超过30页纸(为例)与内容应包括:

——the full name and address of the witness,

——past and present relations of the witness with any other parties,

——a description of the witness' position and qualifications if relevant to the dispute or to the contents of the statement,

——a detailed description of the facts for which the witness is offered, together with the indication of the source for the witness' knowledge, and

——the signature of the witness affirming the truth of the statement.

12.11　宣誓或保证(oath or affirmation)

在国际仲裁中,要证人宣誓的情况并不常见,取而代之的是简单地要求证人说明他/她说的是真话。这样做的部分理由是在有些地方仲裁员作为私人个体是无权来监督宣誓的(如德国、法国、瑞典、意大利与希腊等)。而且,如果宣誓方作伪证,仲裁庭对此也没有惩罚措施,至多就是如果能够及时知悉就对他提供的证据作出不利推断。这一来,事实证人如果作伪证但被拆穿(不论是对方事先作出调查还是通过盘问),唯一的后果就是仲裁庭不相信或有怀疑所带来的不利推断。

12.12　证人的培训

这在一些国家是被接受的做法(如美国与荷兰),但在其他国家并不被接受(如英国与比利时)。在英国,目前针对大律师的行为准则第7版之 Rule 705 (a)是这样说的:"A barrister must not rehearse practise or coach a witness in relation to his evidence."而律师协会有关的辩论准则(Law Society Code for Advocacy),对事务律师适用,在 Article 6.5 是这样说:"Advocates must not when interviewing a witness out of court: (a) place witnesses who are being interviewed under any pressure to provide other than a truthful account of their evidence; (b) rehearse, practise or coach witnesses in relation to their evidence or the way in which they should give it."

而在比利时、法国、意大利与瑞士,它们的律师行为准则更会是禁止律师与将来会作为证人的人士见面,所以培训证人更加谈不上了。

一般在国际仲裁来说,认为这种做法不值得提倡。Piet Sanders 先生在 Sixty Years of Arbitration Practice, Kluwer, 1999, 262 一文中说道:"Drawn up with parties or its legal advisors the witness may be influenced in formulating his or her Statement which has to be signed and affirmed by him or her as being the truth. In my opinion these Witness Statements, preceding the hearings of the witness in person, are not in accordance with the expectations of many parties in an international arbitration."(当证人与当事人或其律师一起草拟证人证言时是有可能会影响有关的证人,即使是他要签署与保证该证言的真实性。在我看来,这些在开庭审理前作出的证人证言与许多国际仲裁当事人的期望所不符。)

美国完全相反的做法也不是没有理由,原因是律师如果不知道他所安排的证人在将来开庭的时候会说些什么,就无从下手准备自己的工作,而且如果可能最好还要知道对方的证人会说些什么。同样地,证人也无法完成他的职责,如果他不知道会被律师问些什么问题。

这些准备工作包括:(a)帮助证人建立自信与放松;(b)让证人理解举证的过程与如何让他/她的证言融合进整个案件;(c)律师和证人密切地进行对话,并且得出一个问答的大纲,这个大纲也包括证人的直接证言;(d)从细节入手帮助证人准备面对他/她在盘问中会遇到的各种困难。

在证人培训方面,美国律师也可以使用模拟盘问与录像资料的形式来检验证人的不足之处与改进他/她的表现。当然,在一些次要的案件,美国律师可能只是与证人见面,并提出或提示在盘问中可能会出现的问题。

在伦敦或香港仲裁的做法与当地律师的职业行为规范是一致,就是代表律师不能影响证人,协助证人“改良”(improve)他的证言,更不要说教唆证人讲一些与事实不符的证言。这一方面已经在上述3.5段提到有关在拟定文书证人证言时,律师应该有的专业操守。同样的道理也适用在律师不能培训证人以影响他在接受盘问时的表现。现实中,证人在举证时,如果遇到茶歇、午饭或者一天结束,第二天仍要作证的情况,仲裁庭往往会提醒证人在这些休息的时间中他不能与任何人讨论案件或者与案件有关的事情。作用就是为了避免证人受影响,如盘问应该怎样回答或再盘问应该提出哪些问题。

在笔者的经验中,一些亚洲与中国内地的证人在举证时的表现实在令人担心。如在举证时会不断出现自相矛盾的地方,在对方大律师一再追问之下发脾气,因为害怕回答出差错而不正面回答盘问的问题,甚至在对方大律师一再盘问下无法自圆其说而承认自己在撒谎或讲错话。这些表现都会令证人的可信度与证人证言的分量大大降低,仲裁员(特别是西方仲裁员)会认为这都是因为证人不在说真话才会有的表现。相反,西方当事人的证人表现往往会好得多。更不用说是一些学过法律的人士(这种有法律背景的人士在西方公司并不少见)或者参加过“超级证人”(super witness)培训课程的一些西方公司的高级管理人士。他们除了能够条理清晰的举证外,由于对于法律比较了解,对于该说什么或不该说什么的分寸也掌握的很好,而非只是用避而不答来应对。中国证人如果将要在国际仲裁中出庭举证,最好也是能够进行培训。更理想的就是除了对案件的了解外,在英美证据法与英美合约法方面也增加了解。举例说,中国公司经常会有的争议是合约有否订立。如果还没有订立,双方只是在谈判的阶段,中国公司不再谈下去是完全可以。相反,如果合约已经订立,中国公司不履行就会是毁约/违约。对方大律师很可能会提出的盘问就是中国公司的证人是否了解合约谈判与订立之间的分水线怎样划分。如果是有水平的证人就很可能说出正确的答案,如双方明示要谈的条件已经全部谈妥,双方有定约意图等。但如果证人无法作出任何回应,就很容易被仲裁庭认为是他根本已经过了分水线,有了合约的约束但不自知。

针对国际仲裁员而言,面对双方当事人不同的代表律师(如一方是美国律师,而另一方是英国或瑞士律师),也会对他们的证人到底是否有不同程度的出庭准备感到迟疑,不知道是否应该给他们的证据不同的分量以及怎样的不同。毕竟,经过事前培训的证人应该会比没有任何培训的证人表现为佳。从另一个角度看,在一个国际仲裁中,可能是代表的英国或瑞士律师在面对美国律师时应该调整他们国家法院的做法,而争取与美国律师一致的做法,以免处于比较不利的局面。另外就是在10.9

段所讲到的由仲裁庭一早就说明双方代表律师如何准备与处理事实证人开庭,要求双方有一致的做法。

12.13　英国与香港律师

由于伦敦与香港仲裁都与中国公司有紧密关系,所以在本章最后对这两个地方的律师制度作一些介绍,也便读者了解“大律师”(barrister)与“事务律师”(solicitor)之间的区别。“律师”(lawyer)是一个通称,它包括了大律师与事务律师、公司律师、法学老师、法官等人士。在国际仲裁,首先要说明的是以伦敦或香港仲裁为例,在仲裁法都有明确规定不必委任当地的律师作为代表,这与法院诉讼完全不一样。所以,中国公司作为当事人完全可以委任内地的律师作为代表,或是非律师的“索赔顾问”(claim consultants),甚至是公司自己处理。但能够称职处理伦敦或香港仲裁的人士在中国内地目前还不算多,所以有不少案件中国公司委任伦敦或是香港的律师。

英国的律师制度与其他西方国家(如美国或欧洲国家)很不一样,而香港目前还是依照英国的一套。律师被分为两种。第一种就是“大律师”(barrister),他们在历史上是在高院以上的法院享有垄断性的出庭权利,即只有他们才可以代表当事人在大法官面前陈词、表述、盘问证人与争辩。可以说,大律师更恰当地被称为“诉讼律师”(advocate)。有成就与资深的大律师会被提升成为“御用大律师”(Queen's Counsel),而香港在1997年后,“御用大律师”改称“资深大律师”(Senior Counsel)。高院以上的大法官一直以来也只是在御用大律师或资深大律师中挑选,毕竟只有他们才熟悉高院以上的程序与操作。第二种就是“事务律师”(solicitor),他们只是在一些低级的法院,如地区法院才有出庭的权利。而在高院或高院以上级别法院的案件,事务律师是需要转聘大律师出庭。而他们之间的分工是准备开庭的工作由事务律师处理(如调查取证、为证人准备出庭、准备开庭案卷等),但由大律师在法院向大法官表述这些有关的证据。这种“开庭准备”(preparation)与“开庭表述”(presentation)的工作原先分工很清楚,但在近年来也有了很大改变。首先英国是在1990年有了《Courts and Legal Services Act》的立法容许事务律师取得高院以上的出庭资格。但由于它对出庭经验的要求比较严格,即该事务律师必须每年有多达20次以上的在低级法院出庭的经验,这导致很多有规模的商业律师事务所的律师很难达到这个要求。这是因为他们在这方面的业务并不太多,而他们的收费标准也很难让他们累积这种经验。这方面到了2000年10月的《Higher Courts Qualification Regulations》就有了改变。事务律师可以更容易地取得一个能够在高院以上出庭的资格,而这种资格的事务律师就可被称为“Solicitor-Advocate”。这一来,大律师在高院以上的垄断告一段落。对大律师来讲,历史上对他们的限制也有所放宽,如容许他们直接与证人接触。大律师也可以绕过事务律师直接被其他专业人士或外国当事人委任,如咨询大律师法律意见。

这种变化导致在英国或香港法院,对一个案件的准备与出庭表述分别由事务律师与大律师分工的做法再也不是清清楚楚。而在国际仲裁,可以说在分工方面更加不明确。在国际仲裁中,现在有许多的出庭工作都是被文件的形式替代。如像文书证人证言,这方面的工作以前是口头的主证据,显然是大律师的工作。这表示如果大律师还是希望对这一方面的工作有控制与处理得好,如在盘问的工作,他就必须提前参与证人证言的拟定,而不能在开庭前几天才取得代表当事人的事务律师的“委任”(briefs)。在国际仲裁,代表当事人出庭表述也完全可以是一位事务律师,他甚至不必是“Solicitor-Advocate”,而这种情况的确也不少。

看来,大律师要与事务律师以及与外国律师在业务方面竞争就只能靠他的个人水平与收费高低了。幸好有不少的英国与香港的大律师的确还是水平高,毕竟他们一贯的工作就是为了出庭诉讼与给法律意见。而做同样的工作,如给法律意见,他们的收费与事务律师相比并不高,甚至有的大律师的收费比事务律师更低,因为他们的经营成本比较低。而且在一个国际仲裁的出庭涉及的工作十分繁重,所以即使水平很高的事务律师也希望有高水平的大律师,甚至是不止一位,作为一个“法律团队”(legal team)成员之一并肩准备开庭时的表述。水平高的大律师虽然已经失去英国或香港法院的高院以上垄断性出庭地位,并且越来越多的商业案件都从法院到了国际仲裁,但他们还是不必担心业务会受影响。在今天的国际仲裁案件中,特别是争议金额比较大,御用大律师或者资深大律师的参与(不论是作为仲裁员或当事人的法律代表)还是常见。这不止是在伦敦仲裁,在任何其他的国际仲裁包括香港仲裁、新加坡仲裁、ICC 仲裁等。

第六章 裁决书的书写

1. 裁决书与命令/指令的区别

一般而言,"裁决书"(award)与"命令/指令"(order/direction)的区别主要有以下方面:(1)裁决书主要针对实体问题,而命令/指令则主要针对程序问题。(2)裁决书中要给裁决的原因,而命令/指令中的决定则无需给原因。(3)针对裁决书的缺陷可以向法院寻求救济,如1996年《英国仲裁法》中的Articles 67-69。而对于命令/指令如果有缺陷,除非能够证明仲裁庭有严重不正常的行为,否则当事人无从寻求救济。(4)裁决书作出的决定是终局的,满足一事不再审的要求而不容仲裁庭随意更改,而命令/指令则可以被仲裁庭重新考虑并作出更改。(5)裁决书在国际上可以根据1958年《纽约公约》去签约国执行,而命令/指令就不存在根据该公约在国际上执行,除非是根据一些执行地点的国家法律允许执行外国仲裁庭的命令/指令,如《香港仲裁条例》的Section 2GG。

但现实中有时并不容易区分,因为英国法不太理会大标题,重视的还是实质内容。仲裁员如果作出了一个名为"命令/指令"或是"决定"(ruling)(The "Robin" [1998] ADRLN 35, LMLN 492)的文件,但内容还是接近一个裁决书,就会让败诉方有机会说服法院提供各种救济(包括上诉法律观点)或者要求仲裁员为该份文件多给一些原因。相反,如果只是一个仲裁程序的命令/指令,英国法院是不会作出任何干预/改变(所以不存在上诉的救济)。这在K/S A/S Bill Biakh v. Hyundai Corporation (1988) 1 Lloyd's Rep. 187中,Steyn大法官说:"A judicial power to correct during the course of the reference procedural rulings of an arbitrator which are within his jurisdiction is unknown in advanced arbitration systems... and the creation of such a power by judicial precedent in this case would constitute a most serious reproach to the ability of our system of arbitration to serve the needs of users of the arbitral process."

至于怎样的内容才被视为是一个裁决书,看来一个关键的地方就是仲裁员的决定是否是终局与不能作出任何改变。但还有其他方面值得注意,以下进一步探讨。先可以介绍一些比较近期的先例。

1.1 案例之一:The "Smaro" (1999) 1 Lloyd's Rep. 225

这一先例涉及了二手船舶买卖,买方与卖方争议有关交船时候的船舶状况,导致了交船后两次主机失灵而给买方带来损失。买方怀疑卖方(上一手的船东)在交船时船舶已经存在的缺陷或损坏没有报告给船级社,这是违约,并向卖方提出索赔,并在1992年初开始仲裁。但由于仲裁推进得很慢,所以在1998年由被告提出因为原告"懈怠而撤销诉讼请求"(strike out for want of prosecution),另原告也有提出申请修改索赔请求。1998年5月21日,仲裁庭作出一个没有原因的命令批准索赔请求的修改,并且稍候作出了一个中间裁决书,不接受被告要求撤销原告索赔请求的申请。但到了7月23日,仲裁庭告诉双方当事人说在重新考虑后,他们对其中一项的修改从批准变为不批准。这导致双方当事人诉至法院质疑仲裁庭是否有权力这样改来改去。显然,这是要看修改文书请求的决定到底是裁决书还是程序命令。Rix大法官判修改文书请求的命令不可能是针对实质争议的决定,也不可能说这决定受一事不再审原则的约束与仲裁员作出决定后对这一事情就变得是"functus officio"。所以仲裁庭完全可以重新考虑并对原来的程序命令作出改动。

1.2 案例之二:The "Vasso" (1983) 2 Lloyd's Rep. 346

在该先例,劳合社救助仲裁庭在Lloyd's Open Form仲裁中,在船东大力反对的情况下作出的一个允许货方派遣两个验船师上船作出检查(当时船舶被拖去了安全港口)的命令。该先例主要是针对仲裁庭是否有这样一项权力,因为当时还是适用1950年《英国仲裁法》,这种作出中间措施命令的权力是在法院而不是在仲裁庭。这种争议可以说到了1996年《英国仲裁法》就再也不会出现,就是根据Section 44(2)(c)仲裁庭完全有该项权力。与本章所探讨的课题有关之处是这一个命令虽然没有被称为是裁决书,可否被视为是一个裁决书向英国法院申请上诉法律观点的批文,因为在当时1979年《英国仲裁法》已经生效。Lloyd大法官觉得这是一个很困难的问题,但他提到如果一个中间命令涉及法律观点,就应该被视为是一个中间裁决书可去英国法院上诉。他说:"It may be that the solution again is that which I have already suggested, that wherever a question of law arises in connection with an interlocutory order of an arbitrator, the order should be treated as an interim award. Meanwhile, all I can do is repeat what I have already said that questions (1) and (2) seem to me questions of some interest and importance. If they were questions arising on an interim award, then applying The Nema (1981) 2 Lloyd's Rep. 239 principle, I would have been willing to grant leave to appeal."

1.3 案例之三:The "Trade Fortitude" (1992) 1 Lloyd's Rep. 169

这一案例涉及了原告的船东向仲裁庭申请作出中间裁决书,针对一笔没有争议的滞期费索赔。但仲裁庭在被告的反索赔没有被处理的情况下拒绝了船东的申请,而决定是以中间裁决书的形式作出,并且给了原因支持他的决定。在执行或履行部分,文字上是这样说:"NOW WE, the said arbitrators... DO HEREBY MAKE, ISSUE AND PUBLISH THIS OUR FINAL AWARD, NAMELY: A. WE FIND AND HOLD by a majority that it would not be appropriate to make an interim award in favor of the Claimants as claimed or at all pending the determination of the Respondents' counterclaims..."

原告向法院申请上诉指仲裁庭的原因在法律上是错误,但显然本质上这是一个仲裁程序的决定,是否作出一个中间裁决书也是仲裁庭的裁量权。不过,Diamond 大法官也有一定的迟疑,虽然最后认为既然仲裁庭把这份文件称为裁决书也只能是让它上诉,说:"In the present case, however, the arbitrators have themselves embodied their decision in a document which they describe as an 'Interim Final Award' and they have given detailed reasons with a view, presumably, to the possibility of an appeal under the 1979 Act. Had they not done so I would have declined to review the arbitrators' decision on the ground that they had not issued an award within s. 14 of the 1950 Act and on the further ground that they had made a purely procedural decision in the course of a current reference. Since, however, the arbitrators themselves issued a document entitled 'Interim Final Award' and since I find it impossible to say that this document, being a decision in respect of matters referred to the arbitrators for decision, is incapable by reason of its procedural nature of constituting an interim award within s. 14 of the Act (for a discussion of the nature of an interim award, see Fidelitas Shipping Company Ltd. v. V/O Exportchleb, [1965] 1 Lloyd's Rep. 223 at p. 228, and The Kostas Melas, [1981] 1 Lloyd's Rep. 18, at pp. 25 – 26) I have, albeit with considerable reluctance, been compelled to accept that the Court does have jurisdiction in the present case to review the arbitrators' decision."

Diamond 大法官的迟疑部分的原因是在较早前另一个先例 The "Angelic Grace" (1980) 1 Lloyd's Rep. 288,Denning 勋爵曾经提到是他不认为仲裁庭拒绝作出一个中间裁决书的决定是可以让法院干预或改变(也就是不认为这一决定是裁决),说:"Apart from this, however, it seems to me that there is a short answer to the whole case. The arbitrators did not make any such interim award or impose any such condition at all. They simply said to the parties, 'We are not going to make an interim award at all'. If they had simply said that and no more, their decision could not have been questioned in any Court of Law whatsoever. Does it become bad if they said, 'We will make an interim award if you provide this security which we suggest'? In my opinion that mere intimation by word of mouth (which was given by them on the application) shows no want of discretion, no want of jurisdiction, and no misconduct whatsoever on their part. They were simply saying, 'We do not make this interim award. We do not see fit to make it in the circumstances of this case'. That was a matter within their discretion. It should not be interfered with by the Courts of Law."

1.4 案例之四:Cargill v. Kadinopoulos (1992) 1 Lloyd's Rep. 1

这一个贵族院先例涉及了一个 FOB 的小麦买卖,买方指该批小麦有太高的辐射而拒货,这引起了双方的争议以及一个 GAFTA 仲裁。GAFTA 仲裁规则之 2.8 条规定:如果原告没有在委任仲裁员之后的 1 年内提交文书请求与文件,仲裁员就可以视为是原告放弃了索赔。在该先例,卖方是原告,并在1986年9月29日委任了仲裁员,但卖方是到了1988年6月才提交文书请求与文件,这表示时限已过。这导致了独任仲裁员在1989年2月13日作出了一个“中间裁决书”(interim award),判卖方的索赔已经过时、撤回与放弃。之后,卖方向GAFTA的仲裁上诉庭提出上诉,他们的决定是撤销独任仲裁员的中间裁决书并允许仲裁继续推进。这就令买方不满而向英国法院提出救济,救济的理由是独任仲裁员作出的中间裁决书其实是一个不属于裁决书的决定,所以GAFTA仲裁规则中允许裁决书上诉的条文并不适用。显然是这种争议就带来了怎样区分裁决书与仲裁员其他的命令/指令,也可以看到独任仲裁员作出的决定虽然名为“中间裁决书”但并不是结论性的,重要的还是看决定的内容。另也可以看到这个决定不是针对实质的争议(如买方拒货是否合法),而是针对程序方面的问题,即卖方作为原告迟了提交索赔请求。

Goff勋爵(其他的贵族院勋爵也同意)是这样说:“I turn to the question whether the arbitrator's decision constitutes an award, . . . the arbitrator has to decide how he should exercise his discretion, . . . and he decided in the exercise of his discretion not to allow the matter to proceed. He accordingly held that the claim was deemed to be have been withdrawn and abandoned. Like the judge and the Court of Appeal, I am of the opinion that this decision was properly made the subject of an award. It is enough for me to say that (subject to any right to appeal) it conclusively determined that the arbitration was at an end and so finally disposed of the relevant matters which had been submitted to arbitration; such a determination is properly the subject matter of an award, carrying with it the usual consequences which flow from an award - in particular, it renders the arbitrator functus officio and prevents the unsuccessful claimant from rearbitrating or litigating the identical claim in the future. . . ”

1.5　案例之五:The “Robin” (1998) ADRLN 35,LMLN 492

这一先例涉及了管辖权的争议,包括仲裁协议是否存在,仲裁庭是否恰当的被委任与争议是否有效地提交仲裁。仲裁庭发出了一封信函,一开始的一句话是:我作出以下决定(I make the following rulings),并接下去判他是有管辖权。6个星期之后,仲裁庭就作出了有关实质争议的最后裁决书。败诉方向法院申请救济,原因是该最后裁决书没有管辖权。但这就关系到一个28天时限的问题,因为较早前仲裁庭发出的信函如果是一个有关管辖权的裁决书,根据1996年《英国仲裁法》Section 67向法院请求救济,这28天时限显然已经届满。但如果该信函并非裁决书,而最后裁决书涉及了管辖权的救济,这28天时限还没有超过。Toulson大法官判仲裁员较早的一封信函是一个裁决书,所以时限已经届满。

1.6　案例之六:Kaiser v. Krauss (2003) 122 ACWS (3D) 981

这一先例涉及了仲裁员发出了一个信函,记录双方“同意的事实”(common grounds),这被判不是一个裁决书。

1.7 案例之七：Trustees of the Edmond Stern Settlement v. Levy (No. 2) (2009) EWHC 14 (TCC)

这一个案例涉及了伦敦一个物业的大装修，业主与一个承办装修商约定后者收费为装修工程费用的11%。后来在装修过程中双方发生争议，导致业主中断合约。这是后来被仲裁庭以中间裁决书判是属于毁约，业主要赔偿承办装修商的损失，而损失就留待最后裁决书处理。在双方的文书请求，损失的计算是根据毁约那天作出估计。但后来的仲裁中，业主改变计算损失的方法，指称毁约后的装修工程有了下调，导致承办装修商可收取的费用与原来估计的不一样。仲裁庭之后很快就作出了"最后裁决书"(final award)，判损失是以毁约一天作出估计，之后装修工程有了下调并不影响，也不必理会。这导致业主就裁决书向英国法院提出1996年《英国仲裁法》之Section 69上诉法律观点的批文申请。其中双方的一个争议是拒绝业主的新争议或论点的决定到底是裁决，还是仲裁程序的指令/命令。Akenhead大法官拒绝接受后一种说法，认为这是很清楚的裁决书。第一个原因是仲裁庭自己给的名称为"最后裁决书"，第二个原因就是在实质内容中针对了一个很重要的法律观点，就是损失应该是根据哪一天作出估计。换言之，业主是可以向法院提出Section 69的救济。但由于这是一个"一次过"(one-off)的争议，而且看裁决书并不会感觉到仲裁庭有"明显的错误"(obviously wrong)，所以拒绝给予上诉批文。

1.8 英国法律在这方面的地位总结

从上述所讲的可以看到英国法律下不像有严格规定仲裁员的什么决定是命令/指令，什么决定是裁决书。相反，看起来仲裁庭就怎样称呼他的决定是有一定裁量权。判断一个决定是否是裁决书，并不是看它是针对仲裁程序还是案件的实质争议，主要的还是看该决定是否是"终局性"(final)与可否构成"一事不再审"(res judicata)。在1996年《英国仲裁法》中仲裁庭在两种仅仅涉及仲裁程序但与实质争议没有关系的情况下也可以作出一个裁决书撤销索赔，这说明针对仲裁程序问题仲裁庭也可以作出具有终局性的决定。即在Section 41 (3) 中，就是"以原告懈怠为由撤销诉讼请求"(strike out the claim for want of prosecution)与Section 41(6) 中，就是原告没有按照仲裁庭的命令提供费用担保。但Section 39 的"临时裁决书"(provisional award)，由于它不具有终局性，所以有争议说这只是一个命令/指令而并非裁决书。至于其他立法中没有针对的仲裁庭决定，看来实际是属于仲裁程序的决定，也没有严格规定是不能把它称为一个裁决书，特别是涉及了法律的问题。

1.9 澳大利亚相关案例

类似的问题也可以在其他国家的法院判决中感受到，如著名的澳大利亚的Resort Condominiums International Inc v. Ray Bolwell and Resort Condominiums (Australasia) Pty Ltd (1993) 118 ALR 655 Supreme Court of Queensland 先例，涉及了一个美国仲裁庭作出的一个决定，文件是名为"中间仲裁命令与裁决书"(Interim Arbitration Order and Award)，但实质的内容主要是命令被告作出广泛的文件披露。原告要求澳大

利亚法院根据《纽约公约》协助执行，因为被告是一家澳大利亚的公司。但澳大利亚法院拒绝这样做，认为这一个决定并非最终裁决了双方的权利与义务，说："... clearly of an interlocutory and procedural nature ... which in no way purport to finally resolve the disputes or any of them referred by RCI for decision or to finally resolve the legal rights of the parties ... They are provisional only and liable to be rescinded, suspended, varied or reopened by the Tribunal which pronounced them."

1.10 美国相关案例

另一个是美国法院的先例 Publicis Communications & Publicis SA v. True North Communications Inc 203F 3d 725 (7th Cir 2000)，涉及的是一个伦敦仲裁作出的"命令"(order)，内容是要求 Publicis 披露一些有关的税务资料与文件。True North 根据《纽约公约》要求美国法院协助执行，并在一审法院成功。这导致了 Publicis 上诉，指称该命令不是一个裁决书。Publicis 说是如果这一命令被执行，会给国际仲裁带来"山崩地裂"的震荡(cause the international arbitration earth to quake and mountains to crumble)，即大家可以通过《纽约公约》去美国进行诉讼寻求这种最广泛的披露。但与澳大利亚法院不一样，上诉庭认为该命令是对有关的争议"终局"(final)性的决定。命令要求披露的文件显然是对双方十分重要，并且会影响有关争议最后的结果。上诉庭也说到有关的文件是否名为"裁决书" 或只是"命令"并不重要。

1.11 法国相关案例

在一个法国先例 Braspetro Oil Services Company v. Management and Implementation Authority of the Great Man-Made River Project, Paris Cour d'appel, 1 July 1999，涉及了 ICC 仲裁庭作出的一个有关 Brasoil 的申请是否被接受的"程序命令"(procedural order)。但争议的是这一份文件会否实际上是一个裁决书。而根据 ICC 仲裁规则之 Article 27 是说明所有的裁决书必须先由仲裁庭交给 ICC 仲裁院审核与批准后才能签署。显然，该案例涉及的程序命令并没有这样做。但巴黎上诉法院最后判决该命令其实是一个裁决书，应该先交出给 ICC 仲裁院审核。巴黎上诉法院是这样说："The qualification of [a decision as an] award does not depend on the terms used by the arbitrators or by the parties ... This reasoned decision ... - by which the arbitrators ... solved, in a final manner the dispute between the parties concerning the admissibility of Brasoil's request for a review, by denying it and thereby ending the dispute submitted to them - appears to be an exercise of its jurisdictional power by the Arbitral Tribunal ... Notwithstanding its qualification as an 'order', the decision ... is thus indeed an award."

1.12 香港相关案例

在香港法院，也曾经有一个先例：Kenworth Engineering Limited v. Nishimatsu Construction Company Limited HCCT 000033/2004。争议是涉及了赤腊角新机场的建造，在仲裁的过程中，Nishimatsu 认为 Kenworth 的索赔请求没有足够资料，向独任仲裁员申请一个命令要求 Kenworth 给"进一步的细节与澄清" (further and better particulars

或 clarification)。独任仲裁员以一个裁决书的形式要求 Kenworth 这样做,但在 Kenworth 修改索赔请求书之后,仲裁员认为还不足够详细,所以命令 Kenworth 不能提出这些有关的索赔。Kenworth 向香港法院提出上诉该有关裁决书,并申请把该独任仲裁员赶走。在香港法院,认为索赔请求是否有足够的细节,并足够的让被告知道他要面对的索赔以作出抗辩是一个法律问题。香港法院也认为这一个法律问题只是"一次过"(one-off),所以要严重到裁决书对这一个法律问题是"明显错误"(obviously wrong)法院才会作出干预。但在该先例,法院认为该独任仲裁员的确是犯了一个明显错误,他不应该禁止 Kenworth 提出有关的索赔。但问题是,有关的决定显然是仲裁程序的决定而不是针对实质争议的决定。

1.13 仲裁程序的决定有多种不同类别与难以区分是否是最后决定

可以总结说,针对双方当事人实质争议所作出的决定应该作出裁决书,这是没有异议的。但针对仲裁程序所作出的决定就比较难以武断的说是应以一个裁决书或是一个命令/指令的形式作出,因为仲裁程序的决定有几种不同本质的类别。第一种是决定会导致整个争议的完结,如命令撤销原告的索赔请求,或是一方当事人过了仲裁规则规定的时效/时限而不能上诉。在这种决定,特别是还涉及了重要的法律问题有可能上诉法院,显然最好以裁决书的形式作出决定。第二种仲裁程序的决定是要依据将来情况的变化而作出修改,如披露文件,又如规定时限要一方当事人做一件事。这就必须要考虑这种决定将来可能会需要改变,所以最好是以命令/指令的方式作出。第三种是仲裁程序的决定在表面看来是终局性,不会也不需要改变。如要求船东作为一方当事人必须允许对方当事人马上上船检查(Section 38[4][a]),这在作出后是不大可能会有改变。看来应该是以命令/指令的方式作出,但以裁决书的方式也应该是可以接受,特别是涉及了法律问题。所以总结说,这方面不能说死或强加任何硬性的规定,正如 Rix 大法官在 The "Smaro"(1999) 1 Lloyd's Rep. 225 中所说:

"It has of course to be appreciated that interlocutory, procedural or discretionary decisions may be of many different kinds. There is the sort of decision which is finally determinative of a claim (or part of a claim), such as decisions to the effect that a claim is barred, or that a claim should be struck out. There is the sort of decision which can never be a formal bar to the revisiting of a question, because it depends on changing circumstances, such as, par excellence, timing decision regarding the conduct of a reference, or decisions not to permit amendment or discovery: in theory circumstances can change so materially as to make it proper not only to revisit the question, but for a tribunal to alter its decision. And there are decisions which may be entirely a matter of discretion, but which would prima facie appear to be final, such as a decision to allow an amendment to be made. I am doubtful that a single rule could appropriately deal with every type of such decisions. I would, however, attempt to formulate the present state of the authorities as follows:

(i) A decision which finally determines a claim, by holding it to be barred or struck out, can properly be made the subject matter of an award. If the decision disposes of everything within the reference, it could be made the subject of a final award, but if it disposes of only part of the reference, it would be made the subject of an interim award. See Cargill v Kadinopoulos. (1992) 1 Lloyd's Rep. 1.

(ii) It may be that arbitrators always have a discretion to render a decision, whatever its name, whatever its nature, in the form of an interim award. That would be a matter for them.... but it could be that a procedural or evidential decision raises a question of such principle or importance that an interim award would be appropriate.

(iii) Subject to (i) and (ii), however, I am generally sceptical that interlocutory, procedural or discretionary decisions can properly be treated as though they are the subject matter of an interim award."

1.14 有关命令/指令与裁决书的总结

对仲裁庭而言,最好还是比较稳妥地把所有有关仲裁程序的决定,都尽量以命令/指令作出。这特别是一些可能会涉及因情况的改变而需要重新考虑的命令/指令,如时限有可能作出延长或是命令要作出披露的文件突然因为事故而消灭。为了更明确表达有重新考虑的可能性,这种命令/指令最后加上一句"liberty to apply"。特别是针对香港仲裁,由于在《联合国示范法》没有向香港法院上诉法律观点的相关规定,所以不必有伦敦仲裁的顾虑,即仲裁程序的命令/指令即使是涉及很复杂与很有趣的法律问题,要以裁决书形式作出才能有机会上诉法院。这样做,在香港的仲裁庭的仲裁程序决定就不会受到法院的干预,除非是违反了自然公正:K/S A/S Bill Biakh v. Hyundai Corporation (1988) 1 Lloyd's Rep. 187。虽然,有案例判是仲裁程序的决定即使在名称上是裁决书,但这也并非是结论性:National Boat Shows Ltd v. Tameside Marine July 2001, unreported。但如果仲裁员能够给他的决定一个准确的名称总是好事。

至于仲裁员对实质争议的决定,就尽量以裁决书作出。除了显示是一个终局性的决定外,也包括了一事不再审的大原则与让不满意的当事人可向法院寻求救济。

对当事人而言,在申请一些比较是终局性的中间命令/指令,而履行会是在仲裁地点以外的国家,如允许上船检查(Section 38[4][a]),最好就是要求仲裁员以一个裁决书的形式作出。因为这会提高履行地点的法院根据《纽约公约》要求协助执行的机会。如要求一个伦敦仲裁庭或香港仲裁庭以裁决书命令船东必须允许上船检查,而船舶当时是在中国或者韩国进行修理,变为执行地是中国或者韩国。

2. 仲裁员最困难与重要的工作:写裁决书

仲裁员最困难、最重要与最大量的工作就是写裁决书与其原因,通常如果有开庭，不少仲裁员就会把草拟裁决书作为开庭完毕后的优先工作。这有很多好处，因为刚开完庭仲裁员记忆犹新，草拟起来会更加容易、快捷与准确。但如果不这样做，而是拖上一年半载才开始写，就会困难得多，往往要回头看大量的文件，包括开庭的当庭记录，这些重复的工作都会花费时间。而且，裁决书的准确程度也会差很远。

2.1　谁来草拟裁决书？

如果是独任的仲裁员，显然责无旁贷必须自己做好这件事。但通常在一个国际仲裁，是三人的仲裁庭。这样，往往就是先由一位仲裁员草拟一份裁决书草案，然后发给其他两位仲裁员作进一步的商讨。草拟裁决书的仲裁员通常就是首席或第三位仲裁员，但也不一定。因为有可能两位当事人委任的仲裁员都是律师背景，比较擅长草拟裁决书或相关文件，而这些文件将来会面对严厉的“司法审核”（judicial scrutiny），而首席仲裁员是一个专业性比较强的非法律界人士，如是对有关技术争议方面有深刻认识的一位大学教授（也是因为这个原因他被双方当事人的仲裁员委任），这种情况下就最好不是由该首席仲裁员草拟裁决书。除了是他的草拟会缺乏受过专门法律训练的人士起草的文件的严谨外，他所花费的时间自然也更多。在随意仲裁或部分的机构仲裁（如 LCIA），是按仲裁员的工作小时收费，每一位仲裁员不论是否为首席，都不会在乎多做工作。相反，如果是如 ICC 的仲裁，收费是固定的一笔钱，而且是除非仲裁庭内部同意其他的安排，否则这笔钱会是以 4∶3∶3 的比例分给仲裁庭成员，这一来只收取 30% 固定费用的其中一位当事人委任的仲裁员即使是很胜任、有时间、也乐意做这项工作，也不会愿意在没有谈妥如何改变这一分摊比率的情况下代收取 40% 固定费用的首席仲裁员草拟裁决书。

而在海事仲裁，还经常出现只有两位仲裁员组成仲裁庭的情况，只有在他们两位有了分歧或需要开庭时，才会委任第三位仲裁员或是公断人。这在伦敦海事仲裁委员会（LMAA）规则的第 8（b）也有类似规定。这一来，也涉及了这两位仲裁员谁会先草拟一份裁决书的问题。在伦敦以及香港的海事仲裁，做法上会由“主导仲裁员”（leading arbitrator）作出草拟。主导仲裁员通常是指原告委任的仲裁员，他的主导会贯穿整个仲裁程序，表现为代表仲裁庭作出各种命令/指令。这一般性的命令例如是对仲裁程序的下一步设定时限，或是延长时限等，通常主导仲裁员自己一个人就可以决定。只有在比较复杂的命令/指令，主导仲裁员才会与另一位共同仲裁员合议后作出。而如果合议中无法达成一致意见，也就需要在中途委任第三位仲裁员或公断人（这要看仲裁协议对仲裁庭人数的规定）。所以，海事仲裁可以迅速进行且仲裁费用相对较低，不像一个真正的国际仲裁中，每一个简单的仲裁程序决定都需要三位仲裁员合议才能作出。再回去草拟裁决书，由于笔者处理的伦敦仲裁多数是由亚洲公司/中国公司的被告所委任，所以通常是由另一位英国仲裁员草拟裁决书。先草拟裁决书的好处就是基本已经把裁决书的框架或思路定下来，而另一位仲裁员如果想作出改变就必须很有针对性并且能够给出充分的理由。如果另一位仲裁员只懂得反对，但说不出有说服力的反对理由，该英国的仲裁员也就很快提出要委任第三位仲裁员或公断人。而如果另一位仲裁员还是不合理反对与不合作,该英国仲裁员就通知双方当事人让原告向英国法院申请作出委任。

在普通法的地位下,一位非法律背景的仲裁员是可以委任一位法律人士协助草拟裁决书的工作:Threlfall v. Fanshawe (1850) 19 LJQB 329。但在1996年《英国仲裁法》,就没有这一个权力作出这样的委任。Section 37虽然授权仲裁庭委任专家或法律顾问作出协助,但这并不包括委任法律人士草拟裁决书。如果仲裁员这样做,有关费用也不能向当事人收取:Argimex Ltd. v. Tradigrain SA (2003) EWHC 1656 (Comm)。显然在1996年的立法是假设了仲裁员(不论是否有法律背景)都应该有水平与能力草拟一份裁决书,否则他根本不应该接受委任。在Argimex Ltd. v. Tradigrain SA这个先例中,Thomas大法官也提到会有极端的情况仲裁庭可以这样做并向当事人收取有关费用,如首席仲裁员或独任仲裁员是一个外国人(英国以外),英文不是他的母语。

2.2 延误作出裁决书

仲裁员草拟并作出裁决书发生的延误的情况常有耳闻,因为"名牌效应"的影响下,少数出名的国际仲裁员(不论他们是否真的水平高与适合有关案件)都争相被当事人与其代表律师委任。相反,其他可能有潜力与水平的仲裁员却无人问津。这一来,个别出名的仲裁员经常会是手头堆积了10个或以上已经开完庭的案件,只等他出裁决书,而他还是每天要开庭与处理新的案件。只在周末或假期可能才会有时间看堆积如山的完结了的案件。如果不是排在必须要优先处理的案件,会要等上一两年才会出裁决书是完全不足为奇。这些仲裁员也不能说是没有责任感,就是减少接受委任。例如,有一位笔者熟悉的伦敦海事仲裁员,他只是局限每个月接受一定数量的委任,一旦额满就要等到下一个月。笔者也知道另一位著名伦敦海事仲裁员,他在几个月前(大约是5月份)就已经停止接受委任,说明是要到9月后才会重新开始接受委任。

延误作出裁决书是今天造成仲裁案件延误的主要原因之一,而且毫无疑问仲裁员要对此负责。所以,针对随意仲裁的仲裁协议,越来越多见到双方当事人临时规定裁决书必须在开庭后一两个月不等的时间内作出裁决书。但这会带来很大的危险,包括过了时限作出的裁决书会受到管辖权的质疑。双方当事人当然可以同意延长这一个时限,但怕是双方有了争议就难以达成任何协议。幸亏在1996年《英国仲裁法》倒还有Section 50可向法院申请延长约定的时限,但在《联合国示范法》,就没有类似的条文可作出协助。这方面的问题在笔者《仲裁法——从1996年英国仲裁法到国际商务仲裁》第四章2.2.11段有详论与本书第九章之1.2段4中不同的时限延长条文,不再赘述。

机构仲裁的仲裁规则也通常会对作出裁决书的时限有规定,如在ICC的仲裁规则之24条就有6个月作出裁决书的要求,这6个月是从"审理范围书"(Terms of Reference)签署的一天开始起算。但由于ICC仲裁院通常会同意延长时限,所以作用不大,起不了给仲裁庭成员压力的作用。但ICC看来也希望在这方面收紧以减少仲裁程序的延误,包括在委任仲裁员的时候要求他把自己在18个月内的工作量与是否有时间做出披露。

如果仲裁员迟迟不作出裁决书,当事人可以考虑把延误的仲裁员赶走:Kailey Engineering Co. v. CW Farrance (1999) CACV 33/1999。但显然不大会有当事人这样做,因为心急想取得裁决书的一方当事人(通常是原告,但也有情况会是被告)不会希望赶走仲裁员之后,重新委任一个新的仲裁员并重走一次仲裁程序。很可能这会带来更严重的延误才会取得裁决书。这种救济申请恐怕只会在仲裁庭(独任仲裁员)不只是延误作出裁决书,而是抗拒作出裁决书或是开庭后仲裁员突然病重也不像会短期康复,当事人才会作出。

总结说,延误作出裁决书是国际仲裁的大问题。不少著名的仲裁员在处理中间程序会很有效率,但一到了作出裁决书,好像整个机制就垮下来。据闻国际商会仲裁规则在目前进行的修改(请看本书第十五章4段),其中会重点考虑怎样应对这一问题,强制仲裁庭尽快作出裁决书而不是轻易给出延期。

2.3　抗拒作出裁决书

笔者以前倒是没有听说过仲裁员在开庭后拒绝作出裁决书的情况。仲裁员在开庭后没有作出裁决书的情况倒是听说过几次,主要是仲裁员死亡或健康情况恶化。这也解释了为什么有些仲裁机构拒绝委任一些年纪较大的仲裁员(如GAFTA是不委任超过65岁的仲裁员),与在一些较大的案件中当事人会为诉讼费用投保的原因。但这种情况不严格算是仲裁庭拒绝作出裁决书,而这种情况最近也有在一个美国案例中出现:Morgan Phillips Inc v. JAMES Endispute LLC (140 Cal. App. 4th 795, June 20, 2006)。案情是有关一位独任仲裁员在开庭审理后,可能认为案件更适合调解(他是有权同时担任调解员与仲裁员,好像香港仲裁条例的Section 2B),但也有可能是他感觉到写裁决书的困难。结果他向双方当事人拒绝作出裁决书并要求替他们作出调解。该先例就是判他能否这样做与面对当事人索赔损失(如诉讼费用),他可否依赖责任豁免的问题。

3. 裁决书的类型

3.1　实质性争议的裁决书(substantive awards)

实质性争议的裁决书就是一份对实质争议给予救济的裁决书,根据1996年《英国仲裁法》之Section 48,形式上可以是一份"金钱的裁决书"(monetary award)、"宣示裁决书"(declaratory award)、"履约裁决书"(performance award)、"禁令裁决书"(injunctive award)、"修正裁决书"(rectification award),也可以是以上各种形式的混合体。以上对其形式的排列顺序也反映了仲裁员在对于裁决书形式的喜好或习惯,如一份金钱救济的裁决书总是仲裁员的首选考虑。

在索赔包括不同争议/争端(issues)的情况,或者同时有索赔与反索赔的情况下,这时就可能分为两种情况:一是对所有争议都索赔同一种救济(如金钱上的救济);二是对不同的争议有不同形式的索赔请求(如有金钱上的救济,也有宣示的救济)。在这种索赔包括不同争议的情况,仲裁员在考虑是作出一份裁决书针对所有争议,还是以分开不同的裁决书针对不同争议时,要考虑不同案件的不同情况来作出决定。对仲裁费用的决定,仲裁员也可以决定是将其包括在实质性的裁决书内(如将其放入裁决书生效与执行部分[operative/dispositive part]),或者保留其权力在以后以另一份分开的裁决书针对。仲裁费用方面的内容在本书其他章节有所针对,在此章节只针对如何将这部分内容加入裁决书内。

关于裁决书是各种形式的混合体的情况,这会在本章后部分有所介绍,如裁决书包括了履约与金钱救济,在履约救济不被履行的情况下金钱救济就自动生效。

3.1.1 金钱的裁决书(monetary awards)

根据1996年《英国仲裁法》之Section 48(3),除非双方另有约定,仲裁员有权作出金钱的裁决书。对金钱的裁决书的规定是在Section 48 (4),这也是最普遍与最正常的救济赔偿,特别是针对商业的争议。在英国法律下,损失赔偿的大原则就是以金钱的救济把无辜方"复原到一个没有违约的地位"(restitutio in integrum)。在一份金钱的裁决书内,仲裁员会在其生效与执行部分命令败诉方支付一笔金额明确的金钱给胜诉方。

根据1996年《英国仲裁法》之Section 48 (4),裁决书所裁决的金额可以以任何货币支付,但如果以与合约不同的货币支付,要提供足够的理由。

注意是如果裁决书内没有对金额或者支付时间作出明确,有危险是裁决书会被以不确定为由挑战。即有假设是仲裁员有权决定金额何时应作出给付:Hobdell v. Miller (1840) 6 Bing NC 292;Armitage v. Walker (1855) 2 K & J 211。然而,如果双方只是同意让仲裁员去决定金额是多少,那仲裁员对何时作出给付的决定会是超出授权范围,被法院从裁决书中分离出来:Benwell v. Hinxman (1835) 1 Cr M & R 935;Rees v. Waters (1847) 16 M & W 263;Lindsay v. Direct London & Portsmouth Railway Co (1850) 19 LJQB 417。

在Re United Railways of the Havana and Regla Warehouses Ltd (1961) AC 1007,贵族院判是英国法院只能以英国货币对损失赔偿作出判决。这样判的基础是认为以外国货币作出的裁决书无法在英国执行,因为执行法官不知道货币的价值,从而无法让人满意地执行裁决书。此先例带来的效果是,如果被告欠原告的金额是英国货币以外的其他货币,英国法院会以有诉因那天的汇率换成英镑来作出判决,当然如果在有诉因那天到判决书那天之间英镑兑此特定货币的汇率有变化,就会对一方来说是好处而对另一方不公。这个决定也在当时带来了许多批评,但在The "Teh Hu" (1969) 2 Lloyd's Rep. 365,上诉庭判是这个原则对裁决书仍然有效。这个先例是关于一个救助协议,救助是在1967年2月进行的,欠下的金额是1969年5月裁决的。判决是以救助开始之日的汇率计算,在这期间,英镑贬值,上诉庭 Denning 勋爵不同意这样判,认为应该以救助完成之日的汇率来计算。虽然上诉庭的大部分意见判是从救助开始之日起算,但也妥协说这不公平的情况双方可以用明示来排除,但就算明示同意,也还是逃不掉仲裁庭被认为是有一个默示义务作出一份能执行的裁决书,而一份他国货币的裁决书在英国是无法执行的:Margulies Brothers Ltd v. Dafnis Thomaides & Co (UK) Ltd (No 2) (1958) 1 Lloyd's Rep. 250;(1958) 1 All ER 777。

在 Jugoslavenska Oceanska Plovidba v. Castle Investment Co Inc (1974) QB 292,一份伦敦裁决书是以美元作出的,整个争议只有仲裁条文与英国相关。原告去高院根据 1950 年《英国仲裁法》之 Section 26(在 1996 年《英国仲裁法》之 Section 66)申请执行裁决书。上诉庭判是 Re Havana 的判决只是针对法院判决,他国货币的仲裁裁决还是可以在英国执行,如有需要可以根据裁决书作出之日的汇率作出兑换。紧跟着,在 Miliangos v. George Frank (Textiles) Ltd (1976) AC 443,贵族院推翻了 Re Havana 先例,并判是英国法院可以以他国货币来作出判决,而执行中的困难可以在批准执行之日将其转化为英国货币来解决。对于仲裁可以作出他国货币裁决书的这个地位是在 1996 年《英国仲裁法》之 Section 48(4),其规定裁决书可以以任何货币币种作出。所以,即使双方没有明示同意,裁决书可以是任何货币:(1)裁决书可以以他国货币作出,利息可以作出同样调整,这是在 Section 49;(2)如果为了执行之便有必要将货币转换为英国货币,那就以裁决书做出之日或甚至是法院批准执行之日的汇率为准;(3)双方可以明示或默示同意英国货币作为裁决书货币,即使这会带来不公平但也会被支持:The "Teh Hu"。

既然裁决书可以以他国货币作出,剩下的问题就是:裁决书应以何种货币作出。这取决于合约的实体法,而不是仲裁程序法。在 Lesotho Highlands Development Authority v. Impregilo SpA (2003) 1 All ER (Comm) 22;(2004) 1 All ER (Comm) 97 (CA),合约实体法是莱索托(Lesotho)法,合约也规定莱索托货币是合约货币,仲裁地点是伦敦,适用 1996 年《英国仲裁法》。Morison 大法官判是莱索托法律决定货币,在莱索托法律下,货币应是莱索托货币。法院注意到,仲裁员不能根据 Section 48 去漠视合约实体法,而将货币作为程序法问题来决定。这决定被上诉庭确认:(2003) EWCA Civ 1159。当英国法是合约实体法时,如何决定何种货币适用在 The "Folias" (1979) 1 Lloyd's Rep. 1 贵族院有作出指引。Wilberforce 勋爵作出了如下提议:(1)起点是合约本身,双方可能会同意"合约的货币",即合约下所有交易的货币。如果是这样,裁决书最好是用那种货币。(2)可能会有情况是双方虽然已经指定了一种货币,他们没有意图让违约损失也以此种货币支付。在这种情况下,裁决书应该以最能反映原告损失的货币来作出。(3)反映原告损失的货币未必一定就是合约的货币,如美元(这是国际性合约的一般使用货币)。这里的原则是"复原"(restitution),裁决书的货币就会是原告在违约之日遭受损失的货币,而违约之日与裁决书之日之间的汇率波动则不予考虑。

3.1.2 宣示裁决书(declaratory awards)

1996年《英国仲裁法》对宣示裁决书的规定是在 Section 48 (3)。它是针对双方争议的权利或对合约某一条条文或一份文件的解释不同作出一个裁决。通常,在仲裁庭作出了宣示裁决书之后,判了谁有什么权利或是合约条文应该怎样解释,就可以让双方根据这一裁决私下解决整个争议,如金钱赔偿的计算。

在 Bruce Harris《The Arbitration Act 1996》第四版第233页,是这样说:"A declaration is a determination by the tribunal of contested rights as between the parties. The parties may, for example, dispute the effect of part of a contract, or of a notice given under a contract, or they may contest the meaning of an important clause. A declaration will rule on the essential issue thereby determining the parties' entitlements."

这种宣示裁决书是笔者十分愿意作出的一种,它与作出一个法律意见一样。而且,宣示裁决书是需要双方当事人的合作,大家存在有一个真正的争议,这变了一个合情合理的宣示裁决书作出后通常是很能解决问题,能够避免损失与使双方的争议进一步扩大。

在笔者(杨良宜)所著《合约的解释》一书之453页,就全面介绍与节录了一个在2007年左右非常有趣的宣示裁决书,是有关两个长期期租合约的纠纷。它涉及了租约期的计算,这是一种常见的争议,尤其是航运市场高涨的特别时期。在该案件,如果承租人的计算被接受,就可以多跑一两个航次才还给船东,也就意味着多赚取200万美元以上的差价。由于当时在时间上非常紧迫,因为根据船东的计算第一艘船舶过不了两个星期承租人就必须还船,如果船东的租约期的计算正确,船东必须尽快知道以利于找下一个租约。至于谁的租约期计算正确,就涉及解释该期租合约的有关条文。结果笔者是花了两天时间备妥了一个宣示裁决书并马上发放给双方当事人,宣示裁决书是判船东的解释正确。在生效与执行部分笔者是这样说:

"NOW I, the said Philip Yang, having taken upon myself the burden of this my reference and having carefully and conscientiously read and considered the submissions made by the Owners and the Charterers, and the documentary evidence they put before me, DO HEREBY MAKE, ISSUE AND PUBULISH this my DECLARATORY AWARD as follows: A) I AWARD, ADJUDGE AND DECLARE that the two charterparties' precise duration should be 36 months + 12 months (first optional period) + 11 to 13 months (second optional period) + at Charterers' option any off-hire time as per Clause 83 + / – 15 days for 'about' in Charterer's option. B) I tax and settle the costs of this my DECLARATION AWARD at the sum of HK $... C) I RESERVE for later determination all questions as to liability on costs (both the parties' costs and the costs of this my Award)."

笔者提到过宣示裁决书是要双方合作才可以显示出作用。另一个原因是宣示裁决书通常是很难甚至是无法执行,因为它没有决定双方的具体权利义务,如让败诉方具体做些什么(如支付一笔金钱)。在澳大利亚的 Tridon Australia Pty Ltd v. ACD Tridon Inc (2004) NSWCA 146 先例,就涉及是法院认为把宣示裁决书转为一个判决没有意义或作用,判决只能是重复裁决书的宣示而已。

顶多是宣示裁决书可以在继续的诉讼程序中作为依据来认定双方的责任,或是以普通法提出诉讼以执行宣示裁决书下裁定的权利。

通常,宣示裁决书并不适合针对太复杂的事实争议,因为这会涉及很多的证据甚至是开庭。这一来,宣示裁决书就与其他的中间裁决书或最后裁决书没有分别。即使宣示裁决书涉及了有限的事实争议,也最好是能够鼓励双方当事人同意或在假设同意的事实基础上宣示双方的权利。

3.1.3　履约裁决书(performance awards)

1996 年《英国仲裁法》对履约裁决书的规定是在 Section 48 (5)(b),其基本上是对 1950 年立法 Section 15 的修订。在一份履约裁决书内,仲裁员会在其生效与执行部分要求一方对其应履行而未履行的特定的合约义务作出履行,也即类似于“履约指令”(specific performance)。注意是英国法下履约裁决书不适用于与土地有关的合约,双方约定同意的除外。在 Telia Sonera AB v. Hilcourt (Docklands) Ltd (August 2003, unreported),Etherton 大法官判是房东与房客之间修缮房屋的合约不是与土地有关的合约而是建筑合约,所以仲裁员根据 Section 48(5)有权命令履约。他的观点是立法限制仅限于转让土地利益的合约。

一些争议的起因是由于一方声称对方没有遵守合约义务。如在一个合约,要求一方提供电脑软件设计与安装,同时也提供用户指南与特定员工对此软件的使用培训,而被告提供了电脑软件的设计与安装,却没有或拒绝提供用户指南与员工培训。原告就可以履约裁决书来逼使被告完成这些他本该在合约下提供的服务。

对仲裁员来说,如果他面对一个履约裁决书的申请,最重要的就是考虑法院是在何种情况下才会作出履约指令的判决。这种情况在笔者的《禁令》一书第二章第 2 段有详论。其中可以一提的是给出履约指令的三个主要必备条件是:(1)金钱赔偿不足够,如赔不起,损失难以计算,只有“名义上的损失”或标的是独一无二;(2)争议是涉及个人合约/服务合约;(3)履约指令的履行难以监督。这些必备条件都有原因,因为在法院作出了履约指令的判决后,被命令的一方如果没有严格履行就会是犯了藐视法院的严重刑事罪行。所以法院都尽量以金钱赔偿作为救济的办法。这一来就算是败诉方不赔,整件事也只是停留在民事层面。但如果是以履约指令迫使败诉方赔一笔钱,但他实际上是没有这笔钱,这就逼得他犯刑事罪。对仲裁员而言,也必须有同样的顾虑,因为他的裁决书或命令是可以转化为法院的判决或命令(《香港仲裁条例》之 Section 2GG)。

所以,只会在金钱赔偿作为救济是完全不恰当,但又不得不对违约作出救济的情况下才会考虑履约指令(禁令)的救济。至于第二个必备条件,是针对个人合约/服务合约不作出履约指令,因为这会把“个人服务合约变为奴役合约”(turning contracts of service to contracts of slavery):De Francesco v. Barnum (1890) 45 Ch D 430。至于第三个必备条件就是履约的指令难以监督，这就包括了几个方面。一是英国法院对在他管辖范围内的履行就显然比较容易作出监督，但如果履行是在一个遥远的外国，除了管不到之外估计也很可能被漠视，履约指令的作出也只是自取其辱，英国法院是不会愿意作出。二是履行指令针对的面太广，履行时间太长或/与不肯定，也不应该作出。因为这有其中一个危险导致被告在往后的履行中很容易不小心就违反了法院的指令而导致藐视法院。毕竟在正常的履约下，被告有选择可以通过金钱的赔偿违约。但如果法院作出了履约指令，就等于剥夺了被告作出"有效率违约"(efficient breach)的选择。所以，针对建造合约，英国法院通常是不会作出履约指令要求承建商按照合约把工程完成。造船合约本质上与岸上的建造合约一样，法院也是这种态度，见 Gyllenhamar & Partners International Ltd v. Sour Brodogradevna Split (1989) 2 Lloyd's Rep. 403。这方面可节录 Bruce Harris《The Arbitration Act 1996》第四版第 234 页所说如下："Orders for specific performance are not usually made in the context of contracts for building work, for example, because they would require a high degree of specification of what precisely the respondent contractor had to do and a high level of supervision over a long period of time to ensure that he complied with the order. In addition, monetary compensation would usually be an adequate remedy since the claimant could use the money to pay a different contractor to carry out the work."

作为仲裁员也会遇到这种履约指令的申请，特别在 2008 年底全球金融海啸后就多了这种申请。对不少仲裁员来说，他们以往几乎都是处理金钱上索赔，对这种异常的救济不一定熟悉。所以，一个称职的仲裁员就必须了解法律规定的局限，而且这些局限都有道理。如最近笔者作为仲裁员就面对一个很麻烦的案件，它是有关 5 艘船舶的建造，并陆陆续续由中国船厂交船。但在今天的航运市场，估计欧洲船东/买方不会希望以三年前约定的高昂船价接收这批新船。但估计是已经支付了好几笔"预付船价"(pre-payments)给了船厂，欧洲船东不会想粗暴与头脑简单的毁约。欧洲船东甚至是任何精明的船东都会以一种最常见的做法就是对该即将交付的船舶挑毛病，就算这些毛病不一定严重至中断造船合约，也希望逼使中国船厂对这些毛病作出补救。中国船厂一作出补救就需要时间与要面对新的变数，如果最终导致了延误过了"死亡日期"(drop dead date)，就给了欧洲船东完美与合法的理由中断造船合约。同时，可以光明正大地向提供还款担保的银行把预付的船价要回来。

代表欧洲船东的律师在仲裁中向仲裁庭申请一连串的履约指令。估计有可能是中国船厂会有一定程度的不合作，如不把文件如各种测试的报告自动提供出来给买方的欧洲船东，不让欧洲船东的代表随意在船上检查、走动或拍照，不对买方指称有缺陷的地方作出修理等。这一连串的履约指令的申请针对的项目多达上百个，并要求仲裁庭下令船厂必须按照合约履行。仲裁庭认为这样的申请是很有问题，毕竟双方虽然是委任了仲裁员，但根本还没有书面请求的交换。换言之，双方到底是什么争议也不能确定，所以根本谈不上考虑作出在一个正常仲裁程序中的中间命令，如披露有关争议的文件或中间措施的上船检查有争议的地方。

对笔者而言,这显然是一个不恰当的申请,感觉上欧洲船东根本不是要求仲裁庭解决双方之间的特定争议,而是通过履约指令的申请逼中国船厂(即使他可能有不合作的地方)。这一申请根本不像能够满足一个大前提,就是这些争议为什么不能以金钱赔偿作出足够的救济。还有是申请的项目太多、太广,也难以肯定中国船厂能够严格履行(如对欧洲船东指出有缺陷的地方作出修理)。还有的是欧洲船东没有办法指出一些中国船厂明显违反造船合约中哪些条文。这导致笔者与另一位共同仲裁员在考虑后,只对中国船厂作出一项比较肯定的履约指令,因为造船合约内针对这一方面有一条明确的条文。而且,仲裁庭只是以命令的方式作出,以方便将来修改。这一个履约指令可以节录如下:

"The Tribunal takes note of what you have said for the Sellers. The Tribunal has earlier discussed and came to the decision as follows:

1) The Tribunal is satisfied that Clause 20 of the governing Shipbuilding Contract expressly provided for the exchanges between the Builders and the Sellers of the Vessel to be made available to the Buyers and translated into English. The Sellers did not deny the effectiveness of the said provision. Accordingly, there is a breach as alleged by the Buyers if the Sellers failed to do so. It gives rise to a cause of action and the Tribunal is ready and willing to render appropriate remedy or relief.

2) The Tribunal is also satisfied that the nature of the alleged breach will not be adequately compensated by monetary award later on.

3) Therefore, having considered the application, the Tribunal now makes an ORDER that the Sellers must produce all written exchanges between the Builders and the Sellers of the Vessel during the construction of Hull No. XXXX to the Buyers latest by close of business on 14 June 2008.

4) Costs for this application to be reserved."

另在该案件发展下去,欧洲船东不断申请履约指令的救济,其中要求仲裁庭命令中国船厂允许他的一位外籍验船师上船。事实上,仲裁庭在不久前也作出了宣示裁决书,判欧洲船东作为买方有权派验船师上船参与某些测试与试航(但不是他所要求的可以随意在船上任何地方进行检查)。中国船厂表面也没有抗拒,只是说政府要求有批文才能这样做,因为船厂另有中国军舰在修理,所以涉及国家安全的原因。但欧洲船东对仲裁庭说并没有这个事情,而是有其他说不清楚的原因,并要求仲裁庭作出履约指令要求中国船厂马上让验船师上船。笔者与其他仲裁员考虑后,一致认为是不能仅靠双方的一面之词作出这种决定。毕竟,如果作出了履约指令,并被欧洲船东根据《香港仲裁条例》Section 2GG 变为香港法院的命令,中国船厂不严格依照就是藐视法院。中国船厂如果在香港有分公司或其他业务,或领导需要前来香港,都会有机会惹上刑事方面的麻烦。所以,笔者代表仲裁庭的回复可部分节录如下:

“That the 欧洲船东外籍验船师 should be given access has effectively been ordered by the Tribunal in the form of a declaration. As far as the Tribunal is aware, 中国船厂/卖方的代表律师 are not opposing or denying it. What 中国船厂/卖方的代表律师 for the Sellers have said is that the delay to go onboard has to do with a necessary permit which was pending for security reason and 欧洲船东中国籍的验船师 was already onboard. The Tribunal appreciates that 欧洲船东/买方的代表律师 have denied these ‘reasons’ were factual and suggested one further reason for delay of ‘the building expenses’. Whatever is the true reason causing delay, the Tribunal is in no position to make a finding of fact based solely on parties' opposite and contradicting allegations. To make a Specific Performance Order against the Sellers to allow 欧洲船东外籍验船师 to go onboard forthwith or within 24 hours (the initial application back on/about 18 August 2009) in a situation like this is not acceptable to the Tribunal. Nor do we think it is necessary where we have pointed out in declaratory form that we consider 欧洲船东外籍验船师 should have access. As both parties are aware and had been repeatedly forewarned by the Tribunal, Specific Performance Order and/or Injunctive Order are very unusual remedies, especially in building contracts. To grant such an Order as a means to an end requires a lot more certainty to the Tribunal that the Sellers are within their own power to perform an act and the only reason for non-performance has to be their deliberate refusal and reluctance.”

最后想一提的是在本书第十二章之6.9段有详细针对履约裁决书在执行时如果败诉方无法按照仲裁庭的命令履约的情况,执行法院会怎样处理。

3.1.4 禁令裁决书(injunctive awards)

有关禁令的内容请参阅笔者所著的《禁令》一书。法院在考虑是否作出禁令,主要的考虑因素与上面介绍的履约指令相似,特别重要的就是违约不能以金钱作出足够的救济。例如,在本书的第三章之4.3.2段有关止诉禁令,就已经提到了英国法院一贯以来愿意作出止诉禁令的一个原因就是违反仲裁协议是很难以金钱对受害方作出足够的救济,因为根本就无法计算一个争议在伦敦仲裁或是在意大利法院诉讼到底在经济上有何差异或损失。这一来就导致了在恰当的情况下(如尽快作出申请)英国法院是很愿意以禁令的方式作出对违约的救济。

禁令又可简单分为两种:一种是“中间禁令”(interlocutory injunction);另一种是“最后禁令”(final injunction)。中间禁令的主要作用是其作出的目的就是在仲裁/诉讼还没有告一段落之前“保持现状”(status quo),而保持现状的原因就是不要让期间发生一些事情让诉讼/仲裁的最终目标变得没有意义。例如冻结令或以前名为Mareva禁令就是这个原因,希望冻结有机会被转移走的金钱,以防止在最后胜诉后不能向作为败诉方的皮包公司要回胜诉的金钱。

而最后禁令则是顾名思义地以禁令的形式永久地禁止一些行为的继续作出。如一个知识产权的案件,通常原告会在案件中途向法院或仲裁庭申请中间禁令要求被告不准继续作出被指控是侵犯知识产权的行为。这一中间禁令只是为了保持现状直到诉讼/仲裁告一段落。如果最终是原告胜诉,法院/仲裁庭会以裁决书作出一个最后禁令以替代之前的中间禁令。在仲裁,通常中间禁令会以"命令"(order)的形式作出,而最后禁令则会以裁决书的形式作出。这里也会考虑中间禁令会因为情况的改变而作出修改,如原告不合理的延误,甚至导致整个索赔被撤销,则在这种情况下就要把中间禁令作出修改甚至是取消。毕竟,作出中间禁令的主要考虑并非是在实质争议谁对谁错,而只是考虑与平衡原告与被告的"比较受损程度"(comparative prejudice)或与"比较不便程度"(comparative inconvenience),见 American Cyanamid Co v. Ethicon Ltd (1975) A. C. 396。

但到了要作出最后禁令时,也表示已经对整个案件的实质争议以及有关的证据全部掌握,已经到了法院/仲裁庭可以作出判决/裁决书时,而这就涉及了与中间禁令完全不同的考虑。而以裁决书作出了最后禁令还会涉及"一事不再审"(res judicata)以及仲裁庭将变为是"职责已履行完毕"(functus officio)等方面,就不会存在仲裁庭要将来作出对作出裁决的改变。

在英国的法律下,在 1996 年《英国仲裁法》生效前仲裁员有权力为最后禁令作出裁决书已经是存在,见 Ethiopian Oilseeds v. Rio del Mar (1990) 1 Lloyd's Rep. 86 与 NSW Racig v. TAB (2002) NSWSC 742。

到了 1996 年的立法,它对禁令裁决书的规定是在 Section 48 (5)(a)。首先,《英国仲裁法》在 Section 46 开始直到 Section 58 的标题是"裁决书"(The award)。而有关禁令的 Section 48 (5)(a)说"The tribunal has the same power as the court (a) to order a party to do or refrain from doing anything..."这一来,就带来了疑问是在该立法下,仲裁员是否有权作出裁决书形式的最后禁令。特别是,仲裁员是否有权作出通常是单方面作出申请的冻结令。答案看来应该是仲裁员是只能以裁决书作出最后禁令作为对实质争议的救济,这可节录 Bruce Harris《The Arbitration Act 1996》第四版第 234 页说:"It is to be questioned whether a tribunal may act in all respects in the same way as a court can when it issues an injunction, e. g. without notice to the other party and in its absence (ex parte); and whether it would have all the court's ancillary powers, e. g. to make temporary orders equivalent to interim injunctions, and to require undertakings in damages. Given the wording of the subsection and the fact that it appears in the part of the Act dealing with the award, we think these questions would be answered in the negative. Indeed, as regards temporary orders, it has been held in Kastner v. Jason (2004) 2 Lloyd's Rep. 233 that this section applies only to final awards; and that the same powers as the court's means the generality of powers conferred on both powers conferred on some courts but not on others."

其他有关这一方面的问题在本书第三章之 4. 3. 5. 1 段有详细论述。只说在《香港仲裁条例》就比较简单,它在 Section 2GB(1)(f)明确把中间禁令的权力也给了仲裁庭。但在英国的法律,要肯定让仲裁庭有权作出中间禁令,就会需要明示授权给他。这种情况也不是没有,如 Vertex Data Science Ltd v. Powergen Retail Ltd (2006) 2 Lloyd's Rep. 591。

在一份禁令裁决书内,仲裁庭会在其执行部分命令一方当事人做一些特定事宜或禁止一方做一些特定事宜。而且,仲裁庭应该把他的命令写得十分清楚,千万不要拖泥带水或含糊不清,令被告无所适从。毕竟,申请人可以根据《香港仲裁条例》2GG 把仲裁庭的禁令变为是法院的禁令,也会可以通过《纽约公约》在其他国家执行。所以把一份禁令裁决书写得清楚与可以执行十分重要。举例说,一份简单的禁令裁决书可以是:(1)命令被告移走原告窗口的障碍物;(2)命令被告停止污染原告的"排水渠"(waterway)。

在英文的措辞可以举例如下:"I AWARD AND DIRECT THAT the CLAIMANT shall forthwith refrain from acting in breach of Clause 34 of the Contract with the RESPONDENT, specifically that it shall take all necessary steps to prevent the obstruction and interference of work carried out by the RESPONDENT in accordance with Clause 30 of the Contract."

3.1.5　修正的裁决书(rectification awards)

1996 年《英国仲裁法》对仲裁员有权力对合约或者文件作出修改、撤销或废止的裁决书是规定在 Section 48 (5)(c)。在现实中,很少会仅仅为了小小的修正而作出一份裁决书,并把它更名为"修正的裁决书"。通常的情况是修正、撤销或废止是一个中间裁决书或最后裁决书中针对多项争议的其中一项。

3.1.5.1　什么是修正?

修正发生在一份双方已经签署的合约,但出了争议后其中一方当事人声称该份合约是没有正确记录双方谈判中达成的协议。所以,法院或者仲裁庭要对该已经签署的合约条文作出解释前,先要搞清楚双方同意的内容与该合约条文应否修正以反映双方达成的协议。这种争议在双方没有整理出一份正式与全面的合约的情况下就不会出现,因为不存在有一份被视为是完整的合约要修正。当然,这不代表双方没有合约关系,因为他们已经把要同意的地方都已经达成协议,甚至可能已经开始履行。但由于没有整理出一份正式与全面的合约,有了争议就会涉及需要看谈判中的文书证据以及口头证据以确定双方针对有争议的地方同意的内容。这种情况在笔者涉及的租船业务还是经常会出现,特别是短航次。如果要从双方的谈判中整理出一份正式与全面的租约,往往需要时间与大量的工作,加上双方当事人通常不是在同一个地方,导致签署合约的安排也不是很容易,而到了签署时该航次已经履行完毕。这一来,经常会是没有一份正式与全面以及双方签署的租约。

但在另外一些行业,包括像笔者也有涉及的如造船,就通常会有一份正式与全面的合约,并且经过双方的签署。这在其他的岸上的大工程合约也是一样,双方会在谈判时就已经约定"以合约为准"(subject contract)。这表示双方一天不签署合约,就没有合约的关系，双方只能是停留在谈判的阶段。这种合约需要这样做有很多的原因，毕竟要整理出一份正式与全面的合约并让双方签字本身就是一个昂贵与十分重要的事情。需要一份正式与全面的合约的原因包括合约履行时间较长，或合约涉及的金额很高，又或是涉及第三者如要向政府拿批文或资助或向银行要求融资或提供担保等（经常会发生的就是中国的船厂要向进出口银行申请 Refound Guarantee）。事实上，涉及第三者的合约在商贸活动中经常出现，这一来第三者必须要知道合约的内容，订约方总不能把三箱谈判的文件交给第三者说“你自己慢慢找，双方同意的都在这里了”。

一有了一份正式与全面的合约，将来有了争议法院或仲裁庭就只会看它的明示条文并作出客观的解释以确定双方到底确定些什么。法官或仲裁员不是订约方，他们必须要避免在一份正式与全面的合约增加或减少一些内容。只有在无可避免的情况下，才会这样做，其中一种经常会发生的例外是为该合约增加一些默示条文。但这也是在大前提是在订约时如果双方有想到这一点的话都会同意的，而且默示也是必需的。如果法官或仲裁员对双方在订约时有可能是一方当事人同意但另一方当事人会反对，就不能增加默示条文了。

在以上简单的介绍后，就要进一步探讨什么是修正一份正式与全面的合约。首先，要说明为什么该合约会错误记录双方在谈判时的真正协议，主要原因大致有：(1)已经提到过在一个复杂与漫长的谈判，要整理出来双方到底在每一个不同方面同意了什么并不是一件容易的事情。所以，如果负责整理的人士不是很谨慎与专业（这包括对该行业与合约法的熟悉程度），就经常会有错漏。这种情况在租船也经常发生，如果要整理出一份正式与全面的合约，如一份时间较长的期租合约，通常是由船舶经纪人负责整理。(2)把守第二关以确保在签署之前是有一份正式与全面的合约并且是准确记录了双方在谈判中达成的协议（特别是对他自己有利的地方）也就是双方当事人自己。换言之，该当事人应该仔细检查该份整理好的合约稿件，并与双方谈判的文件做出比较，以确保没有任何错漏。已经提到西方公司在签署合约前是习惯向律师拿一个法律意见，估计该律师在看到对自己当事人有利的地方即使有错漏也不会管它，但是对自己不利或不合理的地方就会特别注意，并比较双方谈判的文件看看双方的协议是什么，并可能在签署前的最后机会作出补救。

这比较很多中国公司的做法，可以说有天渊之别。这至少包括了：(1)中国公司嫌麻烦，整理一份正式与全面的合约通常交给西方公司来做，而西方公司也十分愿意这种安排。这表面看来中国公司很聪明与懂得省事，但懂行的人士就知道谁拟定第一稿就占了先机，也提供了机会给拟定方放置“地雷”与更加了解合约的条文与结构。中国公司即使会很小心检查西方公司拟定的合约，对不正确的地方作出更改，但还是有机会遗漏。(2)现实中，更是不少中国公司对西方公司拟定的合约根本不检查，拿来就签。这种愚昧做法的借口很多，如不懂英文，或是西方公司应该是公平合理与信誉良好。(3)由于水平的关系，中国公司即使对西方公司拟定的合约作出检查,也不一定能够找出错漏的地方或是埋下的“地雷”。(4)中国公司通常不愿意花“冤枉钱”找律师,检查该份西方公司拟定的合约。即使愿意花钱,也不知道找一个懂行与高水平的律师或法律人士。

以上所举的重要原因就可以得出一个简单的结论,也是事实,就是中国公司作为当事人在出了争议时经常提出申请要求修正,指称有关的合约并没有正确记录他们之间的谈判中达成的协议。这种申请可能由于以下的情况造成:(1)确实是记录错了;(2)只是在谈判过程中提及了这个争议的地方但并没有达成协议;(3)谈判中根本提都没提该方面,只是西方公司放置的“地雷”,而中方公司不看就签署。以上三种情况只有第一种情况可以修正,其余两种都可以视为是双方在签署正式与全面合约时就已经接受。

至于法院或仲裁庭应该怎样对待这种申请就要考虑以下三个方面:(1)一个起点就不应该善待这种修正的要求,因为申请人作为合约的一方是看清楚了签字。(2)谈判的过程非常不稳定,双方在一个漫长的谈判中就算对某一个地方达成协议,如货物价格,后来也可能因为市场的变动或争取其他地方的让步而有了变化。(3)所以在这种考虑下会要求申请人提供明确无误的证据,就是双方对要求修正的地方在整个谈判过程中直到签署合约的一刻都达成了与没有改变有关的协议(如货架),以及达成了什么样的协议。申请人如果依赖一些不能说是明确无误的证据例如是口头证据,或是有一定矛盾的谈判记录,这一申请就很难成功。

3.1.5.2　什么是撤销(setting aside)或废止(cancellation)?

撤销也即“拒绝、不理会、废除”(to reject, disregard, annul)。如果一份契约或其他文件被撤销,从撤销的一刻往后它就失去了效力。废止基本上也是同一意思。

一份合约被撤销或废止会是很多原因造成,如“误述”(misrepresentation)或是“非法胁迫”(duress)导致合约的产生;合约涉及“非法”(illegality)如“欺诈”(fraud);合约本身有“后续条件”(condition subsequent)没有成熟所导致;合约的构成有严重缺陷如其中一方当事人“没有行为能力”(incapacity)、“没有订约的意愿”(no intention to contract)、“没有约因/对价”(no consideration);“合约受阻”(frustration);“毁约”(repudiation)等。相关的内容在笔者所著《国际商务游戏规则——英国合约法》一书有详述,请参阅。

涉及撤销或废止的争议也会只是局限在一份本来是有效的合约中。会有情况只是撤销或废止合约的部分内容而不是整个合约,如其中的一条条文涉及非法,但这不影响合约其他条文的有效性,因为可以分割。但撤销或废止的争议也可以针对整个文件,如一份意向书或是担保,因为它没有满足一个后续条件或是发生了合约受阻的事件。

3.1.5.3　普通法下仲裁员的权力

事实上在1996年《英国仲裁法》生效之前,普通法下仲裁员就一直有这方面的权力,不少这样的争议都是属于双方实质争议的一部分甚至是全部。可以说首次通过立法明确赋予仲裁员此项权力是因为之前一些案例的影响，这些案例主要是针对双方当事人约定的是一条很狭窄的仲裁协议，如说明仲裁员的管辖权只是针对“合约下的争议”（disputes under the contract）。这就会带来一方当事人的争辩就是修正或废止并非是该“合约下”的争议，而是“合约以外”的争议。这种著名的案例有 Heyman v. Darwins Ltd（H. L.）（1942）72 Ll. L. Rep. 65；Ashville Investments Ltd. v. Elmer Contractors Ltd.（1988）2 Lloyd's Rep. 73；Ethiopian Oilseeds v. Rio del Mar（1990）1 Lloyd's Rep. 86 等。但到了贵族院“Fiona Trust”（2008）1 Lloyd's Rep. 254 之后，这些之前的先例都变了是可以不再理会的旧包袱。现在的地位是只要双方没有在仲裁协议里明确与针对性地局限仲裁员的权力，仲裁员就具有“一站式”（one-stop）的权力处理所有的争议，如修正、撤销、废止裁决书等。如果 1996 年《英国仲裁法》是在“Fiona Trust”（2008）1 Lloyd's Rep. 254 之后才通过与生效，则可能该立法就不会有 Section 48(5)(c)。

3.2　辅助性裁决书(ancilliary awards)

3.2.1　管辖权裁决书(awards on jurisdiction)

1996 年《英国仲裁法》对仲裁员有权针对管辖权的质疑作出裁决书的规定是在 Section 30 与 31（4）。这一个裁决书根据 Section 67 的规定可以让不满意的一方当事人向英国法院提起质疑。在 Section 67，也有明确规定了是一个“管辖权裁决书”（award as to its substantive jurisdiction）。这样规定就可以适用其他的条文，如像 Section 70(3)的 28 天向法院提出申请的时限或是 Section 70(4)下令仲裁庭提供更多的原因。

3.2.1.1　管辖权决定是否是裁决书？

这一个看来是小问题是因为有看法认为针对管辖权作出的决定并不是针对实质性争议，至多是一个辅助性的决定。就是如果管辖权有争议，非要解决这一个问题才能顺利成章对实质性争议作出裁决。或说管辖权争议经常与实质性争议分不开，如双方当事人之间是否有一个合约（不论是主合约或是仲裁协议）的存在？又或是，管辖权争议涉及了主合约中仲裁条文的解释。但还是有说法是管辖权争议并非是实质争议，原因是根据“独立性原则”（separability），仲裁协议或条文与主合约是两个不同的合约，甚至管辖的法律也会是不一样。

国际上普遍认同的独立性原则和“仲裁庭有权决定自己是否有管辖权”（competence-competence）也在 1996 年《英国仲裁法》被明确规定，其中 competence-competence 原则是规定在 Section 30 与 31（4）。至于独立性原则是在 Section 7，如下：“Unless otherwise agreed by the parties, an arbitration agreement which forms or was intended to form part of another agreement（whether or not in writing）shall not be regarded as invalid, non-existent or ineffective because that other agreement is invalid, or did not come into existence or has become ineffective, and it shall for that purpose be treated as a distinct agreement.”

这表示根据仲裁协议或合约作出的决定,根本不会是主合约下实质性的争议。如果是针对实质性争议作出的决定才能成为是裁决书,管辖权争议的决定自然是不能被称为裁决书了。

3.2.1.2 仲裁员作出的管辖权裁决书是否终局性?

另一个方面看这一问题是本章一开始就已经提到过有关仲裁员作出的程序命令与实质裁决书的分别,主要就在"终局性"(finality)。裁决书就有终局性,一作出后如果没有按照仲裁地点法院所给予的救济,裁决书的决定就是一事不再审。但针对管辖权的决定,看来终局性与一事不再审是有一定的疑问。基本原因是仲裁员自己决定自己的管辖权在自然公正的大原则下有点说不过去,所以整个 competence-competence 只是一种权宜之计。在 1996 年《英国仲裁法》的做法,是可以把仲裁庭根据 Section 30 与 31(4)作出的管辖权裁决书根据 Section 67 向法院申请救济,而且法院是会对整个争议的事实与法律问题重审一次,而不只是看管辖权裁决书是否有疑点或明显的错误(这是 Section 69 的做法决定是否给予上诉批文)。而如果不满意管辖权裁决书的一方当事人不及时根据 Section 67 提出申请,并继续参与仲裁程序,就根据 Section 73 被禁止将来提出质疑仲裁庭的管辖权(he may not raise the objection later)。这看来是"禁止翻供"(issue estoppel)的原则,而不像是一事不再审的说法。

这方面可介绍的英国案例是 Svenska Petroleum Exploration AB v. Lithuania & Anor (2006) 1 Lloyd's Rep 181。在较早的仲裁中,被告立陶宛政府(Lithuania)挑战仲裁庭的管辖权,声称自己非该仲裁协议下的当事人。但仲裁庭作出中间裁决书说明立陶宛政府是受到仲裁协议的约束,并最后在"是非曲直"(merits)上判原告 Svenska 胜诉。之后的行动是仲裁中胜诉的 Svenska 在英国法院申请执行裁决书,但立陶宛政府申请撤销该执行程序,理由是根据《State Immunity Act 1978》之 Section 1,立陶宛政府享有国家豁免权而不受英国法院的管辖。其中的一个争端就是仲裁中的管辖权裁决书是否终局性与有决定性,从而可构成一事不再审。Nigel Teare 大法官判是一事不再审的一个条件是要求裁决书必须是终局性的与最后的,但在仲裁,争议并不只是指仲裁员在作出裁决书后就是终局性,而是受制于仲裁地点的法律。也就是说,在该案例中,仲裁庭管辖权裁决书并不是最后的,立陶宛政府有一个立法的权利挑战管辖权。

3.2.1.3 新加坡法院的有关案例

这方面的疑点也可介绍新加坡上诉庭案例:PT Asuransi Jasa Indonesia (Persero) v. Dexia Bank S A (2007) 1 SLR 602,是针对管辖权的决定不应该被称为是裁决书,因为它在实体方面并没有作出任何决定。所以据悉"新加坡国际仲裁中心"(Singapore International Arbitration Centre,简称 SIAC)要求仲裁员针对管辖权的决定不要名为"裁决书"(Award),而应该用其他的名称,如"决定"(Decision 或 Ruling),但其他如"国际商会仲裁院"(International Chamber of Commerce,简称 ICC)并不接受这种做法。该新加坡先例是这样说:

"... the definition of an 'award' in s 2 of the Act is clear. It does not include a negative determination on jurisdiction as it is not a decision on the substance of the dispute. On the contrary, it is a decision not to determine the substance of the dispute, and therefore cannot be an award for the purposes of Art 34 of the Model Law.

... that the mere titling of a document as an award does not make it an award as defined by the Act. It is the substance and not the form that determines the true nature of the ruling of the tribunal: see Re Arbitration Between Mohamed Ibrahim and Koshi Mohamed (1963) MLJ 32 at 32. Hence, even where the order is titled as an 'Award', as is the case here, but does not relate to the substance of the dispute, it would not be an award under s 2(1) of the Act..."

笔者记得曾经与一位新加坡著名的仲裁员处理一个 ICC 仲裁,涉及了一个管辖权争议的决定,也曾经有这一方面的讨论。他作为首席仲裁员坚持以"决定"(Decision)作为正确的名称,但最终在国际商会仲裁院(ICC Court)的坚持下还是被称为"裁决书"(Award)。

3.2.1.4 英国的地位是认同管辖权决定是裁决书

再回去讨论英国的地位,针对管辖权的决定,可以与应该被称为是裁决书已经较早在本段介绍 1996 年《英国仲裁法》的时候有明确。也可以多介绍一个先例,The "Robin" (1998) ADRLN 35,LMLN 492,独任仲裁员有关管辖权的争议给双方发了一封信,内容是说:"我作出以下的决定"(I make the following rulings),文件根本没有"裁决书"这一词。但这被法院认为是一个裁决书,所以 1996 年《英国仲裁法》的 Section 67 适用,也就是向法院申请救济的时限是 28 天。

3.2.1.5 两种方式的管辖权裁决书

根据 1996 年《英国仲裁法》之 Section 31(4),仲裁员可以以两种方式处理管辖权的争议:(1)作出一份管辖权裁决书,这显然是一份中间裁决书,因为实质的争议还没有涉及(It may rule on the matter in an award as to jurisdiction);(2)在实质争议的裁决书(往往会是最后裁决书[final award])内作为其中一项争议/争端针对(It may deal with the objection in its award on the merits)。

以(1)的方式作出一份管辖权裁决书在它的履行/执行部分与一个宣示裁决书接近,因为往往不会提到败诉方与胜诉方的责任与权利,或是作出命令谁要做什么或支付金钱。它可能只是简单地宣示仲裁庭是否有管辖权:"I AWARD AND DECLARE THAT the said disruption issue does not form part of this reference to arbitration and is beyond my jurisdiction."

另一个仲裁案件(笔者作为仲裁庭成员之一),双方当事人的争议是有关一个造船合约否存在。显然,如果一个有效的合约不存在,仲裁庭也就在判了管辖权的争议后可以完成任务。双方的有关争议主要有三点:(1) 包括有代表船厂签字的一位陈先生是否有实质或表面授权;(2)双方签署的造船合约是否有重要的内容太不肯定而导致不是一个有效的合约;(3)该造船合约会否因为一个后续条件不成熟而导致合约废止。显然,仲裁庭决定了管辖权也就同时决定了双方的责任,因为大家都没有进一步履行。所以仲裁庭判是有一个有效的合约存在并且没有因为后续条件而废止,就会是船厂毁约而要负上赔偿损失的责任(损失的计算就会留待最后裁决书处理)。相反,如果判是没有一个有效的合约或是因为后续条件不成熟而导致合约被合法废止,船厂就不存在毁约,而船东的索赔也就不成立,这会令整个争议告一段落。在该案件,仲裁庭是开庭审理了近10天后作出的裁决是判船厂胜诉,认定有一个有效的造船合约,但因为后续条件不成熟而导致合约的合法废止,所以船厂没有履约的责任。该裁决书被仲裁庭名为"针对管辖权与责任的最后裁决书"(Final Award on Jurisdiction and Liability),而它的执行或履行部分如下:

"1. WE AWARD and DECLARE that Mr Chan was duly authorised to sign and execute the contract on behalf of the Respondents; alternatively that the Respondents subsequently ratified the contract.

2. WE AWARD and DECLARE that the contract is not void for uncertainty.

3. WE AWARD, DECLARE and RULE that we have jurisdiction to determine the disputes which have arisen between the Claimants and the Respondents.

4. WE AWARD and DECLARE that the contract has been automatically rescinded under the provisions of para. (b) of Article 21 due to the conditions subsequent set out in that paragraph not having been met and accordingly the parties have been discharged from their obligations duties and/or liabilities under the contract."

以(2)的方式把管辖权争议作为其中一个争议作出决定,该裁决书就很可能不会是称为管辖权裁决书而很可能称为是"最后裁决书"(final award)。但名称并不重要,有关管辖权争议的决定还是可以根据1996年《英国仲裁法》之Section 67向法院申请救济,并可让法院重审。而最后裁决书的其他实质性争议的决定包括执行或履行部分如命令败诉方支付一笔钱给胜诉方,就会可能要等待管辖权争议最后让法院作出最后的判决。其间,如果胜诉方去英国法院以Section 66申请对该裁决书作出简易执行,败诉方会可以成功申请暂停执行,这在本书第十四章7段有详细论述。

最后一提的是如果管辖权争议的裁决是包括在一份针对实质性争议的裁决书内,恰当的做法是在裁决书内尽早列出这管辖权争议的裁决,之后才全面针对实质的争议。简单的道理就是按照次序也是应该先解决管辖权争议才会需要针对实质的争议(如果有管辖权的话)。

3.2.2 同意的裁决书(agreed awards)

众所周知,双方当事人在法院诉讼或仲裁的中途达成和解协议是经常发生。这也值得鼓励,因为和解协议往往是一个诉讼中少数的情况令双方都满意或者至少不抗拒,毕竟和解是要双方都情愿才会达成。一达成和解就会令已经组成的仲裁庭,并且已经推进了一段时间的仲裁程序,失去了实质管辖权:The "Paola D Alesio"

(1994) 2 Lloyd's Rep. 366。取而代之的是双方达成的另一个合约也就是和解协议。这会带来新的问题因为在该协议下也会带来新的争议,特别是今天有一些和解会涉及中长期的分期付款或是一连串将来要履行的责任。这一来,就算和解协议内有一条仲裁条文,也会需要在有争议时重新组成一个仲裁庭。一个比较好的做法就是双方一达成和解,就把该和解协议变为是一个裁决书。这一来,如果将来有了新的争议,如支付的一方拒绝作出支付,该裁决书(是英国本地或是国际)就可以根据1996年《英国仲裁法》之Section 66“简易执行”(summary enforcement)或是根据《纽约公约》简易执行。但如果仅是一个和解协议,就不能这样做了。这种裁决书可被称为同意的裁决书。如果是法院的诉讼,法官就会出一份“同意判决”(consent judgment)。

显然,作出一个同意的裁决书会涉及一定的费用,但不会多。所以如果双方达成的和解协议如果涉及了马上支付一笔钱,而且这笔钱的支付是不成问题,如有担保,就不一定需要一个同意的裁决书了。

3.2.2.1 双方当事人实际上还没有全面达成和解协议的情况

告诉仲裁庭双方已经达成和解,并要求作出一个同意的裁决书,仲裁庭肯定会要双方当事人都明确这是他们达成的共识。如果其中一方当事人拒绝作出一个同意裁决书,就表示仲裁庭不能这样做。但会有情况是一方当事人有一个要求但另一方不同意,可以说双方实际上没有达成和解。而将来有支付责任的一方如果拒绝让仲裁庭作出一个同意的裁决书,则另一方就要想想他是否真的想和解还是暂时敷衍搪塞,并没有真的打算履行在和解中作出的承诺。

在现实中,双方当事人自以为达成了和解协议,但实际上也经常会发生。首先要知道对争议达成和解协议,就必须是全面。笔者记得曾经有一次是双方当事人前来作出一个同意的裁决书,但看了双方的和解协议后,发觉他们对仲裁庭已经产生的费用没有针对,笔者就问双方当事人他们能否对这一点也达成和解,毕竟涉及的金钱并不多,如一人一半。但结果双方当事人为这笔小钱争执起来,导致整个和解谈判就此结束,仲裁程序还要继续进行。这里还会涉及其他的法律问题,例如,双方不成功的和解谈判涉及的有关文件都可以享有特权,是仲裁员不应该看的。但在该案件的情况下,就可以视为是双方当事人放弃了该类文件享有的特权,而仲裁庭可以继续审理。不过为了让双方当事人安心,笔者还是告诉双方当事人说仲裁庭不会受到你们和解谈判文件的影响,在考虑裁决书时会把它们提供的和解谈判文件都抛诸脑后。

3.2.2.2 英国法律对同意裁决书的担心与特殊规定

1996年《英国仲裁法》对同意的裁决书的规定是在Section 51。在文字上虽然有提到“agreed award”一词,但没有强制性规定是仲裁庭作出的裁决书必须注明。但在立法小组对1996年《英国仲裁法》的报告(Department Advisory Committee on Arbitration Law, Report on the Arbitration Bill或简称DAC报告)中,第244段与378段,认为在该裁决书被简易执行时,应该告诉法院这是一个同意的裁决书而不是一般的裁决书。这导致在 CPR r 62.18(5)有了这样的规定,这在本书第十四章 4.2 段第(五)点就提到过这一规定。

另一个特殊的地方就是在 Section 51(2),它说明是可以作出同意的裁决书"如果仲裁庭不反对"(not objected to by the tribunal)。这表示仲裁员可以反对作出,而这一个特殊的规定也与其他形式的裁决书很不一样。在其他的裁决书如果双方当事人要求仲裁员作出裁决书,仲裁员根本不能推卸责任。

以上规定的原因,很大程度就是同意的裁决书可以是作为不法用途,如洗钱或逃税等。反正只需要是双方当事人串通在一起,然后委任一位国际上著名的仲裁员,很快就达成了和解协议。之后就要求该仲裁员作出一个裁决书,然后按裁决书的内容(也就是双方和解的内容),合法转移金钱。和解协议也会有其他的危险,如本书第十四章 4.2 段第(五)提到保险人或再保险人在责任赔偿方面往往只负责赔偿法定的责任,也就是法院或者仲裁庭判下来要赔付的金钱。但涉及了双方当事人达成和解,除非保险人有参与或批准,保险人是不赔的。还有向任何第三者根据和解协议提出要求补偿经常会发生,但这就需要证明和解协议完全合理:General Feeds Inc Panama v. Slobodna Providba Yugoslavia (1999) 1 Lloyd's Rep 688。如果是一个明确显示了只是一个同意裁决书,精明的第三者就会要求进一步证明达成的和解是完全合理。否则就有危险第三者被一个裁决书的权威性所蒙蔽。

同意的裁决书还有许多问题,就是不存在法院可以对这种裁决书有任何监督。首先就不会有 Section 67 与 Section 68 的管辖权争议与严重不正常的救济,也不会有 Section 69 的法律观点上诉法院。这是因为同意的裁决书是两种不需要作出裁决的原因的情况之一(另一种情况是双方当事人不必给予原因,这在 Section 52[4]),毕竟这是不涉及仲裁庭的裁决而只是双方达成的和解,而双方的和解是不必有原因或法律依据。所以,除了不存在有任何法律观点上诉外,在一个同意的裁决书也很难让第三者察觉到其中有不合情合理之处。

反而是被委任的仲裁员会感觉到情况可疑,如双方当事人没有称职的律师作为代表,提供的文件很少甚至没有,在委任仲裁员后几乎马上就达成和解协议并要求仲裁员作出一个裁决书,提出要求是在裁决书内不要写有关双方达成和解协议的措辞等。这一来,为了避免被利用,在 Section 51(2)给了仲裁员一个权力拒绝作出同意的裁决书。

笔者刚发生的有关事件是中国内地的一家船公司声称与承租人达成一个和解协议,但要求一个裁决书可让承租人作为依据向印尼的货方或分承租人要求补偿,笔者被要求作为独任仲裁员根据他们之间的和解协议作出一个裁决书,甚至最好是不要写上"和解"。笔者对自己在这种情况下有没有管辖权也很有怀疑,因为他们已经达成和解,也就是说双方之间再也没有争议了。所以笔者就婉拒了。中国内地的船公司希望笔者同意作出协助,并声称原因与承租人同意把双方的达成的和解废除,这表示他们之间有了争议可委任笔者,然后在几天后重新令原来的和解协议生效。但笔者觉得这虽然不是不法行为，因为笔者肯定会坚持要裁决书明确显示只是一个同意裁决书，但既然知道了整个布局，还是不希望参与。

3.2.2.3 同意裁决书的格式

同意的裁决书虽然是不存在向英国法院申请 Section 67 - 69 的救济，但它毕竟是一份裁决书并且可以简易执行或在国际上执行。所以它需要符合 Section 52 的要求，如需要所有仲裁员的签字，写明仲裁地点与裁决书的日期等。可以说除了没有原因，这一份裁决书看来是与其他的裁决书一样。

至于在执行或履行部分，就应该完全依照双方达成的和解协议重复一遍。通常，双方当事人达成的和解协议只针对具体的权利与义务，如被告要支付给原告 100 万美元，从某一天开始分 4 期平均支付，每 2 个月支付一次，并加上多少利息与利息应该怎样计算。这些内容只适合加在裁决书的“执行或履行”(operative)部分。

如果双方有称职律师作为代表，仲裁员可以要求他们草拟并同意一份完整的同意裁决书，然后交出给仲裁员签字并加上裁决书日期。但多数的情况下还是要仲裁员自己草拟，因为即使对仲裁称职的律师也不一定熟悉如何拟定一个裁决书。仲裁员自己草拟，往往是要加上一个“可执行的”(enforceable)裁决书通常要有的内容如“抬头”(heading)、“双方当事人的名字”(parties)、“案件的叙述”(case recital)包括“案件背景”(background)或“案件介绍”(introduction)、“管辖的叙述”(jurisdictional recital)包括双方的仲裁协议与仲裁庭如何被委任与构成、已经在和解协议之前发生的重要程序的简单介绍，如果曾经作出过中间裁决书也要提到(毕竟有可能是曾作出过一个中间裁决书针对责任方面，之后双方就对损失赔偿达成了和解协议)等。

让仲裁员草拟裁决书，并加入这些和解的内容，仲裁员通常会把草拟好的裁决书让双方进行审核。而经常会发生的是双方当事人会在文字上有增删(希望是不要大改)，仲裁员最终同意后签署。

3.3 程序裁决书(procedural award)

照理说，有关程序上的决定通常是以命令或指令的方式作出，但已经在本章第 1 段提到过英国法没有明确说明仲裁员作出的命令只能以指令的方式而不能以裁决书的方式。关键的还是这一个决定是否是终局性与约束性，不能再事后改变与该决定可以适用一事不再审的大原则。加上英国仲裁法有两个地方是规定了仲裁庭可作出最后裁决书撤销索赔，但问题全部是针对程序方面，仲裁庭的决定根本不会考虑案件的实质性或证据的强弱。所以，笔者在这一段把这种裁决书成为程序裁决书。

3.3.1 以原告懈怠为由撤销诉讼请求的裁决书

“以原告懈怠为由撤销诉讼请求”这一课题在《仲裁法——从 1996 年英国仲裁法到国际商务仲裁》第十二章 10.5 段与笔者的《国际商务仲裁》一书第八章 3 段有详细论述，不去重复。在 1996 年《英国仲裁法》是有明确立法让仲裁庭作出一个裁决书，撤销原告的索赔。这是在 Section 41(3)：“If the tribunal is satisfied that there has been inordinate and inexcusable delay on the part of the claimant in pursuing his claim and that the delay- (a) gives rise, or is likely to give rise, to a substantial risk that it is not possible to have a fair resolution of the issues in that claim, or (b) has caused, or is likely to cause, serious prejudice to the respondent, the tribunal may make an award dismissing the claim."

这表示在原告懈怠或是延误如果满足了立法的要求,仲裁庭是可以撤销原告的索赔。这些立法的要求是在 Section 41 有明确规定,就是延误必须是"不正常和不可原谅"(inordinate and inexcusable),加上这一个延误造成了 Section 41(3)(a)与(b)的后果,仲裁庭就可以在被告的申请下作出一个撤销诉讼请求的裁决书。

但 1996 年的立法还漏了一个要求,可称为是普通法的要求或先决条件。根据先例 James Lazenby & Co. v. McNicholas Construction Co., Ltd. (1995) 2 Lloyd's Rep. 30,仲裁庭只有在该案件的时效(不论是 6 年的法定时效还是双方约定的时效)已经过了后才可以这样做。

显然,这应该是一份"最后裁决书"(final award),作出后仲裁庭应该就是"functus officio"。但也不代表在有关仲裁中没有作出过中间或部分裁决书,因为原告的懈怠或是延误是在仲裁程序的中期或后期才出现。这一份最后裁决书也必须给予原因以及享有 1996 年《英国仲裁法》下 Section 67 - 69 的各种救济。至于它的"执行或履行部分"(operative or dispositive part)可以是简单的一句说:"I AWARD AND DEALCRE THAT the [state which party's] claim is dismissed."

最后一提的是,如果被告懈怠与延误,就不存在以这种做法对付。因为总不能把被告抗辩的权利剥夺,这是完全严重违反自然公正或人权。再说如果是被告延误,只要原告想推进,当然会是有其他的办法迅速对付,如 Section 41(4)继续开庭如果被告故意不出庭抗辩,或是 Section 41 (7)(c)根据原告提供的材料作出一个"缺席裁决书"(default award)。问题就出在原告的懈怠与延误,就会出现一种情况是被告即使可以推进也不会这样做,因为被告即使抗辩有把握还是会有诉讼的风险败诉。这一来,整个仲裁程序停下来,一停就是三五年,之后原告想重新启动,这就会带来被告会以原告的懈怠与延误申请撤销他的索赔请求。

3.3.2 以原告没有提供费用担保而撤销诉讼请求的裁决书

如果原告没有提供费用担保,而且在仲裁庭作出了最后命令后还是不提供,仲裁庭可以像 3.3.1 段介绍的情况一样,把原告的索赔以最后裁决书的形式撤销。这方面在 1996 年《英国仲裁法》是有明确立法对此作出规定,这是在 Section 41(6),如下:"(6) If a claimant fails to comply with a peremptory order of the tribunal to provide security for costs, the tribunal may make an award dismissing his claim."

《香港仲裁条例》在 Section 2GB(5)也有相同的条文。至于怎么样在实际中操作,本书的两位作者(杨良宜与莫世杰)可以用他们不久前合作处理过的一个仲裁案件来简单介绍一下。在该仲裁,涉及是一个期租合约,可能是因为市场下跌或其他的理由,欧洲承租人拒绝接受交船。这导致了亚洲船东损失了约 200 万美元,并向承租人开始香港仲裁。同时间,该船东在纽约以 Rule B 冻结令[但美国纽约州上诉院在 2009 年 10 月 16 日的 Shipping Corporation of India v. Zaldhi Overseas, Docket Nos. 08 – 3477 – cv(L), 08 – 3758 – cv(XAP) 先例判是美元汇款再也不能 Rule B 冻结]把承租人的美元汇款冻结,金额达 250 万美元左右。这一来,承租人虽然在仲裁中是被告但也十分心急把问题解决,才可以把 Rule B 冻结令下被冻结的钱部分或者全部拿回来。由于亚洲船东并非财雄势大,所以承租人就想到了以他作为被告的身份向原告要求费用担保的招数来给原告的船东施加压力。于是该承租人很快雇用 Lloyd's MIU 对该船东的公司经济状况进行调查,并作出一份详细的调查报告提交给仲裁庭。同时,承租人的代表律师向仲裁庭以该调查报告作为证据显示船东经济状况不稳,所以需要提供费用担保才能进一步推进仲裁程序。承租人律师还提供了承租人已经花费的诉讼费用以及根据索赔与抗辩文书请求估计会有 6 天开庭审理计算将来需要的诉讼费用。这里总的金额是大约 20 万英镑,承租人要求船东提供这笔费用担保。而仲裁庭也做出了命令与最后命令,但船东都没有提供费用担保。这里的过程最好是节录该裁决书的"案件叙述"(recitals)的有关段落,如下:

"(I) Owners were represented by their London solicitors. Charterers were represented by their Defence Club and London solicitors. Owner's Claim Submissions were served on 17th October 2007, together with the relevant documents which they relied upon in this arbitration. Charterers' Defence Submissions were served on 9th Decemeber 2007. In response, Owners served their Reply on 10th May 2008. Owners asked for an oral hearing in Hong Kong and a six-day hearing was fixed by the Parties and the Tribunal commencing 26th June 2008.

(II) By fax on 18th May 2008, Charterers, being the Respondents of this arbitration, applied to the Tribunal for an order for security for their costs to be provided by Owners, the Claimants of this arbitration. Arguments in support of their application were ventilated in their fax, together with relevant supporting documents (such as the Lloyd's Marine Intelligence Unit's report and Owners only available accounts in 2004 and 2005) and the schedule of their costs. This had sparked off a series of written submissions by Owners and Charterers in relation to this application.

(III) Section 2GB (1) (a) of the Arbitration Ordinance (Cap. 341) allows an arbitral tribunal to deal with application for security for costs. Section 2GB (5) of the same Ordinance further provides that the tribunal may dismiss or stay a claim if an order for security for costs is not complied with within the specified period. Accordingly, having given due weight to the parties' respective arguments and having considered all relevant factors (such as the report produced by Lloyd's Marine Intelligence Unit, the response by Owners, the time of the application and the danger of stifiling the claim etc) and having discussed among the Tribunal, we had decided, by majority, that Charterers' application should be granted and security for costs should be ordered. By fax on 5th June 2006, we made the following Order:

'(1) That the Claimant Owners should put up security for costs at the sum of Pds 175,000.00 latest by COB 9 June 2006 (Friday), failing which the claim shall be stayed.

(2) There is the liberty to apply if the above deadline cannot be met by the Claimant Owners but it must be supported by cogent reason and it is expected that a very short extension of time will be given by way of a Peremptory Order. No doubt the parties appreciated the closeness of the hearing and the importance to avoid wasted costs.

(3) The security is to be provided by either a L/U from an acceptable P & I Club or a first class ban guarantee either in London or in Hong Kong'.

(IV) Owners did not provide security for costs as ordered by the closing of 9th June 2008. By fax on 12th June 2008, Charterers requested the Tribunal to confirm that the arbitration was stayed and the hearing fixed to commence on 26th June 2008 be cancelled. They also applied for a Peremptory Order that Owners' claim should be dismissed unless they provided security for costs by 16:30 hours London time on 16th June 2008.

(V) By fax on 13th June 2008, we confirmed that the arbitration was stayed and the scheduled hearing was cancelled. We further made the following Order:

'... As to the second application for a dismissal of the claim unless security is provided by Friday 16 June 2008. The Tribunal decides, for it worth, to give Messrs. X(申请人律师) more time to contact their client with a view to come back to the Tribunal. Accordingly, it is hereby ordered that unless X comes back to the Tribunal latest on Thursday, 15 June 2008, London opening, with a complete or fuller picture of the Claimant's position in this arbitration, in particular, as to when and how the security for costs can be provided. If this is done, the Tribunal promises to reconsider the position. Otherwise, failing to hear from X by Thursday, the Claimant Owners please takes note that it is the Order of the Tribunal that if security for costs is not provided by the Claimant Owners by 16:30 hrs (London time) on Friday 16 June 2008, the claim shall be dismissed by an Award, together with cost.'

(VI) Despite adequate opportunity having been given to Owners to clarify their position in respect of the provision of security for costs, they had failed to take the opportunity given to them. No extension of time was requested by Owners or their legal representative on 15th June 2008. By fax on 16th June 2008, we reconfirmed our Peremptory Order dated 13th June 2008 that if security for costs was not provided by Owners latest at 16:30 hours London time on 16th June 2008, their claim should be dismissed by an Award, together with costs. Owners failed to comply with the aforesaid Peremptory Order within the time limit set. As a result and pursuant to the power vested in us by section 2GB (5) of the Arbitration Ordinace (Cap. 341) , Owners' claim in this arbitration should be dismissed as per our Peremptory Order. "

接下来在该裁决书的"执行与生效部分"(operative or disposive part)是简单的一句"WE AWARD AND DIRECT that Owners' claim in the reference be dismissesd"。再接下来就是针对费用问题,也就是一连串的指令要求船东支付承租人的诉讼费用以及要承担裁决书费用(仲裁员费用)。说实在的,虽然笔者对案件的实质性争议与谁是谁非在这么早的阶段难以下定论。但根据笔者对这种海事争议的经验以及很初步的看索赔与抗辩请求与少量作为附件的文件证据,是觉得船东有一定的胜诉机会,毕竟承租人在抗辩请求中有大幅度针对索赔金额而不是责任方面,并接受索赔金额顶多只是40万美元而不是船东声称的200万美元。感觉上是承租人知道是要作出一定的赔偿。但由于船东支付不出费用担保,等于是没有钱打官司,所以承租人估计除了花一些律师费用是一毛钱也不必赔偿。这就是仲裁的游戏规则,而不存在主观的公平与否之说。

3.4　不同时间作出的裁决书

以下针对的裁决书可以是针对双方当事人实质性争议(3.1段),但也可以是针对辅助性的争议如管辖权争议(3.2段),但为了不同的案件会需要不同的处理,所有时间上会作出不同名称的裁决书。

3.4.1　针对不同争议的裁决书(awards on separate issues)

这是一种十分重要与最常见的裁决书,可以说对任何一位有经验的仲裁员,他都会认同他作出的裁决书,不论是针对实质争议或是其他方面(例如是管辖权),以这种形式(或可称为"中间裁决书"[interim/ partial award])比另一种最后裁决书的形式多。以这种形式作出裁决书也是在今天受到鼓励,特别是针对复杂的案件。如仲裁庭(或是法院)在诉讼的早期对"案件管理"(case management)的时候挑出一些能够分割的独立争议先审理,特别是一些独立争议(如管辖权、时效、责任限制、免责条文的解释等)在有了终局性的裁决后,有机会整个复杂的案件可以一并告一段落。

3.4.1.1　英国仲裁法的有关条文与DAC报告

在1996年《英国仲裁法》针对不同争议的裁决书的规定是在Section 47,该条文如下:"(1) Unless otherwise agreed by the parties, the tribunal may make more than one award at different times on different aspects of the matters to be determined. (2) The tribunal may, in particular, make an award relating-(a) to an issue affecting the whole claim, or(b) to a part only of the claims or cross-claims submitted to it for decision. (3) If the tribunal does so, it shall specify in its award the issue, or the claim or part of a claim, which is the subject matter of the award. "

1996年《英国仲裁法》立法小组报告(Department Advisory Committee on Arbitration Law, Report on the Arbitration Bill 或简称DAC报告)中对该条文的重要性有如下说明:

"226 We regard this as a very important provision. Some disputes are very complex, raising a large number of completed issues, which, if they are all addressed and dealt with at one hearing, would necessarily take a very long time and be very expensive. Disputes concerning large scale construction contracts are a good example, though there are many other cases.

227 In recent years both the Commercial Court and the Official Referees Court in England (which deal with large cases) have adopted a different approach. The Judge plays much more of a managerial role, suggesting and indeed directing ways in which time and money can be saved. One of the ways is to select issues for early determination, not necessarily on the basis that they will be legally determinative of the entire litigation, but where they may well be commercially determinative, in the sense that a decision is likely to help the parties to resolve their other differences themselves without the need to spend time and money on using lawyers to fight them out. This has a further advantage. Cases fought to the bitter end often result in a permanent loss of goodwill between the warring factions, thus impeding or preventing future profitable relationships between them. The result is often in truth a loss to all the parties, whether or not they were the 'winners' in the litigation.

228 In Court therefore, the old idea that a party is entitled to a full trial of everything at once has now largely disappeared: see, for example, the decision of the House of Lords in Ashmore v. Corporation of Lloyd's (1992) 2 Lloyd's Rep. 1. Furthermore, this method of approach is reflected in the views expressed by Lord Woolf in his current consideration of how to improve our system of civil justice. The same reasoning, of course, applies to arbitration.

229 As we have said earlier, arbitration enjoys an advantage over litigation, since the arbitral tribunal is appointed to deal with the particular dispute that has arisen, and is thus in a better position to tailor the procedure to suit the particular circumstances of that dispute. Furthermore, an arbitral tribunal is often able, for the same reason, to move much quicker than the Court.

230 For these reasons, we have tried to make clear in this Clause that the tribunal is empowered to proceed in this way. This is an aspect of the duty cast upon the tribunal to adopt procedures suitable to the circumstances of the particular case, which is set out in Clause 33(1)(a). We would encourage arbitrators to adopt this approach in any case where it appears that time and money will be saved by doing so, and where such an approach would not be at the expense of any of the other requirements of justice.

231 In this connection we would draw attention to the decision of Goff J (now Lord Goff) in The Kostas Melas, op. cit. As we observed when considering Clause 39, the function of arbitrators is not to make temporary financial adjustments between the parties pend-

ing the resolution of the dispute, unless this is what they have agreed the arbitrators can do. As this case shows, there is a clear distinction between such arrangements and the right to make a permanent binding decision after considering the arguments, even though the later resolution of other issues (if this becomes necessary) may overall produce a different result.

232 We should emphasis that in this Clause we are not intending to give arbitral tribunal greater or different powers from those they presently have, but to emphasize how their powers should, in suitable cases, be exercised.

233 It might also be not that we have been careful to avoid use of the term ‘interim award’, which has become a confusing term, and in its most common use, arguably a misnomer.”

3.4.1.2 什么是不同“争议事项”(event)与“争议/争端”(issue)?

首先解释什么是不同争议事项或争议,因为通常在中文中不会有像英语中太详细的区分,只是很笼统的说双方之间有争议。就算是英文也不见得会是太明确的区分,通常大家都会把争议或争端都称为“issue”。但名称并不重要,关键是要知道其实质内容与区别。这里首先可以说双方之间的争议事项(可把它称为 event)可能只有一个,如在一个货物买卖里面就是货物质量的问题。所以,可以说这一争议就是双方之间的“event”,谁输了就要对诉讼费用负责,也就是所谓的“costs follow the event”的大原则。但这一个所谓的“争议事项”(event)里面就包含至少两个“issues”或争议/争端,就是责任方面与损失计算方面(如果责任成立的话)。但往往不会是只有一个争议或争端,如双方当事人会把所有相关的争议或争端都提出来,虽然主要是货物质量是否有问题。如即使货物质量有问题,会否在有关的案件涉及弃权与禁止翻供,或/与买方可否因质量的问题拒货,或/与如果可以拒货买方是否有按照法律的要求做(如尽快给拒货的通知),或/与双方是否达成协议怎么样处理质量有问题的货物等。可以说,在一个看起来简单的案件,高水平的律师就很容易把一个争议事项变成 10 个以上的“替代性争议或争端”(alternative issues)。笔者最近接触到一个案件,涉及中国船厂作为被告,他唯一的抗辩是双方曾经就利息达成口头协议。显然,这种抗辩是会有 50% 甚至是以上的败诉机会,因为对方的德国船东否认有这种口头协议,并质问这么重要的事项为什么不留下文书记录。结果会是有了熟悉英国法的帮手,中国船厂对抗辩作出重大的修改,加上了四五项强而有力的“争议或争端”(issues)如过高的利息是惩罚性条文,弃权与禁止翻供,非法等。

在同一个仲裁也不会只有一个“争议事项”(event),而会是其他完全不同性质与独立的争议事项也一并包括在内。这些争议事项会是在同一个货物买卖合约中,在上一票货物还欠下了部分的货价,FOB 买方在上一票货的付运晚了派船等。如果双方当事人不嫌麻烦与多花诉讼费用,这四五个不同与独立的争议事项可以以四五个不同仲裁而且是不同的仲裁庭成员个别处理。所以,在这种情况下,一直的做法就是看原告或者被告在这种不同与独立的争议事项谁胜谁负(如原告在五个争议事项中胜诉了三个,两个败诉),费用的分摊就会是每一个争议事项所涉及的诉讼费用根据"costs follow the event"分摊。即原告对胜诉的三个争议事项可向被告要回来,但要对冲掉另两个要支付给被告的诉讼费用。

CPR 带来的改变是现在同一个争议事项中,其中的"替代性争议或争端"(alternative issues)如果不成功与不合理提出来也会要其承担诉讼费用的后果。如在上述所举的有关中国船厂的例子中的多个争议或争端包括过高的利息是惩罚性条文、弃权与禁止翻供、非法,如果双方在"非法"这争议或争端上花费了大量的时间与工作,则在这一个争议或争端上败诉的一方即使是整个争议事项上的胜诉方,他也要承担自己与对方在"非法"这一个争议或争端上的诉讼费用。这种费用分担的做法就是现在所谓的"以争议或争端为基础的费用分摊方法"(issue-based approach)。

根据 1996 年《英国仲裁法》之 Section 47 中的规定可以看到仲裁员是完全有权针对不同的争议或争端(这是在 2[a]所针对的情况)与不同的争议事项(这是在 2[b]所针对的情况)在前后不同时间作出多份裁决书,每一份针对不同的争议或争端或个别争议事项。在作出了针对性的裁决书之后,针对个别争议或争端,又或是特别争议事项,也是适用一事不再审的大原则,虽然整个仲裁还是在继续,仲裁员也谈不上是"functus officio"。而对该裁决书,不满的一方也必须是在作出后的 28 天时限内向法院提出救济,不能等到可能长达一两年后作出最后裁决书才一并去法院提出救济。

3.4.1.3 中间裁决书所作的决定是一事不再审

这一道理已经多次重复,就是中间裁决书所作的决定是适用一事不再审的大原则。其他法院或仲裁庭,甚至同一仲裁庭(他要继续审理其他没有在仲裁中间裁决书所针对的争议),都必须尊重这一个大原则,不存在可以翻案。以下可节略 Diplock 大法官在 Fidelitas Shipping Co Ltd. v. V/O Exportchleb (1965) 1 Lloyd's Rep. 223 中所说如下:

"Arbitration, like litigation, is concerned only with the legal rights and duties of the parties thereto. It is concerned with facts only in so far as they give rise to legal consequences. The final resolution of disputes between parties as to their respective legal rights or duties may involve the determination of a number of different 'issues', that is to say, a number of decisions as to the legal consequences of particular facts, each of which decisions constitutes a necessary step in determining what are the legal rights and duties of the parties resulting from the totality of the facts. . . .

Issue estoppel applies to arbitration as it does to litigation. The parties having chosen the tribunal to determine the disputes between them as to their legal rights and duties are bound by the determination by that tribunal of any issue which is relevant to the decision of any dispute referred to that tribunal. An arbitrator today has power to make an interim award determining particular issues separately from other issues in the arbitration. It is, I understand, conceded . . . that if the arbitrator does so, his interim award creates an issue estoppel as respects the issue determined by the interim award . . . "

在英国法律,仲裁庭即使没有变为"functus officio",也不存在可以以另一裁决书改变或超越先作出的中间裁决书:Gbangbola v. Smith and Sherriff Ltd (1998) 3 All ER 730。

3.4.1.4 针对不同争议作出裁决书的恰当名称

这种在一个仲裁中作出多份裁决书的做法在1996年《英国仲裁法》之前就已经存在,这是在1950年《英国仲裁法》之Section 14中是被称为"中间裁决书"(interim award)。但到了1996年的立法,任何条文都没有这种中间裁决书的说法,只是在Section 47说明这种情况下仲裁员有权作出多个裁决书。这就带来一个有趣的问题就是这种以前被称为中间裁决书现在应该怎样恰当给出名称。毕竟,"中间"(interim)本身也是一个有误导性的词语,会给对英国仲裁不了解的国家一个错误的理解就是该裁决书还并非是最终的而对双方有了约束性而拒绝执行。但以前伦敦的仲裁员还是喜欢用这一个名称,毕竟它是立法的用词。但到了1996年立法生效后就存在是否还需要这样的名称,而有不少仲裁员改了名称为"部分裁决书"(partial award)。还有一种做法就是按照裁决书作出的顺序称为"第一份裁决书"(first award)、"第二份裁决书"(second award)直到"最后一份裁决书"(final award)等。但毕竟还是有部分仲裁员继续使用"中间裁决书"(interim award)这个名称。在印度最高院的ONGC Ltd v. Saw Pipes Ltd (2003) (5) SCC 705倒是有针对过这一点,该裁决书名为"partial award",与1996年的印度仲裁法《Arbitration and Conciliation Act 1996》的措辞"interim award"不一样而带来争议,最高院判两个名称是同一回事,裁决书的本质不会因此有所改变。

但名称并不最重要,重要的还是内容,其中最重要的内容就是在一个中间裁决书必须清楚说明到底该裁决书是针对哪一个"争议或是争端"(issue),或是整个仲裁中的哪一个部分。这重要性已经是在1996年《英国仲裁法》Section 47(3)有规定。另是在"执行或履行的部分"(operative part 或 disposive part),仲裁庭也必须全面针对这些争议/争端或该部分争议。此外,仲裁庭往往也会加上一段(这通常是在裁决书的最后一项,签字部分之前)说明他保留其他还没有处理的部分争议/争端或其他部分保留将来审理与作出裁决书的管辖权,通常在措辞上会是如下:"WE DECLARE that this Award is final as to the matters herein determined and we reserve to ourselves appropriate powers or jurisdiction to make such further Award or Awards as may be necessary in respect of the remaining issues between the parties. "

仲裁庭也会是在恰当的案件有针对性的作出保留,如下:"I hereby reserve to myself the jurisdiction to determine at a future date the sums to which the Owners are entitled and/or for which they have to give credit as set out in paragraph A above and to publish an award or awards in respect of the balance to which the Owners are entitled, together with interest. I also hereby reserve to myself the jurisdiction to determine at a future date liability for the costs of the parties and the jurisdiction to tax those costs if they cannot be agreed, together with ultimate liability for the costs of this my interim final award."

3.4.1.5 什么是恰当情况作出中间或部分裁决书?

仲裁庭会以这种中间或部分裁决书去作出处理主要有以下一些例子:

(1)通过中间裁决书解决一两项争议或是争端有助于整个争议的解决或对将来其他争议的审理会省钱与省时间。能够起到这种作用的争议或是争端有管辖权争议、时效争议、免责条文解释的争议等。例如说,如果仲裁庭的裁决对是否有管辖权是否定,整个争议都无需再进行。另一个例子就能够以文书审理的方式(因为责任问题会只涉及合约免责条文的解释)先行确定双方对责任的争议,由于损失计算涉及非常复杂的问题需要开庭与专家证人等。这样一来,如果以中间或部分裁决书确定了双方的责任属谁,就能够鼓励双方当事人针对损失金额达成和解,从而无需再进行费时与昂贵的开庭程序了。

(2)对一些特别复杂与很多争议事项或争议/争端的案件,特别要多考虑哪些争议可以先独立挑出来作出裁决。例如,笔者知道最近有一个很大的仲裁案件,由于仲裁庭挑出其中一项的小争议,就是对合约中责任限制条文的解释,并建议双方当事人同意让仲裁庭先作出裁决。结果被解释是责任限制在该案件中是适用,变了被告即使是违约,也只需要赔100万美元左右。这一个中间或部分裁决书作出后,本来是上亿美元的索赔马上就变得微不足道,双方当事人也就很快达成和解。这种做法以前是比较难,因为仲裁庭一般在仲裁程序的早期是不大会看双方实质争议的文件,所以也不大可能挑得出一些起到这些作用的"预先争端"(preliminary issues)。但现在是强调"案件管理"(case management),仲裁庭与双方当事人都有机会更早了解双方的争议。这就大大增加了仲裁庭的能力,虽然双方当事人的代表律师也应该多注意这种做法,因为可能对省钱与省时间起到很大的作用。

(3)双方争议涉及了适用法的问题,而这会影响将来实质的争议,因为可能适用的法律会对实质结果带来不同的结果。这一来就可能有必要先以一个中间或部分裁决书决定什么是适用法。双方当事人也会知道将来怎样做,如根据英国以外的法律,就会有必要找一位该外国法的专家证人。

(4)如果涉及了一笔金钱是明确欠下,甚至被告是公开承认欠下一笔钱(如根据被告在抗辩请求中自己计算出来的账目),但就是不肯作出支付,仲裁庭是可以作出一个中间或部分裁决书,以利原告可以凭这份文件马上强制执行,而不必等到全部的争议都解决后才能这样做。这是一直以来普通法承认仲裁员可这样做,但必须是一个最终的裁决判胜诉方有权可以取得这笔钱。在The "Kostas Melas" (1981) 1 Lloyd's Rep. 18涉及仲裁庭很快以一个中间裁决书判承租人要支付给船东10万美元。其中Goff大法官是这样讲:

"In the light of these principles, I turn to the arbitration award in the present case. The first observation I have to make about this award is that it is on its fact plainly a final adjudication that a minimum amount of U. S. \$100,000 was due and owing by the charterers to the owners; because the arbitrators found and held that the owners were entitled to receive that minimum amount from the charterers. This is not, in my judgment, a case in which the arbitrator have ordered a sum to be paid without deciding whether such sum was due and owing; I reject Mr. Pollock's (承租人代表大律师) submission to the contrary.

Second, I am satisfied that in this award the issues decided by the arbitrators are sufficiently identified. The function of identification of issues decided in an interim award is to ensure that the parties know what has been decided and therefore what remains to be decided; that is plain on the face of the award, which decides that the owners are entitled to receive at least U. S. \$100,000 in respect of the hire claimed by them, leaving it open to the owners to pursue their claim for the balance of the hire, and for the charterers to pursue their various cross claims as such, in the arbitration."

不过如果仲裁庭对一方当事人是否应支付一笔金钱有不肯定或是怀疑,就不应该是用"中间裁决书"(interim award)而应该是用"临时裁决书"(provisional award)。而临时裁决书的作出需要当事人双方的特别授权,见 Section 39(4)。

3.4.1.6 作出中间或部分裁决书的缺点与危险

作出中间或部分裁决书也有它的缺点与危险,仲裁庭必须慎重考虑。如果有怀疑的话,仲裁庭安全的做法还是一次过审理,把所有的"争议事项"(event)与它涉及的"争议或争端"(issues)一次过处理。如果处理的不好,做出中间或部分裁决书会带来以下的考虑。

3.4.1.6.1 考虑之一:中间或部分裁决书要针对的预先争议是否明确与直接

仲裁庭决定是否作出中间或部分裁决,首先就要有一个明确与直接的"预先争议"(preliminary issue),当然还要加上其他的要求就是要先解决这个预先争议,这样会对剩下的其他争议的解决有帮助。如果是一方当事人要求一个中间或部分裁决书,仲裁庭通常就会要求申请人把这一明确的预先争议写出来,并解释为什么要作出提前裁决。举一个简单的例子,是被告写出来的预先争议是根据:"合约的35条文也就是时效条文下,是否足够明确如果索赔是在交货后3个月内没有去通知被告,并在交货后6个月内提起仲裁,这一个索赔就视为是放弃与无效。"表面看来这种类型的争议的确是很适合用中间或部分裁决先处理掉。但接下来在原告的反对(原告不可能同意,否则也不需要仲裁庭决定),他是说:"这时效的争议还涉及了其他事实的争议,例如被告在时效内曾经对原告说了一些话,足以构成弃权与禁止翻供。"这一来,就会要小心这并非是一个适合用中间或部分裁决处理的预先争议。因为这一个预先争议变得很复杂。特别是其他的争议并不多,并且安排一次过开庭的时间也不会太久,这种情况下仲裁庭就会拒绝双方当事人做出中间或部分裁决的请求,采用一次过的方法处理。而如果还是以中间或部分裁决书处理可能会带来的缺点至少会有:(1)原告提出的弃权与禁止翻供涉及口头证据,有危险同一个住在外国的证人要出庭两次。先是这一个时效条文的争议,后是实体责任与损失的争议。(2)开两次庭与开一次庭相比总是会花钱多并且麻烦。(3)证人在第二次出庭,如果证言有了改变或增加还会使中间或部分裁决书的正确性有疑点。

3.4.1.6.2 考虑之二:复杂案件分割争议或是争端

对一些特别复杂与涉及很多争议/争端的案件,已经提到过是有需要分割处理。这在一个非常著名的改装船舶合约的仲裁案件,据闻也是在伦敦最昂贵的海事仲裁中出现。其中涉及了该合约中的一条条文下原告是否有权给被告通知中断合约的争议或争端就做出了第七个中间裁决书,并被上诉到法院。该案例名为 Sembawang Corp Ltd v Pacific Ocean Shipping Corp (No. 2) 2000 WL 1213039, Queen's Bench Division (Commercial Court)。笔者想节录的有关判词是 Timothy Walker 大法官所说如下:

"It is an enormously complex dispute with huge sums at stake. It concerns a contract for the conversion of a bulk carrier into a pipe laying vessel. The Owners of the vessel terminated the contract on the grounds of default by the shipyard (the Builder), and took it elsewhere to be completed. The Owners claim some £ 250 million for the additional work, and the Builder counterclaims some £ 84 million. There have already been a number of major hearings, and the proceedings have generated no fewer than seven Interim Awards to date. The Tribunal consists of two long standing and highly experienced maritime arbitrators, and a retired mercantile Judge. Between the three of them they have unrivalled experience and expertise in dealing with heavy disputes of this nature, both generally, and specifically with shipbuilding contracts. The true flavour and complexity of the case can be seen from the length and detail of the skeleton arguments deployed before me, and the various references to the transcripts of the hearings before the Tribunal at which both sides were insistent I should look during the oral argument.

As will be apparent from my reference to seven Interim Awards, the Tribunal has taken the case in tranches. It is the only possible approach to a case of this size. The problem with such a necessarily piecemeal approach is that since the Tribunal has not rendered its decisions on questions of principle all at once, it has been open to the parties to sift through the Tribunal's Interim rulings, and to seek to pick and choose between various bits of them."(这是第七个裁决书,仲裁庭是把整个案件分割处理。这样规模的案件也的确只有这样的做法才行。这种做法的问题是仲裁庭没有办法在一个决定中一次性解决所有的有关大原则。而当事人就有了机会在仲裁庭的中间裁决中挑部分内容以利于继续审理的争辩。)

Timothy Walker 还没有提到另一个问题，就是针对每一个争议或争端作出一个中间裁决书，而每个这样的裁决书是被视为对裁定的争议是最后的，不满意的一方当事人必须在28天的时限内向法院申请救济。所以好像这一个法院的诉讼是涉及了第七个裁决书，但在另一个案例，是涉及了第十个裁决书，针对的争议是原告是否应该合理减少损失。据知，该案件涉及了总共十二个中间裁决书，而到了第十三个裁决书针对损失赔偿的金额计算，双方达成和解。

笔者听说是败诉的 Sembawang 新加坡船厂对该仲裁的处理不满，认为这样分割处理把整个案件搞得太昂贵与太慢。其间，仲裁庭的成员（据悉只有一位仲裁员是自始至终都参与，其他两位仲裁员不断是换人，出了一两个中间裁决书就换了）以及代表的大律师有无数次的改动，这都会导致很多重复的工作与对案件不是全部都理解。当然，笔者因为自己没有参与该案件，所以不能有任何意见。但类似的缺点（笔者再重复是对该著名案件不了解，所以不是针对它），的确有可能会发生。这里可以节录《Russell on Arbitration》，第23版，第6-014段："A multiplicity of awards can, however, be detrimental, and tribunal should be wary of adopting such an approach. By dealing with the case in the piecemeal fashion that several awards necessarily entails, there may be a danger that resolution of the dispute as a whole will be delayed and the parties will be put to additional expense. The decision to make an award on a particular issue or issues will also often be made at an early stage of the proceedings. There is a danger that it may subsequently prove to be less determinative, legally or commercially, than originally envisaged. For example, as the case unfolds, it may become clear that it is more complex than originally thought. The tribunal should therefore consider whether there is any real advantage to any of the parties in proceedings with the partial award at all, or whether it will simply add to the costs of the reference and cause unnecessary delay. The tribunal should focus on what it is intended to achieve by the issue of the award."

3.4.1.6.3 考虑之三：把多个独立的争议事项分割处理

针对多个独立"争议事项"（event）的情况，如果分割处理，也是要考虑这样做是否省钱与省时间。因为一次过审理只需要一次的开庭（即使开庭的时间比较长），代表的大律师只需要委任一次，外国前来的证人也只要出庭一次（这是在同一位证人涉及了几个不同的争议事项，如果分割开庭审理他就会要前来几次）等。

另一个仲裁庭主要考虑的就是先作出的中间裁决书会否让先取得胜利的一方在执行了该裁决书之后一走了之，而有反索赔（是另一个独立的争议事项）的一方在反索赔胜诉之后无法"对冲"（set-off）之前败诉的部分。这种情况经常在航运或国际货物买卖案件中出现，如船东向承租人索赔一笔欠下的运费或滞期费，而承租人对这笔欠下的金钱没有抗辩但会提出另一个反索赔，如船长疏忽或船舶不适航所导致的货损货差。在金额上，可能反索赔估计的损失比船东索赔的金钱还要高。这一来，考虑反索赔的处理比较麻烦，涉及许多文件/口头证据/专家意见证据等，所以开庭恐怕也会是一两年后的事情。往往在这种情况下,船东就会要求针对他的索赔,仲裁庭做出一个中间或部分的裁决书。如果仲裁庭同意这样做,马上想得到的危险就是在一两年之后如果反索赔成功,但其间船东已经把有关的船舶出售或是因事故沉没而变成一家皮包公司,承租人作为胜诉方怎样把这笔反索赔的损失向船东要回来。当然这也要看每个案件的不同事实,如承租人较早时已经通过扣船取得了船东互保协会对货损货差的担保,仲裁庭就可以放心,也应该把这笔毫无疑问是承租人欠下的金钱以中间或部分裁决书处理掉,正如 The "Kostas Melas" (1981) 1 Lloyd's Rep. 18 这一先例。

同样的情况也经常会出现在国际货物买卖合约,如卖方向买方索赔欠下的货价,而买方向卖方反索赔其他独立的争议事项,如延误交货或其中一批货物少了付运。

在这里也可以一提是仲裁庭在上述的情况下还可以行使一种名为"程序上的指令"(procedural orders nisi)的权力。简单地说,就是仲裁庭对原告(不论他是上述例子的船东或是卖方)说:"仲裁庭愿意对你的索赔做出一个中间或部分裁决书,但你必须为被告的反索赔提供担保作为是一个交换的条件。"这种在 1996 年《英国仲裁法》生效前已经有的做法,并没有因为新立法而受到任何影响。原因是在 Section 47,它所用的文字还是说仲裁庭"可以"(may)作出或不作出中间或部分裁决书,这是明显给仲裁庭一个裁量权。1996 年《英国仲裁法》是允许这种做法,可节录一些针对这一立法的著作,如《Russell on Arbitration》第 23 版第 6 - 015 段:"For example, a tribunal may refuse to make the award unless the claimant provides reasonable security for the respondent's cross-claims."

3.4.2 最后裁决书(final award)

在作出最后裁决书后,可以说仲裁庭也是完成了使命,变得是"functus officio"。所以,仲裁庭做出最后裁决书最重要是看双方提交的所有争议是否已经作出了"一事不再审"(res judicata)的裁决。此外,也要看他是否已经变了是"functus officio"。

这里引用 Diplock 大法官在 Fidelitas Shipping Co Ltd. v. V/O Exportchleb (1965) 1 Lloyd's Rep. 223 中的判词说:"Once his final award is made, whether or not stated in the form of a special case, the arbitrator himself becomes functus officio as respects all the issues between the parties unless his jurisdiction is revived by the Court's exercise of its power to remit the award to him for his reconsideration. But this is merely the way in which the principle nemo debet bis vexari pro una et eadem causa affects the arbitrator's functions. He has decided the questions of fact as to which he is the exclusive tribunal; he has determined their legal consequences subject only to correction by the High Court on the stated questions of law. The parties cannot re-open the same matters again before him. Where his award is an interim award stated in the form of a special case, it determines the particular issue or issues to which it relates in alternative ways dependent upon the answer of the High Court to the question of law stated in the special case. It creates an issue estoppel or arbitrator is functus oficio as respects the issues to which his interim award relates."

由于做出最后裁决书之后，仲裁庭等于是已经解散，所以裁决书必须是把双方所有提交给仲裁庭的争议都有做出最后的裁决与处理，也不能定下任何其他的先决条件。在很早以前，有不少先例判一个最后裁决书没有把所有提交的争议作出裁决与处理是一个有缺陷的裁决书，并会导致整个裁决书被法院撤销：Robinson v. Bisse（1610）1 Roll Abr 377；King v. Hammerton（1729）1 Barn KB 316；Wakefield v. Llanelly Railway and Dock Co（1865）3 De G J& Sm 11。但现代针对一个不完整最后裁决书的做法是允许法院把裁决书发还给仲裁庭对漏掉的争议作出裁决与处理，这规定在1996年《英国仲裁法》Section 68（2）（d）中。在Ronly Holdings v. FSC Zestafoni G Nikoladze Ferroalloy Plant（2004）EWHC 1354（Comm），仲裁庭判原告胜诉的金额是16,083,772美元，但只在裁决书指令被告支付原告10,088,834美元，而差额是被告声称在其他合约原告所欠下的金钱。但仲裁庭没有对其他合约声称被欠下的金钱作出任何裁决，也没有管辖权针对其他合约的争议，他这样做只为了希望双方可以友好地解决他们之间所有的争议。Gross大法官判这个裁决书不完整，仲裁庭无权这样做，并把该裁决书发还给仲裁庭重新考虑。

除了向法院申请救济，当事人还可以或应该向仲裁庭提出裁决书所遗漏的争议，并要求仲裁员作出一个"追加裁决书"（additional award）。这是在1996年《英国仲裁法》之Section 57（3）（b）中有明确规定。这可能是一种比向法院申请救济更简单的解决办法，估计是跟从《联合国示范法》之Article 33（3）的做法，早在1950年《英国仲裁法》，Section 18（4）也有类似的规定，但不知道为何只局限在费用方面。等于是裁决书漏了针对费用，当事人才能向仲裁庭要求作出追加裁决书。但其他争议/争端的遗漏，当事人就只能向法院申请救济了。在1996年《英国仲裁法》就再也没有这一个局限，任何的遗漏争议，仲裁庭都可以作出追加裁决书。只是在仲裁庭不合作或不认同有所遗漏的情况下，当事人才需要向英国法院提出救济的申请。

最后裁决书的内容也必须是最后的裁决，这包括了所有实质的裁决不能有"下放"（delegation）或是"有条件"（conditional）。仲裁庭不能犹豫不决把其中一个争议下放到将来才决定：Thinne v. Rigby（1612）Cro Jac 314；Winch v. Sanders（1620）Cro Jac 584；Selby v. Russell（1697）12 Mod Rep 139；Re O'Connor and Whitlaw（1919）88 LJKB 1242。仲裁庭也不能下放给法院，如明知道某一个法律观点正在其他的案件中上诉至贵族院，而裁决书判是上诉成功就会是什么样的结果，但失败又会是什么样的结果。这等于是把裁决书的结果下放给贵族院将来去决定：Goode v. Walters（1850）20 LJ Ch 72；North & South Western Function Railway Co v. Brentford Union Assessment Committee（1888）13 App Cas 592。仲裁庭也不应该下放给第三者作出最后的决定，如有第三者的批准才需要履行裁决书的指令。在Tomlin v. Fordwich Corporation（1836）5 Ad & El 147中，裁决书要求进行修理但先要得到一位独立第三者的满意，就是一个典型的例子。最后是不能把决定下放给当事人自己，如让其中一方当事人有一个裁量权不按照裁决书履行。这种裁决书可以说是没有作出最后的决定：Sherry v. Richardson（1593）Poph 15；Miller v. De Burgh（1850）4 Exch 809；Baillie v. Edinburgh Oil Gas Light Co（1835）3 Cl &Fin 639。以上都可以说是属于仲裁庭犹豫不决的情况。

最后裁决书也不能将一些外来可能发生的事情作为履行与生效的条件：Knige v. Fines（1661）1 Sid 59。这种裁决书也是属于没有作出最后的决定与太不肯定。

3.4.3 发还后作出的裁决书（awards following remission）

1996年《英国仲裁法》对发还后作出的裁决书的规定是在Section 68（3）（a）与69（7）（c）。在Section 68下，一方可以以"严重不正常"（serious irregularity）为由对裁决书提出挑战与要求救济，而法院作出救济的一个主要办法是把裁决书发还给仲裁庭重新考虑，并尽量避免撤销裁决书所带来的劳民伤财。另在Section 69下，也可以对法律观点的裁决上诉。法院可能会在法律观点做出了判决后将裁决书全部或者部分发还给仲裁庭重审，如要重新计算损失。根据Section 69，重审是要在"法院决定的基础上"（in the light of the court's determination），也就是法院认为正确的法律观点仲裁庭必须依从。

在发还重审时，仲裁庭必须重新考虑被发还重审的部分争议，而不能重新考虑其他没有发还的部分。这表示没有发还的部分由于已经做出了最后的裁决，仲裁庭即使想法有了改变也不能改，因为适用一事不再审的大原则。如果是根据Section 68被发还，他必须对裁决书作出修改以消除这"严重不正常"。如果是根据Section 69被发还，他就必须根据法院对此法律问题的判决对裁决书作出修改。无论是哪种情况，仲裁庭根据Section 71（3）都要作出一份新的裁决书，而且必须在法院规定时限内或1996年《英国仲裁法》之Section 71（3）规定的3个月时限内作出。

如果法院的命令没有针对仲裁费用，在发还后作出的裁决书内，仲裁庭就要作出针对，但如果法院有针对费用仲裁庭就要依从法院的命令。

发还后作出的裁决书在格式与措辞上与先前作出的裁决书基本一样，新的裁决书名称需要是"发还后替代原来裁决书的裁决书"（AWARD replacing [state which] Award following remission）。

接下来在裁决书的前一部分的"案件详述"（recital）要增加两个方面在原来的案件详述的基础上：（1）被替代的裁决书（如它的日期），当事人向法院提出的救济申请（如申请的日期与种类），与法院作出的决定与发还裁决书；（2）一个特定的表述说明本裁决书是完全依照法院所判决的法律观点作出重新考虑，并替代原来的裁决书。这一个特定表述可以用措辞如："This is my amended award following reconsideration in the light of the said determination of the court and replaces my [state which] Award published on [date]."

再接下来在裁决与原因部分，要依照法院的判决重新考虑与分析被发还的争议，并作出新的裁决。至于不包括被发还的部分或争议就只能重复记录。

最后对利息与费用（特别要考虑法院对费用作出的决定与仲裁员费用）会需要重新针对。则实际上，裁决书的“执行或生效部分”（operative or dispositive part）就包括了发还后作出新的裁决与原来裁决中没有被法院要求重新考虑的部分。

3.4.4　进一步作出补充原因的裁决书（awards giving further reasons）

1996年《英国仲裁法》对进一步给出补充理由的裁决书的规定是在Section 52（4）与70（1），这是由法院命令仲裁庭作出进一步原因。另根据Section 57，也会是双方或是一方当事人向仲裁庭要求对裁决书不清楚的地方作出澄清的情况下，仲裁庭作出进一步原因。有关这方面的做法，在本章第5.1.1段有详论。

不论是根据法院命令或当事人的要求作出进一步原因，形式上可以是一份裁决书的附录（即不是在原裁决书内修改或增加内容）。这份附录的标题可以是："Addendum to [state which] Award (Reasons for decision on Issues [state which])"。

附录的抬头一句话可以是如下："I am ordered {I am requested[这是针对被当事人要求的情况]} to give reasons for my decision on Issue [number], being by way of a declaratory award that the Claimant is entitled to additional payment for executing the work in dispute. My reasons for that decision are as follows:..."（这是假设仲裁员在原来的一个宣示裁决书中根本没有给任何原因）。

在作出了原因之后，最后要加一句说明此附录构成整个裁决书的一部分，措辞可以是："The foregoing reasons now form part of my [state which] Award dated [date]."

3.4.5　不给原因的裁决书（unreasoned awards）

1996年《英国仲裁法》对不给原因的裁决书的规定是在Section 52（4），这会在两种情况下出现，一种就是“同意裁决书”（agreed award）（本章3.2.2段有介绍），另一种情况是双方当事人同意裁决书不用作出原因（这种情况是很少会出现）。换言之，今天在伦敦作出的裁决书绝大部分是有原因的裁决书，这是因为在1996年《英国仲裁法》之Section 52规定裁决书必须要给原因。虽然，立法中也没有对原因有进一步的定义，这就带来了疑问是什么才算是足够与全面的原因，这在本书第七章有针对。

这一个地位与以前很不一样，因为一直以来英国仲裁立法都没有强制性要求仲裁庭为他的裁决作出原因。而由于在1996年之前的1950年《英国仲裁法》Section 21允许英国法院针对裁决书表面作出的任何法律观点审查，就变得需要避免作出裁决书后被败诉方取巧要求法院审查以图改变裁决结果或使执行受到延误，所以尽量不在裁决书的表面作出裁决的原因。显然，作出的原因越多就越容易被挑出法律观点的错误。事实上，以前的英国特别是伦敦裁决书也不是没有原因，否则也无法令败诉方信服。做法是仲裁庭作出一个“机密的原因”（confidential reason）在另一份的文件中，而文件的抬头是说明该文件不属于裁决书的一部分，双方当事人不能以它向法院申请对裁决书的救济或对抗执行。措辞可以是："These Reasons are issued subsequently to and separately from the Award and do not form part of the Award. They are given for the information of the parties only and on the understanding that no use whatsoever is make of them on or in connection with any proceedings on or related to the Award. ”

这种不给原因的裁决书除了是原因部分欠缺外，其他部分与一般有原因的裁决书完全一样，否则会造成执行的困难。这包括裁决书的抬头（针对仲裁的程序法，双方当事人的身份与裁决书的名称），案件详述（主要针对仲裁庭如何拥有管辖权，仲裁协议，仲裁庭如何成立，曾经作出过的中间裁决书，重要的仲裁程序如有否开庭等），双方争议是什么（双方当事人可能有几个不同的争议），序言，裁决/决定（事实的认定与法律的判定，并可同时写明双方当事人同意裁决书不必作出原因），执行或生效部分，裁决书的日期与仲裁地点，仲裁员签字等。

一个不给原因的裁决书是不能根据 1996 年《英国仲裁法》Section 67 与 69 申请法院的救济。但这不影响 Section 68 下法院针对仲裁程序中发生的严重不正常的救济，法院也有权看机密的原因找出到底是否有严重不正常：The “Easy Rider” (2004) 2 Lloyd’s Rep. 626；BTC Bulk Transport Corporation v. Glencore International AG (2006) EWHC 1957 (Comm.)。

在 1996 年《英国仲裁法》的立法过程中，对一直以来的做法就是给一个比较短的机密裁决原因，一下子改为作出全面的原因，也曾经有过非常激烈的争议。在裁决书中作出全面原因的理由有：增加工作量和提高仲裁费用。另是英国仲裁有一个独特的做法，就是裁决书的法律观点可以上诉法院（虽然 1979 年立法后有了收紧，需要批文才能上诉）。这一来，裁决书的表面就要作出全面的原因可能带来大量的案件上诉法院。但最后 1996 年立法还是依照世界潮流，如《联合国示范法》起点就是裁决书要有全面的原因。

有关以上的内容，很大部分在立法小组对 1996 年《英国仲裁法》的报告（Department Advisory Committee on Arbitration Law, Report on the Arbitration Bill，简称 DAC 报告）中有提到，请参阅。

3.4.6 机构裁决书

有关机构的仲裁，基本上与随意仲裁所作出的裁决书相同。当然，在裁决书的“抬头”（heading）与“案件的详述”（recital）会加上机构仲裁与适用的有关仲裁规则，这些小地方不足一提，因为只是一些逻辑上的修改或增加。在这里比较重点介绍的是最著名机构仲裁的 ICC 有一个独特的做法，就是根据其仲裁规则 Article 27 需要把草拟裁决书先给 ICC 仲裁院“审核”（scrutiny）后才能签发并发放给当事人。这种审核是针对所有 ICC 的裁决书，不论是中间还是最后裁决书。审核主要的目的是为了确定裁决书的“格式”（form）是否符合要求，避免将来在执行时遇上问题。如与“审理范围书”（Terms of Reference）作出比较，看看最后裁决书是否针对所有的争议都有了决定与处理。笔者最近就经历过这样的情况，就是仲裁庭作出了在审理范围书以外的裁决。显然这会导致裁决书将来执行上的困难，结果在审核的过程中，决定向仲裁庭提出或者删除这部分裁决。但如果仲裁庭坚持要包括在内，就建议仲裁庭向双方当事人提出多出来的部分裁决并要求他们作出陈述。这一来，就不会将来在执行的时候有困难。

审核也包括看裁决书非常重要的执行与生效部分是否明确、肯定与没有遗漏。另外，审核也看裁决的原因有否足够的作出或会否需要补充。通常，审核也会挑出很多文书上或计算上的错漏。这带来一个好处是ICC裁决书在发放给当事人后，比较少会有当事人回来要求作出修改、澄清或需要作出追加裁决书。

但笔者也听到不少对裁决书审核的批评，主要是这一程序带来的延误与费用。另是，对一些有经验的国际仲裁员而言，这一个程序会干预他的裁决自由，即使在名义上审核只针对裁决书的格式。笔者以前也听到一个伦敦著名的海事仲裁员批评ICC作为一个巴黎的仲裁机构，竟然敢批评他的英语表达。但笔者被委任为代表香港地区的ICC仲裁院代表后，感觉上有了改变。首先，ICC仲裁会有来自很多不同国家的仲裁员，他们的英语（越来越多的ICC裁决书是以英语作为仲裁语言，虽然也有其他如法语与德语的裁决书）水平以及国际仲裁的经验会有很大差异。所以去通过审核对某些仲裁员的协助会是相对伦敦海事仲裁那十几个英国仲裁员的需要大得多。而且审核只是一个通称，由谁来审核才是最关键的。ICC的有关工作人员（所谓的general counsel）负责审核，其水平与经验十分高，笔者觉得他们的确是能够挑出裁决书的毛病或值得商榷之处。举例说，笔者最近知悉一个例子涉及了一个复杂的国际仲裁在草拟裁决书由仲裁庭的三位成员（都是一些著名的英国御用大律师）在初步会议达成一致意见（如谁胜谁负）后把草拟的大量工作分开三部分（因为有好几个替代的争议）由每一个成员分担一部分。但大概由于他们工作繁忙，没有好好的作出审核就交给了ICC仲裁院。这被工作人员发现裁决书结果虽然是一致，但大家给的原因与考虑的方向完全不一样。结果在ICC仲裁院的审核后，要求仲裁庭作出修改，显然整个裁决书就变了逻辑紧密与滴水不漏。

审核虽然说只是针对格式，不影响仲裁庭的裁决自由，但ICC仲裁院还是会在一些情况下向仲裁庭作出建议。如裁决书的原因互相矛盾，或是部分无法理解。或是，裁决书判胜诉方可以取得的金额比他所提出的更高。还会有情况是，个别ICC仲裁院工作人员对裁决书适用的法律有一定的认识，知道最近有了判例或立法作出了改变，导致裁决书的原因与结果再也不正确，估计ICC仲裁院会向仲裁庭提出。这会在有些情况下导致仲裁庭对裁决书的实质内容作出更改。

显然，向仲裁庭提出要求修改会是一件敏感的事情。就笔者而言，对ICC仲裁院要求对英语文法上的修改是求之不得，但有些仲裁员就会抗拒。笔者还记得在一个管辖权裁决书，一位新加坡首席仲裁员与在ICC仲裁院为了裁决书的名称应该是"Ruling"还是"Partial Award"就争辩了很长时间，笔者作为当事人仲裁员也没有办法插口，反正两个名称笔者都可以接受。

由于ICC仲裁院每年会有400~500个裁决书以上需要进行审核，这是很大量的工作。所以，很多裁决书工作人员不觉得有大问题就会在ICC仲裁院去审核前就已经解决掉。做法是工作人员通过电话与独任仲裁员或首席仲裁员提出一些小问题，这可以保证很快就把有关的问题作出澄清以及有需要的话作出修改。也有大部分的裁决书，估计没有问题，这是由人数较少的"工作小组"（committee）审核（工作小组的成立是根据 Appendix I 之 Article 5 与 Appendix II 之 Article 4），可以节省不少时间。但一些估计是麻烦的裁决书（如仲裁庭有重大不同意见，或是争议复杂与涉及庞大的金额，或一方当事人是主权国家），就会交给"大会"（plenary）审核。在这之前，ICC 仲裁院还会委任一位资深仲裁员的成员（名为 rapporteur）为该裁决书作出一份详细报告，提出其看法、批评与是否有问题，作为交给大会讨论的建议。

总结说，笔者觉得 ICC 的整个审核的做法是有道理，也难怪 ICC 裁决书有它的国际地位。例如美国法院的两个先例对 ICC 裁决书的高度评价：Carte Blanche（Singapore）Pte.，Ltd v. Carte Blanche International Ltd 888 F. 2d 260（2d Cir. 1989）与 Appolo Computer Inc v. Bere F. 2d 469. 473（1st Cir. 1989）。但要说明的是，笔者不认为其他机构仲裁可以模仿该审核做法，因为能够胜任的话就必须是很有经验与高水平的工作人员与代表成员，否则只是花时间与花冤枉钱的累赘。

3.4.7 残缺裁决书（truncated award）

3.4.7.1 普通法要求一致决定到 1979 年《英国仲裁法》的改变

残缺裁决书是指仲裁庭的三位成员有其中一位由于不同意大多数意见而拒绝签署裁决书。这导致了裁决书只有两位而不是三位仲裁员的签字，所以被称为是残缺。这里可以谈谈在英国法律下的一些改变。

起点是普通法原来的地位下要求仲裁庭的成员达成"一致的意见"（unanimaty），否则是不能约束双方：UK Mutual Steamship Assurance Association v. Houston（1896）1 QB 567。估计这一个法律地位是因为在当时，法院还谈不上是支持仲裁，所以有一些今天看来是过分严格的要求。这也导致了在一些著名的仲裁规则中，会有规定是可以接受多数仲裁员的决定而不必是一致，等于以明示条文超越默示地位。例如在 LCIA 仲裁规则之 Article 26.3："Where there are three arbitrators and the Arbitral Tribunal fails to agree on any issue, the arbitrators shall decide that issue by a majority. Failing a majority decision on any issue, the chairman of the Arbitral Tribunal shall decide that issue."

英国的法律在 1950 年《英国仲裁法》Section 9 还是拒绝承认三位成员的仲裁庭，把这种协议视为是两位当事人委任的仲裁员，如果不能同意就由公断人作为独任仲裁员作出裁决。换言之，还是不存在"多数意见"（majority decision）的做法。在 Section 9 是这样规定："（1）Where an arbitration agreement provides that the reference shall be to three arbitrators, one to be appointed by each party and the third to be appointed by the two appointed by the parties, the agreement shall have effect as if it provided for the appointment of an umpire, and not for the appointment of a third arbitrator, by the two arbitrators appointed by the parties.（2）Where an arbitration agreement provides that the reference shall be to three arbitrators to be appointed otherwise than as mentioned in subsection (1) of this section, the award of any two of the arbitrators shall be binding."

之后,英国受到国际上做法的影响(包括像《联合国仲裁规则》之 Article 31[1]与《联合国示范法》之 Article 29 等),终于在 1979 年《英国仲裁法》对 1950 年作出局部修改时接受仲裁庭三位成员与多数决定对双方当事人有约束的做法。这是在 Section 6 (2)说:"For section 9 of the principal Act [agreements for reference to three arbitrators] there shall be substituted the following section: 'Majority award of three arbitrators Unless the contrary intention is expressed in the arbitration agreement, in any case where there is reference to three arbitrators, the award of any two of the arbitrators shall be binding.'"这一做法也在 1996 年《英国仲裁法》之 Section 20(3) 被延续下去。

3.4.7.2　仲裁庭的首席仲裁员

由于在 1996 年《英国仲裁法》之 Section 20(4) 有提到如果仲裁庭不能达成一致或多数决定,就以首席仲裁员的决定为准。由于在 1950 年《英国仲裁法》中没有首席仲裁员的说法所以要进一步的解释。

首先要一提的是在 1950 年《英国仲裁法》Section 8 (1),默示地位是两位当事人委任的仲裁员不能同意就要委任一位"公断人"(umpire)。他们没有权力委任一位仲裁员以组成一个三位成员的仲裁庭:Fletamentos Maritimos S. A. v. Effjohn International B. V. (1995) 1 Lloyd's Rep. 311。这一位公断人就以一位独任仲裁员的身份作出最后的裁决,裁决书由他一个人签字,他的裁决也完全可以不理会原来两位仲裁员的意见。例如,原来两位仲裁员在部分争议是达成一致决定,只是在小部分争议有不同意见。但公断人一接手仲裁,根本不必受到原来两位仲裁员达成一致决定的约束,完全可以以他自己不同的看法作出最后裁决。

到了 1996 年《英国仲裁法》,Section 15(2) 就带来一个完全是新的规定,说明法律默示的地位是在这种情况下委任一位首席仲裁员,以组成一个三位成员的仲裁庭。这变了是如果当事人还是希望委任一位公断人,就必须在仲裁协议明示规定才行。Section 15(2)可节录如下:"Unless otherwise agreed by the parites, an agreement that the number of arbitrators shall be two or any other even number shall be understood as requiring the appointment of an additional arbitrator as chairman of the tribunal."

这一来,在一个包括一位首席仲裁员的三人仲裁庭,作出仲裁程序命令或裁决书的决定,做法上是根据 Section 20(2) - (4),就是先以多数意见为准,但如果三人的意见都不一致就以首席仲裁员为准。有关的条文可节录如下:"(2) If or to the extent that there is no such agreement[1], the following provisions apply. (3) Decisions, orders and awards shall be made by all or a majority of the arbitrators [including the chairman]. (4) The view of the chairman shall prevail in relation to a decision, order or award in re-

[1] 这是指双方的仲裁协议另有规定,如明示规定了首席仲裁员的委任,同时明示规定了他有比默示地位更大或更小的权力。反正是有了明示,接下去的[2] - [4]的默示地位就不适用了。

spect of which there is neither unanimity nor majority under subsection [3]”。

此外,1996 年立法为了完整也加上了 Section 22 针对一种情况是双方在仲裁协议明示规定没有首席仲裁员或公断人的委任。如一条要求委任三位平等地位的仲裁员,Section 22 就是说明在这种情况下就是以多数决定为准。但如果不能达成一致决定或多数决定,由于不存在首席仲裁员可以作出最后的裁决,就会构成困难。这一点是在 DAC 报告的 95 段也承认,但认为风险很低。如果真有这种情况出现,除非双方当事人能够达致另外的解决方案,否则就只能把这一个连多数意见也无法达致的仲裁庭解散,重新组成另一个仲裁庭重审一次。

Section 22 可节录如下:“Decision-making where no chairman or umpire (1) Where the parties agree that there shall be two or more arbitrators with no chairman or umpire, the parties are free to agree how the tribunal is to make decisions, orders and awards. (2) If there is no such agreement, decisions, orders and awards shall be make by all of a majority of the arbitrators.”

由于有这一危险,所以在一些拟定的比较细的仲裁规则如 2006 年的 LMAA 仲裁规则中的第 8 条,它针对的是仲裁协议说明是三位仲裁员,它就在(c)说明根据 LMAA 仲裁规则,第三位仲裁员是被视为是首席仲裁员,除非双方当事人有不同的约定。这一来,海事仲裁如果适用 LMAA 规则的话,就可以补充仲裁协议不足之处,如只约定三位仲裁员组成的仲裁庭。

3.4.7.3 在现实中一致或多数意见的决定或裁决书

英国法律这些改变也的确很有必要,因为今天的国际仲裁再也不是由几个英国的有共同想法与教育的仲裁员关门合议(在这种情况下就比较容易达成一致意见),来自不同国家及文化背景的仲裁员往往会提出对问题的不同看法。所以如果英国法律还是坚持仲裁庭要达成一致的决定才能约束双方当事人恐怕绝不可行。

以笔者熟悉的伦敦海事仲裁为例,绝大部分的仲裁案件都是由 8 ~ 10 位的著名 LMAA 仲裁员作出裁决。一直以来,他们经常能够达成一致的裁决(不论是事实的认定还是法律的判定),这也是他们引以为荣的,因为这里包括了公正性(不会因为不同当事人的委任而受影响)与稳定性。所以,LMAA 应该是不欢迎外来人士参与,其中明显的不成文规定就是 LMAA“正式会员”(full member)必须是住在伦敦或伦敦附近。这一个规定事实上明显过时,因为今天通讯的发达与旅行的廉宜/方便。更不说伦敦的海事仲裁 80% 是以文件处理,大家根本不需要见面或是开庭。幸亏笔者是 LMAA 的“支持会员”(supporting member),这也是会员的一种,所以不影响笔者接受委任在一条仲裁协议说明必须是 LMAA 会员资格的仲裁员(今天多数的涉及海事标准格式合约都会印上要求这一个资格)。但笔者看到有这样的趋势进一步排除外来人士去参与,就是看到出现一些标准甚至是私下约定的仲裁协议规定仲裁员的资格只是正式会员,或是必须住在伦敦或伦敦附近。LMAA 欢迎这一趋势完全可以理解,因为这种垄断性与排除外来人士的做法从来没有影响 LMAA 的成功。笔者估计世界上的海事争议从20世纪六七十年代的60%去伦敦仲裁到了今天90%以上去伦敦仲裁，大部分是LMAA的仲裁。这一来，何必改变完全是成功的模式。毕竟接受外来人士作为仲裁员的确有麻烦，笔者也很怕与一些不认识与不太懂的仲裁员一起组成仲裁庭，往往是一个很简单的程序上的决定也要花很多时间与妥协。

3.4.7.4　少数仲裁员意见表达方式之一：提出反对意见

在今天真正的国际仲裁中，一致的决定不多，绝大部分是多数的决定或裁决（不论是在仲裁程序或最后裁决书）。仲裁庭三位成员各自不同看法的情况起初会有，但往往在合议过程中，两位分歧不是太大的仲裁员会达成多数的决定。这一来，剩下不同意见的仲裁员只能是有一个"反对意见"（dissenting opinion），但这不属于仲裁庭作出的决定，所以不能称为是"dissenting award"。如果是一个仲裁程序的命令，这命令可以说明是"多数仲裁员的命令"（order by majority decision），但不必再进一步解释原因，因为程序命令本来就不需要给原因。但如果决定涉及是一个实质性的裁决书，多数仲裁员的决定还是必须要给原因。这一来，少数不同意见的仲裁员也会希望在裁决书中作出他的原因，虽然这原因并非是裁决书的一部分。根据英国法律，是否允许把一个反对或不同意意见加在一份裁决书作为附录是由多数仲裁员去定。这在Cargill v. SIMSA（1998）1 Lloyd's Rep. 489，上诉庭的Waller大法官是这样说："The courtesy to allow a dissenting opinion to be attached to the reasons of the majority will be extended to a dissenting arbitrator in many arbitrations, but there are trade arbitrations where it is not the practice to extend that courtesy. It is for the majority to decide whether the courtesy should be extended. Unless the rules or arbitration agreement were to provide expressly to the contrary a dissenting arbitrator has no right to insist on his dissenting reasons forming part of the reasons for an award."

对达成多数决定的两位仲裁员而言，他们是不太会喜欢在裁决书附加一份反对或不同意见，这至少会鼓励与增加被上诉到法院的机会：The "Northern Pioneer"（2003）1 Lloyd's Rep. 212。如果涉及机构仲裁，更会是有可能该机构不允许反对意见给有关当事人。如以前贸仲就是这种做法，把反对意见作为秘书处的档案文件。笔者记得曾经有西方国家的仲裁员对这种做法大表不满，威胁要把反对意见在国际刊物中刊登出来。对笔者而言，如果是属于少数不同意见的仲裁员而其他两位仲裁员如果不允许把笔者的反对意见附加在裁决书，估计也不难对付。一种做法就是干脆在发放裁决书时把不同意见直接发放给双方当事人。

3.4.7.5　少数仲裁员意见表达方式之二：拒绝出庭

这种极端的情况应该是不多，毕竟在出庭之前仲裁庭成员之间就已经有了如此严重的分歧是很少出现。但在一个古老的案件也发生过，就是持不同意见的仲裁员拒绝出庭：Barlett v. Smith（1734）2 Barn KB 412。而比较近期一点的也有类似的情况，如在Karaha Bodas Co LLC v. Pertamina, No. H01－0634, S. D. Texas, Houston Div先例中涉及的瑞士仲裁，有报道说印尼当事人委任的印尼仲裁员没有出庭，一种说法是他被印尼大使馆派人在开庭前绑架并送回印尼，另一种说法是他自己拒绝出庭，因为印尼法院出了禁令。

反正应该怎样办就可以先举一种说法，就是少数仲裁员如果是明显与基本持不同或反对意见，其他两位多数仲裁员就没有必要再让少数仲裁员参与合议。这是在 Bank Mellat v. GAA Development (1988) 2 Lloyd's Rep. 44，Steyn 大法官是这样说："The sole purpose of a further meeting or consultation would have been to enable Mr. Djahromi (少数仲裁员) to discuss with the majority the redrafting of the reasons of their majority award. Mr. Djahromi disagreed fundmentally and comprehensively with the majority award and its reasons, and it is difficult to conceive of the utility, at that late stage, of a discussion with him of a drafting exercise which was intended to strengthen those reasons. No doubt courtesy between colleagues required a futher reference to him, but in my view the governing principle, which I have stated, did not require it as a matter of law."

但笔者认为这一说法在少数仲裁员拒绝出庭应该是不适用，因为时间上太早。至少理论上在开庭聆讯后少数仲裁员看法有了改变或是多数意见的两位仲裁员其中有一个改变看法可能性是存在。所以笔者认为安全的做法还是让希望推进仲裁的一方当事人（通常是原告）根据 1996 年《英国仲裁法》Section 24 向法院申请把持少数意见的仲裁员赶走。

3.4.7.6 少数仲裁员意见表达方式之三：拒绝签署裁决书

少数仲裁员持不同或反对意见其中一种常见的表达方式是拒绝签署裁决书，这就会造成本段的题目也就是有一个残缺的裁决书。根据英国法律，仲裁员拒绝签署裁决书（即使是他不同意多数决定）是违反他作为一个仲裁员的责任，这在 Cargill v. SIMSA (1998) 1 Lloyd's Rep. 489 有明确的说法。可以说，如果有规定是裁决书必须是有三个仲裁员的签字，解决的办法恐怕就要通过法院把这个拒绝签字的少数仲裁员赶走，并委任另一位合作的替代仲裁员（即使还是持反对意见但至少是肯签字）。规定要有三个仲裁员签字才算有效的裁决书会在仲裁协议中规定，更有可能会是一些仲裁机构的仲裁规则有这样的规定。在 Cargill v. SIMSA 先例中，涉及了 GAFTA 的仲裁规则，r. 7. 1 就有这样的规定说："All awards of arbitration shall be in writing on an official form issued by the Association and shall be signed by [the sole arbitrator or] by all members of the Tribunal."

但如果没有这样的明示规定，现在根据 1996 年《英国仲裁法》接受多数决定的裁决书是有效与有约束性，所以做出裁决书根本不会受到少数仲裁员持不同或反对意见的影响。

在这种多数决定的裁决书被视为是有效与有约束性也在国际上被普遍接受，如在《联合国示范法》Article 31(1) 就有这样的规定说："In arbitral proceedings with more than one arbitrator, the signature of the majority of all members of the arbitral tribunal shall suffice, provided that the reason for any omitted signature is stated."这里有一个额外的规定

就是多数决定的仲裁员要在裁决书注明少数仲裁员没有签署的原因。这种原因也不难拟定，反正就是照事实说，如少数仲裁员在某一天（这通常是比较晚的时间）以电邮告诉其他两位仲裁员他不会在裁决书签字，但没有说明原因，或有说明原因与什么原因。

拒绝（或无法）签署裁决书的理由/情况必须清楚地在裁决书中说明，否则会影响执行。笔者（杨大明）处理过一个案件，在该案件中，持不同意见的少数仲裁员因为出裁决前（但开庭后）被一国家法院作出禁令所以无法继续与其他多数仲裁员讨论裁决书的内容也无法签署裁决书。结果，最后只有两位仲裁员以“多数意见”出了一份裁决书。当原告把裁决书执行时，他们表示这份有多数仲裁员签署的裁决书是有效，不必有第三位少数仲裁员签字。结果这观点没有被执行国法院接受。这是因为没有第三位少数仲裁员签字的理由不只是程序上的问题，该第三位少数仲裁员确实没有完全参加与其他两位仲裁员的讨论过程。

发展中国家作为一方当事人，别以为委任自己的仲裁员就足够保障自己的利益。在以上介绍的多数仲裁员作出的裁决书可以看到是根本起不了保护的作用，充其量能够做的就是搞一些小动作，如拒绝在裁决书上签字。但最后的结果还是避免不了败诉，因为一个多数决定的裁决书与一致决定的裁决书效力是一模一样。健康与长远的做法还是委任一位高水平但又是对发展中国家的文化与习惯做法有了解的仲裁员。既然是高水平的人士（熟悉国际仲裁、有关的实体法及相关业务），他就会自重与了解自然公正的重要性，所以期望他会偏袒委任方不切实际。但正是由于他有水平并了解委任方的文化及习惯做法，他有能力与其他西方的仲裁员据理力争而对最后作出的一致或多数裁决起到作用。例如，西方仲裁员会认为发展中国家的当事人是“邪恶”（evil）或是背后有阴谋，但了解发展中国家的仲裁员会认为只是水平不足或不懂。至于发展中国家的当事人是委任一位水平不高但会帮助委任方跟西方仲裁员对立的仲裁员，还是委任一位高水平但不偏不倚却了解其文化在适当情况会据理力争并且有说服力的仲裁员，这恐怕是一个不容易的选择。

4. 草拟裁决书（draft award）

1996年《英国仲裁法》没有对这一方面有任何规定，但近年来，笔者听说有部分仲裁员，特别是建筑方面，在正式作出裁决书之前，把他最后草拟的裁决书发放给双方当事人要求对有关文书上的错误作出评论或修改。笔者对这种做法是有一定保留，但可以先介绍这种做法的来由。这显然是根据英国商业法院在2005年底开始的一种做法，就是把一份“草拟的判决书”（draft judgment）在正式做出之前给双方的代表律师与大律师过目。作用就是怕一份很长的判决书中会有不少文书上的错漏，而商业法院在第一审时就是一位大法官处理的，所以多些对案件十分熟悉的人士仔细地看一遍,会令裁决书出这方面错漏的机会大大降低。有时候,修改也不一定只是在文书上,如其中一个争端的判决被一方或双方的大律师指出该争端已经在开庭途中做出了和解,双方再也对此没有争议。这就表示商业法院的大法官要作出一些实质性的修改。但根据商业法院指引 J12.1(c),双方代表律师是绝对不能利用这个主要为了修改文书错漏的机会向法院再重开争议,试图改变法院的判决。也是这些原因(因为可能会有实质性的改变与如果败诉方知道结果的话肯定会在判决书正式作出之前坚持他的代表律师向法院试图改变结果),所以法院把这种只是给当事人代表律师看的草拟判决书规定是完全机密,特别是针对他们的当事人,如果违反就会是"藐视法院"(contempt of court)。这方面的做法可节录商业法院指引 J12.1(b)段说:"This is a judgment to which the new Practice Direction-Reserved Judgments (which supplements CPR Part 40 with effect from 1st October 2005) applies. It will be handed down on [date] at [time] in Court No. [inserted]. This Judgment is confidential to Counsel and Solicitors, but a copy may be shown, in confidence, to the parties provided that neither the Judgment nor its substance is disclosed to any other person or used in the public domain, and no action is taken (other than internally) in response to the Judgment, before the Judgment is handed down. Any breach of this obligation of confidentiality may be treated as a contempt of court. The official version of the judgment will be available from the Mechanical Recording Department of the Royal Courts of Justice once it has been approved by the judge. The Court is likely to which to hand down its judgment in an approved final form. Counsel should therefore submit any list of typing corrections and other obvious errors in writing (Nil returns are required) to the clerk to [name of judge] by fax to [judge's clerks direct fax number] or via e-mail at [judge's clerk's e-mail address] by [time] on [date], so that changes can be incorporated, if the judge sccepts them, in the handed down judgment."

笔者对这种做法适用在仲裁有所保留的原因就是:(1)仲裁经常会面对各种法律代表甚至是当事人自己,而这些法律代表也并非伦敦仲裁就是伦敦律师,香港仲裁就是香港律师。所以要求他们遵守秘密是无法做到的。(2)无法以藐视法院或藐视仲裁庭的刑事罪行作出阻吓。(3)会导致双方回来重开争议,要求改判仲裁结果。仲裁员如果漠视,会给败诉方在将来上诉多个借口,或埋下隐患。(4)提前知道败诉的一方有机会作一些手脚,以避免将来裁决书的执行。

5. 裁决书的实质要求(substantive requirements)

经常有一个说法是有一个有效与可以被顺利执行的裁决书必须要有五个基本的

实质要求:(1)"符合双方提交的争议"(compliance with the submission);(2)"有说服力"(cogency);(3)"肯定"(certainty);(4)"终局性"(finality);(5)"可以被履行/执行"(capability of performance)。

这五个实质的要求很难详细说明,因为包括的面太广,而且它们之间有相互关系。一个裁决书所需要具备的说服力与肯定显然是有十分高的要求,因为它的读者将会是一些有极高水平的人士,部分人士还会是有敌意。所以裁决书任何地方是说服力不足或肯定性欠缺都会被挑出,并可能向仲裁员根据 1996 年《英国仲裁法》之 Section 57 提出要求澄清。如果仲裁员无法作出满意的答复,败诉方就会根据 Section 68 或/与 Section 69 向英国法院申请作出救济。这表示法院的大法官是第二批读者,裁决书变了必须能够让其觉得有说服力与肯定,否则就可能作出恰当的救济。这种救济在 Section 68 会是"撤销裁决书"(set aside)或是"发还裁决书"(remit)。而这两种不同救济的分别其中一个主要考虑的因素是该裁决书可否被仲裁员挽救。如果可以,法院就会尽量发还,因为撤销裁决书就会令整个仲裁报废。至于有关仲裁员能否作出有效的挽救,显然很重要的就是看他的水平与能力。在现实中,估计一个人的水平最可靠的是看他写出来的细节性内容。对一个有水平的读者,会是很容易作出准确的判断。。

对以上五个基本的实质要求,本章有不少地方已经提到过,还可以加以补充并做以下的进一步解释。

5.1 符合双方提交的争议

5.1.1 裁决书遗漏了双方提交的某些争议

这一个实质要求涉及了仲裁庭的管辖权与自然公正的大原则。如果双方提交的争议事项没有全部作出裁决与处理,已经在提到过可以根据 Section 57(3)(b)通过追加裁决书解决问题,只要有遗漏的争议事项是独立的,与已经作出裁决的争议事项没有关系。但如果有遗漏的争议是不能以追加裁决书解决问题,因为会影响已经作出裁决的争议事项,救济的办法就是根据 Section 68 (2)(d)向法院申请救济把裁决书发还给仲裁庭重新作出裁决。显然这是麻烦的事情,所以仲裁庭应该尽量避免对双方提交的争议有任何遗漏。这种遗漏经常会发生,也带来不少先例,如近期的有 The "Petro Ranger"(2001) 2 Lloyd's Rep. 348; London Underground v. Citylink Telecommunication (2007) BLR 391; Van Der Giessen-De-Noord Shipbuilding Division BV v. Imtech Marine & Offshore BV (2008) EWHC 2904 (Comm)。在最后一个有关造船合约的先例,仲裁庭就被指称是漏了好几项争议,没有针对。如其中一项是关系到所造船舶的修改,有关电线的额外工作,原告在仲裁中指被告曾经同意过不为额外工作收取费用,所以在事后提出索赔这一项工作是构成弃权与禁止翻供。但仲裁庭判是原告需要支付这一笔额外工作,金额高达 140 万英镑。Clarke 大法官认为仲裁庭的确在裁决书没有针对这一弃权与禁止翻供的抗辩,而并非是有针对但原因写的不够。所以,是构成了 1996 年《英国仲裁法》Section 68 (2)(d)的严重不正常,需要把裁决书发还给仲裁庭重新考虑。

总结说,如果仲裁庭遗漏了其中的一些主要争议,而且遗漏是会造成“重大不公正”(substantial injustice),就会构成严重不正常而会被法院干预/给予救济。是否属于遗漏或只是简单的针对争议就要看个别的裁决书的实质内容了。如果是简单的针对构成了裁决原因不足,这会是另一种的救济就是法院命令仲裁员多给原因,但这并非是严重不正常。这可节录 Clarke 大法官在 Van Der Giessen-De-Noord Shipbuilding Division BV v. Imtech Marine & Offshore BV 先例之第 14 段所讲的如下:“It is likely to be a serious irregularity under section 68 for the tribunal to fail to deal with all essential issues. But it may do so concisely. A failure to deal with an issue is not the same as a failure to set out the reasoning for rejecting a particular argument. Such a failure is remediable under section 70(4): see Colman J in Margulead Ltd v Exide Technologies (2005) 1 Lloyd's Rep 324 and in World Trade Corporation Ltd v C Czarnikow Sugar Ltd (2005) 1 Lloyd's Rep 422; and Morison J in Fidelity Management SA v Myraid International Holding BV (2005) 2 Lloyd's Rep 508.”

5.1.2 什么是主要争议?

虽然已经解释了裁决书不要遗漏双方当事人提交的主要争议,但什么是主要争议与并非重要的论点不容易区分,原因是非重要的论点在一个仲裁中会很多,但裁决书不必针对,而现实中也的确是无法把双方当事人提出过的每一点都在裁决书中针对。这可以节录 Ramsay 大法官在 London Underground Ltd v Citylink Telecommunications Ltd (2007) BLR 391 中所说的:“Arbitrators do not have to deal with every argument on every point raised; they should deal with essential issues.”

问题是,区分什么是主要争议与非重要的论点并非容易。所以在一个复杂的仲裁案件,安全的做法就是仲裁庭要求双方同意一份“争议清单”(list of issues),这在本书第五章之 2.1.2 段有介绍,请参阅。在 ICC 仲裁,先拟定一份“审理范围书”(Terms of Reference)也是同样安全的做法。但如果仲裁庭没有提出这种要求,当事人也可以自动这样做。就是双方当事人或只是一方当事人列出一连串的主要争议,要求仲裁庭在草拟裁决书的时候必须要针对。另一种做法是在文书请求把主要的争议都给一个题目或“抬头”(heading)。这种做法在 Van Der Giessen-De-Noord Shipbuilding Division BV v. Imtech Marine & Offshore BV (2008) EWHC 2904 (Comm)被其中一方当事人的代表大律师提出,说:“... if a party wants a decision on all his points, he should either litigate in which case there is likely to be a list of issues fixed at a case management conference; or, if he arbitrates, he must produce such a list and invite the arbitrators to give rulings on each of the issues identified. Here the parties have in the pleadings and submissions used certain headings for their respective claims and cross-claims. Those headings were what the parties treated as the key issues. In accordance with the principles of party autonomy the parties were entitled to determine what issues the tribunal should decide and the tribunal has dealt with each of those issues. ”

但在该先例,Clarke 大法官不接受文书请求或者结案陈词中争议的事项给一个抬头才能作为主要争议。看来在一个复杂的案件,当事人提供给仲裁庭一份争议清单还是避免有所遗漏最安全的做法。

5.1.3 裁决书针对双方没有提交的某些争议

这一个问题还会带来另一个相反方向的极端,就是针对双方没有提交的争议或争议事项作出裁决。犯这种错误会同时涉及“超越管辖权”(excess of jurisdiction)与“违反自然公正”(breach of natural justice)。超越管辖权是因为双方并没有要求仲裁庭对某一个争议作出裁决,这甚至有可能是对该争议双方已经达成协议,再也没有争议需要作出裁决。如双方当事人只要求仲裁庭作出对责任的裁决,但没有要求处理损失赔偿,就有可能双方对损失赔偿没有争议。至于是违反自然公正,是因为仲裁庭对双方没有提交的争议进行裁决就等于没有给双方当事人争辩的机会就作出了最后的裁决。这种案件经常发生,如在 The “Massalia”(1959) 2 Lloyd's Rep. 1,双方提交的争议是有关滞期费的计算,但在公断人作出的裁决书,速遣费也包括在内。船东向法院提出救济,指称公断人超越了他的管辖权与违反了自然公正(不良行为),要求撤销或发还裁决书。结果该裁决书被发还给公断人重新考虑。

在 Henry Boot Construction Ltd v. DF Mooney (1996) ADRLN 13,涉及的裁决书包括了在原告最后账目中出现的项目,但这些项目没有在双方同意的一份争议清单内。

另在一个较早的先例 Re Hooper & Co and Balfour Williamson & Co (1890) 62 LT 646,涉及了双方提交的争议是交的货物重量是否正确。但仲裁庭的裁决书是判货物应该被接受,但货价可以作出扣减,这一裁决书后来被法院发还重审。

Pacol v Joint Co. Rossakhar (2000) 1 Lloyd's Rep 109 先例是另一比较近期且可以显示仲裁庭会犯这种错误的危险,案情在《仲裁法——从 1996 年英国仲裁法到国际商务仲裁》第九章之 3.4 段有介绍。为了方便阅读,现把有关的内容节录如下:案情涉及食糖买卖,分批付运。买方是俄罗斯公司,由于经济转坏,结果在一票货物开不出信用证,在另一票货物仍欠下一些钱未付。双方后来在 1998 年 2 月 18 日达成和解协议,买方同意在‘一旦情况允许’(as soon as conditions allows)即付钱。但到了 4 月 24 日买方仍未付钱,故卖方 Pacol 开始仲裁。仲裁以文件进行,没有开庭。其中买方在抗辩中没有对欠钱责任反驳,只是对损失计算提出一些意见。

卖方最后的‘答辩’(reply)中指出如下:“1. The respondents do not deny that they are in breach of the two contracts No. 70127 and 70157 as alleged in the claimant's statement of case dated 17th June 1998. 2. The respondent's defence submission dated 21st July 1998 raised a number of arguments in relation to the damages which the claimants claim as a result of the admitted breaches of the contracts. ”

买方对此上述答辩也再没有任何反驳。正常看来,既然买方已承认责任,就再没有“争议”(dispute)要仲裁员裁决了。但在 1999 年 3 月 25 日作出的裁决书竟然判买方没有违约,卖方败诉,所有索赔被否定。原因是仲裁庭认为2月18日达成的协议中约定"一旦情况允许"就付钱,但没有其他时限。到了4月24日,卖方指买方违约不付钱,仲裁庭认为买方的经济情况仍差,并非"情况允许",所以没有违约。

针对上述内容裁决书说:"57. Following the signing of the February agreement, there were no specific time limits applicable to the respondent's payment obligations... 58.... it was clear on the evidence available to us that the respondent's financial position on 24th April 1998 was not such that it was in a position to perform its payment obligations... Accordingly the trigger for performance of the respondent's payment obligations under the contracts expressly as set out in the February agreement namely, "as soon as conditions allow" had not been met by 24th April 1998. In those circumstances, we could not see how the respondent could have been in breach of its payment obligations as at 24th April 1998... "

这里所出现的严重问题是在俄罗斯买方已在文书交往中承认了责任,但仲裁庭'自说自话'重开责任问题并且判买方没有责任。这令双方当事人完全无法预见的"一惊一喜"(卖方惊,买方喜)结果,正是'重大不公正'(substantial injustice)所在。其中一点是,双方均被剥夺了对此争辩的机会。"

在该案中,显然仲裁庭是超越了管辖权对双方已经是没有争议的责任方面重开而作出出人意料的裁决。显然,这也是违反自然公正的。Colman大法官根据1996年《英国仲裁法》之Section 68撤销裁决书,理由是违反自然公正。在现实中,向法院申请的救济在这种情况下会根据Section 67与68,所以是不会在这方面有遗漏。

5.1.4 文件审理仲裁在这方面的危险

Colman大法官在该先例中也警告了仲裁庭要小心文件审理虽然是比较廉宜但也是比较粗糙的做法,这样的危险性会比较大。因为仲裁庭根据双方以书信往来作出的大量"陈词"(submissions)作出裁决书很容易会有遗漏,或另一个极端是对双方并没有争议或没有提交的事项也一并作出裁决。Colman大法官是这样说:

"It is particularly important in arbitrations which are conducted on documents alone that arbitrators should be alive to the dangers of introducing into their awards matters which have never been or have ceased to be, matters in issue between the parties. This case is a particularly glaring example of the arbitrators simply ignoring the definition of issues which had been arrived at prior to the time when they had to determine the issue then referred to them.

In a paper arbitration the temptation to arrive at a conclusion which might not have been envisaged by either party by reference to matters upon which the parties have not had the opportunity of adducing further evidence, may be a particular temptation which arbitrators should be careful to avoid. It is important for the the continuation of the standing and quality of international commercial arbitrations in London, particularly in the commodity fields, that arbitrators should have the problem very clearly in mind..."

笔者也同意“文件审理”(documents only)的仲裁危险性比较大,虽然裁决书的错漏最主要还是看仲裁员本人的素质。笔者在最近一个海事仲裁中,涉及了原告船东向被告的承租人提出索赔。在该租约,另有一位担保人为被告“担保租约的履行”(performance guarantee)。担保是租约以外的另一份文件,也签了字。原告在索赔文书请求中,其中有一句话是说他的索赔是针对承租人与租约担保人。这一点在被告的抗辩请求中也没有针对或否定。这一问题在后来有多份的文书往来中,再也没有提到。笔者与另一位共同仲裁员在草拟裁决书时根本没有注意到,结果在裁决书只是判原告胜诉与被告要作出支付。这就带来原告的代表(是一家著名的互保协会)向仲裁庭提出要求作出一个追加裁决书针对租约担保人的第二被告。笔者与另一位仲裁员觉得的确有遗漏,可以说是在一个比较正规的仲裁程序中不会出现。仅是文书请求如像法院一样的格式,就把两位被告在一开始清楚列出,并标明谁是第一被告,谁是第二被告。虽然,笔者对仲裁庭是否有管辖权包括租约担保人有一定的看法,但这不能作为一个理由否定仲裁庭的裁决书确实是遗漏了这一项争议。

5.2 有说服力(cogency)

这一个针对裁决书内容的实质要求是最为抽象的,不存在有标准是裁决书怎样写或写多少才是有说服力。而且,是否有说服力也要看是谁做出判断。一份裁决书给一个一般的人看可能是认为很有说服力,但同样一份裁决书给一个高水平的大法官看就可能认为根本没有说服力。

裁决书的说服力关键是看原因部分是否能够有逻辑的认定与分析事实,再根据这些事实恰当得适用有关的法律。由于商务仲裁总离不开合约的关系,所以称职的仲裁员要对英美合约法(这是国际上最为普遍接受的适用法)非常熟悉。另是在仲裁,当事人经常有事实的争议,所以证据法的掌握也是非常重要。英国的合约法与商法是紧密相关,是一套很“有组织”(organized)与“细致的”(detailed)并且符合理性的法律体系。一份裁决书的内容如果想有说服力就不能偏离这一套体系。特别在有关合约中双方当事人约定适用英国法,就更加显示了当事人之间所作所为的“正确与否”也希望是以这套法律体系作为依据。否则,他们可以在合约中约定“友好条文”(ex aequo et bono, amiable compositeur)。掌握合约法(与其他相关的法律知识)也不表示该仲裁员必须是律师或律师的背景,毕竟律师只是一个统称,个别律师之间可能有天壤之别。相反,伦敦现在有大量海事、外贸和建筑的仲裁员并不是律师,只是船舶经纪人、贸易商或是工程师,但是他们熟悉英国合约法与其他相关法律知识,完全可以做出一个有说服力的裁决书。这里可节录 Donaldson 大法官在 Bremer Handelgesellschaft m. b. h. v. Westzucker G. m. b. H. (No. 2) (1981) 2 Lloyd's Rep. 130 中说:“It is sometimes said that this involves arbitrators in delivering judgments and that this is something which requires legal skills. This is something of a half truth. Much of the art of giving a judgment lies in telling a story logically, coherently and accurately. This is something which requires skill, but it is not a legal skill and it is not necessarily advanced by legal training. It is certainly a judicial skill, but arbitrators for this purpose are Judges and will have no difficulty in acquiring it ."

这里不妨介绍一下法院判决与裁决书的实质内容,正如 Donaldson 大法官所讲,就是讲一个完整的故事,而且必须讲得"有逻辑"(logically),"连贯"(coherently)和"准确"(accurately),这都是一个有说服力的判决与裁决书要满足的要求。至于法院判决与裁决书在实质内容的分别,基本上很少。有说法是裁决书不是一个公开的先例,针对的人士也有限,所以在事实认定与法律判定(包括分析有关的先例)不必像法院判决这么详尽。但笔者在现实中是见过不少国际仲裁的裁决书,它的长度与详尽程度同国家法院的判决根本没有不同。

5.2.1 裁决书实质内容的第一部分:事实或背景介绍

一个裁决书的实质内容通常在第一部分是把一些双方当事人没有争议的事实或背景做出介绍。这看来是容易的工作,但实际上把时间跨度很长并且复杂的事实清楚连贯的概括下来并不简单。其中一些要点是把关键的事实要记录下来,关键与否也要考虑双方当事人的争辩,而不是仲裁员认为不关键的就可以略过。仲裁员要避免节录与引述太多其他文件(如合约、文件证据、双方通信往来等),但同时要避免在概括中有任何扭曲或是忽略了重要的有关事实。在这一个部分的实质内容,仲裁员必须在表达上尽量客观,如对一些只是一方当事人提出的事实,没有被对方认同,在表述上就要说明这是一个"声称"(alleged)的事实。另外最重要就是记录的事实必须完全准确,有必要时甚至说明该事实的来源,如被双方同意过。如果这第一部分实质内容是混乱、草率、不连贯、不准确与不全面的记录/概括有关事实,就马上会令阅读该裁决书的人对接下去的内容失去信心。

5.2.2 裁决书实质内容的第二部分:事实的认定(finding of fact)

第二个部分的实质内容是针对双方对事实的争议。对一些"主要事实"(primary fact),裁决书应该记录有关该事实的证据。如果涉及口头证据,就应该概括有关的证人与他讲得主要内容。主要事实如果涉及技术性,还有可能涉及专家证人。裁决书就有必要把双方起冲突的专家证据概括的写下来。在介绍了有关的证据之后,仲裁员就要说明与决定到底他接受哪一方当事人的证据以及他选择的原因,并对事实争议作出最后的认定。给予原因支持仲裁员所认定的事实不能只是说"我相信原告的证人但不相信被告的证人",这只是一个认定或决定,不是原因。要相信原告的证人总会需要一个原因,即使是一个错误的原因,如是"他的英语讲得好",或是"我认识他"。给了一个错误的原因,而且是错的离谱,也就为败诉方提供了向法院请求救济的可能性。这变了仲裁员决定相信原告的证人也必须作出合法与有说服力的原因。这可以是根据有关"证人出庭举证的表现"(demeanour of the witness),虽然这一个理由在近年来已经普遍被法院或仲裁员视为不可靠与不科学。相信某一个证人的证据合法与有说服力的原因通常是：

(1)有关事实“潜在的可能性”(inherent probability)。如卖方指买方在某一天的电话中同意不必付运一批货物，但买方不同意他曾经这样说过，电话中只是催促尽早把货物付运。当时，该货物的市场高涨，潜在的可能性是买方不大可能会无端放弃这批可以赚大钱的货物。所以在没有更加强而有力的证据下，仅凭买卖双方一面之词，根据潜在的可能性就应该倾向于接受买方的口头证据。

(2)“与其他没有争议的证据不一致”(inconsistency with other uncontentious evidence)。这可以继续借用上述例子，就是买方在该有争议的电话之后的第二天就有一份给卖方的电传是通知卖方他准备开出信用证。而卖方也并没有质疑该份电传的真实性而同意它被加入开庭案卷。这样一来，这份文件与卖方声称的买方在该电话中同意不必付运该批货物的说法显然是不一致的。

(3)证据“被证实是不正确”(proven inaccuracy)。这也是可继续借用上述例子，就是买方在开庭时提出证明在该天并没有与卖方通过电话，如有关人士在该天根本不在办公室。

(4)证据有“重大自我矛盾的地方”(material self-contradiction)。这在上述例子会是卖方的证人被买方代表大律师盘问时，从肯定变得是不肯定买方有没有同意过货物不必付运。

总结说，仲裁庭凭什么不相信卖方而相信买方的证人证言是必须要给出以上四点中的一个或几个作为原因。而合理与准确的解释了原因，可以说在事实的认定就有说服力。

5.2.3 裁决书实质内容的第三部分：法律的判定(holding of law)

裁决书在法律的判定主要是针对以下两种情况：第一种就是双方对合约条文的解释有争议，这是包括了明示条文与默示条文。第二种就是一些混合了事实与法律的争议，如合约受阻或是毁约。Diplock 勋爵在 The “Nema” (1981) 2 Lloyd's Rep. 239 之 244 页说：“... the question of frustration which, as was held unanimously by this House in Tsakiroglou and Co. Ltd. v. Noblee Thorl G. m. b. H., [1961] 1 Lloyd's Rep. 329; [1962] A. C. 93, is never a pure question of fact but does in the ultimate analysis involve a conclusion of law as to whether the frustrating event or series of events has made performance of the contract a thing radically different from that which was undertaken by the contract.”

在两种法律问题的争议与判定，都会涉及先认定事实。在第一种会先要认定事实上一方当事人或者他的代理人是否有疏忽，然后才针对有关的合约条文，看该疏忽的当事人是否可以免责或根据责任限制条文减少赔偿金额。后者显然就是法律的问题。在第二种要先认定事实就更加明确，除非双方没有争议。例如，认定两个主权国家是在哪一天开始有敌意或战争行为。在认定事实后才看到底在法律上是否构成合约受阻的条件。

法律的认定涉及了裁决书需要把双方当事人的争辩与他们各自依赖的法律先例与原则概括起来。这里会带来的问题是由于英国法律几百年的历史与不计其数的先例,双方往往都能就自己的立场与观点找到相应或接近的先例与法律原则支持。部分代表律师还会依赖大量的先例,即使是与实际的争议关系不大或是根本被断章取义与错误理解。这就需要仲裁庭在概括了双方的争辩后进行逻辑性的分析。例如,针对一些看来是有约束性的相应先例,但在进一步的分析下就可以对不同的案情作出"区分"(distinguish)。又或是,大法官在先例中所讲的"并非是判决的一部分"(ratio decidendi)而只是"随口讲讲"(obiter)。又例如,仲裁庭要默示一条条文作为裁决的依据,就需要在裁决书针对该默示要给出原因这到底是法律还是事实的默示。如果是事实的默示,依据是什么。如果裁决书给的原因是因为认为合理作出默示,就马上暴露了仲裁庭是犯了一个明显的错误,因为在英国法律,光是合理不足够作出默示。

总而言之,作出一个对高水平大法官看来有说服力的裁决书就必须有说服力的原因,有说服力的原因也表示英国的适用法被正确引用。

5.3 肯定(certainty)

裁决书必须是肯定的实质要求也包括了许多方面,如内容"没有矛盾"(no contradiction)、"没有不合逻辑"(logical)的地方与"不含糊"(unambiguous)之处。涉及计算的话则整个计算都要完整与正确,针对事实的认定与法律的判定也必须清楚与不矛盾。如果败诉方有好几个,裁决书就要明确谁应该支付与应该支付多少,或是大家都有共同与连带的支付责任。裁决书的原因必须足够与明确,可让法院在考虑如法律观点上诉是否批准的救济时,能够肯定知道仲裁庭的法律判定是什么,从中进一步考虑这一判定是否可能或明显错误。

这种例子多不胜数,如在一份裁决书中对一个事实的认定出现前后矛盾的情况。在裁决书的前部分认定为有该事实的存在,但在裁决书的偏后部分却说该事实不一定存在。这种情况在一些思维不缜密的仲裁员经常会发生,即使是一些很有经验的仲裁员也会犯这种毛病,特别是比较隐蔽的前后矛盾。如笔者在一个伦敦仲裁,被委任的独任仲裁员是一位非常著名的海事仲裁员。仲裁涉及一个有关船舶"未修理的损坏"(unrepaired damage)的损失索赔,这表示船舶的损坏不严重,所以可以把修理押后到将来方便时,如到船舶进坞年修时一并修理。但如果这一不严重的损坏是由于被告的违约所引起(如被告是承租人,因为他命令船舶不安全泊位而导致损坏。又或是被告是货方,因为他装的危险品,而导致船舶的损坏),不表示船东作为原告不能提出索赔,除非先把船舶修理好。就算是保险,在保单期间发生的事故造成损坏但没有修理好,在保险期届满时受保人也是可以索赔未修理的损坏。

把修理押后会有各种好处,如不影响船舶的经营,将来比较廉宜的与船东认为是可靠的船厂才进行修理。对违约方或是保险人而言,也没有必要强迫船东必须要修理好才能提出索赔,因为逼船东这样做除了不合理之外,也会导致要多赔一点损失。

所以，有未修理的损坏的说法，而根据这种说法提出的索赔通常是估计出一个金额，因为修理还没有进行根本不知道实际上的金额是多少。而且不会判利息，原因是由于损坏的损失还没有欠下来。另外，也不会判时间上的损失，这未修理的损坏通常是会等到如船舶进坞年修时一并修理掉。除非是这未修理的损害估计是要 15 天才可以修妥，但进坞年修只需要 5 天，所以还会有 10 天多出来的时间损失。反正，每一个不同的案件都要看情况而定找出真正可能会产生的损失。

该独任仲裁员所作出的裁决书针对船东与承租人的争议，其中有关未修理的损坏的估计损失金额的判定出现前后矛盾。他在其裁决书的前面部分就其中一个争议/争端"到底未修理的损坏可否包括将来进行修理的估计时间损失"，他的法律判定是正确的，也就是不包括。但是在裁决书后面另一个争议/争端就是"船东与承租人提出的未修理的损坏，应该采纳谁的"，该独任仲裁员接受了船东提供的专家报告。问题是，船东的专家报告中的估计修理费用除了是比承租人的估计高外，也包括了 5 天的估计修理时间。那就与裁决书前面所作出的判定自相矛盾了。估计是该仲裁员在看船东专家报告的计算明细时不仔细，致使该矛盾的产生，并导致裁决书需要向法院寻求救济了。

裁决书的肯定也包括了在"执行与生效部分"(operative or disposive part)是必须有一个肯定的指令。例如，裁决书不能仅是写被告"被认定与判定"(being found and held)是必须支付给原告 100 万美元，而必须接下去作出一个肯定的指令说"仲裁庭裁决与命令被告必须马上支付给原告 100 万美元并加上利息 ..."(The Tribinal awards and adjudges that the Respondents shall pay the Claimants forthwith the sum of US $1,000,000, plus interests...)仲裁庭仅是说"建议"(recommend)被告支付是不肯定也没办法执行的：Matson v Trower (1824) Ry & M 17；Lock v Vulliamy (1833) 5 B&Ad 600。仲裁庭在执行与生效部分不说明败诉方要作出支付的时间也是被视为不肯定与无法执行，这支付的时间可以是规定"马上"(forthwith)或是"裁决书日期后的 14 天内"(14 days after the date of the Award)。如果裁决书没有肯定说明支付时间，就要法院根据实际情况作出默示的时间了(如被告是否有外汇管制的困难)。这带来不肯定外，还存在法院是没有权力作出决定，只有仲裁庭才有这个管辖权。所以，这就解释了为什么不肯定的裁决书是无法执行的。这种先例有：Armitt v Bream (1704) 2 Ld Raym 1076；Edgell v Dallimore (1826) 3 Bing 634。

说到不肯定，笔者作为仲裁员也不喜欢一些仲裁庭经常会有的做法，就是在裁定利息时不给出具体的百分比，而是仅说明一种计算方法，如最优惠利率加 1%。但这里会带来计算的困难与不肯定，在执行的时候法院是不会代仲裁员作出决定。如最优惠利率，就可能存在不同的银行有不同的利率。而且，欠债会是延续一段时间，如 2 年。期间会涉及不同的最优惠利率，这会需要加权平均这一段时间的最优惠利率。

5.4　终局性(finality)

终局性包括了仲裁庭"不能把最后决定下放"(no delegation)给法院或者其他人

考虑,也必须肯定在裁决书(中间或最后)所作出的决定是“一事不能再审”(res judicata)。如果作出的是最后裁决书,仲裁员更加需要肯定自己已经变为 functus officio。有关这一方面的问题,在本章之3.4.2有详细介绍。

5.5 可以被履行/执行(capable of performance and enforceable)

这一实质要求与较早介绍的其他实质要求有密切的关系,如在1958年《纽约公约》,Article V(1)(e)规定了裁决书如果还不能约束双方,就会是国家法院可以拒绝协助执行的理由之一,这与本章5.4段的内容有一定关系。

仲裁员有责任作出一个可以被履行与执行的裁决书是肯定的,毕竟双方当事人花了不少钱就是为了这一个成果。如ICC仲裁规则,它在Article 35更是规定了仲裁庭“必须尽最大的努力肯定裁决书在法律下可被执行”(shall make every effort to make sure that the award is enforceable at law)。当然,仲裁庭是应该熟悉仲裁地点的法律并会符合法律的要求作出一个可以执行的裁决书。但在国际仲裁还会涉及了在很多不同的国家要申请执行,这些国家会有一些本土的法律对裁决书有特别要求,这就是仲裁庭管不了的。如果会面对这一种特别要求,责任会是在当事人的律师预先向仲裁庭发出警告。例如,可能胜诉的原告将来执行裁决书会是在一些阿拉伯国家,他就有责任要求仲裁庭不必判给利息,或者就利息部分作出另一份裁决书。在《The Leading Arbitrators' Guide to International Arbitration》(Juris Publishing Inc. New York, 2004)一书中一位著名的仲裁员Cremades先生在414页中说到:“A valid yardstick for assessing the diligence shown by the arbitrators in drawing up an arbitral award that is enforceable and likely to be recognised, is to apply the criteria established under the New York Convention , since compliance therewith will enable recognition and enforcement of the arbitral award in all the signatory countries. Consequently, no arbitral tribunal could be held responsible in a case where its decision was not recognised in a given country for failing to fulfil some mandatory requirement imposed by that country's domestic law, unless the parties had expressly advised the tribunal of this circumstance, which should rightly have been taken into account when the arbitral award was drawn up.”

举一个先例会显示这一方面的问题(或5.3内容肯定的问题)是在Carter v. Harold Simpson Associates Ltd. (2004) 2 Lloyd's Rep. 512中。案情涉及了一个合伙人合约的争议并去了仲裁,仲裁地是牙买加,最后仲裁庭判合伙人之一的Carter先生败诉,而另一位Simpson先生胜诉。但在执行时,法院的Harris大法官认为裁决书不符合规格,无法协助执行。因为裁决书虽然有判要败诉方支付的金额,但支付的办法写的不太清楚。这导致了Harris先生把裁决书发还给仲裁庭,并要求他把合伙人共同账户的细节及需要从这些账户付出的准确数额说清楚。Hoffmann勋爵针对这一点是这样说:“It would seem that the point which troubled the Judge was the direction in par. 7.1 that ‘the joint venture in the first instance and then the respondent’ pay the sum specified to the claimant. Their Lordships think that it is clear enough that the sums in question were to come out of the joint venture funds and, so far as they were insufficient, to be paid by Mr. Carter personally. But the Judge thought that the award should say exactly how much should come out of identified joint venture funds and what the balance payable by Mr. Carter would be."

一个裁决书可被履行/执行涉及两个方面:一是裁决书的"内容"(content),这包括了较早所介绍的实质要求,如裁决书的内容必须是肯定与终局性;二是裁决书的"格式"(form),这格式不同仲裁地点的法律而有不同的要求。此外,如果双方的仲裁是依照某一些机构仲裁规则,内中会有额外的针对裁决书格式的要求。这些要求都必须严格符合,否则裁决书会涉及仲裁地点法院要做出救济,如在1996年《英国仲裁法》的Section 68(2)(h)。如果是因为时效届满等原因而没有作出格式缺陷的补救,一个不符合格式要求的裁决书就会面对执行的困难。在该立法之Section 52对裁决书格式的要求不多,而且允许双方当事人另外作出协议。这些要求是裁决书必须是文书,并由所有仲裁庭成员或同意裁决的仲裁员签字。裁决书必须要有原因,除非是一个"同意裁决书"(agreed award)或是双方当事人同意不需要裁决书原因。裁决书也必须规定仲裁地点与作出的日期。

在瑞士的法律,针对本土裁决书在《Swiss Concordat》之Article 33有非常详尽的格式要求。但针对国际仲裁的裁决书,瑞士法律在《The Swiss Private International Law Act 1987》之Chapter 12 Article 189的格式要求只有四个,就是裁决书必须是文书,有裁决原因,裁决书日子与仲裁员签字。

至于机构仲裁的规则,也会在格式上的要求有多有少。其中,ICSID仲裁规则是有比较多的格式要求,如下:

Rule 47 - The Award

(1) The award shall be in writing and shall contain:

(a) a precise designation of each party;

(b) a statement that the Tribunal was established under the Convention, and a description of the method of its constitution;

(c) the name of each member of the Tribunal, and an identification of the appointing authority of each;

(d) the names of the agents, counsel and advocates of the parties;

(e) the dates and place of the sittings of the Tribunal;

(f) a summary of the proceeding;

(g) a statement of the facts as found by the Tribunal;

(h) the submissions of the parties;

(i) the decision of the Tribunal on every question submitted to it, together with the reasons upon which the decision is based; and

(j) any decision of the Tribunal regarding the cost of the proceeding.

（2）The award shall be signed by the members of the Tribunal who voted for it; the date of each signature shall be indicated.

（3）Any member of the Tribunal may attach his individual opinion to the award, whether he dissents from the majority or not, or a statement of his dissent.

通常在一个伦敦仲裁，仲裁庭的裁决书在格式上都会比较完整，不会只满足1996年《英国仲裁法》的最低要求。但通常也不会像ICSID仲裁规则的要求这么详尽，如双方当事人的代理人与律师就不一定会明确写明。

6. 裁决书的书写风格与格式

这里介绍的不是裁决书的实质内容（也就是作出的裁决与原因），而是针对整个裁决书的书写风格与格式。英国法律对裁决书的叙述风格或格式（除了在1996年《英国仲裁法》Section 52有限的几项）并没有什么强制性的要求。每一个仲裁员可以采用自己最喜欢的风格、模式、顺序与语言结构，只要是适合这个仲裁案件。对不同的仲裁员而言，即使他们经验很丰富，大家所拟定的裁决书的风格也可能会大不相同。在一个仲裁庭内，如果同意先由一位仲裁员（如首席或主导仲裁员）草拟了裁决书的第一稿给其他的共同仲裁员提意见，作为共同仲裁员如果对草拟的裁决书内容没有实质性的异议，而只是表述风格与自己不同，就不要提出任何有关表述风格或语言上的改变，除非是有实质性的后果。

这里还要考虑到草拟裁决书的共同仲裁员背景，如他是否是一个律师或退休大法官，或只是一个商业背景的仲裁员。如果是前者，很可能是他的职业病导致了草拟裁决书会有比较多的"法律词语"（legal jargon）。但是在后者，就很可能在表述方面会是一般商业人士的语言。但两者不同表述的风格都不成问题，笔者本人作为共同仲裁员绝对不会提出任何异议。另一个角度是如果草拟一份英语裁决书的是一位英国仲裁员，笔者就更加不会在语言或语法方面提出任何意见。

文字上的表达可以举一两个简单的例子。首先是不少伦敦仲裁员会在每一项双方当事人没有争议的事项，特别是对仲裁程序的介绍，先加上"whereas"一词，后来变为在整个"案情叙述"（recital）前统一用一次这个词。但不少欧洲的仲裁员不会用这一个词，可以说是否用"whereas"完全取决于仲裁员的个人喜好。另一个例子是在裁决书的"执行或生效部分"（operative/dispositive part），不同仲裁员会用不同的文字作出命令/指令，如"命令"（order）败诉的被告支付给胜诉的原告多少钱，也会用另外的一词"指令"（direct）或是"判决"（adjudge）。更会把所有的文字都用上如："仲裁庭命令，指令与判决被告马上支付给原告……"反正是清楚明确表达了仲裁庭的最后决定以及指令当事人怎样履行，法律没有要求一定要用哪一些文字。

接下来谈谈有关书写风格的其他方面。

6.1　标题(heading)与内容清单(table of contents)

用标题来将裁决书分为不同的部分会有不小帮助,如保持裁决书的逻辑、连贯与叙述流畅性。这一做法也可以帮助争议双方与其他读者(包括仲裁庭成员或是大法官)更好地理解裁决书,把握裁决书的逻辑,也在阅读时可供参考裁决书的内容并方便查找。

例如,在一个裁决书就会分为几个不同的部分,如"案件叙述"(recital),"双方当事人的争议"(parties' disputed issues),"双方共同认可的事实或法律观点"(common ground),"双方当事人的争议与要求的救济"(parties arguments and required relieves),"事实的认定与法律的判定"(finding of facts and holding of law),"仲裁员的指令"(orders and directions of the tribunal),"证明部分"(attestation)等。把裁决书以及它的实质内容(裁决原因)以标题分开,就必须保证在各自标题下的内容与标题对应,而不要把属于有争议的事项写在标题是"双方共同认可的事实或法律观点",这会造成混淆,也间接显示拟定裁决书的仲裁员自己的思维也有混乱。

在一个很厚的裁决书中,不少国际仲裁员会在一开始作出一份"内容清单"(table of contents),列出每一个标题及对应的页数。这是一个很好的做法,方便阅读(包括仲裁员自己)。有时候更会把裁决书的标题与分标题分得很细,如在笔者最近涉及的一个裁决书,它的部分内容清单是如下:

1. INTRODUCTION——NATURE OF THE CASE ………… 1
2. PROCEDURAL HISTORY ………… 2
   Motions and Applications ………… 6
   Substantive Hearing ………… 8
3. THE PLEADED CLAIMS AND DEFENCES AND REFIEF CLAIMED ………… 13
   原告名字 ………… 13
   Breaches of Contract (excluding termination issue) ………… 14
   The termination was invalid ………… 15
   Causes of action in tort ………… 16
   Damages, Interests and Costs ………… 17

被告名字与要求把索赔撤销并指令原告承担诉讼费用 ………… 18

4. ISSUES FOR DETERMINATION ………… 20
   4.1 The issue of termination ………… 20
   4.2 Misrepresentation ………… 20
   4.3 Void for Uncertainty ………… 21
5. THE TERMINATION OF THE AGREEMENT ………… 21
   5.1 Was the termination valid? ………… 30
   5.2 Duress ………… 32

在该裁决书,损失金额的裁决也把标题用分标题的形式分得很细,有三十多项,如利润的损失、实际支持的费用、惩罚性赔偿、原告减少损失的责任等。

如果一份裁决书只有几页纸,如只简单针对管辖权的争议或是一个“初步争议”(preliminary issues)的中间裁决书,内容清单就显得多余了。

6.2 语言(language)

裁决书语言通常就是该仲裁过程中所用的语言,如仲裁中双方当事人的文书与口头争辩都是以英语进行,裁决书也会是英语。这也不一定,如笔者在香港的一些仲裁,就会以中文作为仲裁语言(只要是参与的人士都熟悉中文),但作出裁决书时,笔者会要求双方当事人同意以英语作为语言。这除了是笔者在草拟时可以写得比较快,还存在如果在香港要向法院申请救济,负责审理的外籍大法官(香港法院处理仲裁案件的大法官一直以来都是外籍大法官为主)不一定了解中文,但肯定对英文就有很好的掌握。通常,笔者也会得到双方当事人同意采用这种做法,因为判谁胜谁负才是关键,用什么语言则无伤大雅。

香港仲裁还涉及了仲裁协议约定仲裁必须是双语(中文与英语),这也有好处,只要参与仲裁的人士包括仲裁庭成员都熟悉双语。好处是如果进行的顺利,就不需要翻译,在开庭审理时也不需要为证人提供翻译。这可以节省大量的金钱与时间。但在作出裁决书,如果以双语就会带来金钱与时间的浪费,因为整个工作并不简单。而且,一个更大的危险就是在执行时会带来麻烦,因为除非说明是以哪一种语言作为优先,否则败诉方很容易在翻译中挑出毛病抗拒执行。

不论是以何种语言作出裁决书,重要的还是让双方当事人以及其他读者“可以理解”(comprehensible)与“清楚无误”(unambiguous)。裁决书的语言要尽可能地“通俗易懂”(plain),一份国际仲裁的裁决书通常使用普通的商务英语,就好像一份精心准备的商务报告的叙述方式。除非裁决书的内容涉及一些复杂的科技或其他专业课题,应该尽量避免使用一些专业词汇。如果要使用,会附上一份专业词汇的“定义”(definition),反正就是让读者容易理解。

当仲裁中没有针对法律的争议时,最好不要使用法律专业术语。当争议基本上都是针对法律(如合约条文的解释)时,双方的诉讼请求就会包括大量的法律专业术语,仲裁庭的裁决也会是基于他对这些法律诉讼请求的分析。所以在他最后作出的裁决书内也会引用这些法律专业术语,不管他本人是不是一位律师。这对不警觉或鲁莽的仲裁庭来说可能会带来问题。他的裁定本身从结果上来看可能没有错,但却用错了法律专业术语,这可能会提供甚至是邀请败诉方质疑裁决书的机会。所以,如果是一位不熟悉法律的仲裁员，就应该不要在双方当事人或其法律代表没有提过法律术语的情况下，按自己的意愿使用法律专业术语。举例说，对法律不熟悉的仲裁员可以说“被告的行为使原告相信被告不会指望原告遵守这给出书面通知的规定”，而不是在双方没有提过的情况下使用“弃权”（waiver）或“禁止翻供”（estoppel）这类法律术语。对一位非法律背景的仲裁员而言，他的裁决书是不要求任何法律术语。只要在文字上表达的意思是明确，裁决书就是有效：Andrea v. British Italian Trading Co Ltd（1963）1 QB 201。

6.3 分段与编号

裁决书应该尽量分段并给连续性的编号，如“1，2，3……”或“A，B，C……”在给了编号的段节，应该只针对一项个别的事情，而不要把两件事都混在一起。每一段也不要太长，否则就失去了分段的意义。分段主要的作用就是容易“引用”（make reference to），如在“执行与生效部分”（operative and dispositive part）说：“是根据本裁决书的第76段所认定的事实与第89段所判定的法律，本仲裁庭判被告欠原告100万美元。”分段与编号也方便阅读，以及后来的查找与在其他情况下被引用，如向法院申请救济。

6.4 裁决书的附件

有部分仲裁庭经常会把双方当事人提交的文件，如合约或是一些书信往来作为裁决书的附件。这种做法的好处是裁决书的内容可以避免太多的节录，只需要提到附件的某一封信函就已经足够。但这也有弊端，特别是在英国的制度下，因为是允许裁决书内的法律观点上诉至法院。这一来，由于一些文件证据变成裁决书附件，是裁决书的一部分，就会有危险在上诉时法院会把这些文件证据一并考虑。会造成的后果就是本来对证据的分量与事实的认定完全是仲裁员的权力，但不经意间也让法院有机会审查证据。这一问题在 Thomas Borthwick（Glasgow）. Ltd. v. Faure Fairclough. Ltd.（1968）1 Lloyd's Rep. 16 先例中有涉及，Donaldson 大法官是这样说：“The award in the present case has a bundle of correspondence annexed to it in addition to the copy of the contract and this bundle should not have been before the Court... The parties seek to resolve their dispute by arbitration rather than litigation for a number of reasons, and one of those reasons must be assumed to be a desire to ensure that questions of fact are determined by the arbitrators of their choice and not by the Court. If the arbitrators submit to the Court all or a part of the material upon which they have based their findings of fact, they complicate the task of the Court and run the risk of the Court inadvertently taking upon itself the fact-finding function with which they have been entrusted by the parties....”

6.5 签字的证人

不少裁决书在仲裁员的签字会加上证人一栏，但也有是不加这一栏。而这里的区别不大，也不是《英国仲裁法》或《香港仲裁条例》的强制性要求。这种做法的唯一好处就是让裁决书看来是更加严肃与正规的一份文件。另是在签字仲裁员如果在事后身亡或其他原因找不到,但双方对仲裁员是否有签字有争议,就有证人可以出来举证。

6.6 裁决书原因

裁决书原因也就是裁决书的实质内容,它的重要性在本章5.2段裁决书的“说服力”已经有所介绍。由于这一部分可以是很长与详尽,而且不少仲裁员在草拟的第一步与把草拟好的第一稿发给共同仲裁员进行合议,通常只会先有这一部分。也就是:“事实或背景介绍”(introduction of factual backgrounds),“争议事实的认定”(findings of facts),“法律的判定”(holding of law)。在合议后,负责草拟的仲裁员才根据仲裁庭对实质争议的决定完成裁决书的其他部分,如“案件叙述”(recital)与“执行和生效部分”(operative or dispositive part)。这通常是很轻松与没有争议的工作。这就导致不少仲裁庭把整个裁决书分为两份文件,第一份就是可能只有三四页纸的裁决书,内容包括了双方当事人的名字,有关的合约,案件叙述(内中会概述双方当事人的争议),仲裁庭的裁决与指令,仲裁地点与日期,证明部分等。第二份文件可能是长达三四十页的裁决书内容与原因,也是最先草拟的文件。但在这份文件就在抬头的地方说明“是裁决书的一部分”(for and forming part of the award dated...)。另在第一份文件的裁决书,也加上一句,如笔者经常用的措辞:“Under the Hong Kong Arbitration Ordiance, I am obliged to issue a Reasoned Award and my reasons are accordingly attached hereto and form part of this my FINAL AWARD”。这就把两份文件联合在一起作为一份完整的裁决书。

接下来笔者针对另一个还没有涉及但非常重要的课题就是裁决书原因的长短,但由于内容太长,所以单独成章(即第七章)进行详细介绍。

7. 裁决书的一般格式

虽然1996年《英国仲裁法》Section 52对强制性的格式要求不多,但一般裁决书还是会有一定的格式,如下:(1)标题(heading);(2)案件叙述(recitals);(3)实质内容/原因(substantive part/reansons);(4)生效与执行部分的序言(preamble to operative/dispostive part);(5)生效与执行部分(operative/dispostive part);(6)保留事项(reserved matters);(7)证明、签字与例行事项(attestation, signature and formalities)。

以上将裁决书基本格式或结构分类为七项,并非是暗示一份裁决书就一定要类似这样划分,也可以给更多或更少的分类。以下对这些项目作进一步的解释。

7.1 标题(heading)

这一般包括:(a)适用的仲裁法或程序法;(b)任何其他相关立法或仲裁规则;(c)双方当事人名字与身份;(d)有关的合约;(e)裁决书的名称。

举例说,一个香港仲裁就会有以下的标题:

"IN THE MATTER OF THE ARBITRATION ORDINANCE (CAP. 341)
AND
IN THE MATTER OF AN ARBITRATION
BETWEEN
ABC... COMPANY LIMITED　　Claimants
(Charterers)
AND
DEF... COMPANY LIMITED　　Respondents
(Ship Owners)
MV '船名'
Fixture Note
Dated——————
FINAL AWARD"

这里要补充几点如下:

(1)适用的仲裁法应该是仲裁地点的法律。如果双方也有同意仲裁规则,标题就会为:

IN THE MATTER OF THE ARBITRATION ORDINANCE (CAP. 341)
AND
IN THE MATTER OF UNCITRAL ARBITRATION RULES

这里还会有其他的变化,如笔者最近的一个裁决书,双方在一个香港仲裁同意了适用1996年《英国仲裁法》。这一来《英国仲裁法》好像变了仲裁规则,而标题就变了是:

IN THE MATTER OF THE ARBITRATION ORDINANCE (CAP. 341)
AND
IN THE MATTER OF 1996 ENGLISH ARBITRATION ACT

(2)双方当事人的名字,如果有多位当事人,一并写上并给以正确的身份,如"第二被告"、"第三被告"。在国际仲裁,由于当事人往往不在同一个国家,也与仲裁地点不一致,所有为了避免同一个公司名字在不同的国家出现,可以加上他们的所在地。

（3）双方当事人的身份除了是仲裁中的原告或被告外，会加上他们在有关合约的身份。以上的例子是租约，所以双方的身份是承租人与船东。如果是买卖合约，身份就变为买方与卖方了。这方便阅读，如在裁决书实质内容或原因中节录双方的部分文件证据，肯定写的是承租人或船东而不会是原告或被告。

（4）把有关的合约放在标题就是为了明确，因为有可能是好几个一连串的合约涉及在同一个争议，而它们都有个别的仲裁在进行。如果该合约除了日期外还有合约编号（如 Contract No. ABC/123），也最好一并写上。

（5）裁决书的名称必须准确写明，如“同意裁决书”（agreed award）、“中间裁决书”（partial award）或“最后裁决书”（final award）。已经介绍过，不再重复。

7.2　案件叙述（recitals）

案件叙述在裁决书通常都会有，甚至写得很细，这与法院的判决不一样。案件叙述的内容主要是提供资料有关所有的重要情况导致最后作出裁决书，而这些资料都不应该是有争议的事实。内容中也针对仲裁庭管辖权的来源，即所谓的“管辖权叙述”（jurisdictional recitals），这包括仲裁协议、仲裁庭的组成等。内容也有针对仲裁程序中重要的一些情况或步骤，即所谓的“程序描述”（procedural recitals）。以下可以举一些有关案件叙述的内容与措辞的简单例子：

（1）简单的引述导致双方当事人争议与仲裁的有关主合约。在一个租约的争议，这可以是一段内容，如下：“By a Charterparty dated 21 November 2007 (hereafter referred to as ‘the Charterparty’) the Respondents/Shipowners (hereafter referred to as ‘the Shipowners’) agreed to charter the MV ‘ABC’ (hereafter referred to as ‘the vessel’) to carry a cargo of 21,000 metric tons steel pipes, 5 percent mor or less at the option of the Claimants/Charterers (hereafter referred to as ‘the Charterers’), from one safe berth and port Lianyungang, China to one safe berth and port Ravenna, Italy on terms and conditions more particularly therein described.”

（2）引述管辖权来源的仲裁条文/协议。如果是一条简短的仲裁条文，不妨全部节录，如：“The Charterparty contained the following arbitration clause: Clause 21:——‘Arbitration: any dispute arising out of this charterparty shall be referred to arbitration in Hong Kong and English law to be applied.’”但会有一些如合并收购等金额庞大的合约，仲裁条文会长达几页纸，写得很详细。这一来，全部节录恐怕令这个管辖权叙述太长。根据不同仲裁员的书写风格，可部分节录仲裁条文中一些重要与有关的内容，如仲裁地点、仲裁规则、仲裁庭成员数目与怎样组成。

（3）仲裁条文/协议与所有其他的合约一样，双方当事人可以事后作出“更改”（variation）。事实上也经常有这种情况，如双方把主合约中的 ICC 仲裁条文事后改为随意仲裁，或是合约中规定三人的仲裁庭事后改为独任仲裁员。如果有这样的情况，管辖权叙述要在接下去的一段说明双方当事人事后或在哪一天以文书同意了更改，以及更改后的仲裁协议内容。这一来就不会有空隙或误解，即为什么后来组成的仲裁庭与裁决书的签字只有一位仲裁员,但主合约中原来的仲裁条文却规定三人的仲裁庭。

(4)双方当事人有一个争议出现,但不必要在这里详细介绍,因为在裁决书的实质内容/原因部分才是详细针对的时候。文字上可以是这一句:" Disputes (more particularly hereafter defined) did arise between the parties under the Charterparty. "要说明双方出了争议也涉及仲裁庭管辖权的问题,所以要在案件叙述的内容一提。至于双方当事人之间其实是没有争议与管辖权的课题,在本书第五章3.4段有详述,不再重复。

(5)仲裁庭的组成,并且是根据主合约中仲裁条文/协议的明示规定,或如果没有明示规定,根据仲裁地点法律的默示(包括如仲裁庭的人数与组成)。这显然也是重要的管辖权叙述的一部分。内容会包括像法院或仲裁机构(名称)与如何作出委任,或双方当事人的委任。其他会包括的内容是被委任仲裁员的地址或其他联络方法,以及他们被委任与接受委任的日期。简单的例子如下:" The Claimants did on 17 December 2008 appoint the undersigned 杨良宜先生 of 18A Casey Building, 38 Lok Ku Road, Sheung Wan, Hong Kong as their arbitrator, an appointment which the said 杨良宜先生 accepted on the same date. On 20 December 2008 the Respondents appointed the undersigned 莫世杰先生 of (地址) as arbitrator, an appointment which the said 莫世杰先生 accepted on 21 December 2008 "。Although Clause 21 did not specify the number of arbitrators both parties agreed that there should be three arbitrators, the third arbitrator to be appointed by the said 杨良宜先生 and 莫世杰先生 , but that the said 杨良宜先生 and 莫世杰先生 should act as a two man tribuanl and need not appoint a third arbitrator unless and until they disagree. "

(6)简单介绍双方当事人的争议事项,但不必要在这里详细介绍,因为在裁决书的实质内容/原因部分才是详细针对的时候。简单的例子可以是:"The disputes rferred to the Shipowners' breach of the Charterparty in failing to deliver the Vessel to the loading port of Lianyungang within the laycan of 28 Noverber 2007 to 6 December 2007, or at all, to load the cargo of steel pipes. As a result of the Shipowners' failure to perform or repudiation, the Charterers have to chartered a subtitute vessel at a higher freight rate and suffered a loss or damage in the total amount of US $ 150,000. 00. The Shipowners denied they have repudiated the Charterparty and in any event, they denied that the Charterers have suffered any loss or damage even if liability can be established. "

(7)接下来就要详细论述"程序性叙述"(procedural recitals)。在一个简单的文件仲裁,所要叙述的不多,恐怕只需要说明双方都有机会提供文书的争辩与文件证据。另要叙述的是双方同意不需要开庭,并要求仲裁庭根据文件作出裁决书。根据不同仲裁员的书写风格,措辞上可以如下:"Both parties, through their lawyers, provided me with written submissions together with copies of documents which they relied on. Neither party asked for an oral hearing and I was invited to proceed to my Award based on documents only. ”

(8)但在一个比较复杂的仲裁案件,程序性叙述就会要更多与更详尽。其中要注意的是如果一个机构仲裁或者双方约定仲裁规则,就必须根据该规则的要求记录所要走的程序。其他要说明的是在程序中的一些重要步骤,如一开始举行了一个“预先会议”(preliminary meeting),双方文书请求的交换,文件披露,“现场检查”(site inspection)或对争议标的的检查,“开庭前会议”(pre-hearing conference 或 pre-trail review),“中间措施”(interim measures)如仲裁庭曾经做出过中间禁止令或是保全证据,证人证言与专家报告的交换等。开庭是程序中至关重要的一步,就要说明在什么地方进行,开庭的日期,双方的法律代表,事实证人与专家证人的名字与数目等。另外,如果较早前曾经作出过中间裁决书,这也要说明并记录该裁决书的决定。如在某一天,仲裁庭曾经作出了一个有关管辖权争议的裁决书,仲裁庭在该裁决书判是拥有管辖权,而败诉的被告之后也没有向法院提出对该裁决书的质疑,所以仲裁程序还是继续推进。

(9)另要在程序叙述中记录任何曾经发生过的不正常的事情,而这个不正常是会可能导致将来败诉方提出救济或抗拒执行。例如,有一方当事人(通常是被告)缺席与不参与仲裁。这一来,在执行时就有危险被告以没有收到通知作为抗拒的理由,这在《纽约公约》Article V (b)明确规定是可以拒绝执行的一个理由。所以在这种“缺席裁决书”(defaulted award),最好就记录下仲裁庭给缺席一方所有的通知以及通知办法(传真、快递或挂号信等)。又如一方当事人因为太晚才提交一些新证据,打乱本来已经安排好的开庭审理计划,所以仲裁庭拒绝采纳这些新证据。这也会带来危险是该当事人如果是败诉方,会以仲裁庭违反自然公正的理由向法院申请救济或抗拒执行。所以,最好在程序叙述中说明发生过这样的事情与不采纳新证据的理由。有了这些记录,虽然只是表面与属于仲裁庭一面之词,但将来去了法院,表面看裁决书并考虑是否给予救济或执行,法院显然会是更加倾向于相信中立的仲裁庭在裁决书所记录的,而不会倾向相信败诉的当事人。在这种法律行动中,法院也不会愿意看大量有关仲裁程序的其他文件(如新证据是否真正太晚才提交或是如仲裁庭所说的新证据内容并不重要),这样法院做出判断最主要依赖的一份文件就是裁决书本身。

7.3 实质内容/原因(substantive part/reasons)

裁决书的这一部分是可以针对双方当事人的争议,仲裁庭的分析、结论、理由、决定,按照争议的顺序逐个解决。但已经提到过就是部分仲裁员习惯的做法是分开另外一份文件针对实质争议/原因。这一来,在“程序叙述”(procedural recitals)中就会去写上这样一句:“Under the Hong Kong Arbitration Ordiance, I am obliged to issue a Reasoned Award and my reasons are accordingly attached hereto and form part of this my FINAL AWARD.”

7.4 生效与执行部分的序言(preamble to operative/dispostive part)

序言是引出裁决书最重要的部分,即生效与执行部分。它在一个独任仲裁员与根据文件审理的裁决书的仲裁中措辞可以是这样:"NOW I the said 杨良宜, having taken upon myself the burden of this reference and having carefully and conscientiously read and considered the submissions made by the parties and the documentary evidence put before me, DO HEREBY MAKE, ISSUE AND PUBLISH this my FINAL AWARD, namely:——"

如果仲裁庭不止一位仲裁员,就需要加上所有仲裁员的名字,并说明他们之间有合议。特别是如果加上开庭,这序言就需要作出符合事实的改动,如下:"NOW WE the said 杨良宜,莫世杰与杨大明, having taken upon ourselves the burden of this reference and having carefully and conscientiously heard, read and considered the submissions made by the parties, the oral and documentary evidence adduced before us, and having deliberated and consulted with one and other, DO HEREBY MAKE, ISSUE AND PUBLISH this our FINAL AWARD, namely:——"

7.5 生效与执行部分(operative/dispostive part)

这里就是总结裁决的结果,即谁胜谁负。这措辞可以是如下:"I FIND AND HOLD that the Claimants' first claim for breach of seaworthiness obligation fails and is hereby dismissed and the Claimants' second claim for shut-out cargo succeeds to the extent of US $100,000."在一开始用"FIND"和"HOLD"是裁决的结果通常是经过"事实的认定"和"法律的判定",至于认定与判定的细节是在"实质内容/原因" 部分。而如果后面双方的争议仅仅是"事实的认定",那么就只用"FIND"一词而去掉"HOLD"。

有了裁决的结果后,仲裁庭还需要作出一连串的指令,如要求败诉方马上或在一段时间内支付给胜诉方,并加上利息。另是仲裁庭也会在这生效与执行部分针对诉讼费用与裁决书费用,并说明谁要承担与如何作出支付。这可以是以下的措辞:

"(A) I THEREFORE AWARD AND ADJUDGE that the Respondents shall forthwith pay to the Claimants the sum of US $100,000 (United States Dollars One Hundred Thousand Only) TOGETHER with interest thereon at the rate of 5% p. a. compounded at three monthly rests from 27th January 2003 until the date of payment.

(B) I FURTHER AWARD AND ADJUDGE that the Claimants shall bear and pay their own costs and 50% of the Respondents' costs of this arbitration (to be assessed and determined by me or the Hong Kong Court, at Respondents'option, if not agreed).

(C) I ALSO AWARD AND ADJUDGE that the costs of this my FINAL AWARD, which I hereby assess and settle at the total sum of HK $50,000 is to be apportioned three-fourths/one-fourth in favor of the Respondents PROVIDED ALWAYS that if, in the first instance, any party have paid the costs of this my FINAL AWARD in excess of their apportionment , they shall be entitled to an immediate refund from the other party of the sum so paid. ”

在上述节录最后的一句被称为是“费用归还条文”(reimbursement clause),原因是有关裁决书费用(也就是仲裁庭所要收的费用)在双方当事人之间的最后分摊如是要败诉的被告全数承担,但这分摊与双方当事人在裁决前所做出的有关费用支付通常不会一致。会有情况是原告与被告各做出了一半的支付,也会有情况是全数由原告支付。这支付可能是作为仲裁员收费的预付,也可能是作为取得裁决书的支付。反正在知道了裁决分摊的结果后,如果是要败诉的被告全数承担(这不是上述的例子,因为想更简单作出解释),原告就可以根据这一费用归还条文向被告要求马上归还有关的支出。比如,裁决书费用是50000港币,原告如果只是做出了一半的支付,就可以根据这条文向被告收取25000港币。如果原告是做出了全数支付,就可以向被告收取50000港币。这笔钱是在原告额外可以向被告收取的胜诉本金100000美元(上述的例子中),加上本金的利息。换言之,被告如果拒绝支付,原告向法院申请协助执行上述例子的裁决书要收取的金钱是:本金,加本金利息,再加费用归还条文下的裁决书费用。但经常会有不是太熟悉的胜诉当事人或他的代表律师在后来的“核算当事人诉讼费用”(assessment of party’s costs)加上裁决书费用,这是重复,因为实际在原来的裁决书已经有了针对,不应该在一个费用核算的裁决书再度出现。

7.6 保留事项(reserved matters)

仲裁员在作出一个最后裁决书之后变了是“functus officio”已经是讲了很多遍的明确说法,表示该仲裁员应该作出最后决定的争议都已经作出,这包括双方当事人之间的诉讼费用分摊,如判胜诉的原告可向败诉的被告取回他所花的诉讼费用,而被告就要承担自己所花的诉讼费用。但还有一个问题,就是原告可以向被告取回的诉讼费用到底是多少还没有经过“核算”(assessment),所以还不能有明确的金额。因为通常被判是可以向对方取回诉讼费用也只能是合理的费用,不会是乱花或不合理的费用也可以一并向对方取回。所以合理或不合理的“当事人诉讼费用”(party’s costs)还是有的争议,这一过程就是核算的过程。以前有不少的做法是裁决书把这一核算的权力下放给法院,这不必在裁决书说明也是默示了这样的做法,这是在《香港仲裁条例》Section 2GJ(2)。换言之,在一个最后裁决书作出与取得后,双方当事人与他们的代表律师会试图对胜诉原告律师的诉讼费用的合理金额达成和解。如果不能达成和解就交给法院进行核算。在这种情况下,仲裁庭在作出了最后裁决书之后,可以说真正是对这个案件不会有任何参与。但除了越来越多的做法是当事人不希望由法院核算诉讼费用,而希望由仲裁庭核算,所以会在当事人的要求下,仲裁庭在最后裁决书中也要明示保留权力将来核算诉讼费用,如果双方不能达成和解。如果一个仲裁庭判是原告胜诉并可向被告取回诉讼费用,而被告就要承担自己的诉讼费用,保留核算原告费用的权力就往往是在括号内加一句如下:“WE FURTHER AWARD AND ADJUDGE that the Respondents shall bear and pay their own and the Claimants’ recoverable costs of the reference (the latter to be assessed and determined by us if so requested, for which determination we hereby reserve powers and jurisdiction)."

会有一个疑问就是可否要求双方当事人在还没有做出最后裁决书之前,就把双方所花费的诉讼费用列出清单并针对对方费用不合理的地方做出争辩。双方都要这样做的原因是在那时还没有做出最后裁决书,双方都有可能是败诉方或是其他原因被判是要承担对方的部分或全部的合理费用,所以变成双方都要这样做。这显然会造成大量的工作,而且其中的一方当事人(败诉方)所作的工作如详细列出诉讼费用清单是白费的。加上还会有一些费用在最后裁决书做出之后产生,如花了一定的时间阅读裁决书,或是需要对一些文书错漏做出修改申请,或是要求仲裁庭澄清一些不明朗之处。这都表示在一个大案件,很难要求双方当事人在做出最后裁决书之前就把诉讼费用清单做好并进行合理与不合理的争辩。这种做法只会是在一些很简单的文件仲裁或是在第一章之 5.4.3.3 段所介绍的一种名为"简易核算"(summary assessment)才会出现。多数的情况下还是会要求仲裁庭保留核算诉讼费用的权力,即使是在一个最后裁决书。

如果不是一个最后裁决书而是一个中间裁决书,由于双方当事人还有争议没有作出裁决与处理,所以都应该会有一句话在"执行与生效部分"(operative/dispositive part),可以是如下:"WE DECLARE that this Award is final as to the matters herein determined and we reserve to ourselves appropriate powers to make such further Award or Awards as may be necessary in respect of the remaining issues between the parties."

7.7 证明、签字与例行事项(attestation, signature and formalities)

在这里的一句是包括了针对裁决书地点、作出的日期、仲裁员的签字与证人的签字。已经介绍过除了证人的签字,其他都是一些法律对裁决书格式的强制性要求。针对仲裁地点,1996 年《英国仲裁法》之 Section 53 是这样规定:"Unless otherwise agreed by the parties, where the seat of the arbitration is in England and Wales or Northern Ireland, any award in the proceedings shall be treated as made there, regardless of where it was signed, dispatched or delivered to any of the parties."

"仲裁地点"(seat of arbitration)是双方在仲裁条文/协议中所约定的,通常是不难确定,如伦敦、中国香港、北京等。也不会因为仲裁的过程中会有部分的程序会在其他地点进行而有所改变。如一个香港仲裁,可能开庭会是有部分在深圳举行,为了方便证人。这只会是在"案件叙述"(recitals)中提到,但不会影响裁决书的仲裁地点。至于裁决书的签字,会在不同地点进行,因为在一个国际仲裁中不同仲裁员的所在地都会有所不同,这都不会影响裁决书的仲裁地点。在贵族院判的 Hiscox v. Outhwaite (1991) 2 Lloyd's Rep. 435 先例中,独任仲裁员把一个伦敦仲裁的裁决书于巴黎阅读后并签字,并多此一举地加以说明而导致了双方对该裁决书到底是英国裁决书还是法国裁决书有所争议,但是在 1996 年立法之后,这种争议是再不会发生。

但仲裁地点也会是双方当事人在仲裁协议中订的莫名其妙导致困难,一个近期的案例是 Braes of Doune Wind Farm (Scotland) Limited v. Alfred McAlpine Business

Services Limited (2008) EWHC 426 (TCC)。该合约的仲裁协议与适用法条文是如下:"1. 4. 1 The Contract shall be governed by and construed in accordance with the laws of England and Wales and, subject to Clause 20. 2 [Dispute Resolution], the Parties agree that the courts of England and Wales have exclusive jurisdiction to settle any dispute arising out of or in connection with the Contract. . . 20. 2. 2 (c) This arbitration agreement is subject to English Law and the seat of the arbitration shall be Glasgow, Scotland. Any such reference to arbitration shall be deemed to be a reference to arbitration within the meaning of the Arbitration Act 1996 or any statutory re-enactment."

这就带来一个争议是仲裁地点到底是英国还是苏格兰的 Glasgow。因为针对问题是裁决书的救济到底是应该向英国法院还是苏格兰法院提出,而英国与苏格兰的法院与仲裁法都是不一样。在这里笔者不多加探讨该案例,以免内容太长,只是看来简单的仲裁地点也可以带来非常复杂的情况。

至于"裁决书作出的日期"(date of the award),1996 年《英国仲裁法》之 Section 54 是这样说:"Unless otherwise agreed by the parties, the tribunal may decide what is to be taken to be the date on which the award was made. In the absence of any such decision, the date of the award shall be taken to be the date on which it is signed by the arbitrator or, where more than one arbitrator signs the award, by the last of them."

这表示双方当事人可以同意裁决书的日期,否则就由仲裁庭决定。而仲裁庭没有决定就根据独任仲裁员签字的一天或多过一位仲裁员组成仲裁庭就由最后一位签字的一天为准。裁决书日期的重要性有两个方面,最重要的一个方面是所有对裁决书的救济都有时限。这时限是包括向仲裁庭要求作出修改、澄清后作出追加裁决书,这是只有 28 天的时限。同样,向法院根据 1996 年《英国仲裁法》之 Section 67 - 69 申请救济也是只有 28 天的时限。另一个方面的重要性是计算利息,当然这是要看裁决书针对利息是怎样判,如直到裁决书作出的一天或败诉方真正作出支付的一天。

而"仲裁员的签字"(signature of arbitrators)是在 1996 年《英国仲裁法》之 Section 52 (3)说:"The award shall be in writing signed by all the arbitrators or all those assenting to the award."

第七章　裁决书原因

1. 要给裁决书原因的原因

裁决书要给原因是大部分国家或地区仲裁法的要求,除非双方当事人同意不需要原因,虽然在现实中几乎没有这样的例子。在中国香港,这是在《联合国示范法》的 Article 31 (2),如下:"Shall state the reasons upon which it is based, unless the parties have agreed that no reasons are to be given or the award is an award on agreed terms . . . "在 1996 年《英国仲裁法》,同样的说法是在 Section 52 (2)与(4),如下:"52 – (1) The parties are free to agree on the form of an award. (2) If or to the extent that there is no such agreement, the following provisions apply. . . (4) The award shall contain the reasons for the award unless it is an agreed award or the parties have agreed to dispense with reasons. "

在英国,如果仲裁员不为裁决书给原因,并在败诉方可能根据 Section 57 (3)(b)要求仲裁员去作出解释/澄清时仍然拒绝,他就会面对 Section 68 (2) (h)的法院干预,这包括是把裁决书"撤销"(set aside)或"发还"(remit)给仲裁员要求作出原因。该条文是其中一种原因可让法院干预,就是裁决书不符合 Section 52 (4)的格式,说:"failure to comply with the requirements as to the form of the award. . . "

在 Benaim (UK) Ltd v Davies Middleton & Davies Ltd (2005) EWHC 1370 (TCC),Coulson 大法官说:"The obligation to provide reasons is an important part of the arbitrator's function. At 21. 16 of Arbitration Law the learned editors state that, ' It is strongly arguable that unless a party knows the reasons for an award there is automatically substantial injustice to him', and the relevant footnote suggests that, ' This is indeed the very rationale of the requirement that arbitrators are to give reasons' . I respectfully agree with those comments. . . If there were no or insufficient reasons the substantial injustice would, in my judgement, be automatic. "

给予裁决原因可以归纳如下。

1.1　原因之一:败诉方有权知道败诉的原因

可以让双方当事人知道胜诉或败诉的原因,毕竟双方是花了庞大的诉讼费用,有权知道裁决的原因。这一方面也涉及了公平与透明度的提高。尤其是针对败诉方而言,他更加需要知道他的争议或他所提供的证据不被仲裁庭接纳的原因,他也需要进一步考虑能否可以向法院请求对裁决书的救济。举例说,Neill 勋爵在 1998 年的一篇文章名为"The Duty to Give Reasons: The Openness of Decision Making"说:"The interests of fairness will very generally be found to require that a person affected by a decision should both be aware of the material in the hands of the decision-maker which may be used as a basis for the decision and, secondly, that he should know the reasons underlying the ultimate decision..."

另在 Hayn Roman v Cominter (1982) 2 Lloyd's Rep 458, Robert Goff 大法官说:"It is incumbent upon arbitrators, in giving their reasons, to explain on what basis they have rejected contentions which have been advanced before them... as a matter of common sense they [the losing parties] are entitled to know why their contentious have been rejected."

笔者在自己作出的裁决书也经常考虑到这一方面的重要性,倾向在裁决书比较全面针对败诉方作出解释。相反,针对胜诉方的论点与证据,往往就是点到即止,相对简单得多。

1.2 原因之二:仲裁员全面作出裁决原因是良好的思考纪律与理性的过程

对仲裁员自己而言,详细的考虑并以文书写下裁决的原因是一个非常好的"思考的纪律"(intellectual discipline),最后会大大提高裁决书的正确性与理性。大部分有经验的仲裁员都经历过把一个仲裁案件的所有问题与证据考虑再考虑,然后通过详细写出裁决的原因,会有更深的体会与更详尽以及没有相互矛盾的整体结构。也可以说,不全面作出裁决原因有更大的可能性是仲裁员只是作出一个粗枝大叶的决定,错误的或是没有全面针对的可能性也大大提高。这里可节录 Donaldson 大法官在 The "Niedersachsen" (1986) 1 Lloyd's Rep. 393 中说:"The giving of reasoned awards is to be encouraged, for, as was said at par. 26 of the Commercial Court Report on Arbitration (1978) (Cmnd. 7284): The making of an award is or should be, a rational process. Formulating and recording the reasons tends to accentuate its rationality."

1.3 原因之三:充分的裁决原因方便败诉方向法院申请救济

在 1996 年《英国仲裁法》,败诉方如果对裁决书不满意,可以根据裁决书的有缺陷或错误的理由向法院提出救济,这包括是 Section 68 的救济或是 Section 69 有关法律观点的法院上诉。如该有缺陷的理由中显示了仲裁庭私下取得并考虑了"秘密证据"(secret evidence),或针对仲裁庭不应该加以考虑的事情(如有特权的证据)作出裁决。英国法律上百年以来不允许法院插手裁决书对事实认定有错误,这方面可参阅如 Kaffeehandels v Plagefim (1981) 2 Lloyd's Rep. 190 等的先例,所以针对事实的认定,也就是证据方面的取舍可以说是在给予全面的原因方面比较是不重要,因为反正事实认定的对错也不会有救济。

但由于 1996 年《英国仲裁法》有限度允许对裁决书针对法律观点的裁决上诉至法院,所以仲裁给出充分与全面的原因就会变得重要。因为在法院决定是否要给出上诉批文时,就很难判断仲裁庭作出没有任何原因支持的法律观点是否有明显的错误,而且在上诉到法院时,大法官也没有比较决定是否要推翻或支持被上诉的法律观点。所以,根据1996年《英国仲裁法》之 Section 70 (4),法院在败诉方提出以上申请时如果认为原因不足,可以下令仲裁员作出更详尽的原因。

有关原因在针对法律观点上诉救济的重要性,可介绍的先例是 Universal Petroleum v. Handel Transportgesellschaft m. b. H. (1987) 1 Lloyd's Rep. 517,上诉庭的 Kerr 大法官说:"A reasoned award is usually requested in order to lay the foundation for a possible application for leave to appeal. An arbitrator should therefore remember to deal in his reasoned awards with all issues which may be described as having a 'conclusive' nature, in the sense that he should give reasons for his decisions on all issues which lead to conclusions on liability or other major matters in dispute on which leave to appeal may subsequently be sought. "另在 The "Ninemia" (1986) 1 Lloyd's Rep. 393, Donaldson 大法官也说"a reasoned award is one which 'states the reasons for the award in sufficient detail for the court to consider any question of law arising therefrom. "

也可另举一个例子,是关于一个基本上没有原因的裁决书,法院认为无从判断仲裁庭是否犯了一个法律观点的错误。这是 Kaffeehandels v Plagefim (1981) 2 Lloyd's Rep. 190,仲裁庭在裁决书中基本上说明了认定的事实,说双方有一个买卖合约以及相关的细节,双方有一个关于货物是在哪一天付运的争议,有一份提单说明货物是在哪一天付运,双方有争议与提供的证据有争议关于货物在哪一天真正付运。认定了事实后,仲裁庭裁定说:"买方拒绝付运文件是错误的做法,证据并没有结论性地否定提单日期的正确性,所以买方要赔钱给卖方。"(The Buyers were in default in rejecting the tendering of documents upon first presentation as required by the contract. The evidence submitted by the parties does not conclusively repudiated the authenticity of the date of the bills of lading.)Mustill 大法官说这样的裁决书根本无法找出法律观点的错误,说:"Now in my judgment it is absolutely impossible to take those facts, set them against the decision of the arbitrators that the rejection was unjustified, and come up with the conclusion that there must have been a legal error in the arbitrator's chain of reasoning. So that mode of establishing an appeal can, in my judgment, be ruled out of account without any hesitation at all. "

但看来在该先例,即使是仲裁庭短短的一句话也可以被挑出一个可能是法律观点的错误。这就是它采用了"结论性"(conclusively)这一词,但这是刑法的举证责任,民事诉讼只需要根据"可能性的权衡"(balance of probability)就可以满足举证责任。结果,Mustill 大法官把该裁决书发还给仲裁庭要求他或者对该词作出修改,或者向法院解释这一词的正确意思。

1.4　原因之四:全面与有说服力的裁决原因可能方便裁决书的执行

也有说法是一个有原因的裁决书会在执行时更加顺利,因为它会减少法院对裁决书的疑虑。但这个说法应该是不适用在1958年的《纽约公约》,因为执行法院即使是对裁决书的原因不满意甚至是认为判错,也不存在把它作为拒绝执行的理由,因为裁决书原因只是针对实体争议,错了也不是仲裁程序上的问题。但1958年《纽约公约》Article V(1)中的"可以"(may)一词,给予法官在考虑是否执行裁决书时一定的裁量权,这方面请参见本书第十一章之2段。虽然在执行时法院根据《纽约公约》只需要关心仲裁程序有否出错,也只有在这方面才可拒绝执行,但笔者深信在私下法官还是会看裁决书的理由。如果理由详尽且令人信服,也表示仲裁庭在实体上判得是极可能正确,即使败诉方找得出可以抗拒执行裁决书的借口(如仲裁庭的其中一个成员资格有问题,这是《纽约公约》的Article V[1][d]),法官就会以"可以"一词提供给他的裁量权还是执行有关的裁决书。对那些"支持仲裁裁决书执行的管辖权地区"(pro-enforcement jurisdictions)的法院而言,尤其是如此。

2. 原因的长短

在正常的情况下,即使有同一个仲裁庭作出裁决书的原因,也会根据每一个不同的案件有长有短。长的可能多达300页或以上,短的可能只有2、3页。会造成这些差异是一些很正常的因素,如:(1)争议的金额:显然如果争议金额是高昂,就值得多给一些原因,因为多给原因也表示仲裁员的费用会相应提高。相反,如果争议金额微不足道,如以"小金额争议程序"(Small Claim Procedure)进行,裁决书的原因应该尽量简短。这也是反映了CPR下的"比例原则"(proportionality)。(2)争议的复杂性。(3)仲裁程序的繁重与复杂程度。(如有否开庭审理,如果有开庭时间是多长,是否有很多位事实与专家证人等。如果有很多证人,显然就要多给原因针对证据之间的矛盾作出分析。)(4)其他特殊的原因,如涉及了大量同一类的争议,双方当事人希望该仲裁裁决可以起到"引导性/考验案件"(test case)的作用,如The "Bamburi",(Arbitration Tribunal)(1982)1 Lloyd's Rep. 312 。另一个特殊例子是双方当事人特别提出要求一个详细针对每一项争端的裁决书。

撇开以上所讲的每一个不同案件,即使在同一个案件中,在一个三人的仲裁庭也会针对裁决书原因的长短有不同意见。这里就涉及了不同仲裁员有不同的理念与风格,其中归纳以下几点进一步探讨。

2.1 法院判决与仲裁裁决的长短比较

仲裁裁决书与法院判决是有相同之处,但也有区别。其中的一点是针对法律方面的原因长短会有不同,显然法院判决应该是详尽。原因是法院判决要作为一个公开的先例,今后会约束下一级法院或者是仲裁庭的判决,也构成普通法系的部分法律。所以,有责任与有必要把所有的问题说得详尽与分析清楚。例如,今天的合约条文解释是要参考订约时的背景，所以就有必要把背景说清楚，让今后下一级的法院可以选择依从或者“区分”(distinguish)。但相反在仲裁裁决就没有这一个考虑，加上仲裁裁决是机密文件，写得与法院判决同样详尽是有点不必要与浪费。这方面可见 Bremer Handels GmbH v. Westzucker GmbH (No. 2) (1988) 1 Lloyd's Rep. 214 与 Bunge v. Westzucker GmbH (1981) 2 Lloyd's Rep. 130。其中 Donaldson 大法官在 Bunge v. Westzucker 先例中说：“No particular form of award is required . . . All that is necessary is that the arbitrators should set out what, on their view of the evidence, did or did not happen and should explain succinctly why, in the light of what happened, they have reached their decision and what that decision is . . . Where a 1979 Act award differs from a judgment is in the fact that the arbitrators will not be expected to analyze the law and the authorities. It will be quite sufficient that they should explain how they reached their conclusion . . . It is not technical; it is not difficult to draw and above all it is something which can and should be produced promptly and quickly at the conclusion of the hearing.”

2.2　短到何种程度的裁决书原因不能为法院接受

作出一个详尽与全面的裁决原因是仲裁庭面对的一个最困难，耗时与必须谨慎的工作，这是因为裁决书将来会受到严格与反复的“司法审核”(judicial scrutiny)。这审核来自败诉方代表律师，更会是来自法院，而且所有在裁决书内能够挑出的毛病以及批判都会是公开的。所以要求仲裁庭作出裁决，是对仲裁庭能力的一块试金石。如果个别仲裁员水平与自信心不足，就经常会出现一种想回避的心态，把裁决的原因写得越短越好，希望能够防止将来被当事人或法院挑毛病。因为只是说谁胜谁败而不给原因，说仲裁庭判错也无从说起。这带来的第一个问题就是原因短到何种程度不会被法院接受？

首先说明的是仲裁庭并不需要把双方的争议或论点都针对，但仲裁庭必须针对双方提出的一些重要的争议。什么是重要的争议会在不少仲裁中被双方列出，如在 ICC 仲裁就会在“审理范围书”(terms of reference)，而在随意仲裁中就会列出一份“争议清单”(list of issues)。另一个重要的客观的准则，就是如果一个争议是仲裁庭没有针对，客观看来就会带来对其中一方当事人的不公平。在 Van der Giessen-de-Noord v Imtech Marine (2009) 1 Lloyd's Rep 273，Clarke 大法官说：

“In the London Underground Ltd case Ramsay J cited Morison J's summary in Fidelity Management SA derived from World Trade Corporation Ltd as follows:

1. Section 68(2)(d) is 'designed to cover those issues the determination of which is essential to a decision on the claims or specific defences in the course of reference.

2. HHJ Humphrey Lloyd was correct in Weldon Plant Ltd v The Commission for New Towns (2001) 1 All ER (Comm) 264 to state that Section 68(2)(d) is not to be used as a means of launching a detailed enquiry into the manner in which the tribunal considered the various issues. It is concerned with a failure, that is to say where the arbitral tribunal

has not dealt at all with the case of a party so that substantial injustice has resulted, eg where a claim has been overlooked or where the decision cannot be justified as a particular key issue has not been decided that is crucial to the result. It is not concerned with a failure to arrive at the right answer to an issue.

3. Arbitrators do not have to deal with every argument on every point raised; they should deal with essential issues."(仲裁庭不需要针对双方每一个争辩,但必须针对主要的争议。)

至于怎样针对,就是要求仲裁员把双方的争议与有关证据考虑后作出一个决定,并说明达致这一个最后决定的原因。原因即使是简短,也不能是短到就像根本没有给原因一样。一个说法是原因必须"足够"(adequate)且"看得明白"(intelligible)。这方面可节录 CSC Braehead Leisure Ltd v Laing O'Rourke Sctland Ltd (2009) OH (Ct. Sess.) BLR 49,Menzies 勋爵有说到如果合约(或立法)要求一个决定必须给原因,就有一个默示条件要求原因必须是看得明白与足够,否则这一要求就没有意思了,他说:"Where, as here, a contract provides that reasons have to be given, there must be an implied term that these reasons will be intelligible and adequate, otherwise the provision would have no content."

2.2.1 什么是足够的原因?

至于什么是足够的原因,《英国仲裁法》没有定义,毕竟在千变万化的案件中也很难给硬性的定义。在 1979 年《英国仲裁法》,首先有一种做法就是裁决书中的法律观点要去上诉英国法院就必须先取得批文,这一做法在 1996 年《英国仲裁法》是延续。至于法院是否给予批文,一般的做法就是看裁决原因的法律观点是否可能有错甚至明显是有错。这就表示裁决书的原因必须是足够让法院作出这一判断。这里可以节录 Donaldson 大法官在 The "Ninemia" (1986) 1 Lloyd's Rep. 393 先例中所说如下:"The Arbitration Act 1979 nowhere defines what is meant by a 'reasoned award', but it is clear from s. 1(5) that what is meant is one which states the reasons for the award in sufficient detail for the Court to consider any question of law arising therefrom if, of course, it were to give leave to appeal. This is what a party is asking for if he gives notice that a reasoned award is required. This is what, notwithstanding the absence of such a notice, he will be entitled to expect, if the relevant arbitral rules required the giving of a reasoned award. This , again, is what he will be entitled to expect if, notwithstanding the absence of such a notice, the arbitrator indicates that it is his intention to make a reasoned award."

什么是足够原因,在 CSC Braehead Leisure Ltd v Laing O'Rourke Sctland Ltd (2009) OH (Ct. Sess.) BLR 49,Menzies 勋爵在该"审裁"(adjudication)的先例是这样说:"The reasons must be adequate to show that the adjudicator has fulfilled his duties and that he has at least considered the major questions before him (whether or not his conclusion was correct) and that he has decided the major issues referred to him, applying the normal standards of proof. Senior counsel accepted that the adjudicator could not be challenged if he was wrong, but he must at least show that he has considered the issues. This was consistent with the Lord Justice Clerk's views in Diamond (at paragraph 31). As Lord Reed put it in the Lothian & Brothers Police Board case (paragraph 71): where a provision expressly requires a decision to be communicated together with the reasons for it, then if adequate reasons are not included in the decision and notified as required, then the decision itself will normally be held invalid."

这一问题其实在较早时已有介绍,显然裁决原因如果短到法院不能接受,往往就是不足够的原因。在这里只随意挑一个案情简单的先例,希望更好地说明这个问题。它就是 Hayn Roman v. Cominter (1982) 2 Lloyd's Rep. 458,案情是有关一个 900 包玻利维亚咖啡的 FOB 买卖合约,付运期是 1979 年 10 月/11 月。但货物是通过卖方的安排在 1979 年 12 月 6 日才在装港装上船舶,显然是晚了付运。这导致了买方拒绝接受货物以及有关付运文件。卖方于是向买方提出索赔,并在约定的咖啡商会进行仲裁。该 FOB 买卖合约有两条比较特别的条文,第一条是第 16 条文,说明 FOB 卖方要帮助买方安排付运,说:"The sellers are under obligation to conclude ... a contract for the carriage of the coffee by usual route to the port of destination agreed."第二条是第 18 条文,说明付运货物有迟延 FOB 卖方也是不负责,但他必须证明一些情况,如及时订舱位与咖啡是及时备妥等,说:"The sellers shall not be held responsible for a delay in shipment if they prove that the combination of circumstances was as follows: (a) that they had booked the shipping space in due time ... (b) that the coffee was available in due time; (c) that the vessel was delayed through fortuitous circumstances ... (d) that if necessary they re-booked the shipping space without delay on the first available vessel; (e) that they informed the buyers with the utmost dispatch."

裁决书是判买方败诉,认为卖方迟延付运是不必负责任,裁决原因只是把买卖合约的第 18 条文节录并加上一段说仲裁庭认为卖方已经是在一个非常困难的情况下尽了最大努力,并完全符合第 18 条文的要求。裁决书这样说:"We are of the opinion that the Sellers did their best under difficult circumstances outside their control to ship within the prescribed period in fact complied fully with the above Article."

裁决书没有针对买方一个重要的事实,就是卖方是在 11 月 26 日才订的舱位,而该船舶是预计在要 11 月 30 日才到达装货。买方的争议就是这订的舱位实在太晚,并不符合第 18 条文的要求。因为该船舶只要稍微延迟,如港口拥挤而靠不了泊,就不能在买卖合约付运期最后一天,也就是 11 月 30 日,把咖啡装船。而港口拥挤不像该船舶在装港的途中遇上了事故或坏天气而带来延误,只在后者的情况下,是第 18 条文说明卖方不必负责,如果有关的船舶遇上"不可预见的情况"(fortuitous circumstances)而被延误。

如果裁决书有针对这一买方的争辩,但还是判卖方可以以第 18 条文不必负责,即使客观看会是判错,这充其量也只是在事实认定或法律判定方面犯了一个错误。这种错误即使有其他救济(但不一定有,如根据《香港仲裁条例》),也不是裁决书原因不够的救济。所以,Goff 大法官在该先例下令把裁决书发还给仲裁庭要求补加原因,说:"But I do not know on what basis they have, given the very late booking which understandably took place in this particular case, held that the vessel was delayed through 'fortuitous circumstances' within art. 18(c) of the E. C. C. It may be that they were satisfied that there were fortuitous circumstances which prevented the ship from being loaded. But it is impossible for the Court to know, on this award, whether they have correctly applied the article and reached the conclusion on the facts that there were fortuitous circumstances or whether, as is submitted by Mr. Tomlinson (买方大律师) may be the case on the facts as they found them, that they have misconstrued art. 18(c). The point having been taken and raised before the tribunal it seems to me that they should give their reasons why they rejected it so that the Court can then consider whether or not this is a proper case for leave to appeal to be given."

该先例另一处被判是裁决原因不足够是有关损失的计算。众所周知,买方即使是违约,赔偿给卖方的损失根据英国法律的说法是表面计算方法是以市场价格比较买卖合约的价格。根据这一个计算方法,该批咖啡在 12 月中(也就是买方拒绝接受付运文件与违约的时间)的市场价格比较该 FOB 买卖合约的价格,得出的损失数字只是 6000 美元。但裁决书判买方需要赔给卖方的金额是 10 倍以上,根据的是卖方把该批咖啡转卖而带来的真正损失数字。换言之,仲裁庭并没有理会市场价格的表面计算损失方法。而裁决书所给的原因只是简单的一句说:"... the Buyers pay to the Sellers $61,740.00 in compensation for the difference between the original contract price and that obtained on resale."

本来,仲裁员或法院是完全可以偏离市场价格的计算损失方法,这只是一个"表面计算方法"(prima facie measure of damage)。但仲裁庭偏离时就应该讲出一个原因,不论是对是错。例如,这批装在船舶上的咖啡当时根本没有市场可转售。但不说明原因就偏离这个表面计算方法,就被 Goff 大法官判是没有足够的原因,必须发还给仲裁庭补加原因,说:"Now in these circumstances it seems to me that the Committee of Appeal (咖啡商会的上诉仲裁庭) should give their reasons why they reached this decision, to ascertain whether they reached this decision, to ascertain whether they did apply the appropriate principles of law as to the measure of damages, because if the position is that the market difference as at mid-December was at the level which the buyers have suggested then it would appear prima facie that the measure of damages, assuming that the buyers are in breach of contract in this case, was far less than the sum of $61,000 which has been awarded against them by the Committee of Appeal."

2.2.2　什么是看得明白的原因？

关于什么是看得明白，Menzies 勋爵说到：

“The informed reader knows the general back ground to the case. This test, based on reasons being ‘so incoherent’ that it is impossible for reasonable reader to make sense of them is a rather higher test than simply intelligibility and adequacy. Further light is shed on this high test by the observations of Jackson J in Carillion Construction (with which the Court of Appeal appeared to have agreed, and which is quoted... Chadwick LJ's Opinion):

If an adjudicator is requested to give reasons pursuant to paragraph 22 of the Scheme, in my view a brief statement of those reasons will suffice. The reasons should be sufficient to that the adjudicator has dealt with the issues remitted to him and what his conclusions are on those issues. It will only be in extreme circumstances, such as those described by Clarke LJ in Diamond ... that the court will decline to enforce an otherwise valid adjudicator's decision because of the inadequacy of the reasons given. The complainant would need to show that the reasons were absent or unintelligible and that as a result, he had suffered substantial prejudice.”

这方面的问题当然也是要看程度的严重性，比方说裁决书有地方前后矛盾，但整个裁决的原因并非是原因看不明白。这会是仲裁庭在事实或法律上犯了错误，甚至只是文书上的错误可以事后作出修改。在 Moran v. Lloyd's (1983) 1 Lloyd's Rep. 472，Donaldson 大法官说：“Retuning to the complaint of inconsistency, we doubt whether, as such, inconsistency between one part of an award and another could ever constitute or evidence misconduct on the part of an arbitrator. The overwhelming likelihood is that it would merely constitute or evidence error of law or of fact or of both and these do not amount to misconduct.”

遇上看不明白的裁决原因，当事人在寻求英国法院救济之前，应该会先向仲裁庭提出要求他对裁决书作进一步的解释。这是在 1996 年《英国仲裁法》之 Section 57 (3)(a)，说明仲裁庭可“澄清或消除任何裁决书的不明确之处”(clarify or remove any ambiguity in the award)。如果仲裁庭拒绝这样做，或是进一步澄清带来更大程度的不明白(越讲越乱)，当事人才在 20 天内向英国法院寻求救济。

2.3　裁决书的原因应该长到什么程度

介绍过裁决书原因过短的情况后，现在说另一个极端，就是裁决书太长。一般而言，裁决书的原因部分较长总比太短好。但原因太长也有弊端，一是费用高昂与耗时。二是如果仲裁庭水平不高，就免不了会写得多错得多，导致提供了较多的机会让裁决书被败诉方向法院申请救济或是在执行时面临抗拒。裁决书原因的长短也是恰到好处的掌握，一份冗长的裁决书并不代表就是一份好的裁决书。归根结底还是要看内容是好是坏，给的原因除了是全面与充分外，还要有说服力与不互相矛盾等。

2.3.1　裁决书应否冗长的节录证据？

要说明是裁决书太长并不代表原因部分是足够，这里会有一种情况经常见到，就是节录过多的事实经过与有关的证据（特别是文件证据）。这种做法不值得恭维，原因之一是仲裁员对事实的认定本来就不能上诉，所以把大量的证据节录在裁决书是于事无补。而且，这样做会带来混乱，毕竟仲裁员是无法把大量的证据（如有好几十个文件证据的档案）在裁决书内节录与说明仲裁员是给个别证据多少分量。这可节录 Mustill & Boyd 的《Commercial Arbitration》一书第二版之 377 页所说如下："The award should not set out evidence from which the arbitrator has deduced his findings of fact. These findings are not open to review, so that a statement of the evidence will serve no useful purpose. On the contrary, it may cause confusion, since the Court may not be sure how much of the evidence has been accepted by the arbitrator."

这种冗长的裁决书也不代表裁决的原因也够长。这里可以举 Transcatalana v. INCOBRASA (1995) 1 Lloyd's Rep. 215 为例，该裁决书总共有 41 页，但内容主要是针对双方的文书请求与证据，涉及裁决原因只有 12 行。这受到 Mance 大法官的批评，说这些节录根本起不到任何的帮助，说："... Further, it serves no purpose, and can be positively unhelpful, to recite at great length messages exchanged or submission made containing assertions of fact or law; the arbitrators' findings and brief reasoning upon them are what matters."

2.3.2 裁决书应否针对一些与最后决定无关的争议？

这一方面是会有不同看法，在本章稍后的 2.7 段会提到一个笔者作为仲裁员之一的重大案件，结果裁决书只有 5 页纸。仲裁庭成员之间的不同意见就是其他两位仲裁员认为只需要针对最后决定关键性一点的争议作出原因。但笔者倾向每一项争议都应该给予裁决的原因。例如，被告提出有几个"替代的抗辩"（alternative defence）包括像时效、合约条文的解释、法律默示地位、弃权与禁止反攻，以及被告即使有责任损失也因为遥远与其他因素而要大大的减少。如果仲裁庭认为被告对时效的抗辩可以成功，裁决书只是针对这一点的争议就会是篇幅有限。但笔者就倾向针对每一项的替代争议，但会在一开始说明是与最后的裁决无关，笔者只是为了裁决书的完整性简单的针对。这一来，裁决书的篇幅显然会是长得多。

针对哪一种做法比较正确，著名的书籍也有不同看法，虽然只是泛泛的提一下。首先是在《Russell on Arbitration》第 23 版中 6－032 段，是认为应该把双方当事人所有的争议都给予裁决原因，因为裁决书会涉及上诉法院（It should also indicate the tribunal's findings and reasoning on issues argued before it but not considered decisive, so as to enable the parties and the court to consider the position with respect to appeal on all the issues before the tribunal.）。该书的作者也举了先例 Transcatalana de Commercio SA v. Incobrasa Industrial e Commercial Brazileira SA (1995) 1 Lloyd's Rep 215 来支持他的观点。但在 Robert Merkin 教授的《Arbitration Law》一书中 18.50 段说："In particular it is not necessary for arbitrators to set out lists of rival submissions and factual propositions and to set out reasons for choosing between them.”另在《Arbitration Act 1996》说:“It has been emphasized that it is not necessarily helpful for an award to contain a great deal of details as to the conflicting assertions of the parties which have no real relevance to the ultimate conclusion.”

2.4 个别案件决定原因长短之一:双方的争辩是全面/复杂还是简短

已经在第2段一开始提到过,即使是本质上同样的争议,如果双方的争辩是全面/复杂,看来仲裁员就应该以详尽的原因作出针对。毕竟这也是公道,双方当事人花了不少时间与金钱作出全面地争辩,不论是对还是错,仲裁员对一些主要的争议有较详尽的针对也是应该的。例如在 CSC Braehead Leisure Ltd v Laing O'Rourke Scotland Ltd (2009) OH (Ct. Sess.) BLR 49 先例中,Menzies 勋爵是这样说:“Senior counsel for the defenders observed that the adjudicator's reasons were much briefer than one might expect given the size and complexity of the issues before him. Parties' written arguments and contentions, together with supporting materials, were lengthy. There was a referral, a response, a rebuttal to the response, submissions regarding experts' reports, and a response to the rebuttal. There was a hearing on quantum, and then pursuers' and defenders' submissions on quantum. There were then pursuers' and defenders' closing submissions. A large number of issues were raised, addressed all of these.”

举另一个例子,笔者在近期有一个仲裁案件涉及很简单的一个买卖合约,双方签订后估计由于市场下跌,买方不准时开出信用证且最后也没有接受货物。这种本来是一个相当常见与简单的毁约行为,其中也有一定的文件证据作出支持。表面看来,被告的买方应该是没站得住脚的抗辩,但他还是提出抗辩说该签署的买卖合约并不代表他们之间全部的协议,其中没有包括双方同意该合约只是一份没有法律效力的“君子协议”(gentleman agreement)。这就带出了许多法律与事实上的争议,如“不完整的合约”(incomplete contract),“附属协议”(collateral agreement),“修改合约”(rectification)等。由于双方都委任了律师与大律师,并坚持开庭。前后共花了6天以上的时间,涉及大量陈词与盘问证人。笔者与仲裁庭其他成员在开庭后的感觉是该开庭对我们最终作出的决定是毫无帮助,看文件就已经是足够作出毫无疑虑的裁决。但由于双方花了大量金钱与时间,裁决书的拟定也就要特别详尽,把双方所提出的法律与事实的争辩都要给予足够与看的明白的原因与裁定。可以说,一模一样的争议(买方毁约)如果是简单以文件审理,笔者估计正常的裁决书只会是五分之一的长度就已经足够了。

2.5 个别案件决定原因长短之二:是否会面对法律观点的上诉与法院下令仲裁员补加原因

在1996年《英国仲裁法》由于有 Section 70(4),法院在当事人向法院上诉法律观点或是要求其他的救济时,如果认为裁决书原因并不足够让法院作出决定,是可以命令仲裁员补加更详尽的原因。该条款如下:“If on an application or appeal it appears to the court that the award-(a) does not contain the tribunal's reasons, or (b) does not set out the tribunal's reasons in sufficient detail to enable the court properly to consider the application or appeal, the court may order the tribunal to state the reasons for its award in sufficient detail for that purpose."

这表示如果裁决书会面对败诉方根据1996年《英国仲裁法》之Sections 67-69向法院申请救济,如批准上诉法律观点,仲裁员最好就是把裁决书的原因一开始就尽量写得详尽或是在当事人根据1996年《英国仲裁法》之Section 57(3)(a)要求仲裁庭对裁决书作出澄清时给予进一步的原因。否则将来也逃不掉会被法院下令仲裁员补加更详尽的原因,而且会是不能为此而收取费用。

相反,如果是不会面对这些危险,特别是在法律观点上诉法院,裁决书的原因就可以比较简短。如在以前1950年的《英国仲裁法》下,伦敦海事仲裁员在当事人没有事先提出要求"特殊事项"(special case/case stated)要把法律观点上诉法院的话,就会作出一个只有"机密原因"(confidential reason)的裁决书,这也是著名的"没有原因的裁决书"(unreasoned award)。这一来,由于没有上诉法院的危险,而机密原因只是大致上让败诉方知道败诉的原因。所以,机密原因通常就会写得比较简短。而到了1979年的《英国仲裁法》,当事人可以要求仲裁员作出有原因的裁决书。甚至是到了后来的1996年的《英国仲裁法》把仲裁员作出有原因的裁决书作为起点,除非当事人明确要求作出"没有原因的裁决书"(这种情况十分罕见)。当时海事仲裁员以及部分其他仲裁员有一定的抗拒,而其中的一个重要的论点就是这一个要求会带来拟定裁决书会产生很高的费用,因为要把原因写得十分详尽与全面,而这是与传统的只有机密原因的裁决书有很大区别。

这些只是历史,但笔者在考虑中国香港在国际仲裁适用的《联合国示范法》,根本没有法律观点上诉至法院这回事,也没有类似1996年的《英国仲裁法》之Section 70(4)有规定法院可要求仲裁员补加更多的原因。会否是必须作出原因之余,给原因的长短会否只需要接近1950年的《英国仲裁法》机密原因的做法而不需要写得太详尽。

法院在考虑是否下令仲裁员补加更多的原因通常是要求把双方当事人在仲裁中提交的文书请求,与裁决书作出比较,看看是否文书请求中双方当事人的争议都有针对与给予裁决的原因。如果不是,或在理由中有一个"空档"(gap),就会下令仲裁员补加原因。这种案件很多,挑几个介绍就是The "Gay Fidelity"(1982) 1 Lloyd's Rep. 469和Hayn Roman & Co. S. A. v. Cominter (U. K.) Ltd. (1982) 2 Lloyd's Rep. 458,这两个案件都被法院下令仲裁员补加原因。在后一个先例中,Goff大法官说他根本看不出仲裁庭对买方的争辩有任何的解释与答案。在前一个先例,Staughton大法官说:"I have been shown the submissions in writing that were made to the arbitrator. In many cases it will be proper to look at such submissions, where the application is made for leave to apply for an order for further reasons, because of a point has been argued before an arbitrator or umpire that may well be relevant to the question whether further reasons should be ordered."

法院也不会动辄就下令,只要是感觉原因不足够。法院会估计补充原因后到底会否有可能取得上诉批文或其他的救济。如果根本不会有这个后果,如仲裁庭看来是裁决很准确,不可能是"怀疑有错"(serious doubt),更不可能是"明显有错"(obviously wrong),即使是原因给的不足够。这一来,下令仲裁庭补充原因只会是劳民伤财。还会有情况是申请在几个方面下令仲裁庭补充原因,但法院只允许一两个方面作出命令。在 Kansa Gen. Insce. v. Bishopsgate Insce. (1988) 1 Lloyd's Rep. 503 先例,案情涉及了再保险合约的争议。败诉方 Kansa 向法院申请上诉批文,但由于裁决书原因不足,法院没有办法决定应否去给予批文。Kansa 要求在五六个方面下令仲裁庭补充原因,Hirst 大法官只命令前两个方面(A)与(B),说:"Headings (A) and (B) each raise potentially valid grounds for avoiding the reinsurance treaty. It follows that their determination could substantially affect the rights of the parties to an arbitration agreement. . . . I am satisfied in the exercise of my discretion that I should order further reasons under headings (A) and (B)."

至于在其他方面,如(C),涉及 Kansa 指称在接受再保险时被 Bishopsgate 误导,指称 1 万美元以上的损失通常在发生事故后 30 天就有通知,让损失的记录可以十分准确。但事实上,时间不是 30 天而是 47 天。裁决书针对这一方面只是简单的说 Bishopsgate 没有误导或误述,Kansa 要求法院下令要求仲裁庭补充原因。但法院认为这里的差别并不大,说这可以是一个理由让 Kansa 在分保中能够合法拒绝赔偿,看来机会不大。再说,仲裁员作出补救原因也大可以说这一个事实的陈述并不重要,所以法院拒绝下令。Hirst 大法官是这样说:"It seems to me, however, that a misrepresentation based on a discrepancy of this order in this context would be very slender foundation for avoidance of the entire reinsurance; moreover I consider it more than likely that, if the arbitrators were asked to give further reasons, they would reply that this particular representation was immaterial. In addition, I am unable to detect any point of law arising out of this part of the award."

2.6　个别案件决定原因长短之三:难以作出书面原因的案件或仲裁员是商业人士

也会有一些裁决书,作出原因十分困难。如在以前很长一段时期著名的"看看嗅嗅"(look sniff)仲裁,主要是针对商品的质量问题。裁决主要是凭仲裁员(有经验的商业贸易商)对有关争议商品的感觉,而这种感觉无法以文字描述。即使要给文书的原因也会只是短短的几句。换一种情况,在个别案件,如果商业人士被委任为仲裁员,也会对比较简短的裁决原因比较能够容忍。这是因为这种人士不比法律专业人士,不会太擅长长篇大论地写一份密不透风的裁决书。

2.7　总结有关裁决原因的长短

总结说,基于在仲裁法的规定与双方当事人在现实中不会同意放弃裁决原因,今天的仲裁员要对他的裁决书作出原因已经无可避免。但作出的原因是长是短就会有很大不同,这里很重要的一个原因就是不同仲裁员的风格。笔者自己就比较喜欢作出一个较详尽与全面的原因,一定程度上也是对自己的理据有信心。此外即使是在责任方面判原告败诉,撤销他的索赔,照理说就不必再针对索赔金额方面的争议了。但笔者还是喜欢在裁决书说明虽然索赔金额已经是无关但在一些重要与双方花了很多金钱争议的争端,说出自己的看法以及原因。同样的,如果面对有几个替代的争议/争端,本来对其中一个关键性的争议/争端作出了裁决(如判是索赔的时效已过)就不需要针对其他争议/争端,笔者也喜欢针对,最多就不是这么详尽。

笔者遇到过的其他仲裁员,即使个别很有水平,也有很大的不同做法。如作出一个厚达一本书的裁决原因,或是短短的几页纸的裁决原因。后者的情况笔者最近就遇到过,有关案件是一个十分复杂的争议,仅是开庭断断续续也有10天以上,但首席与另一位仲裁员只作出了5页纸的裁决书,裁决原因只是针对为何判一方胜诉另一方败诉的主要争议/争端或论点。至于其他次要的争议或论点,双方虽然也花了很多时间与金钱争辩,就一概置之不理。笔者虽然同意针对胜负判决的结果,但对这么简短的裁决原因感到不安。但由于没法说服其他两位仲裁员,而裁决书也是由首席仲裁员来拟定,笔者也就最后签了字,因为是不会为了这原因作出不同意见。其他两位仲裁员认为简短的裁决理由是更安全的做法,因为不容易被败诉方挑出原因可向法院提出质疑。但笔者对这种做法是有保留,并节录在 Transcatalana v. INCOBRASA (1995) 1 Lloyd's Rep. 215 中 Mance 大法官所说作为支持如下:"The function of a reasoned award is not simply to identify and determine a point which the arbitrators considered to be decisive. It is to enable the parties and the Court (a) to understand the facts and general reasoning which led the arbitrators to conclude that this was the decisive point and (b) to understand the facts, and so consider the position with respect to appeal, on any other issues which arose before the arbitrators. . . . "

3. 倾向要求裁决原因详尽的先例

这两种对判决/裁决原因的长短有不同的看法到底谁对谁错,笔者可介绍一些有关对裁决原因倾向要求较长的判决,其中包括一个近期的澳大利亚法院针对仲裁裁决书原因长短的判决,名为 BHP Billiton Ltd v. Oil Basin Ltd (2006) VSC 402。

第一个是英国的 Poyser and Mills Arbitration (1964) 2 Q. B. 467,Megaw 大法官是这样说:"reasons that will not only be intelligible, but will deal with the substantial points that have been raised. "这一说法与较早介绍的 CSC Braehead Leisure Ltd v Laing O'Rourke Scotland Ltd (2009) OH (Ct. Sess.) BLR 49 是一致的说法。

第二个是澳大利亚的 RP Robson Constructions, unreported February 8, 1989 NSWSC,该先例是仲裁庭不应该不解释裁决书的结论就是建造商违约并且被无辜方接受中断合约,尤其是这结论是根据什么事实没有说明。

第三个是澳大利亚的 Gordon & Gotch (2007) NSWSC 50108/2007,Bergin 大法官是这样说:"To indicate to the parties why the arbitrator reached the conclusion or conclusions which he did as the foundation of his award."

在接下来的一个就是更详尽解释的 BHP Billiton Ltd v. Oil Basins Ltd (2006) VSC 402。在该仲裁,案情是有关 BHP 要支付给 Oil Basins 有关生产原油的特许费,其中争议的主要是"overriding royalty"这个措辞在纽约州法律(是有关合约适用的法律)的解释。该仲裁庭是由两位澳大利亚退休大法官和一位美国律师组成,最后判 BHP 败诉,要付给 Oil Basins 190 万澳元。但 BHP 根据澳大利亚维多利亚州的 1984 年《商业仲裁法》向法院申请救济,因为该裁决书没有足够原因,而这是构成了裁决书本身犯了"明显的法律错误"(manifest error of law)。另是仲裁庭也构成了技术性的不良行为,因为看来没有充分考虑 BHP 提供的陈述与证据。结果是 BHP 胜诉,裁决书被撤销并要去重审。由于原来的仲裁庭其中一位成员已经去世,所以重审要组成另一个新的仲裁庭,导致了巨大的金钱与时间上的损失。

在一审的判决中,Hargrave 大法官把仲裁裁决书区分为不同的等级,如好像"看看嗅嗅"的仲裁就可以是很简单的裁决原因(笔者估计是根据文件作出,不开庭审理的裁决书也应该属于这一类)。但在一个大型仲裁中,双方都有法律代表作出大量工作,加上仲裁员有法律背景,就应该作出详尽与全面的裁决原因,程度上与法院的判决不分伯仲。这说法与笔者较早时在第 2.3 段的介绍是一致的。Hargrave 大法官是这样说:"The standard to be applied in considering the sufficiency of an arbitrator's reasons depends upon the circumstances of the case including the facts of the arbitration, the procedures adopted in the arbitration, the conduct of the parties to the arbitration and the qualifications and experience of the arbitrator or arbitrators. For example, in a straightforward trade arbitration before a trade expert, a less exacting standard than would be expected of a judge's reasons should be applied in considering the adequacy of the reasons for the making of an award. On the other hand, in a large-scale commercial arbitration, where the parties engage in the exchange of detailed pleadings and witness statements prior to a formal hearing before a legally qualified arbitrator, a higher standard of reasons is to be expected. This is especially so where the arbitrator is a retired judicial officer."

到了上诉庭,Hargrave 大法官获得一致的支持,说:"In order to enable the Court to see whether there has been an error of law, Section 29 provides that the award must be in writing and that the arbitrator must include a statement of reasons... The requirement is for reason sufficient to indicate to the parties while the arbitrator has reached the conclusion to which he/she has come. To that extent, the requirement is no difference to that which applies to a judge. Of course it is understood that the arbitrators may not always be skillful in their expression of their reasons. Consequently, it is accepted that a court should not construe an arbitrator's reasons in an overly critical way."

在该裁决书,澳洲法院挑出裁决原因不足够的重要之处是有关"overriding royalty"这个措辞,双方主要的争议是它是否有一个"技术性的解释"(technical meaning)。Oil Basins 说是没有,但 BHP 说有。仲裁庭同意 Oil Basins 判是没有,但没有解释为什么拒绝 BHP 的争辩与论点。另一个是双方提供的专家证人意见,仲裁庭也没有解释为什么接受 Oil Basins 专家对这一方面的专家意见,但不接受 BHP 的专家意见。

这一判决受到部分国际仲裁人士的大力抨击,因为澳洲法院只为了裁决书原因写得不足够而劳民伤财地重新审理一次,显然太过分了。所以连澳洲也有律师建议约定去澳洲仲裁就要在仲裁条文写得清楚。主要就是要知道澳洲是有两套不同的仲裁法,一套名为《International Arbitration Act》(简称为 IAA),它是根据《联合国示范法》编制的,其适用于国际仲裁;另一套是各省/州自己本土的仲裁法,如澳大利亚维多利亚州的 1984 年《商业仲裁法》,适用于本土的仲裁。澳洲也允许当事人在合约上写明适用《联合国示范法》,这就会导致不适用仲裁地点的本土仲裁法。而这些本土仲裁法往往是可以上诉至法院,如 BHP Billiton Ltd v. Oil Basins Ltd 案例。如果想避免像该先例的法院的过度干预,约定去澳洲仲裁的当事人最好说明适用 IAA,因为《联合国示范法》是不会让法院作出这样的干预。

4. 倾向不要求裁决原因详尽的说法

判决或者裁决所给的理由是长是短,也是根据不同案件而定。除了案件的性质会不一样外,也涉及其他变数,如双方当事人的争议是多还是少。这方面可举 Hiro Balani v. Spain (1995) 19 EHRR 566 先例中欧共体人权法院所说的如下:"The Court reiterate that Article 6 (1)(这是指《欧共体人权公约》) obliges the courts to give reasons for their judgments, but can not be understood as requiring a details answer to every argument. The extent to which this duty to give reasons applies may vary according to the nature of the decision. It is more over necessary to take into account, inter alia, the diversity of the submissions... That is why the question whether a court has failed to fulfill the obligation to state reasons, deriving from Article 6 of the Convention, can only be determined in the light of the circumstances of the case."

至于法院倾向不要求裁决原因详尽的说法,笔者可以简单地节录 Robert Merkin 的《Arbitration Law》一书之 18.50 段所说如下:"The courts have, consistently with this passage, stressed that awards are not legal judgments, and thus must not be expected to reach that standard or be construed in a pedantic or overcritical fashion[1]. An award which is short is not necessarily inadequately reasoned[2]. In particular it is not necessary for arbitrators to set out lists of rival submissions and factual propositions and to set out reasons for choosing between them[3]. It is enough that the award demonstrates why the arbitrators have found for one party rather than the other[4], as the losing party must be able to ascertain whether there is a right to seek the court's permission to appeal against the award[5] (assuming that the right to seek permission to appeal has not been ousted by agreement)."

5. 裁决原因应该针对之处

最后探讨仲裁庭应该在哪些方面的裁决需要给原因,这在 Mustill & Boyd 的《Commercial Arbitration》一书第 377 页也有介绍。大致上如下:

(1)如果一方当事人对一个事实的认定有异议,但不被仲裁庭接受,裁决书应该说明为什么这一异议与提供的证据不被接受。例如,仲裁庭应该说明所提供的证据与其他的证据有矛盾与是怎样的矛盾。如果仲裁庭不针对,就会被在这方面败诉的当事人怀疑会否被忽略或遗漏。Mustill & Boyd 是这样说:"Where a party has argued for a finding of fact with which the arbitrator does not agree, the award should state explicitly that the allegation has not been proved. Otherwise there may be a suggestion that the matter has been accidentally overlooked."

另可节录 Donaldson 大法官在 Bremer v. Westzucker (1981) 2 Lloyd's Rep. 130 所说如下:"First, a distinction has to be drawn between arbitrators failing to find a fact in the sense that they did not apply their minds to it and failing to find a fact in the sense that they were not satisfied that the fact was proved. Arbitrators themselves can assist here by expressing a view on all facts alleged by either party to be relevant and saying whether they find these proved, disproved or simply not proven. Parties can certainly rely upon any failure to find a relevant fact if the arbitrators have considered the point and are not satisfied that it was proved. But if the arbitrators did not consider the point at all, different consider-

---

〔1〕 Rayner v. Shaher (1982) 1 Lloyd's Rep. 632

〔2〕 L'Office Nationale v. Philippine Sugar (1983) 1 Lloyd's Rep. 89

〔3〕 The "Chrysalis" (1983) 1 Lloyd's Rep. 503

〔4〕 The "Yanxilas" (1982) 2 Lloyd's Rep. 445; Cefetra v. Toepfer (1994) 1 Lloyd's Rep. 93

〔5〕 Lui v. Longay (2000) Alta DJ 174

ations will apply."

(2)裁决书必须把仲裁庭所根据有关认定的事实清楚说明,再根据认定的事实适用有关的法律,与怎样得出结论。如在有否疏忽与合约条文是否免责争议的裁定,仲裁庭首先要认定是否有疏忽的事实,因为认定实际上没有疏忽就不需要再考虑合约条文的法律问题。在认定有疏忽的事实后,再适用有关的法律,就是解释有关合约条文,因为在订约自由下,合约条文可以对疏忽作出免责。又或者针对弃权与禁止翻供的裁定,仲裁庭一样先要根据证据认定有关的事实,再决定这些事实是否符合弃权与禁止翻供的要求。裁决书内对有关事实作出了认定,将来在法律观点上诉至法院,法官也可以根据这些事实来判定仲裁员有否正确地适用法律。因为根据英国法律,事实的认定是不能上诉与作出改变的。所以,针对上诉法律观点的法院也必须严格依照这些认定了的事实。如果裁决书不完整地列出仲裁员所认定的事实,就会导致法院无法考虑法律观点的问题,而需要把裁决书发还给仲裁庭补加原因。

(3)至于怎样得出法律的结论,也需要仲裁庭给出原因。如较早前提到有关合约条文是否对疏忽免责,往往合约条文不会写得一清二楚,这就导致了争议。例如,著名的 Gencon 租约第 2 条说明船东要负责"本人应尽的恪尽职责"(personal want of due diligence)就在好几个重要先例中判船东不必对船员/雇员疏忽负责,只对本人的疏忽负责:The "Brabant" (1965) 2 Lloyd's Rep. 546。这一来,仲裁庭如果面对同样或接近措辞的条文作出解释,因为事实是认定了雇员有疏忽,就可以依赖 The "Brabant"这个先例作出对雇员疏忽免责的结论。如果当事人没有提这个先例,仲裁庭还是可以不提该先例,只根据该先例中法院对该条文解释的判法,照搬过来作为得出结论的依据。相反如果仲裁庭认为有关合约条文与 Gencon 租约第 2 条的文字或措辞上并不相同,所以得出与 The "Brabant"不同的结论,仲裁庭也应该作出区分以支持这个不同的结论。如有关条文在文字上不够明确可以改变法律默示要对雇员行为疏忽负责的地位。或是,合约需要整体看待,而该合约有其他不同说法的条文,一并解释不能得出与 The "Brabant"相同的结论。

(4)如果仲裁庭的结论是有多过一个原因支持,裁决书就应该把每一个重要支持的原因都说出来,而不是判了一个其他"交替的原因"(alternative reasons)就略过不谈。例如,在合约条文解释,判一方当事人胜诉。但仲裁员认为该当事人也可以在其他方面的原因胜诉,如弃权与禁止翻供。仲裁庭就应该把两个交替的原因都在裁决书内说明。除了完整性的考虑外,也要注意是如果上诉成功,法院对合约条文作出不同解释,另一个交替原因的弃权与禁止翻供成为是否要改变胜负地位的关键了。而从另一个角度看,法院在一开始如果认为即使把合约条文解释这个法律观点作出了改变,也不会影响胜负大局,会拒绝给与上诉批文。这一方面可节录 Mustill & Boyd 的《Commercial Arbitration》一书第 378 页所说:"If the arbitrator's conclusion is supported by more than one reason he should set out each of his reasons, and not just one. Unless this is done, there is a risk that, if the Court is minded to give leave to appeal on the one reason which he has given, the award may have to be remitted for further reasons on the point which he has not decided."

(5)如果涉及双方当事人有冲突的专家意见证据,仲裁庭作出的取舍往往就需要比对有冲突的事实证人证据要给予更多的原因。这方面在本书第五章的开庭准备与开庭程序之4.8段有详解,不在此重复。

6. 法院的裁量权下作出的判决是否需要给原因?

第一审的高院在很多情况下是可以行使他的"裁量权"(discretion)作出一些判决或者决定,这些裁量权即使可以上诉,通常上诉庭也不愿意作出干预。例如,涉及航运的人士就会知道高院决定了有关扣船要求船东提供的担保金额,就很难通过上诉对担保金额作出改变。原因是法官的裁量权是不根据任何法律的规定,纯粹是个别法官根据每个案件不同的情况根据公平合理作出的估量。正如 Bingham 大法官在"The Denning Law Journal"的期刊中对衡量权作出的定义说:"According to my definition, an issue falls within a judge's discretion if, being governed by no rule of law, its resolution depends on the individual judge's assessment (within such boundaries as have been laid down) of what it is fair and just to do in the particular case. He has no discretion in making his findings of fact. He has no jurisdiction in his ruling on the law. But when, having made any necessary findings of fact and any necessary ruling of law, he has to choose between different courses of action, orders, penalties or remedies he then exercises a discretion. It is only when he reaches the stage of asking himself what is the fair and just thing to do or order in the instant case that he embarks on the exercise of a discretion."

由于行使裁量权是一审法院或仲裁庭平衡各方面的考虑后作出的决定,也不是法律的规定,所以即使在一审法院作出决定后不满的一方可以上诉,但也有无数的权威说法就是上诉庭尽量不作出改变,以上诉庭的裁量权替代一审法院的裁量权。毕竟,这样做只会带来不稳定与混乱。这里可以节录 Birkett v. James (1978) AC 297 中 Diplock 勋爵所说如下:"They are decisions which involve balancing against one another a variety of relevant considerations upon which opinions of individual judges may reasonably differ as to their relative weight in a particular case. That is why they are said to involve the exercise by the judge of his 'discretion' ... when leave is granted, an appellate court ought not to substitute its own 'discretion' for that of the judge merely because its members would themselves have regarded the balance as tipped against the way in which he had decided the matter ..."

而有些情况更加是立法规定高院的裁量权是绝对与最终的,即不能上诉。这方面在仲裁就有不少这种情况,如著名的1996年《英国仲裁法》Section 68(针对仲裁程序上有严重不正常)与Section 69(针对裁决书中的法律观点的上诉)。这是因为在高院作出决定后,是不能自动上诉的,除非高院批准,如在Section 69 (6)有说明:"The leave of the Court is required for any appeal from a decision of the Court under this Section to grant or refuse leave to appeal."这一点在The "Western Triumph"(2002) 2 Lloyd's Rep. 1也有提及,Tuckey大法官认同高院一审的说法,就是"高院就是仲裁程序最后求助的地方"(The Judge was right to say that in reality the High Court is the Court of last resort in arbitral proceedings)。

从上述的介绍看来,不像对法院的裁量权决定有太大必要给予原因。但针对立法Section 69,高院是否批准裁决书中的法律观点上诉,一直以来在做法上根据不同的法官有不一致的做法,就是是否给原因支持高院批准或者拒绝批准上诉。如果不给原因,会有感觉是高院的一句话就可以决定当事人的命运。不给原因支持这一个裁量权是来自The "Antaios" (1984) 2 Lloyd's 235,其中Diplock勋爵说:"However, save in the exceptional case in which he does give leave to appeal to the Court of Appeal under s. 1 (6A) (1979年英国《仲裁法》,目前同样的机制已经被1996年英国《仲裁法》所取代) because it falls within this limited category, a Judge ought not normally to give reasons for a grant or refusal under s. 1 (3) (b) (1979年英国《仲裁法》) of leave to appeal to the High Court from an arbitral award."

但这个一贯的做法受到1998年《欧共体人权公约》的冲击,该《欧共体人权公约》的Article 6虽然没有提及有关判决要给原因,但它明确了保障公民权利的做法就是要有一个公平与公开的做法。而这个公约是超越所有本土的法律,不管是成文法还是案例法。

虽然仲裁已经判是双方当事人放弃了《欧共体人权公约》Article 6所赋予的权利,因为他们要求对诉讼的机密与终局,但这并不表示出了裁决书后到法院申请上诉的机制可以不受Article 6的约束。正如The "Western Triumph"中Tuckey大法官所说的,如下:"Parties to a consensual arbitration waive their art. 6 rights in the interests of privacy and finality. It is not contended that the limitations on the right of appeal to the Courts themselves offend art. 6, but it is common ground that this article does apply to the statutory appeal process and can be invoked by the applications..."

这一来,有关高院在行使他的裁量权是否批准上诉(或给予其他的救济)就与《欧共体人权公约》有了矛盾。认为高院不需要给原因的理由就是:(1)高院可以很简单地很迅速地处理"上诉的批准"(leave to appeal);(2)既然高院是最后求助的地方,给不给原因与原因是对是错是大局已定而于事无补了;(3)高院只是考虑批准与否,不是深入考虑裁决书的法律观点。

这个问题在The "Western Triumph"的上诉庭先例中就有了针对,判是《欧共体人权公约》的Article 6是超越The "Antaios"的贵族院判法,也表示高院在今后行使他的裁量权时一定要给予足够让申请上诉方了解成功或者失败的原因,以支持他批准或拒绝上诉的决定。Tuckey 大法官是这样说:"So it seems to ask that we have to consider whether the 'Antaios' guidance still holds good. We do not think it does. Section 69 (3) contains a variety of threshold tests. At the very least we think an unsuccessful applicant for leave should be told which of those tests he has failed... But does the Judge need to go further and explain in every case why the relevant threshold test has been failed? We think the answer to this question is 'No'... an adequate reason for the Judge's decision will in almost all cases have been given simply by identifying the test or tests which the applicant has failed without the need to say more.[1] The same applies we think to the question of general public importance. However, when one gets to whether the tribunal's decision was obviously wrong or not open to serious doubt, we do not think that it is possible to give an unqualified answer to the question we have posed. It may be enough simply to refer to the statutory test, but we do not think it is possible to say that this will always be so. It would be enough to say 'For the reasons given by the arbitrators' if that was the Judge's reason. Otherwise it may be necessary to go further. But any further reasons need only be brief so as to show the losing party why he has lost. Such reasons will of course be given against a background of a null hearing, a reasoned award and detailed submissions as to why leave to appeal should be granted. In other words, the Judge's brief reasons are directed to a fully informed applicant."

Tuckey 大法官也解释了高院行使裁量权的判决虽然是最终,但给原因并非是没有用,因为申请的当事人有权知道成功或失败的原因。这样做也不会是高院干预仲裁,反而会是强化仲裁。他说:"In any event, Section 68 of the 1996 Act gives the Court power to intervene in the arbitral process in the event of serious irregularity. However, we do not accept that the giving of reason is pointless. It may be the end of the road for the applicant but he is entitled to know shortly why he has reached it. We do not think that this subverts the arbitral process; rather it might be set to strengthen it, particularly if the Judge adopts the reasons of the arbitrators."

现在,英国高院是否批准申请方就仲裁裁决书提出的上诉,都需要给予原因,但由于这属审理大法官的裁量权,他没有必要做出详细的原因,否则只会带来延误,对仲裁双方也没有好处。因此,英国高院一般只会做出一个简单的原因。举一个有关租约争议经常发生的停租争议仲裁为例,争议涉及船东与承租人按租约条款是否有协议安排船舶进干坞,仲裁庭判双方没有协议,承租人仍需继续支付租金。承租人不

---

〔1〕 仲裁员在裁决书的原因也是同样的道理,只要把最主要决定胜负的争议/争端给了原因,其他双方提出的次要或交替争议/争端是不需要每一项针对的。虽然也有仲裁员会对其他已经无关的争议/争端给一些简单的原因,以显示他对整个案件有全面的针对,但这种做法并不是必要的。

服裁决，就条文的解释，根据高院 Section 69 提出申请批准上诉，高院拒绝申请，法官给予的原因如下：“1. The arbitrator was, if anything, probably right that no or no sufficient agreement had been reached under cl. 89 of the charterparty, so that no question of breach arose. 2. The arbitrator was, if anything, probably right that (had the question of damages arisen): there was no basis for the implication of any term about off-hire under cl. 89 of the charterparty; no loss of time had been demonstrated, entitling charterers to rely on cl. 15 of the charterparty. 3. In the circumstances, the decision of the arbitrator was plainly not “obviously wrong”. 4. In any event, the questions raised by charterers are not of “general public importance” but even had they been, the decision of the arbitrator was not open to serious doubt. 5. Leave to appeal refused.”

上述原因很粗略，但足够应付申请人。事实上，英国高院现在在做出是否批准上诉的判决时给的原因，大都如此。当然，法院批准上诉，并不意味着该裁决书就一定有问题。有时，法院不予批准，正如 Tuckey 大法官所说，会强化仲裁裁决书内的理据，也会对一些同样的争议带来启示。如在近期的一个涉及笔者（莫世杰）作为仲裁庭成员的案件。该案件是涉及租约链（这表示有好几个租约针对同一个航次或标的，这种合约链的情况在许多行业是司空见惯，如同一票货物会多次分售或同一个工程会多次分包给其他承建商），有多位当事人涉及同一争议，其中一项有趣的争议/争端是违约产生的损失是否包括在租约链下每一个不同仲裁就相同争议所产生的仲裁费用，以及是否都由始作俑者的违约方（也就是租约链最后的被告）承担。不难想象，由于律师费用高昂，涉及的金额应该不是小数目。仲裁庭认为在因果关系没有被打断的情况下，损失也不是太遥远，根据 Kasier & Cohen v Slawouski (1928) 1 KB 78（这是一个涉及一连串买卖合约的案件）、Hadley v Baxendale (1854) 9 Exch 341 及 Hammond v. Bussey (1888) 2 QBD 79，始作俑者的违约方必须承担这些费用损失，即使有关损失会因为租约链中的多个仲裁而被无限放大。违约方不服，向英国高院申请批准上诉，但遭到否决，简单的原因为仲裁庭按照上述先例做出裁决，没有不妥，同意裁决书中所述的理据。事实上，这种争议十分普遍，高院的简单原因虽然算不上是先例，也会加强仲裁员及各方当事人及其法律代表在今后遇到类似的情况时明白法院的立场并做出适当的应对。

7. 仲裁员的裁量权下作出的裁决是否需要给原因？

7.1 针对仲裁程序下作出决定不必给原因

接下来谈的是仲裁庭在裁量权下作出的决定是否要给原因，主要的不同就是《欧共体人权公约》在这方面不适用。应该很清楚的是，仲裁庭在仲裁“程序”（procedural)上会根据他的裁量权作出的且是以“命令”(order)或“指令”(direction)的形式作出的决定,有关程序上的决定仲裁庭是不需要给原因,更不用说是要给全面的原因了。但仲裁庭针对“实体争议”(substantive)的问题所作出的决定,通常是以“裁决书”(award)的形式作出,这根据1996年《英国仲裁法》的Article 52是需要给原因的,否则就不符合格式的要求而会面临英国法院根据Section 68 (2) (h)把该裁决书撤销或者发还的救济。当然,什么是仲裁程序的决定还是实体问题的决定有时不容易区分,以下会举例说明这一问题。

7.2　临时裁决书(Provisional Award)

在1996年《英国仲裁法》有了一条新的条文,第39条。具体条文如下:“(1) The parties are free to agree that the tribunal shall have power to order on a provisional basis any relief which it would have power to grant in a final award. (2) This includes, for instance, making-(a) a provisional order for the payment of money or the disposition of property as between the parties, or (b) an order to make an interim payment on account of the costs of the arbitration. (3) Any such order shall be subject to the tribunal's final adjudication; and the tribunal's final award, on the merits or as to costs, shall take into account of any such order. (4) Unless the parties agree to confer such power on the tribunal, the tribunal has no such power.”

上述条文是说在双方当事人同意下(这种情况在随意仲裁很少会在仲裁条文订的这么细,但是会有机构仲裁在规则中有相关规定,如LCIA仲裁规则第25.1[c]条文),仲裁庭有权作出临时命令要求一方当事人作出一笔金钱的支付(主要可以解决现金周转的问题,不必要原告等到漫长的仲裁完结后才能够收到被告欠他的金钱)。但条文中也说明在最后裁决书中可以作出双方当事人之间的调整,如在少数的情况下临时命令要求一方当事人支付过多,则在最后裁决中就可以要求该当事人将多得的钱返还给另一方。这表示临时裁决书与中间裁决书并不一样,不适用“一事不再审”(res judicata or issue estoppel)的原则。这也带来临时裁决书到底是属于针对实体争议而作出的裁决书,还是属于仲裁程序的一个命令。如果是一个裁决书,就存在需要仲裁员给予裁决的原因,而裁决书的败诉方也可以向法院申请救济或上诉法律观点(这方面向法院申请上诉批文可参见BMBF(NO 12) Ltd. v. Harland and Wolff Shipping and Heavy Industries Ltd. [2001] 2 Lloyd's Rep 227)。作为是一份裁决书还会有其他的好处,如涉及了一笔庞大数额的金钱需要外国的被告作出支付,就会可以根据1958年《纽约公约》执行(但有危险是被告可以《纽约公约》之Article V [1] [e]抗拒执行)。但显然是一个仲裁程序的命令就不存在可以《纽约公约》在英国以外的国家执行。

这里有歧见可简单节略一些著名的书籍,如Bruce Harris先生的《Arbitration Act 1996——A Commentary》第4版之195页提到是仲裁庭即使在双方同意给他这一个权力,他是否作出临时裁决书还是属于他的裁量权。另在196页是说:

"It follows that although the margin note to the Act refers to 'provisional awards', what the section in fact concerns (as its text indicates) should properly be termed 'provisional orders'. The terminology is important since the section specifically contemplates orders which are subject to later adjustment, (subs. (3)), whereas awards, unless otherwise agreed, are 'final and binding' in their effect, (s. 58(1)).

The word 'provisional' has no doubt been carefully chosen to avoid the use of 'interim', with its connotation of an 'interim award', which is nevertheless final in respect of the matters which it determines.

Since the power is to make an 'order', it is not, in our view, necessary for the tribunal to comply with the formalities of s. 52 concerning awards, including of giving reasons."

但在 Robert Merkin 教授的《Arbitration Law》一书之 18.7 段说：

"The section is not intended to authorise the arbitrators to make procedural provisional awards which are the equivalent of search and seizure orders or freezing orders; its purpose is more limited, and is intended typically to grant interim financial relief in order to preserve the claimant's cash flow in a case which he is ultimately bound to win."

7.3 延长时限的裁量权是否需要给予原因?

另外不容易作出区分的情况会是像《香港仲裁条例》之 Section 2GD 有关仲裁庭延长时限。虽然在 Section 2GD (5)说明仲裁庭针对这一个决定可以给一个"命令"(order),但这应该是一个实体问题的决定多于仲裁程序的决定。同样的分析也适用在《香港仲裁条例》之 Section 2GE 有关仲裁庭把原告延误推进诉讼的索赔撤销。这些都涉及仲裁庭的裁量权,而且是针对实体问题。这样看来,就应该是给充分的原因,否则在英国,就有可能受到法院的干预了。

在这方面,可介绍一个有关的先例:AHT v Tradigrain (2002) 2 Lloyd's Rep. 512。案情是有关一个 GAFTA 的仲裁,根据 GAFTA 的仲裁规则,它是有一条文针对原告作出索赔请求的时限。但它另有第 22 条文说明 GAFTA 上诉仲裁庭有一个"绝对的裁量权"(absolute discretion)延长时限,而这一决定是最终、结论性与有约束性的。在该先例,GAFTA 上诉仲裁庭改变了第一审仲裁庭的决定,判是主要的一项索赔虽然是晚了 47 天,但根据第 22 条文行使裁量权延长时限。这导致了仲裁被告的 AHT 不满,认为 GAFTA 上诉仲裁庭作出这个裁量权是应该要给原因的。在高院,代表 Tradigrain 大律师认为根据 GAFTA 的仲裁规则是不需要给原因,因为这里涉及的是一个绝对的裁量权,不存在可以上诉。但 Havelock-Allan 大法官不同意,并依赖了上诉庭在 Cook Industries Inc v B. V. Handelsmaatschappij Jean Delvaux (1985) 1 Lloyd's Rep 120 的先例,说明即使是规定了绝对的裁量权,法院还是在一些很局限的情况下可以插手,如有恶意行使裁量权。Donaldson 大法官是这样说:"The first question which arises is whether the Court can review a discretion which is in terms stated to be 'absolute'. For my part, I have no doubt that it can. One has only to consider the possibility of mala fides - which, of course, is not suggested here - or the taking account of a matter which on no conceivable view could be regarded as relevant. In such cases the Court could and should intervene. Having said that, it is very clear that the discretion here is that of the Board (指GAFTA上诉仲裁庭) and not of the Court; it has to be exercised against a commercial background; and the use of the word 'absolute', while not to be read literally, is, I think, to be interpreted as meaning 'a very wide discretion', and it is a discretion which has been conferred upon the board by contract."

所以,Havelock-Allan大法官判是仲裁庭必须给予原因,说:"I am therefore of the view that the Board of Appeal ought to have given reasons for admitting the claim in respect of the first parcel(这是指晚了47天的索赔) and was wrong to hold that there was no obligation on it to do so. The reasons which need to be given need only to be brief. In most cases, a few sentences will suffice to indicate the point or points which the tribunal found determinative."(仲裁庭不肯给出原因并不正确,虽然原因只需要简单针对决定性的一点或几点,导致要延长时限。)

8. 仲裁庭成员之间的合议需要给原因

在一个有多于一位仲裁员的仲裁庭,他们在作出裁决书之前通常会有一段时间作出"合议"(deliberations)。笔者的经验是部分或者全面地与其他仲裁员有不同意见的地方经常出现,这些情况下,很多时候大家会先尝试说服其他仲裁员,而说服就离不开要给原因。所以要做一个称职的仲裁员就要有板有眼、有根有据(如涉及法律问题就需要引经据典)地说出原因来以支持自己的观点或者说服其他的共同仲裁员,否则就会被视为不合群。

笔者也经常会遇到一些西方仲裁员,按说应该很有水平,但持不同意见而且不愿意与笔者进一步讨论与给原因支持他的看法。如说在最近的短短一周内,笔者就遇到两次这种情况。第一次是一个争议涉及船舶在叙利亚卸货(钢材),被收货人指货物重量有数量不大的短缺,并把船舶扣押直到船东赔付。在该仲裁案件,原告是二船东(他以期租合约向原船东租该艘船舶),被告是程租合约下的承租人。而原告指称被告签发的提单针对货物重量不正确,所以要作出赔偿。由于原告没有提供证据说明叙利亚卸货时短卸的数字怎么来(如是否通过一个可以接受的重量测试得出),加上在装港船长签发提单很顺利,再加上叙利亚等国家卸货有短缺的索赔常会出现(这已经是航运界的普遍了解的情况)与短卸的数字不大,完全有可能是重量测试的偏差所导致,所以笔者认为作出结论就是认定装港签发的提单货物数量不正确有点扯不上必然的关系。如果情况变了是重量短卸数量比较大,而在装港船长与发货人之间对装船重量也曾经有争议(如船舶水吃得出的重量与岸上的重量不一致),笔者就会比较愿意接受原告的说法,指提单重量数字不正确。毕竟,这是一个平衡可能性的决定。但很可惜,原告委任的仲裁员持不同意见,但一点解释都没有。幸好笔者说服了另一位仲裁员,结果是以多数意见作出该裁决书的。

但在另一个仲裁案件中,开始时仲裁庭由笔者和另外一位仲裁员组成,案情大概是船东和承租人通过一个"经纪人"(shipbroker)签订租约,该经纪人在中间赚取差价。而船东与承租人在订约时都明确知道是他们之间是订约方,特别是他们在不久前刚完成一个两年的租约,估计大家满意,所以再定下了这一个起争议的期租合约。双方当事人是在仲裁程序开始后,才发现该中间人作出了2份租约,两者之间唯一不同的就是租金。与承租人签发的一份租约,经纪人以船东代理的名义签署。而与船东签发的一份租约,经纪人以承租人代理的名义签署。笔者的看法是既然船东与承租人都是在订合约时明确与对方打交道,根本不会有任何意图与经纪人订约。所以应该只是有一份租约,而蒙受差价损失的一方可以向该唯一的经纪人以欺诈或者疏忽提出索赔。但是另一位共同仲裁员却认为是有两份租约的存在,一份是船东与经纪人的租约,另一份是经纪人与承租人的租约。在意见不同的情况下,要委任第三个仲裁员以组成三人仲裁庭作出裁决。笔者为了节省时间与费用就答应了该仲裁员提议的第三个仲裁员的委任。但很不幸的是,该第三个仲裁员完全同意另一位共同仲裁员的看法。他们根本没有尝试说服笔者或给予任何理由,笔者被迫只能给出少数的"反对意见"(dissenting opinion)。

再举另一个例子,笔者(莫世杰)作为仲裁员,在合议期间与一位英国的共同仲裁员就某一个重要事实的认定有不同意见,或者更确切一点,他根本就没有给予意见。但这事实是有明确的文件证据支持,而对该事实的认定就对是否有"弃权或禁止翻供"(waiver / estoppel)的这一法律问题的判定有决定性作用,从而对违约责任的逆转也有决定性作用。所以笔者就此多次与共同仲裁员讨论,但对方也不表态,还以不太友善的态度说不想再浪费时间,提出委任第三个仲裁员的要求。笔者同意,也建议了几位人选,都是笔者认识的著名伦敦海事仲裁员,但说不上有交情,只是知道他们可以胜任,而且应该与共同仲裁员也熟悉。但建议全遭到否决,另提人选。仅在这事情上,电邮往来也不少,最后为了省时省钱,笔者同意委任他推荐的人选。这第三个仲裁员的看法,竟与笔者及共同仲裁员的看法都不相同,免不了又要花一番唇舌,最后他同意了共同仲裁员的看法,但同样对笔者提出的事实的认定不肯作任何讨论,也不肯提出任何原因为什么他不接受。笔者无奈的在裁决书中附上了"少数意见"(dissenting opinion),详列事实的始末及笔者的看法。最后,败诉的一方根据1996年《英国仲裁法》之Section 57要求持多数意见的仲裁员就笔者的少数意见作出进一步的解释或澄清。胜诉的另一方当事人在回应时就有关事实不发表意见,只是提出一些技术上的理据,认为不需要作出进一步的解释。最后,持多数的仲裁员在这件事上也不肯多说,只是由第三个仲裁员向双方当事人说不用再进一步解释。败诉方如果要进一步请求对裁决书的救济,唯一的途径就是向英国高院提出申请以1996年《英国仲裁法》之Section 70 (4)命令仲裁庭就这一方面给出进一步的解释与原因。如果英国高院同意并做出这一个命令,多数的两位仲裁员就不能回避了。

在上述这种情况,还会在国际仲裁中带来一个新问题,就是败诉方借助少数意见的仲裁员提供的证据抗拒裁决书的执行。少数不同意见仲裁员所提供的证据就是在仲裁庭合议时被多数仲裁员忽视与排除在外。本来,仲裁庭之间的合议是可以享有"合议机密"(deliberation secrecy),这也在IBA的《国际仲裁员道德规则》(Rules of Ethics for International Arbitrators)第9条与ICSID仲裁条文之第16条有规定。在ICSID仲裁条文,就是简单的一句说:"The deliberations of the tribunal shall take place in private and remain in secret."但在不少情况下,这合议机密的说法并非是强制性的法律地位。所以败诉方依赖少数意见的仲裁员提供证据抗拒执行,会是失败。因为执行法院拒绝接受这种证据如Noble China Inc. v. Lei Kat Cheong (1998) O. T. C. LEXIS 2175。但也有成功的另一个不同命运的先例是The Czech Republic v. CME Czech Republic BV (Transnational Dispute Management. Vol. 1, Issue #02 - May 2004)。所以总结说,在一个国际仲裁庭,应该是大家在合议时尽量理性地讨论并务求达成一致的结论。排斥或不耐烦与少数意见的仲裁员说理,是不应该的做法,也会带来后遗症。有关"合议的机密性"这方面的问题,请参阅本书第四章之3段。

9. 仲裁机构作出决定是否需要给原因

仲裁机构也经常需要作出决定,至于他们是否需要给原因作为支持以告知受影响的当事人,也是近年来被讨论的课题。"香港国际仲裁中心"(Hong Kong International Arbitration Centre ,简称"HKIAC")就经常会作出决定,如仲裁庭的人数(《香港仲裁条例》Section 34C),委任仲裁员与当事人质疑仲裁员(如仲裁员是由HKIAC委任)等。HKIAC一贯的做法就是作出这种决定是不把原因告诉受影响的当事人。针对质疑仲裁员的规则,第8条是说明是否给原因由HKIAC的理事会单方面决定:"The Council's determination in respect of any challenge shall be given to the parties in writing. The Council may in its sole discretion decide whether to support such determination with reasons."

其他著名的仲裁机构针对仲裁员的质疑看来也是有同样或接近的规定,就是不把决定的原因告诉受影响的当事人,如国际商会仲裁(International Chamber of Commerce,简称"ICC"),美国仲裁协会(International Centre for Dispute Resolution,简称"ICDR"),新加坡国际仲裁中心(Singapore International Arbitration Center,简称"SI-

AC”)等。但他们个别在做法上会给一个决定的原因,这里最主要的就是伦敦国际仲裁院(London Court of International Arbitration,简称“LCIA”)。根据LCIA的仲裁规则,Article 29.1,LCIA是不需要给一个决定的原因,但在实践中通常LCIA还是会十分仔细地分析与针对每一项的质疑被接受或者拒绝的原因。有些决定的原因长达70页,比一个中型案件的裁决书还要长。

对仲裁员的质疑近年来越来越多,也越来越复杂。这里也涉及了文化背景的不同,如在英国看来仲裁员与当事人及他的法律代表有一般性的社交或专业的交往(笔者本人就认识甚至熟悉几乎是亚洲的有点规模的船公司以及涉及仲裁的律师)是没有大问题,但据说在北美就有不同看法。这种越来越多的趋势在IBA Guideline on Conflict of Interests in International Arbitration中也有提到,并建议仲裁员作出多一点的披露,说:“The growth of international business and the manner in which it is conducted, including interlocking corporate relationships and larger international firms, have caused more disclosures and have created more difficult conflict of interest issues to determine ... Parties have now more opportunities to use challenges of arbitrators to delay arbitrations or to deny the opposing party the arbitrator of their choice. Disclosure of any relationship, no matter how minor... leads to objections, challenge and withdrawal or removal of the arbitrator.”

根据ICC仲裁庭的记录,质疑的数目也在增加。如在1995年到1999年,总共有92个质疑个案,而在接下来的5年,也就是2000到2004年,有140个质疑个案。大部分的质疑都不成功,如在2004年总共有37个质疑个案,其中只有两个是成功的。到了2005年,有40个质疑个案,也只有2个成功。在做法上,这通常是由提出质疑的一方当事人提出申请,ICC会向对方当事人以及仲裁庭(这包括受到质疑的仲裁员与其他共同仲裁员)咨询意见。之后秘书处就有可能会把这一个质疑的事件与报告交给每月开一次的大会作出决定。这种大会经常会有30~50名ICC仲裁庭的代表参与,并作出决定。

如笔者最近的一个经验是在一个ICC仲裁中,涉及一个香港公司与印度公司。香港公司委任笔者为他们的仲裁员,而印度公司就委任印度的一名退休大法官为他们的仲裁员。至于首席仲裁员ICC是根据马来西亚的国家委员会所作出的建议委任,是一位马来西亚的律师。但同样的三位仲裁员实际上已经在较早的另一个ICC仲裁中审理了一个案情十分接近与相关的案件,并且以多数决定(首席与笔者)判印度公司败诉。这一来,印度公司就提出了对首席仲裁员的质疑,要求ICC赶走该首席仲裁员。ICC要求该首席仲裁员提交他的看法,但被拒绝,理由是他受到质疑,所以不能客观提交他的看法。ICC紧接着要求两位当事人委任的仲裁员提交他们的看法。笔者很快回复,大致上是说根据《新加坡仲裁法》(该ICC仲裁地点是新加坡),所有仲裁员都应该遵守自然公正的天条。所以如果首席仲裁员被赶走,笔者就认为所有的三位仲裁员都应该被赶走。以下是笔者给ICC的电邮:

"I refer to your fax dated 11 September 2008, inviting the comment from me regarding the challenge by the Claimant against 首席仲裁员, the Chairman appointed by the ICC. The ground for the challenge, as I understand it, is because he had chaired in the proceedings under ICC Case No. XXX and had decided identical issue against the Claimant.

As far as I am concerned, I do not think the challenge should be allowed to stand. It is mainly for two or more reasons as follows:

1) It is not only 首席仲裁员 who was in the earlier proceedings. Both 印度公司仲裁员 and I were also involved in the decision of the case of No. XXX. The Claimant may feel that it does not matter with party-appointed arbitrators. But this is misconceived. This reference has agreed to the seat of Singapore. Under Singapore law, I firmly believe that the principle of natural justice applies to ALL arbitrators, and not just the chairman or the third arbitrator. Every arbitrator, party-appointed or otherwise, must be impartial and independent. This is a mandatory requirement under Singaporean arbitration law, as I understand it.

In that case, if the challenge of 首席仲裁员 should be successful, both 印度公司仲裁员 and I must also be removed or step down for exactly the same reason. Bearing in mind it was the Claimant who appointed 印度公司仲裁员 in the first place, I believe it is not right for the Claimant to use this very reason to challenge any other subsequently appointed arbitrators, whether it is 首席仲裁员 or me.

2) It is of crucial importance for similar disputes to be consistent. Only by having the same tribunal, consistency in the result can be maintained. If the Claimant wishes to re-argue the case, I expect the Claimant to come up with new arguments and/or new evidence, and perhaps a somewhat different cause of action. If that is the case, I can assure everybody including the Claimant, that I will have a complete open mind to deal with this new reference. Furthermore, inconsistent result or the Award can be fully justified on that ground. I firmly believe 首席仲裁员 will also share the same view, even though I can only speak for myself.

I hope my comment is adequate. I am happy to further elaborate if you so request. I am copying this message to my co-arbitrators but not the parties because I cannot readily find their email addresses. Can I request the ICC Court to relay my message to them?"

印度公司仲裁员的回复是根据英国法（照理说与该 ICC 仲裁无关，但就自然公正的大原则而言，新加坡与英国基本上一样），什么是自然公正的要求，并讲了一大堆众所周知的道理。之后，他也强调了当事人有权利委任他们自己认为恰当的仲裁员。看来，他向 ICC 重复了较早对笔者所讲的话，就是只有首席仲裁员必须严格依照自然公正大原则。这一点笔者认为是完全错误的，并简单地回复说：

"I know what you said about English Law as the substantive laws and the doctrine of

BIAS. I also note what you have said about a person who has already expressed an opinion cannot sit as Chairman. By referring to ' Chairman' , I presume you must include other Arbitrators since every one of use must observe natural justice. A party's right to appoint does not change his fundamental requirement, as far as I am aware. For example, a party cannot appoint his brother or mother as his arbitrator. In that case, both you and I have also expressed an opinion earlier. It will not be fair, it seems, not only to the Claimant, but also to the Respondent。Should all three of us step down?

Furthermore, when you day it is the same contract. I say I am not at his juncture even though I believe the dispute has to do with the same contract. If everything is exactly the same-the same issue and the same argument/evidence, and nothing more, I am not sure if res judicata doctrine applies? But I am just raising a query. No doubt I keep my mind open and see what the parties' future arguments are. "

ICC 接下来把上述的意见给了双方当事人,并要求他们提供意见。再接下来应该是 ICC 秘书处向大会提供报告与建议,并在一个月后笔者与所有其他有关人士被秘书处通知质疑不成功。但 ICC 没有给当事人以及有关的仲裁员任何原因,只是笔者可以想到就是印度公司的仲裁员以及印度公司当事人都有了一个重大的错误理解,以为只有首席需要遵守自然公正的天条。但笔者是十分清楚每一位仲裁员都必须要严格遵守,而显然笔者的看法是受到 ICC 仲裁庭大会的支持。ICC 虽然没有给任何原因有关这一个质疑的决定,但在笔者与印度公司委任的仲裁员所提交的意见中,通过意见中的理由(reasoning)就可以看到哪一个意见更值得被接受。

许多仲裁机构(除了 LCIA)不愿意提供决定的原因有以下理由:(1)仲裁的机密;(2)提供意见会涉及大量工作,也不容易处理如 ICC 大会涉及了好几十人,他们都会给意见,甚至大不相同的意见,最后会以多数人的意见作出决定等;(3)如果提供全面的原因,如 ICC 大会的商讨结果,会给质疑方有更多的"弹药"进一步向法院提出质疑,因为涉及自然公正就不是仲裁机构的一个决定就是终局;(4)现实中,也有大部分的质疑站不住脚,如质疑方自己过敏、多疑或是不现实等原因造成。太细地处理质疑只会导致时间上的延误与费用的增加。

但由于国际社会的变化如要求提高透明度与人权公约的出台,所以这一方面的呼声也越来越多,如 Hacking 勋爵在 Global Arbitration Review 2007 年就发表了文章大力呼吁国际仲裁机构提供针对质疑仲裁员决定的原因。

10. 总结

在仲裁裁决书中给出全面与充分的原因作为支持,可以说是国际仲裁的共识。

但是要知道,作出决定相对是简单也难以让其他人认为是对是错,但一涉及要给出全面与充分的原因支持这一决定,就很容易看得出这一裁决是否错误或是考虑不充分。正如一位著名的英国法官在一个仲裁员会议作出的发言中所说:“你们可以随便给你们的决定,因为你们几乎肯定会是正确。但不要作出你们决定的原因,因为你们几乎肯定会是错误。”(By all means give your decision, because you will almost certainly be right. But do not give your reasons, because you will almost certainly be wrong!)(在刊物《Arbitration》Vol. 71, August 2005, 103 页报道)。

相对仲裁其他方面的课题,英国法律针对裁决书原因所带来的各种问题应该是不多。这可能是因为在 1996 年《英国仲裁法》之前,英国法律是不要求仲裁庭作出有原因的裁决书。这一直到了 1996 年的立法,英国才规定裁决书必须要有原因,除非双方另外作出协议不需要原因(这在现实中很少会发生,除非双方当事人在不自觉的情况下合并了一些仲裁规则,其中说明是不需要裁决书给予原因)。但 1996 年的立法也针对了一些相应的问题并给予救济,如仲裁庭给的原因并不足够或是含糊不清。但是在其他国家或地区的仲裁法中很少有这样的规定,如《香港仲裁条例》中合并的示范法部分就只是简单的规定要求仲裁员给出原因。可是 1996 年《英国仲裁法》虽然是针对的很细,但还是没有针对如本章所探讨的原因长短,这方面就要靠普通法的澄清了。

第八章　向英国法院就不满意的裁决书寻求救济

1. 向法院申请有关质疑仲裁庭管辖权的救济

1.1　序言

这个课题在《仲裁法——从1996年英国仲裁法到国际商务仲裁》第五章已有详细针对，在此只强调在第8.7.5.2段曾经详细介绍过英国法院根据1996年《英国仲裁法》之Section 67有关管辖权质疑的救济是会涉及重审（re-trial），也就是将仲裁庭初步裁决有关管辖权的证据也要重新审理一次，而且是完全有可能得出与仲裁庭相反的决定。这显然带来非常昂贵的费用且第二次审理证据（特别是口头证据）并不科学。可以说，这是一种非常奇怪的妥协，这样的立法有要满足国际仲裁要求给仲裁庭权力决定自己的管辖权，同时也要满足仲裁庭是否有管辖权不能是由仲裁庭说了就算，而要由法院作出最后的决定。这接下来的内容有密切关系。另外，香港《仲裁条例》也有类似的条文与做法，即根据示范法的Article 16让仲裁庭先对他的管辖权质疑作出初步的裁决，如果仲裁庭不接受这一质疑，当事人可以在裁决书作出后的30天内向法院申请对管辖权的最后判决。但香港还没有这一方面的案例，就是对整个争议作出重审或只是对裁决书的内容作出简单审查，看看表面是否显示有错误。但笔者知道已经有一个这样的案件去了法院，而Reyes大法官也作出了一连串程序上的命令，这些命令就是配合要重审。但该案件在还没有进一步需要开庭审理时达成和解，所以没有变为一个权威性的案例。

1.2　Bruce Harris先生领导的委员会对1996年《英国仲裁法》10年实际操作的检讨与建议

1996年《英国仲裁法》于1997年1月31日生效，其中包括了Section 67。10年后，英国法院与伦敦仲裁已经累积了不少经验，而据闻相关案例目前为止已经超过1000个。所以在10周年时，英国商业法院使用者委员会（The Commercial Court User's Committee或Commercial Court Committee）授权Bruce Harris先生成立一个委员会，目的是看1996年《英国仲裁法》的实际操作情况。该委员会决定作一个调查，并设计了一连串的问题给2000个以上的英国与全球涉及仲裁的律师事务所、仲裁员（包括笔者）、公司、机构等并要求给出答复。结果在限期前收到700个回复，其中500个是全面回复所有的问题，。调查的结果后来被公布，而且结论是对1996年立法的实际操作满意，没有需要更改的地方，最多在做法上（特别是在法院的处理方面）有一点建议。

有关 Section 67 的管辖权救济，唯一的问题是这种法院重审的做法是否要维持，或是让仲裁庭的裁决作为最终，或是仲裁庭就裁决书中事实认定作为最终，而法院只能改变法律观点。该问题如下："When an arbitration tribunal rules on its own substantive jurisdiction then, unless that is done under a separate agreement that the tribunal[1] should so rule, the court may (under s. 67) effectively re-hear what the tribunal has already heard - both evidence and argument - and make its own decision on the question. Do you think that (a) this position should be maintained, (b) an arbitration tribunal's decision on its own substantive jurisdiction should be absolutely final, (c) a decision of an arbitration tribunal should be final as to the facts, whilst the courts might review a point of law, or (d) there should be some other approach."

在所有的回复中，选择（a）的有 40%，另选择（c）的也有 40%，但只有 13% 选择（b），就是让仲裁庭对管辖权的决定是绝对的最终。至于在（d）的其他解决办法，只有 5%，而主要的一个建议就是只让法院审理管辖权质疑。这等于恢复到英国以前的做法，也就是没有独立原则（separability）与仲裁员有权审理管辖权原则（competence-competence）的说法。

Bruce Harris 领导的委员会总结这一问题的回复，较多数意见（54%）认为英国法院应该减少仲裁员对管辖权的决定，这显然是为了减少损失与避免延误。但这里有其他的考虑，如选择（b），仲裁庭的决定作为最终，显然有违反自然公正的疑问。正如在立法小组对 1996 年《英国仲裁法》的报告（Department Advisory Committee on Arbitration Law, Report on the Arbitration Bill，或简称 DAC 报告），在 138 段有提到说："Clearly the tribunal cannot be the final arbiter of a question of jurisdiction, for this would provide a classic case of pulling oneself up by one's own bootstraps..."

该委员会提出的建议有三点：（1）对这一不令人满意的情况，英国要参考外国（包括大陆法国家）的一些处理管辖权质疑的做法，并务求伦敦仲裁相比其他热门的仲裁地点不会受到这一种不令人满意的情况的不利影响。（2）法院可以考虑一些做法以减少费用与延误。例如，要求对管辖权提出质疑的一方当事人要有举证责任，证明有关管辖权的裁决书到底有何错误，做不到就是败诉。（3）在 1996 年《英国仲裁法》，本来是有一条 Section 32，就是在双方当事人同意的情况下（这比较难）或是在仲裁庭同意下，把管辖权质疑先给法院作出一次的审理。这等于是一有了涉及很多事实要认定或是复杂的管辖权争议，仲裁庭就同意让双方当事人去法院作一次过但也是最终的审理。但在现实中，估计仲裁庭愿意这样做的不多。在 Bruce Harris 领导

---

〔1〕 这是指管辖权的随意协议（ad hoc agreement to jurisdiction）的例外情况，这一个课题在《仲裁法——从 1996 年英国仲裁法到国际商务仲裁》第五章之 3.1.4 段有介绍。

的委员会还是向仲裁员呼吁多利用 Section 32 以减少双方当事人的费用与时间上的延误。

香港的《仲裁条例》还没有这一条。这表示在《联合国示范法》下,根据 Article 16,一方当事人(通常是被告)提出对管辖权的质疑,必须先向仲裁庭提出,在作出了不利的裁决书之后才存在向法院进一步提出质疑与重审。被告不能一开始就去法院,因为法院受制于 Article 5。显然,被告如果能够与原告达成协议,就可以避开仲裁庭对管辖权初步的裁决,但存在的问题就是双方在争议时很难达成这种协议。

2. 以仲裁庭、仲裁程序或裁决书有严重不正常向法院申请救济

2.1 序言

有关以仲裁庭、仲裁程序或裁决书有严重不正常向法院申请救济在《仲裁法——从 1996 年英国仲裁法到国际商务仲裁》第四章之第 2.3.4 段有详细介绍,请参阅。要强调这是一种对裁决书很重要且常见的攻击与救济,所以要比较详细地进行介绍。为了方便阅读首先还是简单介绍英国法律针对这一方面的法院干预与监督仲裁程序的演变过程。众所周知,这一方面的干预或是监督主要是为了确保仲裁程序符合自然公正的要求。针对仲裁庭在程序中作出的决定,由于仲裁员是"程序的主人"(master of procedure),法院不会作出改变。如仲裁庭决定与命令不必披露某一些文件证据,法院是不会作出相反的命令要求披露文件。不过以前法院可以改变仲裁庭在程序中作出的决定,如在 1950 年《英国仲裁法》之 Section 12(6)(b)有关法院可以命令披露文件。这种做法与 1996 年《英国仲裁法》Section 69 的针对裁决书法律观点的上诉有类似之处,因为上诉会带来对仲裁庭所作出裁决的改变。所以,今天的法律已经明确仲裁庭对于程序的决定(所谓的命令或指令)是最终的,也改变不了的。但只在决定的过程中如果是违反自然公正,法院才会给予干预。这干预也不是改变仲裁庭的决定,而是看严重的程度是否需要赶走仲裁员(如果裁决书还没有作出)或是撤销裁决书。

法院以前对仲裁程序是否符合自然公正一直很严格,仲裁员很容易被指称违反自然公正的天条。在立法方面,1698 年的《英国仲裁法》就已经有了条文针对如果仲裁程序涉及了仲裁员的"不恰当的手法"(undue means),裁决书就会被撤销。这一句话是为了针对仲裁员违反自然公正。到了 1889 年《英国仲裁法》,不恰当的手法变为仲裁员的"不良行为"(misconduct)。由于不少这种案件不一定涉及仲裁员本人有什么过错,这就导致了 1934 年《英国仲裁法》的有关依据变为"仲裁员或仲裁程序有不良行为"(the arbitrator has misconducted himself or the reference)。这到了 1996 年

《英国仲裁法》,就变为“严重不正常”(serious irregularity)。这些术语主要都是针对仲裁程序是否符合自然公正,只是看文字“严重不正常”与“不良行为”根本是看不出区别。区别只是适用在不同案件的不同事实中,严格或者宽松的尺度不一样。

在1950年《英国仲裁法》的“不良行为”准则下,英国法院对仲裁程序干预与监督的很严。就算是仲裁员十分有水平与小心,所做的事情完全合情合理,也会因为一些与仲裁员毫无关系也控制不了的“程序上的不幸”(procedural mishap)或当事人的“误解”(misunderstanding)(如在先例 Indian Oil Corporation v. Coastal Ltd. [1990] 2 Lloyd's Rep. 407;King v. Thomas McKenna Ltd. [1991] 2 QB 480[这先例涉及忘记交出一个秘密提议])等的情况,导致“正义得不到伸张”(miscarriage of justice)而引来法院的干预。Bingham 大法官曾经说过在100个不良行为的申请救济案件中,有99个不涉及仲裁员在仲裁程序中做错了什么事情,更不会涉及贪污受贿。在 Zermalt Holdings SA v. Nu-Life Upholstery Repair Ltd (1958) 2 EGLR 14 先例,Bingham 大法官是这样说:“It is perhaps right to emphasis two things. The first is that, as a matter of general approach, the courts strive to uphold arbitration awards. They do not approach them with a meticulous legal eye endeavoring to pick holes, inconsistencies and faults in awards and with the objective of upsetting or frustrating the process of arbitration. Far from it. The approach is to read an arbitration award in a reasonable and commercial way, expecting, as is usually the case, that there will be no substantial fault that can be found with it. The second point is this. The jurisdiction of the court to set aside or remit an award rests on what is, most unfortunately, called 'misconduct'. That gives the impression that some impropriety or breach of professional conduct or lack of integrity or incompetence is involved. In 99 cases out of 100 an application to set aside or remit an award involves nothing the kind. It involves, usually, merely a procedural lapse of a kind that any arbitrator or magistrate or judge may be guilty of."

为了减少英国法院对仲裁程序干预或监督的严格性,在1996年《英国仲裁法》就引进了“严重不正常”替代“不良行为”。这显然有必要,否则没有办法摆脱许多先例已作出了“不良行为”权威性的解释。而且,有了新的术语也显示了希望是有一个新的开始。这方面可节录 Lesotho Highlands Development Authority v. Impregilo SpA (2005) 2 Lloyd's Rep. 310,Steyn 勋爵说:

“In order to understand the radical nature of the alteration of our arbitration law brought about by section 68 of the 1996 Act it is necessary to refer to the pre-existing law. Section 68 replaced sections 22 and 23 of the Arbitration Act 1950. Section 22(1) of the 1950 Act provided:

'In all cases of reference to arbitration the High Court or a judge thereof may from time to time remit the matters referred, or any of them, to the reconsideration of the arbitrator or umpire.'

The sweeping generality of this provision is clear. In the case law the remedy of remission was held to be available on the grounds of ' procedural mishap ' or ' misunderstanding. ' Section 23 provided:

' (1) Where an arbitrator or umpire has misconducted himself or the proceedings, the High Court may remove him.

(2) Where an arbitrator or umpire has misconducted himself or the proceedings, or an arbitration or award has been improperly procured, the High Court may set the award aside. '

In the eighties and nineties there was persistent criticism about the excessive reach of these powers of intervention. The Departmental Advisory Committee on Arbitration Law (' The DAC') under the chairmanship of Lord Justice Saville (now Lord Saville of Newdigate) explained in its Report on the Arbitration Bill, at p 11, paras 21 – 22:

' . . . there is no doubt that our law has been subject to international criticism that the courts intervene more than they should in the arbitral process, thereby tending to frustrate the choice the parties have made to use arbitration rather than litigation as the means for resolving their disputes.

Nowadays the courts are much less inclined to intervene in the arbitral process than used to be the case. The limitation on the right of appeal to the courts from awards brought into effect by the Arbitration Act 1979, and changing attitudes generally, have meant that the courts nowadays generally only intervene in order to support rather than displace the arbitral process. We are very much in favour of this modern approach . . . '

A major purpose of the new Act was to reduce drastically the extent of intervention of courts in the arbitral process. "

2.2 1996 年《英国仲裁法》改变或收紧之处

1996 年《英国仲裁法》Section 68 收紧之处大致有四个方面:(1)向法院提出申请必须是在裁决书作出之后。(2)在措辞上再也不是 1950 年立法中的"misconduct"而是"serious irregularity",从文字上看到是针对一些比较严重违反自然公正的行为,虽然其本质一样。(3)这一个严重不正常必须是造成"重大不公正"(substantial injustice),也表示一些技术性的或无伤大雅的仲裁程序中的不正常再也不会给予救济。例如,败诉方指称仲裁庭不让其提交一些文件证据,虽然有迟延,但还是应该及时。法院除了看仲裁庭不给机会是否有不合理之处导致可能违反自然公正,也会看这些文件证据实质内容是否会对裁决书内容有重大影响。如果不是,即使是严重不正常也不会是造成重大不公正。(4)严重不正常只是包括 Section 68 (2)(a) – (i)的九项情况。这里也可以节录 Steyn 勋爵在 Lesotho Highlands Development Authority v. Impregilo SpA 所说:"This is a mandatory provision. The policy in favour of party autonomy does not permit derogation from the provisions of section 68. A number of preliminary observations about section 68 are pertinent. First, unlike the position under the old law, intervention under section 68 is only permissible after an award has been made. Secondly, the requirement is a serious irregularity. It is a new concept in English arbitration law. Plainly a high threshold must be satisfied. Thirdly, it must be established that the irregularity caused or will cause substantial injustice to the applicant. This is designed to eliminate technical and unmeritorious challenges. It is also a new requirement in English arbitration law. Fourthly, the irregularity must fall within the closed list of categories set out in paragraphs (a) to (i)."

2.2.1 什么是"重大不公正"(substantial injustice)?

已经提到过,只是"严重不正常"替代"不良行为"是不能保证法院在这方面的干预与监督的大幅度减少。所以在1996年《英国仲裁法》之Section 68又加上了一个额外的要求,即这一严重不正常必须是造成了重大不公正。这表示法院认为的确有违反自然公正的严重不正常,还要进一步考虑是否造成重大不公正,才根据立法有权作出对裁决书的救济。举例说,即使仲裁庭不恰当拒绝败诉方提供证据,但即使是没有拒绝,败诉方所提供的证据也不会扭转大局,还是难逃败诉的命运,这就表示没有造成重大不公正。

2.2.1.1 不造成重大不公正不给予救济的先例

可以说已经有不少先例明确了这一点,就是不影响裁决书的结果的严重不正常行为是不会给予救济的:Aquator Shipping Ltd v. Kleimar NV, The Capricorn I (1998) 2 Lloyd's Rep. 379; Sanghi Polyesters Ltd v. The International Investor KCSC (2001) 1 Lloyd's Rep 480; Canadian Forest Navigation Co Ltd v. Minerals Transportation Ltd, 2001, unreported; Checkpoint Ltd v. Strathclyde Pension Fund (2003) EWCA Civ 84; Warborough Investments Ltd v. S Robinson & Sons (Holdings) Ltd (2004) 2 P&CR 6(Court of Appeal)(注意是这一上诉庭先例推翻了一审的不同看法); Newfield Construction Ltd. v. Tomlinson (2004) EWHC 3051 (TCC); Icon Navigation Corporation v. Sinochem International Petroleum (Bahamas) Co Ltd (2004) 1 All ER (Comm) 405; Cameroon Airlines v. Transnet Ltd (2004) EWHC 1829; Vee Networks v. Econet Wireless International Ltd. (2005) 1 Lloyd's Rep. 192; BTC Bulk Transport Corporation v. Glencore International AG (2006) EWHC 1957 (Comm); London Underground Ltd v. Citylink Telecommunication Ltd (2007) BLR 391; Van der Giessen-de-Noord v. Imtech Marine (2009) 1 Lloyd's Rep. 273 等。

在此节录小部分上述的判决要点,在Checkpoint Ltd v. Strathclyde Pension Fund是说:"It is the denial of a fair hearing, to summarize procedural irregularity, which must be shown to have caused a substantial injustice. A technical irregularity may not. The failure to deal with a substantial issue probably will."

在Cameroon Airlines v. Transnet Ltd是说:"I do not think it needs to be shown that the outcome of a remission will necessarily or even probably be different but it does need to be established that the applicant has been unfairly deprived of an opportunity to present its case or make a case which had that not occurred might realistically have led to a significantly different outcome."

另在 Vee Networks v. Econet Wireless International Ltd 是说:"Where there has been an irregularity of procedure, it is enough if it is shown that it caused the arbitrator to reach a conclusion unfavorable to the applicant which, but for the irregularity , he might well never have reached, provided always that the opposite conclusion is at least reasonably arguable."

另在 Gold Coast Ltd v. Naval Gijon SA (2006) 2 Lloyd's Rep 400,Gloster 大法官引述了 Bowsher 大法官在先例 Groundshire v. VHE (2001) BLR 395 中的一段判词说:

"Both sections 68 and 24 of the Act justify action by the court only when substantial injustice has been or will be caused to the applicant, not when a substantial injustice may be caused to the applicant. It follows that even unfairness does not of itself and without more vitiate an arbitral award...

The policy or the 1996 Act is to make it more difficult to question the decisions of arbitrators, not to make challenges easier.

The word 'substantial' appears in many contexts in our law. One simply cannot take a definition of the word from one context and apply it without question to another totally different context. I reject totally counsel's submission as to the meaning of the word 'substantial'. In the present context, I prefer such dictionary meanings as 'having a real existence', 'essential', 'of ample or considerable amount, quantity or dimensions'.

In the present context, Parliament plainly meant to refer to some injustice that has some real effect as opposed to a failure to deal with arguments that cause affront or disquiet without substantial effect. The highest requirements that justice should manifestly be seen to be done may require that a judicial decision be overturned because of the manner in which it was reached, without it being demonstrated that the result produced injustice. But this is not the system applied to arbitration by the 1996 Act."

2.2.1.2 1996 年《英国仲裁法》生效前的普通法地位

此外,对于何为重大不公正,法院是不会假设如果没有这一重大不公正,整个仲裁程序会有怎样不同。这与以前的普通法地位不一样,以前的看法是只要违反自然公正,就可以有这样的假设,因为诉讼有很多变数,很难说违反自然公正确实或可能会带来怎样的不同结果。Ackner 大法官在 The "Vimeira" (1984) 2 Lloyd's Rep 66 说:"Where there is a breach of natural justice as a general proposition it is not for the courts to speculate what would have been the result if the principles of fairness had been applied. I adopt, with respect, the words of Mr Justice Megarry in John v. Rees (1969) 2

All ER 274 at page 309 where he said: As everybody who has anything to do with the law well knows, the path or the law is strewn with examples of open and shut cases which, somehow, were not; of unanswerable charges which, in the event, were completely answered; of inexplicable conduct which was fully explained; of fixed and unalterable determinations that, by discussion, suffered a change."

2.2.1.3 1996年《英国仲裁法》所作出的改变

但在1996《英国仲裁法》,已经改变这个普通法地位,再也不要求法院作出任何假设或估计。这在好几个先例有涉及,如上文提到的先例 Groundshire v. VHE (2001) BLR 395 中 Bowsher 大法官针对上述的普通法地位说:"Though entirely attractive as a general proposition, that is no longer the law as a result of the 1996 Act. The Act does not require the court to speculate what would have been the result if the principles of fairness had been applied, but the Act requires that the court is only to interfere if the court considers, not speculates, that the irregularity or unfairness has caused or will cause substantial injustice to the applicant.'"

这种争议也在 Icon Navigation Corporation v. Sinochem International Petroleum (Bahamas) Co Ltd (2004) 1 All ER (Comm) 405 先例出现,法院认为只是指称严重不正常如果没有出现,败诉方就有机会向证人作进一步的盘问,这不足以证明是构成重大不公正。

上述的权威性说法,可以节录 Ramsey 大法官在 London Underground Ltd v. Citylink Telecommunication Ltd (2007) BLR 391 中所说如下:"In determining whether there has been substantial injustice 'the court is not required to decide for itself what would have happened in the arbitration had there been no irregularity. Provided that the point is one where the tribunal might well have reached a different view, the court should require no further - see in particular per Colman J in Vee Networks Ltd v Econet Wireless International Ltd (2004) EWHC 2009 (Comm.) at para 90.'"

2.2.1.4 严重不正常所造成的不公正被视为是不够严重的情况

即使是严重不正常的确是会影响裁决书的结果,表面看来造成了不公正。但如果不公正是轻微的(de minimis),如本来争议的金额不是很大,但相对作出救济如撤销裁决书或发还而导致的额外诉讼费用更高,也已经有先例判这不足够构成重大不公正。这里的先例有 Groundshire Ltd v. VHE Construction plc (2001) BLR 395; Mohsin v. Commonwealth Secretariat (2002) EWHC 377 (Comm)等。在 Mohsin v. Commonwealth Secretariat 先例中,Steel 大法官指申请人已经花了10万英镑的诉讼费用,如果撤销裁决书并组织新的仲裁庭重新审理,会带来同样金额的诉讼费用而得不偿失。所以认为即使有严重不正常也不足构成重大不公正要对裁决书作出救济。

如果严重不正常涉及仲裁员的延误,由于仲裁员在裁决书中有权裁决败诉方支付利息,所以又是一种不可能造成重大不公正的情况,除非延误会带来其他的严重后果:Conder Structures v. Kvaerner Construction Ltd (1999) ADRLJ 305。另一个例子是裁决书违反了立法要求的格式(form),如漏了仲裁地点,这是严重不正常的一种,规定在 Section 68(2)(h)。但这会否造成重大不公正不无疑问,特别是对败诉方而言。只是现实中估计很少有这种情况出现,一是一般裁决书都不会有这样的遗漏,二是有了遗漏也很容易要求仲裁庭作出文书修改,根本不需要麻烦法院请求救济。这种例子多不胜数,希望上述所讲能够显示"重大不公正"这一条件的要求确实在很大程度上减少了法院的干预与监督。这一要求在以前的立法,也就是"不良行为",是没有的。

重大不公正被视为是不够严格去掌握的案件也有 ASM Shipping Ltd v. TTMI Ltd (2006) 1 Lloyd's Rep. 375。案情涉及其中一方当事人的主要证人发现在开庭时作为首席仲裁员的著名御用大律师被曾于1年前另一个案件中代表一方当事人对其作出严厉盘问,所以担心他还记得这件事而对其产生偏见。这导致了证人的一方(ASM Shipping)以这个理由向法院申请赶走首席仲裁员。Morison 大法官同意赶走首席仲裁员,因为有真正可能的偏见(real possibility of bias)。其中在重大不公正方面,Morison 大法官认为没有必要证明这种潜意识的偏见会使裁决结果不同,因为这很难证明。这在后来的两个先例也被接受:Colman 大法官在 Norbrook Laboratories Ltd. v. Tank (2006) 2 Lloyd's Rep. 485, Toulson 大法官在 Sumukan Ltd. v. The Commonwealth Secretariat (2007) EWHC 188 (Comm)。但这带来了一些批评就是认为掌握不够严格,也不符合1996年《英国仲裁法》的本意,因为重大不公正是需要明确证明,而不能是法院假设会出现。

2.2.2 什么是只包括 Section 68 (2)(a) - (i)的九项情况?

1996年《英国仲裁法》很明确严重不正常只包括了 Section 68 中(a) - (i)这九种情况,这已经在《仲裁法——从1996年英国仲裁法到国际商务仲裁》第四章之2.3.4.5段有详细介绍。其中显然是(a)的情况最常见,就是违反自然公正。

在1996年立法前法院可以对裁决书作出救济,通常是发还给仲裁庭重新进行考虑的部分情况,由于不在这九项情况内,所以再也没有救济可言。这尤其是要一并考虑 Section 1(c)是说明英国法院不能作出干预,除了在1996年《英国仲裁法》中所规定的情况。这等于是剥夺英国法院1996年立法前会有的"剩余管辖权"(residual jurisdiction)。法院剩余管辖权的行使通常是在裁决书作出后有了重大的新证据,可让败诉方完全推翻裁决书的结果。在以前,这是有机会向法院申请救济,但在1996年立法后,由于这种情况再也不包括在九项情况内,也就再也没有救济了。这表示当事人一定要在开庭前或裁决书作出之前努力收集所有有利的证据并向仲裁庭提供,如果知道有重要的证据将会稍后取到手,也要努力要求仲裁庭押后开庭或押后作出裁决书。如果仲裁庭拒绝这样做,至少这提供了败诉方(提出要求押后的一方当事人)向法院申请的机会,因为这不再属于新证据提供的情况而是仲裁庭的拒绝有可能违反了自然公正,也就是剥夺了当事人陈述自己案件的合理机会。

2.2.3 少数轻重掌握受到质疑的案例

虽然立法的本意与文字上十分清楚,但在个别案件适用时的松紧还是有一定的差异。在上文就已经介绍了 ASM Shipping Ltd v. TTMI Ltd (2006) 1 Lloyd's Rep. 375, Norbrook Laboratories Ltd. v. Tank (2006) 2 Lloyd's Rep. 485 与 Sumukan Ltd. v. The Commonwealth Secretariat (2007) EWHC 188 (Comm)。另介绍的是近期的 Metropolitan Property Realization Ltd v. Atmore Investments Ltd (2008) EWHC 2925 (Ch),案情涉及对房屋租金的估价(rent review)。业主与租客的估算根据不同的公式,而独任仲裁员判支持租客的公式。这一决定被业主上诉至法院认为其没有考虑利润的因素。在法院,仲裁中胜诉的租客指出业主在仲裁中没有提出有关利润因素的争议,所以 Section 68 (2)(d)的"failure by the tribunal to deal with all the issues that were put to it"不适用。但在高院,Sales 大法官认为如果一方当事人提出的主张明显不合理(glaring illogicality),而另一方当事人没有针对,仲裁员在裁决时还是要满足他的裁决是合情合理,而不应该将前者提出的主张拿来就用。所以判是一个严重不正常,并将裁决书发还给仲裁员重新考虑。这一判决带来了争议,认为恢复到以前的程序上的不幸(procedural mishap),动辄就作出救济,实际上造成不幸的原因是败诉方的业主自己没有提出。例如,Merkin 教授在《Arbitration Law Monthly》2009 年 8 月一期中说到:"It may be thought that this reasoning goes somewhat beyond what s 68(2)(d) is designed to cover. The typical case falling within s 68(2)(d) is one where a point is fully argued by one or both of the parties but disregarded in the award. This was a case in which the point had not been argued, and the court was of the view that s. 68(2)(d) imposed a duty on the arbitrator to satisfy the criteria in the lease whether or not relevant considerations had been put to him by the parties. At first sight this appears to be a return to the 'procedure mishap' jurisdiction repealed by the 1996 Act, whereby a party could be saved from his own defective presentation of the case by an application for remission. The point can be tested in this way: had the arbitrator chosen to include an element for tenant profit without argument on the point, surely his award would have been challengeable for serious irregularity on the basis that he had not given the parties the chance to make submissions on a key aspect of the case. At best, the arbitrator was guilty of failing to notify the parties that there was a problem, but even that comes close to an arbitrator making a case for one of the parties. It is arguable, therefore, that Sales J construed s. 68(2)(d) in far too wide a fashion, and in a way which smacks of reversion to an earlier and discredited regime of judicial supervision."

看来遇到这样的问题,仲裁员比较安全的做法还是在作出裁决书之前提出一方漏了争辩的争议,并要求双方作出进一步的争辩。接下来笔者希望针对一些特定情况是经常会涉及严重不正常的指控,而且在 1996 年《英国仲裁法》的严格减少干预仲裁的大环境下还是会作出干预,所以仲裁员要特别小心处理这种特定情况。

2.3 是否严重不正常之一:裁决书显示了法律观点的错误

在1979年《英国仲裁法》之前,对双方有争议的法律观点可以通过特殊案件(special case或case stated)自由上诉到英国法院,所以不需要以另一诉因的不良行为(misconduct)要求英国法院对仲裁作出救济。但1979年立法之后,英国法院大幅度收紧对仲裁中法律观点的上诉,已经开始存在是在"一次过"(one - off)的案件中,败诉方由于不可能成功申请上诉批文,就只能想办法以不良行为作为质疑裁决书的理由进行上诉,毕竟在1979年直到1996年的《英国仲裁法》生效的这一段时间内,不良行为还是作为英国法院对仲裁程序必须符合自然公正的监管范围,而对于不良行为的定义非常宽泛。到了1996年立法后,随着对不良行为的构成的要求提升(变为严重不正常),法院在仲裁程序必须符合自然公正这一方面的监管力度也随之降低,这就令一些对仲裁裁决结果不满的当事人通过不良行为向法院申请救济的大门也与对法律观点的上诉一样变得狭窄。这样一来,当事人就不能再像1996年立法之前一样,轻松绕开以法律观点错误为由申请救济所需要满足的高要求,而通过不良行为的诉因而从法院得到救济。但这种做法在1996年立法下还是有,但估计会减少。在Lesotho Highlands Development Authority v. Impregilo SpA (2005) 2 Lloyd's Rep. 310这一著名先例出现这种情况。

该先例涉及一个建造非洲最大的水坝的庞大工程,承建商主要是7家欧洲的公司(英国、法国、德国与意大利等)。工程从1991年开始直到1998年结束,其间承建商因为有关价格的调整与工程的改变,向Lesotho国家当局作为雇主提出索赔。承建商在1999年年底开始了国际商会(International Chamber of Commerce,或简称ICC)仲裁,仲裁地点是伦敦,适用1996年《英国仲裁法》。仲裁庭在一个中间裁决书判承建商胜诉,赔偿金额是以欧洲国家一系列的货币计算,包括英镑、法郎、马克与里拉。这带来一个争议,因为有关工程合约的60.11条文说明是以Lesotho的货币作为支付方法,并以条文72的兑换汇率进行计算,英文相关的一句是说:"The currency of account shall be Maloti and for the purposes of payment"。但从订约到中间裁决书作出的一天这段期间,Lesotho货币大幅度贬值,所以以欧洲货币计算与以Maloti计算有很大差别,如果在这个案例中的确涉及了严重不正常的话,同时造成重大不公正是毫无疑问。

败诉的Lesotho国家当局想就该中间裁决书寻求法院的救济,根据Section 69是没有希望。这不只是上诉批文不容易取得,更重要的是ICC仲裁规则Article 28(6)禁止就法律观点上诉法院。另外,根据1996年《英国仲裁法》Section 82(1),只有在实体法是英国法时才可以就法律观点的问题上诉法院。而该先例中工程合约的实体法是Lesotho的法律,所以也是不可以寻求Section 69的救济。这就迫使Lesotho国家当局通过唯一的救济办法,Section 68的严重不正常向法院寻求撤销裁决书或者发还裁决书给仲裁员重新考虑。而有关的严重不正常情况是九项之中的Section 68 (2)(b)项,如下:"(b) the tribunal exceeding its powers (otherwise than by exceeding its substantive jurisdiction：see section 67）.”

这项严重不正常是指仲裁庭超出了他的权力，并在括号中说明是不包括实体管辖权的问题，这是受制于 Section 67。而实体管辖权的质疑通常就是针对仲裁庭是否有权处理有关案件的争议，如双方当事人是否有仲裁协议的存在。但也会只是质疑个别的争议事项而不是整个案件，特别是在 Fiona Trust v Privalov（2008）1 Lloyd's Rep 254 贵族院先例放宽仲裁条文的解释之前，就经常有争议是仲裁协议的措辞是否包括某一项争议事项或争端。至于仲裁员在一个仲裁程序中所拥有的权力（powers）与管辖权（jurisdiction）之间，仲裁员先是需要有管辖权，在此基础上才能行使权力推进仲裁与最后作出裁决书。通常仲裁员的权力是来自仲裁地点的立法，如 1996 年《英国仲裁法》Section 34 就赋予了仲裁员一系列处理仲裁程序的权力。但也会有部分权力来自双方的约定，如在仲裁协议中约定适用某一种仲裁规则，而仲裁规则中有条文扩大或减少仲裁员的权力。

但有些情况也会是说不清，如仲裁只能涉及仲裁协议的双方当事人，但如果仲裁员在仲裁程序中涉及第三者，这会是没有管辖权（lack of jurisdiction）或是超出权力范围（excess of power）的问题？可能这要看是从谁的角度判断，对第三者而言是没有管辖权，而对双方当事人而言就有可能是超出权力范围。所以针对仲裁员超出权力的问题，有时会见到超出管辖权（excess of jurisdiction）的措辞，有时又会见到超出权力范围（excess of power）的措辞。

另一个更加说不清楚的是如果仲裁员在行使其权力时犯了错误，怎么样才算是超出权力，或没有超出而只是行使错误（毕竟经常有对仲裁员在程序上作出的命令/指令有不同看法），因为法院不会对后者给予救济。在 Lesotho Highlands Development Authority v. Impregilo SpA 先例，Steyn 勋爵曾经对什么是超出权力与错误行使权力说：“But the issue was whether the tribunal ‘exceeded its powers’ within the meaning of section 68（2）（b）. This required the courts below to address the question whether the tribunal purported to exercise a power which it did not have or whether it erroneously exercised a power that it did have. If it is merely a case of erroneous exercise of power vesting in the tribunal no excess of power under section 68（2）（b） is involved.”

在该先例也涉及了 1996 年《英国仲裁法》之 Section 48（2）说明是除非双方当事人另外同意，仲裁庭有权命令一方当事人作出支付的货币币种。显然，仲裁庭在裁决书指令 Lesotho 国家当局以一系列的欧洲国家货币支付是行使了这一个权力，并认为工程合约中的条文没有明确说明裁决书的支付也是必须要用 Maloti 这种货币。这里就可能涉及仲裁庭对有关合约中的条文解释错误，这是一个法律的问题，由于当事人不能根据 Section 69 提起上诉，因此也就不存在相关的任何救济。但这里也可能涉及超出权力的问题，因为 Section 48（2）说明如果双方当事人另外同意，仲裁庭就没有这一权力命令以某种货币币种作为支付。在后者的情况下，仲裁庭就会要面临英国法院的救济。而事实上也是如此，高院与上诉庭都认为仲裁庭可能超出其权力范围，造成严重不正常而且是有重大的不公正(因为涉及的金额庞大),所以把裁决书发还给仲裁庭重新考虑。但到了贵族院,这一发还的命令被改变,并以多数意见认为这最多只是一个错误行使权力的问题。这里可以节录 Steyn 勋爵所说如下:

"By its very terms section 68(2)(b) assumes that the tribunal acted within its substantive jurisdiction. It is aimed at the tribunal exceeding its powers under the arbitration agreement, terms of reference or the 1996 Act. Section 68(2)(b) does not permit a challenge on the ground that the tribunal arrived at a wrong conclusion as a matter of law or fact. It is not apt to cover a mere error of law. This view is reinforced if one takes into account that a mistake in interpreting the contract is the paradigm of a 'question of law' which may in the circumstances specified in section 69 be appealed unless the parties have excluded that right by agreement. In cases where the right of appeal has by agreement, sanctioned by the Act, been excluded, it would be curious to allow a challenge under section 68(2)(b) to be based on a mistaken interpretation of the underlying contract. Moreover, it would be strange where there is no exclusion agreement, to allow parallel challenges under section 68(2)(b) and section 69.

In order to decide whether section 68(2)(b) is engaged it will be necessary to focus intensely on the particular power under an arbitration agreement, the terms of reference, or the 1996 Act which is involved, judged in all the circumstances of the case. In making this general observation it must always be borne in mind that the erroneous exercise of an available power cannot by itself amount to an excess of power. A mere error of law will not amount to an excess of power under section 68(2)(b).

For these reasons the Court of Appeal erred in concluding that the tribunal exceeded its powers on the currency point. If the tribunal erred in any way, it was an error within its power."

但在贵族院也有不同的意见,Phillips 勋爵就强烈认为仲裁庭将 Maloti 转为欧洲货币是超越了他的权力,说:"As I shall shortly show, the arbitrators have adopted an approach to currencies that departs from English law which, we are required to assume in the absence of evidence to the contrary, is the same as the law of Lesotho. Was this simply an error of law, excluded from court review by section 69 of the 1996 Act together with the ICC rules, or was this an example of a 'tribunal exceeding its powers (otherwise than by exceeding its substantive jurisdiction)', so as to be capable of amounting to a 'serious irregularity' under section 68? I have come to the conclusion that the latter is the true position. The concept of an excess of power that is not an excess of jurisdiction is not an easy one, but I find that it applies to the arbitrators' conduct in this case. They expressly stated that section 48(4) gave them a discretionary power which they did not in fact enjoy and then proceeded to purport to exercise that power. It follows that the arbitrators were guilty of a serious irregularity under section 68(2) provided that their conduct resulted in 'substantial injustice' to the respondents..."

2.4 是否严重不正常之二:裁决书包括了双方当事人没有针对与争辩过的事实

这种情况在仲裁中经常会出现,就是裁决书对某些所谓的事实从双方提供的证据与争辩作出推断或者假设。例如,当事人提供了一些市场报告,加上其他一些情况如买方的态度,仲裁庭就以自己的理解作出假设是市场在争议产生的时候正在下跌。但这一事实到底正确与否,双方当事人其实没有争辩过。另一种经常会有的情况如赔偿金额,原告"漫天开价",被告"落地还钱",而仲裁庭最后的裁决是两个金额之间的一个数字。但严格说,这一裁决书的金额是双方都没有针对。但客观看来这种情况显然可以接受,不会是严重不正常甚至是1996年《英国仲裁法》生效以前的不良行为。但如果仲裁庭在裁决书判的金额超出了原告的漫天开价,或是低于被告的落地还钱,这显然就有问题,表面一看就感觉到有不公平的味道,也会造成双方当事人在看了裁决书感到惊奇(surprise)。如果仲裁庭真的是强烈感觉正确的赔偿金额应该是在双方当事人提出金额范围以外,他应该事先告诉当事人他的看法,并给他们机会作出进一步的争辩,然后作出裁决。希望笔者以这一个简单的例子介绍这方面的问题。

针对这方面,可节录在 London Underground Ltd. v. Citylink Telecommunication Ltd.(2007) EWHC 1749 (TCC) 中,Ramsey 大法官给出了针对这种问题可否以严重不正常为由向法院请求救济给出了如下总结:

"(1) The underlying principle is that of fairness or, as it is sometimes described, natural justice.(基本的大原则就是自然公正的天条。)

(2) There must be a sensible balance between the finality of an award and the residual power of a court to protect parties against the unfair conduct of an arbitration.(在裁决书的终局性与法院的权力保护当事人避免不公平行为的仲裁之间要找出一个恰当的平衡点。)

(3) It will generally be the duty of a tribunal to determine an arbitration on the basis of the cases which have been advanced by each party, and of which each has notice. To decide a case on the basis of a point which was not raised as an issue, or argued, without giving the parties the opportunity to deal with it, will be a procedural irregularity.(一般而言,仲裁庭如果作出一个决定,所依据的论点是双方当事人没有机会作出争辩或针对,就会是一个程序上的不正常。)

(4) In relation to findings of fact:(关于事实的认定)

(a) A tribunal should usually give the parties an opportunity to address them on proposal findings of major areas of material primary facts which have not been raised during the hearing or earlier in the arbitral proceedings.(仲裁庭应该让双方当事人针对一些主要事实的认定,如果他们没有机会在开庭审理时或在较早的仲裁程序中针对。)

(b) A tribunal has an autonomous power to make findings of fact which may differ from the facts which either party contended for. This will often be related to inferences of fact which are to be drawn from the primary facts which are in issue. Such findings of fact will particularly occur where there are complex factual or expert issues where it may be impossible to anticipate what inferences of fact might be drawn. In such a case the tribunal does not have to give the parties an opportunity to address those findings of fact.(仲裁庭有权力从双方当事人争议的主要事实中做出推断,这会导致裁决书对事实的认定与双方所坚持的事实有不同之处,这是完全可以。也不存在仲裁庭作出这种事实的推断需要事先让双方当事人有机会针对。这种情况在本段一开始时笔者就已经给了一个简单的例子说明,即是原告认为市场价格是10块,被告认为市场结果是1块钱,而仲裁庭根据双方提供的市场报告认为合理的市场价格是7块钱,对7块钱这一事实的认定仲裁庭是不需要事先让双方当事人有机会针对。)

(c) Where a tribunal has been appointed because of its professional legal, commercial or technical experience, the parties take the risk that, in spite of that expertise, errors of fact may be made or invalid inferences drawn without prior warning.(如果仲裁庭成员被委任是有专业知识与经验,当事人就更加接受一个风险就是仲裁庭会做出这一种对事实的推断,即使这一推断不一定正确。)

(5) In each case whether there is a procedural irregularity and whether it is serious is a matter of fact and degree which requires a judgment to be made taking into account all the relevant circumstances of the arbitration including an analysis of the substance of the arbitration and its conduct viewed as a whole."(每个案件是否有程序上的不正常,以及是否严重,都要根据其不同的情况从整体上做出分析。)

在本段所讲的情况,与下一段的考虑秘密证据或不恰当以自己的专业知识作出认定有密切关系。

2.5 是否严重不正常之三:裁决书显示了仲裁庭私下考虑秘密证据或不恰当以自己的专业知识作出事实认定

这一问题的严重性一直存在,并没有因为1996年《英国仲裁法》的生效而减少法院会干预的危险。可以说,在1996年立法下如果仲裁庭私下考虑秘密证据或不恰当使用自己的专业知识,除非这只是鸡毛蒜皮而不会导致裁决书结果有很大的不同(因为不能满足"严重不公正"的要求),否则难逃会是严重不正常,带来法院的救济。对业务熟悉的仲裁员而言这种危险特别是明显,因为他们在作出裁决时免不了会将自己所了解的情况与经验加入在考虑内。这里会包括了对双方提供的证据与争辩作出一些自己主观的解读。例如,在一个造船合约中船厂与船东互相指责对方违约,仲裁庭可能会在裁决书说船东这样的态度可以理解,由于航运市场上的船舶价格在2008年年底的金融海啸后暴跌。但双方实际上没有针对航运市场的暴跌提供过任何证据,只是这方面属于大家都了解的事实或情况。可以说在这种情况下，该裁决书不应该令双方当事人惊奇。但如果仲裁庭针对一些事实或情况，双方当事人没有证据证明或根本没提到，但仲裁庭根据其他渠道得到的证据或资料，或是凭自己私下的经验，作出事实的推断或认定，这就有问题了。

以前就有一些著名的先例针对这个问题，如 Owen v Nicholl (1947) 1 All ER 707，就涉及了独任仲裁员在裁决书中使用了其通过参与另一个破产程序取得的一些证据与资料，这导致了上诉庭撤销裁决书，因为该仲裁员依赖了一些并非是双方提供的证据，而是私下考虑秘密证据。

另一个著名的先例是 Fox v PG Wellfair (1981) 2 Lloyd's Rep 514，估计是独任仲裁员认为要保障缺席被告的利益，在裁决书中没有接受原告提供的证据，即使这些证据并没有受到被告的质疑(因为被告缺席)，而以仲裁员自己的秘密证据或专业知识作出裁决书。该裁决书被上诉庭撤销，而该先例本身也是一个作为警戒仲裁员不要偷偷考虑秘密证据或私人经验对事实认定的典型案例。

在 Thomas Borthwick (Glasgow) Ltd v Faure Fairclough Ltd (1968) 1 Lloyd's Rep 16，Donaldson 大法官说："A trade arbitral tribunal is fully entitled to use its own knowledge of the trade. Indeed the fact that it has this knowledge is one of the reasons why it exists and performs a most useful purpose. **Experience, however, dictates that this knowledge shall never be used in such a way as to take a party by surprise**. If therefore a tribunal considers that both parties have missed the point-this sometimes happens both in litigation and in arbitration-it should invite the parties to deal with this point and, if the point arises for the first time in the course of deliberations after the hearing, should offer the parties a further hearing if either wish to avail themselves of the opportunity. Equally, if the tribunal has knowledge of the facts which do not appear to be known to either party, it is only fair to reveal this knowledge to the parties, giving them an opportunity of putting those facts into a different perspective or of persuading the tribunal that they are irrelevant."(加黑的文字是笔者的强调，就是仲裁庭使用他的专业知识与经验恰当与否的标准是是否让当事人感到惊奇。)

在上述 Donaldson 大法官所讲的话中，笔者认为很重要的一点就是仲裁庭完全可以使用他的专业知识，毕竟双方当事人经常要求仲裁员是专业人士就是希望他懂行，会根据证据找出事实真相。但这专业知识的使用不应该导致任何一方当事人感觉到惊奇。如果让当事人感觉到惊奇，这表示使用的并不是一般性的专业知识，而是仲裁庭自己不向双方当事人披露他们是不会知道的。这就是一条重要的分水线。比如说，双方当事人都应该知道笔者是在船上工作过，所以一般船舶的情况都可以理解并会在裁决书中做出推断。但笔者就不能在裁决书中推断或认定在某一种类型的船舶，是笔者曾经工作过，它的主机型号经常有某些特殊的问题，而这一个事实或情况是双方没有针对过，也不会知道笔者曾经有这种经验。如果真的在裁决书中做出这样的推断或认定，就会让当事人感到惊奇。

不过仲裁庭如果真的想依赖秘密证据,也就是通过自己的渠道在事前或事后取得的证据,就需要在裁决书中使用前先披露给双方当事人,让他们有机会作出陈词或提供更多或否定性的证据。

当然向双方当事人披露也有其困难,就是有可能显示仲裁员最后作出裁决的大方向。所以是否这样做也是在每个不同案件中有不同处理。如果实在不想向双方当事人披露,但又考虑到依据秘密证据或非一般性的专业知识会让一方或双方当事人惊奇,最好还是不要使用。毕竟,仲裁庭严格地根据双方提供的证据与陈词作出裁决是没有什么好批评的。

接下来要介绍的是一个新西兰案件,名为 Methanex Motunui Ltd v Spellman (2004) 1 NZLR 95,它把英国在这方面的问题总结了一些原则:

(1)仲裁员从一方当事人取得的文件,不论是文书请求还是文件证据,必须披露给对方当事人,并要给予对方当事人一个回应的机会。

(2)一个没有专业背景的仲裁员(non-expert arbitrator),如一位律师,必须只根据双方当事人提供的证据作出事实的认定,除非是属于一种所谓"司法通知"(judicial notice)的事实,如地球是圆的。一个有专业背景的仲裁员(expert arbitrator)在使用他的专业知识之余,也是受到与没有专业背景仲裁员同样的限制。就是针对案件中的一些涉及其他方面的专业(不属于仲裁员自己的专业),他必须只根据双方提供的证据作出事实的认定。

(3)有专业背景的仲裁员针对有关争议的特定事实的认定(specific to the particular dispute),也是必须根据双方提供的证据,而不能根据自己的专业知识。这里可以举一个例子,涉及船舶抵达一个很拥挤的卸港,产生了大笔的滞期费。双方唯一的争议就是船长有没有一抵达港外锚地就以电邮递交船舶准备就绪通知书(notice of readiness,NOR),船东说有,承租人说没有。在该案件中,船东的问题就是什么证据都没有,说是丢失了。这也可信,因为仲裁与事情发生的时间相隔很长。船东的争议就是仲裁庭有航海的经验,知道船长一贯的做法就是一抵达港口,不论是港内还是港外,习惯上都会第一时间以电文向收货人作出 NOR。笔者作为航运专业仲裁员,是接受这种说法。但由于这就是该争议的特定事实,所以笔者不能以专业知识作出裁决,结果还是判船东因为没有证据而败诉。

(4)有专业背景的仲裁员经常会从其他类似的案件见到过一些报告或专家意见,会有部分是对有关的争议看来很有帮助或加强该仲裁员对争议的理解。这种情况经常发生在航运的一些同类型争议,如航速争议、货损货差争议、燃油质量争议等。但这种考虑非双方当事人提供的报告或专家意见的做法不对,这些秘密的证据就千万不要使用或加以考虑。

(5)仲裁员有任何看法、疑义或是进行调查,只要是双方当事人向仲裁员作出的陈词/争辩无法合理估计到,仲裁员就必须先向双方当事人披露并给予针对的机会。否则,千万不要在裁决书中使用,更不能提及。

再举一些有关这方面问题的更近期的先例，在 JD Wetherspoon plc v Jay Mar Estates（2007）EWHC 856（TCC）中法院总结如下：

"（a）The arbitrator is fully entitled to make use of his own experience in reading his conclusions, provided that it is of a kind and in the range of knowledge that one would reasonably expect the arbitrator to have, and providing that he uses it to evaluate the evidence called and not to introduce new and different evidence（see Checkpoint Ltd v Strathclyde Pension Fund [2003] EWCA Civ 84).（仲裁员完全有权使用他的经验作出最后的裁决，前提是这些经验或专业知识是双方合理估计得到。而且，使用经验或专业知识只是在评估双方提供证据的分量，而不是带出新的、不同的证据。）

（b）The arbitrator cannot... use his expertise to introduce new evidence which he then fails to allow the parties to address（see Eastcheap Dried Fruit & Co v NV Gerbroedus Catz Handelsvereeniging [1962] 1 Lloyd's Rep 283).（仲裁员不能用他的专业知识带出新的证据，除非他让双方当事人有一个机会针对。例如，双方当事人提供的有关技术的证据，都没有包括一项新的技术，而该项新的技术证据是可以从根本上解决问题/争议，但仲裁员在裁决书中却引用了该项新的技术。这是不被允许的，因为这样做就是私下带出了新的证据与事实。）

（c）The arbitrator cannot... make an award based upon arguments or evidence that were not presented to him, or upon a basis that is contrary to the common assumption of the parties as represented to him（See Zermalt Holdings SA v Nu-Life Upholstery Repairs Ltd [1985] 2 EGLR 14; Fox v Welfair [1981] 2 Lloyd's Rep 514).（仲裁员不能在他的裁决书中根据一些双方没有提供的争辩或证据作出事实的认定，因为这是违反了双方对仲裁员的假设，就是会根据双方提供的争辩与证据裁决，也就是上文 Donaldson 大法官提及的会带来惊奇。）

（d）'The arbitrator is entitled to arrive at his award by deploying the evidence that he has heard in a way that is materially different from the way in which the parties' valuers deployed that evidence, provided that the point has been put into the arena by the valuers themselves, and/or that it is a point with which they have had an opportunity to deal'; a test not met in Checkpoint or in Warborough Investments Ltd v S Robinson and Sons Holdings Ltd（2003）EWCA Civ 751（in each of which the arbitrator was held to have acted properly in using his own expertise to assess the valuation evidence out forward by the parties even though he disagreed with their conclusion), but met in St George's Investment Co v Gemini Consulting Ltd（2005）1 EGLR 5（where the arbitrator had strayed over the line by rejecting the alternatives put forward by the parties and adopting his own valuation)."（有很多仲裁案件涉及房屋估价师，就是凭他的专业知识作出估价。但有时候会是去自说自话，就会构成裁决书被法院发还或撤销。）

在 Sanghi Polyesters Ltd（India）v The International Investor KCFC（Kuwait）

(2000) 1 Lloyd's Rep. 480,该先例中原告(SPL)指控说裁决书包含 18 本著作以及其他文章作为参考资料,这些资料都不是任何一方当事人或者仲裁员有在仲裁程序进行中提出过的。但是 Mackie, Q. C. 并不认为有不妥,他指出在英国的法院诉讼中,当事人会认为或者有假设是法官如果要引经据典的话就要给双方当事人一个可以针对的机会。但是仲裁与法院的诉讼还是有区别,因此,Mackie, Q. C. 说:"(a) this is not English litigation; it is an arbitration in which the arbitrator has a task of some complexity and in discharging it he is not obliged to imitate the usual practice of an English judge;(b) in agreeing that the arbitrator should have these additional expert powers to decide Shari's law the parties were clearly giving him more scope for individual initiative than is usual; the point still carries weight even though it is not of itself determinative; and, most of all;(c) despite my repeatedly asking Mr. Basit (申请人的大律师) to indicate what injustice was done by the arbitrator's conduct in citing the additional material he was unable to point anything specific. There has been no evidence or submission to the effect that had the arbitrator cited one or more of the authorities complained if at an earlier stage in the proceedings, SPL would have had the opportunity to put him right by showing the particular citation to be misleading or less than apt. No one within SPL suggested the different path the arbitrator would or might have taken had this opportunity been available to them."

看来在上述先例法院拒绝给予 Section 68 的救济,主要还是在(c) 项下不能证明这一严重不正常(即使是存在)造成了重大不公正。这样看来,如果仲裁庭把一些双方当事人没有提到过的先例或权威性说法,作为引经据典加强(reinforce)并支持(support)他的裁决,而他的裁决本身是根据双方当事人的争辩而达致结果的,就不应该在 Section 68 下有问题,因为这些没有提到过的先例或说法并没有造成严重不正常。

2.6 是否严重不正常之四:裁决书漏了针对双方当事人要求仲裁庭作出裁定的争议

裁决书漏了针对双方当事人提出的争议经常会出现,这种情况存在"主要争议"(essential issues)与"非重要的争点"(unessential points)的区分。这方面在本书第六章之 5.1 段有详论,如后者就不必在裁决书都针对,这方面的遗漏是不会有 Section 68 的救济。这显然是一个经常被败诉方挑出来向法院寻求救济的借口,这可节录 Colman 大法官在 2006 年 The Worshipful Company of Arbitrators' Master's Annual Lecture 2006 中所提到的问题。首先,Colman 大法官对 Section 68 的措辞与结构是非常满意,认为是"extremely well drafted"。但他对很多伦敦律师有意见,认为他们根本不了解这一 Section 68 的意思。其中经常有申请救济是试图成立一个严重不正常,因为仲裁庭没有针对有关的证据逐项针对(deal on a blow-to-blow basis)。Colman 大法官是这样说:"The arbitrator is king of fact. For those who conduct the proceedings in accordance with the basic provisions under the Arbitration Act as to how an arbitration should be fairly conducted, he doesn't have to produce an award which describes blow-by-blow why he doesn't agree with a submission which has been made. He doesn't have to mention the submission at all. The key thing is that he has to deal with all the bases of claim and all the bases of defence. By the bases of claim and the bases of defence, I mean what would be basically included if you were setting the issues out in a statement of claim or defence or reply. It really doesn't have to go into any greater detail than that..."

Colman 大法官还提到了 Section 68 也清楚规定了严重不正常要造成重大不公正(substantial injustice),这就表示了即便败诉方能够证明有遗漏,甚至是一项被请求过的争议(pleaded issue),还需要证明这造成了何种严重不公正,如会反败为胜。

Colman 大法官说在今天有很多国际仲裁的裁决书所针对的案件本身往往是很复杂,要处理的争议也很多,裁决书有时候厚度如一本书籍,因此如果想挑些遗漏出来是很容易的事。

2.7 是否严重不正常之五:裁决书包括了双方当事人没有要求仲裁庭作出裁决的争议

相比上一段,本段是针对另一个极端,就是并非对双方提出的争议有遗漏,而是对双方没有提出的争议"自说自话"作出了裁决。这与上两个小段所针对的问题有相似之处,只不过它们所针对的是事实方面的推断与认定,而本段是针对争议,这会涉及事实认定与法律判定。

这一种情况与遗漏的情况相比更严重,因为没有要求仲裁庭作出裁决的争议往往代表双方会有进一步的争辩与需要提供证据,所以作出最后的裁决会是严重违反自然公正,因为它剥夺了双方当事人,特别是败诉方,对争议作出陈述或者抗辩的机会。这样除了会受到 Section 68 有关严重不正常的救济外,还会涉及 Section 67 有关仲裁员管辖权问题的救济。以下介绍一些有关的先例。

这种情况经常会有,如仲裁庭自说自话在双方当事人同意(或一方当事人同意但另一方并没有反对)要求仲裁庭作出一个中间裁决书并保留费用分摊(reserve position on costs),仲裁庭或者是看漏了当事人这一要求,或者是觉得没有必要等待与多花钱稍候另作出一个费用分摊的裁决书,在裁决书顺便把费用分摊也一并处理掉。

2.7.1 案例之一:BTC Bulk Transport Corporation v. Glencore International AG (2006) EWHC 1957 (Comm.)

这种情况在 BTC Bulk Transport Corporation v. Glencore International AG 出现,案情涉及一个 LMAA 的海事仲裁。在有关的租约下,船东 BTC 向承租人 Glencore 索赔运费,仲裁庭在 2005 年 1 月 15 日作出第一个中间裁决书,判船东胜诉。但在这个中间裁决书还没有作出之前,Glencore 提出了一个反索赔,指控 BTC 的船东不适航导致航次的延误。这带来了收货人向 Glencore 提出延误的索赔,双方最后达成和解,而 Glencore 向 BTC 要求补偿这一笔和解的赔偿。在第一中间裁决书作出后不久,BTC

针对这一反索赔提出了抗辩。到了2005年6月1日,仲裁庭向双方当事人的律师询问到底可否针对反索赔作出一个最后裁决书。BTC回应说他认为Glencore的反索赔根本达不到基本的举证责任,要求仲裁庭作出一个简易的裁决撤销反索赔。同时,BTC也保留了提供进一步证据与陈述的权利。这种做法看来是好像法院对简易判决的做法,就是被告向法院申请撤销原告的索赔,因为原告的索赔请求根本显示不了一个诉因的存在(the statement of claim discloses no cause of action)。如果这一申请不成功,也就是不作出简易判决,法院也就以正常的程序处理这一个诉讼,包括要被告送达抗辩请求以及最后开庭审理。

Glencore的律师反对仲裁庭作出简易裁决书。到了2005年9月20日,仲裁庭向双方当事人说明将会作出裁决书,并稍后通知双方。但BTC回应说有关仲裁庭应否作出一个简易裁决书,他有权作出最后的陈词,因为他是申请人。在这些断断续续的通信往来中,重要的是仲裁庭没有命令BTC如果有进一步的证据与陈述就必须马上提供或提出。双方看来主要的纠缠还是在仲裁庭应否作出简易的裁决书。

到了2006年2月2日,仲裁庭作出了最后裁决书。这一最后裁决书是针对双方实质的争议并最后判Glencore的反索赔胜诉。根据当时的LMAA仲裁规则,该裁决书只附上了一个机密的原因,说明这一原因并不属于最后裁决书的一部分。

败诉的BTC显然是不满意,认为他们被剥夺了进一步提供证据与作出陈述的机会。但由于最后裁决书并没有作出原因(是属于一个没有原因的裁决书),所以不能根据Section 69针对机密原因中的法律观点申请上诉批文。BTC唯一的救济就是申请Section 68的严重不正常的救济。根据The "Easy Rider" (2004) 2 Lloyd's Rep. 626的先例,Section 68的救济申请是不受裁决书只有机密原因的影响。换言之,法院在针对Section 68的申请是可以看仲裁庭给出的机密原因。而Cooke大法官最后是同意将这一个最后裁决书发还给仲裁庭作出重新的考虑,估计这会涉及让BTC提出进一步的证据与作出最后的陈述。

2.7.2 案例之二:Fairmount Development Pte Ltd v. Soh Beng Tee & Co Pte Ltd (2006) SGHC 189

这一新加坡案例显示了裁决书作出最后裁决的争议,即使是当事人曾经提到过,但如果应该可以看出是没有充分的针对,仲裁庭还是应该提醒双方是否要作出进一步的争辩,然后才作出裁决。说到底,就是从整体客观的评估双方有没有充分的陈述机会,主要还是有没有符合自然公正。

该案例涉及了一个建筑工程,由于工程有延误,导致承建商不断要求雇主延长完工的时间,而部分的要求也有给予。但最后雇主认为工程进度太慢而中断该合约,这导致了双方要仲裁。在裁决书中,判完成工程的时间是没有时限(at large),因为雇主的建筑师与员工作出了妨碍。败诉的雇主对裁决书不满,认为双方当事人没有针对过工程时间没有时限的问题。充其量是在承建商最初的文书请求中,曾经提到过一个替代的争辩(alternative case),就是工程时间应该没有时限,因为雇主员工的延误与干预。只是双方当事人在后来的仲裁程序中都没有进一步针对。结果新加坡法院拒绝了雇主的申请,也就是没有撤销裁决书,但 Judith Prakash 大法官也讲了一段话警视仲裁员:“The tribunal was constituted to resolve the issues raised by the parties. Whilst in the initial stages of the proceedings the parties may raise many issues by way of their pleadings, once the evidence has been given, the submissions of the parties will indicate the issues that remain alive and that are to be decided by the tribunal. As Fairmount (雇主) submitted, if the tribunal considered that the parties had missed any point which the arbitrator thought was crucial or which he wished to pursue, then it was not only a matter of obvious prudence but the tribunal was obliged in all fairness to put the point to them so that they had the opportunity to deal with it. This is a particularly important obligation in the context of arbitration because a party's rights of recourse after the making of an award are extremely limited. In this case, the issue of whether time for performance was at large was not put to the parties. No submissions were made on it and thus the fact that it may have been raised initially in SBT's pleadings did not entitled the arbitrator to deal with it without asking for further submissions.”

2.7.3 案例之三:Bandwidth Shipping Corporation v. Intaari (2007) EWCA Civ 998

这是一个笔者熟悉的航运案例,涉及的船舶名称是“Magdalena Oldendorrf”,原告的船东将该船舶出租给承租人去南极走一个航次,租期大约 45 天。租约中也有一些条文专门针对南极的情况,如船东保证船舶破冰的能力与船舶如果受到冰冻的延误就要减低租金。2002 年 4 月 11 日交船,但航次严重延误,过了 8 个月后的才还船。在仲裁中,船东向承租人索赔 260 万美元的租金,而承租人拒绝支付,认为是船舶的破冰能力没有符合租约保证的要求而导致了延误。船东的争议是就算有违反了破冰能力的保证,这也没有导致延误,而延误实际上是由于坏天气。其中承租人的一个关键争议是船舶破冰能力不符合租约保证导致滞留在南极 Novo 港,不能在 2002 年 5 月 23 日离开。如果能够在当天前离开,船舶就可以在租约的期限内的 5 月 30 日前在南非开普敦港还船。在 Novo 港,其中主要是因为 17 个小时的延误导致船舶无法离开。结果仲裁庭判是船东的确是违反有关船舶破冰能力的保证,并支持承租人的争议就是 17 小时的延误导致船舶无法离开 Novo 港。败诉的船东就向英国法院根据 Section 68 的严重不正常提出救济的申请,这不正常是违反自然公正。船东指称他没有合理的机会对 17 小时的延误作出进一步的争辩与提供证据,因为期间在 5 月 24 到 27 日有一个飓风,船舶即使是符合破冰能力的保证,也离开不了 Novo 港。但这一救济申请被英国上诉庭拒绝,认为这一案件是企图将 1996 年《英国仲裁法》之前的程序上的不幸(procedural mishap)或是当事人自己的误解(misunderstanding)说法带回来,这不能被接受。在上诉庭,Waller 大法官有提到仲裁员遇到这样的问题,就是估计一方或双方当事人没有充分针对一个裁决书会依赖的争议或论点,最好还是提醒有关的当事人。但仲裁员也没有责任必须这样做,因为当事人自己的法律代表应该小心不要漏掉任何应该提出的争辩与有关证据。Waller 大法官这样说:"If an arbitrator appreciates that a party has missed a point then fairness requires the arbitrator to raise it so that the party can deal with it. But where there is no such appreciation it is not unfair to leave it to counsel particularly highly experienced counsel who shows a detailed knowledge of the case to take such points as he wishes."

2.8 是否严重不正常之六:仲裁庭对证据不恰当的处理(考虑了不可接受的证据、证据不足、没有任何证据、不合理拒绝败诉方提供证据等)

证据的处理并根据证据认定事实是仲裁员最重要的工作之一,一些主要的仲裁程序如开庭审理主要是为了针对证据(特别是口头与专家证据)。以下进一步探讨这个重要问题。

2.8.1 1996 年《英国仲裁法》之前有关证据法是否必须适用在仲裁的法律地位

在 1996 年《英国仲裁法》之前,仲裁员是否必须严格依照证据规则在裁决书中认定争议的事实有不明朗之处。但其中,1950 年《英国仲裁法》之 Section 12(1)是这样说:"Unless a contrary intention is expressed therein, every arbitration agreement shall, where such a provision is applicable to the reference, be deemed to contain a provision that the parties to the reference... shall, **subject to any legal objection**... produce before the arbitrator all documents within their possession or power respectively which may be required or call for..."

上述加黑部分就是说明当事人不必提供只要是法律上可以拒绝的文件证据或回答问题,也即要求仲裁员尊重这些在法律上可以拒绝提供的证据。可以拒绝提供的证据主要就是一些法院不可接受的证据(inadmissible evidence),如无关的证据、传闻证据(hearsay evidence)与可以享有特权的证据(privileged evidence)。有关传闻证据,由于有了 1995 年的《民事仲裁法》(Civil Evidence Act),法院可以接受,而仲裁员就更加不会受到影响。

很早以前也有案例判仲裁庭如果根据不可接受的证据作出事实的认定,裁决书会被撤销。如 Lush 大法官在 Baker & Co (1915) 84 Law Journal KB 221 说:"There is another way in which this conclusion might be justified. Maybe that the rules of evidence which are acted on in these courts may not be strictly enforced in proceedings before a lay arbitrator... but when it appears that an umpire allows to be given and acts upon evidence which is absolutely inadmissible and which goes to the very root of the question before him this court has ample jurisdiction to set aside the award on the ground of legal misconduct."

2.8.2 有关接受和解特权文件先例之一:Brown v. CBS (Contractors) (1987) 1 Lloyd's Rep 279

接下来介绍一些有关先例,首先是 Brown v CBS (Contractors),涉及了双方质量检验师的一个和解会议,在这一个会议中双方没有达成和解协议。表面看来,有关这个会议的资料是可以享有和解特权(without prejudice privilege)。但事后双方的代表律师对是否有特权有了争议,这导致了原告向法院作出申请,要求法院赶走该独任仲裁员,因为有法律上不应该提供的证据提供给了他。Hawser 大法官认为不必赶走仲裁员,仲裁员会开明地考虑这一点,所以把整个案件发还给仲裁员让他再次考虑在将来出裁决书时应否考虑这些证据。他是这样说:

"Looking at the matter as a whole I am not satisfied that this is a case where it would be in the interest of justice or, indeed, of the parties, for me to remove the arbitrator but I do not think that the circumstances are such that the arbitrator should reconsider the situation and give the parties the opportunity of making their representations on the issue as to whether the arbitration should continue with this particular arbitrator. It might be better, though it is a matter for the arbitrator and not for me, if opportunity was given to make oral representations.

I am quite satisfied that the arbitrator will approach this problem with an open mind and will reach a proper decision on whether he should continue with the arbitration having regard to the reference to 'without prejudice' matters.

I do not think that 原告 is entitled to any relief in respect of any other matter.

I would, therefore, remit the matter to the arbitrator so that he may reconsider the position after proper opportunities have been given to both sides regarding the question of his continuing to act as arbitrator in the circumstances and notwithstanding the references to 'without prejudice' discretions and whether he can properly decide the issue in the arbitration ignoring such discussions."

2.8.3　有关接受和解特权文件先例之二:K/S A/S Bill Biakh v. Hyundai Corporation (1988) 1 Lloyd's Rep 187

另在 K/S A/S Bill Biakh v Hyundai Corporation,案情涉及了造船合约,有关的两艘船舶在交船后有了争议,船东指舱盖有缺陷,并指称船厂没有把这些缺陷在一年的担保期内修好,并提出巨额的损失索赔,船厂的抗辩是根据担保条文他不必承担责任而只需承担修理费用,而船东也没有提供给船厂一个合理的机会修好缺陷,另是船厂指称船东也参与了舱盖的设计,所以要承担部分的责任。在仲裁开始后不久,双方进行了一个对舱盖的检验,并对该检验作出了报告与其他有关的一些文件。船厂认为这些文件是为了达成和解,虽然后来并不成功。这一来,这份报告与文件就属于和解特权文件(without prejudice privilege),对仲裁员来说是不可接受的证据。但仲裁庭并不同意这些文件享有和解特权,并要加以考虑。这导致了船厂向英国法院申请一个宣示判决,就是仲裁庭不能这样做,并要求法院作出禁令考虑这些文件,但这被法院拒绝。法院认为仲裁庭针对有关文件是否可以享有特权即使是判错,这也不构成1950 年《英国仲裁法》中的"不良行为"(misconduct),可让法院干预仲裁庭在程序上的决定。

2.8.4　证据不足所认定的事实带来的问题

在以前的先例,证据不足而认定事实,也会是被视为法律观点的错误而导致裁决书被撤销。但这种指控是法院非常难处理,因为证据是否足够认定事实是要法院深入了解双方当事人所提供的大量证据才会能够作出判断。这一来,如果像 G. K. N v Matbro (1976) 2 Lloyd's Rep 555,涉及 37 天的开庭审理,败诉方如果向法院提出这种指控,岂非要法院重新开庭一次才知道证据是否足够?

所以,在 Oleificio Zucchi v Northern Sales (1965) 2 Lloyd's Rep 496 中,McNair 大法官是这样说:

"The findings of fact of an arbitrator are binding on the Court and the Court cannot go behind those findings so far as they are questions of fact. The law on this subject, so far as relevant to the present case, is to be found in the second column of page 524, dealing with a certain conclusion of fact by the arbitrator.

Once they come to that conclusion we cannot interfere. It is no ground for coming to a conclusion on an award that the facts are wrongly found. The facts have got to be treated as found; and on their finding that there was no such representation, the result in favour of the sellers seems to me to follow. Nor is it ground for setting aside an award that the conclusion is wrong in fact. Nor is it even a ground for setting aside an award that there is no evidence on which the facts could be found, because that would be mere error in law, and it is not misconduct to come to a wrong conclusion in law."

但在 G. K. N v Matbro,第一审的 Shaw 大法官还是认为仲裁员在证据不足的情况下认定事实(仲裁员被指称认定事实是根据一个双方当事人较早时的合约)是法律观点的错误,要把裁决书发还给仲裁员重新考虑。但这被上诉庭推翻,相关判词如下:"the weight of the evidence and the inference from it were essentially matters for the arbitrator; the Court was bound by the arbitrator's findings of fact and could not review them **unless they were unsupported by any evidence** or there was an error of law on the face of the award or any injustice had been done; and the learned Judge was wrong to think that it was open to him to examine the question of adequacy of evidence."(加黑部分是没有任何证据支持事实的认定,这在本章第 2. 7. 5 段会针对)

看来,指称仲裁员在证据不足的情况下认定事实是法律观点的错误已经在普通法被否定。但注意是上诉庭有说明在没有任何证据的情况下认定事实还是可以让法院作出干预(加黑的一句),这一问题在下一段探讨。1996 年立法之 Section 34(2)(f)明确说明证据的分量(weight)是仲裁员的事。

2. 8. 5 没有任何证据所认定的事实带来的问题

这一问题与上述所讲的证据不足有一点不同,而且看来法律还是不完全明确。但如果在这方面给予一个救济,如把它视为是一个法律上的问题与仲裁员明显在裁决书中犯了错,可根据 Section 69 上诉,就会带来与证据不足同样的问题,就是法院要重新审理一次才能够决定是否是没有任何证据支持认定的事实。首先节录 Thornton

大法官在 Fence Gate Ltd v. NEL Construction Ltd (2001) 82 Con LR 41 中所讲的:"If it can be shown that there was no evidence of any kind to support an arbitrator's finding, including an absence of evidence admissible by virtue of the relaxation of the strict rules of evidence, at least where the finding amounted to the taking into account of factors that should not have been taken into account, or was a mixed finding of fact and law or was part of the exercise of a discretion whose consequent exercise led to an error of principle, an absence of supporting evidence can give rise to a question of law."

在 Demco v. SE Banken Forsakring (2005) 2 Lloyd's Rep. 650 涉及了根据 Section 69 的上诉,指裁决书的法律观点是明显错误。但所谓的法律观点其实是有关被认定事实的证据是否足够或甚至是不存在任何证据。在 Cooke 大法官的判决中,他提到 Merkin 教授的书籍指出再也不能以证据不足够对裁决书提出质疑,但如果完全没有证据,就可能会是不一样,说:"Merkin on Arbitration Law, 2004 deals with the position in more detail at paras 15.42 – 15.44 and 21.9 – 21.11. In essence, he states that, whilst it is now clear that an award cannot be challenged on the basis that there was insufficient evidence to support the arbitrator's factual findings, it may be possible to challenge it on the basis that there was no evidence at all (which could not be alleged in this case, where it is said that the evidence there was did not justify the inferences drawn)."

但由于在这个先例所涉及的是证据不足而不是没有证据,所以也不像有针对如果完全没有证据会是怎么样的结果。Cooke 大法官只是在判决的第 47 段说:"Not only is it not now open to appeal an Arbitration Award under the 1996 Act on the basis that there is no evidence to support a finding, but there was in this Arbitration evidence upon which the arbitrators could and did come to their conclusions about mis-selling and gross negligence."

Merkin 教授也在《Arbitration Law Monthly》2007 年 8 月一期中认为没有任何证据所认定的事实是否构成法律观点的错误,以至于可以上诉去被纠正,到目前还没有定论。

2.8.6 1996 年《英国仲裁法》的有关证据法适用在仲裁的法律地位

很快地跳过 1996 年《英国仲裁法》之前的地位,而介绍该立法的有关条文,这就是 Section 34(2)(f),说:"34(2) Procedural and evidential matters include-(f) whether to apply strict rules of evidence (or any other rules) as to the admissibility relevance or weight of any material (oral, written or other) sought to be tendered on any matters of fact or opinion, and the time, matter and form in which such material should be exchanged and presented."

这一立法地位就已经非常明确,就是法律有了新的、重要的改变,明确证据法对仲裁员并没有强制性的约束,并防止一些争议如仲裁员因为考虑了一些不可接受的证据(inadmissible evidence)等理由而犯了法律观点的错误。

有关这里的立法,可简单节录 Merkin 教授在《Arbitration Act 1996-An Annotated Guide》所说的如下:“It is clear from this that arbitrators are no longer bound by the strict rules of evidence, so that they can rely on evidence that would otherwise be inadmissible, e. g. hearsay evidence. This would seem to present a change in the law, as under the 1950 Act, absent any agreement between the parties, the arbitrators were required to follow the rules on admissibility, although there was little authority on the wider question of whether rules of evidence in general were mandatory in arbitration. ”

在立法小组对 1996 年《英国仲裁法》的报告(Department Advisory Committee on Arbitration Law, Report on the Arbitration Bill 简称 DAC 报告),Section 170 也有提到这一条文的主要目标就是不再允许把这种有关证据的问题争辩为法律观点的错误,说:“Subsection (f) makes it clear that arbitrators are not necessarily bound by the technical rules of evidence. In his 1993 Freshfields Lecture ([1994] 10 Arb. Int. 1), Lord Steyn questioned why the technical rules of evidence should apply to arbitration, even if (as he doubted) there was authority for this. This provision clarifies the position. It is to be noted that Clause 34(2)(f) helps to put an end to any arguments that is a question of law whether there is material to support a finding of fact. ”

最后一提的是 1996 年的立法中的这一个条文一开始就说到“除非双方当事人同意”,这在现实中很少会有双方当事人在仲裁协议或稍后同意仲裁庭必须严格依照证据法。但虽然不会定得这么细致,而且也不会是好事,但还是有可能双方的约定等于是要求仲裁庭依照证据法。例如,笔者曾经有过两次的经验是双方当事人在仲裁协议或开庭前同意仲裁程序根据《香港高院规则》(Rules of High Court)。

2.8.7 有关仲裁中对证据恰当处理的总结

在上述所讲的看来,现在的法律地位即 1996 年《英国仲裁法》是仲裁员是事实认定的主人(master of fact),不受法院的干预。唯一不是太明朗的就是仲裁员没有任何证据认定重要的事实的情况。但这也不代表仲裁员可以乱来,原因之一是证据法有其道理,如针对传闻证据的可靠性,特别是传闻的来源不可靠(unreliable source)或是多重传闻证据(multiple hearsay)。仲裁员希望把工作做好,准确认定事实并作出判断还是应该了解证据法的一些大道理。原因之二是好像特权证据是涉及公共政策,不光是证据法的层面。所以,如果仲裁员乱来,会有危险是违反公共政策。原因之三是 1996 年立法之 Section 34(2)(f)并没有超越要求仲裁员要严格遵守自然公正的大原则的 Section 33(1)(a)。这表示仲裁员在处理证据时犯了严重的错误还是会有可能构成 Section 68 的严重不正常(serious irregularity),只要会造成实质性的重大不公正(substantial injustice)。例如,忽视一些重要的证据或是对当事人提供的证据没有开明(open mind)地考虑。而其他不恰当地处理证据很可能导致法院根据 Section 68 的救济,如仲裁员使用秘密证据(这已经在本章第 2.5 段有介绍),或是接受了一方当事人提供的证据但对方当事人并不知道,或是拒绝一方当事人合理提供重要证据的机会等。这种违反自然公正,没有公平对待双方当事人,也不是仲裁应否遵守证据法的范畴,所以在下一段多作介绍。

2.9　是否严重不正常之七:仲裁员没有给一方当事人提供证据的机会

接下来在本段探讨的不是涉及证据法是否依从的问题,这是一种情况仲裁员会因不恰当处理证据而导致违反自然公正,并会面对法院根据 1996 年《英国仲裁法》之 Section 68 作出救济的危险,也就是撤销裁决书或发还重新考虑。当然,不是每种情况下仲裁员不给一方当事人提供证据的机会都会获得 Section 68 的救济。例如:(1)仲裁员即使是不给机会而且这样做不恰当,但这一个行动并没有带来对裁决书的结果有重大影响。比如,即使败诉方有机会提供证据,这证据也改变不了败诉的结果,就会因为严重不正常并没有造成实质的"重大不公正"(substantial injustice)而没有救济。(2)仲裁员给机会提供证据是要与 1996 年立法的其他条文综合解释。例如,仲裁员在双方没有达成一致意见的情况下拒绝开庭审理,也就是不给当事人提供口头证据。这在 1996 年立法下之 Section 34(h)是可以的。但在该立法之前的法律地位,仲裁员这样做就会构成"不良行为"(misconduct):Henry Southern Ltd. v. Norwich Union Life Assurance Society(英国高院,1992-3-13)。另在 Section 41(4),如果一方当事人没有充分理由不出庭提供口头证据,仲裁庭也是可以不给该当事人事后提供口头证据。(3)仲裁员需要给的机会只是一个合理的机会,而不是绝对的。所以,如果一方当事人没有按照约定的时间表提供证据,仲裁庭也拒绝了延期或对时间表作出改变,这不表示仲裁庭没有给该当事人提供证据的机会:WFA v Hobart City Council (2000) NSWCA 43。如果当事人没有提供证据,错在当事人自己,也不会有救济:Miller Construction Ltd v James More Earthmoving (2001) 2 All ER (Comm.) 598 (CA)。另在 Hussmann (Europe) Ltd v Pharaon (2002) EWHC 933,涉及仲裁庭原先的裁决书因为没有管辖权而被撤销,因为裁决书把当事人的名字写错。这带来了一个开庭考虑当事人的异议,并在事后作出另一个新的裁决书,而当事人的名字是正确。但在开庭中提供的一些新证据就不考虑,法院指仲裁庭并没有任何严重不正常。

在 1996 年立法前,也有一些案例判仲裁员没有不给当事人合理机会提供证据,所以不构成不良行为。显然,这些案例的案情在 1996 年立法下也更加不会有可能得到法院救济。首先介绍 The "Yperagia" (1977) 1 Lloyd's Rep 29,案情涉及船舶主机的技术问题,在两位当事人委任的仲裁员不能达成一致裁决后,委任了著名的 Cedric Barclay 先生作为公断人。而 Cedric Barclay 先生很快作出了裁决书。但在委任公断人之前,船东的伦敦代表曾经向船东委任的仲裁员(估计也抄本给了其他人士)表示他正与外国船东与技术部门接触,希望提供有关技术性的证据。但之后就没有进一步的消息,估计船东与仲裁员也没有在意,所以没有告知公断人。在 Cedric Barclay 先生作出裁决书后,败诉的船东就向法院申请救济,指他没有被给予机会提供证据,构成仲裁员的不良行为。Mocatta 大法官拒绝作出救济,认为即使有不良行为也不是公断人而是船东委任的仲裁员,但裁决书已经与船东委任的仲裁员无关,说:“the award would not be set aside or remitted on the ground of misconduct since it could not possibly be said that there had been any misconduct by an umpire arbitrator appointed by the parties should have misconducted himself; and no blame could be attached to the umpire since nothing was said to him about either party wanting to adduce further evidence, and in making his award he had acted with commendable promptitude.”

接下来介绍 The“Aros”(1978) 1 Lloyd's Rep 456,案情是有关船舶在阿尔及利亚卸货时被收货人扣押导致船舶延误。之后船东向承租人要求支付这段延误时间的租金与燃油费,认为船舶不应该被停租。显然,这就关系到扣押船舶的真正理由,如是否因为船东违反适航责任导致货损货差。仲裁庭是由两位著名的海事仲裁员(Cedric Barclay 先生与 Clifford Clark 先生)组成,其作出的裁决是船东胜诉,认定是由于卖方与买方货物质量的争议而导致扣船,与船舶本身无关。败诉的承租人向法院申请救济,指称他还有证据需要提供但没有被给予机会。这被 Brandon 大法官拒绝,认为在当时的情况下,仲裁庭没有否定这一个机会,因为承租人的意大利律师没有预先告诉仲裁庭还有证据提供,所以仲裁庭根本不知道承租人的这一意图。另外,在作出裁决书之前的两个星期,Cedric Barclay 先生曾经以信函通知双方当事人裁决书将会作出。但承租人的意大利律师并没有告知还有证据需要提供,因为负责的律师出门旅行,而律师所没有其他人代为处理或是作出通知。所以,以文件审理的仲裁,一方当事人如果还有证据需要提供就必须预先通知仲裁庭。至于从仲裁庭的角度来看,就要定下双方必须提供证据的时限。或至少要像 Cedric Barclay 先生不断通知当事人有关裁决书将会作出的时间,这就可以避免将来败诉方说没有机会提供证据。

下一个案例是 CENAN v Hecate Shipping (1985) 2 Lloyd's Rep 588,案情是有关 CENAN 作出支付的文件证据,因为邮递的延误,结果独任仲裁员没有收到就作出了裁决书。法院认为晚了提供文件证据错是在 CENAN,所以拒绝作出救济。

这种问题还可能会影响裁决书的执行。而且由于执行地点法院的态度不同,会对这种败诉方的理由(或是借口)解释松紧不一。如有的执行地点的法院并不要求败诉方证明有造成实质上的重大不公正,也就是不再进一步看无法提供的证据是否鸡毛蒜皮或者是明显会影响裁决书的结果。这种分工也是正常且可以理解,针对一个伦敦仲裁的裁决书,英国作为仲裁地点法院是根据本土法律,也就是 1996 年《英国仲裁法》考虑救济。作为英国以外的执行地点法院,考虑是否协助裁决书就只能是依照《纽约公约》的 Article V。

这可以介绍一个印度的案例 Centrotrade Minerals and Metal Inc v Hindustan Copper Ltd (2006) (5) SCC 507,涉及印度的败诉方曾经在伦敦作出抗辩,其中他提交的文件(应该是最后陈述书与一些文书证据)因为晚了几天而不被仲裁庭接受,而延误的原因是“9·11”事件导致了航空的混乱。印度法院认为这几天的延误表面看来是完全可以接受的,仲裁庭不应该草草地拒绝接受,所以不予协助执行。笔者不知道该案例的详情,但估计在 1996 年《英国仲裁法》之 Section 68 下申请救济就会严格看待如果没有“9·11”事件导致的延误，该些文件是否会准时抵达。还有一个更重要的要求是，这些文件如果真的是被仲裁庭接受并加以考虑，是否会对裁决书的结果产生重要影响，否则是不会满足“重大不公正”(substantial injustice)的要求。

说到邮递的延误，在今天以文件审理的仲裁这方面的危险应该是少会发生。而涉及开庭的仲裁就更加不会产生这样的危险。在前者的仲裁，通常当事人都会把有关的文书陈词与有关证据以电邮或传真的方式提交。但由于文件会看不清楚或文件数量很大，他们通常会同时补交一份复印本。所以，复印本以邮递的方式提交即使有延误也不会造成这种情况。如果仅是以电邮或传真，还是有危险收件人没有收到。笔者就记得几年前就遇到过这种情况，涉及一方当事人的结案陈词以传真提交，但独任仲裁员没有收到并作出裁决书。这导致该当事人(也是败诉方)向法院寻求救济，但双方当事人很快就达成和解协议。

2.10　是否严重不正常之八：欺诈取得裁决书或违反公共政策

另一种也经常会出现的严重不正常是如果涉及欺诈或违反公共政策会是可以撤销裁决书。这是在Section 68 (2)(g)如下：“... the award being obtained by fraud or the award or the way in which it was procured being contrary to public policy.”

但在1996年《英国仲裁法》没有对欺诈作出任何定义，估计是给它一般性的解释，就是指不诚实的行为(dishonest conduct)。

Steven Gee御用大律师在2006年11月份第22版的《Arbitration International》一杂志中的一文对以上提到的Section 68 (2) (g)进行分析，他认为该条文有三方面的意思：(1)因欺诈而取得的裁决书；(2)裁决书是违反公共政策的；(3)在取得裁决书的过程中违反公共政策。笔者可以先指出(1)中的“欺诈”与(2)/(3)中的“公共政策”并不是同一个概念，因为欺诈要涉及不诚实，但公共政策就不一定与不诚实有关，如回教国家拒绝承认利息。可以说公共政策是比较广泛的解释，反过来应该包括欺诈。这可以从《联合国示范法》(香港针对国际仲裁也是这个法律)的角度看出。在《联合国示范法》并没有针对欺诈，只有在Article 34 (2) (b) (ii)针对公共政策，如果违反，法院可以撤销裁决书。在草拟《联合国示范法》时，据悉英国曾经提出在普通法的理念下，公共政策一词不一定能够包罗万象地包括裁决书涉及欺诈、贪污受贿或者伪证。但最终讨论下来的结果是不增加，估计一定的原因是想与《纽约公约》可以拒绝执行裁决书的理念一致。折中的办法就是在工作会议(travaux prepratoire)的报告中加上一句说明公共政策是包括了这些问题，说：“fundamental notions and principles of justice, as well as procedural respects. Thus, instances such as corruption, bribery and fraud and similar serious cases would constitute a ground for setting aside.”

由于解释《联合国示范法》是要求有关的法院参考工作会议，所以估计在解释公共政策一词应该包括欺诈与贪污受贿。

2.10.1　欺诈取得裁决书

再回去1996年《英国仲裁法》Section 68 (2) (g)，在上面提到关于它的三方面意思，首先探讨(1)有关欺诈而取得的裁决书，这可以是涉及一方当事人对仲裁员进行贿赂。另一种常见的情况是涉及虚假文件证据(例如在 The "Maria" [1993] 2 Lloyd's Rep. 168)，故意隐藏文件证据(例如在 Profilati Italia S. r. L. v Paine Webber Inc. [2001] 1 Lloyd's Rep. 715，该案例在本书上册之第九章3.8段有详细介绍)，以及口头证据涉及伪证(perjury)。在这种情况下，如果裁决书作出后被败诉方发现，相当于发现新证据(正确的证据)，而且会严重影响裁决的结果，因为以前根据伪证所判的是错误的。

允许新证据推翻已经是终局的判决/裁决，本身就是一个矛盾，因为公正(justice)与诉讼必须有终局(finality)。两个方面都是公共政策，取得协调并不容易，正如 Wilberforce 勋爵在 The Ampthill Peerage (1977) AC 547 中说的，如下："The law knows, and we all know, that sometimes fresh material may be found, which perhaps might lead to a different result, but, in the interests of justice, certainty and security it prevents further enquiry. It is said that in doing this, the law is preferring justice to truth. That may be so: these values cannot always coincide. The law does its best to reduce the gap. But there are cases where the certainty of justice prevails over the possibility of truth... and these are cases where the law insists on finality."

在1996年《英国仲裁法》下怎样对待作出裁决书后才出现的新证据，在 Lesotho Highlands Development Authority v Impregilo SpA (2005) 3 WLR 129 中，Steyn 勋爵清楚说明裁决书是否判得正确(因为新证据显示了裁决书结果不正确)并不是以 Section 68 作出救济的理由，说："It will be observed that the list of irregularities under section 68 may be divided into those which affect the arbitral procedure, and those which affect the award. But nowhere in section 68 is there any hint that a failure by the tribunal to arrive at the 'correct decision' could afford a ground for challenge under section 68."

另在介绍立法小组对1996年《英国仲裁法》的报告(Department Advisory Committee on Arbitration Law, Report on the Arbitration Bill 或简称 DAC 报告)中的第282段有说到，如下："by setting out a closed list of irregularities (which it will not be open to the court to extend) ... [the draft section reflects] the international accepted view that the court should be able to correct serious failure to comply with the 'due process' of arbitral proceedings: cf article 34 of the Model Law."

可见只是在裁决后出现的新证据并不是可以获得 Section 68 法院救济的理由。但如果新证据加上涉及了欺诈(伪证)，情况会产生很大不同，因为 Section 68 (2) (g)明确针对的是裁决书通过欺诈而取得，是九项严重不正常的其中一项。但即使涉及了伪证并且得到证明，也要区分伪证是否涉及胜诉的当事人，如该当事人知情或做伪证的证人是他的雇员：The "Mariana" (2005) 1 Lloyd's Rep. 640。如果是，还有一个更重要的公共政策就是不允许欺诈的一方获利，所以应该撤销依赖伪证的裁决书。但伪证也会涉及第三者，是胜诉方不知道的(或没有证据证明他事前知道),后果就不一样了。至于第三者为什么在仲裁中给伪证,可以有各种理由。如主观想讨好胜诉方,或者是天生的骗子。这一来,即使真相暴露,有了新证据,也不会涉及违反胜诉方通过欺诈获利的问题了。这方面在 Odyseey Re (London) Ltd v OIC Run Off Ltd,The Times, 17 March 2000 案例的上诉庭不同意见中可以见到。在该先例,涉及伪证的证人是胜诉方以前的董事总经理,换言之在作供时不再是该胜诉方的雇员。结果上诉庭的多数意见将判决推翻,理由是欺诈取得判决。但另有一个法官作为少数意见认为该证人与胜诉方之间在作供的时候已经没有关系,所以不同意推翻判决。

笔者可节录 Steven Gee 御用大律师一文的说法总结如下:"The justification for admitting the 'fresh evidence' is that the substantive rights of the parties should be adjusted by reference to the true facts. However, it is apparent both from its wording and the DAC report that unless the non-availability of the fresh evidence is connected with fraud affecting the integrity of the arbitral process, section 68 is not engaged. It follows that the fraud must be fraud for which the party or his representatives are responsible. 'Fresh evidence' can still be very relevant, if not essential, in explaining why an allegation of fraud has been taken so late in proceedings or addressing a contention that it is too late to raise it."

要强调的是上述有关伪证的情况是在作出裁决书后才发现的。因为如果在开庭审理时已经有伪证的指控甚至证据,但被指是提供伪证的一方当事人最终还是胜诉的话,就表示仲裁庭不相信伪证的存在。这一来,法院没有理由再干预仲裁庭的决定。这方面在 Steven Gee 御用大律师一文中有提到,节录如下:"The policy which underlies section 68 (2) (g) of the Arbitration Act 1996 is that fraud in its nature is concealed, may not be uncovered until after the case has been decided, and that a fraudster should normally be denied any advantage from his fraud, including any advantage from its lying concealed and undiscovered, provided that the victim acts diligently in uncovering the evidence and applying into the court."

2.10.2　裁决书或取得裁决书的过程违反公共政策

以上 Steven Gee 御用大律师提到的有关 Section 68 (2) (g)意思的(2)与(3)方面是有关公共政策,这就不应该与欺诈/不诚实相联系,因为在 Section 68 (2) (g)已经分别针对。这种情况涉及违反公共政策只会针对一些值得谴责的(reprehensive)或过度不合理的(unconscionable)行为。这方面有好几个先例针对,一是 Profilati Italia S. r. L. v Paine Webber Inc. [2001] 1 Lloyd's Rep. 715,二是 The "Marie H" (2001) Lloyd's Rep. 707,三是 The "Mariana" (2005) 1 Lloyd's Rep. 640,四是 Protech Projects v Al-Kharafi (2005) 2 Lloyd's Rep. 779。其中第一个与第四个先例涉及仲裁中没有披露一些重要的文件。第二个先例涉及败诉方声称胜诉的希腊船东诱导他和解,而背后却向仲裁员取得胜诉的缺席裁判。该案例中,Moore-Bick 大法官是这样说:"Public policy is capable of covering a wide variety of matters and it is neither necessary nor desirable in this case to attempt to define the circumstances in which sub-s. 68（2）(g) is capable of being invoked. However, where, as in the present case, one party to arbitral proceedings bases his complaint on the matter in which the other conducted himself in relation to the proceedings, I doubt whether anything short of unconscionable conduct would justify the Court in setting aside the award. Mr. Kverndal（原告代表大律师）was therefore right in my judgement to concede that it would not be enough to show that the owners has inadvertently misled Cuflet（被告）, however carelessly they might have expressed themselves. However, once it is recognized that the allegation is one of serious impropriety, it must also be recognized that cogent evidence will be required to satisfy the Court that the owners did behave in such a manner."

而第三个先例涉及货方提供新证据指船员给伪证有关船舱里的火灾是怎么发生。其中可节录 Cooke 大法官在 The "Mariana"同意仅是疏忽与怠慢是不足够的,说:"where the successful party is said to have procured the award in a way which is contrary to public policy, it will normally be necessary to satisfy the Court that some form of reprehensible or unconscionable conduct on his part has contributed in a substantial way to obtaining an award in his favour. Moreover I do not think that the Court should be quick to interfere under this section. I respectfully agree."

另外,在第四个案例 Protech Projects v Al-Kharafi 中,Langley 大法官也同意该观点,如下:"To be contrary to public policy, in my judgement the impugned conduct must at least involve more than inadvertence and must, save perhaps very exceptionally, involve something which can readily be described as unconscionable or reprehensible: see the judgements of Moore-Bick J, in Cuflet Chartering v Carousel Shipping Co Ltd（2001）1 All ER（Comm）398 and Profilati Italia SRL v Paine Webber Inc（2001）1 All ER（Comm）1065. Whilst the conduct of the parties directed only towards each other may less easily meet the test than conduct which can be said also to have been directed towards the tribunal itself I do not think the nature of the test differs."

最后可另介绍一个香港的先例:JJ Agro Industries（P）Ltd and Texuna International Ltd（1992）2 HKLR 391,涉及一方当事人绑架证人,以施加压力改变他的证言。该先例并非涉及败诉方向法院申请对裁决书的救济去撤销之,而是有关执行的问题。但如果能够证明,这显然应该属于在取得裁决书的过程中违反公共政策。

2.10.3　Elektrim SA v. Vivendi Universal SA（2007）1 Lloyd's Rep. 693 的先例

最后在这个方面要介绍的先例是 Elektrim SA v. Vivendi Universal SA（2007）1 Lloyd's Rep. 693。案情涉及原告(Elektrim)与被告(Vivendi)早在 1999 年就合作成立了一家合资公司(名为 Telco)。通过收购股票,到了 1999 年 12 月,Telco 已经拥有波兰电信公司(名为 PTC)51%的股权。而 PTC 计划在华沙股票市场上市,估计市值高达40亿美元。在Telco,原告拥有51%的股权,而被告拥有49%的股权。到了2001年夏天,原告急需现金周转,这导致了原告计划将他拥有的Telco股权出售给被告。对被告而言,买入这2%的股权就表示他间接对PTC有了控制性的股权,这就可以带来很大的经济利益且避免原告对PTC的控制。但如果被告这样做且间接控制了PTC,必须先取得波兰反垄断当局的批准。这一申请即使会成功也至少需要几个月,而原告急需现金周转,所以等待不了。这导致原告的一个建议也为被告所接受,就是Telco2%的股权不出售给被告,而是出售给另一家名为Ymer的卢森堡公司,这里涉及了Ymer应是由被告控制的公司。

原告与被告于2001年9月3日也在这方面达成《第三份投资协议》,内容包括原告同意与Ymer订立股权转让协议并出售Telco2%的股权。内容也包括了一条有效合约日期(Effective Date Clause),被告向原告作出承诺向波兰政府申请批准把Telco的2%股权由Ymer转售给他。而在合约生效之前,原告要在PTC与Telco两家公司的两个与三个的董事局位置中让出一个给Ymer。此外在这个期间,原告也承诺他在PTC董事局的成员必须与Telco其他成员(也就是被告的代表)投一致的票等。

在该协议后长达20个月的时间,被告没有向波兰政府当局申请批准转售Telco2%的股权。这导致在2003年5月7日,原告发信给被告要求后者向波兰政府申请。但被告回应否认他有责任这样做,被告也在2003年8月22日提出仲裁,要求宣告在《第三份投资协议》是没有责任申请这一批准。这最终导致原告在2004年2月20日通知被告说该《第三份投资协议》无效。

在原告与被告的伦敦仲裁中(是一个LCIA仲裁),法院曾经应原告的申请向被告做出披露命令,披露的就是所有被告董事局或管理层作出过的备忘录、报告、陈述书、附录或其他所有文件,只要是有关该《第三份投资协议》与任何有关被告向波兰政府申请批准的意图等方面。

最后该伦敦仲裁以仲裁庭多数意见判原告败诉,裁决书的时间是2006年5月22日。其中多数仲裁员认定被告在订约时是有意图向波兰政府申请购买Ymer2%的Telco股权。但到了2006年6月8日,原告从一位名为Hofman的先生(可能是原告以前的雇员)处收到一份2001年8月29日的备忘录,由一位被告的高级副总裁Gibert先生所作出给公司内部的文件,其中有不利被告较早时在仲裁中的举证,包括Gibert先生自己的证言。原告马上向英国法院申请延长28天时限外,并同时申请根据1996年《英国仲裁法》之Section 68(2)(g)撤销裁决书,理由是胜诉的被告故意隐藏重要的文件证据,导致该裁决书是通过欺诈取得。但原告最终败诉,因为原告没有办法证明被告故意隐藏重要证据。而即使接受是故意隐藏,由于法院认为原告没有办法证明该文件证据即使披露,该裁决书的判法会有太大不同,如败诉变为胜诉,这其实是重大不公正(substantive injustice)的要求。换言之,隐藏重要证据与取得该裁决书之间没有必然的因果关系。Aikens大法官这样说:

"It had not been demonstrated that Vivendi, or someone for whom it was answerable, deliberately concealed the Gibert Memorandum. There was a high standard of proof required for an allegation of fraud or similar reprehensible or unconscionable misconduct. Nor had it been demonstrated that the discovery exercise conducted by Vivendi following the tribunal's Procedural Order No 3 on 29 June 2005 and its further orders relating to discovery was deliberately narrow or perverse. There was no evidence from which to infer that any of the actions (or inactions) by relevant people were done with the intent to conceal either the Gibert Memorandum specifically, or with an intent to ensure that possibly damaging memoranda would not come to light.

Even if it was assumed that the Gibert Memorandum was deliberately concealed by Vivendi or the 'failure' to produce it was a fraud, and even assuming it could be shown that some of Mr Gibert's evidence was false and he knew that it was and that his fraud must be regarded as Vivendi's fraud, it could not be shown that the partial award in favour of Vivendi on the relevant points was obtained by fraud. By the same token, it could not be shown that the award was 'procured contrary to public policy'. The necessary causative links between the (assumed) deliberate concealment of the Memorandum or fraudulent failure to produce it, the (assumed) perjured evidence and the conclusions in the award were not present."

2.11 是否严重不正常之九:社交的接触(social contact)

一般原则就是尽量不要与其中一方当事人或其律师有私下接触,而这些接触是另一方面不知道的。特别危险的还是与当事人接触,与其律师接触,反而没那么危险。因为律师也是专业人士(而且是非常了解自然公正的专业人士),也需要保持声誉。而且,律师不像当事人,除非是律师的收费与案件的成败直接相关,否则他是不涉及仲裁胜诉或败诉而导致的严重经济影响。

如果有发生这种情况,仲裁员就尽量保留有关证据与谈话的内容,并在事后尽快向不知情的另一方当事人披露。这种情况会发生在仲裁员被其中一方当事人委任/指定时,这在《仲裁法——从1996年英国仲裁法到国际商务仲裁》第八章介绍有关"国际律师会关于国际仲裁中利益冲突的指引"之第4.5.1条是针对一种情况,即仲裁员被委任时,而双方接触只局限在查问仲裁员是否有时间接受委任与资格等方面,但绝对不能谈到仲裁案件的实质问题与程序方面。该4.5.1条在指引中属于绿灯,也就是仲裁员在这样情况下接触是完全没有问题且不必向另外一方当事人披露。但看来并非针对越来越普遍的国际仲裁,就是一方当事人在做出正式委任之前,对好几个仲裁员进行一次面试(interview)。在这种情况下,一方当事人与可能被委任的仲裁员的谈话内容都会大大增加,甚至会被其他人怀疑曾经涉及有关争议。所以,在这种情况下的接触,最好留下证据(如全面的会议纪录甚至是录像),并在被正式委任后向另外一方当事人进行披露。英国皇家仲裁学会(Chartered Institute of Arbitrators)有做出指引,可上网查阅。

还有另一种是社交上的接触,如一起吃饭,或是参加一些酒会或一群人打高尔夫球。这种情况下,作为一个商业的仲裁员很难避免,因为他本身就处在这个行业里,不可能像法院的法官一样脱离民众。英国法律看来在这一方面尽量容忍,除非有一定的证据证明这种接触有问题。针对这一方面 Merkin 教授在《Arbitration Law》一书中之 15. 22 段说:“If this takes the form of‘social’contact, the courts have proved reluctant to set aside the award of the arbitrators in the absence of the evidence of some corrupt motive.”接下来他介绍了两个比较早的先例:Re Hopper (1867) LR 2 QB 367, Moseley v. Simpson (1873) LR 16 Eq 226。这两个先例,都涉及一方当事人在作出裁决书之前宴请仲裁员与一位公断人。在后一个先例,另一方当事人也被邀请,但他拒绝参加。至于仲裁员同时与双方当事人一起吃饭倒完全不是问题。这种做法在以前的波罗的交易所进行的海事仲裁经常发生,而且有部分案件会在宴请之后就庭外和解了。

2. 12　Section 68 的实际操作与相关问题

在本章 1. 2 段曾提到过 Bruce Harris 先生领导的委员会,针对 Section 68 的严重不正常,问卷中主要问题是“你觉得法院针对严重不正常的做法是否恰当或需要改变”(Do you think that the approach taken by the courts to the question of serious irregularity (s. 68) (a) is about right, (b) needs to be changed)。调查的结果是超过 72% 认为法院目前的做法恰当,另有 20% 的回复是没有意见。这显示了法院在目前的轻重掌握还是受到欢迎,也不存在需要改变立法。至于法院的轻重掌握,在很大程度上还是体现了立法的本意,这一个本意是在立法小组对 1996 年《英国仲裁法》的报告(Department Advisory Committee on Arbitration Law, Report on the Arbitration Bill ,简称 DAC 报告)中 280 段所讲,就是法院只应该在一些极端的情况下给予救济,是双方同意仲裁解决争议无法合理估计到会出现这样的情况,而不应该与法院诉讼相比较(Thus it is only in those cases where it can be said that what has happened is so far removed from what could reasonably be expected of the arbitral process that we would expect the Court to take action. The test is not what would have happened had the matter been litigated. To apply such a test would be to ignore the fact that the parties have agreed to arbitrate, nor litigate. Having chosen arbitration, the parties cannot validly complain of substantial injustice unless what has happened simply cannot on any view be defended as an acceptable consequence of that choice. In short, Clause 68 is really designed as a long stop, only available in extreme cases where the tribunal has gone so wrong in its conduct of the arbitration that justice calls out for it to be corrected.)。在许多有关 Section 68 的案例中,法院都有引用该段话。这表示法院针对这种救济的申请还是控制的比较严格,不轻易作出救济,除非是严重的违反自然公正,虽然还有个别的案件如上述 2. 2. 3 段介绍的 Metropolitan Property Realization Ltd v. Atmore Investments Ltd (2008) EWHC 2925 (Ch)。有许多著名的商业大法官也在其发言中强调了这一点,如在 2008 年 10

月的LMAA/CIArb研讨会上Steel大法官说:"Either way the selected balance has kept the appeal process within very tight bounds. In saying that I am leaving aside the infuriating attempts to outflank the process by invoking Section 68 and its associated entitlement to a hearing. The decision in Lesotho Highlands Development Authority v. Impregilo SpA (2005) 2 Lloyd's Rep. 310 has done much to plug this loophole. Certainly my colleague will continue to take vigorous steps to stamp out any misuse of Section 68 by making default decisions and draconian costs orders. In particular case management complaints will receive short shrift."

可以说针对 Section 68 的救济,主要的问题不是在法院的轻重掌握,而是在当事人与其代表律师经常在败诉后还希望像以前一样动辄就要去法院申请救济。在现实中,Section 67 针对管辖权的挑战与 Section 69 针对法律观点错误的上诉批文也不适用,如 Lesotho Highlands Development Authority v. Impregilo SpA 先例。这变成裁决书的败诉方唯一的救济就是 Section 68。而即使是没有太大成功希望,也至少可以拖延时间。毕竟,双方当事人在这一时间内作出和解的机会还是有,如败诉方向胜诉方做出80%或90%的赔偿,胜诉方也会接受以避免麻烦与诉讼的风险。毕竟除了 Section 68 的救济申请外,将来还可能涉及裁决书执行的问题,要面对败诉方另一轮的抗拒。这方面可节录 Bruce Harris 先生的《The Arbitration Act 1996 - A Commentary》2007 年第四版之68F段所说如下:"... there have been a disappointingly large number of challenges to awards under this section, no doubt reflecting the difficulties in obtaining permission to appeal on questions of law or the unavailability of such an appeal, and the bottomless ingenuity of lawyers."

所以在上述提到的由 Bruce Harris 先生领导的委员会,主要的建议是怎样减少败诉方与其律师的这种做法,其中最主要就是在费用方面对一些不合理的救济申请作出惩罚,甚至要提出申请的律师自己承担。另一个建议是 Section 68 经常会涉及提供给法院很多资料,有时候会是把所有提供给仲裁庭的所有文件证据再次提供给法院。Bruce Harris 先生领导的委员会也建议对这种做法作出费用的惩罚与阻止,如建立一种过滤的做法(filtering mechanism)对 Section 68 的救济申请先作出初步的审理,以避免动辄每一个申请都是一个全面的处理。

3. 向法院申请上诉批文的救济

针对实质争议,裁决书离不开对两方面要作出决定。一是双方有争议的事实作出认定,二是有争议的法律作出判定,这法律是指英国法,而主要的类别的争议就是解释有关合约的条文。英国法院早已不管事实认定的正确与否,毕竟法院不把证据全部重温一次也是不能作出正确的判断,这是不可能做到的。所以,一直以来的说法就是仲裁员是事实认定的主人(master of fact)。但在英国法律的判定,英国为了完善法律制度,避免在英国法院的管辖内有任何人不依照英国法律,所以一直以来就是禁止任何协议排除法院的管辖。这在仲裁协议也不例外,如果试图排除英国法院对法律观点的上诉,被视为是违反公共政策而无效:Czarnikow v Roth Schmidt & Co (1922) 12 Lloyd's Rep 195。而裁决书如果表面有任何法律观点的错误,该裁决书就会有危险被法院撤销。而在仲裁过程中,如果有一方当事人希望对所争议的法律观点要求法院作出决定,他可以要求仲裁员以"特殊事项"(special case 或 case stated)出一个裁决书让法院作出最判决。仲裁员如果拒绝,这会构成不良行为会导致被法院赶走。

这种情况到了20世纪70年代后期变了是不可以接受,这包括国际仲裁要求不受任何国家法院的干预,而英国是主要的国家允许裁决书的法律观点自由上诉(其他次要的国家就是受英国法律影响的国家或地区,如新加坡、马来西亚与香港地区)。不可接受的其他原因也包括了英国法院在70年代中期严重拥挤的情况,仲裁机密的重要性,主权国家参与国际仲裁等。所以英国对这种不可接受的原因作出了回应,也就是通过了1979年《英国仲裁法》,对1950年立法作出部分的改变。即改变是在裁决书的法律观点上诉法院,再也不是自动而必须先要取得法院的批文。此外,也允许部分的国际性商贸合约(除了航运、商品买卖与保险的合约)加入一条排除上诉法院的条文(exclusion agreement),而这种条文再也不会被视为违反公共政策而无效。

取得上诉批文的条件也在后来的两个贵族院先例得到进一步澄清,一个是 The "Nema" (1980) 2 Lloyd's Rep 239,另一个是 The "Antaios" (1981) 2 Lloyd's Rep 284。这里的澄清就是把主要法律争议的合约解释分为两种,一种是"一次过"(one-off)的合约条文,这通常就是一些不常用的或者是双方当事人自己拟定的附加条文,针对一些他们之间的事情。另一种是标准格式合约内的条文,这些标准格式合约通常是由不同的商会拟定,而且因为业务上或做法上有了改变而不断需要更新。不少行业都会有很多标准格式合约,如建筑工程、国际货物买卖、航运等。这些标准格式合约经常有新的版本,作出修改或针对新问题。如在航运业中,绝大部分人都会知道金康标准格式合约或 Congenbill 标准提单格式。这些标准格式的解释如果有争议,能够上诉法院并公开与权威地作出判定它的解释,就对整个有关的行业都会有指导性,因为标准格式合约经常被使用。这也对英国的商法发展有莫大帮助。所以,对这种争议去上诉法院,给予批文就会比较宽松。而给予批文的尺度在第一种一次过的合约条文争议,程度必须达到裁决书的法律观点是仅看裁决书,不需要双方进一步的争议(upon a mere perusal of the reasoned award without adversarial argument),法院就已经感觉到有"明显错误"(obviously wrong)。在第二种的标准格式合约条文争议,程度是只需要表面看来仲裁员的裁决会是错误。可以说,从字面看来上诉批文并不容易取得。

到了1996年《英国仲裁法》,Section 69 基本上是作出同样的规定,等于是将贵族院的所谓"Nema Guideline"立了法。只是在措词上有了一点不同的说法与强调。例如,它不只是针对标准格式合约,而是指所有的争议只要是有对一般公众重要(general public importance)的法律观点都属于第二种类,也就是在给予上诉批文没有第一种一次性争议苛刻。此外,第二种类给予批文的程度也改为是裁决书对法律观点的判定有"严重的怀疑"(serious doubt)。这一措辞有说法是比原先"Nema Guideline"的程度为宽。

这一种救济办法是在1996年《英国仲裁法》之Section 69有规定,其中的一些重要的规定是在Section 69(2),也就是只有在两种情况下才能上诉裁决书的法律观点,第一种情况就是双方当事人同意,第二种情况是法院给予上诉批文。

3.1 第一种情况:双方当事人同意

在第一种的情况下,如果双方当事人同意将裁决书的法律观点上诉法院,就不存在需要第二种情况要法院给予上诉批文了。这种情况显然没有太大实质意义,因为如果双方同意,在仲裁程序中做什么都行,没有理由不允许在同意下上诉法院。这种情况在现实中也很少发生。很难相信一个裁决书的胜诉方会同意将法律观点上诉法院,这会有危险从胜诉方变为败诉方。但会有情况且双方在仲裁协议内已经同意允许法律观点向法院上诉,而那时双方根本还没有出争议,不会知道谁在仲裁中胜诉。这种协议也不多,但不是说没有。在Royal & Sun Alliance Insurance v. BAe Systems (2008) EWHC 743 (Comm),案情涉及一个金额很高的争议,最后裁决书判败诉方要支付9000万美元给胜诉方。在他们之间的争议解决协议(Dispute Resolution Agreement),其中有一句是说:"... any party to the Dispute may appeal to the court on a question of law arising out of an award made in the arbitral proceedings."看来这一句就代表双方之间对上诉法律规定的协议,但该案件复杂的地方在于他们的仲裁协议也同意以LCIA的仲裁规则进行,而该规则的Article 26不允许根据1996年《英国仲裁法》之Section 69去法院上诉法律观点。英国高院的Walker大法官判双方协议可将裁决书的法律观点上诉至法院十分明确,并给予支持。换言之,在该先例是判原告/申请人根本不需要申请上诉批文,就可以就法律观点进行上诉。Colman大法官在Sumukan Ltd v. Commonwealth Secretariat (2007) 1 Lloyd's Rep. 43中说:"The right to contract out of even the restricted supervisory regime represented by appeals under Section 69 presented an optional facility for the reinforcing of finality and party autonomy in preference to the court's power to intervene in the arbitrators' decision-making on matters of law. It provided a consensual facility directed to reinforcing two of the key principles underlying the 1979 and 1996 Acts."

3.2 第二种情况:向法院申请上诉批文

至于在第二种情况向法院申请上诉批文,法院在考虑会否给这个上诉批文涉及Section 69(3)中一连串的共有五个需要同时满足的条件(accumulated tests)。如下:(1)这一法律问题的判定将会严重影响双方或一方当事人的权利。(2)这一法律问题是在仲裁庭面前提出并要求作出裁决。换言之,这不能是一个新的法律问题,申请人在仲裁败诉后才想到作为理由向法院申请上诉批文。(3)根据裁决书所认定的事实,仲裁庭对法律问题的判决是"明显错误"(obviously wrong)。这方面在下文第3.5.2段有详论。(4)根据裁决书所认定的事实,而法律问题是对"一般公众重要"(general public importance),仲裁庭对它的判决是有"严重怀疑"(serious doubt),这在下文3.5.3段有详论。(5)公平与恰当(just and proper)的情况下让法院对这一法律问题作出判决。这在下文的第3.5.4段中有详论。

3.2.1 涉及一个法律的问题

裁决书通常涉及两方面的问题要作出裁定,一是事实问题。英国法院上百年以来从来不插手仲裁员对事实的认定,这无数的先例提及的这个大原则中,可以随手拈来一个先例就是 Surefire Systems Ltd v Guardian ECL Ltd (2005) EWHC 1860 (TCC), Jackson 大法官说:"It is not the function of his court to review an arbitrator's assessment of the factual evidence."另多举一个近期的先例是 Penwith District Council v. VP Developments Ltd (2007) EWHC 2544 (TCC), Akenhead 大法官说:"Application for leave to appeal on question of law must not be dressed up as questions of law when they are, on proper analysis, criticisms of the Arbitrator's findings of primary or secondary fact. It is not enough to say on an application for leave to appeal on a question of law that the Arbitrator made findings of fact which no reasonable Arbitrator could or should have made. It is not for the Court to substitute its own view of the facts for that of the Arbitrator. Whilst one can understand the frustration of a party against whom an arbitrator has made a controversial finding of fact, that frustration does not justify an application to the Court for leave to appeal on a question of law."

3.2.2 事实/法律问题区分

裁决书涉及的另一个是法律的问题,这方面英国法院一直有通过仲裁裁决书的上诉或以前的特殊案件(special case 或 case stated)的做法干预仲裁,并借此建立了一套英国商业法,特别是在保险、航运以及商品买卖方面更是独步全球。在1979年前,仲裁中涉及的法律观点是可以自动上诉到法院。但到了1979年的《英国仲裁法》,一直到1996年的立法,就再也不允许自动上诉,而以申请人必须预先取得法院的上诉批文才能提出法律观点的上诉。

虽然在很多情况下,法律与事实的问题可以区分。明显是法律问题包括对合约的解释:The "Troll Park" (1988) 2 Lloyd's Rep. 423; Allied Insurance Brokers Inc. v. Insurance Corporation of British Columbia (2000) BCSC 0144,对案例或者其他裁决书的解读:Lincoln National Life Insurance Co. v. Sun Life Assurance Co of Canada & Ors (2004) EWHC 343 (Comm.),违约的损失计算办法:The "Alecos M" (1989) 2 Lloyd's Rep. 82; The "Forum Craftsman" (1991) 1 Lloyd's Rep. 81; Maruna v. Lopatka" (2001) 103 ACWS (3d) 829,默示条文:The "Anna Ch" (1987) 1 Lloyd's Rep. 266,某一件事情是否可令合约受阻:The "Evia" (1981) 2 Lloyd's Rep. 627 等。明显是事

实问题包括一个合约是否被违反：The “World Prestige” (1982) 1 Lloyd’s Rep. 60; The “Arianna” (1987) 2 Lloyd’s Rep. 376，一个财产的恰当价值：Benconscross Ltd v. Norris (1992) ADRLJ 161; Amego Litho Ltd. v. Scanway Ltd. (1994) 2 EG 110，有否依照一个协会的规则行事：(Moran v. Lloyd’s (1983) 1 Lloyd’s Rep. 51)等。

但有些情况下两者很难区分。如仲裁员得出事实的认定根本没有任何证据作为依据，又或者是根据提供的证据是一位合情合理的仲裁员根本不会得出这样的事实认定(如指鹿为马或者黑白颠倒)。这种情况是一个灰色地带，一直有观点是这并不是事实问题而是属于法律问题，可以说成是仲裁员处理证据根本没有理会或错误依照证据法。到1996年《英国仲裁法》，为了减少对仲裁的干预，将处理证据明确规定是仲裁员的裁量权，特别是在 Section 34(2)(f)。这里的立法意图在1996年 DAC 的报告中第170段明确说明是希望再也不会出现对仲裁员衡量证据的间接质疑，指他犯了一个法律的错误。毕竟衡量证据轻重即使是错误也不涉及其他的救济，如管辖权争议或仲裁程序中的严重不正常。但还是有不同的看法或者判法，只能说目前是通过法律观点上诉质疑仲裁员处理与衡量证据轻重应该在1996年立法下是大幅度收紧。这方面的问题在本章2.7.5已经提过，请参阅。但败诉的当事人把事实的问题扭曲为法律的问题申请上诉批文还是经常发生，在上述提到过的 Penwith District Council v. VP Developments Ltd (2007) EWHC 2544 (TCC)，Akenhead 大法官就有针对这个问题，请参阅。

3.3 Section 69 的订约自由

英国法院对裁决书的三种不同救济，Section 67 的管辖权质疑与 Section 68 的严重不正常属于强制性条文，只有第三种救济也就是 Section 69 的法律观点上诉批文是有订约自由。这从该条文开始的措辞可以看出：“unless otherwise agreed by the parties”。通常大家对这方面给予订约自由的理解是豁免对裁决书中的法律观点上诉至英国法院，即1979年立法所说的“排除上诉法院的条文”(exclusion agreement)。也就是有了排除上诉法院的条文，裁决书的事实认定与法律判定都是最终的，唯一针对裁决书的救济往往只是严重不正常，后果撤销或发还裁决书，不像上诉法院的救济会是以大法官的判决替代仲裁员的裁决。允许排除上诉法院条文是英国作为回应国际社会的批评。就是英国法院不干预仲裁员的决定，而当事人约定仲裁条文就是为了让仲裁员做决定而不是法院。其他的批评包括像这种做法导致了裁决书不是最终(finality)以及英国商法的发展没有理由让外国当事人作出支付。英国作出的回应就是，来伦敦仲裁大可以约定一条排除上诉法院的条文，就不必事后批评了。

至于怎样才算是有效的文字/措辞可被视为排除上诉法院的条文，法律上并不明确。例如，仲裁协议经常会有的措辞，说明裁决书是“最后与有约束力”(final and binding)是否是足够明确排除法律观点上诉法院？在 Al Hadha Trading Co v. Tradigrain SA and Ors (2002) 2 Lloyd’s Rep. 512 先例判虽然有类似的文字/措辞，但却不足以排除上诉法院。但在 Sumukan Ltd v. Commonwealth Secretariat (2007) 1

Lloyd's Rep. 43，仲裁条文合并了另一条文如下："The judgment of the Tribunal shall be final and binding on the parties and shall not be subject to appeal. This provision shall constitute an 'exclusion agreement' within the meaning of the laws of any country requiring arbitration or as those provisions may be amended or replaced."这明确的说法被判是足够可排除上诉法院。

显然，一条更完整的条文才是安全，如 ICC 仲裁规则的 Article 28（6）："Every Award shall be binding on the parties by submitting the dispute to arbitration under these Rules, the parties undertake to carry out any Award without delay and shall be deemed to have waived their right to any form of recourse insofar as such waiver can validly be made."。请看先例：Arab African Energy Corporation Ltd. v. Olieprodukten Nederland BV（1983）2 Lloyd's Rep. 419；Marine Contractors Inc. v. Shell Petroleum Development Co. of Nigeria Ltd.（1984）2 Lloyd's Rep. 77 与 Lesotho Highlands Development Authority v. Impregilo SpA（2005）2 Lloyd's Rep. 310。

还有就是 LCIA 仲裁规则中规定得更加清楚："29.2 To the extent permitted by the law of the seat of the arbitration, the parties shall be taken to have waived any right of appeal or review in respect of any such decisions of the LCIA Court to any state court or other judicial authority. If such appeals or review remain possible due to mandatory provisions of any applicable law, the LCIA Court shall, subject to the provisions of that applicable laws, decide whether the arbitral proceedings are to continue, notwithstanding an appeal or review."请看先例：Royal & SunAlliance v. BAE Systems（2008）1 Lloyd's Rep. 712。

此外，仲裁协议也会通过其他的措辞或途径而导致 Section 69 的法律观点上诉法院被排除，如下。

3.3.1　友好仲裁条文（equity clause）

这种友好仲裁条文虽然在 1996 年《英国仲裁法》被承认，但裁决书不能以法律观点有错为由去上诉法院。这在立法小组对 1996 年《英国仲裁法》的报告（Department Advisory Committee on Arbitration Law, Report on the Arbitration Bill，简称 DAC 报告）之 223 段有说明，如下："There appears to be no good reason to prevent parties from agreeing to equity clause. However, it is to be noted that in agreeing that a dispute shall be resolved in this way, the parties are in effect excluding any right to appeal to the Court (there being no 'question of law' to appeal)."

3.3.2　不要求裁决书原因

如果双方当事人约定不要求裁决书原因，在 1996 年《英国仲裁法》之 Section 69（1）的最后一句明确说明是在这种情况下不存在法律观点上诉法院的救济。这句话是："An agreement to dispense with reasons for the tribunal's award shall be considered an agreement to exclude the court's jurisdiction under this section."

当然，双方当事人会约定不要求裁决书的原因机会不大，但有可能发生，如合并的一些仲裁规则是有这样的规定,如在 AHT v Tradigrain (2002) 2 Lloyd's Rep. 512 合并的 GAFTA 仲裁规则。

本来,这也是 1979 年《英国仲裁法》的默示地位,就是当事人不主动要求仲裁庭作出裁决书原因就等于放弃了上诉法院的权利或救济。但在现实中出现了一种情况就是不要求仲裁庭作出裁决书原因,但仲裁庭还是主动作出。这就带来一个争议,这些仲裁庭自愿给予的裁决书原因可否作为基础申请上诉批文,而答案应该是肯定的: Michael I Warde v Feedex International Inc (1984) 1 Lloyd's Rep 310; The "Niederachsen" (No. 2) (1986) 1 Lloyd's Rep 393。到了 1996 年《英国仲裁法》,作出的改变是不需要当事人主动要求,而是仲裁庭自己作为起点要给予裁决书原因,除非双方当事人约定不要求裁决书原因。加上上述的一句就明确了在双方当事人只要约定不要求裁决书原因,但仲裁庭还是主动作出,就再也不存在可以申请上诉批文,因为立法已经规定了在这种情况下就是法院没有管辖权作出 Section 69 的救济。

3.3.3　双方当事人约定外国的实体法

合约如果约定外国法适用,这也是不涉及法律观点上诉法院的救济。这种情况在现实中不少,如在贵族院的先例 Lesotho Highlands Development Authority v. Impregilo SpA (2005) 2 Lloyd's Rep. 310。

3.4　订约自由还可以约定不需要 Section 69 的批文就可以就法律观点进行上诉

这与上面介绍的排除上诉法院刚好相反,但当事人这样做的意图还是有商酌之处。因为如果当事人喜欢法院对裁决书法律观点作出最后判决,而且不怕法院审理导致案件内容的机密性被公开,为何要约定仲裁而不考虑一条英国法院的"排外管辖权条款"(exclusive jurisdiction clause)? 但这种情况的确是有发生,而且是在一份著名的油轮租约,名为 Shelltime 4,条文节录如下:"The parties hereby agree that either party may-(a) appeal to the High Court on any question of law arising our of an award; (b) apply to the High Court for an order that the arbitrator state the reasons for his award; (c) give notice to the arbitrator that a reasoned award is required; and (d) apply to the High Court to determine any question of law arising in the course of the reference."

在这种条文下,Colman 大法官在 The "Trade Nomad" (1998) 1 Lloyd's Rep 57 判属于双方一开始就同意上诉裁决书的法律观点,不需要批文。

3.5　Section 69 的实际操作与相关问题

3.5.1　Bruce Harris 委员会有关 Section 69 的调查

在本章 1.2 段曾提到过 Bruce Harris 先生领导的委员会,有关 Section 69 的上诉批文申请,第一个问题是"是否要全盘取消裁决书中法律观点上诉英国法院的做法"(Do you think that the possibility of appealing on a point of law [s. 69] should be abolished entirely...)这也是一直以来伦敦仲裁受到外国批评最激烈的地方,就是英国法院不应该干预仲裁员的裁决,不论是法律方面还是事实方面。但英国方面估计最大的一个考虑就是法律争议由法院判定后就变成先例,以后会带来法律的稳定与让当事人可以预见到法律的地位。而且,这有助于英国商法的持续发展,尤其是这与大众利益密切相关,如标准合约格式的解释。正如 Diplock 勋爵在 The "Nema" (1980) 2 Lloyd's Rep 239 所说的:"It is only if parties to commercial contracts can rely upon a uniform construction being given to standard terms that they can prudently incorporate them in their contracts without the need for detailed negotiation or discussion. Such uniform construction of standard terms had been progressively established up to 1979, largely through decisions of the courts upon special cases stated by arbitrators. In the result English commercial law has achieved a degree of comprehensiveness and certainty that has made it acceptable for adoption as the appropriate proper law to be applied to commercial contracts wherever made by parties of whatever nationality."

调查的结果是超过 60% 认为法律观点上诉法院的做法还是应该存在,其中在航运与商品买卖方面人士的支持率更高。换言之,这一套做法还是相对受到欢迎。

第二个问题是"如果裁决书中法律观点上诉英国法院的做法继续保留,取得批文的程度是否应该有所改变"(If the possibility of appeal is retained, do you think that the tests for obtaining leave [permission] should be changed)。这是一个比较有争议的问题,因为不断有部分的说法认为给予批文的要求程度定的太高,这导致英国商法的发展受到压制。事实上在航运也有不少有争议的法律问题,由于取不到批文而没有办法上诉法院把有关的法律问题变为一个有权威性与约束性的先例。笔者甚至见过裁决书中,仲裁员写明是某个法律观点在行业内非常有争议,法院在考虑是否给予上诉批文的时候答案应该是肯定,以利有关行业对这方面的法律有指引。有建议是把 Section 69(3)(c)(i)的"明显错误"(obviously wrong)减轻程度上的要求而变为"严重怀疑"(open to serious doubt)。而在 Section 69(3)(c)(ii),法院在针对一些对大众利益有影响的法律观点,只要是没有先例针对或仲裁员明确要求法院的指引,就应该给予上诉批文,根本不需要考虑裁决书的法律观点是否有严重怀疑会是判错。

但也有认为上诉批文给予的程度太宽松或是松紧不一,甚至要看法院(特别是商业法院,因为上诉批文通常是由该法院决定)工作的忙碌程度。这就带来了不稳定与在某些时候有太多不必要的上诉,带来仲裁的延误与费用。在 Bruce Harris 委员会的调查中有 57% 的回复认为目前给予上诉批文的程度应该维持不变。所以,委员会也不建议对有关的 Section 69 立法作出任何改变。至于上诉批文是否要比较宽松与更现实地给予(如裁决书中有明确要求法院的指引),可以留待法院自己控制。毕竟,法院仅是看裁决书与有限的文件证据(主要是申请上诉批文代表律师的一份宣誓书,解释裁决书的法律观点是对大众利益有影响与何处是有严重怀疑),然后在短时间内要作出决定是否给予上诉批文,就是到底是否裁决书内的法律观点有严重怀疑,这是一个很主观与比较粗糙的决定,难以立法。

3.5.2 什么是"明显错误"?

这是适用在“一次过”(one-off)争议,如双方当事人私下的非格式合约或即使是使用各使合约,但有私下拟定的附加条文的解释,这种争议的法律错误很难取得上诉批文。毕竟,这种法律的问题(也就是对它的解释)对发展与完善英国商法起不了太大作用,也不会有太多其他业内人士需要对有关法律问题的指引。已经解释过,根据 Section 69(3)(c)(i),裁决书需要明显错误(obviously wrong)才有可能取得上诉批文。但在一般有水平的仲裁庭,即使是判错,或是对法律的判定有商榷余地,也会写出一个表面看来很有说服力的裁决书。所以,很难成功说服法院裁决书是明显错误。但对于水平不够的仲裁庭,这种情况也并非不会出现,毕竟看是否明显错误是高水平的法院而不是一般人士。这就表示裁决书如果出现引经据典但对一个主要的先例实际上是理解错误,在法院看来就会觉察是一个明显的错误。这种情况在 DDT Trucks of North America Ltd v. DDT Holdings Ltd (2007) EWHC 1542 (Comm)先例中出现,Cooke 大法官认为独任仲裁员错误依赖一个贵族院的先例 Shogan Finance Ltd. v Hudson (2004) 1 Lloyd's Rep 532。但由于败诉方没有满足 Section 69(3)(a)的其中一个要求,就是这一点会严重影响双方当事人的权利(这一点请看本章第 3.2 段介绍的 5 个考验中的[A]项),如法律观点没有错判的话就会让裁决结果完全相反,所以 Cooke 大法官最后还是拒绝给予上诉批文。

Colman 大法官在 2006 年 The Worshipful Company of Arbitrators' Master's Annual Lecture 2006 中也对“明显错误”有一些说法,就是在一些很复杂的法律问题,他也需要看好几遍才能明白,这明显错误到底是第一次看有关的裁决书原因就发现有问题,或者是要看了 12 次之后才作出这个决定?他是这样说:“So the hurdle of launching an appeal is placed very high. Only issues of law can be the subject of appeal and not questions of fact. 'Obviously wrong' involves this situation. There may be many issues of commercial law and construction of commercial contracts which are very complex. One has only got to see some of the building and construction contracts, or some of the commodity trading contracts. I well remember when I first encountered the bankruptcy clause in the GAFTA form-a sort of nightmare situation which took many hours of cold-towel-round-the head to work out the meaning. Since 'obviously wrong' looks very like first blush reaction of the court to the tribunal's reasoning on a first reading, the question is : 'Can that really be the right approach?' One has these very, very complicated issues of law which can arise in contract such as this and yet, so it seems, the court is supposed to arrive at a decision on the basis of a first-blush reaction. What is 'obviously wrong'? Is the obviousness something which one arrives at, as I say, on the first reading over a good bottle of claret and some pleasant smoked salmon or is 'obviously wrong' the conclusion one reaches at the 12th reading of the clauses and with great difficulty where it is finely balanced. I think it is obviously not the latter.”

3.5.3 “严重怀疑”应该是何种程度?

这是适用在一些争议涉及一般公共重要的法律观点，如标准格式合约的解释。根据 Section 69(3)(c)(ii)，法院只要认为该有关裁决书对法律问题的判定有一个“严重怀疑”(serious doubt)就已经会给予上诉批文。从文字上看来，显然这严格的程度比不上明显错误。但其中“严重怀疑”是要严重到何种程度才给予上诉批文(how serious is serious)？Steel 大法官在 2008 年 10 月份于 LMAA/CIArb 的一个讲座中曾经提到这一点，说：“I suppose the test involves a sliding scale dependent on the nature of the dispute and the identity of the tribunal. At the very least it must involve a perception that the potential for error is not far short of 50%. But that is why there are dangers in affording reasons for refusing leave in circumstances where the case is borderline. Any detailed analysis of the degree of doubt would simply be embarrassing, undermining the arbitration process without achieving anything. Put another way, just reciting the threshold criteria may be uninformative but setting out reasons demonstrating unenthusiastic concurrence with the arbitrator's decision is rather too revealing.”

Colman 大法官在 2006 年 The Worshipful Company of Arbitrators‘ Master’s Annual Lecture 2006 中也有提到有时候法院自己也觉得裁决书中的错误是介于“明显错误”与“严重怀疑”之间，在这种情况下，法院就会以一种“按比例增减”(sliding scale)根据法律观点的重要性考虑是不是给予上诉批文。Colman 大法官是这样说：“In other words, the test that was applied tended to be not ‘obviously wrong’, but a test which was somewhere between ‘obviously wrong’ and ‘open to serious doubt’, an in-between test on a sliding scale which depended upon a right of prevalence of the issue arising in the future.”

3.5.4　什么是公平与恰当(just and proper)？

这一个是否给予上诉批文的考验(test)是为了给法院一个“剩余裁量权”(residual jurisdiction)考虑是否给予批文。这是在申请上诉批文的一方当事人需要向法院特别说明为什么有关申请符合“公平与恰当”的考验：Icon Navigation Corporation v. Sinochem International Petroleum (Bahamas) Co Ltd (2004) 1 All ER (Comm) 405。

这方面的考虑，可以举以下的例子：(1)如果是一个海事仲裁经常会有的“即时仲裁”(instant arbitration)，法院是根据这一个裁量权通常不会给予上诉批文，即使裁决书看来是明显错误。在著名的 The “Nema” (1980) 2 Lloyd's Rep 239，贵族院认为是根本不应该去给予上诉批文(这是根据 1979 年《英国仲裁法》，其中也有“公平与恰当”的考验)，Diplock 勋爵说这是“裁量权的不公平行使”(an unjudicial exercise of discretion)。另在 National Rumour Co SA v. Lloyd-Libra Navegacao SA (1982) 1 Lloyd's Rep 472，Parker 大法官认为一个即时仲裁如果不涉及“一般公众重要”(general public importance)，给予上诉批文会是真正例外情况(truly exceptional)。(2)特别是在一次过的争议，仲裁的终局性(finality)被认为是首要考虑。所以，在一个一次过的争议，通常不会被视为是应该给予上诉批文，即使这会提供给法院一个机会将有关的法律观点做一般性审查(general review):Kansa General Insurance Co Ltd v. Bishopgate Insurance plc (1988) 1 Lloyd's Rep 503; Keydon Estates Ltd v. Western Power Distribution (South Wales) Ltd (2004) EWHC 996 (Ch)。(3)仲裁员的资格与名望也会是考虑的因素,并影响法院的裁量权。在 Reliance Industries Ltd v. Enron Oil and Gas India Ltd and Oil & Natural Gas Corporation (2002) 1 All ER (Comm) 59,Aikens 大法官拒绝给予上诉批文的原因之一是仲裁庭有名望,所以他们的裁决针对一个一次过的争议是不应该干预。另在 Keydon Estates Ltd v. Western Power Distribution (South Wales) Ltd (2004) EWHC 996 (Ch),争议涉及一个租约的解释,独任仲裁员是一个很有经验的御用大律师,法院也是拒绝给予上诉批文。另在 The "Northern Pioneer" (2003) 1 Lloyd's Rep. 212,由于三人仲裁庭由一位著名的退休大法官 Chiristopher Staughton 作为少数意见提出对裁决书的异议,这就给法院足够的理由认为给予上诉批文。(4)有说法是如果法院觉察申请人意图以这种救济拖延时间,以推迟败诉裁决书的执行,则法院也会拒绝给予上诉批文。也有说法是在仲裁中的原告申请上诉批文,机会就会比仲裁中的被告高,因为不存在想拖延时间的问题。

最后介绍这一个有关"公平与恰当"的先例:Icon Navigation Corporation v. Sinochem International Petroleum (Bahamas) Co Ltd (2004) 1 All ER (Comm) 405。案情涉及一船的原油从苏丹运往中国内地,其中承租人是中石化。中石化与船东的租约是有一条条文,说明船东必须在航次中必须保持原油 95 ~ 125 华氏度的范围内,否则船东要负责后果。这种条文在黏度比较高的原油的运输合约中经常会有,原因是害怕原油温度过低加上卸货港天气冷,就会有部分原油卸不下了导致货物短缺。在该先例,就是由于温度保持的不足够而导致短卸,中石化向船东提出索赔。双方在伦敦仲裁的后期,船东突然提出一个新的替代争议,就是承租人有责任将该批原油装上船舶时就已经有足够的温度。也就是船东只需要在运输过程中保持该温度,而不需要将原油温度提高到 95 ~ 125 华氏度。中石化的代表律师抗议这一新的替代争议,因为他们再也没有时间与机会作出反驳,所以不能被接受(inadmissible)。结果仲裁庭作出了裁决,其中没有针对新的争议是否是被接受,判船东败诉,认为在租约的有关条文下,是船东要负责原油装上船舶温度高于 95 华氏度,而不是承租人的责任。显然,仲裁庭不针对新争议是否被接受原因在判中石化胜诉,所以作为受影响的一方当事人胜诉,也就不必理会,就算是接受了这一新争议也不影响结果。但之后,船东就根据 1996《英国仲裁法》之 Section 69 上诉,并取得上诉批文。这导致了后来在审理上诉时,双方的争议涉及上诉如果是成功推翻了裁决书的法律观点,也就是代表中石化从胜诉方变为败诉方,这上诉就会带来一个不公正的情况,就是从时限以及时机上,中石化对船东很晚才提出新的替代争议并导致他失去反驳的机会,如果被仲裁庭接受,就会构成严重不正常。而现实中的确是被仲裁庭接受,只不过在第一审时是判中石化胜诉,所以就不了了之。但如果仲裁庭的决定被法院改变,这一严重不正常就不应该不了了之，而是需要针对并给予 Section 68 的救济。Moore - Bick 大法官认为在这种情况下承租人是应该在船东申请上诉批文的时候提出，让法院在行使他的裁量权一并考虑。

3.5.5　拒绝上诉是否要给予原因？

在2.1 1 段提到的2008 年10 月的LMAA/CIArb 研讨会，Steel 大法官讲到另一个问题，就是根据《欧洲人权公约》（European Convention on Human Rights）之 Article 6，英国法院现在拒绝给予上诉批文就必须作出原因：North Range Shipping Ltd. v. Seatrans Shipping Corporation（2002）1 WLR 2397。相反，如果是给予上诉批文就无需作出任何原因了。而作出原因解释为什么要拒绝给予上诉批文，Steel 大法官认为在某些案件中解释对裁决书的法律观点是否表面看来有怀疑判错有时会不容易或者尴尬。但一般的案件，法院只需要给简短的原因，毕竟看的对象是全面了解背景的申请人（fully informed applicant）。

3.5.6　申请上诉批文的程序

Section 69 申请的程序在英国法院有了 CPR. Part 62 的补充。申请所要求的文件包括：(1)要有一份仲裁索赔申请表（arbitration claim forms），见本书第九章 10.2 段。该申请表的内容要明确法律观点与根据理由，法院应该给予上诉批文。(2)申请人的证人证言（applicants' witness statement）。证人证言的内容只应该提供有关要求法院考虑上诉批文的证据，不应该作出陈词/争辩：CMA CGM SA v. Beteiligungs-Kommanditgesellschaft MS Northern Pioneer（2003）1 Lloyd's Rep. 212。(3)被告的证人证言（respondents' witness statement）。证人证言的内容包括了反对给予上诉批文的理由，提供有关的证据（如有关法律观点并非是涉及"一般公众重要"[general public importantce]）与其他要求法院支持裁决书的理由（如果有的话）。

1996 年《英国仲裁法》之 Section 69（5）规定上诉批文的考虑只根据文件，开庭只是在法院的特别要求下才会有。而法院考虑上述的文件，一般只需要半个小时内。其他在仲裁中有的文件，如文书请求以及其他的文件是不应该提供给法院考虑上诉批文的给予：Foley's Ltd v. City & East London Family & Community Services（1997）ADRLJ 401 与 HOK Sport Ltd v. Aintree Racecourse Co Ltd（2003）BLR 155。但这里也有说法就是太局限，不足够作出一个比较准确的判断看是否应该给予上诉批文：Kershaw Mechanical Services Ltd v. Kendrick Construction Ltd（2006）2 All ER（Comm）与 Surefire Systems Ltd v. Guardian ECL Limited（2005）BLR 534。在后一个先例，Jackson 大法官认为在一些情况需要看仲裁中的文书请求才能肯定有关的法律观点曾经被要求过仲裁庭作出裁决，并说："Where an application for leave to appeal is made, the court should not be burdened with vast tracts of inadmissible evidence, nor should the court be burdened with many pages of intricate argument about the factual issues which the arbitrator has decided. The preparation of such material is a waste of time, effort and costs."

这也是有必要，因为 Section 69(3)(b)是要求上诉的法律观点必须是当事人曾经请仲裁庭作出裁决的。去重复,不能是申请人在败诉后想出一个新的法律观点,在仲裁中是漏了提出,然后根据 Section 69 申请法院的救济: Petraco v. Petromed Int'l S. A. (1988) 2 Lloyd's Rep. 357。这根本不是上诉。而且既然是一个新的法律观点,也不存在仲裁庭在裁决书错判,不论是明显错误或是严重怀疑。

3.5.7 上诉批文被高院拒绝可否上诉上诉庭?

上诉批文的给予可否上诉至上诉庭的问题早在 1979 年《英国仲裁法》就有针对,就是如果不限制上诉就会带来“上诉为了取得上诉批准”(appeal for leave to appeal)。这等于申请上诉批文就有可能去高院、上诉庭,甚至最后的贵族院。然后在上诉批文取得后,实质性的针对法律观点又会涉及高院、上诉庭,甚至最后的贵族院。这显然是可笑与浪费时间,特别考虑到上诉批文的申请本来只是希望一个简短与粗糙的做法。所以在 1996 年《英国仲裁法》Section 69(8)规定如下:“The decision of the court on an appeal under this section shall be treated as a judgment of the court for the purpose of a further appeal. But no such appeal lies without the leave of the court which shall not be given unless the court considers that the question is one of general importance or is one which for some other special reason should be considered by the Court of Appeal.”

这一来,如果第一审的高院拒绝给予上诉批文,也拒绝申请人对这一个决定上诉,上诉庭就根本不会有管辖权针对上诉批文的申请:Athletic Union of Constantinople v. National Basketball Association and Ors (2002) 1 Lloyd's Rep. 305。另是,如果是针对是否是一条有效的“排除上诉法院的条文”(exclusion agreement),这只是初步考虑 Section 69 适用不适用,而不是根据 Section 69 作出的的有关上诉批文的决定。这表示败诉方可以上诉至上诉庭,而上诉庭也有管辖权作出排除上诉法院条文是否有效的判决: Sumukan Ltd v. Commonwealth Secretariat (2007) 1 Lloyd's Rep. 43。

另也有先例判是上诉庭有管辖权针对一种例外情况是第一审的高院在处理上诉批文的申请有不当或不公正的情况: CGU International Insurance plc and Ors v. Astrazeneca Insurance Co Ltd (2007) 1 Lloyd's Rep. 142。

3.5.8 法律观点上诉成功的判决是否是一份伦敦裁决书?

之所以提出这个问题,是因为它会涉及根据 1958 年《纽约公约》对裁决书的承认与执行。1996 年《英国仲裁法》Section 69(7)中规定了在取得批文后,上诉法院后可能有的四种结果是:(1)对裁决书的结果进行确认(confirm the award);(2)对裁决书的结果进行改变(vary the award);(3)将裁决书发还给仲裁庭重新考虑(remit the award to the tribunal for reconsideration);(4)将裁决书撤销(set aside the award in whole or in part)。在(1)与(3)的情况下没有问题,因为最终的裁决书都是出自双方当事人委任的仲裁庭,所以当胜诉方向国外的法院根据《纽约公约》寻求执行的时候,裁决书不会因为英国法院的确认或发还而被执行地点法院拒绝执行。毕竟,这是双方当事人同意的仲裁程序法,而且没有把法院上诉排除。在(4)的情况下没有有效裁决书,当然不涉及执行,所以也没有问题。关键是(2)的情况下,如果成功上诉,英国法院从而改变了裁决书的结果,本来的败诉方与胜诉方的地位相互调换,则这样的一份文件到底算是英国法院的判决书(judgment)还是仲裁庭作出的裁决书(award)?探讨这个问题的重要性就在于:如果把这样一份被英国法院更改过的裁决书定性为法院的判决书,则《纽约公约》就可能不适用。这个问题还没有明确的结论,会是执行地点法院是否是对国际仲裁的友好与否而对这一问题作出不同的认定。

根据 Albert Jan van den Berg 教授在 2007 年刊登在 ICC International Court of Arbitration Bulletin Vol. 18/No. 2 的一篇文章有关《纽约公约》实施了 50 周年,他有提到这一个问题,并说大部分的法院不认为这是个问题,说:"Most courts hold that the merging of an award into a judgment in the country where it was made does not have extraterritorial effect and that the award therefore remains a cause of action for enforcement in other countries on the basis of the Convention."

但 Albert Jan van den Berg 教授没有提供具体的案例支持他的观点,反而是举了一个例子是遇上这一方面的困难。该案例是在意大利佛罗伦萨的上诉庭,Corte di Appello (Court of Appeal), Florence, 1 December 1980, Nidera Handelscompagnie BV v. Moretti Cereali SpA, reported in Y. B Comm. Arb. X (1985) pp. 450 - 52 (Italy No. 65),法院认为作出决定的不是仲裁庭,而是法院,而原来的裁决书也被混合成为后来的法院判决。在一年后,在同一个法院也拒绝了执行另一个伦敦仲裁,该案例名为 Rederi Aktiebolaget Sally v. srl Termarea, reported in Y. B Comm Arb. IV (1979) pp. 294 -96 (Italy No. 32)。但在胜诉方改为把该裁决书变为是英国法院判决要求执行,佛罗伦萨法院改变了想法,认为这并不是一个法院判决:Corte di Appello (Court of Appeal), Florence, 19 January 1981, Rederi Akitiebolaget Sally v. srl Ternarea, reported in Y. B. Comm. Arb. X(1985) pp. 453 -54 (Italy No. 66)。

所以,Albert Jan van den Berg 教授认为意大利佛罗伦萨法院只能视为是个别事件。但笔者也估计 Albert Jan van den Berg 教授的文章主要是针对西方国家,他们的法院比较倾向于在《纽约公约》下支持国际仲裁裁决书的执行。还有,意大利佛罗伦萨法院是针对伦敦仲裁,而当时是 1950 年《英国仲裁法》适用,法院对裁决书中的法律观点作出判决是通过一种特殊事项(special case/case stated)的程序。这种做法在笔者的《国际商务仲裁》一书第 41 ~ 49 页有介绍,简单说是仲裁庭向法院提出一个或多个法律问题,要求法院作出最后的判决。在提出的同时,仲裁庭会作出一个交替裁决书(alternate award),最后以哪一个裁决为准就要看法院有关法律观点的判决,如解释合约中的一条条文。即仲裁庭会要求法院对法律观点判决后将案件发还给仲裁庭作出裁决书。这表示在特殊事项的程序,还是主要由仲裁庭去裁决。

但到了 1996 年《英国仲裁法》在第二种救济,也就是"裁决书的结果进行改变"(vary the award),会是更倾向于法院的判决书凌驾了仲裁庭的裁决书。在笔者(杨良宜)作为仲裁员之一所涉及的先例 Covington Marine Corp v. Xiamen Shipbuilding Industry Co (2006) 1 Lloyd's Rep. 745 中,仲裁裁决是判被告的厦门船厂胜诉,但原告(背后是一家希腊船东)以 Section 69 向英国法院上诉,并获得成功,结果是将裁决书完全改变。据悉,在法院的上诉中,曾经涉及应否将裁决书发还给仲裁庭依据法院作出的法律观点重新考虑,但希腊船东大力反对,结果该裁决书就被英国法院直接作出了改变,判厦门船厂败诉。至于为什么会反对把裁决书发还给仲裁庭重新考虑,原因可能有几种,虽然并非是指这一个案件。例如,在仲裁的败诉方对仲裁庭感觉不好,或是对仲裁庭的水平有怀疑,知道仲裁庭对败诉方的证人极其不信任等。所以把裁决书发还给仲裁庭重新考虑不一定是能够反败为胜,即使是依照法院作出的法律观点判决。这种对仲裁庭的感受,败诉方知道,但英国法院不会知道,而裁决书也往往比较婉转,不见得把所有仲裁庭内心想法都写在裁决书里,如说明仲裁庭对败诉方的证人的可信度有极大怀疑。所以,笔者认为还是英国法院应该尽量避免第二种的救济办法,以避免凌驾双方当事人委任的仲裁庭所作出的或是希望作出的(后者是指发还裁决书的情况)最后裁决。

有关这一方面,读者可进一步参考本书第 11 章之 8.2.3.1 段与第 13 章之 7 段,其中介绍了法国的近期案例名为 PT Putrabali Adyamulia v. Rena Holding Ltd, Cass. Civ. Ire, 29 June 2007,涉及法国法院拒绝承认英国法院通过上诉改变裁决书的决定。

3.5.9 裁决书中法律观点上诉法院的一些数字

这里也可以给一些最近上诉批文数字,根据 Colman 大法官在 2006 年 The Worshipful Company of Arbitrators' Master's Annual Lecture 2006 中的介绍,从 2005 年 1 月到 2006 年 3 月有 52 个依据 Section 69 向法院申请救济的案件成立(因为有些案件会因为结合 Section 67 与 Section 68 的申请)。而在这 14 个月中,只有 14 个案件中得到了法院的允许可以上诉,不过最终只有 3 个在商法法院得到了审理。

在 2007 年 Section 69 申请总共是 68 个,其中 34 个被拒绝。在还没有作出上诉批文之前双方当事人达成和解或者放弃上诉的有 13 个。反正给予上诉批文的数字是 10 个,这也是 2006 年的数字。可以说,整个趋势很稳定,就是每年大概有 50 个上诉批文的申请,大约 10 个取得批文。在 2007 年的 10 个给予上诉批文的案件中,2 个在上诉中途达成和解,5 个上诉不成功或被否决,只有 3 个在上诉后被作出改变或是法院作出了法律观点的判决后把裁决书发还给仲裁庭。这些数字与伦敦每年好几千个裁决书相比,比例看来是很低。对近年来迅速发展的商业活动而言,这些数字也看来不足够让英国商法同步发展。如果把以前的数字也拿来比较,法律观点上诉法院的案件更加是明显萎缩。这里可以以劳合社法律报告(Lloyd's Law Report)的数字为例,因为这种上诉案件绝大部分在该报告中被报道。从 1986 到 1988 年这 3 年间,总共有 50 个裁决书的法律观点被上诉至法院,而当时已经有 1979 年《英国仲裁法》要求有上诉批文才能这样做,并非是自动可以上诉。从 2003 到 2005 年这三年间,却只有 19 个被报道的先例是通过裁决书的上诉。估计在越来越多商业案件都去了仲裁,这种情况不会好转,除非上诉批文大幅度放宽。

所以即使在英国商业法院,据闻大法官之间也经常讨论这个问题,就是是否放宽上诉批文的给予,但毕竟法院能够有的伸缩性还是受到1996年《英国仲裁法》的约束,如必须对裁决书作出的裁决感觉有错或怀疑有错。法院如果这句话说不出口,如仲裁员是Mustill勋爵,而且裁决书看来在法律方面是很可能比正确更正确(如解释一份普遍被业界适用的新版本合约标准格式其中的一条重要条文),只是该法律观点十分重要与新颖,法院很想批准上诉以确立权威性与公开先例让其他业界人士清楚了解他们的法律地位也是束手无策。

其中也听到有建议认为改变立法不容易,如果业界希望多一点上诉以明确英国商法,一种做法就是像The "Trade Nomad" (1998) 1 Lloyd's Rep 57那样双方一开始就同意上诉裁决书的法律观点,不需要批文。

4. 向法院申请救济应该是哪一种救济?

众所周知,向法院申请救济主要是三大种类。第一种是针对管辖权的重审,这是在1996年《英国仲裁法》之Section 67。第二种是针对仲裁程序或是裁决书出现严重不正常,这是在Section 68。第三种就是针对裁决书中法律观点的上诉批文,这是在Section 69。对裁决书不满意的一方向法院作出申请,必须明确要求哪个种类的救济。如果申请人申请一种错误的救济并被法院拒绝,再想依据另一种救济向法院申请,就会错过28天的时限。要知道,对裁决书不满的救济除了1996年《英国仲裁法》规定很严厉与有限的救济外,再也没有其他办法。这里可举Jackson大法官在Surefire Systems Ltd v Guardian ECL Ltd (2005) EWHC 1860 (TCC)所说的,如下:"Where the parties enter into an arbitration agreement, their rights thereafter to challenge the arbitrator's award are strictly limited by the Arbitration Act 1996."

但问题是不少情况应该依据哪一种争议并不明显,所以经常会有申请人对一个裁决书不满意的地方向法院同时申请两种甚至三种的救济,然后让法院选择到底哪一种救济适用。如Pacol v Rassakhar (2000) 1 Lloyd's Rep 109,这在本书上册第九章之3.4段有详细介绍,涉及被告的买方已经承认责任,但仲裁庭"自说自话"重开责任问题且判买方没有责任,令买方"反败为胜",裁决书也很明显令双方当事人惊奇。卖方向英国法院寻求救济就有了疑问,到底是根据Section 67指仲裁庭超越了管辖权(excess of jurisdiction),还是根据Section 68的严重不正常(serious irregularity)。显然,安全的办法就是在向法院作出的申请将两个救济都包括在内,因为它们都有28天的时限必须提出申请。现实中也没有太大的问题,因为这两项救济都是强制性的。问题是如果Section 67或68与Section 69有关申请法律观点上诉批文混在一起,就会存在Section 69被双方当事人约定排除(如在一个ICC仲裁之Article 28[6],或在

LCIA 仲裁之 Article 29.2)。

这种情况出现在 Gulf Import & Export Co v. Bunge SA（2007）EWHC 2667（Comm)。案情涉及卖方 Bunge 以 CIF 出售大约 6 万吨的巴西大豆给买方 Gulf。买卖合约是根据 FOSFA 的标准格式，格式规定双方有争议去伦敦的 FOSFA 仲裁。在 FOSFA 的仲裁规则中，有第 3 条规定如果原告在 1 年内不提供索赔请求给仲裁员，其索赔就被视为是过期(lapsed)，除非在此期间索赔被重新提起(renew)。但如果原告没有重新提起，该索赔被视为撤销与放弃(除非仲裁员另有决定)。

双方起的争议是该批巴西大豆抵达迪拜的卸货港被 Gulf 指称有损坏。Gulf 向迪拜法院取得命令把有关的船舶(该船舶是 Bunge 所期租的)扣押，直至他提供了大约 900 万美元的担保。但之后，通过上诉这笔担保被减少为大约 400 万美元。这些法律的程序就无可避免带来了延误，该船舶被滞留在迪拜长达 3 个月。这导致了船东与 Bunge(承租人)之间的争议与伦敦仲裁，估计是针对货物损坏的责任与它所导致的损失，包括船舶的滞留。在同时间，Bunge 也向 Gulf 提出索赔，其中包括在迪拜的 3 个月滞期费，高达 550 万美元。Bunge 是在 2004 年 10 月份开始 FOSFA 仲裁并委任了自己的仲裁员。Gulf 是在 2004 年 12 月委任了自己的仲裁员。但 Bunge 并没有推进仲裁程序，原因是 Bunge 希望他与船东之间的仲裁先告一段落。如果船东自己要对货物损坏与导致的损失负责，就不存在 Bunge 需要向 Gulf 索赔或要求补偿这笔 550 万的滞期费了。而碰巧的是船东在该伦敦仲裁也不知道是什么原因没有推进仲裁程序。

这导致在接下来的 12 个月期限内(根据 FOSFA 仲裁规则的第 3 条)，Bunge 没有作出与送达索赔请求或任何的证据。到了 2006 年 1 月 20 日，Bunge 要求仲裁庭行使他们的自由裁量权允许延长 12 天提出有关滞期费的索赔。但在此时，已经过了 12 个月时限的 71 天。两位当事人委任的仲裁员在这个问题上不能达成一致，就委任了一位公断人。该公断人在 2006 年 2 月 8 日作出裁决书撤销 Bunge 的滞期费并拒绝延长时限。Bunge 就根据 FOSFA 的仲裁规则提出内部的上诉，期间 Gulf 提出了一个新的争议，就是根据 FOSFA 仲裁规则的第 3 条，它的正确解释应该是延长时限的裁量权只属于一审的仲裁员或公断人，FOSFA 的上诉仲裁庭没有这方面的权力。之后，上诉仲裁庭在合议后作出裁决，判是 Gulf 对第 3 条的解释不被接受，并改变一审的裁决，判允许 Bunge 延期，认为这样做不会对 Gulf 带来任何利益的损害。

这导致 Gulf 向法院申请救济，而且是所有三个种类的救济都被包括在内。涉及管辖权的救济，理由就是上诉仲裁庭如果在第 3 条仲裁规则下真的没有权力延长时限，这显然是管辖权的问题。但 Gulf 也依据 Section 68(2)(b)就是指称仲裁庭超出了他在处理仲裁程序的权力(exceeding its powers otherwise than by exceeding its substantive jurisdiction)，这显然是因为 FOSFA 仲裁规则的第 3 条可被视为是仲裁庭权力的问题，而不是实质管辖权的问题。至于 Gulf 所提出的第三种救济，就是 Section 69

下的法律观点的上诉,理由是上诉仲裁庭把原先仲裁庭所作出的裁量权推翻,另给一个不同的裁量权,是在法律上犯了一个错误。

在高院的Flaux大法官认为这一个争议涉及了FOSFA的仲裁规则的解释,而不是双方买卖合约的解释,所以这不是一个关于实质争议的法律观点,不应该适用Section 69的救济,接下来Flaux大法官认为Section 67的实质管辖权争议适用在哪些索赔可以通过仲裁去解决,而不适用在延长索赔时限的裁量权问题。所以,正确的救济是Section 68 (2)(b)。Flaux大法官认为FOSFA仲裁规则本质上是对上诉权利没有任何局限,所以上诉仲裁庭应该有权重新作出对时限的延长,不存在他们超出了在仲裁程序的权力。

这种三个种类的救济都被包括在申请内的做法也出现在其他很多的案例,如在DDT Trucks of North America Ltd v. DDT Holdings Ltd (2007) EWHC 1542 (Comm)。

所以总结说,除非在一些非常明确的情况只需要或涉及一种救济,否则就把所有在Section 67－69的救济都包括在内,在28天的时限内向法院提出。至于法院会根据何种次序处理,就是法院的裁量权了。如申请是涉及Section 68与69的救济,法院可能会先考虑Section 68的申请。因为如果申请成功就可能涉及撤销裁决书或至少是发还给仲裁员重新考虑,根本不必再考虑Section 69下是否要给予上诉批文:Omnibridge Consulting Ltd v. Clearsprings (Management) Ltd (2004) EWHC 2276 (Comm)。换言之,处理了Section 68的申请并认为申请人不成功的情况下,法院才进一步考虑该有效的裁决书中的法律观点是否涉及一般公众利益与是否有严重的怀疑仲裁庭错判。

但也会有相反的情况,就是决定是否给予Section 69的上诉批文,因为裁决书中到底是否有一个明显错误或严重怀疑的错误是对有否违反Section 68的严重不正常有直接关系,这一来就会是先考虑Section 69:The "Agios Dimitrios" (2005) 1 Lloyd's Rep. 23。

如果是涉及了Section 67的仲裁庭是否拥有实质管辖权,会是更加明显先要对此进行处理,然后再处理依据Section 68或69提出的救济申请(如果有的话)。

当然,向法院同时申请多过一种的救济还是需要有一点关系,否则仲裁索赔申请表(arbitration claim form)无法填写。但这一点可以放心,申请人聘请的水平高的律师,他们都会很富想象力与挑的出问题。有时候还涉及了他们想取巧,因为Section 69(5)是说明不允许开庭,除非法院要求。但Section 68往往需要开庭决定是否给予裁决书撤销或发还的救济。显然,申请人是希望法院开庭而不只是凭有限的文件作出决定,即使主要或唯一的目的只是为了成功申请上诉批文。但如果有可能关系到Section 68的严重不正常,就增加了机会让法院开庭同时处理这两个救济的申请,申请人就有机会畅所欲言。这种情况在Bulfracht (Cyprus) Ltd v. Boneset Shipping Co Ltd (2002) 2 Lloyd's Rep. 681与Newfield Construction Ltd v. Tomlinson (2004) EWHC 3051 (TCC)先例中有涉及。

5. 申请裁决书的救济与执行是否需要保持机密的问题

有关仲裁的机密性在《仲裁法——从1996年英国仲裁法到国际商务仲裁》第13章已经有比较详细的论述，这里是探讨有关一方或者双方当事人向英国法院请求有关裁决书的救济（不论是 Sections 67/68/69 任何一项的救济），法院的程序与最后的判决是否要保持机密的问题。

大前提是根据 CPR r. 39. 2，法院是要公开聆讯的，而法院作出的判决是属于公共的资料 Scott v. Scott (1913) AC 417。但在 CPR r 62. 10(1)，规定是涉及了仲裁裁决书的质疑并要求法院作出救济，法院有裁量权可决定是否公开或闭门聆讯。另在 CPR r 62. 10(2) 规定了针对裁决书法律观点错误的上诉，或是根据1996年《英国仲裁法》Section 45 要求法院作出初步法律观点的判决就必须公开聆讯。这显然是合理的，因为整个涉及法律观点的上诉或作出的初步判决就是为了让英国的商法有机会发展与更加的完备，所以根本不可能让它机密。

这方面到了 Department of Economics Policy and Development of the City of Moscow v. Bankers Trust Co. (2004) EWCA Civ 314，上诉庭对上述做法做了一定的改变。在这一著名的先例，涉及向法院申请救济，理由是仲裁庭不公正，所以有一个严重不正常的情况。这一个 Section 68 的申请是闭门聆讯，双方当事人都没有向法院申请公开聆讯。在法院事后作出的判决，将它公开并在 Lawtel 的网站出现。这带来了不想公开的一方向法院申请禁令，其中原告希望把判决公开，但被告认为仲裁中涉及了机密与政治敏感事项，所以判决应该保持机密。这种情况在国际仲裁经常会出现，如案件涉及发展中国家的贪污受贿或一些跨国公司通过对发展中国家不利的条文榨取大量利润，往往一方当事人或双方当事人都希望保持机密。

在这一个先例，有关双方当事人的争议，一审的 Cooke 大法官认为 CPR r. 62. 10 只针对聆讯是否要公开但没有针对判决。这一问题也没有在1996年《英国仲裁法》有任何规定。但 Cooke 大法官认为是如果开庭聆讯是不公开，就理所当然判决也不公开。这一个案件到了上诉庭，对这一做法就有了改变。上诉庭认为机密可以分成三个不同的阶段，首先仲裁应该完全机密。第二个阶段是法院的开庭聆讯有关申请救济，起点是机密，但法院有裁量权命令公开聆讯。第三个阶段是法院作出的判决，上诉庭认为没有必要保持机密。原因是法院完全可以草拟一个判决不提及有关机密的内容，如果有必要，法官还可以跟双方的代表大律师商讨哪一些资料可以加在判决内。如果把判决公开，好处自然是让公众知道英国仲裁的公正性与可循性，哪一些是有问题的英国裁决书并且取得救济，特别是涉及了法律方面的问题。上诉庭的 Mance 大法官这样说：" There cannot properly be a blanker protection of non-publication in all cases which fall initially to be heard in private under CPR 62. 10. It may be possible to some extent to group cases arising out of the same type of circumstances. I find it difficult, as at present advised, to see why a judgment determining that there was no valid or applicable arbitration agreement or (probably) that arbitrator issued an award without jurisdiction, or dismissing an application for stay of current proceedings in favor of arbitration should be private. There are arbitrations about factual circumstances and issues which appear unlikely to involve any significant confidential information at all. The main motive to arbitrate may be different considerations, such as the expertise or informality of arbitrators-many shipping and commodity arbitrators must fall into this category. In arbitration claims relating to such arbitrations, the starting point may easily give way to a public hearing. In every case, while it will be appropriate to start the hearing in private as contemplated by CPR 62. 10, the court should be ready to hear representations from one or other party that the hearing should be continued in public, and should anyway if appropriate raise this possibility with the parties..."

可总结说,涉及仲裁的法院判决在上诉庭的指引下,大部分都会公开。这特别是涉及了法律观点与管辖权的争议,只会有例外的情况涉及 Section 68 的申请才有可能不公开判决。

接下来要探讨执行一份裁决书是否需要保持机密。这在 Associated Electric & Gas Insurance Services Ltd v. European Reinsurance Co of Zurich (2003) 1 All ER (Comm) 253,英国枢密院判仲裁裁决书到了这一阶段,就不再被视为机密。因为到了执行的阶段就有了不同的考虑,应该让公众知道败诉方应该作出支付的责任,但没有自动支付(an award would have to be put into public domain "for accounting purposes or for the purpose of legal proceedings between the parties, eg, injunctive relief or for the purposes of enforcing the rights which the award confers)。

同样的看法也在一个新加坡的案例出现,名为 International Coal Pte Ltd v. Kristle Trading Ltd and Another and Another Suit (2008) GHC 182, Lai Siu Chiu 大法官说:"Once the award was registered as a Singapore judgment, it entered the realm of the public domain and no privacy can attach to enforcement proceedings attendant on the judgment. Coupled with the fact that the award is now a judgment, any confidentiality that attached to the arbitration and/or the award had been removed by the Plaintiffs' own action in instituting these proceedings and making the arbitration and the award a matter of public record. The Plaintiff chose to sue in Singapore and they must live with the publicity, if any, attendant on law suits in Singapore."

6. 香港对裁决书的救济

由于香港新的《仲裁条例》将会颁布，所以只简单的介绍目前香港有关裁决书救济的法律地位。可以说，目前香港在这方面的地位是很不如意，因为本土仲裁与国际仲裁区分为两套不同的制度。本土仲裁基本上还是以英国 1950 到 1979 的《英国仲裁法》为基础，而国际仲裁基本上依照《联合国示范法》，然后在 1996 年增加了 Part IA，包括 Section 2AD 到 2 GN 等多条条文同时适用在本土仲裁与国际仲裁，希望减小两套不同制度的距离。但还是有不少地方没有做到，其中重要的是包括了仲裁员在处理仲裁程序过程中违反自然公正或犯了错误。

在本土仲裁，香港《仲裁条例》针对这方面的问题还是称为仲裁员的"不良行为"(misconduct)，这会导致裁决书被法院给出救济，或者根据 Section 24 发还给仲裁员重新考虑，或者根据 Section 25 撤销裁决书。由于这一方面还没有和英国的做法就是把不良行为提升为"严重不正常"(serious irregularity)，并加上了"重大不公正"(substantial injustice)的要求与只局限在九项的不正常。而且针对什么构成是不良行为的先例多部胜数。这一来，如果香港的一个本土仲裁裁决书去香港法院申请救济，就会大量引用这些在英国已经过时的先例，而香港的法院也很难在立法没有作出任何改变之前大幅度收紧对不良行为的解释。

相反，在适用香港国际仲裁的《联合国示范法》根本没有不良行为的说法，有的只是在 Article 12(2)的仲裁员有合理怀疑他的公正与独立(an arbitrator may be challenged only if circumstances exist that give rise to justifiable doubts as to his impartiality or independence)。另针对裁决书的救济，是在 Article 34(2)，而能够成功的理由与《纽约公约》的 Article 5 一致，可以说是十分局限。其中涉及违反自然公正的理由包括有：(1)裁决书败诉的一方没有被给予适当的委任仲裁员通知或有关仲裁程序的通知或无法陈述他的争辩(本书第十一章 2 段)；(2)裁决书所处理之争议非为交付仲裁之标的或裁决有关于交付仲裁范围以外的事项(本书第十一章 3 段)；(3)仲裁裁决违反了公共政策(本书第十二章)。这些理由看来很不充足，相比 1996 年《英国仲裁法》的 Section 68(2)的九项严重不正常，就有好几项没有包括。如 Section 68(2)(i)的仲裁员自己承认在程序上犯错，如漏了考虑当事人提供的一些资料，希望法院能够发还重新考虑，但仲裁员自己就改不了，因为裁决书作出了之后仲裁员就变的是"一时不再审"(functus officio)。这种好像 The "Montan" (1985) 1 Lloyd's Rep. 189 先例的情况，在现实中时有发生。在香港仲裁，如果这样的不正常情况发生在本土仲裁就可以有救济，但在国际仲裁就变的没有救济。

如果涉及是非常严重的不正常，如仲裁员被败诉方发觉贪污受贿。这是不成问题，不论是本土或国际仲裁的裁决书都会被香港法院撤销。但在程度轻微的不正常，在这两套制度下就会有差异与不稳定。香港目前这种案例也不多，这估计是香港比起伦敦数量差很远外，也是本土仲裁数量较少（主要是一些香港工程合约），而国际仲裁数量较多，但由于对裁决书的救济太局限，败诉方被迫接受的比较多。当然也可以有另一个解读，就是香港仲裁员的水平比伦敦仲裁员的要高，不犯这种错误。

最后可以节录马道立大法官主编的《Arbitration in Hong Kong A Practical Guide》一书的有关上述所讲的部分（9－47 至 9－50 段）：

"A challenge for misconduct arises only under the domestic regime. There is no equivalent provision in the Model Law, where the only ground for challenge is under Article 12 on the basis that circumstances give rise to justifiable doubts as to impartiality and independence. Under the Model Law, it is also a ground for challenge if the arbitrator does not possess qualifications agreed upon by the parties.

The courts have consistently refused to attempt a complete definition of misconduct. Indeed, the term has often been criticized as being misleading and confusing. To this end, the English Arbitration Act 1996 omits to include the term altogether, although a similar concept remains. The concept extends to fraud and deliberate malpractice at one end of the spectrum, to simple inadvertence at the other. It covers both personal misconduct of the arbitrator and misconduct which affects the proceedings. Personal misconduct may also lead to allegations that the arbitrator has breached the requirements of independence and impartiality. As a practical guide, if the arbitrator has breached a fundamental principle of natural justice or wider principle of fairness then misconduct may have occurred if it can be shown that this mishandling of the case led to a substantial miscarriage of justice.

Although a subject of much debate, advocates of the Model Law approach suggest that the common law concept of 'misconduct' can be abused by a party seeking to delay and disrupt arbitration proceedings. The same advocates also point out that a separate misconduct ground is not necessary as recourse is available against the award if, among other things, a party was 'unable to present his case'.

Under the Model Law regime, potential challenges have to be characterized as giving rise to justifiable doubts as to impartiality or independence, within Articles 12 and 13. In many situations, this will be possible because an act of misconduct, such as engaging in unilateral discussions with one party, will legitimately give rise to the other party having justifiable doubts as to the arbitrator's impartiality or independence. **However, the concept of misconduct is arguably broader than failing to demonstrate independence and impartiality**. On occasions, for example, an arbitrator may commit an act of misconduct which does not suggest a predisposition to a particular party or case. For example, if an arbitrator refuses a request of both parties to hold a hearing, that would legitimately constitute misconduct without necessarily suggesting a predisposition to a particular party. In such a situation, it may be difficult for the parties to formulate their challenge under Articles 12 and 13, rather than under the misconduct head."(黑体为笔者之强调)

至于另一种的救济,也就是裁决书内的法律观点去上诉香港法院,香港本土仲裁是根据 Section 23,这是从 1979 年《英国仲裁法》搬来的一套做法。也就是香港本土仲裁的法律问题再也不是可以自动上诉,而是适用上诉批文的申请(leave to appeal),给予批文的准则依照 Nema Guideline,承认"排除上诉法院的条文"(exclusion agreement)的有效性等。可以说,做法上与 1996 年《英国仲裁法》基本上一样或十分接近。但香港国际仲裁所适用的《联合国示范法》,就根本不存在上诉法院的做法。所以仲裁员在裁决书的法律问题(香港法律)是完全错误,而且是明显错误,也没有任何救济可言。笔者对香港这种做法大致上也支持,原因是:(1)香港法律在一国两制下是跟从英国法律,所以只要英国商法有了发展与更新,香港法律就没必要也没有能力(由于案件有限)通过裁决书的上诉自己建立一套商法。这种情况在笔者涉及的国际货物买卖、保险与航运方面的法律至为明显。在不少的香港海事仲裁,双方当事人的争议都是依赖大量英国在这方面的先例,如不适航的 The"Muncaster Castle"(1961) 1 Lloyd's Rep. 57 的著名贵族院先例。这些方面都是香港法院没有针对过但英国有数不清的针对性先例。(2)香港法院也不像英国在这方面有很多专业知识的大法官,这会有危险导致上诉法院后没有能力纠正裁决书中的法律观点错误。虽然在法律观点欠缺了香港法院的干预与监督是会导致部分仲裁员在裁决书中法律观点自说自话,犯了很明显的错误也没有办法作出救济,但这也符合了国际仲裁的看法与要求,正如《联合国示范法》所显示出来的平衡。

第九章　对裁决书向法院申请救济的时限问题与做法

1. 序　言

这一个问题在《仲裁法——从1996年英国仲裁法到国际商务仲裁》第四章之2.2.12.4已经有涉及，并在2.2.12.5介绍了法院会考虑延长时限的各种因素。但由于这一问题有十分重要的影响，所以在此作出补充。

首先是要说明这里要讨论的时限问题是与法律或合约默示或者明示规定了索赔方必须开始仲裁的时效/时限不同。前一个问题可以说是到了裁决书已经作出，考虑的只是败诉方甚至是双方对裁决书不满意想去法院申请救济，后一个问题早已不存在了。但本质上对于时限还是必须十分谨慎，因为一旦错过就会因丧失了重要的权利而一败涂地，如一笔金额庞大的索赔权利或是对一个错得十分离谱的裁决书取得救济的权利。

1.1　1950年《英国仲裁法》针对时效/时限的延长

需要谨慎的还有一个重大的原因，就是对部分的时效/时限就算是错过，法院会有裁量权延长。以前会有比较宽松的对待，如延长索赔方或原告开始仲裁的时效/时限：The "Pegasus"(1967) 1 Lloyd's Rep. 302与The "Aspen Trader"(1981) 1 Lloyd's Rep. 273。但近年来，由于各种原因如避免延误，造成了有关的立法与法院的裁量权都收紧，导致申请延长任何的时效/时限十分困难。以申请延长开始仲裁的时效/时限为例，1996年《英国仲裁法》之Section 12就比1950年《英国仲裁法》之Section 27大大收紧，可以说在现实中能够成功获得延长时限的机会极微。

至于在1950年与1979年《英国仲裁法》下有关对裁决书向法院申请救济的时限没有明确规定，而是依据《英国高院规则》(Rule of Supreme Court)，目前已经在现实中无关，因为估计不大会有1950年+1979年立法适用的仲裁案件还没有完结，更不大可能是只有1950年立法适用的仲裁案件还没有处理掉。但为了与1996年《英国仲裁法》作比较，在这里节录Mustill & Boyd《Commercial Arbitration》的第二版第567页：

"The time within which the application must be launched and the steps necessary to comply with the time limit depend on whether the arbitration was or was not conducted under the provisions of the 1979 Act（See Order. 73，r. 5[1]）

If the arbitration was conducted under the 1979 Act，the application must be made and the notice of motion served within 21 days after the award has been made and published to the parties.

If the arbitration was not conducted under the 1979 Act，it is sufficient if the application is made within six weeks after the award has been made and published to the parties（Ord. 73，r. 5）. The notice of motion need not be served within that period.

In either case the applicant must serve together with the notice of motion a copy of every affidavit intended to be used in support of the application，and the notice of motion must state the grounds on which the application is made.

The Court has a general discretion to extend the period within which the application must be made and the notice of motion served. In exercising this discretion the Court will have regard to the following factors-

1. The desirability of adhering to time limits prescribed by Rules of Court

2. The likelihood of prejudice to the party opposing the application if the time is extended.

3. The length of the delay by the applicant.

4. Whether the applicant has been guilty of unreasonable or culpable delay.

5. Whether the applicant has a good arguable case on the merits.

This list is probably not exhaustive，and does not lay down a rigid test：the final criterion is whether the interests of justice require that the time should be enlarged，and the weight to be given to each factor will depend on the circumstances of the case."

1.2 1996《英国仲裁法》的针对延长不同时效/时限的四条不同条文

在1996《英国仲裁法》，针对法院有权把时效/时限延长足足有四个不同的条文。第一条就是Section 12，针对的是合约中对开始仲裁时效（contractual time bar）的延长。部分规定如下："Where an arbitration agreement to refer future disputes to arbitration provides that a claim shall be barred，or the claimant's right extinguished，unless the claimant takes within a time fixed by the agreement some step——（a）to begin arbitral proceedings，or（b）to begin other dispute resolution procedures which must be exhausted before arbitral proceedings can be begun. the court may by order extend the time for taking that step."

第二条是Section 50，针对的情况是如双方同意在开庭审理后的一个月内必须作出裁决书（如果违反，该裁决书就会有欠缺管辖权的危险），但仲裁庭实在是没有办法在该时限内作出一个裁决书的情形。部分规定如下："50（1）Where the time for making an award is limited by or in pursuance of the arbitration agreement，then，unless otherwise agreed by the parties，the court may in accordance with the following provisions by order extend that time."

而第三条 Section 79,针对的是双方同意或可以同意的(非 mandatory 的条文)各种类型有关仲裁程序的时限,如在 Section 16 是有关仲裁员委任的时限,如被告要在收到仲裁通知后的 14 天内委任自己的仲裁员。但双方永远可以通过约定给对方 28 天或更长时间委任仲裁员。Section 79 是针对两种情况,第一种是仲裁程序上双方当事人同意的时限,因为这一句一开始就说明"unless the parties otherwise agree"。第二种情况是在双方没有同意的情况下,1996 年《英国仲裁法》就会有相关的时限规定,如 Section 16 有关仲裁员委任,如双方当事人必须在 28 天委任独任仲裁员或被告必须在收到仲裁通知后的 14 天内委任自己的仲裁员。部分规定如下:"Unless the parties otherwise agree, the court may by order extend any time limit agreed by them in relation to any matter relating to the arbitral proceedings or specified in any provision of this Part having effect in default of such agreement. This section does not apply to a time limit to which section 12 applies (power of court to extend time for beginning arbitral proceedings, & c.)"

最后的第四条是 Section 80(5),针对向法院提出申请或上诉的时限的延长,部分规定如下:"Where any provision of this Part requires an application or appeal to be made to the court within a specified time, the rules of court relating to the reckoning of periods, the extending or abridging of periods, and the consequences of not taking a step within the period prescribed by the rules, apply in relation to that requirement."

Section 80(5),也就是本章所要介绍的时限延长,也是十分困难,但本质上是与 Section 12 不同。Section 12 也很难成功取得延长是因为 1996 年《英国仲裁法》不想再干预双方的订约自由。

Section 80(5) 所针对的是与 Section 79 有点很微妙的不同情况,这是要看 Section 70(3) 说明申请或上诉有关的裁决书,必须要在 28 天内去法院提出,而 Schedule 1 是说明这 28 天在针对 Section 67(关于管辖权的质疑)与 Section 68(关于严重不正常行为的救济)是强制性的条文(mandatory provisions)。换言之,这 28 天是不允许双方当事人根据订约自由延长或者缩短。所以,这种时限的延长不是根据 Section 79 而是根据 Section 80(5)。

1.3　延长时限/时效的政策考虑

至于法院对申请对裁决书救济的时限延不延长的考虑,很大程度上是政策上要避免延误,希望尽快让裁决书变为有"终局性"(finality)可尽早执行。其他原因也涉及法院现在尽量减少插手仲裁的态度,所以会作出救济的条件定得十分严格。可以说,错过时限即使是很短的时间就已经有危险不获得延长,如在 Sinclair v. Woods of Winchester Ltd (2005) 102 Con LR 127 只过了时限一天,也得不到延长。另 Colman 大法官在 Aoot Kalmneft v. Glencore International AG (2002) 1 Lloyd's Rep. 128 中说:"Once an award has been made the parties have to live with it unless they move with great expedition"(裁决书一作出,双方当事人就必须接受这一个现实,除非是他们行动的十分迅速。)

另外对于开始仲裁的时效/时限,现在英国的法律是跟从欧洲大陆国家的法律将其划归到实体法的范畴。在1994年之前,英国传统是把开始诉讼(包括仲裁)的时效/时限视为是程序法:L. Collins et al. , Dicey and Morris on the Conflict of Laws (12th edn, London, 1993), vlo. 1, p. 184。但大陆法一般是将开始诉讼的时效/时限视为是实体法:D. Girsberger, Verzahrung und Verwirkung im internationalen Obligationenrecht: Internationales Privat- und Einheitsrecht (Zurich 1989)。这带来的不好之处就是鼓励国际争议择地行诉,如一个已经在德国过了时效/时限的案件,索赔方设法再去英国起诉,因为根据英国法律,时效/时限尚未过。但在1984年的《Foreign Limitation Periods Act》立法后,英国已经向大陆法靠近。

而对裁决书向法院申请救济显然是属于程序法的内容而受到仲裁地点法律的约束,去伦敦仲裁就是根据1996年《英国仲裁法》。所以,在C v. D (2008) 1 Lloyd's Rep. 239一案,上诉庭判是双方既然选择了伦敦作为仲裁地点,就被认为是同意了裁决书的程序法是英国法。同时,仲裁法内针对裁决书的上诉时限也适用。Longmore大法官说:"a choice of seat for the arbitration must be a choice of forum for remedies seeking to attack the award."

2. 程序的时限与《欧洲人权公约》

法院程序的时限被视为是一种有力的管理手段,但也受到错失时限当事人的挑战,指它违反《欧洲人权公约》(European Convention on Human Rights)的Article 6中对公正审理(fair hearing)的要求。在Stubbing v. United Kingdom (1996) 23 E. H. R. R. 213一案,欧洲人权法院(European Court of Human Rights或简称ECHR)判是对猥亵幼童案的诉讼时限并不违反《欧洲人权公约》的Article 6. 1。法院认为Article 6. 1包括了"法院的权力",而管理民事诉讼程序(延长时效)正是其中一方面。然而,这权力并非绝对的,它们是默示的权力,本身也受到国家立法的管制。在考虑时限是否属于合理时,法院这样说:"They serve several important purposes, namely to ensure legal certainty and finality, protect potential defendants from stale claims which might be difficult to counter and prevent the injustice which might arise if courts were required to decide upon events which took place in the distant past on the basis of evidence which might have become unreliable and incomplete because of the passage of time."

另在Perez de Rada Cavanilles v. Spain (1998) ECHR 102一案例,上诉人指称有违反Article 6的情况发生。上诉庭拒绝了这个说法,因为上诉人没有按照规定的3天内去法院登记处登记这个上诉,而这3天是从被质疑的原审判决作出之时起算。

上诉人应该以挂号信的方式在3天内邮寄出其上诉状,但法院登记处在原审判决作出后5天才收到上诉状。欧洲人权法院说:"The rules on time-limits for appeals are undoubtedly designed to ensure the proper administration of justice and compliance with, in particular, the principle of legal certainty. Those concerned must expect those rules to be applied. However, the rules in question, or the application of them, should not prevent litigants from making use of an available remedy."

根据此案例的事实背景,法院最终允许了上诉人的上诉,因为在此"特别严格地适用"(the particularly strict application)程序规则会剥夺上诉人寻求法院救济的权利。

1996年《英国仲裁法》有关对裁决书向英国法院申请救济的时限应该是不会有任何违反《欧洲人权公约》。

3. 1996年《英国仲裁法》有关对裁决书申请救济在时限上的规定

在1996年《英国仲裁法》生效之前,众所周知,对裁决书不满意的一方当事人想向英国法院寻求救济(不论是试图撤销裁决书或者法律观点的上诉)也会面对时限的规定,这规定是在《最高院规则》(Rule of Supreme Court)之Order 73。针对在1979年《英国仲裁法》下进行的仲裁,时限是从裁决书向当事人作出与发布(made and published to the parties)的21天。而其他的仲裁,也就是指1979年之前的在1950年《英国仲裁法》下的仲裁,这时限就长达6个星期。

在上述的文字上曾经有过争议,就是"发布"是否指双方当事人收到裁决书之后才算发布并进而起算这一个时限。在The "Archipelagos" (1979) 2 Lloyd's Rep. 289,案情涉及了一个裁决书在1978年12月1日作出并以信函通知了双方的代表律师。而船东代表律师是在12月4日收到这一个通知,而承租人的代表律师是在12月8日收到通知。船东代表律师在12月12日支付了仲裁员的费用并取得裁决书,仲裁员以信函把另一份裁决书邮寄给承租人代表律师,裁决书在12月19日收到。败诉的承租人向法院申请对裁决书的救济,传票是在1979年1月23日作出。这一来,双方就有了时限是否已过的争议。以船东的计算,6个星期的时限应该是从收到仲裁员以信函通知裁决书已经作出的一天开始,所以时限应该在1月19日届满,传票就相应晚了4天作出。但承租人认为发布是指收到裁决书的一天,也就是时限从12月19日开始计算。Parker大法官根据140年前的先例Brooke v. Mitchell (1840) 6 M. & W. 473的判决,判是裁决书的发布是指仲裁员作出了最后的决定并告知双方当事人而使仲裁员完成了他的职责(functus officio)。所以,计算时限的开始并非是以当事人真正收到与看到裁决书的一天为准。

这一方面到了1996年《英国仲裁法》,可以说是时限的起算是定得更加明确与没有争议了,它规定是以"裁决书作出的一天"(date of the award)开始计算时限。但该立法也有了新的不明确之处,需要在这里解释。首先为了阅读的方便,先节录相关的条文 Section 70 如下:"(1) The following provisions apply to an application or appeal under section 67, 68 or 69. (2) An application or appeal may not be brought if the applicant or appellant has not first exhausted-(a) any available arbitral process of appeal or review, and (b) any available recourse under section 57 (correction of award or additional award). (3) Any application or appeal must be brought within 28 days of the date of the award or, if there has been any arbitral process of appeal or review, of the date when the applicant or appellant was notified of the result of that process."

首先可以看到的改变就是时限定为28天,比以前的6个星期短但是比21天长。第二个重要改变就是在 Sub - section(3),除了从裁决书作出的一天起算这28天,还多了一个起点,就是如果仲裁本身的程序有上诉或审查的机制,就要完成了它才起算这28天。以下探讨这几点改变。

4. 时限第一个起算点——裁决书作出之日

在1996年《英国仲裁法》之 Section 54 对裁决书作出之日有如下的定义:"(1) Unless otherwise agreed by the parties, the tribunal may decide what is to be taken to be the date on which the award was made. (2) In the absence of such decision, the date of the award shall be taken to be the date on which it is signed by the arbitrator or, where more than one arbitrator signs the award, by the last of them."

上述的立法条文首先规定就是裁决书的日期可以由双方约定,否则就由仲裁庭决定。双方当事人会约定裁决书的日期情况比较少见,毕竟拟定裁决书的进度不是当事人可以控制得了。只会在一些罕见的情况下如双方和解但要求仲裁庭作出一份"协议裁决书"(agreed or consent award)才有可能出现。当事人会在仲裁协议中约定仲裁庭作出裁决书的时限,如开庭结束后的3个月内。但即使这样,也并无法确定一个具体的裁决书日期,因为有可能是这3个月中的任何一天。

在独任仲裁员的情况下,裁决书的日期就完全可以由他自己来决定。这当然是在他作出最后决定不再准备重看有关的文件与考虑该案件,也就是不可能再会作出改变的情况,独任仲裁员就可以把拟定好的裁决书打印出来签字并加上签字的日期作为裁决书作出的日期。由于他完全可以控制签字的进度,所以甚至是可以直接将日期打印在裁决书上。

但是在两位或者三位仲裁员的情况,尤其是分别居住在不同的国家或地区,裁决书的签署过程就没有这么简单了。现在的做法通常是由仲裁庭其中一位仲裁员(通常仲裁庭有三位成员的话就是首席,但如果两位成员的话就是牵头的仲裁员[lead arbitrator],通常是原告委任的仲裁员)打印出一式几份的裁决书以快递的方式发给其他的仲裁员签署。其他仲裁员在签署之后会将裁决书再以快递的形式送回给该打印裁决书的仲裁员,然后由他来最后一个签署并加上签署的时间作为裁决书的日期。

会有情况是为了节省时间,不必等到打印出裁决书才以快递的形式发放给所有的仲裁员签署。只要大家对裁决书的决定基本上达成一致的看法,再也不会有实质性的改变,剩下的只是一些文书上的修辑,首席或牵头仲裁员就把几张签字页(signature page)发放给其他仲裁员签字。该签字页只写上仲裁地点与留空了的裁决书日期(只会打上年份或顶多是月份),接下来就只有仲裁庭成员的名字与留空给他们签字的一栏。这就可以允许首席或牵头仲裁员最后把裁决书完成后打印出来,只要把已经签妥的签字页加到最后一页并填上裁决书日期,这就完成了一份完整的裁决书。这种做法在国际仲裁其实非常普遍,虽然这种做法在 The Czech Republic v. CME Czech Republic BV (Transnational Dispute Management. Vol. 1, Issue #02 - May 2004)受到抨击,持不同意见的仲裁员投诉仲裁庭这种做法是向他施加压力以达成一致的决定。显然,如果仲裁庭成员不像会达成一致的意见,而且大家还是处于合议阶段,就不应该这样做了。毕竟,这也省不了几天时间。

在这种要通过快递发放给仲裁庭成员签署的做法,裁决书日期就比较困难预先确定了。所以,通常在该裁决书或签字页是不会填上准确的日期,往往留待最后一位仲裁员签署时才可以肯定地把那一天以手写填上,这正是 1996 年《英国仲裁法》之 Section 54(2)最后一句规定的情况。

由于对裁决书寻求救济的 28 天时限是从裁决书日期的一天起算,所以很重要的就是在同一天通知双方当事人裁决书已经作出。通常,如果仲裁员的收费已经是有了保障(不论是通过预付费用[deposit]的形式或者是仲裁机构已经收到仲裁费用),仲裁员会在裁决书作出的当天就把裁决书交出给双方当事人。笔者的做法通常就是传真一份裁决书给双方当事人,而正本裁决书就会通过快递的形式寄出。这方面的重要性可以举一个简单的例子来说明,就是仲裁员如果在裁决书的日期后的 28 天后才通知双方当事人,或是把裁决书交出,这岂非是剥夺他们向法院寻求救济的权利?这显然是不能接受的。

显然,在 Section 70(3)以 28 天的时限从裁决书作出之日期起算,看来是基于一个假设就是裁决书会在签署后立刻交出给双方当事人。正如较早前介绍的情况,就是仲裁庭的收费有了保障的前提下,这也是通常会发生的情况。但也有情况是仲裁庭在签署后拒绝交出裁决书直到其费用得到全部支付(留置裁决书),这也是仲裁员在 Section 56(1)下的权利说:"The tribunal may refuse to deliver an award to the parties except upon full payment of the fees and expenses of the arbitrators."这种情况在笔者经常涉及的海事仲裁经常出现,这种仲裁的程序一般是随意仲裁,不涉及任何的机构。

此外,由于这类仲裁通常不会有开庭而以文书的形式进行,因此所涉及仲裁费用一般不高,所以仲裁员一般不会要求预付费用。更何况,要求交出的预付费用也不知道金额应该多少才是恰当且存放在什么地方,尽管涉及香港仲裁可以存放在香港国际仲裁中心,但他们要收取行政费用。这就导致了仲裁员在作出裁决书后,通常不交出给双方当事人,也不会告诉他们裁决的结果,只会简单告诉他们说裁决书已经作出以及要支付多少的费用就可以取得裁决书。这实际上是一种留置的做法,裁决书应该是属于双方当事人的财产,但仲裁员因此付出了劳动是有权收取约定或法律默示的合理费用,所以普通法或者是《英国仲裁法》都承认仲裁员有这样的留置权。

这就给当事人带来一个困难,就是可能向法院寻求救济的28天时限已经开始起算,但当事人一天没有取得裁决书一天就无法对其寻求法院的救济,甚至不会知道自己是否需要寻求救济,因为根本不知道谁胜谁负。

毕竟在这个28天的时限内,Section 73是要求申请或上诉必须要提出(brought),这在程序上是要作出(issued)"仲裁争议申请表"(Arbitration Claim Form),而且支持救济申请的宣誓书或者证人证言也必须交出给法院。这一方面稍候会进一步介绍。

5. 留置裁决书会带来的延误

在这种经常会在海事仲裁或随意仲裁发生的情况下,迟了交出裁决书会否可能成为延长28天时限的理由?这里会要进一步看仲裁员迟了交出裁决书的实际原因。比如,仲裁员只说是留置裁决书,但不说明他的费用是多少或说是还在计算中。这一来,仲裁员是有错,因为他不向当事人提出他认为被欠下的债务数额。这种情况带来的延误与仲裁员其他的错误,如裁决书作出后不尽快通知双方当事人一样,会获得法院的同情延长这28天的时限。

另一个可能会发生的原因是当事人认为仲裁员提出不合理的收费要求。1996年《英国仲裁法》在Section 56(2)对这种情况作出救济,就是让当事人将仲裁员要求的收费金额先存入法院,然后仲裁员马上交出他的裁决书(可让当事人尽快考虑是否需要向法院寻求救济),最后由法院来决定该收费是否不合理。该条文如下:"56(2) If the tribunal refuses on that ground to deliver an award, a party to the arbitral proceedings may (upon notice to the other parties and the tribunal) apply to the court, which may order that- (a) the tribunal shall deliver the award on the payment into court by the applicant of the fees and expenses demanded, or such lesser amount as the court may specify, (b) the amount of the fees and expenses properly payable shall be determined by such means and upon such terms as the court may direct, and (c) out of the money paid into court there shall be paid out such fees and expenses as may be found to be properly payable and the balance of the money (if any) shall be paid out to the applicant."

显然当事人如果要这样做,就会造成一定程度的延误。如向法院申请是需要通知有关的仲裁员并把他作为被告(CPR Part 62.6[1]),如果仲裁员是住在外国还会涉及要往外国送达,这都需要时间。但估计当事人如果是合理与尽快地进行这些程序,所造成的延误也是会获得法院的同情延长这28天的时限。

迟交出裁决书最常见的原因还是双方当事人之间相互推诿,谁也不愿意支付仲裁员的费用而取得裁决书。这种情况就很难会取得英国法院的同情而延长这28天的时限。在ASM Shipping Ltd of India v. TTMI Ltd of England (2009) 1 Lloyd's Rep 293,仲裁庭作出了一个针对赔偿金额的裁决书,日期是在2008年7月24日。通知双方当事人之后,他们都没有钱来支付费用与取得裁决书。最后是胜诉方的承租人在9月29日才取得裁决书,显然这28天的时限早就已经过去。败诉的船东在取得裁决书之后对结果不满意,所以向英国法院提出两方面的救济:(1)根据Section 68因为程序上严重不正常而要求撤销裁决书;(2)根据Section 69申请法律观点上诉的批准,特别是败诉的船东认为在裁决书作出后贵族院判了一个有关损失计算的先例The "Achilleas" (2008) 2 Lloyd's Rep 275,但裁决书没有将这个重要先例考虑在内。但船东第一步要做的就是先获得法院延长这28天的时限。船东延误的理由就是他没有钱,所以无法支付仲裁庭的费用以尽早取得裁决书。但Flaux大法官判是没有钱通常不是可以延长时限的理由。

总而言之,当事人如果考虑到有可能会针对裁决书寻求法院的救济(如争议金额很大,法律观点很复杂与不稳定,对仲裁庭成员的素质和公正性有怀疑等),就必须避免有这种延误,以免丧失向法院寻求救济的机会。毕竟只要有这个机会存在,如被批准上诉法律观点,即使不需要将上诉进行到底,也有可能逼迫胜诉方达成一个和解协议,如只赔偿裁决金额的一半。这种考虑在笔者最近涉及的一个案件就出现,案情是有关在中国的造船,船东是德国船东。他在伦敦仲裁向中国船厂提出索赔,而中国船厂其中的一个抗辩是非法,原因是船价在德国船东的要求下提高了15%以此来欺骗船东融资的银行。当然,中国船厂能否以"非法"成功抗辩涉及非法与实质的争议能否分开等问题。但代表中国船厂的笔者就已经决定 尽快取得裁决书以保留上诉法院的权利。因为涉及Section 69的上诉,法院是必须要公开聆讯,这就会逼迫德国船东面对很大的压力就是会把整个事情公开,毕竟他与他的融资银行的关系以及他整个公司的名誉都十分重要。所以笔者估计即使仲裁败诉,也可以通过这一招反败为胜。

特别要提是针对Section 67有关仲裁员对管辖权作出的裁决,由于目前英国的法律是法院会对整个管辖权争议重新审理一次,所以有不少于一半的机会全盘改变仲裁庭的裁决:Primetrade AG v. Ythan Ltd (2006) 1 Lloyd's Rep. 457与Peterson Farms Inc v. CM Farming Ltd (2004) 1 Lloyd's Rep. 603。甚至在法院的重新审理还会有可能引入新的证据与新的争议:Electrosteel Castings v. Scan Trans Shipping & Chartering Sdn Bhd (2003) 1 Lloyd's Rep. 190与Kazakhstan v. Istil Group Inc (2006) EWHC 448。这表示在管辖权争

议的问题上败诉的当事人千万不要气馁,因为第一审根本就不能作准。

这就带来笔者对中国公司作为当事人的一些建议。该些建议是在笔者知悉的两个前提下作出:一是据笔者所知,中方当事人在伦敦仲裁中败诉的比例很高;二是中方当事人经常有管辖权的争议,如他不是合约一方或是签约的人没有取得授权。所以相对来说中方当事人比起外国当事人要向法院对不满意裁决书寻求救济的可能性也就更大与更重要,毕竟这提供了唯一的反败为胜的机会或继续谈判和解的可能。但偏偏中国内地公司由于动作慢,汇钱支付仲裁庭的费用不容易,而很容易错过这28天的时限,并且往往是错过了很长时间与造成延误的原因是英国法官不能接受的,这令法院更加不可能会批准延长。

以上述所讲的有关仲裁庭因为费用未被支付而留置裁决书为例,由于外汇管制,中方当事人(尤其是国企)汇出一笔外汇并非易事,所以笔者建议中国内地公司提前把估计的仲裁庭费用(估计要充分或最好偏高)先汇给外国的法律代表或外国的分公司或有关公司保管。这就可以保证一收到仲裁庭作出裁决书的通知就可以马上作出支付并取得裁决书。要强调的是今天已经有部分的中国当事人即使是处理伦敦或者香港仲裁也委任中国大陆的律师,而不是委任外国的法律代表(如英国或香港的律师事务所)。这种做法没有不妥之处,而且优秀的中国内地律师值得鼓励,但针对这一问题,恐怕委任中国内地律师还是解决不了,笔者的经验是好像通过他们汇出外汇并不比企业容易。

6. 时限第二个起算点——仲裁机构内部的上诉机制与仲裁庭对裁决书的澄清、修改或追加裁决书

在1996年《英国仲裁法》之Section 70(3)针对28天时限的起算,除了从裁决书的日期外,接下来还规定了:“或者,如果仲裁程序中有上诉或审查,就在申请人被通知有关上诉或审查结果的一天起算这28天的时限”(or, if there has been any arbitral process of appeal or review, of the date when the applicant or appellant was notified of the result of that process)。

这针对的情况是仲裁机构的规则通常提供了对一审裁决书的上诉或审查机制。如像商品买卖的机构仲裁如GAFTA或FOSFA,又或是海事救助有劳合社管理的LOF (Lloyd's Open Form)仲裁,都规定了有上述的内部救济机制。读者也可以参考Equatorial Traders Ltd v Louis Dreyfus Trading Ltd (2002) 2 Lloyd's Rep 638,该先例有详细针对“咖啡买卖协会”(Coffee Trade Association)的仲裁上诉机制。显然,1996年《英国仲裁法》需要尊重这些上诉的机制,要求不满意的当事人(往往是败诉方)先走完这一步,如果还是对上诉裁决书不满意,才考虑向法院寻求救济。这表示28天的时

限从申请人知道上诉的结果后才起算是完全合理的。

至于什么是审查(review)机制,可以想到的是 ICC 仲裁规则独特的做法,就是 Article 27 规定的对裁决书先让 ICC 仲裁院审核(scrutinize)。但由于裁决书的签字与日期往往是在审核完毕与最后一稿的裁决书获得 ICC 仲裁院的批准后才加上,所以这审核的过程并不影响这 28 天时限的计算。所以,审查的机制应该是指其他程序,这在在 Surefire Systems Ltd v. Guardian ECL Ltd (2005) EWHC 1860 (TCC)的先例中,Jackson 大法官判是仲裁员对裁决书作出的澄清(clarification)构成 Section 70(3)下的"仲裁程序的审查"(an arbitral process of review)。

这表示除了对裁决书的澄清外,其他对裁决书的文书修改(correct an award so as to remove any clerical mistake or error arising from an accidental slop or omission or clarify or remove any ambiguity in the award)或因为原来裁决书漏了针对一个争端而需要多给一个追加裁决书(make an additional award in respect of any claim [including a claim for interest or costs] which was presented to the tribunal but was not dealt with in the award.)都应该属于裁决书的审查机制。可以说,这种审查机制不论是机构仲裁还是随意仲裁都有明示或默示规定这一步程序。例如,在伦敦国际仲裁院(London Court of International Arbitration 或简称 LCIA)仲裁规则中的第 27 条规定了申请人在收到了裁决书后的 30 天内,必须提出这一步程序的申请,说:

"Article 27 Correction of Awards and Additional Awards

27. 1 Within 30 days of receipt of any award, or such lesser period as may be agreed in writing by the parties, a party may by written notice to the Registrar (copied to all other parties) request the Arbitral Tribunal to correct in the award any errors or any errors of a similar nature. If the Arbitral Tribunal considers the request to be justified, it shall make the corrections within 30 days of receipt of the request. Any correction shall take the form of separate memorandum dated and signed by the Arbitral Tribunal or (if three arbitrators) those of its members assenting to it; and such memorandum shall become part of the award for all purpose.

27. 2 The Arbitral Tribunal may likewise correct any error of the nature described in Article 27. 1 on its own initiative within 30 days of the date of the award, to the same effect.

27. 3 Within 30 days of receipt of the final award, a party may by written notice to the Registrar (copied to all other parties), request the Arbitral Tribunal to make an additional award as to claims or counterclaims presented in the arbitration but not determined in any award. If the Arbitral Tribunal considers the request to by justified, it shall make the additional award within 60 days of receipt of the request. The provisions of Article 26 shall apply to any additional award."

上述的 LCIA 规则是典型的英国机构仲裁规则,但同样的程序也适用在随意仲裁,只是没有明示的仲裁规则说明而是默示在仲裁法。在 1996 年《英国仲裁法》,这一步的程序是规定在 Section 57，其中 Section 57(4)规定了申请人必须在裁决书日期的 28 天内向仲裁庭提出。另可举《联合国示范法》，也就是香港针对国际仲裁的法律，是在 Article 33。条文要求申请人在取得裁决书后，必须在 30 天内向仲裁员提出要求对裁决书澄清或/与文书修改或/与追加裁决书。针对这 30 天的时限，《联合国示范法》还在 Article 33(4)允许仲裁员延长，说："(4) The arbitral tribunal may extend, if necessary, the period of time within which it shall make a correction, interpretation or an additional award under paragraph (1) or (3) of this article."

事实上，在 1996 年《英国仲裁法》之 Section 70(2)中也的确有立法的规定将裁决书上诉至法院前必须先完成向仲裁庭要求修改、澄清或者追加裁决书这一步程序。在"仲裁争议申请表"(Arbitration Claim Form)的内容中，也要求必须向法院说明是否已经把这一步的程序走完或不涉及这程序。如在一个申请就法律观点上诉的仲裁争议申请表中有以下的一段："There are no available arbitral process of appeal or review, and there is no recourse available under section 57 of the Arbitration Act 1996 for correction of the Award, the matters concerned not being ones of clerical mistakes or error or ambiguity of the Award or in respect of a claim not dealt with in the Award (Arbitration Act 1996, Section 70[2])."

所以，向法院申请要求对裁决书作出救济的 28 天时限要在完成了这一步的审查程序后才起算也是完全合理的。但哪一天才算是完成这一步的程序会有不明朗之处，虽然 1996 年《英国仲裁法》之 Section 70(3)说明是以申请人知道上诉或审查结果的一天是完成这一步的一天。这表示如果机构仲裁涉及作出另一个上诉裁决书，起算的一天就不是以该上诉裁决书作出的一天，而是以把结果通知了申请人的一天为准。至于在其他的审查(review)，会否是以仲裁庭或仲裁机构通知了申请澄清、修改或追加裁决书的一天为准？看来，如果仲裁庭或仲裁机构的通知是拒绝去审查，28 天就从该拒绝一天起算。但问题是如果仲裁庭的通知是愿意考虑追加一个裁决书为例，并要求双方当事人提交文书请求与有关证据，显然是申请人还没有办法知道这一步程序的结果。恐怕不管怎样结果也要等到追加裁决书作出后才知道，28 天应该就从该天开始起算。同样的道理也适用在对裁决书的澄清或/与文书修改，收到通知的申请人除了知道仲裁庭愿意考虑外，还需要知道是怎样的澄清与作出什么修改后才起算这 28 天的时限。这方面可参阅 McLean Hones South East Ltd v. Blackdale Ltd (未报道，2001 年 11 月 2 日，TCC)先例。

7. 延长申请上诉或审查时限裁量权问题

表面看来好像是简单与明了的规定在现实中还是有意想不到的复杂性。例如，在一些仲裁机构的规则中会给予仲裁庭一个裁量权可延长上诉或审查时限,如在 Equatorial Traders Ltd v Louis Dreyfus Trading Ltd (2002) 2 Lloyd's Rep 638 中,"咖啡买卖协会"有权延长上诉或审查时限。在 GAFTA 的仲裁规则,其中第 22 条文规定说:"If any time limit or provisions imposed by these Rules are not complied with then, subject only to the discretion of the tribunal or board of appeal conferred by this Rule, the claimant's claims and/or appellant's appeal as the case may be, shall be deemed to be waived and absolutely barred..."

这就带来一个问题,目前还没有先例针对。举例说,一个裁决书在收到后 3 个月,不满意的一方当事人才想向仲裁庭提出要求澄清或修改裁决书的申请。如果这是一个随意的伦敦仲裁,就要根据 1996 年《英国仲裁法》之 Section 80(5) 向法院申请延长 28 天的时限,因为仲裁员自己没有权力延长。这方面可参阅 Gold Coast Ltd v. Naval Gijon SA (2006) 2 Lloyd's Rep. 400,故此应该不会带来本段的问题,因为只在法院延长时限后,当事人才会向仲裁庭提出申请。但如果是涉及了仲裁规则可让仲裁机构或仲裁员自己延长时限,如"咖啡买卖协会"或 GAFTA 的仲裁规则,就会带来一个问题。比方说,在上述所举例子中,仲裁庭如果认为 3 个月是延误太久,又没有什么解释的理由,向申请人拒绝延长时限。这一来,是否是以这一天开始起算向法院寻求救济的时限?如果是,岂非有机会给不满意裁决书的一方无限期的拖延?例如,在裁决书作出与取得后的 300 天才向仲裁庭提出申请延长时限,而且根本没有任何理由支持这一个申请,看来纯粹是为了取巧以向法院寻求救济的开始起算的一天尽量押后。这看来很不合理,向法院寻求救济的时限应该是根据第一个起点,也就是以裁决书作出的一天为准。

但更复杂的情况会是,仲裁庭同意延长时限,但在考虑后拒绝作出任何修改或追加裁决书。这一来,有疑问的地方是到底这时限从原来裁决书日期起算还是通知该结果(被仲裁庭拒绝申请)之日起算?

已经提到过,这种允许延长上诉或审查时限的裁量权也出现在一些仲裁机构的规则内,如 Equatorial Traders Ltd v Louis Dreyfus Trading Ltd 的"咖啡买卖协会"。这一来,机构仲裁也一样会遇到同样的不明朗之处。

8. 向法院对裁决书寻求救济与要求仲裁庭/仲裁机构审查所针对的事项不一致

这种情况会出现在申请人对裁决书有许多不满意的地方,但只有部分涉及了需要向仲裁庭或仲裁机构申请作出审查,并可能通过修改或追加裁决书获得补救。这一来,28 天的时限是否是所有对裁决书不满意的地方(比如有 5 处)都押后到知道了修改或追加裁决书(只涉及2处)的结果那天起算?或是,不涉及修改或追加裁决书的3处,28天的时限是从原来裁决书的日期起算?

这方面在 Al-Hadha Trading Co v. Tradigrain SA (2002) 2 Lloyd's Rep. 512 先例有针对,是有关一个 GAFTA 仲裁。案情涉及小麦的 FOB 买卖,争议的是有关一票货物没有付运,而另一票则晚了付运。在2001年1月26日,GAFTA 仲裁作出了裁决书。但卖方向 GAFTA 内部的上诉庭作出上诉,最后上诉成功,GAFTA 仲裁上诉庭在2001年11月22日作出了一份修改的裁决书(corrected award)。但这就导致了买方的不满并向英国法院寻求救济,就是以严重不正常(serious irregularity)撤销该修改的裁决书。申请的"仲裁争议申请表"(Arbitration Claim Form)是在2001年12月20日作出。

买方提出的严重不正常有三个方面:(1)GAFTA 仲裁上诉庭(the board)没有为他这一份修改的裁决书给予原因;(2)修改的裁决书没有针对买方提出的有关1996年《英国仲裁法》之 Section 41(3),是有关"以原告懈怠为由要求仲裁庭撤销诉讼请求"(strike out claim for want of prosecution);(3)GAFTA 仲裁庭是在对卖方的陈述或请求有误解与忽视的情况下作出原来的裁决书,所以违反了自然公正。

显然,上述第一与第二方面涉及上诉,所以向法院寻求救济的28天时限应该是从 GAFTA 仲裁上诉庭作出修改的裁决书那天算起,即2001年11月22日,这样2001年12月20日是没有超出这28天的时限。但第三方面是与上诉没有关系,所以卖方向法院提出上诉28天的时限应该是从原来的裁决书作出当天起算,即2001年1月26日,显然28天时限已经是大大超过了。

在高院,Havelock-Allan 大法官同意卖方的观点,说:"The obvious way to achieve this effect is to construe 'the award' in s. 70(3) as meaning 'the award as corrected' in any case where an application has been made to the tribunal under s. 57(3)(a). Section 57(7) provides that 'Any correction of an award shall form part of the award', but does not say that it should share the date of the original award in its uncorrected form. The common sense view is to treat the corrected award as bearing the date of the correction, so that the 28 days run from the date on which the correction was published. This was the approach of Judge Humphrey Lloyd, QC in Blackdale Ltd v Mc Lean Homes South East Ltd (TCC Nov 2, 2001, unreported at pars. 8-14 and 19) and I respectfully agree with it. Judge Humphrey Lloyd further held that where two complaints are made about separate parts of an award only one of which is made the subject of a reference to the tribunal under s. 57(3)(a), time will run from the date of the original award in respect of the other part complained of, if that part is properly severable. In some cases this will prevent a party raising a number of complaints about an award from graining a generous extension of time for challenging it because a small part has been referred back to the arbitrators under s. 57(3)(a). However, even where severance is not possible, the time gained by referring back one part of the award under s. 57(3)(a) is not very great. By s. 57(5) any correction of an award must be made within 28 days of the application being received by the tribunal and the application itself must be made within 28 days of publication of the original award, unless agreed between the parties."(大致上是说,原来的裁决书的各项争议如果分得开,只有是部分的争议需要请求仲裁庭或仲裁机构的审查机制,就表示不涉及审查的争议如果需要向英国法院申请对裁决书救济,针对28天的时限的起算点就是原来裁决书中的日期,因为这些争议与争议审查无关。)

9. 延长时限的考虑

这方面在《仲裁法——从1996年英国仲裁法到国际商务仲裁》第四章之2.2.12.4.3段有介绍,这里不再重复,唯一是其提及的一个重要先例,也就是 Kalmneft JSC v. Glencore International AG (2001) 2 All ER Comm 577,其中 Colman 大法官总结的七点考虑因素还是现在英国的法律地位,总结如下:(i) the length of the delay (延误的长短); (ii) whether, in permitting the time limit to expire and the subsequent delay to occur, the party was acting reasonably in all the circumstances(当事人让时限错过与延误产生的行为综合当时所有的情况来看是否是合理行事); (iii) whether the respondent to the application or the arbitrator caused or contributed to the delay(对方当事人或仲裁员有否造成延误或与延误的产生有关,如仲裁员忘记了发放裁决书给一方或双方当事人,即使是不存在留置的问题。笔者曾经经历过一次是一位著名大律师的共同仲裁员有了误解,只把裁决书发放给了原告,因为原告支付了所有的仲裁员费用。但败诉的被告一份裁决书就不发放给他,误以为他没有支付就不应该有裁决书。这事情到了1/2个月之后被告被原告追债才发觉,笔者马上安排把该份裁决书发放给被告。显然,败诉的被告如果想去法院寻求救济就必须尽快的申请延长28天的时限,估计也会批准,因为延误是仲裁庭所导致。至于对方当事人造成延误会是原告明确告诉被告他马上支付仲裁员费用并取得裁决书,但结果不这样做,被告隔了一段时间知道后马上作出支付去取得裁决书,并知道败诉的结果。但马上向法院申请救济也会是刚过了28天的时限,估计在这种情况也会取得法院的批准); (iv) whether the respondent to the application would, by reason of delay, suffer irremediable prejudice in addition to the mere loss of time if the application were permitted to proceed(若允许救济的申请推进,会否给对方当事人造成除了时间损失以外无可补救的损害?); (v) whether the arbitration has continued during the period of delay and, if so, what impact on the progress of the arbitration or the costs incurred the determination of the application by the court might now have;(在延误救济申请时,仲裁有否继续推进;如果有,决定该延误的救济申请对仍在推进中的仲裁与已经产生的仲裁费用有什么冲击。这情况之一会是:救济申请是针对管辖权的中间裁决。在作出仲裁庭有管辖权的中间裁决书之后过了 28 天的时效/时限,仲裁庭与原告都以为该管辖权争议已成定局,于是仲裁程序继续推进处理实质争议的责任与赔偿金额。殊不知过了一段时间,被告向法院申请延长救济申请的时限,以可依据 Section 67 向法院申请救济。这一来,法院可要考虑已经多花在处理实质争议的费用与工夫怎样办——如果该救济申请成功)(vi) the strength of the application(救济申请本身理据的强弱,即申请会成功的机会大不大);(vii) whether in the broadest sense it would be unfair to the applicant for him to be denied the opportunity of having the application determined?(广泛看来,否定申请人向法院申请救济的机会会否不公平。)

Colman 大法官的七点考虑因素被上诉庭的 Nagusina Naviera v. Allie Maritime Inc (2002) EWCA Civ 1147 支持,其中 Mance 大法官对这些考虑因素作出了进一步解释,将(i)到(iii)当作"首要因素"(preliminary factor),也就是最重要的考虑因素。认为第(iv)项不是本质上的考虑因素,第(v)项是相对而言不那么重要的因素。对于第(vi)项,Mance 大法官注意到该案例的一审大法官没有明示地提到索赔的表面强弱。Mance 大法官这样说:"This was, and is, clearly not a case where the owner's claim can be regarded as so strong that it would not to be able to pursue it. On any view, the prospect here were clearly not such as could have affected what was otherwise the judge's view as to the right exercise of his discretion."

对于第(vii)项的考虑因素,他这样说:"Finally, as to factor (vii), general consideration of fairness, the judge must have had well in mind considerations of overall justice and fairness. They must, however, always be viewed in the particular context that Parliament and the courts have repeatedly emphasized the importance of finality and time limits for any court intervention in the arbitration process."

可以说是针对第(vi)考虑因素有另一个先例 Thyseen Canada Ltd v. Mariana Maritime SA (2005) EWHC 219 (Comm),申请人的上诉过了时限。他想以欺诈或违反公共政策来对裁决书进行挑战并希望撤销,申请人声称一位出庭的证人对一个关键争议作了伪证。双方对这个指控提供了大量的证人证言。但 Cooke 大法官认为无法在申请延长 28 天时限的这一个阶段对证据的份量作出决定,说:"At all event, I am not in a position to evaluate the evidence as it appears on the statements in a way which enables me to take this into account as a factor one way or the other in the context of an extension of time."

最后要介绍的是 Brown & Sons Ltd v. Crosby Homes (North West) Ltd (2008) EWHC 817 (TCC),案情有关一个建造工程合约,争议是有关工程改变的费用以及工程延误与弃权等。第一个裁决书只针对双方有没有同意过或者雇主对工程延误的索赔是否视为弃权,结果雇主胜诉。接下来双方在准备针对其他争议的第二个仲裁而准备文件时,承建商的律师很肯定雇主的主要证人在第一个仲裁撒谎或作伪证。于是,承建商的律师写信给雇主的律师,要求同意改变第一个裁决书的结果,否则将会根据 Section 68 向英国法院申请撤销该裁决书。但雇主的律师拒绝,所以到了 2008 年 1 月 28 日,承建商向法院提出申请把 28 天的时效延长,因为当天距离作出裁决书的日期已经超出 66 天。

Akenhead 大法官在针对延长 28 天时限的裁量权是根据 Kalmneft JSC v. Glencore International AG (2001) 2 All ER Comm 577 中 Colman 大法官所讲的七个考虑因素说:"(a) The time limits for any court intervention in the arbitration process (including by way of application under section 68) are important and reflect the policy expressed in section 1 of the 1996 Act. (b) Factors (i) to (iii), that is the length of delay, its causation and the relationships of the parties conduct as identified by Colman J. in the Kalmneft case are the primary factors. (c) The weight to be given to factor (vi) (the strength of the section 68 application) is not a primary factor. However, an intrinsically weak case will count against the application for extension whilst a strong case would positively assist the application. An application which is neither strong nor weak will not add significant weight to the application for extension of time."

Akenhead 大法官考虑这一个案件的延误造成了错过时限 66 天之多,考虑 Colman 大法官前三个因素,也就是主要的因素,可以说延误的时间并不短。至于是否合理,Akenhead 大法官认为从整个事件来看,承建商律师在知道了主要证人可能作出伪证并写信给雇主律师,也就是在 2007 年 11 月 23 日,就应该采取行动向法院作出申请。声称承建商要等待雇主的回复并不是延误的好理由。最后 Akenhead 大法官认为是完全不满意有任何合理的理由与解释针对延误的申请说:"wholly unsatisfied that there was any reasonable excuse or explanation for the delay in making the application. To the contrary I am wholly satisfied that there was no good reason why the application under s68(2)(g) should not have been issued within the time allowed by the Act."

10. 向法院申请对裁决书作出救济的 28 天时限内要做的工作

已经提到过,这个 28 天的时限内,Section 73 是要求申请或上诉必须要向英国法院提出(brought),而获得法院延长时限的机会会是很低,所以这对一些决定缓慢的公司或机构十分不利。

这 28 天的时限属于强制性条文(mandatory provision),双方不能以明示条文作出改变。否则可以建议去伦敦仲裁全部在仲裁条文中加多一句话:将这个 28 天延长至

60 天或更长的时限。在 1996 年《英国仲裁法》的 Schedule 1,列出了哪些属于强制性条文,其中有包括的条文是:“Section 67 and 68 (challenging the award: substantive jurisdiction and serious irregularity), and sections 70 and 71 (supplementary provisions; effect of order of court) so far as relation to those sections”。

而该 28 天的时限很明确是在 Section 70(3),所以只要涉及 Section 67(这是针对管辖权裁决书的救济)或是涉及 Section 68 (这是针对仲裁程序有严重不正常的救济),都属于强制性条文,不能以明示协议作出改变或延长。唯一例外的是针对 Section 69,就是裁决书内有关法律观点的上诉,才不算是强制性条文。当事人可以一早就在合约的仲裁条文中延长向法院请求救济的时限,或是明示禁止向法院请求在这一方面的救济。

这 28 天的时限对一家十分有效率的西方公司进行这一救济申请的程序应该足够。假设在第一天取得裁决书并知道自己败诉,往往就在第二天甚至在当天可向他的英国律师寻求法律意见。如果该律师也就是他在该仲裁案件的法律代表,就可以在当天或是一天后作出应否向法院寻求救济的法律意见。如果该英国律师不是在仲裁案件代表败诉的西方公司,就会涉及西方公司需要整理有关的文件与裁决书,并指出他对裁决书不满意的地方以及希望向法院提出救济的地方。如果该西方公司有水平,提出的看法与提供的文件足够且恰当,也至多耽误 2 ~ 3 个工作日。也有可能该英国律师拿不准,或希望多拿一个客观的法律意见,就会建议该西方公司的客户多取得一个大律师意见。在取得了授权后,该律师就会要准备有关的文件与向大律师提出一连串的问题(包括像向法院请求什么救济)征求意见。这整个过程又要花上 5 个工作日或是一周的时间。而剩下大概两个星期的时间就足够该律师在大律师的协助下准备好所有其他文件与手续(包括准确填妥仲裁争议申请表以及作为支持的宣誓书)从而正式向法院提出救济申请。

如果败诉的是中国内地的公司,而在仲裁程序中该公司委托的是懂行的中国律师,他的做法与需要的时间同西方国家聘请的英国律师差别不大。同样可以假设裁决书是在作出的当天或第二天已经发放给了中国律师,该中国律师就可以很快在2/3 天内向败诉中国公司解释自己的初步看法,包括该裁决书有什么严重的缺陷可以向法院寻求救济,并取得中国公司的授权向英国大律师征求有关向法院提出申请的意见。这整个过程恐怕也是 5 个工作日或一周的时间,顶多多花 2/3 天的时间把有关材料快递给大律师以及最后决定向英国法院提出救济申请该中国律师需要转聘英国的律所处理。但问题的关键是在上述所讲的情况会有很多机会带来延误,如中国内地公司的负责人做不了主而要请示领导,或是中国律师并不太懂,如不知道找哪个大律师取得意见,或是不知道某一位大律师是否有时间马上给意见等。

10.1　在时限内向法院作出申请必须准确与全面提交的文件

这在程序上是要把“仲裁争议申请表”(Arbitration Claim Form)作出(issued),而且支持救济申请的宣誓书或者证人证言也必须一并交出给法院。而在 CPR Part

62.4,这一仲裁争议申请表是需要清楚明确写明要求的救济(如明确裁决书是哪一部分需要救济)与根据什么理由要求这一个救济,这些资料都不是一方当事人能凭空想像的。以下笔者节录 Colman 大法官在 2008 年版的《The Practice and Procedure of the Commercial Court》中所给出的仲裁争议申请表的样本供读者参考使用:

10.1.1　申请上诉法律观点批准的仲裁索赔申请表

1(a). Arbitration Claim Form for permission to appeal and appeal under section 69 of the Arbitration Act 1996 and for permission to serve the arbitration application claim form upon the defendants' solicitors or, alternatively, permission to serve the defendants outside the jurisdiction.

Arbitration Claim Form (这要使用 Form N8 的表格,可以在以下网站下载 http://www.hmcourts-service.gov.uk/courtfinder/forms/n8 - 0103.pdf.)

1. (i) In an arbitration application between

BLACK SHIPPING COMPANY LTD (这是原告/申请人,通常是仲裁的败诉方)

Claimants

Of 24, Broad Street, Monrovia, Liberia

——and——

BROWN SUGAR COMPANY LIMITED (这是被告,注意他是境外公司)

Defendants

Of 69, Treacle Street, Far Town, Curacao, Netherlands, Antilles

(ii) In the matter of an [intended] arbitration between

BROWN SUGAR COMPANY LIMITED

Claimants

——and——

BLACK SHIPPING COMPANY LIMITED

Respondents

(iii) The arbitrator to whom notice of this application is given is:

FREDERICK ACKROYD HAPHAZARD (这是在仲裁中的独任仲裁员,在这种救济的申请,是不要求把仲裁员列为第二被告)

Of Small House, Cheapside, London EC4

Remedy claimed and grounds on which claim is made(申请的救济与原因)

1. The following applications are made and remedies claimed:

(i) An application under section 69(2)(b) of the Arbitration Act 1996 for permission to appeal on a question of law arising out of a final arbitration award made by Mr. Frederick Ackroyd Haphazard (" the Arbitrator") on 1 March 2008 ("the Award");

(ii) If permission is granted, an appeal on a point of law under section 69 of the Arbitration Act 1996 and an order under sections 69(7) and 71 of the said Act that the Award be varied to the effect that:(如果对法律观点的上诉获得批准,按照1996年《英国仲裁法》中第69(7)与71条的命令将裁决书作出改动,如下:)

(a) the declaration made in the Award declaring that the Charterparty dated 8 December 1996 between the Defendants as charterers and the Claimants as owners ("the Charterparty") terminated at midnight on 19 February 2007 be set aside and/or reversed;(撤销或/与改变裁决书中宣告有关租约在2007年2月19日中断的决定;)

(b) the Claimants are awarded US $1,000,000, this being the unpaid hire due under the Charterparty after 19 February 2007 until the expiry of the Charterparty on 22 August 2007, together with interest on the above sum at a rate of 6% per annum;(裁决原告/申请人胜诉100万美元,作为该租约下没有支付的租金,时间从2007年2月19日至2007年8月22日该租约届满的日子,并对该100万美元收取年利率6%的利息;)

(c) the Defendants bear and pay their own and the Claimants' costs of the arbitration and the costs of the Award, such costs to be assessed if not agreed;(被告要承担他自己与原告/申请人仲裁费用与裁决书的费用,金额如果不能同意就进行核算;)

(iii) An application under CPR Part 6.8 for an order that the Claimants be permitted to serve this claim form on the Defendants' solicitors, Messrs Pay & Beg, within the jurisdiction at their address of 23, Cripplegate, London EC1; alternatively,(根据CPR Part 6.8将这一份仲裁索赔申请表送达给被告在伦敦的律师,或)

(iv) An application for permission to serve this claim form upon the defendants in the Netherlands Antilles pursuant to CPR Part 62.5 (1)(容许根据CPR Part 62.5 (1)送达给荷属安的列斯[Netherlands Antilles]的被告)

(i) Application for permission to appeal under section 69(根据1996《英国仲裁法》第69条申请上诉批文)

2. The question of law arising out of the award to be determined are:(裁决书中需要解决的有关的法律问题是)

(1) Whether on the facts found by the Arbitrator the Charterparty terminated at midnight on 19 February 2007 by reason of the Defendants' repudiation thereof;(独任仲裁员认定的有关租约在2007年2月19日子夜中断的事实是否由于被告的毁约造成;)

(2) Whether the Claimants were obliged to accept the Defendants' repudiation of the Charterparty if the Defendants established that the Claimants had "no legitimate interest" in keeping the Charterparty in existence; and(如果被告可以证明原告/申请人没有合法利益让该租约继续存在,原告/申请人是否必须接受被告的毁约;)

(3) If the answer to (1) is "yes", whether on the facts found the Defendants had "no legitimate interest" in keeping the contract in existence.(如果对问题(1)的答案是肯

定的，在认定的事实下被告是否没有合法利益让该租约继续存在。）

3. There are no available arbitral process of appeal or review, and there is no recourse available under section 57 of the Arbitration Act 1996 for correction of the Award, the matters concerned not being ones of clerical mistake or error or ambiguity of the Award or in respect of a claim not dealt within the Award (Arbitration Act 1996, section 70(2)).（本仲裁没有上诉或者复查的机制，也不存在对裁决书的修改，有关的问题不存在裁决书有任何文书上的错误或不明朗之处，或有其中一项争议没有在裁决书中针对而需要增加一个裁决书。）

4. The grounds upon which permission to appeal should be granted are as follows.（申请上诉批文的理由。）

5. The determination of the questions of law will substantially affect the rights of the parties (Arbitration Act 1996, section 69(3)(a)). If these questions had been determined correctly by the arbitrator, the issues addressed in the award would have been resolved differently, with the result that the Claimant's claim against the Defendants for US $ 1,000,000 plus interest and costs would have succeed.（这些法律问题的决定将会对双方当事人的权利产生重大影响。如果独任仲裁员对这些问题决定的正确，裁决书内的争端会有不同答案，即原告/申请人向被告100万美元的索赔与利息和费用应该是成功的。）

6. The question of law were ones which the arbitrator was asked to determine (Arbitration Act 1996, section 69(3)(b)).（这些法律问题是该独任仲裁员被要求作出决定的这一句的原因是没有在仲裁中提出的新的法律问题是不能向法院进行上诉。）

7. For the reasons stated the grounds of appeal set out below and for the reasons set out in the witness statement of Percival Tryon dated 17 March 2008 and made in support of this application:（支持2008年3月17日申请上诉以及原告/申请人在仲裁的代表律师Percival Tryon所作出的证人证言的原因陈述如下：）

(a) the decision of the Arbitrator is obviously wrong (Arbitration Act 1996, section 69(3)(c)(i)), or in the alternative.（该独任仲裁员的决定明显是错误，或者）

(b) the question of law are ones of general public importance, in that they concern the question of the circumstances in which departure is possible from the principles of law, established in White and Carter (Councils) Ltd. v. McGregor [1962] 1 A. C. 413, that an injured party is entitled to elect whether or not to accept repudiation by the other party or hold him to the contract and the general principle of law (reflected in that case) that an unaccepted reputation/renunciation is a "thing writ in water"), and the decision of the arbitrator is at least open to serious doubt (Arbitration Act 1996, section 69(3)(c)(ii)).（法律问题的决定对一般的公众很重要，是因为他们涉及在有关合法利益的先例White and Carter中所确立的法律原则应在什么样的环境下可以偏离，而该确立的法

律原则就是无辜方有权选择是否接受毁约方的毁约，不被接受的毁约只是是水中月镜中花，法律上不具有任何意义，而该仲裁员的决定至少是值得怀疑的。有关无辜方有权不接受违约并坚持毁约方继续履行合约以及其合法利益的理论可参见笔者所著《国际商务游戏规则——英国合约法》676~681页。）

8. Despite the agreement of the parties to resolve the matter by arbitration, it is just and proper in all the circumstances for the court to determine the questions of law, as explained in the witness statement of Mr. Percival Tryon of the Claimants' solicitors served with this claim form (Arbitration Act 1996 section 69(3)(d)).（尽管双方当事人同意通过仲裁解决争议，但正如在原告/申请人律师 Percival Tryon 先生的证人证言中所解释的，任何情况下由法院来决定法律上的问题是公平且合理的。）

(ii) Appeal pursuant to section 69

9. If permission to appeal is given, the grounds upon which the appeal should be allowed are as set out in and evidenced by the witness statement of Mr. Tryon and are, in summary, as follows.（如果上诉被批准，上诉原因已经在 Percival Tryon 先生的证人证言中被列明，概括如下：）

10. The Arbitrator, having held that the Defendants repudiated the Charterparty by intimating their intention not to pay any further hire for the vessel, erred in law in some or all the following respects:（该独任仲裁员裁定被告对租约违约，显示被告的意图不会再支付租金，在法律上有以下几方面是错误的：）

(1) in concluding that the Defendants were entitled to a declaration that the Charterparty terminated automatically by reason of their own repudiation thereof: see Award, para. ____;（裁定被告成功要求作出一个宣示裁决书判该租约已经因为被告自己的毁约而自动终止，这是在裁决书的第____段；）

(2) in holding that the Claimants should have accepted the Defendants' repudiation by midnight on 19 February 2007: see Reasons, para ____;（裁定原告/申请人本应该在2007年2月19日子夜前接受被告的毁约，这是在裁决书的第____段；）

(3) in failing to apply the principle of law, established in White and Carter (Councils) Ltd v. McGregor [1962] 1 A. C. 413, that an injured party is entitled to elect whether or not to accept repudiation by the other party or hold him to the contract: See Reasons, para. ____;（这样的裁定是没有依从先例 White and Carter 中确立的法律原则，即无辜方有权选择是否接受毁约方的毁约；这是在裁决书的第____段；）

(4) in failing to apply the principle of law that an unaccepted repudiation/renunciation of a contract is a " thing wit in water";（没有依从法律原则的未被接受的毁约只是水中月镜中花，在法律上没有任何意义）

(5) in holding that , notwithstanding that the Claimants had no obligation to accept the Defendants' repudiation in February 2007, the Claimants had no legitimate interest in

pursuing their claim for damages: see Reasons, para. ____.（判是，尽管原告/申请人没有义务在2007年2月接受被告的毁约，但是原告没有合法利益坚持被告必须继续履行该租约，这是在裁决书的第____段；）

（6）having held that the vessel remained at the Defendants' disposal at an anchorage off London until the expiry of the time charter period on 22 August 2007, in failing to hold that the Claimants were entitled to a declaration that the Charterparty remained in force and that the vessel was on hire until the said date: See Award para. ____.（判是，直到2007年8月22日租约期满该船舶一直处于被告的可营运下，但是原告/申请人却无权取得一个宣示裁决书确认该租约在此期间一直是有效，船舶也一直在赚取租金直到租约期满的一天，这是在裁决书的第____段；）

11. In these circumstances, the Arbitrator should not have awarded the Defendants the declaration referred to above and their costs of the arbitration, but should have awarded the Claimants;（在这情况下，该独任仲裁员不应该给被告上文提到的宣示裁决书并判给他们为胜诉方可取回仲裁的费用，而应该判给原告/申请人；）

（1）US ＄1,000,000 this being the unpaid hire due after 19 February 2007 until 22 August 2007;（金额为100万美元，作为从2007年2月19日到2007年8月22日的未付/欠下的租金；）

（2）interest on the above sum at a rate of 6% per annum;（以上金额以年利率6%计息；）

（3）their costs of the arbitration and an order that the Defendants bear and pay their own costs and the costs of the Arbitrator's fees and expenses.（仲裁费用，并指令被告承担自己的费用以及仲裁员的费用。）

（iii）Application for permission to serve claim form on Messrs Pay & Beg.（申请批准把本仲裁争议申请表送达给被告代表律师事务所 Pay & Beg。）

12. The application for permission to serve this application form upon the Defendants' solicitors, Messrs Pay & Beg, within the jurisdiction at their offices at 23, Cripplegate, London EC 1 is made pursuant to CPR Part 6.8 and the Practice Direction supplementing CPR Part 62, para. 3.1, in that Messrs Pay & Beg acted for the Defendants in the arbitration to which this claim relates, and were authorized on behalf of the Defendants to receive service of any notice or other document served for the purpose of the arbitration, and their authority has not (so far as the Claimants are aware) been determined, as set out in the witness statement of Mr. Tryon.（将本仲裁争议申请表送达给位于 Cripplegate, London EC 1, 23号的被告律师事务所 Pay & Beg，这是根据 CPR Part 6.8 和补充 CPR 的 Practice Direction Part 62, para. 3.1，因为 Pay & Beg 在该案件中被授权代表被告在仲裁中可以接受送达，到现在为止据原告/申请人所知该授权还没有被中止，正如在原告律师 Tryon 先生的证人证言中所陈述的那样。）

(iv) Application for permission to serve claim form out of the jurisdiction.(申请批准把本仲裁争议申请表送达给英国管辖权以外的被告。)

13. The alternative application for permission to serve the Defendants at their address in the Netherlands Antilles is made on the ground that the Claimants seek to appeal questions of law arising out of an arbitration award made within the jurisdiction, as also set out in the witness statement of Mr Tryon.(替代的做法是批准原告/申请人的申请,向被告在荷兰德斯的地址送达仲裁争议请求,因为原告/申请人是对在英国管辖权范围内作出的裁决书中的法律问题申请上诉,这在原告律师 Tryon 先生的证人证言中也有说明。)

The claimant seeks an order for costs against ____(原告/申请人要求针对诉讼费用由____承担的命令)

The Defendants, Brown Sugar Company Ltd.(被告的名字)

Statement of Truth(真实的陈述)

• (I believe)(The claimant believes) that the facts stated in this arbitration claim form are true.(我相信所有在该仲裁争议申请表所讲的都是真实。[这是在 CPR 的要求,如果陈述不真实会构成藐视法院或至少导致将来想作出修改会有困难。])

• I am duly authorised by the claimant to sign this statement.(我受到原告/申请人的授权签署该份陈述。)

Full name...........................

Name of claimant's solicitors firm..............................

Signed........................ Position or Office held.........

• (Claimant) (Claimant's solicitor)(if signing on behalf of firm or company)

• delete as appropriate

1(b). Witness Statement in support of arbitration claim for permission to appeal and appeal under section 69 of the 1996 Act and for permission to serve on defendants' solicitors or out of jurisdiction(支持申请上诉批文的证人证言)

Applicant
P. Tryon
1st
"PT1""PT2"
17 March 2008

IN THE HIGH COURT OF JUSTICE Claim No.: 2008 Folio

QUEEN's BENCH DIVISION

COMMERCIAL COURT

IN THE MATTER OF AN APPLICATION UNDER THE ARBITRATION ACT 1996

AND IN THE MATTER OF AN ARBITRATION

BETWEEN

BLACK SHIPPING COMPANY LIMITED

Claimants

(Respondents in the arbitration)

————and————

BROWN SUGAR COMPANY LIMITED

Defendants

(Claimants in the arbitration)

m. v. "ARECK" (c/p dd 8. 12. 96)

WITNESS STATEMENT OF PERCIVAL TRYON

I, PERCIVAL TRYON, Solicitor of the Supreme Court, of Grand Buildings, Goldpaved Rd, London EC4A 1NO, will state as follows:

1. I am a partner in the firm of Grand & Co., solicitors practicing at the above address. I have the care and conduct of this matter, and of the arbitration to which it relates, on behalf of the Claimants, I am duly authorized by the Claimants to make this witness statement in support of the Claimants' applications made by arbitration claim form issued on 17 March 2008:(我是 Grand & Co 律师事务所的合伙人,也是该所的执业律师。是由我代表原告/申请人处理与该仲裁相关的事宜,现在我受原告/申请人正式授权制作本证人证言,用以支持 2008 年 3 月 17 日作出的仲裁争议申请表,并涉及以下请求事项:)

(i) for permission to appeal questions of law arising out of a final award published by Frederick Ackroyd Haphazard ("the Arbitrator") on 1 March 2008 ("the Award") under section 69 of the Act 1996 ("the Act") (根据 1996 年《英国仲裁法》之第 69 条,申请由独任仲裁员 Frederick Ackroyd Haphazard 先生在 2008 年 3 月 1 日作出的最后裁决书中所涉及法律问题的上诉批文。)

(ii) if such permission is granted, to appeal questions of law arising out of the Award under section 69 of the Act; and (如果该申请被允许,根据 1996 年《英国仲裁法》之第 69 条上诉裁决书中的法律问题。)

(iii) for permission to serve the arbitration claim form on Messrs Pay & Beg, the Defendants' solicitors; alternatively (申请允许送达仲裁争议申请表给 Pay & Beg,被告的代表律师事务所,或者)

(iv) for permission to serve the arbitration claim form on the defendants in the Netherlands Antilles. (申请允许送达仲裁争议申请表给位于荷属安德斯的被告。)

2. The facts and matters set out in this witness statement are within my own knowledge, as derived from my conduct of this case and of the arbitration, save where otherwise indicated, and are true. Attached to this statement is a paginated copy of the Award and

Reasons, marked "PT1", and paginated bundle of copy documents to which reference is made in the course of this witness statement marked "PT2". References in square brackets in the course of this statement are to page numbers in "PT2".（在本证人证言中所述的事实都是我所知道的，因为我处理这一个案件和仲裁。除非另有说明，所讲的事实完全是真实的。附件是标有页码的仲裁裁决书以及其原因，标记为"PT1"，另外还有标有页码的本仲裁中呈堂或提供的文件档卷，标记为"PT2"。在方括号中的页码指示是"PT2"文件中的。）

3. I deal in this witness statement with the following matters:（本证人证言中涉及下述事项/事实：）

(1) Introduction and background;（前言及背景介绍；）

(2) The legal issues;（有争议的法律问题；）

(3) The Award;（裁决书；）

(4) The Claimants' application for permission to appeal under section 69 of the Act;（原告/申请人根据仲裁法第69条对上诉批文的申请；）

(5) The Claimants' appeal;（原告/申请人的诉求；）

(6) Application for service on Pay & Beg;（申请对 Pay & Beg 的送达；）

(7) Application for service on the Defendants out of jurisdiction.（申请对不在英国管辖权范围内的被告的送达；）

(1) Introduction and background（前言及背景介绍；）

4. The dispute between the parties arises out of a charterparty of the m. v. "ARECK" made on an amended "Summertime 89" form and dated 8 September 2006 ("the Charterparty") between the Claimants as owners and the Defendants as charterers [pp. 1 – 14]. The m. v. "ARECK" ("the vessel") is a Panamax oil tanker. The Charterparty was a time charter for a period from 23 December 2006 to 22 August 2007.（本争议产生于原告/船东与被告/承租人在2006年9月8日以"Summertime 89"格式为蓝本修改订立的租约，涉及的船舶名为"ARECK"，是一艘巴拿马油轮。该期租合约是从2006年12月23日起到2007年8月22日止。）

5. The vessel was delivered to the Defendants pursuant to the Charterparty on or about 23 December 2006. The Charterparty rate was US $ ____ per day.（根据期租合约大概是在2006年12月23日交船给被告，每日租金为____美元。）

6. As was common ground before the Arbitrator, by February 2007 time charter rates had fallen and the Defendants declined to pay any further hire. By midnight on 19 February 2007 they had (as the Arbitrator found), as a result of exchanges of faxes and telephone calls, indicated an intention no longer to be bound by the terms of the Charterparty. However, as the Arbitrator also found, the Claimants explicitly did not accept the Defendants' conduct as a repudiation of the Charterparty, as they wished to claim the

hire until the expiry of the Charterparty（US ＄1,000,000）, rather than the lesser sum of the difference between the Charterparty rate and the market rate（US＄400,000）. They therefore refused to accept re-delivery of the vessel until 22 August 2007 and in the intervening period made regular demands for hire.（在独任仲裁员面前双方同意的事实如下，到2007年2月期租费率已经大幅下滑，被告拒绝再付租金。到2007年2月19日子夜，正如独任仲裁员从证据中认定的事实那样，被告通过传真以及电话，传达了他们不想再受该租约约束的意图。但是，也正如独任仲裁员从证据中认定的事实那样，原告/申请人明确表示不接受被告的毁约，因为原告/申请人希望可索赔租约下直到还船日子的共达100万美元租金，而不是比该笔租金低得多的市场差价，差额是40万美元。所以原告/申请人拒绝接受2007年8月22日被告的提早还船，并在后来的时间里一直隔一段时间就向被告要求支付到期的租金。）

7. Box 99 and clause 103 of the Charterparty［pp. 2,6］provided for London arbitration. Arbitration proceedings were commenced by the Defendants on 2 September 2007 by a notice calling upon the Claimants to agree to the appointment of Mr. Haphazard as sole arbitrator. The Claimants agreed to that appointment and the arbitration hearing took place before Mr Haphazard in London in December 2007.（租约约定了伦敦仲裁。仲裁程序由被告在2007年9月2日启动，原告收到通知要求同意委任Haphazard先生为独任仲裁员。原告/申请人同意了该委任，仲裁在2007年12月于伦敦开庭审理。）

（2）The legal issues（有争议的法律问题）

8. In the arbitration, the Defendants claimed a declaration that the Charterparty had terminated automatically at midnight on 19 February 2007. The Claimants counterclaimed for a declaration that it had not, and for the outstanding hire of US＄1,000,000 plus interest.（在仲裁中，被告申请一份宣示裁决书以宣告该租约在2007年2月19日子夜已自动中断。原告/申请人却以反索赔的形式要求一份宣示裁决书以宣告没有中断，并且要求支付欠下的100万美元租金连同利息。）

9. As appears form paragraphs ____ of the Award（PT 1 p. ）, the central legal issues raised in the arbitration were:（如在裁决书第____段出现的，在该仲裁中被提起的主要法律问题如下：）

（i）whether on the facts found the Charterparty terminated at midnight 19 February 2007 by reason of the Defendants' repudiation thereof;（根据事实，是否可以认定该租约在2007年2月19日已经由于被告的毁约而中断；）

（ii）whether the Claimants were obliged to accept the Defendants' repudiation of the Charterparty if the Defendants established that the Claimants had "no legitimate interest" in keeping the Charterparty in exercise; and（如果被告可以证明原告继续保持该合约的存在是已经没有"合法利益"，原告/申请人是否有义务接受被告的毁约。）

（iii）if the answer to（i）"yes", whether on the facts found the Claimants had "no legitimate interest" in keeping the Charterparty in existence.（如果对[i]的回答是肯定的，根据事实是否可以认定原告继续使该合约存在已经没有“合法利益”。）

（3）The award（仲裁裁决）

10. On 1 March 2008 the Arbitrator rendered his final award. He held (PT1 p.) that,

notwithstanding that the Claimants had no obligation to accept the Defendants' repudiation of the Charterparty in February 2007, the Charterparty automatically terminated at midnight on 19 February 2007 as the Defendants had repudiated it and the Claimants had no legitimate interest in pursuing their claim for hire rather than a claim for damages. He made consequential declarations in favor of the Defendants and rejected the Claimant's claim for hire, thought he found as a fact that, had the claim for hire been sustainable, the outstanding hire was US $ 1,000,000 and he would have awarded interest at 6 percent per annum until payment.（该独任仲裁员在他 2008 年 3 月 1 日作出的最后裁决书中裁定，尽管原告/申请人没有法律上的义务接受被告 2007 年 2 月的毁约，但是因为原告/被申请人除了可以索赔损失外没有任何合法利益来继续让该租约存在并定期要求支付租金，所以该租约已经在 2007 年 2 月 19 日子夜自动中断。他最终作出了有利于被告的宣示裁决书，拒绝了原告/申请人的租金请求，即如果对租金的索赔成立，欠下的租金就是 100 万美元加上直到实际支付该款项为止的 6% 年息。）

11. In his Reasons at paragraph ____, the Arbitrator stated, amongst other matters, as follows (PT 1 p.):（在裁决书原因的第____段，该独任仲裁员也提到如下：）

"Having considered carefully the decision of the House of Lords in White and Carter v MacGregor, it seems to me that it is open to me to decide that the Charterparty terminated automatically if the claimants had no legitimate interest in insisting on further performance of the contract and not accepting the Charterer's repudiation of the Charterparty. I do not consider that the fact that, in law, the Claimants would recover less by way of damages if they accepted the repudiation than they would by way of hire if they did not give them a legitimate interest in requiring continued performance. Such conduct was merely oppressive and commercially undesirable when the Claimants could, as I find, quite easily have found alternative employment for the vessel from 19th February 2007 at rates that would have in fact recouped the lost hire to the extent of US $ 600,000, leaving a loss of only US $ 400,000. The law should, and I hold does, require parties to contracts to act reasonably at all times and not attempt to abuse their rights."（在仔细考虑了贵族院在 White and Carter 中的判决，如果原告/船东继续坚持租约的履行而不接受承租人的毁约已经是没有合法利益，我认为我有权裁定该租约自动中断。我不会考虑在法律上原告如果接受毁约中断租约并通过损失赔偿拿到的钱会比他们坚持租约存在赚取租金拿到的钱少这一事实。如果坚持租约的存在只是会显得很有压迫性并且从商业的角度考虑也不合理，当我发现原告从 2007 年 2 月 19 日起可以很容易替该船舶重新找到一个新

租约,从而可以收取租金 60 万美元,这样损失就只是 40 万美元。法律应该,并且我认为是正确,要求合约双方都要做出合理的行为而不能滥用他们的法律默示权利。)

(4) The Claimants' application for permission to appeal under section 69 of the Act (原告/申请人根据 1996 年《英国仲裁法》之第 69 条对上诉批文的申请;)

(a) The Arbitrator's errors of law(该独任仲裁员在法律上的错误是)

12. I believe that the Arbitrator erred in law in reaching the conclusion which he did as to the concept of " no legitimate interest" and in concluding that the undoubted financial interest that the Claimants had in insisting on the continuance of the Charterparty was not such a "legitimate" interest: it was, on the contrary, an interest bestowed by the law itself and the Claimants were not acting in any way illegally or wrongfully in insisting on their contractual rights. (我认为该独任仲裁员对"没有合法利益"这一概念所作出的裁定以及断定原告/船东坚持租约存在的毫无疑问的经济利益并不属于"合法"利益在法律上是错误的。相反,无辜方是否接受毁约是法律赋予的一项默示权利,原告也没有在任何方面违法或者是错误主张他们在租约下的权利。)

13. It follows that, I believe, the Arbitrator erred in relation to the questions of law identified in the arbitration claim form. (因此,我认为该独任仲裁员在仲裁争议申请表中列出的法律问题上犯错。)

(b) Section 69(3)(a) of the Act-question substantially affecting the rights of the parties (影响双方实质权利的问题)

14. I believe that the determination of these questions will clearly substantially affect the rights of both parties. Had the arbitrators reached a different decision, the Claimants' claim for US $1,000,000 would have succeeded. (我认为这些法律问题的判决很明显会对双方的利益起实质性的影响。如果该独任仲裁员裁定了相反的法律观点,原告/船东的 100 万美元的租金索赔就会胜诉。)

(c) Section 69 (3)(b) of the Act-question one which the Arbitrator was asked to determine(该独任仲裁员被要求决定的问题。)

15. As is evident from paragraph 9 above, these questions of law were before the Arbitrator. (如上文第 9 段所显示,这些法律问题都是在仲裁中要求该独任仲裁员考虑的。)

(d) Section 69(3)(c)(i) of the Act——Arbitrator's decision obviously wrong(该独任仲裁员的裁定明显是错误。)

16. For the reasons set out above, I believe that the Arbitrator was obviously wrong in reaching the conclusions which he did. The authorities, and in particular the White and Cater case, obliged him to conclude that the unaccepted repudiation was of no effect, and that the Claimants were not obliged to accept the repudiation. (由于上述原因,我认为该独任仲裁员得出他的结论很明显是错误。先例 White and Cater 对该仲裁员是有约束力,

该仲裁员必须以该先例作为依据裁定没有被无辜方接受的毁约是没有任何作用,并且原告作为无辜方没有义务接受该毁约。)

(e) Section 69(3)(c)(ii) of the Act——question of general public importance; Arbitrator's decision open to serious doubt(这一方面是对一般的公众很重要的法律问题,该独任仲裁员的裁决至少是很值得怀疑的)

17. In the alternative, and if the court is not afraid that the Arbitrator was obviously wrong, I believe that his decision is open to serious doubt. I further believe that the question which he was asked to decide is one of general public importance. It concerns the proper interpretation and application of a House of Lords decision in circumstances that are far from unusual. Indeed in any case in which an Owner has to consider whether to terminated a charterparty for persistent and repudiatory non-payment of hire, the issue potentially would arise of whether he can, as an alternative, insist on further performance or must accept the contract as repudiated. (作为替代的争议,如果法院不认为该独任仲裁员是明显错误,我认为他的裁决至少是值得怀疑的。我也认为他被要求作出的裁决确实是一个对一般的公众很重要的法律问题,关系到对贵族院先例在通常情况下的适当的理解和应用。事实上任何时候,一个船东在考虑是否要因为持续性的与毁约性的不支付租金而中断租约时,他们也要考虑,是否他们可以坚持要求承租人对租约的进一步履行还是必须接受毁约。)

(f) Section 69(3)(d) of the Act-just and proper for the court to determine the question(由法院决定该法律问题是合理与恰当的做法)

18. There being no other means of reversing or correcting the tribunal's error, I believe that it is just and proper for the court to determine this question. Whilst the parties chose to resolve their disputes by arbitration, they also chose London Arbitration and the application of English Law. They must therefore be taken to have been aware of the possibility of recourse to the court in a situation such as the present. (考虑到没有其他的途经可以纠正仲裁庭的错误,我认为由法院来判决该法律问题是合理与恰当的做法。尽管双方当事人选择仲裁解决争议,他们也选择了伦敦仲裁和英国法适用,因此他们也一定知道在如目前这种情况下,存在向法院寻求救济的可能性。)

(5) The Claimants' appeal(原告的诉求)

19. If permission is granted, I ask the court to allow the appeal and to reverse the decision of the Arbitrator, for the reasons set out above and summarized in the arbitration claim form. (如果上诉批文被批准,我请求法院允许该上诉并推翻独任仲裁员的裁定。)

(6) Application for service on Pay & Beg(申请向 Pay & Beg 的送达)

20. I also ask the court for permission to serve the arbitration claim form by which the applications for permission to appeal and for the appeal are made on Messrs Pay & Beg at

their offices at 23, Cripplegate, London EC1 pursuant to CPR Part 6. 8 and the Practice Direction supplementing CPR Part 62 at paragraph 3. 1. In this regard, I draw the Court's attention to the following. Although the Defendants are a company registered and carrying on business outside the jurisdiction, they were represented throughout the arbitration by Messrs Pay & Beg who were authorised to receive service of any notice or other document served for the purposes of the arbitration. My firm wrote to Messrs Pay & Beg on 3 March 2008 asking them to accept service of these proceedings on the Defendants' behalf [pp.], but no response was received. So far as I am aware, the Defendants have not determined the authority of Messrs Pay & Beg.（同时我也是申请法院批准将仲裁索赔申请表送达给被告的伦敦代表律师 Pay & Beg。在这方面我想提请法院注意，尽管被告是在英国管辖领域以外注册营业的公司，Pay & Beg 在仲裁事项上已被授权可以代表被告接受送达。我的律师所曾与 Pay & Beg 联系，要求他们接受仲裁争议申请表的送达但一直没有回应。据我所知，被告尚未终止对 Pay & Beg 作为法律代理人的授权。）

（7）Application for service out of the jurisdiction（申请境外送达）

21. In the alternative, and so far as is necessary, I ask the court for permission to serve the arbitration claim form on the Defendants in the Netherlands Antilles. I do so on the ground that the claimant seeks to appeal a question of law arising out of an arbitration award made in London and the conditions of CPR Part 62. 5 are therefore satisfied. So far as I am aware, the Defendants may be found at their registered office address, 69, Treacle Street, Far Town, Curacao, Netherlands Antilles.（作为替代的做法，如有必要，我申请法院批准将仲裁争议申请表向被告在荷属德兰斯的营业所在地送达。因为此情况下，CPR Part 62. 5 需要被满足。据我了解，该被告应该可以在他的注册地址被找到。）

Conclusion（结论）

22. For the reasons set out above, I ask the court to grant permission to appeal from the Award and to allow the appeal, as well as for the ancillary relief sought in the arbitration claim form.（鉴于以上原因，我申请法院准许针对该裁决书的上诉，并且同意原告的诉求和仲裁争议申请表中的相关救济。）

23. I believe that the facts stated in this witness statement are true.（我相信所有在该证人证言中所讲的都是真实。）

Signed...............

Percival Tryon

17 March 2008

10. 1. 2　申请撤销或发还裁决书的仲裁索赔申请表

Arbitration Claim Form for setting aside or remission of an Award for serious irregularity under section 68 of the Arbitration Act 1996（仲裁索赔申请表有关要求法院根据 1996 年《英国仲裁法》第 68 条所作出的有关仲裁程序有严重不正常而撤销或发还裁

决书的救济)

Arbitration Claim Form[1]

IN THE HIGH COURT OF JUSTICE Claim No. : 2008 Folio

QUEEN's BENCH DIVISION Issue date:

COMMERCIAL COURT

1. (i) In an arbitration claim between

BLACK SHIPPING COMPANY LIMITED

Of, 24, Broad Street, Monrovia, Liberia

Claimants

———and———

BROWN SUGAR COMPANY LIMITED

Of 69, Treacle Street, Far Town, Curacao, Netherlands Antilles

Defendants

(ii) In the matter of an arbitration between

BROWN SUGAR COMPANY LIMITED

Claimants

———and———

BLACK SHIPPING COMPANY LIMITED

Respondents

(iii) The arbitrator to whom notice of this application is given is:

FREDERICK ACKROYD HAPHAZARD(这是在仲裁中的独任仲裁员,在这种救济的申请,是不要求把仲裁列为是第二被告)

Of Small House, Cheapside, London EC 4

Remedy claimed and grounds on which claim is made

1. This is an application challenging an arbitration award of Frederick Ackroyd Haphazard ("the Arbitrator") dated 1 March 2008 ("the Award") under section 68 of the Arbitration Act 1996 on the ground of serious irregularity affection the Arbitrator, the proceedings and the Award. The Claimant seeks an order that the Award be remitted to the Arbitrator or set aside. (这是一个申请质疑独任仲裁员 Frederick Ackroyd Haphazard 先生在 2008 年 3 月 1 日作出的裁决书,根据是 1996 年《英国仲裁法》第 68 条,理由是严重不正常影响仲裁员、仲裁程序与裁决书。原告/申请人要求作出命令把仲裁裁决书发还给独任仲裁员或是撤销。)

---

[1] Form N8 should be used: see http://www.hmcourts-service.gov.uk/courtfinder/forms/n8-0103.pdf.

2. There are no available proceedings of appeal or review, and there is no recourse available under section 57 of the Arbitration Act 1996 for correction of the Award, the matters concerned not being ones of clerical mistake or error or ambiguity of the Award or in respect of a claim not dealt with the Award.（本仲裁没有上诉或者复查的机制，也不存在对裁决书的修改，有关的问题不存在裁决书有任何文书上的错误或不明朗之处，或有其中一项争议没有在裁决书中针对而需要增加一个裁决书。）

3. The irregularities complained of, which have caused the Claimants substantial injustice, are as set out in and evidenced by the witness statement of Percival Tryon of the Claimants' solicitors served with this arbitration claim form and are, in summary, as follows:（有关的不正常并对原告/申请人造成了重大的不公正，这是在原告代表律师 Percival Tryon 所作出的证人证言中有说明并提供证据的，该证人证言是与仲裁争议申请表一并送达，概括如下：）

（1）By reason only of the Claimants' failure to serve defence submissions within six months of the date of service of the Defendants' claim submissions in the arbitration, the Arbitrator made the Award without hearing or considering any evidence or arguments as to the merits of the case, notwithstanding that he had made no peremptory or other order for the service of defence submissions and notwithstanding that parties to the arbitration had not agreed that he should have any different powers from those set out in Sections 41(3) - (7) of the Arbitration Act 1996.（只是由于原告/申请人没有在被告送达索赔请求书后的6个月时间内作出抗辩的请求，独任仲裁员就在没有开庭或考虑任何双方提供的证据或者争辩下去作出了裁决书，而这样做前也没有先对原告作出一个最后命令或其他命令要求送达抗辩请求书。独任仲裁员在这个做法下并没有事先取得双方同意他有任何的有异于1996年《英国仲裁法》第41[3] - [7]条文规定的权力。）（最后一句话是针对第41条文，它针对的是一方当事人缺席，仲裁员可以拥有的权力。如第41[5]条文说仲裁员可以在一方当事人缺席而且是没有合理原因的情况下作出一个最后命令。然后在第41[7]条文，说明仲裁员可以在缺席一方不理会最后命令的情况下根据手头的文件与材料作出一个裁决书。该第41条文一开始就说明双方当事人可以同意作出改变，如给予仲裁员特殊或更大的权力针对一方当事人缺席。但现实中这种做法很少会出现。希望这样解释可以让读者进一步明白为什么原告/申请人质疑独任仲裁员犯了严重不正常，就是他没有依照41[5] - [7]行使在一方当事人缺席时作出裁决的默示权力。）

（2）In these circumstances, the tribunal, the proceedings and/or the Award were affected by one or more of the following serious irregularities under section 68 (2) of the Arbitration Act 1996:（在以上的情况下，仲裁庭、仲裁程序或/与裁决书受了以下严重不正常的影响：）

（i）the failure of the Arbitrator to comply with section 33 of the Arbitration Act 1996 in that he did not act fairly or impartially between the parties, giving each party a reasonable opportunity of putting his case and dealing with that of his opponent and/or did not adopt procedures suitable to the circumstances of the individual case;(独任仲裁员没有公平与不偏袒的对待双方当事人,给双方一个合理机会陈述他的案件与反驳对方的指控与/或没有采纳适合案件的仲裁程序。)

(ii) the Arbitrator exceeded his powers as set out in section 41(7) of the Arbitration Act 1996, in that there had been no failure to comply with a peremptory order and in any event the Arbitrator did not proceed on the basis of materials that had been properly provided to him, but simply by way of (in effect) a default award;(独任仲裁员超出了1996年《英国仲裁法》在41[7]条文所赋予他的默示权力,在没有作出最后命令就作出裁决书。同时独任仲裁员也没有依据提供给他的材料作出裁决书。)

(iii) the failure by the Arbitrator to deal with any of the substantive issues that were put to him.(独任仲裁员没有处理向他陈述的实质争议。)

(3)The Claimants did not have any opportunity to raise any objection to the Arbitrator proceeding to make the Award in the manner he did before he made it, but having received a copy of the Award the Claimants immediately protested to the Arbitrator in writing and have issued these proceedings within the time limited for doing so.(原告/申请人没有机会抗拒独任仲裁员作出裁决书,但收到该裁决书之后,原告马上向仲裁员以文书作出抗议并在28天的时限内作出了向法院请求救济的程序。)

(4) These serious irregularities have caused substantial injustice to the Claimants in that, in the absence of these irregularities, the Arbitrator would not made the Award whereby it was awarded and adjudged that the Claimants should have to pay the Defendants US $700,000 plus interest and costs, and that this has happened cannot be defended as an acceptable consequence of having agreed to arbitrate disputes that have become the subject-matter of the reference.(上述的严重不正常导致了对原告/申请人重大的不公正,因为没有这些不正常的情况,独任仲裁员应该不会作出一个裁决书判原告需要支付被告70万美元加上利息的费用。这种事情的发生不能以双方当事人同意仲裁就应该接受这种后果作为抗辩理由。)

The claimant seeks an order for costs against

The Defendants, Brown Sugar Company Limited.

Statement of Truth

• (I believe)(The claimant believes) that the facts stated in this arbitration claim form are true.

• I am duly authorised by the claimant to sign this statement.

Full name..........

Name of claimant's solicitors firm........................

Signed. . . . . Position or Office held. . . . .

- (Claimant) (Claimant's solicitor) (if signing on behalf of firm or company)
- delete as appropriate

10. 1. 3 申请法院作出宣示裁决书与禁令以阻止仲裁推进的仲裁争议申请表

Arbitration Application Form for an application under section 72(1) of the Arbitration Act 1996 for a declaration and injunctive relief where arbitrator has no substantive jurisdiction and applicant has played no part in arbitration(仲裁争议申请表有关要求法院根据1996年《英国仲裁法》第72[1]条文所规定,在独任仲裁员没有实质管辖权以及申请人与该仲裁无关的情况下作出一份宣示裁决书与禁令以阻止仲裁的推进。)(注意这不是根据1996年《英国仲裁法》第67条文有关仲裁员作出了管辖权的裁决书后向法院请求救济与重审。这一个第72[1]条文的救济是另一种在《英国仲裁法》下针对管辖权争议的做法,就是不参与仲裁程序,而直接向法院申请一个宣示裁决书与禁令阻止仲裁的推进。)

Arbitration Claim Form[2]

IN THE HIGH COURT OF JUSTICE Claim No. : 2008 Folio

QUEEN's BENCH DIVISION Issue date:

COMMERCIAL COURT

In an arbitration claim between

BLACK SHIPPING COMPANY LIMITED

Of, 24, Broad Street, Monrovia, Liberia

Claimants

————and————

(1) BROWN SUGAR COMPANY LIMITED

OF 69, Treacle Street, Far Town, Curacao, Netherlands, Antilles

(2) FREDERICK ACKROYD HAPHAZARD(注意是独任仲裁员也被列明为第二被告,因为向法院申请的禁令也针对他,不得推进仲裁程序。如果他不想出庭并愿意依从法院最后的判决,加上反正第一被告会抗辩,就要先取得原告/申请人的同意。)

Of Small House, Cheapside, London EC4————Defendants

Remedy claimed and grounds on which claim is made

1. The following applications are made and remedies claimed under section 72(1) of the Arbitration Act 1996:

(a) For declarations:(要求宣示)

(1) That the Claimants were and are not a party to any contract or other agreement

[2] Form N8 should be used: see http://www.hmcourts-service.gov.uk/courtfinder/forms/n8-0103.pdf.

with the First Defendants by which the First Defendants time chartered the vessel m. v. "ARECK" to the Claimants, or at all;(原告申请人并非是有关"ARECK"船舶的租约或者其他协议的一方当事人)

(2) That, accordingly:(故此)

(i) there was and is no valid agreement between the Claimants and the First Defendants to refer to arbitration the question of whether the Claimants are liable to pay to the First Defendants sums in respect of hire allegedly due under an alleged time charter dated 1 March 2007;(原告/申请人与第一被告之间没有仲裁协议)

(ii) the Second Defendant, whom the First Defendants have purported to appoint as their arbitrator to determine the said question had and has no substantive jurisdiction to adjudicate on it.(第二被告,虽然被第一被告委任为他们的仲裁员,是没有实质管辖权作出裁决。)

(b) For an order that the First and Second Defendants take no further steps in the reference to arbitration of the question referred to in (1) above.(请求法院作出命令要求第一与第二被告不能进一步推进仲裁。)

2. The grounds upon which the application is made are set out and evidenced by the witness statement of Percival Tryon of the Claimants' solicitors served with this arbitration claim form, and may be summarized as follows:(申请救济的理由是在原告代表律师Percival Tryon 所作出的证人证言中有说明并提供证据,该证人证言是与仲裁索赔申请表一并送达,概括的说:)

(1) On 1 February 2008, the Claimants received from the First Defendants a written notice dated 23 January 2008 which stated that the First Defendants has appointed the Second Defendant as the arbitrator to determine the question of whether the Claimants are liable to pay the First Defendants US $ 100,000 (plus interest and costs) as hire due under a time-charter dated 1 March 2007 of the vessel m. v. ARECK and which required the Claimants to agree to his appointment in respect of this matter;(在 2008 年 2 月 1 日,原告/申请人从第一被告那里收到一份日期是 2008 年 1 月 23 日的书面通知,说第一被告已经委任了第二被告作为仲裁员来裁决原告是否有责任支付给第一被告 2007 年 3 月 1 日的期租下欠下的 10 万美元租金(连同利息及费用),该通知还要求原告同意这一个委任。)

(2) The Claimants rejected this notice and have taken no part in the arbitration proceedings.(原告/申请人拒绝了这一通知并没有参与这一个仲裁程序。)

(3) It is true that negotiations for such a time charter as is alleged by the First Defendants took place between the Claimants and the First Defendants through brokers over a period between about 4 January and 1 March 2007, but no concluded contract emerged from these negotiations.(原告/申请人的确是在 2007 年 1 月 4 日至 3 月 1 日的期间通过船舶经纪人与第一被告谈判有关的期租合约,但该谈判最终没有达成协议。)

The claimant seeks an order for costs against

The First Defendants, Brown Sugar Company Limited.

Statement of Truth

• (I believe)(The claimant believes) that the facts stated in this arbitration claim form are true.

• I am duly authorised by the claimant to sign this statement.

Full name..................

Name of claimant's solicitors firm.................

Signed.............. Position or Office held................

• (Claimant) (Claimant's solicitor) (if signing on behalf of firm or company)

• delete as appropriate

10.2　有关申请是否可以"单方面"(ex parte)或需要事前通知仲裁胜诉方的被告?

这一问题在 Section 79 与 Section 80 (5)都有涉及。在 Section 79,如果需要向法院申请延长双方当事人约定或可以约定的时限,则向法院申请是需要通知对方当事人与仲裁庭(Section79[2][a]规定:upon notice to the other parties and the tribunal)。但在 Section 80(5),针对的是并非可以让双方当事人约定的时限的延长,它没有同样的规定,而且是说明要根据"法院的规定"(the rules of court)。这就表示 Section 80(5)的申请是要根据 Civil Procedural Rules(简称 CPR)的相关规定。其中相关的就是 CPR 62.9,规定如下:

(1) The court may vary the period of 28 days fixed by section 70(3) of the 1996 Act for -(a) challenging the award under section 67 or 68 of the Act; and (b) appealing against an award under section 69 of the Act.

(2) An application for an order under paragraph (1) may be made without notice being served on any other party before the period of 28 days expires. (可以单方面向法院申请延长时限,只要 28 天的时限在申请时还没有届满)

(3) After the period of 28 days has expired -(但在 28 天届满后才提出申请延长时限)(a) an application for an order extending time under paragraph (1) must (i) be made in the arbitration claim form; and (必须提交仲裁索赔申请表才可以申请)(ii) state the grounds on which the application is made;(必须讲明这一个申请的理由)(b) any defendant may file written evidence opposing the extension of time within 7 days after service of the arbitration claim form; and(必须送达仲裁索赔申请表并允许被告提出抗拒)(c) if the court extends the period of 28 days, each defendant's time for acknowledging service and serving evidence shall start to run as if the arbitration claim form had been served on the date when the court's order is served on that defendant.

这样看来,如果申请延长28天的时限是在28天届满前作出,就会容易得多,一方面原因是可以单方面提出申请,不需要给对方当事人和仲裁庭通知。由于是向法院自说自话,会成功说服法院作出同意延长的命令机会就大得多。照理由说,法院根据单方面的陈述与提供有限的证据就作出决定是严重违反自然公正的天条,所以法院只局限在两种情况才会允许"单方面"(ex parte)的申请。第一种是在申请不能让被告事前知道因为他可以做一些事情来导致法院的命令无效,典型的例子就是冻结令或Mareva Injunction,因为被告事前知道就可以在法院作出命令之前转移资产。第二种是在紧急的情况下,根本没有时间可以把有关的申请送达/通知被告,让法院作出决定之前可以先听到被告的抗辩。所以,在单方面申请所作出的决定并非是最终的决定,被告在事后获得了通知,是有机会可以向法院提出抗辩并企图撤销该暂时的决定或作出改变。

在28天届满前根据单方面提出申请而作出的暂时决定延长时限的命令会带来的不便有以下情况:(1)胜诉方在28天后没有消息,包括败诉方愿意作出支付的消息,就会开始采取执行的行动,如知道败诉方在香港或新加坡有资产,就根据《纽约公约》向有关的法院提出申请。但随即会被败诉方告知有关的裁决书还不是终局而正在英国提出救济,并获得时间的延长。(2)胜诉方是部分胜诉,也就是他对裁决书某一些地方不满意,本来也希望申请救济。但由于该裁决书有利比不利的地方多,看到对方没有行动,他也就会让这28天的时限过去。如果对方的败诉方偷偷的单方面延长了时限,就会对胜诉方不公道,因为他事前知道就可以作出"交叉申请/上诉"(cross application或cross appeal)。

但由于法院所作出的延长时限命令只是暂时性,胜诉方可以回去试图撤销该单方面申请取得的命令或作出改变(如允许交叉申请/上诉)。这也表示败诉方即使是在28天届满前向法院作出单方面申请就可以乱讲话,如误导(mislead)法院,因为这是会在后来导致有关的延长时限命令被撤销。

笔者(杨大明)在最近处理的一个案件中代表原告并拿到了胜诉裁决书,但败诉方单方面向法院申请延长上诉时限,依赖一些不正确的理由。但因为是"ex parte",笔者无法作出抗辩。笔者之后准备向法院申请撤销该延长时限的命令,在研究有关法律时,发觉英国法院没有真正研究过该种做法的合理性。就是若败诉方在时效届满的前一天向法院申请延期,法院的态度会比败诉方在时效过后的一天显得宽松,这带来不平衡。该案件将会于2010年在英国法院审理,可能在这方面会有澄清。

11. 香港仲裁在这方面的做法与规定

11.1 香港仲裁比伦敦仲裁的裁决书救济少得多

众所周知,在香港进行的国际仲裁是适用《联合国示范法》的规定。可以说相比伦敦仲裁，当事人可以向法院寻求救济的机会大大减少。毕竟，《联合国示范法》的大精神就是双方当事人选择仲裁解决双方的争议，国家法院就不要干预。这里也包括重视仲裁裁决书的终局性与希望尽快使之得以执行的因素。这样一来，香港的国际仲裁就不存在有像1996年《英国仲裁法》Section 69针对法律观点上诉的做法。至于仲裁程序上的错误，《联合国示范法》的Article 34则给予香港国际仲裁有限的原因可让香港法院撤销或发还裁决书。这些有限的原因是与1958年《纽约公约》的Article V也是一致的，但是与1996年《英国仲裁法》Section 68有不同之处。如Section 68(2)(i)中规定的仲裁庭自己承认裁决书有错误希望作出不同的决定也被视为程序上的严重不正常，但在《联合国示范法》中就没有类似的规定与救济。虽然有不同，但主要与经常发生的救济原因还是一致，就是在仲裁程序中严重违反了自然公正，所以在这一方面的救济在香港国际仲裁还是存在。

在香港国际仲裁，寻求对裁决书做出救济最重要的还是体现在对管辖权的争议。这一方面也是与伦敦仲裁几乎是一致，这在1996年《英国仲裁法》就是Section 67。《联合国示范法》是在Article 16(3)说明在仲裁庭作出了有关管辖权争议的裁决书并认为它有管辖权，不满的一方当事人在收到该裁决后的30天内要向法院提出上诉。香港还没有这方面的案例，即法院是对该管辖权争议重新审理一次，还是仅仅只是审查该管辖权争议的裁决书看有无明显的错误。但在一个案件是有关管辖权裁决书的上诉，Reyes大法官作出的准备开庭的命令是接近重新审理的做法，但双方当事人不久后达成庭外和解而使整件事没有变为是有关做法的先例。

11.2　向法院申请救济的时限是从裁决书收到起算

在《联合国示范法》Article 16(3)的30天时限或Article 34(3)的3个月时限都相当于1996年《英国仲裁法》Section 70(3)中的28天时限，但有一个重大区别。在《联合国示范法》，时限的起算是从原告/申请人收到裁决书或通知(如要求仲裁庭对裁决书做出修改或澄清)，而不是1996年《英国仲裁法》中规定的从裁决书作出的一天起算。这就可以避免了本章上述第5段中提到的仲裁庭留置裁决书而导致的严重延误。这表示在香港仲裁，由于双方当事人不对仲裁员的费用作出支付而产生裁决书被留置，裁决书作出后的300天才有一方当事人作出支付并取得裁决书。但根据香港的立法，也就是《联合国示范法》，30天或者3个月的时限(看针对什么救济)就要在裁决书作出后的300天才开始起算。这里的弊端就是与《联合国示范法》中使裁决书尽快得到执行的大精神相违背。另外是与开庭审理与作出裁决书的日期相隔太远，仲裁庭可能已经将所有的文件处理掉或至少已经不记得整个案件。这一来，如果法院想通过发还裁决书而做出救济就十分困难了。

11.3　什么算是"收到"?

看来是明确不过的文字也会有争议，这是在英国的RC Pillar & Sons v. Edwards (2001) unreported的先例。案情涉及一方当事人向仲裁员申请对裁决书作出修改，申请是在2000年5月10日作出，并以传真与邮寄的方式给仲裁员。但实际上，仲裁员出门了，而双方当事人也知道。他是到2000年5月24日回家后才看到这一封申请的信函并在6月19日作出了修改。这带来一个问题就是28天的时限应该怎么样计算，因为1996年《英国仲裁法》之Section 57(5)是规定了仲裁员必须在收到申请修改的28天内作出修改(Any correction and award shall be made within 28 days of the date of application was received by the tribunal...)。如果算是5月10日或1/2天后收到(通过邮寄)，在6月19日作出修改就超出了28天，需要先向法院根据Section 80(5)申请延长时限后才能作出修改。如果算是5月24日才收到，在6月19日作出的修改就在时限内。Thornton大法官认为解释"收到"，是要考虑Section 76(4)有关一般的送达规定，就是一份邮寄的文件算是送达如果是寄至收件人的最后知道的地址。这一来，在5月10日邮寄的申请修改信函应该是算5月12日收到。而如果以收件人真正有机会看到这一封申请信函为收到日期，就会带来不稳定。因为只有收件人自己知道是哪一天而其他人就无法知道。

11.4 《联合国示范法》下有关仲裁庭有权延长时限

在《联合国示范法》下是否存在本章第7段提到的当事人取巧严重延误裁决书的终局与尽快得到执行的情况，就是在收到裁决书之后再等300天才向仲裁庭要求对裁决书的修改或者澄清，而在被拒绝后可以在收到通知的一天另有30天或者3个月的时限向法院申请救济？笔者看来《联合国示范法》的Article 33(4)在文字上并不明确，只是一句简单的说是仲裁庭可延长本条文中(1)或(3)小段的时限，这包括了Article 33(1)(a)是针对当事人向仲裁庭提出要求对裁决书作出修改或者澄清的时限，所以应该是包括在仲裁庭延长时限的权力范围内。但Article 33(4)条文前部分的内容看来只是针对仲裁庭有权延长自己在作出裁决书修改、解释或追加裁决书的时限。为了更加明确这条文的准确解释，就有必要看《联合国示范法》立法小组的工作记录了。这是在Howard M. Holtzmann and Joseph E. Neuhaus所著的《A Guide To The UNCITRAL Model Law On International Commercial Arbitration-Legislative History And Commentary》针对Article 33做出的解释如下：

"Issues relevant to the Article as a whole. With respect to all three of the methods of altering an award, both the final text of the Model Law and the UNCITRAL Rule provisions contain specific time limits for a request by a party to make a change and for action by the arbitral tribunal on that request. In the Working Group, there were divergent views on whether these time limits should be retained[3]. Those in favor of the provisions argued that they would help to limit delays in the disposition of a party's request and thereby to limit the period of uncertainty about the content of the award. On the other hand, some delegates contended that the arbitral tribunal might in certain circumstances have good reasons for failing to comply with what were then rigid time limits in the draft article and that such

〔3〕 See Fifth Working Group Report, A/CN. 9/264, paras. 119 – 122, pp. 898 – 99 infra.

time limits might create uncertainty as to the validity of actions taken after they expired.

Two possible solutions were considered: (1) replacing the specific periods of time in which the arbitral tribunal must act that are mentioned in the UNCITRAL Rule provision with a general formulation such as "promptly" or "without delay" or (2) permitting the arbitral tribunal to extend those time limits if necessary under the circumstances.[4] The Working Group adopted the latter proposal. Examples of possible reasons why an arbitral tribunal might wish to extend the time limits, suggested by the Secretariat, include: (1) to permit consultations among the arbitrators; (2) in order to hold additional hearings or otherwise to take further evidence in cases in which an additional award is to be rendered; and (3) to permit the non-requesting party to respond to a request for a modification to an award.[5]"

这样看来,向仲裁庭提出要求修改、澄清裁决书与作出追加裁决书的30天时限是不存在可让仲裁庭延长。幸亏这30天是从裁决书收到的一天起算,而不像英国的法律是从裁决书作出的一天起算。所以,涉及中国内地的公司要对香港的裁决书寻求救济(虽然救济的种类与空间并不多),只要不涉及上述第10段所讲的公司内部的延误,30天的时限应该还是足够。

---

[4] Id. Paras. 121 - 122.

[5] See Seventh Secretariat Note, A/CN. 9/264, Art. 33, para. 2, p. 902 infra. As discussed immediately below, the Working Group took the position that the nonrequesting party should be given an opportunity to respond in all cases.

第十章　裁决书的执行之一：一事不再审（res judicata）

这是仲裁一个重要的基本原则，而且会影响到许多方面。如作为仲裁员就会经常遇到针对部分争议作出中间/部分裁决书，但到了最后审理时由于新证据的出现会改变主意，仲裁员自己希望或是中间裁决书的败诉方大力要求推翻中间裁决书。另一种情况就是在裁决书执行时，败诉方将仲裁庭已经判过的争议事项/争端（event/issue）（如有否贪污受贿）再次提出作为向法院申请抗拒执行的理由。这时，执行法院对于仲裁庭已经根据各方面证据判过的争议事项/争端，即使觉得有可疑之处，是否还会再次调查审理一次呢？又或是，如果败诉方提供有关贪污受贿的新证据，执行法院会否有不同的对待。由于该课题在实践中的重要性，国际法协会于2004在柏林召开的有关国际商事仲裁的大会（International Law Association Conference on International Commercial Arbitration, Berlin, 2004）将其列为议题讨论并作出一份报告。

1. 一事不再审的合理性

这方面的合理性可以两个著名的拉丁语格言说明。一是“公众利益要求所有的诉讼必须要有尽头，而非漫无止境的纠缠下去”（Interest reipublicae ut sit finis litium）；二是“不能为了同一个诉因向对方追索两次”（Nemo debet bis vexari pro una et eadem causa）。这两个合理性，第一个实际上是公共政策的考虑，而第二个是出于维护当事人之间的公正。对于第二个合理性，由于一事不再审的原则只适用在两个同样的当事人之间，很容易就联想到允许原告在败诉后再补充一些证据以相同的诉因起诉被告，或是原告虽然胜诉，但赔偿不足而想继续向被告以另一个诉讼作出追偿，这就会使被告遭受无止境的困扰。而且，任何争议如果已经被一个有管辖权的法院/仲裁员审理过，其他法院/仲裁员再次重审，往往会导致不同的结果而带来混乱。这个原则也混合考虑了各种主要原因，如在国与国之间涉及国际间的友好（international comity），或/与衡平法之下的禁止翻供原则（estoppel）。

在 Johnson v. Gore Wood & Co. (2000) 2 A. C. 1 的先例中，Bingham 大法官还提到另一方面的合理性，现在重视要让诉讼更有效率与减少费用，这就显得更加重要，不能让有争议的当事人漫无止境的斗下去。

虽然世界上的法治国家基本上都承认这一原则，但各国对该原则在运用时的严格性有很大不同。而且，各国针对一些严重的问题，如涉及非法(illegality)或违反公共政策(against public policy)，特别是涉及一些国际准则的严重违反(如恐怖主义或是贿赂政要)，就存在一事不再审的原则不一定可以适用。第一个原因是对较早前作出审理的法院或仲裁员有不放心之处，怕错判或者是乱判，或是大家的尺度不一样；第二个原因是针对会产生不公平的后果(如执行一个十分明显是违反公共政策的裁决)，衡平法的禁止翻供原则就会不适用。

针对第一个原因的考虑可以节录 Soleimany v Soleimany (1998) 3 WLR 811 上诉庭的说法，是有关瑞士仲裁庭已经在较早前审理过有关非法的争议，而后来被要求协助执行裁决书的法院是否尊重一事不再审原则的矛盾，说：

"The difficulty arises when arbitrators have entered upon the topic of illegality, and have held that there was none. Or perhaps they have made a non-speaking award, and have not been asked to give reasons. In such a case there is a tension between the public interest that the awards of arbitrators should be respected, so that there be an end to lawsuits, and the public interest that illegal contracts should not be enforced. We do not propound a definitive solution to this problem, for it does not arise in the present case. So far from finding that the underlying contract was not illegal, the Dayan in the Beth Din found that it was.

It may, however, also be in the public interest that this court should express some view on a point which has been fully argued and which is likely to arise again. In our view, an enforcement judge, if there is prima facie evidence from one side that the award is based on an illegal contract, should inquire further to some extent. Is there evidence on the other side to the contrary? Has the arbitrator expressly found that the underlying contract was not illegal? Or is it a fair inference that he did reach that conclusion? Is there anything to suggest that the arbitrator was incompetent to conduct such an inquiry? May there have been collusion or bad faith, so as to procure an award despite illegality? Arbitrations are, after all, conducted in a wide variety of situations; not just before high-powered tribunals in international trade but in many other circumstances. We do not for one moment suggest that the judge should conduct a full-scale trial of those matters in the first instance. That would create the mischief which the arbitration was designed to avoid. The judge has to decide whether it is proper to give full faith and credit to the arbitrator's award. Only if he decide at the preliminary stage that he should not take that course does he need to embark on a more elaborate inquiry into the issue of illegality."

至于第二个原因，就是衡平法不适用在可能会造成不公平后果的情况，Waller 大法官是这样说(他在 Westacre v Jugoimport [1998] 2 Lloyd's Rep. 111;[1999]2 Lloyd's Rep 65[CA]的上诉庭先例中是持少数的不同意见),如下:

"What I believe we, and indeed Mr. Justice Colman, were recognizing was that although normally at the enforcement stage a party who brings an action on the award will be estopped from attempting to re-argue the points on which he has lost the arbitration (see Mustill & Boyd p. 419 and the cases cited at note 17), there are exceptional circumstances where the Court will not allow reliance on an estoppel. In Arnold v National Westminister Bank plc, [1990] 1 Ch. 573 this Court held that an issue that had been the subject of judicial decision could be relitigated between the same parties in later proceedings if special or exceptional circumstances justified it, thereby placing issue estoppel and the principle in Henderson v Henderson, (1843) 3 Hare 100 into the same category, distinguishing both from cause of action estoppel. In that case the fact that the first decision could by the date of the second hearing be shown to be 'plainly rather than merely arguably wrong' was so far as the majority was concerned sufficient to provide exceptional circumstances. They applied the dictum of Lord Upjohn in Carl Zeiss Stiftung v Rayner & Keeler Ltd. (No. 2), [1967] 1 AC 853 at p. 947: 'All estoppels are not odious but must be applied so as to work justice and not injustice and I think the principle of issue estoppel must be applied to the circumstances of the subsequent case with this overriding consideration in mind. '... "

因此, Waller 大法官在 Westacre v Jugoimport 的上诉庭先例中认为要重新审理有否贿赂事实存在这一争议,他是这样说:"I have reached a different conclusion to that of the Judge. I disagree with him as to the appropriate level of opprobrium at which to place commercial corruption. It seems to me that the principle against enforcing a corrupt bargain of the nature of this agreement, if the facts in M. M. 's (指称有贿赂事实的证人名字缩写) affidavit are correct, is within that bracket recognized by Mr. Justice Phillips in Lemenda and by Lord Justice Neill in Man v Haryanto as being based on public policy of the greatest importance and almost certainly recognized in most jurisdictions throughout the world. I believe it important that the English Court is not seen to be turning a blind eye to corruption on this scale. I believe that is unanswered the case at present made on M. M. 's affidavit would be conclusive against Westacre being entitled to enforce the agreement and thus the award as a matter of English public policy. I also believe that the Judge did not sufficiently consider the extent to which the case now presented on bribery was examined by the arbitration tribunal. When one examines the circumstances of this case one can see that in truth the bribery issue has not been ventilated properly before the Swiss arbitral tribuna... "

但是英国法院的主流还是 Westacre v Jugoimport 上诉庭的多数意见为准,这可以看接下来一个先例,也是对仲裁庭审理过的非法问题适用一事不再审的大原则。在近期的先例 Gater Assets Ltd v. Nak Naftogaz Ukrainiy (2008) EWHC 237 (Comm),案情涉及一家俄罗斯的石油公司，名为 Gazprom。该公司要通过乌克兰铺设的管道(名为“兄弟情”[Brotherhood]的管道)向欧洲国家供应天然气。而 Gazprom 与乌克兰国家石油公司 Naftogaz 在 1997 年 12 月 31 日签订了协议，协议除了让俄罗斯天然气通过乌克兰，也包括部分天然气是供应给乌克兰。该协议中约定了在有争议的时候去仲裁。

Gazprom 针对天然气在供应的途中如果被人偷窃或侵占而投保，该俄罗斯保险商名为 Sogaz。到了 1999 年年初，由于 Gazprom 认为天然气被乌克兰偷窃或侵占，导致损失高达 2 亿 5 千万美元以上，所以想向 Naftogaz 提出索赔。但由于政治关系(俄罗斯与乌克兰之间的关系)，Gazprom 感觉无法以自己的名义索赔。本来，Sogaz 作为保险人可以通过代位以自己的名义(这是根据俄罗斯的法律)向 Naftogaz 提出索赔，但这会带来同样的政治考虑。结果通过一位俄罗斯法律专家建议作出一种安排，就是 Sogaz 进行再保，而再保险人是一家瑞士的保险公司名为 Monde Re。而 Monde Re 就可以以他的名义向 Naftogaz 进行索赔，并且最后在裁决书胜诉高达 88256704.49 美元另加上利息与费用。Naftogaz 向仲裁地点的俄罗斯法院上诉，但最终被俄罗斯最高院在 2001 年 4 月 21 日否定。到了 2006 年 5 月，Monde Re 发生经济问题而被清盘，但 Monde Re 把这一索赔书的利益转让给了 Gater，也就是本案中的原告。而 Gater 就是在英国执行该裁决书(并申请了一个冻结令把 Naftogaz 在英国的财产冻结)而导致了这一个案例。

这其中一个主要的争议就是该再保险的安排是一个骗局。它也根本不是一个保险合约，因为有证据显示 Monde Re 根本不必承担保赔的风险，而他的收费就是从索赔回来的钱中收取 3%。换言之，Monde Re 根本没有任何承保的风险。另是，Monde Re 是一家很小的再保保险公司，整个注册资本只有 72000,000 美元，根本无法赔偿 Gazprom 这一笔高达 2 亿 5 千万美元的损失。Naftogaz 也指称在仲裁程序中，Monde Re 隐藏了有关再保险协议的有关文件与该些文件的真实性。

但在英国法院，这些争辩都被 Tomlinson 大法官否定。首先 Tomlinson 大法官接受该再保险的安排在俄罗斯法律是下完全有效，再加上俄罗斯的仲裁法没有披露文件的要求，所以不存在隐藏文件的问题。Tomlinson 大法官也根据这一个争议已经在仲裁中受理，就不应该由执行法院再重审这些争议。而即使是比仲裁多提供了一些有关的新证据，这只是“针对同一日标而多加了一点火药”(no more than further ammunition to be directed at the same target)。

看来，针对一些不关系到英国本土的非法或公共政策(如在外国发生的贪污受贿)，如果在一个国际仲裁已经被仲裁庭审理过，英国法院如果执行时是接受一事不再审的约束。与外国国家(如伊朗)法院的判决书相比，西方国家根据《纽约公约》对仲裁裁决书的承认与执行接受一事不再审的约束或合理性的程度来得更高。看来，除非国际仲裁涉及一些更严重的公共政策问题，如贩毒或是恐怖主义，西方国家才会认为是一事不再审的大原则不适用，但国际仲裁是不大可能涉及这种争议。

2. 一事不再审在英国的法律地位

这一个原则在英国法律下又区分为以下四种说法:(i)诉因的禁止翻供(cause of action estoppel);(ii)争端的禁止翻供(issue estoppel);(iii)合并/较早的救济(merger/former recovery);(iv)滥用司法程序(abuse of process)。以上四种区分在实际运用中分别并不是太大,笔者以下将分别阐述。

2.1 一事不再审之一:诉因的禁止翻供(cause of action estoppel)

先给这一种的一事不再审原则一个权威的定义,这在 Thoday v. Thoday (1964) P. 181(C. A.)中,Diplock 大法官说:"The first species, which I will call 'cause of action estoppel', is that which prevents a party to an action from asserting or denying, as against the other party, the existence of a particular cause of action, the non-existence or existence of which has been determined by a court of competent jurisdiction in previous litigation between the same parties. If the cause of action was determined to exist, i. e., judgment was given upon it, it is said to be merged in the judgment, or, for those who prefer Latin, transit in rem judicatam. If it was determined not to exist, the unsuccessful plaintiff can no longer assert that it does; he is estopped per rem judicatam. This is simply an application of the rule of public policy expressed in the Latin maxim. "Nemo debet bis vexari pro una et eadem causa". In this application of the maxim 'causa' bears its literal Latin meaning."

Diplock 大法官以上的说法是指一个存在的诉因如果已经由一个拥有适当管辖权的法院审理,并且针对双方当事人作出了最后判决,则其中一方当事人在事后就不能再以同样的诉因向对方主张或者否定。也可以说,一个存在的诉因已经有了一个判决,就可以阻止后来的诉讼,因为该诉因被支持或被否定都已经合并在较早的判决中了。

2.2 一事不再审之二:争端的禁止翻供(issue estoppel)

同样的,也先给这一种说法的一事不再审原则一个权威的定义,这也是在 Thoday v. Thoday (1964) P. 181(C. A.)中,Diplock 大法官继续说到:"The second species, which I will call 'issue estoppel', is an extension of the same rule of public policy. There are many causes of action which can only be established by proving that two or more different conditions are fulfilled. Such causes of action involve as many separate issues between the parties as there are conditions to be fulfilled by the plaintiff in order to establish his cause of action; and there may be cases where the fulfilment of an identical condition is a requirement common to two or more different causes of action. If in litigation upon one such cause of action any of such separate issues as to whether a particular condition has been fulfilled is determined by a court of competent jurisdiction, either upon evidence or upon admission by a party to the litigation, neither party can, in subsequent litigation between one another upon any cause of action which depends upon the fulfilment of the identical condition, assert that the condition was fulfilled if the court has in the first litigation determined that it was not, or deny that it was fulfilled if the court in the first litigation determined that it was."

这是指虽然当事人有不同的诉因,但不同的诉因都涉及一个相同的争端。如果该相同的争端已经在较早处理一个相同诉因时得到判决,则在之后针对其他诉因的审理中当事人就可以将针对该争端的判决作为抗辩,而不需要再审一次。

另在 The "Sophia" (1965) 1 Lloyd's Rep. 223, Denning 勋爵也有解释什么是争端的禁止翻供,如下:"The law, as I understand it, is this: If one party brings an action against another for a particular cause and judgment is given upon it, there is a strict rule of law that he cannot bring another action against the same party for the same cause. But within one cause of action there may be several issues raised which are necessary for the determination of the whole case. The rule then is that, once an issue has been raised and distinctly determined between the parties, then, as a general rule, neither party can be allowed to fight that issue all over again……Like principles apply to arbitration."

针对这种说法,要特别小心的是不要造成不公平,因为这是违反了禁止翻供的基本衡平法精神。它会造成危险的原因是在 Carl Zeiss Stiftung v Rayner & Keeler Ltd (No. 2) (1967) 1 AC 853 先例中提到,就是在第一个诉讼中由于金额不大,所以针对某一个争端,该争端的败诉方没有进行昂贵的调查取证以作出争辩。如果将来在另一个涉及金额庞大的诉讼中,该当事人因为争端的禁止翻供而受到约束,就会造成不公平,正如 Reid 勋爵在该先例中所说的,如下:"Suppose the first case is one of trifling importance but it involves for one party proof of facts which would be expensive and troublesome; and that party can see the possibility that the same point may raise if his opponent later raises a much more important claim. What is he to do? The second case may never be brought. Must he go to great trouble and expense to forestall a possible plea of issue estoppel if the second case is brought? This does not arise in cause of action estoppel: if the cause of action is important, he will incur the expense; if it is not, he will take the chance of winning on some other point."

所以,Reid 勋爵针对争端的禁止翻供有两个方面要特别注意:(1)针对陌生的外国法院的判决要特别小心,因为无法肯定针对某一个争端是否已经作出决定,而且该决定是否只是附带的或随口一提(the English courts "are not familiar with modes of procedure in many foreign countries, and it may not be easy to be sure that a particular issue has been decided or that its decision was a basis of the foreign judgment and not merely collateral or obiter".)。(2)不要造成不公平,如在原来的判决中,该争端的败诉方由于作出全面的争辩并不现实而导致败诉(it might be unjust to hold that a litigant here should be estopped from putting forward his case because it was impracticable for him to do so in an earlier case of trivial character abroad, with the result that the decision in that case went against him.)。

2.3 一事不再审之三:合并/较早的救济(merger/former recovery)

这是指一方当事人在较早时另一个判决已经得到部分的救济,就不能在同一个诉因下另去起诉,要求其他或进一步的救济。可以说,这一同样的诉因的救济已经在上一个判决中被合并了。这在 International Law Association Conference on International Commercial Arbitration 会议的报告中,提到这一说法如下:"The doctrine of former recovery precludes a party in whose favour relief has been granted from reasserting the same claim in order to obtain further relief, based on the same cause of action. It is said that the cause of action has been extinguished by the earlier judgment, by merging into that judgment. Once a judgment has been paid or otherwise honoured, the paying party can rely on the equitable principle of double satisfaction to prevent further enforcement proceedings."

在英国的普通法,以前的地位是一个外国法院的判决并不消灭原告的诉因或索赔权利。这变了原告有两个选择,一个是在英国法院申请承认与执行外国法院判决,另一个是在英国法院重新提出索赔,后者通常的原因就是希望取得更多的赔偿金额。这显然不是一个令人满意的做法,这导致了 1982 年《Civil Jurisdiction and Judgments Act》的立法取消英国法律的"不合并理论"(doctrine of non-merger),有关 Section 34 条文如下:"No proceedings may be brought by a person in England or Wales ... on a cause of action in respect of which a judgment has been given in his favour in proceedings between the same parties, or their privies, in a court in another part of the United Kingdom or in a court of an overseas country, unless that judgment is not enforceable or entitled to recognition in England or Wales ..."

2.4 一事不再审之四:滥用司法程序(abuse of process)

这一说法在针对一事不再审原则实际上是将第一种说法诉因的禁止翻供扩大,这就是即使在较早前的判决中没有针对的争端与救济,但完全可以甚至应该在判决中一并提出,可是一方当事人却没有这样做,也讲不出有合理的理由不这样做,他就会被禁止在后来再以此没有针对的争端与救济展开诉讼或将其纳入其他的诉讼中。举例说,在一个合约的关系中发生了违约,但这种违约也属于侵权性的疏忽。在这种情况下可以说违约方有一个"同步的责任"(concurrent liability),既是违约又是侵权。这经常会出现在雇主与专业人士之间,如与律师或建筑师。往往雇主与专业人士之间有雇佣合同,如果专业人士有疏忽,这就产生了合约与侵权的同步责任。但由于诉因相同,所以原告不能先以违约展开一个诉讼/仲裁,然后再以侵权展开另一个诉讼,反之亦然。

这方面可以节录 Goff 勋爵在 The "Indian Grace"(1993) 1 Lloyd's Rep 387 所说如下:"I wish to add that:... there is a wider sense in which the doctrine [of res judicata] may be appealed to, so that it becomes an abuse of process to raise in subsequent proceedings matters which could and therefore should have been litigated in earlier proceedings ... [see Yat Tung Investment Co. Ltd v. Dao Heng Bank Ltd,. (1975) A. C. 581, at p. 590, per Lord Kilbrandon, citing the locus classicus of Henderson v. Henderson, (1843) 3 Hare 100 at p. 115 per Wigram V. – C.]"

由于这一说法最早是来自 Henderson v. Henderson 先例,所以有"Henderson v. Henderson Rule"这一个名称。本来这一说法也有很强的禁止翻供的味道,但在贵族院的 Johnson v. Gore Wood & Co. (2000) 2 A. C. 1 先例,这一个说法被视为是一种滥用司法程序而不再是禁止翻供理论的延伸。在 Johnson v. Gore Wood & Co. 先例,Bingham 勋爵是这样说:"But Henderson v. Henderson abuse of process, as now understood, although separate and distinct from cause of action estoppel and issue estoppel, has much in common with them. The underlying public interest is the same: that there should be finality in litigation and that a party should not be twice vexed in the same matter. The public interest is reinforced by the current emphasis on efficiency and economy in the conduct of litigation, in the interests of the parties and the public as a whole. The bringing of a claim or the raising of a defence in later proceeding may, without more, amount to abuse if the court is satisfied (the onus being on the party alleging abuse) that the claim or defence should have been raised in the earlier proceedings if it was to be raised at all. I would not accept that it is necessary, before abuse may be found, to identify any additional element such as a collateral attack on a previous decision or some dishonesty, but where those elements are present the later proceedings well be much more obviously abusive, and there will rarely be a finding of abuse unless the later proceeding involves what the court regards as unjust harassment of a party. It is, however, wrong to hold that because a matter could have been raised in earlier proceedings it should have been, so as to render the raising of it in later proceedings necessarily abusive. That is to adopt too dogmatic an approach to what should in my opinion be a broad, merits-based judgment which takes account of the public and private interests involved and also takes account of all the facts of the case, focusing attention on the crucial question whether, in all the circumstances, a party is misusing or abusing the process of the court by seeking to raise before it the issue which could have been raised before. As one cannot comprehensively list all possible forms of abuse, so one cannot formulate any hard and fast rule to determine whether, on given facts, abuse is to be found or not ... While the result may often be the same, it is in my view preferable to ask whether in all the circumstances a party's conduct is an abuse than to ask whether the conduct is an abuse and then, if it is, to ask whether the abuse is excused or justified by special circumstances. Properly applied, and whatever the legitimacy of its descent, the rule has in my view a valuable part to play in protecting the interests of justice."

至于为什么当事人如原告不在较早时把所有合理应该针对的争端或救济都一并

提出，这可以是由许多原因造成，如疏忽、看漏了或是意外，正如 Kilbrandon 勋爵在 Yat Tung Investment Co. Ltd v. Dao Heng Bank Ltd 先例中所说，如下："The shutting our of a ‘subject of litigation’ - a power which no court should exercise but after a scrupulous examination of all the circumstances - is limited to cases where reasonable diligence would have caused a matter to be inadvertence or even accident will not suffice to excuse, nevertheless ‘special circumstances’ are reserved in case justice should be found to require the non-application of the rule..."

这种情况在中国内地的公司经常会发生。举例说 A、B、C 三家公司从欧洲或者南美以 FOB 购买并且需要运输一批大宗货物（如 40000 吨玉米或 30000 吨化肥）回中国，其中三家公司同意由 A 出面租船。但很多情况这三家公司都没有一份针对将来如果有诉讼或运输途中出事之后大家的权利义务如何分摊的详细协议，而仅仅是很简单的一句"同意由 A 租船"。如果在运输途中遇到事故而使船货全损，就会涉及 A、B、C 要向船东提出索赔。A 由于是承租人，所以向船东索赔是根据租约，即使另有提单的签发。而 B 与 C 公司如果针对他们的货物损失想向船东提出索赔，必须通过 A 向船东提出一个诉讼索赔全部的货物。这种情况会是：(1) 船东只签发一套提单，而没有针对三个不同的公司分别签发不同的提单；(2) 即使有分别的提单并由 B 与 C 公司持有，但想向船东提出索赔时，《海牙规则》的 1 年时效已过，但租约下的 6 年时效还有很长可以开始诉讼；(3) B 与 C 不愿意自己打官司。

合理的做法就是由 A 代表三家公司向船东索赔损失，毕竟 A 本来也是代表三家公司与船东订立租约而将一整票货物运回中国。但一要这样做，就有可能这三家公司先产生争议而非一致对外。这些争议会是 B 与 C 不愿意按比例与 A 分摊诉讼费用，或是各自找不同的律师，又或是不合理要求 A 对诉讼的结果作出担保等。这就会带来 A 自己为他 10000 吨化肥的损失向船东索赔而不顾 B 与 C 公司 20000 吨化肥的损失，并成功将损失取回。之后，B 与 C 公司受到鼓舞，也想要对船东采取索赔的法律行动。这可能是以侵权作为诉因，或是要求 A 把租约索赔的利益转让（assign）给他们，然后向船东提出索赔。但在这两种做法下都会面对船东提出一事不再审的抗辩。

上述的例子可能比较复杂，如果一个单纯的货物买卖可能更好解释，就是 A、B 与 C 公司在一个买卖合约下向 D 公司买 30000 吨化肥，但后来发觉货不对版而需要向 D 提出索赔。如果 A、B 或 C 公司不团结，在同一个诉讼中针对 D 公司，也会出现这样的情况。

3. 1982 年《Civil Jurisdiction and Judgments Act》的立法

英国很早就已经有立法针对承认与执行外国法院的判决，这也包括了适用"一事不再审”原则，如 1920 年的《Administration of Justice Act》之 Part II 以及 1933 年的《Foreign Judgments（Reciprocal Enforcement）Act》。但其中最重要的还是 1982 年《Civil Jurisdiction and Judgments Act》的立法，因为这是英国针对欧共体的《Brussels and Lugano Conventions》作出的立法。1982 年立法只适用于民事与商业上的案件，至于不属于欧共体国家的判决，就适用以前的立法或者是普通法。针对一事不再审原则，该 1982 年立法起的作用可以节录 Steyn 勋爵在 The “Indian Grace”（1998）1 Lloyd's Rep 1 所说如下：“the function of s. 34 was to overcome the anomaly created by the fact that the doctrine of merger did not apply in the case of foreign i. e. non-English judgments; the rationale of the bar against proceedings caught by s. 34 was that it was unjust to permit the same issue to be litigated afresh between the same parties; given this legislative object it would be wrong to permit an action in rem to proceed despite a foreign judgment in personam obtained in the same cause of action; the purpose of s. 34 militated in favour of the bar created by it applying to the action in rem（see p. 8, col. 2; p. 9, col. 1）...”

英国承认外国法院判决并适用一事不再审原则，特别是在商业的案件，背后的原因可节录 Jonathan Hill 所著的《The Law Relating to International Commercial Disputes》一书的说法，如下：“In the modern world, where so much commerce is international in nature, the international community has a general interest in ensuring that judgments operate as a form of international currency; if judgments were only valid and enforceable in the country of origin international trade would be an even more hazardous enterprise. In Adams v Cape Industries Plc（1990）Ch 433, Slade LJ, who delivered the judgment of the Court of Appeal, suggested that underlying the system for the recognition and enforcement of foreign judgments are taken to create rights which supersede the underlying cause of action, and which may be directly enforced in countries where the defendant or his assets are to be found.”

该 1982 年立法 Section 34 说明一事不再审原则，也就是外国法院判决后英国法院再也不受理而重审一次，要求符合三个条件：(i)必须是同一个诉因(same cause of action)；(ii)必须是同样的当事人或他们的利害关系人(the same parties, or their privies)；(iii)必须是被承认的外国法院判决(不论是立法还是普通法下)。

4. 一事不再审原则的要求

除了上述所讲的 1982 年立法的要求或者条件外，也可以介绍其他普通法中提及的大同小异的要求或者条件。首先是在贵族院的 The “Sennar”(No. 2)（1985）1 Lloyd's Rep 521，Diplock 勋爵也提到了两个条件才能成功以一事不再审作为抗辩：

(1)同样的原告基于同样事实构成的诉因在拥有适当管辖权的外国法院起诉同样的被告;(2)并且在该诉讼程序中该外国法院作出了最终判决。Diplock 勋爵也提到了外国法院的判决在英国法院看来是对还是错并没有太大影响,说:"Issue estoppel operates regardless of whether or not an English Court would regard the reasoning of the foreign as open to criticism."

在 The "Sennar"先例,涉及的案情是航运与外贸经常有的一个陋习就是倒签提单。这在英国法是明确的欺诈行为,船东几乎难逃责任。在该先例,涉及倒签提单的船舶在荷兰鹿特丹被货方扣船并起诉,但鹿特丹法院接受船东的抗辩而中止了法院程序,要求双方当事人去苏丹的法院进行诉讼。这是因为倒签的提单涉及的是一票从苏丹运载的压榨花生(groundnut expeller),由苏丹发货人所准备的一套提单中有一条管辖权条文,如下:"All actions under this contract of carriage shall be brought before the Court of Khartoum or Port Sudan and no other Court shall have jurisdiction with regard to any such action."

显然,德国公司的货方对鹿特丹法院的这一判决不满意,也不想去苏丹法院向船东提出诉讼。所以,货方在英国法院希望通过对物诉讼(in rem action)掌握管辖权向船东再度提出起诉,并把对物诉讼的告票送达给船东的另一艘抵达利物浦的姐妹船"Merawi"。但船东就以有关的管辖权争议已经被鹿特丹法院审理过,英国法院应该受到一事不再审(res judicata 或 issue estoppel)的约束而不得再度审理,即使是货方以侵权的诉因在英国法院再度提出诉讼。虽然,在英国法院就有颇大的可能会作出与鹿特丹法院不同的判决,也就是不会根据提单的管辖权条文而把管辖权让给苏丹法院(注意不是苏丹的仲裁协议,因为仲裁还会涉及《纽约公约》的约束)。

事实上,英国从以前对掌握管辖权的案件决不会轻易让给其他国家法院的态度(在 St Pierre v. South American Stores [Gath & Chaves] Ltd [1936] 1 KB 382 就有 Scott 大法官的名言"The right of access to the King's court must not be lightly refused.")锐变到接受方便的诉讼地点(forum conveniens)的理念,并体现在三个著名的贵族院先例:The "Atlantic Star" (1973) 2 Lloyd's Rep 197;MacShannon v Rockware Glass Ltd (1978) AC 795 与 The "Abidin Daver" (1984) 1 Lloyd's Rep 339。但要求掌握了管辖权的英国法院让出有关案件的审理权给外国更加适合、恰当与方便的法院仍是要看许多的因素。如外国法院的诉讼费用高低(这也关系到好像证人身处何地)、费用可否在胜诉后向败诉方取回、在外国法院的诉讼时效会否已过、外国法院会否延误、外国法院会否无法索赔部分的损失是英国法院会接受的、外国法院是否会在程序上符合自然公正、诉讼语言的问题、法律冲突等方面。所以,即使提单有一条苏丹法院的管辖权条文,英国的先例已经明确是不一定会接受该条文而终止英国法院的诉讼程序:The "Eleftheria" (1969) 1 Lloyd's Rep 237 与 The "El Amria" (1981) 2 Lloyd's Rep 119。

但在贵族院,认为较早前在鹿特丹法院作出的有关承认提单的苏丹法院管辖权的判决是一个实质性的事关是非曲直的问题,所以英国法院不能再一次作出审理,即使是根据侵权而不是根据合约。Brandon 勋爵是这样说:"(2) the issue in both the Dutch Court of Appeal and the English Admiralty Court of Appeal and the same, namely whether even though the plaintiffs' claim, based in either case on the same facts, was framed in tort rather than in contract, the exclusive jurisdiction clause in the bill of lading applies to such claim; (3) this was a classic case of issue estoppel created by the judgment of a foreign Court of requirements for the exercise of such an estoppel had been satisfied; the plaintiffs were estopped by the decision of the Dutch Court of Appeal from asserting that their claim did not fall within the exclusive jurisdiction clause."

另在 The "Good Challenger" (2004) 1 Lloyd's Rep. 67 先例,上诉庭的 Clarke 大法官指出要构成"一事不再审"就必须符合四个条件:(1)判决的外国法院必须是一个称职的(competent)法院,这通常是指该法院对有关的案件有管辖权;(2)判决必须是最终与结论性的;(3)双方当事人的身份一致;(4)有关的争议必须一致。

Clarke 大法官是这样说:"The authorities show that in order to establish an issue estoppel four conditions must be satisfied, namely (1) that the judgement must be given by a foreign Court of competent jurisdiction; (2) that the judgement must be final and conclusive and on the merits; (3) that there must be identity of parties; and (4) that there must be identity of subject matter, which means that the issue decided by the foreign Court must be the same as that arising in the English proceedings: see, in particular Carl Zeiss Stiftung v Rayner & Keeler Ltd (No. 2) (1967) 1 AC 853 (the Carl Zeiss case), The Sennar (No. 2), (1985) 1 WLR 490, especially per Lord Brandon at p. 499, and Desert Sun Loan Corporation v Hill (1996) 2 All ER 847."

另一个重要的条件就是一事不再审或争端禁止翻供本身属于衡平法,所以必须符合公正,而不是机械性的运用并造成不公正。这在 Carl Zeiss 先例中,Upjohn 勋爵所说,重复如下:"All estoppels are not odious but must be applied so as to work justice and not injustice and I think the principle of issue estoppel must be applied to the circumstances of the subsequent case with this overriding consideration in mind."

接下来是针对上述所讲的要求或条件作进一步探讨。

4.1 条件之一:同一个诉因(a cause of action)

这里先介绍著名的贵族院先例 The "Indian Grace" (1998) 1 Lloyd's Rep 1,前后两次上诉到贵族院,分别被报道在劳氏法律报告的 1993 年卷一 387 页与 1998 年卷一的第 1 页。案情是有关在 1987 年印度国防部从瑞典购买了一批军火,重达 850 吨,其中主要是炮弹,并安排运回印度。船舶在 1987 年 6 月 26 日从瑞典起航,但 7 月 1 日在途中第三舱发生火灾而导致船舶绕航法国的 Cherbourg 作为避难港。在该港内,法国海军对该批军火进行安全检查,并把小部分的 51 个炮弹抛弃了(估计因为损坏严重)。之后 8 月 6 日,船舶再从 Cherbourg 开航去印度并在 9 月 4 日抵达了印度的 Cochin 港。印度国防部作为收货人与提单持有人发觉有严重的货损货差，但不知道什么原因，印度国防部在 Cochin 法院向船东（印度的船公司）索赔被抛弃的 51 个炮弹的货差。这一个诉讼国防部获胜，法院判是船东疏忽，但是赔偿金额只有 6000 英镑。至于其他的货损，损失的金额高达 2500000 英镑，印度国防部并没有在 Cochin 法院提出而是后来在英国法院通过诉船（in rem）向船东提出，并把告票送达给抵达英国港口的"Indian Grace"姐妹船，名为"Indian Endurance"。这一来，船东（背后实际上是互保协会）的抗辩就是指印度国防部不能这样做，因为这违反了一事不再审原则。而印度国防部的抗辩是在 Cochin 法院与在英国法院是因为两个完全不同的诉因，前者是对人（in personam）诉讼，而后者是针对船舶的对物（in rem）诉讼。

英国的确是有长久以来的说法就是这两种属于不同的诉讼，先诉物并不代表禁止在稍后诉人，反之亦然。因为诉物即使是成功，能够取回的金额往往只局限在被扣船舶的价值（如通过法院去出售）。但如果损失严重，会有情况在诉物成功后还有一部分的损失没有得到救济。如果后来有诉人（船公司）的机会，原告会想采取另一个法律行动取回这部分的损失。这方面可举第一个先例就是 The "Rena K"（1978）1 Lloyd's Rep 545，Brandon 大法官是这样说："It has, however, been held that a cause of action in rem, being of a different character from a cause of action in personam, does not merge in the person who has it so long as, and to the extent that, such judgment remains unsatisfied."

另在 The "Nordglimt"（1987）2 Lloyd's Rep. 470，Hobhouse 大法官也说："We do not travel through all the other cases that were cited on one side or the other, although all were of some relevance, but proceed straight to those which seem to us most important to the government's case. It is well established since the time of Dr. Lushington that a plaintiff who has an unsatisfied judgment in personam can proceed by an action in rem. (Presumably there would be no advantage in doing so unless there had been a change in ownership of the vessel; otherwise the plaintiff could employ ordinary methods of execution. The circumstances in which an Admiralty action in rem can be brought against a vessel which is no longer in the same ownership as when the cause of action arose have changed over the years. They are now set out in ss. 20 and 21 of the Supreme Court Act, 1981.) Similarly a plaintiff who has proceeded in rem, recovered judgment against the vessel, and is left with it only partially satisfied, may start a second action in personam. . . ."

但到了 1995 年，欧共体的法院有一个重要的先例，就是判诉船与诉人的法律行动只要针对同一件事，就只有一个诉因。换言之，在欧共体如果有一个国家法院先对该诉因有了管辖权，其他国家法院即使是后来也有了管辖权（如在一国家的一个港口发生扣船），后者的国家法院就必须让出管辖权给前者。该先例是 The "Maciej Rataj"（1995）1 Lloyd's Rep 302，欧共体法院是这样说："No importance must therefore be attached to the fact that the proceedings in question may possibly be a different nature under the civil procedural law of one or other of the states concerned what is important is whether or not the substantive issues which the court is called upon are the same."

这就导致了在 The "Indian Grace"(1998) 1 Lloyd's Rep 1 中,贵族院把 The "Nordglimt"先例推翻,因为欧共体法院的判例在英国有约束力。换言之,在 Indian Grace 先例,当她的姐妹船"Indian Endurance"在英国港口被扣船之后,印度船东被迫出面应诉,而诉船的行动也变为诉人的行动。在这一刻,贵族院判《Civil Jurisdiction and Judgments Act 1982》的 Section 34 适用,也就是 Cochin 法院的判决完全禁止英国法院的这一个诉讼。

4.2　条件之二:同样的当事人或其利害关系人(the same parties, or their privies)

在英国法,利害关系人指的就是诉讼一方当事人所有的权利与义务可以转交给他。也就是说利害关系人可以得到一个判决的好处或要承担义务。利害关系人大致上可以分三大类:(i) 基于血缘产生的,如遗产继承人(privies in blood [such as ancestors or heirs]);(ii) 基于所有权产生的,如公司破产后的清盘人(privies in title [such as a person who succeeds to the rights or liabilities of a party upon insolvency]);(iii) 基于利益产生的,如信托人(privies in interest [such as a trustee who sues on behalf of a beneficiary])。

还有其他许多关系被英国法院判过是或不是属于利害关系人。如一家合伙的公司,合伙人之间就有可能属于利害关系人。但一家有限公司,它与它的股东即使是独资的股东,也不被认为是利害关系人:Baratok Ltd v. Epiette Ltd (1998) BCLC 283 (CA)。另两家公司之间虽然是一家保证另外一家会作出损失的补偿也不会令这两家公司变成利害关系人:Gleeson v. F Wippell & Co. (1977) 1 WLR 510。在2001 年牛津大学出版社出版的《Res Judicata, Estoppel and Foreign Judgments》一书,作者 Peter Barnett 先生解释在千变万化的情况下什么才算是利害关系人,他说:"There must be an examination of the parties' interests, as well as the existence of a sufficient degree of identification between the parties, before it is just to hold that a decision in respect of one party should be binding in proceedings to which another is party. Moreover, the interest in the previous litigation or its subject-matter must be legal or beneficial: a mere curiosity or concern in the litigation or some interest in the outcome is not sufficient."

4.3　条件之三:称职的法院(competent court)

称职的法院一般来说最主要针对的是法院对有关案件有管辖权,但也会包括像程序符合自然公正等方面,如在 The "Anita" (1971) 1 Lloyd's Rep 487 中,还会涉及看法院是否独立作出判决而不受政治的影响。除了政治外,也会看是否由于宗教、种族等的原因而欠缺一个公平的审理。

针对外国法院是否对案件有管辖权,这可以节录 Emanuel v Symon (1908) 1 KB 302,Buckley 大法官曾经说到在五种情况下一个法院可以对诉人的诉讼有管辖权,说:"In actions in personam there are five cases in which the courts of this country will enforce a foreign judgment: (1) where the defendant is a subject of the foreign country in which the judgment has been obtained; (2) where he was resident in the foreign country when the action began; (3) where the defendant in the character of plaintiff has selected the forum in which he is afterwards sued; (4) where he has voluntarily appeared; and (5) where he has contracted to submit himself to the forum in which the judgment was obtained."

有关英国承认外国的管辖权问题,在笔者所著的《禁令》一书之第六章第2节有详细介绍,请参阅。其中提及英国承认外国的诉人(in personam)管辖权基于两种情况,一是被告所在地的"presence",或也可称为"地域主权"(territorial sovereignty);二是"自愿"(consent),也就是在该外国判决的当事人自己不挑战管辖权并自愿作出争辩或抗辩。

在该书也介绍了一个十分重要的先例,即 Adams v Cape Industries Plc (1990) Ch 433。该先例涉及的是在1970年中期开始出现著名的石棉公害,引起肺矽病,造成在美国天文数字与无数受害方的索赔。笔者曾听闻有一个美国律师曾代表两万多个受害方。被告(Cape)是英国公司,在美国成立了一家子公司(NAAC)去在美国出售与推销(marketing)石棉。

在石棉公害出现后,第一个 NAAC 在美国得克萨斯州法院要面对的诉讼只有7个受害人(其实紧跟着要对付 Cape 的受害人据说达2000 ~ 3000人之多),而 Cape 也参与第一个诉讼的应诉并后来达成庭外和解。但在接下来的第二个诉讼,原告/受害人已经达206人,Cape 知道不妙,就开始改变战略了,因为这将是一个无底深渊,而所投保的责任险也已赔光了。

Cape 或 NAAC 在美国没有资产,担心美国法院的判决带来英国执行,而 Cape 在英国有庞大资产。在听取了大律师意见后,Cape 的董事局认为美国得克萨斯州法院的判决到英国执行被承认的机会不大,所以决定不理睬,也不应诉。之后,美国得克萨斯州法院作出了206个原告胜诉2000万美元的判决。NAAC 在美国没有资产,也已自动清盘,原告就在英国法院试图向 Cape 的母公司执行,并试图撕破公司面纱(pierce corporate veil)。但最后原告(也就是石棉公害的受害人)没有成功,而涉及本章课题的其中一个争端也就是原告在第一个诉讼中自愿应诉而接受得克萨斯州法院的管辖权,而第二个诉讼应该属于同一个诉讼(one unit of litigation),等于说被告也已经自愿接受了得克萨斯州法院的管辖权。但这不被英国法院接受。

4.4 条件之四:最后的判决

要适用一事不再审的原则,其中一条件是必须有一个较早时英国法院或者外国法院所作出的最后判决,而且不能再撤销。此外,必须针对实质性的争议,这表示程序上的决定是不存在一事不再审的原则。这一方在 The "Sennar" (No. 2) (1985) 1 Lloyd's Rep 521 中,Diplock 勋爵说:"It is often said that the final judgment of the foreign

Court must be ‘on the merits’. The moral overtones which this expression tends to conjure up may make it misleading. What it means in the context of judgments delivered by Court of justice is that the Court has held that it has jurisdiction to adjudicate upon an issue raised in the cause of action to which the particular set of facts give rise; and that its judgment on that cause of action is one that cannot be varied, reopened or set aside by the Court that delivered it or any other Court of coordinate jurisdiction although it may be subject to appeal to a Court of higher jurisdiction.”

如果一个外国法院的判决存在上诉的可能性,但没有进行上诉,这不表示该判决不是最后的判决。但如果上诉仍在等待中,而胜诉方已经迫不及待地要求英国法院承认与执行,英国法院通常的做法是暂停执行(stay of enforcement)并等待外国法院上诉的最后结果:Colt Industries Inc v Sarlie (No. 2) (1966) 1 WLR 1287。

4.5　条件之五:针对实质性问题

外国法院的判决必须针对实质性的争议,而不是针对程序方面。这表示外国法院的判决通常要涉及对双方争议的事实作出认定或/与对法律作出判定。但这方面还有其不明朗之处,如时效问题是程序还是实质性问题?可以说,英国自从1984年的《Foreign Limitation Act》立法后,已经明确把外国法院对时效的判决当作是实质性问题。这在Section 3所说的,如下:“Where a court in any country outside England and Wales has determined any matter wholly or partly by reference to the law of that or any other country (including England and Wales) relating to limitation, then, for the purposes of the law relating to the effect to be given in England and Wales to that determination, that court shall, to the extent that it has so determined the matter, be deemed to have determined it on its merits.”

所以在The “Good Challenger” (2004) 1 Lloyd’s Rep. 67中是有关一个裁决书的有效期6年是否已经届满与是否能够被承认与执行的问题,其中罗马尼亚法院已经审理过并判裁决书的时效已经届满。但胜诉的希腊船东仍在英国法院根据《纽约公约》要求执行,所以涉及其中一个主要争议就是一事不再审原则是否适用,因为罗马尼亚已判决时效届满。但英国法院最后还是支持原告,但原因不在时效问题不属于实质问题或一事不再审不适用在罗马尼亚法院作出的判决,而是根据英国本身对时效的立法(因为有关的裁决书是伦敦仲裁),估计罗马尼亚法院并没有全面针对,所以一事不再审原则适用的话就会造成不公平。

另在The “Sennar”(No. 2) (1985) 1 Lloyd’s Rep 521中,有关的案情已经在以上第4段作出介绍,请参阅。在贵族院,原告的货方主要的争议是荷兰法院对他在提单下的管辖权只是一个程序上的决定,所以一事不再审原则不适用。但贵族院不同意,认为荷兰法院的判决是针对实质性问题,其中Brandon勋爵是这样说:“Looking at the matter negatively a decision on procedure alone is not a decision on the merits. Looking at the matter positively a decision on the merits is a decision which establishes certain facts proved or not in dispute; states what are the relevant principles of law applicable to such facts; and expresses a conclusion with regard to the effect of applying those principles to the factual situation concerned."

5. 同一案件在两个不同法院或仲裁庭作出同步审理的问题(Lis alibi pendens)

这是一个非常不令人满意的情况,就是同一个案件在两个不同法院,或一个法院一个仲裁庭作出同步审理。这会带来很大的不方便与诉讼费用问题,而且最后作出来的判决或者裁决不同的机会很大。针对这个问题,在国家法院之间,欧共体的法律已经有所针对,这就是在《Brussels and Lugano Regulations》之 Article 27 规定了欧共体哪个国家的法院先有了一个案件的管辖权,其他欧共体法院就必须让出或回避。但针对其他非欧共体的国家法院,以上的道理就不适用——若一方在非欧共体以外的国家提出诉讼,另一方可在欧共体内国家之后提出诉讼而被接受:Goshowk Dedicated Ltd. v. Life Receivables Ireland Ltd (2008) IEHC 90。这里就涉及了找出最适合、恰当与方便的诉讼地点(forum conveniens)等问题。但一种经常会出现的情况就是英国认为针对有关的争议双方(包括其中一方的受让人、保险人、利害关系人等)已经有了仲裁协议的约束,毕竟英国法律对仲裁协议的有效性解释比许多其他国家来得宽松。但其中一方当事人拒绝仲裁,而向其他法院提起诉讼,这样会造成同步审理的问题,就是希望仲裁的会推进仲裁,希望去其他法院的,就会推动法院的诉讼。英国对这方面的关心主要是因为世界上很大部分的商业仲裁实际上都去了伦敦仲裁,所以为了保护这一重要的行业,就必须阻止。英国法院对这种做法就是作出"止诉禁令"(anti-suit injunction),如著名的 The "Angelic Grace" (1995) 1 Lloyd's Rep 87 (CA),就是迫使意大利的承租人不得在意大利法院以侵权起诉船东,而必须回到租约所同意的伦敦仲裁解决争议。但在近期的欧共体法院所作出的 The "Front Comor" (2008) 2 Lloyd's Rep 661;(2009) 1 Lloyd's Rep 413,众所周知就是对在其他欧共体国家法院已经受理了的案件,英国就不能为了伦敦仲裁而作出任何的止诉禁令。这在本书第三章之 1 段有介绍,请参阅。

但这不代表英国法院不可以继续对非欧共体国家法院受理了的案件作出止诉禁令,以保护伦敦仲裁。但如果是没有这样做,因为想去伦敦仲裁的当事人没有向法院作出这种申请,就会导致外国法院与伦敦仲裁同步审理的问题。这一来,谁先针对实质问题作出判决或者裁决,就会导致时间较晚的判决或者裁决受到了一事不再审原则的约束。这个问题在 The "Joanna V"(2003) 2 Lloyd's Rep 617 中出现,案情涉及了该船舶从南美洲转运一批大豆饼到中国的宁波港,但途中发生搁浅而产生了的共同海损与救助。收货人认为这是由于不适航导致，所以在船舶抵达宁波港口与卸货后被收货人在宁波海事法院起诉(在1996年10月24日)并把该船舶扣押，迫使外国船东提供了130万美元的担保后才能开航。但之后船东向宁波法院申请终止法院程序，因为提单有一条伦敦仲裁条文，但宁波海事法院认为它有管辖权，这导致了船东上诉至省高院。但省高院在1998年5月21日不接受上诉，这导致船东向最高院上诉。而最高院把有关的案件发还，要求省高院重新考虑，但省高院在考虑后认为它原来的判决正确。这一来，宁波法院就开始针对实质性争议的审理，并在1999年1月18日第一次开庭。期间，人保(PICC)在赔付给了收货人后代替了收货人作为案件的原告。到了2001年9月28日，宁波法院作出判决，外国船东败诉，要对人保作出赔付。

但在宁波海事法院作出判决的同时，外国船东也启动了伦敦仲裁。收货人质疑仲裁员的管辖权，但在保留权利下参与并作出抗辩。在2001年2月12日至15日，进行了4天的开庭，而且双方都有参与。到了2001年3月14日，伦敦仲裁员Davies先生作出了裁决书，判是外国船东胜诉。注意这一个裁决书的日期比宁波法院的判决书早，结果在英国法院的执行(毕竟人保在英国有庞大的资产与分公司)，判是适用一事不再审原则下，Davies先生的裁决书受到承认，而宁波海事法院的判决就要靠边站了。Thomas大法官这样说：

"Mr. Donald Davies' decision on the facts as between the owners and the receivers was that the owners had not failed to exercise due diligence, that there was no fault on the part of the owners' employees that had caused the grounding, and that there had been no breach of the contract of affreightment contained in the bills of lading. That decision on the merits gave rise, in my view, to a clear issue estoppel between the parties on those issues.

Although the decision of the Ningbo Maritime Court was a decision between the owners and PICC, PICC derived their right entirely from the receivers; they are as much bound by the issue estoppel as were the receivers because there was the necessary privity between them ...

In Showlag v Mansour (1995) 1 AC 431, the Privy Council held that where there are conflicting final decisions each pronounced by a Court of competent jurisdiction the earlier in time is to be recognized and given effect. Assuming for these purposes that the decision in the Ningbo Maritime Court should be one recognized as one made with jurisdiction, it is clear that the award of Mr. Donald Davies on the merits was given earlier and should therefore be recognized in preference to the judgment of the Ningbo Maritime Court. Similarly, in Vervaeke v Smith (1983) 1 AC 145, Lord Diplock in the House of Lords observed that an earlier judgment which was previous in date to a second judgment made the matters in issue res judicata."

6. 一事不再审原则适用在仲裁

这一点是明确的，就是一事不再审原则适用在法院的判决，也同时适用在仲裁。这在许多的先例都有说到，只介绍 The "Sophia" (1965) 1 Lloyd's Rep. 223 (CA), Diplock 大法官说："Issue estoppel applies to arbitration as it does to litigation. The parties, having chosen the tribunal to determine the disputes between them as to their legal rights and duties, are bound by the determination of that tribunal on any issue which is relevant to the decision of any dispute referred to that tribunal."

一事不再审原则在仲裁中的影响在很多地方可以明显见到，例如：

(1)众所周知，在作出一个裁决书后，仲裁庭不能再改变主意，即使他想法有了改变。这就是因为一事不再审的原则。而唯一仲裁庭可以有机会作出改变的情况，在1996年《英国仲裁法》中是公开向双方当事人说明他犯的错误，如看漏了某些文件。这根据 Section 68(2)(i)可让受影响的当事人向法院作出申请，并把该裁决书发还(remit)给仲裁庭重新考虑。这也是立法中唯一的一种办法可改变裁决书一事不再审的原则。

(2)在同样的道理下，1996年《英国仲裁法》之 Section 57 允许仲裁庭对它的裁决书作出文书上的修改，对裁决书中写得不够明确的地方作出澄清与对漏掉的争端或部分作出一个追加裁决书。针对文书上的修改与作出澄清，有说法是仲裁庭绝对不能对原来的裁决作出想法上的改变。这种文书上的修改，在法院也有同样的权力，即不需要通过上诉也可以作出此种修改。但显然，如果要对法院的判决作出实质上的改变，就非得通过上诉不可了。至于一个追加裁决书，它只是针对漏掉的争端或部分，如原来的裁决书漏了针对费用或利息。由于从来没有针对费用或利息作出过裁决，所以来一个追加裁决书并没有违反一事不再审原则。但如果漏掉的部分属于一个已经作出过裁决的争端，如判被告违约故此是原告胜诉，但漏了针对被告的一个"替代争议"(alternative argument)，如是被告抗辩说即使是违约，但时效已过。这就不能以一个追加裁决书解决问题，因为结果会是时效的确已过，原告从胜诉方变为败诉方了。这显然是违反一事不再审原则，所以仲裁庭如果漏掉一个替代争议，但争议的结果已经作出了裁决，它只能走以上第(1)的路，希望法院把裁决书发还让仲裁庭重新考虑。

(3)在仲裁中经常会有的情况是会作出"中间/部分裁决书"(interim/partial award)，也就是把一些争议事项/争端先作决定，如先把责任方面(如有否违约)的争议处理掉，而如果责任方面能够成立，才以最后裁决书的形式把损失赔偿作出处理。这种做法的好处是在一些案件中针对责任方面会是相对简单，但损失赔偿的处理反而十分繁杂。这一来，如果责任方面不成立(判被告没有违约)，则整个案件就可以在中间/部分裁决书作出后告一段落，再也不需要处理损失赔偿，让双方省钱与省时间。但中间/部分裁决书也有问题，其中的一个就是作出判决后，仲裁程序还是继续，但败诉方还是会试图重新就该问题进行争辩。又或者是仲裁庭会对中间裁决了的问题感觉不妥或出错，也会想尽办法作出补救，如对责任问题作出裁决后发现错误就会想在损失赔偿方面作出调整以弥补自己的过失等。

(4)通常一个英国或香港地区的民事判决或裁决书被视为只有6年的时效或有效期。但在一些寻找败诉方资产比较困难的情况下，6年时效不一定足够。所以针对法院判决，已经有过一些先例可让胜诉方根据原来的判决在失效前再起诉一次，并取得第二个判决，这就多给了6年时间。而第二个判决的诉因可以是败诉方违反了他的默示责任根据第一个判决作出赔付。败诉方唯一的抗辩就是胜诉方滥用司法程序，而且在现实中败诉方往往不会出面抗辩。这方面的先例有 Adams v Ready (1861) 6 H&N 261；Grant v Easton (1883) 13 QBD 302；ED and F Man (Sugar) v Haryanto (unreported) 17 July 1996；Bennett v Bank of Scotland (2004) EWCA Civ 988；Kuwait Oil Tanker Co SAK and Anr v Al Bader and Ors (2008) 755 LMLN 2。在 Kuwait Oil Tanker Co SAK and Anr v Al Bader and Ors，涉及了科威特油轮公司被 Al Bader 先生欺诈，并取得第一个判决，金额共达 137323405 美元。后来只成功执行了很少的部分，就是把伦敦的一个属于一家 BVI 公司的物业下了押记，而估计该 BVI 公司的股份是属于 Al Bader 先生。在接近6年之际，科威特油轮公司根据第一个判决再起诉 Al Bader 先生，并取得了第二个判决。金额是 123559033 美元并加上第一个判决的诉讼费用。

而针对仲裁而言，也会有同样的需要。在英国根据1996年《英国仲裁法》之 Section 66 与在香港根据《香港仲裁条例》之 Section 2GG 把裁决书变为法院判决，则可以有同样的做法。

(5)《纽约公约》也充分显示了尊重仲裁裁决书一事不再审原则。签约国的法院唯一可以拒绝承认与执行的理由是在 Article V。这几个理由都局限在有否管辖权与程序上是否公正(如是否有足够的通知给败诉方等)，但没有一个理由是针对裁决书在实质性问题作出的决定。这正是一事不再审原则的反映。而针对仲裁员是否有管辖权，可以说这本来就是为了要符合一事不再审原则的重要要求之一，也就是说这一决定是否由一个称职的法院或者仲裁庭作出。至于程序上是否公正，本来程序的决定就不是在一事不再审原则的范畴内。这里也带来了一定的问题，如不少涉及庞大金额的合约，尤其是与发展中国家所订立，经常会涉及贪污受贿等问题。这本来是一个严重违反公共政策的问题(不论是本土还是国际的公共政策)，根据《纽约公约》之 Article V(2)(b)，可以让执行地法院拒绝执行。但现在已经看到的趋势就是一些倾向于执行裁决书的国家法院，以一事不再审原则拒绝在执行的时候再针对贪污受贿等问题，只要是这一问题已经在仲裁庭提出过与已经被仲裁庭否定。在英国，

Westacre v Jugoimport (1998) 2 Lloyd's Rep. 111;(1999) 2 Lloyd's Rep 65(CA)是显示了这一个重要趋势的判决。针对英国近期的重要先例,就必须要提 Westacre v Jugoimport (1998) 2 Lloyd's Rep. 111。案情是有关一个顾问协议买卖军火去科威特,该协议有一条 ICC 仲裁条文,而仲裁地点是日内瓦。有关的军火买卖是 200 辆坦克车,通过中间商卖给科威特的国防部。顾问协议的当事人一方是出售坦克车的南斯拉夫国营公司,另一方是在科威特有影响力的顾问公司 Westacre。显然通过中间商或顾问公司通常就是为了贿赂与打通科威特有权决定买卖军火的人士,因为国际军火市场竞争十分激烈。该买卖涉及 200 辆坦克车,价值超过 5 亿美元,而顾问协议是规定支付给 Westacre 价值总额的 15%。这是一个相当高的国际军火买卖顾问费,在仲裁中有证据显示有不法的意图。反正是该 ICC 仲裁最后是判原告胜诉,被告要支付这笔顾问费。被告不服并上诉至瑞士法院,但瑞士法院支持该裁决书。换言之,该裁决可以在瑞士执行。事实上该裁决书也被原告除了在英国外还在科威特与赛普罗斯根据《纽约公约》申请执行,问题是英国怎样对待执行的申请,虽然被告声称该裁决书违反英国的公共政策,因为它也违反了科威特的公共政策,以及证人给了伪证。第一审的 Colman 大法官与上诉庭的两位法官 Mantell 与 Hirst 判是尊重一事不再审原则,但少数的 Waller 大法官认为执行的英国法院应该作出一个更详尽的审理,而不受一事不再审原则的影响。

现实中,让仲裁庭作出审理贪污受贿的问题,笔者认为其中的危险就是一般的仲裁员是商业人士会相比法院更加可以容忍这种行为,部分人士甚至认为这是在发展中国家做生意必须要有的润滑油。但法院要考虑对普罗大众的影响与教育的问题,他们会对这方面更加敏感与严谨。事实上,对付贪污受贿的问题在法院审理会更加适合,这包括是法院有更大的权力针对文件的披露、严格的盘问与其他方面的调查取证,并作出惩罚。惩罚也包括了法院的审理是公开,所暴露的不法与欺诈行为可能会进一步带来刑事的追究。所以在以前的 1950 年《英国仲裁法》,法院有权对有关仲裁协议作出命令为无效,或把仲裁员的权力终止,并让法院处理这方面的问题。这是在 Section 24 (2),说:"Where an agreement between any parties provides that disputes which may arise in the future between them shall be referred to arbitration, and a dispute which so arises involves the question whether any such party has been guilty of fraud, the High Court shall, so far as may be necessary to enable that question to be determined by the High Court, have power to order that the agreement shall cease to have effect and power to give leave to revoke the authority of any arbitrator or umpire appointed by or by virtue of the agreement."

而有关的先例可见 Permavox Ltd v Royal Exchange Assurance (1939) 64 Lloyd's Rep 145,可能对部分人士来说会遗憾的是因为在 1996 年《英国仲裁法》没有相似的规定。最后一提的是,尽管在贪污受贿方面可以在作出裁决书后找到更多的有说服力的新证据,但也不代表在执行地法院可以再审一次。有关这一方面的问题在本书

第十二章有更详细的介绍,请参阅。

(6)一个新问题是一事不再审原则能否适用在相关但是第三者的头上。这一个问题近期给仲裁带来很大的冲击,如在今天经常会面对的合约链,如果发生了一个同样的争议但每一个合约是一个独立的仲裁,并且涉及了不同的仲裁员或仲裁庭,这一来,如果首先作出裁决书的仲裁庭,该裁决书中的事实认定(finding of fact)与法律决定(holding of law)是否在后来的仲裁庭也必须根据争端禁止翻供这一个说法依从,否则裁决书会是违反自然公正或有法律的错误而面临上诉。这一个问题涉及了不少先例,如 George Moundreas & Co SA v. Navimpex Centrala Navala (1985) 2 Lloyd's Rep 515;Hayter v. Nelson (1990) 2 Lloyd's Rep 265;The "Sargasso" (1994) 1 Lloyd's Rep 412;The "Henriette Tholstrup" (1998) 1 Lloyd's Rep 518;Ali Shipping Corporation v. Shipyard Trogir (1999) 1 WLR 314 与 Lincoln National Life v. Sun Life of Canada & Ors (2004) 1 Lloyd's Rep 737。由于这一个问题涉及相当多的内容,所以会另段针对。

7. 诉因或争端的禁止翻供是否适用在第三者?

已经在第4.2段说过一事不再审只适用在两位同样的当事人或他的利害关系人,如针对某些争议事项/争端如果已经以中间/部分判决书作出决定,以后就无论如何都不能在最后的判决中将之前的中间判决所针对的争议事项/争端再作出改变。同样的道理下,一个相同的诉因如果在较早已经有了最后判决,不论是外国法院或者本国法院作出,就不能再重新审理。但更复杂的问题是如果有其他较早的判决对一个相同的诉因作出过最后决定,或是对某些争议事项/争端作出过决定,这在下一个不同当事人与不同法院是否仍能够适用一事不再审或争议事项/争端的禁止翻供?笔者以下举一个简单的例子更好的说明问题。

A与B之间有一个合约的关系,合约有条文说明如果A可以向C收取的金钱,B就不必负责这笔钱。例如,A是船东,B是船舶保险人,他们之间的合约是船舶保险合约。而C是承租人,他与A的关系是一份租约。在订约自由下A与C大可以同意一条明示条文说明如果C要负责一些船舶的损坏(不论是不安全泊位还是货物所造成的),但C只需要赔付A不能从B处取回的保险赔付。这一来,如果A与B之间有争议要赔付多少,并由法院作出判决,这一个决定就会对A与C之间有约束力,不会需要他们之间再次审理并得出不同的结果。这就表示在基本上是相同的诉因,涉及同样的事实时,会出现争议事项/争端的禁止翻供可以约束或影响第三者。这在Spencer Bower, Turner 与 Handley 合著的《The Doctrine of Res Judicata》1996年第三版的230页有说:"One who is not a party may find his rights affected by litigation between others. This is not the result of estoppel; it is a consequence of being compelled to accept the facts."

对于第三者是否应该受到较早时有关判决所作的决定有不同的看法,这主要是第三者没有机会在较早的判决中作出争辩或提供证据,所以没有理由受到约束。这是在 Hollington v. Hewthorn（1943）KB 587,上诉庭的 Goddard 大法官说:"A judgment obtained by A against B ought not to be evidence against C, for, in the words of the Chief Justice in the Duchess of Kingston's case,（1776）2 Sm LC, 13th ed. 644, 'it would be unjust to bind any person who could not be admitted to make a defence, or to examine witness or to appeal from a judgment he might think erroneous: and therefore ... the judgment of the Court upon facts found, although evidence against the parties, and all claiming under them, are not, in general, to be used to the prejudice of strangers.' This is true, not only of convictions, but also of judgments in civil actions. If given between the same parties they are conclusive, but not against anyone who was not a party. If the judgment is not conclusive we have already given our reasons for holding that it ought not to be admitted as some evidence of a fact which must have been found owing mainly to the impossibility of determining what weight should be given to it without retrying the former case. A judgment, however, is conclusive as against all persons of the existence of the state of things which it actually affects when the existence of that state of facts is in issue. Thus, if A sues B, alleging that owing to B's negligence he has been held liable to pay £ x to C the judgment obtained by C is conclusive as to the amount of damages that A has had to pay C, but it is not evidence that B was negligent: see Green v. New River Co.,（1792）4 Term Rep 589, and B can show, if he can, that the amount recovered was not the true measure of damage."

但这一个决定受到批评,Diplock 勋爵在 Hunter v. Chief Constable of the West Midlands,（1982）A. C. 529 认为该先例判错。另在 Lincoln National Life v. Sun Life of Canada & Ors（2004）1 Lloyd's Rep 737,Toulson 大法官也说到 A 与 B 之间的判决结果不应该约束第三者的 C,因为 C 没有机会影响较早的判决或是申请上诉。但没有理由不给 C 依赖这一个判决针对 B,因为 B 完全有机会影响或操控较早的判决。但在 Hollington v. Hewthorn 的先例中,对这两种情况没有作出区分。Toulson 大法官是这样说:"In the passage cited from Hollington v. Hewthorn, Lord Justice Goddard said that the reason why a judgment obtained by A against B should not generally be available as evidence against C was that C would have had no opportunity to influence the outcome of the case or to appeal against the judgment. That objection would not apply in the converse situation where C seeks to rely against B on a judgment obtained by A against B after a trial on the merits in which B had a full opportunity to present his case. I respectfully share Mr. Justice Saville's suggestion that it is difficult to see why as a matter of principle C should not be able to rely on such a judgment against B, at least as evidence. However, the ruling in Hollington v. Hewthorn treated the two situations as indistinguishable, because in that case the plaintiff was seeking to rely against the defendant on a prior adjudication against him by another court."

近来,对于一事不再审的原则是否可以约束第三者这一问题的态度变得宽松,这也适用在仲裁中。以下介绍一些有关的著名的先例。

7.1 案例一:George Moundreas & Co SA v. Navimpex Centrala Navala (1985) 2 Lloyd's Rep 515

这一个案件涉及的是一些希腊船东分别在罗马尼亚政府的船厂建造16艘船舶,有关的16个造船合约都涉及了一个希腊的经纪人,就是原告。而罗马尼亚政府船厂与原告也签订了支付佣金的合约。但结果是除了2艘船舶交了船,也表示只有2个造船合约得到履行并支付了佣金外,其余14个造船合约都没有得到履行。这一来,罗马尼亚船厂由于没有收入,自然不愿意支付给经纪人昂贵的佣金。而该经纪人就在英国法院向罗马尼亚船厂提出起诉,原因是他们之间的佣金合约在英国法律下有一个默示的条件就是罗马尼亚船厂不能由于他的错误而导致无法赚取这笔佣金。至于罗马尼亚船厂的"错误",经纪人就依赖在造船合约下的仲裁条文所作出的裁决书,也就是针对个别希腊船东与罗马尼亚船厂之间的争议,并裁定是罗马尼亚船厂违约。这显然是一个一事不再审原则的适用,而Saville大法官也显然有适用,但他所用的文字是指有关的裁决书就是造船合约的一部分(contractual machinery),说:"It seems to me that where the rights or obligations of the parties to a contract are determined by the contractual machinery of arbitration under that contract there is something to be said for the view that the result that the arbitrators reach can (in the absence of special circumstances) be treated in effect as part of the contract and thus established by third parties in the same way as any contract can be proved. Thus in the present case the arbitrators have concluded that the (buyers) had a right to cancel the contract and to claim damages as a result of the failure of the (sellers) to perform their obligations under the contract. As between the parties that is now the contractual position as determined by the contractual machinery of arbitration - and it is difficult to see why a stranger to the contract cannot prove the contractual position by simply producing the award as he can prove other contractual rights and obligations by simply producing the contract."

7.2 案例二:Hayter v. Nelson and Home Insurance Co. (1990) 2 Lloyd's Rep 265

这是一个有关再保险的先例,涉及被告的Nelson先生是英国劳合社的再保险人,在一个较早作出的仲裁裁决书与一个英国法院的判决中裁定或判定要在再保险协议中赔付给另一位劳合社的保险人Hayter先生(原告)。被告的Nelson先生根据他与第三者(名为Home Insurance Company的保险公司)之间的"转分保险协议"(retrocession treaty)要求第三者做出全数补偿(indemnity)。这一个协议本来是有仲裁条文，但 Nelson 先生为了避免拖延时间与多花诉讼费用就直接向英国法院申请一个简易判决要求作为第二被告的第三者马上作出补偿。Nelson 先生声称补偿的责任与金额非常明确，因为已经有了较早的仲裁裁决书与法院判决，他与第三者不必再对这方面再来一次审理。但第三者申请终止法院程序，并下令他与 Nelson 先生以仲裁解决争议。这种做法在当时的 1975 年《仲裁法》是被允许的，立法说明如果双方当事人没有事实上的争议（there is not in fact any dispute between the parties with regard to the matter agreed to the referred），法院可以不必终止程序把管辖权交给仲裁。但最终在该先例，Saville 大法官还是下令终止法院程序，原因并不是一事不再审原则的适用问题，而是转分保险协议中的条文说明第三者要"跟从 Nelson 先生的运气"（follow the fortunes）有争议，需要仲裁解决，看是否根据这一个条文第三者必须对 Nelson 先生的赔付作出补偿。Saville 大法官说到第三者会受到较早的裁决或判决约束，只有在两种情况，一是来自法律的地位，也就是指一事不再审原则适用。二是根据与第三者之间协议的规定，而 Nelson 先生与第三者之间的条文"跟从 Nelson 先生的运气"（follow the fortunes）是有争议，需要根据仲裁协议解决。

Salille 大法官是这样说："There are, as it seems to me , only two possible ways in which the third party could be bound by the judgment and the award, namely, by reason of the general legal effect of a judgment and an award of the present kind, or by reason of an agreement between the defendants and the third party that the latter would be bound by judgments given or awards made against the former . Mr. Edelman（代表 Nelson 先生的大律师） did not seek to support his argument on the first of these grounds, doubtless because the third party were not party or privy to either the judgment or the award. Just as a surety is not bound（in the absence of agreement） by a judgment or award obtained by a creditor against the principal debtor, it seems to me that a retrocessionaire（again in the absence of an agreement） is not bound by a judgment or award against the reinsured. "

7.3 案例三：The "Sargasso"（1994）1 Lloyd's Rep 412

在该案中，Stargas 在 1990 年 8 月 31 日从作为二船东的 Petredec 处期租进了船舶 The "Sargasso"，租期为 19 个月。后来在 1991 年 4 月 24 日，Stargas 将该船舶程租给 Neste，装运一票丙烯货物从葡萄牙的塞恩斯运往比利时的安特卫普。在执行该航次之前，该船舶前两个航次都是装运丁二烯。船舶抵达安特卫普的卸港后，收货人声称丙烯被丁二烯污染。

Neste 指称 Stargas 违反程租合约并对他提起仲裁，仲裁庭在 1993 年 10 月 6 日作出裁决，判 Neste 胜诉，Stargas 要赔偿 Neste 共 460587.25 马克。随后 Stargas 对 Petredec 提出补偿索赔，他主张正是由于 Petredec 在期租租约下的违约才导致他在程租租约下的违约，因此，Petredec 应该补偿他在仲裁裁决书中赔偿给 Neste 的金额以及仲裁费用。

本案中主要需要决定的就是 Stargas 依赖一份他与分承租人之间的仲裁裁决书

作为损失的证明(不是在责任,因为 Neste 与 Stargas 是程租而 Stargas 与 Petredec 是期租,合约条文就明显不一样)向 Petredec 提出要求补偿,Petredec 是否受到该仲裁裁决书有关损失金额的约束而不需要再审理与证明。在该先例虽然不太明确说是针对一事不再审的原则,但实质上就是这个方面。

在这个先例中,Clarke 大法官也有许多方面针对一事不再审原则下的要求。

(1)在公正方面,因为这毕竟是衡平法,Clarke 大法官是这样说:"On the other hand the conclusion which I have reached does not seem to me to be unjust to the owner or (in this case) disponent owner because if he has available relevant evidence which will assist the charterer in his defence to the sub-charterer's claim he can make it available to him. If for some reason he does not and the charterer acts reasonably throughout, the charterers should in my judgment be able to pass his liability to the owner."

(2)即使是在上一个裁决书可能会判错,正如 Diplock 勋爵在 The "Sennar" (No. 2)先例中所讲,外国法院看来是判错也不影响一事不再审原则的适用,Clarke 大法官也说同样的话如下:"That is in my judgment so even if it can later be shown that the arbitrators have made an error of fact or law. It does not seem to me that such an error should be held to break the chain of causation between the breach of contract and the loss sustained by the charterer as quantified by the arbitrators unless ... the arbitrators have acted perversely or have reached a conclusion which no reasonable arbitrators could have reached on the evidence before them. In any other case the breach of charter-party remains an effective cause of the charterer's loss even if it can be said that there was another cause of the loss, namely an error made by the arbitrators."

(3)因为在一事不再审原则下由称职法院所作出的最后判决才符合要求,Clarke 大法官说在本案中,两个租约下的约定都是去伦敦仲裁,所以上一个仲裁裁决书并不是来自一些莫名其妙与不称职的法院或仲裁庭。Clarke 大法官是这样说:"The position would of course be different if it was not reasonably foreseeable that the liability of the charterer to the sub-charterer would be ascertained in a particular way, as for example by arbitration in some wholly unexpected forum. That problem does not however arise here because there can be no doubt that it was reasonably foreseeable that liability under the sub-charter would be determined by arbitration in London...."

(4)针对 Petredec 所说就是他不会知道较早的仲裁中 Stargas 究竟是否合理的减少损失以及仲裁员是否乱判,因为他没有办法取得证据,所以约束 Petredec 并不公正。Clarke 大法官认为在这一案件中不大可能,Petredec 应该有有关上一个仲裁足够的资料。而如果在特殊的情况下,法院还可以通过询问或披露要求 Stargas 提供有关上一个仲裁的资料。Clarke 大法官是这样说:"In my judgment it is most unlikely that that will be the case. In every case the charterer will have to prove that the breach of the head charter-party put him in breach of the sub-charter. He will thus have to produce the documents relevant to that question. Moreover I would expect the owner or disponent owner to have enough knowledge of the case to be able to decide whether to assert that the charterer had failed to mitigate his loss or that the award was perverse or unreasonable. In the exceptional case where that might not be so it is I think most unlikely that the Court does not have power to make an appropriate order for interrogatories or discovery. ”

7.4 案例四:The “Henriette Tholstrup”(1998) 1 Lloyd’s Rep 518

这一个先例的案情与 The “Sargasso”一案的差不多,就是 Kosan(船东)把船舶以期租出租给了 Sacor。但 Sacor 转租给了 Repsol,他们之间的租约是 COA,等于是一份程租合约。在 1988 年 1 月,该船舶装运一批丙烯,到了卸港收货人发现货物受到二氧化碳的污染,而来源是由于船舶上一航次装的是丙烷,卸货后没有注入氮气。之后 Kosan 作为船东把货损赔付给收货人之后向 Sacor 展开仲裁,独任仲裁员的 Bruce Harris 先生判 Kosan 胜诉,因为 Repsol 委任的 SGS 检查员有疏忽(虽然该检查员 Molina 并没有出庭作证)。再后来,Sacor 就根据 COA 合约向 Repsol 要求补偿,而仲裁庭是包括 Bruce Harris 先生在内的其他仲裁员。在第二个仲裁中,双方提供了不同于第一个仲裁的证据。结果在第二个仲裁得出与第一个仲裁不同的结果,仲裁庭认定 Sacor 作为期租承租人没有指示船长要在卸货后在船舱注入氮气,这是货物受污染的主要原因。而 Repsol 委任的 SGS 检查员有疏忽,没有要求注入氮气,这并不是一个主要原因,也不打断 Sacor 错漏的因果关系。在仲裁中,Sacor 的律师大力主张仲裁庭必须根据争议事项/争端的禁止翻供的说法接受独任仲裁员较早的裁决,但现在的仲裁庭拒绝接受这一主张并说:“Sacor’s liability to Kosan and the quantum of damages payable under the arbitration award upstream are not open to argument by Repsol; they are established facts and form the basis of Sacor’s claim. The finding in the head arbitration as to the cause of Sacor’s liability to Kosan are however a different matter. The decision on that arbitration was based in a different contract between different parties. That decision was reached in the context of an altogether different legal framework; a time charterparty, not a COA, and there was no parallel in the time charterparty for the provisions of Clause 11 of the COA which are crucial to any consideration of the position as between Sacor and Repsol. We see no support for Sacor’s contention in the decisions made in either of the authorities cited. ”

败诉的 Sacor 将此裁决书上诉至英国法院,而 Sacor 的代表大律师所根据的先例也就是 The “Sargasso”与 George Moundreas & Co SA v. Navimpex Centrala Navala。但这被 Mance 大法官拒绝,认为在这种分开审理的仲裁中涉及了不同的当事人,不同的合约条文与不同的证据(这一点看来在本案例中尤其重要),仲裁庭得出不同的事实认定是司空见惯的。在笔者看来,如果有不同的证据而导致了争议事项/争端的禁止翻供不适用,是完全可以以这样做不公正作为合理性。

7.5 案例五:Ali Shipping Corporation v. Shipyard Trogir (1999) 1 WLR 314

该案中的原告 Ali Shipping 在 1988 年 12 月 22 日通过合约的变更,成为一份造船合约 Hull No. 202 下的船东，而被告则是船厂 Shipyard Trogir。后来，在 1990 年 3 月 30 日被告船厂又与 Lavender Shipping Ltd.，Leeward Shipping Ltd 与 Leman Navigation Inc. 3 家公司各自签订了一份造船合约，由于这三家公司与原告同属于 Greenwich Holding Ltd 全资所有，所以这三份造船合约编号为 Hulls No. 204 – 206。在之后船厂无法完成 202 号造船合约时，Ali 终止了合约，并开始了仲裁向船厂索赔损失。在该仲裁中，船厂的争辩是说 202 号合约的履行是依赖于其后三份合约的履行，Lavender，Leeward 与 Leman 没有在 204 – 206 号合约下支付给船厂第一期应支付的价款是导致船厂无法完成 202 号合约的原因。由于 Lavender，Leeward，Leman 与 Ali 同属于 Greenwich 公司，所以应该以"刺破公司面纱"的理论将 204 – 206 号合约下未支付的价款用来对冲 202 号合约下的赔偿责任。仲裁庭没有支持船厂的主张并判 Ali Shipping 胜诉。

船厂并没有支付给 Ali 裁决书中裁定的金额，并对 Lavender，Leeward 与 Leman 展开了三个仲裁。在这三个仲裁中，船厂希望依赖他与 Ali 之间的仲裁中的一些文件反驳三家公司的争辩，并提出与 Ali 的仲裁中仲裁庭已经对是否"刺破公司面纱"的争议事项/争端作出裁决，所以在现在的三个仲裁中应该适用争议事项/争端禁止翻供，即接受第一个仲裁的裁决结果。

7.6　案例六：Lincoln National Life v. Sun Life of Canada & Ors（2004）1 Lloyd's Rep 737

在这一先例涉及的是工人受伤与工业意外的再保险所产生的争议，简单的介绍就是被告向两家保险公司再保，一家是 Cigna，另一家是原告的 Lincoln。两个再保合约都有伦敦仲裁条文。争议首先带来了第一个仲裁，仲裁庭有三位仲裁员并做出裁决是 Cigna 根据误述与没有披露一些重要的事实而有权回避或终止与被告的再保险合约。接下来第二个仲裁是在 Lincoln 与被告之间，仲裁庭也是由三位组成但与第一个仲裁庭的成员完全不同。他们做出裁决是被告胜诉，有权向 Lincoln 取得赔付。由于在该仲裁中，仲裁庭作出一些与第一个仲裁很不同的事实认定与结果，所以 Lincoln 根据 1996 年英国《仲裁法》之 Section 69 向法院提出这一个重要法律观点的上诉。而要求法院解答的法律观点就是 Lincoln 裁决书的仲裁庭是否有权偏离较早的 Cigna 裁决书仲裁庭所决定的结果，毕竟涉及的是同一回事。

要顺便一提的是，在 Lincoln 仲裁中没有任何新的证据，所提供给该仲裁庭的有关 Cigna 仲裁只有裁决书，该仲裁的文书请求、证人证言、开庭记录与其他的文书陈词。Lincoln 仲裁中虽然也有证人，但该证人并没有被盘问。这表示没有任何新证据或是在两个仲裁中提供不一样的证据可以作为偏离的理由。而较早时也已经说过，即使 Lincoln 仲裁庭不认同 Cigna 仲裁庭的裁决，这也不是拒绝适用争议事项/争端的禁止翻供（如果是适用的话）的理由。

在一审，Toulson 大法官认为第二个仲裁应该依从第一个仲裁所做出的事实认定。Toulson 大法官也讲了一段很重要的话，说明这一点的最后决定恐怕是要到贵族院才足够权威(这显示了这是一个比较新且没有太多先例针对过的重要法律观点)。他也说明考虑是否适用一事不再审或争议事项/争端的禁止翻供问题,趋势是重视公正与否而不会局限在技术上的问题。该段重要的话如下:"It is probably only at the level of the House of Lords that the rules about the extent to which a judgment or award between A and B may be relied upon by or against B in proceedings between B and C, where those proceedings involve an issue about the rights between A and B, could be comprehensively reconsidered. The modem tendency when tackling the diverse problems of serial litigation involving a common issue has been to move away from technical rules towards a broader consideration of what is fair. Thus the rules of res judicata and issue estoppel have been supplemented by the Court's jurisdiction to strike out claims or defences where the issue has been previously determined, not necessarily between the same parties, and it would be unfair in all the circumstances for the previous decision to be challenged in the later proceedings. In considering whether and to what extent the findings of a competent tribunal in proceedings between A and B should be able to be relied upon by or against B in proceedings between B and C, there is a strong argument for saying that the real considerations should be what is most fair to the parties and will avoid bringing the administration of justice into disrepute. The fact that C was not a party to the earlier proceedings (and normally, although not invariably, will therefore have had no opportunity to influence them) would in many cases make it unfair that the earlier judgment should be relied upon by B, but not necessarily against B, although the cases to which I have referred show that circumstances can vary greatly. Among other things, one could imagine circumstances in which it might make a difference in terms of justice whether the earlier decision was the product of an informal arbitration, in which the arbitrator had not properly addressed the arguments, compared with proceedings in which the issues had been fully and properly investigated and addressed in a reasoned decision. Where the previous decision was an arbitration award, the confidentiality of the arbitration proceedings could also be relevant factor."

但这个一审的先例去了上诉庭被推翻:Sun Life of Canada & Ors v. Lincoln National Life (2005) 1 Lloyd's Rep 606 (CA)。理由有几个方面,其中包括像争议事项/争端的禁止翻供,这是一个"双向的原则"(mutual principle)。但允许争端的禁止翻供适用在第三者的 Lincoln,就存在不符合双向的原则。而最重要的一个原因是上诉庭的 Mance 大法官认为法院诉讼与仲裁本质上不一样。法院通常可以解决这方面的困难,就是把几个相关性的案件合并起来一起审理,就可以肯定不会有起冲突的判决,不论是判得对还是错。法院也有阻吓权力阻止一些"司法程序的滥用"(abuse of process)。但在仲裁中,由于是必须双方同意(有效的仲裁协议)以及是机密性的,所以避免不了这种起冲突的裁决,而且会经常发生。Mance 大法官这样说:"Fifthly, and more fundamentally, the solution for which Mr. Hunter(Lincoln 的代表大律师) contends appears to me to overlook or obscure important differences between arbitration and litigation. In the context of litigation, problems of potentially conflicting judgments arrived at between different parties to the same overall complex of disputes are met by provisions for joinder of parties or proceedings or for trial together, if necessary on a mandatory basis using the courts' compulsive powers. Even in circumstances in which there has been no such joinder, and where neither res judicata nor issue estoppel has any application, the court may intervene to prevent abuse of its process, as stated in paragraphs 63 and 65 above. All this is facilitated by the public nature of litigation, the public interest in the efficient administration of justice and the courts' coercive powers. Considerations of general justice of the sort to which Mr. Justice Toulson referred thus have relevance and can be given effect in the context of litigation. Arbitration is in contrast a consensual, private affair between the particular parties to a particular arbitration agreement. The resulting inability to enforce the solutions of joinder of parties or proceedings in arbitration, or to try connected arbitrations together other than by consent, is well-recognised - though the popularity of arbitration may indicate that this inability is not often inconvenient or that perceived advantages of arbitration, including confidentiality and privacy are seen as outweighing any inconvenience. Different arbitrations on closely inter-linked issues may as a result lead to different results, even where, as in the present case, the evidence before one tribunal is very largely the same as that before the other. The arbitrators in each arbitration are appointed to decide the disputes in that arbitration between the particular parties to that arbitration. The privacy and confidentiality attaching to arbitration underline this; and, even if they do not lead to non-parties remaining ignorant of an earlier arbitration award, they are calculated to lead to difficulties in obtaining access, and about the scope of any access, to material relating to that award. "

7.7 案例七：Dadourian Group International Inc & Ors v. Paul Simms & Ors (2009) 1 Lloyd's Rep. 601

在 Sun Life of Canada & Ors v. Lincoln National Life (2005) 1 Lloyd's Rep 606 后，于 2009 年又有了另外一个上诉庭的案例针对一事不再审是否约束第三者的问题，就是 Dadourian Group International Inc & Ors v Paul Simms & Ors。该案例中，基本上是依从了 Sun Life of Canada & Ors v. Lincoln National Life 该上诉庭案例的判法，也就是一事不再审不能约束第三者，即使该第三者关系密切。

7.8 有关"一事不再审原则"约束第三者时的结论

看来，这方面的问题还是没有办法解决。要求第三者受到另一个仲裁的约束，目前唯一有把握的办法还是双方达成一种半和解的协议，如卖方(seller)与分卖方(head seller)之间达成协议，就是买方(buyer)通过仲裁向卖方索赔货不对板(为例)的损失，如果成功，分卖方就受到仲裁结果的约束，而不需要卖方与分卖方另在一个新的仲裁就同一个争议与大致相同的证据在一个很可能是部分成员不一样的仲裁庭面前再审理一次。否则,得出的裁决结果可能不一样。显然,这不令人满意。

在笔者看来,在上述的例子下卖方与买方对货不对板的索赔达成"和解协议"(settlement agreement)恐怕比取得一个裁决或判决更优胜。这是因为对和解协议要求合理,不存在要再审理一次的问题。如买方向卖方索赔100万美元,结果通过和解协议,卖方赔了50万美元。在卖方向分卖方要求补偿这一笔50万美元可能会比卖方根据裁决/判决支付50万美元更为优胜。根据英国法律,一笔根据"和解协议"作出支付的金钱可以作为依据向第三者(在这一个例子就是分卖方)要求补偿,唯一要证明的是和解是合理的。换言之,法律没有要求卖方与买方必须要诉讼/仲裁到底,否则就不能向第三者要求补偿。这方面的先例是 Biggin v. Permanite (1951) 2 KB 314。至于什么是合理的和解,最近英国有先例 Siemens Building Technologies FE Ltd v. Supershield Ltd (2009) EWHC 927。案情是有关伦敦一幢新的商业大厦,由于防火的喷水系统的水箱没有焊接好,导致大量的水溢出把大厦地下室水浸并且把大量的电器设备损坏。这导致了大厦的住户蒙受损失并向防火的喷水系统的第一承建商提出索赔。而第一承建商由于分包工程就告第二承建商并要求补偿他对住户的责任与赔偿,第二承建商再告第三承建商(Siemens),而最后就是 Siemens 开始告第四也就是最后的承建商 Supershield。其间,大家进行了调解,Siemens 根据调解达成的和解赔付了索赔金额的48%。这一来,剩下的争议只是 Siemens 向 Supershield 要求补偿这一笔钱。Supershield 的争议就是索赔本身并不怎么站得住脚,赔付48%实在太高。Ramsey 大法官判是只要是合理的和解且付出的金额也是合理,可以要求补偿。至于什么是合理,可以有六个原则或指引,如下:

"1. For a third party to be liable to a defendant, in respect of the defendant's liability to the original claimants which was the subject of a settlement, it is not necessary for the defendant to prove that he was or would have been liable to the original claimant.

This means that the defendant only has to show an arguable case. However, the strength of the case remains relevant to the reasonableness of the amount of the settlement.

2. For a third party to be liable to a defendant in respect of the settlement at common law, the defendant must show that the breach of the contract by the third party caused the loss for which the settlement was paid in satisfaction and that the loss is not too remote. Conversely, a person put in the position of Siemens cannot usually be said to be acting unreasonably simply by incurring costs defending a claim.

3. The claim must be of sufficient strength to reasonably justify a settlement and the amount paid in settlement must be reasonable in regard to the strength of the claim. If not then it cannot be shown that the loss has been caused by the relevant eventuality or breach of contract. In assessing the strength of the claim, unless the claim is so weak that no reasonable party would take it sufficiently seriously to negotiate any settlement involving pay-

ment, it cannot be said that the loss attributable to a reasonable settlement was not caused by the eventuality or the breach.

It should be noted however that there may be cases where a settlement of an intrinsically weak claim might be considered reasonable in order to avoid the uncertainties and expense of litigation.

4. In general if, when a party is in breach of contract, a claim by another party is in the reasonable contemplation of the parties as a probable result of the breach, then it will generally also be in the reasonable contemplation of the parties that there might be a reasonable settlement of any such claim by the other party.

5. The test of whether the amount paid in settlement was reasonable is whether the settlement was, in all the circumstances, within the range of settlements which reasonable people in the position of the settling party might have made. Such circumstances will generally include:

a. The strength of the claim;

b. Whether the settlement was the result of legal advice[1];

c. The uncertainties and expenses of litigation;

d. The benefits of settling the case rather than disputing it.

6. The question of whether a settlement was reasonable is to be assessed at the date of the settlement (and not based on subsequent facts that come to light.)"

8. 涉及一事不再审原则的近期的仲裁案件介绍

笔者先介绍一个处理的伦敦仲裁,涉及一事不再审原则的考虑。该一连串的仲裁涉及一个"租约链"(charterparty chain),几个不同仲裁中笔者都分别被委任为仲裁员。但前两个仲裁笔者是与另外两位伦敦仲裁员构成仲裁庭,但在第三个仲裁中,笔者是独任仲裁员。案件涉及了同一个争端,是小工在装货时对船舶造成损坏(stevedore damage)。索赔来自原船东 A,他先向期租承租人 B 提出索赔,这是第一个仲裁。第二个仲裁是 B 作为"二船东"向承租人 C 提出索赔或要求补偿,他们之间是一个程租的关系。而笔者作为独任仲裁员的是第三个仲裁,就是 C 作为"三船东"把船舶程租给 D。但三个租约都有大同小异的条文针对小工造成损坏,可以说有关的条文是"背靠背"。

〔1〕 在这一方面,在先例 Comyn Ching & Co (London) Ltd v. Oriental Tube Co Ltd (1979) 17 BLR 56 中 Goff 大法官曾经提到法律意见来自著名的律师所是考虑和不合理一个因素,特别是涉及一个复杂的案件,继续诉讼会带来昂贵的费用与不稳定的结果。

结果在第一个裁决中,伦敦仲裁员与笔者都认为船东应该胜诉。除了修理费外,仲裁庭也判是船东可以把船舶在还船后作出修理所花费的时间(共5天之久)以该期租合约约定的每天的租金作为时间损失向B成功索赔。到了第二个裁决,修理费就还是同一笔数,但针对修理所花的5天,伦敦仲裁员与笔者以程租的每天滞期费作为基准(这与第一个仲裁以每天租金作为基准在金额上相差不远)。仲裁庭这样判是因为该程租合约是以1994年金康标准格式为准,而它的第5(c)条文有明示规定,承租人必须把小工损坏在航次完结前修妥,而时间损失就根据滞期费作为基准。该条文是:"The Charterers are obliged to repair any stevedore damage prior to completion of the voyage, but must repair stevedore damage affecting the Vessel's seaworthiness or class before the Vessel sails from the port where such damage was caused or found. All additional expenses incurred shall be for the account of the Charterers and any time lost shall be for the account of and shall be paid to the Owners by the Charterers at the demurrage rate."

到了第三个仲裁,有关的租约也是1994年金康标准格式,有同样的条文。但由于达成租约的时间并不一样,双方同意每天的滞期费金额也有很大差距,比起第二个仲裁的程租合约规定每天的滞期费金额大了1/3以上。如第二个租约滞期费是30000美元,第三个租约就是45000美元。这一来,C向D的索赔或要求补偿在修理费的金额还是一样,就是来自原船东的金额,但在时间上的损失,C就以5天乘以45000美元一天提出索赔。笔者作为独任仲裁员难以接受的是C怎能再针对损失赔偿无端多赚一笔?毕竟损失赔偿的大原则就是复原。这就导致了笔者对这一方面更仔细地考虑,认为第5(c)条是不适用的。它针对的情况是在航次完结前,也就是在卸完货作出修理小工所造成的对船舶的损坏。这表示滞期费的计算不因为卸完货而终止计算,而是要继续算下去直到修理完毕。但本案件的情况完全不一样,是在航次完结与滞期费早就终止计算,船东A由于B一开始不接受责任而要自己掏钱去另一个附近港口进行修理,然后向B的期租承租人提出索赔。这纯粹是一个损失赔偿,由A转嫁给B,然后B转嫁给C,再由C转嫁给D。笔者觉得没有理由让C去赚一票,所以改变了第二个裁决书所达致与伦敦仲裁员一致的看法与裁决,而是只让C向D取得补偿C所赔付给B同样的一笔钱。在作出决定时,笔者也考虑到这个一事不再审原则的问题,就是在第二个仲裁所判的争议事项/争端(有关时间损失的计算)是否应该影响第三个仲裁,令笔者最好不改变主意。但笔者考虑到在第三个仲裁中,C没有提到争议事项/争端禁止翻供(issue estoppel)的说法,加上Lincoln National Life v. Sun Life of Canada & Ors (2004) 1 Lloyd's Rep 737已经被上诉庭推翻。笔者主要关心的还是尽量希望做到前后一致的裁决,但要做到这一点还是不容易。

另一个要介绍的是被报道的The Republic of Kazakhstan v Istil Group (2007) 2 Lloyd's Rep 548,这一个LCIA的仲裁也涉及了一事不再审原则的问题。案情相当复杂,只一提的是Istil Group的前身公司是一家名为Metalsrussia的公司,它与Karmet通过Sauda与Oltex(说是代理人)签订了三个合约。之后在1995年,Karmet发生严重的经济困难。由于它是一家国营公司，所以哈萨克斯坦政府(The Republic of Kazakhstan)出面并向 Istil Group/Metalsrussia 拒绝承认责任，如有关的合约只是与 Sauda 与 Oltex 签订，而不是与 Karmet 签订。这导致了 Istil Group/Metalsrussia 在巴黎法院向哈萨克斯坦政府起诉，指称 Karmet 就是哈萨克斯坦政府或是哈萨克斯坦政府才是真正的合约方，只是通过 Sauda 与 Oltex 作为代理人签订。而由于哈萨克斯坦政府不是仲裁条文的一方，所以要在巴黎法院提出起诉。而哈萨克斯坦政府的抗辩是 Istil Group/Metalsrussia 应该去伦敦仲裁以及可以享有国家豁免权。巴黎法院认为它没有管辖权针对哈萨克斯坦政府，并且要求案件的当事人去哈萨克斯坦的法院。Istil Group/Metalsrussia 上诉，但上诉庭说："In this case the first judges ruled on the merits by ... upholding the plea in bar arising from the immunity from jurisdiction invoked by the Republic of Kazakhstan which they more specifically defined as an exception of non-jurisdiction. They also ruled on the jurisdiction, explicitly as regards the grounds and implicitly, by sending the parties to go before 'the Kazakhstan court having jurisdiction' in the dispositif, by excluding the application of the arbitration clauses claimed by the Republic of Kazakhstan and the National Bank of the Republic of Kazakhstan."

之后 Istil Group/Metalsrussia 推进伦敦仲裁，仲裁庭判 Istil Group/Metalsrussia 胜诉，命令哈萨克斯坦政府支付 600 万美元赔偿金，但英国法院却将仲裁庭的裁决推翻，说应该根据争议事项/争端禁止翻供的原则依从巴黎法院的判决作出有关管辖权的判决。Steel 大法官是这样说：

"It follows in my judgment (again this is not a contentious matter as between the experts), the judgment of the French court is a judgment on the merits for the purposes of res judicata, despite the fact that the ruling was implicit rather than explicit. It thus constitutes an issue estoppel for the purposes of the present proceedings. On that basis, it has been accepted that ROK cannot be said to be a party to the arbitration clause and must be entitled to the relief claimed in the present application."

9. 仲裁员作出最后裁决书履行职责完毕再也不是仲裁员的"functus officio"说法

经常听到的说法就是仲裁员作出最后裁决书(final award)后就是"functus officio"，换言之他再也不是仲裁员，针对该仲裁再也没有任何的管辖权。这一个说法与"一事不再审"(res judicata)原则有密切关系，所以在此一并介绍。

9.1 "functus officio"的定义

首先介绍一些权威的说法：Robert Merkin 教授在他所著的《Arbitration Law》

(LLP/Informa [looseleaf])之第12.35段说到:"Arbitration proceedings may be terminated...(a) where the arbitrators have made an award on the merits"与"On termination the arbitrators become functus officio and have no further powers in respect of the reference."

另在第16.112段说到:"The award extinguishes the original cause of action... the award is substituted for the rights [under the contract]... this principle... holds good... as a matter of general law and was confirmed by the House of Lords in FJ Bloemen Pty Ltd v Council of the City of the Gold Coast (1973) A. C. 115."

在SIM Group Ltd v (1) Neil Jack and (2) Douglas Dickson (Property Management) Ltd (June 5, 2002)中Clarke勋爵说:"the submission ends, if not terminated earlier by any of the events referred to above, when the arbiter issues his final award. When his award is issued his powers are at an end, his office is functus and the submission is closed... once the award has been signed and duly delivered, the arbiter has concluded his labours and it is no longer possible for him, for example, to state a case for the opinion of the court."

如果仲裁员作出的并不是最后裁决书而是中间/部分裁决书,他也不能就中间/部分裁决书作出实质内容的修改,根据的是一事不再审原则。所以,仲裁员不能利用一个最后裁决书或是另一个中间/部分裁决书推翻原来的中间裁决书:Gbangbola v Smith & Sheriff Ltd (1998) 3 All ER 730。即使仲裁员这样做,原来的中间/部分裁决书仍是有效。这种危险存在,是因为败诉方希望利用后来的机会怂恿仲裁庭作出新的与不同的决定,这里会涉及提供与补充新的证据与不同的争议,这都要仲裁庭警觉这方面的危险。

9.2 裁决书是最终与有约束力的以及例外的情况

不论是中间/部分裁决书还是最后裁决书,结果判得对还是错,这一决定就是最终与有约束力的,这是在1996年《英国仲裁法》之Section 58 (1)所规定的,如下:"58 - (1) Unless otherwise agreed by the parties, an award made by the tribunal pursuant to an arbitration agreement is final and binding both on the parties and on any persons claiming through or under them. (2) This does not affect the right of a person to challenge the award by any available arbitral process of appeal or review or in accordance with the provisions of this Part."

上述的Section 58 (2)说明只有一种情况不受到影响,就是裁决书可以根据1996年《英国仲裁法》的规定去法院寻求各种救济,这些救济主要在Sections 67 - 69有规定。而不论在Section 68之程序上的"严重不正常"(serious irregularity)或是Section 69之"法律观点"(points of law)的上诉,都有说明其中一种救济的办法就是把裁决书发还给仲裁庭重新考虑。这种考虑需要在法院作出命令后3个月内(或更长或更短的时间,这就要看法院认为仲裁庭的重新考虑估计需要的时间)作出一个局限在发还要求重新考虑的特定争议事项/争端的新裁决书。这是在Section 71 (3)规定的，如下："71 -（3）Where the award is remitted to the tribunal, in whole or in part, for reconsideration, the tribunal shall make a fresh award in respect of the matters remitted within three months of the date of the order for remission or such longer or shorter period as the court may direct."

可以说，把裁决书发还给仲裁庭重新考虑，并作出一个新裁决书来替代较早时作出的裁决书，是"functus officio"说法的唯一例外。而仲裁庭能够这样做的权力完全是来自法院的命令。

9.3　普通法对"functus officio"严格的说法与《英国仲裁法》作出的改变

普通法对这一个"functus officio"说法一贯的地位是十分严格的，以前有一些古老的先例说明仲裁员不能对裁决书作出任何修改，即使只是一个很轻微的文书上的修改：Ward v Dean（1832）3 B&A d 234；Brooke v Mitchell（1840）6 M&W 473；Mordue v Palmer（1870）6 Ch App 22；Re Calvert & Co and Wyler（1899）106 LT 288。如果仲裁庭对最后裁决书作出任何的修改或另作出一个修改裁决书，这等于是由第三者涂改该原来的裁决书，而受到承认的还是原来的裁决书，即使它是有错误：Re Stringer and Riley Brothers（1901）1 KB 105；Inland Revenue Commissioners v Hunter（1914）3 KB 423；Nova Scotia（Minister of Education and Culture）v Nova Scotia Teachers Union（2001）NSR（2d）270；Contrast University of Regina Faculty Association v Saskatchewan Indian Federated College（2001）QB 2366。

也是这一个太严格的地位导致了1889年《英国仲裁法》改变普通法地位，就是允许仲裁员即使变了"functus officio"，也可以修改裁决书。这一条就是所谓的"文书修改规则"(slip rule)。这一个明示的立法地位到了1996年《英国仲裁法》之Section 57，除了允许"functus officio"的仲裁员作出文书修改外，也允许对含糊不清的地方作出澄清以及作出追加裁决书。针对"追加裁决书"(additional award)，这通常是出于仲裁庭漏了针对某一些争议，这可以是双方提出的其中一个争议但漏了处理，也可以是最后裁决书漏了分摊诉讼费用或给予利息。在目前的立法下，仲裁员都可以处理，即使他是变了"functus officio"。

在文书修改规则中不涉及给仲裁员机会重新考虑原来的裁决书所作出的决定：Suthertland & Co v Hannevig Brothers Ltd（1920）5 Lloyd's Rep 154；Fuga AG v Bunge AG（1975）2 Lloyd's Rep 192；The "Montan"（1985）1 Lloyd's Rep 520；Bristol-Myers Squibb Co v Baker Norton Pharmaceutical Inc（2001）RPC 45。

能够重新考虑的唯一例外就是有关费用的分摊，因为在文书修改后有可能是胜诉方变了败诉方，或是胜诉金额有了改变，这一来胜诉方本来可向对方取回仲裁的费用反而变成承担该笔费用。这种情况在Gannet v. Eastrade（2002）1 Lloyd's Rep. 713中出现，Langley大法官是这样说："It would be most unfortunate if there was no power in an arbitrator to address ancillary costs orders which might have been decided otherwise had a mistake within section 57 not been made. To take an extreme case, the amount of an

Award might be reduced from 1m pounds to 1 pound under the slip rule. If such a power did not exist the only available route to correct a costs award would be to make an application under section 68 of the 1996 Act. However that remedy may not be available in principle or because of time limits which apply to such applications, but even if successful it is a potentially expensive route to achieving nothing if the arbitrator has not expressed his view on the merits of changing his order. Much better, it might be thought, to go to the arbitrator first."

至于仲裁员对含糊不清的地方作出澄清的权力,仲裁员也不能借这个机会重新作出一个与原来裁决书不同的决定。但也有说法是仲裁员可能可以有比较大的权力,如对他作出裁决书两处或多处有矛盾的地方重新考虑,并向当事人作出解释哪一处是不对的。在这个过程中,有可能仲裁员是有作出重新考虑,因为这些矛盾是原来裁决书作出时没有想到的。Robert Merkin 教授在他所著的《Arbitration Law》一书 2004 年版之第 778 页说到:"(e) As far as the power of arbitrators to put right ambiguities is concerned, the DAC in its December 1996 Report expressed the view that the power should be regarded as having a wide scope. It is clear that the new power cannot be used by the arbitrators to rewrite their award in order to reach a result different to that originally intended, but it may be that the arbitrators can go as far as to rethink inconsistencies in the award. A narrower view would confine the arbitrators to correcting pure textual ambiguities and would be undesirable in that correction could be achieved only by the cost of an application to the court under the Arbitration Act 1996, s68, for the award to be remitted to the arbitrators for the necessary adjustments to be made."

根据 1996 年《英国仲裁法》之 Section 52 (4)裁决书是一定要给予原因的,如果仲裁庭作出的裁决书是没有给予原因或者是原因不充分以导致含糊不清,也是根据这些权力可以要求仲裁庭作出补救。如在没有原因的情况下,仲裁庭就可以作出一个修改裁决书,并附上原因:Groundshire v VHE Construction (2001) BLR 395; Al Hadha Trading Co v Tradigrain SA (2002) 2 Lloyd's Rep 512。如果原因不充分,也可以让仲裁庭作出澄清,如对某一些重要的证据是否有作出考虑。如果仲裁庭拒绝这样做,不满意的当事人才需要根据 Section70 (4)向法院申请要求给仲裁庭下命令多给予原因。

如果裁决书对其中的一项独立的争议事项/争端有所遗漏,而且是双方或一方当事人有提出的,显然这又是适合作出追加裁决书的情况。但如果漏了一个"替代争议"(alternative dispute),并且裁决书对相关的争议已经有了裁决,这就不适合作出追加裁决书了。这里的区分在 Torch Offshore LLC v Cable Shipping Inc (2994) 2 All ER (Comm.) 365 有介绍。举例说,在同一个争议事项下有几个替代的争议/争端,如合约的解释、弃权/禁止翻供与索赔时效已届满。这一来,如果漏了考虑其中一个替代的争议/争端,如弃权/禁止翻供,就不能作出追加裁决书了。因为这会对同一争议事项有不同的结论,而这一结论已经在较早的裁决书有了决定,即使是判错也不能改变,否则仲裁庭就违反了一事不再审原则与“functus officio”的说法。这变了唯一的救济就是根据 Section 68 (2)(d)向法院申请把该裁决书发还给仲裁庭作出新的裁决书,这就有可能颠倒整个争议的结果。

9.4 有关 SIM Group Ltd v. (1) Neil Jack and (2) Douglas Dickson (Property Management) Ltd (June 5, 2002)的介绍

最后对上面提及的苏格兰先例作简单的介绍,涉及了第二被告 Douglas Dickson (Property Management) Ltd(或简称“DD”)在最后裁决书作出后接近两年的时间提出一个新的争议,该争议事实在原来的仲裁程序中已经提出过,但 DD 中途自动撤回,所以最后裁决书并没有针对这一争议。在一定程度上,这不涉及一事不再审的原则。但由于该独任仲裁员(第一被告的 Neil Jack)已经作出了最后裁决书,所以原告(“SIM”)是以仲裁员已经是“functus officio”为由作为抗辩。但独任仲裁员认为自己还是有管辖权可以处理这一新的争议,这就带来 SIM 向法院取得一个临时禁令阻止这第二个仲裁的推进。这里带来的争议是除了该独任仲裁员是否是“functus officio”外,还有处理上的疑问。就是仲裁员是否有管辖权自己决定是否有管辖权,而不满意的一方就向法院作出申请要求重审,但这一方当事人不能因为不满意而到法院申请一个禁令。而最后的判决是该独任仲裁员在作出最后裁决书的一刻已经是“functus officio”,不存在有任何管辖权考虑任何的争议,包括管辖权的争议,所以以一个禁令阻止该仲裁员推进仲裁完全适合。

第十一章 裁决书执行之二:《纽约公约》

《纽约公约》无可否认是使国际仲裁相比国家法院更受欢迎的一个主要原因,就是在国际层面裁决书与判决书相比更加容易获得执行。今天绝大部分的国家都是该公约的缔约国,共140个以上国家。亚洲也只有朝鲜与缅甸不是缔约国,但这两个国家的影响力在国际外贸中可以说是零。除了缔约国的庞大数目外,《纽约公约》的操作在这50年来也比较顺利,《Yearbook Commercial Arbitration》总共有32期,从整体的报道可以看出《纽约公约》生效50年来,总共约有1400个与各个方面相关的案例被报道,其中有一半以上是有关《纽约公约》的执行。这700个中大约有70个是被拒绝执行,对国际公约而言是一个相当令人满意的结果。

《纽约公约》整体说是被视为鼓励缔约国支持裁决书的执行(pro-enforcement),它在Article V规定了一些仅有的可以拒绝执行的理由,但有以下重要的几点:(1)这些拒绝执行的理由是给了执行地点法院裁量权接受或不接受,这方面会在本章第2段进一步解释。(2)执行地点法院拒绝执行的理由只能限于这七项(exhaustive list),缔约国不能自己增加。(3)执行地点法院不能对裁决书作出的实质决定重审。换言之,裁决书对争议事实的认定或法律观点的判定不能被质疑。现实中,败诉方经常会提出裁决书判的不对,并会提供给执行法院部分证据试图说明裁决书的错判。但在《纽约公约》下,执行法院是不应该理会这种抗辩理由的。(4)《纽约公约》的拒绝执行理由,举证责任是在抗拒执行的败诉方,而不在胜诉方。

1. 主要的法院与次要的法院

1958年的《纽约公约》把有关的法院分为两种,第一种是主要的法院(primary court),指仲裁地点的法院。它有责任监督仲裁程序的公正与顺利地推进,另在裁决书如果有严重的缺陷时撤销它。第二种是次要的法院(secondary court),这是指执行地点的法院(也表示是140多个《纽约公约》签署国任何其中一国的法院),它的责任就是根据《纽约公约》执行裁决书,但没有权力与责任撤销裁决书,而裁决书的实质原因是对是错在《纽约公约》下也不是它管的事。这方面的责任区分在《纽约公约》Article V (1)(e):"The award ... has been set aside or suspended by a competent authority of the country in which, or under the law of which, that award was made."

这表示如果裁决书在恰当的法院,也就是作出裁决书的所在地,被撤销或暂停执行,有关的执行地点法院可以这一个理由在《纽约公约》下不执行该裁决书。

这方面的说法可见一些权威书籍,首先是 Albert van den Berg 教授在他所著的《The New York Arbitration Convention of 1958》之第350页所说的如下:"The 'competent authority' as mentioned in Article V (1) (e) for entertaining the action for setting aside the award is virtually always the court of the country in which the award was made."

另在 Varady、J. J. Barcelo 与 A. von Mehren 所著的《International Commercial Arbitration》一书第 625 ~ 626 页所说如下:"The New York Convention only indirectly indicates the relevant criteria for determining 'domesticity'. According to Article V (1)(e), recognition and enforcement may be refused, if the award has been set aside by a competent authority 'of the country of which, or under the law of which' the award was made. It follows that a distinction has been drawn between countries whose competence for setting aside is internationally recognized, and all other countries. Setting aside may be accepted and given force in a member-state of the New York Convention if it was effected in the country in which the award was rendered, or in the country under the law of which the award was rendered ... This means that if setting aside is granted by a court which assumes jurisdiction on a ground other than that of the place of the award or of the law under which it was rendered—for example, the domicile of the defendant—the setting aside judgment would not be relevant in other countries party to the New York Convention."

这里也有一些相关的案例,如在美国的 International Standard Electric Corp v. Bridas Sociedad Anonima Petrolera 1990, 745 F. Supp. 172 (S. D. N. Y.)说:"We conclude that the phrase in the Convention '[the country] under the law of which that award was made' undoubtedly referenced the complex thicket of the procedural law of arbitration obtaining in the numerous and diverse jurisdictions of the dozens of nations in attendance at the time the Convention was being debated."

另一个也是美国近期的先例 Gulf Petro Trading Co. Inc v. Nigerian National Petroleum Corp (2008) WL 62546,笔者可以比较详细地介绍它的案情。它是一个瑞士仲裁,Gulf Petro 的子公司 Petrec 向尼日利亚国家石油公司 Nigerian National Petroleum Corp(简称 NNPC)提出索赔,瑞士仲裁的仲裁庭作出一个中间裁决书,在责任方面判 Petrec 胜诉。可是在下一步针对损失方面,NNPC 针对管辖权的挑战最后获得成功,所以在 2001 年 10 月最终的裁决书判 Petrec 败诉。Petrec 不服,在瑞士法院对最终裁决书寻求救济,但不成功。这导致了 Gulf Petro 在美国一连串的法院行动设法打击该不利的最后裁决书,行动包括把原来胜诉的中间裁决书取得美国法院的确认,与另一个行动是针对 NNPC 的执行诉讼声称最后裁决书是通过以欺诈、贪污与受贿取得，所以不应该否决 Gulf Petro 的索赔。但这在美国第一审与上诉法院被否决，认为 Gulf Petro 的做法根本就是针对最后裁决，想办法把它撤销或改变其结果。美国法院认为在《纽约公约》下，有主要的法院（primary court）与次要的法院（secondary court）之分。在这一个案件，主要法院是瑞士法院，次要法院是美国法院。美国法院在《纽约公约》下是无权推翻、撤销或者改变一个外国的裁决书。其中，美国法院说："In the interest of finality, every primary jurisdiction undoubtedly will foreclose review of an award at some point. It would seriously undermine the function of the Convention if the fact that the opportunity for judicial review of an award in the primary jurisdiction has passed could open the door to otherwise impermissible review in a secondary jurisdiction."

另一个是英国的案例 C v. D (2008) 1 Lloyd's Rep 239，案情是一个有关保险合约的争议。当事人是两家美国的公司，保险合约约定的适用法是纽约法，但却约定伦敦仲裁。仲裁庭作出了一个中间裁决书，判是原告得胜。被告向仲裁庭作出申请要求更改该裁决书，理由是裁决书忽视了纽约法。被告也同时表示他会向美国法院寻求撤销裁决书，因为美国确实有一个说法就是裁决书如果是明显漠视法律（manifest disregard of law）就可撤销它：Wilko v. Swan 346 U. S. 427 (1953)。这导致了原告去英国法院申请一个 anti-suit 禁令，以阻止被告这样做。这是第一次十分罕见的 anti-suit 禁令，因为这种做法主要是为了保护伦敦仲裁并阻止被告在其他国家法院起诉。这一次的 anti-suit 禁令却是在伦敦仲裁完毕后想阻止被告在美国法院试图撤销该伦敦仲裁裁决书。

被告在面对 anti-suit 禁令的抗辩中，强调双方当事人都是美国公司与整个案件没有重要的国际因素，所以裁决书不严格是一个《纽约公约》下的公约裁决书，而败诉的被告也不应该被剥夺寻求在纽约法下对裁决书作出复核的救济。被告也指出在英国法律下没有像纽约法下的同样救济，所以不应该剥夺。但上诉庭不接受这个说法，认为英国是约定的仲裁地点，应该决定这一方面的争议，说："a choice of seat for the arbitration must be a choice of forum for remedies seeking to attack the award."上诉庭也说："An agreement as to the seat of an arbitration is analogous to an exclusive jurisdiction clause. Any claim or a remedy going to ... the validity of an existing interim or final award is agreed to be made only in the courts of the place designated as the seat of the arbitration."

有关主要与次要法院的区分，不同的功能与职责，在这里只作一个简单介绍，并会在接下来的内容中多次提到，另如第十二章公共政策之 6.8.6 段就会有详细的进一步探讨。

2. 有关《纽约公约》Article V 所用的“may”一词给予执行地法院裁量权的探讨

在还没有开始探讨《纽约公约》下到底有哪些可以让执行地点法院拒绝协助执行的理由之前,先探讨这一个重要的方面,就是倾向于执行国际裁决书的西方国家近期的说法,就是《纽约公约》针对 Article V 用“可以”(may)而非“必须”(shall)一词就显示了公约本身对可以不执行的各种理由是宽容性(permissive)本质。特别可以看到整份公约很多其他地方如 Articles II(1) - (3),III,与 IV(1) - (2)都是用“必须”一词。如果看工作小组会议记录,故意把“必须”一词改为“可以”的定约意图就更加明显。在国际商会(ICC)最初草拟给联合国的公约草稿中,相关条文所用的是“必须”一词,见 ICC, Enforcement of International Arbitral Awards (Publication No 174, 1953): Preliminary Draft Convention, Article IV。接下来的草稿公约由联合国的法律工作小组草拟,以“可以”一词替代了“必须”。之后德国曾经建议把“必须”一词加回有关的条文,见 UN Doc E/CONF. 26/L. 34(28 May 1958)。最后是一个包括了法国、德国与荷兰的工作小组作出的草稿公约,也就是最终的版本,决定用“可以”一词,见 UN Doc E/CONF. 26/L. 40 (2 June 1958, Original: French)。

从上述的探讨看来,解释《纽约公约》的 Article V 执行地法院可以有一定的裁量权是无可非议。但如果都是好像西方国家这种倾向执行裁决书的心态行使这一个裁量权,Article V 列明的各种不执行理由就变得没有实质意义了,反正是国际仲裁的裁决书都要执行。问题是大量的发展中国家在承认《纽约公约》时是否理解与接受 Article V 实际上相当于没说,作为执行地的国家法院与真正的受害国家其实不能以或不应该以《纽约公约》中一些重要的拒绝执行理由,如违反执行地点的公共政策(如涉及贪污受贿等的非法理由)拒绝执行。这些方面会在本章与第十二章会进一步探讨,然后读者就可以得出结论。

3.《纽约公约》下可以拒绝执行外国裁决书的理由

《纽约公约》的 Article V 列明了一连串的原因可以让执行法院不执行有关的裁决书,其中有几项涉及该裁决书是否有管辖权的问题。这一连串的原因有:(1) Article V (1)(a)订约的当事方根据相关适用法是没有订约能力(incapacity)或双方的仲裁协议根据仲裁地点法律(如果双方没有另外约定)是无效(not valid)。(2) Article

V (1)(b)裁决书败诉的一方没有被给予适当的委任仲裁员通知或有关仲裁程序的通知或无法陈述他的争辩。(3)Article V (1)(c)裁决书所处理之争议非为交付仲裁之标的或裁决书中有关于交付仲裁范围以外的事项。(4)Article V (1)(d)仲裁庭的组成或仲裁程序并非按照双方当事人所约定,或如果双方没有明确约定的话,没有依照仲裁地点法律的相关规定。(5)Article V (1)(e)裁决书尚未约束双方当事人,或者已经被作出裁决书的国家法院或作出裁决书法律下有关法院撤销或暂停执行。(6)Article V (2)(a)有关裁决书的争议根据执行地点国家的法律不能以仲裁解决。(7)Article V (2)(b)承认或执行裁决书违反执行地点国家的公共政策。

以下会对上述几方面逐一探讨,并会举一些相关的先例。但最后的一个拒绝执行理由(公共政策),由于是十分富争议性与有大量的内容,所以将在本书第十二章单独讨论。

4. 拒绝执行理由之一:Article V (1)(a)订约的当事方根据相关适用法是没有订约能力(incapacity)或双方的仲裁协议根据仲裁地点法律(如果双方没有另外约定)是无效(not valid)

这一理由背后的道理非常简单,因为仲裁庭作出有关裁决书的管辖权是来自双方的仲裁协议,所以根据《纽约公约》要求签约国法院执行时,除了需要提供一份裁决书(正本或者经确认的副本,这方面请看本书第十四章10段),另外还需要一份书面的仲裁协议。如果败诉方抗辩说双方没有任何书面的仲裁协议,则申请执行的胜诉方就有举证责任证明该书面仲裁协议的存在。

这一条文涉及两个步骤的分析,第一步骤是确定仲裁协议的适用法并看在该法律下仲裁协议的双方当事人是否有订约能力以及该仲裁协议是否有效。仲裁协议与其他的协议如双方当事人的主合约会面对同样的缺陷,如其中一方的当事人是未成年人或是还没有成立的公司法人,该协议就会因为他没有订约能力而无效。仲裁协议或任何其他协议也会是由于其他原因而导致"一开始无效或从来不存在"(void ab initio),如非法、威迫、错误等合约法的理由。就仲裁而言,更会有一种情况会导致仲裁协议无效就是争议属于"不可仲裁"(non-arbitrable),这在本书上册的第六章有详细介绍。第二步骤是在第一步骤无法决定仲裁协议的适用法时,以仲裁地点的法律看签订该仲裁协议的当事人是否有订约能力,仲裁协议是否有效、可仲裁性等问题。

这种争议如果是在仲裁中提出,就会被视为是对仲裁庭管辖权的质疑。根据"独立原则"(Separation Principle)和仲裁庭自己审理管辖权的"Kompetenz-Kompetenz"原则,这是让仲裁庭作出初步的裁决,败诉方在此之后的28天时限内可以根据

1996 年《英国仲裁法》之 Section 67 申请法院要求重审,这方面也在本书第八章有详细介绍。如果败诉方有参与仲裁程序,并且在这一管辖权方面都完成了以上所讲的程序并且都不成功。则将来裁决书在执行时,败诉方再根据《纽约公约》的这一个理由作出抗拒,就有很大机会被倾向执行国际裁决书的执行地点法院否定,认为这个问题已经被仲裁庭与仲裁地点的法院所决定。但如果是败诉方从来没有参与仲裁程序,也没有机会提出对管辖权的质疑。就不影响他对该缺席裁决书在执行时以这个理由抗拒。

4.1　并非合约双方之间的仲裁(non-signatory arbitration)何来文书仲裁协议?

接下来,首先要介绍的一种情况是今天经常遇到的,就是胜诉方与败诉方之间没有直接的书面仲裁协议,而是表面看来属于第三方的胜诉方合法通过签订仲裁协议的一方当事人向另一方当事人(也是败诉方)提出索赔。根据英国法律,由于通过该合约提出索赔,所以也必须像原来一方当事人一样受到仲裁协议的约束。这是在 1996 年《英国仲裁法》之 Section 82(2)有所规定如下:"References in this Part to a party to an arbitration agreement include any person claiming under or through a party to the agreement."

这种情况在今天的仲裁会经常涉及,就是一些并非是合约双方之间的仲裁(non-signatory arbitration)。其中最普遍的会是合约利益的转让(assignment),但也包括如公司的合并与收购所带来的继承(succession)、代理关系(agency)、保险的代位(subrogation)、立法如《Contract (Third Party) Act 1999》等。以转让为例,受让人与债务人之间有了针对转让利益的争议,受让人就必须根据原来合约中的仲裁协议进行诉讼,虽然该合约的双方只是转让人与债务人之间,与受让人无关。执行裁决书时,除了要提供给执行法院转让人与债务人之间的仲裁协议,也另要提供有关合约利益被转让的文件。有关表面看来并非是合约双方之间的仲裁协议,其有效性最近在一个重要的美国最高院将要作出判决的先例,有被针对。它是 Arthur Anderson, LLP, ET AL., v Wayne Carlisle, ET AL.,当事人是在 2008 年 8 月 4 日向美国最高院提出要求作出宣示的申请。案件不是针对《纽约公约》而是针对《美国联邦仲裁法》之 Section 16,其中所要求的就是双方要有文书的仲裁协议("an agreement in writing for such arbitration")。根据该立法的字义,应该是不适用在并非合约双方之间的仲裁。但根据美国的合约法,是承认这种通过转让所带来的并非合约双方之间的仲裁。所以问题是在这一个方面,到底是要严格依照仲裁的立法还是以合约法/代理法与其他法律作为根据,如衡平法下的禁止翻供(equitable estoppel)。美国在目前已经有不少这方面的先例,但判决的结果并不一致。所以,很有必要让最高院一槌定论。

早在 50 年前,已经有第二巡回法院作出过解释,说合约法/代理法适用,并支持并非合约双方当事人之间的仲裁。该先例是 Fisser v International Bank, 282 F. 2d 231, 233 (2d Cir. 1960),说:"It is true that under the Act, a[n] ['agreement in writing'] is the sine qua non of an enforceable arbitration agreement. 9 U. S. C. §§2, 4. It does not follow, however, that under the Act and obligation to arbitrate attaches only to one who has personally signed the written arbitration provision. For the Act contains no built-in Statute of Frauds provision but merely requires that the arbitration provision itself be in writing. Ordinary contract principles determine who is bound by such written provisions and of course parties can become contractually bound absent their signatures. It is not surprising then to find a long series of decisions which recognize that the variety of ways in which a party may become bound by a written arbitration provision is limited only by generally operative principles of contract law."

在近期的 Comer v Mocor, Inc. , 436 F. 3d 1098 (9th Cir. 2006),Kozinski 大法官说:"... under hundreds of years of common law , non-signatories can enforce or be bound by arbitration agreements under ordinary contract and agency principles."

其他有同样看法的美国巡回法院案例包括是第二巡回法院的 Ross v Am. Express Co, 478 F. 3d 916 (2d Cir. 2007),第三巡回法院的 Ehleiter v Grapetree Shores, Inc, 482 F. 3d 207 (3d Cir. 2007)与第五巡回法院的 Waste Management, Inc v. Residuos Industriales Multiquim, SA, 372 F. 3d 339 (5th Cir. 2004)等。

但也有持不同看法的美国巡回法院,这包括了 DC 巡回法院的 DSMC Inc v. Convera Corp. 349 F. 3d 679 (DC Cir. 2003),第六巡回法院的 Carlisle v. Curtis, Mallet-Prevost, Colt&Mosle, LLP, 521 F. 3d 597 (6th Cir. 2008)与第十巡回法院的 In Re Universal Service Fund Telephone Billing Practice Litigation, 428 F. 3d 940 (10th Cir. 2005)。在 DSMC,法院拒绝中止法院的诉讼,并把管辖权交给仲裁庭,说:"We simply conclude that the mandatory stay provision of section 3 (这是指《联邦仲裁法》) does not apply to litigation involving parties not subject to a written arbitration agreement, and therefore hold that this court lacks jurisdiction under section 16 (a) (1) (A)."

显然,美国的巡回法院,也就是上诉法院存在十分严重的差异,也就只能让最高院作出一个最后的定论。笔者估计最高院目前在十分支持仲裁的立场下,会有可能是认为在这一个问题上,应以合约法/代理法为准,也就是并非合约双方之间的仲裁也可以视为有文书的仲裁协议。虽然这是美国最高院的判决,但这一判决一定会在国际上十分重要。这就可以延伸到《纽约公约》执行"并非合约双方"(non-signatories)之间的仲裁裁决书,在执行方面也会可以依赖美国最高院的判例作为支持。

4.2 什么是仲裁协议的适用法律?

接下来要介绍的的确有书面的仲裁协议存在,但涉及的问题就是订约方有没有订约能力,以及所订的仲裁协议是否有效,这就要看仲裁协议的适用法律了。本来,作为一个协议,双方如果明示了适用法律条文,这就应该是结论性的。但问题是针对仲裁协议,现实中很少会另有一条明示的适用法律条文(但请看:ABB v. Keppel [1999] 2 Lloyd's Rep 24 与 Union of India v. Mcdonnell Douglas [1993] 2 Lloys's Rep 48),除非是双方在出了争议后才约定仲裁协议。而一般的仲裁协议都是针对主合约将来会出现的争议,所以如果有一条明示的适用法律条文,充其量也只会针对整个主合约而不会是个别地针对其中的一条仲裁条文。但问题是仲裁条文被视为是独立于主合约的另一个协议,这就带来一个不明朗之处就是仲裁条文的适用法是否也是应该与主合约的一致?毕竟仲裁协议的独立性也是后来才发展起来的说法:Channel Tunnel v Balfour Beatty (1993) 1 Lloyd's Rep 291。不乏先例支持主合约与仲裁条文的适用法应该是一致:The "Amazonia" (1990) 1 Lloyd's Rep 236 (CA);Sonatrach Petroleum v Ferrell International (2002) 1 All ER (Comm) 627;Peterson Farm v. C&M Farming (2004) 1 Lloyd's Rep 603。

但在XL Insurance v Owens Corning (2000) 2 Lloyd's Rep 500中,主合约中有一条说明保单根据纽约州的法律解释:"Policy shall be construed in accordance with the internal laws of the State of New York..."另有一条伦敦仲裁条文说明:"under the 1996 Arbitration Act"。该案例最后Toulson大法官判定主合约的适用法是纽约的法律而由于仲裁条文扯上了1996年《英国仲裁法》,因此应该适用英国法解释仲裁条文的有效性。

另在上述介绍过的C v. D (2008) 1 Lloyd's Rep 239,也是有相同的说法。

这一个说法对笔者来讲也是有实质的意义,就是曾经接触了多次的仲裁条文/协议只是简单说明:"Arbitration in Hong Kong, PRC law to govern."这等于在同一句话也包括了合约的适用法条文。如果是中国的法律同时适用在仲裁协议的解释,就会产生很大问题。因为中国的仲裁法不承认随意仲裁,要求必须把有关的仲裁机构说清楚。上述的简单的仲裁条文的解释如果适用中国法律则无效,但适用仲裁地点的法律,也就是香港的法律,该条文就完全是有效的。

至于在现实中也有不少的合约根本没有一条明示的适用法条文,这就更加明确仲裁协议应该按照仲裁地点的法律作为适用法,因为两者之间该仲裁地点的法律有最密切的关系。这也表示主合约的默示适用法律会有可能与仲裁协议的适用法律不一致。

注意的是,这一个可以不执行的理由针对的是仲裁协议无效(通常会是以仲裁地点法律的角度看待),不一定只是针对争议是否有可仲裁性(arbitrability),虽然两者之间是有关联。可仲裁性的问题在《纽约公约》下是作为另一个可不执行的理由针对也出现在Article V (2)(a),但这是针对执行地点国家的不可仲裁性问题,而不是针对仲裁地点或仲裁协议适用法的不可仲裁性问题,因为不同国家会是有不同的看待。一条有效的仲裁条文会同时涉及不可仲裁的争议,毕竟仲裁条文是针对所有将来会产生的不同争议。例如,有关知识产权的一个合约内有一条仲裁条文/协议,这根据香港法律或英国法律是完全有效的。但在知识产权的争议,仲裁员是没有权力针对当事人注册了的知识产权专利或权利,这是不可仲裁的争议。所以,严格来说是否有效的仲裁条文不一定代表某一个特定的争议是否可以仲裁,只是两者之间关系密切。

4.3 什么是没有订约能力?

在 Hebei Peak Harvest Battery Co Ltd. v. Polytek Engineering Co Ltd. (1998) 1 HKC 676 的案例中,被告就依据原告没有订约能力而抗拒裁决书的执行。香港一审法院拒绝了被告的这个理由并判是要执行裁决书。但是到了上诉法院,上诉法院认为原告没有合法注册所以没有订约能力,也不能够执行该裁决书。因此为了让这个问题有定论,上诉法院就指令一审法院再进行一次开庭针对是否有订约能力。

在英国,据悉这方面的案例不多,其中比较近期的先例是 Kanoria v. Guiness (2006) EWCA Civ 222,败诉方抗拒裁决书执行的理由之一是胜诉方是一家在双方约定仲裁协议时还没有成立的公司。但该先例没有对这一个抗辩理由作出最后的决定,因为 Gloster 大法官根据其他抗辩的理由(主要是败诉方没有机会抗辩一个在开庭时才提出的新争议)拒绝执行。

这种案例不多的原因是这种管辖权的争议通常一早就会由仲裁庭作出决定,或充其量上诉至仲裁地点的法院,如果仲裁地点是英国,就根据 1996 年《英国仲裁法》Section 67 要求法院作出最后判决。这种问题通常是不会留待执行的时候才首次提出,除非败诉方没有参与仲裁程序才不会被指是构成立法下的弃权与禁止翻供。

4.4 什么是仲裁协议无效?

有太多情况/原因会令合约不存在或一开始无效。例如,先决条件与后续条件(condition precedent or condition subsequent);没有对价或约因(consideration);误述(misrepresentation);误导(wrongful inducement);非法(illegality);胁迫(duress);共同错误(mutual mistake);受阻(frustration)等,可以参考笔者所著《国际商务游戏规则——英国合约法》一书。

4.5 有关英国先例的介绍之一:Dardana Ltd. v. Yukos Oil Co. (2002) 2 Lloyd's Rep. 326

有关这种涉及了管辖权争议的抗辩执行裁决书,英国针对执行《纽约公约》的裁决书还是可以介绍以下一个比较著名的先例。

有关的争议涉及在西伯利亚勘探石油与天然气的合约,时为 1995 年,当事人是 Western Atlas 与一家俄罗斯的 YNG 公司。合约中有条文禁止双方转让合约利益,除非得到对方的同意。此外,双方约定有争议去瑞典仲裁。在履行该合约的过程中,YNG 的母公司 Yukos 经常有积极参与,甚至愿意替 YNG 作出支付。但 Yukos 并没有说明他的参与只是作为代理人身份。Yukos 是一家十分财雄势大的俄罗斯石油公司,但 YNG 不是一家大公司。在 1996 年年初,Western Atlas 曾经要求 YNG 允许他把利益转让给另一家名为 PetroAlliance 的公司。而在 1996 年 3 月 21 日,Yukos 的副总裁亲笔写了一封信给 PetroAlliance,内容如下:

"In answering your letter of 12 March 1996 on assignment of rights and responsibilities by Western Atlas Inc. to PetroAlliance on the contract from January 17, 1995, signed between Western Atlas and YNG, we advise you that we have become acquainted with all documentation regarding the assignment of rights and responsibilities and we consider it possible to further carry on the business of performing the contract with PetroAlliance. We are ready to discuss the issues related (to) re-executing the aforementioned contract. At the end of the contract we proposed to change the phrase 'on behalf of YNG' to 'on behalf of AO 'NK YUKOS".

According to request PA-3 from March 12 1996 (issues regarding preparation of the agreement on Technical cooperation) we inform you that before the information maybe issued it is necessary to discuss the issues of Technical cooperation between YUKOS Joint Stock Oil Company and PetroAlliance."

但最后文书批准转让合约利益给 PetroAlliance 还是 YNG。之后到了 2000 年,PetroAlliance 把有关的合约利益(那个时候该利益已经变为一个胜诉的裁决书)转让给了 Jupiter,而 Jupiter 也随后转让给了 Dardana,也就是本先例的原告。

再回去 1997 年 10 月,PetroAlliance 认为 YNG 在有关的合约中已经欠下了很大一笔钱,就写了一封信给 YNG 的总经理与 Yukos 的主席要求支付,并说明如果不在 1997 年 11 月 15 日之前支付,就会开始法律行动。由于没有获得支付,PetroAlliance 就开始了两个仲裁,一个以 YNG 作为被告,另一个以 Yukos 作为被告。针对 YNG 的仲裁应该没有管辖权的问题,因为他是合约的一方当事人。而针对 Yukos 的仲裁,PetroAlliance 说他的直接参与行动导致了他成为是合约的一方。Yukos 虽然没有参与仲裁,却曾经写信给仲裁庭说是没有管辖权。但仲裁庭认为有管辖权而最终判 Yukos 败诉并要赔偿 1260 万美元,裁决书是在 2000 年 4 月 13 日作出。到了 2000 年 5 月 22 日,Yukos 向斯德哥尔摩的法院申请要求撤销裁决书,原因是没有管辖权。显然,瑞典法院针对管辖权的判决将会是整个案件的关键,而他作出了判决也会导致在该争议上就会是"一事不再审"(res judicata)。

在等待的期间(瑞典法院的审讯是安排在 2000 年 9 月份),Dardana 在英国法院申请执行该瑞典的裁决书。他只是针对 Yukos,但没有理会另一个也是胜诉但针对 YNG 的裁决书,原因十分简单,因为 YNG 没有财产。在英国法院,Yukos 的抗辩就是有关的裁决书瑞典法院在作出全面的调查后将会在 2000 年 9 份作出判决,目前的抗辩就是双方根本没有一个有效的仲裁协议。Chambers 大法官从双方递交的证据是认为 Yukos 并非是合约的当事人之一,而 PetroAlliance 也不像有把 Yukos 视为是合约负责的一方,另 Yukos 也不像有作出一些行为让他要负上合约的责任。但在另一方面,Chambers 大法官也不敢说 Dardana 肯定会在瑞典法院败诉,毕竟英国法院也不会了解瑞典法律。结果是 Chambers 大法官判要求 Yukos 提供 250 万美元的担保,执行与否就要留待将来瑞典法院的判决结果。

但 Yukos 上诉至上诉庭,这要求提供的担保被上诉庭否定,认为在该先例是不恰当。第一个原因是法院被要求延迟执行(通常的理由就是仲裁地点的法院正在处理,如会撤销裁决书或发还给仲裁庭重审),法院就有权要求申请延迟执行的败诉方为败诉的裁决书提供担保作为交换。但在比较少有的情况下，不是仲裁的败诉方（Yukos）申请延迟执行，而是仲裁的胜诉方（Dardana）。而该先例正是这种情况，就是胜诉方害怕英国法院支持败诉方的 Yukos，判他没有合约的责任，所以裁决书没有管辖权，结果在诉讼的中途改变为要求英国法院延迟执行直到瑞典法院作出判决。这样一来，上诉庭认为就不适合命令 Yukos 提供担保了，Mance 大法官这样说："the Judge approached the issue of security from a wrong angle; he treated the appellant as the party seeking an adjournment; they were not and although this in no way affect his jurisdiction it was a material factor when it comes to the exercise of the Court's discretion under Section 103 (5); the Judge ought to have viewed this as a case where the Respondents have in the face of an outstanding challenge to the Award in the Swedish Court, come to this jurisdiction to seek enforcement, had pursued proceedings through out most of which their case was that the Court could determine that there should be enforcement by dismissing the appellants' application under Section 103 (2), but had finally recognized they might not succeed on that basis and had reversed their stance and sought an adjournment pending the resolution of the Swedish proceedings."

此外，上诉庭也认为 Yukos 财雄势大，经济上不会多等三个月直至瑞典法院判决后有太大的变化。上诉庭也同意一审的看法，就是 Yukos 的争辩表面看来是强得多。所以总结就是 Yukos 不需要提供这 250 万美元的担保。

4.6　有关英国先例的介绍之二：Svenska A. B. v. Republic of Lithuania (2005) 1 Lloyd's Rep. 515

另一个案例涉及一家瑞典公司 Svenska 与立陶宛一家名为 Geonafta 的公司订立了一个合资协议在立陶宛开采石油与天然气，其中立陶宛政府也有参与。有关的合约是约定有争议就去丹麦哥本哈根以 ICC 仲裁规则进行仲裁。双方事后发生争议，Svenska 开始仲裁，并且把立陶宛政府与 Geonafta 列为第一与第二被告。立陶宛政府出面抗辩，声称仲裁庭没有管辖权，因为他根本不是合约的一方当事人。在 2001 年 12 月 21 日，仲裁庭作出了一个中间裁决书，针对管辖权的挑战，认为是有管辖权。但败诉的立陶宛政府并没有根据丹麦的仲裁法及时向法院提出要求重审有关管辖权的争议。接下来，仲裁庭继续审理有关双方的实质争议，并开了庭。到了 2003 年 10 月 30 日，仲裁庭作出了一个最后裁决书判立陶宛政府与 Geonafta 败诉，要支付 1257.9 万美元，并加上利息与诉讼费用。

胜诉的 Svenska 后来向英国法院申请要求执行，而立陶宛政府出来抗辩，而主要的理由就是他不是合约方，所以裁决书没有管辖权。另一个理由是根据主权豁免（sovereign immunity），这一方面在 Svenska v. Government of Republic of Lithuania (2006) 1 Lloyd's Rep. 181 有针对，并被否定，认为立陶宛政府主动订约并同意仲裁协议，就无权依赖有关立法（1978 年《State Immunity Act》）。至于主要的抗辩原因就是有关管辖权，Nigel Teare 大法官同意在 1996 年《英国仲裁法》之前，英国法律对管辖权的异议可以在仲裁任何时间或裁决书作出后审理。但到了1996年的立法之后,地位有了很大的改变,就是应该提出挑战管辖权的一方如果不及时向仲裁庭提出就会构成弃权,这是在 Section 73(1)。另在1996年《英国仲裁法》之 Section 73(2),在有关管辖权的裁决书不及时向法院或上述仲裁庭(个别仲裁机构有这种上诉的机制)提出上诉,也构成弃权。一旦弃权,就再也不能事后提出有关管辖权的争议。

虽然1996年《英国仲裁法》只适用在英国仲裁,但 Nigel Teare 大法官认为同样有关弃权的理念适用在执行外国的裁决书。所以,认为立陶宛政府有参与整个仲裁程序,并在仲裁中提出有关管辖权的争议,而且更重要的是在败诉后没有向丹麦法院提出上诉,都构成了弃权的行为。所以,即使立陶宛政府提出他不是合约的一方,而且有可能是正确,这也是《纽约公约》可让英国法院拒绝执行的理由之一,但《纽约公约》的措辞是"可以"(may)不执行,并非是必须不执行。这给了执行法院有一定的裁量权,而在本先例,英国法院认为是要执行。Nigel Teare 大法官这样说:"The Court is given a discretion to refuse recognition where the person against whom recognition is sought is not a party to the arbitration agreement. I consider that where a person has participated in an arbitral hearing to determine whether he is party to the arbitration agreement, has lost on that issue and has not sought to challenge the arbitral ruling when he had the opportunity to do so, such circumstances are or may be appropriate for the discretion conferred by Article V of the Convention and section 103(2) of the Act to be exercised in favour of recognition."

4.7 《纽约公约》要求文书仲裁协议所带来的问题

《纽约公约》在 Article II (2) 中要求必须有一条文书仲裁条文,而这条仲裁条文应该是在双方签署的合约/仲裁协议中,或者是在双方的书信与电传往来中约定:"The term 'agreement in writing' shall include an arbitral clause in a contract or an arbitration agreement, signed by the parties or contained in an exchange of letters or telegrams."这一严格的文书定义也出现在《联合国示范法》,这带来有一些的业务中根本不可能会有一条有效的仲裁条文,如提单。提单除了是海上运输合约外,也是一份货物已经装船的收据。所以,在做法上一定是只有船长签字,而不大可能有另一方的货方去签字。他们双方也不会事前有书信往来同意一条仲裁条文可作为证明。所以,一份提单即使是用半张纸把仲裁条文写的清清楚楚,或是用红字强调,都不属于在这个严格的文书定义内。香港就判过类似的案件:Hissan Trading Co. v. Orkin Shipping Corp. (1990) Comm. List No. 39。这一问题在笔者的《国际商务仲裁》第560页有介绍。《香港仲裁条例》也已经作出修改,其中在 Section 2AC 就把文书仲裁协议的定义大大扩展。所以,针对香港仲裁而言就已经再也不会有这个问题。

但《纽约公约》在这一方面是很难更改,因为再来一个新的公约也不知道要多少年才会有140多个国家签署。联合国所能作的就是作出建议给签约国的法院尽量宽松解释什么是有效的文书仲裁协议,说:"Article II (2) 'be applied recognizing that the circumstances described therein are not exhaustive'（Recommendation regarding the interpretation of article II, paragraph 2, and article VII, paragraph 1, of the Convention on the Recognition and Enforcement of Foreign Arbitral Awards, done in New York, 10 June 1958, adopted by the United Nations Commission on International Trade Law on 7 July 2006 at its thirty-ninth Session）available at < www. uncitral. org/pdf/english/texts/arbitration/NY-conv/A2E. pdf. >."

在被报道的案例中，以这一理由拒绝执行也不少。有几个案件就涉及货物买卖的买卖确认（sale confirmation）中的一条仲裁条文。这里的做法往往是在小规模买卖中买方向卖方订购一批货物，卖方就会向买方发出一份买卖确认，它是一份标准格式，印本中有一条仲裁条文（很可能是对买方有利的仲裁条文）。买方没有异议，也没有加签，就执行有关的买卖，如开出信用证。直到双方起了争议大家才在该仲裁条文中做文章。反正在这种仲裁条文所作出的裁决书就曾经有几个报道的案例根据《纽约公约》的这个理由而被拒绝执行。第一个是德国法兰克福的案例名为：berlandesgericht（Court of Appeal），Frankfurt am Main，26 + June 2006，Manufacturer v. Buyer，reported in Y. B. Comm. Arb. XXXII（2007）pp. 351 –57（Germany No. 103）。第二个是西班牙最高院拒绝执行一个同样情况的法国裁决书，虽然同样的争议曾经被巴黎上诉庭判过说该仲裁条文是有效：Tribunal Supremo（Supreme Court），16 April 1996，Actival Internacional SA v. Conservas El Pilar SA.，reported in Y. B. Comm. Arb. XXXVII（2002）pp. 528 –32（Spain No. 33）。

另一个也是德国的 Celle 法院，针对的是一个伦敦裁决书，而德国法院不接受伦敦法院在委任独任仲裁员时认为把仲裁条文与其他条文合并在双方的主合约内就是已经有效的仲裁协议，拒绝协助执行，名为：Oberlandesgericht（Court of Appeal），Celle，18 September 2003，Seller v. Buyer，reported in Y. B. Comm. Arb. XXX（2005）pp. 536 –40（Germany No. 76）。

在一个瑞士的案例，涉及租约提到一条仲裁条文，最高院同意瑞士上诉庭的判决就是双方没有仲裁协议，因为租约没有被双方签署，而在败诉方的电文中从来没有提到有关的仲裁协议，充其量仲裁条文只是被一方提到，名为：Bundesgericht（Federal Supreme Court），31 May 2002，A Ltd. v. B. A. G.，reported in Y. B. Comm. Arb. XXVIII（2003）pp. 835 –41（Switzerland No. 34）。

通过代理人达成的合约与仲裁协议也会有他的问题，在一个比较古老的先例名为：Areios Pagos（Supreme Court），14 January 1977，Decision No. 88，Agrimpex SA v. J. F Braun & Sons Inc.，reported in Y. B. Comm. Arb. IV（1979）p. 269（Greece No. 5），希腊最高院拒绝执行一个纽约的裁决书，因为代理人没有证明收到他的客户的文书授权签订有关的合约与仲裁协议。

在运动仲裁中也会有问题，一个涉及著名冰上曲棍球运动员 Alexander Ovechkin 的案例，他在俄罗斯冰上曲棍球协会作出的一个裁决书败诉，美国法院判是不能执行,因为双方没有文书的仲裁协议,这一先例是:US District Court, District of Columbia, 18 January 2006, Moscow Dynamo v. Alexander M. Ovechkin, reported in Y. B. Comm. Arb. XXXI (2006) pp. 1394 - 1402 (US No. 568)。另一个涉及短跑手 Harry Reynolds 与国际业余运动协会(International Amateur Athletic Federation)之间的仲裁,案情是有关违禁药品的争议,夏威夷法院拒绝执行有关的裁决书,因为双方没有文书仲裁协议。该先例名为:US District Court, Southern District of Ohio, Eastern Division, 13 July 1993, Harry L. Reynolds, Jr. v. International Amateur Athletic Federation (IAAF), reported in Y. B. Comm. Arb. XXI (1996) pp. 715 - 19 (US No. 190)。

上文提到联合国作出建议给《纽约公约》签约国法院,希望他们尽量宽松解释"文书仲裁协议"这一要求,加上越来越多的国家法院开始倾向于支持国际仲裁,估计这种对仲裁协议严格的文书要求会有所改善。

5. 拒绝执行理由之二:Article V (1)(b)裁决书败诉的一方没有被给予适当的委任仲裁员通知或有关仲裁程序的通知或无法陈述他的争辩

5.1　没有给予适当的委任仲裁员通知

上一个《纽约公约》下的抗辩理由涉及了管辖权的问题,而这里介绍的抗辩理由涉及了自然公正的问题。显然,如果没有给予败诉方适当的委任仲裁员通知,就会是剥夺了败诉方委任自己仲裁员或是参与委任过程的机会,这显然是不公正的。又如果没有给予败诉方有关仲裁程序的通知,如开庭通知,就会是剥夺了败诉方出庭抗辩的机会,这显然也是不公正。至于败诉方没有机会陈述他的争辩,这也会是与没有给他恰当仲裁程序的通知密切相关。可以说,《纽约公约》的这一个拒绝执行理由都涉及了一些表面看来属于重大违反自然公正的情况。但也是与管辖权的质疑一样,如果败诉方参与了仲裁程序并发生这种不正常的情况,在 1996 年《英国仲裁法》下就对伦敦仲裁有救济,也就是根据 Section 68 撤销或发还裁决书。但问题是英国仲裁法已经把 1950 年的"不良行为"(misconduct)改为了"严重不正常"(serious irregularity)并且必须是造成"重大不公正"(substantial injustice)。这表示在一些不影响裁决书结果的情况没有给予败诉方恰当的仲裁程序通知,就不一定能够获得英国法院的救济。这就导致了败诉方在执行地点法院会根据《纽约公约》再提一次来抗拒执行,毕竟《纽约公约》下没有像 1996 年《英国仲裁法》下像不公正的情况必须造成"重大不公正"(substantial injustice)的要求。这表示仲裁庭即使是没有给予仲裁程序的通知,在英国法律就必须进一步证明有了这个通知败诉方会出庭,故此没有这一个通知就造成了重大不公正。但这些证明在《纽约公约》就没有这一要求。至于执行地点法院会否接受英国法律对仲裁庭违反自然公正的标准就要看它是否是支持国际仲裁,因为《纽约公约》的拒绝执行理由即使是能够成立,执行地点法院还是有一个裁量权不接受。

5.1.1 仲裁通知的方式与内容

仲裁的通知(尤其是给外国当事人)不像国家法院的诉讼通知与送达这么严格,也不像法院诉讼是双方通常有本国律师代表,并且有记录在案。但也不代表仲裁的通知,特别是来自仲裁庭的通知,可以乱来。通常在双方合作的情况下,仲裁的通知不是一个问题。如果双方有律师代表(即使是不同国家的律师),仲裁庭通常是与这些法律代表直接通讯往来,而不会接触他们的当事人,完全可以假设该法律代表会通知他的当事人。在一些国家或地方的做法,是需要律师代表出示当事人的授权书(power of attorney)。但在英国与香港,是不必有这种做法,毕竟律师在没有当事人的授权下自找麻烦恐怕也不现实。所以,当事人一有律师代表,仲裁庭就好像法院的做法一样,直接与他通讯往来,不接触当事人,并让该律师把仲裁的程序及有关问题向他的当事人报告、解释与作出建议。在部分仲裁例如像国际商会(ICC)仲裁,大家还会把双方当事人通讯往来的方式与做法,在“审理范围书”(Terms of Reference)中写明。

但由于仲裁不像法院有代表律师记录在案,所以如果遇上有怀疑的情况,仲裁庭给当事人代表律师的通知最好就是同时抄本给当事人本人。例如,最近在一个澳大利亚的仲裁,败诉方向墨尔本法院申请对裁决书的法律观点上诉,但最终因为没有提供费用担保而被撤销。之后,败诉方的澳洲代表律师也告知了仲裁庭(笔者是首席)他不再代表败诉方,这表示以后也不必与他通讯往来,而应该直接接触当事人本人并给予恰当通知。但败诉方其实还有另外一个巴基斯坦代表律师,也是笔者一直在仲裁程序中前一部分进行通讯往来的对象,直到仲裁后期转聘了另一家欧洲律师所。反正在仲裁的整个过程中,笔者的仲裁庭一直没有与败诉方直接接触。但由于该巴基斯坦代表律师再也不回答笔者的询问,如问他是否还是代表败诉方,所以在接下来的仲裁程序中(主要是针对费用分摊),笔者就在通讯往来中去同时以传真给该巴基斯坦代表律师与败诉方,并把副本以邮寄方式给他们,以策安全。

但仲裁不一定是当事人都委任律师(本地或外国律师),仲裁庭会有情况需要与当事人直接通讯往来。这就必须要小心,以免败诉方将来以违反《纽约公约》Article V (1)(b)作为抗拒执行的理由。在被告缺席的情况下,就更加要小心,因为缺席裁决书要不就是废纸一张(因为败诉方的被告根本没有财产),要不就是在执行的时候肯定会面对败诉方的大力抗拒。

在这种情况下,首先要注意的就是仲裁庭给当事人(特别是缺席的被告)的通知应该以什么方式以及收件人的地址。在方式上而言,笔者一贯的做法就是以传真的方式,因为传真通常是比较可靠,并且可以掌握传送成功与保留记录。如果在被告缺席的情况(因为他一直没有参与),笔者还会把该传真抄本一份(或有重要内容的几份)以双挂号的方式邮寄给被告。至于被告的传真号码及地址,通常是由原告所提供,所以如果有误,也怪不了仲裁庭。但由于传真开始被电邮所取代,一个问题就是越来越多的当事人或个别仲裁员没有传真,这导致了电子联络只能以电邮的方式。这就会涉及电邮的可靠性相比传真是高或低的问题。固然,不论是传真或电邮,对方收不到的事件并非没有遇到过。笔者还记得早期曾经有一个裁决书作出后,内容中看到是仲裁员没有把笔者(代表其中一方当事人)最后陈述书的内容考虑在内,而该陈述书是以传真的方式送达给对方与仲裁员,但仲裁员在被询问时承认他没有收到。结果,该裁决书要去法院申请命令将其发还给该仲裁员重新考虑。显然,如果该裁决书没有发还就直接以《纽约公约》执行,笔者的当事人作为败诉方也多数会以《纽约公约》的 Article V (1)(c)条文来抗拒执行。所以,针对缺席的情况或是针对重要的文件,最好还是除了传真或电邮外,多以邮件寄出一份副本给收件人。

根据英国法律,看来以电邮作出通知的方式是被接受:Bernuth Lines v. High Seas Shipping Ltd (2005) EWHC 3020 (Comm),问题只是在收件人抗拒并坚持他没有收到通知时,发件人怎样举证以及最后执行法院相信谁的问题。但曾经有过其他国家不承认电邮通知的案例,如在中国的最高人民法院案例名为 Cosmos Marine Management SA v. Tianjin Kaiqiang Trade Co Ltd (2007) 14 (1) GFCMT 83,案情涉及了原告送达仲裁通知与选定仲裁员通知给被告是只以电邮的方式,而这些电邮都没有被回复,最高人民法院说是这些电邮并没有提供足够的证据证明败诉的被告有收到通知。

笔者作为仲裁员虽然是不希望见到缺席的情况,毕竟双方都有争辩就会令笔者在感觉上可以做到更全面地了解案件与公正地作出裁决。但如果被告坚持不参与仲裁,笔者也没有办法。而最笨的就是被告回电对笔者说:“我怎样都不会来参与这个仲裁。”则至少不存在笔者需要担心到底通知有没有准确送达的问题,笔者也肯定会把被告的回电在裁决书中引述。将来,被告面对执行裁决书时,恐怕就会失去了这个可能对他来说是唯一可抗拒执行的理由。

至于邮寄给当事人的地址,已经提到过是通常由原告所提供。至于原告所提供的地址,也是在通常情况下不会有问题。但如果遇上一些底细不明的当事人,尤其是他不参与仲裁,在地址方面在《联合国仲裁规则》第 2 条有说明:“For the purposes of these Rules, any notice, including a notification, communication or proposal, is deemed to have been received if it is physically delivered to the addressee or if it is delivered at his habitual residence, place of business or mailing address, or, if none of these can be found after making reasonable inquiry, then at the addressee's last-known residence or place of business. Notice shall be deemed to have been received on the day it is so delivered.”(针对当事人是公司而言,就是送达他的公司地址或最后所知道的地址。)

但这里也不要以为机械式的向最后地址作出通知就万事大吉,如果被告的正确地址是可以合理找到但胜诉方没有证据显示他曾经尝试,这会导致裁决书在执行的时候遇上问题。在一个德国法院的案例名为 Russian Seller v. German Buyer, Bayern

Obrlandesgericht (Court of Appeal of Bavaria), reported in Y. B. Comm Arb. XXVII (2002) pp. 445 –50 (Gernamy No. 53) ,涉及了一个莫斯科作出的裁决书在德国申请执行,因为败诉方是德国买方,但就是因为这一个理由而被拒绝执行。

5.1.2 有关没有给予仲裁通知案例介绍之一:Arab National Bank v. El-Abdali (2005) 1 Lloyd's Rep. 541

以下介绍一个无中生有与欺诈性的裁决书,其执行是不可能会被法院所协助,因为仅《纽约公约》就已经有很多不同理由可以拒绝协助执行,其中包括没有给败诉方合理的通知。这一个先例名为 Arab National Bank v. El-Abdali (2005) 1 Lloyd's Rep. 541,案情是有关阿拉伯国家银行与 El-Abdali 先生之间的争议,他们在 1994 年有了业务上的关系,是银行提供给 El-Abdali 先生一连串的银行业务,但之后双方有了争议。其中有一个争议涉及了两张本票,数额高达 660 万美元,阿拉伯国家银行向沙特阿拉伯法院取得了一个胜诉的判决针对这一笔钱。另一个争议涉及了 El-Abdali 先生在银行开的炒卖市场差价的账号(margin trading account),该争议根据沙特阿拉伯的法律是交给沙特阿拉伯金融管理机构(Saudi Arabian Monitory Agency,简称 SAMA)作出审理,事发时还没有结果。而明显是双方之间的协议没有任何仲裁条文,但在 2002 年 1 月 2 日,银行首次受到一份传真,来自一个古怪的机构名为 The International Fraud Bureau, Division of Human Rights Arbitration Forum, Member of London Court of International Arbitration, Independent Council Office。该传真由一位自称 Adel El-Hashemite 王子签名,告诉银行必须在 10 天内提供一些文件,并警告银行如果不依从就会作出裁决书。在该传真中提到的争议看来就是在等待 SAMA 作出审理的同一个争议。阿拉伯国家银行也曾经问 SAMA 怎么回事,但被告知不必理会这种来电。结果到了 2002 年 1 月 13 日,也就是在大约十天后,阿拉伯国家银行收到另一份传真说明是裁决书,并判银行败诉。裁决书也有很多古怪的内容,如裁决书的抬头说明是一个名为 Human Rights Arbitration,是否有这样的仲裁机构是十分怀疑的,而且与其 10 天前传真的名字也不同。至于独任仲裁员,也就是那位 Adel El-Hashemite 王子,在裁决书内声称的住址是一家酒店。至于没有仲裁协议,管辖权哪来,裁决书依赖的就是银行曾经签的一份文件确认该仲裁并接受该仲裁程序。这一份文件的确有银行的签字,但这被英国法院根据蛛丝马迹判是伪造的,而银行的签字是来自银行其他的文件(如提交给 SAMA 的文件)中剪下后贴上的。该裁决书被胜诉方 El-Abdali 先生拿去英国法院要求向沙特阿拉伯银行执行,因为这些银行都会在伦敦有分行与资产。但这被 Morrison 大法官拒绝,理由实在是太多,包括双方没有文书仲裁协议与银行没有收到仲裁开始的通知、委任仲裁员的通知、索赔请求的通知等。Morrison 大法官这样说:"19. The Award is curious in a number of respects. First the forum specified as the arbitral body is different from that in the pre-hearing disclosure order: 'Human Rights Arbitration Forum' is not the same as 'the International Fraud Bureau, Division of Human Rights Arbitration Forum' and it is doubtful if any such recognized arbitral forum exists. The parties to the Trading Agreement never agreed on arbitration for the settlement of their disputes; this was never discussed; there was no agreement as to the forum, the applicable law or seat of arbitration; there was no notification of the appointment of an arbitrator and no indication of the appointment of an arbitrator and no indication that the arbitral process had commenced; there was no statement of claim served on the Bank. An acknowledgment of service procedure in arbitration is unusual if not unique; the dispute in question was referred by the defendant to SAMA; the intention to file an arbitration claim was never mentioned during the course of those proceedings and not mentioned, as it should have been, to SAMA for their consent. There has been no attempt to enforce the Award in Saudi Arabia, where the most of the Bank's assets are located."

5.1.3　有关没有给予仲裁通知案例介绍之二:Danish Buyer v. German Seller, Oberlandesgericht (Court of Appeal), Cologne, 10 June 1976, reported in Y. B. Comm. Arb. IV (1979) pp. 258 – 60 (Germany No. 14)

有关仲裁通知的内容,会是有多有少,也会受到仲裁协议中约定的仲裁规则所影响,如在本书第十五章所介绍的《联合国仲裁规则》(UNCITRAL Arbitration Rules)有严格内容的规定。但最起码的是原告委任的仲裁员名字与他的联系方式应该是重要的内容。但在上述的案例,涉及哥本哈根粮食贸易协会的一些仲裁规则,涉及仲裁员的名字是不需要告诉对方。这导致了在该德国法院的案例拒绝执行有关的裁决书,认为这是一个"鬼裁决"(ghost arbitration)。

5.1.4　有关没有给予仲裁通知案例介绍之三:Sesostris SAE v. Transportes Navales SA and M/V Unamuno, US District Court, District of Massachusetts, 28 December 1989

这是一个美国的先例,涉及的是一个租约的争议。承租人在美国波士顿把船舶扣押,但结果是由船舶的抵押银行掏钱提供担保,估计是船东自己没有钱放船。之后,承租人与船东在西班牙马德里仲裁,但抵押银行就完全不知道仲裁与它的推进。在承租人胜诉后向抵押银行提供的担保去执行裁决书,美国法院拒绝协助,认为该抵押银行没有收到仲裁通知。

5.2　没有给仲裁程序的通知

没有给仲裁程序的通知可以发生在任何的阶段,在仲裁程序中的一般性通知,由于在整个程序中会不断重复与多次作出通知,所以即便是其中一个次要的通知没有被败诉方收到也一般是不会对败诉方造成严重的不公正,也往往可以在后来的程序中作出补救。例如,其中的一份文件没有抄本给败诉方,通常可以在后来的通信往来中被发觉并作出纠正。当然仲裁庭本身也应该尽量警觉,特别是一些当事人没有懂行的律师作为法律代表,就会有危险故意不抄本一些重要文件给对方当事人,而只给仲裁庭,这就会导致对方没有有关仲裁程序的通知而失去反驳的机会。另是,仲裁庭的一举一动尽量要透明,并且仲裁庭要尽量多给双方全面的通知。例如,告诉双方在某一天收到来自原告的文件证据共多少页,并要求被告在一个期限内作出回应。或是,告诉双方已经收到了他们两位的结案陈词,将在接下去的一个月内作出裁决书。但不令人满意的情况还是有出现,如在一个德国法院的案例,名为 Portuguese Company A v. Trustee in bankruptcy of German company X, Landgericht (Court of First Instance), Bremen, 20 January 1983,涉及一个伦敦仲裁的裁决书在德国申请执行,败诉方的德国公司声称他根本不知道胜诉方的指控与争辩。而他虽然是提交了一些文件给仲裁庭,但之后再也没有进一步的消息,直到仲裁庭作出裁决书。另在一个荷兰法院的案例名为 G. W. L. Kersten & Co. BV v. Societe Commercial Raoul-Duvai et Cie., Gerechtshof (Court of Appeal), Amsterdam, 16 July 1992,也是涉及了一个伦敦仲裁。案情是法国的原告提供给了仲裁庭一个索赔的请求,但没有把文书请求抄本给荷兰的被告。裁决书就是在这种情况下作出,荷兰法院认为这是严重违反了仲裁的程序。

在这一方面,特别要注意的是开庭,由于这是一个非常重要的步骤,加上已经是到了程序的最后期,通常没有机会补救或纠正,开庭通知如果没有被败诉方收到就会是很严重的事情。这表示仲裁庭在作出有关开庭的通知,特别是知道可能的败诉方(通常是被告)会否出庭的态度并不明朗,就要紧记作出充分或足够的通知。这特别是在仲裁庭不准备在被告没有在开庭时出席还是照常继续进行开庭的情况。即使是他已经书面明确说他不会参与仲裁,仲裁庭还是最好作出开庭通知,以避免败诉方将来抗辩说,如果给了他通知,他就有可能改变主意。

5.2.1 近期笔者一个仲裁的介绍

如果被告先有参与仲裁,但后来半途缺席,这时候仲裁庭会是更加要小心。举一个近期笔者遇到的案件为例,案情是有关一家中国国营公司委托一家美国公司作为它在美国销售中国公司生产商品的代理,但该美国公司在收到该些商品的货款后,没有把该笔钱(在扣除了它的代理费用后)归还给中国公司。这种情况维持了几年,欠下的金额高达 400 万美元。中国公司多年追讨不果,开始了香港仲裁,因为该代理协议有一条香港仲裁条文。在仲裁程序中,作为被告的美国公司一直有参与,也送达了抗辩请求。在抗辩请求中,美国公司实际上承认欠下了这笔货款,只有一些微小的扣减有争议。而主要的抗辩反而是说中国公司的领导曾去了一次美国,口头答应美国公司可迟延两年再还货款,而这两年期限还没有届临。但这一个抗辩被中国公司否认,说美国公司有提出这个要求,但中国公司的领导并没有同意。由于双方对这么重要的事情没有任何书面的记录,只能靠开庭听取口头证据。

可以说,举证的责任主要是在美国公司一方,因为他声称有延迟支付的协议。但现实中主要还是看美国公司与中国公司哪一个证人在举证与被盘问时更加可信,这并不科学,而且可信性往往更大程度上是取决于证人的素质而不是事情的真假(后者是仲裁员永远不会知道的)。可是到了开庭前的 4 天,美国公司的律师(是一家香港的律师所)告知仲裁庭说他的主要也是唯一的证人由于坐骨神经痛而进了医院,不能前来香港举证,并要求把开庭无限期押后。美国公司的律师虽然向仲裁庭提交了证人的医生证明,但由于看不出严重的程度,加上时间紧迫,所以仲裁庭无法下决定。仲裁庭曾经询问该美国证人能否以视频会议的方式来举证,但被拒绝,并坚持要亲自出庭,但何时出庭就说不出了。由于中国公司坚持要准时开庭,不得延误,加上对仲裁庭而言,有以下的考虑:(1)美国公司证人所作的证言已经被命令作为主证据,这表示中国公司的代表律师如果不需要盘问,该证人就根本没有发言的必要,而中国公司并不坚持需要盘问他。(2)在较早的仲裁程序中,该美国公司作为被告已经有过多次尝试,试图延误,所以仲裁庭对这次以病痛为由要求延误有一定的戒心。由于有医生证明,所以仲裁庭倒不是怀疑他没有坐骨神经痛,但程度的严重性有很大的不明朗。故此,担心被告以这个理由无限期地延误。(3)十分重要的考虑就是美国公司欠下的债务实在是太明确,而即使曾经有过两年延期还款的协议,也没有几个月就要到期。加上,仲裁庭认为美国公司要说服仲裁庭曾经有过这样的口头协议,恐怕不一定容易。这除了举证责任之外,也涉及了证据不足的问题。在其他文件中看到,中国公司答应的东西或比较重要的事情,美国公司通常会以文书确认,以留下文件证据,但偏偏就是没有这一个有关两年延期还款的文书确认。虽然在考虑程序时不应该把案件的表面好坏混为一谈,而是主要考虑是否符合自然公正。但在现实中,也经常会一并考虑,尤其是像这种情况,就是被告会否可能故意拖延。

结果,仲裁庭下令如期开庭,但向双方说明先向中国公司的证人取证,主要是让美国公司的香港律师可向证人进行盘问。然后把审理延迟两个星期,向美国公司的证人取证。换言之,美国公司证人在两个星期后应该可以明确到底是否康复或对病情有进一步了解。而他即使不能从美国飞来香港,也可以说得出再等多久就可以这样做。或是,如果他要很长一段时间才能飞,就可以重新考虑视频会议的形式,甚至仲裁庭与原告飞去美国向他取证。

结果到了开庭第一天,美国公司的律师才紧急告知仲裁庭说他没有收到被告的命令出庭。这一来,仲裁庭面临被告突然缺席,就马上要十分小心自然公正的考虑,否则将来裁决书去美国执行就会面对抗拒。在开庭第一天的早上,仲裁庭发觉原告律师并没有安排当庭记录,仲裁庭就坚持原告律师必须先安排,而后才审理。这一来就拖延到了下午才开庭。而原告的证人虽然没有被告的代表律师盘问,仲裁庭的三位成员就他所作出的证人证言提出很多问题,要求澄清与进一步解释,而这些过程全部是记录在案。之后,在开庭结束前,仲裁庭要求中国公司的证人多待一天再回北京,然后发出传真告诉美国公司的香港律师有关这一个事实,并把开庭的当庭记录转送给他。仲裁庭也要求美国公司如果改变主意想盘问中国公司的证人,就在第二天必须告诉仲裁庭以作出安排。拖到第二天的晚上,美国公司的香港律师回电说被告不准备盘问中国公司的证人,也不准备出庭或参与仲裁程序。至此,仲裁庭已经给了完全足够的通知与机会予被告让他作出抗辩并参与这个仲裁程序,所以应该安全,可进一步作出缺席裁决书。

5.2.2 仲裁程序什么才算作恰当或足够的通知

仲裁程序什么才算作恰当或足够的通知,《纽约公约》没有作出严格的规定。但根据1996年《英国仲裁法》，这种程序上的通知通常先要仲裁庭给出一个一般性的命令，如要被告在28天或不等期限内作出或送达文书的抗辩请求。如果这个一般性的命令被漠视或违反，仲裁庭就进一步作出一个“最后的命令”（peremptory order）。这最后的命令会是多给一个期限给被告作出或送达文书的抗辩请求，如再多给7天。通常，最后命令也会说明被告如果漠视或违反的后果。在这一最后命令受到漠视后，仲裁庭才根据1996年《英国仲裁法》可以行使他的权力，就是根据原告单方面提供的文件作出缺席裁决。这是在立法的Section 41（7）所说："If a party fails to comply with any kind of peremptory order ... the tribunal may do any of the following:…(c) proceed to an award on the basis of such materials as have been properly provided to it."

这样看来，如果仲裁庭贸然在没有作出最后命令的情况下就作出了缺席裁决书，又或是没有作出第一个一般性的命令就马上作出一个最后命令，这一缺席裁决书都会在执行时有可能要面对败诉方的抗拒。如果执行是在英国，故然是会面对这一个抗拒理由，而执行是在英国以外的国家并根据《纽约公约》，抗拒理由就会是这一条文。而且，有可能会抗拒成功。

香港的《仲裁条例》没有类似的要求，但仲裁员实际的做法也是相同的。就是先给一个一般性的命令，然后再作出一个最后命令。在两个命令都受到漠视或违反后，仲裁庭才会作出有关的惩罚，如作出一个缺席裁决书。

恰当与足够的通知还涉及了当时的一些特殊情况，如败诉方刚好是放长假或是8天黄金周，如果仲裁庭是不够敏感与没有考虑周到，贸然对败诉方作出一个期限很短的最后命令，如5天时间，就会在执行时遇上这种抗拒。在一个意大利的案例，名为Bauer & Grobmann OHG v. Fratelli Cerrone Alfredo e Raffaele, Corte di Appello（Court of Appeal）, Naples（Salerno Section）18 May 1982，法院拒绝执行一个维也纳的裁决书。维也纳的仲裁庭在该仲裁中，对败诉的意大利公司作出了一个月后开庭的通知。本来这一段时间是足够作出准备，但败诉方所在地刚好发生了一个大地震。意大利法院认为在这种情况下提前一个月的开庭通知不足够。

5.3　败诉方无法陈述他的争辩

在执行时，败诉方提出这一抗拒的理由出现在两种主要的情况下。第一种情况就是在仲裁程序中，如曾经发生过败诉方要求增加某一些陈述或提供证据，但因为各种理由如过了时限或太晚才提出而被仲裁庭所否定。另在本书第八章多处所提到的严重不正常，如在第2.4段有关“裁决书包括了双方当事人没有针对与争辩过的事实”，第2.5段有关“裁决书显示了仲裁庭私下考虑秘密证据或不恰当以自己的专业知识作出事实认定”，第2.6段有关“裁决书包括了双方当事人没有要求仲裁庭作出裁定的争议”等，都会在执行时带来败诉方的抗辩或抗拒（不论败诉方有否在较早时向仲裁地点法院申请救济或申请是否被拒绝），声称他没有机会陈述他的争辩。

第二种情况就是在经常会发生的缺席裁决，也就是被告（也会有罕见的情况就是原告)没有参与仲裁,仲裁庭根据一方面提供的陈述与证据而作出了缺席裁决。在后者的情况也是在较早时介绍的在仲裁程序没有给予恰当与足够的通知是相通的。以下作进一步的探讨。

有关裁决书败诉方在执行时提出他无法陈述他的争辩,通常是很难成功,虽然经常会有败诉方经常提出这一个理由。这是由于在这个时候,执行法院通常不会接受有关仲裁程序是如何推进的证据,因为这里会涉及很多文件与/或口头证据,这样做与重审该案件的做法也差不多了。所以,如果是败诉方说他曾经想递交一份重要的文件证据,但不被仲裁庭接受,这是由许多原因造成的。如递交的时间十分迟,是在开庭审理即将结束的一天,允许这份证据的递交就会使整个开庭的程序重来一次,会造成对另一方当事人严重的不公平。仲裁庭不接受的原因是该份文件证据曾经在较早时被下令披露,但败诉方拒绝披露而导致仲裁庭作出命令说是导致对其不利的推断以及败诉方再也不能在以后披露此份文件,造成对仲裁程序的干预。也另会是仲裁庭不接受的原因是认为该文件与争议没有太大的关系等。如果执行法院深入追究,就等于是把仲裁地点监督法院的角色替代甚至是超越了,因为很多的监督法院也不会干预仲裁庭对仲裁程序所作的决定。在国际或英国仲裁,仲裁员被视为是程序的主人(master of procedure)已经是很明确的理念。再说,仲裁庭是不会在执行法院举证,为他作出的仲裁程序上的决定是对是错作出抗辩。

但针对仲裁庭而言,也应该明白这方面会在执行时带来的困难,所以在仲裁程序中发生任何类似的情况,如仲裁庭曾经拒绝一方当事人(特别他是最后败诉方)递交证据或要求对方澄清或开庭审理,都应该把这些拒绝以及简单的原因在裁决书中写明。这是因为裁决书通常是执行地点法院判断败诉方抗拒执行理由是否可被接受的唯一依据,只要裁决书的原因写得合情合理,执行地点法院就没理由支持该败诉方的泛泛抗辩。

5.3.1　败诉方无法陈述他的争辩不能是败诉方自己的错造成

这一拒绝执行的理由与上一段在仲裁程序没有给予恰当与足够通知有很密切的关系。如果仲裁庭是给了恰当与足够的通知给败诉方,而败诉方自己不掌握这些机会向仲裁庭陈述他的案件,这就是败诉方自己的错,而不是仲裁庭的错。这一来,执行地法院通常是不会接受败诉方陈述抗辩的机会被剥夺。在 Minmetals Germany GmbH v. Ferco Steel Ltd (1999) 1 All ER (Comm) 315 中, Colman 大法官说:"The inability to present a case to arbitrators within s 103(2)(c) contemplates at least that the enforcer has been prevented from presenting his case by matters outside his control. This will normally cover the case where the procedure adopted has been operated in a manner contrary to the rules of natural justice. Where, however, the enforcer has, due to matters within his control, not provided himself with the means of taking advantage of an opportunity to present his case, he does not ... bring himself within that exception to enforcement under the Convention."

5.3.2 有关在缺席开庭中提出新主张的先例:Kanoria & Ors v. Guinness (2006) 1 Lloyd's Rep. 701

在 Kanoria & Ors v. Guinness 先例,仲裁的败诉方也提出过这一方面的抗拒理由。案情是有关一位印度人名为 Kanoria 通过他的公司与一位英国人名为 Guinness(也是名义上通过他的英国公司名为 CPL)合作成立了一家合伙的印度公司,名为 Indekka。该公司是为英国公司到印度招募电脑人才为英国公司服务,并向英国公司收取服务费用,并在合伙人双方之间摊分。在有关的合作协议中,双方同意印度孟买,并根据印度仲裁协会规则进行仲裁。但之后,双方有了争议,而争议是 Guinness 先生没有把应该分摊给 Kanoria 先生的服务费用支付给他,金额是 144571 英镑。到了 2001 年 9 月底至 10 月初,Kanoria 先生开始了印度仲裁,而 Guinness 先生在 10 月 11 日收到了仲裁通知。在较早前,在 2001 年 5 月底,Guinness 先生被发现患了前列腺癌并在家休养。再回去 10 月 11 日,在收到仲裁通知后,Guinness 先生写了一封信给印度仲裁协会,说由于健康原因,他不经常在办公楼,所以要过了新年才能作出回答。而印度仲裁协会随后回应并同意延长时间给 Guinness 先生作出抗辩,限期为 2001 年 11 月 31 日。到了 2002 年 2 月 1 日,Guinness 先生再度发信给印度仲裁协会,大致上说是由于健康原因,他根本没有上班工作,所以无法为他自己作出抗辩。他并且提了两点,第两点是无关,但第一点是说明双方的合作协议是以 CPL 的名义而不是他本人的名义。该信函内容如下:"I refer to previous correspondence in this matter. I have not been in a position to respond and probably will not be able to due to my cancer not being cured. I have not worked since last March and will not returning to work again. I am convalescing at the moment. Regrettably I have not therefore studied the bundle of documents sent to me or responded to them. I mean no disrespect by this action. But I am incapable at the present time of working. I would however like to make two points as when I opened the bundle last year it was obvious what it was. Firstly, any financial agreement was between the claimant(s) and Corporate Partnerships Ltd and not me personally..."

应该可以说是被告 Guinness 先生明显是不能或不愿意参与仲裁作出抗辩。结果,由印度仲裁协会所指定的独任仲裁员(他是一位孟买法院的退休首席大法官)在 2003 年 4 月 5 日作出了裁决书,判 Guinness 先生要支付 144571 英镑加上利息与费用。Kanoria 先生到了 2003 年 8 月,由于 Guinness 先生不支付与他在印度没有资产,只能向英国法院要求对 Guinness 先生强制执行,而在这时,Guinness 先生也不得不作出抗拒。而抗拒的一个理由就是《纽约公约》的 Article V (1)(b)这一条文,虽然 Guinnes 先生也有其他很好的理由,结果抗拒执行成功。

有关这一点,第一审 Gloster 大法官看来是接受 Guinness 先生因为健康的理由而无法在仲裁作出抗辩,他说:"The fact is that, as the correspondence and the medical evidence shows, Mr. Guinness was seriously ill and suffering from a life-threatening cancer at the relevant time which was followed by clinical depression. There was no factual dispute about this. It was, in my judgment, realistically impossible for him to concentrate on this matter during the relevant time so as to instruct counsel or solicitors in a meaningful way to appear for him in India and to present the defence that, on the pleadings and on the basis of the Award, was obviously available to him, namely that he personally had no obligation under the terms of the Business Agreement, merely because he was a director of the company, to make the payments which CPL clearly was obliged to make."

虽然笔者没有看过任何证据(如医生证明),所以只能随口说说,笔者觉得这种以健康/疾病的理由要求延误是要小心对待,这在本章第4.2.1段介绍的一个近期的仲裁案件也提到过。例如,Guinness先生在2001年10月11日收到仲裁通知与索赔请求时,前列腺癌的治疗情况是否令他连委任律师作出抗辩也无法做到?毕竟,到了2005年7月左右,Guinness先生非但没有病故,而且能够委任英国律师在Gloster大法官面前作出抗拒,要求把Thomas大法官在2003年8月份单方面作出的执行裁决书命令撤销。

笔者反而觉得英国法院另一个理由拒绝该印度裁决书更加有说服力,这就是在裁决书内,判是Guinness先生与另一位被告CPL英国公司都是败诉方。看来,CPL只是一家皮包公司,有钱的是Guinness先生,所以他要抗拒执行。已经提到过,名义上与Kanoria先生合伙的是CPL,虽然CPL是Guinness先生控制的公司。这种情况是经常在商业活动中发生,如马士基公司或包玉刚公司船队下的各艘船舶,名义上都是由单船公司所拥有。虽然,在一般的说法,该船舶就是马士基公司的船舶。但从严格的法律上的说法来看,马士基只是拥有该单船公司的股份,而单船公司才拥有该船舶,而法律上拥有一家有限公司的股份并不代表拥有该公司的财产。在2002年2月1日的信函中,Guinness先生也向印度仲裁协会提到过这一点。

在裁决书内,显示了有针对这一方面,就是原告在开庭中曾经作出过口头陈述,结果独任仲裁员根据英国一个著名的先例就是以恶意或欺诈"揭开公司面纱",而进一步把CPL背后的Guinness先生也一并拖进来作为败诉方。但问题是这一个争议没有在索赔请求中提到过,而根据英国的法律,通常提出对欺诈的指控是需要把所有细节全部在文书请求中列明。这一来,英国法院就认为Guinness先生没有机会对这一个在开庭时才出现的恶意或欺诈的指控作出陈述与抗辩。上诉庭的May大法官是这样说:"This document appears to contain an account of oral submissions made to the arbitrator in Mr Guinness' absence. This document records that the very well-known case of Salomon v. Salomon [1897] AC 22 was referred to. I agree with the Lord Chief Justice that it makes an argument for lifting the corporate veil only on account of mala fides. It is accepted that no notice was given to Mr. Guinness, in the arbitration claim or otherwise, that it would be said that the arbitrator should lift the corporate veil by reason of mala fides or, as I would call it, fraud. It is elementary in this jurisdiction that a case of fraud may not be advanced without the party alleged to have been fraudulent having been given due notice of it. No apparent case was made against Mr. Guinness in the written claim that was made and served on him to that effect. The failure to give him notice of this kind of case such as I have described does, I think, amount to a failure in the nature of a breach of natural justice. I agree that it comes within section 103(2)(c) of the 1996 Act. Mr. Guinness was not given proper notice of at least a highly material part of the arbitration proceedings so far as he was concerned, and he was unable to present his case because he was never given notice of the basis of the case against him personally."

5.3.3 缺席审理中原告提出新主张的危险

这表示在缺席裁决,仲裁庭要十分小心,千万不要增加一些内容是缺席的被告没有机会作出抗辩的。仲裁庭虽然是肯定即使这些增加的内容通知了被告,也不见得被告会改变主意参与仲裁并作出抗辩,难免就会给缺席的被告在将来执行时有了很好的抗拒理由,就是他没有机会陈述他的争辩。举例说,笔者曾经知道有一个涉及一家著名国营公司的案件,就是他属下的一家地方分公司面对外国公司的索赔,没有抗辩与参与伦敦仲裁。该地方分公司缺席的理由,按北京总公司的朋友所告知,是因为索赔金额不大,只有20多万美元,所以索性不加理睬,将来败诉后到了执行时再说,大不了全数支付。这种心态是笔者不能接受的,因为保持缄默是不能阻挡外国公司的攻击的。反正在该案件,到了该缺席裁决书执行时,索赔金额不再是20多万美元,变成是150万美元了。即使原来地方分公司不出面抗辩的理由可以理解,但索赔金额变为150万美元,再不理睬与作出抗辩就肯定不能接受了,这一个索赔金额完全值得找律师作出抗辩。所以总公司在该案件后,向所有地方分公司发出通知,就是面对外国仲裁,千万不要不抗辩。但对该案件,笔者就考虑到这一个把原来的索赔一下提高到150万美元的做法,不知道是否有恰当与足够的通知给被告的中国地方分公司。本来,修改索赔或抗辩(amendments)经常会有,也完全允许。但在外国原告修改的过程中,不知道是否有通知缺席的中国被告,与通知是否是恰当与足够。而即使有通知,如把申请修改索赔金额的文件抄本给中国被告,也存在一个争议就是仲裁庭是否有特别通知中国被告对这一新的论点作出陈述与抗辩。否则,就有可能申请修改索赔金额的文件只是夹在一大堆其他的文件中,根本不会引起缺席被告的注意。更不说如果把索赔金额提高是在缺席被告没有参与的开庭中才提出。从另一个角度来说,仲裁庭自己也要小心,就是在一个缺席的仲裁中,每在原告提出一些新的论点或修改时,仲裁庭要特别通知(甚至追加一个最后通知)给被告一个抗辩的机会。至于被告是否把握这个机会或继续缺席,仲裁庭就管不了了。另仲裁庭尽量不要接受原告在开庭时提出的一些新论点或修改,因为在被告缺席的情况下,仲裁庭再也没有机会向被告作出通知,并给他机会作出陈述与抗辩。如果真的有这种情况,给出特别通知有关这一个新论点或修改,然后给缺席被告一个合理时间回应后才作出裁决书才是安全的做法。

5.3.4 其他无法陈述争辩的案例之一:United Mexican State v. Feldman, 4 December 2003

另要介绍的一个先例是 ICSID 仲裁,名为 United Mexican State v. Feldman, 4 December 2003(在 Arbitration Law Monthly March 2004 报道)。案情是有关北美洲的自由贸易协议(North America Free Trade Association Agreement,简称 NAFTA),有一个美国人在墨西哥注册的公司以 ICSID 仲裁起诉墨西哥政府,指称后者根据 NAFTA 对他有歧视,因为拒绝把美国出口到墨西哥的香烟税收回扣归还给他。该 ICSID 仲裁是在渥太华进行,并判墨西哥政府败诉。墨西哥政府不服,并向加拿大法院申请救济,撤销裁决书。理由就是《联合国示范法》的 Article 34 (2) (a) (ii),也就是与《纽约公约》的 Article V (1) (b)中"无法陈述他的争辩"一样。事件就是仲裁庭只是警告双方当事人会作出不利的推断,如果当事人没有依照仲裁庭作出的指示/命令。但结果在裁决书,仲裁庭对墨西哥政府没有自动披露一些有关墨西哥本土法律的文件作出不利的推断,而这不是在警告的范围内,这就等于是剥夺了他陈述他的案件的权利。但加拿大法院不接受这个理由,认为是墨西哥政府自己没有提供有关其他人士所收到税收回扣的资料证据,以反驳原告(美国人)的指控说是原告相比其他人士来说受到了歧视,不能怪仲裁庭。

5.3.5 其他无法陈述争辩的案例之二:Aoot Kalmneft v. Glencore International AG & Other (2002) 1 Lloyd's Rep. 128

再举一个例子是 Aoot Kalmneft v. Glencore International AG & Other,案情是有关 Kalmneft 签订一个合约提供原油给 Glencore,并事前获得 Glencore 的预付货款高达 1000 万美元,但事后 Kalmneft 并没有提供原油,这导致了 Glencore 在伦敦提起仲裁。Kalmneft 的一个主要抗辩是他只是一个骗局的受害者,因为有一位雇员名为 Daginov 先生只是让公司知道供油合约,但不让公司知道预付 1000 万美元的另一个附属合约。换言之,Kalmneft 提出对管辖权的质疑,但由于 Kalmneft 没有委任懂得伦敦仲裁的律师协助,导致了没有向仲裁庭提供质疑管辖权的有关证据以及要求开庭等。独任仲裁员在 Glencore 回应对仲裁庭管辖权的质疑作出文书答辩请求后,作出了对 Kalmneft 不利的裁决,即认为自己有管辖权。这导致了败诉方 Kalmneft 的不满并向英国法院申请救济,理由就是仲裁员没有给 Kalmneft 合理的机会提供有关证据与开庭举证。但 Colman 大法官认为是 Kalmneft 自己有责任要求多一点时间提供证据。这也包括去要求开庭去作出口头证据,是要当事人自己主动在文书请求中提出要开庭,否则仲裁员有权认为双方没有开庭的要求。Colman 大法官是这样说:"89. In response to that order Kalmneft could have asked for more time to assemble its evidence and get documents translated or notarially attested if that time was needed. Further, it would have requested a hearing limited to the question of jurisdiction, as envisaged by par. 2 of the order, to enable oral testimony to be given. It is, in my judgment, quite clear that it was open to either party to request an oral hearing when they put in their written submissions and that if neither of them did so, that would be the end of the presentation of their respective cases prior to an award. The argument advanced on behalf of Kalmneft that, following the submission of Glencore's reply submissions, if it had not requested an oral hearing, there would be an open-ended period before the issue of an award during which it was to be open to Kalmneft to request an oral hearing or to reply in writing is, in my judgment, quite unsustainable. The order obviously means that, if a party wants an oral hearing, it has to request it when it sends in its written submissions."

5.3.6 其他无法陈述争辩的案例之三：Minmetals Germany GmbH v. Ferco Steel Ltd (1999) 1 All ER (Comm) 315

在 Minmetals Germany GmbH v. Ferco Steel Ltd 先例，涉及了一个贸仲的裁决书在英国根据《纽约公约》要求执行。在该仲裁，发生了仲裁庭根据自己调查所取得的机密资料(来自一个较早的裁决书)作出裁决。但败诉的被告通过向北京法院申请救济并成功把该裁决书被发还给仲裁庭重审。在重审中，被告以为或假设仲裁庭不再依赖他们原先调查取得的机密资料，所以没有处理或提出反驳，而只在其他方面作出争议。结果在新的一个裁决书中，仲裁庭根据被告没有对仲裁庭自已调查取得的机密证据作出反驳，假设是被告默认，并再度根据这些机密证据作出裁决。这一个裁决书后来在伦敦执行，败诉的被告抗辩说他没有机会陈述他的争辩。但 Colman 大法官不同意，认为在第二次的审理中被告是有机会，只是被告自己没有掌握，说："The inability to present a case to arbitrators within section 103(2)(c) contemplates at least that the enforcer has been prevented from presenting his case by matters outside his control. This will normally cover the case where the procedure adopted has been operated in a manner contrary to the rules of natural justice. Where, however, the enforcer has, due to matters within his control, not provided himself with the means of taking advantage of an opportunity to present his case, he does not... bring himself within that exception to enforcement under the Convention."

5.3.7 其他无法陈述争辩的案例之四：OTV v. Hilmarton (1999) 2 Lloyd's Rep. 222

这方面的抗拒理由经常出现，可多举几个先例，如在 OTV v. Hilmarton，败诉方就作出了这一方面的争议。这被 Timothy Walker 大法官所否定，其中他提到面对这种抗辩理由，主要就是看裁决书的内容，特别在案件叙述(recitals)有关仲裁程序，找出有没有可能出现这种令败诉方无法陈述争辩的情况，而且造成重大不公正。所以，对仲裁员而言，在草拟裁决书的时候也必须要小心针对这一点，说明给了些什么通知与双方曾经作出过哪一些的陈述与争辩。Timothy Walker 大法官是这样说：

"As to the suggestion that OTV was 'otherwise unable to present [its] case' within Section 103 (2) (c), the thrust of this complaint is that the (second) arbitrator refused to hear oral evidence and only held a short hearing to take closing submissions from both sides. As is often the case with complaints of this kind, it is answered simply by a careful reading of the award itself. What happened was that the (first) arbitrator heard all the witnesses both sides wished to call on two separate days. He took notes of the evidence. After the second arbitrator was appointed 'neither of the Parties requested supplemental evidence, nor have they alleged new facts in relation to the substances of the case'. Further, the arbitrator made two further findings that bear repeating in full:

In the case in question the facts of the main issue have already been examined in detail by the first arbitrator, then by the Court of Justice of Geneva and the Swiss Supreme Court. Before the undersigned arbitrator, the Parties waived their right to submit new evidence. The procedure on the main issue is therefore so advanced that from the point of view of procedural economy and the efficiency rule that characterizes the arbitration process, postponement of the decision on the merits to a later stage cannot be justified ...

And again pp. 35 - 36:

In a Procedural Order of 28 October 1991, the Arbitrator considered that he had sufficient knowledge of the decisive facts and rejected the Defendant's request for the re-hearing of the whole matter. The Parties having not required the taking of new evidence, it therefore clearly appeared that, because of the nature of the issues to be determined as they resulting from the Parties' written pleadings and exhibits and Minutes filed in this matter, starting the hearing of the case afresh would have been pointless measure and contrary to the Arbitrator's duty to proceed with diligence and to settle disputes referred to him.

I entirely agree. For good measure, the arbitrator added at the end of the passage I have just quoted 'This procedural decision issued by the Arbitrator has not moreover been challenged by the parties'. There is thus nothing in the suggestion that OTV was unable to present its case."

5.3.8 其他无法陈述争辩的案例之五:Paklito Investment Ltd v. Klockner East Asia Ltd (1993) 2 HKLR 39

笔者虽然没有处理太多中国内地的仲裁,但在早期是听闻有这种情况,就是仲裁庭自己作出调查并在取得机密证据后作出裁决,但没有给双方当事人机会对该机密证据作出陈词或者反驳。在香港法院的案例 Paklito Investment Ltd v. Klockner East Asia Ltd (1993) 2 HKLR 39,也涉及了一个贸仲的裁决书,估计情况就好像 Minmetals Germany GmbH v. Ferco Steel Ltd (1999) 1 All ER (Comm) 315 的先例。该争议是一个钢材的 CIF 买卖,从土耳其进口到中国,并在黄埔港卸货。在卸货后并转运至海南,钢材被 CCIB 检查后认为有质量问题与严重生锈,这导致了买方向卖方提出索赔,并根据买卖合同中的仲裁条款开始了在贸仲的仲裁程序。双方争议的重点是严重生锈是来自生产钢材的问题(卖方要负责)还是运输途中与在黄埔港储存的问题(买方要负责)。在 1990 年 4 月 25 日,双方开了庭,之后贸仲给了一些程序上的命令允许双方在一个月内提供进一步的证据。到了 1990 年 7 月 31 日,贸仲通知被告(卖方）仲裁庭准备委任自己的钢材专家进一步调查，这是在当时的贸仲仲裁规则中明确允许仲裁庭这样做，有关条款是：

“26. The parties shall give evidences for the facts on which the claims or defences are based. The arbitration tribunal, in case of deeming necessities, may make investigations and collect evidences on its own.

27. The arbitration tribunal may consult specialists for special problems arising from the cases or appoint appraisers for appraisals. Specialists or appraisers may be in the institutes or citizens of the PRC or foreign countries.”

被告（卖方）收到通知后曾经向贸仲提出反对，说这一检查没有作用，并不会接受该检查的结果。但在1990年9月12日，仲裁庭委任了自己的专家并对一些钢材样品进行检查。报告是在1990年10月31日作出，认为问题是在生产方面，在电镀层（galvanized layer）有缺陷，导致了这批钢材比正常的钢材生锈速度快了两倍以上。所以，根据这一个结论，卖方就会败诉。

该仲裁庭专家的报告事实上是给了被告，是在1990年11月8日收到的。四天后的11月12日，被告通知贸仲说他想要提交对该专家报告的反驳意见，但也没有说明时间。反正在不久后的11月15日，仲裁庭就作出了裁决书并判被告败诉。

之后，该贸仲的裁决书来了香港执行，被告是以他没有机会作出充分的陈述，违反了自然公正与《纽约公约》下之Article V（1）（b）作为抗辩。被告的抗辩最后被Kaplan大法官接受而拒绝执行该贸仲的裁决书。

这一判决笔者也听过一些批评或说法，如认为仲裁程序上的公正与否是要看仲裁地点的一些做法，而不是根据执行法院的一套做法强加在国际仲裁。毕竟，针对仲裁程序的正确做法，甚至是自然公正的天条，不同国家甚至不同的仲裁机构都会有一定程度的不同。连英国本身也从1950年《英国仲裁法》的“不当行为”（misconduct）蜕变为至今的1996年《英国仲裁法》之Section 68的“严重不正常”（serious irregularity）。所以，香港法院不应该把自己的一套如双方当事人有一个基本权利可以盘问，甚至盘问仲裁庭委任的专家证人视为天条，可强加在中国内地的仲裁。笔者也听说是香港法院应该考虑败诉的被告为什么不到北京法院把该贸仲裁决书撤销，而到了香港法院执行时才提出。虽然在《纽约公约》之Article V没有加上一个先决条件就是败诉方先要在仲裁地点法院寻求救济后才能在执行法院提出同样的抗辩（这一问题在本书第十二章之6.8.6段有探讨），但这造成了胜诉的原告的重大不公平。这是来自裁决书如果被北京法院撤销，仲裁就可以重新再来一次，估计败诉的被告还是难逃败诉，至多是多花钱与时间的问题。但如果被拒绝执行，而败诉方在其他地方没有财产，胜诉的原告就尴尬了。因为他手里有一份有效的裁决书，只是没有办法执行，但又没有办法再来一次仲裁，因为整个争议已经是一事不能再审。而即使在较早的程序中有错，也只是在仲裁庭自说自话的调查取证，但这是胜诉原告自己控制不了的。

话说回来,笔者也完全了解,在英国或者香港的法律,是非常反对仲裁员或者法官秘密取证的做法与不让双方当事人提出反驳。这不是一句话即这是询问制与对抗制的分别就可以解释的,而是自然公正的问题。如果这种做法能够说得通,仲裁庭就可以一开始对双方当事人说,我们自己会作出调查并以此作出决定。你们根本不需要提出任何陈词与反驳,这表示开庭或任何仲裁程序也可以不进行,如文书请求,因为双方的争辩仲裁庭是不会听的。

据笔者所知,在这个先例后,贸仲很快就应对如流地把他的仲裁规则作出了相应的修改,大幅度提高了这一程序的透明度,在第 37 条说:"(一)仲裁庭认为必要时,可以自行调查事实,收集证据。(二)仲裁庭自行调查事实、收集证据时,认为有必要通知双方当事人到场的,应及时通知双方当事人到场。经通知而一方或双方当事人不到场的,仲裁庭自行调查事实和收集证据不受其影响。(三)仲裁庭自行调查收集的证据,应经仲裁委员会秘书局转交双方当事人,给予双方当事人提出意见的机会。"

贸仲这样的规定可以说是接近了国际的做法,如在 1999 年的《IBA 仲裁证据规则》(IBA Rules of Evidence)中,针对仲裁庭委任的专家,就有清楚明确说明该专家作出的报告必须交出给双方当事人,并给他们作出反驳的机会以及盘问仲裁庭专家的机会。而该证据规则是有来自大陆法与普通法背景的著名律师组成的工作小组所拟定的,所以不能再以大陆法有所不同作为推搪的理由。该证据规则在 Article 6,说:

"... 4. The Tribunal-Appointed Expert shall report in writing to Arbitral Tribunal. The Tribunal-Appointed Expert shall describe in the report the method, evidence and information used in arriving at the conditions.

5. The Arbitral Tribunal shall send a copy of such Expert Report to the Parties. The Parties may examine any document that the Tribunal-Appointed Expert has examined and any correspondence between the Arbitral Tribunal and the Tribunal-Appointed Expert. Within the time ordered by the Arbitral Tribunal, any Party shall have the opportunity to respond to the report in a submission by the Party or through an Expert Report by a Party-Appointed Expert. The Arbitral Tribunal shall send the submission or Expert Report to the Tribunal-Appointed Expert and to the other Parties."

6 拒绝执行理由之三：Article V (1)(c)裁决书所处理之争议非为交付仲裁之标的或裁决书包括有关于交付仲裁范围以外的事项

《纽约公约》的 Article V (1)(c)有另一个重要的理由可让签约国的法院拒绝执行就是裁决书所处理之争议非为交付仲裁之标的或裁决书包括有关于交付仲裁范围以外的事项。这一理由看来也是涉及了仲裁庭缺乏对一些裁决事项的管辖权,但也会涉及仲裁庭是违反了自然公正。有关这一问题,在本书多处有提到,其中在第六章之第 5.1.3 段有详论,请参阅。

如果一个裁决书可以区分为不妥的裁定与其他妥善的部分,执行法院还是可以把妥善部分所涉及的金额执行,也就是部分执行(partial enforcement)。以下对这方面分别详论。

众所周知,仲裁员的管辖权是来自双方当事人的仲裁协议,而仲裁协议的文字表述宽或窄会影响仲裁员对某一些争议的管辖权。这些问题在贵族院最新的相关案例 The "Fiona Trust" (2008) 1 Lloyd's Rep. 254 中,被判合约中的仲裁条文应假设为双方意图把所有的争议都交付给仲裁庭审理。仲裁是"一站式" 的争议解决方式(one-stop shop),除非双方用了十分清楚与明确的文字才能否定这一个假设,如仲裁条文说明只有 100 万美元以下的争议才要通过仲裁去解决。所以,估计在这一方面的有关管辖权争议在今后会大幅度减少。此外,如果是有关仲裁协议的管辖权争议,《联合国示范法》在 Article 16(2)中要求提出质疑的一方(通常是被告)必须在送达抗辩前将该质疑提出,否则会被视为是弃权。而如果被告提出也通常会导致仲裁庭对自己有否管辖权作出一个中间裁决。换言之,这一管辖权问题通常不会留待至一个金钱上的裁决书去了执行法院的时候才提出,除非败诉方根本没有参与仲裁。

但仲裁员的管辖权会受到进一步的局限是在他的委任或指定方面,这里的问题好像没有太多探讨,《联合国示范法》也不像有特别针对。每当一个当事人委任自己的仲裁员,就正如委任其他任何代理人一样,是可以把委任与授权局限在一个范围内。这表示如果原告委任他的仲裁员并将该仲裁员的权力局限在决定原告提出的索赔上,就会排除该仲裁员针对被告稍后提出不同性质的反索赔的管辖权。这一问题会进一步延续到该仲裁员与另一位当事人委任的仲裁员同意委任第三位仲裁员/首席或公断人。由于该仲裁员自己的委任受到局限,这表示他同意委任第三位仲裁员/首席或公断人时,也不能越权给该第三位仲裁员/首席或公断人有更大的管辖权。而走到这一步,往往已经是要做出裁决书时,不存在《联合国示范法》所针对的就是当事人必须尽快,甚至在提出抗辩之前就要质疑管辖权的可能性。这一方面在 20 世纪

80 年代曾经有几个海事案例针对,可以做出介绍。

6.1　委任仲裁员局限管辖之案例一:The "Samos Glory" (1988) 1 Lloyd's Rep. 51

该争议是有关一个程租租约,而仲裁的开始是根据仲裁条文船东委任了 Cedric Barclay 先生作为他的仲裁员索赔欠下的运费。给承租人(被告)的仲裁通知是如下:"According to the disponent owners' records there is a balance of freight due to them under the above charter-party. The details shown in the attached document from which it will be seen that this balance is calculated at £ 16,960. Please advise charterers we have appointed Mr. Cedric Barclay as disponent owners' arbitrator and ask them to inform us of the name of their arbitrator within 21 days from the date of this letter... "

后来双方当事人委任的仲裁员不能达成一致意见,这导致了一位公断人 Michael Baskerville 先生被委任,而他做出了一个裁定承租人赚取的速遣费的第二个中间裁决书。但承租人对该裁决书不满意,向法院申请把该裁决书撤销,因为原来的仲裁员被委任只局限在欠下的运费,没有包括速遣费。

照理说,欠下的运费与速遣费根本就是很难分开,因为在程租合约,约定把 10% 或 20% 的运费扣下,稍后才支付给船东,原因就是为了看航次完毕后到底有多少滞期费或速遣费的产生,然后对冲或一并结算,最后得出剩余的运费是多少。所以,Hirst 大法官这样说:"this was one composite dispute and the essence of the claim which was the subject matter of the dispute and which was put before the arbitrators and eventually the umpire was the claim to the balance of freight; dispatch was no more than a step towards the determination of that one single composite dispute; it was not a separate dispute which was properly capable of being isolated and then decided as a separate issue and it was not open to the umpire to extract that item and determine it as a separate issue by way of declaration as an intermediate step. "

但 Hirst 大法官判公断人针对速遣费所做出的第二个中间裁决书的确是超出了他的管辖权,并把该裁决书撤销。他说:"the umpire did exceed his jurisdiction in determining the claim for dispatch as a separate issue; the award would be set aside. "

6.2　委任仲裁员局限管辖之案例二:The "Petros Hadjikyriakos" (1988) 2 Lloyd's Rep. 56

这也是一个程租租约的争议,而租约的仲裁条文有一个 12 个月的时效,从卸完货物的一天起算,在 1976 年,双方当事人委任了 Cedric Barclay 先生与 Donald Davies 先生为仲裁员,而委任的信函是针对运费与滞期费如下:"We refer you to the above for which there remains moneys outstanding in respect of freight and demurrage. We herewith appoint you as owners' arbitrator and please confirm your acceptance of this appointment. "

但在仲裁中,双方多了一个争议有关散粮装卸机(elevator)超时工作时间的计算,这显然是与滞期费计算的关系十分密切,但在租约中它是一条不同的条文针对。

双方当事人显然在仲裁中已经有过争议,就是仲裁庭是否有权处理这一项争议。但仲裁庭认为他们是有管辖权,因为处理双方当事人的最后结算(balance of account)是没有理由把这一项争议排除在外。仲裁庭在裁决书中加上了一段解释,如下:"From a commercial point of view, an owner would not consider that a claim for balance of freight and demurrage would be limited to just those items. For example, clause 23 provides for the owners to make payments to the elevator authorities and seek reimbursement from the charterers for their share. That is clearly for administrative convenience. The charterers are to reimburse the owners. However, if that reimbursement is not made, it would in my opinion be clearly a sum recoverable in the sweep-up operation when presenting the final accounts. In referring to freight and demurrage in the first part of their letter to Mr. Davies, I am satisfied that it was not their intention to narrow the issues to items which could strictly be treated as falling within these categories. I find that this item comes within the arbitrator's terms of reference and is not time barred."

这被Steyn大法官批评说仲裁庭不应该考虑船东的主观想法,而应该客观解释委任信函中的文字,找出到底管辖权有什么局限。Steyn大法官认为委任只针对滞期费与运费,并没有提到双方的最后结算,所以针对散粮装卸机超时工作的部分裁决是没有管辖权的,要撤销。Steyn大法官这样说:"It is quite clear from the letter that it contains no reference to balance of account outstanding as between the parties. It restricts the dispute expressly to demurrage and freight. It makes no reference either expressly or by implication to elevator overtime. It seems to me clear in the circumstances that that was not a dispute and entrusted to the arbitrators. This is an issue of arbitrability. It goes to jurisdiction. In my judgement, the arbitrators had no jurisdiction on this aspect and the relevant part of the Award must be set aside..."

6.3 委任仲裁员局限管辖之案例三:The "Standard Ardour" (1988) 2 Lloyd's Rep. 159

这一争议涉及一个航次的期租合约。案情是有关在巴西装港的发货人指称船舶延误签发提单而造成他的损失,并在巴西法院起诉承租人委任的港口代理(船东自己没有另委任代理)。而承租人除了把该延误签发提单所损失的时间扣起了14000美元的租金,另要求船东接手巴西法院的诉讼,说是因为事件是船东引起。但船东拒绝接手,只承诺协助承租人代理的抗辩,并声称延误签发不是他的错。在同一个时为5月12日的电文中,船东也给了承租人仲裁通知说明要追讨被扣起的租金,并根据仲裁条文要求承租人在30天的时限内委任自己的仲裁员。该通知为:"Take notice that in respect of the owners' claim for unpaid hire ... the owners have this day appointed Harold Miller ... to be the arbitrator, that the owners call upon you within 30 clear days after the service of this notice upon you to appoint an arbitrator to act on your behalf in the matter of the said dispute ..."

到了6月9日,承租人委任另一位名为 Michael Manx 先生为仲裁员,委任中说明是针对一个有关船舶在装港所产生延误的争议。在 Manx 先生接受委任后,承租人在6月11日发出委任了 Manx 先生的通知给船东。

在仲裁的程序中,船东先是在7月份送达了索赔的请求,而索赔的就是被扣起的租金。之后双方没有推进仲裁程序,一直到10月2日,承租人才提供给船东一份抗辩与反索赔请求,而反索赔就是指该船舶的缺陷而导致了延误签发提单,因为无法确定装船货量。而船东没有马上对反索赔做出回应,直到第二年的3月才送达答辩请求,并在同一份文件中首次提出仲裁庭对反索赔没有管辖权,因为最初的委任只是针对被扣起的14000美元。而且,承租人这一个反索赔如果重新提出,如启动另一个仲裁也会是过了一年时效了。

这导致了承租人向法院申请一个宣示判决,就是仲裁庭是否对反索赔有管辖权。Saville 大法官判是船东在5月12日的仲裁通知明确了只是针对被扣起的租金。之后承租人在6月9日委任 Manx 先生,看来是包括了反索赔,也就是延误签发提单。但这只是承租人与 Manx 先生之间的通信往来,船东并不知道。之后承租人在6月11日的通知,只是泛泛的说是委任了 Manx 先生。这看来只是回应船东要求他委任仲裁员处理被扣起租金的争议。Saville 大法官判是承租人私下在委任时给与仲裁员某一个范围的管辖权是不足够,他必须在作出仲裁通知给对方的时候明确告知对方。这等于在6月11日的通知,承租人通知船东他委任了 Manx 先生为仲裁员,还要多加一句说他的委任也包括了反索赔。Saville 大法官这样说:

"The charterers' counterclaim was not effect to arbitration; the notification by the charterers to the owners of the appointment of their arbitrator could only be read as an appointment by the charterers for the purpose of dealing with the owners' claim for hire only...

In order to determine whether an arbitral tribunal had jurisdiction to determine a particular claim it was necessary to look objectively at what has passed between the parties and on that basis to determine whether or not any particular matter was included in the reference; it was not sufficient for a party privately to seek to invest his arbitrator with power to determine a particular claim unless this was also made clear to the other party; the charterer had not done so."

6.4 委任/指定仲裁员局限管辖之总结

从以上的案例可以见到在一份裁决书中有部分的内容或者裁定非为双方当事人交付仲裁之标的或裁决有关于交付仲裁范围以外的事项。这显然不是一种满意的法律地位,毕竟仲裁条文已经是在"Fiona Trust"(2008) 1 Lloyd's Rep. 254 的贵族院先例有个大幅度放宽做出解释。这就没有理由不把当事人委任仲裁员与作出仲裁通知所用的文字或措辞做出同样的放宽解释,并假设是双方当事人既然开始了仲裁,就应该是有意图把所有双方存在的争议都交付给委任的仲裁庭。如果是双方都想把某一个仲裁庭的管辖权做出局限,就必须在仲裁通知中明确说明,甚至需要双方进一步同意,这方面 Saville 大法官在 The "Standard Ardour" (1988) 2 Lloyd's Rep. 159 先例中也是这么表示的。否则这方面的管辖权质疑还是经常会出现与有机会取巧,典型的做法就是原告在合约时效快将届满时单方面委任他的仲裁员并私下局限了他的管辖权,但却给被告一个不令他警觉的仲裁通知。而被告也就委任了他仲裁员,只是没有私下局限他的管辖权因为被告是准备该仲裁庭处理所有的争议,包括被告的抗辩与反索赔。当被告在抗辩时一并提出反索赔,原告就可以以该仲裁庭没有处理反索赔的管辖权为由提出质疑。而被告要开始另一个仲裁也已经是时效已过。即便是时效没有过,也是劳民伤财令人不满意。

6.5 其他的情况/案例

《纽约公约》这一个 Article V (1)(c)拒绝执行的理由也会发生在其他的情况,如在 ICC 仲裁规则中 Article 18(1)要求仲裁庭开始仲裁程序之后第一步就是拟定一份"审理范围书"(Terms of Reference),其中的主要内容就是列出一份双方的争端(List of Issues)。这一份审理范围书也就是局限了仲裁庭将来在裁决书中可以裁决的事项,而超出的部分也会面临同样的命运,虽然在 ICC 仲裁,通常不会发生要法院申请撤销超出仲裁范围以外的裁决,或是要向执行法院提出这一方面的抗辩。这是因为 ICC 仲裁中,ICC 仲裁院会先把有关的裁决书审查后,认为没有不妥才发放给当事人。而审查的过程中,其中很重要的环节就是根据原先的审理范围书(或加上了之后的修改与增加)看裁决书是否有超出双方交付仲裁的范围,或是对双方交付仲裁的事项遗漏处理(如 SAIL v. Hind Metals [1984] 1 Lloyd's Rep. 405)。

不妨也看其他被报道在执行时面对这一个理由的两个案例。第一个是香港 Tiong Huat Rubber Factory (SDN) BHD v. Wah-Chang International Company Limited and Wah-Chang International Corporation Limited, Judgment: 18 January 1991 Unreported, Civil Appeal No 192 of 1990。一共涉及了 9 个裁决书(包括一个针对第一被告的裁决书和 8 个针对第二被告的裁决书)的执行。第一审的 Kaplan 大法官批准执行,但这被上诉庭推翻原因是有关的仲裁协议约定在马来西亚仲裁并在文字上针对了橡胶的质量方面或合约规定的争议(All disputes as to quality or condition of rubber or other disputes arising under these contract regulations shall be settled by arbitration.)。但由于裁决书针对的争议是由于败诉方没有开信用证所导致的损失,所以上诉庭认为有关的仲裁协议所处理的争议非为交付仲裁范围以内的事项。上诉庭认为"合约规定"(contract regulations)不包括信用证方面的问题。由于这是一个 1990 年的先例,到了今天有了贵族院的 The "Fiona Trust" (2008) 1 Lloyd's Rep. 254 以及对国际仲裁越来越友善的态度,估计这一个案例如果在今天判,就会有不一样的结果。

第二个在 Y. B. Commercial Arbitration VII (1983) 第 386 ~ 388 页被报道的有关先例是意大利特兰托(Trento)法院的上诉庭于 1981 年 1 月 14 日作出判决的案件 General Organization of Commerce and Industrialisation of Cereals of the Arab Republic of

Syria v. SpA Simer (Societa delle Industrie Meccaniche di Rovereto)。向意大利法院申请协助执行是一个叙利亚裁决书,而仲裁协议说明是非技术性的争议去叙利亚仲裁,而技术性的争议就是去ICC仲裁。但在该裁决书,叙利亚的仲裁庭作出了针对技术性与非技术性争议的裁决书。意大利法院判是非技术性的裁决才获得执行。

总结说这种争议应该也越来越少,除了已经提到过的对仲裁协议有一个宽松的解释以及许多执行地点的法院友善对待执行国际仲裁裁决书,还有的原因就是这一类的理由所涉及的管辖权质疑现在通常就会是在仲裁程序中必须提出并让仲裁庭作出决定,否则将会被视为是立法的弃权。而仲裁员裁决后,不满意的一方当事人也可以甚至是应该向仲裁地点法院申请救济。这一个问题留待至根据《纽约公约》执行裁决书时才向执行地点法院提出,恐怕可能性是不高且不大可能获得该法院的同情。

7　拒绝执行理由之四:Article V (1)(d)仲裁庭的组成或仲裁程序并非按照双方当事人所约定,或如果双方没有明确约定,没有依照仲裁地点法律的相关规定

在《纽约公约》,这一拒绝执行理由也是涉及了对仲裁庭的管辖权质疑,就像本章第3段与第5段一样。由于仲裁庭是要根据双方的仲裁协议组成后才会有管辖权,所以这一个可以让执行法院拒绝执行的理由基本上与攻击仲裁庭没有管辖权是一致的。至于仲裁程序并非是按照双方当事人的约定,这会是涉及管辖权或是更加接近1996年《英国仲裁法》之Section 68(2)(b) the tribunal exceeding its powers (otherwise than by exceeding its substantive jurisdiction: see Section 67)。

7.1　明示条文与默示(隐含)法律地位的关系

仲裁协议通常必须是明示,毕竟在《纽约公约》或其他有关仲裁的法律,如1996年的《英国仲裁法》与《香港仲裁条例》都有规定是仲裁协议必须是文书形式。但一条有效的文书仲裁协议并不代表它是包罗万有针对所有在仲裁中会面对的变数。例如,一条简单的仲裁条文说明仲裁是在香港,是一条完全有效的随意(ad hoc)仲裁条文。但它没有明示到底有几个仲裁员与怎样组成。这就要看香港法律的默示地位了。在一个国际仲裁,根据香港法律合并的《联合国示范法》之Article 10,仲裁庭的人数是三位。但另有Section 34 C(5)说明在双方没有明示仲裁员人数的情况下,仲裁庭人数到底是一位还是三位是由香港国际仲裁中心来决定。这就是香港作为仲裁地点法律的相关规定,也可以说是法律的默示地位。但它只是用来补充双方没有明确约定的情况,而如果双方有明示规定,如规定仲裁庭人数是一位、三位或者是五位,就必须按照这一个明示规定组成仲裁庭。这里面可以简单说明明示规定/条文与默示规定/条文的相互关系,就是在订约自由(freedom of contract)与当事人自主(party autonomy)的大原则下,双方明示规定是最能代表他们的意愿,所以必须尊重。但双方如果没有做出明示规定,或是规定的不清楚,法律的默示地位就会作出填补。一个受到欢迎的仲裁地点的完善仲裁法就是考虑到仲裁程序中可能出现的困难局面,而对此双方当事人又没有明示约定,出了争议后双方也很难达成任何合理的约定的情况。在这种情况下,仲裁地点的仲裁法如果有针对性的规定就可以当作默示规定作出填补。当双方当事人选定了某一个仲裁地点,也就意味着选择了这个仲裁地点的仲裁法作为程序法。不满意的一方当事人不能说"我没有同意"作为抗拒的理由。

除了仲裁庭人数与怎么样组成仲裁庭,可再多举一个例子,就是仲裁员的资格。在《香港仲裁条例》对仲裁员的资格没有任何的默示要求。但如果双方有明确约定仲裁员必须符合某些资格,在委任与组成仲裁庭时也就必须严格依照。相反,如果仲裁协议中没有任何的明确约定,由于没有关于仲裁员资格的默示规定,双方当事人也就不能对对方委任的仲裁员在资格方面有任何异议了。

希望这样解释后大家可以了解到如果双方当事人没有明确针对某一方面并作出约定是怎么样解释。以下针对一些有趣的情况作出进一步的解释。

7.2 法律默示合并仲裁与明示仲裁协议中当事人委任仲裁员的约定可能带来的冲突

这里首先可以讲到有关合并仲裁的问题,众所周知,《香港仲裁条例》在1982年增加了第6(b)条文,允许香港法院在一连串的合约,而它们有相同的法律或事实争议时将该些合约中的几个不同仲裁下令合并审理,并对合并审理的仲裁庭如何组成也有权作出命令。1982年《香港仲裁条例》是根据1950年和1979年《英国仲裁法》制定的,不存在区分本土仲裁与国际仲裁。所以,法院强制合并审理的权力可以同时适用在本土和国际仲裁。但到了1990年,香港决定将《联合国示范法》合并到《香港仲裁条例》并适用在国际仲裁,而本土仲裁仍是依照1950年和1979年《英国仲裁法》,就导致了本土仲裁与国际仲裁受到两套不同程序法的管制,除非双方另有明示约定。这也带来了在立法时考虑应否把第6(b)条文也适用于国际仲裁,毕竟国际仲裁也有不少是合约链(就是涉及同一件事有一连串的合约,如是多次分包或转手)的情况,涉及的是相同的争议。如在国际货物买卖,同一票货就会转卖好几次,或是同一艘船舶会转租好几次。但法律改革委员会最后还是决定不要把第6(b)条文引入国际仲裁,而主要的原因就是怕将来根据《纽约公约》执行会有麻烦。因为这一连串的合约中会有不同的明示仲裁条文,如一个合约约定某一位仲裁员,但另一个合约约定是由某一个仲裁机构去委任。如果由法院合并审理并委任仲裁员,就以默示改变了订约方所明示约定的的委任做法。而即使一连串合约的仲裁协议是完全一致,如由双方各自委任自己的仲裁员。但法院委任,也同样是剥夺了订约方自己可以委任仲裁员的明示权利,与双方的明示约定不相符。更会是向法院作出合并申请时,其中一个合约下的仲裁庭已经根据该合约的仲裁条文的规定组成,甚至对仲裁程序作出了一定程度的推进。法院如果决定合并审理,更加会需要把原来的仲裁庭解散,并另新成立一个仲裁庭,然后把几个不同的合约的仲裁合并。这些做法显然就违反了《纽约公约》而造成了将来裁决书被拒绝执行的理由,所以《香港仲裁条例》决定不把第6(b)条文引入国际仲裁。这方面在《Hong Kong Arbitration Cases and Materials》一书之第95~96页有详论,可部分节录如下:

"The power to order consolidation of arbitrations is a useful power, particularly in the construction industry where there are frequently more than two parties involved in the same dispute. Indeed it is only in the construction industry that this section has so far been used. It is important to note that the section gives a complete discretion to the court, thus enabling the court to order consolidation or hearing together against the wishes of one of the parties. This is unlike the similar section in Australia and British Columbia where the court is empowered to make such an order only where all parties agree to it. It seems desirable to give power to the court to override the objections of one party in appropriate cases so as to prevent delaying tactics, which can only increase the costs.

Although this section is wholly desirable in the domestic scene, some doubts have been expressed as to its effectiveness in international arbitrations. Before the adoption of the UNCITRAL Model Law in Hong Kong, and in cases where it does not apply, an order for consolidation could have been made in an international arbitration. However, there was a risk that the use of this section might have adverse effects when the award was being enforced under the New York Convention."

7.3　香港国际仲裁中心根据立法有权决定仲裁庭人数做法上的顾虑

在以上介绍了合并仲裁所带来这一方面的顾虑,笔者再介绍另一个近期的问题,也是出在香港国际仲裁中心。问题是有关香港在1990年起在国际仲裁适用《联合国示范法》。在示范法的Article 10(2),仲裁庭的人数是规定为三人,除非双方另有约定。这导致了在适用后的两三年之间,带来很大的麻烦。这麻烦主要是在一些海事以及国际外贸的案件,往往涉及金额不高的争议,如只有几万美元有关滞期费的争议,要成立一个三人的仲裁庭根本不值得,因为太过昂贵。而现实是不少租约或国际买卖合约的香港仲裁条文通常十分简单,只是一句"香港仲裁"。由于没有明示仲裁员人数,也就受到法律默示的三人仲裁庭的约束。这带来香港不少海事律师的不满与投诉,引起香港国际仲裁中心的关注。结果在香港国际仲裁中心的大力推动下,总算在1996年的修改中加上了Section 34C(5)说明如果在仲裁协议内没有约定仲裁员人数,就由香港国际仲裁中心决定到底是一位或三位:"(5) If the parties to an arbitration agreement to which this Part applies fail to agree as to the number of arbitrators that is to determine a dispute arising under the agreement, the number of arbitrators is to be either 1 or 3 as decided by HKIAC in the particular case. This subsection applies to the exclusion of article 10(2) of the UNCITRAL Model law."

这一个独特的做法在修改后进行的十分顺利,一般的原告代表律师在要开始诉讼时如果想委任自己的仲裁员就这样做,并通知被告要求他在 30 天内作出其委任,否则向香港国际仲裁中心要求代被告作出委任,然后成立一个三人的仲裁庭。换言之,原告代表律师从来没有想成立一个独任仲裁员的仲裁庭。原因可能是几个方面,一是可能认为争议金额高,能够承担较昂贵的仲裁费用。也有可能是原告代表律师认为向被告作出仲裁通知,就很有机会迫使被告作出和解,根本不需要进一步仲裁,没有必要与浪费时间先向香港国际仲裁中心要求决定仲裁员人数。现实中也的确有不少是原告委任了仲裁员后通知被告,双方随即和解。换言之,笔者在早期(如在 1997 年至 2005 年)见过原告向香港国际仲裁中心的申请都是要求从三位仲裁员变为一位,但在最近两三年,笔者见到都是由原告向香港国际仲裁中心申请要求是三位仲裁员的仲裁庭。笔者起初觉得原告多此一举,这应该是示范法的起点,不准备改变为一位就不需要走这一步。但仔细仅是看 Section 34C(5)的措辞,的确是说仲裁庭人数方面如未能达成协议,就要由香港国际仲裁中心来决定一位或三位仲裁员。好像是不走这一步就根本谈不上可委任仲裁员。这些笔者曾经认为是多此一举的申请带来香港国际仲裁中心理事会部分成员的关心,并建议与草拟了一份信函准备发出给香港大律师公会与香港律师协会。信函的内容是,如果仲裁条文没有规定仲裁员人数,在开始仲裁之前就必须先要向香港国际仲裁中心申请要求决定仲裁员到底是一位还是三位。笔者作为理事之一,大力反对这一封信函,原因是:(1)这是扰民的行动,要求原告多走一步与多花费用。(2)即使想作出这个改变,仅是发信函给香港大律师公会与香港律师协会并不足够,这问题是针对国际仲裁,需要中长期地教育许多来香港仲裁的中国内地律师以及其他国家地区律师或他的当事人才行。(3)香港要推出新的仲裁法已经势在必行,时间上估计也不过是在一两年之内。何不在新的仲裁法中把这一方面订立得更明确,或是届时才要求没有在仲裁条文规定仲裁员人数都必须先向国际仲裁中心申请要求决定。(4)香港国际仲裁中心虽然有一定的权威性,但它不是权威机构解释 Section 34C(5)与《联合国示范法》Article10(2)的关系以及整个背景协助了解。这是香港法院的专利,何不留待将来由诉讼方去法院寻求一个权威的解释?(5)笔者也关心好像是原告必须及时开始仲裁以保护时效的问题,但另一个最重要的关心就是笔者已经知道有不少香港作出的裁决书,目前还没有获得执行,但虽然仲裁条文没有规定人数,原告还是自己委任了自己的仲裁员,一步步推进直至取得裁决书。有不少裁决书是被告根本没有参与,而被告的仲裁员只是由香港国际仲裁中心委任。如果香港国际仲裁中心一旦发出这封正式信函,并落在败诉被告手中,就会给他们一个黄金借口抗拒执行。就是在《纽约公约》的 Article V(1)(d):"仲裁庭的组成 ……并非按照双方当事人所约定,或如果双方没有明确约定,没有依照仲裁地点法律的相关规定"下,胜诉的原告所组成的仲裁庭其实是没有依照仲裁地点法律的相关规定,就是应该先向香港国际仲裁中心对有关仲裁员人数作出决定,而不是迫不及待地成立一个三人的仲裁庭。换言之,这一裁决书不应获得执行,因为它的管辖权有问题。

笔者的意见被香港国际仲裁中心理事会接受,并不发出该信函,而是准备留待新的仲裁法推出之后再看是否需要这样做。

7.4　对挑战仲裁庭的组成不符合双方明确的约定或默示的要求的弃权

仲裁庭的组成如果不符合双方当事人明确约定,或是没有明确约定就根据仲裁地点法律的默示要求,这显然是一个管辖权的问题,导致最终这一没有管辖权的仲裁庭所作出的裁决书根本是废纸一张。但为了避免发生这种情况,双方不要在花了很多的金钱与精力进行诉讼后,败诉的一方面临执行时才提出这一个管辖权的问题。所以,仲裁法都会引入一些相关条文,要求当事人对仲裁庭的组成有异议的话就必须尽快作出,否则就会构成弃权。这在 1996 年《英国仲裁法》之 31(1)有规定,如下:"31 -(1) An objection that the arbitral tribunal lacks substantive jurisdiction at the outset of the proceedings must be raised by a party not later than the time he takes the first step in the proceedings to contest the merits of any matter in relation to which he challenges the tribunal's jurisdiction."

《联合国示范法》,也就是香港法律的默示地位,在其 Article 16 (2)也规定了当事人如果对仲裁庭的组成有异议的话要尽快作出,通常不能在作出抗辩请求之后(因为这一来就已经走入实质性的程序了),否则也会被视为弃权。相关的规定是:"(2) A plea that the arbitral tribunal does not have jurisdiction shall be raised not later than the submission of the statement of defence..."

但这些法律的改变都属于本土的仲裁法,而且时间上是比 1958 年《纽约公约》晚。这些本土的仲裁法照理说是不会影响到《纽约公约》的本条,如仲裁庭的组成不符合双方的明示规定或本土仲裁法的默示要求,则在执行时就不能以仲裁庭组成不符合明示或默示的规定来抗拒执行,因为《纽约公约》并没有作出过相应的改变。但可以估计到的是在一些比较支持执行的法院,就会以《纽约公约》之 Article V(1)规定"recognition and enforcement of the award may be refused..."支持执行,因为措辞是"may",表示执行法院是在执行方面是有裁量权的(请看本章第 2 段)。支持的理由是即使仲裁庭的组成不符合明示的约定或默示的规定,但在适当的时候没有提出异议就会被仲裁地点的法律视为弃权,这法律的规定是应该尊重。

7.5　仲裁庭的组成不符合明示的约定或默示的规定案例之一:Rederi Aktiebolaget Sally v. srl Termarea, Corte di Appello (Court of Appeal), Florence, 13 April 1978

这一意大利的案件对 1950 年《英国仲裁法》有关三人仲裁庭的组成作出更改,据闻有很大的影响。案情涉及一个租约争议,租约的格式是 Exxonvoy 1969,印本中的仲裁条文是约定伦敦仲裁,仲裁庭是由三位仲裁员组成,船东与承租人各自委任一位,第三位仲裁员是有当事人委任的仲裁员共同指定。但在 1950 年《英国仲裁法》,Section 9.1 是规定了三人仲裁庭的约定也被视为是两位仲裁员加上一位公断人,条文是"Where an arbitration agreement provides that the reference shall be to three arbitrators, one to be appointed by each party and the third to be appointed by the two appointed by the parties, the agreement shall have effect as if it provided for the appointment of an umpire, and not for the appointment of a third arbitrator, by the two arbitrators appointed by the parties."

这导致了该伦敦裁决书是有两位仲裁员所签署,因为他们之间没有异议所以也没有指定公断人。但从表面看来,这一个裁决书并不符合双方当事人的明示约定也就是一个三人的仲裁庭,所以裁决书应该是有三 位仲裁员签字。结果在意大利法院向败诉方(意大利船东)执行时就被拒绝,认为不应该以默示的法律地位超越双方的明示约定。

据闻是部分受到这一个案例的影响,所以英国在 1979 年《英国仲裁法》就把 Section 9.1 改为是全面承认三人仲裁庭的约定,并以多数意见为准:"Majority award of three arbitrators-Unless the contrary intention is expressed in the arbitration agreement, in any case where there is a reference to three arbitrators, the award of any two of the arbitrators shall be binding."

7.6　仲裁庭的组成不符合明示的约定或默示的规定案例之二:Encyclopaedia Universalis S. A. v. Encyclopaedia Britannica, US Court of Appeals, Second Circuit, 31 March 2005

这是一个美国案例,仲裁协议中有关仲裁庭的组成是由双方当事人各自委任一位仲裁员,而如果他们两位仲裁员有了异议(in the event of disagreement),就可以同意指定第三位仲裁员。如果他们不能同意,第三位仲裁员就由卢森堡的商业法院指定。

在仲裁开始后,双方当事人各自委任了他们的仲裁员,一方委任的是一位法国的会计师,另一方委任的是一位美国律师。他们在讨论仲裁程序时,法国的仲裁员要求卢森堡商业法院委任第三位仲裁员,而也这样做了。美国的仲裁员知道后就抗议说这一委任完全是不成熟并拒绝参与仲裁。结果只是由法国仲裁员与第三位仲裁员作出的裁决书在美国被拒绝协助执行,认为违反了双方当事人对仲裁庭的组成的明示约定。

7.7　Article V (1)(d)的仲裁程序并非按照双方当事人所约定

接下来谈的这一课题与较早前有一点点不同,较早涉及的是仲裁庭的组成,本段涉及是仲裁程序,反正都是没有依照双方当事人所约定而导致管辖权有缺陷或是越权的问题。

针对仲裁程序,很多地方的法律都把仲裁庭视为是程序的主人(master of procedure),可以作出任何的决定,只要不违反自然公正。所以如果双方当事人没有对仲裁程序作出任何的明示约定,在这一方面出问题的机会就绝少。但如果是双方当事人在仲裁协议或是在仲裁推进的过程中作出一些约定而且约定并不明确,就会带来这方面的问题。即使双方的明示约定是合并某些仲裁机构的仲裁规则,也不代表这方面的问题会减少,毕竟有很多仲裁规则本身也订的有缺陷。

简单说,如果双方当事人约定仲裁是按照 UNCITRAL Arbitration Rules 进行, 仲裁庭就必须严格依照这一套联合国的仲裁规则推进仲裁。笔者也遇到过双方当事人在合约中约定仲裁是以香港《最高法院诉讼规则》(Rules of High Court)进行,这就问题比较大,因为这些规则与一个香港仲裁的操作有许多地方格格不入。幸好在该案件中,双方当事人都有代表律师,比较容易说得清。所以在仲裁开始后不久就说服了双方不以香港《最高法院诉讼规则》作为仲裁的程序。显然,双方可以同意仲裁程序也完全可以事后同意作出更改(variation)。再说,如果双方都有自己参与仲裁,但在程序上不严格依照双方的约定。如果其中一方当事人在败诉后抗拒执行并且提出这一个理由,就很难会得到执行法院的同情,毕竟他继续参与仲裁并没有提出异议应该是明显的弃权或者禁止翻供。

麻烦的就是如果其中有一方当事人缺席(不参与仲裁)或严重的不合作,仲裁庭就没有办法取得任何协议作出对约定的仲裁程序合理更改。仲裁庭就必须严格依照双方当事人原先在仲裁条文中的约定,否则作出的仲裁裁决书会根据这个理由被败诉方抗拒执行。

举例说,香港国际仲裁中心在 2008 年推出了机构仲裁规则后经常遇到一些仲裁协议写的不清不楚,也不知道双方约定的是机构仲裁或是随意仲裁的情况。例如,是一个香港仲裁"由香港国际仲裁中心"(by the HKIAC),或是"在香港国际中心面前"(before the HKIAC)进行等。也会是仲裁协议规定了香港仲裁并适用香港国际仲裁中心的规则,但没有说明是哪一套仲裁规则。毕竟,机构仲裁规则只不过是香港国际仲裁中心的其中一套。

如果双方当事人都有代表律师,向双方当事人作出澄清并取得一个明确的同意会是很有机会。但如果被告缺席(这情况经常会发生),香港国际仲裁中心或是委任的仲裁员就面对了一个矛盾。这一个矛盾会带来的后果就是败诉方,往往也是缺席的被告,将来在执行时可抗拒。一个理由就是管辖权的问题,另一个理由就是仲裁程序没有根据双方的约定(即使约定的不明确,但总是要有一个解释,到了执行时面对这种抗拒理由就会是执行法院的解释了)。

7.8　仲裁程序不符合明示的约定或默示的规定案例之一:OTV v. Hilmarton (1999) 2 Lloyd's Rep. 222

先介绍英国的有关先例,这方面在 OTV v. Hilmarton (1999) 2 Lloyd's Rep. 222 中有涉及。就是败诉方 OTV 指仲裁庭没有依照双方约定的国际商会仲裁规则,其中涉及了 OTV 拒绝在新的审理范围书(Terms of Reference)上签字,结果 ICC 仲裁庭没有继续要求 OTV 签署而把原先的审理范围书让新委任的仲裁员加签。OTV 说这是 ICC 仲裁庭自己违反了自己订立的规则。但这一方面仲裁员在裁决书中已经有所针对,并指出这不是什么不规范的程序。加上英国执行法院通常不会接受这种吹毛求疵的说法,所以 Timothy Walker 大法官这样说:"As to the contention that the arbitral procedure was not in accordance with the agreement between the parties within s. 103 (2)(e), this is complained that the ICC rules were not complied with. The quality of the points made can be judged by the fact that the first one taken in Mr. Dunning's(OTV 的代表大律师) written skeleton argument was that there should have been a second request for arbitration when of course there already was such a request in existence in relation to the original arbitration. Complaint is also made that no new terms of reference was produced; in this context Mr. Dunning makes the strange submission that the ICC Court was in breach of its own rules, in that it failed to chase up OTV after OTV had itself refused to sign the new draft terms of reference. What actually happened was that in the light of this refusal by OTV to sign the new terms of reference (as to the absence of which OTV now seeks to complain), the Court of Arbitration simply took note of the original terms of reference as countersigned by the (new) arbitrator. The new arbitrator said in the award on this point 'One does not see why such a procedure would be irregular.' Nor do I."

7.9 仲裁程序不符合明示的约定或默示的规定案例之二:Tongyuan (USA) International Trading Group v. Uni-Clan Limited (January 2001), unreported

有关这一个问题,在 Tongyuan (USA) International Trading Group v Uni-Clan Limited (January 2001), unreported 中涉及双方约定的仲裁条文说是要在深圳或者是上海贸仲的办公地点进行,由被告选择(shall take place at the Shenzhen or the Shanghai office of CCPIT nominated by the party who applies for arbitration)。这句话看来并不明确到底是针对仲裁地点或是开庭地点也包括在内,反正是最后的开庭实际上是在北京进行,而被告虽然接到仲裁通知但没有参与。原告胜诉后向英国法院申请执行,而被告的抗辩是仲裁程序没有按照双方当事人所约定,这根据《纽约公约》的 Article V (1)(d)是一个拒绝执行裁决书的原因。但 Moore-bick 大法官认为这是微不足道的事情,毕竟在北京或者深圳/上海开庭都是适用同样的程序法,如果是涉及了两个不同的国家或/与两个不同的程序法,同样的违反双方约定的仲裁程序才会是比较严重。

7.10 仲裁程序不符合明示的约定或默示的规定案例之三:China Agri v. Balli (1998) 2 Lloyd's Rep. 76

另一个也是涉及贸仲的先例是 China Agri v. Balli (1998) 2 Lloyd's Rep. 76,在该买卖合约,仲裁条文规定如下:"If no settlement can be reached the dispute shall then be submitted for arbitration to the Foreign Trade Arbitration Commission of the China Council for the Promotion of International Trade in accordance with the Provisional Rules of Procedure of the Foreign Trade Arbitration Commission..."

当双方有了争议,原告提起仲裁时才知悉 CCPIT 的外贸仲裁委员会(Foreign Trade Arbitration Commission)已经正式改名为"贸仲",而且外贸仲裁委员会的临时仲裁规则也在 1989 年正式停止使用。这表示双方当事人同意以该临时仲裁规则作为仲裁程序实际上是不可行,而替代的是贸仲新的仲裁规则。原告胜诉后在英国法院要求协助执行,但被告提出抗辩,原因是违反了双方当事人所约定的仲裁规则,所以根据《纽约公约》的 Article V (1)(d)应该拒绝执行。但 Longmore 大法官不同意被告的说法,认为即使是存在仲裁程序没有严格依照双方的约定,法院还是有一个裁量权可以不予理会而执行该裁决书。而在贸仲的新仲裁规则中,贸仲收费相比旧的临时仲裁规则多了大约 1500 英镑,Longmore 大法官认为这些差异是微不足道的,说:"the change in fee structure was so insubstantial that there was not sufficient prejudice to justify refusal to enforce a Convention award; and if there was jurisdiction to refuse to enforce the award in the sense that this was a case coming within s. 5(2)(e) of the 1975 Act(这是指英国把《纽约公约》立法的 1975 年《英国仲裁法》), such jurisdiction would not have been exercised."

7.11　仲裁程序不符合明示的约定或默示的规定案例之四:Tema Frugoli SpA, in liquidation v. Hubei Space Quarry Industry Co. Ltd, Corte di Cassazione (Supreme Court), 7 February 2001

接下来多给一个有关贸仲裁决书在这方面遇到问题的例子,但它不是一个英国法院的案例,而是意大利法院的案例。案例涉及了一条仲裁条文说明是可以在斯德哥尔摩仲裁或在北京仲裁,但根据谁先开始仲裁为准。这种所谓的"浮动仲裁条文"(floating arbitration clause)笔者也遇过好几次,其中包括著名的 The "Star Texas" (1993) 2 Lloyd's Rep. 445。在意大利法院的先例中,双方当事人是意大利公司与中国河北的公司。双方有了争议后,意大利公司在 1992 年 8 月 1 日先一步在斯德哥尔摩开始仲裁。到了 1992 年 8 月 25 日,河北公司也在北京开始了仲裁。结果两个仲裁同步进行,虽然意大利公司并没有参与北京的仲裁。裁决的结果是斯德哥尔摩仲裁判意大利公司胜诉,但北京仲裁判河北公司胜诉。意大利法院只同意执行斯德哥尔摩的裁决书,但拒绝执行北京的裁决书,认为后者并非是依照双方明示约定的仲裁程序作出的裁决书。

8. 拒绝执行之五:Article V (1)(e)裁决书尚未约束双方当事人,或者已经被作出裁决书的国家或作出裁决书法律下有关法院撤销或暂停执行

8.1　针对"约束"而不针对"最后"的原因

这第五个《纽约公约》下可以让执行地点法院拒绝承认与执行的理由大致上是可以分两方面。第一个方面可注意这里所用的文字是"约束"(binding)而不是"最后"(final)。《纽约公约》用这样的措辞就是为了避免胜诉方需要在仲裁地点的法院

先申请批准执行或宣告该裁决书可以执行(exequatur 或是类似的做法),否则不被一些执行地点的法院视为是最后(final)。在《纽约公约》之前的 1927 年《日内瓦公约》,它曾经有一个要求说是裁决书必须在作出的国家是“最后”的(that the award has to be final in the country in which it has been made),这带来了所谓‘double exequatur’的麻烦。这带来的问题在《Law and Practice of International Commercial Arbitration》一书第四版之 10 - 22 段有解释,如下:“The provision that the award should be ‘final in the country in which it has been made’ seems simple enough; but it led to what became known as the problem of the ‘double exequatur’. In some countries, an award was only recognised as final if the local court had granted leave to enforce it, whether by way of exequatur or otherwise. This meant that in such countries as exequatur had to be obtained first from the court of the place in which the award was made in order to show that the award was final. Another exequatur then had to be obtained from the court in the forum state, in order to enforce the award.”

裁决书对双方“约束”的定义应该就是指裁决书有关实体争议的裁决不能再去当地的法院上诉(这包括上诉至仲裁机构所提供的仲裁上诉庭,如像 GAFTA 或劳合社的仲裁)。

这样看来,中间裁决书(interim award)由于针对双方当事人部分争议作出了决定,并且对双方有约束性,所以应该可以根据《纽约公约》下获得执行。但笔者曾经有过经验在菲律宾法院被拒绝执行,说是“中间”一词表示不是最后。这显然是一种误解,也不是《纽约公约》下的一个可以拒绝执行的理由。所用的“中间”一词只是惯性,因为 1950 年《英国仲裁法》与香港针对本土仲裁的《仲裁条例》所用的就是这一个称呼。但 1996 年《英国仲裁法》,已经弃用了这个称呼。它只是在 Section 47 说明仲裁员可以作出多过一个裁决书针对不同的争议事项,说:“(1) Unless otherwise agreed by the parties, the tribunal may make more than one award at different times on different matters to be determined.”

这就给了仲裁员空间给予中间裁决书其他的名字,如国际仲裁经常会见到部分裁决书(partial award)的称呼。显然,不论是什么称呼,只要有关的裁决书是针对实体争议(即使只是其中的一项),并且裁决是约束双方当事人,就应该根据《纽约公约》承认与执行。中间或部分裁决书的内容中,通常在结尾处会有一句说明“已经在本裁决书作出的决定是最终与约束性,本仲裁庭保留权力作出其他的裁决书针对双方当事人还没有解决的争议”。(The Tribunal declares that this award is final and binding and the Tribunal reserves the right to make a further award or awards as may be appropriate in respect of outstanding differences between the parties.)

在 1996 年《英国仲裁法》,它也有说明这一点,是在 Section 58:“(1) Unless otherwise agreed by the parties, an award[1] made by the tribunal pursuant to an arbitration agreement is final and binding both on the parties and on any persons claiming through or under them."

会有情况是裁决书还需要符合一些在作出裁决书地点的法律规定的例行手续,但这不应该影响裁决书的执行: Resort Condominiums International Inc v. Bolwell and another (1993) 118 ALR 655。如仲裁地点的法律有一个时效,但时效还没有过,或是裁决书需要给仲裁地点的法院确认(confirm)并还在等待:Fertilizer Corporation of India v. IDI Management, 517 F Supp 948 (SD Ohio 1981)。又或是裁决书有要求存放(deposit)在仲裁地点的法院:France, Cour d'Appel Paris, 10 May 1971, Compagnie de Saint Gobain-Pont a Mousson v. The Fertilizer Corp of India Ltd, 1 YBCA 184 (1976).

8.2　裁决书被仲裁地法院撤销或暂停执行的情况

绝大部分的说法都接受仲裁地点的法院也就是本章第1段介绍的主要法院有权撤销裁决书,毕竟也是主要法院才是对该仲裁进行监督,特别对仲裁程序的进行。这在英国法律就明显是这个地位,它针对在英国作出的裁决书,不论是本土的裁决书或是国际的裁决书,根据1996年《英国仲裁法》之Section 68就可以让英国法院把这些裁决书撤销或是令它变为无效:"If there is shown to be serious irregularity affecting the tribunal, the proceedings or the award, the court may ... (b) set the award aside in whole or in part, or (c) declare the award to be of no effect, in whole or in part."

重要的是《联合国示范法》也是这一个立场,这是在Article 34(2)说明:"An arbitral award may be set aside by the court specified in article 6..."众所周知,已经有50多个国家或管辖权是接受了《联合国示范法》并立了法,所以这可以说是一个国际的立场。

《纽约公约》也接受这一个立场,它在Article V (1)(e) 说裁决书作出的国家法院(in the country in which the award was made)可以撤销裁决书。

所以有说法是,在《纽约公约》下接受与尊重仲裁地点法院有权撤销裁决书或令它变为无效是公约的精神,也是互惠的精神(reciprocity)与国际友好的精神(comity)。

如果仲裁地点把一个裁决书撤销或是变为无效,这就是《纽约公约》下执行地点法院可以拒绝执行的另一个原因。这看来是理所当然,因为如果裁决书已经被撤销,就等于不再存在,何来执行这回事?但这一个问题不是这么简单,而且近年来变成一个大问题。其中倾向于执行(pro-enforcement)的国家与没有这种倾向的国家,即使大家都是《纽约公约》的签约国,就有很不同的看法。这导致了几方面的问题,将在接下来的段节作出介绍。

8.2.1　问题之一:仲裁地点法院撤销,令无效或者暂停执行的理由与执行地点法律不一致

---

[1]　这里所说的裁决书并不只是指最后裁决书,也包括仲裁庭所作出的部分或中间裁决书。

世界上不同国家/地区撤销裁决书或者暂停执行的理由在一些大精神方面应该是没有不一样，在极端的情况可以说是不会有差异，如裁决书是通过贿赂仲裁庭而取得或是仲裁庭明显不会有管辖权。但在细节上就会有很大不同。如在自然公正方面，它的重要性应该是毫无争议，而违反自然公正导致裁决书被撤销或暂停执行是硬道理。但一到细节方面，特别在严重的程度上，就有很大分歧。连英国本身，也有重大的改变，虽然一直以来都在强调自然公正的重要性。在1950年《英国仲裁法》，说法是仲裁员以及仲裁程序不能有"不良行为"（misconduct）。根据这一个定义所延伸出来的先例对仲裁的自然公正要求十分严格，如 K/S Norjarl v Hyundai（1991）1 Lloyd's Rep. 524 与 Indian Oil Corporation v. Coastal Ltd（1990）2 Lloyd's Rep 407。这导致了许多著名的仲裁员都面对过许多不良行为的指控与大量的裁决书被申请救济要求撤销（这尤其是在1979年《英国仲裁法》生效之后不再让裁决书的法律问题自动可以上诉法院，导致了败诉方申请撤销是唯一可行的救济办法）。这一来，自然公正的要求还是没有改变，但到了1996年《英国仲裁法》，Section 68 对自然公正的严重程度就有了十分不同的规定。对于什么才算是自然公正，不同国家/地区在细节方面有不同规定，如香港地区对本土仲裁的规定就与英国现行的规定不同，其还是跟从1950年的《英国仲裁法》中的"不良行为"。而在《纽约公约》中并没有把自然公正作为拒绝执行裁决书的理由（虽然在 Article V[1][b]中一方没有被给予适当通知本身就是违反自然公正的典型例子，但其他千变万化的违反就没有针对），与其有相通点的理由就应该是"公共政策"了。而"公共政策"的要求比起"自然公正"高得多，一般来讲违反自然公正到了很严重的程度才能算得上是违反公共政策。

以上所介绍的是英国法院会撤销裁决书或令它无效的尺度，由于英国在国际仲裁是占领导地位，所以它的轻重掌握一般都不会在国际上带来太大异议。但会有许多其他国家，它们的法院如果把一个在当地作出的裁决书撤销或变无效，显然是根据它们自己的仲裁法，内中也肯定有不同的尺度轻重掌握。这特别是在一些发展中国家，他们在观念上不支持国际大趋势去支持国际仲裁，但又由于他们水平与经验的不足，加上仲裁法律的不完善，往往发生它们的国家法院过度干预仲裁，以一些难以令人信服的理由把当地作出的裁决书撤销或令它无效。这种情况如果发生在一个本土的仲裁，外国是不会关心。但如果情况发生在一个国际仲裁，而受影响的是外国当事人，这就会带来外国的不满。举一个简单的例子，一家法国公司A与一家印尼公司B签订了一个合约，合约约定在印尼 Jakarta 作为仲裁地点，仲裁是根据《ICC 仲裁规则》。这一来双方发生了争议并进行了一个 ICC 仲裁，仲裁庭的成员是需要有 ICC 仲裁院确认，所以有可能是一些西方仲裁员或是国际上可以接受的仲裁员。反正裁决书的结果是A胜诉，但败诉方B随即向印尼法院作出申请，而结果也导致了印尼法院根据了一些国际上特别是西方国家不可接受的理由把该 ICC 裁决书撤销或变为无效。但在期间，A把判他胜诉的 ICC 裁决书在印尼以外的国家（只要B会在当地有资产）根据《纽约公约》申请执行，如在欧洲、香港，或是新加坡，这就会带来这些执行地点的法院面对矛盾。其中一个矛盾就是把该A胜诉的裁决书撤销的理由是完全与执行地点的法律不一致与不可接受,到底应否尊重仲裁地点所作出的判决?或者是否要绕过《纽约公约》的精神,如根据Article V在文字上给执行地点的裁量权漠视裁决书已经被仲裁地点法院撤销的事实?还有《纽约公约》的Article VII(1)是规定有关的当事人不会被剥夺执行地点的法律所给予将裁决书执行的权力(... nor deprive any interested party of any right he may have to avail himself of an arbitral award in the manner and to the extent allowed by the law or the treaties of the country where such award is sought to be relied upon.)

8.2.2 问题之二:《纽约公约》下哪些国家法院可以撤销裁决书并不稳定

第二个问题是在《纽约公约》之Article V (1)(e)规定了两个撤销裁决书或令它无效的行动(annulment action)是可以在两处不同的国家法院进行,不过要注意的是这里的两个法院与本章第1段介绍的"主要法院与次要法院"是不同的概念。在Article V (1)(e)的概念下,第一处就是裁决书作出的国家法院(in the country in which the award was made),第二处就是作出裁决书法律下有关法院(in the country under the law of which the award was made)。

8.2.2.1 什么是作出裁决书的法律?

这会带来两种以下的情况。

情况一:上述的第二处法院,所谓的裁决书法律,如果是指仲裁程序法律(procedural law),通常就不会带来很大问题,因为大家接受仲裁地点的法律也就是仲裁的程序法。这两处其实是一处,该处的国家法院可以撤销裁决书。当然也会有一些特殊的例子就是双方的仲裁协议中规定了与仲裁地点法律不同的程序法,如Union of India v. McDonnell Douglas (1993) 2 Lloyd's Rep. 48的伦敦仲裁但适用印度仲裁法(1940年《印度仲裁法》),这就表示英国法院与印度法院撤销有关的裁决书都是《纽约公约》所承认的。估计这种情况还是比较罕见。持这种看法的国家法院是不少,随便举一个美国上诉庭的判例是M & C Corp v. Erwin Behr GmbH & Co, 87 F 3 d 844, 847-849 (6th Cir, 1996),说:"such a motion to vacate may be heard only in the courts of the country where the arbitration occurred or in the courts of any country whose procedural law was specifically invoked in the contract calling for arbitration of contractual disputes."

情况二:第二处所谓的裁决书法律如果是指仲裁实体法法律(substantive law),就会带来很大的问题与不稳定了,因为仲裁地点与双方合约或仲裁协议的实体法不一样的情况经常会有。这导致的后果是很多情况下有了两个不同的国家法院可以撤销裁决书令其无效,一个是仲裁地点的国家法院,另一个是实体法的法院。

《纽约公约》在这方面的立法的历史就是Hans Smit先生在《The Leading Arbitrators' Guide to International Arbitration》一书之第二版第26章"Annulment and Enforcement of International Arbitral Awards: A Practical Perspective"中有介绍,现节录相

关部分如下："The text of Article V(1)(e) originally proposed acknowledged only the bringing of an annulment action in the place in which the award was made. One of the delegates at the Conference devoted to the drafting of the Convention raised the question of what would happen if the forum at the place of arbitration would refuse to entertain an annulment action. The obviously correct answer to that question would have been that, in that case, no annulment action would be brought and that the happy consequence would be that only denial of recognition and enforcement on grounds specified in the Convention would be possible. Instead, the drafters of the Convention provided for an alternative forum in the country the arbitration laws of which governed the arbitration. That choice was both most fateful and most regrettable."(大致的意思是：在起初时，《纽约公约》针对这一条文只是建议令裁决书变得无效的行动只能在作出裁决书的国家法院进行，但另有代表指出如果该作出裁决书国家法院拒绝进行无效的行动会否有其他的选择。而该另一个选择就是在作出裁决书法律下有关法院进行，该选择也就被纳入《纽约公约》的这一条文。)

在上述的有关这一方面立法历史的说法，看来一种说法是第一处与第二处国家法院其实就是同一处的国家法院应该是站不住脚。这一种说法指第二处国家法院所针对的仲裁法律指程序法(procedural law)而不是实体法(substantive law)，而众所周知的就是一个仲裁适用的程序法就是根据仲裁地点下的程序法。有关监督该仲裁的国家法院也就是同一个。除了立法历史看来站不住脚外，解释《纽约公约》的有关条文有点牵强，因为它的用字是"or"(或者)，则给的就是两个选择。虽然在现实中也会有好像 Union of India v. McDonnell Douglas 先例这种仲裁协议，可以比较合情合理的解释为英国法院(根据伦敦仲裁)与印度法院(根据合并的 1940 年《印度仲裁法》)都有权撤销裁决书，而且会作出不同的决定。但这种仲裁协议非常罕见，照理说在《纽约公约》的拟订是不大可能会考虑这种情况立法。

这显示作出裁决书的法律有更大的可能是指的是起争议的合约的实体法，毕竟仲裁条文作为合约中的一条条文也有说法是适用同样的实体法。虽然，这不会是一项倾向于支持裁决书执行的人士的看法，因为这就会带来以下将会介绍的一些混乱的情况。

8.2.2.2 败诉方可以有两个选择撤销裁决书或令其无效的坏处

但解释是给败诉方有两个很不同的选择可以把一份裁决书撤销或令其无效就会令支持国际仲裁人士很不满意，原因是：

(1)如果让两个国家法院都有权力监督与决定是否撤销一份裁决书，就会涉及它们之间有不同的看法。举例说，英国法院根据 1996 年《英国仲裁法》已经把撤销裁决书的理由从"不良行为"大幅度收紧为"严重不正常"，但难保没有其他国家或者地区的立法还没有改过来，如香港针对本土仲裁的《仲裁条例》还是"不良行为"就有可能撤销裁决书。这表示至少理论上，在香港法院撤销裁决书会比英国法院容易，除非香港法院的个别法官扭曲有关"不良行为"的解释与漠视相关的大量先例。

(2)在国际仲裁也不时会见到合约的实体法与仲裁地点有不同的明示规定,如在香港仲裁就经常会见到明示条文简单地规定:"Arbitration in Hong Kong, PRC law to apply."即使合约的实体法没有明示规定,也会存在根据法律冲突的原则找出默示地位下的实体法,这也是有可能与仲裁地点不一样。这表示《纽约公约》下是给败诉方有两个选择,他就可以选择去香港法院把裁决书撤销或者是去中国大陆的法院申请撤销裁决书。显然,两处不同地点的法院对是否撤销裁决书可能会有很不同的看法。但现实的问题是,来自不同国家当事人(如中国内地的当事人与美国的当事人)最后达成协议并选择香港仲裁,一个重大的考虑就是仲裁地点的中立性,这一个考虑显然也延伸监督仲裁的香港法院。但如果换了是中国内地的法院撤销裁决书,恐怕在香港仲裁胜诉的美国当事人就会感觉到十分不满意了。

这种情况可以举著名的 Karaha Bodas Co. v. Perusahaan Pertambangan Minyak Dan Gas Bumi Negara (Pertamina), 335 F. 3d 357 , 5th Cir. 2003 案例为例说明这一点,案情在本书第三章 2. 2 以及第十二章 6. 8. 6. 2 段有介绍。简单的说就是仲裁地点是在日内瓦,败诉方 Pertamina 由于错过了在仲裁地点的时效而无法在仲裁地点法院把该裁决书撤销。所以败诉方转向印尼耶加达法院申请救济,理由是该仲裁的实体法是印尼法,结果是印尼法院撤销裁决书。但这一撤销并不被美国法院或香港法院承认。

8. 2. 2. 3　美国法院把主要法院与次要法院在《纽约公约》下分工的说法

上述介绍的 Karaha Bodas Co. v. Perusahaan Pertambangan Minyak Dan Gas Bumi Negara (Pertamina), 335 F. 3d 357 , 5th Cir. 2003),在美国的上诉庭,判决中把主要法院(瑞士日内瓦法院)与次要的法院(印尼法院或美国法院作为执行地点法院)可以把该有关裁决书令无效的分工作出分析。这就是主要法院,也就是仲裁地点的法院,撤销裁决书或令无效是可以根据本土的法律。但作为次要的执行法院,它可以令裁决书无效,也就是不予执行,理由只能是依据《纽约公约》Article V 中的几种情况而不能依据它自己的本土法律。法院的相关判词是如下:

"By allowing concurrent enforcement and annulment actions, as well as simultaneous enforcement actions in third countries, the Convention necessarily envisions multiple proceedings that address the same substantive challenges to an arbitral award... In short, multiple judicial proceedings on the same legal issues are characteristic of the confirmation and enforcement of international arbitral awards under the Convention.

Another important aspect of the New York Convention is its assigning of different roles to national court to carry out the aims of the treaty. Article IV and V of the Convention specify the procedures for courts of secondary jurisdictions to follow when deciding whether to enforce a foreign arbitral award...

In contrast to the limited authority of secondary-jurisdiction courts to review the arbitral award, courts of primary jurisdiction, usually the courts of the country of the arbitral situs, have much broader discretion to set aside an award. By its silence on the matter, the

Convention does not restrict the grounds on which primary-jurisdiction courts may annul an award, thereby leaving to a primary jurisdiction's local law the decision whether to set aside an award. Consequently, even though courts of a primary jurisdiction may apply their own domestic law when evaluating an attempt to annul or set aside an arbitral award, courts in countries of secondary jurisdiction may refuse enforcement only on the limited grounds specified in Article V. "（最后一段是说根据《纽约公约》，它是允许主要国家法院，通常就是仲裁地点法院，可以根据本土的仲裁法把裁决书撤销，并享有更大的裁量权与撤销理由。但作为次要国家法院，就只能是根据《纽约公约》Article V 的非常有限的拒绝执行理由。）

8.2.2.4　有关主要法院与次要法院可撤销裁决书问题的总结

败诉方可以选择两处地方的国家法院撤销裁决书或令其无效是令关心国际仲裁的人士感觉担心，因为国际仲裁经常发生的是双方当事人同意一个中立的地方进行仲裁，如果败诉方对裁决书寻求救济时去该仲裁地点的法院应是完全合理的做法，因为该法院应该是中立与可被双方当事人接受，这毕竟是选择仲裁地点的考虑之一。但现在多了一个地方可以寻求裁决书的救济，而且这个地方的法院是往往属于败诉方有关的地方，有偏袒的可能。这些做法如果普及就会对国际仲裁造成打击，与《纽约公约》的本意相违背。正如 Hans Smit 先生在《The Leading Arbitrators' Guide to International Arbitration》一书之第二版之 601 页所说的："... annulment judgments should be viewed with a great measure of circumspection. And especially those rendered in the home court of one of the parties should, as a general rule, not be accorded extraterritorial effect. Such a general rule of non-recognition would provide an appropriate disincentive for the home court to seek improperly to utilize the power of annulment and would generally limit the effect of annulment judgments to the territory in which they are rendered. Of course, when the annulment judgement is rendered on proper grounds in the home countries of the parties that was the loser in the arbitration, there is less ground for concern. But even in that case, annulment may have been decreed on ground not recognized for non-recognition in the Convention. If so, the annulment should not be a basis for non-recognition in other countries either."

8.2.2.5　英国法院阻止败诉方适用法国家法院申请撤销伦敦裁决书的先例：C v. D (2008) 1 Lloyd's Rep 239

这一个小段不是介绍这方面的问题，而是其中的一个解决办法。针对英国的法律，可以说最近已经有了先例判败诉方如果是其他的国家法院采取行动希望把一个伦敦裁决书撤销是违反了它对仲裁协议的默示承诺，就是应该对败诉的裁决书作出支付，或要寻求救济也应该去英国法院。该先例是上诉庭的 C v. D (2008) 1 Lloyd's Rep 239，这也是一个独一无二英国法院在有了裁决书后仍作出一个"止诉禁令"的先例。案情是有关一个责任保险合同，保险人是一家美国公司（"D"）但在伦敦有分公司,他承保了一家美国公司("C")。有关的保单有一条详尽的仲裁条文,说明是在伦敦仲裁,并根据1950年的《英国仲裁法》或它的修改版,并说明在委任仲裁员时如果有必要向英国法院申请作出委任。但保单也另有条文针对实体法,说明根据纽约的法律,措辞为:"governed by and construed in accordance with the internal laws of the State of New York..."

后来的发展是C向D提出了索赔,要求根据保单作出补偿,但被D拒绝。这进一步导致了一个伦敦仲裁,仲裁庭在2007年3月13日作出了裁决书,判C胜诉,并命令D作出补偿,金额高达1亿美元(这是保单下的最高限额)。败诉方的D向仲裁庭申请要求作出修改,包括该裁决书是"明显的对纽约法律的漠视"(manifest disregard of New York Law)。但仲裁庭只是在两个方面对裁决书作出了文书的修改,并拒绝D的要求进一步的修改,认为仲裁庭没有这个权力。D表示他会向美国法院寻求救济,毕竟美国是有这一说法,就是裁决书如果明显对法律的漠视是一个把裁决书撤销的理由:Wilko v. Swan 346 US 427 (1953)。这导致了C在2007年4月27日向英国法院作出申请并成功取得了一个向D作出的止诉禁令。D作出上诉,认为第一审的法院是错判,但这不被上诉庭接受。上诉庭认为双方选择了仲裁地点也就是选择了该地点的国家法院寻求救济,而不是任何其他的法院。Longmore大法官是这样说:

"That(这是指败诉方可以选择向英国法院或美国法院寻求对裁决书的救济), however, would be a receipt for litigation and (what is worse) confusion which cannot have been intended by the parties. No doubt New York law has its own judicial remedies for want of jurisdiction and serious irregularity but it could scarcely be supposed that a party aggrieved by one part of an award could proceed in one jurisdiction and a party aggrieved by another part of an award could proceed in another jurisdiction. Similarly, in the case of a single complaint about an award, it could not be supposed that the aggrieved party could complain in one jurisdiction and the satisfied party be entitled to ask the other jurisdiction to declare its satisfaction with the award. There would be a serious risk of parties rushing to get the first judgment or of conflicting decisions which the parties cannot have contemplated.

It follows from this that a choice of seat for the arbitration must be a choice of forum for remedies seeking to attack the award. As the judge said in para 27 of his judgment, as a matter of construction of the insurance contract with its reference to the English statutory law of arbitration, the parties incorporated the framework of the 1996 Act. He added that their agreement on the seat and the 'curial law' necessarily meant that any challenges to any award had to be only those permitted by that Act. In so holding he was following the decisions of Colman J in A v B (2007) 1 Lloyd's Rep 237 and A v B (No.2) (2007) 1 Lloyd's Rep 358, in the first of which that learned judge said (para 111):

...an agreement as to the seat of an arbitration is analogous to an exclusive jurisdiction clause. Any claim for a remedy going to the existence or scope of the arbitrator's jurisdiction or as to the validity of an existing interim or final award is agreed to be made only in the courts of the place designated as the seat of the arbitration.

That is, in my view, a correct statement of the law. ”

8.2.2.6 其他理由把外国裁决书撤销或令无效

还有情况是个别国家法院把在外国作出的裁决书撤销或令无效,但理由并非是本段所探讨的作出裁决书的法律是程序法或实体法的争议,而纯粹是来自自己国家国内法的理由。显然这是明显违反了《纽约公约》,不纯粹是怎样解释《纽约公约》Article V 的问题。这里可以介绍印度的两个最高院先例:Bhatia International v. Bulk Trading SA, AIR 2002, SC 1432; Venture Global Engineering v. Satyam Computer Services Ltd (2008) 4 SCC 190。最高院根据 1996 年《印度仲裁与调解法》(替代了 1940 年的《印度仲裁法》)的第一部分可把外国裁决书撤销。最高院在 Venture Global Engineering 中解释这样的判决是因为立法拟定的不好,但据闻会有一个新的立法,目前还是草案名为《the Arbitration and Conciliation (Amendment) Bill,2003》会解决这一问题。

8.2.3 问题之三:执行法院不承认裁决书被主要法院撤销或被判无效的情况

这是一个比较近期的发展而且是令人担心,就是一个裁决书事实上已经不存在,因为已经被仲裁地点的主要法院撤销或令无效,但执行地点法院(应该没有异议它是次要法院)不认同这一事实或是不认同撤销的理由,还是执行该不存在的裁决书。看来这是倾向支持执行裁决书的国家法院去了另一个极端。这种情况最令人担心的是法国,虽然美国也曾经是一个值得注意的地方。

照理由说,执行地点法院是不应该有这种做法,试图利用《纽约公约》Article V 中“可以”(may)一词漠视主要法院的权力,或是不信任它撤销裁决书的决定。这应该来说也是违反《纽约公约》与国际友好的精神。毕竟,如果当事人对仲裁地点的法院或/与仲裁程序法不满意,认为不应该动辄撤销裁决书或判无效,他们就不应该选择这样的仲裁地点。

这可节录 Albert Jan van der Berg 教授于《纽约公约》生效 50 周年之际在 ICC International Court of Arbitration Bulletin, Vol. 18/No. 2 – 2007 发表的一篇名为《New York Convention of 1958: Refusals of Enforcement》中说:“Some courts have gone in the opposite direction. In particular, courts in France have declared an award enforceable notwithstanding the fact that it had been set aside in the country of origin. In the author's view, this is in principle an undesirable development. ”

8.2.3.1 法国的情况

这种不令人满意的情况主要是在法国,第一个案例是 Societe Pabalk Ticaret Ltd Sirketi v. Societe Norsolor, Cass, Ire civ., 9 October 1984,案情涉及了一个维也纳的裁决书,它部分的裁决被奥地利法院判是无效。但法国法院认为在《纽约公约》下,法国的法律可以令该裁决书获得支持。另一个案例是 Societe Polish Ocean Line v. Societe Folasry, Cass. Ire civ. , 10 March 1993,案情涉及了一个波兰的裁决书正在波兰法院申请撤销,而波兰法院就已经终止执行,直到作出判决,但法国法院不认为这是一个理由拒绝该裁决书在法国的执行。再接下去是案例 Direction generale de l'aviation civile de l'Emirat de Dubai v. Societe International Bechtel, Cour d'appel de Paris, Ire Ch. Civ. ,29 September 2005,案情涉及一个杜拜裁决书,但被杜拜法院撤销,理由是证人没有恰当的宣誓。法国法院认为这不构成足够的理由在法国拒绝执行该裁决书。再接下来是介绍更著名的 Hilmarton Ltd v. Omnium de Traitment et de Valorisation, Cass. Civ. Ire, 23 March 1994, 案情是有关一个瑞士的裁决书,裁决书本来是判法国被告胜诉,但裁决书被瑞士法院撤销,而被替代的是裁决书的胜诉方变了是英国的原告。法国法院认为在一个国际仲裁,是不应该被吸进去(integrated into)仲裁地点的国家法律,所以原来作出的裁决书还是有效。法院是这样说:"The award rendered in Switzerland was an international award which was not integrated in the legal order of that State, so that its existence remained established in spite of its annulment and its recognition was not contrary to international public policy."

到了最近就有了更进一步与令人担忧的发展,案例名为 PT Putrabali Adyamulia v. Rena Holding Ltd, Cass. Civ. Ire, 29 June 2007。案情涉及的是一个伦敦机构仲裁,而有关的机构是国际通用商品协会(International General Produce Association Ltd ,简称 IGPA)。原告是一家印尼的公司,他以 CNF 出售了一个集装箱中 15 吨的白胡椒给一个法国买方。货物是在 2000 年 1 月 27 日在印尼装上一艘名为"Intan 6 V. 360A SN"的船舶,但在 2 月 1 日该船舶沉没,船上的货物自然也遭受全损。而法国买方是在 2 月 3 日知悉该消息,而在 CNF 的买卖海上运输的风险通常是由买方承担。到了 2 月 4 日,印尼卖方向法国买方的银行提供了付运单据,特别是一套提单要求作出支付,但这被拒绝。实事上,法国买方自己也有困难,因为他的保险公司拒绝做出赔付,理由是该船舶不适航与违反有关合约的规定。法国买方也是以同一个理由拒绝支付货款给印尼买方。印尼卖方由于没有收到货款,所以在伦敦开始仲裁。反正有关的案件在 IGPA 的第一审是公断人判印尼卖方胜诉,时为 2000 年 10 月 30 日,这可以算是第一个裁决书。但根据 IGPA 的仲裁规则是可以上诉至另一个仲裁庭,而在上诉中结果被扭转,变成法国买方胜诉。这可以算是第二个裁决书,时为 2001 年 4 月 10 日。但印尼卖方根据 1996 年《英国仲裁法》之 Section 69 向法院取得上诉批文并上诉至法院。这导致了第二个裁决书又被扭转,即印尼的卖方再度胜诉,该案例在 PT Putrabali Adyamulia v. Societe Est Epices (2003) 2 Lloyd's Rep 700 有报道。英国法院同时把裁决书发还给仲裁庭对印尼卖方的损失作出裁决,这导致了第三个裁决书,只是针对法国买方要作出赔偿的金额,时为 2003 年 8 月 23 日。

但在 2003 年 9 月底,也就是在第三个裁决书作出后的一个月左右,法国买方向法国法院申请批准执行第二个裁决书,而这是在印尼卖方没有获得通知与没有机会出庭的情况下。到了2004年2月,印尼卖方作为第三个裁决书的胜诉方向同一个法国法院申请执行。这就导致了哪一个裁决书应该被承认与执行的争议,诉至法国上诉庭与最高院(Cour de Cassation)。法国的最高院同样是不认为仲裁地点的国家法律可把国际裁决书吸进去,因为国际裁决书本身就是一个"国际法律的决定"(decision of international justice),说:"But whereas the international award, which is not attached to any national juridical order, is a decision of international justice the regularity of which is to be examined in light of the applicable rules in the country where its recognition and enforcement are requested; that in application of Article VII of the New York Convention of June 10, 1958, the company Rena Holding was authorized to present in France the award rendered in London on April 10, 2001 in conformity with the arbitration agreement and the arbitration rules of IGPA and entitled to take advantage of the provisions of the French law of international arbitration, which does not provide the annulment of the award in its country of origin as a reason to refuse recognition and enforcement of the award rendered abroad."

8.2.3.2 美国的情况

简单的说,美国法院也曾经是与法国法院的立场一样,就是非常支持国际仲裁,以致漠视主要法院已经撤销裁决书或令其无效的事实。这方面的美国先例名为:In re Chromalloy Aeroservices, 939 F. Supp. 907 (D. D. C. 1996),案情是有关Chromalloy的美国公司与埃及空军(也就是埃及政府)之间的一个合约,合约约定是在埃及仲裁。Chromalloy在该仲裁胜诉后,马上在美国华盛顿法院要求协助执行。但期间,在埃及政府作为败诉方申请对裁决书进行救济,埃及上诉庭作出命令把该裁决书判无效,理由是仲裁庭错误引用埃及的实体法。这一个理由显然是在西方国家,特别是美国,不会是可以撤销裁决书或令无效。美国虽然有一个最高院的先例,认为只在仲裁员是明显漠视法律(manifest disregard of law)的情况下才可把裁决书撤销:Wilko v. Swan 346 U. S. 427 (1953),但这一个说法在现实中也很少被适用撤销裁决书或令其无效,特别是国际的裁决书。

在华盛顿法院,被告的埃及政府去根据《纽约公约》Article V(1)(e)抗拒执行,理由就是裁决书已经被撤销或令无效,所以不存在执行的问题。但华盛顿地方法院认为依据Article VII他有裁量权并拒绝了埃及政府的抗拒理由。其中华盛顿地方法院认为不执行该裁决书是违反美国的公共政策说:"The U. S. public policy in favor of final and binding arbitration of commercial dispute is unmistakable, and supported by treaty, by statute, and by case law. The Federal Arbitration Act 'and the implementation of the Convention in the same year by amendment of the Federal Arbitration Act,' demonstrated that there is an 'emphatic federal policy in favor of arbitral dispute resolution', particularly 'in the field of international commerce.' Mitsubishi v. Soler Chrysler-Plymouth, 473 U. S. 614, 631(1985)... A decision by this Court to recognize the decision of the Egyptian court would violate this clear U. S. public policy. "

据闻美国华盛顿法院作出上面的判决也是受到案例 Hilmarton Ltd v. Omnium de Traitment et de Valorisation, Cass. Civ. Ire, 23 March 1994 中法国法院判决的影响。但接下来的美国法院判例包括是高一级的美国法院,并不接受 In re Chromalloy Aeroservices 的判决。首先介绍的是 Baker Marine（Nig.）Ltd. v. Chevron（Nig.）Ltd, 191 F. 3D 194, 196 - 97 (2D Cir. 1999),案情是有关一个尼日利亚的裁决书被要求协助执行,虽然该裁决书已经被尼日利亚法院撤销或令其无效。申请人的主要的争辩是尼日利亚法院撤销的理由是在美国法律下不会被接受撤销裁决书。但这被美国法院拒绝接受,说:"The parties contracted in Nigeria that their disputes would be arbitral under the laws of Nigeria. The governing agreements make no reference whatever to US law. Nothing suggests that the parties intended US domestic law to govern their disputes. "

接下来要介绍的是美国上诉庭的一个先例,名为 TermoRio SA ESP v. Electranta SP 487 F. 3d 928 (D. C. Cir 2007)。在该先例,涉及了一个供电协议,双方在合约中的约定是去 ICC 仲裁,而仲裁地点是哥伦比亚。在有关的 ICC 裁决书,判是 TermoRio 胜诉而且金额是高达 6000 万美元。之后 TermoRio 就在美国的华盛顿联邦法院申请协助执行,但在这个之前或期间,哥伦比亚法院撤销裁决书或令其无效,理由是有关的仲裁协议违反了哥伦比亚法律,因为哥伦比亚是不接受 ICC 仲裁规则适用在该州作为仲裁地点的案件。华盛顿联邦法院(也是比 In re Chromalloy Aeroservices 中的地方法院高一级)拒绝协助执行,认为不应该在《纽约公约》下漠视外国的主要法院撤销裁决书或令其无效的事实,说:"It is simply mistaken to suggest... that the Convention policy in favor of enforcement of arbitration awards effectively swallows the command of Article V (1)(e). A judgement whether to recognize or enforce an award that has not been set aside in the State in which it was made is quite different from a judgment whether to disregard the action of a court of competent authority in another State. 'The Convention specifically contemplates that the state in which, or under the law of which, the award is made, will be free to set aside or modify an award in accordance with its domestic arbitral law and its full panoply of express and implied grounds for relief.' Alghanim, 126 F. 3d at 23; see also Karaha Bodas II, 364 F. 3d at 287 - 88. This means that a primary State necessarily may set aside an award on grounds that are not consistent with the laws and policies of a secondary Contracting State. The Convention does not endorse a regime in which secondary States (in determining whether to enforce an award) routinely second-guess the judgement of a court in a primary State, when the court in the primary State has lawfully acted pursuant to 'competent authority' to 'set aside' an arbitration award made in its country. "

这也是目前美国在这个问题上的法律地位,已经与法国的法律地位不一样。

9. 拒绝执行理由之六:Article V (2)(a)有关裁决书的争议根据执行地点国家的法律是不能以仲裁解决

这一点是针对不可仲裁性(non-arbitrable)的问题,这问题在 Article V (1)(a)就已经简单提到。此外,《仲裁法——从 1996 年英国仲裁法到国际商务仲裁》第六章都在讲"可仲裁性"这个问题,所以在这里不多针对。在大部分的西方国家,特别是美国,在过去的二三十年已经大量放宽合约争议的可仲裁性。如以前是认为不可仲裁的争议,如涉及了违反竞争法,现在可以仲裁。但最近美国有在考虑立法把许多争议如雇佣合约的争议规定为不可仲裁。这些问题在本书的第十五章第 1 段有介绍。在这里提的原因是在这个世界上,每一个国家都有自己的国情规定了某一类的争议是不可仲裁。虽然在一些倾向支持的国家或管辖权,如香港,会允许绝大部分的民事争议仲裁,特别是在商业方面,但在本小段最后部分会介绍香港近期一个有关不可仲裁的先例。

需要注意的是 Article V(1)(a)中也针对了不可仲裁性,但这是依据仲裁地点的法律或/与仲裁协议。而这里介绍的 Article V (2)(a)中的不可仲裁性是依据裁决书执行地点的法律。执行地点法院拒绝执行一个针对不可仲裁的争议的裁决书看来主要的原因不在于管辖权而在于公共政策。

举一个简单的例子,就是在香港作出的一个裁决书,针对的一个争议是香港法律完全被视为可以仲裁,但该裁决书去外国法院执行就可能遇到该国法院把该争议视为不可仲裁。而且由于每个国家的法律都不一样,就会带来在一个国家申请执行就可以,而在另外一个国家申请执行就会被拒绝的情况。至于拒绝作出协助执行的国家法院所根据的理由就是 Article V (2)(a)。

以这一理由拒绝执行而被报道的案例并不多,可介绍三个。第一个是比利时最高院,涉及比利时法院拒绝根据《纽约公约》协助执行一个裁决书,理由是比利时法律不承认"独家代理协议"(exclusive distributorship agreement)的争议是可以仲裁。该案件涉及了 1961 年 7 月 27 日的比利时立法,该法律规定了单方面中断在比利时的独家代理,就必须作出赔偿。如果赔偿不能同意,比利时法院就可以作出判决。该案例为 Cour de Cassation, 28 June 1979, Audi-NSU Union AG v. SA Adelin Petit & Cie, reported in Y. B. Comm. Arb. V (1980) pp. 257 – 59 (Belgium No. 2)。第二个也是类似的案情,也是同样原因被比利时布鲁塞尔拒绝协助执行:Tribunal de Commerce (Commercial Court of First Instance), Brussels, 13 September 1979, SA Agima v. Smith Industries, reported in Y. B. Comm. Arb. VIII (1983) pp. 360 – 61 (Belgium No. 4)。

第三个案例是美国纽约法院,它拒绝协助执行一个裁决书的理由是因为当地的法律把一个清盘人与倒闭保险公司之间的争议视为是不可仲裁:Supreme Court (Appellate Division), New York County, 10 April 1990, Corcoran et al. v. Ardra Insurance Co. Ltd. et al, reported in Y. B. Comm. Arb. XVI (1991) pp. 663 - 68 (US No. 111)。

最后可介绍香港近期终审法院一个有关不可仲裁性的先例,名为 Paquito Lima Buton v. Rainbow Joy Shipping Ltd. Inc. Final Appeal No. 26 of 2007(Civil)。案情是有关一位菲律宾海员在工作时被铁块弄伤了右眼并导致右眼失明。事后他根据雇佣合约在菲律宾开始仲裁,因为雇佣合约有一条菲律宾马尼拉的仲裁条文,但之后没有继续。再之后该船员就开始在香港地方法院向香港船公司提出索赔,根据的是《香港雇员赔偿条例》(Employees' Compensation Ordinance,简称 ECO),其中针对雇员赔偿,不论金额多少,有管辖权的是 section 18A(1),说"all claims for compensation ... and any matter arising out of proceedings in respect of such claims shall be determined by the District Court."显然,在香港法院索赔就会比在马尼拉仲裁成功的金额高得多,所以香港船公司作为被告就希望中止在地方法院的诉讼,把管辖权让出给马尼拉的仲裁。但结果就是终审法院拒绝了这个中止诉讼的申请。照理说,《纽约公约》作为国际公约如果与 ECO 有冲突,是应该优先 ECO 适用。但看来,终审法院的理由是在这一种争议根据香港的公共政策是应该依照 ECO 只能由香港法院审理,这正是"不可仲裁性"(non-arbitrable)的典型例子。Ribeiro 大法官是这样说:"Finally, policy considerations militate strongly against a construction of section 18A(1) which permits ECO claims to be stayed in favour of arbitration. (a) The ECO's policy is self-evidently to provide a framework of legal protection for injured and incapacitated employees, operated by the Commissioner for Labour and the District Court. To this end, it restricts freedom of contract, for example, by requiring certain settlement agreements to be approved by the Commissioner and (by section 31) nullifying any contractual attempts to extinguish or reduce the employer's ECO liabilities. That policy favours a construction of section 18A(1) which restricts the parties' freedom to contract in favour of arbitration with a view to preventing the employee being thereby removed from the protective framework. Such a restriction, imposed in the public interest, is expressly accommodated by the Arbitration Ordinance."

在这一案件中,案情并非涉及在执行时以不可仲裁性抗拒执行,所以不是《纽约公约》之 Article V (2)(a)。但显然是有关同一类问题,加上它是一个近期的香港终审法院先例,所以在此简单介绍。

10.《纽约公约》与《华盛顿公约》/ICSID 仲裁之间的关系

这里是要介绍一个非常重要的发展,就是《纽约公约》与《华盛顿公约》/ICSID 仲裁之间的关系,这是中国政府非常需要关注的发展。有关《华盛顿公约》与 ICSID 仲裁,在《仲裁法——从 1996 年英国仲裁法到国际商务仲裁》第 1 章第 3 段有谈到。笔者谈到这种投资仲裁,可让外国投资者作为原告直接对一个接受投资的主权国家提起诉讼要求赔偿。笔者也谈到在这种投资仲裁中主要的受害方是引进大量外国投资的发展中国家,特别是他们也不够水平知道怎样处理才可以避免为国家带来责任。笔者另谈到中国是世界上签署双边投资协议(Bilateral Investment Treaty,简称 BIT)最多的国家,也是接受外国投资最多的发展中国家。所以笔者担心中国投资环境如果逆转,中国政府就会被大量的外国公司提起投资仲裁而面对困境。

在这里,笔者要谈另外一个重要发展,显示发展中国家如中国会有更大的危险。就是在 2007 年 3 月有了一个 ICSID 仲裁庭作出了裁决书判是孟加拉政府因为干预一个 ICC 裁决书的执行,而要赔偿一家意大利公司,涉及的金额高达 1250 万美元,同时加上其他的救济。案件的名字是 Saipem v. Bangladesh (Mach, 2007),但原来合约的当事方 Saipem 是与一家名为 Petrobangla 的孟加拉国家石油公司,合约规定的是 ICC 仲裁,仲裁地点是孟加拉的达卡。在合约的履行中,双方有了争议,后来 ICC 仲裁庭在 2003 年 5 月作出了一个裁决书判 Saipem 胜诉,金额高达 600 万美元。但 Saipem 声称孟加拉政府一直作出干预,包括试图通过法院把 ICC 裁决书判无效或撤销。

这导致了 Saipem 根据意大利与孟加拉签署的 BIT 提起 ICSID 仲裁,诉因是说孟加拉政府违反了《纽约公约》。但孟加拉的抗辩是有关的争议只不过是一个私人合约的争议,并不是一个投资的索赔。但在一个 ICSID 由 Professor Kaufmann-Kohler, Professor Christoph Schreuer 与 Sir Philip Otton 组成的仲裁庭,他们判孟加拉败诉。首先是判孟加拉违反《纽约公约》,至于怎么样与投资扯得上关系,仲裁庭认为双方同意达成的仲裁协议是可以视为是经济权利,这是在有关的 BIT 范围内要保护的投资者利益。该 BIT 针对什么构成投资的概念是包括了"支付一笔钱"(credit for sums of money),这应该是可以包括裁决书命令要支付的一笔钱。这一笔钱也是孟加拉政府通过孟加拉法院非法没收(illegal expropriation)了。

第十二章　裁决书执行之三:公共政策(public policy)

1. 序言

在《纽约公约》,其中的一个最具争议性的也是最常用的拒绝执行外国签约国作出的裁决书的理由就是 Article V (2) (b),全条文如下:"2. Recognition and enforcement of an arbitral award may also be refused if the competent authority in the country where recognition and enforcement is sought finds that -... (b) the recognition or enforcement of the award would be contrary to the public policy of that country."

众所周知,在不同的国家是有不同的公共政策。而在国际公约里面差不多每个公约都有公共政策的例外或者保留,这就会导致一定程度上的不一致或不稳定。《纽约公约》也不例外,这导致同一份裁决书会在一个管辖权得到承认与给予执行,而在另一个管辖权却被拒绝执行。简单来说就是前一类的管辖权就美其名曰倾向支持执行(pro-enforcement),这些差不多都是西方国家,在亚洲地区而言则是香港地区与新加坡了。后一类的管辖权就是倾向不支持执行(anti-enforcement),这些差不多都是发展中国家。如在少数回教国家,如果裁决书给予利息就会被认为是违反《可兰经》而被拒绝执行。除了利息外还有很多其他的禁忌,如在迪拜,最近就有一个裁决书因为证人作供时没有以《可兰经》宣誓而被拒绝执行。笔者也听说女仲裁员作出的裁决书在有些回教国家执行也带来困难等。在亚洲而言,被视为是倾向不支持执行国际裁决书的国家就是印尼、泰国、菲律宾等。而倾向或不倾向支持执行的差别其中很重要的一点就是对"公共政策"宽紧的解释。显然,前一类的管辖权的解释就会是紧,而后一类管辖权的解释就是宽,而且会考虑本国的情况,这情况又往往是跟国际上的不一致。这些年来,前一类的管辖权国家大力鼓吹在一个国际公约,如《纽约公约》,对公共政策的解释应该根据国际的准则而不是根据各自国家的准则。而国际准则,不会有异议认为是违反公共政策的项目可以说是寥寥可数,如恐怖主义(terrorism)、贩毒(drug-trafficking)、娼妓(prostitution)、恋童癖(paedophilia)等,许多这些项目与商业仲裁无关。国际上也做了不少工作想统一公共政策的解释,其中的一个重要报告就是《The Interim Report on Public Policy as a Bar to Enforcement of International Arbitral Awards by the Committee on International Commercial Arbitration of the International Law Association London Conference (2000)》。

2. 公共政策的定义

公共政策即使在同一个国度也不断地有改变与不稳定，而且会随着时间作出改变，如近年来反恐肯定是一个重要的全球与个别国家的公共政策，但在美国“9·11”事件之前，不见得有这种说法。所以在一个很早期的英国案例 Richardson v. Mellish (1824) 2 Bing 228 就说到公共政策是“一只没有驯服的野马”(an unruly horse)，必须是要一个精通骑术的人才可以驾驭。相关的一句话如下：“... a very unruly horse, and when once you get astride it you never know where it will carry you. It may lead you from sound law. It is never argued at all, but when other points fail.”

Donaldson 大法官在 Tiefbohrgesellschaft m. b. H v. Ras Al Khaimah National Oil Co., (1987) 2 Lloyd's Rep. 246 中也说道，如下：“Considerations of public policy can never be exhaustively defined, but they should be approached with extreme caution... It has to be shown that there is some element of illegality or that the enforcement of the award would clearly injurious to the public good or, possibly, that enforcement would be wholly offensive to the ordinary reasonable and fully informed member of the public on whose behalf the powers of the state are exercised.”(公共政策的考虑是永远不能给一个全面的定义，而且必须被非常谨慎地对待。如果一个裁决书有非法的因素，执行显然是对公众有害，或是令执行国家的公众反感。)

另在新西兰的先例 Amaltal Corporation Ltd v Maruha (NZ) Corporation Ltd (2003) 2 NZLR 92，有一个对公共政策的著名定义，如下：“[implying] something more in the nature of sovereign importance-that the award threatens a state's welfare or is truly injurious to the public good or its enforcement would be wholly offensive to the ordinary, reasonable and fully informed member of the public on whose behalf the powers of the state are exercised.”(公共政策一词本身就默示了对国家本身有重要性的本质，就是裁决书会威胁到国家的福利或真正损害公众利益，执行会令执行国家的一般性合理与全面理解有关事件的公众感到反感。)

另可节录在《International Arbitration Law Review》(1999) 2(2) 的杂志，Andrew Okekeifere 先生在他的一文中指公共政策是一个非常模糊的理念，每个国家都不同，而且经常在改变。就是针对每一个国家而言，公共政策也通常不会是长时间保持不变，而会是根据社会上针对政治、经济等因素有所变化。国际仲裁中的可仲裁性的说法就是与公共政策有密切关系。他这样说：“[A] nebulous fluid concept that changes from country to country. Even with respect to a particular country, the concept is still so fluid that its contents are hardly the same over long periods of time. They are determined by the changing moods of the society in question or the political, economic and social calculations of its leaders or rules. Arbitrability in international arbitration is closely linked to public considerations. When a nation holds a particular class of disputes as unarbitrable it is normally based on public policy considerations. What is arbitrable in one country A may therefore be completely unarbitrable in another country B."

有说法是,公共政策是应该属于政客所关心的问题,而不是律师的问题。Parke B大法官在 Egerton v. Brownlow (Earl) (1853) 4 HLC 1 说:"To allow this to be a ground of judicial decision would lead to the greatest uncertainty and confusion. It is the province of the statesman, and not the lawyer, to discuss, and of the legislative to determine, what is the best for the public good, and to provide for it by proper enactments."

3. 国际公共政策与本土公共政策的区分

由于在国际公约,几乎签约国总会有公共政策的保留,所以对这一模糊、多变和国与国之间有差异的理念,非要找出一些共识,否则对同一个国际公约的解释,执行起来国与国之间就会有很大差别。这种现象在《纽约公约》的执行就可以充分看到,所以导致了近十几年来非常热门的说法就是国际公约所适用的公共政策只应该是国际公共政策(international public policy)而不是个别国家的本土公共政策(domestic public policy)。这两者的重要分别其实就是松紧的分别,显然前者对公共政策的解释是狭窄、比较稳定且项目十分有限(针对商业方面而言恐怕只有像欺诈、贪污受贿或其他严重违反自然公正等),但后者就宽松、多变化且项目较多。针对国际公共政策,其中一个定义是意大利上诉庭在 Allsop Automatic Inc v. Techock SNC (1997) ICCA Yearbook 143 Corte di Appello, Milan, 4 December 1992 给出的如下:"Being a body of universal principles shared by nations of similar civilization aiming at the protection of fundamental human rights, often embodied in international declarations and conventions."(指是一套国际上被其他同样程度文明的国家认同的大原则,针对保护基本的人权,而且通常是在国际宣言与公约中规定下来。)

举一个简单的例子,有一些国家如中国对外汇有所管制。如果一家中国公司违反了规定,如没有外汇却与外国公司订约,并且毁约而被外国公司成功在伦敦或新加坡取得一个胜诉的裁决书,前来中国执行。对中国而言,违反中国的法律显然是违反本土的公共政策,承认并执行该裁决书会是难以接受。但针对国际而言(甚至包括属于中国的香港地区),对外汇就没有管制,就不能将其说成是国际公共政策了。

在这方面就可以举一个例子:Man (Sugar) v. Haryanto (1991) 1 Lloyd's Rep. 429,案情是有关一个印尼买方与英国的著名食糖贸易商签订了两份食糖买卖合约,数量高达30万吨与10万吨。买卖合约中约定是去伦敦仲裁。但不久之后买方就无法开出信用证,买方并且抗辩说双方没有达成买卖合约。这导致了后来一连串的诉讼,包括伦敦仲裁的启动。但之后双方达成和解协议,印尼买方愿意赔偿英国卖方900万美元。但之后,印尼买方没有作出支付,这导致英国卖方在伦敦取得一个裁决书。但该裁决书后来在印尼法院不被承认而得以执行,判是有关的买卖合约违反了印尼的法律与印尼公共政策,所以无效。有关的印尼法律是食糖进口只能是一个政府机构名为 Bulog 有经营权,但有关的买卖合约并没有取得 Bulog 的批准。显然,印尼法院根据的是本国/本土的公共政策否定一个伦敦仲裁。但这一个非法不会是属于国际公共政策,因为这进口批准不会是其他国家认同的,甚至会有情况外国的卖方也不知道,也不会管这些属于买方自己的事情。

但相比下,中国虽然并不被视为是倾向支持仲裁裁决书的国家,但最高人民法院在最近2004与2005年的两个先例却有不同的看法。第一个是 ED&F (HK) v. China Sugar & Wine Co (Group) (2004) 7(1) GFCMT 12,第二个是 Mitsui Co (Japan) v. Hainan Textile Industry General Co (2005) 11(2) GFCMT 109 - 112。在第一个先例,北京市第一中级人民法院拒绝执行有关的伦敦仲裁裁决书,认为它违反了中国公共政策。但在最高人民法院,认为中国败诉的被告参与一个海外的期货买卖是违反了中国法律,但这不足以构成违反中国的公共政策,所以有关的伦敦仲裁裁决书被允许执行。而第二个先例涉及了一个瑞典的裁决书在中国的执行,中国公司抗拒执行的理由是该裁决书涉及了违反中国法律,因为它提供给胜诉方的一家日本公司的外汇担保没有给国家外汇管理局(State Administration of Foreign Exchange of China)批准,所以是违反中国的公共政策,这也是在海口市中级人民法院与海南省高级人民法院的判决。但去了最高人民法院,这又是被推翻,认为即使中国公司违法也不足是违反公共政策。这两个案例显示了中国最高人民法院明确了一个说法,就是违反中国本土的法律也不足构成违反公共政策,特别在涉及国际关系,如是《纽约公约》下外国裁决书。

4. 支持本国/本土公共政策的国家

这导致了今天属于倾向支持国际上对仲裁裁决书执行的国家或地方(pro-enforcement states)都认为《纽约公约》虽然没有写清楚,但它是国际公约,所以公共政策是指国际公共政策。但一些谈不上是倾向支持裁决书执行的国家,尽管他们也是《纽约公约》的签约国,虽然没有明言,但在做法上却是根据本土公共政策。部分国家,更加会是有立法明确说明执行仲裁裁决书是根据本国/本土的公共政策,虽然在实际执行起来这些国家不一定这样做(如笔者的感觉是韩国法院就是倾向支持执行

[pro-enforcement])。例如:(1)奥地利在其1983年民事诉讼规则的Article 595(1)6就说明适用奥地利法的公共政策。(2)韩国在其1991年民事诉讼规则的Article 203说明必须配合韩国的良好道德与社会秩序(compatible with good morals and social order of the Republic of Korea)。(3)波兰在其1964年民事诉讼规则的Article 712(1),(4),1146与1150说明不能是违反波兰的法律与社会共同生存的原则(offend the legality or the principles of social co-existence in the Polish People's Republic)。(4)也门是说明公共政策是公众秩序与回教法律(public order and the Islamic Shari'a law)。

即使像在中国与其他一些国家如日本的民事诉讼规则,说法也是接近本国/本土的公共政策。如中国的1994年《仲裁法》之Article 58与1991年《民事诉讼法》之Ch 28, Art 260说是不能违反社会与公众利益(goes against the social and public interest)。

对许多发展中国家,也不是今天国际仲裁的得利者。他们由于参与国际外贸的人士水平有限,通常对国际上的合约法一无所知,所以永远无法把最重要的一步做好,就是把合约订立得好与保护自己。现实中,发展中国家与西方国家订立金额庞大的合约,由于水平不足与思维不够紧密,往往是签下了灾难性的合约。可以说,发展中国家的公司在业务中经常出现问题,而且一涉及国际仲裁往往也是败诉。所以也无法在心态上要求这些发展中国家支持执行国际仲裁。

5. 支持国际公共政策的国家或地区与有关先例

持此观点的国家或地区都是被称为对仲裁友好(arbitration friendly)的国家或地区,他们通常也是国际仲裁中心的热门地点,如英国、美国、加拿大、法国,瑞士、新加坡以及香港地区等。在法国的1981年《民事诉讼规则》,它更加在Art 1502说明在执行裁决书时,适用的是国际公共政策,有关条文如下:"Appeal of a court decision granting recognition or enforcement is only available on the following grounds: 5. if recognition or enforcement is contrary to international public policy."

在美国,Parson & Whittmore 508 F 2d 969 (2nd Cir, 1974)与The Waterside Ocean Navigation Co v. International Navigation Ltd 737 F 2d 150 (2nd Cir, 1984),两个上诉庭针对执行《纽约公约》都有同样的说法如下:"Thus, this court has unequivocally stated that public policy defences should be construed narrowly. It should apply only where enforcement would violate the most basic notions of morality and justice."

另可节录美国最高院在Mitsubishi Motors Corp v. Soler Chryster-Plymouth Inc (1985) 473 US 614中Blackmum大法官也说道:"Concerns of international comity, respect for the capacities of foreign and transnational tribunals and sensitivity to the need of the international commercial system for predictability in the resolution of the disputes required that we enforce the parties agreement even assuming that a contrary result would be forthcoming in the domestic context. "(关系到国际友好、尊重外国与跨国仲裁庭的能力与国际商务制度的对争议解决可预测性的敏感,我们需要执行双方当事人的协议,即使执行会带来与本土看法不一样的后果。)

在加拿大法院,安大略省的上诉庭在 Boardwalk Regency Corp v. Maalouf (1992) 88 DLR (4th) 612 中说:"In the conflict of laws, public policy must connote more than local policy as regards internal affairs. It is true that internal and external public policy stems from the national policy of the forum but they differ in many material respects. Rules affecting public policy morals in the internal legal sphere need not always have the same character in the external sphere. Also there should be a difference of intensity in the application of the notion of public policy depending upon whether the court is asked to recognize a foreign right or legal relationship or to create or enforce one based on some foreign law. Public policy is relative and in conflict cases represent a national policy operating on the international level. "(这里说到本土与国际公共政策有许多方面会有重大差异。而且,它们也在适用的时候应该有不同力度,毕竟好像《英国仲裁法》在 1950 年的版本中所谓"不良行为"[misconduct]就与 1996 年的版本中"严重不正常"[serious irregularity]虽然都是针对违反自然公正,在力度上就有了很大不同,毕竟公共政策只是一个相对的理念。)

新加坡法院对这一个立场是更加明确,如 Prakash 大法官在 Hainan Import & Export Corp v. Donald & McCarthy Pte Ltd (1996) 1 SLR 34 中认为国际友好的大原则下要求拒绝执行必须是在一些非常特殊的情况下才可以接受。她也提到了新加坡是一个国际仲裁中心,就必须承认与执行外国裁决书才能令新加坡的裁决书也会被外国法院承认与执行,她说:"As a nation which itself aspires to be an international arbitration center, Singapore must recognize foreign award if it expects its own awards to be recognized abroad. "

另在一个新加坡上诉的先例名为 Liao Eng Kiat v. Burswood Nominees Ltd (2004) 4 SLR 690 CA,前任首席大法官是这样说:"There is a higher standard of public policy in operation when a forum court is faced with foreign judgment, as opposed to a domestic issue being litigated for the first time in the forum court. Foreign courts appear very reluctant to invoke the expedient of public policy to justify a refusal to recognise a foreign judgment, even if their domestic public policy would have precluded enforcement of the underlying claim. "

在香港地区,很容易就想到也是支持一个狭窄的国际公共政策的看法,如 Litton 大法官在 Hebei v. Polytek (1999) 1 HKLRD 665 中说:"It would be an unusual case where the 'competent authority' ... has ruled in favour of the validity of the award, yet the court in the enforcement jurisdiction nevertheless concludes that enforcement should be denied for public policy reasons ... The expression public policy as it appears in s. 44(3) of the [Hong Kong Arbitration] Ordinance is a multi-faceted concept. Woven into this concept is the principle that courts should recognize the validity of decisions of foreign arbitral tribunals as a matter of comity, and give effect to them, unless to do so would violate the most basic notions of morality and justice. It would take a very strong case before such a conclusion can be properly reached, when the facts giving rise to the allegation have been made the subject of challenge in proceedings in the supervisory jurisdiction, and such challenge has failed."

该看法与美国法院在 Parsons & Whittenmore Overseas Co., Ltd v Societe Generale de L' Industrie du Papier (RAKTA)508 F. 969 (2nd cir. 1974)或瑞士法院在 Russin & Vecchi (US) v. Inter Maritimw Management SA (Switzerland) ICCA, (XXII) Yearbook of Commercial Arbitration (1997)的看法基本上一致。

6. 公共政策涉及的不同方面

以下针对各种不同方面导致裁决书在执行时会出现公共政策的争议。

6.1 裁决书在认定事实或判定法律有错是否违反公共政策

在国际仲裁,通常仲裁庭所认定的事实(finding of fact)或判定的法律(holding of law)被视为是最终,法院(不论是仲裁地点或执行地点)都不能插手。也只有英国还会有一个局限的做法就是英国仲裁所判定的法律观点会有机会上诉到法院,而其他国家都不会有这样的做法。针对事实的认定,这一点是更加明确,因为法院除非把所有证据重新来审理一遍,也很难说是事实的认定是对是错。而即使是重新审理,并且得出相反事实的认定,也不代表是对是错,毕竟对证据如一位证人的口头证据,相信还是不相信还会涉及个别人士的主观性与背景。固然,会有情况是仲裁员对事实的认定是错得十分严重,导致是变了一个法律的问题。例如,英国法律是要求对事实的认定必须是根据证据,如果仲裁员凭空与没有任何证据下作出事实的认定就会是在法律方面犯了错:Oleificio Zucci v. Northern Sales Ltd (1965) 2 Lloyd's Rep. 496。以前也有说法是在 Bulk Oil v. Sun International (1984) 1 Lloyd's Rep 531 中所提到的仲裁员的事实认定是没有一个合理与恰当引导的仲裁员会达致同样的结论(the arbitrator's conclusion is one which no reasonable and properly-directed arbitrator could have reached on the findings made),这也是在法律方面犯了错。如仲裁员对证据的解读是完全无法被任何合理人士接受,如指鹿为马。针对法律的判定,法院会是比较容易在裁决书本身所给的原因中看得出是否可能有错误,甚至是明显有错误(obviously wrong)。但由于《纽约公约》是不允许执行法院对仲裁裁决书判下来的争议是对是错来重审,所以说是不应该理会裁决书认定事实或判定法律是否有错。已经提到,这里涉及一个重要的原因就是“一事不再审”(res judicata)的大原则,所以双方当事人同意选择的仲裁庭对实质争议有了定论,执行法院也就不应该再质疑。但这里就要看分水线怎样划,所以也的确有争论,并且有少数的国际案例,针对仲裁庭在裁决书中对于事实的认定和法律的适用犯了严重的错误而被撤销或拒绝执行。这种错误是要严重到使当事人或其他相关人士客观看待是对该仲裁裁决书完全失去信心而非一般的程度较轻的错误。这方面的争议可见新加坡的著名国际仲裁员 Michael Hwang 先生在《Arbitration》2005 Volume 71 No. 1 中发表的文章,在该文章的结论部分,他这样说:“Public policy as a ground for challenge has historically been viewed with much skepticism, often for good reason. While we do not advocate that it be used as a catch-all provision to be applied whenever convenient, it should be available for attacking awards that are fundamentally flawed. To allow such awards to stand uncorrected would undermine confidence in the integrity of the arbitral process. A supervisory or enforcing court should not second-guess a tribunal, and the risk of arbitral error is inherent in the acceptance of the process. However, parties do not bargain for a perverse and manifest error that calls out for correction. To ignore such errors would be to accept that the arbitral process can condone miscarriages of justice.”

按道理即使裁决书针对实质争议有错(假设是严重的程度),也不至于提升到违反公共政策。毕竟,法院判错也不是没有,这毕竟是任何诉讼都会有的风险。这看来也是大部分国家或地方法院的看法。如在香港案例 Werner A Bock KG v. The N's Co. Ltd. (1978) HKLR 281 CA,针对一个德国的仲裁裁决书,认为有可能仲裁庭在适用法律方面有错误,但上诉庭的 Hugging 大法官判是公共政策不能延伸包括裁决书中“每一种可能会出现的错误”(every conceivable kind of error)。但在国际上也有少数的案例会对一些被认为是十分严重的错误有不同对待。

首先介绍美国,众所周知在美国的仲裁如果在实质的法律适用方面有错误,程度是严重到明显的漠视(manifest disregard of law),裁决书就有可能被法院撤销。这是在美国最高院 Wilko v. Swan 346 US 427 (1953)的著名先例。但在这先例之后,虽然有很多案件在美国法院以这个明显漠视法律的原因试图撤销在美国作出的裁决书,但成功的不多。如在 Merill Lynch, Pierce, Fenner & Smith Inc. v. Bobker 808 F. 2d 930, 933 (2d Cir 1986),美国上诉庭认为被指称仲裁员漠视的法律本身并不明确,所以谈不上是漠视。该先例也谈到这一个说法只适用在仲裁员明确知道法律的地位,但故意不理会。另在 DiRussa v. Dean Witter Reynolds Inc 121 F. 3d 818, 821 (2d Cir 1997),美国上诉庭认为双方当事人并没有在仲裁中提供相关的法律,仲裁庭也就不存在漠视他不知道的法律。这方面还有其他许多先例,不一一介绍。显然明显漠视法律就算是一个原因拒绝执行或者撤销在美国作出的仲裁裁决书,但也不适用在美国执行在其他《纽约公约》签约国所作出的仲裁裁决书:Brandeis Intsel Ltd

v. Calabrian Chemicals Corp 656 Federal Supp. 160 (S. D. N. Y. 1987)。在该先例,美国法院解释明显漠视法律的说法不适用在美国以外国家作出的裁决书的原因,说:"It is one thing to ask an American Judge to hold American arbitrators guilty of a manifest disregard of American law. It is quite another to ask an American Judge to determine whether foreign arbitrators manifestly disregarded the internal, substantive law of a foreign nation by which the parties agreed in their contract to be bound. That seems to me a slippery slope upon which American judges should not embark, in clear derogation of the public policy underlying the Convention."

在美国先例 Coutinho Caro & Co USA v. Marcus Trading Inc (2000) US Dist at 37 and 38 and 2000 WL 435566 (D Conn 2000),法院也是判仲裁庭错误的法律适用通常不被视为是违反《纽约公约》下的公共政策。

在瑞典最高院,也曾经有一个案件(Supreme Court Case No 02309 - 02, decision rendered on October 23, 2002)拒绝执行《纽约公约》下的仲裁裁决书。它只是非常简单的在一家著名的瑞典律师所 Vinge 的 Litigation Newsletter June 2003 中被提到,有关的仲裁裁决书涉及了仲裁庭判其中一个已经倒闭的当事人要交出他的财产与作出金钱上的支付。这被视为是一种粗暴的做法处理一些已经倒闭破产公司的财产。

另要一提的是适用《联合国示范法》的国家的法院因为第 34 条中的重大错误而撤销裁决书的案件是来自津巴布韦:Zimbabwe Electricity Supply Authority v. Genius Joel Maposa (Yearbook Commercial Arbitration XXV [2000] p. 546 High Court, p. 548 Supreme Court.)。有关的裁决书在判决实质争议时发生计算错误,导致当事人之一的雇员多收取了欠下的工资。本来在津巴布韦的第一审,法院拒绝以公共政策的理由撤销裁决书,并认为《联合国示范法》下的公共政策只局限在欺诈、贪污受贿与严重的程序不公正。法院也认为这一案件根本不涉及仲裁员在道德上犯错误,而计算上的错误当事人或败诉的雇主可以向仲裁员提出要求修改。但上诉至津巴布韦的最高法院,该法院并不同意第一审的看法,认为这一错误是十分严重的,支持这样的裁决书是违反公共政策,说:"where an award was based on so fundamental an error, as in this case, that it constituted a palpable inequity that was so far reaching and outrageous in its defiance of logic or accepted moral standards that a sensible and fair minded person would consider that the conception of justice in Zimbabwe would be intolerably hurt by the award, then it should be contrary to public policy to uphold it. The same consequence applies where the arbitrator has not applied his mind to the question or has totally misunderstood the issue, and the resultant injustice reaches the point mentioned above."

另在新加坡的 PT Asuransi Jasa Indonesia (Persero) v. Dexia Bank SA (2007) 1 SLR 597,首席大法官也判是裁决书即使是针对法律与事实有错误,对双方还是最终且有约束性。

这里也可以提到裁决书没有为它的决定给予原因的情况。照说这根本不是一个可以在《纽约公约》下拒绝执行的理由，毕竟原因是针对案件的实质性的是非曲直(merits)。但原因重要的是很难从一个简单的裁决中看出有错误，但一给全面的原因支持有关的裁决，就很容易被挑出毛病，特别是该仲裁员的水平有限。照说在《纽约公约》下，判对判错与执行的法院没有关系，所以也没有必要看裁决书的原因。但有先例针对没有原因或不足够原因的裁决书说这是非常严重的违反自然公正的情况，可以导致法院作出救济如撤销裁决书。这方面在《国际人权公约》生效后，变得更加重要，虽然有说法是该公约不适用在私人的仲裁。这里可举一个英国的先例 Benaim (UK) Ltd v. Davies Middleton & Davies Ltd (2005) EWHC 1370 (TCC)对这方面作出介绍："the obligation to provide reasons is an important part of the arbitrator's function. At 21. 16 of Arbitration Law the learned editors state that, 'It is strongly arguable that unless a party knows the reasons for an award there is automatically substantial injustice to him', and the relevant footnote suggests that 'This is indeed the very rationale of the requirement that arbitrators are to give reasons'. I respectfully agree with those comments... If there were no or insufficient reasons the substantial injustice would, in my judgment, be automatic."

在 1996 年《英国仲裁法》，由于有 Section70(4)的机制，可以向英国法院提出申请要求仲裁员给原因或者是多给一些原因。如果败诉方没有这样做，而只是在抗拒执行时以这一理由为借口，恐怕是不会受到执行法院的同情。但如果是一个香港的国际仲裁，根本没有像 Section 70(4)的机制这样的救济办法，就难保在一个极端的情况下会被败诉方以这一个理由作为借口抗拒执行并且受到执行法院一定程度的同情。例如，一个花费巨大的仲裁，仅是开庭已经是几个星期之久，但裁决书只有简单的一句说根据仲裁庭认为的公平合理原则原告胜诉被告败诉。

6.2 违反国家外交政策是否违反公共政策

显然，一个国家的外交政策通常不属于国际公共政策的范畴，除非是涉及面非常广的国际政策，如联合国的的声明或国际公约，对某一些国家实施禁运等。这方面可以介绍两个先例，第一个是美国上诉庭的 Parson & Whittmore 508 F 2d 969 (2nd Cir, 1974)。这是一个非常著名的先例，它支持一个狭窄的针对《纽约公约》下公共政策的解释，而且被许多法院所接受，包括香港法院。案情是有关一个在埃及进行的工厂的建造，资金是来自美国的援助，而工程是包给了一家美国公司名为 Parson & Whittmore。该美国公司签署的工程合约是与埃及当局的一家公司名为 RAKTA，其中有一条仲裁条文。在工程的半途，以埃发生了著名的 6 日战争，这导致了美国与埃及的外交关系破裂，埃及把所有美国在埃及的人员驱逐出境，除非有特别签证。同时，美国提供援助的机构也通知了 Parson & Whittmore 不再继续提供经济援助给该工程，这导致了 Parson & Whittmore 放弃继续建造，并以不可抗力的理由中断该合约。但 RAKTA 不同意合约的中断，并进行仲裁，最后取得了一个胜诉的裁决书。之后在美国执行，Parson & Whittmore 抗拒的理由是根据美埃当时的外交关系，他作为一个效忠国家的美国公民,如须放弃建造与完成有关的工程。所以该裁决书实际上是违反了美国的公共政策。但美国上诉庭不同意,并针对《纽约公约》下的公共政策必须狭窄地解释,说了以下著名的话:"... the Convention's public policy defense should be construed narrowly. Enforcement of foreign arbitral awards may be denied on this basis only where enforcement would violate the forum State's most basic notions of morality and justice."(公共政策的抗辩必须是十分狭窄地解释。执行外国仲裁裁决书只能在以下情况下被否定,就是执行破坏执行国家最基本有关道德与公平的理念。)

美国上诉庭也继续谈到国家政策也不等同于美国的公共政策,如下:"In equating 'national' policy with United States 'public' policy, the appellant quite plainly misses the mark to writ the public policy defense as a parochial device protective of national political interests would seriously undermine the Convention's utility. This provision was not meant to enshrine the vagaries of international politics under the rubric of 'public policy'. Rather, a circumscribed public policy doctrine was contemplated by the Convention's framers and every indication is that United States, in acceding to the Convention meant to subscribe to this supranational emphasis. To deny enforcement of this award largely because of the United States' falling out with Egypt in recent years would mean converting a defense intended to be of narrow scope into a major loophole in the Convention's mechanism for enforcement."

与美国的 Parson & Whittmore 先例有很不同看法的先例是比较近期的马来西亚先例名为 Harris Adacom Corporation v. Perkom Sdn Bhd (1994) 3 MLJ 504。在该先例,马来西亚的被告 Perkom 与一家美国公司 Harris Corporation 签订了一个分销协议,协议中有一条美国仲裁条文。之后,Harris Corporation 把公司的利益转让给了另一家名为 Harris Adacom 的公司,他也是本案例的原告。由于 Perkom 没有支付他的债务,Harris Adacom 就在美国开始仲裁并取得了一个胜诉的裁决书。之后,Harris Adacom 拿了该裁决书去马来西亚向 Perkom 执行,但 Perkom 提出抗拒的理由主要的一个就是裁决书违反了公共政策,因为 Harris Adacom 是一家以色列公司。但该抗拒最后还是失败,因为法官根据证据认为 Harris Adacom 只是对一家在以色列营运的子公司拥有 68% 的股权,而根据他与 Perkom 之间的分销协议,所有产品的设计与生产都是来自 Harris Adacom 在美国的公司,与以色列无关,所以判是没有违反马来西亚的公共政策,裁决书可以被承认与执行。但被批评的就是该法官接下来提到如果 Harris Adacom 真的是一家以色列公司,根据马来西亚的外交政策,该裁决书就会因为违反马来西亚的公共政策而不能获得承认,说:"On the allegation that the plaintiff is an Israeli based company and, therefore, it is against public policy to have the award enforced, it is common ground that, in the foreign office declaration produced to this court, if it is so found that the plaintiff is an Israeli company, it is against public policy to enforce it as trade with Israel is prohibited."

6.3　惩罚性赔偿的裁决书是否违反公共政策

有关惩罚性赔偿,众所周知英美之间有截然不同的看法,英国(也包括其他欧洲国家如法国)的法律不接受对一般的商业性合约的争议作出任何惩罚性赔偿:Watts, Watts & Co. Ltd v. Mitsui & Co. Ltd (1917) AC 227;cf. Jobson v. Johnson (1989) 1 WLR 1026, CA。这也可以说是英国的公共政策,不可以让订约双方通过合约的明示条文改变这个地位,如约定一个与实际损失脱节的议定赔偿。但在美国,众所周知的地位是承认且经常会有惩罚性赔偿的判决或裁决。而仲裁员已经有很明确的法律地位是可以作出惩罚性赔偿:Baravati v. Josephthal, Lyon & Ross Inc, 28 F 3d. 704 (7th Cir, 1994)等。这就涉及了美国或者其他地方所作出的裁决书,如果有给予惩罚性赔偿,能否去英国、新加坡或香港地区等不认同惩罚性赔偿做法的国家或地区执行,会否面对违反公共政策的抗拒?

这里首先介绍的是美国的一个本土仲裁名为 Mastrobuono v. Shearson 514 US 52 (1995) SC,案例涉及了证券买卖的仲裁,而裁决书给予惩罚性赔偿。但有关的协议适用法是根据纽约法,但纽约法是禁止在仲裁中给予惩罚性赔偿。但美国最高院支持该裁决书的有效性。

另一个也是在美国执行的案例名为 Dandong Shuyuang Axel Corp v. Brilliance Machinery Co, 2001 US Dist 7493, ND Cal,但裁决书是中国贸仲(CIETAC)的裁决书,其中的内容涉及仲裁庭给予一笔10万美元的惩罚性赔偿。美国法院认为在国际仲裁中给予惩罚性赔偿并非违反《纽约公约》下的公共政策。

以上是美国法院的地位,毕竟他是承认惩罚性赔偿的国家。所以笔者就介绍另一个新西兰法院的先例,名为 Amaltal Corp Ltd. v. Maruha (NZ) Corp Ltd. (2004) 2 NZLR 614 (CA)。案情是原告 Amaltal 与被告 Maruha 合资成立一家名为 Ceebay 的公司,但双方后来发生争议并仲裁。仲裁员判是 Amaltal 败诉,并要把 Ceebay 的股份转让给 Maruha。Amaltal 试图把裁决书撤销,指有关的裁决是惩罚性,这违反了新西兰法律与公共政策,就是不承认惩罚性赔偿。但在第一审与上诉庭,Amaltal 都败诉。上诉庭判是除非涉及了最基本的法律公平与原则,法院不会以公共政策的理由干预,说:"Assuming that the subject matter of an arbitration has required the arbitrator to make a determination in a matter capable of raising some fundamental principle of law and justice ... when will the Court intervene on an application under art. 34 which asserts a conflict with public policy? In principle, it might be thought that unless it is obvious that what has occurred is contrary to public policy in the sense just discussed, the limited nature of judicial review of arbitral awards will require that the arbitrator's findings of fact and law be respected."

看来,针对《纽约公约》对裁决书的执行,如果裁决书给予惩罚性赔偿,应该是不足构成是违反国际公共政策。特别是如果双方同意去美国仲裁,又没有在仲裁条文中禁止给予惩罚性赔偿,败诉方就不应该指称裁决书违反公共政策,毕竟他是自愿去美国仲裁,而且应该明白有这样的后果。这里也可以看得出法院判决与仲裁裁决的不同之处,就是美国法院判决有惩罚性赔偿,就很有可能在英国法院不会得到承认:Adams v. Cape Industries plc (1990) Ch 433。但如果是一个仲裁裁决有惩罚性赔偿,估计英国法院在《纽约公约》下照样会承认与执行。

6.4　费用的分摊是否违反公共政策

首先可介绍新加坡的先例名为 VV & Anor v. VW (2008) 2 SLR 929,涉及一个有关仲裁费用的裁决书,受到了攻击并要求法院将其撤销,因为它违反了新加坡有关费用分摊的大原则,包括按比例(proportionality)的大原则。但这被法院拒绝,Prakish 大法官认为这不是公共政策的一部分,因为它并没有"伤害公众的安宁或让良知感到震惊"(injurious to the public good nor shocking to the conscience)。

下一个介绍的是德国的先例名为 Oberlandesgericht Dresden CLOUT Case No 443, 11 Sch 06/98 (13 January 1999),涉及原告在裁决书被判可向被告取得 8.5 万马克的一笔金额,这包括了利息与仲裁费用。被告抗辩说这种做法是违反德国的公共政策,但德国法院不支持这个说法。

接下来介绍的是一个不同说法的案例,是菲律宾的上诉庭的 Luzon Hydro Corp v. Hon Rommel O Baybay, stc and Transfield Philippines Inc, CA-GR Sp No 94318 (29 November 2006)。案情是有关一个在菲律宾的水电厂的建造,承建商的背景是澳大利亚公司,他在该工程合约下是承担设计、建造、检查、启动与完成这个工程。为了拿到这个合约并在规定的完工日期之前完成工程,承建商要通过澳大利亚银行开出两份限令担保(on demand guarantee),每一份金额是 900 万美元。在工程期间,时为 1998 年 10 月,承建商声称有一场台风名为 ZEB 影响工程与造成延误。承建商指这属于不可抗力事件,造成的延误长达 180 天,并要求双方谈判。菲律宾雇主要求承建商提供有关台风的资料,并认为该台风只是造成了几天的延误。根据有关的合约,第 19.5 条文说明如果有不可抗力事件发生并且造成了 180 天以上的延误,双方同意协商。如果他们无法在协商后同意,任何一方可以发出中断合约的通知。由于雇主无意协商,承建商发出最后通牒说除非对方同意协商,否则就会发出中断合约的通知。这导致了一连串的法律行动,包括菲律宾雇主向当地法院申请作出禁令,禁止承建商停工。另是承建商根据工程合约开始了国际商会 ICC 仲裁。承建商也害怕雇主向银行作出的限令担保要求支付,就向菲律宾法院申请禁令阻止银行与雇主作出或要求支付。但该申请并不成功,而限令担保结果是被雇主提出要求并作出了支付。

在 ICC 仲裁,仲裁庭的构成是两位澳大利亚人与一位英国人,都是著名的国际仲裁员。他们前后作出了总共六个裁决书,其中包括了第三个中间裁决书判是菲律宾雇主错误地要求限令担保作出支付,并要把有关的金钱退还给承建商。而最后的一个裁决书是针对仲裁费用的分摊,而仲裁庭判是败诉方的菲律宾雇主应该承担承建商 80% 的费用,金额高达 1200 万美元。

在该裁决书的执行,面对了败诉方菲律宾雇主的大力抗拒。其中针对最后有关仲裁费用的裁决书,雇主抗拒的理由是说该裁决违反了菲律宾的法律与公共政策。要一提的是,该工程合约有条文说明实体法是根据菲律宾的法律,而菲律宾法院的做法并非是英国法律下的所谓败诉方要承担胜诉方诉讼费用的做法,这菲律宾法院的地位与美国法院相似。上诉庭判菲律宾雇主胜诉,有关的裁决书被视为违反菲律宾公共政策,说:

"This principle [of costs follow the event] is not recognized or accepted in Philippine law. . . .

The arbitral tribunal gravely abused its discretion when it causally disregarded substantive Philippine law in favour of an alien principle of 'costs follow the event'.

The award is null and void as a matter of law and Philippine public policy with respect to the grant to respondent TPI of its arbitration costs and litigation expenses; this part of the award amounts to US $10,817,898. It is a well-settled public policy of the Philippines that, in the absence of bad faith, a litigant cannot be penalized for the exercise of his right to litigate, and the arbitrators did not and could not have found the petitioner to have acted in bad faith in resisting its own claims in the arbitration which the arbitration in fact upheld.

Attorney's fees cannot be recovered as part of damages because of the policy that no premium should be placed on the right to litigate and not every winning party is entitled to an automatic grant of attorney's fees. The party must show that he falls under one of the instances enumerated in Article 2208 of the Civil Code of the Philippine.

As held in Solid Homes Inc v. Court of Appeals 235 SCRA 299, 'Article 2208 of the Civil Code allows attorney's fees to be awarded by a court when its claimant is compelled to litigate with third persons or to incur expenses to protect his interest by reason of an unjustified act or omission of the party from who it is sought. While judicial discretion is here extant, an award thereof demands, nevertheless, a factual, legal or equitable justification. The matter cannot and should not be left to speculation and conjecture.'

Based on the foregoing findings and pursuant to Article V, Section 2 (b) of the New York Convention, this Court finds that the enforcement and recognition of the Final Award would be contrary to the laws and public policies of this country. This Court therefore rules that the said award be vacated."

这一判决本来是要上诉到菲律宾最高院,但期间双方达成和解,所以没有机会看最后的结果。只能说在目前的情况,菲律宾是不接受一个败诉方要支付胜诉方费用(costs follow the event)的裁决书。或说,该工程合约的适用法是菲律宾法律,如果换了是一个伦敦裁决书,而有关工程合约的适用法是英国法,菲律宾法院如果执行就应该不会把自己本土的法律与做法强加给该伦敦仲裁裁决书。这可能会是事实,但该先例的判法还是不尽如人意。一是即使仲裁庭根据菲律宾法律下这样分摊仲裁费用是犯错,但已经说过是即使裁决书对事实的认定或法律的判定有错,还是不应该通过《纽约公约》的公共政策把它推翻,间接通过后门干预仲裁庭对实体的裁决。二是该仲裁庭这样分摊费用根本不像是有错,因为有关的工程合约除了规定适用菲律宾实体法外,也同意了去 ICC 仲裁。而根据 ICC 的仲裁规则 Article 31(3),是说明仲裁庭可以判双方怎样分摊仲裁的费用:"The final Award shall fix the costs of the arbitration and decide which of the parties shall bear them or in what proportion they shall be borne by the parties."

通常解释合约条文之间的矛盾,其中一个说法就是明示条文超越了默示法律地位。所以即使是菲律宾法律没有败诉方要支付胜诉方费用的做法,也没有禁止双方在这方面的订约自由,ICC 的仲裁规则属于双方同意的明示条文就应该超越这个默示地位。这等于在美国,如果双方约定是败诉方要支付胜诉方的诉讼费用,也会受到尊重一样。

6.5　违反自然公正是否违反公共政策

违反自然公正显然是违反国际公共政策,毕竟在《纽约公约》的 Article V 作为抗拒执行的合法理由中,其中(1)(b)没有给败诉方恰当的通知等,本质上就已经是违反自然公正。但问题就是违反自然公正到什么程度才可以以违反公共政策的理由拒绝执行,毕竟在 1996 年《英国仲裁法》之后,违反自然公正导致英国作出的裁决书被撤销或是发还给仲裁员重新考虑的程度也比该立法之前有大幅度的提高。就执行裁决书而言,照理由程度应该是更加的高。毕竟根据《纽约公约》执行外国的裁决书在英国被视为是公共政策,这就不仅是单纯的对英国仲裁的裁决书作出救济这么简单。

这里还要考虑到外国仲裁往往是有一个管辖的法院,也就是仲裁地点的法院,作出监督或提供救济(如把赶走仲裁员或者把撤销/发还裁决书)。一般在仲裁程序发生违反自然公正,如果受害方不向监督法院申请救济,就会被英国作为执行地法院质疑为什么不这样做。而如果受害方有向监督法院申请救济但不成功,也会被英国作为执行地点法院视为是有必要尊重仲裁地点法院的决定而不应该唱反调。

所以,笔者不知道到目前为止有英国的案例是被法院认为违反自然公正严重到一个程度要根据《纽约公约》拒绝执行裁决书。在 Dalmia Dairy Industries Ltd v. National Bank of Pakistan (1978) 2 Lloyd's Rep 223,涉及了一个 ICC 仲裁,仲裁员拒绝开庭审理。这判是这种做法是 ICC 仲裁程序一贯的做法,并不违反自然公正。另在 Minmetals Germany GmbH v. Ferco Steel Ltd (1999) 1 All ER (Comm) 315,Colman 大法官认为公共政策的考虑是不要挑仲裁程序的毛病。其中涉及两个主要方面,一是国际仲裁裁决书的终局性(finality),二是在仲裁地点会有这方面的救济。其中 Colman 大法官指出有五方面的考虑:(1)仲裁程序不公正的本质或是严重性;(2)抗拒执行方(也就是执行中的被告)有否向仲裁地点法院寻求救济;(3)在该管辖法院到底对这种不公正是否有救济;(4)该管辖法院有否结论性地针对抗拒执行方的不满之处并判裁决书有效;(5)如果抗拒执行方没有申请请求救济,原因是什么以及他有否做错而导致不这样做。

另可介绍一个加拿大的先例 Corporation Transnacional de Inversiones SA de CV v. STET International SpA. (2000) 49 OR 414，被告指称仲裁庭没有向主要的证人取证与命令原告披露一些文件但没有抄本给被告，但加拿大法院还是将有关的外国裁决书执行，说："The concept of imposing our public policy on foreign awards is to guard against enforcement of an award which offends our local principles of justice and fairness in a fundamental way, and in a way which the parties could attribute to the fact that the award was made in another jurisdiction where the procedural or substantive rules diverge markedly from our own, or where there was ignorance or corruption on the part of the tribunal which could not been seen to be tolerated or condoned by our courts."

反而在香港倒是曾经有一个先例，名为 Paklito Investment Ltd v Klockner East Asia Ltd (1993) 2 HKLR 39，曾经拒绝执行裁决书因为在程序中出现违反自然公正。案情可简单的重复是涉及了一个贸仲的裁决书，违反自然公正的事件是贸仲通知双方当事人仲裁庭根据贸仲的仲裁规则将会去指定中立的专家作出对一批钢材货物缺陷的原因的协助。败诉的原告提出反对，认为这一程序没有用，并说明不接受该中立专家的报告。在该中立专家作出对被告不利（认为缺陷是来自生产而不是在付运期间）的报告后，一份寄了给被告的律师。被告向贸仲声称他想对该报告作出反驳，但3天后仲裁庭已经作出了被告败诉的裁决书。原告把该裁决书拿到香港法院执行时，被告以该裁决书违反自然公正为由抗拒执行。Kaplan 大法官认为被告的确是被剥夺了对这一份中立专家报告作出反驳的机会，并因此而拒绝执行该裁决书，说："Taking all the matters canvassed by both sides into account I have come to the very clear conclusion that the defendant was prevent from preventing its case and they have thus made out the grounds set out in s 44(2)(c) of the Arbitration Ordinance. The defendant was denied a fair and equal opportunity of being heard."

笔者事后也听到过对这一判决的批评，包括在执行裁决书不应该重视这种相对轻微的仲裁程序可能出现的违法自然公正。在国际仲裁，本来就会有风险涉及了不同仲裁员以不同的法律背景与制度处理程序问题。毕竟，即使被告有机会对该中立的专家被告提出反驳，也不像有可能改变裁决书最后的结果。但这一判决是在1993年，估计到了今天，香港法院的看法会是很不一样。

6.6 争议涉及欺诈或通过欺诈手段取得裁决书是否违反公共政策

通过欺诈手段最明显的就是仲裁的胜诉方是通过证人的伪证或是隐瞒重要的文件证据而取得裁决书。当然对这种严重的指控，被告不能仅凭想象而是需要强而有力的证据作支持。通过这种欺诈手段取得的裁决书看来应该是属于《纽约公约》下的公共政策。

但这里的问题也不简单，首先是在1950年《英国仲裁法》之 Section 24(2)，英国法院是有权不让仲裁员审理有关欺诈的争议，而由英国法院来处理。但到了1996年

《英国仲裁法》,再也没有这一条文,可以说争议涉及欺诈在今天的法律地位是完全由仲裁员来处理。事实上,在今天的国际仲裁中,仲裁员经常要对有关欺诈的争议作出裁决。如果仲裁员已经对指控的欺诈作出了裁决,不论成立与否,英国法院在一事不再审的大原则以及对国际仲裁尊重的大气候下,通常是不愿意对涉及欺诈的争议在执行时重申一遍。同样的心态在涉及外国法院的判决就已经是非常明显,特别是涉及欧共体国家。因为如果外国法院已经对涉及欺诈的争议作出过判决,英国法院在执行的时候质疑,就显然是对外国法院的不尊重或不信任。这些案例有:Owens Bank SA v Etoile Commerciale SA (1995) 1 WLR 44;涉及欧共体国家的 Interdesco SA v Nullifire (1992) 1 Lloyd's Rep 180;Societe d' Informatique Service Realisation Organization v Ampersand Software BV (1994) ILPr 55。

而针对国际仲裁,主要的先例是 Westacre v Jugoimport (1998) 2 Lloyd's Rep. 111。在该先例,被告抗拒执行指称在该瑞士的 ICC 仲裁,原告是通过伪证取得裁决书,并要求英国法院允许提供证据就是胜诉方的证人的确有作出伪证。但 Colman 大法官拒绝作出干预,并认为以伪证作为抗拒执行的理由,只是在十分局限的情况下可以接受。这包括是有关的证据是在仲裁程序或开庭审理的时候无法取得,也在裁决书作出后的一段合理时间内无法取得而导致无法向仲裁地法院寻求救济。在这种非常罕见的情况下,英国法院作为执行地法院才会考虑接受。Colman 大法官是这样说:"(i) the evidence sought to be adduced is of sufficient cogency and weight to be likely to have materially influenced the arbitrators' conclusion had it been advanced at the hearing; and (ii) the evidence was not available or reasonably obtainable either (a) at the time of the hearing of the arbitration; or (b) at such time as would have enabled the party concerned to have adduced it in the court of supervisory jurisdiction to support an application to reverse the arbitrators' award if such procedures were available."

6.7　不执行国际仲裁裁决书是否违反公共政策

这句话反过来说就是很多支持执行的西方国家今天已经把执行国际仲裁的裁决书提升到公共政策的地位,认为这才是符合《纽约公约》的精神。举例说,在 Westacre v Jugoimport (1998) 2 Lloyd's Rep. 111,Colman 大法官就把这一公共政策比较另一个不鼓励国际贸易涉及贪污受贿的公共政策,认为前者比后者更加重要,说:"On balance, I have come to the conclusion that the public policy of sustaining international arbitration awards on the facts of this case outweighs the public policy in discouraging international commercial corruption. . . . "

Colman 大法官也提到了国际贸易涉及贪污受贿是比不上好像贩毒的公共政策,看来言下之意是如果涉及贩毒的公共政策与支持执行国际仲裁的裁决书的公共政策相比,才会是把后者的重要性压下去。

最近二三十年来西方国家从犹豫的态度蜕变为大力支持国际仲裁,尽量避免干预仲裁程序,尊重仲裁员的裁决以及全力执行裁决书,已经是大家的共识。说这是目前环境下的国际公共政策也一点都不夸张。这里有无数的大法官与重要书籍都有谈到,笔者只节录一个新加坡案例,名为 The "Duden" (2008) SGHC 149, Andrew Ang 大法官说:"Courts generally should be slow to interfere in the arbitration process. In recent years, courts have moved from strong uncertainty as to the arbitration process resulting in extensive judicial interference or the non-enforcement of arbitration agreements to a position in favor of arbitration, i. e. deferring to party autonomy and avoiding intervention where possible."

美国也是与英国有同样的看法,甚至超越了英国。在美国法院已经有很多的先例强调这是美国的公共政策执行,如 Ministry of Defence of the Islamic Republic of Iran v. Gould, Inc., 969 G..2d 764,770 (9th Cir. 1992):"The burden of proving that the Claims Tribunal exceeded its jurisdiction... is substantial because the public policy in favor of international arbitration is strong."; Spier v. Calzaturificio Tecnica, S. p. A., 71 f. Supp. 2d 279, 287 (S. D. N. Y. 1999):the "emphatic federal policy" favoring enforcement of arbitral awards。

在较近期的 Telenor Mobile Communications v. Storm L. L. C 524 g. Supp. 2d 332 (S. D. N. Y. 2007),案情涉及乌克兰法院在被告的申请下作出了一个判决与仲裁结果完全不一致。在仲裁胜诉的原告去美国纽约法院要求执行,被告的抗辩是如果执行,就会迫使被告违反乌克兰的法律,因为该法院已经作出了一个不同的判决。而这样的做法应该是违反美国的公共政策。但纽约法院判是执行与尊重仲裁的公共政策是超越了被告抗辩的公共政策(public policy in favour of encouraging arbitration and enforcing arbitration awards outweighed the policy suggested by Storm),并说:"Even if there exists a clear public policy in New York against arbitration awards that are in tension with foreign judgments, such a policy cannot trump the well-established and centuries-old policy against enforcement of judgments gained through collusive litigation, whether they be foreign or domestic. A contrary holding would directly undermine that policy, and reward Storm for its collusive tactics."

至于美国,更是有很多这方面的案例,随便挑一个就是 Commercial Union v. Lines 378 F. 3d 204 (2d, Cir: 2004),案情是有关通用电气集团的一家保险公司名为 Electric Mutual Liability Insurance Company(或简称 EMLICO),他向另一家著名的保险公司 Commercial Union 安排了再保。在面对通用电气提出了许多庞大的有关石棉及环境污染的索赔后的三年,原在麻省的 EMLICO 向麻省当局申请把公司注册地转去百慕大,并在迁册后不久在百慕大申请清盘。这后来在 EMLICO 与 Commercial Union 之间的再保合约下的诉讼,被指是瞒骗了麻省当局他要迁册的理由。在仲裁中,仲裁庭确认了 EMLICO 瞒骗麻省当局的事实,但不认为再保合约可因此而中断,所以结果判 Commercial Union 要赔偿给 EMLICO 超过 3600 万美元。Commercial Union 认为如果 EMLICO 是在麻省清盘,他只需要赔 19.1 万美元。因此,Commercial Union 就在美国地方法院以违反公共政策为由挑战该裁决书,但被拒绝。再上诉至第二巡回法院,就受到支持。上诉庭认为这一案件的案情非常罕见,而法院就在两个互相冲突的公共政策之间感到犹疑,一个重要公共政策是承认裁决书的终局性,另一个就是法律拒绝让欺诈的一方(EMLICO)从中得利,说:"... highly unusual ... without clearly governing precedent, where the analysis essentially pit the public policy favouring arbitration ... against the judicial policy of refusing to lend [the court's] power to assist or protect a fraud."

结果是上诉庭把该仲裁裁决书发还给地方法院(不是仲裁庭)看到底在百慕大清盘是否影响结果与违反法院的公平原则:"... address whether liquidation in Bermuda ... could affect the results of the arbitration, and whether confirming the awards in phases I and II would violate the courts equitable principles."

6.8 贪污受贿的非法行为是否违反公共政策

针对商业活动,有一些公共政策可以说不论在国际上还是本土而言看法应该是一致的,这就是经常会发生的贿赂(corruption)或/与贪污(bribery)。贿赂或/与贪污好像违反"自然公正"(natural justice)一样,一定受到反对,被认为是违反基本的道德观念与公共政策。

6.8.1 国际与国家针对国际贸易贪污受贿的立法

这方面也不断有国际公约与本土立法针对,把它刑事化。如在1998年的经合组织签署的OECD Convention on Combating the Bribery of Foreign Officials in International Transactions,目前仍处在邀请公众给予意见与评论阶段,就是意图把任何贿赂外国官员的行为作为刑事罪行处理,如下:"... for any person intentionally to offer, promise or give any undue pecuniary or other advantage, whether directly or through intermediaries, to a foreign public official, for that official or for a third party, in order that the official act or refrain from acting in relation to the performance of official duties, in order to obtain or retain business or other improper advantage in the conduct of international business."

在美国,除了本国不会允许贪污受贿外,也订立了严厉的《Foreign Corruption Practices Act (1977)》(简称FCPA)禁止美国公司在外国为了方便或赚钱而贿赂当地官员。该立法在1998年作出修订,笔者只是简单介绍它所针对的事情是如下:"The anti-bribery provisions of the FCPA prohibit:1. Issuers, domestic concerns, and any person;2. From making use of interstate commerce;3. Corruption;4. In furtherance of an offer or payment of anything of value;5. To a foreign official, foreign political party, or candidate for political office;6. For the purpose of influencing any act of that foreign official in violation of the duty of that official or to secure any improper advantage in order to obtain or retain business."

除了贪污受贿,商业活动也涉及了影响权势或"走后门"(personal influence)。这在英国而言也是违反了公共政策,这在Montefiore v Menday Motor Corporation Co., Ltd

(1918) 2 K. B. 241 中,Shearman 大法官说:"... In my judgement it is contrary to public policy that a person should be hired for money or valuable consideration when he has access to persons of influence to use his position and interest to procure a benefit from the government. "但看来"走后门"并没有普遍被接受为是违反公共政策,如瑞士就不把其当作违反公共政策:Westacre v Jugoimport (1998) 2 Lloyd's Rep. 111。

当然,聪明的商人会很快想出对策绕过这些法律。例如,他们可以通过一些有背景的代理人,给予丰厚的代理费用,通过他们贿赂官员,而自己就隔得很远,也不会留下任何证据。在今天很多大型的仲裁涉及发展中国家很多都会发生这种情况,会有迹象是有关的合约涉及贪污受贿,而即使不涉及当事人本人,也会涉及代理人。而在这些案件中,发展中国家可能在仲裁里面已经有以欺诈或/与贪污作为抗辩但不成功,也有可能根本不提出这一抗辩,原因会是遗漏或者没有充分证据。

6.8.2 针对贪污受贿的非法行为可能作出的对策

针对欺诈、贿赂或/与贪污,无可置疑这些都是非法行为,而作为被告可以从三方面作出抗辩或者是寻求救济:(1)在仲裁中作出这一方面的抗辩,务求说服仲裁庭这是非法与违反公共政策,而令有关的合约变为无效;(2)在仲裁地点(seat)的管辖法院把撤销有关的裁决书,如在 1996 年《英国仲裁法》Section 68 (2)(g)就可以这样做;(3)在被告败诉后,原告根据《纽约公约》执行时,抗拒执行。

6.8.3 对策之一:仲裁的实质抗辩

6.8.3.1 什么是非法

向仲裁庭提出这一方面的实质抗辩,可以说非法会导致合约变为无效。在英国法律下,在执行合约或是外国法院的判决应该是明确的。非法会涉及合约的适用法(governing law of the contract),也会涉及履行地国家的法律(law of the place of performance),这两者不一定相同。这里在《Illegal Transaction》,1998 年版,LLP 一书中 63 ~ 68 页区分为四种情况:(1)如果合约是以英国法作为适用法,而合约在英国法下是非法,就不管履行地国家的法律是合法或者非法,这合约或是非法的部分(如果可以分割)就不会被执行;(2)如果合约是以英国以外的国家法律作为适用法,并且在该法律下被视为是非法,这合约就不会被执行;(3)如果合约在适用法下是合法,在履行地国家的法律下也是合法,但在英国法(作为执行地)下是非法,这合约下作出的判决就会被执行;(4)如果合约在适用法下是合法,但在履行地国家的法律下是非法,这合约就不会被执行。

例如逃税,这就是欺诈税务局而且在绝大部分的国家都会是非法。这逃税可以是发生在英国(如 Kohn v Wagschal (2007) EWCA Civ 1033)或英国以外的国家,在后者的情况下就是按照履行地国家的法律是非法,英国根据国际友好是不会执行这种非法合约,认为是属于公共政策。英国的法律在许多有关的案件都讲得很清楚。也很清楚的是英国尊重其他友好国家的非法也属于英国法下的非法。如在 Euro-Diam v Bathurst (1988) 1 Lloyd's Rep. 228,案情涉及钻石的买卖,进口国是德国,该买卖涉及把发票的金额写得比实际低以逃避德国的税法，上诉庭的 Kerr 大法官这样说："The ex turpi cause defence ultimately rests on a principle of public policy that the Courts will not assist a plaintiff who has been guilty of illegal (or immoral) conduct of which the Courts should take notice. It applies if in all the circumstances it would be an affront to the public conscience to grant the plaintiff the relief which he seeks because the Court would thereby appear to assist or encourage others in similar acts."

另在 Lemenda Trading Co., v African Middle East Petroleum Co., (1988) 1 Lloyd's Rep. 361，Phillips 大法官说："... the English courts should not enforce an English law contract which falls to be performed abroad where: (i) it relates to an adventure which is contrary to a head of English public policy which is founded on general principle of morality, and (ii) the same policy applies to the country of performance so that the agreement would not be enforceable under the law of that country. In such a situation international comity combines with English domestic policy to militate against enforcement."

在上述的两个先例，应该是属于非法的第(4)种情况，就是合约适用法(英国法)没有特别针对这种外国发生的事情，说是不合法。但这些事情在履行地的国家(德国或是卡塔尔)是非法，所以英国法院不予执行。

而在更早的案例 Heyman v Darwins Ltd., (1942) 72 Ll. L Rep. 65，Viscount Simon 大法官说(这在今天的法律地位应该已经过时，因为仲裁条文被视为是一个独立的协议)："... If one party to the alleged contract is contending that it is void ab initio (because, for example, the making of such a contract is illegal) the arbitration clause cannot operate, for on this view the clause itself also is void."

6.8.3.2　由仲裁员对贪污受贿的非法合约作出裁决的局限

由仲裁员对这些贪污受贿作出审理(仲裁员在 Harbour Assurance v Kansa [1993] 1 Lloyd's Rep. 455 被确认有权对非法的争议作出审理)是有一定的局限，如在程序上处理的阻吓力，如文件披露或传召证人等方面都比不上法院。加上仲裁的机密性也会令被指控贪污受贿的西方公司与仲裁庭感到没有压力面对。另外一个更大的忧虑就是仲裁员作为一个有商业背景的人士，会对这些违反公共政策与道德的行为可能比法院的容忍程度较高，特别是不需要面对公开聆讯。笔者听个别国际著名仲裁员说发展中国家人士做生意无可避免都会涉及这种类似行为，与发展中国家签订的合约不能都因此而无法执行吧？在 Westacre v Jugoimport (1998) 2 Lloyd's Rep. 111，该 ICC 仲裁庭的一个德国与一个瑞士的仲裁员判是证据不足以说明在科威特涉及贪污受贿，说：

"The majority also holds that bribery renders an agreement invalid. In arbitration proceedings, however, bribery is a fact which has to be alleged and for which evidence has to be submitted, and at the same time constitutes a defence, nullifying the claims arising from a contract. The consequences of this are decisive.

If a claimant asserts claims arising from a contract, and the defendant objects that the claimants' rights arising from the contract are null due to bribery, it is up to the defendant to present the fact of bribery and the pertaining evidence within the time limits allowed to him for presenting facts. The statement of facts and the burden of proof are therefore upon the defendant. The word 'bribery' is clear and unmistakable. If the defendant does not use it in his presentation of facts an arbitral tribunal does not have to investigate. It is exclusively the parties' presentation of facts that decisions in what direction the arbitral tribunal has to investigate.

If the claimant's claim based on the contract is to be avoided by the defence of bribery, the arbitral tribunal, as any state court, must be convinced that there is indeed a case of bribery. A mere 'suspicion' by any member of the arbitral tribunal, communicated neither to the parties nor to the witnesses during the phase to establish the facts of the case, is entirely insufficient to form such a conviction of the arbitral tribunal. "

以上的结论也解释了另一个困难就是在责任的举证方面,在英美法下,越严重的指控就需要越大的举证责任,这包括是指控贪污受贿。即使这只是在一个仲裁而不是一个刑事诉讼程序,仲裁庭还是会对这一个严厉的指控有很高举证的要求。但如果西方商人的原告做得精明,是很难满足举证要求从而认定原告有直接参与贪污受贿。而即使有证据,会是对来自发展中国家的人士看来是明显不过的贪污受贿,但对部分的西方仲裁员会是有不同的看法。

6.8.4 对策之二:在仲裁地点(seat)的管辖法院把有关的裁决书撤销

如果被告的贪污受贿与非法的抗辩不能说服仲裁员而败诉,该裁决书仍会是违反仲裁地点的公共政策(因为是有贪污受贿的本质),在一些著名的仲裁地点如伦敦或者香港的管辖法院都有立法的依据作出这方面的救济,主要就是把裁决书撤销。在1996年《英国仲裁法》,会是根据 Section 68 (2)(g)如下:"... the award being obtained by fraud or the award or the way in which it was procured being contrary to public policy. "

而在香港《仲裁条例》(依据《联合国示范法》)就是 Article 34 (2) (b) (ii),如下:"(2) An arbitral award may be set aside by the court... if:... the award is in conflict with the public policy of this State. "

在这方面的困难也有不少:(1)仲裁地点的法律往往有一个很短时限向法院作出对裁决书救济的申请。如在英国就是在裁决书作出后的28天内,要求延期是十分困难。这方面的问题已经在本书第八章有详论。在现实中,特别是涉及发展中国家,效率比较低以及存在各种困难如外汇管制问题(无法及时支付裁决书的费用),经常造成裁决书作出后28天内根本还没有发放给当事人,被告就根本不会及时知道有这个需要向英国法院作出对裁决书救济的申请。(2)很多受欢迎的仲裁地点(如伦敦、巴黎、日内瓦、香港、新加坡等)的管辖法院现在都倾向支持仲裁员的裁决,抗拒作出干预，所以申请撤销裁决书绝非易事。在英国1996年《英国仲裁法》把1950年立法下的“不良行为”提升为“严重不正常”就可以显示该趋势。如果贪污受贿的非法争议已经被仲裁员考虑过，如认为证据不足支持这一严重的指控，更加难要求英国法院对这一事实的争议重审一遍。会是在罕见的情况下，如是裁决书认定有贪污受贿的事实，但法律观点(如这方面是否影响合约的有效性)可能有错误，败诉的被告才会有机会根据Section 68/69向法院寻求救济。(3)只是重复如果任由仲裁员对这方面的事实问题作出最后的裁决，就要考虑到一个危险是仲裁员对商业上的贪污受贿会是比法院对待较宽松。(4)笔者认为恐怕为了保持国际仲裁中心的地位，个别仲裁地点的法院也是尽量避免干预或者把道德的调子提得太高，因为会导致大量与金额庞大的国际性仲裁的流失。如在Westacre v Jugoimport (1998) 2 Lloyd's Rep. 111的先例后，就有英国皇家仲裁学会的前任主席Hew Dundas先生的文章发表说英国法律认为“走后门”是违反公共政策，但瑞士的法律就不这样。这些差别就会使得在国际竞争上伦敦仲裁比起瑞士仲裁吃亏与不受欢迎，希望英国法律有所放松。而考虑到很多法律现在针对国际仲裁的机密是可以关起门来审理而不必公开，所以对这方面的道德就算是有所放松也不至于影响自己国家整体的道德水平。

这方面可以举R v V (2009) 1 Lloyd's Rep 97为例，案情涉及一个有关在利比亚的石油发展与采购限额的顾问合约。该合约下R委任了V作为顾问，并要求V作出协助与利比亚国家石油公司进行有关的谈判，并在成功的情况下对V支付了丰厚的顾问费。顾问合约明示适用英国法并同意在有争议时以ICC仲裁，仲裁地点是伦敦。双方后来发生了争议，V要向R索赔顾问费用，而R的主要抗辩是该顾问合约无法执行，因为违反了利比亚法律与英国的公共政策，因为案件涉及了要求V运用“走后门”(personal influence)或/与涉及贪污受贿。该英国仲裁的仲裁庭判R败诉，要马上支付V高达300万美元的顾问费，并加上将来作出的支付，金额高达1600万美元。R之后向英国法院寻求救济，要求撤销该裁决书，理由就是该裁决书违反了公共政策，在1996年《英国仲裁法》下就是Section 68(2)(g)与81(1)(c)。但这被Steel大法官拒绝，其中说到有关一个合约涉及“走后门”即使在英国法律下是违反公共政策，这也只属于本土的公共政策而不属于国际性的公共政策。只要有关的合约不涉及在英国“走后门”，而是在外国“走后门”，英国就不加理会，除非在外国履行的地点法律将“走后门”也视为是违反公共政策。Steel大法官是这样说：“There are some rules of public policy which would, when infringed, lead to non-enforcement whatever the proper law or whether the contract was to be performed, e.g. terrorism or drug trafficking. However, contracts for the sale of personal influence were not an example. If a contract for the sale of personal influence was to be performed in England, it would not be enforced only if performance would be contrary to the domestic public policy of that country as well. There was nothing which offended English public policy if an arbitral tribunal enforced a contract which did not offend the domestic public policy under either the proper law of the contract or its curial law, even if English domestic public policy might have taken a different view. Accordingly, unless the party challenging the award was entitled to go behind the facts as found by the arbitrators there was no public policy answer to the enforcement of the award."

但在该裁决书,由于仲裁庭已经判是没有违反利比亚的法律,而这是对一个事实(外国法律)的认定,所以在没有违反自然公正的情况下(如仲裁庭不合理拒绝败诉方提交的证据),仲裁庭认定的事实是法院必须接受的,不存在像仲裁庭对英国法律的错判会根据1996年《英国仲裁法》之Section 69可能可以取得上诉批文下英国法院可以作出纠正。笔者想到该顾问合约适用法是英国法,而英国法下"走后门"是非法,这有一点像是在本章之6.8.3.1段介绍非法的第一种情况。但会是根据国际商会(ICC)的仲裁规则之第28.6条,就已经豁免了英国法院针对裁决书对英国法律问题的上诉,Steel大法官是这样说:"In any event, the tribunal's conclusion that the agreement was not illegal as a matter of Libyan law was unimpeachable."

总结而言,即使是针对英国本土的公共政策,伦敦仲裁的仲裁庭如果作出了针对贪污受贿的争议令人不满意的裁决书,寻求英国法院作出救济也是十分困难甚至是没有希望。

6.8.5 对策之三:根据《纽约公约》在执行时抗拒

这就是本章主要探讨的,就是让胜诉的原告在真正进行执行时作出抗拒。这看来对败诉的被告有几个好处,一个好处就是没时间限制,直到原告真正执行才作出抗拒。这对一些要拖延与怕事的被告,恐怕是最常见的情况。另一个好处就是执行很多时候是在被告资产的所在地,可以令他安心。

但这种心态也有极大的坏处,如败诉的被告永远变不成一个跨国公司,可以说是对公司或是个人的前途很有限。还有是西方国家也不断在寻找对策针对他们认为是不对的心态,仅是美国在近年来就有Rule B attachment冻结美元汇款(这是以前美国的法律地位,但美国纽约州上诉院在2009年10月16日的Shipping Corporation of India v. Zaldhi Overseas, Docket Nos. 08-3477-cv(L), 08-3758-cv(XAP)先例判是美元汇款再也不能Rule B冻结,)以及在本书的第十四章所介绍的"全球第三债务人命令"(worldwide third party debt order),请看纽约上诉庭的Koehler v. The Bank of Bermuda Ltd. 2009WL1543698(N.Y.)2009N.Y. Slip Op. 04297。所以,这种心态再也不会有效。

执行裁决书时被告以违反公共政策为由进行抗拒,也有极大的困难。其中是:(1)包括在本章6.7段所介绍的西方国家法院把执行裁决书视为是符合今天的国际公共政策;(2)如果仲裁员已经处理过同一个争议,就会有"一事不再审"(res judicata)与尊重仲裁员裁决的考虑;(3)仲裁地点的管辖法院与执行地法院之间的分工(这一个问题稍后在本章的第6.8.6段会介绍)。

这里先介绍英国两个著名的相关先例,都是瑞士仲裁,而且仲裁员也有审理有关贪污受贿的争议。该裁决书去英国执行,败诉的被告再度以违反公共政策为由作出抗拒,但都不成功。

6.8.5.1 案例之一:Westacre v. Jugoimport (1998) 2 Lloyd's Rep. 111;(1999) 2 Lloyd's Rep 65 (CA)

在 Westacre v Jugoimport,该 ICC 仲裁庭的裁决书的确有上诉至瑞士法院请求救济,但瑞士法院支持仲裁庭对事实的认定,说:"Thus, the appellants' claim that the agreement, owing to its illegal or immoral purpose, is void does not at all events accord with the factual finding made by the arbitral tribunal. As has already been stated, the truth is that this argument consumes itself in a feckless criticism of the arbitral tribunal's findings of fact and of the procedure applied, considering that no violation of mandatory rules of procedure occurred. In the last analysis, the arbitral tribunal did not at all contravene public policy in upholding the validity of the April 12, 1998 agreement, the substance of which was determined in the course of the proceedings. Thus, to the extent that it is founded on Article 190 (2) (e) LDIP, the appeal is without grounds."

在裁决书的执行,Colman 大法官认为英国法院并不是直接执行该合约(因为根据英国法"走后门"会是非法),而是间接执行一个瑞士裁决书。这里面有很大区别,特别是瑞士仲裁庭和瑞士法院都对这方面有过审理,并都判是在双方所选的适用法即瑞士法律下并非是非法。Colman 大法官是这样说:"To this question, in my judgment, the answer must be NO. This is not a case of direct enforcement of the underlying contract, but of enforcement of the award which is a valid award in accordance with the curial law-Swiss law-chosen by the parties and one made by arbitrators having jurisdiction and in respect of a contract governed by Swiss law. The arbitrators address the issues whether the consultancy agreement was illegal under Kuwait law and whether under the curial law it was "invalid because of lobbying by the claimant" and they conclude in their reasoned award that it was neither: see pp. 71 – 74 of the award..."

Colman 大法官认为关于国际仲裁的裁决书的终局性(finality),执行地的法院应当予以尊重,这是一种公共政策。相比之下,这一种公共政策超越了"贪污受贿"会导致合约与根据它作出的裁决书也是无效这一种公共政策。

但这一重要先例去了上诉庭,三位大法官之一的 Waller 大法官就不这样认为,说:"The Judge performed the balancing exercise and narrowly came down on the side of upholding the finality of the award. It would seem that if the case had concerned a drug trafficking contract he might well have taken a different view but he placed 'commercial corruption' at a different level of opprobrium from drug trafficking. I have reached a different conclusion to that of the Judge. I disagree with him as to the appropriate level of opprobrium at which to place commercial corruption..."

Waller 大法官认为按照他较早的 Soleimany v. Soleimany (C.A.) (1998) 3

W. L. R. 811 先例,在表面看来严重的贪污受贿指控,英国法院是可以重新审理(reopen)整个裁决书作出对这方面的裁决,包括看仲裁庭是否针对这方面的裁决是胜任(competent)。但上诉庭的多数,也就是另外两位大法官不同意。其中 Mantell 大法官是这样说:"However, in the obiter passage cited by Lord Justice Waller from the judgment in Soleimany it seems to have been suggested that some kind of preliminary inquiry short of a full scale trial should be embarked upon whenever 'there is prima facie evidence from one side that the award is based on an illegal contract'. For my part I have some difficulty with the concept and even greater concerns about its application in practice, but, for the moment and uncritically accepting the guidelines offered, it seems to me that any such preliminary inquiry in the circumstances of the present case must inevitably lead to the same conclusion, namely, that the attempt to re-open the facts should be rebuffed. I so conclude by reference to the criteria given by way of example in Soleimany itself. First, there was evidence before the tribunal that this was a straightforward, commercial contract. Secondly, the arbitrators specifically found that the underlying contract was not illegal. Thirdly, there is nothing to suggest incompetence on the part of the arbitrators. Finally, there is no reason to suspect collusion or bad faith in the obtaining of the award. The seriousness of the alleged illegality to which Lord Justice Waller gives weight is not, in my judgment, a factor to be considered at the stage of deciding whether or not to mount a full scale enquiry. It is something to be taken into account as part of the balancing exercise between the competing public policy considerations of finality and illegality which can only be performed in response to the second question, if it arises, namely, should the award be enforced."

6.8.5.2 案例之二:OTV v. Hilmarton (1999) 2 Lloyd's Rep. 222

紧接着 Westacre v Jugoimport 先例就有了 OTV v. Hilmarton (1999) 2 Lloyd's Rep. 222,该先例是依从 Westacre v Jugoimport 上诉庭的多数大法官的判决。案情涉及 OTV 在阿尔及利亚首都的排水系统的设计与工程,他与 Hilmarton 有一个合约,雇佣后者作为顾问。这顾问涉及了一笔可观的费用,但条件就是要求当局把该工程给 OTV。结果,这条件果然做到了,但 OTV 给了 Hilmarton 一半的费用后,另一半就拒付了。而他们之间的合约是约定以瑞士法律为适用法,仲裁地点在日内瓦。Hilmarton 对 OTV 提出仲裁索赔,并且获胜。在仲裁中,OTV 提出的抗辩是 Hilmarton 在阿尔及利亚"走后门"与搞关系取得有关合约,而这也是违反了合约履行地阿尔及利亚的法律。如果这一抗辩是在一个伦敦仲裁提出并能够证明,就会有胜诉的可能,正如 Timothy Walker 大法官所说如下:"It may well be that an English arbitral tribunal chosen by the parties, and applying English law as chosen by the parties, would have reached a different result. It may well be that such a tribunal would have dismissed Hilmarton's claim, applying the full rigour of the principle stated Viscount Simonds in Regazzoni v. K. C. Sethia (1944) Ltd., [1957] 2 Lloyd's Rep. 289 at p. 294, col. 2; [1958]

A. C. 301 at p. 317 thus:... whether or not the proper law of the contract is English law, an English Court will not enforce a contract, or award damages for its breach if its performance will involve the doing of an act in a foreign and friendly State which violates the law of that State."

但在该瑞士仲裁中,仲裁庭判没有证据显示 Hilmarton 在阿尔及利亚涉及了贪污受贿的问题,并在裁决书中说:"... No bribe was foreseen. It has not been established that the Claimant would have paid bribes, carried out 'lobbyist' or 'insider' acts intended to divert Public Servants or Ministers from their duties, or indulged in the trading of favours. (See p. 39 of the award and also p. 6 for the factual conclusion of the Supreme Court)."

由于瑞士法律与英国法律不同,就是贪污受贿属于非法,但"走后门"与搞关系在瑞士法律是可以接受的,这导致了裁决书判 Hilmarton 胜诉。之后,Hilmarton 去英国法院执行该裁决书,而 OTV 作出抗拒。但 Timothy Walker 大法官跟随 Westacre v Jugoimport 先例,判是贪污受贿的证据不成立,没有被仲裁庭认定。这根据瑞士法律合约并没有不合法或违反公共政策,而双方选择去瑞士仲裁与适用瑞士法律。根据英国的公共政策就是执行国际仲裁裁决书,该裁决书就应该被允许执行。Timothy Walker 大法官这样说:"But I am not adjusting upon the underlying contract. I am deciding whether or not an arbitration award should be enforced in England. In this context it seems to me that (absent a finding of fact of corrupt practices which would give rise to obvious public policy considerations) the fact that English law would or might have arrived at a different result is nothing to the point. Indeed, the reason for the different result is that Swiss law is different from English law, and the parties chose Swiss law and Swiss arbitration. If anything, this consideration dictates (as a matter of policy of the upholding of international arbitral awards) that the award should be enforced."

6.8.5.3　案例之三:R v. V (2009) 1 Lloyd's Rep 97

该案例主要是关于对裁决书的撤销的问题。但 Steel 大法官在该案例中也对裁决书的执行时应考虑的问题作了介绍,可节录如下:"As to whether the facts found by the arbitrators could be re-opened, an enforcement judge might be entitled to inquire into an issue of illegality if there was prima facie evidence from one side that the award was based on an illegal contract. If there was such prima facie evidence, the judge should carry out a preliminary inquiry to consider factors such as whether the arbitrators has expressly found that the underlying contract was not illegal(这一点针对一事不再审原则的问题), whether it was a fair inference that the arbitrators did reach that conclusion, whether there was anything to suggest that the arbitrators were incompetent to conduct such an inquiry, and whether there might have been collusion or bad faith, so as to procure an award despite illegality."

6.8.5.4 对策之三的总结

看来,就英国法律而言,如果留待执行裁决书时才去或再去提出贪污受贿等非法的理由作为抗拒,只会在以下罕见的情况下被英国法院作为执行地点法院接受重审这一指控:(1)贪污受贿等非法的争议没有在仲裁员面前提出;(2)根据仲裁地点的法律或是仲裁协议,局限了并导致仲裁员对有关非法的争议没有管辖权;(3)仲裁员虽然是有管辖权,但因为一些特殊的原因没有在裁决书中作出决定;(4)仲裁员在裁决书中认定有贪污受贿的非法行为与事实,但却裁定这不影响合约的有效性。这是违反了英国的公共政策,就是姑息一个发生在友好国家并被认定是非法的行为。

6.8.6 仲裁地点的监督法院与裁决书执行地点法院之间的矛盾与分工

这里要探讨另一个重要问题,就是被告可否在本章6.8.3、6.8.4与6.8.5段介绍的三个不同方面或对策都提出贪污受贿是违反公共政策的理由抗辩或抗拒执行?如果可以,就表示同一个争议会提出三次,也就是在仲裁庭、仲裁地点法院与执行地点法院。毕竟,不论判对判错,被告会有三次独立的机会提出同样的抗辩理由与提供同样的证据(即使前后有一定的差异也估计不大)。被告只要其中一个抗辩/抗拒成功也就是对整个索赔是抗辩成功了。会是一事不再审的大原则也不再适用,因为针对的不一定是实质性方面。

就仲裁庭已经对贪污受贿的争议作出了裁决,这裁决书去仲裁地点的管辖法院请求救济,希望该法院重审,这是要看仲裁地点的仲裁法有关对裁决书作出后救济的规定。在本段要针对的反而是仲裁地点法院与执行地法院之间针对贪污受贿等非法的争议的分工或不分工,这方面在西方国家的法院明显改变了想法,目的显然还是为了支持国际仲裁,特别是裁决书的执行。

6.8.6.1 早期对两个不同法院分工的看法

在早期,是有说法是仲裁地点法院与执行地点法院可以分别与独立地针对这方面的争议。毕竟,《纽约公约》并没有把它们串连或局限,如说仲裁地点的法院拒绝对裁决书作出救济后,执行地点法院就必须尊重。相反是裁决书没有去仲裁地点法院寻求救济,不论是何原因造成,《纽约公约》也没有规定只在这种情况下执行地点法院才可以考虑被告提出的抗拒原因。

显然,两个地点分属不同国家与法律体系,对什么才是公共政策(即使是国际公共政策)的解释也会有差异。所以,如果仲裁地点法院与执行地点法院不存在有分工,裁决书败诉方可以在两个不同的法院都提出贪污受贿的抗辩理由,成功机会就会大得多。[1]

6.8.6.2 现在对倾向执行裁决书的看法

随着时间的流逝,这些看法在倾向执行裁决书(pro-enforcement)的西方国家法院有了重大的改变,并开始见到有执行地点法院把败诉的被告有没有尝试在仲裁地点

〔1〕 此处可参阅《仲裁法——从1996年英国仲裁法到国际商务仲裁》第七章3.7.2.5.3段。

法院根据违反公共政策申请撤销裁决书作为重要考虑因素之一。[1]

即使被告有去仲裁地点法院申请把裁决书撤销但不成功，将来在执行地点法院又会带来另一种的质疑，就是为什么会不成功。反正，在现在西方国家大力支持仲裁时，虽然《纽约公约》规定违反公共政策，签署国在执行裁决书时“可以”（may）拒绝执行，但在文字上已经显示了这是一个裁量权，而不是违反公共政策执行地法院就“必须”（shall）拒绝执行。所以，已经有很多西方国家的法院是倾向不对公共政策作一个“重审”（second guess）或根本不想理会。例如，在 Westacre v Jugoimport (1998) 2 Lloyd's Rep. 111，第一审的 Colman 大法官就是这样说：“... if the issue of illegality by reason of corruption was referred to high caliber ICC arbitrators and duly determined by them, it was entirely inappropriate in the context of the New York Convention that the enforcement Court should be invited to retry that very issue in the context of a public policy submission.”

有关执行地点法院有裁量权可执行或拒绝执行在许多其他案例现在都有涉及，例如在本书第十一章所介绍的 Dardana Ltd. v. Yukos Oil Co. (2002) 2 Lloyd's Rep. 326 与 Svenska A. B. v. Republic of Lithuania (2005) 1 Lloyd's Rep. 515。其中在后一个先例，英国法院拒绝针对有关一个丹麦裁决书，说是没有管辖权作出，认为这种争议应该是由丹麦法院根据当地的程序法处理，而不是英国作为执行法院让被告以裁决书的管辖权作为抗拒理由。

换言之，被告对这方面的贪污受贿与非法或者是违反公共政策希望会有三次抗辩/抗拒的机会恐怕不再存在。事实上，到了执行地点法院重审有关事实是否违反公共政策也会有其他的矛盾出现。一个就是“一事不再审”（res judicata 或 issue estoppel）原则，就是该争议已经被仲裁庭甚至在仲裁地点法院审理过，执行地点法院就不应该再把该争议重审，这个原则本身也是一个公共政策。另一矛盾就是支持仲裁裁决书的终局性的大原则也是公共政策。反正，这方面的问题变得越来越复杂，特别是随着这种争议的增多，如 Westacre v Jugoimport (1999) 2 Lloyd's Rep. 65，OTV SA v Hilmarton Ltd (1999) 2 Lloyd's Rep 222，“Fiona Trust” (2008) 1 Lloyd's Rep. 254，但总的方向是可以清楚看到对主要受到贪污受贿祸害的发展中国家是不利的。

6.9 败诉方在履约裁决书无法履约是否违反公共政策

有关“履约裁决书”（performance award）的课题在本书第六章之 3.1.3 段有介绍，在这里不再重复。只一提的就是法院在败诉方无法履约的情况下是不会作出履约指令，因为这是逼败诉方触犯刑事罪。这就带来一个有趣的问题，在 1958 年《纽约公约》下，如果执行外国作出的履约裁决书，但执行法院认为败诉方实际上无法履约，可否以公共政策的理由拒绝执行？这一问题最近在香港一个有趣的案例 Xiamen Xinjingdi Group Ltd（厦门新景地集团公司）v. Eton Properties Ltd (Civil Appeal Nos

---

[1] 此处可参阅《仲裁法——从 1996 年英国仲裁法到国际商务仲裁》第四章之 2.3.4.3.2 段。

106 and 197 of 2008)中出现。

案情是两家香港公司 EPL 与 EPHL 共同拥有另一个香港公司 Legend 的股份,而 Legend 又拥有一家厦门公司 Xiamen Legend,该厦门公司在厦门拥有一块土地可以用来发展房地产。在 2003 年 7 月,一家内地公司新景地公司与该两家香港公司达成协议以 1.2 亿人民币购买 Legend 股份的事宜。然而真正的买卖目的是针对厦门的土地与它的开发权,这在双方的协议中说明如下:

"The subject matter of the Agreement is the contractual right to buy and sell the shares in Hong Kong Legend that has an indirect effective control over the [land]. The amount of RMB 120 million is the consideration for the Applicant to obtain the contractual right to acquire all shares in Hong Kong Legend for HK $2, and also the consideration for the [appellants] to obtain the contractual right to sell all the shares in Hong Kong Legend for HK $2.

... the true intent of the parties is to progressively transfer the right to develop, operate and make earnings from the [land] and, after all the terms and conditions provided in the Agreement are met, to sign the legal instrument on transfer of shares in the target company and to handle the specific procedures. In other words, the main rights and obligations of the parties in the Agreement in this case do not involve how to transfer the shares in Hong Kong Legend in detail but involve how to perform certain specific obligations to cause the said transfer of shares to be effected ultimately."

但 EPL 与 EPHL 一直没有履行合约转让股份,而且在 2003 年 11 月 14 日尝试退还 500 万人民币定金给新景地公司并以合约非法(中国内地转让土地是非法)为由中断合约。估计 EPL 与 EPHL 不再愿意履行合约是因为房价大涨。到了 2005 年 8 月,新景地公司开始在贸仲的仲裁,因为股权转让协议中有一条贸仲仲裁条文。仲裁庭在 2006 年 10 月 27 日作出裁决书判新景地公司胜诉,救济并不是金钱的赔偿而是下令两家香港公司履行股权转让协议,将股份转给新景地公司。估计仲裁庭判的原因是协议毕竟还是为了转让一个香港公司的股份,虽然真正的意图是厦门的土地。根据香港或其他地方的公司法,股东并不拥有公司作为独立法人所拥有的财产。

但新景地公司与贸仲仲裁庭不知情的是在开始仲裁后不久,通过公司重组,EPL 与 EPHL 已经将 Legend 公司的股份转让给他们的母公司 EPGL。如果 EPGL 是作为一个完全独立的第三者,可以说 EPL 与 EPHL 根本没有办法再履约将 Legend 的股份转让给新景地公司。但在贸仲仲裁中,EPL 与 EPHL 并没有向仲裁庭披露这个事实,所以仲裁庭还是在不知情的情况下作出履约裁决书。笔者猜测如果 EPL 与 EPHL 在转让之前就披露,则会导致新景地公司试图申请中间禁止令禁止他们将股份转给 EPGL 以保持现状直到作出裁决书(如由贸仲仲裁庭作出禁止令,再通过《香港仲裁条例》之 Section 2GG 变为香港法院命令)。而如果在转让完成之后才披露,就可能导致新景地公司与仲裁庭以巨额的金钱赔偿作出裁决书的救济。

显然,EPL 与 EPHL 没有履行裁决书,这导致新景地公司一度去厦门法院要求执行。但厦门法院以 EPL 与 EPHL 都是香港公司没有管辖权为由而拒绝执行,这导致新景地公司只能去香港法院要求执行。在香港高院,以新景地单方面的申请并根据"简易执行"(summary enforcement)给了执行的命令。但收到通知之后,EPL 与 EPHL 申请撤销执行命令,理由是该履约裁决书根本无法履约,一是公司重组导致他们再也没有 Legend 公司的股份,二是厦门土地上的房子已经在建造中并且预售了 99%,所以无法再让新景地公司建造。如果香港法院执行并逼使 EPL 与 EPHL 做一些他们根本无法实现的事情则是"逼上梁山",香港法律是不会这样做,所以执行是违反公共政策。

但第一审的 Reyes 大法官并不同意,而且后来也被上诉庭支持,就是合约并非完全不可能履行。Reyes 大法官也认为说成是"逼上梁山"有点夸张,因为如果真正是无法履行是不会变为刑事罪行,因为不存在不履行的"犯罪意图"(mens rea)。Reyes 大法官说:"First, where performance of a contract is obviously wholly impossible, the Court may perhaps not order specific performance, no matter who has brought about the impossibility. That is because there would likely be no point to such an order."

上诉庭的 Le Pichon 大法官也说:"The notion that the appellants would be at risk for contempt proceedings for failing to comply with an order that is impossible to carry out is equally misguided. It was suggested that enforcement of the award is tantamount to an order decreeing specific performance, thereby exposing the appellants to the risk of contempt proceedings with all its consequences, including imprisonment. But the order does not specify any time for performance and committal proceedings may only be commenced against a person who refuses or neglects to do an act within the time specified in the order. Further, a person who genuinely is unable to carry out the order cannot be made liable for the contempt. I agree with Ms Cheng (新景地代表大律师) that the risk of imprisonment for contempt is entirely fanciful."

至于该股权转让协议再也不能履行的抗辩,Reyes 大法官不接受这一说法,认为这一协议最多就是部分不能履行而不会是全部。而且,履行指令是一个衡平法的救济,本身是一个非常有弹性的救济。将来可以根据不同的情况看如何执行,有必要可以回去贸仲仲裁庭作出申请。Reyes 大法官是这样说:

"First, where performance of a contract is obviously wholly impossible, the Court may perhaps not order specific performance, no matter who has brought about the impossibility. That is because there would likely be no point to such an order.

But equitable remedies are flexible and can be tailored to the exigencies of a given situation. As the passage from Spry just quoted recognises, where performance of some (but not all) obligations is possible, the Court can grant specific performance (possibly subject to compensation or abatement).

Such flexibility in the Court's equitable jurisdiction is supported by Goodhart and Jones, Specific Performance (2nd ed.) (at pp. 60 – 61): –

'Finally, there are some cases which do not fit clearly into any of the recognised exceptions to the general principle that contracts will not be enforced in part. These cases may be taken as authority for the proposition that the general principle, if it exists, will not be applied where it would lead to injustice. For example, in Peacock v. Penson [(1848) 11 Beav 355] a vendor had undertaken in the contract for the sale of a plot of land to construct a new road (which was not of much benefit to the plot) over adjacent leasehold land retained by him, and it was then discovered that he could not do so without incurring a forfeiture for breach of a covenant in the lease. Lord Langdale MR refused to order the vendor to make the road but ordered specific performance of the rest of the contract with compensation for the non – construction of the road. In Soames v. Edge [(1860) John 669] the defendant had agreed to demolish a building, erect a new one in its place and take a lease of the new buildings. Upon his failure to rebuild, he was ordered to take a lease of the site and pay damages under Lord Cairns' Act for non – construction of the building. Again in Elmore v. Pirrie [(1887) 57 LT 333], it was held that the court had jurisdiction to order specific performance of an agreement to purchase patent rights for a lump sum even though the contract also included unenforceable agreements by the purchasers to form a company to work the patents and pay royalties to the vendors. 'Why should not the plaintiffs have damages for that part of the agreement of which the court does not grant specific performance? The court has power to order specific performance of the whole of the agreement, or of part of it, with damages for the rest.' [(1887) 57 LT 333 at 336, per Kay J]. Finally, in Lytton v. Great Northern Rly Co [(1856) 2 K & J 394] the court ordered specific performance of a contract by the defendants to construct a siding on their land though specific performance of a term requiring them to maintain it was refused.

It is suggested, therefore, that there is no longer any general rule that the courts will not enforce some of the defendant's obligation by specific performance if it cannot enforce them all. The plaintiff seeking specific performance is clearly content to accept partial performance, and the defendant can hardly complain if he is required to perform only some of his contractual obligations. Naturally, the courts will not order specific performance of ancillary provisions if the principal provisions are incapable of being specifically performed, nor will they artificially sever what is in substance a single obligation into separate obligations so that part may be enforced.'

Given the passages cited, there is nothing contrary to public policy in the partial enforcement of an agreement."

至于有关不能履行股权转让,EPL 与 EPHL 已经没有 Legend 的股权可以转让,

Reyes 大法官认为他不作出这方面的判断(因为在另一个案件中对这一方面作出审理),但他不能说 EPL 与 EPHL 绝对不能履行,因为根据新景地公司的代表大律师作出的表面分析,EPL 与 EPHL 作为新景地公司股权的信托人,是能够从 EPGL 要回这些股票。他是这样说:

"Mr. Yu (EPL 与 EPHL 代表大律师) says that it is now impossible to transfer the Hong Kong Legend shares to the Applicant (even if it were ready, willing and able to pay the balance of the RMB 120 million consideration and nominal transfer fee of $2) because of the restructuring within the Respondents' Group. EPL no longer holds any shares, while EPHL's 1 share is held on trust for EPGL.

But I am far from satisfied of the correctness of such analysis.

It seems to me that there might be merit in Ms. Cheng's (新景地公司代表大律师) suggestion of that the true analysis is as follows: -

1 Under the Agreement, insofar as the transfer of Hong Kong Legend shares is concerned, Hong Kong law governs.

2 The Agreement being essentially one for the sale of shares in a private company the execution of the Agreement and the payment of the initial deposit gave rise to an equitable interest in the Hong Kong Legend shares in favour of the Applicant.

3 In consequence of that equitable interest, the Respondents came under a minimal fiduciary duty not to exercise their shareholders' rights in a way that undermined such equitable interest.

4 In allowing or sanctioning the creation of 9,998 new shares in Hong Kong Legend, the Respondents acted contrary to their fiduciary duty. The new shares effectively diluted the value of the Applicant's equitable interest.

5 EPL further breached its minimal fiduciary duty by purporting to transfer its 1 share in Hong Kong Legend absolutely to EPGL.

6 EPHL further breached its minimal fiduciary duty by purporting to declare that it held its 1 share in Hong Kong Legend on trust for EPGL absolutely.

7 It is inconceivable that EPGL would not have known of the Agreement at the time of the various transfers of Hong Kong Legend shares to it. This must be especially so, given that the Arbitration between the Applicant and the Respondents was taking place at the time of the transfers. In those circumstances, EPGL must have received its shares in Hong Kong Legend with actual or constructive notice of the Applicants' equitable rights in respect of the shares.

8 In the premises, EPGL received its Hong Kong Legend shares subject to a constructive trust on behalf of the Applicant.

9 Further, as a matter of Hong Kong law, the Applicant may be in a position to re-

quire the Respondents, as the Applicant's fiduciaries, to recover the Hong Kong Legend shares from EPGL with a view to transferring them to the Applicant upon payment of the total consideration stipulated in the Agreement.

There is in fact a recently – initiated and still ongoing proceeding in the Hong Kong Court (HCA 961 of 2008) where the Applicant is pursuing a claim along the lines which Ms. Cheng has sketched out against the Respondents, EPGL, Hong Kong Legend and Xiamen Legend."

另一个 EPL 与 EPHL 代表大律师指称是无法履行合约的原因就是厦门土地上的房子已经在建造中并且预售了 99%,所以新景地再也没办法建造,Reyes 大法官也不接受。原因是整个股权转让协议发展厦门土地最终目的还是利润,不是为了建造而建造。所以,如果最后真的能够把 Legend 的股权转让给新景地公司,就可以让后者享有他在这个账目里面所记录的利润。虽然整个履行合约的过程由于房子已经在建造中而带来一定的混乱,如新景地公司如何把 1.2 亿人民币分期付款,但在贸仲仲裁庭与监督地法院(北京法院)的监督下,是可以把这一股权转让协议大部分履行。以下部分节录 Reyes 大法官所讲:

"Consequently, at the end of the day, there is at least some arguable prospect of the Hong Kong Legend shares becoming available for transfer to the Applicant upon payment of the agreed consideration and an accounting of construction cost. Obtaining control of Hong Kong Legend would give control of Xiamen Legend and conceivably lead to an enjoyment of the profits derived by Xiamen Legend from the development of the Property. In other words, to a substantial extent the apparent ultimate objectives of the Agreement might yet be realised.

It is true that the process may be a messy one. But that strikes me as merely a natural consequence of the peculiar facts of this case. I do not think that the absence of a neat solution can of itself be a ground for equity refusing to grant specific performance. Nor do I see any public policy ground arising out of this messiness compelling me from ordering specific performance subject to compensation."

6.10 揽讼/包讼是否违反公共政策

"揽讼/包讼"(maintenance/champerty)的课题不在本书所要讲的范围,在香港的法律下,这种行为是犯法的行为。不久前,香港地区还有律师因为揽讼/包讼而被判监。事实上香港只不过是依照英国好几百年以来的政策,防止一些与诉讼毫无关系的人士通过资助诉讼然后从中赚取利润,带来社会上不必要的诉讼或对被告的压迫。有关揽讼/包讼的案件有很多,有兴趣的读者可以看香港终审法院的先例 Siegfried Adalbert Unruh v Hans – Joerg Seeberger and Company, FACV Nos. 9 & 10 of 2006,里面有对揽讼/包讼的历史以及发展的介绍。先例中也有提到包讼是揽讼的一种,而其中把包讼视为是违反公共政策的原因,在 Ribeiro 大法官的判词是这样说:

"The public policy against champerty has traditionally involved two concerns and continues to do so.

(a) The first is that an agreement to share in the spoils of litigation may encourage the perversion of justice and endanger the integrity of judicial processes. As Lord Denning MR put it in In re Trepca Mines Ltd (No 2). "The common law fears that the champertous maintainer might be tempted, for his own personal gain, to inflame the damages, to suppress evidence, or even to suborn witnesses."

(b) Next, a champertous arrangement may be objectionable in that it involves a stranger to the litigation in "trafficking" or "gambling" in the outcome of the litigation. Thus, in Trendtex Trading Corporation v Credit Suisse, an assignment was struck down as champertous because it "... involved the possibility, and indeed the likelihood, of a profit being made, [by a third party with no genuine commercial interest in the transaction] out of the cause of action … [which] manifestly 'savours of champerty,' since it involves trafficking in litigation – a type of transaction which, under English law, is contrary to public policy.". Such activity is obviously unacceptable to the court which sees its role as the administration of justice and not the provision of a market for speculators in litigation."

现在有不少国际仲裁特别是投资仲裁,涉及揽讼/包讼的情况。甚至在仲裁裁决书作出后在执行时还经常可以将裁决书转让出售,让有财力的受让人执行。虽然揽讼/包讼在很多国家不视为是违反公共政策,但如果真的有证据证明是这样的情况会否把这种裁决书拿到一些如香港地区/英国/新加坡等把揽讼/包讼视为是违反公共政策的管辖权的地区,要求根据《纽约公约》协助执行,被告可以公共政策作为抗拒?这在香港终审法院的先例 Siegfried Adalbert Unruh v Hans – Joerg Seeberger and Company FACV Nos. 9 & 10 of 2006 有针对,认为只要是揽讼/包讼发生在一些不视为是违反公共政策的管辖权或国家,就没有问题。Ribeiro 大法官是这样说:

"Public policy regarding foreign proceedings and arbitrations.

It is common ground that the doctrines of maintenance and champerty are unknown to Netherlands law. It is, in other words, not against Netherlands public policy for a third person to provide assistance or support to a party to an arbitration or to legal proceedings in that jurisdiction, whether or not for a share in the proceeds. Assuming for the purposes of this argument that the MoA would, as a matter of purely domestic law be regarded as champertous, should the court refuse to enforce it, being a contract made in Hong Kong and subject to Hong Kong law, on the ground that it is champertous notwithstanding the absence of objection under Netherlands law?

In my view, as a matter of principle, Hong Kong public policy should not invalidate such a contract. As discussed in section C. 5c of this judgment, considerations regarding access to justice are of increasing importance in discussions of public policy in this area.

Access to a court is recognized internationally as a fundamental right and the many countries which have acceded to relevant international instruments can be expected to pursue measures appropriate to their individual circumstances to give effect to that right. They will strike their own balances between countervailing demands, determining the scope to be accorded to that right in the light of their resources, institutions and traditions. Moreover, as we have noted, public policy in a particular jurisdiction in this respect is apt to change. The continued retention by Hong Kong of criminal and tortious liability for maintenance and champerty may not be justified and this question merits serious legislative attention. This makes it particularly inappropriate for Hong Kong to seek to impose its current public policy against maintenance and champerty on mature commercial parties (who are likely to include foreigners) who have chosen to arbitrate in a jurisdiction which does not recognize those concepts and who may accordingly have made arrangements in Hong Kong to finance the arbitral (or judicial) proceedings without being aware of any constraints.

Similar concerns were voiced in Trendtex in the Court of Appeal where Oliver LJ stated:

"The judge in the instant case said: 'I must confess to being unhappy that a transaction which business men in Switzerland may well regard as so unobjectionable that they would enter into it without appreciating that there was any possibility of its being ineffective, should be held to be contrary to public policy in this country.' I share that unhappiness."[89]

No direct authority was cited on the question under discussion, but such dicta as exist are against invalidation of such contracts.

(a) Thus, in In re Trepca Mines Ltd (No 2),[90] Lord Denning MR in discussing contracts which were champertous and to be performed in England, remarked: "If they had concerned French litigation, they might have been lawful, because I understand champerty is lawful in France."

(b) This was referred to with approval in the Court of Appeal in Giles v Thompson, [91] Steyn LJ stating:

"An agreement of a champertous nature made in England is valid if it relates to litigation in a country where champerty is lawful. This illustrates that one is not dealing with an overriding public policy, which applies whenever the agreement is made or to be performed, such as an agreement to pay a bribe abroad. It is designed to protect the integrity of the English judicial system."

(c) This was followed by Papera Traders Co Ltd v Hyundai Merchant Marine Co Ltd, [92] at first instance.

It is accordingly my view that the champerty argument advanced on the appellants' behalf fails on this additional ground. The Hong Kong court should not strike down an agreement on the grounds of maintenance or champertous where it is to be performed in relation to judicial or arbitral proceedings in a jurisdiction where no such public policy objections exist.

I leave open the question whether maintenance and champerty apply to agreements concerning arbitrations taking place in Hong Kong since it does not arise in the present case. "

第十三章 《纽约公约》Article V 以外的拒绝执行裁决书的理由

1. 序言

正如标题所讲，本章主要针对的是《纽约公约》Article V 以外的一些其他可以抗拒执行其他签约国仲裁裁决书的理由。这些理由有些是《纽约公约》中有涉及的，而有些则是一些在实践中影响比较大但是在《纽约公约》中没有涉及的。它们如下：(1)美国根据本土法律以裁决书的胜诉方与败诉方都没有与美国有最低限度的联系或不方便管辖权为由拒绝协助执行外国的裁决书；(2)执行地法院以《纽约公约》在本国没有变为正式的立法或有关的仲裁地点国家没有作出正式通知为由拒绝执行裁决书；(3)要执行的是否是一份裁决书；(4)互惠保留与商业保留；(5)裁决书当事人的名称是否准确；(6)裁决书与法院判决的合并；(7)裁决书与仲裁协议的公证或确认；(8)主权豁免。

2. 理由之一：美国根据本土法律以裁决书的胜诉方与败诉方都没有与美国有最低限度的联系或不方便管辖权为由拒绝协助执行外国的裁决书

在本书第十四章之 8.3.3 段有介绍美国一个危险的执行手段，就是纽约州法院可以做出命令要求在纽约州境内的银行把判决债务人在纽约州或美国以外该银行的其他分支内的存款支付给判决债权人：Koehler v. The Bank of Bermuda Ltd. 2009 WL1543698(N. Y.)2009 N. Y. Slip Op. 04297。

这表示如果想要使裁决书得到执行，胜诉方不必再去很多有不确定因素的执行地点法院申请，而只需要去纽约州法院申请该命令就可以执行。如一个伦敦的裁决书，胜诉方是希腊船东而败诉方是一家中国船厂，败诉方在中国以外没有资产，但他在不论是中国银行或者建设银行不会没有银行账户与存款等。

目前唯一还有一点不明朗就是美国法院针对执行《纽约公约》下的裁决书的管辖权。根据《美国联邦仲裁法》(United States Federal Arbitration Act)第二章有关《纽约公约》,其中 Article 203 与 Article 207 是给了美国法院很广泛的管辖权,可节录如下:

"203 Jurisdiction; Amount in Controversy An action or proceeding falling under the Convention shall be deemed to arise under the laws and treaties of the United States. The district courts of the United States (including the courts enumerated in section 460 of title 28) shall have original jurisdiction over such an action or proceeding, regardless of the amount in controversy.

207 Award of Arbitrators; Confirmation; Jurisdiction; Proceeding Within three years after an arbitral award falling under the Convention is made, any party to the arbitration may apply to any court having jurisdiction under this chapter for an order confirming the award as against any other party to the arbitration. The court shall confirm the award unless it finds one of the grounds for refusal or deferral of recognition or enforcement of the award specified in the said Convention."

但笔者据悉美国法院会因为与美国"没有最低联系"(lack of minimum contacts)或/与"不方便管辖原则"(forum non conveniens)而拒绝协助外国的裁决书在美国执行。首先介绍没有最低联系而拒绝协助执行的先例之一:Base Metal Trading, Ltd. v. OJSC 'Novokuznetsky Aluminium Factory', 283 F. 3d 208 (4th Cir. 2002)。在该先例美国法院拒绝执行一个俄罗斯的裁决书,败诉方是一家俄罗斯的公司,但被指称在美国有资产。没有最低联系而拒绝协助执行的先例之二是 Glencore Grain Rotterdam B. V. v. Shivnath Rai Harnarain Co., 284 F. 3d 1114 at 1122 and note 5 (9th Cir. 2002),美国法院在这一先例中拒绝执行一个外国裁决书,败诉方是一个印度的大米出口商,原因是败诉方在美国没有现身与没有资产。第三个根据不方便管辖原则的先例是在美国的第二巡回法院的上诉庭,它拒绝协助执行一个败诉方是乌克兰政府的俄罗斯裁决书,不接受胜诉方的原因说是由于美国是《纽约公约》的缔约国之一,就有公约下的责任必须协助执行,即使有关的争议与美国毫无关系,而仲裁地点也并非在美国:Monegasque de Reassurances v. NAK Naftogaz of Ukraine, 311F. 3d 488 (2d Cir. 2002)。

但这一方面实际上还是有争议,所以不代表美国法院将来不会改变。争议是《纽约公约》下,美国作为公约的缔约国有遵守国际公约的义务。这里可举香港作为《纽约公约》的一个执行地区为例,法院在协助外国裁决书的执行方面对管辖权是没有有任何要求。只要是败诉方在香港法院的管辖范围内有住所或是财产,否则胜诉方估计也不会前来申请协助执行。

而美国的"最低联系原则"和"不方便管辖原则"均不属于《纽约公约》Article V 中执行地点法院可以拒绝执行的理由。虽然《纽约公约》在 Article III 说明是裁决书的承认需要依照裁决书执行地点的程序法(in accordance with the rules of procedure of the territory where the award is relied upon),而 Monegasque de Reassurances v. NAK Naftogaz of Ukraine,美国法院正是以这句话支持“不方便管辖原则”拒绝协助执行国际仲裁裁决书。美国法院也提到了根据最高院的说法是“不方便管辖原则”是程序上的原则而不是实体方面,而且适用在美国本土裁决书的执行。

但这里有不同的看法,如在 Jan van den Berg 教授名为“The New York Arbitration Convention of 1958: Towards a Uniform Judicial Interpretation” (Deventer: Kluwer, 1981) 的一篇文章中,认为《纽约公约》的这句话只是针对执行地点的形式(form),如要支付执行地点法院的收费,或是把裁决书翻译为该地点通用的语言。但并非是针对执行地点可能会有的先决条件(condition)。美国波士顿大学的 William W. Park 教授在他刊登在“ICC International Court of Arbitration Bulletin”Vol. 18/No. 2 – 2007 名为“Respecting the New York Convention”一文中说:“The practice of countries other than the United States provides little support for the acceptance of local procedural impediments to enforcement of New York Convention awards. Except for claims against foreign sovereigns, few non-American jurisdictions condition enforcement of Convention awards on a link with the transaction, the parties or their property. Many Western legal systems exercise jurisdiction without regard to the type of minimum contacts required by the United States, and international law generally prohibits invocation of a country's internal law to eviscerate its international agreement.”

所以这一个障碍是否在中/长期能够保障仲裁的败诉方还是不肯定,显然想涉及业务的中国内地公司提高水平(这是指国际水平)、订好保护自己的合约与警觉保存对自己有利的证据,从而避免或减少败诉,这才能从根本上解决问题。

3. 理由之二:执行地法院以《纽约公约》在本国没有变为正式的立法或有关的仲裁地点国家没有作出正式通知为由拒绝执行裁决书

这一不严重与暂时性的问题是来自一些国家宪法中的一些规定,就是加入的国际公约一定要通过国内的立法程序才能生效。这种例子并不多,但也确实曾经造成裁决书被拒绝协助执行。其中一个是印尼,它在一个案件中以这一理由拒绝执行一份伦敦裁决书:Navigaton Maritime Bulgare v. P. T. Nizwar, reported in Y. B. Comm. Arb XI (1986) pp. 508 – 509 (Indonesia No. 1&2)。这一短暂的问题在几年后就通过国内的立法得到解决:Reproduced in Y. B. Comm. Arb. XVI (1991) pp. 398 – 401。另一个国家是孟加拉：Bangladesh Air Service (Pvt) Ltd. v. British Airways PLC, reported in Y. B. Comm. Arb. XXIII (1998) pp. 624 – 40 (Bangladesh No. 1)。

比较大的一个问题(对香港而言)，是印度虽然是《纽约公约》的一个签约国，但印度是有"互惠保留"(reciprocity reservation)。而互惠是根据印度法律只适用在46个国家(在2008年)被印度政府在"政府公报"(official gazette)被视为是"互惠地域"(reciprocating territories)，而其他的《纽约公约》签约国是不被印度视为是互惠国家可以协助执行裁决书。这些国家如果想变为是互惠地域是必须先作出"正式的通知"(notification)，而这个通知被接受与刊登在印度的"政府公报"上，之后法院才会协助执行有关其他签约国作出的裁决书。不久前，曾经有新加坡作出的裁决书在印度遇到这一个问题，但新加坡政府很快就按照印度的法律要求作出这一个通知，反正这种例行手续做过一次就不会再带来麻烦。这事件也带来香港对于这一问题的警觉。毕竟，香港也有不少涉及印度当事人的仲裁(如印度与中国内地之间大量的矿砂买卖合约与运输合约有不少是约定来香港仲裁)，裁决的结果是有胜有负。如果印度当事人是败诉并且拒绝作出支付，胜诉方要在印度执行并非是不可能。在1997年7月1日之前的香港是不会在这一方面有麻烦，因为英国政府已经走过这一例行手续。但是中国没有作出过正式的通知，这就导致在中国内地与香港作出的裁决书都不能在印度执行。香港国际仲裁中心对这一件事非常关注，但由于香港地区不是主权国家，必须要通过中国国家政府来完成这一通知的例行手续。所以香港国际仲裁中心不断跟进，就是通过香港"律政司"(Department of Justice)向中国政府与最高人民法院跟进。希望不需要太长时间完成这一例行手续，以免影响中国内地与香港作出的裁决书。

4. 理由之三：要执行的是否是一份裁决书

《纽约公约》针对的是裁决书的执行，但它没有给裁决书一个定义。这样看来就要根据仲裁协议的适用法(通常可假设为仲裁地点的法律)对何谓裁决书进行定义。在英国的法律，通常理解是"裁决书"(award)是仲裁庭对双方当事人实质争议的决定。但涉及另一种仲裁庭的决定，也就是在仲裁程序方面的，这是应该被称为"命令或指令"(order or direction)。这方面的问题在本书第六章"裁决书的书写"第1段中有详论，请参阅。

在1996年《英国仲裁法》，也没有对裁决书有一个明确的定义，只是在Section 46 (1)(a)显示了裁决书主要是针对双方当事人实质的争议："The arbitral tribunal shall decide the dispute in accordance with the law chosen by the parties as applicable to the substance of the dispute. "但1996年的立法也在Section 41(3)中授权仲裁员可以原告

的"懈怠为由撤销诉讼请求"（want of prosecution）作出一个裁决书把原告的索赔请求撤销。另在 Section 41(6) 中，授权仲裁员可以原告没有按照仲裁员的命令提供费用担保作出一个裁决书把原告的索赔请求撤销。在这两种情况下，照理由仲裁庭作出的决定只是在程序方面。但立法就明确规定了仲裁庭可以作出裁决书，看来是这种裁决书也应该是受到《纽约公约》签约国的承认与执行（虽然通常是没有执行的必要）。但还是有其他的疑点，如在本书第六章"裁决书的书写"第 1 段中介绍的，如果仲裁程序涉及很复杂的法律问题，英国法院会允许仲裁庭把他的决定以裁决书形式作出，这样可以让当事人有机会提起上诉。所以英国法看来对裁决书的定义也很难肯定，仲裁庭看来还是会有一定的裁量权针对程序上的决定。

在国际层面，看来在《纽约公约》下执行一个针对实质争议的最后裁决书应该是不会有问题。但针对中间裁决书或部分裁决书，还是会有被报道的案例是被拒绝协助执行。意大利的法院就曾经遇到这样的问题：Corte di Cassazione（Supreme Court），7 June 1995，WTB v. Costruire Coop srl，Y. B. Comm. Arb. XXII（1997）pp. 727 – 33。保加利亚的最高院也曾经作出判决是《纽约公约》下不能执行部分裁决书：Supreme Court of Appeal，Civil Collegium，Fifth Civil Department，23 February 1999，ECONERG Ltd. v. National Electricity Company AD，reported in Y. B. Comm. Arb. XXV（2000）pp. 678 – 82（Bulgaria. No. 1）。笔者也在 1990 年中于菲律宾法院申请协助执行一个香港作出的中间裁决书，但被拒绝。按理中间裁决书或部分裁决书是许多国家或者地区如英国或香港法律允许的，甚至是鼓励仲裁庭作出。所以中间/部分裁决书的执行没理由是不包括在《纽约公约》内。

在本书第六章，也谈到针对管辖权的争议的决定不应该被命名为裁决书，因为它不是针对实质的争议。而针对管辖权作出的一个 ICC 裁决书曾经被哥伦比亚最高院拒绝协助执行，声称是不包括在《纽约公约》内，该案例名为：Corte Supreme de Justicia（Supreme Court），26 January 1999，reported in Y. B. Comm. Arb. XXVI pp. 755 – 66（Colombia No. 3）。

相比之下，问题最大的还是仲裁庭针对仲裁程序（interlocutory proceedings）或中间措施（interim measures）的决定把它称为是裁决书，特别是仲裁协议的适用法没有明确这种情况，该文件可否被称为是裁决书。这一问题在《仲裁法——从 1996 年英国仲裁法到国际商务仲裁》第 12 章 5.7 段有相关案例介绍：（澳大利亚）Resort Condominius International Inc. v. Bolwell and another（1993）118 ALR 655（Lexis）与（美国）Publicis Commun v. True North Communs. Inc. 206 F3d 725（7th Cir, Ill. 2000），请参阅。

根据 Jan van den Berg 教授于《纽约公约》生效 50 周年之际在 ICC International Court of Arbitration Bulletin，Vol. 18/No. 2 – 2007 发表的一篇名为《New York Convention of 1958：Refusals of Enforcement》中提到有关这种决定，即使被仲裁庭命名为裁决书，可否根据《纽约公约》申请协助执行时说："Concerning awards for interim relief, the question arises as to whether the subject matter of such an award concerns a 'difference' between the parties to which reference is made in Article I (1), I (3), II (1), and V(1) (c) of the New York Convention. Another problem is the temporary nature such awards, as they may be subject to rescission, suspension or modification by the arbitral tribunal. The question therefore is whether an award ordering interim relief is 'binding' on the parties within the meaning of Article V(1)(e) of the Convention."看来,关键之处就是有关中间措施的决定是否是有约束性,不会再作出改变。

这里也可以一提是在2006年联合国对1985年的《联合国示范法》(UNCITRAL Model Law)作出修改,其中针对中间措施的决定是在新的 Article 17 H. Recognition and Enforcement,说:

"(1) An interim measure issued by an arbitral tribunal shall be recognized as binding and, unless otherwise provided by the arbitral tribunal, enforced upon application to the competent court, irrespective of the country in which it was issued, subject to the provisions of article 17 I.

(2) The party who is seeking or has obtained recognition or enforcement of an interim measure shall promptly inform the court of any termination, suspension or modification of that interim measure.

(3) The court of the State where recognition or enforcement is sought may, if it considers it proper, order the requesting party to provide appropriate security if the arbitral tribunal has not already made a determination with respect to security or where such a decision is necessary to protect the rights of third parties."

接下去它在 Article 17 I. Grounds for refusing recognition or enforcement 也谈到了一些理由承认或拒绝协助执行:

"(1) Recognition or enforcement of an interim measure may be refused only:

(a) At the request of the party against whom it is invoked if the court is satisfied that: (i) Such refusal is warranted on the grounds set forth in article 36(1)(a)(i), (ii), (iii) or (iv); or (ii) The arbitral tribunal's decision with respect to the provision of security in connection with the interim measure issued by the arbitral tribunal has not been complied with; or (iii) The interim measure has been terminated or suspended by the arbitral tribunal or, where so empowered, by the court of the State in which the arbitration takes place or under the law of which that interim measure was granted; or

(b) If the court finds that: (i) The interim measure is incompatible with the powers conferred upon the court unless the court decides to reformulate the interim measure to the extent necessary to adapt it to its own powers and procedures for the purposes of enforcing that interim measure and without modifying its substance; or (ii) Any of the grounds set forth in article 36(1)(b)(i) or (ii), apply to the recognition and enforcement of the interim measure.

(2) Any determination made by the court on any ground in paragraph (1) of this article shall be effective only for the purposes of the application to recognize and enforce the interim measure. The court where recognition or enforcement is sought shall not, in making that determination, undertake a review of the substance of the interim measure."

如果要看全文,可查阅 http://www. uncitral. org/uncitral/en/uncitral_texts/arbitration/1985Model_arbitration. html。看来它只是中间措施而不是针对仲裁程序命令或指令,这也可以理解,因为在后者,仲裁员一般在仲裁法下是有很大的权力对违反命令的人士作出各种的惩罚,如1996年《英国仲裁法》Section 41(6)(7),一般情况下也已经是足够与有效。但针对前者的中间措施命令,往往就需要法院的协助才可以获得执行或依从。

5. 理由之四:互惠保留与商业保留

《纽约公约》Article I(3)允许签约国做出两方面的保留。一个是"互惠保留"(reciprocity reservation),另一个是"商业保留"(commercial reservation)。有了这两个保留,签约国可以在涉及这两种保留的情况下不去协助执行其他签约国的仲裁裁决书。

这两个保留看来都不造成任何现实中的执行困难,被报道的案例也很少。有关互惠保留,只有过一个被报道的1974年案例,就是美国法院拒绝执行一个英国的裁决书:US District Court, Southern District of New York, 27 September 1974, Splosna Plovba of Piran v. Agrelak Steamship Corp, reported in Y. B. Comm. Arb I (1976) p. 204 (US No. 6)。理由就是英国还没有批准《纽约公约》,事实上英国是在1975年《英国仲裁法》中将《纽约公约》立法,所以这个问题在现在是不会再出现。

至于商业保留,大部分的国家法院都给与"商业"一词一个非常广泛的解释。所以被报道的案例也不是很多,其中可一提的是印度曾经有过这方面的问题。首先是1977年孟买高院曾经判一个技术援助的合约下做出的裁决书,根据印度法是不被视为是一个商业合约:Indian Organic Chemicals Ltd. v. Chemtex Fibres Inc., reported in Y. B. Comm. Arb. IV (1979) pp. 271 - 74 (India No. 4 & 3)。接下去在1986年,加尔各答法院也做出同样的判决说:"I am of the view that the agreement in substance provides for the supply of technical know-how and expertise ... in exchange for the payment of the fee ... There is no element of transaction between the merchants and traders as understood in Indian law."。该案例名为 Josef Meissner GmbH & Co. v. Kanoria Chemicals & Industries Ltd., reported in Y. B. Comm. Arb. XIII (1988) pp. 497 - 503 at 507 (India

No. 14)。但这一个情况后来被印度最高院改变,就是在 1994 年所判的 RM Investment & Trading Company Pvt Ltd. v. Boeing Company & Ors, reported in Y. B. Comm. Arb. XXII (1997) pp. 710 – 14 (India No. 25)。

另一个可一提的国家是突尼斯,它的法院在 1993 年判一个涉及建筑师设计度假村的合约不算是商业合约:Cour de Cassation (Supreme Court), 10 November 1993, Taie Haddad and Hans Barrett v. Societe d'Investissement Kal, reported in Y. B. Comm. Arb. XIII (1998) pp. 770 – 73 (Tunisia No. 3)。

香港是追随中国内地作为《纽约公约》的成员,由于中国内地在签署该公约时作出了互惠保留与商业保留,所以香港也当然是有了这两个保留,但是到目前为止,笔者是从来没有听到这样的案例,甚者提出这方面的争议都没有听说过。

6. 理由之五:裁决书当事人的名称是否准确

6.1 造成当事人的名称错误的原因

这是一个经常会出现与可能是复杂的问题,就是在裁决书中将原告或者被告的名称写的不准确从而带来将来执行时的困难。名称不准确会是多种原因所造成,如是一家公司因为业务或法律的要求而改了名称,或转移了业务与资产。也会是涉及公司重组或收购 (restructure or merger)、公司解散(dissolution)、公司资产的转让(transfer of assets)、公司财产的继任 (succession of assets)等。另也可能是会有一个转让(assignment),但实际上后来发觉转让并不是有效,因为没有按照有关法律的要求等。

另一个情况会是双方当事人在订约时就已经是不小心,大家没有把对方的身份搞清楚就签订合约。这种情况在笔者熟悉的航运业务中就有很多,虽然租约会是涉及庞大的金额,但笔者就见过好几次订约方只是名为"船东"。但众所周知,船东可以是"注册船东",也可以是"二船东","三船东"或者"光船船东",他们都会涉及是不同注册地点与不同名称的公司。笔者也见过订约一方只是凭感觉而根本没有明确谁是订约的另一方。如谈判合约的对象是与著名的马士基公司就以为对方当事人就是他,没有理会在来往的通信中对方曾经有简单的批注说是"作为代理人"(as agents),但也没有进一步说是为谁代理。不少西方大公司是很习惯以另一家在他控制下的独立公司作为合约的当事人,特别是订立一些风险比较大的合约。

随便举一个先例是 The "Elikon" (2003) 2 Lloyd's Rep. 430,有关的租约是金康标准格式。它在 Box 3 有关船东的名字写为"SPHINX NAVIGATION LTD, LIBERIA c/o INTERNAUT SHIPPING GMBH",这种写法对熟悉航运的人是通常理解为 SPHINX 是船东也是订约方,而 INTERNAUT 通常是指船舶经理人或代理人,并需要通过他才能与船东联络。但在该租约最后的签字,填的是 INTERNAUT,并加上了他的印章与签字,并没有加上任何的批注,如“as agents only”。这就带来了不明朗,到底谁是订约方。毕竟没有一个说法是真正的船东才能作为订约方,租约业务中“二船东”或“三船东”作为订约方多的是。在该先例,开始仲裁是以 SPHINX 向承租人提起索赔滞期费,并且在索赔请求中也是以 SPHINX 的名义进行的。而期间还出了一个中间裁决书也是以 SPHINX 的名义。在之后才发觉了 SPHINX 与 INTERNAUT 两家公司是没有关系,这就涉及到底谁是正确的订约方。在英国法律,解释合约(包括解释谁是订约方),虽然要全面考虑,但有冲突时,还是有轻重的掌握,如人所皆知的附加条文超越了印本条文。而解释谁是订约方,签字将会是一个分量很重的证据,这方面请参考先例 The “Starsin”(2001) 1 Lloyd's Rep. 437,所以在该先例的解释是真正的订约方是 INTERNAUT 而不是 SPHINX。换言之,这一个仲裁一开始就搞错了对象,合约的诉权是在 INTERNAUT 而不是 SPHINX。

6.2 当事人的名称在仲裁程序中途被发现错误

这种错误或迟或早会被发现,一个时间就是在仲裁程序的中途。涉及一方当事人提出要求“更改”(amendment),用正确的名称替代,并要求仲裁庭作出这一个命令。也会是要求更改的一方当事人感觉到要求更改不容易,如仲裁庭的原因或是名称错误是比较基本性的(如上述介绍的先例 The “Elikon”(2003) 2 Lloyd's Rep. 430),就会赶紧另启动一个仲裁,而且是以准确的名称(不论是被告或者是原告)。

6.2.1 法院的做法

这种作出更改的做法在英国民事诉讼改革之前就在《高院规则》(Rules of Supreme Court)之 Order 20 Rule 5 (3)有针对如下:“An amendment to correct the name of the party may be allowed under paragraph (2) notwithstanding that it is alleged that the effect of the amendment will be to substitute a new party if the court is satisfied that the mistake sought to be corrected was a genuine mistake and was not misleading or such as to cause any reasonable doubt as to the identity of the person intending to sue or, as the case may be, intended to be sued.”

这《高院规则》是有说明哪些名称错误(通常是指原告)可以作出更改,如它必须是一个“真正的错误”(genuine mistake),它不会引起任何误导,也不会引起被告对想提起诉讼的当事方的身份有任何合理怀疑。反之亦然。并且如果真的是被告的名称怀疑有错误,也可以通过法院的命令把估计是真正的被告加进来作为第二被告。在这一方面最著名的先例是 The“Sardinia Sulcis”(1991) 1 Lloyd's Rep. 201,上诉庭在该先例分析了是否有一个真正的错误与会不会引起误导等,并作出判决是允许把原告的名称作出更改。在该先例涉及的是船舶碰撞,光船船东是以“Sardinia Sulcis”的船东作为原告向另一艘要承担碰撞责任的船舶“Al Tawwab”提出索赔,希望把他所花费的修理费用要回来。索赔是根据双方在部分和解协议中的仲裁条文提出。但在裁决书作出后,败诉方的被告也就是"Al Tawwab"的船东通过意大利的律师发觉"Sardinia Sulcis"的船东已经被清盘,并且与另一家公司合并,名为 SIT。所以胜诉方就向法院申请要把裁决书的名字从"Sardinia Sulcis"的船东即 Sardanavi 改为 SIT,并得到法院的允许进行更改。看来,这又是一个案例,胜诉方是从头到尾都是明确与肯定,没有从根本上把胜诉方的身份搞错,所以可以通过更改当事人名称解决这一个问题。

根据现行的《民事诉讼规则》,法院也有权允许新的当事人去替代原来在索赔表格中错误的名称,但就不像以前的《高院规则》说明到底是怎么样的错误才能这样更改。这可节录 Tomlinson 大法官在 Harper Versicherungs AG v. Indemnity Marine (2006) 2 Lloyd's Rep 263 在第 39 段中说:"The modern approach is that the court has jurisdiction in such circumstances to allow a new party to be substituted for a party who was named in the Claim Form in mistake for the new party—the new rule CPR 19.5(3)(a), unlike the old RSC O.20, r.5(3) says nothing as to the nature or quality of the mistake which must be established."

从最近的一个先例:Adelson v. Associated Newspapers Ltd. (2008) 1 WLR 585,可以看出法院在这方面的做法并没有改变。

6.2.2 仲裁的做法

仲裁的做法应该是比法院的诉讼麻烦,尽管在上一个先例 The"Sardinia Sulcis" (1991) 1 Lloyd's Rep. 201 看到仲裁中的做法是与法院的理念一样。首先仲裁是合约的产物,所以什么是准确的双方当事人名称最主要看他们是否是仲裁协议(往往也就是表示主合约)的订约方。这方面与其他合约条文的解释基本上是一致,包括找出订约时的意图、订约时的语境/背景等方面,这在笔者的《合约的解释》第一章有详细论述,请参阅。另较早前介绍的 The "Elikon" (2003) 2 Lloyd's Rep. 430 也是一个在这方面很贴切的案例。

仲裁另一个麻烦是不可以合并(consolidation),把另一个可能是正确的合约方加进来一并处理。如果是法院诉讼,在诉讼过程中发现对方(假设是被告),以他是代理人而不是合约方作出抗辩,或是指称原告作为受让人的转让无效,或不论是什么的理由下原告没有诉权等的情况,原告就可以把被告声称的合约方作为第二被告,或是把转让人加进来作为原告等。

仲裁的另一个麻烦是有关委任仲裁员与仲裁通知的送达。这会在被告的名称被搞错,而且不属于法律允许做出更改的情况下,就会带来额外的困难。如针对仲裁通知的送达,如果是给了正确被告的一个联营公司,或是有代理关系的公司,这至少可以说仲裁通知在实质上已经及时送达给了正确的被告,因为联营公司或代理公司是会把仲裁通知转达。毕竟,英国法律是一贯强调实质多过形式。但如果正确与错误的两位被告的公司是毫无关系的张三与李四,而仲裁通知只是及时给了错误的李四,这就很难说正确被告的张三已经及时在索赔时效内收到了仲裁通知。而没有仲裁通知,就很难可以接受在一个仲裁程序中或是在裁决书作出后将被告的错误名称更改为正确名称。换言之,原告必须重新启动另一个仲裁针对正确的被告。如果索赔时效已经届满,原告也只能怪自己了。

6.3 当事人的名称错误在裁决书作出后被发现

当事人的名称错误被发现的另一个时间是在裁决书作出之后,这就涉及了一方当事人想办法作出救济,如根据1996年《英国仲裁法》Section 57(3)(a)的笔误原则(slip rule)要求仲裁庭作出文书上的修改。但这里又涉及正确与错误名称到底是否属于基本性的问题。显然如果错误是十分明显,特别是在仲裁庭自己拟定裁决书时看漏了眼而不是双方当事人自己的错误,如正确的"A Company Ltd"在裁决书中被错误写为"A Company plc",这通常是仲裁庭不会有犹豫作出修改。在败诉方不是缺席的情况下,对这种明显的错误有可能会是双方达成协议而不必麻烦仲裁庭。但如果错误是比较隐蔽而导致仲裁庭拿不准他可否以笔误原则作出名称的更改,或是要涉及双方当事人的进一步的争辩与提供证据,这就很可能令仲裁庭拒绝作出修改。这可能就会涉及向英国法院请求救济,如根据Section 69针对合约的解释找出谁才是正确的合约方。

名称的错误也会纯粹的是文书上错误,这文书的错误可能是双方当事人自己就在签订的合约中写错了,也可能是它的代表律师在仲裁的文件中写错,也可能是仲裁庭自己在裁决书中写错。如笔者最近就出了一份裁决书将败诉一方当事人的名称写错,原因是笔者草拟时根据的是某一份胜诉方提供的文件,而该文件中胜诉方将对方的名字拼写错误,而他自己也可能不知道。虽然在之后的文件中,胜诉方有写出对方正确的名称,但笔者并没有注意到该拼写上的细微的不同。裁决书在发出之后,胜诉方的代表律师要求笔者对此笔误进行修改。笔者很乐意对这一笔误进行修改,让裁决书可以顺利执行,因为笔者认为这一仲裁针对谁是败诉方是始终都明确与肯定,不存在根本上把败诉方的身份搞错,所以可以以笔误解决这一个问题。

6.4 当事人的名称错误在裁决书执行的过程中被发现

第三个时间是在裁决书执行时,而且败诉方以此抗拒执行。这是最不幸的情况,也是发现当事人名称错误太晚的情况。这是因为时限等的问题导致对裁决书书的救济已经是较难取得,另启动一个针对正确当事人名称的仲裁就恐怕有很大的机会是索赔时效已经过了。而且涉及执行,还要看执行地点法院的态度,即使是一个看来可能是明显的错误。如西班牙的最高院就曾经拒绝执行一个裁决书,胜诉方是名为Glencore Grain Limited,但仲裁协议也就是合约的正确名字为Glencore Grain Rotterdam BV:Tribunal Supremo (Supreme Court), 14 January 2003, Glencore Grain Limited v. Sociedad lberica de Molturacion, S. A., reported in Y. B. Comm. Arb. XXX (2005) pp. 605 – 609 (Spain No. 38)。

6.5 总结名称错误在什么情况下可以更改

这种情况其实是不少,也有很多有关的先例,一个关键的问题显然是到底这个当事人名称的错误能否作出更改,不论是在仲裁程序中发现或是在裁决书作出后发现,更或是在执行时被发现。如果这一个不能作出更改,因为张三不能把他当成李四,就可能带来严重的后果。这不仅是整个仲裁所花的钱都浪费掉,而且再启动新的仲裁,针对一个准确名称的败诉方很可能已经是过了索赔时效。这里的分别在以上介绍的案件或案例中已经在一定的程度显示出来,就是如果这仅仅是“名称错误”(misnomer)而仲裁的当事人始终都是正确与实质上没有改变,则这种名称的错误是可以更改的。但如果是基本的名称错误,根本就是张三与李四的错误,就不存在可以更改。

这可节录 Seb Trygg Liv Holding Aktiebolag v. Manches (2005) 2 Lloyd's Rep 129, affirmed (CA) (2006) 1 Lloyd's Rep 318 先例,Gloster 大法官说:

"The question which arises under this head is, simply stated, what was the identity of the corporate entity which Manches, the solicitors then acting, intended should be a claimant in the arbitration proceedings? Did Manches simply get the name wrong, because they did not know about the merger, or Old Aachener Re's dissolution, or could it be said that their mistake was not merely the use of a wrong name, or a 'misnomer', but evinced a more fundamental error, that is to say an intention to bring the proceedings by a wrong claimant, which was no longer in existence. If the case was one of mere 'misnomer', then the authorities showed that the position can be corrected by simply amending the name of the parties of the proceedings, which are nonetheless validly constituted; on the other hand, if the intention was in fact to bring the proceedings on behalf of a wrong party, then the proceedings are indeed a nullity.

Thus where proceedings are begun in the name of a non-existent company, they are a nullity and the defect cannot be cured by amending to substitute another company (ie. a different legal entity) as claimant: Lazard Brothers v. Midland Bank Ltd (1933) AC 289. However, the rule is different if the case is one of misnomer. In cases of misnomer, even where the name on the record refers to an entity which no longer exists, the court can correct the record in the proceedings are correctly constituted ab initio: The Sardinia Sulcis (1991) 1 Lloyd's Rep 201 at 205.

The cases show that the identity of the party intended to be claimant in an arbitration is to be determined objectively in accordance with the ordinary principles for the construction of a contract, by reference to the notice of arbitration and the surrounding circumstances; see Counties Newspapers Ltd (1991) 1 Lloyd's Rep 538 at 550 - 551 and 558 - 562 per Ralph Gibson LJ... Thus it can be seen that the continental process of universal succession is recognized by the English courts as being a special case, distinct from the dissolution of an English company and from the assignment of rights, so far as the correct constitution of an arbitration is concerned. Thus, whereas if a company, during the course of an arbitration, assigns away its rights and is dissolved, the arbitration ipso facto lapses because one of the parties has ceased to exist (Baytur SA v. Finagro Holding SA (1992) QB

610), where a party has ceased to exist by reason of universal succession the arbitration does not lapse and the tribunal is entitled to continue with the reference: Eurosteel Ltd v. Stinners AG (2000) 1 All ER 964 at 969."

最后,多介绍几个重要的有关先例,如下:

在 Unisys v. Eastern Counties (1991) 1 Lloyd's Rep. 538 先例中,仲裁是以合约订立时签约方的名称提起的,但在后来该签约方改了名称,并把它原来的名称让它的一个子公司承继。因此,开始仲裁的一方当事人是子公司,但事实上该子公司并没有签订任何的仲裁协议。上诉庭的 Ralph Gibson 大法官判是这样的错误仅仅与订约方的"属性"(attribute)有关,也就是它的名称,并不涉及任何关于它"身份的基本重大特征"(not as to any more fundamental characteristic of identity)。

另在 Harper Versicherungs AG v. Indemnity Marine (2006) 2 Lloyd's Rep 263 的先例中,从 1965 年开始,Harper 已是 Indemnity Marine 相关保险业务的再保险人。Indemnity Marine 的保险业务是一直被 Resolute 管理的。双方在 2005 年初就有了争议,即他们之间的"再保合约"(reinsurance treaty)再保的范围是否是包括了石棉(asbestos)污染(pollution)等方面的损失。代表再保险人的 Castlewood 在 2005 年 2 月发信给 Resolute 要求检查保险人承保与赔付的记录,但 Resolute 拒绝允许进行检查,除非再保险人先支付再保合约下有争议的补偿金额。到了 2005 年 5 月,Resolute 以 Indemnity Marine 的名称启动了针对再保险人 Harper 的伦敦仲裁,索赔再保合约下未付的补偿金额。但 Resolute 不知道在不久前的 2005 年 4 月 28 日,Indemnity Marine 的保险业务根据英国立法《Financial Services and Markets Act 2000》已经被转移给了 Ocean Marine。Resolute 在 2005 年 5 月 27 日以 Indemnity Marine 的名称指定了 Mr. Berry 作为原告的仲裁员,并要求再保险人委任他们的仲裁员。Harper 最初的时候否认有一个有效仲裁协议,也不委任被告的仲裁员。接着,Resolute 就根据 1996《英国仲裁法》Section 17 将 Mr. Berry 委任为独任仲裁员。针对再保险人对管辖权的挑战,Mr. Berry 在 2005 年 8 月 5 日作出了一个中间裁决书,判是双方间存在有效的仲裁协议,并且裁定他有管辖权。到了 2005 年 9 月,Harper 察觉被保险人,也就是原告的保险业务已经根据立法而转让给了 Ocean Marine。Harper 于是开始了针对 Ocean Marine 的反击。在 2005 年 9 月 28 日,Harper 根据 1996《英国仲裁法》Section 67 以仲裁不是以 Ocean Marine 的名称启动为由,再度质疑独任仲裁员 Mr. Berry 的管辖权。到了 2005 年 10 月 3 日,Mr. Berry 做出指令,允许将仲裁程序中原告的名称更改为 Ocean Marine,理由是这仅仅属于程序上的错误而并非实质上的错误。Tomlinson 大法官驳回了再保险人 Harper 对该管辖权裁决书的上诉,认为该案例的事实与本小段提到的先例 SEB Trygg 事实是没有实质的不同,说:"The reference to Indemnity Marine was merely misnomer as a result of mistake as to the continuing entitlement of Indemnity Marine which misled no one. Reinsurers were left in no doubt that those entitled to collect the claims as reinsureds under the treaty were now resorting to arbitration in pursuit of their claim. Reinsurers sensibly do not assert that they considered the position to be otherwise."

7. 理由之六:裁决书与法院判决的合并

这一问题应该只会发生在英国和受英国仲裁法影响的地区,如新加坡、香港地区等地。这是因为英国针对裁决书的法律观点是可以上诉到法院,让法院就某一法律观点做出最后的决定。这一方面在 1979 年《英国仲裁法》与 1996 年《英国仲裁法》中都已经收紧,规定当事人只有在取得"上诉批文"(leave to appeal)之后才能将法律观点上诉去法院。但如果被批准上诉到法院,而裁决书的法律观点也被法院改了过来,就很有可能扭转在仲裁中胜败双方的地位。这就带来一个问题,最后的判决到底是否算是一份裁决书而可以根据《纽约公约》去其他签约国要求协助执行?根据英国或者香港的法律,最后的判决就算是有所改变也不影响它还是一份裁决书。根据《香港仲裁条例》,Section 23(8)针对可以上诉法院的本地仲裁是这样说:"Where the award of an arbitrator or umpire is varied on appeal, the award as varied shall have effect (except for the purposes of this section) as if it were the award of the arbitrator or umpire."这一方面的问题在本书两处有涉及,第一处也是最主要的是本书第 8 章之 3.5.7 段,另一处是本书第 11 章之 8.2.3.1 段,其中介绍了法国的近期案例名为 PT Putrabali Adyamulia v. Rena Holding Ltd, Cass. Civ. Ire, 29 June 2007。笔者不再重复,请读者自己参阅。

8. 理由之七:裁决书与仲裁协议的公证或确认

有关裁决书的公证或确认这一个课题在本书第十四章第 10 小段有详细介绍,请参阅。

在这里只介绍一些有关的先例涉及了在这一个课题上出了问题而导致不能根据《纽约公约》被执行地点的法院拒绝协助执行,首先是以"裁决书"(award)没有公证或确认的理由。

第一个是保加利亚的先例名为 ECONERG Ltd. v. National Electricity Company AD, Supreme Court of Appeal, Civil Collegium, Fifth Civil Department, 23 February 1999, reported in Y. B Comm. Arb. XXV (2000) pp. 678 - 82 (Bulgaria No. 1),保加利亚法院拒绝执行一个在瑞士作出的随意仲裁裁决书。理由之一是,根据《Swiss International Law Act》的 Article 193,裁决书必须由仲裁地点也就是瑞士法院的确认(authentication)。而根据保加利亚的《Code of Civil Procedure》之 Article 305(1),也是有同样的要求。

第二个涉及西班牙的先例,名为 Satico Shipping Company Limited v. Madera Iglesias, Tribunal Supremo (Supreme Court), Civil Chamber, Plenary Session, 1 April 2003, reported in Y. B Comm. Arb. XXXII (2007) pp. 582 – 90 (Spain No. 57)。申请人提供给西班牙法院两个裁决书的副本,裁决书是由一位独任仲裁员作出,他并且有签字,另由一位没有名字与住址的证人加签(这种做法在伦敦与香港仲裁经常会有)。西班牙最高院认为这两份裁决书并没有被确认而拒绝协助执行。

第三个是意大利的先例,名为 Sodime-Societa Distillerie Meridionali v. Schuurmans & Van Ginneken B. V., Corte di Cassazione (Supreme Court), 14 March 1995, No. 2919, reported in Y. B Comm. Arb. XXI (1996) pp. 607 – 609 (Italy No. 140),意大利最高院拒绝执行一个英国作出的裁决书,因为三位仲裁员的签字只有两个签字被公证。意大利最高院不接受英国做法是有关,在英国只要裁决书其中两位仲裁员也就是多数仲裁员的签字有了公证就已经足够。

除了裁决书外,还涉及了"仲裁协议"(arbitration agreement)的公证或确认。这里的问题会是更大,因为没有一个正式的主合约(内中包含仲裁条文),就根本不会有一份经过公证或确认的仲裁协议。特别是像英国或香港地区,立法给予文书仲裁协议一个非常广泛与宽松的解释,如《香港仲裁条例》之 Section 2 AC(2)(d),双方即使是以口头达成协议,但有引进其他文书的条件如双方以前订立的文书合约或某一个标准格式,而这些文书的条件中有一条仲裁条文。在这种情况下,英国和香港的法律都认为是有一条有效的文书仲裁协议,但显然是不可能把这一所谓的文书仲裁协议公证或确认以利于《纽约公约》的执行。这一问题在本小段稍候的案例 Dardana Ltd. v. Yukos Oil Co. (2002) 2 Lloyd's Rep. 326 会进一步探讨。

这方面先介绍几个遇上了这种麻烦的意大利先例:Vicere Livio v. Prodexport, Corte di Cassazione, 26 May 1981, No. 3456, reported in Y. B Comm. Arb. VII (1982) pp. 345 – 46 (Italy No. 47); Jassica SA v. Ditta Gioacchino Polojaz, reported in Y. B Comm. Arb. XVII (1992) pp. 525 – 28 (Italy No. 109); Lenzina Shipping Co. SA v. Casillo Grani snc, Corte di Appello (Court of Appeal), Bari, 19 March 1991, reported in Y. B Comm. Arb. XXI (1996) pp. 585 – 86; wtb v. Societa cooperative a responsibilita limitatacrei, Corte di Appello (Court of Appeal), Bologna, 4 February 1993, reported in Y. B Comm. Arb. XXI (1996) pp. 590 – 93 (Italy No. 137)。

在先例 Finagrain Compagnie Commerciale Agricole et Financiere SA v. Patano snc, Corte di Appello (Court of Appeal), Bari, 30 November 1989, reported in Y. B Comm. Arb. XXI (1996) pp. 571 – 75 (Italy No. 132),意大利 Bari 的上诉庭是判一份由经纪人发出的"主合约(包括了仲裁协议)确认"(confirmation of contract)是不足够满足《纽约公约》Article IV 的要求说:"as the confirmation sent by the broker... certainly cannot be deemed to be an agreement under the Convention."

接下来介绍的意大利先例是比较近期的 Sherwood Producers and Exporters Lt. v. Conceria Tre Emme di De Maio Vincenzo S. p. A., reported in Y. B Comm. Arb. XXVIII (2003) pp. 810 - 13 (Italy No. 162)。在该先例中,意大利高院支持 Naples 上诉庭的决定拒绝协助执行,因为申请人无法提供一份正本的仲裁协议或是一份经过确认的副本。

以上介绍了意大利的严格要求的情况,以下去介绍另一个国家也就是西班牙的情况。西班牙的最高院在先例 Satico Shipping Company Limited v. Maderas Iglesias, Tribunal Supremo (Supreme Court), Civil Chamber, Plenary Session, 1 April 2003, reported in Y. B Comm. Arb. XXII (2007) pp. 582 - 90 (Spain No. 57)中也拒绝了两个裁决书的执行,因为申请人没有提供正本的文书仲裁协议或是一份经过确认的副本。唯一提供的证据是一份没有双方当事人签字的租约,与一些没有经过确认的传真副本,并且往来传真的双方只是申请人与经纪人。此外也没有提供这些传真收发的记录(journal)。在这里可以一提的是这种情况在租船业务中非常普遍,就是船东与承租人之间通常是通过一位或多位经纪人订立一份租约,而且大部分的短期租约都不会把双方的谈判整理后拟定一份完整的租约让双方签字。而租约通常却是以仲裁解决争议,而且是有数量极多的仲裁案件,看来会在严格要求的国家,如意大利与西班牙在执行时遇上问题。

最后要介绍的是美国第十一巡回法院上诉庭的先例:Czarina, LLC v. W. F. Poe Syndicate, US Court of Appeals, Eleventh Circuit, 4 February 2004, reported in Y. B. Comm. Arb. XXIX (2004) pp. 1200 - 1208 (US No. 476),美国上诉庭支持第一审的法院拒绝协助执行一个伦敦仲裁裁决书。Czarina 作为胜诉方提供不了一份文书的仲裁协议,并争辩说在《纽约公约》下并不是一定需要。但美国法院不同意说:"confirming an award, courts first assure themselves of their jurisdiction by deciding whether the agreement-in-writing requirement has been met."

针对文书仲裁协议的提供给执行法院的要求,"倾向支持协助执行"(pro-enforcement)的国家法院对《纽约公约》这一要求的看法或解释是只需要提供表面看来是属于一个仲裁协议就已经足够,如果败诉方的被告认为双方是没有文书仲裁协议,就必须由被告举证。这可节录 Jan van der Berg 教授于《纽约公约》生效 50 周年之际在 ICC International Court of Arbitration Bulletin, Vol. 18/No. 2 - 2007 发表的一篇名为《New York Convention of 1958: Refusals of Enforcement》中所说:"The better view, however, seems to be that as long as the document appears to be prima facie an arbitration agreement, it constitutes a rebuttable presumption that it is a valid arbitration agreement in terms of Article II (2) and that it is for the respondent to bring proof to the contrary."

已经提到过 1996 年《英国仲裁法》在 Section 6 对文书仲裁协议有一个十分宽松的定义,所以结合《纽约公约》对文书仲裁协议的局限定义,再加上在执行时要求提供给法院一份被公证或确认的文书仲裁协议,显然会有困难。这方面的问题在英国上诉庭的先例 Dardana Ltd. v. Yukos Oil Co.(2002) 2 Lloyd's Rep. 326 中有针对,它涉及一个瑞典仲裁裁决书在英国申请协助执行,根据的是 1996 年《英国仲裁法》之 Section 100 – 104 把《纽约公约》变作英国的法律。

以下可以节录 Mance 大法官说:

"Section 100 to 104 of the 1996 Act give effect to the New York Convention on the Recognition and Enforcement of Foreign Arbitral Awards of June 10,1958. Articles I to V of that Convention are not perhaps as clearly in favor of the conclusion that I have indicated as Mr. De Garr Robinson(裁决书胜诉方的代表大律师)would suggest. Articles I and II refer to two separate documents, namely an award and an agreement, and art. III requires the production of each as necessary to obtain recognition or enforcement. Once again, however, art. V(1)(a) makes clear that, at all events where an agreement apparently complies with the requirements of art. II, any challenge to its validity is a matter for the party resisting recognition and enforcement to raise and prove. Distinguished commentators on the Convention also take this view: see in particular van den Berg. The New York Convention of 1958 (Kluwer), pp. 250, 284 and 312 and The New York Convention of 1958, A Collection of Reports and Materials delivered at the ASA Conference held in Zurich on Feb. 2, 1996, par. 106.

Professor van den Berg in the former work at p. 116 that 'Article II (2) poses fairly demanding requirements for the form of the arbitration agreement', in so far as it goes no further than to state that 'The term -agreement in writing-shall include an arbitral clause in a contract or an arbitration agreement, signed by the parties or contained in an exchange of letters or telegrams'. So, there can, under the terms of the Convention, be little scope for argument whether an apparently valid arbitration agreement in writing exists and has been produced, as required at the first stage. The Departmental Advisory Committee on Arbitration Law, whose report led to the 1996 Act, considered, in contrast, that the English text of art. II (2) justified 'a very wide meaning' of the words 'in writing': see pars. 34 and 348. Hence, the wide definition in s. 5(2)(c), (3) and (4) of the 1996 Act, whereby the phrase embraces both an agreement made 'otherwise than in writing by reference to terms which are in writing' and an agreement 'made otherwise than in writing and recorded by one of the parties, or by a third party, with the authority of the parties to the agreement'. This creates potential difficulty, when one turns to consider what is required to be produced under s. 102(1) as 'the original arbitration agreement'. One cannot produce an agreement made otherwise than in writing, containing an arbitration clause, by reference to which agreement was (allegedly) reached, and one can produce a record of an arbitration agreement made in writing with (allegedly) the authority of the parties to it. That, it seems to me, is all that is probably therefore required at the first stage. *That conclusion supports, rather than undermines the further conclusion that, at the first stage, all that is required by way of an arbitration agreement is apparently valid documentation, containing an arbitration clause, by reference to which the arbitrators have accepted that the parties had agreed on arbitration or in which the arbitrators have accepted that an agreement to arbitrate was recorded with the parties' authority. On that basis, it is at the second stage, under s.* 103(2), *that the other party has to prove that no such agreement was ever made or validly made.*"

(斜体的一句是 Mance 大法官的最后结论,这里作简单的中文解释:分析的结论是在第一个阶段,也就是提供给执行地点法院的一份文书仲裁协议,只需要提供一份表面看来有效的文件,内中有仲裁条文,而根据该条文作出裁决书的仲裁庭接受了委任,或仲裁庭接受该仲裁协议是在双方当事人授权下被记录下来。之后就可以去第二个阶段,也就是另一方的被告如果提出异议就有举证责任,也就是证明该仲裁协议从来没有达成或没有有效达成。)

说到要提供给执行地点法院申请协助执行的文件,除了上述所讲的仲裁协议与裁决书两份文件外,《纽约公约》在 Article IV(2)还提到了如果仲裁协议或裁决书不是以执行地点被接受的语言作出,申请人就要提供译本,而且译本需要由法定或宣誓翻译员确认(certify),或是由相关的大使馆确认。这通常不会是一个问题,但也曾经有过这一方面的案例涉及瑞士执行法院以这一个理由拒绝协助执行:Obergericht (Court of Appeal), Zug, 27 February 1998, reported in Y. B Comm. Arb. XXIX (2004) pp. 805 - 808 (Switzerland No. 35)。它涉及了一个以俄语作出的仲裁地点为莫斯科的仲裁裁决书,但提供给瑞士法院的德文译本是由一个莫斯科的"委托公证人"(notary public)的雇员作出的,并加上了批注说是与俄语裁决书的内容一致。但瑞士法院拒绝协助执行,认为译本应由大使馆确认,这大使馆必须是莫斯科的瑞士大使馆或是驻瑞士的俄罗斯大使馆。

最后顺便一提的是有的执行地点法院还会有一些其他的文件要求,如中国内地的执行法院会要求申请人提供证据证明败诉的被告确实有收到仲裁庭作出的裁决书。这导致申请人也就是仲裁的胜诉方必须回来向仲裁庭要求提供这方面的证据。在实务中,笔者发放裁决书给双方当事人做法通常是先把裁决书传真给双方当事人,让他们可以马上知道结果。然后再把正本裁决书以双挂号或快递的形式分别寄出给双方当事人。所以,笔者通常都可以提供证据。但笔者就听说过有仲裁庭不知晓这一要求,如以空邮的形式发放裁决书,就不一定有相关的证据可提供。也会是申请人不能得到仲裁庭的合作,所以无法提供证据。问题是这一要求事实上在《纽约公约》并没有列明,加上是如果这一个要求是由败诉方的被告所提出,即使在公平的立场也要他先说明或甚至证明他没有收到仲裁裁决书。否则这种要求看来没有必要,也不符合《纽约公约》的精神。

9. 理由之八:主权豁免(sovereign immunity)

9.1 抗拒执行仲裁裁决书的理由之主权豁免概述

这一课题没有在1958年《纽约公约》中规定为抗拒执行的理由,但在现实中这一个抗辩是经常会要面对,只要是败诉方是属于国有公司。特别在今天的商业活动中,有国家的参与(特别是发展中国家)是经常发生。而在近年来很热门的1965年《华盛顿公约》下的"投资仲裁"(investment arbitration),不论是ICSID还是其他形式的仲裁如"国际商会仲裁"(ICC arbitration)或者是"随意仲裁"(ad hoc arbitration),肯定有主权国家被涉及作为被告,而且他们败诉的机会很高,所以"主权豁免"(sovereign immunity)无论是在仲裁程序中或是在裁决书的执行阶段都会是一个争议。

主权豁免这一抗拒仲裁程序与仲裁裁决书执行的理由在1985年的联合国贸易法委员会(UNCITRAL)的《仲裁示范法》与1958年《纽约公约》中都没有提到。原因之一是该抗辩理由仅会局限的适用在涉及享有主权豁免的主体或其财产的小部分仲裁案件中,而国家越来越多的参与到国际仲裁中来也只不过是近十几年来的事情。原因之二会是在《仲裁示范法》制定时排除了商业行为能够享有主权豁免的限制豁免理论(后详)已经被广大西方国家接受,所以在商业仲裁领域,主权豁免似乎已经变得并不是问题。但是随着近年来主权国家越来越多的参与到国际仲裁中来,尤其是ICSID的投资仲裁,这一个课题越来越常见。这特别是考虑到发展中国家在这种投资仲裁以及其他国际仲裁绝大部分都属于是败诉方,他们面对"实质执行"(actual execution)时几乎能够勉强作为抗辩理由通常也只有主权豁免的说法。

主权豁免简单的说是指主权国家或其代表的行为及其财产不受他国管辖。理论上这管辖包括在立法、行政、司法等各个方面的豁免,而实践中该豁免主要表现在司法管辖方面,也即是一国的国内法院非经外国同意,不得受理以外国国家为被告的诉讼。"平等者之间无管辖权"(par in parem non habet imperium)这一罗马法概念是国际法层面上该理论的基础。该豁免权的存在是为了确保主权国家能够更加有效的行使其公共职能以及独立和平等的同其他主权国家进行交流与合作。而它的实现主要依靠国与国之间相互对对方豁免权的认可与"国际友好合作"(international comity)。

9.2 有关绝对豁免与限制豁免

主权豁免的理论经历了由"绝对豁免"(absolute immunity)到"限制豁免"(restrictive immunity)的发展。绝对豁免就是指国家行为及其财产在任何情况下都是享有不被他国法院管辖的豁免权。但是在第二次世界大战之后,随着主权国家大量地参与到跨国贸易、金融、投资等商业活动中,绝对豁免原则使得外国个人或法人在与国家进行的交易中处于不利地位,于是产生了限制豁免的理论。这一个改变也涉及了在“二战”以后，社会主义国家的兴起，其中最重要的要为前苏联。而社会主义国家最大的特点就是没有私有制，而全部企业都是国有。如果是在绝对豁免的理论之下，前苏联或者他的国有企业对外进行任何活动都会享有主权豁免，这是西方国家所不能接受的。

这里的变化可节录 Cross 勋爵在 The “Philippine Admiral” (1976) 1 Lloyd’s Rep. 234 所做出的详细介绍的部分内容如下：

“There is no doubt – as was indeed conceded by Counsel for the appellants – that since Second World War there has been both in the decisions of Courts outside this country and in the views expressed by writers on International Law a movement away from the absolute theory of sovereign immunity championed by Lord Atkin and Lord Wright in The “Cristina” (1938) A. C. 485 (H. L.) towards a more restrictive theory. This restrictive theory seeks to draw a distinction between acts of a State which are done ‘jure imperii’ and acts done by it ‘jure gestionis’ and accords the sovereign State no immunity either in actions in personam or in actions in rem in respect of transactions falling under the second head.

The first indication of this change of view to which their Lordships would refer is the Republic of Mexico v. Hoffman, 324 US 30 decided by the United States Supreme Court in 1945 . . .

The next landmark in the shift of opinion above mentioned to which their Lordships would refer is a letter – the so-called ‘Tate letter’ – addressed on May 19, 1952, by J. B. Tate, the Acting Legal Adviser of the State Department, to the then Acting Attorney-General of the United States notifying him of a change in the policy of the Department of State which regard to the granting of sovereign immunity to foreign Governments. . . ”

另可节录香港近期一个重要的案例（仍在上诉，是有关“商业行为”的例外情况，在本章9.6段有详论）名为 FG Hemisphere Associates LLC v. Democratic Republic of the Congo, China Railway Group (Hong Kong) Limited & Others [2008] HKCFI 1110，Reyes 大法官也针对了绝对豁免与限制豁免的分别有以下简单的介绍：

“The traditional thinking is that states being equal to one another, a state enjoys ‘absolute immunity’ from suit in the courts of another state. Under this school, the domestic courts of one state would not normally have jurisdiction to adjudicate upon matters in which another state is named as a defendant. I say ‘normally’ because the absolute immunity school of thinking allows for the possibility of a state waiving immunity before a given tribunal of another state.

More recently, from at least the 1950s, as states became more involved in commercial transactions either in their own name or in the form of state-owned corporations, a different line of thinking has established itself. This school of thought would confer only a ‘restrictive immunity’ on states. Thus, under this school, states do not enjoy immunity from suit where they are engaged in transactions of a purely commercial nature. On this thinking, regardless of whether a state has waived immunity, it will be subject to the jurisdiction of a foreign court if in relation to suits arising out of ordinary commercial transactions. ”

目前中国、印度、日本与伊朗等采用的仍然是绝对豁免的理论。有关中国的地位,可以从 FG Hemisphere Associates LLC 一案中国外交部香港特派员公署写给香港政府中国内地事务管理局后作为证据提交给香港法院的一封信中看到,内容如下:“Regarding the issue of state immunity involved in the case FG Hemisphere Associates LLC v. Democratic Republic of the Congo and Ors (HCMP 928/2008) before the Court of First Instance of the High Court of the Hong Kong Special Administrative Region, the Office of the Commissioner of the Ministry of Foreign Affairs of the People's Republic of China in the Hong Kong Special Administrative Region, having been duly authorized, makes the following statement as regards the principled position of the Central People' s Government.

The consistent and principled position of China is that a state and its property shall, in foreign courts, enjoy absolute immunity, including absolute immunity from jurisdiction and from execution, and has never applied the so-called principle or theory of ‘restrictive immunity’. The courts in China have no jurisdiction over, nor in practice have they ever entertained, any case in which a foreign state or government is sued as a defendant or any claim involving the property of any foreign state or government, irrespective of the nature or purpose of the relevant act of the foreign state or government and also irrespective of the nature, purpose or use of the relevant property of the foreign state or government. At the same time, China has never accepted any foreign courts having jurisdiction over cases in which the State or Government of China is sued as a defendant, or over cases involving the property of the State or Government of China. This principled position held by the Government of China is unequivocal and consistent. ”

值得一提的是一直被视为坚持绝对豁免理论的中国却在联合国大会于 2004 年 12 月 2 日通过的由国际法委员会(International Law Commission,简称 ILC)拟定的《联合国国家及其财产豁免公约》(United Nations Convention on Jurisdictional Immunities of States and Their Property,简称《豁免公约》)上签字(2005 年),这是否代表中国的立场有所改变,或只是不同国家部门之间持矛盾的立场,笔者不得而知。还有一点需要指出的是香港特别行政区虽然是中国的一部分,但是由于“一国两制”下的香港仍然保留原先的英国普通法的地位,这显然是限制豁免的立场:英国上诉庭的 Trendtex Trading Corporation v. Central Bank of Nigeria (1977) 1 Q. B. 529 与贵族院的 The “I Congreso del Partido” (1981) 2 Lloyd's Rep 367。这个不一致的法律地位本来应该不会产生太大问题,因为无论是执行外国法院的判决书还是仲裁裁决书,都是以执行地点的法律为准,即是来香港执行的外国裁决书就以香港的法律为准即可。但涉及中国内地,由于在一国两制下带来一个新问题是香港特有,这就是它还涉及另外一种豁免权,也就是"官方豁免权"或以前称为"皇室豁免权"(Crown Immunity)。这在香港以前作为英国的殖民地,就依从英国的法律不能在香港法院对英国皇室提出任何的诉讼,这也不区分商业或非商业例外情况,根据的道理是包括好像"国王不会做错事情"(the King can do no wrong)。虽然官方豁免权与主权豁免都属于豁免的特权,而且内容是相通的,但两者的基础却非常不同。主权豁免是基于国与国之间的平等地位,但官方豁免是基于不平等的地位。

显然是随着时间的推移也是有通过立法对这一绝对豁免权做出一定程度的放宽,这些立法在香港是《Crown Proceeding Ordinance》。而在中国内地也有类似的立法是《行政诉讼法》,根据该立法人民法院不受理公民、法人或其他组织对一些事项的诉讼,其中包括国家行为。在香港主权回归中国之后,《Crown Proceeding Ordinance》并没有被废除,这带来一定程度的不明朗。

由于香港在回归之后大量中资机构与资产进入,越来越多的西方当事人或胜诉方将在香港的中资资产作为取得索赔担保与执行的对象。但同时,作为中资机构都会有很大的诱因提出主权豁免与官方豁免的抗辩,而事实上也是这个情况,如上述介绍的 FG Hemisphere Associates LLC 一案。所以香港法院面对与外国有关的主权豁免会涉及到底是绝对豁免还是限制豁免的问题,毕竟主权豁免这一国际公法领域的课题与主权国家的政治与外交都有密切关系,这根据《香港基本法》是应该属于中央政府管辖的事项。而香港法院面对中国政府机构作为被告,这会面对官方豁免的问题,毕竟香港与中国内地并非国与国之间的关系,不应该适用主权豁免。这些复杂与极为敏感的问题都是香港法院要面对的,而最终会对香港法律制度有何种影响还是一个未知数。

至于俄罗斯与一些独联体国家,或是采用绝对豁免理论,或是立场仍不明确。这可以节录2008年《The Leading Arbitrators' Guide to International Arbitration》第二版之658~660页,如下:

"There are two basic provisions in Russian Law addressing State immunity, viz. Article 435 of the RSFSR Code of Civil Procedure, of 16 June 1964, which remains in force in the Russian Federation, and Article 213(1) of the Code of Arbitrazh Procedure of 5 May 1995.

While the wording—and possibly the scope—of both provisions is different, they are both based on the theory of absolute State immunity. Article 124(1) of the Russian Civil Code could be viewed as heralding a new approach in that it stipulates that the Russian Federation 'shall act in relations regulated by civil legislation on equal principles with the other participants of these relations—citizens and juridical persons.' Article 127 of the Civil Code also provides for a law on State immunity to be adopted. As mentioned above, however, no such law has been adopted. On the other hand, two draft laws on State immunity have been prepared. Both drafts are based on the theory of restrictive immunity. The trend away from absolute immunity was also confirmed by president Yeltsin in May of 1998 in an opinion on a draft law sent to the chairman of the State Duma. The opinion was prepared with respect to a Draft Law On the Administration of State Foreign Financial Assets Inherited by the Russian Federation. While the opinion is not a wonder of clarity, it is clear that the approach taken in it is based on the theory of restrictive State immunity. The most recent confirmation of the aforementioned trend is a so-called information letter issued by the Presidium of the Supreme Arbitrazh Court of the Russian Federation. In the information letter comments are provided with respect to two actual court cases involving embassies in Moscow. In effect the Presidium of the Supreme Arbitrazh Court has accepted the theory of restrictive immunity. This is particularly interesting since the Code of Arbitrazh Procedure, as mentioned above, prescribes absolute immunity.

It follows from the brief account above that Russian law is moving away from the theory of absolute State immunity. In my view, it is reasonable to assume that other former republics will sooner or later follow suit. For the time being, however, the law of State immunity-as so many other matters in the former Soviet Union- is in a transitional stage. This is undoubtedly one reason why issues of State immunity tend to create problems in arbitrations involving States from this part of the world."

9.3 有关主权豁免立法与国际公约

英国有关这一课题的立法是1978年《主权豁免法》(Sovereign Immunity Act 1978)。该立法是在1972年《欧洲主权豁免公约》(European Convention on State Immunity 1972)基础上制定,将适用扩大至所有国家。这是针对该课题的一个全面的法典,其中第一部分的Section 1明确了国家是享有主权豁免而不受其他国家法院的管辖,但是在接下去的部分列出了一连串不能享有主权豁免的例外情况。这包括:主权国家自愿接受英国法院的管辖(Section 2),在英国履行的商业交易与合约(Section 3),雇佣合约(Section 4),人身伤亡与财产损失(Section 5),财产的所有权、占有权与使用权(Section 6),专利、商标权(Section 7),主权国家作为公司、合伙人或非法人性质的团体的成员(Section 8),仲裁(Section 9),商用船舶(Section 10),增值税与关税等税收问题(Section 11)。稍后笔者会对与本书关系密切的部分例外情况进一步探讨。

在美国的立法是1976年《外国主权豁免法》(Foreign Sovereign Immunities Act 1976)。在国际上,其中最主要的是联合国大会于2004年12月2日通过了由国际法委员会(International Law Commission,简称ILC)拟定的《国家及其财产豁免公约》(United Nations Convention on Jurisdictional Immunities of States and Their Property,简称《豁免公约》),但是截至2008年4月1日只有28个国家在该公约上签字,而这其中只有4个国家愿意"批准"(ratify)该公约。虽然这与该公约第30条规定的至少30个国家批准该公约之后它才能生效还有很大距离,但是不可否认该份综合考虑了各国立法与实践之后拟定出来的国际公约为该课题在国际上达成共识提供了一个良好的基础。这里可以节录 Aikens 大法官在 AIG Capital and Another v. Kazakhstan (2006) 1 Lloyd's Rep. 45 先例中提到该公约时给与的评论:"I regard the UN Convention on Jurisdictional Immunities of States and their Property, adopted by the General Assembly, as a most important guide on the state of international opinion on what is, and what is not, a legitimate restriction on the right of parties to enforce against State property generally. I accept that the Convention does not constitute a jus cogens in international law. I recognise that the Convention has not yet been adopted by any States. But its existence and adoption by the UN after the long and careful work of the International Law Commission and the UN Ad Hoc Committee on Jurisdictional Immunities of States and Their Property, powerfully demonstrates international thinking on the point."

《豁免公约》也明确了国家是享有主权豁免而不受他国法院的管辖,但列出了一连串与英国立法大同小异的不能享有主权豁免的例外情况。其中包括商业领域上的商业交易(Article 10)、雇佣合约(Article 11)、知识产权(Article 14)、公司(Article 15)、航运(Article 16)与仲裁(Article 17),与非商业领域的人身伤亡(Article 12)、财产权益(Article 13)。

该《豁免公约》的制定主要是依据英国与美国的立法,在这里也可以看到英美国家对于国际游戏规则的制定所起的作用。

9.4 限制豁免

限制豁免的理论将主权国家的行为区分为行使其统治权的"国家行为"(acts jure imperii)与在私法意义上的"商业行为"(acts jure gestionis)。按照该理论,主权国家与其财产只有在涉及前者的行为时才能享有豁免权,而在从事"商业行为"时,他是与其他的参与者一样处于平等的地位,不享有该豁免权。现在限制豁免的理论已经被越来越多的国家所接受。虽然这两种行为的区分在理论上看似简单,但在实践中有时却并非易事。

正如限制豁免理论产生的背景一样,由于主权国家越来越多的开始从事商业行为与订立商业性合约,而90%以上的商业合约又都会将仲裁作为争议解决的方式。主权国家也自然成为争议的一方当事人而加入到仲裁程序中来。这就使仲裁庭在仲裁程序中与执行地法院在执行仲裁裁决书时都可能面对主权豁免这一抗辩理由。

限制豁免相对于绝对豁免已经将主权豁免适用的范围大幅度的缩减,法院在限制豁免的理论下决定某一事项是否享有主权豁免要考虑的问题在 The "I Congreso del Partido" (1981) 2 Lloyd's Rep 367 一案中 Lord Wilberforce 是说:"In considering, under the restrictive theory, whether State Immunity should be granted or not, the court must consider the whole context in which the claim against the State is made, with a view to deciding whether the relevant act(s) on which the claim is based should, in that context, be considered as fairly within an area of activity, trading or commercial or otherwise of a private law character, in which the State has chosen to engage or whether the relevant activity should be considered as having been done outside the area and within the sphere of governmental or sovereign activity."

这表示要全面考虑每一个案件的不同事实,特别是有关的活动(如是否涉及贸易或者商业),本质上是否是私法领域而不涉及公法(如违反一个私人的合约与违反一个国与国之间的双边协议),有关的活动是否属于政府或者主权国家的活动等。以下会针对这几个重要方面进行详细探讨。

9.5 主权国家的定义

在具体探讨主权豁免在仲裁程序中与仲裁裁决书的执行时的适用之前,首先要明确的是主权国家或者说能够享有主权豁免的主体究竟包括哪些。由于主权国家只是一个抽象的法律概念,而国家的各项职能与参与活动都是通过一些具体的"国家机构"(state organ)与"国家工具"(state instrumentality)来行使与实现。他们在享有主权豁免有不同对待,这在英国1978年《主权豁免法》中,非常详尽的第14(1)条是如下:

14 States entitled to immunities and privileges (1) The immunities and privileges conferred by this Part of this Act apply to any foreign or commonwealth State other than the United Kingdom; and references to a State include references to—

(a) the sovereign or other head of that State in his public capacity;(国家与行使公共职能时的国家领导)

(b) the government of that State; and(国家政府)

(c) any department of that government,(任何政府部门)

but not to any entity (hereafter referred to as a "separate entity") which is distinct from the executive organs of the government of the State and capable of suing or being sued.(这一句话是针对国家工具,虽然名称并非是"instrumentality"而是"separate entity",并在此说明是不能享有主权豁免)

(2) A separate entity is immune from the jurisdiction of the courts of the United Kingdom if, and only if—(国家工具只有在以下情况才可享有主权豁免)

(a) the proceedings relate to anything done by it in the exercise of sovereign authority; and(该国家工具从事的工作是行使国家主权的行为。例如,部分国家会把监管监狱的工作包给私人的保安公司,该保安公司在行使该职责时在国际的层面上是可以享有豁免)

(b) the circumstances are such that a State (or, in the case of proceedings to which section 10 above applies, a State which is not a party to the Brussels Convention) would have been so immune.

(3) If a separate entity (not being a State's central bank or other monetary authori-

ty) submits to the jurisdiction in respect of proceedings in the case of which it is entitled to immunity by virtue of subsection (2) above, subsections (1) to (4) of section 13 above shall apply to it in respect of those proceedings as if references to a State were references to that entity.

(4) Property of a State's central bank or other monetary authority shall not be regarded for the purposes of subsection (4) of section 13 above as in use or intended for use for commercial purposes; and where any such bank or authority is a separate entity subsections (1) to (3) of that section shall apply to it as if references to a State were references to the bank or authority. (这里主要是针对国家的中央银行或金融当局的财产不被视为是商业用途,也就是可以享有绝对主权豁免)

美国 1976 年《外国主权豁免法》中也对主权豁免的主体作出了规定:

(a) A "foreign state", except as used in section 1608 of this title, includes a political subdivision of a foreign state or an agency or instrumentality of a foreign state as defined in subsection (b). (这是对主权国家的定义,它们可以享有主权豁免)

(b) An "agency or instrumentality of a foreign state" means any entity— (这是对国家工具的定义,以及符合定义的一些要求。注意这一句就用上了"instrumentality"一词,与英国的立法措辞不一样。)

(1) which is a separate legal person, corporate or otherwise(是一个独立的法人或机构), and

(2) which is an organ of a foreign state or political subdivision thereof, or a majority of whose shares or other ownership interest is owned by a foreign state or political subdivision thereof(外国国家的一个机构或其分支或大部分股份/所有权是由外国国家拥有), and

(3) which is neither a citizen of a State of the United States as defined in section 1332 (不是美国人士)(c) and (e) of this title, nor created under the laws of any third country.

至于《豁免公约》的 Article 2(1)(b)是如下:

"(b) 'State' means:

(i) the State and its various organs of government;

(ii) constituent units of a federal State or political subdivisions of the State, which are entitled to perform acts in the exercise of sovereign authority, and are acting in that capacity;

(iii) agencies or instrumentalities of the State or other entities, to the extent that they are entitled to perform and are actually performing acts in the exercise of sovereign authority of the State;

(iv) representatives of the State acting in that capacity;

Article 21:

(1) The following categories, in particular, of property of a State shall not be considered as property specifically in use or intended for use by the State for other than government non-commercial purposes under article 19, subparagraph (c):

(c) property of the central bank or other monetary authority of the State."

9.5.1 中央银行

这里要一提的就是英国立法与《豁免公约》都把一个主权国家的中央银行与金融当局特别针对说明他们可以享有绝对的主权豁免。就算该中央银行或金融当局是有独立的法人资格或自主权,严格上说不属于国家机构,但也不影响他们享有绝对豁免的地位。至于为什么有这样的规定,部分解释可以看 Aikens 大法官在 AIG Capital and Another v. Kazakhstan (2006) 1 Lloyd's Rep. 45 所说:"One can only speculate on why a separate sub-section was introduced by amendment to deal with the position of property of central banks and other monetary authorities with regard to the enforcement process in UK courts. But one can note, first, that generally speaking, when a central bank or a State's monetary authority is performing its key functions of acting as guardian and regulator of the State's monetary system, it will be exercising governmental or sovereign authority; it will not be acting for commercial purposes. Secondly, it is likely that the most obvious "property" of a central bank, a State's reserves, will be held and used for governmental, or sovereign purposes and not for commercial purposes. It may be that it was recognised by the draftsmen of the Act that it would be difficult, if not impossible, to determine whether a particular asset of a central bank or monetary authority was, at a relevant time, being used or intended for use for sovereign purposes or for commercial purposes. The assets of a State's central bank (or monetary authority) would be an obvious target for the enforcement process in relation to judgments against the State or its central bank (etc). This might lead to unwelcome and perhaps embarrassing litigation in UK courts. Therefore this possibility was pre-empted by the all-embracing and imperative immunity granted by section 14(4)."

该案例涉及在 1999 年至 2000 年期间,AIG(这就是在 2008 年金融海啸中出事的著名美国保险公司)与一家哈萨克斯坦公司成立了一个合资企业名为 CJSC,致力于开发阿拉木图市一处复式住宅的建设项目。在 2000 年 3 月,工程开工之后,哈萨克斯坦政府突然宣布取消该项工程,原因是工程所在的土地将会被改用在建设一个国家植物园。政府对合资企业作出立刻将工程移交给阿拉木图市政府的决议命令,并没有对合资企业作出任何的赔偿。2000 年 5 月,承建商从该处房产所在地被驱逐,阿拉木图市政府在 2001 年实际占有了该土地上的房产。该建设项目是根据美国与哈萨克斯坦签订的双边投资协定,而该投资协定中有 ICSID 仲裁条款,仲裁适用 ICSID 公约。美国与哈萨克斯坦都是 ICSID 公约的签约国。到了 2001 年 5 月 3 日,AIG 与 CJSC 一起作为原告在 ICSID 开始了以哈萨克斯坦作为被告的仲裁。ICSID 仲裁庭在 2003 年 10 月 7 日作出裁决书,判哈萨克斯坦赔偿两位原告 9,951,709 美元加利息。哈萨克斯坦并没有支付任何的赔偿给两位原告。

原告知悉哈萨克斯坦在英国有财产,就在英国采取行动执行该 ICSID 裁决书。在英国,《ICSID 公约》是根据 Arbitration (International Investment Disputes) Act 1966 得到承认与立法。其中该 1966 年法案的 Section 1(2)规定要求在英国申请承认与执行 ICSID 裁决书的原告需要在高院对该裁决书进行"注册"(register),Section 2 进一步说明一个在高院注册过的 ICSID 裁决书可以像执行高院作出的法院判决一样得到"实质执行"(actual execution)。两位原告随后于 2004 年 7 月根据 1966 年法案在英国高等法院注册了该 ICSID 裁决书,并于2004 年 10 月 13 日取得了两个中间命令,即"第三债务人命令"(Third Party Debt Order)与"押记命令"(Charging Order),对裁决书进行执行(关于该两种命令请看本书第十四章之 8.3 段与 8.4 段)。本案中,这两个命令针对的目标是 ABN AMRO Mellon Global Security Services BV,简称 AAMGS(第三者,是代全球客户托管证券并提供其他金融服务的机构)根据与哈萨克斯坦的国家银行(NBK)签订的 Global Custody Agreement(GCA)而持有 NBK 的现金与证券。

在中间命令做出后,哈萨克斯坦介入(intervene)向英国法院申请把这两个命令撤销。

该案例有关的争议主要有几个方面,与本段内容有关的方面包括:第一,AAMGS 持有的财产是属于哈萨克斯坦还是 NBK;第二,英国 1978 年《主权豁免法》中第 14(4)条中"财产"(property)一词包括有哪些,毕竟很明显 NBK 名下的财产最终还是属于哈萨克斯坦;第三, AAMGS 为 NBK 的现金与证券根据英国 1978 年《主权豁免法》中第 13(4)条的规定,是否是国家用于或准备用于商业用途的财产。

针对以上的第一个争议,Aikens 大法官认为证据明显是 AAMGS 持有的财产是属于 NBK,包括存户的名字以及 GCA 合约的签署人,而哈萨克斯坦根本不是合约方。至于第二个与第三个争议,Aikens 大法官也是支持哈萨克斯坦,说:

"In my view the wording of section 14(4) is clear and imperative; hence the wording '... The property of a State's central bank... shall not be regarded... '. The words are, in their natural meaning, not capable of qualification. When they are set in their context, as I have tried to do, it is clear that they should not be qualified. This has the following consequences:

(1) All 'property' of a State's central bank or other monetary authority is covered by section 14(4). The only question is whether the central bank (etc) has one of the types of interests in the property concerned, as I have described the interests above, so that the assets concerned can be described as the 'property' of the central bank concerned.

(2) It does not matter whether the central bank is a department of the State or a separate entity. In all cases the central bank's property 'shall not be' regarded as in use or intended for use for commercial purposes 'for the purposes of [section 13(4)]'.

(3) Given the wording of section 14(4), then the property of a State's central bank

(or other monetary authority) must enjoy complete immunity from the enforcement process in the UK courts.

(4) If the central bank (etc) has an interest in the property concerned, but the State of the central bank has another interest in the same property, then in my view the effect of section 14(4) is that the relevant property is immune from enforcement in respect of a judgment against that State, whether the property concerned is in use or intended for use for commercial purposes or not."

9.5.2 国家政府组织机构(State Organ 或 State Agency)

在国际法委员会草拟的 Responsibility of States for Internationally Wrongful Acts 2001,国家政府组织机构的行为是被视为是主权国家的行为,它的定义是在 Article 4 如下:

"Article 4 Conduct of organs of a State

1. The conduct of any State organ shall be considered an act of that State under international law, whether the organ exercises legislative, executive, judicial or any other functions, whatever position it holds in the organization of the State, and whatever its character as an organ of the central Government or of a territorial unit of the State.

2. An organ includes any person or entity which has that status in accordance with the internal law of the State."

显然国家机构按照一般的理解是包括政府各部门,涉及立法、行政与司法的一些组织机构。换言之就是所有政府的组成部分。这些国家组织机构都可以享有主权豁免,除非是在一些明示或默示放弃主权豁免的例外情况下。例如,国家的国防部与外国的私人公司订立一个军火买卖或者物资买卖的合约。

9.5.3 国家工具(State Instrumentality, 或也被称为 para-statal entity)

在国际法委员会草拟的 Responsibility of States for Internationally Wrongful Acts 2001,国家工具的行为并不是绝对被视为是主权国家的行为是在 Article 5 如下:"The conduct of a person or entity which is not an organ of the State under article 4 but which is empowered by the law of that State to exercise elements of the governmental authority shall be considered an act of the State under international law, provided the person or entity is acting in that capacity in the particular instance."

显然国家工具与国家机构是有所不同的。一个不同的地方就是国家机构是没有"法人资格"(legal personality),但国家工具就有一个相对独立的法人资格,虽然他还是会受到主权国家一定程度上的控制。对于国家工具,并不容易给出一个全面的概念,因为他所包含的主体类型非常之多,如国家银行、公共服务机构与代理、国有企业,被私有化但仍然保留部分公共职能的国有企业等。

国家工具的行为并不被绝对的视为主权国家行为的原因是,他除了会在政府的授权下行事外,还可以以独立的法人身份从事私法领域的活动,如订立普通的商业合约。所以对于国家工具的行为是否可以归责于国家,一定要看他从事的某一个行为是否是在国家授权之下与是否受国家控制。换言之,每次有争议,都要根据“归咎原则”(rule of attribution)找出有关的主权国家是否要为某一个行为负责。

有关法人资格,简单来说就是法律上拟制的人格,拥有法人资格的主体可以独立的从事民商事行为与独立的承担相应的责任。这一理念最初反映在 Salomon v. Salomon & Co(1897) A. C. 22 这一著名的先例中。该案确立了公司独立的法人资格,这就意味着公司拥有的财产再也不等同于公司股东的个人财产,公司可以以完全独立于公司股东的身份进行各项活动与承担相应的责任。反过来说,股东的个人资产也不是公司拥有,公司如果破产也不能要求股东以其个人财产承担赔付的责任。在英国法下,要看一个公司的组成与能力,是根据公司注册地点的法律。这表示如果有争议还需要分析有关的公司章程与注册地法律。

但对于国家工具来说,这个法人资格看起来并不像公司这么明确与简单,在英国法下,会很大程度是根据不同的案情看有关的主权国家对该国家工具的控制程度与他所从事的活动的性质来判断他在从事活动时是否等同于“国家机构”(organ)的活动。这里可以节录丹宁勋爵在 Trendtex Trading Corporation v. Central Bank of Nigeria (1977) 1 Q. B. 529 一案中所讲:“I confess that I can think of no satisfactory test [as to whether a body is an ‘alter ego or organ’ of a foreign State] except that of looking to the functions and control of the organisation. I do not think that it should depend on the foreign law alone. I would look to all the evidence to see whether the organisation was under government control and exercised governmental functions.”

在近期的一个先例 Walker International Holdings Ltd v. Republique Populaire du Congo (2005) EWHC 2813 中,原告在一个仲裁胜诉,裁决书判刚果共和国败诉要支付1亿法郎给原告。原告在法国、开曼群岛与英国都开始了针对刚果国家石油公司(Societe Nationale des Petroles du Congo,简称 SNPC)附属公司的财产执行的程序。在法国的上诉庭,法官认为 SNPC 完全没有任何的自主权,而只是一个虚构出来的机构,属于刚果的“emanation of the state”。在英国法院,有关 SNPC 到底是属于国家机构还是国有企业认定了以下的事实:(1)SNPC 经常为刚果国家支付一些费用,如选举或捐赠;(2)SNPC 与刚果国家之间的账目不分,是一笔糊涂账;(3)SNPC 虽然是国有企业,但并没有给国家进行分红与支付股息,也没有把利润上缴国家。所以英国法院认为 SNPC 只是刚果政府为对外进行交易而设立的一个傀儡,相当于国家机构,而在商业上不是一个独立存在的个体。

在很多情况下“国家工具”(instrumentality)仍然受控于国家并为其行事。在实践中,判断国家工具的行为是受控于国家进行还是独立的进行并没有一个标准,主要还是根据不同的案情。这也会带来一些不明朗的地方,如国家的授权与国家的控制需要到什么程度才能够确认该国家工具的行为可以归责于国家。但在大原则上看来与公司独立法人制度是完全一样,就是母公司如果对于子公司实施太多干预,控制所有的决定权,与子公司之间的账目不清等,就会很容易导致“刺破公司面纱”(piercing corporate veil)。否则,子公司就是一个独立法人就算它有责任或破产也不能扯上母公司。

这里可以举一个涉及 FOB 货物买卖的著名案例说明国家机构与国家工具的区别,该案例名为 Czarnikow v. Rolimpex (1978) 2 Lloyd's Rep. 305 (HL),在笔者杨良宜所著的《装卸时间与滞期费》一书中也有提到。案情涉及一家英国著名的食糖公司 Czarnikow 向被告 Rolimpex(一家波兰国有企业,注意当时波兰还是社会主义国家)购买一票食糖。他们之间的买卖合约中有一条“不可抗力”(force majuere)的条文,其中包括了因政府直接或间接的干预导致的无法及时履约是可以不必负责。在付运前,波兰种植甜菜的地区遭遇到大雨导致食糖短缺,波兰外贸部立刻作出应对措施禁止食糖出口。这导致货物无法准时付运,Czarnikow 因此而蒙受损失,并向 Rolimpex 提出索赔。而 Rolimpex 的抗辩就是根据不可抗力条文中所提到的政府的直接干预。但 Czarnikow 的回应是除非合约清楚写明,否则法律默示地位是合约一方不能是因为他的过错而依赖不可抗力条文或免责条文。再说,既然 Rolimpex 就是波兰政府,作出指令禁止出口岂非是自说自话,怎么能够是不可抗力?但最后贵族院判是 Rolimpex 作为卖方可以依赖不可抗力条文,而其中主要是认为 Rolimpex 并非是一个国家机构,他有一定的自主权,虽然在判决中还并没有使用到“instrumentality”这一个相对近期的名称。Wilberforce 勋爵是这样说:“I agree however wholly with Lord Denning, M. R. , that Rolimpex cannot on the evidence be regarded as an organ of the Polish state. The award does indeed use the words ‘an organisation of the Polish State’ but read with the evidence this can mean no more than that it was set up by the Polish state and controlled by the Polish state: in their next finding quoted above, the arbitrators find that Rolimpex is not so closely connected with the government of Poland that it is precluded from relying on the ban as government intervention – a finding not as clear as it might be but, in the light of the evidence, meaning necessarily that Rolimpex is not an organ or department of the state. The independence of Rolimpex from the government is in my opinion amply demonstrated by the facts set out at length in the award.”

以上的解释如果适用在中国,很多国有企业都属于是国家工具,如中远、宝钢与福建马尾船厂等,当然在每一个不同的案件还是要看具体的情况,如根据归咎原则它们的行为是否要中国政府负责。毕竟在中国,国家对于不同的国有企业的控制程度并不相同,而且针对不同的时间,不同的交易或行为,即使是对同一个国有企业,国家也会有不同的参与与控制。这与西方资本主义制度下国家与私有制公司明确区分非常不同,西方国家的政府即使会持有某些公司的股份,如美国政府就在 2008 年金融海啸之后大量持有许多著名公司(如通用汽车、花旗银行)的股份,但是却不会有人质疑这些公司是否会变为国家机构。

9.6 明示排除之一:商业行为或交易不享有豁免

商业行为或交易不享有豁免的道理很简单,因为是十分不公平。商业行为是一个私人的行为,绝大部分都是由合约的关系建立起来。如果主权国家或者他的组织机构与外国一家私人公司订立一份商业合约,而主权国家可以随时违约/毁约而不必承担后果,但对方的私人公司却没有这一个权利,这显然是不公平的,如果这种说法成立,肯定不会有私人的公司愿意与享有绝对主权豁免的主体订立合约与交易。早在 The "Charkieh"(1873) LR 4 A-E59, Robert Phillimore 爵士已经有以下的说法:"No principle of international law, and no decided case, and no dictum of jurists of which I am aware, has gone so far as to authorise a sovereign prince to assume the character of a trader, when it is for his benefit; and , when he incurs an obligation to a private subject, to throw off, if I may so speak, his disguise, and appear as a sovereign claiming for his own benefit, and to the injury of a private person, for the first time, all the attributes of his character."

在英国 1978 年《主权豁免法》第 3 条,就将主权国家的商业行为或交易明示排除在豁免权之外,说:"(1) A State is not immune as respects proceedings relating to-(a) a commercial transaction entered into by the State; or (b) an obligation of the State which by virtue of a contract (whether a commercial transaction or not) falls to be performed wholly or partly in the United Kingdom. (2) This section does not apply if the parties to the dispute are States or have otherwise agreed in writing; and subsection (1)(b) above does not apply if the contract (not being a commercial transaction) was made in the territory of the State concerned and the obligation in question is governed by its administrative law."

在美国这一点也是很明确,1976 年《外国主权豁免法》之 Section 1609 规定外国与他的国家工具的财产针对冻结与执行享有豁免,除了 Section 1610 与 1611。这可以节录由 Emmanuel Gaillard 与 Jennifer Younan 编写的《State Entities in International Arbitration》一书第 159 页所说如下:"Section 1609 of the FSIA provides that the property of foreign States and their instrumentalities enjoys immunity from attachment or execution except to the extent immunity from attachment or execution except to the extent allowed by Section 1610 and 1611. Section 1610, in turn, identifies property subject to execution and prescribes more restrictive rules for executing against the property of foreign States than the rules for seizing property of their instrumentalities. State property that in ' in the United States... [and that] is used for a commercial activity in the United States' is not immune from execution in cases where: (i) the State expressly or by implication has waived immunity from execution; (ii) the property 'is or was used for the commercial activity upon which the claim is based'; (iii) execution involves enforcement of a judgment finding the State to have expropriated property in violation of international law; or (iv) execution involves enforcement of an arbitral award against State property, it bears authorized grounds for execution against State property, it bears repeating, only reaches property that is in the United States and is being used for a commercial activity in the United States."

另在《豁免公约》,在 Article 10 也有类似的说法:"1. If a State engages in a commercial transaction with a foreign natural or juridical person and, by virtue of the applicable rules of private international law, differences relating to the commercial transaction fall within the jurisdiction of a court of another State, the State cannot invoke immunity from that jurisdiction in a proceeding arising out of that commercial transaction. 2. Paragraph 1 does not apply: (a) in the case of a commercial transaction between States; or (b) if the parties to the commercial transaction have expressly agreed otherwise. . . . "

9.6.1 商业行为或交易的定义

至于什么属于商业行为或交易,定义是英国 1978 年《主权豁免法》在第 3(3)条:"(3) In this section 'commercial transaction' means-(a) any contract for the supply of goods or services; (b) any loan or other transaction for the provision of finance and any guarantee or indemnity in respect of any such transaction or of any other financial obligation; and (c) any other transaction or activity (whether of a commercial, industrial, financial, professional or other similar character) into which a State enters or in which it engages otherwise than in the exercise of sovereign authority. . . "

9.6.2 有关案例之一:Svenska Petroleum v. Government of Lithuania (No. 2) (2007) 1 Lloyd's Rep. 193 (CA)

有时某一交易是否属于商业交易并不容易确定,也经常会有争论,这在 Svenska Petroleum v. Government of Lithuania 先例中可以看到。案情涉及一家瑞典公司与立陶宛国家政府和立陶宛的国有公司 EPG 三方签订了一份"合资协议"(joint venture agreement,简称 JVA)。协议约定由 Svenska 与 EPG 共同开采立陶宛的油田,所得利润平均分。这种性质的合约显然不是英国 1978 年《主权豁免法》第 3(3)(a)条,因为这里不涉及一方提供货物或者服务给另一方。显然也不属于第 3(3)(b)条中所讲的贷款或者担保性质的合约。剩下就是看来写得十分广泛的第 3(3)(c) 条,但这也不容易,因为其中看一个合约或者交易是否属于一般性的商业性质的判断标准就是看该合约或交易是否是个人(不论是自然人还是法人)就有能力订立或履行还是只能由国家有权订立或履行。而在这一个合资协议,涉及开采油田的合约显然就不是个人就有能力做的。其中 Moore-Bick 大法官是这样说:

"More difficult is the question whether it falls within subsection (3)(c). The distinction drawn in section 3 of the State Immunity Act between a commercial transaction and a transaction entered into by a state in the exercise of its sovereign authority is drawn in almost identical terms in Article 2. 1(c) of the United Nations Convention on Jurisdictional Immunities of States and Their Property, which, although not yet in force, has been recognised as reflecting current international thinking on the subject: see Jones v Ministry of the

Interior [2006] UKHL 26 per Lord Bingham at paragraph 8. Article 10 of the Convention provides that a State may not claim immunity in proceedings arising out of commercial transactions. Article 2. 2 provides some assistance in drawing the distinction between commercial transactions and transactions entered into in the exercise of sovereign authority in any given case. It provides that in determining whether a contract or transaction is commercial in nature reference should be made primarily to the nature of the contract or transaction itself. This accords with the existing principle of English law that it is the nature of the transaction that determines whether it is to be characterised as one entered into in the exercise of the state's sovereign authority (jure imperii) or in the exercise of a commercial function (jure gestionis): see I Congreso del Partido [1983] 1 A. C. 244, 262 – 265 per Lord Wilberforce and Holland v Lampen-Wolfe [2000] 1 WLR 1573 (HL). The distinction suggested by Lord Wilberforce in I Congreso del Partido between acts jure imperii and acts jure gestionis is between acts of a public law character and acts of a private law character or between a governmental act and an act that any private person can perform.

We do not find the characterisation of the present transaction an easy matter. As the judge pointed out, the Agreement contains many of the hallmarks of a commercial transaction, but the fact that it relates to the exploitation of oil reserves within the territory of the state suggests that it involved an exercise by the state of its sovereign authority in relation to its natural resources and so falls outside the realm of activities which a private person might enter into. The position is further complicated by the fact that under the Agreement both Geonafta and the Government undertook obligations towards Svenska on behalf of the State. At the time the Agreement was entered into Geonafta (EPG), although a state body, had separate legal personality from the Government and was put forward by the Government for the express purpose of entering into the Agreement with Svenska . It seems odd to say that the agreement between Svenska and Geonafta is anything other than a commercial transaction (especially in the light of the fact that Geonafta is a private company), or that the Agreement can be characterised as a commercial transaction as far as Geonafta is concerned but as an exercise of sovereign authority as far as the Government is concerned. The reality is that at the time the parties entered into the Agreement (which is the point at which we think the transaction falls to be characterised) both Geonafta and the Government were playing their respective parts on behalf of the state in a transaction entered into for the purpose of exploiting the country's natural resources. However, this aspect of the matter was not explored very fully in argument and it is unnecessary to reach a final view about the characterisation of the Agreement in order to dispose of the appeal. In the circumstances we prefer to express no concluded opinion on the question. "

9.6.3 有关案例之二：FG Hemisphere Associates LLC v. Democratic Republic of the Congo, China Railway Group (Hong Kong) Limited & Others (2008) HKCFI 1110

类似的争议也出现在香港的一个案件 FG Hemisphere Associates LLC v. Democratic Republic of the Congo, China Railway Group (Hong Kong) Limited & Others 中,涉及的合约是有关开采刚果的铜矿与钴矿,其中涉及了中方承担在刚果共和国进行大量的基础设施建设,包括铁路、公路、机场、医院、发电厂、住房、保健中心与大学等。有关这一个合约是否属于商业交易的性质,Reyes 大法官是持否定意见说:"I am unable to characterise a development project of the scale envisaged as a routine trading operation. This is not, for example, a mere requisition of supplies for use in government offices or the engagement of a ship for cargo trading. Few (if any) commercial organisations would be able to carry out a massive undertaking of the sort envisaged without state backing. It seems to me that, in this particular instance, the project is possible (perhaps only possible) because it is being driven by 2 governments (the DRC and PRC) as opposed to private entities."

9.6.4 有关案例之三:Tsavliris Salvage (International) Ltd v. Grain Board of Iraq (2008) 2 Lloyd's Rep 90

另一个有关商业交易定义的案件是 Tsavliris Salvage (International) Ltd v. Grain Board of Iraq。案情是有关一艘名为"Altair"的散装船,从罗斯托夫装了一票5万吨小麦去伊拉克。但在航次到了十分接近卸港时发生船舶搁浅,这导致了船东在2006年9月1日与希腊的 Tsavliris 救捞公司签订了一份"劳合社救助格式合约"(Lloyd's Open Form)。该船舶在9月7日成功浮起,并在2天后抵达了伊拉克的卸港 Umm Qasr。这导致了 Tsavliris 根本无法针对货物取得救助的担保,虽然曾经一度在伊朗克法院申请扣押该批货物,但并没有成功。之后 Tsavliris 开始在伦敦劳合社的"救助仲裁"(salvage arbitration),并成功取得一个50万美元左右救助奖金的裁决书。但在该救助仲裁,伊拉克货方拒绝参与。在该裁决书作出后,伊拉克货方在英国法院根据1996年《英国仲裁法》之 Section 67 提出对仲裁庭的管辖权质疑,其中最主要就是根据主权豁免的理论。伊拉克货方由外贸部(Ministry of Trade,简称 MOT)与伊拉克粮食局(Grain Board of Iraq,简称 GBI)代表。其中的争议包括是 GBI 本身不拥有该船小麦,他只是国家代理,真正的货主是 MOT,而 MOT 显然是可以享有主权豁免的。但这个说法就是与许多证据有矛盾,包括如买卖合同、提单与发票等都说明 GBI 是该票货物的货主。另外英国法院也认定 GBI 的主要功能是向外国购买粮食进口到伊拉克,他是拥有独立的法人资格,从事普通的商业交易,所以只是国家工具,或在英国立法下所指的"独立主体"(separate entity)。要介绍的是有关商业交易,GBI 指称这是一个纯粹的政府行为,特别是这票小麦是用来"援助"(aid)的。其中 GBI 的代表律师是这样说:"The actions of the GBI in acquiring grain had a clear and pure governmental interest, as opposed to a commercial interest, considering the food distribution in place for the grain. In fact, both the nature and motive of the actions of GBI were such that had the

MOT... directly carried out the same actions and transactions it would have done so in a public function with sovereign authority and not like a private person under private law. Therefore the GBI should be entitled to the same immunity which would be afforded to MOT in the circumstances."

但 Gross 大法官不接受,认为不是只看"本质"(nature)与"意图"(motive),而是应该看"特征"(character),"Altair"船的船长代货主签订劳合社救助格式合约的行为是根本与政府的行为没有关系。至于伊拉克货方的争辩说是根据英国1978年《主权豁免法》的例外情况之一的 Section 10(4)(b)只适用在商用船舶(与船上货物),Gross 大法官认为在救助时,船上的货物显然是商业用途。该票货物 GBI 是从土耳其的 Eksim 中间商处购买的,笔者估计 Gross 大法官会想到 GBI 如果想转售这票货物通过转让手中的提单也很容易做到。再说,GBI 也没有提供证据证明这一票货物是援助的用途,或是其他人士捐赠给伊拉克(这就不是商业行为或交易),甚至最后该票货物如何处理掉也不知道。Gross 大法官是这样说:

"He(GBI 大律师), very properly, did not dispute that the vessel was in use for commercial purposes. Furthermore and equally properly, he disclaimed any suggestion that the cargo was an 'aid' cargo; there was simply no evidence to such effect. As it seems to me, it follows that at the time of the salvage, the cargo was 'in use' for commercial purposes; it was at that time a commercial cargo. It had been bought from Eksim (and for that matter, shipped) commercially; it seems hopeless to me to contend otherwise. State immunity accordingly does not apply.

As to ... submission that the cargo was intended for use as part of the PDS, even if well-founded, that cannot affect the cargo's 'status' as a commercial cargo at the time of the salvage. But in any event - and though it is unnecessary to reach a conclusion - I am far from persuaded that intended subsidised distribution in the future, would entitle the MOT/GBI to succeed in a claim for immunity under this sub-section. The evidence does not go so far as to suggest intended donation of the cargo to Iraqi recipients free of charge. It is also perhaps noteworthy that there is, I think, no evidence as to what actually happened to the cargo after its discharge."

9.7 明示排除之二:海事争议

在英国1978年《主权豁免法》第10条,对使用在商业活动中的国家船舶,也是明示排除主权豁免,如下:

"10 Ships used for commercial purposes

(1) This section applies to-

(a) Admiralty proceedings; and

(b) proceedings on any claim which could be made the subject of Admiralty proceedings.

(2) A State is not immune as respects-

(a) an action in rem against a ship belonging to that State; or

(b) an action in personam for enforcing a claim in connection with such a ship,

if, at the time when the cause of action arose, the ship was in use or intended for use for commercial purposes.

(3) Where an action in rem is brought against a ship belonging to a State for enforcing a claim in connection with another ship belonging to that State, subsection (2)(a) above does not apply as respects the first-mentioned ship unless, at the time when the cause of action relating to the other ship arose, both ships were in use or intended for use for commercial purposes.

(4) A State is not immune as respects-

(a) an action in rem against a cargo belonging to that State if both the cargo and the ship carrying it were, at the time when the cause of action arose, in use or intended for use for commercial purposes; or

(b) an action in personam for enforcing a claim in connection with such a cargo if the ship carrying it was then in use or intended for use as aforesaid.

(5) In the foregoing provisions references to a ship or cargo belonging to a State include references to a ship or cargo in its possession or control or in which it claims an interest; and, subject to subsection (4) above, subsection (2) above applies to property other than a ship as it applies to a ship.

(6) Sections 3 to 5 above do not apply to proceedings of the kind described in subsection (1) above if the State in question is a party to the Brussels Convention and the claim relates to the operation of a ship owned or operated by that State, the carriage of cargo or passengers on any such ship or the carriage of cargo owned by that State on any other ship."

《豁免公约》中的类似规定如下：

"Article 16

Ships owned or operated by a State

1. Unless otherwise agreed between the States concerned, a State which owns or operates a ship cannot invoke immunity from jurisdiction before a court of another State which is otherwise competent in a proceeding which relates to the operation of that ship if, at the time the cause of action arose, the ship was used for other than government non-commercial purposes.

2. Paragraph 1 does not apply to warships, or naval auxiliaries, nor does it apply to other vessels owned or operated by a State and used, for the time being, only on government non-commercial service.

3. Unless otherwise agreed between the States concerned, a State cannot invoke immunity from jurisdiction before a court of another State which is otherwise competent in a proceeding which relates to the carriage of cargo on board a ship owned or operated by that State if, at the time the cause of action arose, the ship was used for other than government non-commercial purposes.

4. Paragraph 3 does not apply to any cargo carried on board the ships referred to in paragraph 2, nor does it apply to any cargo owned by a State and used or intended for use exclusively for government non-commercial purposes.

5. States may plead all measures of defence, prescription and limitation of liability which are available to private ships and cargoes and their owners.

6. If in a proceeding there arises a question relating to the government and

non-commercial character of a ship owned or operated by a State or cargo owned by a State, a certificate signed by a diplomatic representative or other competent authority of that State and communicated to the court shall serve as evidence of the character of that ship or cargo."

9.8 明示排除之三:仲裁

英国1978年《主权豁免法》中对于仲裁被排除在外的明示条文是:"9 Arbitrations (1) Where a State has agreed in writing to submit a dispute which has arisen, or may arise, to arbitration, the State is not immune as respects proceedings in the courts of the United Kingdom which relate to the arbitration. (2) This section has effect subject to any contrary provision in the arbitration agreement and does not apply to any arbitration agreement between States."

《豁免公约》中相应的条文是:"Article 17 Effect of an arbitration agreement If a State enters into an agreement in writing with a foreign natural or juridical person to submit to arbitration differences relating to a commercial transaction, that State cannot invoke immunity from jurisdiction before a court of another State which is otherwise competent in a proceeding which relates to: (a) the validity, interpretation or application of the arbitration agreement; (b) the arbitration procedure; or (c) the confirmation or the setting aside of the award, unless the arbitration agreement otherwise provides."

在国际仲裁中,主权豁免的争议会出现在两个不同层面,一是抗拒仲裁庭的管辖权,另一是主权国家在败诉时抗拒裁决书的"执行"(enforcement)与"实质执行"(actual execution)。

虽然上面介绍的在英国的立法与尚未生效的《豁免公约》中都将仲裁排除在主权豁免的范围之外,但是针对没有相关的立法的国家,现在国际上普遍接受的大原则就是只要主权国家或国家机构同意了一条仲裁条文,就等于放弃了主权豁免的权利。这里主要根据的法律原理是"弃权"(waiver),而弃权可以明示或默示的方式放弃该权利。

9.8.1 明示放弃主权豁免

“明示放弃”(express waiver)是指主权国家通过国际公约、国与国之间的协议、合约或声明,事先或事后明确说明就某种行为或事项上主权豁免的放弃。这尤其是在合约中并非约定去仲裁,而是去另外一个国家的法院。或是对方明显是一个主权国家或者国家机构,不仅是国家工具。为了避免主权国家或者国家机构在抗辩中提出主权豁免,就有必要在合约中加上一条明示放弃的条文。

这种明示放弃条文在 A Co. Ltd. v. Republic of X (1990) 2 Lloyd's Rep. 520 先例中有见到。这是一个国际货物买卖的案件,合约中有以下条文:“6. Sovereign Immunity The Ministry of Finance hereby waives whatever defence it may have of sovereign immunity for itself or its property (present or subsequently acquired).”

但上述的条文还没有针对裁决书的实质执行,主权国家或者国家机构会提出主权豁免的抗辩,这表示需要另一条明示的放弃条文针对执行这一方面。这里首先就要了解在裁决书变为最终与有约束力之后(也就是再也不会有被监督法院撤销或者上诉的可能性),就有三个不同的步骤把裁决书变为金钱,除非败诉方愿意自动支付。这三个步骤包括“承认”(recognition)、“执行”(enforcement)与“实质执行”(actual execution)。承认一个裁决书主要的原因之一是正式确认它的决定是具有最后的约束力与“一事不再审”(res judicata)的效力。接下去的一步就是执行,这一步应该是指一个宣告这一个裁决书是可以实质执行的司法程序并可以合法向败诉方要回裁决书中的胜诉金额。在国际公约,通常承认与执行是一起的,在实际做法中也不易区分。例如,在《ICSID 公约》之 Article 54(1)是要求签约国像对待本国法院最终的判决一样承认与执行有关的裁决书,条文如下:“(1) Each Contracting State shall recognize an award rendered pursuant to this Convention as binding and enforce the pecuniary obligations imposed by that award within its territories as if it were a final judgment of a court in that State. A Contracting State with a federal constitution may enforce such an award in or through its federal courts and may provide that such courts shall treat the award as if it were a final judgment of the courts of a constituent state.”

至于 1958 年《纽约公约》,也在 Article 1 写道:“This Convention shall apply to the recognition and enforcement of arbitral awards made in the territory of a State other than the State where the recognition and enforcement of such awards are sought ...”

但实质执行是通过执行地的法院以各种手段(见本书第 14 章)将败诉方的钱逼出来。而针对的也是败诉方的财产作为执行的对象,这表示在现实中,实质执行是必须依照执行地的法律,如有哪些手段是合法的,或是当地法律是否承认绝对的主权豁免等。国际公约也没有特别针对这一步重要的步骤,甚至更会承认这一步是要按照执行地的法律。如在 ICSID 公约 Article 54(3)就说明:“(3) Execution of the award shall be governed by the laws concerning the execution of judgments in force in the State in whose territories such execution is sought."

所以为了避免在实质执行时主权国家或国家机构会提出主权豁免作为抗辩,最好就在仲裁协议/条文中对这一步作出明示放弃。这里可以以 ICSID 示范条文 Clause 15 为例:"The Host State hereby waives any right of sovereign immunity as to it and its property in respect of the enforcement and execution of any award rendered by an Arbitral Tribunal constituted pursuant to this agreement."

多举一个例子是 NML Capital Ltd v. Republic of Argentina (2009) 1 Lloyd's Rep. 378,案情涉及了阿根廷发行的国家债券。这是主权国家发行的债券,通常会有非常详尽的"排外管辖条文"(exclusive jurisdiction clause)、"适用法条文"(governing law clause)与明示放弃主权豁免条文。在这一个先例中也不例外,有关的条文说明是纽约法院有管辖权,而且该法院作出的裁决是终局的并约束双方,适用法就是纽约法。至于明示放弃主权豁免的部分可以节录如下:"To the extent that the Republic(阿根廷)or any of its revenues, assets or properties shall be entitled, in any jurisdiction in which any Specified Court(纽约法院)is located, in which any Related Proceeding may at any time be brought against it or any of its revenues, assets or properties, or in any jurisdiction in which any Specified Court or Other Court is located in which any suit, action or proceeding may at any time be brought solely for the purpose of enforcing or executing any Related Judgment(纽约法院判决), to any immunity from suit, from the jurisdiction of any such court, from set-off, from attachment prior to judgment, from attachment in aid of execution of judgment, from execution of a judgment or from any other legal or judicial process or remedy, and to the extent that in any such jurisdiction there shall be attributed such an immunity, the Republic has hereby irrevocably agreed not to claim and has irrevocably waived such immunity to the fullest extent permitted by the laws of such jurisdiction... provided further that such agreement and waiver, insofar as it relates to any jurisdiction other than a jurisdiction in which a Specified Court is located, is given solely for the purpose of enabling the Fiscal Agent or a holder of Securities of this Series to enforce or execute a Related Judgment."

9.8.2 默示放弃主权豁免

至于"默示放弃"(implied waiver)则是指国家通过积极的参与在外国法院进行的诉讼或与诉讼直接有关的活动,表示其放弃豁免而接受有关外国法院的管辖。这可以包括主权国家作为原告在外国法院提起诉讼、正式出庭应诉、提起反诉或反索赔、或作为诉讼利害关系人介入"特定诉讼"(joinder action)等。但国家为主张其主权豁免而出庭阐述立场或是不参与有关的诉讼并不构成对豁免的默示放弃。在英国 1978 年《主权豁免法》中 Section 2 作为其中一项例外情况,如下:

(1) A State is not immune as respects proceedings in respect of which it has submitted to the jurisdiction of the courts of the United Kingdom. (主权国家接受英国法院的管

辖就不再享有主权豁免)

(2) A State may submit after the dispute giving rise to the proceedings has arisen or by a prior written agreement; but a provision in any agreement that it is to be governed by the law of the United Kingdom is not to be regarded as a submission.(主权国家可以在争议发生之前或之后以文书协议接受英国法院的管辖,但仅是约定英国法律的适用并不视为是接受英国法院的管辖。)

(3) A State is deemed to have submitted-(主权国家被视为接受管辖)

(a) if it has instituted the proceedings(如果提起诉讼); or

(b) subject to subsections (4) and (5) below, if it has intervened or taken any step in the proceedings.(如果介入特定诉讼或正式出庭应诉)

(4) Subsection (3)(b) above does not apply to intervention or any step taken for the purpose only of-(上述说法不适用在主权国家介入诉讼是为了)

(a) claiming immunity;(主张主权豁免) or

(b) asserting an interest in property in circumstances such that the State would have been entitled to immunity if the proceedings had been brought against it.(主张因国家对某些财产享有利益而使这些财产享有豁免而不能被执行)

(5) Subsection (3)(b) above does not apply to any step taken by the State in ignorance of facts entitling it to immunity if those facts could not reasonably have been ascertained and immunity is claimed as soon as reasonably practicable.(主权国家因为不知道一些能够使其享有主权豁免的事实而介入特定的诉讼或正式出庭应诉不被视为是例外情况,只要他在一得知该事实之后立刻提出主权豁免。这是与弃权的基本原理一致,就是在不知道自己有什么权利的情况下就不存在放弃的问题)

(6) A submission in respect of any proceedings extends to any appeal but not to any counter-claim unless it arises out of the same legal relationship or facts as the claim.

(7) The head of a State's diplomatic mission in the United Kingdom, or the person for the time being performing his functions, shall be deemed to have authority to submit on behalf of the State in respect of any proceedings; and any person who has entered into a contract on behalf of and with the authority of a State shall be deemed to have authority to submit on its behalf in respect of proceedings arising out of the contract.

有关上述立法之 Section 2(5),可进一步强调是默示放弃主权豁免必须是在被告国家知道它有这个权利的情况下才会发生。如果被告国家是在"无知"的情况下参与法院程序,这是不能被视为已放弃了依赖主权豁免的权利。在 Baccus S. R. L. v. Servicio Nacional Del Trigo (1957) 1 QB 438 的上诉庭先例,案情涉及西班牙政府的一个部门与原告签订了两个 CIF 买卖合约(26000 吨裸麦),事后被原告指称违约而提出索赔。双方的合约是约定有争议去英国法院解决,原告在 1954 年 9 月 9 日作出了告票。事后被告也参与英国法院的部分程序(包括接受告票的送达、确认与取得费用担保)，到了 1956 年 4 月 18 日，被告通过英国大使馆提出主权豁免并要求英国法院中止所有的法律程序。但由于被告已经是参与部分英国法院程序，显然涉及了弃权的问题。但法院接受被告的证据，同意被告是的确不知道自己享有主权豁免的权利。Jenkins 大法官是这样说："Applying those authorites to the present case it seems to me that the evidence here, and in particlular the evidence of the ambassador, makes it reasonably plain that Mr. Cavero knew nothing about sovereign immunity, or, at all events, had no idea that by entering an appearance the defendants would be giving up any advantage or, in particlular, any right to claim immunity which they might otherwise have. Furthermore, Mr. Cavero's superiors knew nothing about the matter at all until after the acts relied on as submissions to the jurisdiction had taken place. It seems to me, therefore, that what was done here was done by Mr. Cavero without the knowledge of any of his superiors, in ignorance of his rights and without actual authority inasmuch as I think the evidence shows that the authotity of the Minister of Agriculture would in fact have been necessary to enable Mr. Cavero to submit to the jurisdiction."

最后对上述先例一提的是：(1) 该先例仍是在绝对主权豁免的年代(1956 年)，所以西班牙政府部门参与国际货物买卖仍是可以成功申请主权豁免，不必对违约的责任负责。(2) 法院好像对国家的"无知"有一点宽待。一般当事人是不能以代表律师没有及时告知他的权利作为一个合法的理由。至于这个英国法院的宽松态度在今天有大量案件针对主权国家(主要是发展中国家)作为被告是否还是维持，笔者只能看进一步的发展。

9.8.3 主权国家同意仲裁被视为是主权豁免权利的放弃

与法院管辖权是来源于国家与宪法不同的是，仲裁庭的管辖权是来自订约双方当事人的仲裁协议与当事人根据该协议对仲裁庭成员的委任。所以文书仲裁协议是一切仲裁行为的前提。如果主权国家在签订合约时就同意了一个仲裁协议或仲裁条款，这无疑是以明示方式接受将来仲裁庭的管辖权。有关仲裁条文构成对主权豁免权利的放弃，可节录瑞典斯德哥尔摩上诉庭在一个涉及利比亚政府在 1980 年的仲裁(20 ILM 893)所说如下："If such agreements provide for arbitration, it is shocking per se that one of the contracting parties later refuses to participate in the arbitration or to respect a duly rendered award. When a State party is concerned, it is therefore a natural interpretation to consider that said party, in accepting the arbitration clause, committed itself not to obstruct the arbitral proceedings or their consequences, by invoking immunity."

例如，在 1965 年的《华盛顿公约》或《ICSID 公约》之 Article 25 (1) 就说明主权国家一同意了 ICSID 仲裁就等于不可撤销的放弃主权豁免的权利，再也不能单方面以这个理由抗拒 ICSID 仲裁庭管辖权。条文如下："(1) The jurisdiction of the Centre shall extend to any legal dispute arising directly out of an investment, between a Contracting State (or any constituent subdivision or agency of a Contracting State designated to the

Centre by that State) and a national of another Contracting State, which the parties to the dispute consent in writing to submit to the Centre. When the parties have given their consent, no party may withdraw its consent unilaterally."

另也可以介绍一个以瑞典作为仲裁地点的ICC仲裁(ICC Case 2321/1974),这是一个比较罕见的主权国家在仲裁程序中以主权豁免作为抗辩,该国家是乌干达,而原告是两家以色列的公司。独任仲裁员不认为乌干达可以享有主权豁免,认为仲裁与国家法院的地位不一样,开始的先决条件是双方在事前有一个文书的仲裁协议,说:"Sovereign immunity may operate as a bar to the exercise of jurisdiction or prevent enforcement measures but do not per se interfere with the legal relationship between the parties as defined in a contract or otherwise ... I must admit that I have found some difficulties to follow a line of reasoning that a State, just because of its supreme position and qualities, should be unable to give a binding promise ... To require or assume that a promise of a State to submit to arbitration, in order to be binding has to be confirmed in the face of the arbitrator, would probably impair the sovereignty of the State and its dignity more than the arbitrator's performance of his task, conferred upon him in accordance with what the parties once have agreed upon."

针对上述的仲裁案件,P. Bourel在"Arbitratge international et immunities des etats etramgers"(1982 Rev. arb. 119)一文中说到仲裁根本不存在主权豁免的问题,因为双方既然是有了明示的文书仲裁协议,就不能默示有主权豁免的权利而把它否定,所以也不存在放弃与否的说法:"That is to say, the foreign State, when called before an arbitral tribunal, cannot fear a violation of its sovereignty. The question of waiver of immunity is irrelevant to arbitrators. The State need not waive a right of prerogative that it does not have."

另也可以节录国际仲裁员Kaj Hober刊登在2008年《The Leading Arbitrators' Guide to International Arbitration》第二版《Arbitration Involving States》一文中所说如下:"Arbitrators do not represent any sovereign, nor the interests of any sovereign. In most legal systems arbitrators do not, and cannot, exercise any State authority, but only the authority given them by the parties. Arbitration is an entirely private dispute settlement mechanism and the proceedings before the arbitrators have nothing to do with the exercise of State authority. Consequently, for a sovereign State involved in international arbitration, there is simply nothing to immune from. Accordingly, if a sovereign State, which has entered into a contract providing for arbitration pleads immunity before an arbitral immunity, such an objection must be rejected. The resulting award will not be either void or challengeable because of such rejection."

也有说法是涉及主权国家的争议是"不可仲裁"(non-arbitrable),Kaj Hober也有说:"Generally speaking, however, when a State has consented to arbitration, it is difficult to see that particular aspects of the State's activities would be non-arbitrable, and thus beyond the jurisdiction of the arbitrators, simply because the State is involved, on the assumption, of course, that the activities in question are covered by the arbitration clause."

此外,还有立法作出明确规定,如英国 1978 年《主权豁免法》之 Section 9 (1)。

所以在现实中,主权豁免作为理由挑战仲裁庭的管辖权并不多见。比较多的还是出现在裁决书作出后的执行与实质执行方面,毕竟执行是通过国家法院。

另是如果主权国家同意了在某一地点进行仲裁,也表示对该仲裁地点的监督法院放弃了与仲裁有关事项的主权豁免。例如,在伦敦仲裁就不能在英国法院针对法律观点的上诉时提出主权豁免的抗辩。这在 1978 年《主权豁免法》Section 9(1)也有规定,如下:"Where a State has agreed in writing to submit a dispute which has arisen, or may arise, to arbitration, the State is not immune as respects proceedings in the courts of the United Kingdom which relate to the arbitration."

9.8.4 主权豁免作为抗拒仲裁裁决书执行的理由

这里的大原则是对于仲裁庭管辖权豁免的放弃并不意味着对裁决书中财产被实质执行的豁免的放弃。执行豁免的放弃必须另行明示作出,但现实中是极少会见到有对仲裁裁决书实质执行的豁免的放弃。照理说,在订约自由下是完全可以明示规定,而且现实中也的确有这样的例子,如在 NML Capital Ltd v. Republic of Argentina (2009) 1 Lloyd's Rep. 378 的有关条文就明确说明对实质执行的豁免的放弃,只是该先例只是针对法院而不是针对仲裁。至于针对仲裁也有上述 9.8.1 段介绍过的 ICSID 示范条文 Clause 15。

但还是会有一些古怪的判决,如在法国最高院的 Creighton Ltd v. Government of Qatar, French Ct of Cassation, ch. civ. 1, 6 July 2000 一案,涉及一个 ICC 仲裁裁决书的执行。案情是原告在 1982 年 6 月 19 日与卡塔尔财政部与内政/农业部(Minister of Finance and Minister of Internal Affairs and Agriculture)签订了一份合约,在多哈投资建造一家女子医院。其后在 1986 年 11 月,原告被卡塔尔政府赶出该工程。原告根据合约中的仲裁条文于 1987 年在巴黎开始了起诉卡塔尔的 ICC 仲裁。1993 年,ICC 仲裁庭作出了最后裁决书,判卡塔尔败诉。卡塔尔在法国法院尝试对裁决书进行挑战,但是没有成功。原告在法国冻结了卡塔尔内政/农业部的银行账户以对裁决书进行实质执行。法国最高院判根据 ICC 仲裁规则第 24 条(即 2008 年版的第 28[6]条),卡塔尔既然同意了 ICC 仲裁,那么该条文适用。条文说明是"当事人选择了 ICC 仲裁,即有受裁决书约束与毫不延误的执行裁决书的义务,并会被视为放弃所有其他的救济"(Every Award shall be binding on the parties. By submitting the dispute to arbitration under these Rules, the parties undertake to carry out any Award without delay and shall be deemed to have waived their right to any form of recourse insofar as such waiver can validly be made)。这一个条文并不够明确放弃针对实质执行的主权豁免,毕竟 ICC 仲裁规则只适用在 ICC 仲裁的程序。但法国最高院认为这一个条文使主权国家丧失在实质执行时享有的豁免权。

有关这一个课题的英国法律地位,可节录 Hazel Fox, QC 所著的《The Law of State Immunity》2008 年第二版第 486 ~ 487 页如下:"It is well established that a separate waiver is required for immunity from execution than that given in relation to adjudication; consent to the exercise of the national court's jurisdiction over the proceedings is not sufficient to constitute consent to the execution of any judgment which results from such proceedings. In Duff Development v. Kelantan Government (1924) AC 797, the English court ruled that the intention of the Kelantan Government in agreeing to submit its dispute to arbitration and in its seeking the assistance of the English court in setting aside the award in no way demonstrated its willingness to submit to the enforcement of the award by the English court. The UK, the US statutes, and other national legislation (but not the 1972 European Convention which provides an optional procedure in relation to enforcement of judgments) all require separate waiver in respect of execution from that of waiver of immunity from jurisdiction before permitting execution based on a State's consent. Whilst an express waiver of immunity may operate to constitute consent to remove immunity in respect of both the adjudication and execution stages of a proceeding, such an intention must be clearly expressed. Saville J indicated a robust approach in construing a general submission clause contained in a commercial contract and stated that the English court would not adopt a restrictive interpretation of any submission clause merely by reason of one of the parties being a sovereign State and so 'would put the State on the same footing as a private individual so that neither in respect of the State nor its property would any question of sovereign immunity arise in connexion to the State's obligations to the plaintiff under the agreement.' Such a ruling applying waiver to both the adjudication and enforcement stages of the proceedings was followed by the English Court of Appeal in the case of Sabah Shipyard (Pakistan) v. Pakistan (2002) EWCA Civ 1643. In these two cases the waiver expressly referred to state property. It has been distinguished in a later case where the waiver was more general 'irrevocably waiving all rights to sovereign immunity'; here the court, though prepared to put the State on the same footing as a private individual as regards an arbitration held in Denmark, refused to construe consent to arbitration in Denmark and a waiver of immunity by a State as an implied submission to the jurisdiction of the English court."

同样的课题,也可介绍 Svenska Petroleum Exploration AB v. Government of the Republic of Lithuania No. 2 (2007) 1 Lloyd's Rep 193 的先例。在该先例中,原告的 Svenska 是一家瑞典的石油开采公司,他于 1993 年 4 月与立陶宛国家政府和立陶宛的国有公司 EPG 三方签订了一份"合资协议"(joint venture agreement)约定由 Svenska 在立陶宛的多个油田进行石油开采活动。根据该合资协议,Svenska 与 EPG 成立了一家合资公司名为 UAB,双方各占该合资公司 50% 的股份。立陶宛国家政府不仅在合资协议上作为签约一方签字,而且声明该合资协议是由国家批准并且对立陶宛国家政府具有法律的约束力。2000 年 6 月,就某一特定油田的开采权双方产生了争议。Svenska 将 EPG 与立陶宛作为共同被告在丹麦开始了 ICC 仲裁。2003 年 10 月 30 日,以荷兰作为仲裁地点的仲裁庭就实体争议作出了最终裁决书,判决立陶宛与 EPG 败诉,赔偿 1257.9 万美元给 Svenska。但是立陶宛政府与 EPG 公司均未支付该笔赔偿金额给 Svenska。Svenska 于 2004 年 4 月 2 日在没有通知立陶宛政府与 EPG 的情况下,向英国法院作出要求"执行"(enforce)裁决书的申请并获得批准。但事后,立陶宛政府向英国法院申请把该执行命令撤销,根据的理由包括是立陶宛政府并非是该合资协议的一方,主权豁免,有关协议不是商业性等,但结果并不成功。其中有关主权豁免,英国法院认为关键的是在有关的合资协议中,立陶宛在第 9 条同意了 ICC 仲裁与在第 35.1 条明示放弃了主权豁免的权利,如下:"GOVERNING LAW AND SOVEREIGN IMMUNITY 35.1 GOVERNMENT and EPG hereby irrevocably waives [sic] all rights to sovereign immunity..."

英国法院认为在英国 1978 年的《主权豁免法》Section 9 明确说明主权国家同意去仲裁就不能享有主权豁免在有关仲裁的英国法院程序。而有关仲裁的法院程序是包括了对裁决书的执行,但不包括对败诉方财产的实质执行(这在 1978 年立法是另有 Section 13 针对,而主权豁免的放弃在 Section 13[3]是需要另一条文针对)。上诉庭的 Moore-Bick 大法官是这样说:"The judge held that there was no basis for construing section 9 of the State Immunity Act [particularly when viewed in the context of the provisions of section 13 dealing with execution] as excluding proceedings relating to the enforcement of a foreign arbitral award. We think that is right. Arbitration is a consensual procedure and the principle underlying section 9 is that, if a state has agreed to submit to arbitration, it has rendered itself amenable to such process as may be necessary to render the arbitration effective. Mr Shackleton accepted that proceedings in support of the arbitral process itself as well as proceedings challenging the award fall within section 9(1), but submitted that proceedings to enforce the award do not. We are unable to accept that distinction. The Act itself draws a distinction between proceedings which relate to the arbitration (section 9) and process in respect of property for the enforcement of an award (section 13). In our view an application under section 101(2) of the Arbitration Act 1996 for leave to enforce an award as a judgment is, as subsection (1) recognises, one aspect of its recognition and as such is the final stage in rendering the arbitral procedure effective. Enforcement by execution on property belonging to the state is another matter, as section 13 makes clear."

9.9 结论

这种相关案例有很多,也不逐一介绍,如果读者有兴趣,可以参阅大量的 ICSID 裁决书,这种仲裁都是没有机密的。其他在英国被报道有关实质执行的近期先例包括 ETI Euro Telecom v. Republic of Bolivia（2008）2 Lloyd's Rep. 421 与 Orascom Telecom Holding SAE v. Republic of Chad（2008）EWHC 1841（Comm）,不再进一步介绍。有关这种投资仲裁,在《仲裁法——从 1996 年英国仲裁法到国际商务仲裁》第一章之 3 段与本书第十一章之 10 段、第十四章之 12 段都有介绍,读者朋友可以参阅。

第十四章　裁决书的执行之五：实质执行的做法

1. 普通法下对裁决书的执行

裁决书是可以作为另一个诉讼在英国商业法院进行起诉，好像一个正常的商业诉讼一样。诉因就是败诉方违反了一个仲裁协议的默示条件，就是没有在一个有效与约束双方的仲裁裁决书下作出支付。所以，这不是一个严格的“仲裁索赔”（arbitration claim），而是一个执行合约的行动（an action to enforce a contract）：SC Rolinay Sea Star Srl v. Owners and Charterers of the Ship “Bumbesti”（1992）2 All ER（Comm）187。这方面的先例有 Purslow v. Baily（1704）2 Ld Raym 1039；Hassneh Insurance Co of Israel v. Mew（1993）2 Lloyd's Rep. 243；The “Sargasso”（1994）1 Lloyd's Rep. 412。在这一种法院的诉讼，原告是需要面对很多正常向法院提起的诉讼需要做的事情，如国际仲裁经常会涉及外国的被告，就需要把“索赔申请表”（claim form），相当于以前的“告票”（writ）取得法院的批准送达给被告。其他的事情如要提供证据包括像双方的仲裁协议，有关的英国裁决书以及它的内容，仲裁庭是恰当的成立与它有管辖权作出这一个裁决书等。而被告也可以提出各样的抗辩，包括像双方并没有仲裁协议，一方当事人根据仲裁协议的适用法律是没有行为能力，仲裁员的资格不符合要求，仲裁庭没有恰当的成立，裁决书因为没有管辖权或其他原因是空的（void），裁决书被撤销，裁决书并非是终局，裁决书在作出时虽然是有效但因为后来发生的事情（如被告说双方曾经达成过和解协议）而有了改变或不再约束双方，裁决书根据执行地点的法律是不可仲裁或违反公共政策等。如果这种法院的诉讼涉及的是一个外国（英国以外）的裁决书，做法上大致也是一样。区别之一是涉及管辖权争议就要看该外国的法律。可以说，相比 1996 年《英国仲裁法》中所规定的另一种“简易执行”，会是昂贵且延误的多，所以在现实中并不受欢迎。

2. 立法下对裁决书的简易执行

英国的仲裁法一直以来都提供给裁决书比普通法简单得多的简易执行,在 1950 年《英国仲裁法》,这是在 Section 26。到了 1996 年《英国仲裁法》,是在 Section 66 (针对英国本土作出的裁决书)与 Section 101(针对《纽约公约》要求执行的裁决书)。以下节录有关条文:

"Section 66

(1) An award made by the tribunal pursuant to an arbitration agreement may, by leave of the court, be enforced in the same manner as a judgment or order of the court to the same effect.(裁决书在法院的批准下,可以像法院的判决或命令一样被执行)

(2) Where leave is so given, judgment may be entered in terms of the award.(在批准给予之后,可以根据裁决书的内容变为一个法院的判决)

(3) Leave to enforce an award shall not be given where, or to the extent that, the person against who it is sought to be enforced shows that the tribunal lacked the substantive jurisdiction to make the award.

The right to raise such an objection may have been lost (see section 73)

(4) Nothing in this section affects the recognition or enforcement of an award under any other enactment or rule of law, in particular under Part II of the Arbitration Act 1950 (enforcement of awards under Geneva Convention) or the provisions of Part III of this Act relating to the recognition and enforcement of awards under the New York Convention or by an action on the award."

"Section 101

(1) A New York Convention award shall be recognised as binding on the persons as between whom it was made, and may accordingly be relied on by those persons by way of defence, set-off or otherwise in any legal proceedings in England and Wales or Northern Ireland.

(2) A New York Convention award may, by leave of the court, be enforced in the same manner as a judgment or order of the court to the same effect.(裁决书在法院的批准下,可以像法院的判决或命令一样被执行)

As to the meaning of 'the court' see section 105.

(3) Where leave is so given, judgment may be entered in terms of the award.(在批准给予之后,可以根据裁决书的内容变为一个法院的判决)"

请注意的是上述的 Section 66 与 Section 101 都提到两种简易执行的做法,第一种就是可以单方面(ex parte)很快取得英国法院的批准,把裁决书当成法院的判决或命令执行。这种做法是不必把裁决书变为一个英国法院的判决,但在第二种做法,就是在法院批准执行后,原告可提出申请根据裁决书的内容制作一份法院的判决。

3. 简易执行与普通法执行的差异与适用

虽然1996年《英国仲裁法》的简易执行是现实中主要的做法,但是有时比较罕见的情况还是要以普通法的程序执行裁决书(或换种说法是"根据裁决书另外提起一个诉讼")。这种做法在以下案例出现:Bloeman Pty Ltd. v. Gold Coast City Council (1973) A. C. 115; Coastal States Trading (UK) Ltd. v. Mebro Mineraloel-Handelsgesellschaft G. m. b. H. (1986) 1 Lloyd's Rep. 465 与 Dalmia Dairy Industries Ltd. v. National Bank of Pakistan (1978) 2 Lloyd's Rep. 223 等。

这主要原因是立法下的简易执行程序只适用在法院对裁决书的"可执行性"(enforceability)没有任何疑问。就好像向法院申请"简易判决"(summary judgment)不会成功就要根据正常的诉讼程序进行一样。这方面可节录 Stein 大法官在 Bank Mellat v. GAA Development (1988) 2 Lloyd's Rep. 44 之54 页所说如下:"The award was made in England. The lex fori was English Law. Bank Mellat has its head office in Iran, but Iran is not a signatory to the 1958 New York Convention. GAA therefore wants to enforce the award in England. It had a choice of remedies: summary enforcement under s. 26 (1) of the 1950 Act, or an action commenced by writ on the award. The former is the right course only where there is no doubt about the enforceability of the award."(胜诉方 GAA 有一个选择执行,一是根据1950年 Section 26 的简易执行,二是以告票的形式开始一个诉讼。前者是正确的做法,但只有在裁决书的可执行性毫无疑问时。)

以下段落多举一些例子有关裁决书的"可执行性"(enforceability)或其他原因,进而要考虑是否可以根据立法简易执行,或是要以普通法执行。

3.1 例子之一:口头仲裁协议

普通法是承认一个口头的仲裁协议,正如其他口头合约受到承认一样,只是双方当事人如果对到底有否达成口头协议有不同说法的情况下,仅凭口头证据认定事实的真相会带来不稳定。但这不代表如果双方都承认有达成口头的仲裁协议,或是根据证据认定双方的确口头同意过,普通法不会不承认这一协议。但问题是根据1958年的《纽约公约》或是1996年《英国仲裁法》,双方的仲裁协议必须是以文书形式作出。这在1996年立法是 Section 5 所规定,另在 Section 52(3) 也规定了裁决书必须是以文书的形式。这表示口头仲裁协议下所作出的裁决书或是作出的裁决书本身不是以文书形式就不在1996年《英国仲裁法》的范围内,也就无法根据它的简易执行程序执行了。剩下的只能以普通法执行该裁决书。

3.2 例子之二:裁决书格式有缺陷

会有情况是裁决书不能以简易执行程序执行,因为在1996年《英国仲裁法》下简易执行是需要法院的批准。既然是要批准,这就表示法院有一定的裁量权决定批准与否。这就会带来一些情况是裁决书的内容以及它的执行部分(operative part或dispositive part)并非是可以执行(enforceable)。虽然在仲裁员的培训中,经常会强调仲裁员作出的裁决书必须是可以执行,但这种情况还是不断在出现。

一种经常会出现的情况就是裁决书的内容是含糊或不肯定(ambiguous or uncertain),简单的例子是裁决书两个不同的地方要败诉方赔钱但金额却不一致或者是在计算利息的时候采用了不同的利率。在这种情况下1996年《英国仲裁法》Section 57提供了机会让仲裁庭把它修正或者澄清,进而令裁决书可以执行。如果有了这个机会但仲裁庭还是没有把裁决书改善到可以执行,英国法院也可以根据Section 68(2)(f)把裁决书发还给仲裁庭重新考虑。但即使有这些补救的办法,还是会有情况有关的裁决书由于含糊或不肯定而无法执行,这会是:(1)要求仲裁员作出修改或澄清的28天时限届满,这一来会需要根据1996年《英国仲裁法》之Section 80(5)要求法院延长时限。但会有情况是这些都做不到,如延误很久,而令裁决书还是没有办法修改或者澄清,令它无法以简易执行程序执行。(2)仲裁员死亡导致无法对裁决书进行修改、澄清或是被发还。(3)这一含糊或不肯定的裁决书是一个外国的裁决书,不存在有1996年《英国仲裁法》的补救或救济令它变得可以执行。

在这种情况下,虽然根据简易执行程序不能将有些含糊或不肯定的裁决书执行,但这并不意味着不可以通过正常的途径向法院寻求救济,让法院将那些含糊或不肯定而导致有争议的地方作出判决。

3.3 例子之三:宣示裁决书

另一种情况是裁决书的决定无法简易执行,这里可参照先例Tongyuan(USA)International Trading Group v. Uni-Clan Ltd(unreported, Moore-Bick J, 19 January 2001)与Margulies Brothers Ltd v. Dafnis Thomaides& Co(UK)Ltd(1958)1 Lloyd's Rep. 205。这无法执行的问题通常不会在一个以金钱作为救济的裁决书中出现,但如果是一个宣示裁决书(declaratory award),就可能有这种问题。因为宣示裁决书通常只是宣示双方的权利或是对争议的合约条文或是一份文件作出权威性解释,往往没有在执行或履行部分说明败诉方到底要做些什么,如支付金钱。在Margulies Brothers Ltd v. Dafnis Thomaides & Co(UK)Ltd上诉庭的Evershed大法官说:"You cannot enforce a document which merely says by way of declaration (in effect) that certain contracts with three numbers should be set against certain other contracts with three other numbers and that(败诉方)ought to pay the differences between them."

另在澳大利亚的Tridon Australia Pty Ltd v. ACD Tridon Inc(2004)NSWCA 146先例,就涉及是法院认为把宣示裁决书转为一个判决没有意义或作用,判决只能是重复裁决书的宣示而已。

3.4 例子之四:裁决书的执行部分要求败诉的被告在英国以外作出支付

这也是一种情况,会令英国法院无法以简易执行要求败诉方作出支付,因为英国法院只有权力命令在它管辖权下作出的支付。在 Dalmia Dairy Industries Ltd. v. National Bank of Pakistan (1978) 2 Lloyd's Rep. 223,该瑞士作出的 ICC 裁决书要求被告(巴基斯坦国家银行)支付给印度的原告一笔钱,并说明是在印度支付(the sums must be paid in India in Sterling or in India Rupees as specified in the Bank guarantee)。Kerr 大法官认为这一裁决书无法根据 1950 年立法之 Section 26 简易执行,因为英国法院不能判在印度作出支付的判决。

之后有了另一个看来案情接近的先例,这就是 Bank Mellat v. GAA Development (1988) 2 Lloyd's Rep. 44。在该伦敦作为仲裁地点作出的 ICC 仲裁裁决书,判是 GAA 胜诉。该裁决书的执行部分(operative part)说:"AWARD AND ADJUDGE that Bank Mellat shall pay to GAA Development & Construction Company US $ 3,655,914 and interest at the rate of six percent per annum on that amount from 22 July 1980 until the date of this award."但在裁决书的原因部分,仲裁庭多加了一句说败诉方的 Bank Mellat 要在瑞士支付这笔钱如下:"... the Bank should pay the awarded sum in Switzerland. This ruling is intended not to prejudice any action for enforcement of the arbitral award."这就给了 Bank Mellat 多了一个理由抗拒执行,依赖的就是 Dalmia Dairy Industries Ltd. v. National Bank of Pakistan 这个先例。而在本案例中,GAA 向英国法院申请的是根据 1950 年之 Section 26 的简易执行。但 Steyn 大法官不接受这一个争辩,但不是作出一个不同的判决,而是作出区分,因为在本案例中的执行部分并没有说败诉方的支付要在瑞士进行,而裁决书原因没有必要视为是执行的一部分。Steyn 大法官是这样说:

"The question is whether the award, in its dispositive provisions, directed payment by Bank Mellat of the sum awarded in Switzerland. Conventionally, in England, the dispositive part of an award is introduced by the words 'We award and adjudge'. That, in England, is the arbitral equivalent of a judgment or order by a Court of law, as opposed to the reasons for it. No doubt other words may be used to serve the same purpose. But here the majority did use the conventional words to introduce the dispositive part of the award. That part of the award did not direct that payment should be made in Switzerland. And it is not necessary, or even usual, for an award in its dispositive part to specify the place of payment. The recital in the dispositive part of the award did not incorporate by reference the ruling in the reasons that payment should be made in Switzerland. It is also not a necessary implication of the award read as a whole that the relevant ruling was intended to form part of the dispositive provisions of the award. The ruling was based on the general principle that, in the absence of agreement to the contrary, the debtor should seek out the creditor for purposes of a payment. The real relevance of the point was in relation to the issue as to currency: given that ruling Bank Mellat's contention that the currency should be rials failed because there was no official exchange rate for rials in Switzerland. A ruling of law contained in the reasons for an award does not ipso jure form part of the dispositive provisions of the award. And here the majority expressly added:

... This ruling is intended not to prejudice any action for enforcement of the award. That tends to indicate that the majority (one of whom was a distinguished English Queen's Counsel) did not omit the ruling from the dispositive part of the award by mistake. In any event, reading the ruling in the reasons as part of the dispositive provisions of the award, involves in my judgment a rewriting of the award which is contrary to principle and practice. The foundation of the argument that the terms of the award do not allow enforcement under s. 26(1) therefore falls away.

In my view there is no other reason why the award should not be enforced under s. 26(1)."

3.5 例子之五:仲裁员管辖权有问题

这方面曾经有一些先例说明如果在执行时,仲裁庭在裁决书部分或所有争议的管辖权方面有争议,法院就不会命令简易的执行,或只是命令针对管辖权没有异议的部分裁决简易执行。这些案例有:May v. Mills (1914) 30 TLR 287; Re Boks & Co and Peters, Rushton & Co Ltd (1919) 1 KB 491; Grech v. Board of Trade (1923) 92 LJKB 956; Smith v. Martin (1925) 1 KB 745; Crane v. Hegeman Harris Co Inc (1939) 4 All ER 68 等。较近期的也有 Delta Civil Engineering Co Ltd v. London Docklands Development Corporation (1997) CLY 264,涉及仲裁协议被事后更改收窄仲裁员的管辖权。

但这些以前的先例恐怕在 1996 年《英国仲裁法》生效后就不适用了。这是因为在该立法已经有针对这种情况,特别是在 Section 66(3) 规定如果被告证明仲裁庭没有实质管辖权作出裁决书法院就不应该批准简易执行,但跟着的一句话说明被告的这一权利有可能丧失,并说明要参考 Section 73。而 Section 73 是针对参与仲裁程序的当事人或败诉方如果有针对仲裁员管辖权的问题,就必须准时提出。而准时的定义是在 Section 31,就是必须在仲裁程序采取第一步的行动前提出,除非质疑管辖权的一方当事人是不能合理知道这一个管辖权的问题。

加上英国法院的心态是尽量执行裁决书,所以不会轻易否定立法中简易裁决的做法,除非是有一个真正的理由对裁决书的有效性有怀疑,请参阅上诉庭的 Middlemiss v. Hartlepool Corporation (1973) 1 All ER 172。

4. 简易执行的做法

受欢迎与简单的简易执行(summary enforcement),重复是在1996年《英国仲裁法》之Section 66(针对英国本土裁决书)与Section 101(针对《纽约公约》下的裁决书)。基本上,法院在两种简易执行对裁决书的要求都十分接近,虽然有说法是针对《纽约公约》就会更加倾向支持执行。在Norsk Hydro ASA v. State Property Fund of Ukraine (2002) EWHC 2120 (Comm),Gross大法官说:"There is an important policy interest, reflected in this country's treaty obligations, in ensuring the effective and speedy enforcement of such international arbitration awards; the corollary, however, is that the task of the enforcing court should be as 'mechanistic' as possible."所以有说法是申请执行的当事人应该先考虑《纽约公约》的执行,根据Section 66的执行只是第二考虑。

对裁决书的要求基本上是裁决书必须是根据有效的仲裁协议作出,这有效或无效是根据仲裁协议的适用法:Norske Atlas Insurance Co Ltd v. London General Insurance Co Ltd (1927) 43 TLR 541。申请人必须证明有关的争议是在仲裁协议的范围内以及仲裁庭是恰当地被委任与组成:Kianta Osakeyhito v. Britain and Overseas Trading Co (1953) 2 Lloyd's Rep 569。裁决书也不能是超越了管辖权,并必须是最终且对双方有约束力:Bankers and Shippers' Insurance Co of New York v. Liverpool Marine and General Insurance Co Ltd (1926) 24 Ll L R 85与Dallal v. Bank Mellat (1986) 1 All ER 239。另是不能有公共政策的原因致使裁决书不能被执行:Soleimany v. Soleimany (1998) 3 WLR 811。

4.1　简易执行的两种做法

这两种做法并非可供选择其一,而是先要有了第一种做法后,原告才可考虑第二种做法。至于原告为什么要走第二步要求把裁决书内容变为判决书,这是可能是因为以第一种做法无法很快令胜诉的裁决书成功执行,这就需要考虑第二种做法会带来的一些好处,如:

(1)有可能在一些外国法院的执行会更容易Coastal States Trading (UK) Ltd. v. Mebro Mineraloel-Handelsgesellschaft G. m. b. H. (1986) 1 Lloyd's Rep. 465 at p. 467,该先例涉及的原告希望把裁决书还没有支付部分变为英国法院的判决去德国执行。这在Bruce Harris的《The Arbitration Act 1996》一书中也有提到说:"The second method, where permission has been given, is an application actually to enter judgment in terms of the award. There may be advantages in proceeding to this second stage rather than being content with the first. For example, the applicant may sue on the judgment or otherwise proceed by execution or registration or other method of enforcement in the foreign court; or he may obtain recognition of the judgment in the foreign court; or he may rely on the judgment as a judicial resolution of the issues that prevents any further action being brought in a foreign court."

(2)虽然有不少裁决书是判胜诉方可向败诉方取回利息直到真正付款的日子(the actual day of payment),但还是会有一些裁决书是判给付利息到作出裁决书的那一天。如果是后者的情况,就涉及了裁决书做出后但败诉方的被告不肯支付,这导致了漫长的执行过程。问题是,这执行带来的延误,可能会是一两年甚至更久的时间,可否有利息?在 Walker v. Rowe (2000) 1 Lloyd's Rep. 116 判是法院无权代仲裁员给予裁决书作出后的利息,所以根据第一种执行的做法就会没有办法取得这些利息,因为直接执行裁决书的话,裁决书内并没有针对作出后的利息。但以第二种执行的做法,会在今天零利率的情况下发一笔横财,因为英国的 1838 年《Judgment Act》Section 17(另有 CPR 40.8[1]补充)说明所有英国法院作出的判决从判决一天直到真正支付有年息 8%,除非法院另有指示。由于根据 Section 66(1)的第一种执行做法从来没有把裁决书变为英国法院的判决,所以不存在适用这《Judgment Act》。但根据 Section 66(2)的第二种执行做法,就可以适用了。这方面在本书第二章 6.4 段有详谈。

(3)也可能存在执行时效可延长的考虑,因为有了一个新的英国法院判决,就有了 6 年的时效可执行。

第二种简易执行的做法也有局限,就是法院的判决必须是严格遵照裁决书的内容,不能增加一些内容。因为 Section 66(2) 说明:"Where leave is so given, judgment may be entered in terms of the award." 这里可参阅先例 Norsk Hydro ASA v. The State Property Fund of Ukraine and Ors (2002) EWHC 2120 (Comm.),有关的瑞典裁决书说明被告是"乌克兰共和国通过乌克兰国家资产基金"(the Republic of Ukraine, through the State Property Fund of Ukraine)。但去英国法院执行时,被告变成两个,一个是乌克兰共和国,另一个是乌克兰国家资产基金。英国法院认为不能这样做,而只能根据裁决书的内容机械式执行。

4.2 简易执行的程序

1996 年《英国仲裁法》的有关仲裁索赔的程序是在 CPR 62,在 2001 年之后有了 CPR Practice Direction 的补充。其中 Part I (Parts 62.2 – 62.10)针对 1996 年立法下仲裁索赔,而这一部分是最重要的。Part II (Parts 62.11 – 62.16)针对以前法律下的仲裁索赔,这部分显然是越来越少。Part III (Parts 62.17 – 62.21)是针对裁决书的执行。有关简易执行的程序是如下:

(1)不论是英国本土的或者是国际的裁决书,都可以向英国高院申请在英国执行:CPR r. 62.18 (1)。

(2)申请的格式是在 CPR Practice Direction 62 的附件。

(3)申请简易执行的批文可以是单方面(ex parte),不必通知对方:CPR r. 62.18 (1)。但在这种情况下就有责任向法院披露原告/申请人所知道的被告会质疑裁决书的可执行性或有效性的资料。但这一个责任也不是绝对,只要是没有向法院作出披露有关资料被接受是没有恶意与有关的资料并非是关键性。在 Curacao v. Harkisandas (1992) 2 Lloyd's Rep. 186,涉及一个辣椒的买卖合约的裁决书被胜诉方单方面向英国法院申请简易执行,依据的是 1996 年《英国仲裁法》之 Section 66。但原告没有向法院披露一些与被告的通信往来,其中有内容涉及被告认为该裁决书无效。这导致被告申请撤销英国法院作出的简易执行命令,理由之一就是原告没有披露这些资料。而原告的抗辩就是这些资料根本不重要以及没有披露并非恶意。Hirst 大法官接受原告的解释说:"It follows that the point taken in the correspondence was unsound, and would not have invalidated the application under s. 26, even if the correspondence had been disclosed, and considered at an inter partes hearing. This consideration, coupled with the fact that I consider the failure to disclose was not culpable, satisfies me that it would be wholly wrong to deny the applicants' relief on the ground of the non-disclosure."

(4)如果被告是在管辖权以外,法院可以批准把仲裁索赔表格向被告送达而不需要另根据 CPR r. 6. 20 作出申请:CPR r. 62. 18(4)。

(5)在一个同意裁决书(agreed award)的情况下,向法院申请时必须特别说明,法院在作出的简易执行命令也会同样的说明:CPR r. 62. 18(5)。这是因为英国法院对一个同意裁决书是特别小心,举例说背后的保险人或再保险人会受到影响。不少保险合约或是法律地位是他们要对裁决书负责,但对和解协议是除非事先得到保险人的同意,他们是不负责。

(6)向法院作出的申请必须要有以下的文件证据:(i) 双方的仲裁协议与裁决书,或副本;(ii) 说明被告的名字与他的所在地(或最后知道的所在地);(iii) 说明该裁决书没有作出支付。这是在 CPR r. 62. 18 (6)。

(7)如果原告希望同时执行在裁决书作出后的利息,他就需要出一个证明说明:(i) 裁决书给予的单息或者是复息;(ii) 如果是复息,以什么周期(rests)计算;(iii) 裁决书起算利息的日子;(iv) 裁决书给予的利率;(v) 金额的计算直到证明的一天,以及以后每天会产生的利息金额。这是在 CPR r. 62. 19。

(8)法院通常根据申请文件如果不认为有明显的问题,就会签署命令批准按照简易程序执行裁决书。这一命令通常是由原告/申请人草拟给法院签署。这命令要求送达给被告,并要求被告在送达后如果想抗拒执行必须在 14 天之内向法院提出。如果是在英国以外的被告,对被告必须提出抗拒的期限会有所延长,如在 The "Good Challenger" (2004) 1 Lloyd's Rep. 67 中期限是 22 天。这些规定部分在 CPR r. 62. 18 (10)说:"The order must contain a statement of (执行命令必须说明)(a) the right (指被告的权利) to make an application to set the order aside, and (b) the restriction on enforcement under rule 62. 18(9)(b)"。

上述提到的 CPR r. 62. 18(9)(b)是说裁决书如果在被告或败诉方正在请求对裁

决书的救济，这裁决书就不能被执行直到该救济被法院处理后。在 IPCO（Nigeria）Ltd v. Nigerian National Petroleum Corporation（No. 1）（2005）2 Lloyd's Rep. 326，就涉及了原告 IPCO 在他草拟给法院签署的命令中漏掉上述条文中的(b)项。这导致了 IPCO 根据法院的命令执行裁决书，虽然是被告及时向法院提出了申请把执行命令撤销，而且还没有处理。这被判是 IPCO 过早的执行，而执行命令本身也是有缺陷，所以要 IPCO 承担过早执行所带来的费用。

另一个问题是在 CPR 生效前，会有情况是原告迟迟不送达这一份简易执行的命令，好像 The "Good Challenger"是在 1993 年单方面(ex parte)向英国法院取得，但一直到 2001 年才送达。这种情况应该不会再出现，因为根据 CPR r. 62. 4 是必须在 1 个月内送达给被告，除非法院另有规定。

5. 香港对裁决书与仲裁员的命令/指示的执行

《香港仲裁条例》在 1996 年后有了一条 Section 2 GG，如下："仲裁庭的决定的强制执行由仲裁庭在仲裁程序中或就仲裁程序所作出或发出的裁决或命令或指示，可以犹如具有相同效力的法院判决、命令或指示般以相同的方式强制执行，但只有在得到法院或法院大法官的许可下方可如此强制执行。如法院或大法官给予该许可，则可按该裁决、命令或指示而作出判决。"

香港对所有裁决书的执行与英国的地位大致相同，也分为按照简易程序的执行（根据 Section 2GG）与普通法下的执行。但唯一不同就是根据 Section 2GG 在香港除了《纽约公约》下以及香港本土作出的裁决书可以申请简易执行外，也包括了其他的裁决书。这里针对一些非《纽约公约》缔约国作出的裁决书，主要包括根据 2000 年 2 月 1 日施行的《最高人民法院关于内地与香港特别行政区相互执行仲裁裁决的安排》以及中国台湾地区与澳门地区作出的裁决书等。Section 2GG 除了裁决书也包括了仲裁庭作出的命令/指示，从文字上也可以通过法院在香港申请简易执行。例如，纽约或伦敦的仲裁庭作出的一个披露或检查命令可以在香港通过法院协助执行。这虽然是非常支持国际仲裁的立法，但实际的操作性还是不明确。例如，仲裁庭的命令会要求法院协助执行的对象显然就是在香港的公司。这就使香港的公司相比外国公司的对手处于一种不利的地位，因为其他国家/地区并没有这么慷慨的规定。仲裁庭的命令往往不会是终局的与不能作出改变，这与一个可以执行的裁决书很不一样。

6. 暂停执行(stay of enforcement)

英国法院是有裁量权在特殊的情况下暂停执行判决/裁决书,即使是法院没有理由可以拒绝执行。这方面的法律是《Rules of Supreme Court》Order 47, Rule 1(1),这部分没有被 1998 年 CPR 所替代。这种特殊的情况导致英国法院暂停执行经常会是一个外国的裁决书正在仲裁地点的法院被申请去撤销或者上诉,但也会有其他特殊情况导致法院行使这一个裁量权,如有一个反索赔需要作出最后裁决/判决。法院如果在败诉方的要求下暂停执行,他还有裁量权要求败诉方向法院提供败诉金额的担保,作为暂停的条件。这显然是为了保证申请暂停执行的败诉方确是有一个合情合理的原因要求暂停执行,而不是为了拖延。这表示法院要考虑正在申请的撤销或者上诉是否站得住脚。这表示英国法院可以简短地要求申请人提供有关的证据并作出表面的判断:Apis AS v. Fantazia Kereskedelmi KFT (2001) 1 All ER (Comm) 348 与 Socadec SA v. Pan Afric Impex Co Ltd (2003) EWHC 2086。此外,英国法院也会看暂停执行的延误会否给将来的执行带来困难,如将来就恐怕没有足够的金钱执行。虽然在这方面是可以要求申请人提供担保作为应对的方法。这些方面在本书之十一章第4.5 段介绍过的 Dardana Ltd. v. Yukos Oil Co. (2002) 2 Lloyd's Rep. 326 先例已经有涉及,以下介绍其他的有关先例。

6.1　案例一:The "New Vanguard" (1995) 1 Lloyd's Rep. 191

这一个先例涉及法院判决,案情是有关两个不同租约涉及两艘船舶,一艘名为"New Vanguard",另一艘名为"Pacifica"。但船东与承租人都一样,而且两个租约都发生了争议要去仲裁,是分开的两个不同仲裁。有关"New Vanguard"的仲裁,双方在中途达成协议,就是船东要在 3 个月内支付给承租人 12 万美元。和解协议显然是没有仲裁条文,双方如果有争议就要去英国法院。

但在另一个"Pacifica"的仲裁,涉及了船东向承租人索赔 29.7156 万美元的欠下的租金。而仲裁员也很快作出了一个中间裁决书,判船东可以马上向承租人取回42070.63 美元,因为这部分欠下的租金是无可争议。

这一来,船东就接触承租人先要求把 42070.63 美元从 12 万美元中扣除,即只需要支付 76889.37 美元。承租人对这个要求也同意了。但船东接下去要求把这一笔钱也暂时不支付,直到"Pacifica"的仲裁裁决结果出来为止。承租人大力反对,并向英国法院申请一个简易判决(summary judgement)。

英国上诉庭判是船东不能把两个不同的仲裁作出对冲,如果船东希望得到"Pacifica"仲裁索赔的担保,他可以申请一个冻结令(freezing injunction,以前称为冻结令)或一个暂停执行的命令。换言之,暂停执行适用在一种特殊情况就是可以等待一个表面看来站得住脚的“反索赔”(即使是在另一个不同的诉讼)得到判决/裁决。

6.2 案例二:Far Eastern v. Sovcomflot (1995) 1 Lloyd's Rep. 520

这一先例是涉及了一个在1993年8月20日作出的俄罗斯的裁决书判原告胜诉,金额是650万美元,而原告就该裁决书去英国法院根据《纽约公约》申请执行。当时,被告在俄罗斯法院对该裁决书作出质疑,虽然是已经在1994年1月18日被俄罗斯最高院拒绝过,但被告还是在尝试。在1994年7月5日,Cresswell大法官同意暂停执行,但条件是被告必须尽快在俄罗斯最高院进行对裁决书的质疑,并给了4个月的时间。同时间,Cresswell大法官要求被告提供担保,才会把较早时候已经作出的冻结禁令撤销。

到了1994年7月29日,俄罗斯最高院副主席通知被告说他作出的最后一个对于裁决书的质疑不被接纳。但被告还在想其他办法,并向英国法院申请延长这4个月的暂停执行。但这不被Porter大法官接纳,说:“I envisage that the Court will rarely, if ever, regard it as appropriate to make such an order in respect of a Convention award, when, by definition, under the Convention, the time for enforcement has arrived. Plainly, the rationale of the Convention is aimed at the enforcement of foreign arbitral awards unless either the unsuccessful party is seeking to have it set aside in the country where the award was made (in which case an adjournment of the enforcement proceedings under Section 5 [5] may be appropriate) or there is some fundamental ground of objection on grounds provided for in Section 5 (2) - (4), ... Accordingly, quite apart from the general concern of the Court to ensure the enforcement of Convention awards, I see no special circumstances which render it inexpedient to enforce the plaintiff's award in this case. I order the removal of the state of execution imposed by the order of Mr. Justice Cresswell.”

6.3 案例三:Apis AS v. Fantazia Kereskedelmi KFT (2001) 1 All ER 348

这先例涉及了一个GAFTA的仲裁,败诉方向英国法院申请对裁决书的救济,就是在所有方面,包括管辖权、仲裁程序与实质性的法律问题。当时胜诉方并没有采取行动在英国要求简易执行,但败诉方怕胜诉方会拿裁决书去斯洛文尼亚(Slovakia)执行,虽然英国法院还没有对救济的申请作出处理。Jack大法官同意命令暂停执行,直到英国法院针对救济申请的程序告一段落。

6.4 案例四:Socedec SA v. Pan Afric Impex Co. Ltd (2003) EWHC 2086

这一先例涉及了一连串的咖啡豆买卖,原告是瑞士的买方,而被告是乌干达第二大咖啡豆出口商。在他们的合约中出了两个争议,第一个是有关一票货物的质量,另一个是有关应该支付的货价。双方根据合约去“伦敦咖啡贸易协会”(Coffee Trades Federation,简称CTF)进行仲裁。

在第一个仲裁裁决,原告胜诉。根据CTF的仲裁规则,败诉方可以申请上诉,但必须在裁决书作出后的30天内。但由于被告在支付上诉费用时出现了混乱与延误,上诉申请过了16天,这导致了上诉被拒绝。

在第二个仲裁裁决,也是原告胜诉,金额达到 64.6 万美元。在 2003 年 7 月 1 日,原告很快就向英国法院申请根据 1996 年《英国仲裁法》之 Section 66 把该裁决书当作英国法院判决简易执行。但当天,根据 CTF 的仲裁规则,申请上诉的 30 天期限还没有过。而事实上,在 7 月 7 日,被告正式向 CTF 作出了上诉的申请。这一来,被告向英国法院申请暂停执行。

Mackay 大法官认为所有暂停执行的申请,法院的考虑主要是两个方面,这是根据 Apis AS v. Fantazia Kereskedelmi KFT (2001) 1 All ER 348 的先例,如下:(1)第一个考虑是较深入的评估一下有关对裁决书的上诉或者质疑是否真的有理由还是只是想拖延时间。这表示执行法院可深入对有关的争辩与证据作出考虑,但执行法院要小心这不是一个针对有关争议的一个小型审理(mini trial),而仅仅是做出一个评估(assessment)。在本案例被告提出的争辩包括有关索赔的合约时效已经错过(但该争议没有向第一审的仲裁庭提出),双方曾经有口头协议改变合约,仲裁庭在裁决书指被告提出的有关文件是伪造等。Mackay 大法官认为被告上诉成功的机会不会超过 50%。(2)第二个考虑是暂停执行裁决书是否会导致将来执行变得更困难,如被告有机会把英国的资产转移,甚至破产或失踪。针对这方面被告指他是乌干达的一家大公司,在乌干达有庞大的资产,而乌干达也是《纽约公约》的成员国,可以很容易执行该伦敦的裁决书。而原告的争辩是被告资金短缺(这从被告没有对第一个裁决书作出支付可以推断出),而且在乌干达实际执行是十分困难。

在总的考虑后,Mackay 大法官认为第一个裁决书根本不存在暂停执行的考虑,必须马上执行。至于第二个裁决书,法院同意暂停执行,但条件是被告必须在 28 天内提供 40 万美元的担保。如果在 28 天内能够提供,暂停执行可以继续,否则就马上执行。

6.5　案例五:G Middleton Ltd v. Berry Creek Overseas Development Ltd (2007) EWHC 318 (TCC)

这是一个有关建筑的争议,被告是雇主,而原告是承建商。双方之间的争议导致了一连串的裁决书,而有关的第四份(金额是 318487.48 英镑)与第五份(金额是 130189.99 英镑)裁决书还没有作出支付,这导致了胜诉方的原告根据 1996 年《英国仲裁法》之 Section 66 向英国法院申请执行,但被告却要求法院对其中部分的金额(216015.94 英镑)暂停执行。被告的原因是他在另一个不同的合约中多支付给原告这笔钱,并刚开始另一个仲裁要回这笔钱。

但 Coulsan 大法官拒绝暂停执行,认为这些都不是特殊情况。其中他给了六个原因:(1)不应该针对一些与该仲裁无关的事情,而该仲裁的仲裁员所针对的只是有关合约的争议金额;(2)所谓的多支付(overpayment)没有证据支持;(3)被告一直没有对这笔所谓的多支付的金额追偿,只在不久前才开始仲裁;(4)并不清楚这所谓多支付的钱是否由被告自己付出;(5)如果真的有多支付,也没有理由怀疑原告的财力是充分可以在将来归还这笔钱;(6)被告对第四与第五裁决书没有争议的部分裁决债务也没有自动支付,这通常会导致西方国家法院的不满,因为有赖债的嫌疑。

7. 部分执行(partial enforcement)

这方面可以介绍 IPCO (Nigeria) Ltd v. Nigerian National Petroleum Corporation (No.2) (2008) EWHC 797 (Comm)的先例,案情涉及了在 1994 年 3 月 14 日,原告 IPCO 与被告 NNPC 订约,由 IPCO 为 NNPC 在尼日利亚的首都拉各斯(Lagos)建造一个码头,合约约定了在拉各斯仲裁。之后工程发生延误,比原定的完工日期晚了 22 个月。IPCO 指称延误是由于 NNPC 在建造中不断对约定的规范说明(specifications)做出修改而导致。双方的争议后来去了仲裁,仲裁庭在 2004 年 10 月 28 日判 IPCO 胜诉,金额高达 152195971.55 美元。之后在 2004 年 11 月 15 日,NNPC 向仲裁地点的尼日利亚法院提出把裁决书撤销的救济申请,理由是仲裁庭没有管辖权、在仲裁程序中有不良行为、法律上错判与违反公共政策。

与此同时,由于 NNPC 在英国有资产,IPCO 就单方面(ex parte)去英国法院根据 1958 年《纽约公约》申请简易执行该部分资产。但 NNPC 提出各种抗拒的理由,也向英国法院申请押后执行,因为尼日利亚法院正在考虑撤销该裁决书。在 IPCO (Nigeria) Ltd v. Nigerian National Petroleum Corporation (No.1) (2005) 2 Lloyd's Rep. 326,Gross 大法官同意押后执行,等待尼日利亚法院的判决。同时认为虽然部分对裁决书的质疑有可能成功,但至少有一笔 5800 万美元的部分裁决应该是难以质疑,所以下令 NNPC 在 28 天内必须支付这部分金额给 IPCO。

到了 2006 年 10 月,由于尼日利亚法院对审理法官做出了变动与其他的原因押后审理,这导致了 IPCO 再向英国法院要求撤销有关执行裁决书押后的命令,因为有证据显示等待尼日利亚法院的审理会要延误长达 8~9 年。Tomlinson 大法官认为尼日利亚法院是有权把裁决书的部分内容撤销或者推翻,但根据《纽约公约》他是有权做出部分的执行。结果是判有几笔钱可以立即执行,主要是 50830163.22 美元加上利息,另是 1641234 美元加上利息等。至于余下的金额,Tomlinson 大法官判是要等待尼日利亚法院的审理。

8. 实质执行裁决书的各种手段与做法

对裁决书的执行与对法院判决的执行一样。"实质执行"(actual execution)十分重要,否则法院的判决或者仲裁庭的裁决书只是几张废纸,通过成功的执行就可以把这几张废纸变为花花绿绿的钞票。笔者介绍英国法院(也包括像香港地区、新加坡法院)对判决/裁决的实际执行手段与做法。

首先在涉及海事,而"判决债务人"(judgment debtor)是船东,债权人会先想到诉船与扣船。毕竟,1996 年《英国仲裁法》之 Section 11 允许以此办法取得索赔担保。但执行并不再是为了担保,而且两者格格不相入,因为诉船是"诉物"(in rem),而裁决书或转为判决是"诉人"(in personam),即"原告"与"被告"。故在 The "Bumbesti" (1999) 2 Lloyd's Rep. 481,Aikens 大法官撤掉扣船命令,并说裁决书的争议虽然是租约纠纷,但这在裁决书作出后已变得不够直接或太间接。而现在的问题在败诉方破坏了默示协议应遵守裁决书的裁定,这不是海事管辖可诉船/扣船。但同是诉人行动的冻结令却不受上述的局限,可"冻结"败诉方的船舶来协助执行。

取得裁决书(或法院判决)其实并不能令债权人的地位提高。如果他不是"优先债权人"(secured creditor),裁决书并不能帮助他。故遇上公司清盘(这是执行手段之一),"判决债权人"(judgment creditor)很可能是"两手空空",因为它即使有一点资产,也是大部分去了优先债权人(他们有各种"物权担保",通常是银行)的手中。所以,取得裁决书唯一好处是法律允许执行。但若是"判决债务人"(judgment debtor)没有钱,是光棍一个或是皮包公司,有了一个胜诉裁决书或判决也变不了钱。相反,若是"判决债务人"有钱有资产,则在法律允许的各种执行手段/办法下,并不容易藏匿、逃避、转移等。

8.1 执行办法之一:提供资料命令(Order to Provide Information)

如果对"判决债务人"或败诉方的财力了解不足,想知道多一点,甚至想向败诉方施加压力,可向法院申请把他传召到法院接受盘问。这种命令可称为是提供资料命令,或以前说法的"examination of judgment debtor"。这里的威吓力在"判决债务人"不敢不出庭与不敢不讲真话,否则很容易会"民事"(欠债)变"刑事"(蔑视法院或发假誓)。一般标准的问题可由法院提出,但若是"判决债权人"知道一些事情是法院不了解,如对败诉方的经营或业务,有些什么新老客户(如果能知道,就可以下一步做出"第三债务人命令" [Third Party Debt Orders])等,最好是胜诉方的判决债权人自己盘问。当然,想把问题提得好,就要事先调查败诉方的财力、经营与其他的状况。这种调查可以是通过"调查员"(enquiry agent)。有说法是这种查问其实是"最严厉的盘问"(cross-examination of the severest kind):Republic of Costa Rica v. Strousberg (1880) 16 Ch. D. 8。这种盘问也可以针对败诉方的收入、资产与使用。另也可以要求提供有关海外资产的资料:Interpool Ltd. v. Galani (1988) QB 738。

除了向判决债务人要求提供资料外,也可以向法院申请向第三者提供资料:Norwich Pharmacal Co v. Commissioners of Customs and Excise (HL) (1974) AC 133。如在 Kensington International Ltd v. Republic of Congo (2008) 1 Lloyd's Rep. 161,案情涉及了刚果共和国在一个 2002/2003 年的国际仲裁败诉,金额高达 1.1 亿美元。胜诉方的原告在接下去的几年一直在寻求执行并有少部分金额是执行成功。但执行不容易，因为刚果在外国没有什么资产。但它有出口部分的石油并且通过 Vitol，以相当隐蔽的手法（如以不同的公司名义）安排出口，以免石油或是支付的货价被外国债权人扣押与执行。原告在 2006 年向英国法院取得命令禁止 Vitol 的英国公司作出任何支付给刚果政府与一连串的刚果公司（这看来不是本章 8.3 段的第三债务人命令，而是干预 Vitol 的履约，显然是一个不正常的命令），并要提供资料有关 Vitol 与刚果之间的石油交易。到了 2007 年，原告向英国法院取得命令要求 Vitol 的雇员提供资料有关对刚果做出的支付，包括对刚果政府关于的贿赂。

8.2　执行办法之二：清盘（Winding-up）

如果"判决债务人"是一个"法人"（有限公司），一个执行办法是申请把它强制清盘（liquidation and winding-up of companies）。固然，债权人追债在一开始已可采取同样手法。但"债务"（debt）仍有争议时，不易申请成功。当债务变了"判决债务"（judgment debt），就不会有此顾虑了。当然，清盘本身是一个昂贵（申请人要负责"包底"所有费用）与费时的过程。而且已经说过，清盘公司即使有一点资产/金钱，也会先给了有担保债权人。所以，比强制清盘更好是用它来作为一种威吓或/与压力迫使"判决债务人"自动作出支付。后者如果不想"突然死亡"，或是怕惊动其他债权人（特别是借贷银行），即使是"银根紧"也是被迫千方百计找钱作出支付。当然，真要走清盘的过程，将来也会可能通过法院指定"清盘人"（liquidator）找出清盘公司的不法/不妥的经营手法而进一步向公司董事追究个人责任，如明明可以合理知道公司没有钱，仍继续订约经营或进行购买。

8.3　执行办法之三：第三债务人命令（Third Party Debt Orders）

如果能知道第三者（可以是客户、生意伙伴、银行或另一宗诉讼中会要赔钱的另一位当事人等）欠"判决债务人"一笔钱，可向法院以宣誓书申请一个名为"第三债务人命令"（Third Party Debt Orders，或之前被称为 Garnishee Orders）把这笔钱冻结并强制转支付给"判决债权人"，这是根据 CPR 之 Part 72。若第三者不服（如他/她另有反索赔要对冲）可把这笔钱存入法院并提出抗辩。在此行动，银行经常是第三债务人对象，但"判决债务人"要逃避判决债务，恐怕经济也不会太好，所以常会是银行出具一份证明给法院说明客户账号"没有钱"（no funds）。

8.3.1　全球性第三债务人命令——英国近期的判例

在国际仲裁涉及国际执行，有一方面的重要发展可一提。这就是 Societe Eram Shipping Company Ltd v. Hong Kong and Shanghai Banking Corporation Ltd（2003）UKHL 30 与 Kuwait Oil Tanker Company SAK v. UBS AG（2003）UKHL 31。它的重要性是在英国法院可以向一家在伦敦的银行下令强制转支付给"判决债权人"或胜诉方。如果只涉及是败诉方在该银行的伦敦账户内的金钱，这看来是没有异议，这本来就是一直以来的做法。但如果英国法院向一家在伦敦的银行（如中国银行伦敦分行）下令强制把败诉方在该银行的海外账户（如在厦门或上海的账户）内的金钱支付给胜诉方，这就会导致国际执行太容易了，胜诉方再也不必麻烦中国或任何其他可能是执行裁决书比较困难的国家了。而对败诉方而言,他们再也无法安全躲在家里逃避执行,因为无处可逃。更重要的是,1958 年的《纽约公约》变得再也不重要。

在第一个贵族院先例 Societe Eram Shipping Company Ltd v. Hong Kong and Shanghai Banking Corporation Ltd,案情是一家罗马尼亚公司想对两位法国自然人的败诉方执行一个判决,并相信败诉方在英国有资产。但事后发觉败诉方只有在香港汇丰银行(HSBC)有一个账户,所以原告申请的命令是要求汇丰银行把败诉方在香港账户的钱转支付给他。至于原告为什么不去香港法院要求这一命令就不知道了。反正在英国法院,上诉庭也的确做出了这一命令,但汇丰银行向贵族院提出上诉,显然这对银行来讲也是一个十分重要的发展。

在第二个贵族院先例 Kuwait Oil Tanker Company SAK v. UBS AG,原告作为上诉方也是没办法找到败诉方的资产执行,但胜诉方知道败诉方曾经一度在瑞银(UBS)的瑞士总行与英国分行有账号,这导致了胜诉方向英国法院申请一个"第三债务人命令",而被告就是瑞银。瑞银否认败诉方在伦敦分行有账户,但针对瑞士总行就拒绝透露任何资料,这是根据《瑞士银行保密法》。在贵族院,要面对的就是应否在这样的情况下对瑞银的瑞士账户作出"第三债务人命令"。还有一点是本先例涉及了欧共体的问题,而第一个先例却没有涉及。

在贵族院,有注意到 CPR Part 72 没有区分这第三债务人是在英国(即败诉方存放在英国账户的金钱)或是在海外。但贵族院有几个重大的考虑,如下:(1)"第三债务人命令"是属于一种针对资产(in rem)的命令,而不是对人(in personam)。换言之,如果账户内的金钱才是针对的资产,海外账户就不在英国法院的管辖权内。(2)海外账户受到海外法律的管辖,如属于香港法律或瑞士法律。他们的法律会与英国法律有冲突,这就会导致被告(作为无辜第三者的银行)根据英国法院命令把应付给败诉方的金钱转支付给胜诉方,会有可能面对双重支付的危险(double jeopardy)。就是在海外的法律不承认这是正确的做法,而导致有关银行要多支付一次给败诉方。(3)即使没有双重支付的危险,这种做法也会影响国际之间的友好(international comity)。(4)针对第二个先例,还涉及了欧共体的法律。这是在《Lugano Convention》之 Article 16(5):"In proceedings concerned with the enforcement of judgments, the courts of the contracting State in which the judgment has been or is to be enforced [are to have exclusive jurisdiction]"。换言之,贵族院认为在这一个欧共体的公约下,由于第三者的债务是在瑞士(存款在瑞士),所以瑞士法院才拥有管辖权。

总结说,贵族院认为在 CPR Part 72 下,英国法院是无权针对海外账户或第三者债务下命令要转支付给判决/裁决的胜诉方。而即使是有这样的权利,英国法院也不应该做出这样的命令。上述两个贵族院先例判的结果都是一致。

当然将来这里会否还有变数还是难以预料,但由于是贵族院在两个先例做出的决定,恐怕在短期内不会是有改变。以冻结令为例,最初英国法院也只是针对在英国的资产(包括银行账户)做出冻结:Ashtiani v. Kashi (1987) QB 888。但估计是英国法院发觉这种做法并不影响伦敦作为国际金融中心的地位,而相对放宽冻结令就对英国作为商业法律中心的地位有很大的帮助。所以,就在 Babanaft International Co SA v. Bassatne (1990) Ch. 13 先例中把冻结令伸延至全球的资产,如在伦敦设立银行的海外账户都可以被冻结(注意这不是指执行,所以有一些特殊的要求,如资产会有危险流失/消失等)。但相比在新加坡,就有了一个上诉庭的先例名为 Swift-Fortune Limited v. Manifica Maritime SA (2006) SGCA 42 判是新加坡法院没有权力为了外国的仲裁冻结在新加坡银行账户,据闻部分原因是怕影响新加坡作为亚洲银行/金融中心的地位。

8.3.2　全球性冻结令协助裁决书的执行

说到冻结令,它也是有可能被利用来协助裁决书的执行。Rosseel NV v. Oriental Commercial Shipping (UK) Ltd. (1990) 1 WLR 1387 就是一个英国法院先例以冻结令协助一个纽约裁决书的执行,把败诉方在英国的资产冻结直到裁决书作出支付。

冻结令主要是在诉讼前使用的手段,它的目标是为了防止被告把他的资产转移来逃避将来可能对他不利的判决或裁决书的执行:Faith Panton Property Plan Ltd v. Hodgetts (1981) 1 WLR 927;Orwell Steel (Erection and Fabrication) Ltd v. Asphalt and Tarmac (UK) Ltd (1984) 1 WLR 1097;Deutsche Schachtbau und Tiefbohr Gesellschaft mbH v. Shell International Petroleum Co Ltd (1990) 1 AC 295;Masri v Consolidated Contractors International Co SAL (2007) EWHC 3010 (Comm.)。不论在作出判决或裁决书之前或之后申请冻结令,要求都是一样,主要就是三个条件:(1)必须有一个"表面良好论据案情"(good arguable case);(2)资产会有危险流失/消失(risk of removal of assets);(3)公平与方便(just and convenient)。但可以说是在作出了判决或裁决书之后,这三个条件十分容易满足。有了判决或裁决书,责任方面与赔偿金额可以说已经是终局,这显然比一个表面良好论据案情要强得多。至于资产有机会流失/消失,也通常不难证明。这证明会是败诉方明确拒绝作出支付,或判下来败诉方不予理睬也可以作出这方面的推断。至于公平与方便是更加不用说了。这表示向英国法院或香港法院申请冻结令,在裁决书作出之后可以说是十拿九稳。而众所周知,英国与香港法律已经可以作出全球性的冻结令。如以中国内地的一家船厂为例,肯定在一些中国的大银行有账户,账户的所在地是大连或厦门。如果英国法院向英国所在地的中国银行或工商银行作出一个全球的冻结令,禁止这些账户的金钱被转移,这显然是会给该败诉的船厂造成很大干扰。虽然,这不是第三债务人命令,即英国法院不是要求中国银行或工商银行把账户里的钱支付给外国胜诉的船东,而只是把它冻结。这一来该中国船厂可能有几种不同的反应,如:

(1)向胜诉的外国船东投降并作出支付,可以说中国船厂如果付得起也有可能这样做,因为笔者经常听说中国公司一旦账户被冻结令冻结,很快就投降。

(2)委任英国律师去把该冻结令撤销。这里就要介绍一下英国针对其他国家,特别是非欧共体国家作出全球冻结令有五点考虑,这是在 Motorola Credit Corporation

v. Uzan and ors (2004) 1 WLR 113 的先例中上诉庭所作出的结论,如下:

"As the authorities show, there are five particular considerations which the court should bear in mind, when considering the question whether it is inexpedient to make an order.

First, whether the making of the order will interfere with the management of the case in the primary court, e. g. where the order is inconsistent with an order in the primary court or overlaps with it. That consideration does not arise in the present case. (第一点是该命令的作出是否干预主要管辖法院的对案件的管理)

Second, whether it is the policy in the primary jurisdiction not itself to make worldwide freezing/disclosure orders. (第二点是主要管辖法院是否自己会作出全球性冻结令)

Third, whether there is a danger that the order made will give rise to disharmony or confusion and/or a risk of conflicting, inconsistent or overlapping orders in other jurisdictions, in particular the courts of the state the person resides or where the assets affected are located. If so, then respect for the territorial jurisdiction of that state should discourage the English court from using its unusually wide powers against a foreign defendant. (第三点是看给出命令是否会有危险导致与其他管辖法院[特别是有关人士所在地或受影响资产所在地的法院]不和谐,有冲突或是混乱。如果有这个危险,英国法院就应该尽量尊重该管辖权的国家法院。)

Fourth, whether at the time the order is sought there is likely to be a potential conflict as to jurisdiction rendering it inappropriate and inexpedient to make a worldwide order. (第四点是在准备作出全球冻结令时,是否会对管辖权有一个潜在的冲突。)

Fifth, whether, in a case where jurisdiction is resisted and disobedience to be expected, the court will be making an order which it cannot enforce. (第五点是英国法院不会做出一个命令是没有办法执行的,所以要考虑到将来管辖权会否受到质疑与命令不会被遵守。)"

在 Banco Nacional de Commercio Exterior SNC v. Empresa de Telecommunicationes de Cuba S. A. and anor (2007) 2 Lloyd's Rep. 484,原告是一家墨西哥公司,它在意大利法院的判决中获得胜诉,并在 6 个欧共体国家分别试图向被告的一家古巴公司执行。这 6 个其中之一是英国,原告首先取得了一个本土的冻结令,就是把被告在英国的银行账户冻结起来。但原告接下去向英国法院再申请一个全球的冻结令,并获得批准。但随即被古巴的被告向上诉庭申请并获得撤销。理由之一是根据欧共体法院的先例 Van Uden Maritime BV (trading as Van Uden Africa Line) v. Kommanditgesellschaft in Firma Deco-Line (1999) 1 QB 1225,因为给予全球冻结令的英国法院与有关争议审理的意大利法院没有一个真正联系。另一个重要理由就是 Motorola Credit Corporation v. Uzan and ors 先例,特别是第二与第三个结论。这就是意大利法院不会作出全球的冻结令,而且英国法院作出这样的全球冻结令会与已经在许多国家法院执行判决的做法发生不协调或矛盾。在 Banco Nacional de Commercio Exterior SNC 先例,也可以看到就是英国法院本质上不愿意作出全球的冻结令以协助外国法院的判决或外国作出的裁决书。但换了是一个伦敦仲裁裁决书,态度会是不同。

总结而言,这表示中国船厂如果给英国法院作出一个全球冻结令针对一个瑞士或斯德哥尔摩的裁决书,而特别就是外国船东已经在中国法院开始或试图开始以《纽约公约》执行,中国船厂会有机会以 Motorola Credit Corporation v. Uzan and ors 与 Banco Nacional de Commercio Exterior SNC v. Empresa de Telecommunicationes de Cuba S. A. and anor 等先例试图撤销,应该说有一定的希望成功。当然这样做律师费用不会低,因为整个冻结令的做法就是昂贵。

(3)可以以中国法院作出相反的命令对抗英国法院作出的全球性冻结令,毕竟中国船厂的银行账户是在中国法院的管辖权内(大连或厦门)。在作出全球冻结令,英国法院一直是怕政治上的敏感,怕被指干预其他国家法院才有权管辖的事情或资产。所以,在作出全球冻结令,它总会加上一个名为 Babanaft proviso,文字上是如下:"Provided that, in so far as this order purports to have any effect outside England and Wales, no person shall be affected by it or concerned with the terms of it until it shall have been declared enforceable or shall have been recognised or registered or enforced by a foreign court (and then it shall only affect such person to the extent of such declaration or recognition or Registration or enforcement) unless that person is:(a) a person to whom this order is addressed or an officer or an agent appointed by power of attorney of such a person, or (b) a person who is subject to the jurisdiction of this court and who: (i) has been given written notice of this order at his or its residence or place of business within the jurisdiction and (ii) is able to prevent acts or omissions outside the jurisdiction of this court which assist in the breach of the terms of this order."

中国法院作出相反的命令就是把这个被英国法院冻结起来的银行账户解冻,当然能否做到就不知道中国法院如何考虑了。

8.3.3 全球性第三债务人命令——美国危险的案例

最后要一提的是一个至关重要的发展有关全球性的第三债务人命令。但不是来自英国法院而是来自纽约州的上诉庭,案例名为 Koehler v. The Bank of Bermuda Ltd. 2009N. Y. Slip Op. 04297,2009 N. Y. LEXIS 1751 (June 4, 2009)。首先,在纽约 Civil Practice Law and Rules (Article 5225 [b]) 有一个名为"turnover"的程序协助执行法院判决,规定说:"(b) Property not in the possession of judgment debtor. Upon a special proceeding commenced by the judgement creditor, against a person in possession or custody of money or other personal property in which the judgment debtor has an interest,... where it is shown that the judgment debtor has an interest... where it is shown that the judgment debtor is entitled to the possession of such property... the court shall require such person to pay the money, or so much of it as is sufficient to satisfy the judgment , to the judgement creditor... The court may permit the judgment debtor to intervene in the proceeding. The court may permit any adverse claimant to intervene in the proceeding and may determine his rights in accordance with section 5239."

案件涉及了一个百慕大的公司把一些股权证明(stock certificate)作为质押交出给了百慕大银行,以换取一笔贷款。这些事情都是发生在百慕大,与纽约州无关。但百慕大银行有一家分行在纽约州,而判决的债权人 Koehler,为了执行他的胜诉判决,就针对判决债务人(也就是百慕大银行)向纽约州法院取得一个"turnover"命令,要求百慕大银行纽约分行与百慕大银行把判决债务人的股权证明交出给判决债权人 Koehler。但纽约从来没有这方面的先例,就是"turnover"命令可否针对纽约州以外的财产。这就导致了第二巡回法院向纽约州最高的法院,也就是纽约州上诉庭提出一个"认证问题"(certified question)。问的是根据纽约州的法律,纽约州法院可否作出第三债务人命令针对任何在纽约的银行把判决债务人的资产转为支付给判决债权人,即使该资产是在纽约州法院的管辖权以外(Whether, under New York judgment enforcement law, a court located in New York could order a garnishee bank located in New York to turn over property of a judgment debtor to a judgment creditor, even when the property is located outside of New York.)。而纽约州上诉庭的答案是"YES"。

纽约上诉庭的理由看来与英国贵族院的判法是不一样,如认为 Article 5225 (b)的"turnover"命令是针对人(in personam)而非是资产(in rem),所以只要纽约州法院对第三债务人(garnishee)有管辖权,针对的资产位于何处是没有关系。纽约州上诉庭也考虑到其他相关条文,如 Article 5225,法院是可以命令判决债务人把海外的资产带回来纽约。最后,纽约州上诉庭注意到另一条文 Article 5224 最近作出了修改,允许判决债权人强制要求(subpoena)判决债务人披露有关他在纽约州内或以外的资产文件。

这一发展至关重要,而且对中国内地的公司大量在外国的法院诉讼或仲裁败诉,然后躲在中国内地希望胜诉的外国公司拿他们没有办法,可以说是黔驴技穷。根据纽约州的法律地位,举一个简单例子,就是纽约州法院可向一家在纽约的银行(如中国银行纽约分行)下令他把败诉方存在中国银行的账户(如北京或者上海分行)内的钱转支付给外国胜诉方。这种把资产转支付的命令被称为"Turnover Order",这正是雷同英国法律下的第三债务人命令,只是英国法律是不接受可以针对判决债务人在英国以外的资产。相反,目前纽约州法律可以是针对全球性的资产。这可节录一位美国著名律师 Armand Pare 所说如下:"The decision by the New York Court of Appeals in Bank of Bermuda could have wide-ranging implications. The decision would seem to mean that whenever a bank with worldwide assets is subject to personal jurisdiction in New York, it must, when served with a 'turnover' order under Article 5225(b), restrain property of a judgment debtor wherever in the world its property may be physically held by the bank and, in the case of funds, provide these to the judgment creditor up to the amount of the judgment. Hence, if a judgment debtor has funds in an account at the XYZ bank in Singapore, those funds should seemingly be turned over by the XYZ bank if it is served with an Article 5225(b) turnover order in New York and the XYZ bank is subject to jurisdiction in New York by virtue of an affiliate office or otherwise. Perhaps, given the dissent's concerns about the constitutionality of the decision in Bank of Bermuda and impositions on the banking Industry, there may be further developments in this area. In the meantime, however, with this decision, Article 5225(b) appears to be a powerful new weapon for seeking enforcement of monetary awards in New York irrespective of where those awards are rendered and where the judgment debtor's property is located."

这种做法的好处对裁决书的胜诉方的简便是明显不过,而且看来是任何美国判决或仲裁裁决书都可以通过这一种做法来执行。它完全可以避开《纽约公约》在不同国家会有不同解读的困难,如仲裁的胜诉方不需要到中国内地执行,因为相比美国而言,肯定中国不是属于倾向支持执行(pro-enforcement)的国家。而仲裁的败诉方,也不可能靠躲在自己的国家逃避败诉债务的偿还,中国内地的公司更不要妄想中国法院会保护他并拒绝执行。固然,败诉方不大可能是连银行账户也没有,除非是再也没有业务。这一个银行账户就会有危险被胜诉方去纽约州法院以全球性的"Turnover Order"强制支付给外国的胜诉方。

据悉,纽约律师已经在大力推广希望借此种 Turnover Order 来多做业务,以执行裁决书。其中可节录一份名为《Tradewinds》的报刊,在 2009 年 12 月 24 日有以下的报道:"Lawyers in new bid to seize funds A Danish shipowner has become the first to use 'Koehler lawsuits' to force a charterer to pay up on arbitration awards. Shipowners including Denmark's Eitzen Bulk are quietly trying out a brand-new legal technique in US courts after the breakdown of the Rule B system of attaching electronic funds transfers (EFTs). New York lawyers are touting 'Koehler lawsuits' as a powerful way to use foreign banks to force charterers or other shipping debtors to pay up on arbitration awards."

看来,英国法院谨慎的做法一到了美国就根本不会有所顾忌。纽约州上诉庭的决定针对纽约法律而言是最后的一句话,如果想有改变,则就必须由美国最高院(US Supreme Court)作出,可能要涉及美国宪法的理由才能到最高院,但目前看不到有这一迹象。

即使将来资产所在地的法院作出了相反的命令,如中国法院命令中国银行必须把中国内地的存款支付给仲裁败诉的中国公司,也解决不了中国银行面对纽约法院命令不执行会是漠视法院的刑事责任。

看来中国以及其他会受影响的国家(估计不少是发展中国家)就要寻找应对的办法了。一种办法就是把在纽约的所有自己国家银行的分行撤走(笔者估计这是一种好的姿态逼美国改法,否则纽约就做不了国际金融中心),第二种办法就是受影响国家的最高法院尽快作出命令禁止本国的银行依从外国法院的“Turnover Order”或者第三债务人命令,把本国银行的账户内的钱支付给外国的胜诉方。第三种消极的办法会是在国际仲裁中败诉的中国公司,即使在大陆有银行账户,也只是一些在纽约没有分行的地区性银行。

这一至关重要的发展最后肯定还是会有变数,可拭目以待。如果美国最高院有机会考虑这一个重大的问题(如 Koehler v. The Bank of Bermuda Ltd 的上诉),希望会对这种看来是霸道的做法好像英国贵族院一样重新慎重考虑国际友好(international comity)与双重损害(double jeopardy)等问题。

目前唯一还有一点障碍就是美国法院会因为与美国没有“最低联系”(lack of minimum contacts)或/与“不方便管辖原则”(forum non conveniens)而拒绝协助外国的裁决书在美国执行。这方面请看本书第十三章之第 2 段。

8.4　执行办法之四:押记命令(Charging Order)

如果知道“判决债务人”有房产(如自拥有办公楼)或是股票,可以宣誓书向法院申请对该房产作出一个“押记”(charging order)。押记是“物权担保”(security interest)的一种,可以令申请人变为一位“有担保债权人”(secured creditor)。这一课题在笔者(杨良宜)的《船舶融资与抵押》一书之第二章有详论,不重复。一旦下了押记并作出登记,有关房产或股票再难出售或用作融资。债权人可以在同时申请法院把房产或股票出售(order for the sale)或委任“接管人”(receiver)代收租金或股息以清还债务。至于采取什么行动又是要看情况:房价(或股票价格)会是低潮,出售不一定划算甚至是卖不出。若是刚巧有一个中长期租约,由接管人代收租金会是更好办法。

如在本书其他地方介绍过的 Gater Assets Ltd v. NAK Naftogaz Ukrainiy (No. 2) (2008) EWHC 1108 (Comm),Naftogaz 在仲裁败诉要作出 8800 万美元的赔偿,另加上 1260 万美元的利息,原告的执行就是向英国法院申请对由 Naftogaz 拥有的股票作出一个押记,另同时对 Naftogaz 的其他债务人作出第三债务人命令。

8.5　执行办法之五:对资产的执行(Execution against Goods)

如果“判决债务人”有住处(自然人)或办公地点(公司),而且知道(如通过亲身或调查员造访)有些资产,如家具、装置、设备或/与存货(stock),并且债务数目不大(因为一般性资产在出售后会剩下不多钱),一个执行手段/办法是申请法院派出“执达吏”(bailiff)扣押债务人资产,并安排出售:“execution of the bailiffs”。

8.6　执行办法之六:把败诉方的资产接管(receivership)

8.6.1　资产接管人命令的本意

向法院申请要求把败诉方的资产委任接管人的做法会是基于其他执行的办法行不通或者是有一定的困难。如没有办法申请一个针对第三者欠败诉方的资产作出的一个第三人债务命令,原因往往会是在这一方面没有准确的资料明确指出。这种资料也不是传召与盘问判决债务人就可以满足,因为不一定可以做到或者判决债务人不一定可以回答。另针对判决债务人拥有的土地,对资产的执行的办法也行不通的话就要靠这种做法来完成。再多举一个例子就是保单或其他合约下的补偿责任,判决债务人在这方面的权利只是一个补偿而不是一个保险人或第三者欠他的一个债务:Chandris v. Agro Insurance Co Ltd (1963) 2 Lloyd's Rep 65;Firma C-Trade SA v. Newcastle Protection and Indemnity Association (1991) 2 AC 1。由于不是债务,所以不存在可以使用第三人债务命令的做法。再举一个例子是在判决债务人有一盘赚钱生意,不断有现金进账。这一来,把它清盘(把公司弄死)没有意思。不如通过"接管人"把将来的收入接过来,用作还债。有关这方面的内容,可节录 McGhee 的著作《Snell's Equity》之第 31 版第 17 – 25 段如下:"A judgment creditor normally obtains satisfaction of his judgment by execution at common law, using the writ of fieri facias, attachment of debts and, formerly, in the case of land, the writ of elegit. There were cases, however, where the creditor could not levy execution at law owing to the nature of the property, the principal case being where the property was merely equitable, such as an interest under a trust or an equity of redemption. Another example was a covenant of indemnity or other chose in action of which the debtor has the benefit, but which could not be reached by attachment. In order to meet this difficulty, the Court of Chancery evolved a process of execution by way of appointing a receiver of the equitable interest, and if necessary supplemented this by an injunction restraining the judgment debtor from disposing of his interest in the property. This process was not 'execution' in the ordinary sense of the word, but a form of equitable relief for cases where execution was not possible. The effect of such an appointment 'is that it does not create a charge on the property, but that it operates as an injunction against the judgment debtor receiving the income' or dealing with the property to the prejudice of the judgment creditor."

可以举一个例子来进一步说明:Soinco v. Novokuznetsk Aluminium Plant (1997) 3 All ER 523。该先例涉及了判决债务人与 Guernsey 公司有一个供应合约,表示 Guernsey 公司会不断付钱给判决债务人。事实上,英国法院也对判决债务人作出了一个冻结令,禁止他把资产转移。但问题是直到 Guernsey 公司将来把钱支付给了判决债务人,这一笔钱还不是他的资产。而冻结令无法做到的就是判决债务人在期间与 Guernsey 公司私下达成协议令后者不在供应合约下作出支付。另是,第三人债务命令也会是因为同样理由而行不通,因为不再会有第三人债务的出现可针对。这表示委任接管人的命令就会是更适合的办法。

8.6.2　对付船东互保协会躲在 1930 年立法后可能有的办法

另一提的例子是涉及船东互保协会。众所周知,互保协会是承保船东在船舶进行营运时所产生的赔偿责任,而且这些赔偿责任往往是非常庞大。但问题是第三方的受害人(可能是遭受到货损货差的货方,或是航道被沉船堵塞需要尽快移走的某一个港口当局等)是不能向船东的互保协会直接获得索赔,因为他们之间没有合约关系。有合约关系的只是出事故的船东与他的互保协会,只有他们之间可以互相有该合约的责任与权利。为了避免“合约相互关系”(privity of contract)的原则造成不公平,因为有可能出事故的责任方会由于死亡而导致他的责任保险人趁机向受害的第三方逃避赔偿责任。英国在1930年通过了《Third Parties (Rights against Insurer) Act》的立法,允许受害方在责任方死亡的情况下绕过合约的相互关系来直接控告保险商索取保险合约下的权利。这种情况经常会在航运中发生,因为很多的船东都是单船公司。这一来,在船舶发生事故时导致船货全部毁灭,或是船舶在港口的航道发生碰撞而沉没,也同时变为全损,表示要负责任的船东就再也没有什么值钱的资产了,唯一的资产是船东可以向他的互保协会要求对这一个责任作出赔偿。但在现实中,船东互保协会自动作出赔付是不可能的。如此,受害方如货方,就需要采取以下的步骤:

(1)向船东提出索赔并开始诉讼,不论是适合的法院还是约定的仲裁(这要看有关的运输合约,不论是提单还是租约,有否一条仲裁条文)。在这一个诉讼,船东可能不会提出抗辩,货方就会很快取得一个判决或裁决书。当然,在互保协会有最后赔偿责任的情况下,很有可能互保协会以船东的名义在诉讼中作出抗辩,如不承认船舶不适航。但反正是最终货方必须取得一个胜诉的判决或者裁决书,否则整个索赔的行动也只能到此为止。

(2)在取得一个胜诉的判决或者裁决书后,显然是没有资产的船东恐怕不会自动履行并作出赔付。而到了这一个阶段,恐怕他的互保协会通常是不会愿意自动作出赔付。但由于唯一的资产,也就是有关的船舶已经是消失,所以也不存在其他有效的手段,如扣船。所以货方下一步就是考虑1930年《Third Parties (Rights against Insurer) Act》立法。这就是先把船公司这一法人“弄死”,也就是把他清盘。在英国的法律下,只要在英国有资产,英国法院是有权把一个外国公司下令清盘。所以,有关的船公司是一个巴拿马公司还是利比里亚公司并不影响在英国法院把他清盘。而在英国的资产也只有一个,就是船东互保协会在保险合约中承诺会作出的赔付,而绝大部分的船东互保协会都是在英国。

(3)在有关船公司清盘后,受害人的货方就可以直接向有关的互保协会根据1930年立法要求赔付。但互保协会的规定(也就是承保船东责任赔偿的条件)都有一条重要的条文,就是要求船东先赔付给第三者的受害人后才需要作出补偿(pay to be paid)。在现实中,经常都不会需要船东先赔付后才补偿,因为涉及很大金额的责任赔偿会对船东的现款周转带来极大困难,所以经常是互保协会直接赔付给第三者。但如果互保协会想赖皮的情况下,这一条“pay to be paid”条文就保障了互保协会,而且在贵族院的重要先例 The “Fanti” and The “Padre Island” (No. 2) (1990) 2 Lloyd's Rep. 191 (HL) 判是有效。这表示货方做了上述的几步,带来金钱与时间上的损失,最后还是没有办法向互保协会成功要求赔付,因为被清盘的船公司或他的清盘人根本没有办法先向货方作出赔偿,然后才向有关的互保协会要求补偿。

看来,唯一可能解决这一困境的做法还是通过向法院申请委任接管人,然后通过接管人把这一个有先决条件的互保协会赔偿(即必须先支付给受害方)转让给第三者。而第三者的受让人为了取得这一个转让的好处要付出的代价,就是先赔给货方满足先决条件。这样,有关的互保协会就必须要作出赔付,而支付的对象也就是第三者的受让方(assignee)。出售并转让给第三者,由于互保协会的财力可靠,也不会倒闭,所以打个折扣后能成功出售并非是不可行。最后一提的就是该相关内容在笔者之一的杨良宜先生所著的《英国海上保险条款详论》之第 365 页有详细介绍,请参阅。

英国法院在 1981 年的《Supreme Court Act》之 Section (1)有规定如下:"(1) The High Court may by order (whether interlocutory or final) grant an injunction or appoint a receiver in all cases in which it appears to the court to be just and convenient to do so."

通常,对一个没有担保的债权人来说,法院会先让债权人在一个判决或者裁决书中肯定他的债权后才会作出这种执行。法院在作出这种决定时也会考虑到委任接管人所涉及的费用是多少:Beach Petroleum v. Johnson (1992) ACSR 404。如果英国法院作出了这种执行的命令,任何人阻止把资产交出给接管人的话,就会是藐视法院的行为。

通常,债权人要先把情况查得清楚才委任接管人之时,可以明确要求接管人做些什么。这个执行办法不利之处是接管人的收费不便宜(这要申请债权人"包底")。

除了上述办法外,还有其他如冻结"判决债务人"的工资,如果他有一份工作:"attachment of earning order"。

8.6.3 针对全球资产的接管人命令

还有的是不管是在英国的资产还是海外的资产,英国法院都可以作出委任接管人的命令:Masri v. Consolidated Contractors International Co SAL (2008) 2 Lloyd's Rep 128。对海外资产作出接管命令是一个协助执行的新办法,在该先例,涉及了也门油田的钻探权(oil concession)问题,原告的 Masri 先生被英国法院判是在被告的钻探权中占有 10%,而由于被告违约要作出赔偿 5500 万美元。被告在也门是一家有经济实力的公司,他拒绝作出支付,并誓言会采取任何的方法抗拒执行英国的判决。被告在也门法院试图把英国的判决宣示为无效。这导致了胜诉方的 Masri 先生在英国法院作出了各种申请,而英国法院也接受申请作出多项相关的命令。这包括有,在 Masri v. Consolidated Contractors International Co SAL (2008) EWCA Civ 625 案例中,法院作出了"止诉禁令"(anti-suit injunction),阻止债务人在也门法院寻求宣示英国法院的判决无效的申请。另外,法院还作出了传召债务人的董事进行盘问的命令(这是在本章 8.1 段所介绍的执行办法之一):Masri v. Consolidated Contractors International Co SAL (2008) 2 Lloyd's Rep 301。另在 Masri v. Consolidated Contractors International Co SAL (2007) EWHC 3010 (Comm.)的申请中,Gloster 大法官作出了三个命令:(A) appointing a receiver by way of equitable execution to receive the oil revenues due to CCOG under the concession(委任接管人接管也门油田钻探权的收益);(B) granting the claimant a freezing injunction restraining CCOG from dealing with its rights under the concession otherwise than in the ordinary course of business(作出全球冻结令针对在也门有权钻探权的收益,除了被告要在该收益中需要对一般的业务营运作出的支付,如支付工资等。有关全球冻结令在本章第 8.3.2 段有介绍);(C) requiring the defendants to serve affidavits identifying their assets.(命令被告针对他的资产以宣誓书的形式作出说明,注意被告在英国的这一行动是有委任英国律师事务所作出代表的。)

特别针对上一段提及的(A)中的接管人命令,它针对海外资产是一种新的执行办法。这一个由 Gloster 大法官作出的接管人命令内容如下:"... all amounts due to [被告] from Nexen Marketing Singapore PTE Ltd ('Nexen Singapore') or any other entity to the extent that they relate to proceeds of sale of the oil from [the Concession]... to which [被告] is entitled pursuant to [有关的合约]... and any other broking, sales or other agreements to which [被告] is party regarding the sale of such oil (such amounts to be referred to as 'Oil Revenues')"。

在上述的接管人命令,Nexen Singapore 是作为经纪人把该钻探权下所生产的石油在国际上出售,整个安排是石油从也门生产后以船舶运出。而真正在也门进行钻探与采油的是一家有加拿大背景的 Canadian Nexen Petroleum Yemen,估计与 Nexen Singapore 是同一个集团。但到了 2006 年底,被告中断了与 Nexen Singapore 的协议,自己在石油市场安排出售,估计其中的一个原因是不想把自己的资金来源暴露给原告,而被执行。有关的接管人命令是针对不论是 Nexen Singapore 还是被告自己出售石油的收益。如果法院指定的接管人一知道了有某一笔收益,不论在全球范围的任何地方,Gloster 大法官的命令包括是可以被告的名称或接管人的名称采取行动包括诉讼,要求接管这一笔收益。当然,在外国其他地方这样做就要涉及被告(也就是第三者)接受接管人有诉权,或是这一个诉权被有管辖权的外国法院承认。

作出这种全球的接管人命令,其中难免涉及国际友好与英国法院是否有管辖权(只是针对接管外国资产的管辖权)的问题。有关这一方面敏感的问题,已经针对其他执行办法在本章较早的小段中简单介绍过。一是在第 8.3.2 段有介绍英国法院可作出全球性冻结令,并会加上一个 Babanaft proviso。二是在第 8.3.3 段介绍的第三债务人命令中就有提及英国贵族院二度拒绝作出这种命令。所以在 Masri v. Consolidated Contractors International Co SAL (2007) EWHC 3010 (Comm.)中也难免对这方面有争议,就是英国法院针对全球的接管人命令到底是靠近全球冻结令的做法还是第三债务人命令的做法。在上诉庭,是支持 Gloster 大法官并认为是可以作出全球接管人命令。其中 Lawrence Collins 大法官是这样说:

"In my judgment, there is no rule that the court cannot ever make a receivership order by way of equitable execution in relation to foreign debts and the judge did not exceed the permissible limits of international jurisdiction in making such an order in the circumstances of this case.

In summary my reasons are that: (a) the order has no proprietary effect and acts in personam against the judgment debtor; (b) any adverse effects which the order might have on foreign parties with knowledge of the order are removed by the Babanaft provisos; (c) since the 19th century the English courts have recognized the legitimacy of the foreign property; (d) the fact that those appointments in the reported cases have been receivers appointed by the court on the application of debenture holders, or receivers appointed prior to judgment, does not affect that conclusion in relation to receivers appointed by way of equitable execution and (e) nothing in Societe Eram Shipping Company Ltd v. Hong Kong and Shanghai Banking Corporation Ltd (2003) UKHL 30 affects the conclusion."

在最近的一篇文章中,牛津大学国际私法教授 Adrian Briggs 针对这一判例说:

"It operated only in personam, binding only a judgment debtor who was already subject to the personal jurisdiction of the court. It had no proprietary effect, and it was not something which overstepped the bounds of comity. It still prompts the following thought. If the question is how one enforces a judgment in Lebanon or Yemen, which was where the financial assets were located, the answer is that you do it in London: the court appoints a receiver by way of equitable execution, and tells him to go fetch...

Where the assets may be held or invested all over the place, the enforcement by the appointment of a receiver will circumvent many of the problems which would arise from a direct execution in a foreign country. The receivership order does not direct the judgment debtor's to make over the debt to the judgment creditor: it is not a third party debt order. It does not infringe general principles of private international law. It does not purport to seize property within the territorial jurisdiction of a Member State, so it does not infringe Art 22 (5) of the Brussels Regulation. It is an incident of an English judgment which may be jolly effective in its own right, and which does not cross the line of authorizing a confiscation of assets out of the jurisdiction. One can see the attraction this has for claimants who may be selecting where to sue."

9. 裁决书的时效

裁决书是来自双方的仲裁协议,仲裁也是一个民事纠纷。所以与其他的民事纠纷(合约或者侵权一样),涉及了时效/时限的问题。根据英国的立法 1980 年《Limitation Act》(香港就是《Limitation Ordinance》),就是在诉因(cause of action)出现后的 6 年。换言之,就是从一个裁决书做出后,并且是败诉方应该支付的一天起算,如果败诉方不支付就是违反了仲裁协议与它的默示条件,而有了一个诉因:Purslow v. Baily

(1704) 2 Ld Raym 1039; Hassneh Insurance Co of Israel v. Mew (1993) 2 Lloyd's Rep. 243; The Sargasso (1994) 1 Lloyd's Rep. 412。在这一天起算直到6年后,如果胜诉方没有采取行动保护时效,该裁决书就会失效。这开始起算的一天通常就是裁决书作出后的一段合理时间:Agromet Motoimport Ltd v. Maulden Engineering Co. (Beds) Ltd. (1985) 2 All ER 436。也会有情况是裁决书规定了作出之后的一段时间如30天要败诉方做出支付,这样,开始起算的一天就更加明确了。

但延长6年有效期不是没有办法,一是根据败诉方没有履行默示条件在裁决书或是法院判决在有效期内作出支付,这提供了一个新的诉因,可根据第一个判决再提出新的诉讼,并取得第二个判决。针对裁决书而言,本章较早时候已经介绍过怎样通过普通法或者1996年《英国仲裁法》把它变为一个英国法院的判决,也就达到了将时效延长的结果。二是根据1980年的《Limitation Act》之Section 29,如果败诉方作出部分的支付(part payment)或者承认(acknowledge)这一笔判决债务,这会有了一个新的诉因而导致6年时效重新起算。以下进一步探讨。

9.1　根据第一个判决去取得第二个判决

通常一个英国或香港地区的民事判决或裁决书被视为只有6年的时效或有效期。但在一些寻找败诉方资产比较困难的情况,6年时效不一定足够。所以针对法院判决,已经有过一些先例可让胜诉方根据原来的判决在失效前再起诉一次,并取得第二个判决,这就多给了6年时间。而第二个判决的诉因可以是败诉方违反了他的默示责任根据第一个判决作出赔付。败诉方唯一的抗辩就是胜诉方滥用司法程序,而且在现实中败诉方往往不会出面抗辩。这方面的先例有Adams v. Ready (1861) 6 H&N 261;Grant v. Easton (1883) 13 QBD 302;ED&F Man (Sugar) v. Haryanto (unreported) 17 July 1996;Bennett v. Bank of Scotland (2004) EWCA Civ 988;Kuwait Oil Tanker Co SAK and Anr v. Al Bader and Ors (2008) 755 LMLN 2。

笔者只简单介绍上述的两个案例,一个就是ED&F Man (Sugar) v. Haryanto (unreported) 17 July 1996。有关的案情可参阅ED&F Man (Sugar) v. Haryanto (1991) 1 Lloyd's Rep 429,它涉及了世界上最大的英国食糖贸易商ED&F Man与Haryanto先生(是一个印尼人)签署了两个食糖的C&F买卖合约,一个是30万吨,另一个是10万吨。但两个合约最后没有获得履行,而Haryanto先生也没有开出信用证,ED&F Man就以接受毁约而中断两个买卖合约。双方对有否合约关系也是有争议,Haryanto先生说双方的约定只是要求他尽最大努力争取印尼享有食糖买卖独营权的国营公司Badan Urusan Logistik of Jakarta(简称"Bulog")同意这个买卖。而如果买卖成功,ED&F Man就会把差价支付给Haryanto先生,反正,他们两个之间就没有直接的买卖合约的关系。但ED&F Man说是双方有买卖合约的关系,虽然承认他们之间有额外的协议就是如果Bulog向ED&F Man购买一定数量的食糖,Haryanto先生就不必负责购买这一部分的食糖。在1984年6月1日,ED&F Man开始了伦敦仲裁并提出索赔高达1.5亿美元的巨额损失。而Haryanto先生的对策就是在英国法院申请禁令以阻止伦敦仲裁的推进,并要求宣告有关的两个买卖合约是无效或者是非法。但这在英国法院的一审与上诉都不成功。双方后来达成了一个和解协议,其中条件是涉及了Haryanto先生分期付款赔偿给ED&F Man。但后来Haryanto先生并没有准时作出支付,他更是在印尼法院申请要求一个宣示就是该和解协议由于是非法(违反印尼法律,因为进口食糖去印尼应该只是属于Bulog的独营权)。在1989年6月29日,印尼的确也作出了这样的"宣示判决"(declaratory judgment)。这导致了ED&F Man向英国法院申请一个有关庭外和解的宣示判决,这导致了Haryanto先生只在这一方面,由于印尼法院已经作出了一个较早的判决,所以根据一事不再审的原则,英国法院不应该再次审理。但这被英国的第一审法院与上诉庭拒绝,认为在印尼法院判决前已经有了英国法院判是有关的两个买卖合约并非无效与非法。如果印尼法院作出的判决是与更早的英国法院判决起了矛盾,英国法院就不会承认印尼法院判决的有效性与一事不再审原则也不适用。ED&F Man (Sugar) v. Haryanto (unreported) 17 July 1996应该就是针对上述的英国上诉庭在1990年11月份所作出的判决试图延续它的有效期。

另在Kuwait Oil Tanker Co SAK and Anr v. Al Bader and Ors (2008) 755 LMLN 2,涉及科威特油轮公司被Al Bader先生欺诈,并取得第一个判决,金额共达137323405美元。后来只成功执行了很少的部分,就是把伦敦的一个属于一家BVI公司的物业下了押记(这种执行做法可参阅本章8.4段),而估计该BVI公司的股份是属于Al Bader先生。在接近6年之际,科威特油轮公司根据第一个判决再起诉Al Bader先生,并取得了第二个判决。金额是123559033美元并加上第一个判决的诉讼费用。

而针对仲裁而言,应该是不存在在第一个裁决书的6年时效快到时再委任新的仲裁庭或要求原来的仲裁庭再出一个裁决书,因为原来的仲裁庭已经是"functus officio"。在英国根据1996年《英国仲裁法》之Section 66与在香港根据《香港仲裁条例》之Section 2GG把裁决书变为法院判决,就可以有同样的做法。

9.2　《Limitation Act》之Section 29下新的诉因

在1980年的《Limitation Act》的Section 29(5)是这样说:"Subject to subsection (6) below, where any right of action has accrued to recover-(a) any debt or other liquidated pecuniary claim; ... and the person liable or accountable for the claim acknowledges the claim or makes any payment in respect of it the right shall be treated as accrued on and not before the date of acknowledgement or payment."

在The "Good Challenger" (2004) 1 Lloyd's Rep. 67,案情涉及了有关的船舶出租给了被告承租人,他是罗马尼亚的国营公司。原告的船东向被告索赔在卸港的滞期费,并在伦敦开始仲裁。到了1983年6月15日,船东胜诉并取得了一个金额高达1757198.63美元(另加上利息)的裁决书。但承租人没有理会,也没有作出支付。到了1985年12月,船东成功在法国扣押了一艘属于另一家罗马尼亚国营公司的船舶(名为Filaret)并成功向承租人在1986年1月逼出851000美元的支付,但裁决书还欠下了一大笔裁决债务。之后双方谈判,在 1986 年 3 月,又逼承租人支付了 78172.47 美元。在 1987 年 4 月,船东的英国律师直接向当时的罗马尼亚总统齐奥塞斯库追讨剩余的裁决债务,但没有得到直接的回复。但估计这导致了承租人的代理 Navlomar 在 1988 年 2 月 17 日与 1989 年 3 月 7 日曾经回应有关的裁决债务。

到了 1993 年 1 月 25 日(这已经是作出裁决书之后的 9 年半),船东向英国法院单方面(ex parte)取得简易执行该裁决书的命令,但船东并没有把该命令送达给承租人(让承租人知道并且有机会抗辩执行)。不送达的理由很可能就是承租人当时在英国没有资产可供执行,而另一个表面的理由就是船东根据罗马尼亚律师的建议,就是不要推进英国法院的执行。这是因为船东当时在罗马尼亚法院申请执行(而这样做可能是因为承租人只有在罗马尼亚有资产),船东律师认为同时推进英国法院执行会不利于罗马尼亚法院的申请。

在罗马尼亚法院的申请执行所面对承租人的抗辩是时效问题,除了罗马尼亚法律本身是对裁决书的执行有一个 3 年的时效外,由于它涉及的是一个伦敦海事裁决书,所以英国法律的 6 年时效也一并被罗马尼亚法院考虑在内。到了 1998 年,罗马尼亚的最高院判该裁决书根据罗马尼亚与英国的法律都已经是过了时效而变得无效。这就逼使船东再回去英国法院,并在 2001 年 2 月取得了 Moore-Bick 大法官批准把裁决书执行命令送达给承租人。这导致了承租人在命令送达后前来英国法院要求拒绝执行,其中主要的争议就是该裁决书已经过了时效。

9.2.1　诉讼时效的争议

照理说,裁决书在 1983 年 6 月 15 日作出,到了 1989 年 6 月 15 日时效就过了。但实际上 1993 年 1 月 25 日船东向英国法院取得执行命令,表面看 6 年时效已经过了。但是承租人曾经在 1986 年 1 月与 3 月支付了部分的债务,但这看来也没有保护时效,因为在这个时间起算 6 年,到了 1993 年还是过了时效。但问题是承租人的代理 Navlomar 在 1988 年 2 月 17 日是否曾经对裁决债务作出一个"承认"(acknowledgement),因为从该天算起,到了 1993 年 1 月还是在 6 年的时效内。承租人代表律师说"不是",因为该电传中的内容十分含糊,加上没有承租人或他的代理签字。而 1980 年的《Limitation Act》是有要求该"承认"必须是以文书作出而且有签字,说:"30 (1) To be effective for the purposes of section 29 of this Act, and acknowledgement must be in writing and signed by the person making it."

在第一审,Crane 大法官给予 1988 年 2 月 17 日的电传一个十分宽松的解释。它的内容虽然没有明确的"承认",但曾经提到过"账户余额"(balance of account)一词,这被判是相当于一个"承认"。所以,6 年时效从该天算起。

到了上诉庭承租人再也没有争论这一点,但争论该电传是否有签字。这一点也已经被 Crane 大法官判是在电传中不存在可以签字,所以只要在电传的后面有说明是谁发出该电传,这就足够被视为是签了字。Crane 大法官是这样说:"As a matter of general principle, in my view a document is signed by the maker of it when his name or maker is attached to it in a manner which indicates, obviously, his approval of the contents. How this is done will depend upon the nature and format of the document. Thus in the case of a formal contract which prints the names of the parties and leaves a space under each name for the parties to write their names, the documents will not have been signed by a party until he writes his name in the space provided. Conversely, with a telex, where is no such facility, the typed name of the sender at the end of the telex not only identifies the maker but leads to the inference that he has approved the content: the typed name, therefore constitutes his signature. Thus in my judgement each of the telexes relied on by the claimant(船东)was signed by the sender typing in its name, or his name, at the foot of the document."

上诉庭同意一审的观点,换言之,在1993年1月船东向英国法院申请执行命令时没有过6年的时效。这里也可以看到一些手法可以延长裁决书的寿命,就是不断地挑起败诉方的回应。只要他有回应,就有机会做文章,加上英国法院宽松的解释,就会有机会延长原来6年的时效。

9.2.2 程序的滥用

这方面的争议是船东在1993年1月25日就取得了英国法院的执行命令,但不送达,而且是晚达8年之久,承租人指这属于一种程序的滥用。根据CPR,裁决书的执行命令可以有6年时间送达给败诉方的被告,而法院也可以暂停执行6年之久。而这6年超出后,法院有裁量权看是否给予裁决书的执行命令。这是在CPR Part 50与RSC Order rule 46 2(1)。换言之,这不是涉及原告有了诉因必须提出起诉以保护时效的问题,而是属于程序上的时限。

在该先例,上诉庭接受船东的解释,就是他不是不想把1993年1月25日的执行命令尽快送达给承租人,而是因为听从罗马尼亚律师的建议不这样做,所以虽然延误长达8年之久,应认为这不属于程序的滥用。

在本章第4段的最后一段有提到本案例这种延误送达执行命令的情况现在应该不会发生,因为根据CPR r.62.4是必须在1个月内送达,除非法院另有规定。

9.2.3 一事不再审

这一方面虽然不涉及时效或者是时限的问题,但为了较全面地介绍本先例,也可顺便一提,虽然这一个课题在本书第十章有详论。这一方面有关系是因为罗马尼亚法院针对英国的时效曾经作出过判决认为是时限已过,承租人指称不论罗马尼亚法院判得对还是错,英国法院应该尊重,而且不应该重审同一个争议。

上诉庭的Clarke大法官指出要构成"一事不再审"就必须是符合四个条件:(1)判决的外国法院必须是一个称职(competent)法院;(2)判决必须是最终与结论性的;(3)双方当事人的身份一致;(4)有关的争议必须一致。

Clarke大法官是这样说:"The authorities show that in order to establish an issue estoppel four conditions must be satisfied, namely (1) that the judgement must be given by a foreign Court of competent jurisdiction; (2) that the judgement must be final and conclusive and on the merits; (3) that there must be identity of parties; and (4) that there must be identity of subject matter, which means that the issue decided by the foreign Court must be the same as that arising in the English proceedings: see, in particular Carl Zeiss Stiftung v Rayner & Keeler Ltd (No. 2) (1967) 1 AC 853 (the Carl Zeiss case), The Sennar (No. 2), (1985) 1 WLR 490, especially per Lord Brandon at p. 499, and Desert Sun Loan Corporation v Hill (1996) 2 All ER 847."

在本先例有争议的是第(2)与第(4)个条件,并最后认为"一事不再审"并不适用,原因包括有:(1)估计罗马尼亚法院重点考虑的是罗马尼亚法律的时效/时限问题,而不是英国法律的时效/时限;(2)估计罗马尼亚法院并没有考虑到英国时效可以因为判决债务人作出"承认"而重新计算6年时效。

9.2.4 结论

在这一个十分特殊的先例,裁决书在作出后的20年被执行还是有效。其间,罗马尼亚在1989年12月发生政变,总统齐奥塞斯库被推翻并且全家被杀害。虽然这导致承租人的公司名字与结构改变了,但是作为继承人(successor)还是要对以前的债务负责。所以罗马尼亚还是要对很久以前的债务作出偿还,并加上昂贵的利息。

另也可以谈到中国的《仲裁法》之74条规定:"法律对仲裁时效有规定的,适用该规定。法律对仲裁时效没有规定的,适用诉讼时效的规定",但该仲裁法内没有对裁决书的执行时效作出规定,而中国的诉讼时效是2年,这样看来应该是2年。这样,中国对裁决书必须采取法律行动进行执行的时效比英国短得多。由于今天对某一些败诉方的执行会涉及了漫长的寻找全球的资产(global asset hunting)与等待,估计想支持本国仲裁的国家把这一执行的时效延长而令本国的仲裁更受欢迎。

顺便也可以提到另一问题,双方当事人可否在订立仲裁协议的时候约定裁决书的时效?在英国法律而言,《Limitation Act》的6年时效是法律的默示地位,订约方完全可以通过明示条文把它缩短(这经常发生),或延长(这很少发生)。但在现实中,很少会有仲裁协议规定裁决书可以执行的时效,因为当事人在订约时很少会想到这么遥远的事情。至于中国法律会否承认有关中国仲裁的协议延长这两年的裁决书时效,如规定裁决书有10年时效执行,笔者并不清楚。因为国际上是否允许以明示条文超越法律有关时效的默示地位也是很不一样,如法国法律只承认在发生争议后才达成的延长时效的协议。但像日本、印度或希腊等国家,是不允许双方当事人通过明示协议延长法律的时效。

最后一提的是本先例可见到在《纽约公约》下,完全会发生同一个裁决书在一个执行法院被拒绝,但在另一个不同的执行法院被允许执行。

10. 要求执行所提供裁决书的形式

《纽约公约》在 Article IV(1)要求执行所依据的文件规定如下:"Article IV 1. To obtain the recognition and enforcement mentioned in the preceding article, the party applying for recognition and enforcement shall, at the time of the application, supply:(a) The duly authenticated original award or a duly certified copy thereof;(b) The original agreement referred to in article II or a duly certified copy thereof."

要求执行法院协助执行显然最重要的就是提供一份胜诉的裁决书作为证明,这份裁决书通常就是仲裁庭所作出的正本裁决书。证明裁决书是正本的做法往往就是在裁决书的首页盖上"正本"(original)的章,并由仲裁员在裁决书的最后一页签字。如果是独任仲裁员,就由该位仲裁员签字即可。如果仲裁庭由三位成员组成,就由三位仲裁员签字。但会有情况是其中一位不同意的仲裁员拒绝签字,而导致该裁决书只有两位仲裁员的签字。

仲裁员的签字很多时候只是在裁决书的最后一页,但也会有很少数的情况下仲裁员在每一页的角落都签字或加签(initial)。仲裁员的签字也有情况会有证人的签字表示他看了签裁决书,这可以令这份文件更加正式,但这并不是1996年《英国仲裁法》的规定/要求。

《纽约公约》对正本裁决书还有另一个要求就是必须确认真实性(authentication)。但很少情况是仲裁员在签字时就会同时把他的签字公证(notarize)以确认真实性或把该裁决书的副本证明真实性(certify)。在英国CPR,也没有规定怎么样的做法才算是"证明真实性"。估计一般的理解就是只要有一些证据去显示了裁决书副本的真实性就已经足够。Medison Co Ltd v. Victor Far East Ltd. (2000) 2 HKC 502, following Guangdong New Technology Import and Export Corporation v. Chiu Shing (1991) 2 HKC 459.

在随意仲裁的情况下,特别是国际仲裁,这种做法并不现实,原因就是国际性太强,仲裁员可以是在不同的国家,要个别仲裁员在公证人面前签署裁决书会带来延误与额外的花费。毕竟,裁决书被自动执行的情况并不少,即败诉方自动作出支付。就算是需要法院协助执行,也有许多西方国家的法院即使是根据《纽约公约》执行也不会理会裁决书到底是否有公证或证明真实性,毕竟这只是一项形式上的要求。在通常情况下,被告也不会凭空想象以裁决书真实性有疑作为抗辩的理由,因为这纯粹是拖延有限的时间却要付出昂贵的律师费用作为代价。例如,笔者最近的一个香港裁决书涉及要去美国法院执行,因为胜诉方有一大笔钱被败诉方在纽约以 Rule B Attachment 冻结了,所需要的只是笔者作为独任仲裁员直接发一个电邮给胜诉方的美国律师,附件是笔者作出的裁决书,而电邮内容是笔者确认附件的裁决书是笔者在哪一天作出。估计胜诉方的美国律师会向法院作出一个宣誓书以确认这一点,美国法院应该也就不会质疑该裁决书的真实性了。

但会有国家法院是要求执行的裁决书需要把正本确认真实性或把副本证明真实性,以及其他个别的要求,如提供裁决书本国语言的翻译本。这种情况会是有一些执行法院严格对待《纽约公约》在形式上的要求,如在中国内地执行就有可能面对这个问题。另一种情况是被告或被执行方提出这一个要求,并被执行法院所认同。

《纽约公约》并没有说明到底怎样的确认真实或是证明才符合格式的要求。显然,要求这一形式的目的非常明确,就是为了证实正本裁决书上仲裁员的签字是真实的。而证明副本裁决书的真实性是为了证明它是正本的真实副本(true to the original)。

由于《纽约公约》没有明确格式上细节的要求,这就涉及了形式应该符合哪里的管辖权问题,因为国与国之间可能对这做法有不同的要求,如是否裁决书的每一页都需要仲裁员签字。显然这要顾及至少两个管辖权国家的要求,一个要符合形式要求的管辖权就是裁决书作出的地点,另一个就是执行地的管辖权。

在伦敦作出的随意裁决书,1996 年《英国仲裁法》对裁决书的形式要求不多,主要是在 Section 52,要求裁决书是文书,并由所有仲裁员签署或多数同意裁决的仲裁员签署。条文也要求裁决书必须给予裁决的原因,注明仲裁地点(也就是伦敦)与裁决书日期。该立法没有说明裁决书必须确认真实性或证明真实性才能符合 1996 年《英国仲裁法》对形式方面的要求。而如果该伦敦裁决书是需要英国法院协助执行,这就是根据 1996 年《英国仲裁法》之 Section 66,它也没有要求裁决书必须确认真实性或证明真实性。毕竟,被告或者被执行方在参与仲裁的情况下,如果真的是认为该裁决书并不真实,或是伪造,他肯定可以提出实质的抗辩与证据。

但执行如果是要根据《纽约公约》,英国的立法也没有办法改变国际公约的规定,所以在 1996 年《英国仲裁法》之 Section 102,也是原封不动地把《纽约公约》的 Article IV 搬过来。换言之,在这种情况下的执行,法院有权力要求正本的裁决书确认真实性,而在英国的做法就是通过公证,而公证人一般就是有资格的律师。他在仲裁员在他面前签字并确认其身份后,出一份公证书以证明裁决书的真实性。

以上是英国的做法,至于其他国家的做法很可能会不一样。如有些国家在仲裁员取得公证人的公证书后,还需要到当地的大使馆加签以确认公证人的合法性。所以在执行之前就有必要咨询当地的律师有关形式上的要求。

就随意仲裁(ad hoc arbitration)而言,伦敦不少的仲裁员每年会作出大量的裁决书,胜诉方后来发现要去外国执行时回来要求作出有关裁决书的仲裁员确认真实性。为了避免麻烦,笔者知道有不少伦敦海事仲裁员把他们的签字的样本放在一些著名公证人(如 Cheesewrights)那里,他们只需要授权就可以让胜诉方直接向该些公证人取得公证书,涉及的费用可能只会是 1000 ~ 2000 英镑。在香港仲裁,估计有这么繁忙并作出雷同安排的仲裁员不多甚至不会有。以笔者为例,遇到有这样的要求,笔者就会依照胜诉方的要求作出协助,如在他所安排的公证人面前确认身份与裁决书的真实性。

这份公证书在文字上会是如下:

声明

本人,杨良宜(YANG,Liang Yee Philip),男,____年____月____日出生

地址:香港上环乐古道38号启时大厦18楼A室

香港身份证号码:

谨以至诚郑重声明:

本人于2009年6月24日在随附的关于“ABC”的《FINAL ARBITRATION AWARD》上签字。

附件:

一、声明人的香港身份证复印本

二、《FINAL ARBITRATION AWARD》原本

本人谨凭藉《宣誓及声明条例》衷诚作出此项郑重声明,并确信其为真确无讹。

声明人签署:杨良宜

此项声明于2009年9月1日在香港中环交易广场II期38楼及本人面前作出。

监誓人签署:公证人

监誓人姓名:公证人姓名

监誓人职衔:中国委托公证人及香港律师

顺便一提的是,香港国际仲裁中心也通常会愿意为在香港作出的随意裁决书确认其真实性,收费每次5000港币。至于这样做是否可以满足执行地点法院的要求就要看个别情况了。

至于机构仲裁(administered arbitration),奥地利最高院在2008年9月3日有判例针对这一点,它涉及的是一个仲裁机构管理的裁决书,而该机构就是“伦敦国际仲裁院”(London Court of International Arbitration,简称LCIA)。胜诉方/原告要求奥地利法院执行的裁决书是一份副本,在格式方面已经有了LCIA的注册主任(registrar)加签,而加签是在一个英国的公证人(notary public)面前并证明该registrar的签字是真实的。

但奥地利法院认为这并不足够,因为涉及仲裁机构,谁有权对裁决书副本作出真实性的证明必须在有关的仲裁规则中有明示规定。在该案例中,奥地利法院仔细看了LCIA仲裁规则,认为没有规定registrar可以对文件副本代表LCIA作出真实性的确认。而根据LCIA规则的Article 3(1),只有LCIA的主席或副主席或一个委员会才有权作出真实性的证明,故此,奥地利法院判该裁决书不符合《纽约公约》在格式上

的要求,拒绝协助执行。

在该判决后,香港国际仲裁中心也考虑这方面可能带来的问题。其中涉及机构管理仲裁规则,就比较容易加入一相关条款规定香港国际仲裁中心的秘书长有权对裁决书作出公证或真实性的证明。但针对香港作出的随意仲裁的裁决书如果要求作出公证或真实性的证明,就会涉及要在香港国际仲裁中心的成立章程与备忘录作出更改,明确授权给秘书长或其他人这一权力。这样做起来会比较困难,目前可取的做法就是通过一个理事会的会议(council meeting)的授权给秘书长或其他人。而每一次香港国际仲裁中心的秘书长作出公证或者真实性的证明时,都要在裁决书上注明其授权是来自理事会会议。

11. 国际商会有关裁决书执行的不同国家及地区法院在程序上的报告/指引

最后一提的就是国际商会(ICC Court)于2008年出版了《Guide to National Rules of Procedure for Recognition and Enforcement of New York Convention Awards》,该书是有关国际裁决书在《纽约公约》的缔约国执行时会面对的各种问题与要求。虽然一份国际裁决书要任何一个国家申请协助执行,总会免不了要委任当地律师。但能够让胜诉方很快了解到底有些什么要求毕竟是好事。而且,就算是委任当地律师,他们也不见得都熟悉其本国的裁决书执行程序,这一个报告或指引还是会有很大帮助。笔者只是以香港地区、中国内地与英国的为例进行介绍。

11.1　国际裁决书根据《纽约公约》在香港地区的执行程序与要求

11.1.1　生效时间

1977年4月21日英国将《纽约公约》的适用扩展到香港地区,从那时起该公约便在香港开始生效。1997年香港回归后,中国政府将《纽约公约》在内地的适用延及香港,并且中国于1987年4月22日成为该公约缔约国时所作出的保留也都适用于香港。

11.1.2　有关《纽约公约》的保留

根据《纽约公约》Article I (3),中国在加入该公约时作出了互惠保留(reciprocity)和商业保留(commercial relationships),并且这些保留都适用于香港。

11.1.3　仲裁地点是香港的国际裁决书向香港法院寻求协助执行时《纽约公约》是否适用?

不适用。

11.1.4　其他缔约国的裁决书向香港法院寻求承认与协助执行时所要依据的法律

(1)《仲裁条例》(Arbitration Ordinance , Cap. 341, Laws of Hong Kong);(2)《仲裁指令》(Arbitration [Parties to New York Convention] Order, Cap. 341A, Laws of Hong Kong);(3)《外国判决书(互惠执行)条例》(Foreign Judgments [Reciprocal Enforcement] Ordinance, Cap. 319, Laws of Hong Kong);(4)《高院规则与指令》(Order 73 Rules of the High Court, Cap. 4A, Laws of Hong Kong)(这里在 2009 年 4 月 2 日后被 Civil Justice Reform 作出改变);(5)相关的法院判决(relevant court decisions)。

11.1.5 其他缔约国的裁决书向香港法院寻求承认与协助执行在时效上的限制

《Limitation Ordinance》(Cap. 347) Section 4 (1) 规定如下:"The following actions shall not be brought after the expiration of 6 years from the date on which the cause of action accrued, that is to say... (c) actions to enforce an award, where the submission is not by an instrument under seal..."由此可以看出在香港,通常情况下,其他缔约国的裁决书向香港法院寻求承认与协助执行需要在裁决书债务人拒绝履行裁决书债务之日起 6 年内进行,这方面在本章之第 9 段有介绍。但如果是仲裁协议加盖的印章(the arbitral award agreement is made under seal),该期间可延长至 12 年。

另《Arbitration Ordinance》2GG 规定如下:"An award, order or direction made or given in or in relation to arbitration proceedings by an arbitral tribunal is enforceable in the same way as a judgment, order or direction of the Court that has the same effect, but only with the leave of the Court or a judge of the Court. If that leave is given, the Court or judge may enter judgment in terms of the award, order or direction."因此可以看出,裁决书只要经过香港法院的批准是可以像法院的判决一样得到执行。但这一条规定对 6 年的时效到底有何影响还没有定论。

11.1.6 具体应该向香港的哪一级法院提出申请?

有此管辖权的是香港的高等法院(包括一审法院和上诉法院两个审级)。注意香港的高等法院是有专门的法官针对仲裁案件的审理。

11.1.7 香港法院受理类似的申请有否必须满足的条件,如要求被申请人在香港必须有住所或是财产?

没有任何条件限制。注意像美国就有一个"最低联系"(minimum contacts)或/与不"方便管辖原则"(forum non conveniens)的要求。这方面请看本书第十三章之第 2 段。

11.1.8 一审法院做出承认或拒绝执行的决定是否只需要申请人的单方面申请?

根据《高院规则》(Rules of the High Court, Cap. 4A, Law of Hong Kong. Order 73 r 10[1])通常情况下,一审法院做出承认或拒绝执行的决定只需要申请人的单方面(ex parte)申请。但也不排除例外情况,如单方面申请,但如果法院觉得对申请人申请执行裁决书的权利还有疑问,法院有裁量权让另一方当事人或败诉方获得通知并给予机会做出抗辩。

11.1.9 由一审法院做出承认或拒绝执行的决定是否可以上诉?最多可以进行几级上诉?

可以上诉。一旦一审法院同意裁决书的执行,被申请人或被告就可以根据《高院规则》(Rules of the High Court)Cap. 4A, Law of Hong Kong. Order 73 r 10,向该法院申请将同意执行的决定撤销。依据是《香港仲裁条例》的Section 44,规定如下:

"(1) Enforcement of a Convention award shall not be refused except in the cases mentioned in this section.

(2) Enforcement of a Convention award may be refused if the person against whom it is invoked proves-(a) that a party to the arbitration agreement was (under the law applicable to him) under some incapacity; or (b) that the arbitration agreement was not valid under the law to which the parties subjected it or, failing any indication thereon, under the law of the country where the award was made; or (c) that he was not given proper notice of the appointment of the arbitrator or of the arbitration proceedings or was otherwise unable to present his case; or (d) subject to subsection (4), that the award deals with a difference not contemplated by or not falling within the terms of the submission to arbitration or contains decisions on matters beyond the scope of the submission to arbitration; or (e) that the composition of the arbitral authority or the arbitral procedure was not in accordance with the agreement of the parties or, failing such agreement, with the law of the country where the arbitration took place; or (f) that the award has not yet become binding on the parties, or has been set aside or suspended by a competent authority of the country in which, or under the law of which, it was made.

(3) Enforcement of a Convention award may also be refused if the award is in respect of a matter which is not capable of settlement by arbitration, or if it would be contrary to public policy to enforce the award.

(4) A Convention award which contains decisions on matters not submitted to arbitration may be enforced to the extent that it contains decisions on matters submitted to arbitration which can be separated from those on matters not so submitted.

(5) Where an application for the setting aside or suspension of a Convention award has been made to such a competent authority as is mentioned in subsection (2)(f), the court before which enforcement of the award is sought may, if it thinks fit, adjourn the proceedings and may, on the application of the party seeking to enforce the award, order the other party to give security."

事实上《香港仲裁条例》的Section 44的规定与《纽约公约》Article V的规定基本是一样的。

根据《High Court Ordinance》(Cap 4 , Laws of Hong Kong, Section 14[1])与《Rules of the High Court》(Cap. 4A, Laws of Hong Kong , Order 59 r. 1[1])一审法院对

被执行人或被告申请撤销的决定是可以上诉到上诉庭的。并且这种上诉是不需要上诉批文的。根据《Hong Kong Final Court of Appeal Ordinance》(Cap. 484, Laws of Hong Kong, Section 23),上诉庭所作出的决定可以上诉到最高院,但必须有上诉庭或最高院的批文。

11.1.10 在申请外国裁决书执行的法律程序中,在得到法院同意执行的决定后,申请人最早何时可以将被申请人的财产执行?

根据《Rules of the High Court》(Cap. 4A, Laws of Hong Kong), Order 73 r 10(6),假设法院依据申请人单方面的申请就给予了准予执行的许可,被申请人如果在香港,那么在收到法院的执行通知后14天内,有权申请撤销该决定。如果通知需要境外送达,在通知指定的期间内(应该多于14天,就个别情况而定),被申请人有权申请撤销该决定。14天或者指定的期间届满后,裁决书就可以被执行了。

11.1.11 所需要的证据

11.1.11.1 要披露的文件

根据《Rules of the High Court》(Cap. 4A, Laws of Hong Kong), Order 73 r 10 (3)(a)-(c)与《Arbitration Ordinance》(Cap. 341, Laws of Hong Kong),Section 43 (a)(b),向香港法院申请时需要以宣誓的形式提供下列证据:(i) 经确认真实性的裁决书正本或证明真实性的裁决书副本;(ii) 仲裁协议的正本或证明真实性的协议副本;誓章(affidavit)也必须包括:(1) 申请人/原告与被申请人/被告的姓名或名称及其通常或最后为人所知的居住或营业地点;(2)裁决书尚没有被执行或作出支付;或裁决书尚未被执行或作出支付的部分。另外申请人必须对事实与案件进行全面与真实的披露。

根据《Arbitration Ordinance》(Cap. 341, Laws of Hong Kong), Section 2 与 Schedule 5, Article 7,提交仲裁协议时是不需要提交整个合约文本的。仲裁协议可以是一条仲裁条文或者是一个单独的仲裁协议文本。但是,如果现实中仲裁协议是由其他的一些文件材料构成(如通过转让),则这些文件材料都要进行披露。

11.1.11.2 文件份数和语言

法院只需要一份经确认真实性的裁决书正本或证明真实性的裁决书副本,以及一份仲裁协议的正本或证明真实性的协议副本。法院的注册处(court registry)会将所有提交法院的文件存档备案。申请人如果在提交这些文件后想进行修改,就必须先征得法院的同意才可以这样做。

根据《Arbitration Ordinance》, s. 43(c)与《New York Convention》 a. IV,所有的相关文件都需要以香港的官方语言提交。根据《Official Languages Ordinance》s. 3,香港的官方语言是英语或者中文,相关文件以任何一种语言都可。根据《Arbitration Ordinance》 s. 43(c),如果裁决或协议不是以官方语言书写,则译本需要由官方或经宣誓的翻译员或外交或领事人员证明真实性(certified)。根据《Official Languages Ordinance》s. 3,所有提交法院的文件(而并非仅仅是裁决书的执行部分或者是合约文本中的仲裁条文）都需要以译本的方式提交。

11.1.12　执行程序的中止

11.1.12.1　如果在裁决书的败诉方根据《纽约公约》Article V (1)(e)向称职法院申请要求将裁决书撤销或中止，而该称职法院尚未作出裁决时，香港的执行法院能否中止申请承认与执行的程序？

根据《Arbitration Ordinance》s. 44(5)，如果在一份《纽约公约》裁决书的执行中，被强制执行裁决书的一方（被告）向执行地点法院证明有关裁决书对双方当事人还未具有约束力，或该裁决书已被作出裁决的国家法院（也就是称职法院）根据仲裁地点的国家法律予以作废、撤销或中止，执行地点的法院若认为恰当（如还要等待进一步的发展才能确定裁决书的命运），可中止（adjourn）执行程序。也会看情况并根据要求强制执行裁决书的一方（原告）所提出的申请，命令被告提供担保（security）。

11.1.12.2　香港的执行法院还可以何种其他理由中止申请承认与执行的程序？

在认为恰当的情况下，香港法院有管辖权中止申请承认与执行裁决书的法律程序。通常的情形包括法院觉得它没有管辖权，或者是不方便管辖（forum non conveniens），或者要求提供费用担保的命令没有被遵照执行。

11.1.12.3　法院命令中止承认与执行程序是否必须以要求被执行人提供担保为条件？

根据《Arbitration Ordinance》s. 44(5)，法院可以自由裁量是否要求被执行人提供担保。

11.1.13　关于机密性

11.1.13.1　承认与执行程序中提交的法律文件是否都要成为公众记录（public record）的一部分？如果是的话，是否会采取一些步骤来保持机密性？

根据《Rules of High Court》，Order 63 Rule 4(1)，在付费的前提下，公众可以获得其中承认与执行程序的法律文件，以及法院作出的与此程序相关的公开判决或命令。而如果想获得法院卷宗中的其他文件，除了要提交有说服力的原因外，还需要法院的批准。

根据 Re Akai Holdings Ltd (In Liquidation) (unreported), HCCW 50/2000, 4 Nov. 2001，如果一份法院的判决或命令被认为对公众很重要，即使它不是法院公开作出的，法院也可以在司法系统网站上公布。但并不是每一个人都有权看到该判决或命令，法院有自由裁量权限制公众对这些资料的检阅权利。

11.1.13.2　如果有开庭程序，这些听证程序是否要保持机密？如果不是，是否可以采取一些措施来保持听证程序的机密性？

根据《Rules of High Court》，Order 73 Rules 3 and 10；High Court Practice Direction No. 25.1 'Chambers Hearings in Civil Proceedings in the High Court, the District Court, the Family Court and the Lands Tribunal'；High Court Practice Direction SL2 'Directions made by the Judge of the Construction and Arbitration List under O. 72 r. 2(3) of the Rules of the Supreme Court，听证程序可以在法院内庭（chamber）中进行，通常情况下这种开庭（hearing）不公开。但是，仍旧会有例外情况，香港的法院可以根据一方当事人的申请或者法院本身的动议（on its own motion），命令将听证程序公开进行。

根据《High Court Practice Direction》No. 25. 2 'Reports on Hearings Held in Chambers Not Open to Public'，在法院内庭进行的所有听证程序，除非有主持该程序的法官的授权，与该程序相关的任何报告包括判决是不需要向公众公开的。如果主持该程序的法官觉得有必要将相关的程序报告或判决公开，在这样决定并作出宣布前，必须给当事人进行陈述的机会。

根据《Arbitration Ordinance》s 2D，Yieldworth Engineers v. Arnhold & Co. Ltd（1992）1 HKLR 34，为了保持机密性，只要任何一方提出申请，一审法院和上诉庭都不得就此程序（proceedings to enforce a foreign award）公开进行。法院在这方面没有自由裁量权。

11. 1. 13. 3　申请承认与执行《纽约公约》裁决书的有关判决是否要公开？如果是，当事人的名字可否从判决中删除？有关商业机密与国家安全方面的信息是否可以不在判决中公布？

根据《Arbitration Ordinance》s. 2E（3），如果该程序在法院不是公开进行（otherwise than in open court），只有：（1）在所有当事方都同意；或（2）法院认为它的公布行为不会披露任何一方希望保持机密的信息的情况下，在香港的一审法院或上诉庭进行的申请承认与执行《纽约公约》裁决书程序所作出的判决书，才可以被公开。

尽管如此，根据《Arbitration Ordinance》s. 2E（4），如果该程序在法院不是公开进行，当法院认为判决书对法律的发展很有好处（be of significant interest），它可以指令将判决书在法律报告或专业刊物上发表。但是，如果任何一方合理希望隐藏一些信息，如他是当事方，（a）法院就必须作出指令将这些信息隐藏，如不发表当事人的名字，只把案例名为是 C v. B 或是 X v. Y；（b）如果法院认为即使是依照（a）的指令采取了措施，但如果发表仍然会让希望隐藏的信息被公众知晓/猜到而引起不安，法院就必须得等到敏感时期过了之后才将该裁决书发表，但敏感时期最长不超过 10 年。例如，涉及执行一个裁决书，胜诉方是一家美国公司，而被告是中国国有公司，金额涉及 500 亿美元。即使双方当事人的名字被隐藏，案件被发表还是会引起中国社会的不安。

11. 1. 14　其他问题

11. 1. 14. 1　如果是中间或者部分裁决书，一方当事人可否获得承认与执行？

根据《Arbitration Ordinance》ss. 40E 和 44，《纽约公约》裁决书是中间或部分裁决书（interim/partial award）并非香港法院可以行使自由裁量权拒绝承认与执行的法定理由。但是，根据《Arbitration Ordinance》ss. 40E（2）（f）与 44（2）（f），如果《纽约公约》裁决书对双方当事人并没有最终约束力，则法院可以拒绝承认与执行。根据 Halsbury's Laws of Hong Kong，Vol. 1（2），2003 Reissue，para. 25. 198，涉及《纽约公约》裁决书的承认与执行时，并没有从立法层面将部分裁决书、中间裁决书与最终裁决书进行明确区分。但有说法是《纽约公约》裁决书包括了以上三类,而仲裁程序中作出的中间程序指令(orders for directions),即使仲裁庭将它以"裁决书"命名,也是不包含在其中。这方面请看本书第六章第1段。

11.1.14.2　在涉及《纽约公约》裁决书的承认与执行时,以金钱为执行内容的裁决书与非以金钱为执行内容的裁决书是否有区别?

根据 Hebei Import & Export Corporation v. Polytek Engineeing Co. Ltd (1999) 1 HKLRD 665,从法律层面上,金钱裁决书与非金钱裁决书的承认与执行在涉及承认与执行的时候并没有明确区分。事实上,香港法院曾经执行过非以金钱为内容的《纽约公约》裁决书。

11.1.14.3　《纽约公约》裁决书的部分承认与执行

根据《Arbitration Ordinance》ss. 40E(4) 和44(4),如果《纽约公约》裁决书部分包含了针对超出双方当事人要求仲裁事项范围的决定,如果这些决定和仲裁事项范围内的决定可以分开,则针对仲裁事项范围内的裁决书部分是可以执行的。这方面在本书第十一章之6段有介绍,请参阅。

根据 JJ Agro Industries (P) Ltd (a firm) v. Texuna International Ltd (1992) 2 HKLR 402, (1994) 1 HKLR 89,如果《纽约公约》裁决书包含了几个需要承认与执行的事项,根据《Arbitration Ordinance》ss. 40E(4) 和44(4)(如公共政策)而其中的一些事项被挑战(challenge),则未被挑战的部分是可以承认与执行的。

11.1.14.4　如果《纽约公约》裁决书被《纽约公约》Art. V(1)(e)中规定的称职法院(competent authority)撤销,则该裁决书是否在香港法院还可以得到承认与执行?

根据《Arbitration Ordinance》 s. 44(2)(f),香港法院可以(may)而非必须拒绝该《纽约公约》裁决书的执行。所以,看来在这样的情况下,香港法院是有自由裁量权(residual discretion)来决定到底是否承认与执行。这方面在本书第十一章之8段有介绍,请参阅。

11.1.14.5　是否有其他程序上或实际操作中值得一提的注意事项?(如异常高的法院费用、申请费用、税费、提供担保的义务、找出可供执行财产的义务)

根据 Paklito Investment Ltd. v. Klockner East Asia Ltd (1993) 2 HKLR 39;《Practice Direction》6.1 Construction and Arbitration List,如果申请人根据《纽约公约》在香港法院申请承认与执行时,该申请不是向 Construction and Arbitration List 提出,则申请人就必须承担相关的费用。

根据《Rules of the High Court》, Order 73 r 10A,申请人在申请《纽约公约》裁决书的承认与执行时是不需要提供担保的。但是,如果被申请人申请将法院允许承认与执行的命令撤销,法院可以主动或依照申请人的申请命令被申请人/被告提供担保。

11.2　国际裁决书根据《纽约公约》在中国内地的执行程序与要求

11.2.1　生效时间

1987年4月22日。

11.2.2 有关《纽约公约》的保留

根据《纽约公约》Article I (3),中国在加入该公约时作出了互惠保留(reciprocity)和商业保留(commercial relationships)。

根据 Supreme People's Court's Notice on the implementation of China's Accession to the Convention on the Recognition and Enforcement of Foreign Arbitral Awards of 10 April 1987,互惠保留之下,在中国可以根据《纽约公约》获得承认执行的国际裁决书的作出国家必须是《纽约公约》的成员国。而以非成员国为仲裁地点作出的裁决书的执行则必须依照《民事诉讼法》的相关条文;而商业保留之下,《纽约公约》只适用于因为法律关系(合约关系或非合约关系)产生的纠纷。而"合约关系或非合约关系"指因为合约或侵权或其他的技术转让法而产生的经济权利与义务。

11.2.3 《纽约公约》是否适用于一些以中国内地为仲裁地点作出的裁决书?

根据 PRC Arbitration Law,仲裁地点是中国内地的裁决书分为涉外仲裁或纯境内的仲裁。两者的执行都是根据中国《仲裁法》与《民事诉讼程序法》,《纽约公约》不适用。而仲裁地点位于中国香港、澳门、台湾地区的裁决书在中国内地的承认与执行则根据相互之间与内地的相互安排:Arrangement Concerning Mutual Enforcement of Arbitral Awards Between the Mainland and the Hong Kong Special Administrative Region; Arrangement Concerning Mutual Enforcement of Arbitral Awards Between the Macau Special Administrative Region and the Mainland; Supreme People's Court's Provisions on the People's Courts' Recognition of Civil Judgment Made by Courts in Taiwan Region.

11.2.4 其他缔约国的裁决书向中国法院寻求承认与协助执行时所要依据的法律

(1)中华人民共和国仲裁法(Arbitration Law of the PRC);(2)中华人民共和国民事诉讼法(Civil Procedure Law of the PRC);(3)中华人民共和国合同法(Contract Law of PRC);(4)中华人民共和国人大及其常委会所制定的有关仲裁的特定条文(Other laws of the National People's Congress or its Standing Committee which include specific provisions on arbitration);(5)最高人民法院颁布的司法解释、意见、通知。

11.2.5 其他缔约国的裁决书向中国法院寻求承认与协助执行在时效上的限制

根据《民事诉讼法》最近的一个修正案,从 2008 年 4 月 1 日开始,执行时限是 2 年,从裁决书中列明执行期间的最后一天起算。如果没有列明执行期间,则从裁决书生效的那一天起算。

11.2.6 具体应该向中国的哪一级法院提出申请?

根据《民事诉讼法》Article 267,应向被执行人所在地或者是被执行财产所在地的中级人民法院提出申请。

11.2.7 中国法院受理类似的申请有否必须满足的条件?

根据《民事诉讼法》Article 206,如果被执行人是自然人,则他的住所地;如果被执行人是法人,则他的主要营业地或者被执行的财产必须在法院的管辖区域内。

11.2.8　法院做出承认或拒绝执行的决定是否只需要申请人的单方面申请?

根据《民事诉讼法》Article 213,一审判决的取得必须有申请人与被申请人的参与。

11.2.9　由法院做出承认或拒绝执行的判决是否可以上诉? 最多可以进行几级上诉?

根据 the Supreme People's Court Notice on Prior Reporting System of 28 August 1995,如果中级人民法院判决执行该裁决书,则不可以针对该判决上诉。

如果中级人民法院认为不应该执行该裁决书,就应该上报高级人民法院;如果高级人民法院也认为不应该执行该裁决书,就应该上报最高人民法院。只有在最高人民法院也认为不应该执行该裁决书的情况下,中级人民法院才可以作出拒绝执行的判决。

可以看出,有关公约裁决书是否执行的判决在中国没有上诉机制。

11.2.10　如果法院同意执行公约裁决书,最早何时可以强制执行?

根据《民事诉讼法》Article 216,在收到了执行申请后,将会向被执行人送达一个通知,指示他在规定的期限内执行。通知应当在被执行人在执行诉讼程序中进行答辩并且法院作出了准予执行的判决之后。如果被执行人不能够在制定的期限内自动履行其义务,则可以开始强制执行。

根据《民事诉讼法》Article 97(3),在紧急的情况下,法院也可以应一方当事人申请,命令先期执行。而关于什么情况属于紧急,则由人民法院解释。

11.2.11　所需要的证据

11.2.11.1　要披露的文件

根据 Regulations of the Supreme People's Court for Certain Issues Concerning Enforcement by the People's Court (for Trial Implementation) issued on 8 July 1998, 向中国法院申请时需要提供下列证据:(i) 执行申请。其中包括双方当事人名称,申请执行的法律依据,执行标的的名称及涉及的数额,所在地,被执行人的经济状况;(ii) 关于执行人的身份的证明文件;(iii)裁决书的正本或证明真实性的裁决书副本;(iv)仲裁协议的正本或证明真实性的协议副本;(v)裁决书与仲裁协议经公证的中文译本。

根据 Article 76,所需要提供的是一份完整的裁决书,以及包含了仲裁协议的文件的相关部分。

11.2.11.2　文件份数和语言

根据 Regulations of the Supreme People's Court for Certain Issues Concerning Enforcement by the People's Court (for Trial Implementation) issued on 8 July 1998, Article 76,法院只需要一份裁决书正本或证明真实性的裁决书副本,以及一份仲裁协议的正本或证明真实性的协议副本。不过如果是副本,法院还需要审查正本,审查完毕后即发还当事人。通常做法是法院只保存经认证的副本,而不保存正本。

根据 Article 20 与 Article 21 以及实际的做法，原则上所有提交法院的文件均需要中文译本。也就是说裁决书需要全文翻译，主合约则不需要，只是翻译其中的仲裁条款就已经足够。译本需要官方的翻译人员或者外交人员证明（certify）并要经过中国驻仲裁地点国家使领馆证明真实性（authenticate）。

11.2.12 执行程序的中止

11.2.12.1 如果在裁决书的败诉方根据《纽约公约》Article V（1）（e）向称职法院申请要求将裁决书撤销或中止，而该称职法院尚未作出裁决时，中国的执行法院能否中止申请承认与执行的程序？

根据 the Supreme People's Court Judicial Interpretations of 8 September 2006 之 Article 25，中国法院有权这样做。

11.2.12.2 中国的执行法院还可以何种其他理由中止申请承认与执行的程序？

根据《民事诉讼法》Articles 212、232、234，在执行的过程中，如果被执行人提供担保，在申请执行人同意的条件下，法院可以中止执行，或将执行期间延后。

另外，在执行程序开始后，若出现以下情形，法院可以命令暂停执行：（1）申请人表示可以推迟执行；（2）第三方对被执行财产产权提出合理异议；（3）当事人一方死亡，有必须等待他的继承人继承他的权利或者是义务；（4）法人或其他组织作为当事人一方终止，承继他权利与义务的组织尚未确定；（5）其他法院认为应当暂停的情形（执行程序的被告死亡但没有人继续履行他的义务）。当以上这些情形消除后，法院应恢复执行。

11.2.12.3 法院命令中止承认与执行程序是否必须以要求被执行人提供担保为条件？

根据《民事诉讼法》Article 208，并非一定要提供担保。在 11.2.12.2 中所列明的情形，法院中止执行不需要提供担保。其他的情形则需要提供担保。

11.2.13 关于机密性

11.2.13.1 承认与执行程序中提交的法律文件是否都要成为公众记录（public record）的一部分？如果是，是否会采取一些步骤来保持机密性？

不是。

11.2.13.2 如果有开庭程序，这些听证程序是否要保持机密？如果不是，是否可以采取一些措施来保持听证程序的机密性？

根据《民事诉讼法》Article 66，除非是涉及国家秘密、商业秘密或者个人隐私，在中国开庭均是公开进行。这样，在法院决定就裁决书的执行程序开庭审理的情况下，如果想秘密举行，建议需要事前取得法院的同意。

11.2.13.3 申请承认与执行《纽约公约》裁决书的有关判决是否要公开？如果是，当事人的名字可否从判决中删除？有关商业机密与国家安全方面的信息是否可以不在判决中公布？

中国法院的判决并非都要公布，但是很多重要的判决都会通过网络或者是法律评论或者是法院的案例集公布。关于裁决书承认与执行的判决一般是不公开的。

理论上,如果法院觉得恰当,可以将判决中当事人的名字删掉后,将判决书公布。但在这方面并没有特定的程序。

11.2.14　其他问题

11.2.14.1　如果是中间或者部分裁决书,一方当事人可否获得承认与执行?

根据《纽约公约》Article V(1)(e),只有具有终局性的裁决书才可以被承认与执行。部分裁决书,只要它们是最终的,也是可以被承认与执行的。

11.2.14.2　在涉及《纽约公约》裁决书的承认与执行时,以金钱为执行内容的裁决书与非以金钱为执行内容的裁决书是否有区别?

根据 the Supreme People's Court Judicial Interpretations of 8 September 2006 之 Articles 57 - 60,原则上是没有区别。

11.2.14.3　《纽约公约》裁决书的部分承认与执行

中国的法律没有明确规定《纽约公约》裁决书是否可以被部分承认与执行。法理对该问题也没有解答。但是如果超出仲裁庭管辖范围的事项可以与裁决书的其他部分分开,法院是可以执行没有超出的部分的。

11.2.14.4　如果《纽约公约》裁决书被《纽约公约》Art. V(1)(e)中规定的称职法院(competent authority)撤销,则该裁决书是否在中国法院还可以得到承认与执行?

就这方面,法律没有明确的规定。不过考虑到中国法院的态度,可以想到的是法院会将《纽约公约》Article V 中的"may"(可能)解释为"shall"(必须),并在每次出现这种情况的时候都拒绝执行。

11.2.14.5　是否有其他程序上或实际操作中值得一提的注意事项?(如异常高的法院费用、申请费用、税费、提供担保的义务、找出可供执行财产的义务)

一个问题是有关被执行财产的所在地。在开始执行程序前,法院会要求申请人提供有关被执行财产的所在地与被执行人的经济状况。在中国查找资产下落,包括相关的银行账户并不容易,也很费时间。鉴于开始执行程序的很短的时限,建议尽早开始查找被执行财产的相关信息。

11.3　国际裁决书根据《纽约公约》在英国的执行程序与要求

11.3.1　生效时间

1975 年 12 月 23 日。

11.3.2　有关《纽约公约》的保留

英国只是作出了互惠保留:只有在《纽约公约》的其他缔约国作出的裁决书才可以在英国根据该公约申请承认与执行。

Source : Arbitration Act 1996 ss. 100 and 101

11.3.3　《纽约公约》是否适用于一些以英国为仲裁地点作出的裁决书?

不适用。

11.3.4　其他缔约国的裁决书向英国法院寻求承认与协助执行时所要依据的

法律

所依据的法律如下：(1) Arbitration Act 1996, ss. 100 – 104；(2) Civil Procedure Rules (CPR) Part 62 (62. 17 – 62. 21), Practice Direction ('PD') 62 (15. 1 to 16. 1)；(3) The Admiralty and Commercial Courts Guide (s. O18) & The Technology and Construction Court Guide (s. 10. 1)；(4) Case Law。

11.3.5　其他缔约国的裁决书向英国法院寻求承认与协助执行在时效上的限制

根据1980年的《Limitation Act》，外国裁决书可以申请承认与执行的期间是6年，除非仲裁协议是由双方盖章的(under seal)。这种情况下，执行的期限是12年。6年/12年是从被执行人/被告没有履行裁决书的那一天起算。但是在执行裁决书时，如果要考虑另一个国家的法律，(如仲裁地点是中国的裁决书，在中国申请执行裁决书的期限是2年)，该外国的法律就要适用。英国针对外国的时限，所适用的法律是《Foreign Limitation Periods Act 1984》。[1]

裁决书的胜诉方如果在一个英国诉讼的案件中将该裁决书用作抗辩或对冲，是没有时限的。[2]

11.3.6　具体应该向英国的哪一个法院提出申请执行？

高等法院(High Court)或者郡法院(County Court)。如果有关争议是商业纠纷(不论是英国本土或国际性，特别是涉及国际贸易、银行、保险、航运等方面)，则由"商业庭"(Commercial Court)处理。如果是涉及技术与建筑纠纷，主要由"技术与建筑庭"(Technology and Construction Court，简称TCC)处理。[3]

11.3.7　英国法院受理类似的申请有否必须满足的条件？

没有管辖权的限制，唯一的要求就是该裁决书必须根据一份文书的仲裁协议在《纽约公约》的成员国作出。如果"仲裁索赔申请表"(Arbitration Claim Form)需要送达到英国以外，就需要法院的事先同意。是否同意英国法院有自由裁量权，通常情况下，法院必须认为在有关的案件中是"公平"(just)才会这样做，因为这涉及把一个英国以外的人士(法人或者自然人)卷进一个英国的诉讼。法院也要满足这一个在英国的诉讼对申请人/原告会有真正的好处，否则不会同意。[4]

11.3.8　法院做出承认或拒绝执行的决定是否只需要申请人的单方面申请？

通常情况下一审的判决只要申请人/原告提出单方面(ex parte 或 without notice)

[1] Source：Limitation Act 1980, ss. 7 and 8；Foreign Limitation Periods Act 1984, ss. 1 – 4；Agromet Motoimport Ltd. v. Maulden Engineering Co. (Beds) Limited (1985) 2 All E. R. 436；The "Good Challenger" (2004) 1 Lloyd's Rep. 67, 71.

[2] Source：Limitation Act 1996, s. 101 (1)；Limitation Act 1980, ss. 7 and 8.

[3] Source：High Court and County Courts (Allocation of Arbitration Proceedings) Order 1996 (SI 1996/3215), ss. 1 – 6, Order 2002 (SI 2002/439)；CPR, 62 PD 2. 1 and 2. 3.

[4] Source：Limitation Act 1996, ss. 100(2)(a) and 101 (1)；CPR, Rule 62. 18 (4)；Fonu v. Demirel (2007) EWCA Civ 799.

申请就可以作出,不过有些一审的判决却必须是在通知被申请人/被告后(inter parte 或 with notice)才作出。至于到底是 ex part 还是 inter parte,就由法院考虑整个案情后作出决定。[1]

11.3.9　由法院做出承认或拒绝执行的判决是否可以上诉?最多可以进行几级上诉?

被申请人/被告在收到准予执行的通知后,可以在收到通知的 14 天内(如果被申请人是在英国境内)或者在法院指定的期限内(如果被申请人不是在英国境内)向作出该通知的同一个法院提出申请将该命令撤销。

在法院就被申请人的撤销申请作出决定后的 21 天或是法院另行指定的期限,双方当事人都可以就该法院判决提出上诉。[2]

如果判决是通过申请人/原告的单方面申请就作出的,则最多可以进行三级上诉。第一级是提出申请将同意执行裁决书的命令撤销。第二级是在有批文的情况下,可以将第一级作出的法院决定上诉到上诉庭。第三级是在有批文的情况下,可以将上诉庭的判决上诉到贵族院。请求上诉批文的申请可以向作出判决的法院提出,也可以向有权作出上诉判决的法院提出。

如果判决是在被申请人收到通知的情况下做出的,则只能进行第二与第三级的上诉。[3]

11.3.10　如果法院同意执行公约裁决书,最早何时可以强制执行?

在执行裁决书的判决作出后,被申请人/被告有 14 天或一段指定的期限可以提起上诉。裁决书可以在此期限届满之后被强制执行;或者如果被申请人在上诉期限内进行上诉,则要在该上诉申请被处理完毕之后才可以被强制执行。执行的方法有多种。如一个金钱裁决书,可以由法院作出一个"执行令状"(a warrant of execution)或者一个"第三债务人令状"(a third party debt order)。相关的程序是在 CPR, Parts 70 to 73。这些方面在本章第 8 段有详述。[4]

11.3.11　所需要的证据

11.3.11.1　要提供的文件

向英国法院申请执行时需要以"宣誓书"(affidavit)/"证人证言"(witness statement)的形式提供下列证据:(i) 经确认真实性的裁决书正本或证明真实性的裁决书副本;(ii) 仲裁协议的正本或证明真实性的协议副本;(iii) 如果裁决书或仲裁协议非以英文书写,则需要提供由官方或经宣誓的翻译员或外交或领事人员证明真实性(certified)的译本。

---

[1] Source: CPR, Rule 62.18.

[2] Source: CPR, Rule 62.18(9); CPR, Rule 52.4.

[3] Source: CPR, Part 52; CPR, 52 PD 3.1 and 52 PD 2A.2; CPR, Rule 52.3(2).

[4] Source: CPR, Rule 62.18(9).

宣誓书也必须包括:(1) 申请人/原告与被申请人/被告的姓名或名称及其通常或最后为人所知的居住或营业地点;(2)裁决书尚没有被履行或作出支付的事实;或裁决书尚未被履行或作出支付的部分(即部分的裁决书胜诉金额已经收到)。[1]

11.3.11.2 文件份数和语言

如果裁决或协议非以英文书写,则需要提供由官方或经宣誓的翻译员或外交或领事人员证明真实性(certified)的译本。所提供的必须是一份完整的裁决书与一份完整的仲裁协议。仲裁协议指的是双方当事人同意将现有的或将来的争议通过仲裁来解决的一种合约。如果在主合约中有一条"合并或引入条文"(reference in an agreement),而该合并或引入条文是一条文书的仲裁条款,或者是一份包含了仲裁条款的文件,则该合并或引入条文也构成仲裁协议。如果该合并或引入条文是另一个合约或合约标准格式版本,就有必要提供一份完整的该被合并或引入的文件(并其译本)。对上述所针对的两种情况给一个简单的例子:第一种是双方同意了一个国际货物买卖,并同意合并或引入 HKIAC 机构仲裁规则适用(或者是 GAFTA 仲裁条款适用),就必须给法院提供一份书面的 HKIAC 机构仲裁规则(或者是 GAFTA 仲裁条款)。第二种情况是双方同意了一个国际货物买卖,但只针对一些主要的条文,如货物价格与付运期等方面,而针对其他次要的条文,就不必每一条针对,双方同意合并或引入他们在半年前曾经订立与履行过的一份合约中的仲裁条款作为依据。而半年前的合约有一条仲裁条文,这根据英国法,也是一个有效的文书仲裁协议。但在执行时,就必须把这一个半年前的合约也提供给法院。[2]

(i)与(ii)中的文件只需要一份,并且法院会保存提供的正本。所以,申请人/原告最好提供给法院一份经证明真实性的副本,特别是裁决书。[3]

11.3.12 执行程序的中止

11.3.12.1 如果在裁决书的败诉方根据《纽约公约》Article V (1)(e)向称职法院申请要求将裁决书撤销或中止,而该称职法院尚未作出判决时,英国的执行法院能否中止申请承认与执行的程序?

可以。这称职法院通常是指仲裁地点的监督法院。[4]

11.3.12.2 英国的执行法院还可以何种其他理由中止申请承认与执行的程序?

从先例 Far Eastern Shipping Co. v. AKP Sovcomflot (1995) 1 Lloyd's Rep. 520 可以看到,在有特殊情况使得执行不适合时,英国的法院有裁量权中止裁决书的承认与执行程序。但是,通常情况下,英国法院不会轻易行使该自由裁量权。[5]

---

[1] Source: Arbitration Act 1996, s. 102(1) and (2); CPR, Rule 62.18(6).

[2] Source: Arbitration Act 1996, ss. 6 and 102.

[3] Source: Arbitration Act 1996, s. 102(1).

[4] Source: Arbitration Act 1996, s. 103(5).

[5] Source: Arbitration Law, Merkin, para. 19.59; Far Eastern Shipping Co. v. AKP Sovcomflot (1995) 1 Lloyd's Rep. 520.

在裁决书的债务人正在进行破产程序期间,英国法院可以在此期间中止裁决书的承认与执行程序。《纽约公约》裁决书的债权人,作为一个没有担保的债权人,可以在破产程序中提供该裁决书作为债权的凭证,像其他没有担保的债权人一样,按比例受偿。[1]

11.3.12.3　法院命令中止承认与执行程序是否必须以要求被执行人提供担保为条件?

如果被申请人/被告要求中止裁决书的承认与执行程序,在申请人/原告向法院要求被申请人提供担保的情况下,法院可以命令被申请人提供担保。是否命令提供担保,法院需要考虑的因素包括:撤销该裁决书的理由是否很有说服力;如果不提供担保,将来万一要执行该裁决书时的难易程度;另外还有其他一些的因素。这在本章第6段有详细介绍。[2]

11.3.13　关于机密性

11.3.13.1　承认与执行程序中提交的法律文件是否都要成为公众记录(public record)的一部分?如果是,是否会采取一些步骤来保持机密性?

承认与执行程序必须通过提交一份"仲裁索赔申请表"(arbitration claim form)才能够开始。这份文件第三方只能在得到了法院的许可后才可以看到。至于其他的文件,大原则是非当事人的第三方可以从法院得到一份"案情陈述"(a statement of case)但不包括其附件,以及公开作出的判决或者是命令。在得到法院的允许后,第三方可以得到其他的文件。为了保持机密性,当事人可以在向法院提交文件时就作出关于机密性的申请。[3]

11.3.13.2　如果有开庭程序,这些开庭程序是否要保持机密?如果不是,是否可以采取一些措施来保持开庭程序的机密性?

原则上,开庭程序是秘密进行。但如果法院认为合适,可以命令开庭程序公开进行。就是否要保持机密,当事人可以提交"陈述"(submissions)以便让法院更好的权衡个别案件情形并作出决定。[4]

11.3.13.3　申请承认与执行《纽约公约》裁决书的有关判决是否要公开?如果是,当事人的名字可否从判决中删除?有关商业机密与国家安全方面的信息是否可以不在判决中公布?

是的,判决在不公开重要的机密信息的前提下通常都会被公开。当事人可以就什么是机密信息并不应该出现在判决中提交"陈述"(submission)。但是,最终都是

---

〔1〕 Source :Insolvency Act 1996, ss. 107, 126, 130, 285, Schedule B1 paras. 43(2), 43(6); Insolvency Rules 1986, Rule 4.181 and Rule 4.182.

〔2〕 Source : Insolvency Act 1996, s. 103(5); Soleh Boneh International Ltd. v. Government of the Republic of Uganda (1993) 2 Lloyd's Rep. 208; Socadec SA v. Pan Afric Impex Co. Ltd (2003) EWHC 2068.

〔3〕 Sources :CPR, Part 62; PD 5.1; CPR, Rule 5.4 C.

〔4〕 Sources :CPR, Part 62.10. See also Moscow City Council v. Bankers Trust Co. (2004) EWCA 314.

由法院决定。另外一种做法是,法院在公开判决的时候只是将当事人的名称删除。通常如果公开报道这些仲裁的案件,都会很详细。[1]

11.3.14 其他问题

11.3.14.1 如果是中间或部分裁决书,一方当事人可否获得承认与执行?

只要有关的裁决书是终局,中间或部分裁决书都是可以获得承认与执行的。[2]

11.3.14.2 在涉及《纽约公约》裁决书的承认与执行时,以金钱为救济的裁决书与非以金钱为救济的裁决书是否有区别?

没有区别,只要法院有管辖权,都可以得到同样的承认与执行。[3]

11.3.14.3 《纽约公约》裁决书的部分承认与执行

如果胜诉方只是想在英国法院寻求裁决书的部分承认与执行(如其他部分要在其他的国家执行),这在英国是允许的。而且做法上与寻求整份裁决书的承认与执行相同。

11.3.14.4 如果《纽约公约》裁决书被《纽约公约》Art. V(1)(e)中规定的称职法院撤销,则该裁决书是否在英国法院还可以得到承认与执行?

在英国,目前还没有相关的先例。如果有证据表明,由称职法院(通常是指仲裁地点的监督法院)作出撤销裁决书的判决是通过欺诈得到的,则英国的法院是可以忽略该判决而允许裁决书的承认与执行。

11.3.14.5 是否有其他程序上或实际操作中值得一提的注意事项?(如异常高昂的法院费用、申请费用、税费、提供担保的义务、找出可供执行财产的义务)

在开庭程序中,法院有裁量权要求提供费用担保。大原则是败诉方要支付胜诉方的诉讼费用。[4]

有先例是说法院有权命令《纽约公约》裁决书的胜诉方要提供费用担保,作为承认与执行程序继续进行的条件。但是最终法院也拒绝作出该命令。[5]

12. 外国投资协议仲裁(ICSID)裁决书的执行

这一个问题目前对中国内地看来还是关系不大,但只要看国际律师事务所对中国内地在这一方面的极大的积极性,就知道中国将或迟或早就像阿根廷一样面对大

---

[1] Source: Moscow City Council v. Bankers Trust Co. (2004) EWCA 314. See also X v. Y (2005) EWHC 769 (TCC) as an example of the court's approach to maintaining confidentiality in judgments.

[2] Source: Arbitration Law, Merkin, paras 18.2 and 18.6.

[3] Source: Arbitration Act 1996, ss. 101(1) and 101 (2).

[4] Source: CPR, Rule 44.3(1) and (2).

[5] Source: Gater Assets Limited v. Nak Naftogaz Ukrainy (2008) 1 All ER (Com) 209.

量的外国投资者把中国政府作为被告启动外国投资协议仲裁,并且中国政府在败诉后会面对抗拒执行的问题。

可以说,针对 ICSID 仲裁裁决书的执行,与其他国际仲裁裁决书的执行有很多不同之处。但不论是有效还是无效,也不代表 ICSID 仲裁裁决书不会遇上抗拒执行。而抗拒会是来自两个方面:(1)根据 ICSID 公约,也就是 1965 年的《华盛顿公约》;(2)根据非 ICSID 公约,往往也就是败诉国家的法律。

12.1　根据《ICSID 公约》的抗拒执行

首先介绍有关 ICSID 公约的一些有关条文,第一条是 Article 53(1),要求公约国不得对 ICSID 仲裁裁决书作出任何的上诉与给予任何的救济,该条文如下:"The award shall be binding on the parties and shall not be subject to any appeal or to any other remedy except those provided for in this Convention. Each party shall abide by and comply with the terms of the award except to the extent that enforcement shall have been stayed pursuant to the relevant provisions of this Convention."

第二条是 Article 54(1),要求公约国承认与执行 ICSID 仲裁裁决书,把它当作是有关国家的"最后判决"(final judgment)。该条文节录如下:"Each Contracting State shall recognize an award rendered pursuant to the Convention as binding and enforce the pecuniary obligations imposed by that award within its territories as if it were a final judgment of a court in that State. A Contracting State with a federal constitution may enforce such an award in or through its federal courts and may provide that such courts shall treat the award as if it were a final judgment of the courts of a constituent state."

在上述的两条条文与 ICSID 公约的历史看来,ICSID 仲裁裁决书应该就是完全终局性与无法抗拒的,正如 Christoph Schreuer 教授在 2001 年所写的一篇文章:The ICSID Convention: A Commentary 中所说的,如下:"The Convention's drafting history shows that domestic authorities charged with recognition and enforcement have no discretion to review the award once its authenticity has been established. Not even the ordre public (public policy) of the forum may furnish a ground for refusal. The finality of awards would also exclude any examination of their compliance with international public policy or international law in general."

第三条是 Article 54(3),说明 ICSID 仲裁裁决书的执行是根据执行地点的法律进行,如下:"... execution of the award shall be governed by the laws concerning the execution of judgments in force in the State in whose territories such execution is sought."

最后一条是 Article 55,说明 ICSID 仲裁裁决书的执行并不影响主权国家豁免,说:"... nothing in Article 55 shall be construed as derogating from the law in force in any Contracting State relating to immunity of that State or of any foreign state from execution."

至 2006 年,被报道的 ICSID 仲裁裁决书有四个,其中两个在法国的是:Benvenuti & Bonfant v Congo, Case No. ARB/77/2, Award, August 8, 1980, 1 ICSID Rep. 330

(1993)与 SOABI v Senegal, Case No. ARB/82/1, Award February 25, 1988, 6 ICSID Rev. – FILJ 125 (1991), 2 ICSID Rep. 114 (1994)。第三个是美国的 LETCO v Liberia, Case No. ARB/83/2, Award, March 31, 1986, 2 ICSID Rep. 346。第四个是英国的 AIG Capital Partners v Kazakhstan (2005) EWHC Comm. 2239。

在第一个法国的 ICSID 仲裁案件,胜诉方执行的资产是刚果国家银行(Banque Commerciale Congolaise)的资产,这显然是属于败诉方刚果政府的资产。第二个法国的 ICSID 仲裁案件针对非洲塞内加尔(Senegal)在法国的所有资产,包括大使馆的资产。第三个美国的 ICSID 仲裁案件是针对利比里亚政府在美国所收取的注册费用与税务,众所周知,利比里亚在纽约有一个非常成功的操作有关方便旗船舶与公司注册,每年从船东与利比里亚公司的法人收取一大笔费用,这是利比里亚政府的主要经济来源。第四个英国的 ICSID 仲裁案件针对哈萨克斯坦(Kazakhstan)的国家银行(National Bank of Kazakhstan)的资产。在前三个案件中,看来执行地法院(法国与美国)区分了"执行"(enforcement)与"执行办法"(execution)。在前者的执行是没有问题,但在后者,法国与美国法院都接受了主权国家豁免的抗辩。换言之,胜诉方要证明所针对的主权国家资产是使用在经济与商业上(for an activity considered economic and commercial under private law)才能真正执行。在第四个裁决书英国法院也接受了哈萨克斯坦根据英国的 1978 年《State Immunity Act》与《ICSID Convention》Article 55 作为抗辩。很明显,英国、美国和法国的法院作为执行地点的法院会根据本国的法律将主权国家豁免权适用在《ICSID Convention》,而根据的就是 Article 54(3)与 Article 55。

还有,即使是涉及了执行(enforce)一个 ICSID 仲裁裁决书并根据 Article 54(1)把它视为一个"最后判决"(final judgment),很多国家还是有例外情况拒绝执行一个最后判决。像法国与美国都有类似的例外情况,只是在现实中很少会适用。在美国 Rule 60(b) of the Federal Rules of Civil Procedure (FRCP)规定如下:"On motion and upon such terms as are just, the court may relieve a party or a party's legal representative from a final judgment, order, or proceeding for the following reasons: (1) mistake, inadvertence, surprise, or excusable neglect; (2) newly discovered evidence which by due diligence could not have been discovered in time to move for a new trial...; (3) fraud (whether heretofore denominated as intrinsic or extrinsic), misrepresentation, or other misconduct of an adverse party; (4) the judgment is void; (5) the judgment has been satisfied , released, or discharged, or a prior judgment upon which it has been based has been reversed or otherwise vacated, or it is no longer equitable that the judgment should have prospective application; or (6) any other reason justifying relief from the operation of the judgment."

简单提一两个有关的案件,首先介绍也是涉及主权国家的先例,First Fidelity Bank, N. A. v. Government of Antigua and Barbuda 877 F. 2d 189 (2nd Cir. 1989),内中就

有一个有利于银行不利于主权国家(in favor of a bank against a foreign sovereign)的缺席判决(default judgment)因为这一条的规定而被撤销(set aside)。

另在 United States v. Williams,109 F. Supp. 456 (D. C. Ark. 1952),涉及法院判税务主管机关出售一个农场的命令(order)无效。之所以这样,法院是考虑到教育程度较高的人士本可以采取有效的步骤保护他们自己的土地权益,但在本案的情形下,原告没有能够在之前的税务诉讼中提出抗辩是属于 FRCP 之 Rule 60(b)(1)中的"可以原谅的疏忽"(excusable neglect),即使他在该税务诉讼中也委托了代表律师参与。

但总的来说美国法院不会轻易根据 FRCP 之 Rule 60(b)(1)干预与拒绝执行一个最后判决,除非是在完全例外性与不正常的情况:The Curry ex rel. Turner v. Adventist Health System/Sunbelt, Inc., 298 F. 2d 586 (6th Cir. 2002); Fox v. Brewer, 620 F. 2d 177 (8th Cir. 1980)。或是,在一种严重的不公正(grave miscarriage of justice)中:美国最高院的 States v. Beggerly 524 U. S. 38(1998)。不过,能够挑战生效判决/裁决从而希望得到该条文救济的原因是很广泛的,包括:(1) errors and omissions; (2) new or changed circumstances; (3) deceptive of unfair conduct by the adverse party; (4) "void" judgments (which has been argued to include jurisdictional problems); (5) fundamental jurisdictional or due process flaws; (6) permanent injunctions by a court of competent jurisdiction.

在美国执行一个 ICSID 仲裁裁决书,就会遇到抗辩如仲裁庭不公正或不独立,仲裁程序中曾经有伪证,仲裁庭没有按照恰当的仲裁程序,贪污受贿,管辖权等指控。当然,败诉方成功的机会不会高,还是要看实际的案情。

在法国,也有类似的法律是 French Code of Civil Procedure 之 Article 595,其中规定法院可以重新考虑一个最终判决的情形包括:(1) where it has come to light, subsequent to judgment, that the decision was obtained by fraud on behalf of the party in whose favor it was delivered; (2) where, since the judgment, decisive exhibits which had been withheld by the act of another party were discovered; (3) where the judgment was adjudicated on exhibits which, since the judgment, have been acknowledged or judicially declared to be false; (4) where the judgment was adjudicated on statements, testimony or oaths which, since the judgment, have been judicially declared false.

12.2　非根据《ICSID 公约》的抗拒执行

这一方面首先介绍的就是有关的国家也往往是在 ICSID 仲裁中败诉的主权国家在它的国家法院撤销该裁决书或令无效,或作出改变。这显然是违反《ICSID 公约》之 Article 53(1)的说明是 ICSID 仲裁裁决书不能去上诉(shall not subject to any appeal)。这样做虽然不会影响 ICSID 仲裁裁决书在该国家以外的国家执行,但当胜诉方(外国投资人)如果想去该国家根据《ICSID 公约》在该国家执行时就显然有困难。

这种情况很严重的出现在阿根廷, 这一个国家在 2001 年的经济危机后,就一蹶不振。国民的生活也受到了很大的影响。其间,阿根廷面对大量的 ICSID 仲裁,而且败诉。这导致了阿根廷欠下大量的外债,据说目前为止还没有还清而导致阿根廷很难在国际上举债。阿根廷难免会想尽办法抗拒 ICSID 仲裁裁决书的执行,如在 Jose Cartellone Construciones Civiles, S. A. v. Hidroelectrica Norpatagonica S. A. ,Argentine Supreme Court, June1, 2004,涉及阿根廷最高院把裁决书的利息部分减少,并认为法院有权根据 order public 对裁决书作出改变。

在另一个金额庞大的 ICSID 仲裁 CMS Gas Transmission Co. v. Argentine Republic, Case ARB/01/8,阿根廷政府的抗辩是涉及了公共服务的天然气运输与分销,一定要考虑到社会的情况,所以阿根廷政府有权在紧急的情况下改变政策而不会被视为违反国际公约。但这一抗辩不被接受,ICSID 仲裁庭在 2005 年判阿根廷政府败诉高达 1.33 亿美元。但阿根廷政府官员已经公开声称该裁决书与其他的裁决书会受到阿根廷法院的审查,其中阿根廷前检察总长 Horacio Rosatti 先生说过 ICSID 仲裁如果是违反了阿根廷宪法,就不会有管辖权,见 Will the Argentine Government Pay What it Owes Foreign Firms? EIU Views Wire, May 23, 2005。

如果不是 ICSID 仲裁,而是其他的仲裁例如 ICC 或者是随意仲裁,就会根据仲裁地点的仲裁法对有关裁决书作出质疑或挑战。在 Republic of Ecuador v. Occidental Exploration & Petroleum Co. (2005) EWHC Comm. 774,涉及厄瓜多尔双边投资协议,仲裁是在伦敦的随意仲裁,根据的是《UNCITRAL 仲裁规则》。厄瓜多尔就根据 1996 年《英国仲裁法》在英国法院提出了对仲裁庭管辖权的挑战。

12.3 其他可能有的执行渠道

第一个渠道就是胜诉方说服他自己的国家政府针对败诉的主权国家向“国际法院”(International Court of Justice,简称 ICJ)提起诉讼。但这种做法本身有很多条件限制。一是根据《ICSID 公约》之 Article 27,缔约国不可以代表它的投资者提起有关 ICSID 争端的诉讼,除非败诉的主权国家不兑现 ICSID 仲裁下作出的裁决书。二是投资者还要说服他自己的国家政府愿意出面代表他向国际法院提起诉讼,而国家的决定总是在衡量了政治、经济和安全因素后作出的,并且这个决策的过程并非投资者能够自己掌控的,而且整个过程会有很长的延误。能够走到这一步可以肯定的是该 ICSID 裁决书肯定是涉及上亿美元,不过这样的金额在 ICSID 仲裁也不奇怪。而败诉的主权国家到了这个地步仍旧不肯支付,也会有很大的政治、经济甚至是安全方面的顾虑。

第二个渠道是通过世界银行,因为 ICSID 这个仲裁机构本来就是世界银行的一部分。世界银行的 1996 年操作程序中允许扣起对某一个国家的贷款(withhold loan),如果该国家没有遵守它对世界银行的责任。这方面的程序可上网,网址如下:http://wbln0018. worldbank. org/Institutional/Manuals/OpManual. nsf/tocall/6BA5C15A82E998618525672C007D0977 OpenDocument。但由于 ICSID 仲裁裁决书并不明确被视为对世界银行的责任,而 ICSID 仲裁庭也不算是世界银行的部分,所以没有明确针对拒绝执行 ICSID 裁决书会带来世界银行的反应,而世界银行的官员也没有公开针对这一个方面。但这方面的手段对主权国家施压并非没有发生过,如“国际货币基金组织”(International Monetary Fund)曾经对阿根廷作出威胁,拒绝重整对阿根廷的贷款(金额高达90亿美元),除非妥善解决对债券持有人的不支付,请看 Stephen Temple, Argentina Shrugs Off Pressure to Re-Open Debt Talks, WORLD MARKETS ANALYSIS, April 18,2005。

第十五章　有关国际仲裁的一些最新发展

1. 从美国法律对仲裁的态度看国际仲裁的兴衰

虽然美国在国际商务仲裁(尤其是与笔者密切相关的外贸、国际航运与保险的领域)的影响力比不上英国,但作为国际仲裁的主要使用者之一,恐怕美国就要比其他国家重要得多了。有不少国际仲裁,美国的公司都会是当事人,所以通过看美国的法律与法院态度的变化感受这些年来与将来仲裁的兴衰。

美国国会在1925年通过《联邦仲裁法》(Federal Arbitration Act),其中一个作用是扭转英国普通法对仲裁的不信任与敌意,而这一态度也影响了美国,这在Gilmer v Interstate/Johnson Lane Corp., 500 U. S. 20, 24 (1991)中有提及,节录如下:"to reverse the longstanding judicial hostility to arbitration agreements that had existed at English common law and had been adopted by American courts, and to place arbitration agreements upon the same footing as other contracts."

《联邦仲裁法》承认仲裁协议的有效性、不可撤销与可以执行。另在9 USC s. 3授权联邦法院强制执行仲裁协议,并中止法院程序。

但在《联邦仲裁法》生效后,美国法院还是对仲裁保持怀疑的态度,这种态度在一个著名的美国最高院先例名为Wilko v Swan, 346 US 427 (1953)有明确的显示。其中,美国也不是最早签署1958年《纽约公约》的25个国家之一,参与拟定公约的代表团认为该公约有一些原则是对美国不利的。

在接下来的12年,通过一些团体游说,如美国律师协会,开始让美国对《纽约公约》的态度有了改变,这导致美国在1970年承认与接受了《纽约公约》。不久后,美国国会通过立法作为《联邦仲裁法》的第二章,美国最高院的态度从怀疑仲裁到全力支持仲裁改变开始。其中在放开争议的可仲裁性(arbitrability)方面,属于不可仲裁的争议一直以来是包括家庭法、刑法、知识产权、竞争法、消费者权益、破产法等方面。

首先介绍Wilko v Swan,原告在美国法院以1933年的《证券法》(the Securities Act 1933)向一家经纪人起诉并索赔损失,诉因是经纪人的虚假误述导致了证券的错误买卖。被告的经纪人向法院申请中止程序,因为双方有协议去仲裁。这被美国最高院拒绝,认为仲裁协议属于该立法下之Section 14的一种被禁止明示改变立法的履行。美国最高院的决定主要就是怀疑仲裁会减弱该立法对原告受害人的保护,所以判有关证券的争议是不可仲裁。但随着时间的推移,美国最高院的态度有了改变。首先是 Scherk v Alberto-Culver Co 47 US 506 (1974),这是一个国际性争议,案情是美国的原告在美国法院向德国的被告起诉,涉及美国的 1934 年《证券交易法》(the Securities Exchange Act 1934)。德国的被告向法院申请中止诉讼程序,强制双方去仲裁。这一个案件最后到了最高院,最高院与较早的 Wilko v Swan 先例作出了区分,其中两个案件的有关立法在文字上有一点差异,可供作出区分。但最主要的理由是该案例涉及了一个国际性的争议,不像 Wilko v Swan 只是一个本土的争议。这到了 Shearson/American Express, Inc v McMahon 482 US 220 (1987),最高院判是就算是本土的有关证券的仲裁也是可仲裁的。直到两年后最高院的 Rodriguez de Quijas v Shearson/American Express, Inc 490 US 477 (1989)才把 Wilko v Swan 的判决推翻。

另一个有关不可仲裁性的争议涉及了竞争法,美国法院不认为竞争法可以仲裁解决,也不相信仲裁,这表现在 American Safety Equipment Corp. v J. P. Moguire & Co 391 F. 2d 821 (1968)。美国法院认为仲裁不适合,如仲裁只是私人解决争议的方法,但竞争法的问题不属于私人的问题。美国法院也怀疑仲裁怎样解决惩罚性赔偿的问题。还有是认为竞争法的问题可能很复杂,仲裁员不一定有水平处理。

但到了 1985 年就有了一个著名的最高院先例 Mitsubishi Motors Corp. v Soler Chrysler-Plymouth, Inc 473 US 614 (1985),案情涉及双方销售合约下的争议,其中有涉及违反竞争法的指控。在最高院,它推翻了上诉庭的判决,认为美国有一个很强的公共政策要承认,尤其是国际性的仲裁协议,说:"... strong presumption in favour of enforcement of freely negotiated contractual choice-of-forum provisions... that presumption is reinforced by the emphatic federal policy in favour of arbitral dispute resolution... at least since this Nation's accession in 1970 to the Convention, and the implementation of the Convention in the same year by amendment of the Federal Arbitration Act, that federal policy [favouring arbitration] applies with special force in the field of international commercial arbitration."

最高院也不接受仲裁员会没有水平处理复杂的竞争法争议,说:"adaptability and access to expertise are hallmarks of arbitration."另最高院也拒绝作出中止假设,说:"to indulge the presumption that the parties and arbitral body conducting a proceeding will be unable or unwilling to retain competent, conscientious, and impartial arbitrators."

所以在该先例后,国际争议竞争法完全地被接受为是可仲裁性。之后,美国法院也有了判例接受纯粹是本土的竞争法争议也可以去仲裁:Nghiem v NEC Electronic, Inc 25 F. 3d 1437 (9th Cir. 1994);Acquair v Canada Dry Bottling, 906 F. Supp. 819, 837 (E. D. N. Y 1995); Western Int'l Media Corp v A. R. Johnson, 754 F. Supp. 871 (S. D. Fla. 1991);Genna v Lady Foot Int'l Inc, 1986 WL 1236 (E. D. Pa. 1986)。

在其他的领域,也大幅度地允许一些本来被视为不可仲裁的争议可去仲裁。如在 Gilmer v Interstate/Johnson Lane Corp 500 US 20 (1991)判是大部分的雇佣合约是可以去仲裁的。有关家庭法的争议,也有许多方面如赡养费、财产的分配与配偶的资助都可去仲裁:Joseph T. McLaughlin, Current Trends in the United States, 59 ALBANY L. REV. 905 (1996)与 Faherty v Faherty 477 A. 2d 1257 (NJ 1984)。只是在针对离婚的合法性或争议涉及第三者如小孩的托管才不存在可以仲裁解决。

至于在欺诈与犯罪的索赔,也有部分被视为是可以仲裁解决。Shearson/American Express, Inc v McMahon 482 US 220 (1987)判是 RICO 的争议是可仲裁的,RICO 立法的本意是针对黑手党的洗钱,但该立法被延伸引用到其他商业活动,包括海事争议。这在笔者所著的《国际商务仲裁》一书之第 134 ~ 135 页有谈论。

最后一提的是在 Meadows Indemnity Co v Baccala & Shop Ins Services, 760 F. Supp. 1036 (E. D. N. Y. 1991)判是欺诈的争议是可仲裁的。

但这种对仲裁,特别是国际仲裁非常友好的态度在美国近期看来有了改变,这体现在目前在美国国会有待通过的《The Arbitration Fairness Acts of 2009》。这一立法本意是为了保护雇员以及其他的消费者,因为越来越多的大公司把他们之间的协议加上一条仲裁条文。针对一个雇佣合约更是雇员如果不接受会不被雇用。有了仲裁协议,双方有了争议就会让公司站在有利的地位,如仲裁程序的机密性可让公司商誉不受影响,也不必害怕公司机密外泄。在仲裁中也可以不必太怕惩罚性赔偿以及仲裁员会比法院更倾向同情公司。这在代表乔治亚州的国会议员 Hank Johnson 先生在介绍有关的法案给众议院中所说到的"not an anti-business bill, but a pro-consumer bill designed to protect a citizen's right to jury trial by prohibiting the use of mandatory arbitration clauses in employment and consumer contracts."Johnson 先生也提到了其他有关消费者的合约,如信用卡、流动电话服务、长者服务、房屋买卖等合约也将要被禁止放入仲裁条文。

另是代表威斯康星州的参议院议员 Russ Feingold,他在介绍有关的法案给众议院时,说到:"Americans are sick and tired of a system that so strongly favors big corporations over consumers and in this case robs them of their contractual right to their day in court. Americans are often given no choice but to give up their rights if they want to sign credit card agreements, cell phone contract, job applications or other basic contracts. It's time for Congress to side with consumers and employees and end this practice of forced arbitration, which stacks the deck against the people Congress is supposed to represent."

这一立法,根据美国律师协会的一个报告:Proposed Resolutions, American Bar Association, Section on International Disputes, Draft Report Feb. 2, 2009 citing the Report of the Committee of the Federal Courts of the New York County Lawyers Association on the Arbitration Fairness Act of 2007,认为该立法最后会影响很多方面,如破产法、证券法、竞争法,部分的 Uniform Commercial Code、海商法、政府合约、知识产权等。而由于目前版本的法案措辞非常广泛,所以影响是深远的。如针对消费合约的争议,由于它没有给一个金钱限额,所以买一台电视机与买一架私人飞机或游艇都会不允许去仲裁。

考虑到美国对国际仲裁的影响，甚至是美国跨国公司在美国以外的国家雇用大量的员工并经常会调职，可以说该立法是会影响整个国际社会。利用仲裁条文取巧的情况是很多地方都会出现的，包括香港。如在一些少于5万港币的小金额争议，通常的做法是去"小额钱债审裁处"(Small Claims Tribunal)解决，不会涉及要聘用律师作为代表，涉及的费用不多，程序上也简单与容易取得协助(如取得区议员或者文政署的协助)。但是如果合约中有仲裁条文，存在的问题是当事人(甚至是一些本地的律师)未必都熟悉仲裁的做法，更何况到香港国际仲裁中心作出一次申请都要4000港币，涉及的费用会高。但是如果为了一万多港币而要劳师动众出台立法来禁止放入仲裁条文，好像太小题大作了。所以，香港有个别人士在一些小金额交易的协议中放一条仲裁条文，结果就让对方要向他们索赔时很为难。像这种问题，英国比较有经验已经有针对。它在《Unfair Arbitration Agreements (Specific Amount) Order 1999》中有了规定，说是5000英镑以下的争议金额，合约中的仲裁条文对消费者无效。

2. 国际仲裁在拉丁美洲的前景

拉丁美洲在20世纪70年代中期之前非常排斥国际仲裁，那些国家很受一位阿根廷法学家与外交家Calvo的影响，其中认为外国投资者要来做生意，就必须遵守当地的法律与争议必须交给当地的法院审理与判决，并坚决抗拒国际仲裁。Calvo的说法或理论(Calvo doctrine)的兴起是因为欧洲国家以军事压力作为手段来为本国的债权人向拉丁美洲国家收取债务。Calvo doctrine显然是很受拉丁美洲国家的欢迎，有些国家甚至把他的理论放进了宪法。

到了70年代中期，拉丁美洲新一代的领导人有了新的想法，主要是希望吸引外国投资，就开始排斥Calvo doctrine。其中主要的是签订了1975年的《巴拿马公约》(the Inter-American Convention on International Commercial Arbitration 简称 the Panama Convention)。该公约只是地区性的公约，主要保证公约下的国际仲裁裁决书能够得到签约国的执行。其中美国是在1986年成为该公约的成员国，而有一些拉丁美洲的国家，如巴拿马与巴西，在它们加入《纽约公约》之前就已经加入了《巴拿马公约》。《巴拿马公约》的第3条要求成员国以仲裁解决争议，仲裁是由一个名为Inter-American Commercial Arbitration Commission (IACAC) 管理并适用它的仲裁规则。

与国际仲裁的"蜜月期"到了2001年有了变化，就是阿根廷出现了金融危机，导致货币贬值与资产价格大降。这导致了超过40个的ICSID仲裁，由外国的投资者提出向阿根廷政府索赔巨额损失，这方面在本书第十四章之12段有提到。而其他的拉丁美洲国家也面对不少ICSID仲裁案件。在这些ICSID仲裁中，可以说绝大部分都是拉丁美洲的国家作为被告败诉，并且金额巨大。

这导致想法上的改变,从欢迎国际仲裁变为排斥国际仲裁。其中的迹象包括玻利维亚退出了《华盛顿公约》或《ICSID 公约》,厄瓜多尔通知联合国在有关石油、天然气与矿产资源方面的争议再也不接受 ICSID 的管辖权。委内瑞拉据说也准备退出《ICSID 公约》。另外,在南美洲国家有说法是 Calvo doctrine 在回潮(参阅 Bernardo Cremades, 'Resurgence of the Calvo Doctrine in Latin America', 7 Business Law International 53 [2006])。也有想法是针对仲裁庭成员,认为在大部分的国际仲裁,有影响的也只不过几十个或上百个西方国家的人士,他们有共同的语言,形成了一个机密的小圈子,有人戏称他们是"国际仲裁黑手党"(International Arbitration Mafia)。虽然在国际仲裁中,拉丁美洲国家也可以委任自己的仲裁员,但由于受到水平的限制在仲裁庭只属于少数意见,所以通常只是作为摆设,起不了真正的作用。

虽然上述所讲主要是涉及"投资仲裁"(investment arbitration),但无可避免的也影响了国际商业仲裁。上述针对的地区只是拉丁美洲,但其他发展中国家也无可避免的迟早要遭遇同样的命运。在亚洲,已经有几个国家对国际仲裁有敌意,如泰国、菲律宾、印尼等国。对中国而言,目前大家对国际仲裁还是非常欢迎。但笔者听说在国际商业仲裁(如在航运、造船与商品买卖)中,中国公司败诉居多,而且部分案件的金额很庞大。这种累积的问题一旦爆发,恐怕中国也会对国际仲裁有不同的想法。

3.《联合国仲裁规则》(UNCITRAL Arbitration Rules)的更新

联合国的立法机构(United Nation Committee on International Trade Law,简称 UNCITRAL)在 1976 年推出了《联合国仲裁规则》,在国际仲裁是一个重要的事情,虽然与笔者涉及的伦敦或香港海事仲裁关系就比较少。通过联合国向各个国家的大力建议下,有许多涉及国家的仲裁都会约定适用《联合国仲裁规则》。其中最明显的是根据 1965 年《华盛顿公约》,有很多国家与国家之间所签订的双边投资协议(Bilateral Investment Treaty,简称 BIT),仲裁协议就约定了适用《联合国仲裁规则》。根据一个统计,在 1987 年到 2005 年,总共有二百多个有关投资的仲裁。提交给世界银行的仲裁机构 ICSID(International Center for Settlement of Investment Disputes)的仲裁案件有 132 宗,其中有 65 个案件的仲裁协议是双方约定适用《联合国仲裁规则》。其余不是由 ICSID 处理的案件估计有不少是去了国际商会(ICC)仲裁或少部分随意仲裁,虽然没有统计数字,但据闻也有不少是双方约定适用《联合国仲裁规则》。

另在许多其他著名的国家与国家之间的仲裁机制,也有这样的约定,如 1981 年伊朗与美国之间的协议解决两国之间的索赔与争议(Declaration of the Government of the Democratic and Popular Republic of Algeria concerning the Settlement of Claims by the Government of the United States of America and the Government of the Islamic Republic of

Iran of 19 January 1981 [or 'Claims Settlement Declaration'], [1981] 20 ILM 257, Articles II and III[2]),或是1982年的北美贸易协议(North American Free Trade Agreement,简称NAFTA)。即使是香港国际仲裁中心(HKIAC),针对国际随意仲裁也是建议适用《联合国仲裁规则》。

《联合国仲裁规则》是说明与建议给国际随意仲裁适用,因为在机构仲裁,显然有关的机构肯定是有一套仲裁规则,就不存在还需要《联合国仲裁规则》了。至于仲裁规则与仲裁法之间的差异之处会是仲裁规则属于明示的约定,而仲裁法就是仲裁地点的默示地位。众所周知,在订约方的意愿(party autonomy)与订约自由(freedom of contract)的大原则下,明示约定或条文是超越了法律的默示地位或条文,除非前者违反公共政策的情况下,才会是无效。这表示双方当事人如果合并了《联合国仲裁规则》或任何其他仲裁规则,它的条文就是明示条文,地位超越了法律的默示地位。举例说在《联合国仲裁规则》,Article 5规定双方当事人如果没有其他的约定,仲裁员人数就是三位。这表示在香港仲裁,如果仲裁案件是双方当事人约定适用《联合国仲裁规则》,也应被视为是明示约定了三位仲裁员的仲裁庭。这就超越了香港《仲裁条例》的默示地位有关条文,也就是Section 34C(5)就是由HKIAC决定仲裁庭到底是一位还是三位仲裁员的仲裁庭。

仲裁规则与仲裁法会有不少条文针对同一个问题,如仲裁员人数,看来有重叠之处。但它们之间也有重要的区别,如《联合国仲裁规则》就没有条文针对裁决书的救济或执行。但香港的《仲裁条例》,也就是针对国际仲裁的《联合国示范法》,就有两大章节(Chapter VII与VIII)针对裁决书的救济与执行。这完全可以理解,仲裁规则只是针对双方当事人之间的协议针对仲裁程序,不可能管法院应该怎样给予裁决书的救济与执行。

《联合国仲裁规则》在30年之后的2006年,决定全面更新。这的确也有很大必要,因为在这30年之间国际仲裁有了很大变化,《联合国仲裁规则》的41条条文不足够针对,而其中的一些规定也已经过时或不令人满意。期间一些重要的仲裁机构的仲裁规则就已经更新或修改了好几遍。

对这一方面的修改或更新感到有兴趣的读者,可上网〔1〕找一份由UNCITRAL委任Jan Paulsson & Georgios Petrochilos两位著名律师所作出的初步报告:Revision of the UNCITRAL Arbitration Rules。该报告提到《联合国仲裁规则》的一些需要更新的地方与作出建议。另读者也可以上网〔2〕参考一连串的UNCITRAL会议有关更新的讨论报告,这是由澳大利亚律师Clyde Croft御用大律师代表"亚太地区仲裁组织"(Asia Pacific Regional Arbitration Group,简称APRAG)作为UNCITRAL会议的观察员

〔1〕 http://www.iisd.org/pdf/2007/investment_revising_uncitral_arbitration.pdf.

〔2〕 http://www.uncitral.org/uncitral/en/commission/working _ groups/2Arbitration. html; http://www.aprag.org/news.html#46.

所作出的一连串报告。现在可以说已经接近尾声,估计《联合国仲裁规则》很快就会有新的版本面世。

笔者只对少数有趣的地方做出探讨,如 Article 3。这一条是有关仲裁的通知,仲裁通知的重要性是在时效的问题,这个时效可能会根据合约的约定期限很短,如 6 个月或 1 年不等。即使没有明示的约定,而根据有关的法律地位,如中国法律也只有 2 年的期限。这表示双方如果有争议,大家没办法达成和解,双方必须在这个期限内给对方也就是被告作出仲裁通知。只有有效的仲裁通知才可以保护时效,而英国普通法考虑到很多时候仲裁的通知是由不懂法律的当事人做出,所以解释仲裁通知的有效性非常宽松。但相比《联合国仲裁规则》的 Article 3,仲裁通知就规定得十分严格,这会导致危险是一些不太熟悉这一套仲裁规则的当事人甚至是代表律师会作出无效的仲裁通知,导致无法保护时效。这在《仲裁法——从 1996 年英国仲裁法到国际商务仲裁》之第三章 3.2.3 也有详细介绍,并介绍了一个澳大利亚的案例 AWB (International) Ltd v Tradesmen International (PVT) Ltd (2006) VSCA 210,笔者杨良宜是其中一位仲裁员。已经介绍过的内容在这里不重复,笔者主要是介绍可能会有的更新或修改。这就表示先要节录原来 Article 3(3) 有关仲裁通知中必须要有的内容,如下:“The notice of arbitration shall include the following: (a) A demand that the dispute be referred to arbitration; (b) The names and address of the parties; (c) A reference to the arbitration clause or the separate arbitration agreement that is invoked; (d) A reference to the contract out of or in relation to which the dispute arises; (e) The general nature of the claim and an indication of the amount involved, if any; (f) The relief or remedy sought; (g) A proposal as to the number of arbitrators (i. e. one or three), if the parties have not previously agreed thereon.”

另在 Article 3(4) 也有一些可以有的内容如下:“The notice of arbitration may also include: (a) The proposals for the appointment of a sole arbitrator and an appointing authority referred to in article 6, paragraph 1; (b) The notification of the appointment of an arbitrator referred to in article 7; (c) The statement of claim referred to in article 18.”

对笔者而言,希望《联合国仲裁规则》在更新中会放宽对仲裁通知的要求,以免像澳大利亚 AWB (International) Ltd v Tradesmen International 先例中,原告作出一个根据英国法完全有效的仲裁通知,但合并了《联合国仲裁规则》后该仲裁通知就无效而导致错过了保护时效的危险。笔者也在许多国际会议中见到参与更新的人士,包括 UNCITRAL 的部分领导,提到这一点。但看来是非但不会宽松对待,有危险是更加收紧对仲裁通知的内容要求。根据 Jan Paulsson & Georgios Petrochilos 两位著名律师所作出的初步报告中,他们所建议的更新或修改后的有关条文如下:“The Notice of Arbitration shall include the following: (a) A demand that the dispute be referred to arbitration; (b) The names addresses and other known contract details of the parties and of the person or persons (if any) representing or assisting the Claimant in the arbitration; (c) A copy of the arbitration agreement or other instrument invoked by the Claimant as the basis for commencing arbitration under the Rules;(d) A copy of the contract, if any, out of or in relation to which the dispute arises;(e) A brief description of the dispute and the claim and an indication of the amount involved, if any;(f) The relief or remedy sought;(g) The identify of the Claimant's appointee, if the parties' agreement requires the parties to appoint arbitrators;(h) A proposal as to the number of arbitrators (i. e. one or three), if the parties have not agreed thereon. Where the Claimant proposes that the Arbitral Tribunal consist of a Sole Arbitrator, it shall also propose the names of one or more persons, one of whom would serve as the Sole Arbitrator;(i) The Claimant's proposal as to the juridical seat and language of the arbitration, if the parties have not already agreed on these matters."

比较一下就可以发觉仲裁通知的内容要求收紧的地方主要有:(1)在 Article 3(3)(b),增加了要求把当事人的法律代表(如果已经委任)的名字与地址也包括在内。(2)在 Article 3(3)(c),要求原告的仲裁通知包括一份仲裁协议,这与本来的版本只要求"提到"不一样。(3)在 Article 3(3)(d),要求原告的仲裁通知包括一份主合约,这与本来的版本只要求"提到"不一样。(4)在 Article 3(3)(e),本来的版本只需要告知索赔的一般性质(general nature),但建议的更新是更明确与需要详细一点的索赔简单描述(a brief description of the claim)。(5)在 Article 3(3)(g),原告委任的仲裁员名字与地址,双方当事人根据仲裁协议有权委任自己一方的仲裁员。(6)在 Article 3(3)(h),如果原告建议独任仲裁员,他必须做出主动的建议一些人士委任为独任仲裁员。(7)本来的在 Article 3(4)被取消。

上述收紧的地方其中在 Article 3(3)(d)要求仲裁通知必须合并一份主合约,而不仅是提到。由于有许多大工程或重要的主合约会比一本书还要厚,所以这一要求就会令一个仲裁通知变得很厚。而且绝大部分的情况是被告自己肯定有一份主合约,所以多给被告一份是多此一举。但提出这一建议的看法是国际仲裁会有情况是被告不一定是约定主合约的人士,所以被告在委任仲裁员之前应该要让他知道他的地位。这种情况在投资仲裁中就会出现,被告的主权国家通常不会知道主合约的内容。同样道理在 Article 3(3)(d) 的仲裁协议。

这些收紧的一个重要心态是在委任仲裁员之前,被告应该清楚知道他面对的索赔到底是什么。但在笔者熟悉的海事与国际外贸仲裁,通常不会太关心这一方面。大概的原因有几个方面,首先就是通常被委任的海事仲裁员选择不多,很少会因为索赔的性质不同而有完全不同的人选改变。另外在现实中,被告不会对原告的索赔一无所知,他们之间通过履行与可能的和解谈判,谈不拢才需要仲裁,所以原告的仲裁通知给的对象在绝大部分情况下是一个完全知悉内情的被告。

所以总结而言,如果《联合国仲裁规则》在更新或修改后非但不放松仲裁通知的要求,而进一步收紧,就表示一个有效的仲裁通知可以保护时效会是一般的当事人或律师根本没有能力拟定。这对一些金额庞大的合约可能关系比较少,因为他们始终特别是出了争议后都花得起钱聘用懂行与收费昂贵的律师参与。但在一些一般性的合约,如国际货物买卖,涉及的金额也不是太大,它们合并《联合国仲裁规则》就会有危险,像澳大利亚的先例 AWB (International) Ltd v Tradesmen International (PVT) Ltd 一样。在笔者的经验中,涉及中国内地有不少一般性的合约都会合并《联合国仲裁规则》在仲裁协议中,这大概也是对联合国接受性比较强,但他们却不知道细节,这就比较危险。

4.《国际商会仲裁规则》(International Chamber of Commerce-Rules of Arbitration)的修改

"国际商会"(International Chamber of Commerce,简称 ICC)是在第一次世界大战后不久的 1919 年于巴黎成立。它虽然是根据法国法律组成的一个非营利机构,但它与国家无关,纯粹是一个民间组织,但它也与国家的一些商会或工会无关。ICC 在巴黎的总部通过世界上大部分国家的 ICC"国家委员会"(National Committee)成立了一个巨大的网络,而这些国家委员会的成员多数是来自当地的工商人士。可以说国际商会代表的是"国际商业社会"(international business community)的利益。

负责管理仲裁的"国际商会仲裁院"(International Court of Arbitration,简称 ICC Court)在 1923 年成立。虽然 ICC Court 是在 ICC 的组织下,但它本身是一个独立机构,这可以从它的 ICC International Court of Arbitration's Statutes 看出,如下:"As an autonomous body, it carries out these functions in complete independence from the ICC and its organs. Its members are independent from the ICC National Committees"

ICC Court 在结构上是由一个主席,副主席与会员组成,主导 ICC Court 的有关工作,并有一个庞大的"秘书处"(Secretariat)作出支援。ICC Court 有很多的会员,他们是由每一个国家的国家委员会下的仲裁委员会选一个代表,并由国际商会的 ICC World Council 批准。至于副主席会从会员之中挑选,也会独立挑选。而主席也是通过独立挑选,一般都是在国际仲裁界著名的人士,如本届主席是伦敦著名律师 John Beechey。他们的工作都属于是自愿性质,所以副主席与会员都不享有任何报酬,但主席由于涉及了大量的工作与时间,所以 ICC Court 会给予津贴。

ICC Court 在国际仲裁的影响很大,这在好几个方面包括 1958 年的《纽约公约》的拟定,ICC Court 都做出了很大的贡献。可以说在机构仲裁方面,ICC Court 是仲裁机构的"老大"。而且,也只有 ICC Court 称得上一个国际性的仲裁机构,它自己也尽量想保持这个形象。这与其他的仲裁机构很不一样,虽然它们都想进入国际仲裁,但在形式上与做法上就避免不了与有关的国家/地方扯在一起。这包括 American Arbitration Association (简称 AAA)就是美国的仲裁机构(虽然 AAA 另成立了一个机构名为 International Centre for Dispute Resolution，简称 ICDR，但还是不容易改变形象），贸仲（CIETAC）就是中国的仲裁机构，新加坡国际仲裁中心（SIAC）就是新加坡的仲裁机构，香港国际仲裁中心（HKIAC）就是香港的仲裁机构等。

ICC Court 管理的 ICC 仲裁案件数目在过去 10 年如下：1999 年 529 件；2000 年 541 件；2001 年 566 件；2002 年 593 件；2003 年 580 件；2004 年 561 件；2005 年 521 件；2006 年 593 件；2007 年 599 件；2008 年 663 件。而目前在处理的案件超过 1300 件。由于 2008 年底金融海啸的影响，相信 ICC 2009 年处理的案件会大幅增加。但只关注案件数目，是十分片面与有误导性的。因为这个数目比起中国内地或印度有些仲裁机构，ICC 恐怕就被比下去。真正重要的还是什么案件，这包括涉及的当事人、争议金额、案件性质、复杂程度等等。而 ICC 的案件涉及的当事人有不少是来自不同国家的一些著名公司或机构，甚至是国家本身。至于争议的金额虽然也会有多有少，但还是会有相当多的案件涉及数十亿美元以上。至于案件的性质，绝大部分都是跨国，如美国的原告与中国的被告。这是需要在国际上建立的信誉才会被约定 ICC 仲裁。至于复杂程度，本来涉及国际上的争议就已经是肯定比本土的争议复杂，至少在法律方面就已经涉及更多方面。笔者曾经多次听到或看到一些说法，就是在国际上最复杂的商业案件，最有能力与最可信的管理机构就是 ICC。这与地方仲裁机构处理本土的争议，甚至是一些雇佣之间或房地产买卖及其他小金额买卖的争议，是有很大不同。

机构仲裁显然需要有自己的仲裁规则，而 ICC Court 的《国际商会仲裁规则》第一版是早在 1922 年。之后它有 9 次的修改，而目前在适用的一稿是第九版，于 1998 年 1 月 1 日生效。到了 2008 年，已经过了 10 年，有了想法作出第 10 次的修改。

《国际商会仲裁规则》修改工作主要是由两个机构来完成，一个是“起草委员会”（Drafting Sub-Committee，简称 DSC），另一个是“工作小组”（Task Force）。“起草委员会”的主要工作就是综合并平衡各个方面（主要是来自各国的国家仲裁委员会）的意见，并整理出一份《国际商会仲裁规则》修改的建议草稿，提交“工作小组会议”（Task Force meeting）讨论通过，工作小组的成员是来自各国的 ICC Court 会员。

4.1　“起草委员会”工作的指导原则

“起草委员会”在起草有关仲裁规则并呈递给工作小组研究的修改意见时，都遵循以下的指导原则：（1）最大限度地保持《国际商会仲裁规则》关键及鲜明的优质特性（Retain, to the greatest extent possible, the key and distinguishing features of ICC arbitration）。（2）草稿要尽量省字，避免过度叙述性，并且要保留 ICC 仲裁一贯的灵活的吸引力（Be economical in drafting, avoid being overly prescriptive and retain the universal and flexible appeal of ICC arbitration）。（3）针对商业社会对 ICC 仲裁费时、昂贵与效率低的担心，并引入适当的条文提高 ICC 仲裁程序的效率，控制时间与降低费用（Address concerns that have been raised about the time and cost efficiency of arbitration as a means of resolving disputes and seek, if appropriate, to introduce provisions aimed at controlling the time and cost of arbitration proceedings)。(4)加入一些条文来反映科技发展对仲裁带来的影响(Include provisions to take account of changes in the use of information technology)。(5)反映一些法院的做法(如英国的《民事诉讼规则》),特别是当仲裁涉及了多方当事人时(Reflect existing practices of the Court, in particular concerning multi-party issues)。(6)针对《国际商会仲裁规则》的未有针对的空白进行填补(Fill any gaps identified in the Rules)。

4.2 "工作小组"的工作目标

"工作小组"(Task Force)的工作目标是:(1)研究来自ICC下属各国家委员会,ICC的会员,《国际商会仲裁规则》使用者(包括当事人与代表律师),国际仲裁院与ICC秘书处成员的意见和建议(To study all suggestions received from National Committees, members of the ICC, users of the ICC rules of arbitration, Court members and members of the Secretariat.)。(2)决定对《国际商会仲裁规则》的修改是否有用或者必需(To determine if amendments to the ICC rules of arbitration are useful or necessary)。(3)对《国际商会仲裁规则》的修改作出建设性的意见(To make any recommendations for the amendment of the ICC rules of arbitration that the Task Force deems to be useful or necessary)。

4.3 部分修改的介绍

由于目前还是在较早的阶段,所以笔者也无法知道到底会有哪些条文被修改。但在这里介绍修改一些条文的相关讨论。

4.3.1 Article 1的修改

首先介绍是Article 1,它在目前版本的措辞如下:

"(1) The International Court of Arbitration (the "Court") of the International Chamber of Commerce (the "ICC") is the arbitration body attached to the ICC. The statutes of the Court are set forth in Appendix I. Members of the Court are appointed by the World Council of the ICC. The function of the Court is to provide for the settlement by arbitration of business disputes of an international character in accordance with the Rules of Arbitration of the International Chamber of Commerce (the "Rules"). If so empowered by an arbitration agreement, the Court shall also provide for the settlement by arbitration in accordance with these Rules of business disputes not of an international character.

(2) The Court does not itself settle disputes. It has the function of ensuring the application of these Rules. It draws up it own Internal Rules(Appendix II)... (5) The Secretariat of the Court (the "Secretariat") under the direction of its Secretary General (the "Secretary General") shall have its seat at the headquarters of the ICC."

这一条文目前提出的一些修改包括如下:

(1)由于不断有部分人士误解ICC Court在一个仲裁中的作用,加上条文说明ICC Court只是管理仲裁,但争议的决定是由有关的仲裁庭作出而不是由ICC Court来作出。

(2)在 Article 1(1)说明 ICC Court 针对的是"国际商业争议"(business disputes of an international character),但有必要扩大对争议的类别。如 ICC 处理很多"投资争议"(investment dispute),被告往往就是一个国家,这种争议就比较难说明是属于国际商业争议,所以会加上 ICC Court 也针对"国家/投资者争议"(state/investor disputes)、"信托争议"(disputes involving trusts),等。

(3)修改也在 Article 1(2)多加一条条文说明《国际商会仲裁规则》只能由 ICC Court 使用并以此管理仲裁。这配合了准备作出同样修改的 Article 6(2)说明双方当事人同意了《国际商会仲裁规则》就表示它们接受仲裁必须由 ICC Court 管理后,希望能够避免一种不愉快的情况出现。这种情况出现在新加坡的一个案例,就是涉及一条仲裁协议,说是以《国际商会仲裁规则》并由 SIAC 管理。仲裁庭考虑到这是双方当事人明确的订约意图(据悉双方当事人希望由 SIAC 管理是因为比较省钱),所以解释仲裁协议没理由漠视。这一个裁决最后是被新加坡上诉庭确认,也就是 SIAC 可以根据《国际商会仲裁规则》管理这个仲裁:Insigma Technology Co Ltd. v. Alstom Technology Ltd (2009) SGCA 24; Court of Appeal。据悉,同样的情况也有在其他仲裁机构发生,如 AAA、瑞典斯德哥尔摩仲裁院都曾经发生过因为仲裁协议的规定而根据《国际商会仲裁规则》管理仲裁案件的情况。但这导致了 ICC Court 极大的不满,可能是认为他的专利受到了侵犯,也可能是考虑到长远会影响到 ICC Court 的业务,所以作出本小段的一些修改。但毕竟在"订约自由"(freedom of contract)与"当事人自治"(party-autonomy)的大原则下,笔者还是看到这些修改还是有一定的难处。例如,当事人约定由 HKIAC 管理有关仲裁但根据《国际商会仲裁规则》,除了 Article 1(2)与 Article 6(2)。这一来,难道 HKIAC 委任的仲裁庭可以漠视双方的明确约定吗?毕竟,这里不是违反公共政策,就没有理由漠视。固然,这样约定一条仲裁协议也是有乱套的感觉,如果双方意图是要 HKIAC 管理有关的仲裁,为何不适用 HKIAC 制定的有关《机构仲裁规则》(Administered Arbitration Rules)?

(4)由于 ICC Court 在 2008 年设立了第一个分院,地点是在香港,所以 Article 1(5)中的条文也需要作出相应的修改,包括新设立的 ICC Court 香港分院。

4.3.2 Article 9 的修改

接下来介绍是 Article 9,它在目前版本的措辞如下:Article 9(3) Where the Court is to appoint a sole arbitrator or the chairman of an Arbitral Tribunal, it shall make the appointment upon a proposal of a National Committee of the ICC that it considers to be appropriate. If the Court does not accept the proposal made, or if the National Committee fails to make the proposal requested within the time limit fixed by the Court, the Court may repeat its request or may request a proposal from another National Committee that it considers to be appropriate.

在这里只介绍 Article 9(3)的有关修改,虽然 Article 9 下有 6 条不同针对的条文。原因是估计 Article 9(3)最有可能作出修改,而且也与香港有很大的关系(后详)。Article 9 涉及的是一个非常重要的课题,就是委任与确认仲裁庭成员。众所周知一个仲裁的好坏,就是要看仲裁庭成员素质的好坏。所以,委任好的仲裁员是一个成功的仲裁(从客观的角度看待)的必要条件。

针对 ICC 仲裁,如果仲裁协议约定是当事人各自委任自己的仲裁员是完全可以的。如果第三位仲裁员或是首席仲裁员,也能被双方同意委任某一个人,也是完全可以的。如果整个委任过程都顺利,双方当事人充分合作,也就不涉及 ICC Court 的委任了。ICC Court 最多只是确认这些由当事人委任或同意的仲裁员,而估计这个确认恐怕也只是一个形式。

但很少会有这么完美的情况出现。第一种情况是双方的仲裁协议没有规定仲裁员人数(这种情况占 ICC 仲裁 30% 以上)或/与怎样委任,ICC Court 就会根据 Article 8(2)决定到底是独任仲裁员或是仲裁庭需要有三位成员。为了省钱,ICC Court 特别在金额比较低的案件(150 万美元以下)都会决定只需要一位独任仲裁员。在这种情况下,也难免需要 ICC Court 委任该独任仲裁员。显然,三位仲裁员会导致仲裁费用大增,所以以金额作为分水线是很恰当的考虑,但选择一位独任仲裁员或三位仲裁庭成员也有其他的重要考虑。如涉及了“国家本身”(State entities)作为当事人之一,也就是一个典型的投资仲裁,ICC Court 就会决定是三位仲裁员的仲裁庭。

第二种情况是仲裁庭是有三位成员,在原告委任了仲裁员之后,被告不去或拒绝委任自己的仲裁员,也就是被告准备缺席并不会参与仲裁程序。这一来,又是涉及了 ICC Court 代被告作出委任他的仲裁员。

第三种情况是原告与被告都委任自己的仲裁员,但无法同意第三位仲裁员或首席仲裁员。这又是涉及了 ICC Court 代双方当事人作出委任。

在以上的 ICC 委任,做法上与很多其他仲裁机构不一样。其中一个很大的不同就是仲裁机构通常是从它的仲裁员名单中挑选。理所当然,这些仲裁机构的仲裁员名单都会是绝大部分甚至是全部的一些本国或当地的人士。但 ICC Court 的委任,特别是委任独任仲裁员或是仲裁庭的首席仲裁员,根据 Article 9(3),一定是要根据国家委员会的提名。由于某一个国家委员会提名的仲裁员都属于该国家的公民,ICC Court 选择哪一个国家委员会的提名就显得非常重要。

这方面就会考虑到的因素包括是:独任仲裁员或首席仲裁员尽量避免是双方当事人国家的人士,这显然是为了保持中立,虽然对笔者而言,这也是形式多于实际。这表示在一个 ICC 仲裁,双方当事人是来自日本与美国,ICC Court 就不会选择日本或美国的国家委员会的提名委任独任仲裁员或首席仲裁员。只会在非常罕见的情况下,如双方当事人都委任来自同一个国家的仲裁员,才会存在 ICC Court 考虑让同一个国家委员会委任首席仲裁员。

其他重要考虑的因素是仲裁地点、有关争议的实体法、仲裁语言甚至包括 ICC Court 凭经验认为某一个国家委员会能否在短时间内(15 天内)指定适合、合资格要求与独立仲裁员等。举例说,如果在仲裁协议中双方约定的仲裁语言是法文,显然选择中国或日本国家委员会的提名就不会适合,因为他们会考虑的人选精通法文的恐怕不会多。再多举一个例子,是香港或新加坡作为仲裁地点的ICC仲裁,双方或是其中一方当事人是来自亚洲,显然选择巴西国家委员会或是瑞士国家委员会的提名不合适。如果他们提名了一个巴西或瑞士的仲裁员,除了对亚洲文化不了解外,对整个香港或者新加坡仲裁在程序上的处理也会是非常不方便与昂贵。看来,委任新加坡国家委员会在一个香港作为仲裁地点的ICC仲裁就适合得多,甚至选择远一点的澳大利亚国家委员会的提名都会比选择巴西国家委员会的提名适合得多。例外的情况就是ICC Court凭其经验知道有适合的人选住在香港,很适合在一个香港的ICC仲裁被委任为独任仲裁员或者是首席仲裁员,但该人选是一位美国人,他也是美国国家委员会(仲裁委员会)的成员。这一来ICC会选择美国国家委员会但有明确的建议是委任该位住在香港的人选。但据悉,也不是每一个国家委员会都肯这样做,因为他们会认为被剥夺了提名的权利。

如果被选择的国家委员会无法在时限内作出提名(这种情况不多),或是作出的提名不适合(如被提名的仲裁员自己声称有利益冲突,或是他没有符合仲裁协议的资格要求,或是他不能掌握双方约定的仲裁语言等),ICC Court会要求被选择的国家委员会作出新的提名,或是选择另一个国家委员会作出的提名。

ICC Court的委任做法难免是有好有坏。好的地方(对发展中国家而言)就是ICC Court不愧是国际性的仲裁机构,所委任的仲裁员可以说是来自世界各地(通过当事人自己委任的仲裁员与通过不同国家委员会提名的仲裁员)。而大部分地方性的仲裁机构,难免就是委任自己熟悉的仲裁员,也往往就是本国的仲裁员。如“伦敦海事仲裁委员会”(LMAA)或者是“谷物与饲料贸易协会”(GAFTA),作出的委任是清一色的本地/英国的仲裁员,根本不会考虑委任其他国家的仲裁员,虽然是案件本身与英国没有任何关系。至于坏的其中一个地方是这种委任的做法显然比较耗时间,笔者听说过长达几个月委任才完成。这导致了其中提出的对Article 9的修改有:(1)有一些紧急的情况需要很短时间内委任独任仲裁员,就不适合让国家委员会作出提名。举例说,原告需要独任仲裁员马上处理一个紧急的中间措施或是类似海事仲裁中经常出现的“即时仲裁”(instant arbitration)以解决一个有燃眉之急的争议。这就有建议可让ICC Court或其主席作出委任。(2)有一些争议,特别是涉及国家本身是其中一方当事人,会是不适合选择国家委员会提名仲裁员。这里也包括了担心有关的国家会干预某一个国家委员会对仲裁员的提名。(3)委任仲裁员可在适当的情况下与其他组织作出商议,而不必局限在ICC Court本身。

最后一提的是香港的特殊问题,就是这些年来香港的“国家委员会”(或仲裁委员会)在提名独任仲裁员或首席仲裁员时都有很大困难。这困难就是被提名人士的国籍问题,因为ICC Court不会希望是香港的仲裁委员会提名一个英国人或是美国人,而是要求提名一个“香港人”。这在许多其他地方都不会有这个问题,例如新加坡国家委员会就提名新加坡人,日本国家委员会就提名日本人。但香港由于不是一个国家,加上在1997年之后的主权回归,所以什么是“香港人”可真说不清楚。看来,香港人应该是中国人,这是明确的。这表示香港仲裁委员会不能提名一些住在香港的“老外”,即使他们已经取得了香港的身份证,有永久居留权。但香港仲裁委员会也不能提名住在中国内地或是住在香港的中国内地的公民,因为他们也不算是“香港人”。而且,如果他们涉及国际仲裁与有一定声望,提名也应该是中国内地的国家委员会,轮不到香港的委员会。看来,可以完全配套香港人的要求会是他只拥有中国国籍,但在香港出生并且居住,讲的是广东话,而最重要的是他不拥有外国的国籍。这非常困难,因为香港人有不少这种涉及国际仲裁与有一定声望的中上层人士都拥有外国的国籍,如加拿大或澳大利亚等。其中英国就给了不少一直在香港出生并且居住的香港人英国国籍。举一个近期的例子,最近有一个ICC仲裁案件需要香港仲裁委员会提名仲裁员,该案件金额颇大而且是一个海事的案件。针对案件的性质,香港是有适当的人选。但香港仲裁委员会虽然作出了很大努力,也无法在时限内找到一个合适的人选。因为非中国籍的“老外”不能考虑,作为ICC Court委员的笔者(杨良宜)也因为角色冲突不能被考虑。最后只剩下了两个人选,一位是笔者(莫世杰)因为有利益冲突(莫世杰的公司与其中一方当事人有生意上的往来,而ICC Court对利益冲突与独立性盯得特别紧,要求仲裁员作出这方面的披露),而另一位也是适合的人选但因为拥有加拿大与中国双重国籍(虽然他从来没有申请中国护照,但中国在1997年后就声明将所有香港人视为有中国国籍),结果没有办法找到一个适合的人选提名给ICC Court。

这在以前ICC仲裁案件不多时不是一个问题,但目前选择香港作为仲裁地点的ICC仲裁案件越来越多,而因为国籍的问题导致不能有合适的人选被香港“国家委员会”提名的情况也日趋严重。这就需要对该规定进行一定的修改。据闻目前为了解决这一个问题,ICC Court对像香港这种特殊的情况,在提名时对仲裁员国籍的要求已经有一定程度的放宽。如香港人拥有其他国家的国籍时可以被纳入香港“国家委员会”的提名。

4.3.3 Article 19的修改

最后介绍是Article 19,它在目前版本的措辞是如下:“After the Terms of Reference have been signed or approved by the Court, no party shall make new claims or counterclaims which fall outside the limits of the Terms of Reference unless it has been authorized to do so by the Arbitral Tribunal, which shall consider the nature of such new claims or counterclaims, the stage of the arbitration and other relevant circumstances.”

这方面的修改主要是加入一些条文,针对仲裁庭在处理仲裁程序方面的有效管理与控制/节省时间与费用。有关有效的管理,这里会考虑在英国与香港民事诉讼程序改革后的一些所谓“案件管理”(case management)的做法。而有关控制/节省仲裁时间与费用,ICC Court曾经在2007年有一份报告有关这一方面作出的指引(名为“Techniques for Controlling Time and Cost in Arbitration”或“国际仲裁控制时间与诉讼费用的技巧"),它的内容在本书第一章第7段,请参阅。这一指引目前并不是《国际商会仲裁规则》的一部分,可能在修改之后就会情况不一样。

另外针对金额比较小的 ICC 仲裁,也有考虑在 Article 19 加入一条条文就是在某一个金额以下,适用简易的仲裁程序(如说不需要开庭)。ICC Court 在 2003 年作出了有关这方面的指引,名为《The Guidelines for Arbitrating Small Claims under the ICC Rules of Arbitration》。但这一个指引也不属于目前《国际商会仲裁规则》的一部分,所有不能强制适用的现在正在进行的 ICC 仲裁,可能在修改之后就会情况不一样。

5.《纽约公约》的更新

1958 年的《纽约公约》到了今天已经是有五十多年的历史,它的成功与带来的问题已经在本书第十一章有详细介绍。经过这么多年与大量的实践经验,加上形势的改变都无可避免带来了要更新《纽约公约》的呼声。但更新的办法也只有以另一个公约作出超越/替代,像《纽约公约》超越/替代 1927 年的《日内瓦公约》(Geneva Convention on the Execution of Foreign Arbitral Awards 1927, Supplementing the Geneva Protocol 1923)。这带来一个重大的担忧,就是拟定一个更好的国际公约相对容易,但之后不知道要多少时间与努力才能取得像 1958 年《纽约公约》的接受性,也就是有 144 个国家与管辖地点(这是 2009 年中的数字)作为签约国。甚至是永远达不到这一个数目,因为据说有部分发展中国家在成为了《纽约公约》成员国后感觉吃亏而不是得利,但加入容易,想退出就很难(并不是退出的程序困难,而是会成为国际舆论的众矢之的)。所以估计有了新的国际公约试图超越/替代,而且估计内容会更加符合西方国家的要求,会有部分发展中国家干脆就不加入。

但现在不更新,难说 20 年后或 50 年后还是不更新,即使到那时整个国际仲裁的形势已经有了巨大改变。所以还是值得介绍著名的 Jan van den Berg 教授在 2008 年所提出的有关新的国际公约超越/替代《纽约公约》的建议,并作出了一份"草拟公约"(draft convention)。其中,也可以看到一些目前在《纽约公约》中令人不满意的地方,所以要在草拟公约改善。由于笔者觉得这一建议成功的机会不大,所以对以下的内容,特别是英文的草拟公约并未给它中文翻译。

5.1　超越/替代《纽约公约》的草拟公约(Hypothetical Draft Convention on the International Enforcement of Arbitration Agreements and Awards)

Article 1 – Field of Application

1. This Convention applies to the enforcement of an arbitration agreement if:

(a) the parties to the arbitration agreement have, at the time of the conclusion of that agreement, their place of business or residence in different States, or

(b) the subject matter of the arbitration agreement relates to more than one State.

2. This Convention applies also to the enforcement of an arbitral award based on an arbitration agreement referred to in paragraph 1.

3. Where this Convention refers to the enforcement of an arbitral award, it comprises the recognition of an arbitral award.

Article 2 – Enforcement of Arbitration Agreement

1. If a dispute is brought before a court of a Contracting State which the parties have agreed to submit to arbitration, the court shall, at the request of a party, refer the dispute to arbitration, subject to the conditions set forth in this article.

2. The court shall not refer the dispute to arbitration if the party against whom the arbitration agreement is invoked asserts and proves that:

(a) the other party has requested the referral subsequent to the submission of its first statement on the substance of the dispute in the court proceedings; or

(b) there is prima facie no valid arbitration agreement under the law of the country where the award will be made; or

(c) arbitration of the dispute would violate international public policy as prevailing in the country where the agreement is invoked.

3. The court may on its own motion refuse to refer the dispute to arbitration on ground (c) mentioned in paragraph 2.

Article 3 – Enforcement of Award – General

1. An arbitral award shall be enforced exclusively on the basis of the conditions set forth in this Convention.

2. The law of the country where enforcement is sought shall govern the procedure for enforcement of the award.

3. There shall not be imposed onerous requirements on the procedure for enforcement nor substantial fees or charges.

4. Courts shall act expeditiously on a request for enforcement of an arbitral award.

Article 4 – Request for Enforcement

1. Fulfillment of the conditions set forth in this article entitles the party seeking enforcement to be granted enforcement of the arbitral award, unless the court finds that a ground for refusal is present under the conditions set forth in articles 5 and 6.

2. The party seeking enforcement shall supply to the court the original of the arbitral award.

3. Instead of an original of the arbitral award, the party seeking enforcement may submit a copy certified as conforming to the original. The certification shall be in such form as directed by the court.

4. If the arbitral award is not in an official language of the court before which enforcement is sought, the party seeking enforcement shall, at the request of the other party or the court, submit a translation. The translation shall be in such form as directed by the court.

Article 5 – Grounds for Refusal of Enforcement

1. Enforcement of an arbitral award shall not be refused on any ground other than the grounds expressly set forth in this article.

2. Enforcement shall be refused on the grounds set forth in this article in manifest cases only.

3. Enforcement of an arbitral award shall be refused if, at the request of the party against whom the award is invoked, that party asserts and proves that: (a) there is no valid arbitration agreement under the law of the country where the award was made; or (b) the party against whom the award is invoked was not treated with equality or was not given a reasonable opportunity of presenting its case; or (c) the relief granted in the award is more than, or different from, the relief sought in the arbitration and such relief cannot be severed from the relief sought and granted; or (d) the composition of the arbitral tribunal was not in accordance with the agreement of the parties, or in the absence of such an agreement, not in accordance with the law of the country where the award was made; or (e) the arbitral procedure was not in accordance with the agreement of the parties, or in the absence of such an agreement, not in accordance with the law of the country where the award was made; or (f) the award is subject to appeal on the merits before an arbitral appeal tribunal or a court in the country where the award was made; or (g) the award has been set aside by the court in the country where the award was made on grounds equivalent to grounds (a) to (e) of this paragraph; or (h) enforcement of the award would violate international public policy as prevailing in the country where enforcement is sought.

4. The court may on its own motion refuse enforcement of an arbitral award on ground (h) of paragraph 3.

5. The party against whom the award is invoked cannot rely on grounds (a) to (e) of paragraph 3 if that party has not raised them in the arbitration without undue delay after the moment when the existence of the ground became known to that party.

Article 6 – Action for Setting Aside Pending in Country of Origin

1. If the application for setting aside the award referred to in article 5(3)(g) is pending in the country where the award was made, the court before which the enforcement of the award is sought under this Convention has the discretion to adjourn the decision on the enforcement.

2. When deciding on the adjournment, the court may, at the request of a party, require suitable security from the party seeking enforcement or the party against whom the

award is invoked.

Article 7 – More-Favourable-Right

If an arbitration agreement or arbitral award can be enforced on a legal basis other than this Convention in the country where the agreement or award is invoked, a party seeking enforcement is allowed to rely on such basis.

Article 8 – General Clauses

The General Clauses to be considered and possibly included in the Draft Convention include amongst others: (a) Designation of Competent Enforcement Court (b) Interpretation (c) Relationship with the New York Convention (d) References to the New York Convention in other treaties (e) Compatibility with other treaties (f) [No] reservations (g) General reciprocity (h) Applicability of the Draft Convention to territories and in federal states (i) Signature, ratification and accession, and deposit (j) Entry into force (k) Retroactive [in]applicability; transitional clauses (l) Denunciation (m) Notifications (n) Language of authentic texts.

5.2 草拟公约的解释(explanatory notes)

以下是 Jan Van den Berg 教授对他草拟公约的一些进一步解释。

General Considerations

1. After 50 years of its existence, the Convention on the Recognition and Enforcement of Foreign Arbitral Awards, New York, 10 June 1958 (the "New York Convention") is in need of modernization:

(a) A number of provisions needs to be added (for example, a definition of the scope of application with respect to agreements that fall under the referral provisions of article II(3); a waiver of a party to rely on a ground for refusal of enforcement; a reference to the arbitration agreement in the more-favourable-right provision of article VII(1));

(b) A number of provisions needs to be revised (for example, the written form as required by article II(2) for the arbitration agreement is stricter than almost any national law; the refusal of enforcement on the ground of a setting aside on any ground in the country of origin may import parochial annulment);

(c) A number of provisions is unclear (for example, the notion of an award "not considered as domestic" in article I(1); the expression "duly authenticated original award" in article IV(1)(a); the word "may" in the English text of article V(1); the words "terms of submission" and "scope of submission" to arbitration in article V(1)(c); the notion of a "suspended" award in article V(1)(e); the reference to "any interested party" in article VII(1));

(d) A number of provisions is outdated (for example, the reference to "permanent arbitral bodies" in article I(2); the reference to the law under which the award was made in article V(1)(e)); and

(e) A number of provisions needs to be aligned with prevailing judicial interpretation (for example, the public policy referred to in article V(2) means international public policy).

2. The Preliminary Draft Convention on International Enforcement of Arbitration Agreements and Awards (the "Draft Convention") is intended to achieve the above modernization. The Draft Convention is also intended to be readily understandable by practitioners and judges in many countries. To achieve that goal, the text is kept at a bare minimum and the solutions offered are clear and simple, and are based on what is current practice.

3. The above shortcomings in the New York Convention cannot be remedied by the UNCITRAL Model Law on International Commercial Arbitration of 1985 (the "UNCITRAL Model Law"), as revised in 2006. The reason is that the provisions relating to enforcement of an arbitral award as set forth in the UNCITRAL Model Law are almost the same as those contained in articles III-VI of the New York Convention (article 35), because of the policy decision taken in 1985 to follow as closely as possible the New York Convention.

4. Nor can the New York Convention's shortcomings be remedied adequately and comprehensively by a "Recommendation regarding the interpretation" issued by international bodies such as UNCITRAL in 2006 regarding articles II(2) and VII(1). The mechanism of guidance notes in interpreting an international convention is useful for texts that can be subject to various interpretations, but its value is limited if a text is lacking or if the guidance contradicts an existing text.

5. It is expected that the time required for adherence by States to the Draft Convention is less than for the New York Convention since the Draft Convention builds on the structure and concepts of the New York Convention. Thus, articles 1 to 7 deal with matters that are similar to those contained in article I to VII of the New York Convention. Furthermore, the New York Convention having matured after 50 years of its existence, it will be readily understood that the Draft Convention constitutes a necessary update of the New York Convention.

6. The object and purpose of the Draft Convention are the same as for the New York Convention: to facilitate the enforcement of the arbitration agreement and arbitral award as much as possible. However, the Draft Convention is clearer in that the object and purpose aim specifically at international arbitration.

Title

7. The title of the Draft Convention reflects what is covered by it: the enforcement of the arbitration agreement (i. e., the referral of the dispute to arbitration) and the enforcement of the arbitral award. The title of the Draft Convention also makes clear that the Con-

vention is intended to serve international arbitration.

8. In contrast to the New York Convention, the Draft Convention's title no longer refers to the enforcement of "foreign" arbitral awards, but rather to the "international" enforcement of arbitral awards. The word "foreign" is omitted since, insofar as its field of application is concerned, the Draft Convention does not distinguish between an award made abroad and an award made within the country in which enforcement of the award is sought (see article 1). Instead, the Draft Convention's applicability is dependent on whether the agreement or award is international according to the criteria set forth in article 1(1).

Article 1 – Field of Application

Paragraph 1 – Arbitration Agreement

9. As mentioned, the New York Convention does not contain a definition as to which arbitration agreements fall under the referral provisions of its article II(3). That lacuna is filled by the definition given in the first paragraph of article 1 of the Draft Convention.

10. The definition requires in essence that the arbitration agreement concerns international arbitration. The broad criteria for determining international arbitration as set forth in article 1(1) of the Draft Convention are a condensed version of the definition set forth in article 1 of the UNCITRAL Model Law. It therefore should be assumed that an arbitration agreement is international for the purposes of the Draft Convention unless the parties are have their place of business or residence in the same State and all other elements relevant to the dispute referred to in the agreement are connected only with that State.

11. The court shall refer the dispute to arbitration under the provisions of article 2 irrespective of whether the place of arbitration is within or outside the country where the agreement is invoked. The agreement providing for international arbitration as defined in article 1 (1) is not limited to an agreement providing for arbitration in a country other than the country where the agreement is invoked (which is one of the limited interpretations under article II(3) of the New York Convention).

Paragraph 2 – Arbitral Award

12. With respect to the enforcement of the arbitral award, according to its article I (1), the New York Convention applies to the enforcement of an arbitral award made in another (Contracting) State in any event (first criterion). The New York Convention further applies to the enforcement of an arbitral award that is not considered as a domestic award in the State where the enforcement is sought (second criterion).

13. The first criterion also applies to the enforcement of a purely domestic award under the New York Convention if such an award was made in another (Contracting) State. In contrast, the first criterion excludes an award resulting from an international arbitration that was made in the State where enforcement is sought.

14. The applicability of the second criterion, on the other hand, depends on whether the State where enforcement is sought considers certain awards as non-domestic awards. The drafters of the New York Convention had in mind an arbitral award resulting from an arbitration that is governed by an arbitration law that is different from the arbitration law of the place of arbitration. The legislation implementing the New York Convention in the United States, as interpreted by the courts, applies the second criterion to arbitral awards that result from an international arbitration in the United States governed by federal law.

15. The uncertainties inherent to the applicability of the New York Convention are resolved by the definition given in paragraph 2 of article 1 of the Draft Convention. According to that definition, the Draft Convention applies to the enforcement of any arbitral award that concerns international arbitration, irrespective of the place where the award was made. The criteria according to which an arbitral award is international are the same as those for the arbitration agreement set forth in paragraph 1.

16. Under this approach, the same arbitration is treated in a uniform manner for the purposes of the Draft Convention's field of application. This remedies another shortcoming of the New York Convention under which it can happen with respect to the same arbitration that the arbitration agreement is deemed to fall under the referral provisions of article II (3), whilst the arbitral award does not come within the New York Convention's definition of its field of application (e. g., the award is made within the country where enforcement is sought).

17. The clear choice for international arbitration also comports with the reference to international public policy in connection with the referral to arbitration (article 2(2)(c)) and the enforcement of the award (article 5(3)(h)).

18. The definition of the Draft Convention's scope means that the arbitration law of the place of arbitration (which is also the place where the award was or will be made) does not determine the Convention's applicability. On the other hand, the arbitration law of the place of arbitration and award can be relevant under the Convention in a number of other respects (validity of the arbitration agreement, articles 2(2)(b) and 5(3)(b); composition of the arbitral tribunal, article 5(3)(d); arbitral procedure, article 5(3)(e); binding force of the award, article 5(3)(f); setting aside of the award, article 5(3)(g); see also § 94 below). In this respect too, the Draft Convention is compliant with the UNCITRAL Model Law whose field of application is in essence territorial.

19. A consequence of the Draft Convention's field of application to the enforcement of any award resulting from an international arbitration is that the references in its text to "the country where the award was made" in article 5(3) may include the country where enforcement of the award is sought under the Draft Convention.

Paragraph 3 – Recognition

20. Paragraph 3 provides that the provisions of the Draft Convention apply to the recognition of the arbitral award accordingly. A separate provision regarding recognition is inserted for reasons of drafting so that the Draft Convention's provisions are not unduly burdened by recurring references to the recognition of the award as it is the case in the New York Convention.

No Reservations

21. Unlike article I(3) of the New York Convention, the Draft Convention does not offer States the possibility to adopt a reciprocity reservation or a commercial reservation. With respect to the reciprocity reservation, the Draft Convention is premised on the more modern principle of universal applicability of treaties. As regards the commercial reservation, that reservation has not played any significant role in the interpretation and application by the courts of the New York Convention.

Article 2 – Enforcement of Arbitration Agreement

22. Article 2 is an elaboration of article II(3) of the New York Convention.

Paragraph 1 – General Obligation to Refer

23. Paragraph 1 sets forth the general obligation of the courts in the Contracting States to enforce arbitration agreements by means of referral to arbitration.

24. The obligation concerns arbitration agreements that fall under the Draft Convention as defined in article 1(1). See § § 9 – 10 above.

25. The term "refer . . . to arbitration" is retained from article II(3) of the New York Convention. It includes other forms of enforcing arbitration agreements as practised in a number of countries (such as the "stay of court proceedings" in favour of rbitration).

26. The text mentions referral of a "dispute" to arbitration, which language is considered to be semantically more correct than referral of the "parties" to arbitration as stated in article II(3) of the New York Convention.

27. The language is mandatory ("shall," see also paragraph 2) and, as it is the case under the New York Convention, a court does not have a discretionary power whether or not to refer.

28. The text of paragraph 1 is concerned with the situation of a dispute having been brought before a national court, like it is the case in article II(3) of the New York Convention. However, it should not be taken to exclude other types of court proceedings in relation to the arbitration agreement, such a specific action to compel arbitration.

29. It is not incompatible with the arbitration agreement to which article 2 applies for a party to request, before or during the arbitral proceedings, from a court an interim measure of protection, and for a court to grant such measure (cf. articles 9 and 17 J of the UNCI-

TRAL Model Law).

Paragraph 2 – Grounds for Refusal of Referral

30. Paragraph 2 of article 2 contains a limitative list of circumstances under which a court shall not refer the dispute to arbitration. Referral may not be refused on any other ground.

31. The introductory sentence of paragraph 2 makes clear that the grounds for non-referral are to be asserted and proven by the party against whom the arbitration agreement is invoked in the court proceedings. Such an express provision is lacking in the New York Convention. It corresponds to the provision in article 5(3) of the Draft Convention (built on article V(1) of the New York Convention) that the party against whom enforcement of an arbitral award is sought has to assert and prove the grounds for refusal of enforcement of the arbitral award.

Ground (a) – Arbitration Agreement Not Invoked In Limine Litis

32. Ground (a) of paragraph 2 is to the effect that the arbitration agreement is to be invoked before submitting a statement on the substance of the dispute (in ordinary cases, that is the defendant). It is another provision that is lacking in the New York Convention but can be found in a number of arbitration laws (e. g. , article 8(1) of the UNCITRAL Model Law).

Ground (b) – Lack of Valid Arbitration Agreement

33. Ground (b) of paragraph 2 addresses a major problem under the New York Convention. Article II(1) of the New York Convention requires the written form for an arbitration agreement, which is defined in article II(2) as including "an arbitral clause in a contract or an arbitration agreement, signed by the parties or contained in an exchange of letters or telegrams." The requirement of the written form is more stringent than is imposed by virtually all modern arbitration laws. It prompted UNCITRAL to issue a "Recommendation regarding the interpretation" in 2006, in which it suggested to apply article II(2) "recognizing that the circumstances described therein are not exhaustive." The interpretation, however, has its limits as the text of article II(2) requires either a signed contract or an exchange, which excludes less formal ways of acceptance.

34. It is submitted that requirements for the form of the arbitration agreement are no longer needed. Actually, modern arbitration laws are gradually abandoning the requirement of the written form, treating the arbitration clause on the same footing as other clauses in a contract (see the recent discussion at UNCITRAL, resulting in alternative options for the definition and form of the arbitration agreement in article 7 of the UNCITRAL Model Law at the thirtyninth session in 2006). The Draft Convention follows this trend by no longer imposing an internationally required written form.

Rather, as it is the case under the New York Convention in other respects regarding the arbitration agreement, the Draft Convention refers to the applicable law for question concerning the validity of the arbitration agreement. The applicable law may include provisions similar to the revised article 7 of the UNCITRAL Model Law.

35. The New York Convention does not contain a rule of conflict of laws for determining the law applicable to the arbitration agreement at the stage of referral to arbitration. The absence of conflict rules has given rise to diverging judicial interpretations, ranging from the law of the forum to the law where the award will be made or will likely be made. The Draft Convention retains the latter conflict rule since it will lead to the same law governing the arbitration agreement at the stage of enforcement of the arbitral award (see article 5(3)(a)). This option is supported by the experience in practice that, whilst a number of laws is a potential candidate for governing an arbitration agreement, the law of the place of arbitration is held to be the governing law in most cases. Furthermore, the applicability of the law of the place of arbitration to the validity of the arbitration agreement has the advantage that a choice by the parties (or arbitral institution) for a favourable place of arbitration implies a choice for a law that is probably also favourable to the validity of the arbitration agreement.

36. Ground (c) mentions the place where the award will be made. The country where the award will be made is the same as the place of arbitration (cf. UNCITRAL Model Law, article 31(3)).

37. It will frequently happen that the place of arbitration is known at the time the validity of the arbitration agreement is to be determined under article 2 of the Draft Convention. Unlike 50 years ago, parties are now well aware of the legal significance of choosing the place of arbitration, being that it entails the applicability of the arbitration law of the place of arbitration, and that it is not to be confused with the place of arbitration in the physical sense (cf. UNCITRAL Model Law, articles 1(2) and 20(2); see also § 94 below). In many cases, the parties have fixed a place of arbitration in their arbitration agreement or have agreed on arbitration rules under which the arbitral institution or the arbitral tribunal determines the place in the absence of an agreement of the parties.

38. In those rare cases in which the place of arbitration is not yet known at that time or any indication is lacking where the award will likely be made, one has to fall back on the arbitration law of the country where the arbitration agreement is invoked.

39. It may be recalled that most arbitration laws adopt the doctrine of the separability of the arbitration agreement, that is, the invalidity of the main contract in which the arbitration agreement (clause) is included or to which the arbitration agreement relates does not affect the validity of the arbitration agreement (e. g., UNCITRAL Model Law, article

16(1)). A logical consequence of the separability doctrine is that the law applicable to the contract is not necessarily the same as the law governing the arbitration agreement (clause).

40. Questions regarding validity of the arbitration agreement should be broadly understood. They include capacity, existence, formation, scope and contents. In practice, most cases concern the scope of the arbitration agreement, i. e. , whether a dispute is covered by the wording of the arbitration agreement (in the United States also referred to as "arbitrability"). With respect to contents, that matter too is to be determined under the applicable law. The sole exception is public policy (see § 44 below).

41. There is no need to include in the Draft Convention language such as that which appears in article II(1) of the New York Convention ("an agreement in writing under which the parties undertake to submit to arbitration all or any differences which have arisen or which may arise between them in respect of a defined legal relationship, whether contractual or not") as these matters are almost always dealt with by the applicable law (e. g. , UNCITRAL Model Law, article 7, Option I and II).

42. Ground (b) of paragraph 2 allows a court to examine the validity of the arbitration agreement on a prima facie basis only in the context of dealing with a request to refer the dispute to arbitration under article 2 of the Draft Convention. The reasons for such a limited examination are that the referral should be decided expeditiously by the court, and that that arbitral tribunal is the first instance to conduct a full review of an objection to the validity of the arbitration agreement, subject to eventual subsequent court control in an action for setting aside or enforcement of the arbitral award.

Ground (c) – Violation of Public Policy 43. Ground (c) of paragraph 2 corresponds to the terminal proviso of article II(1) of the New York Convention ("concerning a subject matter capable of settlement by arbitration"). There are three differences. First, the ground is listed as a ground for refusal of referral of the dispute to arbitration that is to be asserted and proven by the party against whom the arbitration agreement is invoked (with the possibility of the court relying on it on its own motion pursuant to paragraph 3). Second, the matter of arbitrability forms part of public policy. Arbitrability, therefore, is not expressed as a separate ground for refusal of referral to arbitration, but is subsumed in the public policy ground. Third, the public policy is limited to the narrower category of international public policy as developed by courts in many countries in relation to public policy, including arbitrability, under the New York Convention.

44. Ground (c) of paragraph 2 concerning public policy also means that it can constitute an exception to the applicability of the law of the place of arbitration for determining the validity of the arbitration agreement as provided in paragraph 2(b). The exception will

occur if the place of arbitration is in a country other than the country where the agreement is invoked. In that case, all questions regarding the validity of the arbitration agreement are to be determined under the law of the place of arbitration, with the exception of questions regarding public policy, in particular arbitrability in the sense of the dispute being capable of settlement by arbitration, which questions are to be judged under the rules of international public policy of the country where the agreement is invoked.

Paragraph 3 – Application of Public Policy by Court on Its Own Motion

45. Paragraph 3 is to be viewed in light of the fact that the New York Convention provides that a court can apply the public policy exception on its own motion with respect to the arbitral award (article V(2)). If the Convention expressly allows a court to rely on its own motion on public policy in relation to the arbitral award (see article 5(4)), a court should also be allowed to rely on public policy on its own motion in relation to the arbitration agreement. Although – to the extent that it could be researched – a court has never applied the public policy defence on its own motion, that provision is repeated in the Draft Convention for reasons of its acceptability.

Article 3 – Enforcement of Award – General

46. The sequence of the articles concerning enforcement of the arbitral award are the same as under the New York Convention: article 3 concerns enforcement in general; article 4 deals with the matters that the party seeking enforcement has to accomplish; article 5 contains the grounds for refusal of enforcement to be asserted and proven by the party against whom enforcement is sought or to be applied by a court on its own motion; and article 6 addresses the situation where the action for setting aside is pending in the country of origin. Within that sequence, a number of redundancies, obstacles and uncertainties created by the New York Convention are dealt with in the Draft Convention.

47. The obligation to enforce awards concerns arbitral awards that fall under the Draft Convention as defined in article 1(2). See § § 12–21 above.

48. Article 3 no longer contains the New York Convention article III language "Each Contracting State shall recognize arbitral awards as binding and" as this language has not proven to be necessary in practice. Rather, like the other provisions of the Draft Convention, article 3 specifies that it is to be applied by the courts in the Contracting States.

Paragraph 1 – Conditions for Enforcement

49. Paragraph 1 expresses what is the generally accepted interpretation under the New York Convention: the conditions for enforcement are those set forth in the Convention only. Contracting States are not allowed to add, delete or amend conditions. For example, if an arbitral award comes within the scope of article 1(2) of the Draft Convention, an enforcement court is not allowed to impose other requirements as to jurisdiction in respect of a

request for enforcement. Paragraph 1 applies only to awards the enforcement of which is sought under the Draft Convention (see article 7 concerning the more-favourable-right to enforce on another basis).

Paragraph 2 – Procedure for Enforcement

50. Paragraph 2 is also similar to the New York Convention. The Draft Convention does not specify the procedure for enforcement of an arbitral award, which procedure is left to the law of the country where enforcement is sought (subject to the provisions of paragraphs 3 and 4). In light of the grounds for refusal of enforcement set forth in article 5, the procedure implies that the party against whom the award is invoked is afforded the opportunity to present its case. Hence, the procedure is not ex parte.

51. The procedure under the law of the forum cannot be such that it affects in some manner the conditions of enforcement mentioned in the Draft Convention. Accordingly, the Draft Convention's conditions for enforcement referred to in paragraph 1 prevail over the domestic rules of procedure of enforcement referred to in paragraph 2 if they conflict with each other.

Paragraph 3 – No Onerous Requirements

52. Paragraph 3 comes in lieu of the second sentence of article III of the New York Convention ("There shall not be imposed substantially more onerous conditions or higher fees or charges on the recognition or enforcement of arbitral awards to which this Convention applies than are imposed on the recognition or enforcement of domestic arbitral awards").

53. The language is changed from "conditions" in article III of the New York Convention to "requirements on the procedure" in order to make clear the difference between paragraph 1 (conditions for enforcement are exclusively governed by the Convention) and paragraph 2 (procedure for enforcement is governed by the law of the country where enforcement is sought). Furthermore, the comparison with the enforcement procedure of domestic awards is abandoned so that an harmonized "light" international standard for the enforcement procedure can be achieved. The change in language should also be viewed in light of the requirement of paragraph 4.

Paragraph 4 – Court to Act Expeditiously

54. Paragraph 4 addresses a serious problem under the New York Convention: in a number of Contracting States, the procedure for enforcement of Convention awards is unacceptably slow. The Draft Convention stipulates that the courts must act expeditiously on a request for enforcement. Corollary to that obligation is the obligation of the parties to assist the enforcement court in fulfilling the obligation. It is left to the legislature and judiciary in the Contracting States how the enforcement proceedings can be expedited in terms of procedure.

55. Paragraph 4 prevails over the provisions of paragraph 3 if and to the extent that the procedure under the law of the country where enforcement is sought has the effect of an unacceptably slow enforcement procedure for an award falling under the Draft Convention.

Provisions Not Included in the Draft Convention

56. A counterclaim in enforcement proceedings would in principle be incompatible with the Draft Convention, and in particular paragraphs 3 and 4 of article 3.

57. The Draft Convention does not contain provisions on the periods of limitation for the enforcement of an arbitral award. It is to be noted that these periods vary considerably. For example, the period is 6 months in PR China, 3 years in the United States, 6 years in England, and 20 years in the Netherlands.

58. Nor does the Draft Convention contain provisions on the awarding of post-judgment interest by the enforcement court. That faculty is granted to courts in some Common Law countries, but unknown in many other countries. There is no need to include provisions on interest in the Draft Convention as interest until the date of payment is usually granted in international awards, provided that a party has specifically sought an award of such interest.

Article 4 – Request for Enforcement

59. Article 4 deals with the conditions that a party seeking enforcement of an award within the scope of the Convention should comply with.

Paragraph 1 – Conditions Entitling Leave for Enforcement

60. Paragraph 1 makes clear that the conditions set forth in article 4 are the only conditions that need to be met. Once the party seeking enforcement of the award has fulfilled them, that party is entitled to a leave for enforcement on the award, unless the party against whom the award is invoked asserts and proves one of the grounds for refusal of enforcement set forth in article 5(3), or the enforcement court finds that enforcement of the award would violate its international public policy under article 5(3)(h) in conjunction with article 5(4).

61. Paragraph 1 further specifies that the presence of grounds for refusal of enforcement can be found by a court "under the conditions of articles 5 and 6," which include: the principles set out in article 5(1) – (2) (grounds for refusal of enforcement are exclusive and to be applied in manifest cases only); article 5(5) (waiver of right to invoke a ground for refusal of enforcement); and article 6 (setting aside action pending in country of origin, i. e., country where award was made).

Paragraph 2 – Original Award

62. Paragraph 2 requires a party seeking enforcement of an award to submit the original of the award. Paragraph 3 adds that instead of the original of the award, a certified copy can

be supplied.

63. Article IV(1)(a) of the New York Convention requires the submission of: "The duly authenticated original award or a duly certified copy thereof." In practice, a party seeking enforcement either submits the original of the award, without any authentication, or a certified copy. The text of paragraph 2 of article 4 of the Draft Convention conforms to that practice.

Paragraph 3 – Copy of the Award

64. Paragraph 3 allows a party seeking enforcement to submit a certified copy. Under the New York Convention, most courts accept a certification by variety of authorities (the administrator of a reputed arbitral institution; a notary public; a consular service) and do not impose formalistic requirements. That practice is carried forward in paragraph 3 by providing that the certification should be in such form as directed by the court before which enforcement is sought.

Paragraph 4 – Translation

65. Paragraph 4 is also less formal than article IV(2) of the New York Convention which prescribes a translation that in all cases is certified by "an official or sworn translator or by a diplomatic or consular agent." A number of courts no longer require the translation of documents if they are familiar with the foreign language in question (notably English). The main reason for this attitude is to avoid unnecessary costs as it is commonly known that the translation of an arbitral award can be expensive. Paragraph 4 reflects that practice.

No Submission of Arbitration Agreement

66. Unlike article IV(1)(b) of the New York Convention, article 4 of the Draft Convention does not oblige the party seeking enforcement of the award to supply (a copy of) the arbitration agreement. The abandonment of this requirement follows the liberalization of the formal requirements regarding the arbitration agreement in the Draft Convention (see § 33 above).

67. An identical amendment was made with respect to the UNCITRAL Model Law in 2006, in which the presentation of a copy of the arbitration agreement is no longer required under article 35(2) for enforcement of the award irrespective of the country of origin.

68. Moreover, certain courts interpret article IV(1)(b) of the New York Convention as requiring the party seeking enforcement to prove the validity of the arbitration agreement, which is contrary to one of the main features of the Convention that the party against whom the enforcement is sought has the burden to prove the invalidity of the arbitration agreement. That main feature is retained in the Draft Convention (article 5(3)(a)).

69. The arbitration agreement on which the arbitral award is based is almost always referenced in the arbitral award so that no uncertainty will exist regarding the agreement on

which the award is based.

Other Provisions Not Included in the Draft Convention

70. The phrase "at the time of the application" as appearing in article IV(1) of the New York Convention has not been retained either. The phrase has led to refusals of enforcement by some courts on formalistic grounds. By omitting the phrase in the Draft Convention, courts are offered more flexibility as to determining the latest moment on which a party can submit the original or certified copy of the arbitral award in the proceedings (or rectify an incorrect filing).

Article 5 – Grounds for Refusal of Enforcement

71. Article 5 is modelled after article V of the New York Convention with a number of clarifications and adjustments.

Paragraph 1 – Grounds Are Limitative

72. Paragraph 1 provides that the grounds for refusal of enforcement are listed limitatively. No other grounds may be applied. In particular, the review of the merits of an arbitral award is not one of the grounds for refusal of enforcement set forth in article 5.

Paragraph 2 – In Manifest Cases Only

73. Paragraph 2 addresses an issue under the New York Convention: does an enforcement court have a residual power to enforce an award notwithstanding the presence of a ground for refusal of enforcement? The answer to the question is given in paragraph 2 by providing that enforcement shall be refused in manifest cases only. In manifest cases, there is no room for the application of a residual power.

74. Paragraph 2 comports with the underlying rationale that enforcement should be refused solely in serious cases. See also article 5(5) (waiver of right to invoke ground for refusal).

Paragraph 3 – Ground for Refusal of Enforcement

75. Paragraphs 2 and 5 of article 5 combined alleviate the need to deal with the question under article V(1) of the New York Convention whether the introductory language of the grounds for refusal of enforcement should be permissive ("enforcement may be refused") or mandatory ("enforcement shall be refused"). Having both provisions in the Draft Convention, the introductory language of paragraph 3 can be unambiguous by being mandatory.

76. The introductory language of paragraph 3 is also clearer than article V(1) of the New York Convention in respect of the distinction between an assertion and proof for the assertion.

Ground (a) – Lack of Valid Arbitration Agreement

77. Ground (a) of article 5(3) is a simplified version of article V(1)(a) of the New

York Convention. First, as the Draft Convention no longer imposes requirements for the form of the arbitration agreement, there is no reference to a corresponding provision in the Convention (comp. article V(1)(a) of the New York Convention: "the agreement referred to in article II"). Second, all questions regarding the validity of the arbitration agreement are deemed to be covered by the expression "no valid arbitration agreement." Third, the conflict rules are reduced to one simple rule: the law of the country where the award was made. That country is synonymous to the place of arbitration. See § § 33 – 40 above; see also § 66 above.

78. The uniform and simple conflict rule applies also to questions regarding the capacity of the parties to conclude the arbitration agreement. It therefore is not necessary to include in ground (a) an express reference to the incapacity of a party as it is made in Article V(1)(a) of the New York Convention ("under the law applicable, were under some incapacity").

Ground (b) – Violation of Due Process

79. Ground (b) of article 5(3) is a modernized version of article V(1)(b) of the New York Convention. It embodies the fundamental due process rights as set forth in current arbitration legislation (e. g., UNCITRAL Model Law, article 18, the difference being that "full opportunity" is replaced by "reasonable opportunity" in the Draft Convention).

Ground (c) – Excess of Authority

80. Ground (c) of article 5(3) is a simplified version of article V(1(c) of the New York Convention, whose language, moreover, is unclear (see § 1(c) above).

81. Ground (c) applies if the arbitral tribunal has granted more than the relief sought (extra petita). In that case, enforcement can still be granted for that part of the relief granted that is within the relief sought, provided that the two can be severed.

82. The matter of the relief granted outside the relief sought (extra petita) must be distinguished from the relief granted outside the scope of the arbitration agreement but within the relief sought. In such a case, ground (a) of article 5(3) (invalid arbitration agreement) applies, and not ground (c).

Grounds (d) and (e) – Irregular Composition of Arbitral Tribunal or Arbitral Procedure

83. Grounds (d) and (e) of article 5(3) are similar to ground (d) of article V(1) of the New York Convention. For reasons of clarity, they are presented in separate grounds.

84. If and to the extent that there is an agreement of the parties on the composition of the arbitral tribunal or the arbitral procedure, the arbitration law of the country where the award was made (i. e., the place of arbitration) does not come into play insofar as grounds (d) and (e) of article 5(3) of the Draft Convention are concerned. Under the present text

of article V(1)(d) of the New York Convention, that rule has given rise to the question whether an agreement of the parties on those matters can also deviate from the mandatory rules of the arbitration law of the place of arbitration (e. g., an agreement on an even number of arbitrators in a country where an uneven number is mandatorily prescribed by the law). The text of article 5(3)(d) – (e) does not allow to refuse enforcement on the basis of such a contravention. In that case, an aggrieved party should seek the setting aside of the award in the country of origin and, if successful, seek the refusal of enforcement on ground (g), i. e., the award has been set aside in the country where it was made. The same solution is offered by the UNCITRAL Model Law (comp. article 34(2)(a)(iv) with article 36 (1)(a)(iv)).

85. As mentioned before, the expression "the law of the country where the award was made" can refer to the country where enforcement of the award is sought (see § 18 above).

Ground (f) – Award Not Binding

86. Ground (f) of article 5(3) corresponds to article V(1)(e) of the New York Convention inasmuch as it concerns the expression "the award has not yet become binding on the parties." The word "binding" had been inserted in the New York Convention in lieu of the word "final" as it appeared in the Geneva Convention of 1927 in order to denote that a leave for enforcement on the award granted by a court in the country of origin is no longer required for enforcement abroad (the system of the so-called "double exequatur").

87. The word "binding" in the New York Convention, however, has given rise to differing interpretations. The Draft Convention retains the prevailing interpretation that the word "binding" means that an award is not binding if it is still open to appeal on the merits before an appeal arbitral tribunal or a court in the country of origin. Appeal arbitration is allowed in a number of countries and specifically agreed to, in particular, in commodity arbitration. An appeal on the merits before a court is rare nowadays. The possibility of a setting aside or annulment of an arbitral award in the country of origin is not equivalent to an appeal on the merits. Consequently, in most cases an arbitral award can be enforced under the Draft Convention as soon as it is rendered.

Ground (g) – Award Set Aside in Country of Origin

88. The action to set aside (annul, vacate) an arbitral award is contemplated by virtually all arbitration laws. The competence to consider and decide on the setting aside of an arbitral award belongs exclusively to the courts of the country where the award was made (the country of origin, which is equivalent to the place of arbitration). Setting aside is to be distinguished from enforcement which can be considered and decided by courts of any country insofar as it concerns the courts' (territorial) jurisdiction.

89. Ground (g) adopts the solution offered by article IX(2) of the European Convention on International Commercial Arbitration of 1961. Accordingly, the refusal of enforcement is limited to cases where the award has been set aside on grounds equivalent to grounds (a) to (e) of article 5(3) of the Draft Convention. Grounds (a) to (e) of article 5(3) correspond in turn to generally recognized grounds for setting aside an arbitral award resulting from international arbitration (see article 34(2)(a) of the UNCITRAL Model Law).

90. The term "equivalent" is chosen since the wording of the grounds for setting aside may differ under domestic law. The expression refers to grounds that may be semantically different but are comparable in content and scope.

91. The solution proposed in ground (g) of article 5(3) of the Draft Convention means, in particular, that a setting aside on (domestic) public policy or parochial grounds in the country of origin is not a ground for refusal of enforcement under the Draft Convention.

92. Ground (g) offers a solution between two extreme positions. On the one hand, article V(1)(e) of the New York Convention provides as a ground for refusal of enforcement an award that has been set aside on any ground in the country of origin. On the other, according to French courts, the setting aside of the award in the country of origin is no ground for refusal of enforcement at all in France. The French courts take that position outside an application of the New York Convention.

93. Ground (g) concerns the situation that the award has been set aside in the country of origin. If an action for setting aside the award is pending in the country of origin, the provisions of article 6 apply.

94. Ground (g) does not include the expression "under the law of which" the award was made as it is the case for article V(1)(e) of the New York Convention. Having regard to the observations made in § 36 above, the reference to the country where the award was made suffices. In practice, parties almost never agree to the applicability of arbitration law other than the law of the place of arbitration.

Ground (h) – Violation of Public Policy

95. Ground (h) corresponds to article V(2) of the New York Convention. As it is the case for the referral to arbitration (see § 43 above), there are three differences. First, the ground is listed as a ground for refusal of enforcement that is to be asserted and proven by the party against whom enforcement of the award is sought (with the possibility of the court relying on it on its own motion pursuant to paragraph 4). Second, the matter of arbitrability forms part of public policy. Arbitrability, therefore, is not mentioned as a separate ground for refusal of enforcement, but is subsumed under the public policy ground. Third, the pub-

lic policy is limited to the narrower category of international public policy as developed by courts in many countries in relation to public policy, including arbitrability, under the New York Convention.

Suspension of Award

96. The grounds for refusal of enforcement of an award under the Draft Convention do not include a suspension of the award in the country of origin. Article V(1)(e) of the New York Convention contains such a ground, which has caused uncertainty in practice. Courts interpret the ground to mean that it refers to a suspension of enforcement. The courts are divided whether it contemplates a suspension of enforcement specifically ordered by a court only or also a suspension by operation of law (which occurs in some countries when an application for setting aside is made). As matters regarding enforcement in the country of origin, including suspension of enforcement, are limited to that country, there is no need to address it in the Draft Convention.

Paragraph 4 – Application of Public Policy by Court on Its Own Motion

97. Paragraph 4 is explained in § 45 above.

Paragraph 5 – Waiver of the Right to Invoke a Ground for Refusal of Enforcement

98. With respect to paragraph 5, the New York Convention does not contain an express provision on the waiver of a right to invoke a ground for refusal of enforcement. Some courts have interpreted the Convention as implying a discretionary power not to refuse enforcement if a party can be held to have waived the right to rely on a ground for refusal of enforcement, but this is not an established interpretation. The interpretation is mainly based on the permissive expression "enforcement may be refused" in the opening proviso in article V(1) of the New York Convention in its English text. The Draft Convention, however, employs the mandatory expression "enforcement shall be refused," which would no longer permit the interpretation (see § 75 above).

99. For those reasons, the Draft Convention contains express provisions on the waiver of the right to invoke a ground for refusal of enforcement in paragraph 5 of article 5. The provisions are based on article 4 of the UNCITRAL Model Law.

100. The provisions of paragraph 5 apply in the enforcement proceedings under the Draft Convention irrespective of whether or not the arbitration law of the place of arbitration contains similar waiver provisions. In this manner, a better uniform treatment of the enforcement of awards can be achieved.

101. The waiver is limited to grounds (a) to (e) of article 5(3). Grounds (f) and (g) are not matters that can be the subject of a waiver since they occur subsequent to the arbitration (i. e., binding force of the award and setting aside of the award, espectively). Ground (h) is not a matter for a waiver in the arbitration either since it concerns interna-

tional public policy of the country where the enforcement is sought.

Article 6 – Action for Setting Aside Pending in Country of Origin

102. Article 6 is similar to article VI of the New York Convention.

Paragraph 1 – Adjournment

103. Paragraph 1 codifies the prevailing interpretation by the courts under the New York Convention that an enforcement court has the discretionary power to adjourn the decision on enforcement. In order to preserve a broad power of the enforcement courts in that respect, the Draft Convention does not codify the test regularly used by the enforcement courts when considering an application to adjourn, which is the likelihood of success of the setting aside action in the country of origin.

104. It is not deemed necessary to specify in the text of paragraph 1 that the expression "pending" refers not only to a pending setting aside action in first instance, but also to an appeal, including the period for lodging the appeal, unless a party has validly renounced the appeal.

Paragraph 2 – Security

105. Paragraph 2 expands the terminal proviso in Article VI of the New York Convention ("and may also, on the application of the party claiming enforcement, order the other party to give suitable security").

106. If the decision on enforcement is adjourned, the enforcement court may, at the request of the party seeking enforcement, order the party against whom enforcement is sought to provide suitable security for the event that the application for setting aside is rejected in the country of origin.

107. On the other hand, if the decision on enforcement is not adjourned, the enforcement court may, at the request of the party against whom enforcement is sought, order the party seeking enforcement to provide suitable security for the event that, subsequent to enforcement, the award is set aside in the country of origin. The justification for the latter case is that the party against whom the award is enforced should be able to recover what it has paid to the other party in the enforcement action. However, courts will likely exercise more restraint in ordering security to be provided by a party seeking enforcement of an award since the Draft Convention's goal is to facilitate enforcement.

108. The form of "suitable security" is also left to the discretion of the enforcement court. It is customary in many countries to order the relevant party to provide an appropriate bank guarantee or to pay the amount in question into an escrow account.

Article 7 – More-Favourable-Right

109. Article 7 contains a more-favourable-right provision that is based on article VII (1) of the New York Convention. It forms part of the Draft Convention's goal to facilitate

enforcement in as large a number of cases as possible. The Draft Convention is conceived as imposing minimum requirements only and a Contracting State may be less demanding than the Convention by offering a more liberal legal regime.

110. The text of article VII(1) of the New York Convention applies to the enforcement of the arbitral award only and does not mention the arbitration agreement. UNCITRAL suggests in its "Recommendation regarding the interpretation" of 2006 that article VII(1) "should be applied to allow any interested party to avail itself of the rights it may have, under the law or treaties of the country where an arbitration agreement is sought to be relied upon, to seek recognition of the validity of such an arbitration agreement." That interpretation is codified in Article 7 which expressly refers to both the arbitration agreement and the arbitral award.

111. Article VII(1) of the New York Convention is drafted in an indirect manner: the provisions of the New York Convention shall not "deprive any interested party of any right he may have to avail himself of an arbitral award in the manner and to the extent allowed by the law or treaties of the country where the award is relied upon." Article 7 is clearer by referring to enforcement on a legal basis other than the Draft Convention in the country where the agreement or award is relied upon.

112. The "legal basis" mentioned in article 7 can be another treaty, domestic statute law or case law concerning the enforcement of arbitration agreements or arbitral awards in international arbitration. Such law and treaties may be applicable in particular to the referral of a dispute to international arbitration outside the court's jurisdiction and the enforcement of arbitral awards rendered abroad in an international arbitration.

113. Article 7 implies a fork-in-the-road with respect to the legal basis on which enforcement is sought. If the party seeking enforcement has elected another legal basis for enforcement, that basis applies to the exclusion of the Convention. If the legal basis were a combination of the Draft Convention and another legal basis, a party seeking enforcement could select a combination that deprives the other party of its rights to defences under the Draft Convention. That would be inconsistent with the balanced scheme for the defences offered by the Draft Convention, and, hence, constitute a violation of due process.

114. Conversely, a party against whom enforcement is sought is not allowed to rely on another basis for its defences to enforcement, unless and until the party seeking enforcement has elected another legal basis. It would be incompatible with the Draft Convention if a party seeks enforcement on the basis of the Convention, but the other party is allowed to invoke in whole or in part defences originating from another legal basis.

115. In practice, however, it is expected that in almost all cases the party seeking enforcement will rely on the legal regime of the Draft Convention since it is rather favourable

to enforcement.

116. Article VII(1) of the New York Convention also contains a so called "compatibility provision," i. e. , the New York Convention does not affect the validity of other multilateral or bilateral treaties concerning enforcement. The compatibility provision is one of the provisions that is possibly to be inserted as part of the General Clauses since it is a typical treaty provision.

Article 8 – General Clauses

117. The General Clauses are to be considered and possibly included in the Draft Convention. They include amongst others:

(a) Designation of Competent Enforcement Court

(b) Interpretation

(c) Relationship with the New York Convention

(d) References to the New York Convention in other treaties

(e) Compatibility with other treaties

(f) [No] reservations

(g) General reciprocity (see also § 21 above)

(h) Applicability of the Draft Convention to territories and in federal states

(i) Signature, ratification and accession, and deposit

(j) Entry into force

(k) Retroactive [in]applicability; transitional clauses

(l) Denunciation

(m) Notifications

(n) Language of authentic texts.

6.《香港仲裁条例》的修改

6.1　香港仲裁立法的最早起源

目前的《香港仲裁条例》最初于1963年生效。其中大部分内容是依从1950年的《英国仲裁法》(在英国已被废除)。当时的版本同时适用于香港本土以及国际仲裁或是根本没有做出这一区分。

6.2　1987年建议采用《联合国示范法》(UNCITRAL Model Law)

到了1987年,香港"法律改革委员会"(Law Reform Commission)在它的报告中,建议香港采用联合国刚在1985年推出的UNCITRAL Model Law并适用于香港的国际仲裁,而香港的本土仲裁的适用法保持不变(即还是依从1950年的《英国仲裁法》)。

该建议被采纳,并且1990年4月4日起,经过了小小修改的UNCITRAL Model Law开始适用于香港的国际仲裁。这一改变估计是在一定程度受到1997年香港主权将要回归中国的影响,因为当时英国鉴于国际仲裁的发展,也正在对1950年《英国仲裁法》进行全面的检讨,由于香港的仲裁法就是依从1950年《英国仲裁法》以及英国的普通法/先例。显然一种简单与合理的做法是,香港等待英国仲裁法检讨修改完毕然后跟从,而且以英国的立法水平,新的版本肯定不会差。但在那个时候如果这样做,难免会引起政治上的敏感。但如果是采用UNCITRAL Model Law,估计就会与中国的仲裁法接近得多。更是有估计中国也会采用UNCITRAL Model Law,虽然最后中国没有这样做。

6.3 UNCITRAL Model Law的不足之处

但在UNCITRAL Model Law适用后就发现了一些比较严重的问题。所以1992年1月,在香港检查总长的邀请下,香港国际仲裁中心成立了以Neil Kaplan大法官为主席的一个委员会(HKIAC Committee),商讨是否需要对当时的《香港仲裁条例》进行修改与如何修改。其中,该委员会也参考了当时英国于1991年5月出版的新的仲裁法草稿,看看怎么样针对一些UNCITRAL Model Law下的问题。

其中一些重要的问题如下。

6.3.1 不足之处之一:文书仲裁协议形式上要求太严格

UNCITRAL Model Law对"文书仲裁协议"(arbitration agreement in writing)的形式上有太严格与不现实的要求。这在笔者杨良宜先前的著作《国际商务仲裁》一书560页有详论。

为了解决这一问题,后来的《香港仲裁条例》引入了新的条文2AC把"文书仲裁协议"的定义大大地扩展规定如下:(这也是雷同1996年《英国仲裁法》之第5条):

(1) An agreement is not an arbitration agreement for the purposes of this Ordinance unless it is in writing.

(2) An agreement is in writing for the purposes of subsection (1) if— (a) the agreement is in a document, whether signed by the parties or not; or (b) the agreement is made by an exchange of written communications; or (c) although the agreement is not itself in writing, there is evidence in writing of the agreement; or (d) the parties to the agreement agree otherwise than in writing by referring to terms that are in writing; or (e) the agreement, although made otherwise than in writing, is recorded by one of the parties to the agreement, or by a third party, with the authority of each of the parties to the agreement; or (f) there is an exchange of written submissions in arbitral or legal proceedings in which the existence of an agreement otherwise than in writing is alleged by one party against another party and is not denied by the other party in response to the allegation.

(3) A reference in an agreement-(a) to a written form of arbitration clause; or (b) to a document containing an arbitration clause, constitutes an arbitration agreement if the

reference is such as to make that clause part of the agreement.

（4）In this section "writing" includes any means by which information can be recorded.

6.3.2　不足之处之二：中间措施的规定不明确与不全面

UNCITRAL Model Law 对"中间措施"（interim measure）有规定在 Article 9 与 Article 17 分别说明法院与仲裁庭有权做出，但只是短短的两句话，而且没有对中间措施具体包括的内容进行明确规定。这导致了不明朗的地方，如在其中一个笔者涉及的仲裁中，三位仲裁员对中间措施是否包括"费用担保"（security for costs）是否属于中间措施有了严重分歧，这关系到仲裁庭是否有权下令原告提供费用担保的现实问题。如果仲裁庭不能下令（根据英国普通法，只应是法院的权力：Unione Stearinerie Lanza v. Wiener [1917] 2 KB 558），就只能让法院做出有关的命令，这也是香港本土仲裁的地位，因为 1950 年《英国仲裁法》之 Section 12（6）如下："The High Court shall have, for the purpose of and in relation to a reference, the same power of making orders in respect of（a）security for costs..."但 UNCITRAL Model Law 就更加麻烦，因为 Article 5 说明是除了示范法有明确规定外，法院是没有权力插手仲裁。而 UNCITRAL Model Law 根本没有任何条文针对费用担保的问题，更不用说授权香港法院做出命令。这表示在香港的国际仲裁，如果仲裁庭没有权力下令原告提供费用担保，香港法院也不会有。这变成到香港仲裁，国际仲裁再也不会有费用担保这一回事。

有关中间措施，还有其他不如意的地方，如 UNCITRAL Model Law 没有针对法院与仲裁庭之间如何分工合作进行规定，虽然大家都有这一方面的权力。这就带来了当事人走冤枉路向香港法院提出中间措施的申请，但结果被打回，因为法院认为仲裁庭更适合做出的先例：The "Lady Muriel"（1995）No. 87（Civil）。

其他关于中间措施不如意的地方是给了仲裁庭权力作出，但不加强它的力度也会是枉然。因为仲裁庭总不能对当事人说：如果你不遵守我的命令提供担保或让对方对有争议的标的做出检查以保存证据，我就会判你输。加强仲裁庭中间措施命令的力度，一种可行的方法就是把它转变为法院命令，令不遵守的当事人藐视仲裁庭命令视为是藐视法院命令，而成刑事责任。

以上所讲的问题都有后续的立法修改针对，这包括在 Section 2GB 与 Section 2GC，另加上 Section 2GG。由于内容比较长，所以不全部节录。但可节录 Section 2GC（6）有关法院与仲裁庭之间的分工，如下："The Court or a judge of the Court may decline to make an order under this section in relation to a matter referred to in subsection（1）on the ground that—（a）the matter is currently the subject of arbitration proceedings; and（b）the Court or the judge considers it more appropriate for the matter to be dealt with by the relevant arbitral tribunal."

另也可节录 Section 2GG 有关把仲裁庭作出的命令变为法院命令以加强它的阻吓力："An award, order or direction made or given in relation to arbitration proceedings by an arbitral tribunal is enforceable in the same way as a judgment, order or direction of the Court that has the same effect, but only with the leave of the Court or a judge of the Court. If that leave is given, the Court or judge may enter judgment in terms of the award, order or direction. ”

6.3.3 不足之处之三:没有条文针对利息与仲裁费用

UNCITRAL Model Law 没有条文对利息(interest)与仲裁费用(costs of arbitration)针对。这显然是不如意,因为仲裁费用这一方面是非常重要的课题。所以,在修改时就加入了2GH与2GI针对利息,加入了2GJ(主要针对双方当事人之间的仲裁费用)、2GK(针对仲裁庭费用)与2GL(针对仲裁庭有权把双方当事人的可以取回的诉讼费用“封顶”并作出限制命令)针对仲裁费用。

6.3.4 不足之处之四:没有条文针对仲裁员或仲裁机构免责

UNCITRAL Model Law 与1950年《英国仲裁法》都没有针对的问题就是仲裁员或者仲裁机构在处理有关的工作有疏忽,是否可以像法院一样免责。只说在英国的普通法下,针对这个问题是倾向于仲裁员或者仲裁机构可以免责,这可以列举两个贵族院的先例:Sutcliffe v. Thackrah (1974) 1 All ER 859, Arenson v Casson Beckman Rutley & Co (1975) 3 All ER 901。但这方面也有不同的看法会认为收取费用的专业人士没有理由不为他们的疏忽而不承担责任,仲裁员正是这样的专业人士,与法院的大法官身份完全不一样。在上述的两个贵族院先例,前后先例有 Kilbrandon 勋爵与 Fraser 勋爵提出这一方面的疑问。所以,普通法的地位并非坚如磐石。此外,它也短暂地受到1982年 Supply of Goods and Services Act 1982 的影响,该立法在 Section 13 默示要求提供服务必须要合理小心与具备相应的技术(with reasonable care and skill)。但随后在 Supply of Goods and Services (Implied Terms) Order 1985, SI 1985 No. 1 把仲裁员的服务排除在该立法的 Section 13 规制范围之外。至此,就可以看到最明确不过就是在仲裁法做出规定。这在1996年《英国仲裁法》Section 29(这是针对仲裁员的责任豁免)与 Section 74(这是针对仲裁机构的责任豁免)。而在香港仲裁条例的修改,是在 Section 2GM(这是针对仲裁员的责任豁免)与 Section 2GN(这是针对仲裁机构的责任豁免)。

6.3.5 不足之处之五:仲裁庭成员必须是三位导致昂贵的仲裁费用

就是 UNCITRAL Model Law 有条文明确规定仲裁庭成员必须是三位,除非双方当事人另有明示约定仲裁庭人数,这是在 Article 10(2)。但在实践中,特别是海事与商品的争议,大家觉得不妥,因为争议金额会大会小。可以说争议金额如果少于几十万美元,就已经要严肃考虑仲裁庭只有一位仲裁员而不是三位了,更不说海事与商品的争议经常会有几万美元与更低的争议金额。仲裁庭成员如果是有三位,带来主要的问题就是费用高昂。在笔者的经验中,有无数独任仲裁员只会收三四万港币的仲裁费用,而如果是三人的仲裁庭,就会收二三十万港币的仲裁费用。本来法院判决或仲裁裁决的质量好坏,最主要是取决于是否有好的大法官或仲裁员。另一个问题就是如果仲裁庭成员必须有三位,组成仲裁庭也会是不容易,因为香港在20世纪90年代还没有太多合资格的仲裁员。这带来了修改的建议,也就是在双方没有明确规定的情况下,仲裁庭的人数可以由香港国际仲裁中心(HKIAC)作出决定并进行委任。这是在Section 34 C,其中subsection (3)是授权HKIAC替代香港法院委任仲裁员,如下:"HKIAC is the court or other authority competent to perform the functions referred to in article 11(3) and (4) of the UNCITRAL Model Law and may make rules to facilitate the performance of those functions. Any such rules take effect only when the Chief Justice has approved them."

另在Subsection(5),授权HKIAC决定仲裁庭人数,如下:"If the parties to an arbitration agreement to which this Part applies fail to agree as to the number of arbitrators that is to determine a dispute arising under the agreement, the number of arbitrators is to be either 1 or 3 as decided by HKIAC in the particular case. This subsection applies to the exclusion of article 10(2) of the UNCITRAL Model Law."

6.3.6 不足之处之六:UNCITRAL Model Law引进之后导致与本土仲裁立法的不协调之处

还有一个现实中的问题就是UNCITRAL Model Law与1950年《英国仲裁法》的说法与措辞都不一样,这导致在一个香港国际仲裁与一个香港本土仲裁在某些程序上的处理并不一致,仲裁庭的权力也不一样。这显然是很不如意,因为从一个从事实践的仲裁员的角度看,不会因为本土与国际仲裁的性质不同(实际上有时是不容易区分的)而不同对待,或处理上不一样。这两种仲裁唯一值得区分就是在国际仲裁,法院应该更少一点插手或干预,因为假设国际的当事人同意前来香港仲裁并非是同意香港法院。所以在修改后的《香港仲裁条例》做出一些努力把本土与国际仲裁尽量协调,做法上是多加了一个Part IA,并规定这部分条文同时适用于本土和国际仲裁,而这部分的条文就是Section 2AD到Section 2G,并加上了修改所增加的Section 2GA直到Section 2GM(大部分增加的条文前面已经介绍过)。

由于修改也是十分匆忙,希望在1997年主权回归中国之前完成,所以协调本土与国际仲裁还谈不上是全面与令人满意。举例说,针对十分重要的仲裁员必须依照"自然公正"(natural justice)处理仲裁程序,否则香港法院可以做出救济,赶走仲裁员或者撤销裁决书,本土仲裁与国际仲裁就已经有很不一样的说法或准则。这是十分令人不满意的,因为从一个从事实践的仲裁员的角度看都是希望公平对待双方当事人而根本不会管是本土的仲裁还是国际的仲裁。在本土仲裁,基本上在Section 25还是根据1950年《英国仲裁法》的说法就是仲裁员或仲裁程序不能有"不良行为"(misconduct),很多案例都说明这是一个非常宽松的准则,可以说在今天的国际仲裁,希望法院尽量少干预仲裁,已经是完全不合时宜。在1996年《英国仲裁法》之Section 68,不良行为的准则已经被"严重不正常"(serious irregularity)所代替,这在本书第八章之2.2段有更详细的介绍。至于在国际仲裁,UNCITRAL Model Law只是在

Article 18 要求仲裁庭公平对待双方当事人，让他们有一个全面的机会陈述他们的案件，但没有进一步说明如果仲裁庭没有这样做会有什么救济的办法。唯一是在 Article 34 有关撤销裁决书，会是仲裁庭严重违反自然公正可以是构成一个理由，因为这会是违反香港的公共政策。显然这种不一致的情况令人不满意，笔者很希望尽快把本土与国际仲裁在这方面协调并且有一致的做法。

HKIAC Committee 所建议的修改也就通过立法成为目前的《香港仲裁条例》，并在 1997 年香港主权回归前不久生效。

6.4 1997 年《香港仲裁条例》生效后到目前为止仍有令人不满意之处

目前的《香港仲裁条例》虽然是足够跟得上现代国际仲裁的发展，但还是有不令人满意的地方或需要进一步修改的地方，大致上是有以下几点：

(1)如上述所讲，本土仲裁与国际仲裁中，可以向法院请求救济的标准不同。本土仲裁是“不良行为”，而国际仲裁是“严重不正常”，这需要尽快协调一致。笔者是大力建议采纳 1996 年《英国仲裁法》同样的措辞。

(2)在 1997 年生效的修改，曾经有过一条建议修改的条文就是允许香港法院可以监督仲裁员的收费并作出核算，因为笔者知道香港有个别的仲裁员乱收费。而在 UNCITRAL Model Law 之下没有条文针对，所以香港法院也没办法管。但令笔者(杨良宜也是 HKIAC Committee 的成员之一)莫名奇妙的是，该建议修改的条文在最后被删除。考虑到在 1996 年《英国仲裁法》Section 28 (2)与(3)已经有了一条非常全面的条文赋予英国法院权力监督仲裁员的收费，笔者与部分香港仲裁员是很希望《香港仲裁条例》会有类似的条文。

(3)还有很多其他的地方，与 1996 年《英国仲裁法》相比较，是《香港仲裁条例》目前没有针对的，所以要补充。但由于涉及很多方面，在此不再详细讨论。

(4)1996 年《英国仲裁法》还带来另一问题，就是如何更新香港本土仲裁的法律。因为本土仲裁是根据 1950 年《英国仲裁法》，既然该立法已经被 1996 年《英国仲裁法》取代，香港即使只针对本土仲裁也应该跟上。否则，英国法院在 1996 年立法后已经有了上千个判例，也就对香港毫无指导的作用。但只是更新本土仲裁为 1996 年《英国仲裁法》也有点不伦不类，因为该立法已经包括了所有 UNCITRAL Model Law 的内容。这就导致了本土仲裁的立法比国际仲裁的立法(后者根据 UNCITRAL Model Law)更加全面。所以这就带来了另一个想法就是干脆不要区分本土仲裁还是国际仲裁，而是像 1996 年《英国仲裁法》一样只有一套仲裁程序。

(5)1996 年《英国仲裁法》的层次结构非常流畅，措辞非常简明易懂，条文编号是按次序从 Section 1 一直到 Section 110。相比《香港仲裁条例》，由于多次修改，有很多地方相互引用，也有一些条文超越了某一些条文，而编号有的是 Section 2AA，有的是 Section 2GA，有的是 Section 34C，有的是 Article 9(这是被合并的 UNCITRAL Model Law)，导致结构上很混乱，非常不容易看懂。这对国际仲裁尤其不利，毕竟很多看的外国当事人或外国律师会看不明白。

6.5　将要生效的全新《香港仲裁条例》的介绍

上述原因导致了在1998年，香港仲裁学会与香港国际仲裁中心合作成立了一个香港仲裁法委员会考虑这一新的立法。该委员会在2003年做出了一份名为Report of Committee on Hong Kong Arbitration Law的报告。而香港律政司(Department of Justice)同意2003年报告的建议。

新的仲裁法草案在起草时，很大程度上是参考了1996年《英国仲裁法》。但香港是不想脱离名义上是适用UNCITRAL Model Law的仲裁地点，所以在说法上还是坚持依照UNCITRAL Model Law。如果新的香港仲裁条例成功立法，到底香港是否属于UNCITRAL Model Law的适用国家会有争议，因为有很多方面立法是与UNCITRAL Model Law有偏离。

2005年6月，律政司就做出的立法修改建议咨询了立法会负责Administration of Justice and Legal Services(AJLS Panel)委员们的意见。

在得到了AJLS Panel的支持后，律政司2005年设立了司级“工作小组”(working group)，以求把2003年报告的建议立法。律师界代表、仲裁专家都被邀请进工作小组，以协助律政司的立法起草工作。该工作小组的任务已经完成。其2007年12月的Consultation Paper可在以下网站找到：www. doj. gov. hk/public/pdf/2007/arbitration. paf与www. gov. hk/en/residents/government/consultation/current. htm 。

最新的消息显示，新的《香港仲裁条例》估计于2010年下半年生效。本来本书是希望对新的《香港仲裁条例》作出详细的介绍，毕竟中国内地现在来香港仲裁的机会很多，有必要让大家更多了解。但由于立法的延误，加上笔者没有参与立法，所以不便作出预测，仅在此简短介绍有关背景。

案例目录

Departmental Advisory Committee on Arbitration Law

REPORT ON THE ARBITRATION BILL

February 1996

Chairman: The Rt Hon Lord Justice Saville.

Members of the Committee: Professor J M Hunter (Deputy Chairman); Miss C R Allen (Secretary); Mr P Bovey; Mr A W S Bunch; Mr S C Boyd QC; Dr K G Chrystie; Lord Dervaird; Mr J B Garrett; Professor R M Goode CBE, QC. FBA; Mr B Harris; Mrs J Howe; Mrs P Kirby-Johnson; Mr R A MacCrindle QC; Mr A L Marriott; Mr K S Rokison QC; Mr D Sarre; Mr J H M Sims; Professor D R Thomas; Professor J Uff QC; Mr VV Veeder QC.

The DAC has been greatly assisted by the invaluable work done by Mr T T Landau of counsel.

CONTENTS

Chapter 1—INTRODUCTION

1. In its Report of June 1989, the Departmental Advisory Committee on Arbitration Law (the DAC), under the chairmanship of Lord Justice Mustill (now Lord Mustill) recommended against England, Wales and Northern Ireland adopting the UNCITRAL Model Law on International Commercial Arbitration. Instead, the DAC recommended that these should be a new and improved Arbitration Act for England, Wales and Northern Ireland, with the following features (Paragraph 108):

"(1) It should comprise a statement in statutory form of the more important principles of the English law of arbitration, statutory and (to the extent practicable) common law.
(2) It should be limited to those principles whose existence and effect are uncontroversial.
(3) It should be set out in a logical order, and expressed in language which is sufficiently clear and free from technicalities to be readily comprehensible to the layman.
(4) It should in general apply to domestic and international arbitration alike, although there may have to be exceptions to take account of treaty obligations.
(5) It should not be limited to the subject-matter of the Model Law.
(6) It should embody such of our proposals for legislation as have by then been enacted: see paragraph 100 [of the 1989 Report].
(7) Consideration should be given to ensuring that any such new statute should, so far as possible, have the same structure and language as the Model Law, so as to enhance its accessibility to those who are familiar with the Model Law."

2. In an Interim Report in April 1995, the DAC stated as follows:

"The original interpretation of [paragraph 108 of the 1989 Report] led to the draft Bill which was circulated in February 1994. Although undoubtedly a highly skilful piece of work it now appears that this draft Bill did not carry into effect what most users in fact wanted. In the light of the responses, the view of the DAC is that a new Bill should still be grounded on the objectives set out in [paragraph 108 of the 1989 Report], but that, reinterpreted, what is called for is much more along the lines of a restatement of the law, in clear and user-friendly' language, following, as far as possible, the structure and spirit of the Model Law, rather than simply a classic exercise in consolidation."

3. The DAC's proposals in the Interim Report led to a new draft Bill which was circulated for public consultation in July 1995. This draft was very much the product of a fresh start. Indeed, it will be noted that whereas the February 1994 draft had the following long-title:

"To consolidate, with amendments, the Arbitration Act 1950, the Arbitration Act 1975, the Arbitration Act 1979 and related enactments"

this was altered for the July 1995 draft, and now begins:

"An Act to restate and improve the law relating to arbitration pursuant to an arbitration agreement"

4. The DAC remained of the view, for the reasons given in the Mustill Report, that the solution was not the wholesale adoption of the Model Law. However, at every stage in preparing a new draft Bill, very close regards was paid to the Model Law, and it will be seen that both the structure and the content of the July draft Bill, and the final draft, owe much to this model.

5. The task of the Committee has been made far easier by the extraordinary quantity and quality of response we received both to the draft Bill published in February 1994 and to the draft Bill which was published in July 1995. A large number of people put substantial time and effort into responding to both drafts and putting forward suggestions, and we are very grateful to all of them. Indeed, both these consultation exercise have proved invaluable: the former showed that a new approach was required, while the latter showed that our April 1995 proposals seemed to be on the right track. Both set of responses also contained carefully considered suggestions, many of which have been incorporated in the Bill. It should be emphasized that those suggestions which have not been adopted were only put on one side after lengthy consideration.

6. Among those who responded were a large number of institutions who offer arbitration services (such as the ICC) or who provide rules and administration for arbitrations concerning their members (such as the commodity associations). Both domestically and internationally institutions such as these play a very significant role in the field of arbitration. It seemed to us that the Bill should specifically recognise this, and that it should safeguard their spheres of operation. Consequently, there are many references to such institutions in the Bill, and indeed, Clause 74 gives them what we believe to be a necessary degree of immunity from suit.

7. Given the extremely favorable response, the July 1995 draft was taken forward, with certain modifications, to form the basis of the final draft, which is explained in this Report.

8. As well as containing a guide to the provisions of the final draft, this Report also contains supplementary recommendations (in Chapter 6) on certain matters that have come to light since publication of the final draft, and since its second reading in the House of Lords.

CHAPTER 2—PART OF THE BILL

9. The title to this Part is *Arbitration Pursuant to an Arbitration Agreement.* It is in this Part that we have attempted to restate within a logical structure the basic principles of our law of arbitration, as it relates to arbitration under an agreement to adopt this form of dispute resolution. The Bill does not purport to provide an exhaustive code on the subject of arbitration. It would simply not be practicable to attempt to codify the huge body of case law that has built up over the centuries, and there would be a risk of fossilising the common law (which has the great advantage of being able to adapt to changing circumstances) had we attempted to do so. Rather, we have sought to include what we consider to be the more important common law principles, whilst preserving all others, in so far as they are consistent with the provisions of the Bill (see Clause 81).

10. A small number of key areas, however, have not been included, precisely because they are

unsettled, and because they are better left to the common law to evolve. One such example concerns privacy and confidentiality in arbitrations, which deserves special mention here.

11. Privacy and confidentiality have long been assumed as general principles in English commercial arbitration, subject to important exceptions. It is only recently that the English courts have been required to examine both the legal basis for such principles and the breadth of certain of these exceptions, without seriously questioning the existence of the general principles themselves (see e. g. The*Eastern Saga* [1988] 2 Lloyd's Rep. 373, 379 (Leggatt LJ); *Dolling-Baker* v. *Merrett* [1990] 1 WLR 1205, 1213 (Parker LJ); *Hassneh v. Mew* [1993] 2 Lloyd's Rep 243 (Colman J); *Hyundai Engineering v. Active* (unreported, 9 March 1994, Phillips J); *Ins Company v. Lloyd's Syndicate* (1995) 2 Lloyd's Rep. 272 (Colman J); *London & Leeds Estates Limited v. Parisbas Limited (No. 2)* (1995) E. G. 134 (Mance J)).

12. In practice, there is also no doubt whatever that users of commercial arbitration in England place much importance on privacy and confidentiality as essential features of English arbitration (e. g. see survey of users amongst the "Fortune 500" US corporations conducted fur the LCIA by the London Business School in 1992). Indeed, as Sir Patrick Neill QC stated in his 1995 "Bernstein" Lecture, it would be difficult to conceive of any greater threat to the success of English arbitration than the removal of the general principles of confidentiality and privacy.

13. Last year's decision of the High Court of Australia ill *Esso/BHP v. Plowman* (see [1995] 11 Arb. Int. 234) reinforced many people's interest in seeking to codify the relevant English legal principles in the draft Arbitration Bil1. The implied term as the contractual basis for such principles was not in doubt under English law, and the English Courts were upholding these principles in strong and unequivocal terms. However, the Australian decision was to the effect that, as a matter of Australian law, this contractual approach was unsustainable as regards confidentiality. This has troubled users of commercial arbitration far outside Australia. The first response has been for arbitral institutions to amend their arbitration rules to provide expressly for confidentiality and privacy. The new WIPO Rules have sought to achieve this and we understand that both the ICC and the LCIA are currently amending their respective rules to similar effect.

14. In England, the second response was to consider placing these general principles on a firm statutory basis in the Arbitration Bill. This task was initially undertaken by the DAC mid-1995, and perhaps surprisingly, it soon proved controversial and difficult.

15. Whilst none could reasonably dispute the desirability of placing these general principles beyond all doubt On a firm statutory basis, applicable to all English arbitrations within the scope of the Bill (irrespective of the substantive law applicable to the arbitration agreement), grave difficulties arose over the myriad exceptions to these principles which are necessarily required for such a statutory provision, There is of course no statutory guidance to confidentiality in the UNCITRAL Model Law whatever; and indeed, in a different context, Lord Mustill has recently warned against an attempt to give in the abstract an accurate exposition of confidentiality at large (see *In re* D (*Adoption Reports: Confidentiality*) [1995] 3 WLR 483, 496D: "To give an accurate exposition of confidentiality at large would require a much more wide-ranging survey of the law and practice than has been necessary for a decision on the narrow issue raised by the appeal, and cannot in my opinion safely be attempted

in the abstract. ")

16. For English arbitration, the exceptions to confidentiality are manifestly legion and unsettled in part; and equally, there are important exceptions to privacy (e. g. in *The Lena Goldfields Case* (1930), the arbitration tribunal in London opened the hearing to the press (but not the public) in order to defend the proceedings against malicious charges made by one of the parties, the USSR). As to the former, the award may become public in legal proceedings under the Arbitration Acts 1950 – 1979 or abroad under the 1958 New York Convention; the conduct of the arbitration may also become public if subjected to judicial scrutiny within or without England; and most importantly, several non-parties have legitimate interests in being informed as to the content of a pending arbitration, even short of an award: e. g. parent company, insurer, 1 ' &1 Club, guarantor, partner, beneficiary, licensor and licensee, debenture-holder, creditors' committee etc., and of course even the arbitral institution itself (such as the ICC Court members approving the draft award). Whilst non-parties to the arbitration agreement and proceedings, none of these are officious strangers to the arbitration. Further, any provisions as to privacy and confidentiality would have to deal with the duty of a company to make disclosure of, e. g., arbitration proceedings and actual or potential awards which have an effect on the company's financial position. The further Australian decision in *Commonwealth of Australia* v. *Cockatoo Dockyard Pty Ltd* (1995) 36 NSWLR 662 suggests that the public interest may also demand transparency as an exception to confidentiality: "Can it be seriously suggested that [the parties private agreement can, endorsed by a procedural direction of an arbitrator, exclude from the public domain matters of legitimate concern ... " per Kirby J. This decision raises fresh complications, particularly for statutory corporations. We are of the view that it would be extremely harmful to English arbitration if any statutory statement of general principles in this area impeded the commercial good-sense of current practices in English arbitration.

17. Given these exceptions and qualifications, the formulation of any statutory principles would be likely to create new impediments to the practice of English arbitration and, in particular, to add to English litigation on the issue, Far from solving a difficulty, the DAC was firmly of the view that it would create new ones. Indeed, even if acceptable statutory guidelines could be formulated, there would remain the difficulty of fixing and enforcing sanctions for non-compliance. The position is not wholly satisfactory. However, none doubt at English law the existence of the general principles of confidentiality and privacy (though there is not unanimity as to their desirability). Where desirable, institutional rules can stipulate for these general principles, even where the arbitration agreement is not governed by English law. As to English law itself, whilst the breadth and existence of certain exceptions remains disputed, these can be resolved by the English courts on a pragmatic case-by-case basis. In due course, if the whole matter were ever to become judicially resolved, it would remain possible to add a statutory provision by way of amendment to the Bill. For these reasons, the DAC LS of the view that no attempt should he made to codify English law on the privacy and confidentiality of English arbitration in the Bill. We would, however, draw attention to our supplementary recommendations on this topic in Chapter 6 below.

Clause 1. General principles

18. The DAC was persuaded by the significant number of submissions which called for an intro-

ductory clause setting out basic principles. This Clause sets out three general principles. The first of these reflects what we believe to be the object of arbitration. We have not sought to define arbitration, since this poses difficulties that we discussed in our April 1995 Interim Report, and in the end we were not persuaded that 111 attempted definition would serve any useful purpose. We do, however, see value in setting out the object of arbitration. Fairness, impartiality and the avoidance of unnecessary delay or expense are all aspects of justice, i. e. all requirements of a dispute resolution system based on obtaining a binding decision from a third party on the matters at issue. To our minds it is useful to stipulate that all the provisions of the Bill must be read with this object of arbitration in mind.

19. The second principle is that of party autonomy. This reflects the basis of the Model Law and indeed much of our own present law. An arbitration under an arbitration agreement is a consensual process. The parties have agreed to resolve their disputes by their own chosen means. Unless the public interest otherwise dictates, this has two main consequences. Firstly, the parties should he held to their agreement and secondly, it should in the first instance be for the parties to decide how their arbitration should be conducted. In some cases, of course, the public interest will make inroads on complete party autonomy, in much the same way as there are limitations on freedom of contract. Some matters are simply not susceptible of this form of dispute resolution (e. g. certain cases concerning status or many family matters) while other considerations (such as consumer protection) may require the imposition of different right, and obligations. Again, as appear, from the mandatory provisions of the Bill, there are some rules that cannot be overridden by parties who have agreed to use arbitration. In general the mandatory provisions are there in order to support and assist the arbitral process and the stated object of arbitration.

20. So far as the third principle is concerned this reflects Article 5 of the Model Law. This Article provides as follows:

"In matters governed by this Law, no court shall intervene except where so provided in this Law."

21. As was pointed out in the Mustill Report (pp. 50 – 52) there would be difficulties in importing this Article as it stands, However, there is no doubt that our law bas been subject to international criticism that the Courts intervene more than they should in the arbitral process, thereby tending to frustrate the choice the parties have made to use arbitration rather than litigation as the means for resolving their disputes.

22. Nowadays the Courts are much less inclined to intervene in the arbitral process than used to be the case. The limitation on the right of appeal to the Courts from award, brought into effect by the Arbitration Act 1979, and changing attitudes generally, have meant that the Courts nowadays generally only intervene in order to support rather than displace the arbitral process. We are very much in favor of this modern approach and it seems to us that it should be enshrined as a principle in the Bill.

Clause 2. Scope of application of provisions

23. International arbitrations can give rise to complex problems in the conflict of Jaws. A possible solution to some of these problems would have been to provide that all arbitrations conducted in England and Wales or in Northern Ireland should be subject to the provisions of the Bill, regardless of

the parties' express or implied choice of some other system of law. We have not adopted this solution, which appears to us contrary to the basic principle that the parties should be free to agree how their disputes should be resolved. There appear to us to be no reasons of public policy to prevent the parties conducting an arbitration here under an agreement governed by foreign law or in accordance with a foreign procedural law. Clause 4(5) also follows the same basic principle. Of course, cases may well arise where considerations of our own concept, of public policy would lead to the refusal of the Court here to enforce an arbitration award. This, however, is covered by Clause 66(3).

24. The rules of the conflict of laws a' they apply to arbitration are complex, and to some extent still in a state of development by the courts. It therefore seems, to us inappropriate to attempt to codify the relevant principles, beyond the simple statements set out in clause 2(1). Thus, as clause 2(2) provides, matters referable to the arbitration agreement are governed by the law of England and Wales or of Northern Ireland, as the case may be, where that is the Jaw applicable to the arbitration agreement, and matters of procedure are governed by that law where the seat of the arbitration is in England and Wales or in Northern Ireland: "scat" is defined in Clause 3. Beyond that we have not attempted to state the relevant rules of the conflict of laws, nor to embark on the issues of characterisation by which they are invoked.

25. Subsection (3) concerns the powers of the court to support the arbitration by staying proceedings brought in breach of an agreement to arbitrate, by compelling the attendance of witnesses, by granting those forms of interim relief which are set out in Clause 44, and by enforcing the award at common law by summary procedure. Such powers should obviously be available regardless of whether the seat of the arbitration is in England and Wales or in Northern Ireland, and regardless of what law is applicable to the arbitration agreement or the arbitral proceedings. Since we have used the expression "whatever the law applicable ...", it follows that Clause 2(3) is in no way restricted by Clause 2(1). It will be noted that in extending the power of the court to grant interim relief in support of arbitrations to arbitrations having a foreign seat we have given effect to our recommendation that section 25 of the Civil Jurisdiction and Judgments Act 1982 should be extended to arbitration proceedings. It should be appreciated that Rules of Court will have to be amended to give proper effect to the extension of the Court's jurisdiction in Clause 2(3) (i. e. so as to allow service out of the jurisdiction in cases where it is necessary). Subsection (4) enables the court to refuse to exercise its power in such cases, where the fact that the arbitration has a foreign seat makes it inappropriate to exercise that power.

Clause 3. The seat of the arbitration

26. The definition of "seat of the arbitration" is required by Clause 2, and as part of the definition of "domestic arbitration" in Clause 85. The concept of the "seat" as the juridical seat of the arbitration is known to English law but may be unfamiliar to some users of arbitration. Usually it will be the place where the arbitration is actually conducted: but this is not necessarily so, particularly if different part' of the proceedings are held in different countries.

27. In accordance with the principle of party autonomy, Clause 3 provides that the seat may be designated by the parties themselves or in some other manner authorised by them. Failing that it must be determined objectively having regard to the patties' agreement and all other relevant circumstances. English law does not at present recognise the concept of an arbitration which has no seat, and we do

not recommend that it should do so. The powers of the court where the seat is in England and Wales or in Northern Ireland are limited to those necessary to carry into effect the principles enshrined in Clause 1. Where the seat is elsewhere, the court's powers are further limited by Clause 2(4). The process of consultation identified no need for an arbitration which was "delocalised" to a greater extent than this,

Clause 4. Mandatory and non-mandatory provisions

28. This provision is designed to make clear that the Bill h as s certain provisions that cannot be overridden by the parries; and for ease of reference these are listed in Schedule 1 to the Bill. The Clause also makes clear that the other provisions of this Part can be changed or substituted by the parties, and exist as "fall-back" rules that will apply if the parties do not make any such change or substitution, or do not provide for the particular matter in question. In this way, in the absence of any other contrary agreement, gaps in an arbitration agreement will be filled.

29. Subsection (5). Although we believe that the choice of a foreign law would anyway have the effect set out ill this provision, it seemed for the sake of clarity to be useful to state this expressly, so as to remind all concerned that a choice of a foreign law does amount to an agreement of the parties to which due regard should be paid.

30. It should be made clear that the phrase "mandatory" is not used in either of the two senses that It is used, for example, in Articles 3 and 7 of the Rome Convention (see Goode, *Commercial Law*, 2nd Ed, at p. 1118): the mandatory provisions of Part I of the Bill are only mandatory in so far as the provisions of Part I apply (i. e. by virtue of Clause 2). The mandatory provisions would have no application if Part I does not apply.

Clause 5. Agreements to be in writing

(*a*) *Arbitration agreements*

31. Article 7 of the Model Law requires the arbitration agreement to be in writing. We have not followed the precise wording of this Article, for the reasons given in the Mustill Report (p. 52), though we have incorporated much of that Article in the Bill.

32. The requirement for the arbitration agreement to be in writing is the position at present under Section 32 of the Arbitration Act 1950 and Section 7 of the Arbitration Act 1975. If an arbitration agreement is not in writing then it is not completely ineffective, since the common law recognises such agreements and is saved by Clause 81 (2)(a).

33. We remain of the view expressed in the Consultative Paper issued with the draft Clauses published in July 1995, that there should be a requirement for writing. An arbitration agreement has the important effect of contracting out of the right to go to the court, i. e. it deprives the parties of that basic right. To our minds an agreement of such importance should be in some written form. Furthermore the need for such form should help to reduce disputes as to whether or not an arbitration agreement was made and as to its terms.

34. We have, however, provided a very wide meaning to the words "in writing". Indeed this meaning is wider than that found in the Model Law, but in our view, is consonant with Article II. 2 of the English text of the New York Convention. The non-exhaustive definition in the English text:

("shall include") may differ in this respect from the French and Spanish texts, but the English text is equally authentic under Article XVI of the New York Convention itself, and also accords with the Russian authentic text; see also the 1989 Report of the Swiss Institute of Comparative Law on Jurisdictional Problems in International Commercial Arbitration (by Adam Samuel), at. pp. 81 – 85. It seems to us that English Law as it stands more than justifies this wide meaning; see, for example, Zambia Steel v. James Clark [1986J 2 Lloyd's Rep. 225. In view of rapidly evolving methods of recording we have made clear that "writing" includes recording by any means.

(*b*) *Other agreements*

35. These we have also made subject to a "writing" requirement. Had we not done so, we could envisage disputes over whether, for example, something the parties had agreed to during the conduct of the arbitration amounted to a variation of the arbitration agreement and required writing, or could be characterised as something else. By introducing some formality with respect to all agreements, the possibility of subsequent. disputes (e. g. at the enforcement stage) is greatly diminished. Indeed it seemed to us that with the extremely broad definition we have given to writing, the advantages of requiring some record of what was agreed with regard to any aspect of an arbitration outweighed the disadvantages of requiring a specific form for an effective agreement.

(*c*) *Further points*

36. Subsection 5(3). This is designed to cover, amongst other things, extremely common situations such as salvage operations, where parties make an oral agreement which incorporates by reference the terms of a written form of agreement (e. g. Lloyd's Open Form), which contains an arbitration clause. Whilst greatly extending the definition of "writing", the DAC is of the view that given the frequency and importance of such activity, it was essential that it be provided for in the Bill, The reference could be to a written agreement containing an arbitration clause, or to a set of written arbitration rules, or to an individual written arbitration agreement. This provision would also cover agreement by conduct. For example, party A may agree to buy from party B a quantity of goods on certain terms and conditions (which include an arbitration clause) which are set out in writing and sent to party B. with a request that he sign and return the order form. If, which is by no means uncommon, party B fails to sign the order form, or send any document in response to the order, but manufactures and delivers the goods in accordance with the contract to party A, who pays for them in accordance with the contract, this could constitute an agreement "otherwise than in writing by reference to terms which are in writing ... ", and could therefore include an effective arbitration agreement. The provision therefore seeks to meet the criticisms that have been made of Article 7(2) of the Model Law in this regard (see, e. g. , the Sixth Goff Lecture, delivered by Neil Kaplan QC in Hong Kong in November 1995, (1996) 12 Arb. lnt. 35). A written agreement made by reference to separate written terms would, of course, be caught by Clause 5(2).

37. Subsection 5(4). There has been some concern that a writing requirement with respect to every agreement might unduly constrain the parties' freedom and flexibility with respect to, for example, minor matters of procedure during a hearing. This subsection seeks to avoid this. An agreement will be evidenced in writing if recorded by, amongst others, a third party with the authority of the par-

ties to the agreement. Given that this third party could of course be the tribunal, the parties are free during a hearing to make whatever arrangements or changes to the agreed procedure they wish, as long as these are recorded by the tribunal. The DAC is of the view that this presents no serious hindrance to the parties' flexibility, and has the merit of reducing the risk of disputes later on as to what exactly was agreed. Clearly, this subsection also has a wider effect, allowing for the recording of an oral agreement at any stage.

38. Subsection 5(5). This provision is based on Article 7(2) of the Model Law, but with certain important changes. The DAC has been careful to emphasise that for there to be an effective arbitration agreement for the purposes of this Part, it is not enough for one party to allege in a written submission that there is an arbitration agreement, in circumstances where the other party simply fails to respond at all. If this were enough, an unfair obligation would be placed on any party (including a stranger to the proceedings in question) to take the active step of serving a written submission in order to deny this allegation. Therefore, in order to satisfy this subsection, there must be a failure to deny an allegation by a party who has submitted a response submission.

39. It has been suggested that the term "written submissions" is too narrow, and that this should be replaced by "document," The DAC does not agree with this, given that this would include the most informal of letters. It may well be unjust, for example, for one party to be able to point to one sentence in one letter in a long exchange with another party, in which there is an allegation that there exists an arbitration clause, and where this has not been denied.

40. Reference should also be made to subsection 23(4). Whilst any agreement as to an arbitration must be in writing, the DAC is of the view that it is impracticable to impose a writing requirement on an agreement to terminate an arbitration. Parties may well simply walk away from proceedings, or allow the proceedings to lapse, and it could be extremely unfair if one party were allowed to rely upon an absence of writing at some future stage. Where a claimant allows an arbitration to lapse, Clause 41 (3) may be utilised.

THE ARBITRATION AGREEMENT

Clause 6. Definition of arbitration agreement

41. The first subsection reflects Article 7(1) of the Model Law and provides a more informative definition than that in Section 32 of the 1950 Act-We have used the wood "disputes" hut this is defined in Clause 82 as including "differences" since there is some authority for the proposition that the latter term is wider than the former: see *Sykes v. Fine Fare Ltd* [1967] 1 Lloyd's Rep. 53.

42. The second subsection reflect' Article 7(2) of the Model Law. In English law there is a' present some conflicting authority on the question as to what is required for the effective incorporation of an arbitration clause by reference. Some of those responding to the July 1995 draft Clauses made critical comments of the views of Sir John Megaw in *Aughton v. M F Kent Services* [1991] 57 BLR 1 (a construction contract case) and suggested that we should rake the opportunity of making clear that the law was as stated in the charter party cases and as summarised by Ralph Gibson LJ in *Aughton*. (Similar disquiet has been expressed about decisions following *Aughton*, such as *Ben Barrett v. Henry Boot Management Ltd* [1995] Constr. Ind. Law Letter 1026.) It seemed to us, however, that al-

though we are of the view that the approach of Ralph Gibson LJ should prevail in all cases, this was really a matter for the Court to decide. The wording we have used certainly leaves room for the adoption of the charter party rules in all cases, since it refers to references to a document containing an arbitration clause as well as a reference to the arbitration clause itself. Thus the wooding is not confined to cases where there is specific reference to the arbitration clause, which Sir John Megaw (but not Ralph Gibson LJ) considered was a requirement for effective incorporation by reference.

Clause 7. Separability of arbitration agreement

43. This Clause sets out the principle of separability which is already part of English law (see *Harbour Assurance v. Kansa* [1993] QB 701), which is also to be found in Article 16(1) of the Model Law, and which is regarded internationally as highly desirable. However, it seems to us that the doctrine of separability is quite distinct from the question of the degree to which the tribunal is entitled to rule on it, own jurisdiction, so that, unlike the Model Law, we have dealt with the latter elsewhere in the Bill (Clause 30).

44. In the draft Clauses published in July 1995 we inserted a provision to make clear that the doctrine of separability did not affect the question whether an assignment of rights under the substantive agreement carried with it the right or obligation to submit to arbitration in accordance with the arbitration agreement. This is now omitted as being unnecessary, since we have re-drafted subsection (1) in order to follow the relevant part of Article 16 of the Model Law more closely, and to make clear that the doctrine of separability is confined to the effect of invalidity etc of the main contract on the arbitration agreement, rather than being, as it was in the July 1995 draft, a free-standing principle. Similarly, in being so restricted, this Clause is not intended to have any impact on the incorporation of an arbitration clause from one document or contract into another (which is addressed in Clause 6(2)).

45. A number of those responding to our draft, expressed the wish for the Bill to lay down rules relating to assignment, e. g. that the assignment of rights under the substantive agreement should be subject to any right or obligation to submit to arbitration in accordance with the arbitration agreement unless either of these agreements provided otherwise. Indeed we included such a provision in the illustrative draft published in April 1995. However, on further consideration, we concluded that it would not be appropriate to seek to lay down any such rules.

46. There were two principal reasons for reaching this view.

(i) In the first place, under English law the assignability of a contractual right is governed by the proper law of that right, while the effectiveness of the assignment is governed by the proper law of the assignment, However, where the law governing the substantive agreement (or the arbitration agreement) is not English law, different rules may well apply and there is all added problem in that those rules (under the foreign law in question) may be categorised as either substantive or procedural in nature. The Bill would therefore have to address such problem, whilst simultaneously not interfering with substantive rights and obligations. We were not persuaded that it would be either practicable or of any real use to attempt to devise general rules which would deal satisfactorily with this matter.

(ii) In the second place, English law distinguishes between legal and equitable assignments, so that any rules we devised would have to take this into account. In our view, an attempt to devise rules relating to assignments where no foreign law elements are involved is more the subject of reform of the law of assignment generally than of a Bill relating exclusively to arbitration.

47. Finally, it should be noted that the substantive agreement of which the arbitration agreement forms part need not itself be in writing for the Bill to apply, provided of course that the arbitration agreement itself is in writing. This should he clarified as we suggest in our supplementary recommendations in Chapter 6 below.

Clause 8. Whether agreement discharged by death of a party

48. This Clause set out the present statutory position. The common Jaw was that an arbitration agreement was discharged by the death of a party. That rule was altered by the Arbitration Act 1934 as re-enacted by Section 2 of the Arbitration Act 1950. We have avoided using the technical expression "right of action" which is to be found in Section 2(3) of the 1950 Act and which could perhaps give rise to problem for the reasons given in the consultative paper published with the draft Clauses in July 1995. In line with party autonomy, we have provided that the parties can agree that death shall have the effect of discharging the arbitration agreement.

49. This Clause deals only with the arbitration agreement. The effect of the death of a party on the appointment of an arbitrator (also to be found in Section 2 of the 1950 Act) is now dealt with in that part of the Bill concerned with the arbitral tribunal (see Clause 26(2)).

STAY OF LEGAL PROCEEDINGS

Clause 9. Stay of legal proceedings

50. We have proposed a number of changes to the present statutory position (section 4(1) of the 1950 Act and section 1 of the 1975 Act), having in mind Article 8 of the Model Law, our treaty obligations, and other considerations.

51. We have made it clear that a stay can be sought of a counterclaim as well as a claim. The existing legislation could be said not to cover counterclaims, since it required the party seeking a stay first to enter an "appearance", which a defendant to counterclaim could not do. Indeed, "appearance" is no longer the appropriate expression in the High Court in any event, and never was the appropriate expression in the county court. We have also made clear that an application can be made to stay part of legal proceedings, where other parts are not subject to an agreement to arbitrate.

52. Further, the Clause provides that an application is only to be made by a party against whom legal proceedings are brought (as opposed to any other party).

53. We have provided that an application may be made for a stay even where the matter cannot be referred to arbitration immediately, because the parties have agreed first to use other dispute resolution procedures. This reflects dicta of Lord Mustill in *Channel Tunnel v. Balfour Beatty* [1993] AC 334.

54. In this Clause we have made a stay mandatory unless the Court is satisfied that the arbitration agreement is null and void, inoperative, or incapable of being performed. This is the language of the Model Law and of course of the New York Convention on the Recognition and Enforcement of For-

eign Arbitral Awards, presently to he found in the Arbitration Act 1975.

55. The Arbitration Act 1975 contained a further ground for refusing a stay, namely where the Court was satisfied that "there was not in fact any dispute between the parties with regard to the matter agreed to be referred". These words do not appear in the New York Convention and in our view are confusing and unnecessary, for the reasons given in *Hayter v. Nelson* [1990] 2 Lloyd's Rep. 265.

56. In Part II of the Bill these provisions are altered in Cases of "domestic arbitration agreements" as there defined.

57. We have included a provision (subsection (5)) that where the Court refuses to stay the legal proceedings, any term making an award a condition precedent to the bringing of legal proceedings (known as a Scott v. Avery clause) will cease to have effect. This avoids a situation where the arbitration clause is unworkable, yet no legal proceedings can be successfully brought. Whilst one respondent suggested that this may go too far, it appears to be a matter of basic justice that a situation in which a party can neither arbitrate nor litigate must be avoided.

Clause 10. Reference of interpleader issue to arbitration

58. This Clause is based on Section 5 of the 1950 Act. We have however taken the opportunity of making a stay mandatory so as to comply with the New York Convention, as well as trying to express the provision in simpler, clearer terms. The Clause is required because "interpleader" arises where one party claiming no right himself in the subject matter, is facing conflicting claims from other parties and does not know to which of them he should account. English law allows such a party to bring those in contention before the Court which may order the latter to fight out the question between themselves. If they have agreed to arbitrate the matter then Clause 9 would not itself operate, since the party seeking interpleader relief would not be making a claim which he had agreed to arbitrate.

59. We have not defined "interpleader", although some suggested that we should, given that this is a legal term of art, which goes for beyond arbitration contexts.

Clause 11. Retention of security where Admiralty proceedings stayed

60. This Clause is not intended to do more than re-enact the present statutory position as found in section 26 of the Civil Jurisdiction and Judgments Act 1982.

61. Clauses 9 to 11 are, of course, mandatory.

COMMENCEMENT OF ARBITRAL PROCEEDINGS

Clause 12. Power of court to extend time for beginning arbitral proceedings, et.

62. We have proposed a number of changes to the existing law.

63. The major change concerns the test that the Court must apply before extending the time.

64. The power of the Court to extend a contractual time limit which would otherwise bar the claim first appeared in our law in section 16(6) of the Arbitration Act 1934, which was re-enacted in section 27 of the Arbitration Act 1950.

65. From paragraph 33 of the Report of the MacKinnon Committee presented to Parliament in March 1927 it can be seen that the reason for suggesting that the Court should have power to extend the time was that the vast majority of submissions to arbitration are contained in printed forms of con-

tract, which cannot be carefully examined in the transaction of business and alteration of which it would be difficult for most people to secure. The Committee concluded that it might be sound policy to create a power to modify unconscionable provisions as regards common forms of submission in printed forms. It is also clear from paragraph 34 of the Report that the Committee had in mind cases where the time limit was very short, i. e. measured in days. The Committee suggested that the test should be whether the time limit created an "unreasonable hardship".

66. As can be seen from the Notes on Clauses to the 1934 Act, it was later felt that since the justification for giving the power was presumably either ignorance of the existence of the provision in the contract, or the acceptance of the provision through undue pressure by the other party, which could be the case whether or not the contract was in a common form, the power should not be limited to such forms.

67. Section 27 of the 1950 Act, with its test of undue hardship, seems to many to have been interpreted by the Courts in a way hardly envisaged by those who suggested the power in the first place. Indeed that interpretation seems to have changed over the years: sec the discussion in Mustill and Boyd, *Commercial Arbitration*, 2nd Ed., pp 201 – 215. Some responses indicated dissatisfaction with the way the Courts were using Clause 27 to interfere with the bargain that the parties had made. The present legal position would seem to owe much to a time, now some 20 years ago, when the Court, were flirting with the idea that they enjoyed some general power of supervisory jurisdiction over arbitrations.

68. The justification for time limits is that they enable commercial concerns (and indeed others) to draw a line beneath transactions at a much earlier stage than ordinary limitation provisions would allow. It should be mentioned, however, that other responses suggested that the position presently reached by the Courts should be maintained.

69. The present Committee re-examined section 27 in the light of the underlying philosophy of the Bill, namely that of party autonomy. This underlying philosophy seems to have been generally welcomed in this country and abroad and of course it fits with the general international understanding of arbitration. Party autonomy means, among other things, that any power given to the Court to override the bargain that the parties have made must be fully justified. The idea that the Court has some general supervisory jurisdiction over arbitrations has been abandoned.

70. I t seemed to us in today's climate that there were three cases where the power could be justified in the context of agreed time limits to bring a claim. These are, firstly, where the circumstances are such as were outside the reasonable contemplation of the parties when they agreed the provision in question and that it would be fair to extend the time, secondly, where the conduct of one party made it unjust to hold the other to the time limit, and thirdly, where the respective bargaining position of the parties was such that it would again be unfair to hold one of them to the time limit.

71. The third of these cases seems to us to reflect the thinking of the MacKinnon Committee, while the other two have developed through the Courts' interpretation of section 27. However this third category is really an aspect of what nowadays would be called "consumer protection". This part of the Bill is not concerned with consumer protection, for which provision is made elsewhere and in respect of which there is a growing body of European law.

72. In these circumstances it seemed to us to be appropriate to set out in this part of the Bill the first and second of the cases we have described. Apart from anything else, this will give the Courts the opportunity to reconsider how to proceed in the light of the philosophy underlying the Bill as a whole, namely that of party autonomy. As the MacKinnon Committee itself intimated, great care must be taken before interfering with the bargain that the parties have made.

73. It was suggested to the DAC that the principal matter to be taken into account by the court should be the length of the contractual period in question. The DAC is of the view that this is only one of several relevant matters, another factor being, for example, the contemplation of the parties. For this reason, the DAC concluded that a simple test of "substantial injustice", without more, would not suffice.

74. There are some other changes.

(i) Firstly, Clause 12(1)(b) contains a reference to other dispute resolution procedures. We understand that there is an increasing use of provisions which can for mediation and other alternative dispute resolution procedures to precede recourse to arbitration, so that we thought it proper to add this to the other step covered by the Clause, namely to begin arbitral proceedings. We do not intend to widen the scope of the Clause beyond this, so that unless the step in question is one of the two kinds described, the Clause will not operate. Thus this represents only a small but we think logical extension to the present law.

(ii) Secondly, it is made a pre-condition that the party concerned first exhausts any available arbitral process for obtaining an extension of time. In the view of the Committee it would be a rare case indeed where the Court extended the time in circumstances where there was such a process which had not resulted in an extension, for it would in the ordinary case be difficult if not impossible to persuade the Court that it would be just to extend the time or unjust not to do so, where by an arbitral process to which *ex hypothesi* the applying party had agreed, the opposite conclusion had been reached.

(iii) Thirdly, we have made any appeal from a decision of the Court under this Clause subject to the leave of that Court. It seems to us that there should be this limitation, and that in the absence of some important question of principle, leave should not generally be granted. We take the same view in respect of the other cases in the Bill where we propose that an appeal requires the leave of the Court.

(iv) Fourthly, whereas the existing statutory provision refers to terms of all agreement that provide that claims shall be "barred", this has been extended to read "barred, or the claimant's right extinguished".

75. For obvious reasons, this Clause is mandatory.

Clauses 13 and 14 Application of Limitation Acts and commencement of arbitral proceedings

76. The first of these provisions is designed to restate the present law. The reference to the Foreign Limitation Periods Act 1984 avoids (subject to the provisions of that Act) the imposition of an English limitation period where an applicable foreign law imposes a different period. The second provision reflects to a degree Article 21 of the Model Law, but sets out the various cases, including one not presently covered by the law. It will be noted that we have used the word "matter" rather than the

word "disputes". This is to reflect the fact that a dispute is not the same as a claim; *cf.* Mustill and Boyd, *op. cit.* at p. 29 and *Commission for the New Towns v. Crudens* (1995) CILL 1035. The neutral word "matter" will cover both, so that an arbitration clause which refers to claims will be covered as well as one which refers to disputes.

77. Clause 13 is a mandatory provision.

THE ARBTTRAL TRIBUNAL

Clause 15. The arbitral tribunal

78. Article 10(1) of the Model Law provides that the parties are free to determine the number of arbitrators. We have included a like provision.

79. Article 10(2) of the Model Law stipulates that failing such determination, the number of arbitrators shall be three. This we have not adopted, preferring the existing English rule that ill the absence of agreement the default number shall be one. The employment of three arbitrators is likely to be three times the cost of employing one, and it seems right that this extra burden should be available if the parties so choose, but not imposed on them. The provision for a sole arbitrator also accords both with common practice in this country, and the balance of responses the DAC received. The Model Law default does not, of course, cater for the situation where there are more than two parties to the arbitration.

Clause 16. Procedure for the appointment of arbitrators

80. Again we have had the Model Law (Article 11) very much in mind in drafting these provisions, though we have attempted to cater for more cases and also for the fact that under our law, there can be either an umpire or a chairman. We should note that this has caused some confusion abroad, particularly in the United States, where what we would describe as a "chairman" is called an "umpire". In Clauses 20 and 21 we set out the differences between these two which (in the absence of agreement between the parties) is the present position under English law.

81. The time limits we have imposed for appointments we consider to be fair and reasonable. They can be extended by the Court under Clause 79, but the power of the Court in this regard is limited as set out in that Clause. In the ordinary case we would not expect the Court to allow a departure from the Clause 16 time limits.

82. It might be noted that periods of 28 days, rather than 30 days (as in the Model Law) have been used throughout the Bill, in order to reduce the likelihood of a deadline expiring on a weekend.

Clause 17. Power in case of default to appoint sole arbitrator

83. This Clause is intended to replace the present rules concerning the appointment of a sole arbitrator where the other party is in default (section 7(b) of the 1950 Act). It only applies to a two party case. We have stipulated that the party in default must not only appoint his arbitrator within the specified period but also inform the other party that he has done so. This in our view is a significant improvement on the present law, where the defaulting party was under no obligation to say that he had made an appointment. This was calculated to cause unnecessary delay, confusion and expense.

84. Some of those responding objected to this Clause. The DAC, however, remains of the view that this provision is an example of the Court supporting the arbitral process and reducing the opportu-

nities available for a recalcitrant party. The DAC is advised that section 7 (b) of the 1950 Act is used a great deal, and that its very existence constitutes a deterrent to those contemplating dilatory tactics. The alternative would be to simply provide for recourse to Court. This would be overly burdensome in most cases, and is available, in any event, under the provisions of the Bill.

85. It has been suggested that the Hill should set out grounds upon which the Court should exercise its discretion in Clause 17(3). The DAC is of the view, however, that this is best left for the Courts to develop, given the specific circumstances of each case, and in the light of the overall philosophy of the Bill.

86. One respondent queried the use of the word "refuses" in Clause 17(1). The advantage of this is that if a party does actually refuse to appoint an arbitrator, rather than simply failing to do so, the non-defaulting party need not wait for the expiration of the relevant time period within which the defaulting party may make such an appointment, but could use the mechanism in Clause 17 straight away.

Clause 18. Failure of appointment procedure

87. Again we have had the Model Law in mind when drafting this provision. The starting point is any agreement the parties may have made to deal with a failure of the appointment procedure. In the absence of any such agreement, the Court is given the power to make appointments. This is a classic case of the Court supporting and helping to carry through the arbitration process.

88. It will be noted that we have given the Court power to revoke any appointments already made. This is to cover the case where unless the Court took this step it might be suggested thereafter that the parties had not been fairly treated, since one had his own choice arbitrator while the other had an arbitrator imposed on him by the Court in circumstances that were no fault of his own. This situation in fact arose in France in the *Dutco* case, where an award was invalidated for this reason.

89. The Model Law stipulates that there shall be no appeal from a decision of the Court. We have not gone as far as this, since there may well be questions of important general principle which would benefit from authoritative appellate guidance.

Clause 19. Court to have regard to agreed qualifications

90. This comes from Article 11(5) of the Model Law, which itself seeks to preserve as much of the parties' agreement as possible.

Clauses 20 and 21. Chairman and umpire

91. The parties are, of course, free to make what arrangements they like about the functions and powers of Chairmen or Umpires. We have set out what we believe to be the position under English law in the absence of any such agreement. As we understand the current position, in the absence of an agreement between the parties, an umpire can neither take part nor attend an arbitration until the arbitrators have disagreed.

92. A cause of delay and expense often exists under our umpire system where the umpire does not attend the proceedings and it is only at an advanced stage (when the arbitrators disagree) that he takes over, for much that has gone on may have to be repeated before him. Equally, the time and expense of an umpire may be wasted if he attends but the arbitrators are able to agree on everything. We

have decided that it would be preferable to stipulate that (in the absence of agreement between the parties) the umpire should attend the proceedings (as opposed to taking part in the proceedings) and be supplied with the same documents and materials as the other arbitrators. We hope, however, that common sense will prevail and that the parties will make specific agreement over this question, tailored to the circumstances of the particular case.

93. Subsection 21(4) caused some concern amongst a few respondents, but this subsection simply reflects what is understood to be the current position.

94. We should record that we considered whether the peculiarly English concept of an umpire should be swept away in favor of the more generally used chaired tribunal. As we have pointed out above, in the United States what we would describe as a chairman is called an umpire. In the end we decided not to recommend this, and to continue to provide default provisions for those who wanted to continue to use this form of arbitral tribunal.

Clause 22. Decision-making where no chairman or umpire

95. We decided to include this situation for the sake of completeness, though the default provision can only work if there is unanimity or a majority. If there is neither, then it would appear that the arbitration agreement cannot operate, unless the parties can agree, Or have agreed, what is to happen.

Clause 23. Revocation of arbitrator's authority

96. Statutory provisions making it impossible unilaterally to revoke the authority of an arbitrator have existed since 1833. The present Clause is designed to reflect the current position, save that we have imposed a writing requirement and thought it helpful to make express reference to arbitral institutions, etc. These of course only have such powers as the parties have agreed they shall have, so that strictly this provision is not necessary, but we consider that an express reference makes for clarity.

97. Some of those responding suggested that the parties' right to agree to revoke an arbitral appointment should be limited (e. g. that Court approval should be required in every case). The DAC has not adopted these suggestions since any tribunal is properly regarded as the parties' tribunal and to do so would derogate from the principle of party autonomy.

98. It will be seen that various terms are used in the Bill with respect to the termination of an arbitral appointment, such as "removal" and "revocation of authority". Different terms have been adopted simply as a matter of correct English usage. The difference in terms is not intended to be of any legal significance.

99. Subsection 23(4). Whilst any agreement as to an arbitration must be in writing, as defined earlier, the DAC is of the view that it is impracticable to impose a writing requirement on an agreement to terminate an arbitration. Parties may well simply walk away from proceedings, or allow the proceedings to lapse, and it could be extremely unfair if one party were allowed to rely upon an absence of writing at some future stage. Where a Claimant allows an arbitration to lapse, Clause 41 (3) may be utilized.

Clause 24. Power of court to remove arbitrator

100. We have set out the cases where the Court can remove an arbitrator.

101. The Model Law (Article 12) specifies justifiable doubts as to the independence (as well as impartiality) of an arbitrator as grounds for his removal. We have considered this carefully, but despite efforts to do so, no-one has persuaded us that, in consensual arbitrations, this is either required or desirable. It seems to us that lack of independence, unless it gives rise to justifiable doubts about the impartiality of the arbitrator, is of no significance. The latter is, of course, the first of our grounds for removal. If lack of independence were to be included, then this could only be justified if it covered cases where the lack of independence did not give rise to justifiable doubts about impartiality, for otherwise there would be no point including lack of independence as a separate ground.

102. We can see no good reason for including "non-partiality" lack of independence as a ground for removal and good reasons for not doing so. We do not follow what is meant to be covered by a lack of independence which does not lead to the appearance of partiality. Furthermore, the inclusion of independence would give rise to endless arguments, as it has, for example, in Sweden and the United States, where almost any connection (however remote) has been put forward to challenge the "independence" of an arbitrator. For example, it is often the case that one member of a barristers' Chambers appears as counsel before an arbitrator who comes from the same Chambers. Is that to be regarded, without more, as a lack of independence justifying the removal of the arbitrator? We are quite certain that this would not be the case in English law. Indeed the Chairman has so decided in a case in Chambers in the Commercial Court. We would also draw attention to the article "Barristers' Independence and Disclosure" by Kendall in (1992) 8 Arb. Int. 287. We would further note in passing that even the oath taken by those appointed to the International Court of Justice; and indeed to our own High Court, refers only to impartiality.

103. Further, there may well be situations in which parties desire their arbitrators to have familiarity with a specific field, rather than being entirely independent.

104. We should emphasise that we intend to lose nothing of significance by omitting reference to independence. Lack of this quality may well give rise to justifiable doubts about impartiality, which is covered, but if it does not, then we cannot at present see anything of significance that we have omitted by not using this term.

105. We have included, as grounds for removal, the refusal or failure of an arbitrator properly to conduct the proceedings, as well as failing to use all reasonable despatch in conducting the proceedings or making an award, where the result has caused or will cause substantial injustice to the applicant. We trust that the Courts will not allow the first of these matters to be abused by those intent on disrupting the arbitral process. To this end we have included a provision allowing the tribunal to continue while an application is made. There is also Clause 73 which effectively requires a party to "put up or shut up" if a challenge is to be made.

106. We have every confidence that the Courts will carry through the intent of this part of the Bill, which is that it should only be available where the conduct of the arbitrator is such as to go so beyond anything that could reasonably be defended that substantial injustice has resulted or will result, The provision is not intended to allow the Court to substitute its own view as to how the arbitral proceedings should be conducted. Thus the choice by an arbitrator of a particular procedure, unless it breaches the duty laid on arbitrators by Clause 33, should on no view justify the removal of an arbitra-

tor, even if the Court would not itself have adopted that procedure. In short, this ground only exists to cover what we hope will be the very rare case where an arbitrator so conducts the proceedings that it can fairly be said that instead of carrying through the object of arbitration as stated in the Bill, he is in effect frustrating that object. Only if the Court confines itself in this way can this power of removal be justified as a measure supporting rather than subverting the arbitral process.

107. We have also made the exhaustion of any arbitral process for challenging an arbitrator a precondition to the right to apply to the Court. Again it will be a very rare case indeed where the Court will remove an arbitrator notwithstanding that that process has reached a different conclusion.

108. If an arbitrator is removed by the Court, we haw given the Court power to make orders in respect of his remuneration. We would expect this power to be exercised where the behavior of the arbitrator is inexcusable to the extent that this should be marked by depriving him of all or some of his fees and expenses. This subsection is also the subject of a supplementary recommendation in Chapter 6 below.

109. As a matter of justice, we have stipulated that an arbitrator is entitled to be heard on any application for his removal.

110. This is a mandatory provision. It seems to us that an agreement to contract out of the cases we specify would really be tantamount to an agreement to a dispute resolution procedure that is contrary to the basic principles set out in Clause 1.

Clause 25. Resignation of arbitrator

111. In theory it could be said that an arbitrator cannot unilaterally resign if this conflicts with the express or implied terms of his engagement. However, as a matter of practical politics an arbitrator who refuses to go on cannot be made to do so, though of course he may incur a liability for breach of his agreement to act.

112. In this Clause we have given an arbitrator who resigns the right to go to the Court to seek relief from any liability incurred through resigning and to make orders relating to his remuneration and expenses, unless the consequences of resignation have been agreed with the parties (e. g. by virtue of having adopted institutional rules).

113. We have chosen the words of subsection (1) with care so that the agreement referred to is confined to an agreement as to the consequences of resignation. A simple agreement not to resign (or only to resign in certain circumstances) with no agreement as to what will happen if this promise is broken is not within the subsection. This has to be so since otherwise (by virtue of subsection (2)), subsections (3) and (4) would never or hardly ever operate, for the arbitrator will not be under any liability or at risk as to his fees or expenses unless he is in breach by resigning.

114. In the July draft we suggested a provision which would have entitled the Court to grant relief in all circumstances including those where the arbitrator had made an agreement as to the consequences of his resignation. However, as the result of a response chat we received we have concluded that where the parties have agreed with an arbitrator on the consequences it would be wrong to give the Court a power to adjust the position.

115. The reason we propose this is that circumstances may well arise in which it would be just to grant such relief to a resigning arbitrator. For example, the arbitrator may (reasonably) not be pre-

pared to adopt a procedure agreed by the parties (i. e. under Clause 34) during the course of an arbitration, taking the view that his duty under Clause 33 conflicts with their suggestions (the relationship between the duty of arbitrators in Clause 33 and the freedom of the parties in Clause 34, is discussed in more detail below). Again, an arbitration may drag on for far longer than could reasonably have been expected when the appointment was accepted, resulting in an unfair burden on the arbitrator. In circumstances where the Court was persuaded that it was reasonable for the arbitrator to resign, it seems only right that the Court should be able to grant appropriate relief.

Clause 26. Death of arbitrator or person appointing him

116. This Clause complements Clause 8 and is included for the same reason. Clause 26(1) is mandatory-it is difficult to see how parties could agree otherwise.

Clause 27. Filling of vacancy, etc.

117. This Clause reflects Article 15 of the Model Law, but also deals with certain other important ancillary matters. It should be noted that we do not propose to re-enact the power given to the Court under section 25 of the Arbitration Act 1950 to fill a vacancy created by its removal of an arbitrator. It seems to us that (in the absence of agreement between the parties) it is preferable for the original appointment procedure to be used, for otherwise (as in the *Dutco* case mentioned above) it might be argued that the parties were not being treated equally.

118. We have given the tribunal the right (when reconstituted) to determine to what extent the previous proceedings should stand, though we have also made clear that this does not affect any right a party may have to challenge what has happened.

119. Further, we have provided in Clause 27(5) that the fact of an arbitrator ceasing to hold office will not affect any appointment made by him (whether alone or jointly) of another arbitrator, unless the parties have otherwise agreed pursuant to Clause 27(1)(c).

Clause 28. Joint and several liability of parties to arbitrators for fees and expenses

120. Arbitration proceedings necessarily involve the incurring of expenditure. The arbitrators have to be paid, and the parties incur expense in presenting their cases to the tribunal. The issue of costs involves at least three quite discrete elements:

(i) As a matter of general contract law, arbitrators, experts, institutions and any other payees whatsoever are entitled to be paid what has been agreed with them by any of the parties. Therefore, for example, if a party appoints an arbitrator for an agreed fee, as a matter of general contract law (rather than anything in this Bill), that arbitrator is entitled to that fee.

(ii) It is generally accepted that all parties are jointly and severally liable for the fees of an arbitrator. This is an issue as to the entitlement of arbitrators, and as such is quite distinct from the third element.

(iii) As in court litigation, when one party is successful, that party should normally recover at least a proportion of his costs. This issue, being where the burden of costs should lie, is an issue as between the parties.

121. The Bill contains provisions as to costs and fees in two separate parts: the joint and several

liability owed by the parties to the arbitrators (the second element) is addressed in this clause, whilst the third element (i. e. the responsibility for costs as between the parties) is addressed in Clauses 59 - 65. The first element, being a matter of general contract law, is not specifically addressed by either set of provisions, but is preserved in both. It is extremely important to distinguish between these provisions.

122. Clause 28 is concerned with the rights of the arbitrators in respect of fees and expenses. As subsection (5) makes clear, and as explained above, this provision is not concerned with which of the parties should (as between themselves) bear these cost, as the result of the arbitration, which is dealt with later in the Bill, nor with any contractual right an arbitrator may have in respect of fees and expenses.

123. As we understand the present law, the parties are jointly and severally liable to the arbitrator for his fees and expenses. The present position seems to be that if these are agreed by one party, the other party becomes liable, even if he played no part in making that agreement; and circumstances may arise in which that party is unable to obtain a reduction of the amount by taxation. It seems to us that whilst arbitrators should be protected by this joint and several liability of the parties, a potentially unfair result must be avoided: a party who never agreed to the appointment by another party of an exceptionally expensive arbitrator should not be held jointly and severally liable for that arbitrator's exceptional fees. To this end, we have stipulated, in Clause 28(1), that a party's joint and several liability to an arbitrator only extend, to "reasonable fees". Of course, if a party has agreed an exceptional fee with an arbitrator, that party may still be pursued by that arbitrator, under general contract law, which is preserved in Clause 28(5).

124. We have proposed a mechanism to allow a party to go to the Court if any question arises as to the reasonableness of the arbitrator's charges. The Court is empowered to adjust fees and expenses even after they have been paid, since circumstances may well arise in which a question about the level of fees and expenses only arises after payment has been made. For example, a large advance payment may be made at a time when it is considered that the arbitration will take a long time, but this does not turn out to be the case. However, the Court must be satisfied that it is reasonable in the circumstances to order repayment. Thus an applicant who delays in making an application is likely to receive short shrift from the Court, nor is the Court likely to order repayment where the arbitrator has in good faith acted in such a way that it would be unjust to order repayment. It seems to us that it is necessary to set out expressly in the Bill that the power of the Court extends to dealing with fees and expenses already paid, since otherwise there could be an argument that this power is confined to fees and expenses yet to be paid.

125. These provisions are extended by subsection (6) to include an arbitrator who has ceased to act and an umpire who has not replaced the other arbitrators. An arbitrator may cease to act through the operation of Clauses 23 to 26, or if an umpire takes over following a disagreement.

126. The liability in Clause 28(1) is to "the parties". It seems to us to follow that a person who has not participated at all, and in respect of whom it is determined that the arbitral tribunal has no jurisdiction, would not be a "party" for the purposes of this clause (*cf.* Clause 72). More difficult questions may well arise in respect of persons who have participated, for there the doctrine of Kompe-

tenz-Kompetenz (Clauses 30 and 31) may have to be weighed against the proposition that a party can hardly be under any liability in respect of the fees and expenses of the tribunal which he has successfully established should not have been acting at all on the merits of the dispute.

127. It is to be noted that arbitrators' fees and expenses include, by virtue of Clause 37(2), the fees and expenses of tribunal appointed experts, etc.

128. It seems that the present joint and several liability of the parties to an arbitrator for his fees may rest on some implied contract said to exist between them. Be this as it may, such an implied contract (in so far as it related to fees and expenses) would not survive by virtue of Clause 81 of this Bill, because this only saves rules of law which are consistent with Part I. Any implied contract imposing a liability for more than reasonable fees and expenses would clearly be inconsistent with Clause 28(1). Furthermore, since Clause 28(1) gives a statutory right there remains no good reason for any implied contractual right. As stated above, any specific contract would, however, of course be preserved by Clause 28(5).

129. Contrary to some suggestions made to us, it seems to us that rights of contribution between the parties in relation to their statutory liability under Clause 28(1) can best be left to the ordinary rules which relate to joint and several liability generally.

130. Clause 28 is made mandatory, since otherwise the parties could by agreement between themselves deprive the arbitrators of what seems to us to be a very necessary protection.

Clause 29. Immunity of arbitrators

131. Although the general view seems to be that arbitrators have some immunity under the present law, this is not entirely free from doubt. We were firmly of the view that arbitrators should have a degree of immunity, and most (though not all) the responses we received expressed the same view.

132. The reasons for providing immunity are the same as those that apply to Judges in our Courts. Arbitration and litigation share this in common, that both provide a means of dispute resolution which depends upon a binding decision by an impartial third party. It is generally considered that an immunity is necessary to enable that third party properly to perform an impartial decision making function. Furthermore, we feel strongly that unless a degree of immunity is afforded, the finality of the arbitral process could well be undermined. The prospect of a losing party attempting to re-arbitrate the issues on the basis that a competent arbitrator would have decided them in favour of that party is one that we would view with dismay, The Bill provide, in our view adequate safeguards to deal with cases where the arbitral process, has gone wrong.

133. This is a mandatory provision. Given the need and reason for immunity, it seems to us to follow that as a matter of public policy, this should be so.

134. The immunity does not, of course, extend to cases where it is shown that the arbitrator has acted in bad faith. Our law is well acquainted with this expression and although we considered other terms, we concluded that there were unlikely to be any difficulties in practice in using this test: see, for example, *Melton Medes Ltd v. Securities and Investment Board* [1995] 3 All ER 880.

135. Subsection 29(3). There was a concern that if a provision such as this was not included, Clause 25, when read together with Clause 29, could be said to preclude a claim against an arbitrator for resigning in breach of contract and similarly a defence (based on resignation) to a claim by an ar-

bitrator for his fees, unless "bad faith" is proved.

136. Since the publication of the final draft of the Bill, we have concluded that the Court should be given power to remove or modify the immunity as it sees fit when it removes an arbitrator. We consider this further in Chapter 6 below.

JURISDICTION OF THE ARBITRAL TRIBUNAL

Clause 30. Competence of tribunal to rule on its own jurisdiction

137. This Clause states what is called the doctrine of "Kompetenz-Kompetenz". This is an internationally recognised doctrine, which is also recognised by our own law (e. g. *Christopher Brown* v. *Genossenschaft Osterreichlisher Waldbesitzer* [1954] 1 QB 8), though this has not always been the case.

138. The great advantage of this doctrine is that it avoids delays and difficulties when a question is raised as to the jurisdiction of the tribunal. Clearly the tribunal cannot be the final arbiter of a question of jurisdiction, for this would provide a classic case of pulling oneself up by one's own bootstraps, but to deprive a tribunal of a power (subject to Court review) to rule on jurisdiction would mean that a recalcitrant party could delay valid arbitration proceedings indefinitely by making spurious challenges to its jurisdiction.

139. The Clause and the following Clause are based on Article 16 of the Model Law, but unlike that model we have not made this provision mandatory so that the parties, if they wish, can agree that the tribunal shall not have this power. We have also spelt out what we mean by "substantive jurisdiction".

Clause 31. Objection to substantive jurisdiction of tribunal

140. In this Clause we set out how a challenge to the jurisdiction can be made, and the circumstances in which it must be made (following Article 16 of the Model Law). This reflects much of the Model Law but we have, for example, refrained from using expressions like "submission of the statement of defence" since this might give the impression, which we are anxious to dispel, that every arbitration requires some formal pleading or the like.

141. The Clause, in effect, sets out three ways in which the matter may proceed.

(i) The first is that the tribunal may make an award on the question of jurisdiction. If it does so then that award may be challenged by a party under Clause 67.

(ii) The second way is for the tribunal to deal with the question of jurisdiction in its award on the met-its. Again on the jurisdiction aspect the award may be challenged under Clause 67.

We have provided these two method') because, depending on the circumstances, the one or the other may be the better course to take, bearing in mind the duty (in Clause 33) to adopt procedures suitable to the circumstances of the particular case, avoiding unnecessary de lay or expense.

(iii) The third way of proceeding IS for an application to be made to the Court before any award (pursuant to Clause 32). Again this third course is designed to achieve the same objective (albeit in limited circumstances). For example, cases arise where a party starts an arbitration but the other party, without taking part, raises an objection to the jurisdiction of the tribunal. In such circumstances, it might very well be cheaper and quicker for the party wishing to arbitrate to go directly to the Court to seek a favorable ruling on jurisdiction rather than seeking an award from the tribunal. Such an approach would be very much the exception, and, to this end, Clause 32 is narrowly drawn. In this connection it must be remembered that a part)' who chooses not to take any part in an arbitration cannot in justice be required to take any positive steps to challenge the jurisdiction, for to do otherwise would be to assume against that party (before the point has been decided) that the tribunal has jurisdiction. We return to this topic when considering Clause 72.

142. Article 16(3) of the Model Law provides that the arbitral tribunal may rule on a plea as to jurisdiction either as a preliminary question or in an award on the merits. The DAC is of the view that it is unnecessary to introduce a new concept of a "preliminary ruling", which is somehow different from an award. Clause 31(4) therefore only refers to awards. This has the advantage that awards on jurisdiction will have the benefit of those provisions on award, generally (e. g. costs, lien, reasons, additional awards, etc), and, if appropriate, may be enforced in the same way as any other award.

143. A challenge to jurisdiction may well involve questions of fact as well as questions of law. Since the arbitral tribunal cannot rule finally on its own jurisdiction, it follows that both its findings of fact and its holdings of law may be challenged. The regime for challenging such awards is set out in Clause 67.

144. Clause 31(1) replaces the requirement set out in Article 16(2) of the Model Law (that a challenge to the overall jurisdiction of the tribunal must be raised no later than the submission of a statement of defence) with a requirement that such an objection be raised no later than the time a party takes the first step in the proceedings to contest the merits of any matter in relation to which he challenges the tribunal's jurisdiction. This allows for alternative procedures where there is no "statement of defence" as such.

145. Clause 31 is a mandatory provision. Under Clause 30, of course, the parties can agree that the tribunal shall not have power to rule on its own jurisdiction, but while this means (as subsection (4) points out) that the tribunal cannot then make an award on jurisdiction, the compulsory nature of Clause 31 means that the objection must be raised as there stipulated. It seems to us that this is highly desirable by way of support for the object of arbitration as set out in Clause 1.

146. It has been suggested to the DAC that there should be a mechanism whereby an objecting patty, or even a non-objecting party, could require the tribunal forthwith to make an award as to jurisdiction, rather than merely incorporating a ruling in an award on the merits. The DAC disagrees with this. Unless the parties agree otherwise, the choice as to which course to take will be left with the tribunal, who will decide what is to be done consistent with their duty under Clause 33 (see below). Indeed, in some cases it may be simply impracticable to rule on jurisdiction, before determining merits. If, however, the parties agree which course is to be taken, and if, of course, their agreement is effective (i. e. it does not require the tribunal to breach its mandatory duty under Clause 33) then the provision under discussion requires the tribunal to take the course chosen by the parties.

Clause 32. Determination of preliminary point of jurisdiction

147. In this Clause we have set out the procedure for the third of the possible way of dealing with a challenge to the jurisdiction. As stated above, this Clause provides for exceptional cases only: it is

not intended to detract from the basic rule as set out in Clause 30. Hence the restrictions in Clause 32 (2), and the procedure in Clause 32(3). It will be noted that we have required either the agreement of the parties, or that the Court is satisfied that this is, in effect, the proper course to take. It is anticipated that the Courts will take care to prevent this exceptional provision from becoming the normal route for challenging jurisdiction. Since this Clause concerns a power exercisable by the Court in relation to the jurisdiction of the tribunal, it is in our view important enough to be made mandatory.

148. Under this Clause the tribunal may continue the arbitral proceedings and make an award whilst the application to the Court is pending. Thus a recalcitrant party will not be able to mount spurious challenges as a means of delaying the arbitral process. Under subsection (5) of the preceding Clause the tribunal can, of course (and must if the parties agree) stay the arbitral proceedings whilst an application is made. Which course the tribunal takes (where it has power to choose) will of course depend once again on what it sees its Clause 33 duty to be.

149. The right of appeal from Court rulings is limited in the way set out in the Clause.

THE ARBITRAL PROCEEDINGS

Clause 33. General duty of the tribunal

150. This is one of the central proposals in our Bill (grounded on Article 18 of the Model Law). It is a mandatory provision, since, as is explained below, we fail to see how a proceeding which departed from the stipulated duties could properly be described as an arbitration. We endeavor to set out, in the simplest, clearest terms we have been able to devise, how the tribunal should approach and deal with its task, which is to do full justice to the parties. In the following Clauses we set out in detail the powers available to the tribunal for this purpose.

151. It has been suggested that the generality of Clause 33 may be problematic: that it may be an invitation to recalcitrant parties to launch challenges, or that vagueness will give rise to arguments. The advantage of arbitration is that it offers a dispute resolution system which can be tailored to the particular dispute to an extent which litigation finds it difficult to do. Thus depending on the nature of the dispute, there will be numerous ways in which the arbitration can be conducted. It is quite impossible to list all the possible variants and to set' out what mayor may not be done. Indeed any attempt to do so would defeat one of the main purposes of the Bill, which is to encourage arbitral tribunals not slavishly to follow court or other set procedures. It follows that the only limits can be those set out in the present clause. I t is to be hoped that the Courts will take a dim view of those who try to attack awards because of suggested breaches of this clause which have no real substance. At the same time, it can hardly be suggested that awards should not be open to attack when the tribunal has not acted in accordance with the principles stated.

152. It has further been suggested that this part of the Bill will cause the demise of the amateur arbitrator. If by this is meant the demise of people who purport to act as arbitrators but who are either unable or unwilling (or both) to conduct the proceedings in accordance with what most would regard as self-evident rules of justice, then we indeed hope that this will be one of the results. But since these rules of justice are generally accepted in our democratic society, and are not merely theoretical considerations that concern lawyers alone, we can see no reason why the Bill should discourage any-

one who is ready willing and able to apply them. Indeed we consider that the Bill will encourage and support all such people.

153. Sometimes the parties to an arbitration employ lawyers who seek, in effect, to bully a non-legal arbitrator into taking a course of action which is against his better instincts, by seeking to blind him with legal "science" to get their way. Again, in some circles it is thought that somehow the procedures in an arbitration should be modelled on Court procedures, and that to adopt other method, would be "misconduct" (an expression that the Bill does not use) on the part of the arbitrator. This part of the Bill is designed to prevent such bullying and to explode the theory that an arbitration has always to follow Court procedures. If an arbitrator is satisfied that the way he wants to proceed fulfils his duty under this Clause and that the powers he want, to exercise are available to him under the following Clauses, then he should have the courage of his own convictions and proceed accordingly, unless the parties are agreed that he should adopt some other course.

The relationship between Clauses 1 (*b*), 33 *anti* 34(1)

154. It has been suggested to us there could be a conflict between:

(i) the mandatory duty cast on arbitrators by Clause 33 and

(ii) the principle of party autonomy in Clause l(b) and the proviso in Clause 34(1). As we explain below, the DAC does not consider that there is any inconsistency between these two principles.

155. Under the principle of party autonomy, the parties are free to agree upon anything to do with the arbitration, subject only to such safeguards as are necessary in the public interest (Clause 1 (b)). The mandatory provisions set out those matters which have effect notwithstanding any agreement to the contrary: see Clause 4. It seems to us that the public interest dictates that Clause 33 must be mandatory, i. e. that the parties cannot effectively agree to dispense with the duty laid on arbitrators under Clause 33. In other words, they cannot effectively agree that the arbitrators can act unfairly, or that the arbitrators can be partial, or that the arbitrators can decide that the parties (or one of them) should not have a reasonable opportunity of putting his case or answering that of his opponent, or indeed that the arbitrators can adopt procedures that are unsuitable for the particular circumstances of the case or are unnecessarily slow or expensive, so that the means for resolving the matters to be determined is unfair. It is, of course, extremely unlikely in the nature of things that the parties would wish deliberately to make such bizarre agreements, but were this to happen, then it seem" to us that such agreements should be ineffective for the purposes of this Bill, i. e. not binding on the parties or the tribunal.

156. However, a situation could well arise in practice in cases where the parties are agreed on a method of proceeding which they consider complies with the first of the general principles set out in Clause 1 (and which therefore the tribunal could adopt consistently with its duty under Clause 33) but the tribunal takes a different view, or where they are agreed in their opposition to a method of proceeding which the tribunal considers should be adopted in order to perform it, Clause 33 duty.

157. In our view it is neither desirable nor practicable to stipulate that the tribunal can override the agreement of the parties. It is not desirable, because the type of arbitration we are discussing is a consensual process which depends on the agreement of the parties who are surely entitled (if they can

agree) to have the final say on how they wish their dispute to be resolved. It is not practicable, since there is no way in which the parties can be forced to adopt a method of proceeding if they are agreed that this is not the way they wish to proceed. The latter is the case even if it could be established that their agreement was ineffective since it undermined or prevented performance of the duty made mandatory by Clause 33.

158. A party would be unable to enforce an ineffective agreement against the other parties, nor would such all agreement bind the tribunal, but the problem under discussion only exists while the parties are in fact at one, whether or not their agreement is legally effective.

159. In circumstances such as these, the tribunal (assuming it has failed to persuade the parties to take a different course) has the choice of adopting the course preferred by the parties or of resigning. Indeed, resignation would be the only course if the parties were in agreement in rejecting the method preferred by the tribunal, and no other way of proceeding was agreed by them or considered suitable by the tribunal.

160. We have stipulated elsewhere in the Bill that the immunity we propose for arbitrators does not extend to any liability they may be under for resigning (Clause 29) though under Clause 25 they may seek relief in respect of such liability from the Court. The reason for the limitation on immunity is that case.' may arise where the resignation of the arbitrator is wholly indefensible and has caused great delay and loss. In our view Clause 25 would suffice to protect arbitrators who resigned because they reasonably believed that the agreement of the parties prevented them from properly performing their Clause 33 duty. Furthermore, arbitrators could always stipulate for a right to resign in such circumstances as a term of their appointment.

161. If, on the other hand, the tribunal adopted a method of proceeding agreed by the parties, it seems to us that none of the parties could afterwards validly complain that the tribunal had failed in its Clause 33 duty, since the tribunal would only have done what the parties had asked it to do. Again, the fact that as between the parties such an agreement may have been ineffective a' undermining or preventing performance of the Clause 33 duties seems to us to be wholly irrelevant. It could of course be said that the tribunal had breached its Clause 33 duty, but this would have no practical consequences since the parties themselves would have brought about this state of affairs, and would therefore be unable to seek any relief in respect of it.

162. Some people have expressed concern that there is a danger that lawyers will agree between themselves a method of proceeding which the tribunal consider to be unnecessarily long or expensive. However, if a tribunal considered, for example, that lawyers were trying either deliberately to "churn" the case for their own private advantage or were simply but misguidedly seeking to adopt unnecessary procedures etc, the obvious solution would be to ask them to confirm that their respective clients had been made aware of the views of the tribunal but were nevertheless in agreement that the course proposed by their lawyers should be adopted. At the end of the day, however, the fact remains that the only sanction the arbitrators have is to resign.

163. In summary, therefore, we consider that the duty of the arbitrators under Clause 33 and the right of the parties to agree how the arbitration should be conducted do fit together. Under Clause 33 the tribunal have the specified duties. Under Clause 34 therefore, the tribunal must decide all proce-

dural and evidential matters, subject to the right of the parties to agree any matter. If the parties reach an agreement on how to proceed which clashes with the duty of the tribunal or which the tribunal reasonably considers does so, then the arbitrators can either resign and have the protection of Clause 25, or can adopt what the parties want and will not afterward, be liable to the parties for doing so.

Further points

164. In this Clause we have provided that the tribunal shall give each party a "reasonable opportunity" of putting his case and dealing with that of his opponent. Article 18 of the Model Law uses the expression "full opportunity".

165. We prefer the word "reasonable" because it removes any suggestion that a party is entitled to take as long as he likes, however objectively unreasonable this may be. We are sure that this was not intended by those who framed the Model Law, for it would entail that a party is entitled to an unreasonable time, which justice can hardly require. Indeed the contrary is the case, for an unreasonable time would *ex hypothesi* mean unnecessary delay and expense, things which produce injustice and which accordingly would offend the first principle of Clause I, as well as Clauses 33 and 40.

Clause 34. Procedural and evidential matters

166. We trust that the matters we have listed in this Clause (which are partly drawn from Articles 19,20,22,23 and 24 of the Model Law) are largely self-evident. We have produced a non-exhaustive check-list because we think it will be helpful both to arbitrating parties and to their arbitrators. We cannot emphasise too strongly that one of the strengths of the arbitral process is that it is able much more easily than any Court system to adapt its procedures to suit the particular case. Hence we have spelt this out as a duty under the preceding Clause. The list of powers helps the tribunal (and indeed the parties) to choose how best to proceed, untrammelled by technical or formalistic rules.

167. Some of those responding suggested that we should include a special code to deal with the arbitration of small claims. We have not adopted this suggestion for the very reason we have just stated. Any such code would have to have detailed rules, arbitrary monetary or other limits and other complicated provisions. In our view, proper adherence to the duties in Clause 33 will achieve the same result. A small claim will simply not need all the expensive procedural and other paraphernalia which might be required for the resolution of some huge and complicated international dispute.

168. Furthermore, we consider that associations and institutions concerned with specific areas of trade etc. Can playa very significant part in formulating rules and procedures for arbitrating disputes concerning their members. Such bodies have the detailed knowledge and experience required to enable them properly to address this task, in relation both to small claims and otherwise. We feel strongly that it would be wrong for a Bill of the present kind to seek to lay down a rigid structure for any kind of case; and that different methods must be developed to suit different circumstances, by arbitral tribunals as well as those who have the necessary practical knowledge of those circumstances. Finally, of course, the Bill in no way impinges upon small claims procedures developed for use through the court system.

169. Subsection (a). Whilst Article 20(1) of the Model law states that, in the absence of the

agreement of the parties, "the place of arbitration shall be determined by the arbitral tribunal having regard to the circumstances of the case, including the convenience of the parties", subsection 34(2)(a) does not state that the tribunal should have the convenience of the parties in mind, given that this is a consideration that is really subsumed under the general duty of the Tribunal in Clause 33, and, further, because the DAC was of the view that like considerations apply to other part' of Clause 34, such as subsection (b), even though the Model Law does not appear to reflect this. Unlike the Model Law, subsection (a) also refers to "when", as well as "where".

170. Subsection (f) makes it clear that arbitrators are not necessarily bound by the technical rules of evidence. In his 1993 Freshfields Lecture ((1994) 10 Arb. Int. 1), Lord Steyn questioned why the technical rules of evidence should apply to arbitration, even if (as he doubted) there was authority for this. This provision clarifies the position. It is to be noted that Clause 34(2)(f) helps to put an end to any arguments that it is a question of law whether there is material to support a finding of fact.

171. Subsection (g). Some anxiety was expressed at the power to act inquisitorially, to be found in subsection (g), on grounds that arbitrators are unused to such powers and might, albeit in good faith, abuse them.

172. We do not share this view. Once again it seems to us that provided the tribunal in exercising its powers follows its simple duty as set out in Clause 33 (and subsection (2) of this Clause tens the tribunal that this is what they must do) then in suitable cases an inquisitorial approach to all Or some of the matters involved may well be the best way of proceeding. Clause 33, however, remains a control, such that, for example, if an arbitrator takes the initiative in procuring evidence, he must give all parties a reasonable opportunity of commenting on it.

173. A number of arbitrators who responded to our July 1995 draft suggested that the tribunal should be entitled to have the last word, i. e. should be given the power to override the agreement of the parties to follow a different course. The interrelationship of the tribunal's duties and party autonomy has already been discussed above. As is clear from that discussion, we disagree with this view for the following reasons:

(i) To give the tribunal such a power would be contrary to Article 19 of the Model Law. It would also be contrary to the present position under English law.

(ii) To allow the tribunal to override the agreement of the parties would to our mind, constitute an indefensible inroad into the principle of party autonomy, upon which the Bill is based. (iii) It is difficult to see how such a power could be backed by any effective sanction. If the parties agree not to adopt the course ordered by the tribunal, there is nothing the tribunal can do except resign.

(iii) It is difficult to see how such a power could be backed by any effective sanction. If the parties agree not to adopt the course ordered by the tribunal, there is nothing the tribunal can do except resign.

(iv) It seems to us that the problem is more apparent than real. In most cases the parties rely on the tribunal to decide how to conduct the case and do not sit down and agree between themselves how it is to be done. In order to reflect what actually happens in practice we have accordingly reversed the way many of the other Clauses begin and stated that it is for the tribunal to decide all procedural and evidential matters, subject to the right of the parties to agree any matter. In our view, however, since arbitration is the parties' own chosen method of dispute resolution, we cannot see why they should be deprived of the right to decide what form the arbitration should take.

174. As we have made clear above, it is of course open to those who fume rules for arbitration which the parties incorporate into their agreement, to stipulate that the tribunal is to have the last word, and likewise arbitrators can stipulate this as a term of their agreement to act, though once again there would be no means, apart from persuasion or the threat of resignation, of enforcing such a stipulation if the parties later jointly took a different view.

175. It has been suggested that there could be a conflict between the proviso in Clause 34(1) and Clause 40. This is said to arise, for example, where the parties have agreed a procedural or evidential matter which they are entitled to do under Clause 34(1), but the tribunal are intent on taking a different course. Does the parties' agreement override their duty under Clause 401? The DAC considers that no such conflict exists:

(i) The parties are free to agree on all procedural and evidential matters, pursuant to Clause 34(1).

(ii) However, any such agreement will only be effective, if it is consistent with Clause 33, being a mandatory provision.

(iii) Any such agreement made pursuant to Clause 34(1), and consistent with Clause 33, will define the scope of Clause 40—i. e. the parties will have agreed on how the arbitration is to be conducted, or, in the words of Clause 40, what is to constitute the "proper and expeditious conduct of the arbitral proceedings". The determinations of the tribunal should follow that agreement (which would not be the case if such an agreement was inconsistent with Clause 33) and *ex hypothesi* the parties should be obliged to comply.

(iv) If there are matters on which the parties have not agreed, then the tribunal will fill the gap under Clause 34(1) and Clause 40(1) will again operate without conflict.

176. It has also been suggested that the Bill should include a provision that the arbitrator should encourage the parties to use other forms of ADR when this was considered appropriate. This suggestion has not been adopted, since the Bill is concerned with arbitration where the parties have chosen this rather than any other form of dispute resolution.

Clause 35. Consolidation of proceedings and concurrent hearings

177. This Clause makes clear that the parties may agree to consolidate their arbitration with other arbitral proceedings or to hold concurrent hearings.

178. During the consultation exercises, the DAC received submissions calling for a provision that would empower either a tribunal or the Court (or indeed both) to order consolidation or concurrent hearings. These were considered extremely carefully by the committee.

179. The problem arises in cases where a number of parties are involved. For example, in a construction project a main contractor may make a number of sub-contracts each of which contains an arbitration clause. A dispute arises in which a claim is made against one sub-contractor who seeks to

blame another. In Court, of course, there is power to order consolidation or concurrent hearings, as well as procedures for allowing additional parties to be joined. In arbitrations, however, this power does not exist. The reason it does not exist is that this form of dispute resolution depends on the agreement of the contracting parties that their disputes will be arbitrated by a private tribunal, not litigated in the public courts. It follows that unless the parties otherwise agree, only their own disputes arising out of their own agreement can be referred to that agreed tribunal.

180. In our view it would amount to a negation of the principle of party autonomy to give the tribunal or the Court power to order consolidation or concurrent hearings. Indeed it would to our minds go far towards frustrating the agreement of the parties to have their own tribunal for their own disputes, Further difficulties could well arise, such as the disclosure of documents from one arbitration to another, Accordingly we would be opposed to giving the tribunal or the Court this power. However, if the parties agree to invest the tribunal with such a power, then we would have no objection.

181. Having said this, the DAC appreciates the common sense behind the suggestion. We are persuaded, however, that the problem is best solved by obtaining the agreement of the parties. Thus those who are in charge of drafting standard forms of contract, or who offer terms for arbitration services which the parties can incorporate into their agreement" (especially those institutions and associations which are concerned with situations in which there are likely to be numerous contracts and subcontracts) could include suitable clauses permitting the tribunal to consolidate or order concurrent hearings in appropriate cases. For example, the London Maritime Arbitrators Association Rules have within them a provision along these lines. In order to encourage this, we have made clear in this Clause that with the agreement of the parties, there is nothing wrong with adopting such procedures.

182. It will be noted that whereas Clause 39 uses the expression "[t]he parties are free to agree that the tribunal shall have power to order ... ", Clause 35 simple states that "[t]he parties are free to agree ... ". This difference is easily explained. In both cases the parties are free to endow the tribunal with the power in question. This is implicit in Clause 35(1) by virtue of Clause 35(2). Under Clause 35(1), the parties may agree between themselves to consolidate two arbitrations, or to have concurrent hearings, before a tribunal has been appointed. This could, of course, have a bearing on how the tribunal is co be appointed in such a situation. Indeed the parties may agree on institutional rules that provide for this. However, an equivalent arrangement is difficult to imagine in the context of Clause 39. Overall, the difference in wording is not intended co impede the parties' freedom to agree what they like, when they like, in either case.

Clause 36. Legal or other representation

183. It seems to us that this reflects a basic right, though of course the parties are free to dispense with it if they wish.

184. In the draft produced in July we used the phrase "a lawyer or other person of his choice". We have changed this, because we felt that it might give the impression that a party could stubbornly insist on a particular lawyer or other person, in circumstances where that individual could not attend for a long time, thus giving a recalcitrant party a good means of delaying the arbitral process. This should not happen. "A lawyer or other person chosen by him" does not give this impression: if a party's first choice is not available, his second choice will still be "a lawyer or other person chosen by

him". The right to he represented exists but must not he abused. Furthermore the right must be read with the first principle of Clause 1, as well as Clauses 33 and 40. If this is done then we trust that: attempts to abuse the right will fail.

185. It has been suggested to the DAC that there should be some provision requiring a party to give advance notice to all other parties if he intends to be represented at a hearing. Whilst in some ways an attractive proposal, this would be difficult to stipulate as a statutory provision, given that it may be impossible in some circumstances, or simply unnecessary in others. Further, different sanctions may be appropriate depending on the particular case. It is clearly desirable that, as a general rule, such notice be given. If it is not, one sanction may be for the tribunal to adjourn a hearing at the defaulting party's cost. In the end, however, this must be a matter for the tribunal's discretion in each particular case.

186. It has been suggested that this Clause provides an opportunity of extending by statute the privilege enjoyed by legal advisers to non-legal advisers or representatives. We have not adopted this suggestion. It seems to us chat it would be necessary to define with great precision which non-legal advisers or representatives are to be included (e. g. what relationship they must have to the arbitration and its conduct), and the precise classes of privilege which should be extended to them. Further, any such provision would necessarily have an impact on the position beyond arbitration. In short, it seems to us that this question cannot be confined to arbitrations and raises matters of general principle far beyond those of our remit.

Clause 37. Power to appoint experts, legal advisers or assessors

187. This to our minds would be a useful power in certain cases. We trust that the provisions we suggest are self-evident. Of course, the power can only be exercised if in the circumstances of the particular case its exercise falls within the scope of the duty of the tribunal set out in Clause 33.

188. Subsection (2) is made mandatory, to avoid the risk of the parties agreeing otherwise and thus disabling the tribunal from recovering from the parties expenses properly incurred.

Clause 38. General powers exercisable by the tribunal

189. These provisions represent a significant re-drawing of the relationship between arbitration and the Court. Wherever a power could properly be exercised by a tribunal rather than the Court, provision has been made for this, thereby reducing the need to incur the expense and inconvenience of making applications to Court during arbitral proceedings.

190. The first of the powers in this Clause is one which enables the tribunal to order security for costs. The power presently given to the Court to order security for costs in arbitrations is removed in its entirety.

191. This is a major change from the present position where only the Court can order security for costs. The theory which lay behind the present law is that it is the duty of an arbitral tribunal to decide the substantive merits of the dispute referred to it and that it would not be performing this duty if it stayed or struck out the proceedings pending the provision of security: see for example, *Re Unione Stearinerie Lanza and Weiner* [1917] 2 KB 558.

192. We do not subscribe to this theory, which Parliament has already abandoned in cite context

of striking out a claim for want of prosecution. In our view, when the parties agree to arbitrate, they ate agreeing that their dispute will be resolved by this means. To our mind, (in the absence of express stipulations to the contrary) this does not mean that the dispute is necessarily to be decided on its substantive merits. It is in truth an agreement that it will be resolved by the application of the agreed arbitral process. If one party then fails to comply with that process, then it seem, to us that it is entirely within what the parties have agreed that the tribunal can resolve the dispute on this ground.

193. Apart from this, the proposition that the Court should involve itself in such matters as deciding whether a claimant in an arbitration should provide security for costs has received universal condemnation in the context of international arbitrations. It is no exaggeration to say that the recent decision of the House of Lords in *S. A. Coppee Lavalin NV v. Ken-Ren Chemicals and Fertilisers* (1994) 2 WLR 631 was greeted with dismay by those in the international arbitration community who have at heart the desire to promote our country as a world centre for arbitration. We share those concerns.

194. It has been suggested to the DAC that the Court should retain a power to order security for costs that may be incurred up to the appointment of the tribunal. We have not been persuaded, however, that this is really necessary.

195. It has been pointed out chat in some cases an application for security before an arbitral tribunal might involve disclosing to that tribunal the fact that an offer of settlement had been or was about to be made, Under the court system, such disclosure can be made to a court other than that which will try the merits of the case.

196. We are not disturbed by this. It seems to us that a tribunal, properly performing its duty under Clause 33, could and should not be influenced by such matters, if the case proceeds to a hearing on the merits, nor do we accept that the disclosure of such information could somehow disqualify the tribunal from acting.

197. Clause 38(3) has been the subject of significant criticism since the Bill was introduced. In the light of this, we have concluded that it must be redrawn. Chapter 6, to which reference should be made, contains a full discussion of the problems with this provision as currently drafted, and our recommendations for its amendment.

198. Whilst the sanction in court for a failure to provide security for costs is normally a stay of the action, this is inappropriate in arbitration: if an arbitrator stayed proceedings, the arbitration would come to a halt without there necessarily being an award which could be challenged (e. g. if a party seeks to continue the proceedings). We have therefore included a specific sanction with respect to a failure to provide security for costs, which is to be found in Clause 41 (6). This provision also follows the practice of the English Commercial Court, which changed from the old practice of ordering a stay of proceedings if security was not provided. The disadvantage of the latter course was that it left the proceedings dormant but alive, so that years later they could be revived by the provision of security.

199. Clause 38 provides the tribunal with other powers in relation to the arbitration proceedings. We trust that these are self-explanatory.

Clause 39. Power to make provisional awards

200. In the July 1995 draft Clauses, this power did not require the agreement of the parties. As

the result of responses, we have concluded on further consideration that this is necessary.

201. In *The Kostas Melas* [1981] 1 Lloyd's Rep. 18 at 26, Goff J, as he then was, made clear that it was no part of an arbitrator's function to make temporary or provisional financial arrangement'; between the parties. Furthermore, as can be demonstrated by the abundance of court cases dealing with this subject (in the context of applications for summary judgment, interim payments, *Mareva* injunctions and the like) enormous care has to be taken to avoid turning what can be a useful judicial tool into an instrument of injustice. We should add that we received responses from a number of practising arbitrators to the effect that they would be unhappy with such powers, and saw no need for them. We should note in passing that the July 1995 draft would arguably (and inadvertently) have allowed arbitrators to order *ex parte Mareva* or even *Anton Piller* relief. These draconian powers are best left to be applied by the Courts, and the provisions of the Bill with respect to such powers have been adjusted accordingly.

202. There is a sharp distinction to be drawn between making provisional or temporary arrangements, which are subject to reversal when the underlying merits are finally decided by the tribunal; and dealing severally with different issues or questions at different times and in different awards, which we cover in Clause 47. It is for this reason that in this provision we draw attention to that Clause.

203. These considerations have led us firmly to conclude that it would only be desirable to give arbitral tribunals power to make such provisional orders where the parties have so agreed. Such agreements, of course, will have to be drafted with some care for the reasons we have stated. Subject to the safeguards of the parties' agreement and the arbitrators' duties (Clause 33), we envisage that this enlargement of the traditional jurisdiction of arbitrators could serve a very useful purpose, for example in trades and industries where cash flow is of particular importance.

Clause 40. General duty of the parties

204. This is a mandatory provision, since it would seem that an ability to contract out of it would be a negation of the arbitral process.

205. We were asked what the sanction would be for non-compliance. The answer lies in other Clauses of the Bill. These not only give the tribunal powers in relation to recalcitrant parties (e. g. Clause 41), but stipulate time limits for taking certain steps (e. g. applications to the Court, etc.) and (in Clause 73) making clear that undue delay will result in the loss of rights.

Clause 41. Powers of tribunal in case of party's default

206. The first part of this Clause sets out the present Jaw (section 13A of the 1950 Act, which was inserted by section 102 of the Courts and Legal Services Act 1990) giving the arbitral tribunal power to strike out for want of prosecution.

207. The second part makes clear that in the circumstances stipulated, a tribunal may proceed *ex parte*, though we have forborne from using this expression (or indeed any other legal Latin words or phrases) in the Bill. The Clause has its roots in Article 25 of the Model Law.

208. It is a basic rule of justice that a court or tribunal should give all parties an opportunity to put their case and answer that of their opponents. That is why this appears in Clause 33 of the Bill.

Equally, however, and for reasons already mentioned, that opportunity should, again for reasons of justice, be limited to a reasonable one. If for no good reason such an opportunity is not taken by a party then to our minds it is only fair to the other party that the tribunal should be able to proceed as we have set out in this Clause.

209. The last part of this Clause sets out a system of peremptory orders. It will be noted that a peremptory order must be "to the same effect" as the preceding order which was disobeyed (subsection (5)). It could be quite unfair for an arbitrator to be able to make any type of peremptory order, on any matter, regardless of its connection with the default in question.

210. For the reasons mentioned earlier, subsection (6) provides that where a party fails to comply with a peremptory order to provide security for costs, the tribunal may make an award dismissing the claim, thereby following the practice of the English Commercial Court, and avoiding the danger that the proceedings are halted indefinitely, without there being anything to challenge before the Court.

211. So far as failure to comply with other peremptory orders is concerned, we have provided a range of remedies. They do not include a power simply to make an award against the defaulting party. The reason for this is that (unlike a failure to comply with a peremptory order to provide security) it seems to us that this is too draconian a remedy, and that the alternatives we have provided very much better fit the justice of the matter.

POWERS OF COURT IN RELATION TO ARBITRAL PROCEEDINGS

Clause 42. Enforcement of peremptory orders of tribunal

212. Although in Clause 41 we have provided the tribunal with powers in relation to peremptory orders, it seemed to us that the Court should have power to order compliance with such orders, though (unless both parties have agreed) these can only be invoked with the permission of the tribunal. In our view there may well be circumstances where in the interests of justice, the fact that the Court has sanctions which in the nature of things cannot be given to arbitrators (e. g. committal to prison for contempt) will assist the proper functioning of the arbitral process. This Clause is a good example of the support the Court can give to that process. Subsection (3) requires that any other available recourse within the arbitral process be first exhausted.

Clause 43. Securing the attendance of witnesses

213. This Clause (which corresponds to Article 27 of the Model Law, and is derived from section 12(4) and (5) of the 1950 Act) is also designed to provide Court support for the arbitral process. It will be noted, in particular, that the agreement of the parties or the permission of the tribunal is required. The reason for this is to make sure that this procedure is not used to override any procedural method adopted by the tribunal or agreed by the parties, for the arbitration. Thus, for example, if the tribunal has decided that there shall be no oral evidence, then (unless all parties agree otherwise) this procedure cannot be used to get round that decision.

Clause 44. Court powers exercisable in support of arbitral proceedings

214. This provision corresponds in part to Article 9 of the Model Law. As part of the redefinition of the relationship between arbitration and the Court, which was mentioned above, the powers we have' given the Court are intended to be used when the tribunal cannot act or act effectively, as sub-

section (5) makes clear. It is under this Clause that the Court has power to order *Mareva* or *Anton Piller relief (i. e. urgent protective measures to preserve assets or evidence) so as to help the arbitral* process to operate effectively. Equally, there may be instances where a party seeks an order that will have an effect on a third party, which only the Court could grant. For the same reason the Court is given the other powers listed.

215. In order to prevent any suggestion that the Court might be used to interfere with or usurp the arbitral process, or indeed any attempt to do so, we have stipulated that except in cases of urgency with regard to the preservation of assets or evidence, the Court can only act with the agreement of the parties or the permission of the tribunal. We have excepted cases of urgency, since these often arise before the tribunal has been properly constituted or when in the nature of things it cannot act quickly or effectively enough.

216. Furthermore, under subsection (6) the Court, after making an order, can in effect hand over to the tribunal the task of deciding whether or not that order should cease to have effect. This is a novel provision, but follows from the philosophy behind these provisions: if a given power could possibly be exercised by a tribunal, then it should be, and parties should not be allowed to make unilateral applications to the Court. If, however, a given power could be exercised by the tribunal, but not as effectively, in circumstances where, for example, speed is necessary, then the Court should be able to step in.

Clause 45. Determination of preliminary point of law

217. This Clause preserves what used to be the old Consultative Case procedure, though its availability is limited as we have set out, in order not to interfere with the arbitral process. The Clause is based on section 2 of the 1979 Act, with certain important changes.

218. It seems to us that with the limitations we have provided, this procedure can have its uses. For example, an important point of law may arise which is of great general interest and potentially the subject of a large number of arbitrations. This not infrequently happens when some major event occurs, as, for example, the closure of the Suez Canal or the United States embargo on the export of soya beans. It may well be considered by those concerned that in such special circumstances it would be cheaper and better for all to obtain a definitive answer from the Court at an early stage.

219. However, under subsection (1), unless the parties agree, the Court must now be satisfied that determination of the given question of law will substantially affect the rights of one or more of the parties. This last point is a departure from the 1979Act, section 1 of which makes this precondition in relation to an appeal in respect of questions of law arising out of the award, but section 2 of which does not impose it in relation to the determination of a preliminary point of law.

220. Further, unless the parties agree, the Court will now have to be satisfied of the matters set out in subsection (2) before considering an application, so that the procedure can only be used (even with the permission of the tribunal) in cases where it, adoption will produce a substantial saving in costs to the parties or one of them. The condition in section 2(2) of the 1979 Act, which requires that the question of law be one in respect of which leave to appeal would be likely to be given under section 1 (3) (b) of that Act, is not repeated.

221. It has been suggested to the DAC that the right to refer to the Court under this Clause be

removed from all non-domestic arbitrations, unless the parties otherwise agree. For the reasons given above as to the value of this provision, and for the reasons given below with respect to preserving the right of appeal in Clause 69, we were not persuaded by this.

THE AWARD

Clause 46. Rules applicable to substance of dispute

222. This Clause reflects much, though not all, of Article 28 of the Model Law. We have not, for example, directed the tribunal to "take into account the usages of the trade applicable to the transaction". If the applicable law allows this to be done, then the provision is not necessary; while if it does not, then it could be said that such a direction overrides that law, which to our minds would he incorrect.

223. Subsection (1)(b) recognises that the parties may agree that their dispute is not to be decided in accordance with a recognised system of law but under what in this country are often called "equity clauses", or arbitration "*ex aequo et bono*", or "*amiable composition*", i. e. genera] considerations of justice and fairness, etc. It will be noted that we have avoided using this description in the Bill, just as we have avoided using the Latin and French expressions found in the Model Law. There appears to be no good reason to prevent parties from agreeing to equity clauses. However, it is to be noted that in agreeing that a dispute shall be resolved in this way, the parties arc in effect excluding any right to appeal to the Court (there being no "question of law" to appeal).

224. Subsection (2) does, in effect, adopt the rule found in Article 28 of the Model Law, thereby avoiding the problems of *renvoi.*

225. Subsection (3) caters for the situation where there is no choice or agreement. This again is the language of the Model Law. In such circumstances the tribunal must decide what conflicts of law rules are applicable, and use those rules in order to determine the applicable law. It cannot simply make up rules for this purpose. It has been suggested to the DAC that more guidance be given as to the choice of a proper law, but it appears to us that flexibility is desirable, that it is not our remit to lay down principles in this highly complex area, and that to do so would necessitate a departure from the Model Law wording.

Clause 47. Awards on different issues, etc.

226. We regard this as a very important provision. Some disputes are very complex, raising a large number of complicated issues which, if they are all addressed and dealt with at one hearing, would necessarily take a very long time and be very expensive. Disputes concerning large scale construction contracts are a good example, though there are many other cases.

227. In recent years both the Commercial Court and the Official Referees Court in England (which deal with large cases) have adopted a different approach. The Judge plays much more of a managerial role, suggesting and indeed directing ways in which time and money can be saved. One of the ways is to select issues for early determination, not necessarily on the basis that they will be legally determinative of the entire litigation, but where they may well be commercially determinative, in the sense that a decision is likely to help the parties to resolve their other differences themselves without the need to spend time and money on using lawyers to fight them out. This has a further advan-

tage, Cases fought to the bitter end often result in a permanent loss of goodwill between the warring factions, thus impeding or preventing future profitable relationships between them. The result is often in truth a loss to all the parties, whether or not they were the "winners" in the litigation.

228. In Court therefore, the old idea that a party is entitled to a full trial of everything at once has now largely disappeared: see, for example, the decision of the House of Lords in *Ashmore v. Corporation of Lloyd's* [1992] 2 Lloyd's Rep 1. Furthermore, this method of approach is reflected in the views expressed by Lord Woolf in his current consideration of how to improve our system of civil justice. The same reasoning, of course, applies to arbitrations.

229. As we have said earlier, arbitration enjoys an advantage over litigation, since the arbitral tribunal is appointed to deal with the particular dispute that has arisen, and is thus in a better position to tailor the procedure to suit the particular circumstances of that dispute. Furthermore, an arbitral tribunal is often able, for the same reason, to move much quicker than the Court.

230. For these reasons, we have tried to make clear in this Clause that the tribunal is empowered to proceed in this way. This is an aspect of the duty cast upon the tribunal to adopt procedures suitable to the circumstances of the particular case, which is set out in Clause 33(1)(a). We would encourage arbitrators to adopt this approach in any case where it appears that time and money will be saved by doing so, and where such an approach would not be at the expense of any of the other requirements of justice.

231. In this connection we would draw attention to the decision of Goff J (now Lord Goff) in *The Kostas Melds*, *op. cit.* As we observed when considering Clause 39, the function of arbitrators is not to make temporary financial adjustments between the parties pending the resolution of the dispute, unless this is what they have agreed the arbitrators can do. As this case shows, there is a clear distinction between such arrangements and the right to make a permanent binding decision after considering the arguments, even though the later resolution of other issues (if this becomes necessary) may overall produce a different result.

232. We should emphasise that in this Clause we are not intending to give arbitral tribunals greater or different powers from those they presently have, but to emphasise how their powers should, in suitable cases, be exercised.

233. It might also be noted that we have been careful to avoid use of the term "interim award", which has become a confusing term, and in its most common use, arguably a misnomer.

Clause 48. Remedies

234. We trust that the matters addressed in this Clause are self-evident. We have excluded specific performance of land contracts, so as not to change the law in this regard, but clarified the power of arbitrators to award injunctive relief. Given that the parties are free to agree on the remedies that a tribunal may order, there is nothing to restrict such remedies to those available at Court.

Clause 49. Interest

235. The responses we received demonstrated to us that there was a general desire to give arbitral tribunals a general power to award compound interest.

236. There is no doubt that the absence of such a power adds to the delays (and thus the ex-

pense) of arbitrations and causes injustice, for it is often in a party's interest to delay the proceedings and the honouring of an award, since the interest eventually payable is less than can be made by holding on to fund, which should be paid over to the other party, who of course is losing out by a like amount.

237. Some of those responding were fearful that arbitrators would abuse this power, and may, for example, award compound interest on a punitive rather than compensatory basis. We do not share those fears. To our minds any competent arbitrator seeking to fulfill the duties laid on him by the Bill will have no more difficulty in making decisions about compound interest than he will in deciding in any other context what fairness and justice require. Anyone who has such difficulties demonstrates, in our view, that he is really not fit to act as an arbitrator. In such a case, the award and the arbitrator will be susceptible of challenge.

238. Clauses 84 and 111 allow for transitional measures. In the context of this Clause, we understand that these may prove necessary in relation to the enforcement of awards through the county courts, who we are told are not presently equipped to calculate compound interest payable from the date of the award.

Clause 50. Extension of time for making award

239. This Clause re-enacts the existing law, though with two qualifications:

(i) arbitral procedures for obtaining an extension must be exhausted before recourse to the Court; and

(ii) the Court must be satisfied that substantial injustice would be done if the time were not extended. It seems to us that these qualifications are needed so as to ensure that the Court's power is supportive rather than disruptive of the arbitral process. For the same reason, it seems to us that it would be a rare case indeed where the Court extended the time notwithstanding that this had not been done through an available arbitral process.

Clause 51. Settlement

240. This Clause reflects Artic1e 30 of the Model Law. It enables an agreed settlement of the dispute to be given the status of an arbitral award, which could then be enforced as such.

241. Concern has been expressed that this provision (taken from Article 30 of the Model Law) might be used by the parties either to obtain an award in respect of matters which are simply not arbitrable (e. g. matters which under our law cannot be settled by agreement between the parties), or to mislead third parties (e. g. the tax authorities). It was suggested that any agreed award should have to state on its face that it is such.

242. Dealing first with deception, in our view there is no material difference between Clause 51 and our present law: *cf.* p. 59 of the Mustill Report. As that Report observes, Article 30 and our present law recognise the right of the tribunal to refuse to make an award on agreed terms if it contains an objectionable feature, e. g. is structured to mislead third parties. Clause 51 preserves that right. Thus unless the tribunal is itself prepared to be a party to an attempted deception, we consider the risk that misleading awards will be made to be very small. If the tribunal is prepared to conspire with the parties, then nothing we could put in Clause 51 is likely to deter it. Furthermore, the whole of

Clause 51 is based upon the assumption that there is a dispute between the parties which has been referred to arbitration and then settled, Nothing in the Clause would assist parties to mislead others where there was no genuine dispute or genuine reference or genuine settlement, The Clause would simply not apply to such a situation.

243. So far as arbitrability is concerned, this is a question that goes beyond agreed awards, We discuss this question when considering Clause 66 (see also the supplementary recommendations in Chapter 6 below).

244. We are not persuaded that we should require that any agreed award should state that it is such. Both under this Clause and Clause 52 the parties are free to agree on the form the award should take. In our view this is not only the position under the Model Law but also the position under our present law. A requirement that an agreed award should state that it is such would have to be made a mandatory provision to be effective. We are not aware of any problems arising under our present law and are reluctant to impose this formal requirement. Moreover, it would of course be open to the tribunal to record the agreement in the award if they thought it was appropriate to do so. However, at the enforcement stage we agree that the Court should be informed if the award is an agreed award, if this is not apparent from the award itself. We return to this point when considering Clause 66 below (see also Chapter 6).

Clause 52. Form of award

245. This Clause follows closely Article 31 of the Model Law. There are, however, two matters worthy of particular note.

246. In the first place, as in the Model Law, we have required the tribunal to give reasons, unless the award is an agreed award or the parties have agreed that reasons need not be given.

247. To our minds, it is a basic rule of justice that those charged with making a binding decision affecting the rights and obligations of others should (unless those others agree) explain the reasons for making that decision. This was also the view of the majority of those who commented on this.

248. It was suggested that having to give reasons would be likely to add to the cost of arbitrations and encourage applications for leave to appeal to the Court.

249. We do not agree. The need for reasons is that which we have explained above and has nothing to do with the question whether or not a Court should hear an appeal from an award. Further, we have introduced stricter conditions for the bringing of appeals in any event. As to cost, it is always open to the parties to agree to dispense with reasons if they wish to do so, though in the case of domestic arbitrations this can only be done after the dispute has arisen: see Clauses 69(1) and 87.

250. The second noteworthy point is that we have used the word "seat" instead of the Model Law phrase "place of arbitration". We consider that the Model Law uses this phrase to mean the seat (there being no obvious legal reason to stipulate the geographical place where the award was made), and since we have used this word earlier in the Bill (see Clauses 2 and 3) it would in our view only cause confusion not to use it here. Of course the seat is only of importance in international arbitrations or where the question arises as to the enforcement of an award abroad. Therefore, in a purely domestic arbitration, if an arbitrator were to fail to state the "seat", or to state this incorrectly; it is extremely unlikely that the award could be challenged under Clause 68(2) (h), given that such a fail-

ure would be unlikely to result in "substantial injustice".

251. Subsection (3) provides that the award shall be in writing and signed by all the arbitrators or, alternatively, by all those assenting to the award. An earlier draft of this subsection had only stipulated that all arbitrators assenting to an award sign it. It was pointed out to the DAC, however, that (for whatever reason) some dissenting arbitrators may not wish to be identified as such, and that the provision should therefore be amended to provide for this.

252. It has been suggested to the DAC that there should be a provision allowing for somebody to sign on behalf of an arbitrator. This could invoke complicated principles of agency, and, overall, is better left to be resolved in each particular case.

Clause 53. Place where award is treated as made

253. This Clause is designed to avoid disputes over where an award is made and (in cases where Part I of the Bill applies to the arbitration in question) it reverses the decision (although not the result) of the House of Lords in *Hiscox v. Outhwaite* [1992] 1 AC 562.

Clause 54. Date of award

254. We trust this provision is self-explanatory.

Clause 55. Notification of award

255. This provision we also trust is self-explanatory. The obligation on the tribunal to notify the parties by service on them of copies of the award is important, given that certain time limits in the Bill for, e. g. challenging the award, run from the date of the award (which, under Clause 54, in the absence of any other agreement, is the date upon which it is signed). Time periods, of course, can be extended: see Clause 79. We have required the award to be notified to the "parties" so as to prevent one party from obtaining the award and sitting on it without informing the other party until the expiry of time limits for appeal etc, which we are aware has happened in practice.

256. Clause 55(3) provides that nothing in this section affects the power to withhold an award in the case of non-payment. However, it should be noted that the duty to notify all parties would of course revive once the tribunal's "lien" has been satisfied.

Clause 56. Power to withhold award in case of non-payment

257. These provisions enable a party to seek the assistance of the Court if he considers that the arbitrators are asking too much for the release of their award, though it is important to note from subsection (4) that there is no recourse if there is already arbitral machinery for an appeal or review of the fees or expenses demanded.

258. Subsection (8) makes clear that this Clause does not affect the right to challenge fees and expenses under Clause 28, i. e. that paying them to get the award does not lose this right. The reason for this provision is that it may be important for a party to obtain the award quickly, rather than going to the Court for an order about fees and expenses before getting the award.

259. Unlike section 19 of the 1950 Act, this provision gives the Court a discretion to specify that a lesser amount than that claimed by the arbitrators be paid into Court, in order to have the award released. If this were not so, an arbitrator could demand an extortionate amount, in effect preventing a party from taking advantage of the mechanism provided for here.

260. For obvious reasons, this provision is mandatory.

Clause 57. Correction of award or additional award

261. This Clause reflects Article 33 of the Model Law. In our view this is a useful provision, since it enables the arbitral process to correct itself rather than requiring applications to the Court. In order to avoid delay, we have stipulated time limits for seeking corrections, etc.

Clause 58. Effect of award

262. This provision in effect simply restates the existing law.

263. It has been suggested that what is described as the other side of subsection (1) should be spelt out in the Bill, i. e. that whatever the parties may or may not agree, the award is of no substantive or evidential effect against anyone who is neither a party nor claiming through or under a party.

264. Such a provision would, of course, have to be mandatory. It would have to confine itself to cases exclusively concerned with the laws of this country, for otherwise it could impinge on other applicable laws which have a different rule. Even where the situation was wholly domestic, it would also have to deal with all those cases (e. g. insurers) who are not parties to the arbitration but whose right, and obligations may well be affected by awards (agreed or otherwise) in one way or another. In our view it would be very difficult to construct an acceptable provision and we are not persuaded that it is needed.

COSTS OF THE ARBITRATION

Clause 59. Costs of the arbitration

Clause 60. Agreement to pay costs in any event Clause 61. Award of costs

Clause 62. Effect of agreement or award about costs

Clause 63. The recoverable costs of the arbitration

Clause 64. Recoverable fees and expenses of arbitrators

Clause 65. Power to limit recoverable costs

265. In these Clauses we have attempted to provide a code dealing with how the costs of an arbitration should be attributed between the parties. The question of tile right of the arbitrators to fees and expenses is dealt with earlier in that part of the Bill concerned with the arbitral tribunal: see Clause 28.

266. Clause 59 defines costs.

267. Clause 60 is a mandatory provision preventing effective agreements to pay the whole or part of the costs in any event unless made after the dispute has arisen. The Clause is based on section 18 (3) of the Arbitration Act 1950. The Committee are of the view that public policy continues to dictate that such a provision should remain.

268. Clause 62 empowers the arbitrators to make an award in relation to costs. Subsection (2) sets out the general principle to be applied, which is the same principle that is applicable in Court.

269. It has been suggested that arbitral tribunals should not be fettered in this way, but to our minds it is helpful to state the principle, especially for those who may not be lawyers and who otherwise might not know how to proceed. Furthermore, it seems to us that there is no reason why the gen-

eral principle should not apply to arbitrations: it certainly does under the present law. The parties are, of course, free to agree on other principles, subject to Clause 60.

270. Clauses 63 and 64 are we hope more or less self-explanatory. Clearly there has to be a special regime for the fees and expenses of the arbitrators, for otherwise they would be left with the power to decide for themselves whether or not they had overcharged!

271. Clause 64(4) presents any contractual right an arbitrator may have to payment of his fees and expenses. If a party has agreed these, then it would in our view be wrong to allow the Court to adjust the amount, i. e. to rewrite that agreement.

272. Clause 65 contains a new proposal. It gives the tribunal power to limit in advance the amount of recoverable costs. We consider that such a power, properly used, could prove to be extremely valuable as an aid to reducing unnecessary expenditure. It also represents a facet of the duty of the tribunal as set out in Clause 33. The Clause enables the tribunal to put a ceiling on the costs, so that while a party can continue to spend as much as it likes on an arbitration it will not be able to recover more than the ceiling limit from the other party. This will have the added virtue of discouraging those who wish to use their financial muscle to intimidate their opponents into giving up through fear that by going on they might be subject to a costs order which they could not sustain.

POWERS OF THE COURT IN RELATION TO AWARD

Clause 66. Enforcement of the award

273. This reflects Article 35 of the Model Law. Enforcement through the Court provides the classic case of using the Court to support the arbitral process. Subsection (3) (a) is intended to state the present law: see Mustill & Boyd, *Commercial Arbitration*, 2nd Ed., at p. 546. Subsection (3)(b) is intended to cover Cases where public policy would not recognise the validity of an award, for example awards purporting to decide matters which our law does not accept can be resolved by this means. For obvious reasons, this provision is mandatory.

274. Reference should be made to Chapter 6, where certain supplementary recommendations are made with respect to this Clause.

Clause 67. Challenging the award: substantive jurisdiction

275. Jurisdiction has already been considered in the context of that part of the Bill dealing with the jurisdiction of the arbitral tribunal: see Clauses 30 to 32.

276. Clause 31 allows the tribunal (where it has power to rule on its own jurisdiction) to make a "Jurisdiction" award, either on its own, or as part of its award on the merits. Clause 67 provides the mechanism for challenging the jurisdiction rulings in such awards, and is a mandatory provision. It also provides a mechanism for challenges to the jurisdiction by someone who has taken no part in the arbitral proceedings. We deal with such persons below, when considering Clause 72.

277. To avoid the possibility of challenges to the jurisdiction causing unnecessary delay, the rights given by this Clause are subject to qualifications, which explains the reference in subsection (1) to three other sections. In addition, subsection (2) means that a challenge to jurisdiction does not stop the tribunal from proceeding with other aspects of the arbitration while the application is pending.

Clause 68. Challenging the award: serious irregularity

278. We have drawn a distinction in the Bill between challenges in respect of substantive jurisdiction (i. e. those matters listed in Clause 30) and challenges in respect of what we have called "serious irregularity". We appreciate that cases may arise it which it might be difficult to decide into which category a particular set of circumstances should be placed, but since the time limits etc for both Clause 67 and Clause 68 are the same, this should cause no procedural difficulties. We are firmly of the view, however, that it is useful to have two categories.

279. The reason for this is that where jurisdiction is concerned, there can be no question of applying a test of "substantial injustice" or the like. An award of a tribunal purporting to decide the rights or obligations of a person who has not given that tribunal jurisdiction so to act simply cannot stand, though of course, if the party concerned has taken part in the arbitration, there is nothing wrong in requiring him to act without delay in challenging the award.

280. Irregularities stand on a different footing. Here we consider that it is appropriate, indeed essential, that these have to pass the test of causing "substantial injustice" before the Court can act. The Court does not have a general supervisory jurisdiction over arbitrations. We have listed the specific cases where a challenge can be made under this Clause. The test of "substantial injustice" is intended to be applied by way of support for the arbitral process, not by way of interference with that process. Thus it is only in those cases where it can be said that what has happened is so far removed from what could reasonably be expected of the arbitral process that we would expect the Court to take action. The test is not what would have happened had the matter been litigated. To apply such a test would be to ignore the fact that the parties have agreed to arbitrate, not litigate. Having chosen arbitration, the parties cannot validly complain of substantial injustice unless what has happened simply cannot on any view be defended as an acceptable consequence of that choice. In short, Clause 68 is really designed as a long stop, only available in extreme cases where the tribunal has gone so wrong in its conduct of the arbitration that justice calls out for it to be corrected.

281. By way of example, there have been cases under our present law where the Court has remitted awards to an arbitral tribunal because the lawyers acting for one party failed (or decided not to) put a particular point to the tribunal: see, for example, *Indian Oil Corporation v. Coastal (Bermuda) Ltd* [1990] 2 Lloyd's Rep 407; *King v. Thomas McKenna* [1991] 2 Q. B. 480; *Breakbulk Marine v. Dateline*, 19 March 1992, unreported (jurisdiction recognised but not exercised).

282. The responses we received were critical of such decisions, on the grounds that they really did amount to an interference in the arbitral process agreed by the parties. We agree. The Clause we propose is designed not to permit such interference, by setting out a closed list of irregularities (which it will not be open to the Court to extend), and instead reflecting the internationally accepted view that the Court should be able to correct serious failure to comply with the "due process" of arbitral proceedings: *cf.* Article 34 of the Model Law.

283. This Clause is, of course, mandatory.

Clause 69. Appeal on point of law

284. We received a number of responses calling for the abolition of any right of appeal on the substantive issues in the arbitration. These were based on the proposition that by agreeing to arbitrate

their dispute, the parties were agreeing to abide by the decision of their chosen tribunal, not by the decision of the Court, so that whether or not a Court would reach the same conclusion was simply irrelevant. To substitute the decision of the Court on the substantive issues would be wholly to subvert the agreement the parties had made.

285. This proposition is accepted in many countries. We have considered it carefully, but we are not persuaded that we should recommend that the right of appeal should be abolished. It seems to us, that with the safeguards we propose, a limited right of appeal is consistent with the fact that the parties have chosen to arbitrate rather than litigate. For example, many arbitration agreements contain an express choice of the law to govern the rights and obligations arising out of the bargain made subject to that agreement. It can be said with force that in such circumstances, the parties have agreed that that law will be properly applied by the arbitral tribunal, with the consequence that if the tribunal fail to do this, it is not reaching the result contemplated by the arbitration agreement.

286. In these circumstances what we propose is a right to apply to the Court to decide a point of law arising out of an award. This right is limited, however, in several ways.

(i) The point of law must substantially affect the rights of one or more of the parties. This limitation exists, of course, in our present law.

(ii) The point of law must be one that was raised before the tribunal. The responses showed that in some cases applications for leave to appeal have been made and granted on the basis that an examination of the reasons for the awards shows an error on a point of law that was not raised or debated in the arbitration. This method of proceeding has echoes of the old and long discarded common law rules relating to error of law on the face of the award, and is in our view a retrograde step. In our view the right to appeal should be limited as we suggest.

(iii) There have been attempts, both before and after the enactment of the Arbitration Act 1979, to dress up questions of fact as questions of law and by that means to seek an appeal on the tribunal's decision on the facts. Generally these attempts have been resisted by the Courts, but to make the position clear, we propose to state expressly that consideration by the Court of the suggested question of law is made on the basis of the findings of fact in the award.

(iv) We have attempted to express in this Clause the limits put on the right to appeal by the House of Lords in *Pioneer Shipping Ltd v. BTP Tioxide Ltd* (*The Nema*) [1982] AC 724.

287. With respect to the last point, we think it is very important to do this. Many of those abroad who do not have ready access to our case law were unaware that the Arbitration Act 1979 had been construed by the House of Lords in a way that very much limited the right of appeal, and which was not evident from the words of the Act itself.

288. The test we propose is whether, in the ordinary case, the Court is satisfied that the decision of the tribunal is obviously wrong. The right of appeal is only available for such cases, for the reasons discussed above. Where the matter is one of general public importance, the test is less onerous, but the decision must still be open to serious doubt.

289. We propose a further test, namely whether, despite the agreement of the parties to resolve the matter by arbitration, it is just and proper in all the circumstances for the Court to determine the

question.

290. We have been asked why we suggest this addition. The reason is that we think it desirable that this factor should be specifically addressed by the Court when it is considering an application. It seems to us to be the basis on which the House of Lords acted as it did in *The Nema*, *op. cit.* The Court should be satisfied that justice dictates that there should be an appeal; and in considering what justice requires, the fact that the parties have agreed to arbitrate rather than litigate is an important and powerful factor.

291. It will be noted that we have included a provision that the Court should determine an application without a hearing unless it appears to the Court that a hearing is required. This again reflects what was said in *The Nema*, *op. cit.* about the tendency for applications for leave being turned into long and expensive Court hearings. In our view, the tests for leave (i. e. obviously wrong or open to serious doubt) are such that in most cases the Court will be able to decide whether to allow or reject the application on written material alone.

292. Finally, a question has been raised as to whether an agreement in advance of the proceedings (i. e. contained in an arbitration clause more in the underlying contract) would satisfy Clause 69 (2) (a). The Clause is intended to encompass such agreements, and in our view it plainly does so since the word agreement is not qualified. However, such an agreement will not automatically allow an appeal unless it complies with the other conditions set out in Clauses 69 and 70.

Clause 70. Challenge or appeal: supplementary provisions

Clause 71. Challenge or appeal: effect of order of the court

293. These provisions contain time-limits and other matters in relation to challenges to the award and application, and appeals. Some of these provisions are mandatory.

294. The time limit in Clause 70(3) runs from the date of the award, or, where applicable, the date when a party was notified of the result of any arbitral process of appeal or review. It has been suggested that difficulties might arise if an award is held back by the arbitrators, pending payment by the parties (i. e. under Clause 56). It is possible that the time limit in Clause 70(3) will have expired by the time an award is released. However, the DAC is of the view that the date of the award is the only incontrovertible date from which the time period should run. Any other starting point would result in great uncertainty (e. g. as to the exact point at which an award is "released" or "delivered"). Further, any difficulties arising from specific circumstances can be easily remedied by way of an extension of time under Clause 79.

MISCELLANEOUS

Clause 72. Saving for rights of person who takes no part in proceedings

295. To our mind, this is a vital provision. A person who disputes that an arbitral tribunal has jurisdiction cannot be required to take part in the arbitration proceedings or to take positive steps to defend his position, for any such requirement would beg the question whether or not his objection has any substance and thus be likely to lead to gross injustice. Such a person must be entitled, if he wishes, simply to ignore the arbitral process, though of course (if his objection is not well-founded) he runs the risk of an enforceable award being made against him. Those who do decide to take part in the

arbitral proceedings in order to challenge the jurisdiction are, of course, in a different category, for then, having made that choice, such people can fairly and properly be required to abide by the time limit, etc that we have proposed.

296. This is a mandatory provision.

Clause 73. Loss of right to object

297. Recalcitrant parties or those who have had an award made against them often seek to delay proceedings or to avoid honouring the award by raising points on jurisdiction etc which they have been saving up for this purpose or which they could and should have discovered and raised at an earlier stage. Article 4 of the Model Law contains some provisions designed to combat this sort of behaviour (which does the efficiency of arbitration as a form of dispute resolution no good) and we have attempted to address the same point in this Clause. In particular, unlike the Model Law, we have required a party to arbitration proceedings who has taken part or continued to take part without raising the objection in due time, to show that at that stage he neither knew nor could with reasonable diligence have discovered the grounds for his objection (the latter being an important modification to the Model Law, without which one would have to demonstrate actual knowledge, which may be virtually impossible to do). It seems to us that this is preferable to requiring the innocent party to prove the opposite, which for obvious reasons it might be difficult or impossible to do.

298. For the reasons explained when considering Clause 72, the provision under discussion cannot, of course, be applied to a party who has chosen to play no part at all in the arbitral proceedings.

Clause 74. Immunity of arbitral institutions, etc.

299. In this mandatory provision we have provided institutions and individuals who appoint arbitrators with a degree of immunity.

300. The reason for this proposal is that without such an immunity, there is in our view a real risk that attempts will be made to hold institutions or individuals responsible for the consequences of their exercise of the power they may be given to appoint or nominate arbitrators, or for what their appointed or nominate arbitrators then do or fail to do. This would provide a means of reopening matters that were referred to arbitration, something that might be encouraged if arbitrators were given immunity (as we have also proposed in Clause 29) but nothing was said about such institutions or individuals.

301. There is an additional point of great importance. Many organisations that provide arbitration services, including Trade Associations as well as bodies whose sole function it is to provide arbitration services, do not in the nature of things have deep pockets. Indeed much of the work is done by volunteers simply in order to promote and help this form of dispute resolution. Such organisations could find it difficult if not impossible to finance the cost of defending legal proceedings or even the cost of insurance against such cost. In our view the benefits which these organisations (and indeed individuals) have on arbitration generally fully justify giving them a measure of protection so that their good work can continue.

Clause 75. Charge to secure payment of solicitors' costs

302. This is a technical provision designed to maintain the present position.

SUPPLEMENTARY

Clause 76. Service of notices, etc.

303. The subject matter of this Clause was touched on in the MacKinnon Report which led to the Arbitration Act 1934, but at that time no action was taken.

304. In this Clause we have attempted to do three things.

(i) We have stipulated that the parties can agree on how service of notices and other documents can be done.

(ii) We have made clear that in the absence of agreement, service by any effective means will suffice.

(iii) We have provided in subsection (4) an option which can best be described as a "fail-safe" method, which a party may employ if he wishes, for example if he is not sure that other methods will be effective. We should emphasise that this fail safe method is not a compulsory or preferred method for service, but merely a means which, if employed, will be treated as effective.

305. These provisions do not apply in respect of service in Court proceedings, for the obvious reason that such service must comply with the rules of the Court concerned.

Clause 77. Powers of court in relation to service of documents

306. In this Clause we have given the Court powers to support the arbitral process so that it is not delayed or frustrated through difficulties over service. In the nature of human affairs, it is sadly the case that potential respondents to arbitration proceedings quite often go to considerable lengths to avoid service and thus to achieve this state of affairs, by making normal methods difficult or even impossible to use effectively. This Clause should, in appropriate cases, help to deal with such cases.

Clause 78. Reckoning periods of time

307. In our view it would be of great assistance to set out a code to deal with the reckoning of time, thus avoiding the need to refer to other sources. Hence this provision.

Clause 79. Power of court to extend time limits relating to arbitral proceedings

308. Here we propose that the Court should have a general right to extend time limits, except time limits for starting an arbitration, which is dealt with specifically in Clause 12. We propose that the wording of the Clause be clarified as set out in Chapter 6 below.

309. This power is limited in the ways set out in this Clause. In particular, no extension will he granted unless a substantial injustice would otherwise be done and any arbitral process for obtaining an extension must first be exhausted. As we have said in other contexts, it would be a rare case indeed where we would expect the Court to grant an extension where such has not been obtained through that process. With these limitations we take the view that this provision can properly be described as supporting the arbitral process.

Clause 80. Notice and other requirements in connection with legal proceedings

310. Legal proceedings must of course be subject to the rules of the Court concerned. We have made clear, therefore, that where the Bill provides for notice of legal proceedings to be given to oth-

ers, this is a reference to such rules as the Court concerned may make; and is not a separate requirement over and above those rules.

Clause 81. Saving for certain matters governed by common law

311. As we have stated earlier, and as was stated in the Mustill Report, it would be neither practicable nor desirable to attempt to codify the whole of our arbitration law. Hence subsections (1) and (2) of this Clause.

312. It was suggested to us that a provision preserving the common law would enable arguments to be raised and accepted which were contrary to the spirit and intent of the Bill. We do not think that this will happen, in view of the opening words of the Clause and indeed the statements of principle in Clause 1. Equally, it seems to us to be necessary to make clear that the common law (so far as it is consistent with the Bill) will continue to make its great contribution to our arbitration law, a contribution that has done much to create and preserve the world wide popularity of arbitration in our country.

313. Subsection (3) is technically necessary to make clear that the repeal of the existing statutes does not have the effect of reviving the common law rules relating to errors on the face of the award.

Clause 82. Minor definitions

Clause 83. Index of defined expressions: Part I

314. The first of these Clauses provides the definition of words and phrases which are often repeated in the body of the Bill, so that repetition of the meaning is avoided, as well as providing a ready means of discovering the meaning of certain important words and phrases. The second of these Clauses is also designed to help the reader by identifying the place where other important words and phrases are defined or explained.

Clause 84. Transitional provisions

315. This Clause sets out the general proposition, namely that the Bill will apply to arbitral proceedings commenced after the legislation comes into force, whenever the arbitration agreement is made. There are respectable precedents for this, since the Arbitration Acts 1889, and 1934 contained a like provision. The 1950 Act, of course, was not a precedent, since this was a consolidating measure. We consider this to be a useful provision, since some arbitration agreements have a very long life indeed (for example, rent review arbitration agreements under leases) and it would be most unsatisfactory if the existing law and the proposed legislation were to run in parallel (if that is the right expression) indefinitely into the future.

316. Reference should also be made to Clause 111.

CHAPTER 3—PART II OF THE BILL
OTHER PROVISIONS RELATING TO ARBITRATION

DOMESTIC ARBITRATION AGREEMENTS

Clause 85. Modification of Part I in relation to domestic arbitration agreements Clause 86. Staying of legal proceedings

Clause 87. Effectiveness of agreement to exclude court's jurisdiction

Clause 88. Power to repeal or amend ss. 85 to 87

317. Under our present law, a distinction is drawn between domestic and other arbitrations for two main purposes.

318. In the first place, the rules for obtaining a stay of legal proceedings differ. The reason for this is that under international Conventions, a stay in favour of an arbitration is mandatory except in certain specified circumstances. The current Convention is the New York Convention and the rules under that Convention we have now set out in Clause 9. With an exception that we have already discussed above, Clause 9 simply re-enacts the Arbitration Act 1975 so far as it concerns this matter.

319. Section 1 of the Arbitration Act 1975 does not apply to domestic arbitrations as there defined. These continue to be governed by section 4(1) of the Arbitration Act 1950, which makes the grant of a stay discretionary.

320. It is our view that consideration should be given to abolishing this distinction and applying the New York Convention rules to all cases. It seems to us that these rules fit much more happily with the concept of party autonomy than our domestic rules, which were framed at a time when attitudes to arbitration were very different and the Courts were anxious to avoid what they described as usurpation of their process.

321. For example, there are cases justifying the refusal of a stay in cases where the Court considers that the party seeking to arbitrate has no defence to the claim and is merely seeking to delay the day of judgment. This has been explained on the basis that since there is no defence to the claim, there is no dispute that can be arbitrated. The difficulty with this argument is that it logically follows that only disputable matters can be arbitrated, or, in other words, that the arbitrators have no jurisdiction to deal with cases where there is no real defence. This in turn means that a claimant cannot refer a claim to arbitration where there is no real defence, since *ex hypothesi* the arbitrators would have no jurisdiction. In short, this argument leads to consequences that in our view have only to be stated to be rejected. As to delaying tactics, it has been our intention throughout the Bill to provide the means whereby an agreement to arbitrate can produce (in suitable cases) a very quick answer indeed. Indeed, if in truth there is no defence to a claim, then it should not take more than a very short time for an arbitral tribunal to deal with the matter and produce an award.

322. For these reasons, which are those discussed in *Nelson* v. *Hayter* [1990] 2 Lloyd's Rep. 265, we consider that this ground for preserving the distinction between domestic and other arbitrations so far as stays are concerned is highly unconvincing.

323. The domestic rules have also been used to refuse stays where the disputes are likely to involve other parties, who could not be brought into the arbitration, since the agreement to arbitrate only binds those who were party to it. Here the justification for refusing to stay legal proceedings is that it would be much better for all the concerned parties to be brought into one proceeding, so that the whole matter can be sorted out between them all.

324. This reasoning of course is in one sense supported by Common sense and justice, for in certain cases it would be better and fairer for all the disputes between all the parties involved to be dealt with by one tribunal, thereby avoiding delay and the possibility of inconsistent findings by different tribunals. However, as we observed in the context of considering whether there should be a power

(without the agreement of the parties) to order consolidation or concurrent hearings in arbitrations (Clause 35) , to refuse a stay because other parties are involved involves tearing up the arbitration agreement that the applicant for a stay has made. In other words, with the benefit of hindsight, the Court adjusts the right, and obligations of contracting parties.

325. We fully accept that for reasons of consumer protection, this on occasion can and should be done, but we are not persuaded that it should be a general rule in the context of stays of domestic arbitrations, for it sits uneasily with the principle of party autonomy and amounts to interference with rather than support for the arbitral process.

326. We should also note that the distinction drawn between domestic and other arbitrations produces odd results. An arbitration agreement between two English people is a domestic arbitration agreement, while an agreement between an English person and someone of a different nationality is not, even if that person has spent all his time in England. Furthermore, we are aware that it could be said that the distinction discriminates against European Community nationals who are not English, and is thus contrary to European law.

327. Notwithstanding the foregoing, we do not propose in this Bill to abolish the distinction. Some defend it and we have not had an opportunity to make all the soundings we would like on this subject. What we have done is to put the domestic arbitration rules in a separate part of the Bill, and provided in Clause 88 for a power of repeal through the mechanism of a positive joint resolution of each House of Parliament.

328. What we have felt able to do is to redraft the domestic rules on stays and to make two changes. Firstly we have removed the discretion and instead set out words which are wide enough to encompass the circumstances which the cases have developed as grounds for refusing a stay. Secondly and more importantly, we have reversed the existing burden of proof (and incidentally got rid of a double or perhaps treble negative in the previous legislation). It seemed to us that it was for the party seeking to litigate something which he had previously agreed to arbitrate to persuade the Court: that he should be allowed to go back on his agreement.

329. The second purpose served by making a distinction between domestic and other arbitrations is to prevent the parties in a domestic case from effectively agreeing to exclude the jurisdiction of the Court to deal with preliminary points of law or with an appeal from an award on a point of law, until after the commencement of the arbitral proceedings. This necessarily means that until the arbitration starts such parties cannot make an effective agreement to dispense with reasons, for that is treated as an agreement to exclude the jurisdiction of the Court-see, now, Clause 69(1).

330. Again we are not persuaded of the value or the validity of this, but we have preserved the existing law for the same reason as we have preserved the present position on stays. Our own view is that this distinction should disappear.

331. It should be noted that we have not preserved the "special categories" dealt with in Section 4 of the Arbitration Act 1979. These were intended as a temporary measure, and the weight of the responses received persuaded us that they mould now go.

CONSUMER ARBITRATION AGREEMENTS

Clauses 89 to 93

332. In these Clauses we have consolidated the provisions of the Consumer Arbitration Agreements Act 1988. We have suggested this in order to bring within the Bill all the current major enactments on arbitration, so as to provide as complete a code as possible.

333. We did not regard it as part of our remit to redraft this legislation, so we have not sought responses on it. However, we are aware that problems have arisen in construing this Act. For example, it has been suggested that what now appears as Clause 89 makes it far from clear whether a building contract made by a consumer falls outside the Act if the consumer has sought a number of quotes for the work.

334. We are also aware of a more fundamental problem. This country has recently implemented Council Directive 93/13 through the Unfair Terms in Consumer Contracts Regulations 1994 (S. I. 1994/3159). These Regulations came into force on 1 July 1995. Thus at the moment a situation exists where there are two parallel regimes for protecting consumer interests in the context of arbitration agreements.

335. To our minds this is an unsatisfactory state of affairs, likely to cause confusion and difficulties. Although we have not attempted to trespass into the field of consumer protection, it does seem to us that it would be unfortunate if the opportunity were not taken to clarify the position. On the face of it, the solution would seem to be to maintain the suggested repeal of the 1988 Act and to omit Clauses 89 to 92 of the Bill. If this were to be done, then we would welcome at least a cross-reference in the Bill to the Regulations, so that anyone reading the Bill will be made aware of them. As we understand it, the Regulations would not affect our international obligations regarding arbitrations (for example, the New York Convention) though doubtless those charged with the question of consumer protection will consider this aspect of the matter.

336. We would, however, emphasise that the arbitration community is extremely anxious that the Bill should not be delayed. The fact is that this country has been very slow to modernise its arbitration law and this has done us no good in our endeavour to retain our pre-eminence in the field of international arbitration, a service which brings this country very substantial amounts indeed by way of invisible earnings.

337. It is for these reasons that we have included in Clause 88 a power to amend or repeal Clauses 89 to 93. If the situation cannot be clarified or settled without delaying the progress of the Bill, then this mechanism could allow the Bill to go forward with the Consumer Arbitration Agreements Act in it, and the matter dealt with later.

SMALL CLAIMS ARBITRATION IN THE COUNTY COURT

Clause 94. Exclusion of Part I in relation to small claim in the county court

338. There is an entirely separate regime for the arbitration of small claims in the County Court. The Bill is not intended to affect this.

339. As we observed earlier in the Report, we considered the suggestion that we should incorporate in the Bill another system for the arbitration of small claims, but for the reasons given, we have

not adopted this suggestion and do not recommend it.

APPOINTMENT OF JUDGES AS ARBITRATORS

Clause 95. Appointment of judges as arbitrators

340. In this Clause we have set out the existing provisions for the appointment of Commercial Judges and Official Referees as arbitrators.

341. We firmly of the view that provision should be made for any Judge to be appointed as an arbitrator, rather than limiting the power to the two kinds of Judge presently included. It was not, however, possible to obtain agreement to this proposal from the concerned departments in time to put it in the Bill.

342. We appreciate that in view of the court commitments of Judges generally, it is not possible to allow Judges to act as arbitrators whenever they are asked and are willing to do so. Hence the present requirement now set out in subsections (2) and (3). We would suggest that the same or a similar provision is used for all other Judges.

343. We are told that the problem is particularly acute in the field of patents and the like, where the parties are anxious to arbitrate but where the only acceptable arbitrators are Judges.

STATUTORY ARBITRATIONS

Clauses 96 to 101

344. These provisions adapt Part I to statutory arbitrations. This exercise is not within our remit and we have played no part in it.

CHAPTER 4—PART III OF THE BILL

Clauses 102 to 107

345. The purpose of Part III is to re-enact the substance of the provisions relating to the recognition and enforcement of foreign arbitral awards contained in Part II of the Arbitration Act 1950 and the Arbitration Act 1975, which gave effect to the UK's treaty obligations under the Geneva and New York Conventions respectively.

346. The Geneva Convention only remains in force as between state parties to that Convention which have not subsequently become parties to the New York Convention. So far as the UK is concerned, it is believed that only a few states (e. g. Malta) remain in that category. Accordingly, in the interest of brevity, Clause 102 states simply that Part II of the Arbitration Act 1950 continues to apply to Geneva Convention awards which are not also New York Convention awards rather than restating or reframing the non-user friendly language of Part II of that Act.

347. The New York Convention on the Recognition and Enforcement of Foreign Arbitral Awards adopted by the UN Conference on International Arbitration on 10 June 1958 is not only the cornerstone of international dispute resolution; it is an essential ingredient more generally of world trade. If it did not exist, or even if it were not to have been widely adopted by the world's trading nations, contracting parties from different legal cultures might be reduced to resolving their disputes in the courts of a country which would be alien to either one or both of them (because of doubts as to the enforce-

ability across national boundaries of arbitration awards made in a neutral country). Clauses 102 to 107 of the Bill restate the current implementing legislation (contained in the 1975 Act) in concise and simple language.

348. As we have indicated earlier in Chapter 2, we take the view that the definition of "in writing" is consonant with Article 11.2 of the New York Convention. For clarity therefore, we consider that the Bill can be improved by including an express cross reference to this definition in Clause 103 (2). This would have the added advantage of ensuring that the enforcement of foreign awards under Clause 66 and enforcement under the New York Convention are in this respect in line with each other.

349. One intriguing question was highlighted by the decision of the House of Lords in *Hiscox* v. *Outhwaite* [1992] 1 AC 562. This concerns the case of an arbitration with its "seat" in country A and an award that states expressly that it was "made" in country B. Country A might be a New York Convention country, and B not—or vice versa. (Article 1.1 of the Convention provides that it shall apply to "... awards *made* in the territory of a State other than the State in which recognition and enforcement of such award, are sought ..." (emphasis added).)

350. Distinguished authors (writing before the decision in *Hiscox*) are split on the question. Dr A. J. van den Berg in the first edition of his authoritative book on the Convention (at pp 294/295) states: "The award must be deemed to be made in the country which is indicated in the award as [the] place where the award was made." (emphasis added) [*sic*].

351. But the late Dr F. A. Mann QC (in [1985] Arb. Int. 107/108) wrote, after recalling that little learning then existed on the question of where an award is made, "It is submitted that an award is made' at the place at which the arbitration is held, i. e. the arbitral seat ... admittedly the view suggested here attributes a somewhat strained meaning to the word made'. But for the reasons given the natural meaning of the word leads to such strange consequences that a less literal interpretation would seem to be justified".

352. In *Hiscox* the question arose as to whether, where the "seat" of the arbitration was in England and for all practical purposes it was a domestic "English" arbitration, the award became a "foreign" award for the purposes of the Convention merely because it stated expressly on its face that it was signed in Paris? According to the House of Lords, applying a literal interpretation of Article 1.1 of the Convention, the answer was "Yes".

353. So far as arbitrations held in England, Wales or Northern Ireland are concerned, the "strange consequences" of this result have been removed by Clause 53 of the Bill (see above).

354. The DAC is of the view that this question should be resolved by incorporating into Part III of the proposed new legislation an equivalent provision to that contained in Clause 53—to the effect that an award shall be treated as made at the seat of the arbitration, regardless of where it was signed, despatched or delivered to any of the parties. It seems to us that this is consonant with the UK's treaty obligations under the New York Convention.

CHAPTER 5—PART IV OF THE BILL

355. We have drawn attention to Clause 111 under Clause 84. The other Clauses in this Part we trust are self-evident, and were not within the remit of the DAC, although we do welcome the inclu-

sion of Northern Ireland.

CHAPTER 6—SUPPLEMENTARY RECOMMENDATIONS

356. The foregoing discussion is based on the text of the Bill as it was introduced in December 1995. Since that date we have had the advantage of considering the speeches made in the House of Lords on the Second Reading and some comments and suggestions from others, as well as looking once again at the text of the Bill in the course of preparing this Report. In consequence, we make the following recommendations.

Clause 2. Scope of application

357. A number of foreign readers have expressed the view that Clause 2(2)(a) does not sufficiently make clear that the applicable law referred to is the law applicable to the arbitration agreement, rather than the law applicable to the substantive agreement (which would have far reaching and wholly unintended consequences). For the sake of clarity, we would suggest an amendment along the following lines:

" ... where the applicable law *to that agreement is* the law of England and Wales or Northern Ireland; and ... "

Clause 7. Separability of arbitration agreement

358. In view of the definition of "agreement" in Clause 5, we suggest that the words "(whether or not in writing)" be inserted after the words "another agreement" in Clause 7, since otherwise it could be said that this Clause is only effective in relation to such other agreements as are in writing. This is not the intention.

Clause 14(5). Commencement of arbitral proceedings

359. It has been suggested that the words "gives notice" should be replaced by "serves", in conformity with Clauses 14(3) and 14(4). This is a matter for Parliamentary Counsel to consider.

Clause 16(6)(b) and Clause 21(4)

360. The word "any" follows a negative and so could be read as meaning "all." This is not the intention. We therefore suggest that the words "one or more matters" follow the word "any" in these provisions.

Clause 24(4). Power of court to remove arbitrator

361. We have explained in Chapter 1 above the reasoning behind Clause 29(3). Upon further reflection, it appears to us that Clause 24(4) needs to be altered for the same reason. As currently drafted, if an arbitrator resigns and is sued for his fees, he is not protected from such a breach of contract action by the immunity in Clause 29. Rather, he can apply to the Court for protection under Clause 25(3), and the Court may see fit to grant this, if appropriate. However, if an arbitrator does not resign, but is removed by the Court under Clause 24, it would appear that he will have the benefit of the immunity in Clause 29, come what may. In such circumstances, the parties could not sue him for breach of contract, unless they could demonstrate "bad faith". This is anomalous. The DAC therefore recommends that Clause 24(4) be amended to provide that as well as making such order as

it thinks fit with respect to an arbitrator's entitlement to fees, where the Court removes an arbitrator, it also be given a discretion to make such order as it thinks fit with respect to an arbitrator's immunity under Clause 29. Such wide words would enable the Court, for example, to remove the immunity but impose a ceiling on the amount of any liability.

362. Arbitrators may also be removed by agreement of the parries. However, the DAC does not consider that a similar provision be made with respect to this, given that it would be contrary to the whole basis of Clause 29 for parties to be able to agree on the removal of an arbitrator's immunity.

Clause 25(2). Resignation of arbitrator

363. There is a rogue "in writing" in this subsection, which should be deleted by virtue of Clause 5(1).

Clause 38(3). Security for costs

364. In the draft Clauses published in July 1995, the power to order security for costs was expressed in very general terms. This elicited a number of responses which expressed concern that there were no principles or guidelines for the exercise of this power. It is certainly the case that the power to order security for costs, unless exercised with great care, can all too easily work injustice rather than justice.

365. The rules and principles applied by the Courts with respect to security for costs have been carefully worked out over many years, and are contained in a large amount of case law that has developed alongside Order 23 of the Rules of the Supreme Court. Given the concerns referred to above, the DAC considered whether to set out these rules and principles in the Bill. In the end we decided that this would be simply impracticable: a codification of all the relevant case law would be extremely difficult, would result in very lengthy and complicated provisions, and may well have an unintended impact on how this area is approached by the Courts.

366. Clause 38(3) of the current draft of the Bill reflects what we initially concluded was the only solution to this difficulty: it provides that arbitrators are to have power to order a party to provide security for costs "wherever the court would have power" and that this power is to be exercised: "on the same principles as the court." In the light of many comments received since the Bill was introduced (including a significant number of criticisms of this subsection from foreign arbitration specialists and institutions), we have had to reconsider this area, and, after much careful thought, we have concluded that Clause 38(3) requires amendment for the following reasons:

(i) As drafted, this subsection is very far from being "user-friendly". Without referring to the Rules of the Supreme Court, and the case law referred to in the relevant part of the White Book, it would be impossible for any domestic or foreign user to determine what the nature and scope of the power conferred here is. Lay arbitrators may have difficulty locating or even, perhaps, understanding the relevant law (any error of law, of course, being a potential ground for appeal). In the case of a foreign arbitration that has its seat in this country for the sole reason that this is a neutral forum, it would be extremely undesirable for parties to have to instruct English lawyers in order to make sense of this provision. This alone could constitute a powerful disincentive to selecting this country as an arbitral seat. Indeed, throughout the Bill, we have been very careful to avoid any such express cross-references to other legal sources.

(ii) One of the grounds on which an order for security for costs may be made in Court is that the plaintiff is ordinarily resident out of the jurisdiction: see Order 23, Rule 1 (1)(a) of the Rules of the Supreme Court. On further consideration of the matter, we have concluded that it would be very damaging to this country's position as the leading centre for international arbitrations to make this ground available to arbitral tribunals. It would reasonably appear to those abroad who are minded to arbitrate their claims here that foreigners were being singled out for special and undeserved treatment. (Of course if the parties agree to invest their tribunal with power to order security for costs on this ground, they are free to do so.)

(iii) On reflection, the concerns expressed above as to the potential scope of the power conferred by Clause 38(3) and the possibilities of injustice may be overstated. The other provisions of the Bill confer very far-reaching powers on arbitrators, and it has been made clear throughout that this is tempered, for example, by the mandatory duty in Clause 33. The same would be true of the power to order security for costs: in exercising the power, the tribunal would have to comply with Clause 33, and any serious irregularity could form the basis of a challenge. In agreeing to arbitration, parties in effect agree that their disputes could be decided differently from a Court, although in accordance with principles of justice. The fact that arbitrators may decide an issue as to security for costs differently from a judge appears to be no more than an aspect of this. It is true that if this power is improperly exercised, a claim could, for example, be stifled without justification. It is equally true, however, that the Bill contains mechanisms for parties to challenge any such injustice or improper conduct, and sufficient warnings to arbitrators as to their mandatory duties.

367. We remain of the view that the power to order security for costs is an important one, and should be given to arbitrators, and also that some basic restrictions should be set out in this Clause, in the light of the points made above. To this end, we recommend that Clause 38(3) be deleted, and replaced with a new provision along the following lines:

"(3) The tribunal may order a claimant to provide security for the cost, of the arbitration.

Such power shall not be exercised on the grounds only that such party is

(a) an individual ordinarily resident in a state other than the United Kingdom,

(b) a body corporate which was incorporated in or has its central management and control exercised in a state other than the United Kingdom."

368. Such a provision would allow arbitrators a flexibility in exercising this power, within the confines of their strict duty in Clause 33. The risk of an order on the sale ground that a party is from abroad, would be removed. Similarly, there would be no need for an arbitrator, whether domestic or foreign, to discern the English or Northern Irish law in this area, or, indeed, to instruct local lawyers in this respect. An arbitrator may well exercise this power differently from a Court (as with many oth-

er powers conferred by the Bill), but any misuse could be corrected under the other provisions of the Bill.

369. It is of course the case that orders for security are not to be made automatically, but only when the justice of the case so requires. We appreciate that cases are likely to arise when deciding what is just may be very difficult. For example, a claimant may contend that he might be prevented from continuing if he has to put up security, whilst at the same time a respondent is contending that unless security is provided, he is likely to be ruined. However, to our minds, this is merely an example of the balancing of factors in order to achieve the most just result possible which is part of the essential function of arbitrators.

370. The power to award security for costs under the proposed provision could be exercised against counter-claimants as well as claimants. This we have covered in the definition Clause (see Clause 82(1)).

Clause 66. Enforcement of award

371. In the present Bill, we have provided that leave by a Court to enforce an award may not be given if the award was so defective in form or substance that it is incapable of enforcement, if its enforcement would be contrary to public policy or if the tribunal lacked substantive jurisdiction.

372. These are what are described as "passive" defences to the enforcement of an award. The "positive" steps that may be taken are those we have set out in Clauses 67 to 69, together with the right preserved in Clause 72 for someone who has taken no part in the arbitral proceedings.

373. In our view the way we have drafted Clause 66 sufficed to cover all the cases where enforcement should be refused. However, since the Bill was published it has been suggested to us that it would be advisable to spell out in more detail two particular cases, namely those where the arbitral tribunal has purported to decide matters which are simply not capable of resolution by arbitration, whatever the parties might have agreed (e. g. custody of a child) and those where the tribunal has made an award which (if enforced) would improperly affect the rights and obligations of those who were not parties to the arbitration agreement.

374. On the present wording, even if it could be said that either or both these cases fell outside the three categories where leave to enforce shall not be given, it does not follow that the Clause somehow sanctions enforcement in those cases. The reason for this is that the Clause does not require the Court to order enforcement, but only gives it a discretion to do so. That discretion is only fettered in a negative way, i. e. by setting out certain cases where enforcement shall not be ordered. To our minds there is nothing to prevent a Court from refusing to enforce an award in other appropriate cases. Unlike, for example, Clause 68, there is no closed list of cases where leave to enforce an award may be refused. However, on reflection we consider that it would be preferable to set out the two cases as further instances where the discretion of the Court is negatively fettered, and we would suggest that a further category is added to subsection (3) along the following lines:

"it purports to decide matters which are not capable of resolution by arbitration or grants relief which (if enforced as a judgment or order of the court) would improperly affect the rights of persons other than the parties to the arbitration agreement."

375. Such a provision would best appear before the catch all case of public policy. It will be noted that this wording takes advantage of the definition of parties to an arbitration agreement to be found in Clause 82(2). Furthermore, to put the matter beyond any doubt, we would suggest that it is made clear that subsection (3) is not a closed list, by inserting suitable words.

376. It is vital to include some such word as "improperly" since there is no doubt that there are many cases where third party rights and obligations are perfectly properly affected, such as guarantors or insurers who have agreed to pay the amount of an award to which they are not a party. Furthermore, it must always be borne in mind that the parties' rights and obligations may well be governed by a law other than our own, under which, for example, matters are arbitrable which would not be the case under our own law. In such cases it would not automatically follow that the Court would refuse to enforce the award, unless of course public policy dictated that course.

377. Apart from the enforcement procedure set out in this clause, under our law it is possible to bring an action on an award, in much the same way as an action is brought on an agreement. This method is expressly saved in Clause 81 (2)(b). There is also an oblique reference to this in Clause 66(5) in the reference to "rule of law". On reflection, it seems to us that it would make for greater clarity to add the words "or by an action on the award" at the end of this subsection.

378. There is one further point. It seems to us that there is much to be said for a suggestion that the Court must be informed on an application for enforcement if the award is an agreed award (see Clause 51) if this is not apparent from the award itself, and that any enforcement order or judgment of the Court should also state that it is made in respect of an agreed award, thus putting everyone concerned on notice of that fact and avoiding the risk that third parties might be misled into believing that the award was one made at arm's length. We suggest that these requirements be added to Clause 66.

Clause 69. Appeal on point of law

379. It has been pointed out that Clause 69(8) sets out the two pre-conditions to an appeal to the Court of Appeal as alternatives, whereas they should be cumulative (as with the similar pre-conditions in section 1 (7) of the 1979 Act). We recommend that the Clause be amended accordingly.

Clause 70. Challenge or appeal: supplementary provisions

380. We note that the power to order security or bring the money payable under the award into court only extends at present to applications under Clauses 67 or 68. This should be extended so that the Court can impose these requirements as a condition of granting leave to appeal under Clause 69. This is a tool of great value, since it helps to avoid the risk that while the appeal is pending, the ability of the losing party to honour the award may (by design or otherwise) be diminished.

Clause 74. Immunity of arbitral institutions, etc.

381. On reflection we consider that the wording of Clause 74(2) should be tightened so as to make clear that the institution or person concerned is not liable without more for anything done or omitted to be done by the arbitrator. Thus we suggest that the words "*by reason only of*" should be substituted for the word "*for*" in this subsection.

Clause 79. Powers of court to extend time limits relating to arbitral proceedings

382. It has been pointed out to us that Clause 79(1) as presently drafted could be said to be in-

applicable to, for example, Clause 70(3) where the time stipulated is not one having effect in default of agreement between the parties. We agree with this comment and suggest that Clause 79(1) be amended along the following lines:

"... the court may by order extend any time limit agreed by them in relation to any matter relating to the arbitral proceedings or *applicable by virtue of any provision of this Part.*"

Clause 81. Saving for certain matters governed by common law

383. We suggest that two additions should be made to the specific cases mentioned in subsection (2).

384. The first of these relates to confidentiality. For reasons we have explained, we have not included specific provisions dealing with this matter. However, it seems to us that it would be valuable to highlight the fact that our law does deal with it. Thus we suggest a further category which could perhaps be in the following words:

"*confidentiality and privacy in relation to arbitrations.*"

385. The second addition we propose relates to arbitrability, which we have discussed in the context of Clause 66. Again there is a lot of important law on this topic. We suggest a further category which could perhaps be in the following words:

"*whether a matter is capable of resolution by arbitration.*"

386. The title to this Clause is "*Saving for certain matters governed by common law*". We would prefer the expression "*other rules* of *law*" to the words "*common law*" as this would include legislation and be clearer to non-lawyers and those from abroad.

Clause 82. Minor definitions

387. The definition of "*question* of law" started life as part of the Clause dealing with appeals to the Court; now Clause 69. The objective was to make clear that there was no question of an appeal in respect of a matter of foreign law. Our law treats questions of foreign law as questions of fact. Furthermore, we can see no good reason for allowing an appeal on foreign law, since *ex hypothesi* the Court cannot give a definitive or authoritative ruling on such matters. The Courts have refused to grant leave to appeal on questions of foreign law, but attempts are still made and it would be desirable to put the matter beyond doubt.

388. The definition was moved to this Clause. It had, of course, to accommodate the fact that the Bill is expressed to apply to Northern Ireland as well as England and Wales. However the present definition, while it does this, also seems to indicate that where the seat of the arbitration is in neither of these places, the meaning of "question of law" is not confined to questions of (respectively) English law or the law of Northern Ireland. We would suggest that the definition be amended, so that "question of law" means a question of law of England and Wales where the application for leave to appeal is made to a Court in England and Wales, and a question of the law of Northern Ireland, where an application for leave to appeal is made to a Court in Northern Ireland.

Clause 85. Domestic arbitration agreements

389. It has been pointed out to us that the way "domestic arbitration agreements" is defined (which is taken from the existing legislation) means that agreements made by sovereign states which incorporate an arbitration clause fall into this category. We are sure that this was not the intention, so that if the distinction between domestic and non-domestic arbitrations is to remain, the opportunity should be taken to correct this anomaly.

Clause 95. Appointment of judges as arbitrators

390. For the reasons set out in our discussion of this Clause in Chapter 1, we recommend that this provision be extended to judges generally.

Clauses 96 – 100. Statutory arbitrations

391. Although the application of Part I to statutory arbitrations is not part of our remit, we note that during the Second Reading Lord Lester suggested that it might be a requirement of European law in cases of compulsory arbitration that the arbitrators should be independent as well as impartial. We can offer no view on this point, but if it is felt appropriate to include any such requirement in the context of statutory arbitrations, great care should be taken to make clear that this requirement has no application to private or other consensual arbitrations, so as to avoid any risk of this concept being imported into other cases. This, for the reasons already given, would in our view be most damaging. We understand that Lord Lester shares our view that a requirement of independence for private or other consensual arbitrations is neither necessary nor desirable.

Clause 103. New York Convention awards

392. For the reasons set out in our discussion in Chapter 3, this Clause should be amended so as to cross-refer-to the definition of writing to be found in Part I of the Bill, and should also incorporate the recommendation that an award should be treated as made at the seat of the arbitration, regardless of where it was signed, despatched or delivered to any of the parties.

Clause 107. Saving for other bases of recognition or enforcement

393. It has been pointed out that, as drafted, this Clause may not save enforcement under Part II of the 1950 Act. This is a matter for Parliamentary Counsel to consider.

CHAPTER 7—CONCLUSIONS

394. The Arbitration Bill and this Report are the result of a long and wide-ranging process of consultation with interested parties, probably the most comprehensive for any Bill of this kind. Our recommendations are based on the many responses that we have received as well as our own researches and discussions. In a number of cases, of course, we have had to make decisions on matters where more than one point of view has been expressed. What we should emphasise, however, is that all were agreed that it is high time we had new legislation, to the extent that many people have stated to us that for this reason they were not disposed to delay progress by stubbornly insisting on their point of view on particular points; and have demonstrated that this is the case by being ready and willing to reach compromise solutions. We are convinced (as all are) that further delay will do grave and prob-

ably irretrievable damage to the cause of arbitration in this country, thus damaging our valuable international reputation as well as the promotion here of this form of dispute resolution.

395. We have attempted to produce a draft which can be read, understood and applied by everyone, not just lawyers learned in this branch of our law. Thus our aim has been to make the text "user-friendly" and the rules it contains clear and readily comprehensible, so that arbitration is available to all who wish to use it. This has not been an easy task, since in the nature of things this form of dispute resolution raises highly complex and sophisticated matters. We have attempted it, however, in the hope that our efforts will not only encourage and promote arbitration, but also help to achieve what we believe to be the true object of this form of dispute resolution, namely (in the words of Clause 1 of the Bill itself) to obtain the fair resolution of disputes by an impartial tribunal without unnecessary delay or expense.

图书在版编目(CIP)数据

仲裁法:从开庭审理到裁决书的作出与执行/杨良宜,莫世杰,杨大明著. --北京:法律出版社,2010.3(2025.8重印)
(研究生教学书系)
ISBN 978-7-5118-0594-2

Ⅰ.①仲… Ⅱ.①杨…②莫…③杨… Ⅲ.①仲裁法-研究生-教材 Ⅳ.①D915.7

中国版本图书馆CIP数据核字(2010)第046378号

仲裁法:从开庭审理到裁决书的作出与执行
ZHONGCAIFA:CONG KAITING SHENLI DAO CAIJUESHU DE ZUOCHU YU ZHIXING
杨良宜 莫世杰 杨大明 著
责任编辑 吴 昉
装帧设计 乔智炜

出版发行 法律出版社
编辑统筹 法律教育出版分社
责任校对 陈 慧
责任印制 刘晓伟
经　　销 新华书店
开本 720毫米×960毫米 1/16
印张 65.75 **字数** 1320千
版本 2010年3月第1版
印次 2025年8月第11次印刷
印刷 河北虎彩印刷有限公司

地址:北京市丰台区莲花池西里7号(100073)
网址:www.lawpress.com.cn
投稿邮箱:info@lawpress.com.cn
举报盗版邮箱:jbwq@lawpress.com.cn
销售电话:010-83938349
客服电话:010-83938350
咨询电话:010-63939796

书号:ISBN 978-7-5118-0594-2
定价:128.00元